वैदिक देवता

उद्भव और विकास

आ नो॑ भ॒द्राः क्रत॑वो यन्तु वि॒श्वतोऽद॑ब्धासो॒ अप॑रीतास उ॒द्भिद॑ः।
दे॒वो नो॒ यथा॒ सद॒मिद्वृ॒धे अस॒न्नप्रा॑युवो रक्षि॒तारो॑ दि॒वेदि॑वे।

— ऋग्वेद, १.८९.१

वैदिक देवता
उद्भव और विकास

(वैदिक देवों की ऋग्वेद एवं तत्पूर्ववर्ती काल से प्रारम्भ होकर पुराणों तक हुई क्रमिक विकास-यात्रा पर एक दृष्टि)

गयाचरण त्रिपाठी

राष्ट्रीय अध्येता

भारतीय उच्च अध्ययन संस्थान, शिमला

राष्ट्रिय संस्कृत संस्थान

मानित विश्वविद्यालय

नई दिल्ली

डी॰के॰ प्रिंटवर्ल्ड प्रा॰ लि॰

भारतीय परम्पराओं के प्रकाशक

नई दिल्ली

Cataloging in Publication Data — DK
[Courtesy: D.K. Agencies (P) Ltd. <docinfo@dkagencies.com>]

Tripathi, Gaya Charan.
Vaidika devatā : udbhava aura vikāsa : Vaidika devoṁ kī Ṛgveda evaṁ tatpūrvavartī kāla se prārambha hokara Purāṇoṁ taka huī kramika vikāsa-yātrā para eka dṙṣṭi / Gayācaraṇa Tripāṭhī. — 2. saṁśodhita saṁskaraṇa.

p. cm.

Hindi and Sanskrit.
Includes index.
ISBN 13: 9788124605912

1. Gods, Vedic. 2. Hindu gods. I. Title.

DDC 294.5211 22

ISBN 13: 978-81-246-0591-2 ISBN 10: 81-246-0591-2

प्रथम संस्करण, 1982
द्वितीय संशोधित संस्करण, 2011

प्रकाशक :-
राष्ट्रिय संस्कृत संस्थान
56-57, इन्स्टीट्यूशनल एरिया, जनकपुरी
नई दिल्ली - 110 058
दूरभाष : 28524993, 28521994, 28524995
ई-मेल : rsks@nda.vsnl.net.in, वेबसाईट : www.sanskrit.nic.in

एवं

डी० के० प्रिण्टवर्ल्ड (प्रा०) लि०
पंजीकृत कार्यालय : '*वेदश्री*,' एफ-395, सुदर्शन पार्क,
रमेश नगर मेट्रो स्टेशन, नई दिल्ली – 110 015
दूरभाष : (011) 2545 3975, 2546 6019, फैक्स : (011) 2546 5926
ई-मेल : indology@dkprintworld.com
वेब : www.dkprintworld.com

मुद्रक :-
डी.के. प्रिण्टवर्ल्ड (प्रा.) लि., नई दिल्ली

समर्पण

अपनी पूज्य माता जी

सौ० रामदासी

की पुण्य स्मृति में

जो २६ वर्ष की अल्पायु में ही अपनी तीन सन्तानों को अपने स्नेहमय संरक्षण से विलग करके उन्हें आजीवन अपने अभाव की अनुभूति कराने के लिए संसार से विदा हो गई

और

जिनकी, अपने बड़े पुत्र को डॉक्टर बनाने की इच्छा को मैं पूर्ण नहीं कर सका।

एक झूठी सान्त्वना के रूप में 'डॉक्टर'-पदवी प्रापक यह ग्रन्थ ही सही, उनकी ३५वीं पुण्यतिथि (४ सितम्बर, १९८१) पर।

जनुर्विलोक्यैव यदस्त्रमाश्रयन्-
निसर्गजस्नेहवशेन दुग्धताम्।
ततोऽनृणत्वं कथमद्य मादृशां
तथापि तत्पादनतिर्गतिर्मुहुः॥

– *त्रिपाठिनो रामशरणस्य*

प्राक्कथनम्

श्रीमद्भिर्विद्वद्वर्यैस्त्रिपाठ्युपाह्वै 'गयाचरण'नामधेयैर्बहुभ्यो वर्षेभ्यः प्राग् विरचितं, प्रकाशितं चैतद् 'वैदिक देवता : उद्भव और विकास'-संज्ञकं ग्रन्थरत्नं तैरेव संशोधितं पुनरीक्षितं सत् पुनरपि राष्ट्रियसंस्कृतसंस्थानेन प्रकाश्य सुलभीक्रियते वैदिकदेवशास्त्रतत्त्वविविदिषूणां कृते इति मोमुद्यते नश्चेतः। ग्रन्थोऽयं प्रायः त्रिंशद्वर्षेभ्यः प्राग् भागद्वये प्रकाशितः सन् प्रकाशनसमनन्तर- मेवाल्पीयसा कालेन दौर्लभ्यं गतः। विविधेषु विश्वविद्यालयेषु स्नातक-परास्नातकश्रेणीष्वधीयानानां छात्राणां कृते पाठ्यत्वेन संस्तुतस्य अथ चास्माभिर्भारतीयैरुपास्यमानानां देवानां स्वरूपविकासस्यैतिहासिकं क्रमं जिज्ञासमानानां विदुषां कृते ग्रन्थस्योपयोगित्वं सुस्पष्टम्। 'इतिहासपुराणाभ्यां वेदं समुपबृंहयेद्' इति प्राचीनामुक्तिं प्रमाणपथमारोपयतोऽस्य ग्रन्थस्य संस्थानेन प्रकाशनं समेषां प्रत्नतत्त्वजिज्ञासूनां कृते प्रमोदाय कल्पिष्यत इति आशास्ते,

विदुषामाश्रवः
राधावल्लभ त्रिपाठी
कुलपतिः

. . . मन्म श्रुधि नवीयसः

-ऋ० वे० १।१३१।६

'वैदिक देवता' का प्रथम प्रकाशन आज से लगभग ३० वर्ष पूर्व सन् ८० के आरम्भिक वर्षों में दो खण्डों में हुआ था। कुछ ही वर्षों में पुस्तक दुष्प्राप्य हो गई। प्रकाशन-संस्था के पास अनुपलब्धता के कारण व्यक्तिगत रूप से मेरे पास भी अनेक पत्र आते रहे, जिनमें इसकी कुत्रचित् प्राप्यता के सम्बन्ध में जिज्ञासा अथवा आपूर्ति की प्रार्थना रही। प्रकाशक ने मुझे इसकी एक भी प्रति नहीं दी थी। इलाहाबाद में मुद्रित होने के कारण प्रेस से अपने व्यक्तिगत सम्बन्धों के चलते मैंने वहीं से कुछ प्रतियाँ प्राप्त कर ली थीं, अतः मैं विद्वानों और शोधार्थियों की आवश्यकता की पूर्ति में असमर्थ रहा। इधर कुछ मास पूर्व '*दुःखं सतां तदनवासिकृतं विलोक्य . . .*'[1] जब मैंने अकस्मात् एक दिन राष्ट्रिय संस्कृत संस्थान के वर्तमान कुलपति, परम मेधावी, प्रख्यात संस्कृत कवि, उत्कृष्ट गवेषक एवं कुशल प्रशासक, मेरे अनुज-निर्विशेष ***प्रो. राधावल्लभ जी त्रिपाठी*** से इसके संस्थान द्वारा पुनः-प्रकाशन की चर्चा की तो वे तत्काल इसके लिए सहमत हो गए और उनकी इस उदारता के परिणामस्वरूप ही पुस्तक का यह द्वितीय, अंशतः संशोधित और किञ्चित् परिवर्धित संस्करण प्रकाश में आ रहा है।

पुस्तक की मूल रचना सन् १९५९ एवं १९६२ के मध्य हुई थी, कुछ सुधार उसमें प्रथम बार छपते समय हुआ, कुछ इस बार। किन्तु मूल स्वरूप वही है। इस ग्रन्थ को आधार बनाकर या इससे प्रेरणा ग्रहण कर उत्तर-भारतीय विश्वविद्यालयों में कई शोध-प्रबन्धों की रचना हुई है, जो मेरे देखने में भी आए हैं पर आवश्यकता है इस कार्य को आगे बढ़ाने की। मैंने वैदिक देवों के विकास का अनुगमन प्रायः केवल पुराणों तक ही किया है, किन्तु पुराणों की रचना की समाप्ति के साथ हमारी देवकथाओं के विकास का इतिहास समाप्त नहीं होता। अष्टादश महापुराणों के पश्चात् अष्टादश (अपितु और अधिक) उपपुराणों की रचना होती है। उसके पश्चात् भारत के प्रायः प्रत्येक सांस्कृतिक क्षेत्र में उस क्षेत्र की भाषा में नये-नये पुराण लिखे जाते हैं, जिनके नाम सामान्यतः वे ही हैं जो संस्कृत पुराणों के, किन्तु विषय-वस्तु पूर्णतः भिन्न है और उनमें क्षेत्रीय देवकथाओं को अधिक महत्त्व दिया गया है। उड़िया का 'नरसिंह पुराण' एतन्नामविशिष्ट संस्कृत उपपुराण से पूर्णतः भिन्न है और उत्कल क्षेत्र में प्रचलित लोक-कथाओं एवं धार्मिक-

---

१. कादम्बरी के उत्तरार्द्ध में महाकवि-बाण के पुत्र भूषण (या 'पुलिन्द') की उक्ति 'दुःखं सतां तदसमाप्तकृतं विलोक्य, प्रारब्ध एष हि मया न कवित्वदर्पात्' के अनुसरण में।

विश्वासों को अधिक महत्त्व देता है। दाक्षिणात्य अञ्चल में तमिल भाषा की रचनाओं में शिव के सम्बन्ध में जो कथाएँ मिलती हैं, वे उत्तर भारत की कथाओं से पूर्णतः भिन्न हैं और संस्कृत पुराणों में उनका दूर-दूर तक कोई चिह्न नहीं है। इसके अतिरिक्त संस्कृत पौराणिक कथाओं के आदि या अन्त में एक-दो नये पात्रों या घटनाओं को जोड़ कर नई-नई कथाओं की सृष्टि की गई है और कई बार उन पुनर्निरूपित कथाओं के आधार पर कुछ धार्मिक-क्षेत्रों एवं प्रसिद्ध मन्दिरों के माहात्म्य- साहित्य की रचना हुई है। अमृत-मन्थन की कथा पुराणों में सुविख्यात है किन्तु अमृत कुम्भ लेकर दैत्यों के भागने पर अमृत की कुछ बूँदों का हरिद्वार, प्रयाग, उज्जैन और नासिक में छलक जाना और उसके आधार पर इन क्षेत्रों में कुम्भ-स्नान का महत्त्व पुराणों में सम्भवतः प्रतिपादित नहीं है।

भारत के विभिन्न क्षेत्रों के धार्मिक विश्वास, दैनिक कर्मकाण्ड तथा लौकिक उत्सव जितनी उनकी क्षेत्रीय मान्यताओं से प्रभावित होते हैं, उतने संस्कृत पुराणों से नहीं। संस्कृत पुराणों की कई उपेक्षित नारियाँ, कई क्षेत्रों की अपूर्व शक्तिशाली देवियाँ हैं। महाभारत में वर्णित भीम की राक्षसी-पत्नी हिडिम्बा, घटोत्कच की माता, सम्पूर्ण हिमाचल पर्वतीय-क्षेत्र की पूज्य देवी है। वह मण्डी-कुल्लू के राजपरिवार की उपास्या कुलदेवी है। उसके आगमन के बिना कुल्लू का सुप्रसिद्ध दशहरा-उत्सव प्रारम्भ नहीं होता। उत्तर-पूर्व भारत के त्रिपुरा प्रदेश में भी उसकी उपासना होते हुए मैंने देखी है। तमिलनाडु और कर्नाटक के कुछ भागों में द्रौपदी की उपासना का एक महत्त्वपूर्ण सम्प्रदाय है और उसके निमित्त कार्त्तिक मास में एक बहुत बड़े लोकोत्सव का आयोजन होता है।[१] हिमाचल के सिरमौर जिले में रेणुकासर के पास परशुराम की इस माता रेणुका का एक बड़ा प्रसिद्ध मन्दिर है, जहाँ कार्त्तिक पूर्णिमा को अनेक भव्य आयोजनों के साथ एक बहुत बड़ा मेला लगता है, मेले की अवधि में 'परशुराम' अपनी माता से मिलने आते हैं और उसकी समाप्ति पर माँ से अश्रुपूर्ण विदाई लेते हैं। महाराष्ट्र-कर्णाटक के कुछ अञ्चलों में भी माता रेणुका के मन्दिर हैं, जो अपनी देवदासी प्रथा के कारण चर्चा में रहे हैं। रेणुका के पति महर्षि जमदग्नि हिमाचल के 'मलाना' गाँव (कुल्लू) में 'जमलू' देवता के रूप में पूजे जाते हैं। केरल के शबरीमलाई (शबर-पर्वत) मन्दिर के सुप्रसिद्ध अधिष्ठातृ-देव, चिरकिशोर, ब्रह्मचारी 'अय्यप्पन्' — जिनके लिए उनके उपासक मकर-संक्रान्ति के पूर्व चालीस दिनों तक एकाशी और ब्रह्मचारी रहकर, काले कपड़े पहने, क्षौर-विवर्जित, तीर्थाटन करते हुए देखे जा सकते हैं — मोहिनी रूपधारी विष्णु (माता) एवं उन पर आसक्त शिव (पिता) के पुत्र माने जाते हैं। कहाँ हैं पुराणों में ये कथाएँ? भील एवं संथाल आदि जनजातियों ने भी महाभारत एवं

---

१. इस महत्त्वपूर्ण सूचना के लिए अपनी प्रिय बेटी '**समीक्षा**' आशीर्वाद की पात्र है।

रामायण की कथाओं को ग्रहण कर उन्हें अपनी सामाजिक-सांस्कृतिक मान्यताओं और मूल्यों के अनुसार ढाल लिया है।

वर्तमान हिन्दू धर्म का वास्तविक स्वरूप जितना इन लौकिक मान्यताओं पर निर्भर है उतना वेदों और संस्कृत पुराणों पर नहीं, यद्यपि मूल उत्स वे ही हैं। देवों एवं देवकथाओं से सम्बधित इन लौकिक मान्यताओं को लिपिबद्ध करके हमें इन्हें भी अध्ययन का विषय बनाना होगा। इस विषय पर कार्य और शोध करने की अभी अनन्त सम्भावनाएँ हैं। बौद्ध और जैन धर्मों में जाकर भी हमारे वैदिक-पौराणिक देवों का स्वरूप बहुत बदला है। जापान और कोरिया तक हमारे देवता पहुँचे हैं। दक्षिण-पूर्व एशिया (इण्डोनेशिया/बाली) आदि में भी उनका कभी धार्मिक एवं सांस्कृतिक वर्चस्व रहा है। कम्बोडिया (काम्बोज) का 'अंकोर वाट' नामक विष्णु मन्दिर अपनी अनन्त प्रतिमाओं और महाभारत/भागवत के अनेक अंकनों सहित विश्व का विशालतम पुण्य क्षेत्र है। भारत में ब्रह्मा के मन्दिर कहीं-कहीं, गिने चुने ही हैं, किन्तु बैंकॉक (थाइलैण्ड) में मैंने प्राय: प्रत्येक सम्पन्न घर के बाहर बगीचे या शाद्वल (लॉन्) पर तुलसी चौरा की भाँति एक छोटा सा मन्दिर बना देखा, जिसमें प्रजापति-ब्रह्मा की एक नियमित रूप से पूज्यमान सुनहली मूर्ति प्रतिष्ठापित थी। वहाँ ब्रह्मा घर एवं परिवार की शान्ति एवं कल्याण के लिए पूज्य हैं। भारत के बाहर कई देशों (जैसे नेपाल, इण्डोनेशिया) में बुद्ध एवं शिव का व्यक्तित्व मिल कर एक हो गया है। ऐसे बहुत से पक्षों को उजागर करने की अभी आवश्यकता है। यदि इस पुस्तक से भावी विद्वानों की दृष्टि इन अल्पज्ञात तथ्यों की ओर आकर्षित हुई, तो मैं अपना परिश्रम सफल समझूँगा।

ग्रन्थ के इस नवीन संशोधित संस्करण में यत्र-तत्र कुछ नूतन सामग्री विषय-वस्तु के मध्य में तथा पाद टिप्पणियों के रूप में जोड़ कर पुस्तक को यथासम्भव अद्यतन बनाने की चेष्टा की गई है। शिमला के संस्थान में 'राष्ट्रीय आचार्य' के रूप में विविध शोध-प्रकल्पों में व्यस्त रहने के कारण ग्रन्थ के बहुत अधिक विस्तार हेतु समय नहीं निकाल पाया। भविष्य में यदि ईश्वर ने कोई अवसर दिया तो प्रयास करूँगा। जोड़ने के लिए अभी बहुत कुछ अवशिष्ट है।

पुस्तक के प्रथम संस्करण पर प्रो० बलदेव उपाध्याय (वाराणसी), प्रो० दाण्डेकर (पूना), प्रो० डाँगे (मुम्बई), प्रो० जानी (बड़ोदा) तथा प्रो० राममूर्ति त्रिपाठी (उज्जैन) आदि विद्वानों के शुभाशीर्वाद प्राप्त हुए थे, जो अब प्राय: इस संसार में नहीं हैं, उन्हें मैं सश्रद्ध प्रणाम करता हूँ।

प्रिय जीवन-संगिनी **'सुमन'** ने इस बार फिर पुस्तक के प्रूफ संशोधन तथा अनुक्रमणिका-निर्माण में अपना सक्रिय सहयोग प्रदान किया है। नये-नये साररस्वत

कार्य हाथ में लेने और दीर्घसूत्रता त्याग कर पुराने कार्य शीघ्र समाप्त करने की सतत प्रेरणा उससे निरन्तर प्राप्त होती रहती है। मेरी सभी प्रकार की ऊर्जा का वही स्रोत है।

मैसर्स डी.वी. प्रिंटर्स के विनम्र एवं कार्यकुशल स्वत्वाधिकारी श्री इन्द्रराज तथा उनके सहयोगी शुभाशीष के पात्र हैं, जिन्होंने अत्यन्त मनोयोग पूर्वक इस ग्रन्थ का अक्षरसंयोजन किया और इस पुस्तक को इतना शुद्ध एवं सुन्दर प्रारूप दिया।

ग्रन्थ के सभी पाठकों को माँ सरस्वती अपना आशीर्वाद प्रदान करें —

पावका नः सरस्वती, वाजेभिर्वाजिनीवती।
यज्ञं वष्टु धियावसुः॥ ऋ. वे. १।३।१०

भारतीय उच्च अध्ययन संस्थान
राष्ट्रपति निवास, शिमला–५
२३ मार्च २०११

विनयावनत
गयाचरण त्रिपाठी
gctripathi235@gmail.com

प्रथम संस्करण की भूमिका

पुरोवचः

[१]

'अधिदैवतम्'

न हि कश्चिदविज्ञाय याथातथ्येन दैवतम्।
लौक्यानां वैदिकानां वा कर्मणां फलमश्नुते॥ बृहद्देवता १।४

संसार के अन्य किसी भी देश में देवों के स्वरूप के विकास का सहस्रों वर्ष लम्बा इतिहास और देवकथाओं के विकास की इतनी लम्बी परम्परा प्राप्त नहीं होती जितनी भारत में। सहस्रों वर्ष पूर्व वैदिक ऋषियों की सूक्ष्म अन्तर्दृष्टि, निरीक्षणक्षमता एवं कल्पना शक्ति ने जिन देवों की उद्‌भावना की थी, उनके स्वरूप का आने वाली पीढ़ियों के हाथों से क्रमशः परिवर्द्धन एवं परिवर्तन होता चला गया और एक चित्रात्मक, वैविध्यपूर्ण तथा सजीव देवशास्त्र का जन्म हुआ। हिन्दू धर्म का विशाल भवन मुख्यतः इन्ही देवों के प्रति विश्वास पर आधृत है। वैदिक देवों के विकास की इसी अविच्छिन्न परम्परा को ध्यान में रखकर ही प्राचीन समय में यह विश्वास था कि वेदों के वास्तविक तात्पर्य को जानने के लिए इतिहास (महाभारत) तथा पुराणादिकों का अध्ययन करना चाहिये। अल्पज्ञ व्यक्ति सदा वेद का अनर्थ कर डालते हैं-

इतिहासपुराणाभ्यां वेदं समुपबृंहयेत्।
बिभेत्यल्पश्रुताद् वेदो मामयं प्रहरेदिति॥

हिन्दू धर्म एवं संस्कृति के पर्यावरण में पले हुए किसी भी व्यक्ति की अपने धार्मिक देवों और उनसे सम्बन्धित कथाओं के विषय में जिज्ञासा होनी स्वाभाविक है किन्तु मेरी इस ओर विशेष रुचि जागृत करने का श्रेय मेरे पूज्य पिताजी **डा० रामशरण शास्त्री** को है। $९^{१}/_{२}$ वर्ष की अवस्था में ही षष्ठ-श्रेणी में सफलता के उपलक्ष में 'प्रेम-पारितोषिक' के रूप में इण्डियन प्रेस, प्रयाग, से प्रकाशित श्रीमद्‌भागवत के सुन्दर एवं सचित्र हिन्दी-अनुवाद के दो खण्ड प्रदान करके और तदनन्तर शनै-शनैः अत्यन्त प्रयत्नपूर्वक दूर-दूर से महाभारत एवं अन्य पुराणों के अनुवाद मँगाकर एवं उनके अध्ययन के लिए प्रोत्साहित करते हुए उन्होंने ही मेरे हृदय में पौराणिक अध्ययन का अंकुरारोपण एवं उसका संवर्द्धन किया। स्नातकोत्तर कक्षा में ऋग्वेद का अध्ययन करते हुए मेरा ध्यान देवों के पौराणिक एवं वैदिक स्वरूपों के अन्तर पर विशेषरूप से आकृष्ट

हुआ। उन देवों का और अधिक अध्ययन करके उनकी वैदिक तथा परवैदिक धारणाओं में अन्तर का कारण और उनके स्वरूप के क्रमशः विकास का क्रम जानने की जो अभिलाषा जगी, उसी का परिणाम यह ग्रन्थ है।

प्रस्तुत ग्रन्थ का मुख्य उद्देश्य ऋग्वैदिक देवों की प्रमुख विशेषताओं के अन्य संहिताओं, ब्राह्मणों, सूत्रग्रन्थों तथा महाभारत एवं पुराणादिकों में हुए विकास का परिचय देना और पुराणों के देवों की प्रमुख विशेषताओं के बीज वैदिक साहित्य में खोजकर दोनों में सम्बन्ध-सूत्र स्थापित करना है। इस दिशा में इतने विस्तार से सम्भवतः यह प्रथम प्रयत्न है।

मूलतः मेरा विचार वैदिक देवमण्डल के सम्पूर्ण देवों और उनसे सम्बन्धित सभी आख्यानों की समीक्षा करने का था। किन्तु कुछ ही समय पश्चात् इतना लम्बा विषय अत्यधिक परिश्रम एवं समय-साध्य प्रतीत होने लगा। अतः यह अध्ययन केवल ऋग्वेद के प्रमुख देवों तक ही सीमित कर दिया गया। फिर भी प्रत्येक देवता के विषय में इतनी अधिक सामग्री थी कि उसको संक्षेप में प्रस्तुत करना पड़ा और इतना करते हुए भी विष्णु एवं रुद्र आदि देवों का वर्णन इतना अधिक बढ़ गया कि उनको एक पृथक् अध्याय में ही स्थान देना मैंने उपयुक्त समझा। वस्तुतः ऋग्वेद के एक-एक प्रमुख देवता पर स्वतन्त्र शोधप्रबन्ध लिखे जा सकते हैं, और लिखे भी गए हैं। वैदिक राक्षसों, ऋभु, त्वष्टा आदि कम महत्त्वपूर्ण देवों, निम्न देवशास्त्र की गन्धर्व, अप्सरा आदि शक्तियों एवं वैदिक आख्यानों के क्रमिक विकास का आलेखन लिखा रखा होने पर भी अनेक कठिनाइयों के कारण पूर्णतया इस में प्रबन्ध में सम्मिलित नहीं किया जा सका है। फिर भी ऐसी कुछ सामग्री को परिशिष्ट में देने की चेष्टा की गई है।

प्रथम अध्याय में आर्य देवों की उत्पत्ति के विषय में कुछ मतों की समीक्षा करके उन देवताओं का संक्षिप्त परिचय देने का प्रयास किया गया है, जो ग्रीक, रोमन, ईरानी या आर्य जाति की अन्य शाखाओं में भी किसी न किसी रूप में प्राप्त होते हैं। विभिन्न देवशास्त्रों में प्राप्त उल्लेखों से उनके प्रागैतिहासिक व्यक्तितत्व की एक झलकी पाने की चेष्टा की गई है किन्तु इनमें भी उनका ऋग्वैदिक स्वरूप ही आधार रहा है क्योंकि यही आर्यजाति की प्राचीनतम एवं प्रामाणिक धार्मिक तथा साहित्यिक कृति है। साथ ही लेखक का यह भी विश्वास है कि ऋग्वेद का समय आज से कम से कम ५००० वर्ष पूर्व (अर्थात् ३००० ई० पू०) स्वीकार किये बिना भारतीय साहित्य एवं भाषाओं के क्रमिक विकास की व्याख्या करना पूर्णतः असम्भव है और ऋग्वेद का काल १५०० या २००० ई० पू० निर्धारित करने वाले पक्षपातपूर्ण पाश्चात्य विद्वानों के मत नितान्त अमान्य तथा भ्रामक हैं।

द्वितीय अध्याय में अवेस्ता और उसके देवों का विवरण है। इस सम्बन्ध में एक

तथ्य ध्यान देने योग्य है। प्राय: सभी पाश्चात्य विद्वानों का मत है कि आर्य मध्य-एशिया से चलकर ईरान में रुकते हुए भारत आए। आर्यों के भारत में इस अभिगमन का कोई भी ऐतिहासिक अथवा सबल सांस्कृतिक प्रमाण नहीं है। इसके अतिरिक्त अवेस्ता में ऐसे कई देवों का उल्लेख है, जो पूर्णत: भारतीय हैं, भारोपीय नहीं। इस अध्याय के प्रथम खण्ड में ज्योतिष-सम्बन्धी प्रमाणों से यह सिद्ध करने की चेष्टा की गई है कि ईरान में वैदिक देवों की इस उपलब्धि का कारण भारतीय आर्यों की एक शाखा का वहाँ गमन है। दु:ख का विषय है कि ईरान का प्राचीन धार्मिक साहित्य आज प्राप्त नहीं है और अवेस्ता भी अत्यन्त खण्डित रूप में ही प्राप्य है, किन्तु लेखक का दृढ़ विश्वास है कि यदि अन्वेषण किया जाए तो अनेक ऐतिहासिक तथा सांस्कृतिक प्रमाणों से इस धारणा की पुष्टि होगी।

ऋग्वेद और अन्य वैदिक ग्रन्थों का कुछ वर्षों तक पर्याप्त अध्ययन करने के उपरान्त लेखक इस निष्कर्ष पर पहुँचा है कि वैदिक ऋषि केवल प्रकृति-पूजक नहीं थे, जैसा कि पाश्चात्य विद्वानों ने बार-बार घोषित किया है। विभिन्न तत्त्वों के पीछे अवश्य ही उन्हें किसी सर्वशक्तिमती चेतना का साक्षात्कार होता था। ऋग्वेद के कुछ स्पष्ट देवों को छोड़कर शेष सभी का व्यक्तित्व अत्यन्त रहस्यमय है। इसकी व्याख्या करने की विविध प्रकार से चेष्टा की गई है। इन प्रयत्नों का संक्षिप्त सा उल्लेख एवं वैदिक देवों के मूल स्वरूप का कुछ वर्णन तृतीय अध्याय में किया गया है।

अगले अध्यायों में निरुक्त के वर्गीकरण के आधार पर आकाश, अन्तरिक्ष एवं पृथ्वी तथा इन तीनों से पृथक् स्वतन्त्र उत्पत्ति के आधार पर देवों के व्यक्तित्व का वैदिक रूप तथा उसका ब्राह्मण ग्रन्थों एवं महाभारत-पुराणादिकों में क्रमिक विकास प्रदर्शित किया गया है। यद्यपि देवों के इस त्रेधा वर्गीकरण की प्रक्रिया पूर्णत: दोषरहित नहीं है और मूलत: उनके स्वरूप की लेखक द्वारा स्वयं दी गई व्याख्या पर निर्भर है (उदाहरणार्थ **अदिति** को पृथ्वी का प्रतीक मानकर पृथ्वीस्थानीय देवों में तथा आकाश का प्रतीक मानकर द्युस्थानीय देवों में रखा जा सकता है, अमूर्त देवता के रूप में भी उसकी व्याख्या सम्भव है), फिर भी इसी को अधिक वैज्ञानिक समझा गया।

वैदिक देवों के स्वरूप के विषय में पाश्चात्य विद्वानों ने बहुत कुछ लिखा है, किन्तु कुछ को छोड़कर शेष की स्थापनाएँ तथा मत कपोलकल्पित एवं निराधार प्रतीत होते हैं। हिलेब्रांड्ट तथा ओल्डेनबेर्ग आदि की वैदिक-धर्म पर सेमेटिक प्रभाव मानने की धारणाएँ ऐसी ही हैं। सबसे अधिक भ्रामक कल्पनाएँ ऐसे ग्रन्थों में पाई जाती हैं, जो ईसाई मिशनरियों के प्रत्यक्ष या परोक्ष प्रबन्ध से छपी हैं। ईसाई मिशनरियों की सोसाइटी द्वारा मद्रास से छपी क्लेटन की '**ऋग्वेद एण्ड वैदिक रिलीजन**', हॉपकिन्स की '**रिलीजन्स ऑफ़् इण्डिया**' तथा 'रिलीजस क्वेस्ट ऑफ़् इण्डिया' ग्रन्थमाला में

छपी ग्रिसवोल्ड की **'रिलीजन ऑफ़् दि ऋग्वेद'** आदि ऐसी ही पुस्तकें हैं। ग्रिसवोल्ड ने तो अपनी पुस्तक की भूमिका में स्पष्ट लिखा है कि उसकी खोज का उद्देश्य ईसाई धर्म की तुलना में हिन्दुओं के धार्मिक विश्वासों का चित्र रखना है। उसने अपना विश्वास व्यक्त किया है कि भारत की धार्मिक चेतना को ईसाई धर्म में ही अपना लक्ष्य मिलेगा और पुस्तक के अन्त में उसने हिन्दू धर्म में नैतिक तत्त्वों का अभाव प्रदर्शित करते हुए हिन्दुओं के लिए ईसामसीह और ईसाई धर्म को अपरिहार्य बताया है। ऐसी पुस्तकों द्वारा वैदिक तथा परवर्ती हिन्दू धर्म का कैसा चित्र हमारे सामने आएगा, इसकी कल्पना सहज ही की जा सकती है। पौराणिक कथाओं में तो हिन्दू धर्म की हँसी उड़ाने के लिए अनेक प्रसंग सरलतया प्राप्य हैं। पुराणों के देवों तथा देवशास्त्र पर आज तक कोई प्रमाणिक पुस्तक नहीं लिखी गई। अंग्रेजी विद्वानों द्वारा लिखी गई प्रायः सभी पुस्तकें, ईसाई मिशनरियों के ही काम की हैं और उनमें पुराणों के वैज्ञानिक तथा सहानुभूतिपूर्ण अध्ययन का पूर्ण अभाव है। यहाँ तक कि कीथ जैसे 'प्रामाणिक' लेखक द्वारा लिखी गई **'इण्डियन माइथॉलजी'** में भी वर्णित अनेक तथ्य भ्रामक तथा मिथ्या हैं। अतः लेखक ने इन पुस्तकों का बड़ी सावधानी के साथ उपयोग किया है।

पुराणों के विषय में अनेक गलत धारणाएँ आधुनिक संस्कृतज्ञों में भी पाई जाती हैं और आर्यसमाजी तो उन्हें पूर्णतः गप समझते हैं। किन्तु कई पुराणों का सम्यक् अध्ययन करने से लेखक को इनकी उपयोगिता तथा महत्ता के विषय में पूर्ण विश्वास है। पुराणों में सुन्दर काव्यात्मक प्रसंग, जीवनोपयोगी सूक्तियाँ, दार्शनिक मत-मतान्तर तथा रोचक कथाएँ तो हैं ही, साथ ही यदि उनका वैज्ञानिक अध्ययन किया जाए तो उनसे ऐतिहासिक तथा सांस्कृतिक सामग्री की अतुल निधि भी प्राप्त हो सकती है। ज्योतिष और आयुर्वेद के अनेक तत्त्व **स्कन्द** तथा **मत्स्य** पुराणों में प्राप्य हैं। इस ग्रन्थ में मुख्यतः **भगवत, विष्णु, वायु, मत्स्य, पद्म** तथा **ब्रह्म** आदि प्राचीन तथा साम्प्रदायिकता से रहित पुराणों का ही उपयोग किया गया है।

अब आभार-प्रदर्शन का पुण्य-कर्त्तव्य शेष रह जाता है। ग्रन्थ का निर्माण बलवन्त राजपूत कालेज, आगरा, के संस्कृत विभाग के अध्यक्ष, मेरे परम पूज्य गुरुवर, **डा० श्री नरेन्द्रदेव जी शास्त्री** के कुशल निर्देशन में हुआ है। प्रारम्भ से ही उन्होंने जिस सहृदयता एवं स्नेह से मुझे अपनाया और पदे-पदे अपने अनुभवपूर्ण बहुमूल्य निर्देशों से लाभान्वित किया, वे निश्चय ही मेरे गौरव की वस्तु हैं। उनके चरणों में रहकर मैंने जो सीखा और पाया है उसका मूल्य आभारप्रदर्शन के कोरे शब्दों से नही चुकाया जा सकता।

इस ग्रन्थ के प्रणयन में जिन अन्य विद्वानों से सहायता प्राप्त हुई है उनमें काशी विश्वविद्यालय के भारतीय-कला विभाग के अध्यक्ष **डा० वासुदेवशरण अग्रवाल**

का नाम प्रमुख है। उन्होंने वैदिक देवों के स्वरूप की सारगर्भित व्याख्या करके तथा अपने निजी पुस्तकालय से कॉक्स की 'माइथॉलजी आफ आर्यन् नेशन्स' एवं ग्रिम की 'ट्यूटानिक साइथॉलजी' मेरे लिए सुलभ करके, इसी प्रकार अपने दयानन्द दीक्षा शताब्दी के भाषण तथा 'पुराणम्' पत्रिका में छपे लेखों की प्रतिलिपियाँ मुझे प्रदान करके, जो उपकार मेरे साथ किया उसके लिए मैं उनका चिर-कृतज्ञ रहूँगा। वाराणसेय संस्कृत विश्वविद्यालय के प्राध्यापक **श्री अलखनिरंजन पाण्डे** ने भी गंगानाथ-झा रिसर्च जर्नल में छपे 'रोल्स आफ वैदिक गाड्स इन दि गृह्यसूत्रज्' लेख की प्रतिलिपि मुझे प्रदान करके निरतिशय सौजन्य का परिचय दिया। काशी वि० वि० के संस्कृत विभाग के अध्यक्ष **डा० सूर्यकान्त जी** ने विश्वविद्यालय के पुस्तकालय का तथा **डा० सुभद्र झा** ने सरस्वती-भवन की पुस्तकों का उपयोग करने की अनुमति प्रदान की, उसके लिए मैं उनका अत्यन्त आभारी हूँ।

इस क्षेत्र में काम करने वाले समस्त प्राचीन भारतीय एवं पाश्चात्य विद्वानों का मेरे ऊपर ऋण है। ऋग्वेद की निम्न ऋचा (१०। १४। १५) से उन सबको मैं प्रणाम करता हूँ —

इदं नम ऋषिभ्यः पूर्वजेभ्यः पूर्वेभ्यः पथिकृद्भ्यः।

३, शिव निवास, मुरादाबाद — **लेखक**
१६ सितम्बर, १९६२

[२]
'अध्यात्मम्'

Habent Libri Fata Sua — मनुष्यों की भाँति पुस्तकें भी अपना-अपना भाग्य लेकर पृथ्वी पर अवतीर्ण होती हैं — लैटिन की यह लोकोक्ति इस पुस्तक के ऊपर अक्षरशः सत्य उतरती है। उन्नीस वर्षों की लम्बी अवधि तक अज्ञातवास करने के उपरान्त आज यह प्रकाश में आ पा रही है। इस ग्रन्थ की संकल्पना मूलतः सन् १९५९ में की गई थी। सन् १९६२ में यह पूर्ण हुआ। उसी वर्ष जर्मन शैक्षिक विनिमय सेवा की एक छात्रवृत्ति पर मैं उच्चतर अध्ययन हेतु फ्राईबुर्ग वि.वि. चला गया (उस वि.वि. के संस्कृत आचार्य प्रो० श्नाइडर के मतों का बाद में पाद-टिप्पणियों में यत्र-तत्र उल्लेख किया गया है)। जब ४$^1/_2$ वर्षों बाद लौटकर आया तो वाराणसी-दिल्ली के एक प्रकाशक 'शीघ्र प्रकाशन' करने का वचन देकर उदयपुर से मेरे पास से पुस्तक ले गए। वर्षों तक यह उनकी अलमारी में वैसे ही बन्द पड़ी रही जैसे बलासुर की गुफा में निरुद्ध इन्द्र की धेनुएँ (ऋ. वे. १०। १०८)। ५$^1/_2$ वर्ष पश्चात् मेरे पुनः जर्मनी से लौटकर प्रयाग में कार्यभार ग्रहण करने के पश्चात् शनैः शनैः उसके प्रकाशन की

प्रक्रिया प्रारम्भ हुई और दो भागों में यह ग्रन्थ सन् १९८१ एवं सन् १९८२ में मुद्रित होकर विद्वानों के सम्मुख आया।

१९ वर्ष का अन्तराल काफी लम्बा होता है। प्रत्येक लेखक को यह अनुभव होगा कि चार-पाँच वर्ष बाद ही अपनी कृति को पुनः पढ़ने पर उसमें अनेक कमियाँ दृष्टिगोचर होने लगती हैं। इस पुस्तक की रचना २० से २२½ वर्ष की अवस्था के बीच हुई थी। उस समय सम्भवतः मेरे ऊपर १९वीं और प्रारम्भिक २०वीं शती में पाश्चात्य विद्वानों द्वारा की गई वैदिक-देवों के स्वरूप की विवेचना का प्रभाव था। निरुक्तकार के मतों का अनुसरण करते हुए रोठ, लुड्विग्, ग्रासमान्, हिलेब्राण्ड्ट, ओल्डेनबर्ग, बैर्गेन्ये और मैक्डॉनल आदि विद्वान् प्रत्येक वैदिक देवता का उद्‌गम प्रकृति के किसी न किसी तत्त्व में खोजने की चेष्टा करते हैं। भारतीय विश्वविद्यालयों में अभी भी इन्हीं के मतों का आधिपत्य है। बीसवीं शती के ल्युडर्स, रेनू, थीमे और ख़ोंडा आदि विद्वानों की नवीनतम शोधों ने वैदिक देवों के मूल को प्रायः अमूर्त-भावों एवं अवधारणाओं में खोजने का प्रयास किया है। यद्यपि यह पुस्तक मुख्यतः वैदिक देवों के स्वरूप के विकास-क्रम से सम्बन्धित है तो भी उनके उद्‌गम से सम्बन्धित ऐसी नई मान्यताएँ स्थान-स्थान पर उल्लिखित कर दी गई हैं।

नियति की यह एक दारुण विडम्बना है कि इस ग्रन्थ के प्रकाश में आने की जिन्हें उत्कृष्टतम इच्छा और उत्सुकता थी, वे ही अब इस संसार में नहीं हैं। पुस्तक के मुद्रण की जितनी चिन्ता और इसे प्रकाशित देखने की जितनी उत्कण्ठा पूज्य पिताजी (स्व० **श्री रामशरण शास्त्री,** एम० ए० (हिन्दी संस्कृत), पी०- एच० डी०, काव्यतीर्थ), को थी, उसका सम्भवतः अंशमात्र भी मुझमें नहीं रहा होगा। मेरे परम दुर्भाग्य से हम लोगों के जर्मनी से लौटते ही दिसम्बर, १९७७ में वे प्रयाग में ही दिवङ्गत हो गए। अन्तिम समय तक वे मेरी अनुपस्थिति में पुस्तक के मुद्रण आदि के सम्बन्ध में प्रकाशक से पत्राचार करते रहे। यदि उनका तीव्र आग्रह और आदेश न होता तो मैं अपने विदेश-प्रवास से न लौटता और शायद पुस्तक अभी कुछ और वर्षों तक किसी अन्धकूप में पड़ी रहती। जिस समय पुस्तक की रचना हुई, पिताजी के० जी० के० कालेज, मुरादाबाद, में संस्कृत के विभागाध्यक्ष थे, जहाँ कार्यरत रहते हुए उन्होंने सदानन्दकृत वेदान्तसार की **भावबोधनी** (हिन्दी-संस्कृत टीका), **ब्रह्मसूत्रप्रमुख-भाष्यपञ्चकसमीक्षणम्** तथा **कौमुदीकथाकल्लोलिनी** जैसे गौरवपूर्ण ग्रन्थों की रचना की। उनका वैदुष्यपूर्ण और स्नेह-संवलित मार्ग-निर्देशन मुझे पदे-पदे सुलभ रहा। बाद में भुवनेश्वर में उन्होंने पुस्तक का पुनरीक्षण किया और इधर अवकाशप्राप्त्यनन्तर अपने जीवन की सांध्य-वेला में मेरे अनुज **डा० रमाचरण त्रिपाठी** (प्रोफेसर, मनोविज्ञान विभाग, प्रयाग वि० वि०) के साथ प्रयाग में रहते हुए उन्होंने ही इसका परिष्कार किया। निष्ठुर काल को पुस्तक-प्रकाशन-जन्य उनकी प्रसन्नता देखना स्वीकार नहीं

था। उनकी स्मृति को सश्रद्ध प्रणाम करते हुए मैं आशा करता हूँ कि आज वे जहाँ भी होंगे, अपने सूक्ष्म चेतन-स्वरूप से पुस्तक को मुद्रित देखकर अवश्य सन्तोष का अनुभव कर रहे होंगे। आज जो कुछ थोड़ा बहुत संस्कृत का ज्ञान मेरे पास है, वह सब उन्हीं की देन है। पिता-माता एवं गुरु तीनों का दायित्व उन्होंने निभाया-'यतो मया ज्ञानमशेषमाप्तं लोकेन चैतन्यमिवोष्णरश्मेः' (रघुवंश ५।४)।

किसी भी ग्रन्थ की रचना अनेक व्यक्तियों के साक्षात् एवं परोक्ष साहाय्य से ही सम्भव हो पाती है। साक्षात्-सहयोगियों के नाम तो प्रकाश में आ जाते हैं पर जो पृष्ठ-भूमि में रहकर अपने त्याग एवं परिश्रम द्वारा लेखक को दैनन्दिन सुविधाएँ जुटाते हुए तथा प्रशंसा एवं अनुराग भरे शब्दों से उसका उत्साहवर्द्धन करते हुए पुस्तक-रचना को सम्भव बनाते हैं, वे प्रायः अनुल्लिखित ही रह जाते हैं। ऐसे परोक्ष-सहयोगियों में प्रायः घर की महिलाएँ होती हैं। इसे मैं अपना पुनीत कर्त्तव्य समझता हूँ कि इस अवसर पर अपनी छोटी बहन प्रिय **अपर्णा** (प्राध्यापक, मनोविज्ञान विभाग, वसन्त कालेज, वाराणसी) को हृदय से शुभाशीष प्रदान करूँ, जिसने पुस्तक रचना के समय मुझे निरन्तर कार्य-मुक्त रखकर ग्रन्थरचना हेतु अधिकाधिक समय प्रदान किया। साथ ही अपनी जीवन-संगिनी 'गृहिणी सचिवः सखी मिथः.....' (रघुवंश, ८।६७) सौ० **सुमन** का स्नेह-संवलित हृदय से स्मरण करना भी समीचीन है, जिसका इस प्रकाशन में सर्वदा मनसा एवं कर्मणा (mit Rat und Tat) पूर्ण सहयोग प्राप्त हुआ। इस मुद्रण का प्रूफ संशोधन एवं अनुक्रमणिका निर्माण उसके सहयोग के बिना असम्भव था।

किसी भी ग्रन्थ का मुद्रित रूप में आविर्भाव लेखक के लिए 'क्लेशः फलेन हि पुनर्नवतां विधत्ते' की कालिदासीय उक्ति को सार्थक करता है। जिन देवों की कृपा से यह कार्य पूर्ण हुआ उन्हें एवं माँ सरस्वती को मैं निम्न ऋग्मन्त्र (१।८९।३) से प्रणाम करता हूँ —

तान् पूर्वया निविदा हूमहे वयं भगं मित्रमदितिं दक्षमस्त्रिधम्।
अर्यमणं वरुणं सोममश्विना सरस्वती नः सुभगा मयस्करत्॥

'रामाशीष', एलनगंज, प्रयाग,
४ सितम्बर, १९८१

विनयावनत
गयाचरण त्रिपाठी

विषय सूची

चतुर्थ अध्याय

सप्तम अध्याय

संक्षिप्तियाँ

अ० जो०	अर्ली ज़ोरेस्ट्रियनिज़्म (माउल्टन)
अ० वे०	अथर्ववेद
आस्पेक्ट्स०	आस्पेक्ट्स ऑफ़् अर्ली विष्णुइज़्म (ख़ोंडा)
ई० मा०	ईरानियन माइथॉलजी (कारनॉय)
उ०, उप०	उपनिषद्
ऋ०, ऋ० वे०	ऋग्वेद
ऋ० भा० भू०	ऋग्वेदभाष्यभूमिका (स्वामी दयानन्द)
ए० ब्रि०	एन्साइक्लोपीडिया ब्रिटानिका
ए० रि० ई०	एन्साइक्लोपीडिया ऑफ रिलीजन एण्ड ईथिक्स
ऐ० ब्रा०	ऐतरेय ब्राह्मण
ओरिजिन०	ओरिजिन एण्ड डिवैलॉपमैन्ट ऑफ़् रिलीजन इन् वैदिक लिटरेचर (देशमुख)
ओ० सं० टै०	ओरिजिनल संस्कृत टैक्स्ट्स (म्यूर), ५ भाग
कठ सं०	कठ (काठक) संहिता (कृष्ण युजर्वेद की)
का० श्रौ० सू०	कात्यायन श्रौतसूत्र
कौ० ब्रा०	कौषीतकि ब्राह्मण
गोभिल०	गोभिल गृह्यसूत्र
गृ० सू०	गृह्यसूत्र
जे० अ०	ज़ेन्द अवेस्ता (डार्मस्टीटर् कृत अंग्रेज़ी अनुवाद), 'सेक्रेड बुक्स ऑफ़् दि ईस्ट' ग्रन्थमाला में
डी० रि० डेस् वेद	डी रिलीगियोन डेस् वेद (ओल्डेनबर्ग)
तै० सं०	तैत्तिरीय संहिता (कृष्ण यजुर्वेद)
तै० ब्रा०	तैत्तिरीय ब्राह्मण
त्सा० डेऽर मा० गे०	त्साइट्श्रिफ़्ट डेऽर मॉर्गेनलैण्डिशेन गेज़ेलशाफ़्ट (Z.D.M.G.)

देवी भा०	देवीभागवत–पुराण
पा०	पाणिनि (अष्टाध्यायी)
पु०	पुराण
बौ० गृ० सू०	बौधायन गृह्यसूत्र
भाग०	भागवत (श्रीमद्भागवत) पुराण
महा० / म० भा०	महाभारत
मै० सं० / मैत्रा० सं०	मैत्रायणी संहिता (कृष्ण यजुर्वेद)
य० वे० / शु० यजु०	शुक्ल यजुर्वेद संहिता (वाजसनेयी)
रामा०	रामायण (वाल्मीकीय)
रि० ज़०	रिलीजन ऑफ़् दि ज़रथुस्त्र (तारापुरवाला)
रिलीजन०	रिलीजन एण्ड फ़िलॉसफ़ी ऑफ़् दि वेद एण्ड दि उपनिषद्स (कीथ)
रि० ऋ०	रिलीजन ऑफ़् दि ऋग्वेद (ग्रिसवोल्ड)
रि० वे०	रिलीजन ऑफ़् दि वेद (ब्लूमफ़ील्ड)
वा० सं०	वाजसनेयी संहिता (शुक्ल यजुर्वेद)
वे० मि०	वेदिशे मिथोलोगी (हिलेब्रान्ट्)
वै० मा०	वैदिक माइथॉलजी (मैक्डॉनल)
श० ब्रा०	शतपथ ब्राह्मण (माध्यन्दिन)
श्वे० / श्वे० उप०	श्वेताश्वतर उपनिषद्
श्रौ० सू०	श्रौतसूत्र
हिरण्य०	हिरण्यकेशी गृह्यसूत्र

प्रथम अध्याय

भारोपीय काल के उपास्य देव-तत्त्व*

(१)

यद्यपि वेद केवल भारत ही नहीं अपितु सम्पूर्ण आर्य जाति की प्राचीनतम उपलब्ध कृतियाँ हैं किन्तु इसका अर्थ यह नहीं कि वे आर्यों के प्राचीनतम धार्मिक विश्वासों के प्रतिबिम्ब हैं। ब्लूमफील्ड ने ठीक ही कहा है कि ''भारत का धार्मिक इतिहास उसकी प्राचीनतम कृतियों (वेदों) से नहीं अपितु बहुत पहले से प्रारम्भ होता है। भारतीय धर्म का प्रादुर्भाव उसके भारत में आने से पूर्व ही हो चुका था[१]।'' यद्यपि यह आज भी कल्पना का विषय है कि आर्य मूलतः किस प्रदेश के निवासी थे जहाँ से वे छोटे-छोटे दलों में पर्वतों, वनों और नदियों को पार करते हुए दूर-दूर जाकर अपने अनुकूल प्रदेशों में बस गए, किन्तु इतना निश्चित है कि भारतीय, ईरानी तथा अधिकांश यूरोपीय जातियाँ किसी विस्मृत अतीत में एक संयुक्त जाति के रूप में रहती थीं। **भारोपीय** (भारत-यूरोपीय, इण्डो-यूरोपियन) शब्द इसी अविभक्त प्राचीन आर्य जाति को सूचित करने के लिए प्रयुक्त किया जाता है।

इस तथ्य की पुष्टि में सर्वाधिक सशक्त प्रमाण इस भारोपीय परिवार की विभिन्न भाषाओं के तुलनात्मक अध्ययन से प्राप्त होता है। भारत, ईरान तथा यूरोप की विभिन्न जातियों की भाषाएँ (जैसे ग्रीक, लैटिन, कैल्टिक, ट्यूटानिक, स्लेवानिक तथा लिथुआनियन आदि) परस्पर इतनी समान हैं कि हमें यह मानने के लिए विवश होना पड़ता है कि वे अवश्य ही मूल रूप में किसी एक ही जन-क्षेत्र में उत्पन्न हुई होंगी। इनमें परस्पर ध्वनि, रूप, शब्द तथा वाक्यविन्यास की दृष्टि से इतना घनिष्ठ साम्य है कि इसे केवल संयोग अथवा पारस्परिक आदान-प्रदान की संज्ञा नहीं दी जा सकती। परस्पर घनिष्ठतया सम्बद्ध इन भाषाओं के शब्दों के विभिन्न रूप तथा उनकी ध्वनियों की परस्पर तुलना करके तत्तत् शब्दों के प्राचीनतम मूल भारतीय स्वरूप तक पहुँचा जा सकता है। जो विज्ञान इन मूल भारोपीय रूपों की स्थापना करके उनमें निहित धातु के

---

* मूलतः अंग्रेज़ी में लिखित, और बाद में हिन्दी में अनूदित इस अध्याय में शेष पुस्तक से कुछ शैलीगत वैभिन्न्य है, जिसके लिए लेखक क्षमा प्रार्थी है।

१. ब्लूमफील्ड : **रिलीजन ऑफ़् दि वेद,** पृ० १३, १६।

अर्थ के अनुसार उस शब्द के अर्थ की व्याख्या करता हुआ विभिन्न परवर्ती भारोपीय भाषाओं में हुए ध्वनि एवं अर्थ परिवर्तन को ध्यान में रखते हुए उस भाषा के बोलने वाले व्यक्तियों की सांस्कृतिक निधि, सामाजिक स्थिति एवं धर्मादि पर समुचित प्रकाश डालता है, उसे **तुलनात्मक भाषा-विज्ञान** कहते हैं और यह भारोपीय काल के देवों का स्वरूप जानने का — भले ही धुँधला-सा ही — मुख्य साधन है। इस विज्ञान के विकास का मुख्य श्रेय पश्चिम जगत् के अध्ययन क्षेत्र में संस्कृत के प्रवेश को है।

इस भारोपीय भाषा परिवार की भाषाओं में पाए जाने वाले अगणित समान शब्द केवल एक ही मूल शब्द के विभिन्न रूप हैं और इसलिए विविध भाषाओं में हुए इनके ध्वन्यात्मक परिवर्तनों को कुछ विशेष ध्वनि-नियमों की सहायता से समझाया जा सकता है। ऐसे नियमों में ग्रिम का ध्वनि नियम विशेष महत्त्वपूर्ण है, जो यह सिद्ध करता है कि जहाँ भी ग्रीक, लैटिन तथा संस्कृत आदि भाषाओं में क् त् प् आदि अघोष अल्पप्राण स्पर्श व्यंजन पाए जाते हैं वहाँ जर्मन परिवार की भाषाओं में, जिनका सर्वोत्कृष्ट निदर्शन अंग्रेज़ी भाषा है, ख़् [ह] थ़् फ़ आदि ध्वनियाँ प्राप्त होती हैं। संस्कृत आदि भाषाओं के घ् ध् भ् (घोष महाप्राण) अंग्रेज़ी आदि में ग् द् ब् (घोष अल्पप्राण) के रूप में परिवर्तित हो जाते हैं तथा ग् द् ब् क्रमशः क् त् प् में।

ग्रिम नियम तथा इसी प्रकार के कुछ अन्य ध्वनि-नियमों की सहायता से हम विभिन्न भारोपीय भाषाओं में प्राप्त होने वाली एक ही देवता विषयक विविध संज्ञाओं के मूल रूप का पता लगा सकते हैं और फिर उस मूल शब्द के व्युत्पत्तिजन्य अर्थ पर विचार करते हुए उस देवता-विशेष के भारोपीय-स्वरूप और स्वभाव की एक क्षीण झलकी पा सकने में समर्थ हो सकते हैं।

इस सम्बन्ध में हमें एक और शास्त्र में महती सहायता प्राप्त होती है, जो अपने आरम्भिक रूप में भाषा-विज्ञान से ही विकसित हुआ था किन्तु अब अपना स्वतन्त्र अस्तित्व रखता है। यह है **तुलनात्मक देवशास्त्र**। भाषा-विज्ञान के द्वारा एकाधिक प्राचीन संस्कृतियों में पाए जाने वाले किसी देवता-विशेष के वाची विभिन्न शब्दों में साम्य और ऐकात्म्य का बोध हो जाने पर जो शास्त्र उन उन संस्कृतियों के साहित्यादि में वर्णित उस देवता-विशेष की स्वरूपगत विशेषताओं और उनसे सम्बन्धित कथाओं का परस्पर तुलनात्मक अध्ययन करता हुआ सर्वत्र या अधिकांशेन समान विशेषताओं को सुस्पष्ट करता है, वह तुलनात्मक देवशास्त्र है और ऐसा समझा और माना जाता है कि विभिन्न धर्मों एवं साहित्यों में प्राप्य ये समान विशेषताएँ अवश्य ही उस देवता के स्वरूप में उस समय भी विद्यमान थीं जब भारोपीय आर्य जाति का विभाजन नहीं हुआ था; तभी ये भारोपीय आर्य जाति की सभी या अनेक शाखाओं को समान दाय के रूप में प्राप्त हुईं।

यद्यपि पिछले दशकों में **पुरातत्त्व** और **नृतत्त्व** (Anthropology) ने भी क्रमशः उत्खनन से प्राप्त अवशेषों तथा आदिवासियों के वर्तमान आदिम धर्म के अध्ययन के द्वारा प्रागैतिहासिक धार्मिक प्रवृत्तियों को समझने की दिशा में असीम योग दिया है किन्तु पुरातात्त्विक अवशेषों को आर्य जाति से सम्बद्ध न कर पाने के कारण और आदिवासियों के वर्तमान प्रचलित धार्मिक विश्वासों में प्राचीन आर्य धर्म का कोई निश्चित प्रमाण न मिल पाने के कारण आज भी भारोपीय काल में धर्म, संस्कृति तथा सामाजिक जीवन को जानने के प्रमुख साधन तुलनात्मक भाषा-विज्ञान और तुलनात्मक देवशास्त्र ही बने हुए हैं और आज से लगभग सौ वर्ष पूर्व १९वीं शती के अन्त में श्र्योडर ने जो शब्द कहे थे, वे आज भी सत्य हैं, कि 'केवल ये ही दो शास्त्र ऐसे हैं, जिन पर केवल वही सब कुछ आधारित नहीं है, जो आज हम भारोपीय धर्म के विषय में जानते हैं, अपितु वह भी जो कुछ हम भविष्य में इस विषय में जान सकेंगे'।[1]

आर्यों का मूल निवास-स्थान क्या था, इस विवादास्पद प्रश्न पर अधिक ध्यान दे सकना यहाँ सम्भव नहीं है क्योंकि एक तो इस विषय में अन्तिम सत्य तक पहुँचना बहुत कठिन है और कई वर्षों तक विभिन्न विद्वानों के विद्वतापूर्ण वाद-विवाद के पश्चात् भी इस प्रश्न का उत्तर आज भी अत्यन्त अनिश्चित है और दक्षिण रूस के मैदानी भागों से लेकर वर्तमान कज़ाकिस्तान उज़बेकिस्तान या पूर्वी यूरोप आदि अनेक भूभागों को इस हेतु चिह्नित किया गया है, यद्यपि वैदिक साहित्य में कहीं भी आर्य जनजाति के कहीं बाहर से आकर भारत में बसने की स्मृति प्राप्त नहीं होती, जैसा कि बाइबिल के पूर्वार्द्ध में मिस्र से इज़राइल आने की यहूदियों की बात है। दूसरी बात यह है कि प्राचीन आर्यों के धार्मिक विचारों से ही यहाँ मुख्यतः सम्बन्ध रखने के कारण हमें उनके मूल निवास-स्थान को जानने की विशेष आवश्यकता भी नहीं है।

हाँ, **आर्यों के विच्छिन्न होने के समय** का यदि हमें ठीक-ठीक ज्ञान हो जाए तो यह अवश्य आर्य देवों के क्रमिक विकास को जानने में सहायक हो सकता है। किन्तु कुछ पक्षपात पूर्ण पूर्वाग्रहों ने इस समस्या का भी अभी तक उचित समाधान नहीं होने दिया है। सम्भवतः इस काल को ई० पू० ४००० के बाद में मान कर हम वैदिक धर्म के स्वाभाविक विकास की समुचित व्याख्या नहीं कर सकते। ४००० ई० पू० से ३००० ई० पू० तक अधिकांश वैदिक ऋचाओं का विविध ऋषियों द्वारा निर्माण किया गया और वे शिष्य परम्परा द्वारा मौखिक रूप में ही विद्यमान रहीं। लगभग ३००० ई० पू० इन प्रकीर्ण वैदिक मन्त्रों का संकलन एवं सम्पादन किया गया। महाभारत में वर्णित प्राचीन भारतीय परम्परा के अनुसार लगभग इसी समय (अर्थात कलियुग के आरम्भ में) महर्षि वेदव्यास ने चार वैदिक संहिताओं का संकलन करके उन्हें अपने विभिन्न

---

१. **प्री-हिस्टारिक् एन्टिक्विटीज़ ऑफ़् दि आर्यन पीप्ल्स्,** अंग्रेज़ी अनु० १८९०, पृ० ४०६।

शिष्यों को पढ़ाया। ब्राह्मण ग्रन्थों का विशाल साहित्य कम से कम एक सहस्र वर्षों की अपेक्षा रखता है। ३००० ई० पू० से २००० ई० पू० तक इसका पल्लवन हुआ और उस समय तक भारतीय धार्मिक इतिहास में कर्मकाण्ड का ही प्रमुख प्रभुत्व रहा। २००० ई० पू० से १००० ई० पू० तक उपनिषदों का काल है। अन्तिम उपनिषदों के समय तक भाषा पूर्णतः लौकिक हो गई थी और वैदिक स्वरादि लुप्त हो गए थे। लगभग यही समय यास्क का है, जो निश्चित रूप से वैदिक और लौकिक संस्कृत के संक्रमण-काल में हुए होंगे। लगभग ७वीं शती ई० पू० में पाणिनि हुए, जिन्होंने लौकिक संस्कृत को क्रमबद्ध तथा सुसंस्कृत किया। ई० पू० के इन १००० वर्षों में ही विभिन्न कल्पसूत्रों की रचना हुई है। हमें ऐसे दुराग्रहों में नहीं पड़ना चाहिए कि ऋग्वेद की रचना १२०० या १५०० ई० पू० हुई थी इसलिए आर्य जाति इससे कुछ ही पूर्व इधर-उधर बिखरी होगी।

तुलनात्मक भाषा-विज्ञान तथा तुलनात्मक देवशास्त्र के आधार पर भारोपीय देवों के जिस स्वरूप की क्षीण झलक हमें प्राप्त होती है, उसका विवेचन आगे के पृष्ठों (खण्ड ३) में किया जाएगा। किन्तु उससे पूर्व हम इन देवों की उत्पत्ति विषयक विभिन्न मत-मतान्तरों का परीक्षण करेंगे (खण्ड २)। भारोपीय आर्यों के धार्मिक विश्वासों का यह चित्रण उनके उच्च मानसिक विकास का पूर्ण परिचायक है और यह एक ऐसी जाति के लिए सर्वथा उपयुक्त भी है जो मनुष्यों को एक ऐसे शब्द से अभिहित करती थी, जिसका अर्थ था 'चिन्तन करने वाला'। विभिन्न आर्य भाषाओं में 'मनुष्य' के लिए प्राप्त अनेक शब्द इसके प्रमाण हैं, उदाहरणार्थ संस्कृत — **मनुः** गॉथिक — **मन्ना,** अंग्रेज़ी — **मैन,** जर्मन — **मान्,** प्रा० बल्गेरियन **मा**। ये सब शब्द भारोपीय **मेन्** (*men) = 'सोचना' धातु से सम्बन्धित है, (सं० **मन्यते, मनः** तथा ग्रीक — **मेनोस्** आदि)।

(२)

विभिन्न प्राचीन आर्य धर्मों की तुलना करने से जो सबसे पहला मुख्य परिणाम प्राप्त होता है, वह यह है कि प्राचीन आर्य अपनी संस्कृति अथवा दैनिक जीवन की किसी भी मुख्य धारणा से सम्बन्धित देवों का निर्माण करने में प्रवीण थे। उदाहरण के लिए रोम की प्राचीन कर्मकाण्डीयपुस्तक **इन्दिगितामेन्ता** में विभिन्न धार्मिक अवसरों के लिए रोमन पुरोहितों द्वारा प्रार्थनाओं का संकलन किया गया है[1], रोमनिवासियों के जीवन के लगभग हर क्षेत्र से सम्बन्धित देवता प्राप्त होते हैं। एक-एक क्षेत्र से भी

१. प्राचीन रोम के धार्मिक जीवन से सम्बन्धित इस लैटिन पुस्तक के विशेष विवरण के लिए देखिए, **एनसाइक्लोपीडिया ऑफ़ रिलीजन एण्ड ईथिक्स,** सप्तम भाग, पृष्ठ २१७-१८।
आगे के पृष्ठों में इस विश्वकोश को ए० रि० ई० से संकेतित किया गया है।

अनेक देवता सम्बन्धित हैं और उनका विभाग तथा कार्यक्षेत्र सीमित है। उदाहरणार्थ कृषि क्षेत्र में **सातुर्नुस** बीजवपन का देवता था, **सीरीस** अन्न तथा शस्य की वृद्धि की देवी थी और **फ्लोरा** पुष्पों की देवी समझी जाती थी।

ठीक ऐसी ही प्रवृत्तियाँ **लिथुआनियन** धर्म में भी पाई जाती हैं। भौगोलिक तथा राजनैतिक दृष्टि से अत्यन्त स्वतन्त्र एवं पृथक् रहने के कारण यह छोटा-सा देश रोमन तथा बाइज़ेन्टाइन संस्कृति के **प्रभाव** से असंपृक्त रहा और यहाँ पर विशेष प्रकार का प्रारम्भिक धर्म, जो प्राचीन आर्य धर्म का ही अवशेष था, लगभग १६वीं शती के अन्त तक फलता-फूलता रहा। अतः कुछ विद्वानों का विचार है कि आर्य धर्म के रहस्यों को अनावृत्त करने में लिथुआनियन धर्म का वही महत्त्व है, जो सेमेटिक धर्म के लिए अरब की संस्कृति और धर्म का।[१] रोमन धर्म की भाँति इस देश के वासियों ने भी अपने जीवन एवं संस्कृति से सम्बन्धित प्रत्येक महत्त्वपूर्ण वस्तु के लिए एक देवता की परिकल्पना कर रखी है। इन देवताओं का अधिकार प्रायः उसी क्षेत्र के भीतर रहता है, जिससे उनका जन्म होता है। उदाहरणार्थ पशुपालन से सम्बन्धित कुछ लिथुआनियन देवता इस प्रकार हैं : **सुत्वरस्** पशुओं का सामान्य अभिरक्षक हैं, **गोथा** नामक देवी पशुओं की वृद्धि की अधिष्ठात्री है, **ज़ारिक्सउस्** पशुओं के भोजन, चारे आदि का व्यवस्थापक है तथा **बाउषिस्** और **रातेनिक्ज़ा** क्रमशः वृषमों तथा अश्वों के पालक हैं।[२]

वैदिक धर्म में भी यह प्रवृत्ति क्षीणरूप से विद्यमान है। ऋक् तथा अथर्ववेद में **वास्तोष्पति** तथा **क्षेत्रपति** नामक दो देवता प्राप्त होते हैं, जो क्रमशः गृहों तथा खेतों के रक्षक माने गए हैं।[३]

श्राडर का कथन है कि इन देवों में **जडात्मवाद** (animism) के स्पष्ट संकेत प्राप्त होते हैं। जडात्मवाद प्रारम्भिक धार्मिक विचारधारा का वह पक्ष है जिसके अनुसार अल्पविकसित संस्कृति वाले व्यक्ति प्रत्येक जड पदार्थ को सजीव समझते हैं और यह मानते हैं कि प्रत्येक पदार्थ में एक चेतन आत्मा का वास होता है, जो उस जड़ वस्तु की क्रियाओं पर नियन्त्रण रखता है। प्राचीन आर्यों का विश्वास था कि संसार का प्रत्येक क्षेत्र किसी चेतन तत्त्व से नियन्त्रित है। इसीलिए उन्होंने अपने जीवन के सभी महत्त्वपूर्ण क्षेत्रों के अधिष्ठाताओं की पृथक्-पृथक् परिकल्पना की और उसे इस विशिष्ट क्षेत्र की सम्पूर्ण क्रियाओं का अधिकारी देवता माना।[४]

---

१. श्राडर, **ए० रि० ई०**, द्वितीय भाग, '**आर्यन रिलीजन**' नामक लेख। पृ० १५ अ

२. श्राडर, **ए० रि० ई०**, द्वि० भा० पृष्ठ ३० अ ब।

३. इनके विशेष विवरण के लिए देखिए, कीथ, **रिलीजन एण्ड फिलासफी आफ़ दि वेद एण्ड दि उपनिषद्स** : प्रथम भाग पृ० ६३ तथा मैक्डॉनल, **वैदिक माइथॉलजी**, पृष्ठ १३८।

४. देखिए श्राडर : **ए० रि० ई०**, द्वितीय भाग, **आ० रि०**, पृ० ३२ अ।

एच० उज़ेनर ने अपनी प्रसिद्ध जर्मन पुस्तक **ग्यौटरनामेन**[१] (Götternamen) में इन देवताओं को "**ज़ौन्डरग्यौटर**" (Sondergötter) या "**विशिष्ट देवता**" की संज्ञा से अभिहित किया। ये विशिष्ट देवता मानव जीवन अथवा प्रकृति के किसी एक विशेष क्षेत्र से सम्बन्धित होते हैं और इनका अधिकार केवल उसी क्षेत्र तक सीमित होता है, उदाहरणार्थ रोमन धर्म में **सीरीस** अथवा वैदिक धर्म में **वास्तोष्पति**। अत: यह कहा जा सकता है कि ये देवता केवल मानव जीवन अथवा प्रकृति के उस क्षेत्र के ही सजीव रूप हैं।

उज़ेनर तथा श्राडर दोनों का ही विचार है कि ऋग्वेद में प्राप्त होने वाले इन्द्र एवं वरुण आदि **वैयक्तिक देवता** (Persönliche Götter) इन विशिष्ट देवताओं के बाद में विकसित हुए हैं। काल की दृष्टि से ये परवर्ती हैं और मुख्यत: इनका उद्‌भव **विशिष्ट देवों** से ही हुआ है। **वैयक्तिक देवता**, जिस क्षेत्र से सम्बन्धित होते हैं उसमें स्वतन्त्र अस्तित्व रखते हैं। उनकी क्रियाशीलता या अधिकार 'विशिष्ट देवों' की भाँति केवल उस क्षेत्र विशेष तक ही सीमित नहीं रहता। इनका जन्म अनेक विशिष्ट देवों के व्यक्तित्व तथा कार्य क्षेत्र के मिलने से होता है।

कुछ मुख्य 'विशिष्ट देवता' धीरे-धीरे अधिक शक्तिशाली हो उठते हैं और अन्यान्य तुच्छ देवों के व्यक्तित्व को आत्मसात् करके वे 'वैयक्तिक देवता' बन जाते हैं। उस समय उनका मूल क्षेत्र तथा मूल रूप से सम्बन्ध इतना अधिक हट जाता है कि उसका पता लगाना कठिन हो जाता है। वैदिक इन्द्र तथा वरुण के विषय में भी यही बात है।

श्राडर के अनुसार 'विशिष्ट देवों' से 'वैयक्तिक देवों' के जन्म की प्रक्रिया अत्यन्त स्वाभाविक तथा सरल है। इसके दो मुख्य कारण हैं। एक तो यह कि मानव इतिहास में प्राय: महान् व्यक्तित्वों का जन्म होता रहता है। समाज में कुछ व्यक्ति धन तथा शक्ति के आधिक्य के कारण प्रभावशाली हो जाते हैं और राजा आदि बन बैठते हैं। ठीक इसी प्रकार जनता के मन में छोटे-छोटे 'विशिष्ट देवों' के स्थान पर महान्, अधिक शक्तिशाली एवं अधिक वैयक्तिक विशेषताओं से पूर्ण देवों की धारणा जन्म लेती है।[२]

इसके अतिरिक्त इस धार्मिक प्रक्रिया में दूसरा मुख्य कारण यह है कि सभ्यता के विकास के साथ जैसे-जैसे नये-नये विधान, सामाजिक रीतियाँ एवं नियम आदि बनते चले जाते हैं, वैसे-वैसे मनुष्यों की एवं अधिक शक्तिशाली देवों की आवश्यकता प्रतीत होती है और इन सब नियमों के पालनकर्ता तथा अधिष्ठाता माने जा सकें। प्राचीन

१. बॉन् से १८९९ में प्रकाशित।

२. श्राडर : **ए० रि० ई०**, द्वितीय भाग, **आ० रि०**, पृ० ३५ ब-३६ अ।

आर्यों के साथ भी ऐसा ही हुआ। सभ्यता के विकास के साथ महत्त्वपूर्ण प्राकृतिक देवता लुप्त होने लगे और उनके स्थान पर इन्द्र, वरुण आदि उच्च देवता उभर आये।[१]

आर्य देवों की उत्पत्ति विषयक उपर्युक्त मत, जो मूल रूप उज़ेनर का है और जिसका बाद में श्राडर ने[२] दृढ़ता से समर्थन किया, अनेक विद्वानों की आलोचना का विषय बना है। इसके विरुद्ध पहली आपत्ति तो यह है — उज़ेनर ने अपने मत की प्रस्थापना के लिए जिन स्रोतों का आश्रय लिया है, वे बहुत परवर्ती हैं। लिथुआनियन धर्म का प्राचीनतम प्रामाणिक विवरण १७ वीं शताब्दी के एक ईसाई मिशनरी के लेखों से प्राप्त होता है। यदि हम यह मान भी लें कि जो सूचनाएँ और विवरण उसने दिए हैं, वे यथार्थ तथा पूर्ण सत्य हैं, तो भी यह विश्वास करना कठिन है कि लिथुआनियन धर्म ने सहस्रों वर्ष पूर्व की आर्यों की धार्मिक प्रवृत्तियों को पूर्णतः सुरक्षित रखा है और उनमें न तो कोई परिवर्तन हुआ है, न आगामी विकास। रोमन '**इन्दिगितामेन्ता**' का विवरण भी अपेक्षाकृत परवर्ती है। यह धार्मिक ग्रन्थ भारतीय पौराणिक साहित्य का समकालीन है। अतः वेदों से भी पूर्व के प्रागैतिहासिक देवों के स्वरूप एवं धार्मिक प्रवृत्तियों को जानने के लिए इन दोनों ही ग्रन्थों का आधार लेना नितान्त भ्रामक है और इनकी तुलना से जो निष्कर्ष निकले हैं, वे यथार्थ से बहुत दूर हो सकते हैं।

दूसरी बात यह है कि यह मत केवल दो धर्मों के प्रमाणों पर ही आधारित है। ग्रीक, भारतीय, तथा ईरानी धर्मों तथा देवशास्त्रों में इन प्रवृत्तियों के अत्यन्त उपेक्षणीय सूत्र मिलते हैं। वैदिक उषस्, अग्नि, सूर्य तथा वात आदि वैदिक देवता क्रमशः उषा, आग, सूरज तथा वायु आदि पर अधिकार रखने वाले '**विशिष्ट**' या '**विभागीय**' देवता नहीं, अपितु तत्तत् प्राकृतिक दृश्यों के मानवीकरण मात्र हैं। 'जडात्मवाद' की प्रक्रिया से निर्मित विशिष्ट देवों का उस वस्तु-विशेष से पृथक् एक स्वतन्त्र चेतन सत्ता के रूप में अस्तित्व होता है और इस प्रवृत्ति का वैदिक देवों में पूर्णतः अभाव है। कवि वैदिक-देवों की धारणा में उस प्राकृतिक दृश्य के भौतिक अथवा दृश्यमान स्वरूप से बहुत ऊपर नहीं उठ पाया है।[३] अवेस्ता में अवश्य कुछ ऐसे (विशिष्ट) देवता प्राप्त होते हैं,

---

१. श्राडर, **वही**।

२. अपनी श्ट्रास्बुर्ग (फ्रांस) से १९०१ में प्रकाशित "**रेयाललेक्सिकोन डेऽर इन्डोगेर्मानिशेन आल्टरटुम्सकुंडे**" नामक पुस्तक तथा ए० रि० ई० में छपे उपर्युल्लिखित लेख में।

३. (क) तु० की०, विन्टरनित्स्, **हिस्ट्री ऑफ़् इन्डियन लिटरेचर** (अंग्रेज़ी अनुवाद) प्रथम भाग, पृष्ठ ७५ तथा आगे।

ये सूक्त हमारे लिए इसलिए और भी महत्त्वपूर्ण है कि इनमें हम देवकथाओं को अपने सामने ही बनते हुए देखते हैं। देवता हमारी आँखों के ही सामने उत्पन्न होते हैं। ऋग्वेद में बहुत से सूक्त सूर्य के देवता .... अथवा उषा की देवी के प्रति नहीं .... अपितु स्वतः देदीप्यमान सूर्य अथवा प्रकाशमती उषा के प्रति ही कहे गए हैं .... ऐसे अनेक प्राकृतिक

किन्तु क्योंकि यह ईरानी ग्रन्थ ऋग्वेद से बहुत परवर्ती है, अत: यह तथ्य श्राडर के मत के विरोध में ही अधिक प्रमाणित करता है। ऋग्वेद में ऐसे देवों का कोई अस्तित्व न होने से अधिक सम्भव यही प्रतीत होता है कि यह प्रवृत्ति परवर्ती ईरानी विकास है।[१]

इसके अतिरिक्त श्राडर ने इन विशिष्ट देवताओं की उत्पत्ति का कारण **जडात्मवाद** को माना है। धार्मिक अथवा अन्य किसी भी दृष्टि से महत्त्वपूर्ण वस्तु में उस वस्तु से पृथक् एक चेतन सत्ता के दर्शन करने की प्रवृत्ति जडात्मवाद है। पर जैसा कि देशमुख का कथन है[२] — इन रोमन तथा लिथुआनियन देवों में जडात्मवाद का लेश भी नहीं है। ये देवता केवल तत्तत् वस्तुओं अथवा क्रियाओं के मानवीकरण मात्र हैं। इन देवों में वस्तुओं से पृथक् कोई चेतन सत्ता स्वीकार नहीं की गई और जब जडात्मवाद किसी देवता की उत्पत्ति का कारण होता है तो वह इसी चेतन शक्ति के कारण ही, वस्तु के कारण नहीं।

वस्तुत: श्राडर[३] तथा फ्रेज़र[४] आदि विद्वानों की भाँति या भारोपीय काल के देवों को अनेक तुच्छ तथा छोटे-छोटे देवताओं से विकसित मानने की अपेक्षा यह धारणा अधिक तर्कसंगत और तथ्य के समीप है कि आर्य देवता प्रारम्भ में प्रकृति के किसी एक महान् तथा महत्त्वपूर्ण के दृश्य मानवीकरण थे किन्तु जैसे-जैसे समय बीतता गया इन देवों का व्यक्तित्व बिखरने लगा और वे अनेक देवों में बँट गए। इसकी पुष्टि इस तथ्य से होती है कि भारोपीय काल में आकाश के प्रत्येक दृश्य से सम्बन्धित **द्येउस्** (Dyeus) नामक केवल एक देवता था किन्तु ऋग्वेद के समय तक आते-आते इस देवता का महनीय व्यक्तित्व क्षीण पड़ गया और यह सूर्य, विष्णु, सवितृ तथा मित्र आदि प्रकाश से सम्बन्धित अनेक छोटे-छोटे देवताओं में विभक्त हो गया और आगे

दृश्यों की स्तुति, पूजा एवं आह्वान यहाँ प्राप्त होता है। ऋग्वेद में धीरे-धीरे हम इन प्राकृतिक दृश्यों से धार्मिक व्यक्तित्वों की रचना होते हुए देखते हैं।

(ख) उषस्, सूर्य आदि के विषय में इस मत के विरोध के लिए देखिए ग्रिसवोल्ड: **रिलीजन ऑफ़ दि ऋग्वेद,** पृ० ८१ तथा आगे, इनके अनुसार ये विशिष्ट देवता ही हैं।

१. देखिए, पी० एस० देशमुख, **ओरिजिन एण्ड डेवलपमेन्ट ऑफ़् रिलीजन इन वैदिक लिटरेचर,** आक्सफोर्ड, पृ० १२५, पादटिप्पणी।

२. **ओरिजिन०** पृ०, १२६।

३. **ए० रि० ई०** के पूर्वोल्लिखित के अतिरिक्त '**रियाललेक्सिकोन डेऽर इण्डोगेर्मानिशेन आल्टरटुम्सकुंडे** में प्रतिपादित।

४. फ्रेज़र का मत है कि भारोपीय आर्यों की दृष्टि में सृष्टि असंख्य चेतन आत्माओं से व्याप्त थी और वे प्रत्येक वृक्ष, नदी, निर्झर, पर्वतशिला तथा वायु के प्रत्येक झोंके में किसी अदृश्य चेतन शक्ति दर्शन करते थे। बहुत धीरे-धीरे उन्होंने सम्पूर्ण वन, जल या वायु पर अधिकार रखने वाले महत्तर देवों की कल्पना की। ये विचार उनकी **वर्शिप ऑफ़् नेचर** (लन्दन, १९२६) पुस्तक में प्रतिपादित हैं।

चल कर इन देवों ने इतना महत्त्वपूर्ण रूप धारण किया कि उनका जनक वैदिक **द्यौस्** वैदिक देवमण्डल से पूर्णत: विलुप्त हो गया।

वस्तुत: '**विशिष्ट**' अथवा '**विभागीय**' देवताओं की पृष्ठभूमि में जो धार्मिक भावना है, वह ऋग्वेद में प्राप्त प्रकृति के महान् देवों से सम्बन्धित मानसिक भावना से पूर्णत: पृथक् है। प्रकृति के महान् देवता पूजक को अपनी उच्चता तथा महनीयता से प्रभावित करके उसके हृदय में आदर एवं भय उत्पन्न करते हैं। किन्तु 'विशिष्ट देवता' केवल इस सामान्य भावना के परिणाम होते हैं कि संसार की प्रत्येक वस्तु एक चेतन सत्ता से युक्त है। 'विशिष्ट देवता' सामान्य जन के आदर या पूजा के विषय नहीं होते। यह दूसरी बात है कि कभी कोई अपने किसी कार्य-विशेष की सिद्धि के लिए उनकी पूजा करने लगे।[१] दोनों की प्रकृति के बीच एक विस्तृत खाई है और इसलिए एक-दूसरे का कारण नहीं बन सकता। सूर्य तथा आकाश आदि से सम्बन्धित आदरोत्पादक महान् दृश्यों की पूजा वास्तोष्पति तथा क्षेत्रपति आदि देवों से निश्चित रूप से प्राचीन है, जो स्थिर जीवन एवं कृषि से सम्बन्धित हैं।[२] कीथ का अनुमान है कि ऐसे छोटे-मोटे देवता बाद में पुरोहितों द्वारा निर्मित कर लिए गए हैं क्योंकि वे धार्मिक वस्तुओं को एक विशेष पवित्रता की दृष्टि से देखते हैं। इस प्रकार उनकी उत्पत्ति प्रकृति की उपासना से सम्बन्धित धर्म से ही जडात्मवाद के प्रभाव के अन्तर्गत हुई है।[३]

रोमन **इन्दिगितामेन्ता** तथा लिथुआनियन धर्म में प्राप्य देवों की उत्पत्ति का कारण भी दैनिक अथवा धार्मिक जीवन की उपयोगी एवं महत्त्वपूर्ण वस्तुओं को पवित्र समझने का मानव स्वभाव है। वैदिक युग में यज्ञ के उपकरणों के प्रति प्राप्त होने वाला समादर तथा गाय की विशेष पूजा इसका प्रमाण है।

आर्यों की प्राचीनतम साहित्यिक कृति ऋग्वेद को देखते हुए आर्यों के प्राचीन देवों की उत्पत्ति में '**जडचेतनावाद**' (Animatism) का सिद्धान्त अधिक काम करता हुआ दिखाई देता है। जडात्मवाद से वैदिक देवों की उत्पत्ति की सन्तोषजनक व्याख्या नहीं की जा सकती। जडचेतनावाद बौद्धिक दृष्टि से कुछ अल्प विकसित मनुष्यों की उस धार्मिक भावना को कहते हैं, जिसके अनुसार वे समझते हैं कि जड-जगत् की प्रत्येक महत्त्वपूर्ण वस्तु चेतन प्राणी की भाँति सोचने, समझने और अनुभव करने की शक्ति रखती है। जडचेतनावाद में विश्वास रखने वाले प्राय: यह समझते हैं कि ऐसी जड वस्तुओं में अतिमानवीय शक्ति का निवास होता है, जिससे उनकी उपासना अथवा आदर करना चाहिए। जब किसी जड वस्तु की इस प्रकार की उपासना की जाए मानो

---

१. तु० की०, कारनाय : **ले ज़ैंदो-ओरोपियां** (Les Indo-Europeans), पृ० २०९ तथा आगे।

२. कीथ : **रिलीजन०** प्रथम भाग, पृ० ६४, ६५।

३. वही, पृ० ४५

उसमें किसी पृथक् चेतना शक्ति या आत्मा का निवास है तो इसे जडात्मवाद कहते हैं और जब स्वयं उस वस्तु को ही चेतना मान कर उसका उपासन किया जाए तो इस धार्मिक भावना को जडचेतनावाद कहा जाता है। जडचेतनावाद की यही भावना अधिकांश वैदिक देवों के ही नहीं अपितु भारोपीय देवों के भी मूल में पाई जाती है और यह पूर्णत: नि:संशय है कि आर्यों के प्राचीन देवता प्रकृति के ही विभिन्न दृश्यों के मानवीकरण मात्र थे। प्रकृति के इन प्रभावशाली दृश्यों में प्राचीन आर्यों को किसी महान् रहस्यमयी शक्ति के दर्शन होते थे और वे इन शक्तियों को मनुष्यों से घनिष्ठतया सम्बन्धित समझते थे। मनुष्य के सौभाग्य तथा दुर्भाग्य की भी ये कारण मानी जाती थीं और अपनी कृतज्ञता की भावना को व्यक्त करने के लिए, तथा अंशत: उनकी महत्ता से प्रभावित होकर अथवा भय के कारण, वे उनकी स्तुति एवं प्रसान्त्वन आवश्यक समझते थे। जडचेतनावाद की प्रक्रिया वेदों में इतनी अधिक स्पष्ट है कि देवताओं के व्यक्तिगत नाम प्राय: वे ही हैं, जिनसे उनके भौतिक स्वरूप का बोध होता है। अग्नि आग भी है और अग्नि से सम्बन्धित दैवी शक्ति भी। द्यौ: शब्द आकाश को भी सूचित करता है और आकाश के देवता को भी। उषस् प्रात:काल भी है और इसकी अधिष्ठात्री देवी भी।

आर्यों के धार्मिक इतिहास में **जडचेतनावाद** एक ऐसी प्रक्रिया है जिस पर केवल आर्य देवताओं का ही उद्गम नहीं अपितु विशिष्ट देवताओं की भी उत्पत्ति और साथ ही स्वयं जडात्मवाद भी आधारित है। जडचेतनावाद के प्रारम्भ में तत्त्वों की ही चेतनरूप में उपासना की जाती है किन्तु धीरे-धीरे वह चेतना सत्ता वस्तु से पृथक् होने लगती है और कुछ समय पश्चात् एक स्वतन्त्र अस्तित्व धारण कर लेती है। पर ऐसी दशा में भी वह अपनी मूल वस्तु या तत्त्व से किसी रूप में सम्बन्धित रहती है और यह स्थिति जडात्मवाद को जन्म देती है। यदि भारोपीय काल के देवों में जडचेतनावाद पर आधारित प्राकृतिक तत्त्वों की इस आधारभूत समानता को स्वीकार न किया जाए तो इन देवों के विभिन्न देशों एवं जातियों में पाए जाने वाले स्वरूपगत साम्य तथा समान विकास की व्याख्या करना कठिन होगा।

कीथ का भी यही विचार है कि आर्यों के प्राचीन धर्म का आरम्भ प्रकृति के इन्हीं महान् दृश्यों की देवरूप में उपासना से हुआ और धीरे-धीरे जब उनमें अमूर्त धारणाओं पर आधारित देवताओं की परिकल्पना करने की क्षमता विकसित हुई तो '**उत्तुद**' तथा '**निवर्तन**' जैसे विभागीय या विशिष्ट देवों की कल्पना की गई।[१] प्रतीत होता है कि

---

१. देखिए, **रिलीजन**० प्रथम भाग, पृ० ६५।

उत्तुद एवं **निवर्त्तन** क्रमश: अ० वे० ३।२।५१ तथा ऋ० वे० १०।९१।८ में उल्लिखित 'विशिष्ट देवता' हैं। प्रथम का आह्वान किसी स्त्री के हृदय को प्रेम से उद्वेलित करने के लिए तथा दूसरे का वन में भटके पशुओं को ठीक मार्ग पर लाकर घर लौटाने के लिए किया जाता है।

मैक्डॉनल को भी जडचेतनावाद का यह मत मान्य था क्योंकि उन्होंने लिखा है कि 'वैदिक देवशास्त्र बहुत प्राचीनकाल से चली आ रही उस शृंखला पर आधारित है, जिसके अनुसार प्रकृति का प्रत्येक दृश्य तथा प्रत्येक तत्त्व सजीव और चेतन है'।[१]

जडात्मवाद के समर्थक श्राडर ने भी स्वीकार किया है कि उस प्रागैतिहासिक प्राचीनकाल में भी 'धर्म के उच्चतर स्वरूप का प्रारम्भ हो चुका था जो मुख्यतः प्राकृतिक तत्त्वों की उपासना से सम्बन्धित था'।[२] यदि थोड़े से 'विशिष्ट देवों' का अस्तित्व उस समय माना भी जाए तो भी इतना तो निश्चित है कि देवों की एक दूसरी श्रेणी का भी उस समय तक प्रादुर्भाव हो चुका था और इस श्रेणी के देवता मुख्यतः प्रकाश से सम्बन्धित होने के कारण प्रथम प्रकार के देवों से भिन्न थे। अनेक आर्य भाषाओं में 'देवता' के वाची विभिन्न शब्दों की तुलना से आर्यों की दैवी शक्तियों का मूल स्वरूप पूर्णतः स्पष्ट हो जाता है : संस्कृत — **देवः**, ग्रीक — **थेओस्**, लेटिन — **देउस् (देइवॅस्) दिएवॅस्** (१६वीं शताब्दी तक **देइवस्**), आइरिश — **दिया** प्रा० नार्स — **तिवर** आदि सभी शब्द देवतावाची हैं और इन सब का मूल भारोपीय '**दिव्**' धातु है, जिसका अर्थ चमकना, या प्रकाशित होना है। यह निर्भ्रान्त व्युत्पत्ति सूचित करती है कि आर्यों ने देवता विषयक अपनी सर्वप्रथम धारणा प्रकाश या प्रकाशमान-आकाश से प्राप्त की थी।[३]

आर्य भाषाओं के कुछ अन्य समीकरणों के आधार पर हम कुछ अंशों में यह भी पता लगा सकते हैं कि अपने देवों के विषय में प्राचीन आर्यों की क्या धारणा थी? संस्कृत — **भग**, अवे० **बग़**, स्लेवा० **बोगु**, (उदार) शब्द यह सूचित करते हैं कि वे अपने देवों को उदार तथा ऐवर्श्य सम्पन्न समझते थे (सं० के भगवान् शब्द में भी यही भाव निहित है)। स्लेवानिक भाषा में तो देवों के उदारचेता होने की यह भावना इतनी अधिक प्रबल हुई है कि इसने दिव् धातु से सम्बन्धित मूल '**देइवॅस्**' शब्द को लुप्त सा कर दिया है और देवों के लिए '**बोगु**' एक सामान्य संज्ञा बन गया है।[४] अवेस्ता में भी '**बग़**' शब्द देवों के सामान्य नाम के रूप में प्रयुक्त हुआ है। अवे० **स्पेन्ता**, लिथु० तथा प्रा० नार्स — **स्वेन्तु** (पवित्र, पूजनीय) शब्दों से प्रतीत होता है कि वे इन शक्तियों को आदर की दृष्टि से देखते थे। उनकी अपने देवों में पूर्ण श्रद्धा थी और उनकी कृपा पर विश्वास (संस्कृत — **श्रद्धा** लेटिन — **क्रेदो**, केल्टिक — **क्रेटिम्**, विश्वास)। वे इन शक्तियों को पूजन अथवा अर्चना से सन्तुष्ट एवं प्रसन्न रखने का प्रयत्न करते थे;

---

१. मैक्डॉनल, **वैदिक माइथॉलजी**, पृ० २, तथा देशमुख, **ओरिजिन**० पृ० ११८।

२. **ए० रि० ई०**, द्वितीय भाग, '**आर्यन रिलीजन**' पृ० ३३ अ।

३. ब्लूमफील्ड : **रिलीजन ऑफ् दि वेद** : पृ० १०८-९।

४. देशमुख : **ओरिजिन**० पृ० १२९।

यातविक कृत्यों द्वारा बलात् अपनी कामनाओं की पूर्ति कराना उन्हें अभीष्ट नहीं था (संस्कृत—**यज्** अवे० **यज़्**, ग्रीक—**अग्** = पूजा करना)[1]

प्राचीन आर्यों के इन्हीं उपास्य देवों के प्रागैतिहासिक स्वरूप का संक्षिप्त विवरण आगे के पृष्ठों में दिया जाएगा।

(३)

आकाश देव *'द्येउस्' (*Dyeus)

भारोपीय काल काल के एक प्रमुख देवता, जो ऋग्वेद में मानवीकरण का एक झीना सा आवरण पहने हुए हैं और जिसका उद्‌गम निश्चित रूप से प्राकृतिक तत्त्वों में ढूँढ़ा जा सकता है, आकाश के देवता **'द्येउस्'** हैं। यह शब्द प्रायः भारोपीय **'दिव्'** धातु से निष्पन्न माना जाता है पर अधिक सम्भावना यह है कि यह **'द्यु'** जैसी किसी प्राचीन धातु से निकला है। दोनों धातुओं का अर्थ 'चमकना' है (सं० देव = प्रकाशशील, द्युति = प्रकाश), पर संस्कृत में दूसरी धातु प्रायः **'द्युत्'** रूप में पाई जाती है। 'दिव्' की अपेक्षा 'द्यु' धातु से सं० **द्यौस्** शब्द का बनना अपेक्षाकृत अधिक सरल है। इसके अतिरिक्त भारोपीय भाषाओं में इन दोनों धातुओं से बने दो पृथक्-पृथक् समीकरण प्राप्त होते हैं। भारोपीय **'देइवॅस्'** शब्द, जो संस्कृत में **'देव'** आइरिश में **'दिया'** लिथु० में **'देइवस्'** लैटिन में **'देउस्'** तथा प्रा० नार्स में **'तिवर'** के रूप में पाया जाता है, सूचित करता है कि ये सभी शब्द दिव् धातु से बने हैं। किन्तु भारोपीय **'द्येउस्'** का आर्य भाषाओं में एक सर्वथा विभिन्न विकास हुआ है, उदाहरणार्थ ग्रीक में **'ज़ेउस्'** लेटिन में **'जु' (-पिटर)** अथवा **'जोव्'** प्रा० उ० जर्मन में **'त्स्यू' (ज्यू)** तथा प्रा० नार्स में **'ज़िर'** के रूप में। द्येउस् शब्द में तालव्य अर्धस्वर य् के सघोष दन्त्य व्यंजन द् में संयोग के कारण पश्चसमीकरण की भाषावैज्ञानिक प्रक्रिया से 'द्य' वर्ण का सघोष तालव्य 'ज़' अथवा 'ज्' में बदल जाना अत्यन्त स्वाभाविक है। और इस प्रकार संस्कृत **द्यौस्** तथा उससे सम्बन्धित अन्य भाषाओं के शब्द देव शब्द की मूल धातु (दिव्) से पृथक् ही 'द्यु' जैसी किसी अन्य धातु से बने प्रतीत होते हैं।

आकाश से सम्बन्धित इस देवता की 'द्यु' धातु से उत्पत्ति यह सूचित करती है कि द्येउस् के रूप में प्राचीन आर्यों ने प्रकाशयुक्त या प्रकाश प्रदान करने वाले आकाश का ही दैवीकरण किया था और आर्यों की सर्वोच्च प्राचीन धार्मिक भावना दिन के प्रकाश से सम्बन्धित थी।[2]

---

१. ब्लूमफील्ड : **वही**, पृ० १०९।

२. कीथ : **रिलीजन**० प्रथम भाग, पृ० ३७, ६५।
ग्रिसवोल्ड : **रि० ऋ०** पृ० १४।
म्यूर : **ओरिजिनल संस्कृत टैक्स्ट्स**, पञ्चम भाग, १, २१, २२ आदि।

वैदिक द्यौस् का कोई निश्चित एवं पूर्ण व्यक्तित्व नहीं है और ऋग्वेद में उनके चरित की केवल दो या तीन प्रमुख विशेषताओं का ही उल्लेख हुआ है। किन्तु उनके **ग्रीक प्रतिरूप ज़्येउस्** (Zeus) का मानवीकरण इतना पूर्ण तथा स्पष्ट है कि ग्रीक देवशास्त्र में उनके मूल प्राकृतिक रूप का कोई चिह्न अथवा संकेत नहीं पाया जाता। इसका कारण मुख्यत: यह है कि ग्रीक के प्राचीनतम महाकाव्य **इलियड** तथा **ओडिसी**, जिनमें उसका उल्लेख पाया जाता है, ऋग्वेद की अपेक्षा पर्याप्त अर्वाचीन हैं और ज़्येउस् के प्राचीनतर रूप को जानने का अब हमारे पास यूनानी साहित्य में कोई साधन नहीं है। पर ऋग्वेद में भी द्यौस् के स्वरूप की मूल अवधारणा, जिसके अनुसार वे प्रकाश से सम्बन्धित थे, पूर्णत: विलुप्त हो चुकी है और वे केवल आकाश के ही मानवीकरण रह गए हैं। द्यौ: शब्द दिव् (स्त्रीलिंग) के प्रथमा के एक वचन के रूप में लौकिक संस्कृत में भी सुरक्षित है और यहाँ भी यह केवल आकाश का ही वाची है।

इस प्रकार द्यौ: के व्यक्तित्व के सम्बन्ध में ऋग्वेद में विकास की दूसरी अवस्था दिखाई पड़ती है। यहाँ वे सर्वाच्छादक आकाश की धारणा से भी युक्त हैं। आच्छादकत्व की यह विशेषता भारोपीय काल में मूलत: आकाश के एक अन्य प्रमुख देवता **'उओरुएनस्'** (या वरुण) से सम्बन्धित थी। किन्तु ऋग्वेद में वरुण भी अपने मूल रूप को छोड़कर एक 'वैयक्तिक देवता' बन गए हैं।[1]

ऋ० वे० में द्यौस् की दूसरी प्रमुख विशेषता उनका पितृत्व है। उनका **'द्यौष्पितर्'** (तु० की०, लेटिन **'जु-पिटर'**) के रूप में **'पृथिवीमातर्'** के साथ आह्वान किया गया है। द्यौ: और पृथ्वी सभी देवताओं के पिता और माता हैं। इसीलिए ऋ० वे० में द्यावापृथ्वी के लिए **'देवपुत्रे'** विशेषण प्रयुक्त हुआ है। पिता द्यौ: पृथ्वी पर झुक कर उसे गर्भवती बनाता है। स्पष्टत: यह आकाश से होने वाली वृष्टि के पश्चात् पृथ्वी पर उत्पन्न होने वाली वनस्पतियों के प्राकृतिक दृश्य का रूपक है। द्यौ: के लिए **असुर** (शक्तिशाली, बलवान्) विशेषण भी प्राय: प्रयुक्त हुआ है। एक स्थान पर उसे मोतियों से सुसज्जित कृष्ण अश्व भी कहा गया है (ऋ० वे० १०।६८ ११), जो रात्रि के आकाश का सूचक है। ऋग्वेद के कुछ मन्त्रों में उनका पशुविध चित्रण भी प्राप्त होता है। ऋ० वे० १।१६०।४ तथा ५।३६।५ में उन्हें **'वृषभ'** कहा गया है। यह वृषभ **'सुरेता:'** है और गम्भीरगर्जन करता है (ऋ० वे० ५।५।८६) ग्रीक देवशास्त्र में **ज़्येउस्** को भी कभी कभी वृषभ का रूप धारण करते हुए दिखाया गया है, सुन्दरी 'यूरोपा' का अपहरण ज़्येउस् एक वृषभ बनकर करते हैं। इस दृष्टि से ग्रीक ज़्येयुस् भारतीय देवशास्त्र में इन्द्र से अधिक सम्बन्धित हैं।

---

१. श्राडर : **ए० रि० ई०**, खण्ड २, **आर्यन रिलीजन**, पृ० ३३ ब।

पिता द्यौः के लिए प्रयुक्त इस शब्द पर ध्यान रखते हुए पृथ्वी (माता) के लिए वैदिक तथा लौकिक संस्कृत में प्रयुक्त 'गौः' शब्द का कारण भी सरलतया समझ में आ सकता है। द्यौ-वृषभ का गर्जन तडित् के गर्जन का परिचायक है और यह सूचित करता है कि वर्षा के देव पर्जन्य की भी कुछ विशेषताओं का द्यौः के व्यक्तित्व में सम्मिश्रण हुआ है। एक स्थान में उन्हें **'अशनिमत्'** कहा गया है और कुछ स्थलों पर उन्हें मेघों के पीछे से मुस्कराते हुए वर्णित किया गया है, जो निश्चित रूप से विद्युत् की ओर संकेत है।

उनके पितृत्व को छोड़ कर केवल ये ही संकेत ऐसे हैं, जिनसे उनके मानवीकरण का पता चलता है। शेष स्थलों पर यह शब्द केवल आकाश को सूचित करता है। मैक्डॉनल का मत है कि आकाश एवं पृथ्वी को सब प्राणियों के पिता और माता मानने की धारणा भारोपीय काल से भी प्राचीन है क्योंकि यह चीन, न्यूज़ीलैंड तथा मिस्र आदि आर्येतर देशों के देवशास्त्र में भी पाई जाती है।[१]

ग्रीक **ज़्येउस्** को यद्यपि कहीं भी देवों के पिता के रूप में चित्रित नहीं किया गया किन्तु फिर भी निर्विवाद रूप से वे ग्रीक देवमण्डल के सर्वाधिक सशक्त देवता हैं। वे **क्रोनोस्** तथा **रिया** के पुत्र हैं और अपने पिता क्रोनोस को सिंहासन से च्युत करके स्वर्ग तथा पृथ्वी राज्य के अधिपति बन बैठते हैं। प्रायः उन्हें मनुष्यों के प्रति ईर्ष्यालु चित्रित किया गया है। जब **प्रोमेथेउस्** मनुष्यों के लिए आकाश से अग्नि लाता है (तडित् के अन्तरिक्ष से पृथ्वी के वृक्षादि पर गिर कर उन्हें प्रज्वलित कर देने का रूपक) तो वे उसे काकेशस पर्वत पर तीस सहस्र वर्षों के लिए बन्दी बना कर डाल देते हैं, जहाँ प्रतिदिन एक श्येन उसके उदर का मांस नोचता है। मनुष्य जाति से अप्रसन्न होकर वे प्रलय उपस्थित कर देते हैं, जिससे दो को छोड़ कर सभी मानव नष्ट हो जाते हैं।

उनके केश घुँघराले हैं और वे लम्बी दाढ़ी रखते हैं उनके हाथ में सशक्त वज्र रहता है जिससे वे पापियों का विनाश करते हैं। उनकी सात पत्नियाँ हैं किन्तु फिर भी वे पृथ्वी पर अन्य सुन्दर पत्नियाँ खोजने से नहीं चूकते। उन स्त्रियों के पास वे अनेक मानव तथा पशुरूप बना कर पहुँचते हैं। पर कभी-कभी वे पृथ्वी पर न्याय के लिए अथवा किसी परीक्षा लेने के लिए भी पहुँचते हैं।[२]

आगे हम यह देखेंगे कि भारोपीय काल में स्तनयित्नु या झंझावात को भी एक देवता माना जाता था। आकाश तथा झंझावात के ये दोनों देवता ग्रीक देवशास्त्र में अपना स्वतन्त्र व्यक्तित्व स्थिर न रख सके। **ज़्येउस्** ने तडित् एवं झंझावात के इस देवता की

---

१. **वे० मा०**, पृ० ८।

२. देखिए, डोनैल्ड ए० मांक्रिफ् : **क्लासिकल मिथ्स एण्ड लीजेन्ड्स**, लंदन, पृ० ७२-७५।

विशेषताओं को इतना आत्मसात् कर लिया कि वह धीरे-धीरे ग्रीक देवमण्डल से ही विलुप्त हो गया।[१] बिल्कुल यही बात उत्तरी यूरोप के अन्य देशों के विषय में भी है।

यद्यपि देवों के सम्राट् ज़्येउस् के मौलिक एवं प्रारम्भिक रूप की स्मृति ग्रीक देवशास्त्र में सुरक्षित नहीं है तो भी यह उनके **एउरोपा** (विशाल नेत्र वाले) आदि विशेषणों से ध्वनित होती है। ज़्येउस् का यह विशेषण ग्रीक साहित्य में अत्यन्त प्राचीन है और सम्भवतः दिन के प्रकाश से उसका सम्बन्ध सूचित करता है।

भारतीय, ग्रीक तथा रोमन धर्मों में ही नहीं **लिथुआनियन** तथा **प्राचीन ईरानी धर्म** में भी आकाश की पूजा प्राप्त होती है। प्रसिद्ध ग्रीक इतिहासकार **हेरोदौतस्** ने ईरानी धर्म का जो विवरण दिया है, उससे इस विषय में कोई सन्देह नहीं रह जाता। अपने इतिहास में उसने लिखा है, कि — "उनकी (ईरानवासियों की) यह रीति है कि वे किसी ऊँचे शिखर पर चढ़ कर ज़्येउस् के लिए यज्ञ किया करते हैं और आकाश के सम्पूर्ण मण्डल को ज़्येउस् कह कर पुकारते हैं।"[२] **ट्यूटन जाति** (प्राचीन जर्मनी) में भी आकाश के देवता का महत्त्वपूर्ण स्थान है और उनके देवशास्त्र में वह युद्ध का प्रमुख देवता माना गया है। इस प्रकार अनेक आर्य धर्मों में किसी न किसी रूप में आकाश की देव रूप में कल्पना प्राप्त होने से स्पष्ट है कि प्राचीन भारोपीय आर्य धर्म में आकाश की उपासना अवश्य ही महत्त्वपूर्ण स्थान रखती थी।[३] वैदिक ऋषि भी सम्भवतः उनकी इस प्राचीनता को जानते थे, इसीलिए उन्होंने द्यावापृथ्वी को '**पूर्वजे**' (ऋ० वे० ७।५३।२) कहा है —

यद्यपि यह पूर्णतः निश्चित है कि आकाश एवं उससे सम्बन्धित प्राकृतिक शक्तियों की उपासना ही भारोपीय आर्य धर्म का केन्द्र-बिन्दु थी किन्तु यह विवादास्पद है कि "द्येउस्" का तत्कालीन देवमण्डल में क्या स्थान था। ब्रैड्के का मत है कि द्येउस् को भारोपीय काल में अन्य देवों का जनक माना जाता था। वह उनका राजा था और सभी देवता उसके आश्रित समझे जाते थे।[४] इस प्रकार उसकी स्थिति बिल्कुल वही थी, जो

---

१. देखिए, ग्रिसवोल्ड : **रिलीजन ऑफ़ दि ऋग्वेद** : पृ० १००-१०१ 'वे (ज़्येउस् तथा जुपिटर) केवल विभागीय देवता ही नहीं रहे। धीरे-धीरे उन्होंने ऐसी विशेषताओं को भी आत्मसात् करना प्रारम्भ किया, जो मूलतः उनके क्षेत्र में नहीं थीं विशेषतः झंझावात के देवता की। इस प्रकार वे अधिक शक्तिशाली तथा वैयक्तिक होते गए।' तथा श्राडर, **ए० रि० ई०,** भाग २, "आर्यन रिलीजन" पृ० ३४ अ।

२. Their custom is to ascend to the highest peaks of the mountains and to offer the sacrifice to Zeus, calling the whole vault of the sky Zeus...." Herodotus. 1.131 तु० की० माउल्टन : **अर्ली ज़ौरेस्ट्रियनिज़्म,** पृ० ३९१

३. तु० की०, टायलर, **प्रिमिटिव कल्चर,** पृ० ३२२-२८।

४. ब्रैड्के : **द्यौस् असुर** पृ० ११०।

ग्रीक देवमण्डल में ज़्येउस् की। ओल्डेनबर्ग ने इस मत की आलोचना करते हुए कहा है कि भारोपीय काल के देवों का स्वरूप इतना अधिक अस्थिर तथा अपूर्ण था कि हम उनकी एक सुसंयत एवं क्रमबद्ध देवमण्डल के रूप में कल्पना नहीं कर सकते।[१] मैक्डॉनल भी कहते हैं कि 'द्यौस्' को भारोपीय काल के देवों का सर्वोच्च शासक मानना भूल होगी क्योंकि इसका तात्पर्य यह है कि उस प्राचीनतम प्रागैतिहासिक काल में भी आर्यों की प्रवृत्ति कुछ-कुछ एकदेववाद (मोनोथीज़्म) की ओर थी, जो अत्यन्त संदिग्ध है'।[२]

किन्तु यदि देवों और मनुष्यों के सर्वोच्च स्वामी के रूप में इस देवता की प्रतिष्ठा नहीं भी थी तो भी कम से इतना तो निश्चित ही है कि प्राचीन आर्य देवताओं में इनको सम्मानास्पद स्थान प्राप्त था। मैक्डॉनल ने स्वयं यह स्वीकार किया है कि द्यौस् उस अस्थिर बहुदेववाद के देवताओं में सर्वाधिक महत्त्वपूर्ण थे।[३]

आश्चर्य का विषय है कि भारोपीय काल के इस महत्त्वपूर्ण देवता की ऋग्वेद में अत्यन्त महत्त्वहीन स्थिति है। द्यौस् के वैदिक स्वरूप को देख कर कोई अनुमान भी नहीं लगा सकता कि इस देवता का भी कभी कोई विशेष महत्त्व भी था। एक भी सम्पूर्ण सूक्त उनके लिए नहीं प्राप्त होता। केवल इधर उधर प्रकीर्ण कुछ थोड़े से मन्त्रों में ही उनका उल्लेख किया गया है। इस विषय में उनकी 'पत्नी' **पृथ्वी माता** ही अधिक महत्त्वपूर्ण है, क्योंकि उनके लिए अथर्ववेद में एक लम्बा सूक्त (१२।१) प्राप्त होता है। द्यौस् ऋग्वेद में अधिकांशतः एक अमूर्त एवं भावात्मक देवता हैं और जो थोड़ा सा उनका मानवीकरण है, वह भी उनके पितृत्व से ऊपर नहीं उठ पाता। अन्य वैदिक संहिताओं में तो उनका उल्लेख भी नहीं है और वे वैदिक देवशास्त्र से पूर्णतः विलुप्त हो गए हैं।

वैदिक देवमण्डल में द्यौस् की इस महत्त्वहीनता का कारण समझना कठिन नहीं है। पहली बात तो यह है कि प्राचीनतम काल में जब इस देवता की धारणा ने जन्म लिया तो सम्भवतः इनका व्यक्तित्व मुख्य रूप से प्रकाश से सम्बन्धित था। (जैसा कि 'द्यु'-धातु से स्पष्ट है) किन्तु धीरे-धीरे वैदिक-काल में सूर्य, सविता, पूषा, मित्र, विष्णु, विवस्वान् आदि अनेक सौर देवताओं के जन्म से तथा वरुण के आकाशदेव के रूप में प्रतिष्ठित हो जाने से उनका महत्त्व प्रकाश और आकाश के दोनों ही क्षेत्रों से समाप्त हो गया।

---

१. **डी रिलीगियोन डेस वेद,** पृ० ३४, टि० १

२. **वै० मा०,** पृ० २२

३. **वही।** इस प्रसंग में एक बात और महत्त्वपूर्ण है। संस्कृत में '**द्यु**' धातु का अर्थ जीतना (अभिगमन) अथवा श्रेष्ठ होना भी है। यह ध्वनित करता है कि द्यौःशब्द में भी प्राचीन समय में श्रेष्ठता का भाव रहा होगा।

दूसरा मुख्य कारण यह है कि आकाश का भौतिक दृश्य हर समय मनुष्य के नेत्रों के सम्मुख उपस्थित रहता है। अतः द्यौस् का मानवीकरण कभी भी पूर्ण न हो सका। वे एक अमूर्त से देवता रहे और कभी भी एक विकसित वैयक्तिक देवता की स्थिति नहीं प्राप्त कर सके। उनके सम्बन्ध में किसी भी कथा की कल्पना नहीं हुई और इस प्रकार उनके व्यक्तित्व की बाह्य रूपरेखा ही वर्तमान रही। यही कारण है कि यज्ञों में कभी भी उनको भाग प्रदान नहीं किया गया।

यह भी सम्भव है कि ऋग्वेद की बहुदेवतावाद की प्रवृत्ति से जो '**हीनोथीज़्म**' पर आधारित थी और जिसमें प्रत्येक देवता को यथावसर सर्वोच्च माना जाता था, उनकी सार्वभौम-सत्ता पृष्ठभूमि में पड़ गई हो[1]। ऋग्वेद के ऋषियों के लिए कोई भी एक देवता सर्वाधिक महत्त्वपूर्ण नहीं था। ऋषिगण प्रत्येक स्तूयमान देवता को सर्वोत्कृष्ट बताने के अभ्यस्त हैं। यही कारण है कि परवर्ती वैदिक संहिताओं में वरुण भी अपने ऋग्वैदिक उत्कृष्ट पद से बहुत नीचे गिर गए हैं।

इस प्रकार पिता द्यौस्, जो कभी '**देवत्व**' की धारणा के सर्वश्रेष्ठ प्रतिनिधि थे, धीरे-धीरे अपने पुत्रों को अपना स्थान देकर वैदिक देवमण्डल से पूर्णतः विलुप्त हो गए।

उओरुएनॅस् (Uoruenos)

संस्कृत **वरुण** शब्द की ग्रीक **ऊरानॅस्** — प्राचीन उच्चारण 'ओउरानॅस्' (Ouranos) — से तुलना करने से प्रतीत होता है कि सम्भवतः भारोपीय काल में आकाश का एक अन्य देवता भी वर्तमान था, जिसका मूल भारोपीय नाम भाषा- वैज्ञानिक नियमों से '**उओरुएनॅस्**' के रूप में परिकल्पित किया जा सकता है[2]। यह शब्द **वृ** (आच्छादन करना या ढकना) जैसी किसी भारोपीय धातु से निकला था और सम्भवतः संसार की प्रत्येक वस्तु को अपने विस्तार से आच्छादित कर लेने वाले आकाश के मण्डल या परिणाह का द्योतक था[3]। इस प्रकार *द्येउस् तथा *उओरुएनॅस् ये दोनों शब्द आकाश के ही दो विभिन्न रूपों के वाची थे। प्रथम उसके सूर्य तथा अन्य ज्योतिष्पिण्डों से प्रकाशमान स्वरूप को सूचित करता था और दूसरा उसके सर्वव्यापित्व को[4]। ये एक ही प्राकृतिक तत्त्व को व्यक्त करने वाले परस्पर सम्बद्ध दो विशेषण मात्र थे, जो

---

१. ई० मायर : '**गेशिष्टे डेस् आल्टरटुम्स**', प्रथमभाग, द्वितीयखण्ड (स्टुटगार्ट १९१३) पृ० १९०।

२. देखिए, कीथ : **रिलीजन०** भाग १, पृ० ३८।

३. देखिए, ऋ० वे० १।८९।३ पर सायणभाष्य, मैक्डॉनल, **वै० मा०** पृ० २८।
ब्लूमफील्ड : **रिलीजन ऑफ़् दि वेद** पृ० १३७; श्राडर, **आर्यन रिलीज़न** पृ० ३२२।

४. (अ) पिशेल और गैल्डनर (**वेदिशे श्टूडियन**, भाग १, पृ० ८८) तथा ग्रिसवोल्ड (**रिलीजन ऑफ़् दि ऋग्वेद,** पृ० ११३-४) ने वरुण शब्द का वारि तथा वर्षा आदि शब्दों से सम्बन्ध

कालान्तर में स्वतन्त्र देवताओं के रूप मे विकसित हुए[1]।

यह भी सम्भव है कि प्राचीनकाल में इनमें से कोई एक आकाशदेव का वाची रहा हो और दूसरा उसके एक महत्त्वपूर्ण विशेषण के रूप में प्रयुक्त होता हो किन्तु वैदिक एवं ग्रीक देवशास्त्रों में देवों का पृथक्-पृथक् स्वतन्त्र रूप में अस्तित्व यह सूचित करता है कि किसी न किसी रूप में भारोपीय काल में इन दोनों देवों का अस्तित्व अवश्य था।

संस्कृत **वरुण** तथा ग्रीक **ऊरानॅस** शब्दों के तादात्म्य में कई विद्वानों को सन्देह रहा है। श्राडर ने **ए० रि० ई०** (द्वितीय भाग) में प्रकाशित अपने 'आर्यन रिलीजन नामक लेख में इस समीकरण की आलोचना की है और इसे 'ध्वन्यात्मक दृष्टि से पूर्णतः अस्वीकार्य' माना है। उनके मत से भारोपीय काल में केवल एक ही आकाशदेव था और वह था, द्येउस्। कीथ ने लिखा है कि 'यद्यपि इन शब्दों को अब भी एक ही मूल शब्द से उत्पन्न माना जाता है, किन्तु यह पूर्णतः निश्चित नहीं[2]। किन्तु मैक्डॉनल का मत है कि यद्यपि इस समीकरण में कुछ ध्वनि-सम्बन्धी कठिनाइयाँ हैं फिर भी दोनों की एकरूपता सम्भव है[3]।

दोनों शब्दों को मूल रूप में एक मानने में सबसे बड़ी उत्पत्ति यह है कि ग्रीक ऊरानॅस् शब्द 'र्' के बाद जो 'अ' आता है उसका वरुण शब्द में कोई चिह्न नहीं है। ऊरानॅस् शब्द का मूल भारोपीय शब्द **'उओरु-एनॅस्'** अथवा **'उओरु-न्नस्'** प्रतीत होता है और वरुण शब्द का मूल **'उओरु-नस्'**। इस प्रकार जब दोनों शब्दों का उद्गम ही भिन्न है तो वे समान शब्द कैसे हो सकते हैं? किन्तु ब्लूफील्ड का मत है कि 'उओरु-एनॅस्' तथा 'उओरु-नस्' एक ही शब्द के भाषागत दो विभिन्न रूप हैं। बोली

दिखाते हुए यह सिद्ध करने की चेष्टा की है कि इस शब्द का मूल अर्थ 'वर्षा करने वाला' था। ग्रीक ऊरानॅस् का भी 'औराइ' क्रिया से सम्बन्ध है, जिसका अर्थ जल बरसाना होता है। बाद में भ्रामक व्युत्पत्ति के द्वारा वरुण शब्द को **'वृ'** धातु से निष्पन्न मान कर आकाश से उसका सम्बन्ध मान लिया गया। वरुण शब्द के जल या वर्षा से इसी सम्बन्ध के कारण सम्भवतः ऋग्वेद तथा परवर्ती पौराणिक साहित्य में वरुण को समुद्रों का स्वामी तथा जल का अधिष्ठाता बतया गया है। तु० की०, हॉपकिन्स (**रिलीजन्स ऑफ़ इन्डिया,** पृ० ६६) ''वरुण वह आकाश है, जो जल तथा मेघों से आच्छन्न रहता है।'' इनके मत के अनुसार वरुण शब्द का अर्थ 'ढकने वाला' नहीं अपितु [मेघों से] 'ढका हुआ' [आकाश] है।

(आ) हिलेब्रांड्ट ने अपनी सुप्रसिद्ध जर्मन पुस्तक **'वेदिशे मिथोलोगी'** (द्वितीय भाग) में विस्तारपूर्वक यह सिद्ध करने का प्रयत्न किया है कि वरुणः चन्द्रमा से सम्बद्ध हैं।

१. ग्रिसवोल्ड : **रिलीजन ऑफ़ दि ऋग्वेद**, पृ० ११२-१३।

२. कीथ, **रिलीजन०** प्रथम भाग, पृ० ३८

३. वे० मा० पृ० ८।

की विभिन्नता के आधार पर प्रायः शब्दों के ऐसे दो-दो रूप प्रचलित रहते हैं। उदाहरणार्थ वैदिक 'नूतन' तथा 'नूत्न' शब्द का एक ही अर्थ (नवीन) है और ग्रीक भाषा के 'स्तेगेनॅस्' तथा 'स्तेग्नॅस् भी एक ही अर्थ (ढका हुआ, आच्छादित) के वाची हैं[१]।

एशिया माइनर या तुर्किस्तान के **बोगाज़्र-क्यूई** नामक स्थान में सन् १९०७ में प्राप्त एक मृत्फलक से वरुण की अत्यधिक प्राचीनता सिद्ध होती है। यह फलक १४वीं शती ई० पू० का है और इसमें कीलकाक्षरों में हित्तिति और मितानी जाति के दो राजाओं की पारस्परिक सन्धि का विवरण हैं। दोनों जातियों के देवों का सन्धि की शर्तों की रक्षा के लिए आह्वान किया गया है। मितानी जाति के देवों की सूची में चार वैदिक देवताओं का उल्लेख किया गया है और वे हैं, वरुण (उ- रु- व- न) इन्द्र, मित्र तथा नासत्या (अश्विनौ) और यदि, जैसा कि ओल्डेनबर्ग का विचार है, ''ये देवता आर्य जाति की ही एक शाखा (मितानी) के देवता हैं और समान भारोपीय स्रोत से ही मितानी तथा भारतीय आर्य जातियों को प्राप्त हुए हैं''[२] तो वरुण की प्राचीनता निःसन्दिग्ध रूप से प्रस्थापित हो जाती है।

जैसे वैदिक साहित्य में द्यौस् एक अत्यन्त सामान्य से देवता हैं उसी प्रकार ग्रीक देवशास्त्र में ऊरानॅस् का व्यक्तित्व अत्यन्त क्षीण है। उन्हें देव तथा दानव दोनों ही जातियों का मूल उत्पादक कहा गया है। उनकी पत्नी का नाम **'ग्या'** अथवा **'गे'** है, जो पृथ्वी का ही प्रतीकात्मक रूप है।[३] (अंग्रेज़ी के ज्योग्राफी, ज्योलजी आदि समास-शब्दों के प्रारम्भ में यही शब्द है) ऊरानॅस् अपनी दानव सन्तान से अत्यन्त घृणा करता है और उन्हें एक गुफा में बंद कर देता है। 'ग्या' तब एक षड्यन्त्र रचती है और अपने पुत्र **ख्रोनॅस** (Chronos=काल, समय) को अपने पिता ऊरानॅस की हत्या करने की सलाह देती है। ख्रोनॅस अपने पिता की एक हँसिये से हत्या कर डालता है किन्तु उसके शरीर से निकलते हुए रक्त से पुनः अनेक राक्षस उत्पन्न हो जाते हैं। कुछ समय पश्चात् अपने शक्तिशाली पुत्र ज़्येउस् के हाथों से ख्रोनॅस का भी वही हाल होता है, जो उसने अपने पिता का किया था[४]।

---

१. ब्लूमफील्ड, **रिलीजन ऑफ़् दि वेद** : पृ० १३६।

२. विन्टरनित्स् द्वारा अपनी **हिस्ट्री ऑफ़् इंडियन लिटरेचर,** प्रथम भाग पृ० ३०५ पर उद्धृत।

३. संस्कृत के **गौ** शब्द से इसकी तुलना कीजिए। यह भी पृथ्वी का वाची है (निरुक्त, नैघण्टुक काण्ड, द्वितीयपाद : **गौरिति पृथिव्या नामधेयम्। यद् दूरं गता भवति। यच्चास्यां भूतानि गच्छन्ति**) और पृथ्वी वेदों में आकाशदेव द्यौः की पत्नी है।

४. डी० ए० मांक्रिफ : **क्लासिकल मिथ्स एण्ड लीजैण्ड्स**, पृ० १४।

ऊरानॅस् के विषय में केवल इतना ही विवरण ग्रीक देवशास्त्र में प्राप्त होता हैं। वे देवों के शक्तिशाली सम्राट् **ज़्येउस्** के पितामह हैं। ग्रिसवोल्ड ने ठीक ही कहा है कि इस तथ्य से ऊरानॅस् की अत्यधिक प्राचीनता का भान होता है[1] और इनकी धारणा का उद्भव ज़्येउस् से परवर्ती नहीं हो सक ता। ग्रीक देवशास्त्र में इनकी मृत्यु इसलिए वर्णित कर दी गई है कि इनके विषय में कोई भी अन्य कथा प्राप्त नहीं होती। इनका व्यक्तित्व भी अपूर्ण है और उसकी केवल क्षीण रूपरेखा मात्र अवशिष्ट है।

आकाश के दृश्य के सर्वत्र और सदा उपस्थित रहने के कारण आकाशदेव **उओरुएनॅस्** में बहुत शीघ्र ही सर्वत्र उपस्थित रहने की विशेषताएँ उत्पन्न हो गईं। यह विश्वास किया जाने लगा कि **उओरुएनॅस्** पृथ्वी पर होने वाले प्रत्येक कृत्य को देखते हैं तथा पापियों को दण्डित करते हैं। नैतिक अथवा प्राकृतिक नियम (सं० **ऋत** तथा अवे० **अश**) की धारणा उनके साथ सम्बन्धित हो गई और उन्हें सांसारिक नियमों का सर्वोत्कृष्ट परिपालक माना जाने लगा। ऋग्वेद एवं अवेस्ता में ही **उओरुएनॅस्'** के व्यक्तित्व के पूर्णत: विकसित होने के कारण इन ग्रन्थों में उनके चक्षु का प्राय: उल्लेख किया गया है। ऋग्वेद में सूर्य को वरुण का नेत्र कहा गया है, उसकी सहायता से वे समस्त संसार के कार्यों को देखते हैं (ऋ० वे० ६।५१।१) रात्रि में सूर्य संसार के कार्यों का विवरण देने वरुण के घर जाता है (७।६०।१-३) श० ब्रा० के अनुसार भी संसार के स्वामी वरुण सर्वोच्च आकाश में बैठकर जगत् का सर्वेक्षण करते हैं[2]। उनके दूतों (स्पशा:) का भी उल्लेख किया गया है, जो आकाश से उतर कर प्रत्येक व्यक्ति का निरीक्षण करते हैं (अ० वे० ४।१६।४)।

वरुण प्रकृति के नियमों के नियन्ता हैं। उन्होंने ही आकाश एवं पृथ्वी को पृथक् स्थापित किया है (ऋ० वे० ८।४१।१०)। उन्होंने सूर्य को आकाश में प्रस्थापित करके उसे घूमने के लिए प्रेरित किया है (ऋ० ७।८७।१)। उन्होंने ही अग्नि को जल में स्थित किया है और उन्हीं के बनाए नियमों के अनुसार चन्द्रमा प्रकाशित होता हुआ रात्रि में आकाश में विचरण करता है और तारे रात में चमक कर दिन में लुप्त हो जाते हैं (ऋ० १।२४।१०)।

धृतव्रत (जिसके नियम स्थिर हों) विशेषण उनके लिए प्राय: प्रयुक्त किया गया है। देवता भी उनके नियमों का पालन करते हैं (ऋ० ५।६९।४) जब कोई उनके नियमों का उल्लंघन करता है तो वे, अपने पाशों से बाँध कर उसे दण्ड देते हैं।

इस प्रकार आर्यों की इन दो शाखाओं में वर्तमान वरुण के स्वरूप को देखने से प्रतीत होता है कि आकाश के इस देवता के साथ नैतिक तथा आचारशास्त्रीय भावनाओं

---

१. ग्रिसवोल्ड: **रिलीजन ऑफ़् दि ऋग्वेद**, पृ० ११०।

२. मैक्डॉनल : **वै० मा०**, पृ० २३।

का संयोग सम्भवतः वैदिक–काल से भी पहले की वस्तु है। साथ ही प्राकृतिक तथा नैतिक नियम (वैदिक ऋत या ईरानी अश) की धारणा का, जो ब्लूमफील्ड के शब्दों में "आर्यों द्वारा उद्भावित सर्वोत्कृष्ट धार्मिक विश्वास[1]" हैं, उओरुएनॅस् से सम्बन्ध इस देवता के प्रागैतिहासिक काल में भी अत्यन्त उत्कर्ष को सूचित करता है।

पृथिवी माता

द्येउस् के प्रसंग में यह कहा जा चुका है कि प्राचीनतम काल में केवल आर्य जाति में ही नहीं अपितु अनेक आर्येतर जातियों में भी पृथ्वी एवं आकाश को जगत् के माता-पिता माना जाता था किन्तु जिस प्रकार हमें प्राचीन आर्यसाहित्य में इस तथ्य के स्पष्ट प्रमाण प्राप्त होते हैं कि आकाश का भौतिक दृश्य बाद में कम से कम **द्यौस्** और **वरुण** इन दो शक्तिशाली देवों के रूप में विकसित हुआ वैसा पृथ्वी के विषय में नहीं है। आर्य जाति की किसी भी शाखा में पृथ्वी का एक शक्तिशाली देवी के रूप में चित्रण प्राप्त नहीं होता। ऋग्वेद तक में पृथ्वी का मानवीकरण अत्यधिक अपूर्ण है। उसके सम्बन्ध में सबसे अधिक उसके मातृत्व का उल्लेख हुआ है। अथर्ववेद में भी पृथ्वी के विषय में एक सुन्दर सूक्त (१२।१) प्राप्त होता है किन्तु इसमें मुख्यतः केवल पृथ्वी के ऊपर घटित होने वाले विभिन्न दृश्यों की परिगणना की गई है। "जिसके ऊपर मनुष्य गाते और नाचते हैं, साथ ही जिसके ऊपर दुन्दुभियाँ बजा कर आपस में घोर युद्ध भी करते हैं, वह भूमि हमारे शत्रुओं को नष्ट करे और हमें कल्याण से रहने दे" —

यस्यां गायन्ति नृत्यन्ति भूम्यां, मर्त्या व्यैलबाः।
युध्यन्ते यस्यामाक्रन्दो यस्यां नदति दुन्दुभिः।
सा नो भूमिः प्र णुदतां सपत्नान् असपत्नं मा पृथ्वी कृणोतु॥

— अ० वे० १२।१।४९

ऋषि भूमि के भौतिक स्वरूप से अधिक ऊपर नहीं उठ सका है। किन्तु अत्यन्त स्नेहसिक्त शब्दों में उसने पृथ्वी को अपनी माता बताया है। भूमि मेरी माता है और मैं उसका प्रिय पुत्र हूँ। जैसे माता अपने पुत्र को दूध पिलाती है उसी प्रकार माता पृथ्वी (अपने अन्नादि से) मुझे पुष्ट करें—

माता भूमिः पुत्रो अहं पृथिव्याः।
सा नो भूमिर्विसृजतां माता पुत्राय मे पयः।

— अ० वे० १२।१।१२, १०

पृथ्वी एक ऐसी उदारशील माता है, जो प्रत्येक प्राणी को जन्म देती है, उसका पालन करती है और फिर उसे अपने कोमल अंक में समेट लेती है (ऋ० वे० १०।

---

१. **रिलीजन ऑफ़् दि वेद**, पृ० १२६।

१८।१०) होमर द्वारा लिखित ग्रीक महाकाव्यों में भी पृथ्वी (ग्या) को तारकित ऊरानॅस् (आकाश) की पत्नी कहा गया है।

विल्के[१] तथा टायलर[२] का मत है कि आकाश के पितृत्व की धारणा से पृथिवी की जगत् की माता के रूप में धारणा अधिक प्राचीन है क्योंकि यह सरल एवं स्पष्ट है और इसीलिए अधिक सामान्य भी। आकाश में पितृत्व की कोई प्रत्यक्ष विशेषता नहीं है किन्तु पृथ्वी पर हम प्रत्येक दिन अनेक प्राणियों तथा औषधियों को जन्म लेते देखते हैं। प्रतीत होता है कि पृथ्वी माता के लिए आकाश को बाद में पिता कल्पित कर लिया गया है।

जो हो, इतना तो निश्चित ही है, पृथ्वी के विषय में उसके मातृत्व को छोड़कर अन्य कोई विशेषता नहीं है। उसका व्यक्तित्व सदा अत्यन्त क्षीण रहा और कभी भी एक पूर्ण देवी का रूप नहीं ले पाया। इसका कारण सम्भवतः यही था कि उसका भौतिक स्वरूप इतना अधिक जड तथा स्थूल था कि वही लोगों के नेत्रों के सम्मुख सदा उपस्थित रहता था और इससे ऊपर उठना कठिन था। प्रत्युत इसकी अपेक्षा तो आकाश एवं उससे सम्बन्धित प्रकाश आदि के दृश्य ही अमूर्त देवों के रूप में सरलतया परिवर्तित किए जा सकते थे। भूमि के लिए ऋग्वेद के सर्वाधिक सामान्य **पृथिवी** या **पृथ्वी** शब्द का अर्थ केवल 'चपटी' या 'फैली हुई' होता है। **मही** एवं **दृळहा** शब्द पृथ्वी के विस्तार एवं स्थिरता के वाची हैं।

पृथिवी के विषय में आर्यभाषाओं में निम्नलिखित समान शब्द प्राप्त होते हैं किन्तु उपर्युक्त कारणों से यह निर्णय करना कठिन है कि भारोपीय काल में पृथिवी की पूजा वरुण आदि की भाँति कोई विशेष महत्त्व रखती थी —

संस्कृत–**क्ष्मा,** अवेस्तन–**ज़्मा** फारसी–**ज़मीं,** लैटिन–**हूमॅस्** (तु० की, अंग्रेज़ी **ह्यूमन्** = पार्थिव, मर्त्य) लिथुआनियन–**ज़ेमे**, प्रा० स्लेव — **जेम्ल्ज़ा** आदि।

तडित् एवं वर्षा के देवता

वर्षा एवं झंझावात का दृश्य प्राचीन समय में प्रकाशमान आकाश (द्यौः) की धारणा से अत्यन्त घनिष्ठतया सम्बन्धित था और यही कारण है कि ग्रीक तथा रोमन देवशास्त्रों में आकाश एवं वर्षा के देवों की धारणाएँ मिलकर एक हो गई हैं और उन्होंने मिलकर एक सशक्त देवता ज़्येउस् या जुपिटर का निर्माण किया है। किन्तु प्रतीत होता है कि परस्पर सम्बन्धित इन दो देवों के व्यक्तित्वों का सम्मिश्रण बाद की वस्तु है और आर्य या भारोपीय काल में अवश्य ही ये दो पृथक् एवं स्वतन्त्र देवता रहे होंगे। निम्नलिखित

---

१. विल्के: **डी रिलीगियोनेन डेऽर इण्डोगेर्मानेन**, पृ० ९७।

२. टायलर: **प्रिमिटिव कल्चर,** पृ० ३२२–२६।

समीकरणों से स्पष्ट होगा कि भारत तथा उत्तरी यूरोप के अधिकांश देशों में वर्षा के देवता का व्यक्तित्व सुरक्षित है किन्तु अन्य स्थानों पर यह आकाश के देवता के साथ घुल-मिल गया है।

१. क — संस्कृत - **स्तन्-स्तनयति** (गरजता है)। स्तनथ, स्तननम्, स्तनितम् (गर्जन) तथा स्तनयित्नु (तडित्)। प्रा० उच्च जर्मन - **डौनर**, प्रा० नि० जर्मन - **थूनर,** प्रा० नौर्स - **थौर**।

ख — कैल्टिक - **टोरेन्नस,** आइरिश - **टोरन्न,** वैल्श - **टरन्न,** कार्निश - **टॅरन्** अंग्रेज़ी - **थन्डर** (वर्णविपर्यय से)

२. — संस्कृत - **पर्जन्य,** लिथुआनियन - **पैर्कुनस्,** प्रा० स्लेव० - **पेरून्**।

ऋग्वेद में वर्षा के इस देवता का नाम पर्जन्य है। यह शब्द मेघों का भी वाची है। इसी प्रकार लिथुआनियन **पैर्कुनस्** तथा स्लेवानिक **पेरून्** शब्द भी, जो सामान्यतः इस वर्षा के देवता को सूचित करते हैं, प्रायः झंझावात एवं तडित् को व्यक्त करने के लिए भी प्रयुक्त हुए हैं। पैर्कुनस् शब्द का प्रा० नौर्स शब्द '**पर्जोगिन**' से भी सम्बन्ध माना गया है, जो **थौर्** की माता का नाम है[1]। कुछ विद्वानों का यह भी विचार है कि पैर्कुनस् आदि शब्द लैटिन '**क्वैर्कस्**' तथा प्रा० उ० ज० '**फोर्हा**' से भी सम्बन्धित है क्योंकि इन दोनों शब्दों का भी मूल भारोपीय शब्द **पेर्कु** प्रतीत होता है, जो पैर्कुनस् और पर्जन्य का भी मूल है। लैटिन और प्रा० जर्मन के ये शब्द ओक वृक्ष के वाची हैं। श्राडर का विचार है कि ऊँचे होने के कारण तडित् ओक के वृक्ष पर अधिक गिरती है। अतः इस देवता के नाम का मूल भाव 'ओक का देवता' रहा होगा[2]।

पर दूसरे समीकरण की प्रामाणिकता के विषय में विद्वानों में ऐकमत्य नहीं है। सं० **पर्जन्य** का लिथु० **पैर्कुनस्** से सम्बन्ध पर्याप्त सन्दिग्ध है क्योंकि पहली बात तो यह है कि संस्कृत का '**ज**' किसी भी समान लिथुआनियन शब्द में '**क**' के रूप में परिवर्तित नहीं पाया जाता, और दूसरी बात यह है कि लिथु० के '**उ**' के स्थान पर सं० में भी 'उ' ही पाया जाना चाहिए[3]। इसके अतिरिक्त सं० पर्जन्य का ओक अथवा अन्य किसी वृक्ष से कोई सम्बन्ध प्रतीत नहीं होता। इसीलिए श्राडर ने कहा है कि संस्कृत पर्जन्य शब्द ध्वनि-सम्बन्धी कारणों से इस श्रेणी में नहीं रखा जा सकता; पैर्कुनस् तथा पेरून् के विषय में उनके संज्ञा-सम्बन्धी भाव (तडित्) से अन्वेषण प्रारम्भ करना ही उचित होगा।[4]

---

१. श्राडर— **ए० रि० ई०** द्वितीय भाग, **आ० रि०** पृ० ३३ ब।

२. श्राडर : **वही**—

३. मैक्डॉनल, **वै० मा०, एडेन्डा एण्ड कारिजेन्डा**, पंक्ति ३९।

४. श्राडर : **वही**, पृ० ३३ व।

ई० लीडेन ने पर्जन्य एवं पैर्कुनस् आदि शब्दों का पेर्कु (ओकवृक्ष) से सम्बन्ध स्वीकार नहीं किया है। इन शब्दों के तडित् से सम्बन्ध को मान कर आगे बढ़ते हुए उन्होंने इन्हें प्रा० स्लेव० — **पेरा-पिरति** तथा आर्मीनियन- **हर्कानेन** (तथा ओरत=गर्जन) इन दो क्रियाओं से सम्बन्धित किया है। इन दोनों क्रियाओं का अर्थ है, ताडन करना या मारना[१]। यदि यह तुलना ठीक है तो पैर्कुनस तथा पर्जन्य आदि शब्दों का मूल भाव 'ताडन करने वाला' या 'तडित्' रहा होगा और यह सिद्ध हो जाएगा कि इन्हीं शब्दों में तडिद्गर्जन को व्यक्त करने वाला मूल भारोपीय शब्द निहित है (तु० की० पर्जन्यसूक्त, ऋ.वे. **अभिक्रन्द स्तनय गर्भमाधाः उदन्वता.....**)।

पर पर्जन्य और पैर्कुनस् का तादात्म्य फिर भी संदिग्ध ही रह जाता है। कीथ[२] और मैक्डॉनल[३] दोनों का ही मत है कि इन शब्दों के तादात्म्य में ध्वनि-सम्बन्धी बहुत सी अड़चनें हैं, जिनकी सन्तोषजनक व्याख्या करना कठिन है। किन्तु ब्लूमफील्ड ने सुझाया है कि मूल भारोपीय शब्द **पैर-कुन** ही था। बाद वैदिक भाषा में आने पर इस शब्द का ठीक-ठीक तात्पर्य न समझने के कारण वैदिक-काल के विद्वानों के '**क**' (अथवा ग) को '**ज**' में परिवर्तित कर लिया और '**पैर**' को '**परि**' बनाकर इसका अर्थ 'जनों' (या मनुष्यों) की सब ओर से रक्षा (पोषण) करने वाला' समझ लिया गया (परि = चारों ओर से, जन = मनुष्य, जन्य = मनुष्यों का)।[४] यास्क ने इस शब्द की निम्नलिखित चार व्याख्याएँ की हैं, जिससे प्रतीत होता है कि भारतीय विद्वानों में बहुत पहले ही इस शब्द का मूल भाव संदिग्ध था :

पर्जन्यस्तृपेराद्यन्तविपरीतस्य तर्पयिता जन्यः।
परो जेता वा, जनयिता वा, प्राजयिता वा रसानामिति।

—निरुक्त: १०।१०

जो हो, इतना तो निश्चित ही है कि भारोपीय काल में भी तडित् तथा झंझावात के एक देवता का किसी न किसी नाम तथा रूप में अस्तित्व अवश्य था और इसका व्यक्तित्व आकाशदेव द्येउस् से पूर्णतः पृथक् था। मैकडानल ने इस संभावना को पूर्णतः स्वीकार करते हुए लिखा है कि संभवतः इस देवता को अत्यन्त विशालकाय, अत्यधिक भक्षण तथा पान करने वाला और तडित् रूपी शस्त्र से राक्षसों का वध करने वाला

---

१. ई० लीडेन : **आर्मीनिशे स्टूडियन**, पृ० ८८।

२. कीथ : **रिलीजन०,** प्रथम भाग पृ० १४१..... The identification ......is open to the gravest difficulties of phonolongy and must be considered as too doubtful to be worth more than serious consideration.

३. मैक्डॉनल : **वै० मा०** पृ० ८४

४. ब्लूमफील्ड : **रिलीजन ऑफ़् दि वेद** : पृ० १११।

समझा जाता था[१]। वैदिक **वृत्रहन्** [इन्द्र] अवेस्तन- **वैरेथ्रेग्न** तथा आर्मीनियम-**वेहेग्न** आदि शब्दों की तुलना से भी यह बात सिद्ध होती है। वैदिक रुद्र, इन्द्र तथा पर्जन्य इसी भारोपीय तडित् देव के विभिन्न विकास माने गए हैं। [तु० की०, श० ब्रा० **'स्तनयित्नुरेवेन्द्रः'**]

केवल भारत में ही आकाश एवं तडित् के ये देवता अपना-अपना व्यक्तित्व पृथक रखने में समर्थ हो सके हैं। ग्रीक देवशास्त्र में ज़्येउस् इस देवता की विशेषताओं को आत्मसात् करके शक्तिशाली बन बैठे हैं। उन्हें प्रायः हाथ में तडित् या वज्र लिए हुए वर्णित किया गया है और उनके **'नेफेलेगेरितस्'** [विद्युत के प्रकाश से प्रसन्न होने वाले] आदि विशेषण इस विषय में कोई सन्देह नहीं रहने देते।

लिथुआनियन पैर्कुनस के विषय में यह तथ्य पूर्णतः विपरीत है। उसने स्वयं प्राचीन आकाशदेव की विशेषताएँ आत्मसात् कर ली हैं और वह लिथुआनियन देवमण्डल का सर्वाधिक सशक्त देवता बन बैठा है।[२]

वैदिक पर्जन्य के स्वरूप में कहीं-कहीं आकाशदेव का भी प्रभाव परिलक्षित हो जाता है। उदाहरणार्थ ऋ० वे० ५।८३।६ में उसे **'असुर'** कहा गया है [**अपो निषिञ्चन् असुरः पिता नः**], जो मुख्यतः वरुण अथवा द्यौस् का विशेषण है।

सूर्य, चन्द्रमा तथा उषस्

(क) रात्रि के अन्धकार तथा अज्ञान को विदीर्ण करता हुआ, प्राणियों को नवचेतना, जागृति तथा स्फूर्ति का सन्देश देकर उन्हें विभिन्न कर्मों में प्रवृत्त करता हुआ, उदीयमान सूर्य का दृश्य किसके लिए स्वागत पात्र नहीं होता? अतः यह असम्भव था कि सूर्य की उपासना का विचार किसी भी जागृत जाति के हृदय में उद्बुद्ध न हो। आर्यों में ही नहीं अनेक आर्येतर जातियों के धर्मों में भी सूर्य की उपासना एक महत्त्वपूर्ण स्थान रखती है। अन्तर केवल इतना है कि अन्य जातियों में सूर्योपासना जहाँ अनेक प्रकार के यातविक कृत्यों से परिपूर्ण है, वहाँ आर्य जातियों में इसका लगभग पूर्ण अभाव है।

आर्यजातियों में सूर्य को सूचित करने वाले शब्दों के सम्बन्ध में निम्नलिखित समीकरण प्राप्त होता है —

संस्कृत — **स्वर्** (सुवर्, तथा सूर्य), अवेस्ता — **ह्वर्** / **ख़्वर्** ग्रीक — **हेलियोस्,** लैटिन — **सोल्,** गॉथिक — **सोयल,** वेल्श — **ह्यूल्** प्रा० प्रशियन — **साउले,** लिथुआनियन — **साउले,** स्लेव० **सांल्जे**।

---

१. **वै० मा०**, पृ० ६६।

२. ब्लूमफील्ड: रि० वे०, पृ० ११२।

ऋग्वेद में सूर्य को प्रत्यक्षतः सूचित करने वाले देवता का नाम **सूर्य** ही है। किन्तु वैदिक देवमण्डल में उनका स्थान अपेक्षाकृत गौण है। उनकी अपेक्षा विष्णु, विवस्वान्, सविता आदि अन्य सौर देवता मन्त्रों की संख्या एवं स्वरूप की दृष्टि से अधिक उत्कृष्ट हैं। सूर्य का एक सामान्य विशेषण आदित्य (अदिति का पुत्र) है, जो परवर्ती साहित्य में उनकी व्यक्तिवाचक संज्ञा बन गया है।

श्राडर का मत है कि रोमन देवमण्डल में मूलतः **सोल्** (सूर्य) तथा **लूना** (चन्द्रमा) का अभाव था। पुरोहितों को प्राचीन नियमपुस्तकों (रेगुलेशन्स) में तथा उन पुस्तकों में, जिनमें विभिन्न देवों को दी जाने वाली बलि आदि का उल्लेख किया गया है (Calendar of Feasts) इन देवों का कोई विवरण प्राप्त नहीं होता। अतः प्रतीत होता है कि ये देवता बाद में रोमन देवमण्डल में प्रविष्ट हुए[१]। किन्तु परम्परा श्राडर के मत को सही सिद्ध नहीं करती। इन पुस्तकों में कुछ ऐसे देवों का उल्लेख नहीं है, जिसकी रोमन देवमण्डल में पूजा के विषय में अन्यत्र निश्चित एवं अभ्रान्त प्रमाण प्राप्त होते हैं। लिथुआनियन धर्म में केवल **साउले** (सूर्य) एवं **मेनू** (चन्द्रमा) ही नहीं अपितु **'ओस्वरा'** (उषस्) तथा **'ओस्त्रीने'** और **'वकरीने'** (क्रमशः भोर एवं साँझ का तारा) भी एक अत्यन्त महत्त्वपूर्ण स्थान रखते हैं। प्राचीन जर्मन जाति के धर्म में भी सूर्य एवं चन्द्रमा की पूजा के अनेक प्रमाण पाए जाते हैं। याकोब ग्रिम ने लिखा है कि "इस विषय में कोई सन्देह नहीं है कि हम लोगों के प्राचीनतम धार्मिक इतिहास में, अनेक आकाशीय वस्तुओं की — विशेषतः सूर्य एवं चन्द्रमा की — पर्याप्त उपासना होती थी[२]।"

सुप्रसिद्ध ग्रीक इतिहास लेखक हेरोदोतस् (१।१३१) क्सेनोफोन (८।३।१२) तथा युर्नियस (३।३।७) ने लिखा है कि है कि प्राचीन ईरानियन सूर्य की पूजा करते थे। इनका **ह्वर् ख़्वर्** नाम से आह्वान किया जाता था। इनके लिए प्रायः प्रयुक्त होने वाला **और्वतस्य** (शीघ्रगामी अश्वों से युक्त) विशेषण सूचित करता है कि वे सूर्य की तीव्रगामी अश्वों द्वारा खींचे जाते हुए रथ में आकाश की परिक्रमा करने की कल्पना करते थे। ऋग्वेद में भी प्रायः सूर्य को सात घोड़ों के रथ पर आरूढ होकर आकाश में विचरण करते हुए वर्णित किया गया है (इसलिए परवर्ती साहित्य में उनके लिए **सप्तसप्तिः** विशेषण प्राप्त होता है) ठीक इसी प्रकार ग्रीक देवशास्त्र में भी सूर्य (=**अपोलो**) के रथ को पक्ष-युक्त अश्वों द्वारा खींचा जाता हुआ बताया गया है।

कहा जा चुका है कि ऋग्वेद में सूर्य को प्रायः आकाशदेव वरुण का तेज बताया गया है। सूर्य की आकाश से सम्बन्धित देवता के नेत्र के रूप में परिकल्पना ग्रीक, जर्मन तथा ईरानियन देवशास्त्रों में भी प्राप्त होती है।

---

१. श्राडर — **ए० रि० ई०**, द्वितीय भाग, आ० रि०, पृ० ३७ अ।

२. ग्रिम, **ट्यूटानिक माईथॉलजी** (**'दौइछे मिथोलोगी'** का अंग्रेज़ी अनुवाद) भाग २, पृ० ७०४।

(ख) **चन्द्रमा** की उपासना के बीज प्राचीन ग्रीक, रोमन, ईरानी, जर्मन तथा आंशिक रूप में भारतीय देवशास्त्र में[१] भी पाए जाते हैं। चन्द्रमा के वाची शब्दों का समीकरण इस प्रकार है —

संस्कृत — **मास्** अवे० — **माह्**, ग्रीक — **मेने**, गाथिक — **मेना** लिथु० — **मेनु** (लैटिन — **लूना** तथा आर्मीनियन — **लूसिन**)।

यद्यपि भारोपीय काल में चन्द्रमा का मानवीकरण एवं दैवीकरण सम्भव है किन्तु यह निश्चयपूर्वक नहीं कहा जा सकता है कि वह सूर्य की भाँति उपास्य था या नहीं। ऋग्वेद में सूर्य के साथ द्वन्द्व समास में उसका कई स्थानों पर उल्लेख हुआ है। (सूर्यामासौ या सूर्याचन्द्रमसौ) किन्तु ऋग्वेद में वह अत्यन्त सामान्य स्थान का भागी है। ग्रीक-देवशास्त्र में चन्द्रमा को तीन चक्रों वाले रथ में आकाश में भ्रमण करते हुए बताया गया है। भारत में भी यह धारणा प्राप्त होती है क्योंकि विष्णु पुराण में इसका उल्लेख किया गया है (**रथस्त्रिचक्रः सोमस्य कुन्दाभास्तस्य वाजिनः, २।१२।१**)

वैदिक साहित्य में चन्द्रमा, पादपों ओषधियों तथा विशेषतः सोमलता से सम्बन्धित हैं। उसे ओषधियों का पति तथा राजा कहा गया है। ओषधियाँ रात्रि में चन्द्रमा की किरणों से रस ग्रहण करती हैं। सोमरस और चन्द्रमा का सम्बन्ध परवर्ती साहित्य में इतना अधिक घनिष्ठ हुआ कि ब्राह्मणों में ही इन्दु एवं सोम शब्द चन्द्रमा के वाची बन गए। विल्के ने इस सम्बन्ध की इस प्रकार से व्याख्या करने की चेष्टा की है कि शुक्लपक्षार्ध के चन्द्रमा की आकृति सोमपान करने के चषक की भाँति होती है। अतः धीरे-धीरे सोम एवं चन्द्रमा का सम्बन्ध स्थापित हो गया[२]। किन्तु यह व्याख्या बहुत सन्तोषजनक नहीं है।

विभिन्न आर्य देवशास्त्रों में सूर्य एवं चन्द्रमा के पारस्परिक सम्बन्ध का अध्ययन करने से अनेक रोचक परिणाम प्राप्त होते हैं। आर्य जाति में सूर्य तथा चन्द्रमा की विभिन्न लिंगों में कल्पना बहुत प्राचीन है। जर्मन, एंग्लोसैक्सन तथा लिथुआनियन भाषाओं में सूर्य के वाची शब्द स्त्रीलिंग में हैं और चन्द्रमा के पुल्लिंग में। किन्तु ग्रीक तथा लैटिन भाषाओं में इसका ठीक उलटा है। यहाँ सूर्य के वाची सभी शब्द पुल्लिंग हैं और चन्द्रमा के वाची स्त्रीलिंग। दोनों की भाई और बहन या पति के रूप में प्रायः कल्पना की गई है। एक लैटिश गीत में कहा गया है कि एक बार चन्द्रमा (पुरुष) और

---

१. हिलेब्रांड्ट का यह मत कि ऋग्वेद के नवम मण्डल में सोमविषयक जितने भी सूक्त हैं, वे चन्द्रमा परक हैं और उनका सोमरस से कोई सम्बन्ध नहीं हैं, विद्वानों को सामान्यतः मान्य नहीं हैं (दे०, **वेदिशे मिथोलोगी**: प्रथम भाग, पृ० २७४, ३०९, ३२६, ३४०, ४६० आदि तथा द्वितीय भाग, २०९-४५)।

२. विल्के: **डी रिलीगियोनेन डेऽर इण्डोगेर्मानेन** : पृ० १५२-५३।

सूर्य (स्त्री) ने परस्पर विवाह किया। पत्नी प्रात:काल शीघ्र उठ जाती थी किन्तु पति देर से। दोनों में खटपट हुई और पति (चन्द्रमा) भोर के तारे से प्रेम करने लगा। शक्तिशाली पैर्कुन इस व्यभिचरण से अत्यन्त अप्रसन्न हुआ, उसने पति पर खड्ग प्रहार किया, जिससे वह खण्डित हो गया[१]।

एक अन्य मनोरंजक यूरोपीय लोक-कथा के अनुसार सूर्य आकाश की पुत्री है और चन्द्रमा पुत्र। पिता आकाश ने पहले पुत्र (चन्द्रमा) को दिन में तथा पुत्री (सूर्य) को रात्रि में प्रकाश करने के लिए नियुक्त किया था। किन्तु उस बालिका को रात्रि में भय लगता था अत: उसने दोनों की स्थिति बदल दी। दूसरे दिन जब प्रात: काल आकाश की लावण्यमयी पुत्री पूर्व में उदित हुई तो पृथ्वी के लोग उसकी ओर एकटक देखने लगे। इससे वह लज्जा से आरक्त हो गई और बाद में उसका मुखमण्डल श्वेत पड़ गया। अब कोई उसकी ओर देखने का साहस नहीं कर सकता।

यद्यपि संस्कृत में सूर्य एवं चन्द्र दोनों ही शब्द पुल्लिंग हैं किन्तु ऋग्वेद १०।८५ में **सोम** (चन्द्रमा) एवं **सूर्या** के विवाह का विस्तार से उल्लेख मिलता है। यह सूर्या सूर्य के सबसे निर्बल रूप का मानवीकरण है। इसीलिए सायण आदि ने इसे उषा का वाची माना है। हो सकता है इसमें किसी ऐसी अत्यन्त प्राचीन भारतीय धारणा के बीज निहित हों, जिसके अनुसार सूर्य की एक स्त्री के रूप में भी परिकल्पना की जाती रही हो।

आर्य भाषाओं में चन्द्रमा के वाची लगभग सभी शब्द **'मा'** धातु से निकले हैं। इस धातु का अर्थ है, **'नापना'**। वैदिक भाषा में ही नहीं अपितु अन्य प्राचीन आर्य भाषाओं में भी यह क्रिया इसी अर्थ में प्राप्त होती है। इससे प्रतीत होता है कि प्राचीन समय में चन्द्रमा से ही समय की परिगणना होती थी और उसी के एक पूर्ण चक्र को **'मास'** कहा जाता था।

(ग) उषा के वाची शब्दों में सम्बन्धित आर्य भाषाओं में निम्नलिखित समीकरण प्राप्त होता है —

संस्कृत — **उषस्** अवेस्ता — **उशह्** ग्रीक — **एओस्** लैटिन — **औरोरा,** लिथु० — **औस्ज्रा**।

ये सभी शब्द मूल भारोपीय धातु * **'एवेस्'** (सं० वस्) से निकले हैं, जिसका अर्थ है प्रकाशित होना, या चमकना।

इस प्रकार यद्यपि आर्यभाषाओं में उषस् के वाची शब्दों में पर्याप्त समानता है किन्तु भारत को छोड़ कर अन्य देशों के विषय में यह नहीं कहा जा सकता कि वहाँ भी

---

१. देखिए, देशमुख : **ओरिजिन०** पृ० १२६, मैक्डॉनल : **वै० मा०** पृ० ८ श्राडर : **ए० रि० ई०** २ **आ० रि०** पृ० १७, कीथ: **रिलीजन०** १। पृ० ३८।

उषा की एक देवी के रूप में मान्यता थी। उषा देवी की धारणा निस्सन्देह वैदिक धर्म की अपनी प्रसूति है और इसका भारोपीय काल से कोई विशेष सम्बन्ध नहीं। ट्यूटानिक (जर्मन) देवशास्त्र में अवश्य उषा का नाम **'औस्ट'** नामक एक महत्त्वपूर्ण देवी के रूप में विकसित हुआ है किन्तु यहाँ प्रातःकाल की देवी वसन्त ऋतु की देवी बन गई है। सम्भवतः इसका कारण यह है कि देवी उषस् की उपासना पहले वर्ष के प्रारम्भ में होती थी। भारत में भी नववर्षेष्टि के अवसर पर उषा का विशेष पूजन किया जाता था। अतः धीरे-धीरे दिन के प्रारम्भ को सूचित करने वाली उषा वर्ष के प्रारम्भ को भी सूचित करने लगी और वर्ष की प्रथम ऋतु की अधिष्ठात्री बन गई[1]।

अश्विनौ

अश्विनौ ही एक ऐसे भारोपीय देवता हैं, जिनका सामान्य आर्यकाल में अस्तित्व सिद्ध करने के लिए हमारे पास कोई भाषावैज्ञानिक प्रमाण नहीं है। किन्तु वैदिक **'अश्विनौ'** ग्रीक **'दिओस्कौरोइ'** तथा लैटिश **'ईश्वरपुत्रों'** के स्वरूप में इतना घनिष्ठ साम्य है कि उन्हें हम केवल संयोग कह कर उपेक्षित नहीं कर सकते। तीनों देवयुग्मों का स्वरूप-साम्य यह मानने के लिए बाध्य करता है कि भारोपीय काल में अवश्य ही इस देवयुगल का किसी न किसी रूप में अस्तित्व था किन्तु धीरे-धीरे विकास क्रम से उसने विभिन्न आर्य धर्मों में विभिन्न नाम तथा रूप धारण किए।

इन देवों की प्राचीनता सिद्ध करने वाला सबसे बड़ा तथ्य यह है कि उनका नाम **नासत्या** (ना-स-अत-ति-या-अन्ना) एशिया माइनर [तुर्की] के **बोगाज़क्यूई** नामक स्थान में मिले मृत्फलक पर प्राप्त होता है। जैसा कि पहले कहा जा चुका है, यह फलक लगभग १४वीं शताब्दी ई०पू० का है और सम्भवतः ईरानी काल से पूर्व का है। क्योंकि संस्कृत का दन्त्य **स्** प्राचीन फारसी में (अवेस्ता में भी) निरपवाद रूप से **ह्** में परिवर्तित हो जाता है। यहाँ नासत्या शब्द में **'स्'** अपने मूल रूप में सुरक्षित है। इससे प्रतीत होता है कि उस समय तक यह वर्ण परिवर्तन नहीं हुआ था। अवेस्ता में **'नाओङ्हैथ्या'** नाम का राक्षस भी पाया जाता है, जो नासत्या का ही अपकृष्ट रूप है। अतः प्रतीत होता है कि **नासत्या** शब्द अवेस्ता की रचना तथा ज़रथुस्त्र के धर्म के उदय से बहुत पहले का है।

वैदिक अश्विनौ को दो सुन्दर युवकों के रूप में चित्रित किया गया है। वे चतुर अश्वारोही हैं। कष्ट में पड़े हुए व्यक्तियों की रक्षा के लिए वे तत्क्षण जाते हैं। उषा उनकी बहन (तथा कहीं-कहीं पत्नी भी) हैं। उन्हें द्यौः के पुत्र (**दिवो नपाता**) भी कहा गया है।

---

१. हिलेब्रांड्टः **वैदिशे मिथोलोगी**, द्वितीय भाग, पृ० २६ त० आ०
और श्राडर, **ए० रि० ई०**, आ० रि० पृ० ३४ ब।

ठीक इसी प्रकार ग्रीक दिओस्कौरौइ की कल्पना दो सुन्दर तथा स्वस्थ नवयुवकों के रूप में की गई है। उनके नाम **कास्तॅर** तथा **पाउलुक्स** हैं। संकट के समय वे सुन्दर अश्वों पर चढ़ कर अपनी कृपापात्र सेना की सहायता करने आते हैं। वे **ज़्येउस्** के पुत्र हैं और **हेलेन** (उषा, **हेलियोस्** = सूर्य) उनकी बहन है। अश्विनौ की भाँति उनका भी कष्ट में पड़े मनुष्यों की रक्षा करने के लिए आह्वान किया जाता है। उनका एक विशेषण **अनवतेस्** भी है, जिसका अर्थ रक्षक होता है।

लैटिश **''ईश्वर-पुत्रों''** में भी अश्विनौ से समानता रखने वाली कुछ विशेषताएँ हैं। वे भी युगल देवता हैं और उन्हें भूरे रंग के अश्वों पर आरुढ़ चित्रित किया गया है[१]। अश्विनौ की भाँति वे भी सूर्य की पुत्री से विवाह करते हैं और ईश्वर-पुत्रों के सूर्य की पुत्री से विवाह करने की कथा लैटिश लोक गीतों का प्रिय विषय है[२]।

इस प्रकार इन युगल देवों की पारस्परिक समान विशेषताएँ सूचित करती हैं कि भारोपीय काल में उनकी कल्पना के बीज अवश्य वर्तमान थे, जो भारतीय ग्रीक, लेट्स तथा ईरानी (और सम्भवतः ट्यूटानिक) आदि जातियों में जाकर पल्लवित हुए[३]।

मूल स्वरूप की इसी प्राचीनता के कारण इन देवों के मूल प्राकृतिक आधार का पता लगाना अत्यन्त कठिन है। विकास क्रम में उन्होंने अपने इतने अधिक नाम तथा रूप बदले हैं कि विद्वानों का यह विचार है कि स्वतः वैदिक ऋषि भी इस बात को नहीं जानते थे कि उनका मौलिक एवं वास्तविक स्वरूप क्या है?[४]

ऋग्वेद के प्राचीनतम व्याख्याकार यास्क के सम्मुख ही वे एक समस्या थे। उसने उनके स्वरूप की चार वैकल्पिक व्याख्याएँ की हैं: पृथ्वी एवं आकाश, सूर्य तथा चन्द्रमा, दिवारात्रि तथा दो ऐतिहासिक पुण्यशाली राजा। ग्रीक **दिओस्कौरौइ** का मिथुन राशि के दो तारों से कुछ सम्बन्ध प्रतीत होता है। इसलिए कुछ विद्वान् ऐसा समझते हैं कि अश्विनौ का भी उद्गम किन्हीं दो तारों से — विशेषतः भोर तथा साँझ के तारों (पूर्व एवं पश्चिम में क्रमशः उदित शुक्र ग्रह) से हुआ है[५]।

---

१. **ए० रि० ई०**, १२ वाँ भाग, पृ० १०२ ब।

२. **वही,** तथा देशमुख: **ओरिजिन०** पृ० ११५।

३. तु० की, ग्रिसवोल्ड: **रिलीजन ऑफ़् दि ऋग्वेद** : पृ० २५५।

४. मैक्डॉनल: **वै० मा०**, पृ० ५३।

५. ओल्डेनबर्ग : **डी रिलीगियोन डेस वेद** : पृ० २०७-१५
ब्लूमफील्ड : **रिलीजन ऑफ़् दि वेद**, पृ० ११३-१४।
माक्सम्युलर : **ओरिजिन एण्ड ग्रोथ ऑफ़् रिलीजन** : पृ० २०५ ।
मैक्डॉनल ने इसे अश्विनौ के स्वरूप की सबसे सन्तोषजनक व्याख्या माना है। **वै० मा०**, पृ० ५३, ५४।

अग्नि

संस्कृत — **अग्निः**, लैटिन — **इग्निस्**, लिथु० — **उग्निस्**, प्रा०स्लेव० **ओग्नि**।

अग्नि के विषय में हमारे पास चार आर्य भाषाओं पर आधारित उपर्युक्त समीकरण हैं। किन्तु आग दैनिक जीवन की एक अत्यन्त महत्त्वपूर्ण आवश्यकता है अतः यह शब्द-साम्य निश्चित रूप से यह सूचित नहीं करता कि भारोपीय काल में अग्नि को देवता माना ही जाता था। दैनिक आवश्यकता की वस्तुओं के वाची शब्दों में ऐसा साम्य प्रायः पाया जाता है।

प्राचीनकाल में देवों को यज्ञ आदि में उनका भाग प्रदान करने की सबसे सरल और सामान्य रीति उसे वेदी में प्रज्वलित अग्नि में डाल देना था। जिससे कि अग्नि धूम के रूप में आहुति को स्वर्गस्थ देवों तक ले जाए। देवों को अन्न आदि प्रदान करने की यही प्राचीनतम पद्धति थी क्योंकि प्राचीन रोमन, ग्रीक तथा भारतीय धर्मों में यह समान रूप से पाई जाती है। इस प्रकार मनुष्यों के द्वारा दी गई वस्तु को देवों तक पहुँचाने के कारण, मर्त्यों और अमरों के बीच की शृंखला के रूप में अग्नि का बड़ा मान था। उसे श्रद्धा एवं आदर की दृष्टि से देखा जाता तथा अत्यन्त पवित्र माना जाता था। आर्यों के परस्पर विभाजन के उपरान्त अग्नि की उपासना अनेक मुख्य जातियों में विभिन्न रूपों में विकसित हुई और प्रायः प्रत्येक स्थान में इसे एक महत्त्वपूर्ण देवता का पद प्राप्त हो गया।

लिथुआनियन जाति में यह विशेष रूप से आदर तथा पूजा की पात्र थी। इसे '**उग्निस् स्ज़ेवेन्ता** ' (पवित्र अग्नि) तथा '**स्ज़ेवेन्ता पोनिके**' (पवित्र स्वामिनी) कहा जाता था। पूरे वर्ष भर इसकी उपासना होती थी और इसको घरों में बनी हुई वेदियों में सदा प्रज्वलित रखा जाता था। वेदी से सम्बन्धित एक अन्य देवी भी लिथुआनियन धर्म में मानी जाती थी, जिसका नाम '**अस्पेलेने**' था (**पेलेन** अग्नि की वेदी कहते हैं। **अस्पेलेने** का अर्थ है — वेदी के पीछे)।[१]

इसी प्रकार रोम में भी वेदी की देवी '**वेस्ता**' की एक विशेष प्रकार के गोल मन्दिरों में धूमधाम से पूजा होती थी। ये मन्दिर विशेष रूप से इसी अग्नि की देवी के लिए बनाए जाते थे। मन्दिरों में इसकी पूजा करने के लिए एक पुजारिन नियुक्त की जाती थी, जो आजीवन अविवाहित रहती थी। रोम के अनेक सम्भ्रान्त व्यक्ति इसके लिए अपनी कन्याओं को वेस्ता देवी की भेंट कर देते थे। यदि मन्दिर में स्थापित की गई अग्नि बुझ जाती थी तो उसे दो लकड़ियों की सहायता से ठीक उसी भाँति प्रज्वलित किया जाता था जैसे भारत में।

---

१. श्राडर — **वही** पृ० ३४।

ग्रीक अग्नि देवी '**हेस्तिया**' रोमन वेस्ता का ठीक प्रतिरूप है। वह भी घर की वेदी में स्थित अग्नि की अधिष्ठात्री है। उसकी कल्पना एक ऐसी कुमारी देवी के रूप में की गई है, जो प्रत्येक गार्हस्थिक कर्म पर स्वामित्व रखती है। ग्रीस के बड़े-बड़े नगरों में नागरिकों के जमा होने के एक मण्डप के नीचे, जिसे '**प्रितानियुम्**' कहते थे, पवित्र अग्नि सदा प्रज्वलित रखी जाती थी। इधर-उधर के ग्रामों या नगरों से आने वाले यात्री ऐसे प्रितानियुम् से अपने अपने नगरों के लिए इस पवित्र अग्नि को ले आते थे।

ग्रीक एवं रोमन अग्निदेवियों के घनिष्ठ साम्य के कारण प्रायः विद्वानों का यह विचार है कि रोम ने अग्निपूजा ग्रीस से ली थी किन्तु श्राडर आदि कुछ विद्वान् रोम में अग्निपूजा के इतिहास को ग्रीक अग्न्युपासना से अधिक प्राचीन मानने के पक्ष में हैं[१]।

हेरोदोतस् ने अपने इतिहास में लिखा है कि **सीथियन** (Scythian) जाति में भी '**इस्तिया**' नामक अग्नि देवी की पूजा होती थी और इनका उनके देवमण्डल में अत्यन्त महत्त्वपूर्ण स्थान था।

वेदी में प्रज्वलित अग्नि से सम्बन्धित इन देवियों के नाम का मूल भारोपीय काल में भी ढूँढा जा सकता है। संस्कृत के **तपस्** (ताप) तपति, अवेस्ता के **तप्**, स्काइथियन के **तबिति** (उष्णता या उष्ण करने वाला), तथा लैटिन के **तेपेस्को** आदि शब्द सम्बन्धित हैं।

पारसी या ज़रथुस्त्र धर्म में अग्नि देव '**अतर**' का महत्त्व किसी से छिपा नहीं है। अग्नि की पूजा पारसी कर्मकाण्ड की इतनी महत्त्वपूर्ण वस्तु है कि उसके बिना पारसी धर्म के वर्तमान स्वरूप की कल्पना नहीं की जा सकती। अग्नि पृथ्वी पर अहुरमज़्दा की शक्ति एवं तेज का सर्वोत्कृष्ट प्रतीक है और उसे मुख की अशुद्ध वायु से फूँकना भयंकर पाप है। प्राचीन ईरान में भी ग्रीस एवं रोम की भाँति मन्दिरों में एक ऊँची वेदी पर प्रस्थापित अग्नि की अत्यन्त समारम्भ के साथ पूजा की जाती थी।

किन्तु अग्नि के भौतिक तत्त्व से उत्पन्न होने वाले देवों में निश्चित रूप से महत्त्व की दृष्टि से वैदिक '**अग्नि**' का स्थान सर्वोच्च है। ऋग्वेद से सर्वप्रथम मन्त्र में ही उनकी स्तुति की गई है और उन्हें 'यज्ञ का तेजस्वी पुरोहित' बताया गया है। पृथ्वीस्थानीय देवों में अग्नि को सर्वाधिक महत्त्वपूर्ण स्थान प्राप्त है और ऋग्वेद के लगभग १००० सूक्तों में उनके लिए प्रायः २०० सूक्त कहे गए हैं। यज्ञ एवं कर्मकाण्ड के महत्त्व के साथ साथ वैदिक युग में अग्नि का भी महत्त्व बढ़ा है और ऋषियों की दृष्टि उनके भौतिक रूप से उठकर अन्तरिक्ष एवं आकाश के रूप (विद्युत् तथा सूर्य) तक भी पहुँची है।

---

१. श्राडर : **ए० रि० ई०**, खण्ड २, पृष्ठ ३५ तथा आगे "**आर्यन् रिलीजन**"

यहाँ यह स्मरणीय है कि ग्रीक, रोमन, लिथुआनियन तथा स्काइथियन धर्मों में अग्नि की एक देवी के रूप में धारणा प्राप्त होती है किन्तु ईरानियन तथा भारतीयों ने उसकी एक देवता के रूप में कल्पना की है। लिंगों का यह भेद सूचित करता है कि इन दोनों धारणाओं में पर्याप्त अन्तर है और भारोपीय काल में सम्भवतः अग्नि की केवल एक **भौतिक तत्त्व** के रूप में ही उपासना होती थी। उस का देवता या देवी के रूप में मानवीकरण नहीं हुआ था[१]। यही कारण है कि आर्यों की पश्चिमी तथा पूर्वी शाखा में अग्नि की दैवी शक्ति के रूप में उपासना विभिन्न प्रकार से विकसित हुई।

वर्षा ऋतु में मेघों के बीच में चमकती हुई विद्युत् का वृक्षों आदि पर गिर उन्हें प्रज्वलित कर देने का दृश्य अत्यन्त सामान्य है। इस प्राकृतिक दृश्य की विभिन्न आर्य जातियों में अनेक प्रकार से कथा के रूप में व्याख्या की गई है। ग्रीक देवशास्त्र में कहा गया है कि मनुष्यों का आदि-जनक **प्रोमेथेउस** (Prometheus) मनुष्यों के लिए आकाश से यह उपहार चुरा कर लाया था। पृथ्वी पर उसने इसे नष्ट होने से बचने के लिए खोखले सरकण्डों या बाँसों के बीच में रख दिया। इसीलिए घर्षण से इनसे आज भी अग्नि उत्पन्न हो जाती है। इसी प्रकार वैदिक देवशास्त्र में **मातरिश्वा** आकाश से इस गुप्त अग्नि को पृथ्वी पर लाता है (ऋ० वे० १।९३।६, ३।२।१३)। संस्कृत के **प्रमन्थ** (मन्थनदण्ड) तथा **माठव** (श० ब्रा० में एक पुरोहित का नाम, जिसने अग्नि की पूजा को भारत के पूर्वी भाग में फैलाया) शब्द इस ग्रीक प्रोमेथेउस् से प्रायः सम्बन्धित किए जाते हैं। पर साम्य इतना अपूर्ण तथा अस्पष्ट है कि इससे कोई परिणाम नहीं निकाला जा सकता। किन्तु इतना अवश्य है कि कई आर्य जातियों में सामान रूप से पाई जाने वाली अग्नि के अपहरण की कथा बीजरूप में सम्भवतः भारोपीय काल में भी उपस्थित रही होगी[२]।

वायु तथा जल देवता

यह पूर्णतः निश्चित है कि प्रकृति के वायु एवं जल (आपस्) तत्त्वों का देवों के रूप में पूर्ण विकास वैदिक युग में आकर ही हुआ है। भारोपीय काल में इनके व्यक्तित्व की धारणा अवश्य अत्यन्त क्षीण तथा अस्पष्ट रही होगी क्योंकि केवल लिथुआनियन धर्म में वायु के एक देवता **'वेजो-पतिस्'** का उल्लेख मिलता है। इसका अर्थ है **'वायु का स्वामी'**। **वेजिस्** या **वेजस्** शब्द लिथो-प्रशियन भाषाओं में हवा के वाची हैं और इनका वैदिक (तथा लौकिक) **'वायु'** शब्द से सम्बन्ध है। श्राडर का मत है कि लिथुआनियन देवशास्त्र में वेजो-पतिस् अवश्य ही अत्यन्त प्राचीन देवता है क्योंकि

१. कीथ : **रिलीजन०**, प्रथम भाग, पृ० ३८।

२. कीथ : **रिलीजन०**, भाग १, पृ० ३८।

इसी, तथा केवल एक अन्य शब्द (**वीस्ज़पतिस्, सं० विश्पतिः** 'मनुष्यों का स्वामी' अर्थात् ईश्वर) में प्राचीन आर्य शब्द **पति** (स्वामी) का भाव सुरक्षित है जबकि अन्यत्र वह लुप्त हो गया है[१]।

संस्कृत के '**वात**' शब्द की लैटिन '**वेन्टुस**', गाथिक '**विन्ड**' तथा ट्यूटानिक '**वोडन**' शब्दों से तुलना की जाती है किन्तु भाषावैज्ञानिक नियमों से लैटिन आदि में प्राप्त शब्दों के अनुस्वार की सन्तोषजनक व्याख्या न हो पा सकने के कारण इस समीकरण को विशेष महत्त्व नहीं दिया जाता[२]।

प्रो० उ० श्नाइडर आदि कुछ विद्वानों ने ग्रीक **पान्** (Pan<Paon), रोमन **फ़ाउनुस्** तथा वैदिक **पूषन्** में भी परस्पर घनिष्ठ साम्य दिखा कर इनकी एकरूपता सिद्ध करने की चेष्टा की है। वैदिक **पूषन्** की भाँति ग्रीक **पान्** भी वन का, वन्य पशुओं का, चरवाहों का और चरागाहों का देवता है। पूषन् का बकरों से विशेष सम्बन्ध है और **पान्** के पैर खुर सहित बकरों के पैर हैं। 'पान्' और 'पूषन्' दोनों का नारियों से सम्बन्ध भी साम्य का एक बिन्दु है। (द्र० आग्ने, पृ २००-२०३)

दोनों की इन सामान्य विशेषताओं का अध्ययन होना अभी शेष है।

जल के देवत्व के चिह्न भी अनेक प्राचीन आर्य जातियों में पाए जाते हैं। ग्रीक इतिहास लेखक **हेरोदौतस्** (१। १३८) तथा **अगाथियास्** (२८। ४) ने अपने अपने इतिहासों में क्रमशः ईरानी तथा ट्यूटन जाति के विषय में इसका स्पष्ट उल्लेख किया है। ग्रीक भाषा में नदियों को '**दियापेताइस्**' या आकाश से उत्पन्न कहा जाता है। रोमन देवमण्डल में जल तथा समुद्र के देवता का नाम नेप्तून है। अवेस्ता में **नप्त** शब्द आर्द्रता का द्योतक है और **नपस्** शब्द निर्झर के लिए प्रयुक्त होता है। इन सब में **अप्** मूल खोजा जा सकता है, जो वैदिक भाषा में जल का नाम है। ऋग्वेद में अप् का बहुवचन **आपस्** (स्त्री०) देवियों के रूप में अभिहित हुआ है। ये '**आपोदेवीः**' आकाश से बरसने वाला जल है, पृथ्वी सम्बन्धी नहीं। जलों की देवी के रूप में यह धारणा पूर्णतः भारतीय है। भारोपीय काल में सम्भवतः जल एवं वायु दोनों की धारणाएँ झंझावात या तडित् के देवता (पर्जन्य) के साथ मिली हुई थीं।

: ४ :

ऊपर कुछ ऐसे भारोपीय देवों का संक्षिप्त परिचय देने का प्रयत्न किया गया है जिनके अस्तित्व के विषय में निश्चित भाषावैज्ञानिक अथवा तुलनात्मक देवशास्त्रीय प्रमाण

---

१. श्राडर : **ए० रि० ई०, आ० रि०**, ३५ अ (पाद टिप्पणी)

२. इस प्रसंग में प्रो० पाउल थीमे का ASIATICA (Festschrift Prof. F. Weller, लाइपृत्सिष् १९५४, पृ० ६५६-६६६) में प्रकाशित Die Wurzel 'Vat' नामक लेख भी द्रष्टव्य है।

समुपलब्ध हैं। पर यहाँ यह ध्यान रखना चाहिए कि विकास के इस प्रारम्भिक काल में देवों के अपने स्वतन्त्र एवं पृथक् नाम नहीं थे। इसका मुख्य कारण यह है कि उस समय उनका व्यक्तित्व इतना अधिक अपूर्ण, अस्थिर तथा सूक्ष्म रेखाओं मात्र में सीमित था कि उनको व्यक्तिवाचक संज्ञाओं से अभिहित नहीं किया जा सकता था। **द्यौस्** (द्येउस्) **अग्नि, सूर्य** आदि देवों के रूप में आर्य उस रहस्यमयी शक्ति अथवा **दिव्य चेतना** की पूजा करते थे, जो क्रमशः उन्हें आकाश, अग्नि तथा सूर्य आदि के प्राकृतिक दृश्यों के पीछे प्रस्फुरित होती हुई प्रतीत होती थी। वे इन शक्तियों की स्तुति करते थे और इनके लिए यज्ञ भी करते थे किन्तु ये शक्तियाँ अपने प्राकृतिक दृश्यों से पृथक् नहीं हो पाई थीं। यही कारण कि इन देवों के नाम पूर्णतः वे ही हैं, जो इनसे सम्बन्धित प्राकृतिक दृश्यों के।

विकास की दूसरी अवस्था में धीरे-धीरे वैयक्तिक देवताओं की सृष्टि हुई और उनके व्यक्तिवाचक नामों का निर्माण हुआ। इस प्रवृत्ति की चरम सीमा भारतीय तथा ग्रीक महाकाव्यों में तथा पुराणों में देखी जा सकती है। वेदों के देवता इन दोनों सीमाओं के बीच में स्थित हैं।

भारोपीय देवों के व्यक्तितत्व के अधिक विकसित न होने से और उनके शारीरिक स्वरूप के विषय में अधिक स्पष्ट धारणा न होने के कारण यह असम्भव प्रतीत होता है कि तत्कालीन आर्य प्रस्तर आदि की मूर्तियाँ बना कर उनकी नियमित पूजा करते रहे हों। भारोपीय काल में तो दूर, विद्वानों ने वैदिक युग तक में मूर्तियों के अस्तित्व को स्वीकार नहीं किया है[१]। ईरानियों के विषय में ग्रीक ऐतिहासिक हेरोदोतस् ने अपने इतिहास में (१।१३१) में स्पष्ट लिखा है कि वे मूर्तियाँ एवं मन्दिर बनाना धर्म विरुद्ध समझते हैं और जो कोई ऐसा करता है, उसे वे अज्ञानी समझते हैं[२]। भारत में मूर्तियों का निर्माण यद्यपि सूत्रकाल से ही प्रारम्भ हो गया था किन्तु वह अपनी परिपूर्णता को महाकाव्य युग में ही पहुँचा है, जब देवों की बाह्य आकृति जनता के मानस पटल पर सम्यक्तया अंकित हो चुकी थी।

आर्यों में मृत्यु के पश्चात् मनुष्य की आत्मा में विश्वास बहुत प्राचीन है। अतः सम्भव है कि वे अपने पूर्वजों या **पितरों की पूजा** करते रहे हों और उन्हें निश्चित समय पर अन्न आदि प्रदान करते रहे हों। पूर्वजों की पूजा आर्य जाति की अनेक प्राचीन शाखाओं में, विशेषतः भारतीय तथा लिथुआनियन जाति में, अत्यन्त महत्त्वपूर्ण स्थान रखती है। इस पितर पूजा के पीछे सम्भवतः अनेक कारण थे। उदाहरणार्थ भारत में यह

---

१. तु० की०, मैक्सम्युलर, **चिप्स फ्राम ए जर्मन वर्कशाप**, प्रथम भाग, पृ० ३८।

२. द्रष्टव्य : एमिल बेनवेनेस्त द्वारा संकलित '**पर्शियन रिलीजन**' (As narrated by Greek Historians) में हेरोदोतस् का विवरण।

समझा जाता था कि मृत व्यक्ति की आत्मा (प्रेतात्मा) पितर बनने से पूर्व भूखी और प्यासी भटकती रहती है और जब तक उसके पुत्र-पौत्र आदि उसे अन्न आदि न प्रदान करें तब तक वह ऐसे ही रहती है। यह भी सम्भव है कि प्रेतों के डर ने भी पितर पूजा की प्रेरणा दी हो और भोजन, जल आदि के द्वारा व्यक्ति मृतात्मा को इसलिए तृप्त करते हों कि कहीं वह मनुष्यों को हानि न पहुँचाए। एक अन्य कारण यह भी हो सकता है कि मृत व्यक्ति के वंशज उस व्यक्ति के द्वारा अपने परिवारों के प्रति किये गए विविध उपकारों की कृतज्ञता के रूप में मृतात्मा को भोजन आदि प्रदान करके उससे भविष्य में भी परिवार की रक्षा करने की प्रार्थना करते हों।

विद्वानों का इस विषय में ऐकमत्य नहीं है कि भारोपीय काल में नियमित **पौरोहित्य** वृत्ति थी या नहीं। श्राडर का संस्कृत — **ब्राह्मण** तथा लेटिन — **फ्लेमेन** (पुल्लिंग — 'अग्नि से सम्बन्धित व्यक्ति' तथा नपु० लिंग — 'जलाने वाली वस्तु') शब्दों के आधार पर मत है कि भारोपीय काल के सर्वप्रथम पुरोहित जादूगर या यातविक कृत्यों के कर्ता ही थे। किन्तु इन दो शब्दों का साम्य अत्यन्त संदिग्ध है। साथ ही यह भी सम्भव नहीं प्रतीत होता है कि जादू का किसी भी उच्च धर्म, विशेषतः भारोपीय धर्म के उद्भव में योगदान रहा हो। यातु एवं धर्म दोनों अन्तस्तल की दो पृथक्-पृथक् भावनाओं के प्रतीक हैं। जादूगर प्रकृति की निकृष्ट शक्तियों को प्रभावित करता है और उसे यह विश्वास रहता है कि उसके द्वारा पढ़े जाते हुए मन्त्र स्वयमेव बिना किसी दैवी शक्ति की सहायता के किसी प्रभाव विशेष को उत्पन्न करने में समर्थ हैं। किन्तु जब कोई व्यक्ति जगत् की उत्कृष्ट एवं उच्च शक्तियों को स्तुति एवं यज्ञ आदि से प्रसन्न करके उनकी प्रसन्नता के परिणामस्वरूप किसी लाभ को प्राप्त करना चाहता है तो धर्म का जन्म होता है। एक अपने ऊपर किसी दिव्य-शक्ति की सत्ता स्वीकार नहीं करता और दूसरा दिव्य-शक्ति को माने बिना एक पग भी नहीं बढ़ सकता।

वस्तुतः आर्य भाषाओं में पुरोहित के वाची किसी समान शब्द की अनुपस्थिति एक अन्य दिशा की ओर संकेत करती है। भारोपीय काल में पुरोहितों की कोई आवश्यकता न थी। यज्ञ एवं कर्मकाण्ड के नियम उस समय तक इतने जटिल नहीं हुए थे। शक्तिशाली दिव्य-शक्तियों के प्रति भय तथा आदर की भावना से प्रेरित होकर लोग स्वयं एकत्र होकर उनके लिए यज्ञ आदि सम्पन्न करते थे। पौरोहित्य तो वैदिक युग की वस्तु है, जब ब्राह्मणों या 'ब्रह्माओं' (**ब्रह्मन्**: न० लिं०-स्तोत्र, मन्त्र तथा पुं०-स्तोता, मंत्ररचयिता) द्वारा विभिन्न देवों के लिए बहुसंख्यक मन्त्रों का निर्माण हुआ, यज्ञ की क्रियाएँ अत्यन्त जटिल हो गईं और प्रत्येक क्रिया को एक विशेष प्रकार से विशेष मन्त्र के साथ निष्पन्न करने का विधान किया गया। उस समय सामान्य व्यक्ति के लिए इन क्रियाओं एवं निर्धारित मन्त्रों को स्मरण रखना अत्यन्त कठिन था। अतः इस विद्या के जानने वाले ब्राह्मण, पुरोहितों के रूप में आगे आए।

पिछले पृष्ठों में वैदिक देवों के उस समय के स्वरूप की संक्षिप्त रूपरेखा दी गई है, जब वे अमूर्त रूप में वैदिक ऋषियों के '**पूर्वे पितरः**' के हृदय में उदित हुए। किन्तु यह कहना कठिन है कि तुलनात्मक भाषाशास्त्र पर आधारित ये परिणाम कहाँ तक सही हैं। धर्म तथा देवशास्त्र का इतिहास व्याकरण का अध्याय नहीं है; और यदि हो भी, तो आर्यों के इन प्राचीन देवों के नामों की उचित भाषा-वैज्ञानिक व्याख्या एक अत्यन्त कठिन कार्य है। इस सुदूर प्रागैतिहासिक काल के आर्य देवों के विषय में हमारा ज्ञान अत्यधिक अपूर्ण और अपर्याप्त है क्योंकि उनके स्वरूप की अधिकांश विशेषताएँ ऐतिहासिक युग आते-आते ही पूर्णतः लुप्त हो चुकी थीं।

❖ ❖ ❖

द्वितीय अध्याय

अवेस्ता और उसके वैदिक देवता

अवेस्ता प्राचीन ईरान की एकमात्र धार्मिक पुस्तक है। वर्तमान युग में भी यह भारत में रहने वाले पारसियों तथा ईरान के '**गबर**' सम्प्रदाय की धर्म पुस्तक के रूप में मान्य है। यद्यपि आज यह खण्डित रूप में ही प्राप्त है किन्तु किसी समय यह एक ऐसे प्राचीन आर्य धर्म का आधार था, जो यदि ग्रीक तथा मुसलमान आक्रान्ताओं द्वारा नष्ट नहीं कर दिया होता तो आज मध्य एशिया के कई प्रदेशों में व्याप्त होता।

अवेस्ता शब्द का उद्गम अनिश्चित है। पर पहलवी[१] भाषा के '**आपस्ताक**' अथवा '**अविस्ताक**' तथा पजन्द के '**अवस्ता**' शब्दों से इसका सम्बन्ध प्रतीत होता है। जिन अर्थों में ये शब्द प्रयुक्त हुए हैं, उनसे प्रतीत होता है कि वेद की भाँति अवेस्ता शब्द का मूल अर्थ भी ज्ञान अथवा विद्या रहा होगा[२]। श्री क्षेत्रेशचन्द्र चट्टोपाध्याय ने इस शब्द को संस्कृत '**आवित्त**' (विद्+क्त)से रुपान्तरित किया है।[३] डार्मस्टेटर्[४] का मत है कि यह शब्द प्राचीन फारसी के '**आवस्ता**' शब्द से निकला है। इस शब्द का अर्थ है नियम अथवा विधान। अवेस्ता में ही एक शब्द '**उपास्ता**' आया है। यह भी सम्भव है कि इसका उद्गम इसी शब्द से हो ऐसी स्थिति में इसका अर्थ होगा 'वास्तविक' 'मौलिक' अथवा 'मूलग्रन्थ[५]। इसका विलोम '**ज़ेन्द**' है, जिसका अर्थ व्याख्या या टीका होता है। सासानी काल के लगभग (५वीं शताब्दी) में इस पर पहलवी भाषा में एक विस्तृत व्याख्या लिखी गई थी, जिसे **ज़ेन्द** कहते हैं। इस टीका के मूल अवेस्ता से संलग्न रहने के कारण मध्ययुग की हस्तलिखित प्रतियों में '**आपस्ताक व ज़ेन्द**' ये दोनों शब्द शीर्षक के रूप में प्रयुक्त हुए हैं। किन्तु १८वीं शती में जिन दो प्रथम पाश्चात्य विद्वानों (हाइडे तथा स्केटिल) का ध्यान इधर आकृष्ट हुआ, उन्होनें भ्रमवश दोनों शब्दों का एक ही अर्थ ग्रहण करके '**ज़ेन्द अवेस्ता**' शब्द केवल मूल अवेस्ता के लिए ही प्रयुक्त किया। उसके बाद भी यह भ्रान्ति बहुत समय तक बनी रही।

---

१. अवेस्ता की भाषा के बाद की फारसी। इसका विकास सासानी काल (तीसरी एवं चौथी शती) में हुआ है, प्राचीन फारसी से इसका वही सम्बन्ध है, जो प्राकृत का संस्कृत से।

२. **ए० रि० ई०** द्वितीय भाग, '**अवेस्ता**' — ए०, जैक्सन, पृ० २६६।

३. द्र० **वेदावित्तप्रकाशिका**, इलाहाबाद,

४. जे० डार्मस्टेटर् : **ज़ेन्द अवेस्ता,** [**से० बु० ई०** ४], प्रथम भाग, भूमिका (१)

५. **ए० रि० ई०** द्वितीय भाग, पृ० २६६-७।

अवेस्ता में मुख्य पारसी धर्म के प्रवर्तक **ज़रथुस्त्र** (ग्रीक Zoroastres, Zoroaster, अर्वाचीन — फारसी 'ज़रदुशी') की शिक्षाओं तथा उपदेशों का संकलन है। पारसी परम्परा के अनुसार ज़रथुस्त्र का जन्म ६६० ई० पू० हुआ था। प्रो० जैक्सन[१] आदि कुछ विद्वानों ने इस तिथि को स्वीकार भी किया है किन्तु आधुनिक विद्वान् इस समय को कम से कम दो सौ वर्ष और पूर्व मानने के पक्ष में हैं[२]। इस प्रकार ज़रथुस्त्र का समय लगभग ९वीं या १०वीं शती ई० पू० पड़ता है।

अवेस्ता का संक्षिप्त इतिहास

वर्तमान समय में जो अवेस्ता प्राप्त होता है, वह प्राचीनकाल के एक विशाल धार्मिक साहित्य का अंश मात्र है। ग्रीक लेखक **'प्लिनी'** ने लिखा है कि ज़रथुस्त्र ने बीस बार में पूरे एक लाख पदों की रचना की थी। अरब ऐतिहासिक **'टबरी'** का कथन है कि ये बारह सहस्त्र गोचर्म (पार्चमेन्ट) पर लिखे हुए थे। चौथी शताब्दी (सन् ३२६) ई० पू० में जब अलेग्ज़ेन्डर ने ईरान को एक भयंकर युद्ध में परास्त किया तो उसने अवेस्ता की मूल प्रतियों को खोज खोज कर नष्ट करवा दिया। राजनैतिक वातावरण के कुछ शान्त होने के पश्चात् पारसी पुरोहितों ने नष्ट अवेस्ता के संकलन तथा सम्पादन का प्रयास किया और खण्डित प्रतियों की खोज की गई। बहुत से विषयों का स्मृति के आधार पर भी उद्धार किया गया। सासानी राजाओं के शासनकाल (तीसरी चौथी शती) में इसका सम्पादन विशेष परिश्रम एवं मनोयोग से हुआ। उपलब्ध अवेस्ता को २१ **'नस्कों'** में बाँटा गया। पारसी परम्परा के अनुसार इन नस्कों को प्रथम शब्द **'अहुन-वैर्य'**[३] के एक-एक शब्द से प्रारम्भ होता था। अवेस्ता के इन २१ खण्डों की पुष्टि अरब के इतिहासकार **मूसदी** ने भी की है। कुछ काल के उपरान्त पहलवी भाषा में इस पर एक विस्तृत टीका भी लिखी गई।

किन्तु दुर्भाग्य ने पारसी धर्म का पीछा नहीं छोड़ा। ७वीं शताब्दी के आरम्भ में इस्लाम धर्म का अभ्युदय हुआ। अरब आक्रमणकारियों ने ६४२ ई० में निहाबन्द के युद्ध में ईरान को परास्त कर दिया और सौ वर्षों के भीतर ही ईरान की अधिकांश जनता ने इच्छा अथवा अनिच्छापूर्वक इस्लाम धर्म ग्रहण कर लिया। जो पारसी बचे थे वे अपनी जन्म-भूमि से किसी ऐसे स्थान की खोज में निकल पड़े, जहाँ वे अपने प्राचीन धर्म का स्वतन्त्रतापूर्वक पालन कर सकें। अन्ततः उन्हें भारत में शरण मिली और वे

---

१. **ज़ोरोएस्टर**, पृ० १५६।

२. तु० की, गैल्डनर : **एनसाइक्लोपीडिया ब्रिटेनिका**, भाग २१ पृ० १०४१।

३. पारसियों की सर्वाधिक पवित्र प्रार्थना। इसका पारसी धर्म में वही स्थान है, जो हमारे यहाँ गायत्री मन्त्र का। दैत्यों के अपसारण एवं विनाश के लिए इसे सर्वाधिक शक्तिशाली माना जाता है। इसमें २१ शब्द हैं।

गुजरात तथा काठियावाड़ में बस गए, जहाँ आज भी उनकी संख्या प्राय: एक लाख है। विस्तृत अवेस्ता के २१ नस्कों में जो प्रतिदिन के उपयोग का अथवा कर्मकाण्ड से सम्बन्धित अंश था उसे ये अपने साथ ले आये थे। इस प्रकार वर्तमान अवेस्ता इस प्राचीन अवेस्ता के विभिन्न नस्कों से उद्धृत अंशों से बना है। केवल १९वाँ नस्क (वेन्दिदाद) ही पूर्ण और अक्षत रूप में प्राप्त है। पर इस समय अवेस्ता की किसी भी वर्तमान हस्तलिखित प्रति में इस खण्डित भाग का भी पूर्ण अंश प्राप्त नहीं होता।

९वीं शती में अवेस्ता की 'दीनकर्द' नामक एक टीका लिखी गई। इस समय तक भी इसके लेखक के सामने ११वें नस्क को छोड़कर जो उस समय तक पूर्ण से नष्ट हो चुका था, सम्भवत: शेष सभी नस्क थे। उसने ऐसे अनेक नस्कों से कुछ उद्धरण एवं अनुवाद दिए हैं, जो वर्तमान अवेस्ता में नहीं मिलते। साथ ही उसने सभी नस्कों के नाम तथा उनकी विषय सूची भी दी है। इस प्रकार मध्य युग में एक विस्तृत अवेस्ता के अस्तित्व में शंका के लिए कोई स्थान नहीं है।

पारसियों का धर्म बहुत प्राचीनकाल से ही विद्वानों को अपनी ओर आकृष्ट करता रहा है। प्राचीनकाल के इन अन्वेषकों में ग्रीक लेखक ही प्रमुख थे। ४वीं शताब्दी ई० पू० में राजनैतिक दृष्टि से ईरान से सम्बन्ध होने के पूर्व ही यूनान इसके सम्पर्क में आ चुका था[1]। पारसी धर्म के पुरोहितों का प्राचीन नाम **मागी** (संस्कृत **'मग'**) है । इनको अनेक प्रकार के यातविक कृत्यों तथा इन्द्रजाल में निपुण माना जाता था। इसीलिए जादू या इन्द्रजाल के लिए प्रयुक्त अंग्रेज़ी संज्ञा magic का उद्भव ग्रीक magos शब्द है[2]। ज़रथुस्त्र की एक महान् ज्योतिषी के रूप में भी प्रसिद्धि थी। अरस्तू, हेरोदोतस्, प्लूतर्ख, स्त्रेबो, थियोपाम्पस् आदि ग्रीक विद्वानों ने प्राचीन ईरानी धर्म पर बहुत कुछ लिखा था पर अब इनमें से अधिकांश के कुछ थोड़े से अंशमात्र बचे हैं[3]।

---

१. कुछ व्यक्तियों ने ७वीं शती ई० पू० के पाइथागोरस तक पर ज़रथुस्त्र का प्रभाव सिद्ध करने का यत्न किया है। तु० की०, लेवी : **लेजाँद दे पिथागोरे**, पेरिस १९२६

२. ई० बेनवेनेस्त : **पर्शियन रिलीजन : एज़ नैरेटेड बाई ग्रीक हिस्टोरियन्स्**, पृ० १०

३. वही, पृष्ठ ५।

इस सूची में हेरोदोतस् का नाम विशेष उल्लेखनीय है। यह ५वीं शती ई० पू० के मध्य भाग में जन्म लेने वाला प्रसिद्ध ग्रीक इतिहासकार है। इसने ईरान का पर्याप्त भ्रमण किया था और वहाँ की सामाजिक प्रथाओं तथा धर्म का सूक्ष्मता से अध्ययन करने के पश्चात् अपने इतिहास में उनका वर्णन किया है। यह विवरण लगभग १० अनुच्छेदों में है। ईरान के ऊपर क्रमबद्ध रूप में लिखने वाला यह प्रथम व्यक्ति है। इसके द्वारा उल्लिखित धर्म तथा देवता प्राय: आर्यों से सम्बन्धित हैं तथा ज़रथुस्त्र से पूर्व के काल को सूचित करते हैं। ईरान में मागी का प्रभाव से मुक्त शुद्ध आर्य धर्म का स्वरूप समझने के लिए इसके लेख बड़े काम के हैं।

अवेस्ता का बहिरंग परिचय

विषय की दृष्टि से वर्तमान अवेस्ता के निम्नलिखित पाँच खण्ड हैं —

१. **यस्न** — यह पारसी धर्म का कर्मकाण्ड सम्बन्धी मुख्य भाग है। इसमें सामान्य यस्नों (यज्ञों) के अवसर पर पुरोहितों द्वारा पढ़ी जाने वाली प्रार्थनाएँ संकलित हैं। इनका विन्यास क्रम भी उपयोग के आधार पर है। इसमें ७२ अध्याय (हैति-हा) हैं, जिनको तीन भागों में विभाजित किया गया है[१] —

(अ) अध्याय १-२७ आह्वान सम्बन्धी सूक्त।

(आ) **गाथा**, अध्याय २८-५४। यह अंश शब्दशः ज़रथुस्त्र की मूल रचना माना जाता है। इसकी भाषा अवेस्ता में सर्वाधिक प्राचीन है। रचना छन्दोमयी है।

(इ) परवर्ती यस्न [**अपरो यस्नो**] अध्याय ५५-७२। अग्नि एवं जल देवता की कुछ कम महत्त्वपूर्ण स्तुतियाँ।

२. **विस्परेद** — इस शब्द का अर्थ है 'सभी प्रमुख' देवता [विस्पे रतवो] इस अंश में अहुरमज़्दा के प्रमुख अनुचरों [अमेशस्पेन्ता] से सम्बन्धित आह्वान, मन्त्र आदि हैं। यह भी कर्मकाण्डीय भाग है और प्रकृति में लगभग यस्न के समान है। इसमें २४ अध्याय [कर्दे] हैं।

३. **वेन्दिदाद** — [अथवा विदेव्‌दाद] यह शब्द 'वी-दएवो-दातेम्' [दैत्यों के अपसारण के नियम] का अपभ्रंश है, इसमें पारसी धर्म के सामान्य आचार विचारों से सम्बन्धित नियम आदि हैं। विभिन्न पापों का प्रायश्चित्त, शुद्धि, मृत व्यक्ति से सम्बन्धित कृत्य आदि का वर्णन किया गया है साथ ही सृष्टि तथा देवताओं सम्बन्धित अनेक कथाएँ भी हैं। इसमें ३२ अध्याय हैं, जिन्हें **फ़रगार्द** कहते हैं।

४. **यश्त** — इस शब्द का अर्थ है प्रशंसा अथवा स्तुति। इसमें पारसी धर्म के दस प्रमुख देवताओं से सम्बन्धित स्तुतियाँ संकलित हैं। ये स्तोत्र पर्याप्त काव्यात्मकता से पूर्ण हैं और इन देवताओं का सजीव चित्रण करने के साथ-साथ प्राचीन देवकथाओं का भी पर्याप्त उल्लेख करते हैं।

५. **खुर्दा अवेस्ता** — (छोटा अवेस्ता) इसमें उन छोटी-छोटी प्रार्थनाओं का संकलन है, जो प्रत्येक धार्मिक पारसी को विभिन्न अवसरों पर पढ़नी चाहिए।

कभी-कभी यश्त को भी खुर्दा अवेस्ता में सम्मिलित कर लिया जाता है और इस प्रकार अवेस्ता के दो मुख्य भाग हो जाते हैं: **मुख्य** अवेस्ता (यस्न, विस्परेद, वेन्दिदाद) तथा **खुर्दा** अवेस्ता[२]।

---

१. जे० डार्मस्टेटर, **अवेस्ता का अंग्रेज़ी अनुवाद** (से० बु० ई०, ४) प्रथम खण्ड, पृष्ठ ७।

२. **ए० ब्रि०** : भाग २३, पृ० ९४२-४४ (ज़ेन्द अवेस्ता)

वेद और अवेस्ता में पारस्परिक साम्य

अवेस्ता के इस सामान्य परिचय के पश्चात् अब हम अपने विषय पर आते हैं। सभी विद्वानों ने निर्भ्रान्त रूप से इस तथ्य को स्वीकार किया है कि प्राचीन ईरान के ये निवासी भी उसी जाति के वंशज थे, जिसके वैदिककालीन आर्य। **'ऐर्य'** [प्राचीन **अइर्य**] या आर्य शब्द प्राचीन ईरान में भी शिष्ट और सभ्य व्यक्तियों का वाची था। **अख़्मीनियन** वंश परम्परा के प्रसिद्ध राजा दारयुस् (धारयद्-वसु) ने अपने शिलालेखों में बड़े गर्व से अपने को **अइर्य** जाति का अइर्य (शिष्ट व्यक्ति) घोषित किया है[१]। अवेस्ता में प्राप्त एक विशेषण के आधार पर स्वयं ईरान शब्द भी इसी शब्द के षष्ठी ब० व० **अइर्यान[म्]** से बना जान पड़ता है[२]। आर्यवशंज होने के कारण ईरानियों के इस अवेस्ता में **'अहुर'** (असुर=वैदिक वरुण) नामक देवता को सर्वोत्कृष्ट स्थान प्रदान किया गया है तथा उसको सर्वाधिक शक्तिशाली एवं अन्य देवताओं का अधिपति बताया गया है। उसके लिए **मज़्द** [महत्-धा अथवा मेधा] विशेषण प्रयुक्त कहा गया है। **अहुरमज़्दा** के साथ-साथ वैदिक **इन्द्र, अश्विनौ** या **नासत्या** (नाओङ्हैथ्या), **मित्र** (**मिथ्र**), **विवस्वान्** (वीवङ्ह्वन्त) **सूर्य** (ह्वर्), **भग** (बग़), **अपानपात्, वायु** (वयु), **अर्यमा** (ऐर्यमन्) **सोम** (हओम), **त्रित** (थ्रित), **यम** (यिम) आदि देवताओं के नाम भी अवेस्ता में यत्र-तत्र पाए जाते हैं और इनमें से अधिकांश देवताओं के दोनों रूपों में पर्याप्त समानता दिखाई पड़ती है।

गाथाओं तथा वेद की **भाषा** में भी अत्यधिक समानता लक्षित होती है। अनेक शब्द ऐसे हैं जो वैदिक संस्कृत तथा गाथाओं में बिल्कुल एक हैं; उनके स्वर या व्यंजन में किसी भी प्रकार का अन्तर नहीं है और साथ ही अर्थ भी बिल्कुल एक है — जैसे मातर्, वस्त्र, दूत, तनु अस्ति, आयु, यव, यदा, रथ, अन्य, इषु, अपां-नपात् आदि। बहुत से शब्दों में केवल एक वर्ण का अन्तर है, जैसे — दारु (दारुस्) तायुम् (तायूम्) पिता (पित), मन्यु (मइन्यु) असुर (अहुर), कुत्र (कुथ्र) यम (यिम) तथा युष्माक [यूष्माक] आदि। इनके अतिरिक्त सहस्त्रों शब्द ऐसे हैं जिनके दोनों रूपों में नगण्य अन्तर है और जो कुछ विशिष्ट नियमों द्वारा एक भाषा से दूसरी भाषा में सरलतापूर्वक परिवर्तित किए जा सकते हैं। उदाहरणार्थ वैदिक 'स' अवेस्ता में 'ह' के रूप में (सप्त=हफ़्त) और वैदिक 'ह' अवेस्ता में 'ज़' के रूप में (बाहु=बाज़ु) में प्राप्त होता है। दोनों के व्याकरण में पर्याप्त समानता है। जिस प्रकार वैदिक संस्कृत में तीन वचन, तीन लिंग, आठ कारक हैं, ठीक उसी प्रकार गाथाओं में भी। शब्द एवं क्रियारूपों में भी आश्चर्यजनक

---

१. 'नक्श-ए-रुस्तम' का शिलालेख। देखिए जहाँगीर सोहराबजी तारापोरवाला: **'दि रिलीजन ऑफ़् ज़रथुस्त्र'**, प्रथम अध्याय।

२. **ए० रि० इ०**, सप्तम भाग, पृ० ४१८ ('ईरानियन्स' : माउल्टन)

समानता है। यही नहीं, गाथाओं के छन्द भी वैदिक छन्दों के अत्यधिक समीप हैं। इन सब कारणों से गाथाओं के किसी भी पद को शब्दशः संस्कृत में परिवर्तित किया जा सकता है और इस संस्कृत रूपान्तर में केवल भाषा एवं व्याकरण की समानता ही नहीं अपितु पर्याप्त भावसाम्य भी होगा[१]; उदाहरणार्थ —

इथा आत् यज़्मइदे अहुरम् मज़्दाम् य गाम् चा इशम्चा दात् आपस्चा दात् उर्वराआस्चा वङ्हीश्चा रओचास्चा दात् बूमीम्चा वीस्पाचा वोहू।

— यस्न ३७ (गाथा हप्तङ्हैति)

इसका संस्कृत में रूपान्तर इस प्रकार होगा —

इत्था अत्र यजामहे असुरं महान्तम्, यः गां च इषं च अदात् अपश्च अदात् और्वरेयाश्च वस्वीश्च रुचश्च अदात् भूमिं च विश्वा च वसूनि[२]।

स्पष्ट है कि गाथाओं की प्राचीन फारसी तथा संस्कृत में ध्वनि वैभिन्न्य के कारण केवल नगण्य बाह्य अन्तर मात्र है। शब्द समूह, उनके रूप, वाक्य विन्यास तथा धार्मिक भावना सब कुछ एक ही हैं। अतः ग्रिसवोल्ड ने ठीक ही कहा है कि अवेस्ता और वेद एक दूसरे पर परस्पर एक सुन्दर टीका का काम करते हैं[३]।

ईरानी जाति का उद्गम

धर्म एवं भाषा की यह समानता सूचित करती हैं कि वैदिक एवं ईरानी आर्य दोनों ही किसी एक जाति के वंशज हैं और चिरकाल तक ये दोनों जातियाँ एक साथ किसी एक ही स्थान में रहीं और फिर किन्हीं विशेष कारणों से पृथक् हो गईं। भारतीय और ईरानी जाति के इस पारस्परिक सम्बन्ध के विषय में विद्वानों के दो विचार हैं। प्रथम के अनुसार आर्य भारत के मूल निवासी नहीं थे। वे मध्य एशिया अथवा अन्य किसी स्थान से पश्चिम की ओर से भारत में प्रविष्ट हुए। उनका एक वर्ग ईरान में रह गया और दूसरा भारत की ओर बढ़ गया। द्वितीय मत के अनुसार ईरानी जाति भारतीय आर्यों की ही एक शाखा थी, जो किन्हीं कारणों से प्रागैतिहासिक काल में (अनुमानतः २०००-१५०० ई० पू०) भारत के पश्चिमी भाग से निकलकर ईरान तथा एशिया माइनर में जाकर बस गई थी। यहाँ हम इन दोनों का परीक्षण करेंगे।

---

१. तारापोरवाला : **रि० ज़०**, प्रथम अध्याय, पृ० २। माउल्टन, **ए० रि० ई०**, भाग ७, **'ईरानियन्स'** पृ० ४१८। क्षे० चं० चट्टोपाध्याय, **वेदावित्तप्रकाशिका** (गाथाएँ और उनका संस्कृत रूपान्तर)।

२. रलिया राम कश्यप, **वैदिक ओरिजिन ऑफ़् ज़ोरेस्ट्रियनिज़्म**, प्रथम अध्याय पृ० १६।
'इस प्रकार हम अहुरमज़्दा का ध्यान करते हैं, जिसने पशुओं तथा अन्नों को उत्पन्न किया, जल एवं वनस्पतियों की सृष्टि की और जिसमें अनेक रत्नों से पूर्ण पृथ्वी तथा प्रकाश [मान नक्षत्रों] का निर्माण किया।'

३. **रिलीजन ऑफ़् दि ऋग्वेद**, पृ० २०

इतना तो निर्विवाद ही है कि ईरानी जाति का भारत के पश्चिमी प्रदेशों से घनिष्ठ सम्बन्ध था क्योंकि अवेस्ता में **'हफ़्तहिन्दु'** प्रदेश की स्थान-स्थान पर प्रशंसा प्राप्त होती है। यह हफ़्तहिन्दु भारत का वही सप्तसिन्धु प्रवेश है जिसकी ऋग्वेद के ऋषि प्रशंसा करते नहीं थकते।

मध्य एशिया तथा ईरान में वैदिक देवताओं की उपासना की पुष्टि एशिया माइनर (वर्तमान तुर्की) के **बोगाज़क्यूई** नामक स्थान से प्राप्त एक मृत्फलक से भी होती है। यह स्थान प्राचीन **हित्तिति** राज्य की राजधानी था। इस मृत्फलक पर कीलकाक्षरों में **हित्तिति** या **मितानी** राजाओं की सन्धि का उल्लेख है। दोनों जाति के देवताओं का सन्धि के अभिरक्षकों के रूप में आह्वान किया गया है। अनेक बेबीलोनियन तथा हित्तिति देवताओं के साथ साथ मितानी जाति के देवताओं में मित्र, वरुण, इन्द्र तथा नासत्या (-यौ = अश्विनौ) के नाम भी मिलते हैं। इनका रूप इस प्रकार है — **मि-इत्-र, उ-रु-व न** (तथा अ-रु-न) **इन्-द-र** तथा **ना-स-अत्-ति-या** (**अन्-ना**)। कैसे ये देवता वहाँ पहुँचे, यह बहुत विवादग्रस्त प्रश्न है। इसके दो ही सन्तोषजनक उत्तर हो सकते हैं। या तो मितानी जाति आर्यों की एक छोटी सी शाखा थी, जो किसी अज्ञात स्थान से किसी विशेष कारण से तुर्किस्तान की ओर चली गई थी अथवा यह वैदिक आर्यों की ही एक शाखा थी, जो भारत से पश्चिम की ओर बढ़ती हुई वहाँ तक पहुँच गई थी। इस द्वितीय विकल्प की प्रबल सम्भावना प्रतीत होती है क्योंकि बोग़ाजक्यूई में उक्त सन्धि-पत्र के अतिरिक्त एक ऐसा भी मृत्फलक प्राप्त हुआ है, जिसमें अश्वों के प्रशिक्षण से सम्बन्धित एक ग्रन्थ उत्कीर्ण है। विविध अवसरों और कार्यों के लिए अश्वों को कैसे प्रशिक्षित किया जाए, इसकी विधि उसमें प्राप्त होती है और विशिष्ट बात यह है कि प्रशिक्षण से सम्बन्धित पारिभाषिक शब्दावली **संस्कृत भाषा** में है — यथा 'एकवर्तनी' 'त्रिवर्तनी' (एक चक्कर या घुमाव, तीन चक्कर) आदि। स्पष्ट है कि यह ग्रन्थ किसी प्राचीन संस्कृत अश्वशास्त्र पर आधारित है। वैदिक आर्यों में अश्व का जो महत्त्वपूर्ण स्थान था, उससे कोई आश्चर्य नहीं कि लगभग १५वीं शती ई०पू० भी इस विषय पर ग्रन्थ रचना हुई हो। 'एकवर्तनी' में आया 'एक' शब्द संस्कृत का ही है, प्राचीन फ़ारसी का नहीं, क्योंकि वहाँ इसका रूप 'ऐव' हो चुका था (तु.की. 'अव्वल')।

एडमेयर, गाइल्स तथा ओल्डेनबर्ग आदि प्राचीनतर विद्वानों का मत था कि मृत्फलक पर उत्कीर्ण देवनाम उस समय के हैं जब पूर्वी और पश्चिमी (अर्थात् भारतीय और ईरानी) आर्यों का विभाजन नहीं हुआ था किन्तु आधुनिक शोधों के

---

१. ऑस्ट्रिया के प्रसिद्ध भाषावैज्ञानिक एवं संस्कृत विद्वान् एम. मायरहोफर के द्वारा एक बार पुनः नवीन शोध सामग्री के आधार पर दृढ़तापूर्वक इस मत की सम्पुष्टि की गई है। द्रष्टव्य है उनको पुस्तक **'डी इण्डोआरियर इम् आल्टेन फ़ोर्डरआज़ियन्** (Die Indo-Arier im alten Vorderasien), वीसबाडेन १९६६॥

अनुसार इन्हें वैदिक देवता सिद्ध किया जा चुका है[१]। उपर्युक्त मृत्फलक में मितानी राजा की जाति **'हैरी'** बताई गई है। विन्क्लर का मत है कि यह **'आर्य'** शब्द का ही अपभ्रंश है और जिस समय आर्यों की यह उपजाति मेसोपोटामिया और सीरिया की ओर घूम रही थी उस समय भारत में वैदिक ऋचाओं का जन्म हो चुका था।

वस्तुत: १५०० ई० पू० लगभग वैदिक देवताओं की उपासना करने वाली जातियाँ भारत के उत्तर-पश्चिमी सीमान्त प्रदेशों के समीप पर्याप्त मात्रा में बसी हुई थीं और इनमें से कई छोटी शाखाएँ इस समय के पूर्व ही बड़ी दूर तक पश्चिमी की ओर चली गई थीं[१]। इस परिभ्रमण के अनेक कारण थे, जिनमें सम्भवत: युद्ध, साहसप्रियता और वैवाहिक सम्बन्ध ही मुख्य थे। मध्य एशिया की **कस्साइत** (**कस्सु**, 'काश्यप') नामक एक जाति ने १६०० ई० पू० ईराक के बेबीलोनिया नगर को जीत कर अपनी राजधानी बनाया था। यह भी सूर्य, मरुत् आदि वैदिक देवताओं की पूजा करती थी। सुमेर सभ्यता की मोहरों तथा मिट्टी के टिकरों पर भी कुछ पौरव (भरतवंशी) तथा इक्ष्वाकु राजाओं के नाम प्राप्त होते हैं। हिलेब्रांड्ट ने ऋग्वेद के अष्टम मण्डल के बहुत से उद्धरणों के द्वारा भारत का कुछ प्राचीन पश्चिमी देशों सम्बन्ध सिद्ध किया है[२]। कुछ विद्वानों ने यह भी सिद्ध करने की चेष्टा की है कि इस फलक पर प्राप्त संख्याओं के चिह्नों का उद्‌गम भारतीय है।

इस सम्बन्ध में एक तथ्य और विचारणीय है। मित्र के साथ वरुण का तथा इन्द्र के साथ अश्विनौ का उल्लेख एक विशेष महत्त्व रखता है। नामों का यह स्वरूप तथा इन दो-दो देवतओं का एक वर्ग केवल वेदों में ही पाया जाता है। **मित्रावरुणा** (-**णौ**) तथा **इन्द्रनासत्या** की प्राय: ऋग्वेद में साथ-साथ स्तुति की गई है। अत: याकोबी, हिलेब्रांड्ट तथा उनके साथ-साथ विन्टरनित्स् का भी यही कथन है कि ये देवता भारतीय ही हैं और इनको अन्यथा समझने का कोई भी अन्य मत उपयुक्त नहीं हैं।

एक अन्य तथ्य की ओर भी स्टैन कोनोव् ने ध्यान आकृष्ट किया है। ऋग्वेद के **'सूर्यासूक्त'** (१०।८५) में सोम के साथ सूर्या (उषा) के विवाह का वर्णन किया गया है और इस विवाह में अश्विनौ का विवाह के पुरोहित के रूप में उल्लेख है। सम्भवत: प्राचीन वैदिक विश्वास के अनुसार अश्विनौ वैवाहिक कृत्यों के अभिरक्षक देवता थे। उपर्युक्त मृत्फलक में राजनैतिक सन्धि को सुदृढ़ करने के लिए हित्तिति राजा द्वारा अपनी कन्या का मितानी राजा से विवाह करने का उल्लेख है, अत: प्रतीत होता है कि अश्विनौ का आह्वान इसलिए किया गया है।

ईरानी विषयों के प्रसिद्ध विद्वान् प्रो० जैक्सन[३] का भी स्पष्ट मत है कि बोग़ाज़-क्यूइ

---

१. देखिए, विन्टरनित्स्: **हिस्ट्री ऑफ़् इंडियन लिटरेचर**: प्रथम भाग, पृ० ३०५ पाद टिप्पणी।

२. विन्टरनित्स् : **हि० इं० लि०**, पृ० ३०५।

३. **ए० रि० ई०**, भाग ४. पृ० ६२०, **बोगाज़क्यूई**।

के इस मृत्फलक में प्राप्त देवताओं के नामों का ईरान से कोई सम्बन्ध नहीं है और वे वैदिक देवताओं को ही सूचित करते हैं। भारत से इस प्रकार के सम्बन्ध की पुष्टि में सबसे बड़ा प्रमाण यह है कि फलक के नासत्या (अन्ना) शब्द में ऊष्म वर्ण **'स'** का परिवर्तन कण्ठ्य प्राणध्वनि **'ह'** में नहीं हुआ। प्राचीन फारसी (गाथा तथा अवेस्ता में) निरपवाद रूप से संस्कृत 'स' के स्थान पर 'ह' ही पाया जाता है (उदाहरणार्थ सं० सद् = फा० हद्। सिंचति=हिन्चइति। सताम्=हाताम्। सप्त=हफ़्त। सिन्धु=हिन्दु आदि)। संस्कृत का नासत्या शब्द परवर्ती अवेस्ता में नाओङ्हैथ्या के रूप में पाया जाता है[1]।

इसके अतिरिक्त अवेस्ता में हमें इन्द्र नाम का कोई देवता नहीं प्राप्त होता। केवल कुछ ही स्थानों पर इन्द्र शब्द प्राप्त होता है और वहाँ भी वह एक अत्यन्त निम्न कोटि के **राक्षस** का वाची है, जिससे अहुर सदा सशंक रहता है। वरुण शब्द पूर्णतया ईरान से लुप्त हो गया है। कुछ स्थानों पर **'वैरेन्य'** शब्द अवश्य आया है, जो काल्पनिक समुद्र का वाची है। किन्तु प्रतीत होता है कि यह शब्द पहले आकाश का वाचक था। **मित्र** अवश्य अहुर के परिचर देवता के रूप में परवर्ती अवेस्ता में मान्य है किन्तु वहाँ इस शब्द का रूप **मिथ्र** है, मित्र नहीं।

उपर्युक्त विवरण से स्पष्ट है कि या तो यह मृत्फलक उस समय का है, जब आर्य जाति विभाजित नहीं हुई थी अथवा मितानी उपजाति भारतीय आर्यों की ही एक शाखा थी, जो यहाँ से पश्चिम की ओर जाकर बस गई थी। प्रथम तथ्य की कोई सम्भावना नहीं, क्योंकि यदि यह माना जाए कि १४वीं शताब्दी तक आर्य अविभाजित ही थे और भारत में नहीं आए थे तो यह स्वीकार करना पड़ेगा कि वे भारत में लगभग १३वीं अथवा १२वीं शताब्दी ई० पू० में प्रविष्ट हुए। इस प्रकार ऋग्वेद का रचनाकाल लगभग १००० ई० पू० आता है, जो नितान्त असम्भव है। वस्तुतः इस काल में आर्यों के पूर्व की ओर आगमन का कोई प्रमाण नहीं।[2] अतः यह निश्चित है कि भारत से कुछ आर्य उपजातियाँ पश्चिम की ओर गईं और उनमें से मितानी भी एक थी।

ईरानी आर्यों की भारत से वहाँ जाने की सम्भावना

साथ यह भी असम्भव नहीं कि स्वयं ईरानी जाति भी वैदिक आर्यों की ही एक शाखा रही हो, जो भारत के पश्चिम भाग से निकलकर ईरान में जाकर बस गई हो। ज्योतिष सम्बन्धी एक सबल प्रमाण से इसकी पुष्टि होती है। अवेस्ता के यश्त भाग के ८वें यश्त में **'तिश्त्र्य'** देवता के **'अपाओषा'** नामक दैत्य से युद्ध का वर्णन है। अपाओषा का अर्थ है 'आच्छादक' (अप + वृ) और यह अनावृष्टि का मानवीकरण है। दूसरे शब्दों में यह दैत्य वैदिक **वृत्र** का ही ईरानी प्रतिरूप है। त्रिश्त्र्य **लुब्धक** या 'मृगव्याध'

---

१. माउल्टन : **अर्ली ज़ोरेस्ट्रियनिज़्म**' पृ० ६।

२. तु० की० — माउल्टनः **अर्ली ज़ोरेस्ट्रियनिज़्म** : पृ० ७।

(Sirius) नक्षत्र का मानवीकरण है, जिसका मुख्य तारा पुष्य है। अपाओषा वर्षा के 'जलों' को विजित करके बन्द कर लेता है, जिससे संसार में प्रचण्ड ग्रीष्म ऋतु आ जाती है। ऊष्मा से भी प्राणी व्याकुल हो कर तिश्त्र्य की स्तुति करते हैं —

तिश्त्र्य नक्षत्र की करते हम उपासना,
शोभा से युक्त तथा दीप्त और कान्तिमान्,
जलों के बीज का धारक, सशक्त तथा,
प्रांशु, दूरद्रष्टा, स्वर्ग के सुविस्तृत-
प्रांगण में क्रियाशील, सबल और उदारमना।
पशु तथा मानव तीव्र उत्कण्ठा से,
बाट जोहते हैं उसकी आकाश में,
'उदय उस दीप्तिमान् कान्तिशाली तिश्त्र्य का,
होगा कब? और कब नदियों के जल,
अपने बहाव से तुरग-गति लजायेंगे? (८।४-५)

आर्त मानवों की इस पुकार को सुनकर तिश्त्र्य एक सुन्दर श्वेत अश्व के रूप में '**वउरुकष**' के समुद्र (आकाश) में उतर पड़ता है। अपाओषा दैत्य भी एक भयंकर रोमरहित काले अश्व के रूप में उससे लड़ने आता है। कई दिनों तक दोनों में भयंकर युद्ध होता है। पहली बार तिश्त्र्य निर्बल पड़ जाता है और 'अपाओषा' उसे पीछे भगा देता है। तब उपासक यज्ञ और होम करके उसकी शक्ति को बढ़ाते हैं। वह पुनः लड़ने जाता है और फिर युद्ध प्रारम्भ होता है। इस बार उसकी विजय होती है और वह हर्ष से चिल्ला उठता है —

निर्बाध जल स्रोत बहें पृथ्वी की ओर अब,
शान्त हो धरा की तृषा चिरकाल की।
धरणी हो श्यामला शस्य और शष्प से,
पशु और मनुष्य सब हृष्ट-पुष्ट स्वस्थ हों॥
(८।२९)

इसके पश्चात् वह वउरुकष समुद्र को आलोडित करता है, जिससे उसमें वाष्प उत्पन्न होती है और दक्षिण पवन से आहत होकर मेघों का जल क्षेत्रों और ग्रामों को आप्लावित करता हुआ बरस पड़ता है[१]।

---

१. इस कथा के विस्तृत वर्णन के लिए देखिए : कीथ तथा कारनाय: **इंडियन एण्ड ईरानियन माइथॉलजी,** द्वितीय भाग पृ० २६७-२७०।

अवेस्ता के इन स्पष्ट उल्लेखों से आधार पर कहा जा सकता है कि 'त्रिश्त्र्य' लुब्धक तारा ही है। अप्रैल मास तक यह सायंकाल में दिखाई पड़ता है किन्तु उसके पश्चात् सूर्य के पीछे होने के कारण अस्त हो जाता है। ठीक ७० दिन के उपरान्त जुलाई मास के प्रथम सप्ताह में वह पुनः प्रातः काल उदित होता है। इस बार वह विजयी होता है और वर्षा से पृथ्वी को आप्लावित कर देता है। इसी वार्षिक प्राकृतिक संघटना के आधार पर उपर्युक्त कथा का निर्माण हुआ है। पूर्ववर्ती अवेस्ता में तिश्त्र्य के विषय में कहा गया है कि वह अपनी प्रभा से शेष नक्षत्र मण्डल को प्रभाहीन कर देता है। वस्तुतः जिस समय वह उदित होता है, उस समय उषा की कान्ति से स्वतः सभी तारे निस्तेज हो जाते हैं[१]। किन्तु भ्रान्ति के कारण कालान्तर में तिश्त्र्य को सूर्य समझ लिया गया। परवर्ती अवेस्ता में अपाओषा से युद्ध के समय तिश्त्र्य को कर्क राशि में बताया गया है। स्पष्ट है कि यहाँ पर तात्पर्य सूर्य से ही है[२] क्योंकि सूर्य, चन्द्र तथा ग्रहों को छोड़कर अन्य किसी ज्योतिष्पिण्ड की गति राशियों में नहीं हो सकती।[३] कर्क राशि में सूर्य लगभग १४ जुलाई को आता है। यश्तों की रचना के समय यही समय लुब्धक के पुनः उदय होने का था। इसी समय वह जल के आवरक दैत्य को जीतकर वर्षा से धरती की प्यास बुझाता है।

यहाँ पर यह तथ्य ध्यान देने योग्य है कि सम्पूर्ण ईरान के पठार पर, दक्षिण में 'ओमान की खाड़ी' से लेकर उत्तर में कैस्पियन सागर तक अथवा थोड़ा और आगे 'मर्व' तक में जुलाई का मास सर्वाधिक शुष्क और उष्ण रहता है। वस्तुतः यह ग्रीष्म का प्रारम्भ है। अगले महीनों में तेज़ गर्मी पड़ती है। फारस की खाड़ी से लेकर तुर्किस्तान तक के सम्पूर्ण प्रदेश में जाड़े में वर्षा होती है और नवम्बर से प्रारम्भ होकर दिसम्बर या जनवरी तक ही रहती है।

वस्तुत तिश्त्र्य यश्त दक्षिण-पश्चिमी मानसून वायु द्वारा वर्षा होने का रूपकात्मक विवरण मात्र है। स्वतः यश्त के ही वर्णन से स्पष्ट है कि यह वर्षा दक्षिण की ओर से आने वाली वायु से होती थी किन्तु दक्षिणी पश्चिमी मानसून से वर्षा केवल भारत में ही

---

१. माउल्टन : **अर्ली ज़ोरेस्ट्रियनिज़्म** : पृ० २४।

२. माउल्टन : **वही**, पृ० २७, पदटिप्पणी।

३. पृथ्वी तथा अन्य ग्रहों के सूर्य के चारों ओर के प्रदक्षिणा पथ को बारह भागों में बाँटा गया है। यही बारह राशियाँ हैं। इस प्रकार एक राशि का प्रमाण ३० अशं होता है। पृथ्वी से सूर्य की पृष्ठभूमि में दृश्यमान राशि ही सूर्य की राशि है। पृथ्वी सूर्य की परिक्रमा एक वर्ष में कर लेती है। अतः सूर्य एक राशि में लगभग एक मास रहता है। लगभग १४ अप्रैल को सूर्य मेष राशि में आता है और १४ मई को वृष में। इसी प्रकार क्रमशः मिथुन, कर्क, सिंह, कन्या तुला, वृश्चिक, धनु, मकर, कुम्भ, तथा मीन में संक्रमण करता है। पृथ्वी से चन्द्रमा की ओर देखने पर वह जिस तारा समूह के मध्य दिखाई देता है, वही चन्द्रमा की राशि पृथ्वी को केन्द्र मानकर निश्चित की जाती है।

होती है। अरब सागर से आने वाली हवाएँ जुलाई में पंजाब, सिन्ध तथा जयपुर, अजमेर के पास क्षेत्रों में वर्षा करती हैं। अतः ऐसा प्रतीत होता है कि इस यश्त का मूल भारत से प्राप्त किया गया होगा।[१] इस सम्बन्ध में यह तथ्य भी ध्यान देने योग्य है कि वेदों तथा अवेस्ता में जो धार्मिक समानता पाई जाती है, उसका अधिकांश भाग यश्तों में ही निहित है। अवेस्ता के सर्वाधिक प्राचीन भाग 'गाथा' में किसी भी वैदिक देवता का उल्लेख नहीं है। पीछे उल्लिखित सभी देवताओं के नाम यश्तों में ही प्राप्त होते हैं और इसी भाग में इन देवताओं के विषय में वैदिक सूक्तों के समान लम्बी-लम्बी स्तुतियाँ या यश्त संकलित हैं।[२] स्पष्ट है कि तिश्त्र्य कथा का उद्भव सर्वथा भारतीय है। ईरान में जाकर उसमें केवल परिस्थिति-जन्य ही थोड़ा सा परिवर्तन हुआ है। वैदिक आर्यों के पश्चिमी देशों की ओर अभिगमन का एक पुष्ट प्रमाण है।

लुब्धक की इस कथा का उद्गम भारतीय होने के कारण इस नक्षत्र का उल्लेख स्थान-स्थान पर ऋग्वेद में भी प्राप्त होता है। यहाँ इसकी **'तिर'** संज्ञा है। प्राचीन फारसी तथा पहलवी में भी तिश्त्र्य को **'तीर'** कहा गया है। नवम मण्डल में 'तिर' को अनेक नक्षत्रों को पार करते हुए बाण (अथवा जलधार-'धारया') के समान तीव्र गति से चलने वाला बताया गया है —

एष दिवं विधावति तिरो रजांसि धारया — ऋ० वे० ९।३।७

एक अन्य गायत्री में तिर को वृष्टि करनेवाला (वृषा) अन्धकार को प्रकाशित करने वाला, अग्नि के समान तेजस्वी, स्तुत्य तथा प्रणम्य कहा गया है —

ईलेन्यो नमस्यस्तिरस्तमांसि दर्शतः।
समग्निरिध्यते वृषा॥ ९।२७।१३।

इस प्रकार यद्यपि ऋग्वेद में तिश्त्र्य की इस दन्तकथा का उल्लेख नहीं है किन्तु इसका बीज अवश्य वर्तमान है, इसमें किसी को शंका नहीं हो सकती।

ईरानी जाति के भारत से सम्बन्ध के विषय में ज्योतिष सम्बन्धी एक अन्य प्रमाण भी यहाँ पर विचारणीय है। तिश्त्र्य यश्त में ही कहा गया है कि जिस समय लुब्धक (मृगव्याध) पूर्व दिशा में उदित होता था। उस समय शेष तीनों दिशाओं में **'हफ्तो इरिङ्ग'** (सप्तर्षि मण्डल तथा ध्रुव) **वनन्त** (Vega) तथा **सतवाएसा** (Fomalhaut) क्रमशः उत्तर, पश्चिम तथा दक्षिण की ओर उदित होते थे। इनको चारों दिशाओं की रक्षा करने वाले 'दिङ् नक्षत्र' कहा गया है। ये चारों नक्षत्र एक दूसरे से लगभग ९०° के अन्तर पर आकाश में स्थित हैं और आस-पास के अन्य तारों की अपेक्षा पर्याप्त

---

१. **अ० ज्यो०** पृ० २४-२५। ग्रीनविच् वेधशाला के ई० डब्ल्यू० मान्डर का मत; लेखक द्वारा उल्लिखित।

२. यश्तों में प्रतिबिम्बित यह विचारधारा गाथाओं से भी पूर्व की है। इसकी मीमांसा आगे की जाएगी।

प्रकाशमान हैं। यश्त भाग की रचना गाथाओं से बाद की है और यह समय लगभग ५वीं शताब्दी ई० पू० माना जाता है किन्तु इस समय के लगभग ३८° अक्षांश पर (ईरान का उत्तरी भाग, जहाँ ज़रथुस्त्र की धार्मिक क्रान्ति हुई थी) लुब्धक के उदय होने पर **सतावएसा** अस्त हो चुकता होगा और **वनन्त** भी क्षितिज पर अस्त-प्राय: रहा होगा। अत: इस समय चारों तारे चतुष्कोण बनाते हुए आकाश में स्थित नहीं रहे होंगे[१]। ३८° से थोड़ा और नीचे आने पर ३०° अक्षांश पर भी यद्यपि ये चारों तारे ८०० ई० पू० में दृश्यमान रहे होंगे किन्तु इस समय भी लुब्धक के उदय के समय सप्तर्षि का निम्नतम चमकीला तारा तथा सतावएसा क्षितिज के इतने अधिक समीप रहे होंगे कि उनका देखना कठिन रहा होगा। किन्तु २५° अक्षांश पर ये चारों तारे ९०० ई० पू० से २००० ई० पू० तक प्रात:काल काफी देर तक चारों दिशाओं में एक साथ दिखाई देते रहे होंगे[२]। अत: इस दन्त कथा का उद्भव निश्चित रूप से ई० पू० द्वितीय सहस्राब्दी में ही हुआ होगा।

२५° अक्षांश की रेखा ईरान के नीचे से होकर [सप्त] सिन्धु प्रदेश और राजस्थान से होती हुई जाती है। अत: पूर्ण सम्भव है कि इस कथा की उत्पत्ति के मूल स्थान ये ही प्रदेश हों। पीछे कहा जा चुका है कि यद्यपि गाथा अवेस्ता का सर्वाधिक प्राचीन भाग है तो भी यश्तों में जिस धार्मिक स्थिति का चित्रण है, वह गाथाओं से भी पूर्व की है और प्रवृत्ति में वैदिक धार्मिक विचारों से अधिक समानता रखती है। अत: यश्तों में स्थान-स्थान पर ऐसे संकेतों का मिलना उचित ही है।

उपर्युक्त तथ्यों पर ध्यान देते हुए यह प्रतीत होता है कि ईरानी जाति भारतीय आर्य जाति की ही एक शाखा थी, जो ई० पू० द्वितीय सहस्राब्दी में कभी सैन्धव प्रदेश से होती हुई पश्चिमी एशिया की ओर निकल पड़ी। वर्तमान समय में प्राप्त प्रमाणों के आधार पर यह कहना कठिन है कि बाहर जाने के वास्तविक कारण क्या थे? हो सकता है कि किसी प्रकार के धार्मिक मतभेद अथवा पारस्परिक वैमनस्य के कारण ऐसा हुआ हो। ऐसा प्रतीत होता है कि आर्यों में एक ऐसा वर्ग था, जो देवताओं के लिए यज्ञ आदि करने में विश्वास नहीं रखता था और इसलिए पुरोहितों को दान-दक्षिणा आदि देने में भी उदासीन रहता था। ऐसे ही लोगों को सम्भवत: ऋग्वेद में **'अर्य'** कहा गया है। 'अर्य' शब्द ऋग्वेद में दो परस्पर विरोधी अर्थों में प्रयुक्त प्राप्त होता है। कहीं तो इसका अर्थ है स्वामी, धनी तथा ईश्वर, और कहीं शत्रु, नीच या कृपण। दूसरे अर्थ में यह व्यक्तिवाचक संज्ञा के रूप में सम्भवत: किसी वर्ग विशेष का वर्णन करता है।

---

१. माउल्टन, **अ० जो०** पृ० २३।

२. **वही,** ई० डब्ल्यू० माउन्डर: पृ० २४।

ऋग्वेद (२। १२। ५) में इन्द्र के प्रति अविश्वास प्रकट करने वालों का संकेत किया गया है। ''जिसको लोग पूछते हैं कि वह कहाँ है। और कह देते हैं कि उसकी सत्ता ही नहीं है जो 'अर्यों' के धन को एक द्यूतकर की भाँति हर लेता है, विश्वास करो, वही इन्द्र है।'' —

यं स्मा पृच्छन्ति कुह सेति घोरम्,
उतेमाहुर्नैषो अस्तीत्येनम्।
सो अर्यः पुष्टीर्विज इवामिनाति,
श्रदस्मै धत्त स जनास इन्द्रः ॥

अन्य कई स्थलों पर भी ऐसे ही लालची व्यक्तियों (अर्य) की निन्दा की गई है और इन्द्र को उनका धन अपहृत करते हुए वर्णित किया गया है। ऐसा प्रतीत है कि यह 'अर्य' वर्ग ही सामाजिक अनादर से खिन्न होकर पश्चिम की ओर चल पड़ा।[1] वहाँ उसने 'अहुर' की पूजा पर आधारित एक विशेष धर्म का सूत्रपात किया[2]। प्राचीन ईरानी सम्राट् दारयुस् (प्रा० फारसी में 'दारयावहुश्') **नक्श-ए-रुस्तम** के शिलालेख में अपने को **'अइर्य'** बताया है और बड़े आदर के साथ इसका उल्लेख किया है। अवेस्ता में इन्द्र एक निकृष्ट दैत्य का नाम है। अन्य वैदिक देवताओं के नाम भी अवेस्ता में यत्र तत्र प्राप्त होते हैं पर यहाँ उनमें से अधिकांश अपना देवत्व छोड़कर या तो सामान्य से नाम मात्र रह गए हैं अथवा **अंग्रामइन्यु** के परिचर के रूप में दैत्य पदवी को प्राप्त हो गए हैं।

---

१. डा० राधा कुमुद मुखर्जी (**हिन्दू सिविलिज़ेशन पृ० १९२**) का भी विचार है कि भारत से क्षत्रिय आर्यों की एक शाखा पश्चिम की ओर गई। पुराणों में कहा गया है कि इला के पुत्र, जिन्हें ऐल कहा जाता था, हिमालय की तराई में निवास करते थे। बाद में वे भारत की पश्चिम दिशा के अधिपति बन गए। क्या इन 'ऐलों' का ईरानी 'अइर्यों' से कोई सम्बन्ध है?

२. श्री र० रा० काश्यप ने अपनी, **'वैदिक ओरिजिन ऑफ़ ज़ोरेस्ट्रियनिज़्म'** (लाहौर) नामक पुस्तक में अवेस्ता की गाथाओं से भारतीय वेदों के कुछ उल्लेखों को ढूँढ़ निकाला है। उनका विचार है कि ज़रथुस्त्र की धार्मिक क्रियाशीलता के समय तक भारत ही नहीं अपितु आस-पास के प्रदेशों में अलौकिक ज्ञान के भण्डार के रूप में वेदों की पर्याप्त प्रसिद्धि हो चुकी थी। यह भी प्रतीत होता है कि ज़रथुस्त्र को इसका भी ज्ञान था कि वेद उसी के पूर्वजों की कृतियाँ हैं। इसीलिए उसने बड़े आदर के साथ गाथाओं में उसका उल्लेख किया है —

अज़्म चीत् अह्या मज़्दा थ्वाम् मइही पओर्वीम वएदम् (यस्न २९। १०,) इसकी संस्कृत छाया इस प्रकार होगी —

अहंचित् अस्याः महद् त्वाम् अमंसि पौर्व्यम् वेदम्।

(अहं त्वां महद् अमसि, चिद् अस्याः पौर्व्यम् वेदम्)।

हे महान् (अहुर) मैं तुम्हारा तथा इस (संसार) के आदि ज्ञान वेद का ध्यान करता हूँ।

वैदिक आर्यों की इस शाखा के ईरान में जाकर बसने के पश्चात् वहाँ के मूल निवासियों की भाषा के मिश्रण से उनकी भाषा में पर्याप्त परिवर्तन हुआ। गाथाओं की भाषा एक सहस्र वर्ष पश्चात् की स्थिति सूचित करती है[१]।

ईरान के मागी और प्राचीन पारसी धर्म पर उनका प्रभाव

ईरान के इन मूल निवासियों का कोई विशेष नाम न ज्ञात होने से तथा मीडिया में इनके निवास के प्रमाण मिलने के कारण इनको सामान्यतः **मीडियन** कहा जाता है। प्राचीन असीरिया के साहित्य तथा शिलालेखों में बहुधा इनका नाम **मदा, अमदा** या **मीड** मिलता है[२]। इसी जाति के एक वर्ग विशेष का नाम '**मागी**' था[३]। यह वर्ग धार्मिक दृष्टि से मीडियावासियों में अग्रगण्य था और इसका उसमें वही स्थान था, जो ब्राह्मणवर्ग का हिन्दुओं में। यह जाति न तो सेमेटिक थी और न आर्य। अतः इसके धार्मिक विश्वास भी दोनों के प्रभाव से मुक्त कुछ स्वतन्त्र प्रकार के थे[४]। यह धर्म आर्यों की भाँति शुद्ध देवपूजा से सम्बन्धित न होकर कुछ विशेष प्रकार के ऐन्द्रजालिक कृत्यों तथा जादू-

---

१. १९४९ में मुम्बई से प्रकाशित अपनी पुस्तक '**न्यू लाइट्स ऑन् दि होली गाथाज़ ऑफ़् ज़रथुस्त्र**' में आर्देशीर फ़्रामजी ने प्रतिपादित करने की चेष्टा की है कि अवेस्ता की गाथाएँ एवं उनकी भाषा वेदों तथा वैदिक भाषा से प्राचीनतर है और वैदिक भाषा एवं दर्शन उसका परवर्ती विकास है।

२. ए० एच० सैसे (**ए० रि० ई०, अष्टम ५१४-१५**) का मत है कि 'आर्यों की जिस शाखा की स्थिति के संकेत बोग़ाज़क्यूई में १५ वीं शती ई० पू० में मिलते हैं, वही कालान्तर में '**ज़गुस्**' पर्वत के पूर्व की ओर बस गई थी और उसी को मदा मीडियन कहा जाता है। मागी इसी जाति के पुरोहित थे। ईरान के राजा (दारियुस्, आदि) आर्यों की एक दूसरी शाखा के थे। दोनों के धार्मिक मूल सिद्धान्त लगभग समान थे किन्तु प्रथम जनता के धार्मिक विश्वासों से सम्बन्धित था और दूसरा सामन्त वर्ग से।
जैसा कि आगे स्पष्ट होगा, यह मत सन्तोषजनक नहीं है। वस्तुतः मागियों और आर्यों के धर्म में महान् अन्तर था। ग्रीक इतिहासकार हेरोदोतस् ने दोनों के विश्वासों का पृथक्-पृथक् उल्लेख किया है। यह असम्भव है कि आर्यों के ईरान पहुँचने पर कोई सभ्य जाति वहाँ नहीं रही हो और उसकी संस्कृति का आर्यों के धर्म पर प्रभाव न पड़ा हो। बहुत प्राचीनकाल से ही ईरान में किसी आर्येतर संस्कृति के तत्त्वों की एक धारा स्पष्ट प्रवाहित होती हुई दिखाई पड़ती है।

३. इस शब्द का उद्भव और अर्थ बहुत अनिश्चित है। माउल्टन (**अ० जो० ४२४-३०**) ने इसे गोथिक '**मगस**' तथा प्राचीन आइरिश '**मग**' से सम्बन्धित करते हुए इसका मूल अर्थ 'किशोर बालक' माना है। परवर्ती अवेस्ता के '**मगव**' (अविवाहित) शब्द से भी इसकी पुष्टि होती है। अवेस्ता के एक गद्य भाग (यश्त ६५-७) में मोगु शब्द भृत्य के अर्थ में आया है (**ए० रि० ई०** अष्टम, २४२, 'मागी') **बृहत्संहिता** तथा **भविष्य पुराण** में सूर्योपासक '**मग**' नाम की एक जाति-विशेष का उल्लेख है, जो ईरानी मगु का ही परिवर्तित रूप प्रतीत होता है। गुजरात तथा बिहार आदि में बसे हुए इन सूर्यपूजक ब्राह्मणों को आज 'शाकद्वीपी' ब्राह्मण कहा जाता है, शकद्वीप ईरान का शकिस्तान या साइस्ताँ प्रदेश है जहाँ से इनका आव्रजन सम्भावित है।

४. तु० की० — **ए० रि० ई०** : अष्टम भाग, पृ० ५१५ 'मीडियन रिलीजन'।

टोने आदि से युक्त था। इनकी अपनी एक विशिष्ट संस्कृति भी थी, जिसके बहुत से तत्त्वों को बाद में आर्यों ने अपना लिया।

धार्मिक दृष्टि से अत्यधिक समुन्नत इस भारतीय आर्य शाखा के ईरान में प्रवेश करने के उपरान्त मागियों के धार्मिक उत्कर्ष का अन्त होने लगा, किन्तु राजनैतिक तथा समाजिक दृष्टि से नवागत आर्यों से पिछड़े होने पर भी मूल निवासियों के इन पुरोहितों ने दोनों संस्कृतियों के सामंजस्य का अद्भुत प्रयत्न किया। बहुत समय तक संस्कृति और धर्म की ये दो धाराएँ पृथक्-पृथक् बहती रही किन्तु अन्त में जाकर एक हो गई। मागियों के धर्म के बहुत से तत्त्वों को परवर्ती पारसी धर्म में अपना लिया गया। ईरानी आर्यों की इस शाखा में सम्भवतः अधिकांश रूप से क्षत्रिय ही रहे होंगे। इनके साथ ब्राह्मण अथवा पुरोहित वर्ग या तो बिल्कुल नहीं रहा होगा और यदि रहा भी होगा तो बहुत कम संख्या में। दोनों धर्मों के मिश्रण के पश्चात् मागी बड़ी सरलता से पुरोहितों के इस रिक्त स्थान में अधिष्ठित हो गए और शताब्दियों तक ईरानी जाति के धर्म गुरु बने रहे[१]। पारसी धर्म का एक सामान्य पर्यालोचन करने से ही ज्ञात हो जाता है कि उसमें कम से कम निम्नलिखित तत्त्व मागियों के धर्म तथा संस्कृति के हैं —

१. मृत व्यक्ति के **शव** का मांसाशी पक्षियों तथा शिकारी कुत्तों के द्वारा भक्षण किए जाने के लिए खुले स्थान में छोड़ दिया जाना निश्चित रूप से मागी प्रभाव सूचित करता है। आज भी भारत के पारसी अपने शवों को न तो गाड़ते हैं और न जलाते ही हैं। शवों को नष्ट करने की यह रीति ईरान के मूल निवासियों की स्वतन्त्र प्रथा थी। इस रीति का सम्बन्ध न आर्य संस्कृति से था और न सेमेटिक संस्कृति से ही। हेरोदोतस् ने अपने इतिहास में (१।१४०) **मागियों में** इस प्रथा का स्पष्ट उल्लेख किया है। उसने यह भी लिखा है कि **पर्शियन** (अर्थात् ईरानी आर्य) ऐसा नहीं करते और वे अपने शवों को मोम लगाकर गाड़ देते हैं।

---

१. लगता है प्राचीनकाल में भी भारतीयों को इस विषय का ज्ञान था कि आर्यों के ही अन्तर्गत एक ऐसा सम्प्रदाय है जो वेदोक्त विधि पर नहीं चलता, जिसके मानने वाले मग (मागी) कहलाते हैं और जो अग्नि की उपासना करते हैं। "सोम के उपासक ही ब्राह्मण, क्षत्रिय और वैश्य आदि द्विजाति में आते हैं; अग्नि के उपासक उसके पृथक् हैं,"। **भविष्य पुराण** (१३९।४३, ४५) में इस सम्बन्ध में दो महत्त्वपूर्ण श्लोक प्राप्त होते हैं। इस पुराण का काल बहुत अनिश्चित है पर इसके कुछ अंश पर्याप्त प्राचीन प्रतीत होते हैं क्योंकि यह सामान्यतः धार्मिक पक्षपात से रहित है और १८ पुराणों की प्राचीन सूची में इसका उल्लेख है —

वेदोक्तविधिमुत्सृज्य यतोऽहं लंघितस्त्वया।
तस्मान् मगः समुत्पन्नस्तव पुत्रो भविष्यति।
जरथुस्त्र इति ख्यातो वंशकीर्तिविवर्धनः।
अग्निजात्या मगाः प्रोक्ता सोमजात्या द्विजातयः॥

२. अपने निकट सम्बन्धियों से **वैवाहिक सम्बन्ध** स्थापित करने की प्रथा। यह प्रथा ईरानी आर्यों ने कभी नहीं अपनाई। अवेस्ता में इसका कोई उल्लेख नहीं है। **सासानी** काल के **पहलवी** साहित्य में सर्वप्रथम इसका उल्लेख प्राप्त होता है। यहाँ इस प्रकार के विवाह सम्बन्ध को अत्यन्त पुण्यप्रद बताया गया है[१]।

३. यातविक तथा ऐन्द्रजालिक कृत्य। अंग्रेज़ी के **'मैजिक'** (जादू) शब्द का ग्रीक **'मागस्'** से बने होना ही यह सूचित करता है कि प्राचीन यूनान में मागियों का जादू-टोने से कितना घनिष्ठ सम्बन्ध माना जाता था।

४. स्वप्न विद्या तथा ज्योतिष। स्वप्नों से भविष्यवाणियाँ करने तथा फलित ज्योतिष में मागी अत्यन्त कुशल थे किन्तु अवेस्ता में दोनों की विशेष चर्चा नहीं है। ग्रहों को मागी दुष्प्रभाव युक्त समझते थे। किन्तु आर्यों का दृष्टिकोण इससे भिन्न था। वे इन्हें **'यज़त'** (यज्ञिय या पूजनीय) कहते थे। दोनों प्रकार के दृष्टिकोण अवेस्ता में साथ-साथ प्राप्त होते हैं।

५. पारसी धर्म की **प्रबल द्वैतात्मकता** का श्रेय भी मागियों को दिया जाता है। परवर्ती पारसी धर्म जगत् पर आधिपत्य रखने वाली दो परस्पर विरोधी शक्तियों में विश्वास रखता है — **अहुर** तथा **अंग्रामइन्यु**। प्रथम संसार की अच्छी वस्तुओं और शक्तियों का प्रतीक है और द्वितीय बुरी का। अहुरमज़्दा के जितने सेवक या परिचर हैं उसके ठीक विरोधी उतने ही अंग्रामइन्यु के भी। संसार की प्रत्येक वस्तु अहुर तथा अंग्रा के किसी एक वर्ग में अवश्य आती है[२]।

किन्तु अंग्रामइन्यु (अथवा अह्रिमन्) शब्द केवल एक बार ही गाथाओं में प्राप्त होता है (यस्न ४५। २) और वह भी एक सामान्य विशेषण के रूप में। किसी व्यक्तिवाचक संज्ञा अथवा नाम का यहाँ कोई आभास नहीं मिलता। उसका मानवीकरण नितान्त अस्पष्ट होने के कारण अहुर और अंग्रा के परस्पर संघर्ष का भी उल्लेख नहीं किया है। पर यहाँ यह ध्यान देने योग्य है कि ग्रीक इतिहासकार **प्लूतर्ख** ने लिखा है कि दुर्भाग्य एवं आपत्तियों को दूर करने के लिए मागी लोग **'ओमोमी'** नामक ओषधि को ओखली में कूटकर तथा उसे बलिदान किए हुए एक भेड़िये के रक्त के साथ मिला कर सूर्य के प्रकाश से रहित किसी स्थान में **'अंधकार तथा नरक के देवता'** को अर्पित करते हैं[३]।

---

१. कारनाय: **ईरानियन माइथॉलजी:** चतुर्थ अध्याय, पृ० ३१०-११।

२. डार्मस्टेटर्, **ज़ेन्द अवेस्ता** का अंग्रेज़ी अनुवाद (से० बु० ई०) भूमिका, पृ० ५६।

३. पारसी परम्परा के अनुसार ज़रथुस्त्र का जन्म ६६० ई० पू० में हुआ था। प्रो० जैक्सन (**ज़ोरेस्टर, पृ० १५६**) ने इसी तिथि को अन्य प्रमाणों से पुष्ट करने का भी यत्न किया है किन्तु आधुनिक विद्वान् इन समय को कम से कम २०० वर्ष और पूर्व मानने के पक्ष में हैं (गैल्डनर : **ए० ब्रि० ११,**

अवेस्ता में कहीं भी अंग्रामइन्यु को यज्ञ या बलि प्रदान करने का उल्लेख नहीं है। रात्रि या अन्धकार में यज्ञ करना भी विशेष रूप से वर्जित है। ऐसे कर्म दैत्यों का बल बढ़ाते हैं। अतः स्पष्ट है कि अंग्रामइन्यु की धारणा का विकास मागियों के द्वारा ही हुआ है।

ज़रथुस्त्र की धार्मिक क्रान्ति

मागियों के धर्म के अनेक तत्त्वों का इसी प्रकार आर्य तत्त्वों से सम्मिश्रण होता रहा और धीरे-धीरे वे उसके अविभाज्य अंग बन गए। प्राचीन आर्य धर्म के बहुदेवतावाद से मागियों के जादू-टोने तथा कर्मकाण्ड का विचित्र मिश्रण होने के कारण यह प्राचीन ईरानी धर्म अत्यधिक जटिल, दुरधिगम्य तथा दुष्पाल्य हो उठा। मागी इस धर्म में पुरोहितों के पद आसीन थे। इस समय लगभग १००० ई० पू० ईरान के उत्तरी भाग के **बैक्ट्रिया** (बल्ख़, वाह्लीक) नामक प्रदेश में एक महान् धार्मिक व्यक्तित्व ज़रथुस्त्र का जन्म हुआ। उसने इस कृत्रिम, जटिल तथा अनेकरूप धर्म के विरुद्ध आन्दोलन किया और अपनी धार्मिक क्रान्ति द्वारा प्राचीन धर्म के कुछ विशेष तत्त्वों पर अपने नए धर्म की नींव रखी जो आगे चलकर पारसी धर्म के नाम से प्रसिद्ध हुआ। '**अहुरमज़्दा**' के रूप में आकाश के देवता वरुण की उपासना प्रचलित करके उसने एकेश्वरवाद की स्थापना का प्रयत्न किया। प्राचीन वैदिक ऋत को '**अर्त**' या '**अष**' नाम से सृष्टि के मूलतत्त्व के रूप में महत्त्वपूर्ण स्थान दिया और कुछ अमूर्त भावों के मानवीकरण को सृष्टि के नियामक देवताओं के रूप में प्रतिष्ठित करके अपने धर्म को एक उच्च नैतिक एवं आचारशास्त्रीय स्तर पर स्थापित किया। अवेस्ता में प्राचीनतम धर्म को '**मज़्दायस्न**'(सं० मज़्दायज्ञ = अहुरमज़्दा की उपासना करनेवाला धर्म) कहा गया है। यह स्वाभाविक ही है क्योंकि मज़्दा की उपासना ईरान में बहुत पहले से ही प्रचलित थी। ज़रथुस्त्र के द्वारा परिष्कृत इस धर्म को द्योतित करने के लिए इसके पूर्व '**ज़रथुस्त्रिश**' विशेषण प्रायः प्रयुक्त किया गया है। 'ज़रथुस्त्रिश मज़्दायस्न' का अर्थ है ज़रस्थुस्त्र द्वारा शिक्षित मज़्दा धर्म। इससे पता चलता है कि अवेस्ता के कर्त्ताओं की दृष्टि में धर्म के दो स्तर पर्याप्त स्पष्ट थे।[१]

ऐसी दशा में यह स्वाभाविक ही था कि मागियों के सारहीन कर्मकाण्ड तथा आर्यों के प्राचीन देवताओं का तिरस्कार होता। गाथाओं में देवों तथा उनकी मूर्ति के पूजकों को अधार्मिक कहा गया है। एक स्थान पर (यश्त ४४। ९) उसने कहा है कि उसे **दएव**

---

२४६ पृ० १०४१)। अतः ज़रथुस्त्र का समय लगभग ९वीं या १०वी शती ई० पू० पड़ता है। अलेग्ज़ेण्डर के आक्रमण के समय पारसी धर्म का जो विकसित परवर्ती रूप देखने में आता है उसको देखते हुए उसकी उत्पत्ति कम के कम पाँच सौ वर्ष पूर्व माननी आवश्यक है। अतः उसका यही काल सर्वाधिक उपयुक्त है।

१. तु० की० —तारापोरवाला : **दि रिलीजन ऑफ़् ज़रथुस्त्र,** प्रथम अध्याय।

पूजा के मूर्त तथा ऐन्द्रिय पदार्थों की उपासना से धर्म को शुद्ध करने का ईश्वरी आदेश प्राप्त हुआ है। **अहुर** तथा **अमेषस्पेन्ता** के अतिरिक्त **अग्नि** ही एक ऐसा देवता है, जिसकी उपासना '**अतर**' नाम से ज़रथुस्त्र ने निर्धारित की। गाथाओं में **मिथ्र** जैसे महत्त्वपूर्ण आर्य देवता का उल्लेख नहीं है, कालान्तर में जिसकी उपासना का एक स्वतन्त्र सम्प्रदाय ही बन गया।

किन्तु धर्म का मूल सामान्यतः जनता के हृदय में होता है। उसके धार्मिक विश्वास इतनी शीघ्रता से परिवर्तित नहीं किए जा सकते। ज़रथुस्त्र से पूर्ववर्ती काल के धार्मिक विश्वास आंशिक रूप से जनता में पनपते रहे। यद्यपि ज़रथुस्त्र ने उनको कोई महत्त्व नहीं दिया, किन्तु कालान्तर में वे इतने सबल हो उठे कि पारसी धर्म को उनको अपने में अन्तर्भूत करने के लिए बाध्य होना पड़ा। अवेस्ता के 'यश्त' भाग में जो स्तोत्र संकलित हैं, वे अधिकांशतः उन्हीं प्राचीन आर्य देवताओं से सम्बन्धित हैं, जिन्हें एक बार पारसी धर्म निर्वासित करने की पूर्ण चेष्टा में असफल होकर अपनाने के लिए बाध्य हो गया था[1]। यश्तों में उपनिबद्ध स्तुतियों की प्रकृति भी वैदिक सूक्तों से आश्चर्यजनक समानता रखती है। वैदिक देवताओं के उल्लेख एवं उनकी स्तुति में पूर्णतः ऋग्वेद के तुल्य सूक्तों की प्राप्ति के कारण यश्त भाग अवेस्ता के अन्य भागों से इतने अधिक पृथक् प्रतीत होते हैं कि यदि एक स्थान पर (यश्त ४२। २) ज़रथुस्त्र एवं अहुर का एक साथ उल्लेख नहीं होता तो ये पूर्णतः ऋग्वेद के ही एक खण्ड के रूपान्तर प्रतीत होते और ज़रथुस्त्र और उसकी क्रान्ति के विषय में उनमें कोई प्रमाण नहीं रह जाता[2]। इसलिए यश्तों में संकलित धार्मिक-विश्वास काल की दृष्टि से उन गाथाओं से भी अधिक प्राचीन हैं, जो अपनी आर्ष भाषा के कारण अवेस्ता में सर्वाधिक प्राचीन समझी जाती हैं।

इस प्रकार अवेस्ता कई प्रकार के धार्मिक विचारों का विचित्र सम्मिश्रण है। विशेष रूप से पारसी धर्म के इन सिद्धान्तों में दो धाराएँ स्पष्टतः पृथक् पृथक् प्रवाहित होती हुई दिखाई देती हैं। प्रथम धारा है, प्राचीन आर्य धर्म के देवताओं तथा देवकथाओं की और दूसरी ज़रथुस्त्र तथा मागियों के आर्येतर धर्म की। यद्यपि प्रथम धारा में परवर्ती धार्मिक आन्दोलन के कारण कुछ परिवर्तन आ गया है किन्तु उसका मूल अस्पष्ट नहीं हुआ है। स्थान-स्थान पर अवेस्ता में कई ऐसे देवताओं का उल्लेख है, जो नामों की दृष्टि से तो तत्तत् देवताओं के अनुरूप हैं ही, साथ ही जिनकी चारित्रिक विशेषताएँ भी अपने वैदिक प्रतिमानों से पर्याप्त समानता रखती हैं।

---

१. ई० बैनवेनिस्ट : **पर्शियन रिलीजन**, पृ० ३।

२. माउल्टन : **ए० रि० ई०** ७, पृष्ठ ४९८।

पारसी धर्म का संक्षिप्त विवरण

पारसी धर्म की संक्षिप्त रूपरेखा देना यहाँ पर अप्रासंगिक न होगा। इसके अनुसार संसार का सर्वोच्च स्वामी अहुर है। उसे बुद्धिमान् (**मज़्दा** = मेधस्, मेधा[१]) तथा शक्तिशाली कहा गया है। वही इस जगत् के उद्भव तथा पालन को नियन्त्रित करता है। इस कार्य में सहायता देने के लिए उसके अधीन छः **'आमेश-स्पेन्ता'** (= अमर पुण्यशाली) हैं। इनके नाम क्रम से १. **अर्त** या **अष** (ऋतु, पवित्रता) २. **वोहु मनः** (उत्तम मन, सद्विचार) ३. **ख्शथ्र वइर्य** (स्पृहणीय राज्य, 'क्षत्र वर्य') ४. **आरमइति** (सदाचार, भक्ति) ५. **हउर्वतात्** (पूर्ण आनन्द) तथा ६. **अमर्तात** (अमरता) हैं। इस प्रकार ये छः अमूर्त भावों के मानवीकरण मात्र हैं, किन्तु अपने मूर्त रूप में ये संसार के एक-एक विभाग के स्वामी हैं और क्रमशः अग्नि, पालित-पशु, धातु, पृथ्वी, जल तथा वृक्षों के ऊपर आधिपत्य रखते हैं[२]। इन्हीं की सहायता से अहुरमज़्दा विभिन्न कार्यों का संचालन किया करते हैं।

आमेश-स्पेन्ता के नीचे देवताओं की एक और श्रेणी है इन्हें **'यज़त'** कहा जाता है। यज़त का अर्थ है 'यज्ञ के योग्य' (वैदिक-यजनीय)। इस श्रेणी में बहुधा प्राचीन आर्य देवता हैं, जो बाद में अपनी महत्ता के कारण परवर्ती पारसी धर्म में उच्च स्थान पा गए। इनमें **'आतर'** का नाम सर्वप्रथम उल्लेखनीय है। यह देवी अग्नि का मानवीकरण है। अग्नि की उपासना पारसी धर्म का एक महत्त्वपूर्ण अंग है। इसी प्रकार की एक अन्य देवी **'अनाहिता'** है, जो जलों की (वैदिक-आपस्) अधिष्ठात्री हैं। पृथ्वी की उर्वराशक्ति बढ़ाने में भी वह सहायक होती है। अवेस्ता के पञ्चम यश्त में उसे एक सुन्दर युवती के रूप में चित्रित किया गया है। पर इन सभी यज़तों में सर्वोत्कृष्ट स्थान **'मिथ्र'** का है। ज़रथुस्त्र द्वारा उपेक्षित होते हुए भी सामान्य जनता में इसकी उपासना युद्ध में विजय प्रदान करने वाले, सत्य और अष के अनुगामी व्यक्तियों की रक्षा करने वाले, न्याय के पालक देवता के रूप में उनकी उपासना उसी मनोयोग से होती रही। अवेस्ता में **'रश्नु'** (न्याय) तथा **'श्राओष'** (अनुशासन) नामक दो यज़त इन कार्यों में इसके सहायक माने गए हैं।

अहुरमज़्दा के ही वर्ग में **'फ्रवशी'** भी आते हैं। इनका प्राचीन ईरानी धर्म में लगभग वही स्थान है, जो हिन्दू धर्म में पितरों का। परवर्ती अवेस्ता में इन्हें असंख्य, अमर, सूक्ष्म शरीरों के रूप में माना गया है। प्रत्येक व्यक्ति का एक-एक फ्रवशी होता

---

१. देखिए, क्रिस्टियान बार्थोलोमे: **आल्ट ईरानिशस् व्योर्टरबूख़** (प्रचीन-फ़ारसी-शब्दकोश), बर्लिन १९०४ (पुनर्मुद्रण १९६९), स्तंभ १९६२-६३। इस शब्द की विभिन्न व्युत्पत्तियों के विवेचन के लिए स्टैन कोनोव का **गंगानाथ झा अभिनन्दन ग्रन्थ** पृ० २१७-२३ में प्रकाशित लेख भी द्रष्टव्य है।

२. कारनाय : **दि माइथॉलजी ऑफ़् आल रेसेज़** : भाग ६, **ईरानियन माइथॉलजी** : पृ० २६०।

है। मनुष्य के शारीरिक अवयव तथा उसकी मानसिक एवं आध्यात्मिक विशेषताएँ ठीक उसी प्रकार की होती हैं जैसी उसके फ्रवशी की। मनुष्य के सम्पूर्ण व्यक्तित्व का यह सूक्ष्म एवं अमर प्रतिनिधि है। शरीर-नाश के पश्चात् आगे के फल भोगने के लिए यही स्थित रहता है[१]।

पारसी धर्म अपनी द्वैतात्मकता के लिए विशेष प्रसिद्ध हैं। जिस प्रकार **अहुरमज़्दा** प्रकृति की सम्पूर्ण अच्छाइयों का प्रतीक है उसी प्रकार उसका प्रतिद्वन्द्वी **'अंग्रामइन्यु'** सम्पूर्ण बुराइयों का साकार प्रतिनिधि है। अहुर प्रकाश, सत्य, सत्कर्म तथा ज्ञान से युक्त है, किन्तु अंग्रामइन्यु अन्धकार, छल, दुष्टता तथा अज्ञान से (यस्न ३०)। अहुर सदा प्रकाश में रहता है किन्तु अंग्रा अनन्त अन्धकार में। दोनों सदा परस्पर विरोधी कार्यों को करते हैं। संसार की सभी बुराइयों की रचना अंग्रा के द्वारा ही हुई है। अन्धकार, कष्ट तथा पाप उसी ने उत्पन्न किए हैं[२]। अपने परिचर दैत्यों के साथ वह सदा अहुरमज़्दा से लड़ता रहता है और उसके मानने वालों को भ्रान्त करके पथभ्रष्ट कर देता है। इसीलिए उसे 'द्रुज़्' ('द्रोह', माया) भी कहा गया है। स्पेन्ता के विरोध में उन्हीं की भाँति उसके भी छः परिचर हैं, जिन्हें **'दएव'** कहा जाता है। इनके नाम क्रमशः १. **अएश्मा** (क्रोध, हिंसा) २. **अकमनः** (असद् मन, बुरे विचार) ३. **बूश्यास्तां** (आलस्य) ४. **अपाओषा** (अनावृष्टि) तथा ५. **नसु** (शव) हैं। इनके बुरे कार्यों में ६. **यातु** (भूत-प्रेत) तथा **पैरिका** ('परी' अप्सरा) भी सहायक होते हैं।

सत् और असत् तत्त्वों में यह संघर्ष निरन्तर चलता रहता है। मनुष्य भी इसमें सक्रिय भाग लेते हैं। यदि वे सत्कर्म करते हैं तथा मज़्दा को यज्ञ प्रदान करते हैं तो वे सत् तत्त्व अहुर मज़्दा की सहायता करते हैं। यदि वे पाप कर्म करते हैं तो उससे असत् तत्त्व अंग्रामइन्यु बलवान् होता है। अंग्रा की शक्ति घटाने का एक सरल उपाय उसकी सृष्टि को नष्ट करना है। कीड़े-मकोड़े तथा चींटियाँ उसी की सृष्टि हैं। अतः इनका विनाश करके अपने पापों का प्रायश्चित किया जा सकता है और अहुर की शक्ति भी बढ़ाई जा सकती है। पारसियों का विश्वास है कि ज़रथुस्त्र के जन्म के ९००० वर्षों पश्चात् अंग्रामइन्यु का विनाश हो जाएगा। उसका पुत्र **सओश्यन्त** संसार को उसके दुष्प्रभाव से मुक्त करेगा। इस समय पिघली हुई धातु समस्त पृथ्वी पर बहेगी, जिससे सभी प्राणियों के पापों का प्रायश्चित हो जाएगा और एक छोटी सी प्रलय के उपरान्त संसार में अखण्ड शान्ति एवं सुख का संचार होगा। डार्मस्टेटर् का मत है कि अंग्रामइन्यु

---

१. तारापोरवाला: **रिलीजन ऑफ़् ज़रथुस्त्र**, प्रथम अध्याय।

२. तु० की० — यश्त ३३:७७, फरगार्द २१

'जो भी कुछ अहुर बनाता है उसे वह विकृत कर देता है। उसी ने वृक्षों में विष, मनुष्यों में पाप, अग्नि में धूम तथा जीवन में मृत्यु की स्थापना की है।'

का विकास भारोपीय काल की 'वृष्ट्यरोधक दैत्य' (**वृत्र**) की धारणा से हुआ है। वर्षा के देव इन्द्र तथा उसके अवरोधक दैत्य वृत्र के युद्ध का, जो सजीव और सशक्त विवरण वैदिक मन्त्रों में प्राप्त होता है वही अहुर और अंग्रा के पारस्परिक युद्ध की भूमिका है। पर ईरानी धर्म में उसका चित्रण जगत् की सम्पूर्ण बुरी शक्तियों के मूर्तिमान् प्रतीक के रूप में किया गया है और उसे अहुर का पूर्ण विपर्यय माना गया है।

ज़रथुस्त्र की ऐतिहासिकता

अवेस्ता में स्थान-स्थान पर ज़रथुस्त्र और अहुरमज़्दा के संवाद के रूप में पारसी धर्म के सिद्धान्तों का वर्णन है। पारसी परम्परा तथा सभी प्राचीन ग्रीक लेखक एक मत से यह स्वीकार करते हैं कि पारसी धर्म की नींव ज़रथुस्त्र ने डाली। किन्तु अवेस्ता में वर्णित उसके चरित्र की जो झाँकी हमें प्राप्त होती है, उसमें काल्पनिक दन्त कथाओं तथा पौराणिकता का इतना अधिक समावेश है कि कभी-कभी यह सन्देह होने लगता है कि ज़रथुस्त्र देवत्व पर प्रतिष्ठिापित कोई वास्तविक पुरुष था अथवा कोई प्राचीन देवता, जिसे कालान्तर में ऐतिहासिक व्यक्ति मान लिया गया।

यद्यपि पारसी धर्म में व्याप्त नैतिक भावना, अमूर्त तत्त्वों की उपासना तथा सम्पूर्ण धर्म की एक विशिष्ट एकरूपता यह सूचित करती है कि यह प्राचीन वैदिक धर्म का स्वाभाविक विकास नहीं है और इसे अवश्य ही किसी व्यक्ति ने इस प्रकार का सुसंस्कृत रूप प्रदान किया है, किन्तु फिर भी डार्मस्टेटर् ने उपर्युक्त दूसरी सम्भावना को ही सत्य के अधिक निकट माना है। उसका कथन है कि ज़रथुस्त्र का व्यक्तित्व इन्द्र की भाँति किसी प्राचीन भारोपीय वृष्टि देव का ही स्वाभाविक विकास है। पारसियों की धार्मिक दन्त कथाओं में ज़रथुस्त्र तथा उसके पुत्र '**सओश्यन्त**' का एक महत्त्वपूर्ण स्थान है। अवेस्ता में ज़रथुस्त्र को प्राय: **वेरेथ्रेग़्न्** तथा **अपां-नपात्** की भाँति राक्षसों का वध करने वाला वर्णित किया गया है और कहीं-कहीं तो उसे उनसे भी अधिक पराक्रमी बताया गया है (यश्त १९। ३८)। राक्षसों की और वह अहुर के दिए हुए विशाल प्रस्तर खण्ड फेंकता है (फरगार्द १९। ४)। ऋग्वेद में भी इन्द्र, मरुत् तथा अग्नि को प्रस्तर-वृष्टि से दैत्यों का अपसारण करते हुए वर्णित किया गया है (ऋ० २। ३०। ४)। उसके जन्म पर नदियों में बाढ़ आ जाती है, पृथ्वी सजला हो जाती है और वनस्पतियां फलने-फूलने लगती हैं (यश्त १३। ९३)। उसके जन्म के लिए स्वयं अहुर प्रयत्न करता है और एतदर्थ वह देवी **अनाहिता** के लिए एक यज्ञ भी करता है। ज़रथुस्त्र सदा अहुर के साथ रहता है और जब दैत्य नरक से निकलकर उसको मारने के लिए आक्रमण करते हैं तो वह उनको अपने वज्र (ह्वरेनो) तथा 'अहुनवइर्य' प्रार्थना के बल पर मार भगाता है। डार्मस्टेटर् के अनुसार आकाश में विद्युत् का गर्जन ही 'अहुनवइर्य' का मूल रूप है। ऋग्वेद में इसकी वागम्भृणी (अम्भृणी=जल की,

वाक्=वाणी) के रूप में स्तुति की गई है। अतः इन्द्र के समान वर्षा का कोई भी देवता जो विद्युद् गर्जन रूपी वाणी से आकाश से उपदेश देते हुए कल्पित किया गया हो, पौराणिक दन्त–कथाओं में ज़रथुस्त्र का रूप धारण कर सकता है[१]। ज़रथुस्त्र के समान **'यिम'** (वैदिक–यम) आदि देवताओं को भी धार्मिक नियमों के ज्ञाता तथा उपदेशक वर्णित किया गया है किन्तु उन सबमें ज़रथुस्त्र का ही स्थान सर्वश्रेष्ठ है। इस प्रकार स्पष्ट है कि ज़रथुस्त्र कोई ऐतिहासिक व्यक्ति न होकर यम आदि के समकक्ष कोई प्राचीन वृष्टि–देवता मात्र है, जिसे बाद में पारसी धर्म के मूल प्रवर्तक के रूप में मान्यता प्राप्त हो गई।

ज़रथुस्त्र की ऐतिहासिकता का इस प्रकार खण्डन करते हुए डार्मस्टेटर् ने गाथाओं की रचना के विषय में एक रोचक मत स्थापित किया गया है। उनका कथन है कि अवेस्ता के गाथा भाग का निर्माण सिकन्दर के आक्र मण के पश्चात् विभिन्न पारसी पुरोहितों द्वारा किया गया क्योंकि उसके आक्रमण से सारा प्राचीन धार्मिक साहित्य नष्ट हो गया था। उस समय से कई शताब्दी पूर्व ही गाथिक भाषा मृत हो चुकी थी। अतः इस प्रकार की आर्ष भाषा में रचना करने का उनका उद्देश्य यह था कि उनका धार्मिक साहित्य अत्यन्त प्राचीन जान पड़े।

ज़रथुस्त्र के व्यक्तित्व को मान्यता न देने के कारण धार्मिक क्रान्ति का कोई प्रश्न ही नहीं उठता। उसका मत है कि पारसी धर्म केवल प्राचीन आर्य धर्म का ही स्वाभाविक विकसित रूप मात्र है; यह उसके शनैः शनैः किन्तु सतत होने वाले विकास की ही विदेशी परिणति है। उसमें कहीं भी प्राचीनकाल से चल आ रही धार्मिक रूढ़ियों के प्रति विरोध नहीं प्रदर्शित किया गया। अवेस्ता में कहीं भी नहीं प्रतीत होता कि कोई व्यक्ति किन्हीं नए धार्मिक विश्वासों को जनता के ऊपर थोपने की चेष्टा कर रहा है[२]। किसी भी प्राचीन आर्य देवता का पारसी धर्म में तिरस्कार और बहिष्कार नहीं किया गया। वरुण, अग्नि मित्र, विवस्वान्, सोम सभी तो पारसी धर्म में हैं। केवल इन्द्र (इन्द्र) तथा नासत्या (नाओङ्हैथ्या) के नाम का स्वरूप अवश्य कुछ बदल गया है। वेरेथ्रेग्न् (वृत्रहन्) देवता के रूप में इन्द्र पारसी धर्म में उसी उत्कृष्ट पद का भागी है यद्यपि उसका प्रसिद्ध नाम 'इन्द्र' एक दैत्य का नाम है। इन्द्र शब्द की व्युत्पति अनिश्चित है[३]। हो सकता है कि बहुत प्राचीनकाल में इस शब्द का कुछ ऐसा भाव रहा हो जो देव तथा दैत्य दोनों के लिए उपयुक्त हो सकता हो। कालान्तर में उसका 'वृत्रघ्न' विशेषण ही विशेष प्रचलित हो गया और सम्भवतः अप्रयुक्त होने के कारण

१. द्रष्टव्य : अवेस्ता का अंग्रेज़ी अनुवाद, पृ० ७४।

२. **वही**, पृष्ठ ८१।

३. यास्क (निरुक्त १०।८) ने इन्द्र शब्द की १० प्रमुख व्युत्पत्तियाँ दी हैं किन्तु इनमें से एक भी सन्तोषजनक नहीं है। द्रष्टव्य आगे अध्याय ५ 'इन्द्र'।

इन्द्र, दैत्य-विशेष का वाची बनकर रह गया। नासत्या शब्द के विषय में भी वही हुआ होगा। यहाँ यह स्मणीय है कि इन देवतओं के स्वरूप में नहीं अपितु केवल तद्वाचक शब्दों के अर्थ में ही यह परिवर्तन हुआ है। एक बात और है, इन्द्र और नाओङ्हैथ्या अवेस्ता में केवल नाम भर हैं। अवेस्ता अथवा प्राचीन धार्मिक परम्परा में इनके स्वरूप के विषय में कुछ भी नहीं कहा गया। किसी धार्मिक विद्वेष के कारण यदि प्राचीन देवताओं का अपकर्ष करके बलात् दैत्य बनाया गया होता तो इनको अवश्य शक्तिशाली एवं भयानक दैत्यों के रूप में प्रदर्शित किया जाता[१]। उपर्युक्त तथ्यों पर ध्यान देते हुए पारसी धर्म को वैदिक धर्म का ही परवर्ती विकास मानना उचित है।

ज़रथुस्त्र की ऐतिहासिकता, गाथाओं की प्रामाणिकता तथा पारसी धर्म के विकास पर डार्मस्टेटर् ने जो विचार प्रकट किए हैं, उन पर यहाँ कुछ विचार करना आवश्यक है क्योंकि इन विचारों को इसी रूप में स्वीकार कर लेने पर पिछले तथा अगले दोनों पृष्ठों में स्थापित की हुई हमारी धारणाओं पर पर्याप्त प्रभाव पड़ेगा।

ज़रथुस्त्र के व्यक्तित्व के सम्बन्ध में डार्मस्टेटर् का जो विचार है, उससे प्रतीत होता है कि उसने गाथाओं में वर्णित ज़रथुस्त्र के चरित्र पर विचार करने का यत्न नहीं किया। यद्यपि यह ठीक है कि परवर्ती अवेस्ता में ज़रथुस्त्र के व्यक्तित्व से अनेक प्रकार की कथाएँ सम्बद्ध कर दी गई हैं किन्तु गाथाओं में उसके जीवन से सम्बन्धित जितनी घटनाएँ दी गई हैं, उनमें अत्यधिक वास्तविकता तथा सजीवता है। गाथाओं तथा परवर्ती अवेस्ता के ज़रथुस्त्र के चरित्र में आकाश-पाताल का अन्तर है[२]। जिस प्रकार बौद्ध धर्म में बुद्ध से सम्बन्धित अनेक काल्पनिक घटनाएँ उनके जीवन से सम्बद्ध किए जाने पर भी बुद्ध की ऐतिहासिकता में कोई व्याघात नहीं पड़ता उसी प्रकार ज़रथुस्त्र के विषय में भी है। गाथाओं के ज़रथुस्त्र के व्यक्तित्व में तनिक भी अस्वाभाविकता नहीं है। कुछ घटनाएँ तो इतनी तुच्छ हैं कि यदि उनको सत्य न माना जाए तो यह बताना कठिन हो जाएगा कि ज़रथुस्त्र के कल्पनाप्रसूत चरित में इनका समावेश क्यों किया गया? घटनाएँ प्राकृतिक तथा मानवीय हैं। उनकी प्रतीकात्मक व्याख्या नहीं हो सकती और इन घटनाओं के निकाल देने पर बहुत सी गाथाओं की सन्तोषजनक व्याख्या करना कठिन हो जाएगा। उदाहरणार्थ गाथाओं में एक स्थान पर[३] कहा गया है कि एक बार **'दएव यस्न'** (प्राचीन ईरानी धर्म) को मानने वाले एक सामन्त के भृत्य ने शिशिर ऋतु की रात्रि में अतिथि के रूप में आए हुए ज़रथुस्त्र को अपने घर में ठहरने तक का स्थान नहीं दिया और वह तथा उसके घोड़े रात भर बाहर ही

---

१. डार्मस्टेटर् : **ज़ेन्द अवेस्ता** : ४, पृ० ८०-८१।

२. गैल्डनर : **ए० ब्रि०,** भाग १८, पृ० १०४०।

३. यस्न ५१।१२।

शीत से काँपते रहे। वस्तुतः गाथाओं का ज़रथुस्त्र इसी संसार का एक साहसी व्यक्ति है, जो अनेक बाधाओं के बीच एक नवीन धार्मिक सरणि की स्थापना करता हुआ प्रतीत होता है[१]। मनोवैज्ञानिक दृष्टि से सभी कुछ इतना यथार्थ और उपयुक्त है और एक धार्मिक आन्दोलन का सूत्रपात एवं शैशव उसमें इतनी स्वाभाविकता के साथ प्रतिबिम्बत है कि एक क्षण के लिए भी यह सोचना कठिन है कि यह सब उन परवर्ती पुरोहितों का फैलाया हुआ जंजाल है जिनमें ऐतिहासिक भावना का प्रायः अभाव पाया जाता है।[२]

प्राचीन ईरान में बहुधा किसी विशेष पशु के आधार पर नाम रखने की प्रथा थी। ज़रथुस्त्र के नाम के आगे '**उस्त्र**' (**उष्ट्र** अर्थात् ऊँट,) आया है, उसके श्वसुर का नाम '**फ्रशउश्त्र**' है। उसके माता पिता का नाम क्रमशः दुग़्दोग (दुग्ध गौः, दुग्धगुः, जिसने गायें दुह लीं हैं) तथा **पौरुशस्प** (प्रारुषाश्व-जिसके घोड़े भूरे है) और भाई का **जमस्प**। सभी नाम ग्रामीण हैं और ज़रथुस्त्र के गाँव में जन्म लेने की बात को पुष्ट करते हैं[३]।

गाथाओं की प्रामाणिकता

अब **गाथाओं की अर्वाचीनता** पर भी विचार करना है। डार्मस्टेटर् का मत है कि गाथा, यशत तथा परवर्ती अवेस्ता की रचना एक ही साथ प्रथम शताब्दी में हुई है। पहले कहा जा चुका है कि गाथाओं की भाषा अवेस्ता में सर्वाधिक प्राचीन है और केवल थोड़े से परिवर्तनों से ही वैदिक संस्कृत में बदली जा सकती है। यदि इसकी रचना प्रारम्भिक सासानी काल में मानी जाए तो पहली समस्या तो यह खड़ी होती है कि पुरोहितों ने एक मृतभाषा में इतनी कुशलतापूर्वक रचना कैसे की? किसी भी ऐसी भाषा में रचना करने के लिए जो बोली नहीं जाती प्राचीन व्याकरण के सूक्ष्मातिसूक्ष्म नियमों की व्याख्या करने वाले सन्दर्भ ग्रन्थों तथा साथ ही उस प्राचीन भाषा में रचे गए पर्याप्त साहित्य का होना आवश्यक है किन्तु यह सब उन पुजारियों के पास कहाँ था? अवेस्ता से प्राचीन किसी भी साहित्य का उल्लेख तक प्राप्त नहीं होता। वैदिक व्याकरण के नियमों की गाथा के व्याकरण से तुलना करने पर वह पूर्णतः खरी उतरती है। छन्द की दृष्टि से भी वह वैदिक छन्दों के अत्यन्त समीप है। ये सब तथ्य उसकी कृत्रिम रचना का खण्डन करते हैं। एक बात और है — यशतों की भाषा गाथा और परवर्ती अवेस्ता के बीच की है। अतः मानना होगा कि पारसी पुरोहितों ने दो प्रकार की मृत भाषाओं में पृथक्-पृथक् पारसी धर्म के सिद्धान्तों का वर्णन करते हुए अपनी धर्म-पुस्तक की रचना की होगी, इस सम्भावना का कोई उद्देश्य नहीं जान पड़ता।

पारसी धर्म पर एक सामान्य दृष्टि डालने से ही विदित हो जाता है कि यह धर्म

---

१. तु० की० — माउल्टन : **अर्ली ज़ोरेस्ट्रियनिज़्म,** पृ० १६।

२. गैल्डनर : **ए० ब्रि०**। भाग २३, पृ० १०४०, **ज़ोरेस्टर**'।

३. तु० की० माउल्टन : **अ० ज़ो०** पृ० ८१-८२।

केवल पूर्ववर्ती आर्यधर्म का ही स्वाभाविक विकास नहीं है। गाथाओं में वर्णित ज़रथुस्त्र का धर्म वैदिक धर्म से किंचित्मात्र भी समानता नहीं रखता। ज़रथुस्त्र के उस कथन को ध्यान में रखते हुए इसकी और भी सम्भावना नहीं प्रतीत होती, जिसमें उसने कहा है कि मुझे प्राचीन '**दएव यस्न**' (= देवयज्ञ) को संशोधित करके ऐन्द्रिय धरातल से अमूर्त आध्यात्मिक धरातल पर स्थापित करने का ईश्वरीय आदेश प्राप्त हुआ है (यस्न ४४। ९)। किसी भी प्राचीन आर्य देवता का गाथाओं में उल्लेख तक नहीं है। यहाँ तक कि मिथ्र का भी नहीं, जो परवर्ती पारसी धर्म में एक प्रमुख यज़त के रूप में अत्यधिक महत्त्वपूर्ण स्थान रखता है। वस्तुतः प्राचीन आर्य धर्म मागियों के विचित्र धार्मिक विचारों से मिलकर इतना विकृत हो गया था और उसमें कर्मकाण्ड तथा ऐन्द्रजालिक कृतियों की इतनी भरमार हो गई थी कि उसे अमूर्त धरातल पर ले जाना ही उपयुक्त था और वही ज़रथुस्त्र ने किया।

'असुर' और 'देव' शब्दों के ईरान में पृथक् भाव

यहाँ एक मनोरंजक तथ्य ध्यान देने योग्य है। अवेस्ता में राक्षसों के लिए '**दएव**' शब्द प्रयुक्त हुआ है। यह शब्द वैदिक '**देव**' ही है। इस प्रकार यह शब्द इन दो देशों में बिल्कुल विपरीत अर्थ रखता है। इसी प्रकार पारसी धर्म के सर्वोच्च देवता की संज्ञा **अहुर** (मज़्दा) है। यह संस्कृत '**असुर**' शब्द का ही ईरानी रूप है क्योंकि संस्कृत के ऊष्म **स्** के स्थान पर फारसी में सदा **ह्** वर्ण प्राप्त होता है। यद्यपि ऋग्वेद में यह शब्द प्राणवान् या शक्तिशाली के अर्थ में वरुण के विशेषण के रूप में प्रयुक्त हुआ है किन्तु परवर्ती भाषा में असुर शब्द निरपवाद रूप से राक्षसों का वाची है और 'सुर' शब्द का विपर्यय है। जिस शब्द का भारत में 'देवता' अर्थ हो उसका ईरान में 'राक्षस' और जो शब्द भारत में राक्षसों का बोध करता हो, वही ईरानी धर्म में सर्वोत्कृष्ट देवता का बोध करे, यह आश्चर्य की बात है। इस विचित्र अर्थ परिवर्तन के अनेक कारण उपस्थित किए गए हैं।

सर्वप्रथम ब्रैड्के ने यह सुझाया कि इस अर्थ परिवर्तन का कारण भारतीय और ईरानियों का परस्पर वैमनस्य है। वैदिक-काल के पूर्ण भारतीय आर्य भी ईरान में ही रहते थे। किसी धार्मिक विरोध के कारण आर्य जाति दो दलों में बँट गई थी। एक दल 'असुर' (शक्तिशाली, असु=प्राण, शक्ति) नाम से देवताओं की उपासना करता था और दूसरा 'देव' (तेजस्वी, दिव् = चमकना) नाम से। प्रथम दल अधिक शक्तिशाली था। अतः उसने देवपूजकों को या तो बलात् भारत की ओर भगा दिया अथवा वे स्वयं उस प्रदेश को छोड़कर पूर्व की ओर बढ़ गए। यह भी हो सकता है कि यह द्वेष उस समय उत्पन्न हुआ हो, जब दोनों दल स्थायी रूप से ईरान तया भारत में बस गए हों। जो हो, परस्पर तीव्र घृणा की भावना ने एक-दूसरे के देवताओं को राक्षसों का रूप दे दिया[१]।

१. ब्रैड्के : **द्यौस् असुर** : १०९ ।

ब्रैड्के का यह मत ठीक तथ्यों पर आधारित नहीं है। स्पष्ट है कि असुर शब्द के अर्थ में परिवर्तन सर्वथा भारत में हुआ हैं। प्राचीनतम वैदिक-काल में देव तथा असुर दोनों ही अच्छे भाव में प्रयुक्त होते थे। जैसा कि पहले ही कहा जा चुका है, ऋग्वेद में असुर शब्द कई स्थानों पर सर्वोच्च देवताओं के विशेषण के रूप में प्रयुक्त हुआ प्राप्त होता है। अत: इसके अर्थ परिवर्तन का ईरान से कोई सम्बन्ध नहीं प्रतीत होता।

डार्मस्टेटर् का मत है कि बहुत प्राचीन आर्यकाल में देवत्व के सूचक तीन शब्द थे — **देव** (दिव्-प्रकाशमान), **यजत** (यज्ञ के भागी) तथा **असुर** (प्रभु या शक्तिशाली) इनमे से असुर शब्द सर्वाधिक शक्तिमान् देवताओं के लिए प्रयुक्त होता था। ईरान में इस शब्द का कुछ और उत्कर्ष हुआ और वह एक प्रकार से ईश्वर (अहुरमज़्दा) को सूचित करने लगा और यज़त शब्द सामान्य देवताओं का वाची हो गया। इस प्रकार 'देव' शब्द का कोई उपयोग नहीं रहा।

इधर प्राचीन वैदिक-काल में कुछ देवता क्रोधी तथा उग्र माने जाते थे और इनके क्रोध से त्राण पाने के लिए अन्य शक्तिशाली देवताओं की प्रार्थना की जाती थी (देखिए, ऋ० वे० ६।६२।८, ८।५२।१, ८।१९।६, यशत १०।३४ यस्न ९।६०)। अत: धीरे-धीरे ईरान के धार्मिक परिवेश में अल्पप्रयुक्त इस देव शब्द ने बुरा भाव ग्रहण करना प्रारम्भ किया[१] और जब पारसी धर्म की द्वैतात्मकता अत्यधिक स्पष्ट हो गई तथा अच्छी और बुरी शक्तियों की स्वतन्त्र सत्ता स्थापित हो गई तो इस शब्द ने पूर्ण रूप से 'राक्षस' भाव को ग्रहण कर लिया। अर्थ के अपकर्ष में एक महत्त्वपूर्ण कारण सम्भवत: यह भी था कि प्राचीन ईरानी भाषा में दैत्य अथवा राक्षस भाव को सूचित करने वाला कोई भी शब्द नहीं था। देव शब्द की व्युत्पत्ति और उससे प्राप्त अर्थ (प्रकाशमान, तेजस्वी) भी इस शब्द के अर्थापकर्ष को नहीं बचा सके क्योंकि ईरानी भाषा में दिव् धातु ही लुप्त हो गई और इस प्रकार मूल अर्थ के लुप्त हो जाने पर 'देव' शब्द किसी भी अर्थ को ग्रहण करने में समर्थ हो गया[२]।

वस्तुत: परवर्ती ईरानी काल में 'देव' शब्द के बुरे अर्थ में प्रयुक्त होने का कारण ज़रथुस्त्र की धार्मिक क्रान्ति ही है। उसने विभिन्न प्राकृतिक शक्तियों के मानवीकृत-रूप देवों की उपासना को तिरस्कृत करके अमूर्त नैतिक तत्त्वों की उपासना पर बल दिया था। अमूर्त तत्त्वों को देवताओं के स्थान पर प्रतिष्ठापित करने का उद्देश्य यही था कि उपासना आडम्बरहीन और कर्मकाण्ड की जटिल प्रक्रिया से रहित हो। पर फिर भी गाथाओं में 'दएव' शब्द का अर्थ राक्षस नहीं है[३]। ज़रथुस्त्र ने इस शब्द का प्रयोग

---

१. डार्मस्टेटर् : **जे० अ०** की भूमिका, पृ० ८०।

२. **वही**, पृष्ठ ८१।

३. तु० की० माउल्टन : **अर्ली रिलीजस पोएट्री ऑफ़् पर्शिया, पृ० ५५।**

सामान्य लोकविश्वास के देवताओं को सूचित करने के लिए ही किया है। प्राचीन आर्य धर्म के इन 'दएवों' (देवताओं) की उपासना को ज़रथुस्त्र ने अनावश्यक एवं व्यर्थ मानते हुए उसका अनौचित्य प्रदर्शित किया है। उनके उपासकों को उसने नास्तिक तथा अधार्मिक कहा है[१]। इस प्रकार अपने मूल उत्तम भाव को छोड़कर भी 'दएव' शब्द ने गाथाओं में उस निकृष्ट भाव को ग्रहण नहीं किया है, जिसका वह बाद में प्रतीक बन गया। पर दएवों के इस विरोध के कारण धीरे-धीरे इस शब्द का अर्थ अपकृष्ट होता गया और अन्त में वही अर्थ हो गया जो संस्कृत में 'राक्षस' का है।

असुर शब्द के अर्थ-परिवर्तन का इतिहास भारत में खोजन पड़ेगा। ऋग्वेद में केवल चार स्थानों पर (८।८५।९, १०।१५७।४, १०।५३।४, १०।१५१।३) यह शब्द बहुवचन में राक्षसों के लिए प्रयुक्त हुआ है। इनमें से भी तीन दशममण्डल में हैं, जो काल की दृष्टि से सर्वाधिक परवर्ती हैं। तीन बार यह एक दैत्य के लिए व्यक्तिवाचक संज्ञा के रूप में भी प्रयुक्त हुआ है। (ऋ० वे २।३०।४, १०।१३८।३, ७।९९।५)। शेष सभी स्थानों पर यह आकाशस्थानीय उच्च देवताओं (विशेषतः वरुण तथा इन्द्र) के विशेषण के रूप में प्रयुक्त हुआ है। अथर्ववेद तथा परवर्ती ब्राह्मण ग्रन्थों में यह कहीं भी देवताओं से सम्बन्धित नहीं है। इससे प्रतीत होता है कि इस शब्द का भाव किसी ऐसी विशेषता से सम्बन्धित है, जो देवताओं तथा राक्षसों में उभयनिष्ठ है। वस्तुतः इन्द्र, वरुण या मित्रावरुणौ के सम्बन्ध में यह वहीं प्रयुक्त हुआ है, जहाँ उनकी रहस्यमय गूढ़ शक्ति अथवा माया (तु० की०, **इन्द्रो मायाभिः पुरुरूप ईयते**) विवक्षित है[२]। किन्तु माया शब्द कहीं-कहीं बुरे अर्थ में भी प्रयुक्त हुआ है। ऐसे स्थानों पर इसका भाव 'छल-छद्म से पूर्ण कौशल' रहा है। स्पष्ट है कि इस भाव में यह असुरों से पूर्णतः सम्बन्धित है[३]। महाभारत में **मय** दानव का उल्लेख है, जो अत्यधिक मायावी होने पर भी कुशल शिल्पी था। **नमुचि** और **शंबर** भी हिन्दू देवकथाओं में अपनी **'माया'** के लिए विख्यात हैं। 'असुर' का अर्थ वैदिक ऋषियों के लिए सम्भवतः **'रहस्यमय गूढ़शक्ति से युक्त'** था और इस प्रकार यह देव तथा राक्षस दोनों के लिए प्रयुक्त हो सकता था। ऋग्वेद १०।१२४ में असुर शब्द इन दोनों अर्थों में एक साथ प्रयुक्त हुआ है —

शंसामि पित्रे असुराय शेवमयज्ञियाद्यज्ञियं भागमेमि (३)
निर्माया उ त्ये असुरा अभूवन् त्वं च मा वरुण कामयासे (५)

ऋग्वैदिक-काल के पश्चात् इसका मूल अर्थ लुप्त होने लगा और यह राक्षसों का विशेषण बनकर धीरे-धीरे उनकी संज्ञा बन गया। दो कारणों ने इसमें और अधिक योग

---

१. तु० की० गैल्डनर, **ए० ब्रि०**, भाग २३, 'ज़ोरेस्टर' पृ० ९६८-८८।

२. **वैदिक माइथॉलजी :** पृ० १५६।

३. वही : पृ० १५६; तु० की० — ओल्डेनबर्ग : **डी रिलीगियोन डेस वेद,** पृ० १६४, टिप्पणी २।

दिया। प्रथम तो यह कि वैदिक साहित्य में राक्षसों के लिए एक सामान्य शब्द का प्रायः अभाव था[१] और दूसरे असुर शब्द के आदि में निषेधात्मक '**अ**' लगा होने से इसे '**सुर**' शब्द का विलोम समझ लिया गया। लोक–व्युत्पति के द्वारा सुर शब्द को **स्वर्** (प्रकाश, स्वर्ग) से सम्बन्धित करके इसका अर्थ 'देव' कर लिया गया और इस तथ्य की बिल्कुल उपेक्षा कर दी गई कि असुर शब्द का उद्गम '**असु**' शब्द से हुआ है। ब्राह्मण ग्रन्थों में सुर शब्द देवताओं के अर्थ में प्रयुक्त नहीं है किन्तु उपनिषदों में आते ही उसका देव अर्थ में प्रयोग होने लगता है[२]।

असुर तथा देव शब्दों के उद्भव पर कुछ प्रकाश डालते हुए जेम्स माउल्टन ने इन दोनों शब्दों के मूल अर्थ की तर्क पूर्ण व्याख्या करने की चेष्टा की है[३]। उसके अनुसार प्राचीनतम वैदिक (अर्थात् 'भारत–ईरानी') काल में देव तथा असुर शब्द मूलतः दो प्रकार के उपास्य तत्त्वों से सम्बन्ध थे। **प्रकृति** के विभिन्न तत्त्वों के मानवीकरण से उद्भूत विभिन्न उपास्यों की श्रेणी 'देव' नाम से अभिव्यक्त की जाती थी और असुर शब्द का मूल अर्थ '**वीर**' अथवा **साहसी पुरुष** था। यह शब्द मृतात्माओं अथवा **पितरों** की पूजा से सम्बद्ध था। असु शब्द प्राण का वाची है। अतः प्रतीत होता है कि इस शब्द से व्यक्त उपास्य शक्तियों की मूल धारणा प्रेतात्माओं से किसी न किसी रूप में सम्बद्ध थी। श्रादर ने इस शब्द को भारोपीय काल का मानते हुए प्राचीन ट्यूटानिक भाषा के **एन्सेस** (प्राण) से इसकी एकरूपता प्रतिपादित की है[४]। माउल्टन का यह भी अनुमान है कि सम्भवतः सामान्य जनता इन्हीं प्राकृतिक शक्तियों के मूर्त रूप की उपासना करती थी क्योंकि अमूर्त एवं अव्यक्त उपास्यों को समझना उसके लिए कुछ कठिन था। इसके विपरीत उच्च श्रेणी के व्यक्ति असुर पूजा में अधिक रुचि लेते रहे होंगे, क्योंकि उनमें वीर–पूजा की प्रवृत्ति स्वभावतः अधिक मात्रा में होती है और उनके **उपास्य** ये असुर प्राचीन वीरों के 'पितरों' से ही सम्बन्धित थे। लगभग १५वीं शती ई० पू० में पूर्वी ईरान के कुछ शिष्ट वर्गों में से ही एक 'असुर' की (उस समय तक स् का ह् में परिवर्तन नहीं हुआ था) उपासना बहुत प्रबल हो उठी। उसे उपास्य शक्तियों में सर्वोच्च स्थान दिया गया और उसके लिए 'मज़्दा' (शक्तिशाली, बुद्धिमान्, महान्) विशेषण प्रयुक्त किया गया। उसके साथ कुछ विशेष देवता (Sondergötter) भी सम्बन्धित थे जो परवर्ती काल में उसके अनुचर (**आमेश–स्पेन्ता**) के रूप में पारसी धर्म में अत्यन्त प्रसिद्ध हो गए।

---

१. **वैदिक माइथॉलजी** — १५६–५७

२. कीथ : **इँडियन माईथॉलजी** : प्रथम भाग, ८४–८५।

३. **ए० रि० ई०**, सप्तम भाग, पृ० ४१८ '**ईरानियन्स**' — जेम्स होप माउल्टन।

४. **ए० रि० ई०**, द्वितीय भाग; पृ० १५ '**आर्यन रिलीजन**' — श्राडर।

माउल्टन की उपर्युक्त परिकल्पना पूर्णतः निराधार है। अहुरमज़्दा के मूल रूप पर आगे विचार किया जाएगा। यहाँ केवल इतना ही कहना है कि प्राचीनतम वैदिक ('भारत-ईरानी') काल में देवों की उपासना निम्न वर्ग की सामान्य जनता करती थी और असुरों की शिष्टवर्ग — यह अनुमान पूर्णतः काल्पनिक है। ईरानी धार्मिक साहित्य से प्राचीनतर वैदिक साहित्य में ऐसी स्थिति के कोई संकेत नहीं हैं। यहाँ देवों की उपासना ही सर्वोपरि एवं सर्वाधिक महत्त्वपूर्ण है। कहीं भी ऐसा नहीं प्रतीत होता कि एक विशेष प्रकार के उपास्य वर्ग को असुर नाम से अभिहित किया जाता रहा हो। असुर केवल कुछ अतिशक्तिशाली दानी, एवं उदारचेता देवताओं का विशेषण मात्र है। यदि यह शब्द पितरों से ही सम्बन्धित होता तो यम या अर्यमा जैसे देवताओं के साथ इसे अवश्य प्राप्त होना चाहिए था क्योंकि ये ही दो देवता वैदिक देवमण्डल में पितरों से विशेष रूप से सम्बद्ध हैं। किन्तु ऐसा नहीं है। परवर्ती वैदिक साहित्य में असुर शब्द जिस वर्ग-विशेष का बोधक है, वे उपास्य शक्तियाँ नहीं हैं अपितु लोकविश्वास के भयंकर एवं क्रूर राक्षस हैं और संसार की समस्त बुरी शक्तियों के प्रतीक हैं। यदि देव तथा असुर दोनों को ही उपास्य तत्त्व माना जाए तो यह बताना अत्यन्त कठिन हो जाएगा कि असुर शब्द का भारत में इतना निकृष्ट अर्थ क्यों हुआ? विशेषतः जब पितर पूजा भारत में ईरान से अधिक प्रचलित एवं कहीं अधिक विकसित रही है।

यह तर्क कि अमूर्त होने के कारण पितरों की उपासना जनता की समझ से बाहर थी, अतः वह प्राकृतिक शक्तियों की मानवीकृत रूप में उपासना करती थी, और भी अधिक निर्बल एवं निराधार है। प्रकृति के दृश्यों के पीछे किसी अतिमानवीय शक्ति की निभालना करके उसको देवत्व प्रदान करना, प्राचीन वीरों अथवा उनकी प्रेतात्माओं की पूजा की तुलना में प्रबलतर उद्भावना शक्ति एवं प्रखरतर कल्पना की अपेक्षा रखता है। द्वितीय निश्चित रूप से अधिक स्थूल है। पितर-पूजा सामान्य जनता के ही अधिक समीप है। प्रेतात्माओं को वे अतिप्राकृतिक शक्तियों से युक्त समझते हैं, जिसका उपयोग उनके विचार से वे प्रायः अनिष्ट कार्यों में ही करती हैं। यही भय उनकी पूजा का कारण होता है। यही कारण है कि यह अल्प सभ्य एवं असंस्कृत समाज में अधिक पाई जाती है, जहाँ प्राचीन वीर पुरुषों या पूर्वजों की 'आत्माओं' के द्वारा कुछ चुने हुए व्यक्तियों को आविष्ट करने के दृश्य सामान्य हैं। यज्ञ एवं जटिल कर्मकाण्ड से युक्त आकाशीय देवताओं की पूजा निश्चित रूप से अपेक्षाकृत अधिक शिष्ट वर्ग की वस्तु है।

यद्यपि भारोपीय काल से ही आर्यों में पितरों की उपासना पाई जाती है किन्तु देवताओं और पितरों की पूजा की दो धाराएँ पृथक्-पृथक् ही चलती रही हैं। पितरों का आह्वान केवल कुछ विशेष कालों में ही किया जाता था। उन्हें वे वस्तुएँ नहीं दी जाती

थीं जिन्हें देवताओं को समर्पित करते थे। पूजा के पश्चात् उनका विसर्जन भी अवश्य किया जाता था, जिससे वे वहीं रहकर कुछ अनिष्ट न करें। अत: पितर पूजा कभी भी अहुरमज़्दा जैसे सर्वज्ञ एवं सर्वशक्तिमान् देवता को जन्म नहीं दे सकती।

प्राग्-वैदिक तथाकथित 'भारत-ईरानी काल' की स्थापना का खण्डन

ऊपर जिन तथ्यों का प्रतिपादन किया गया है, उनसे स्पष्ट है कि जिस **'भारत-ईरानी काल'** की कल्पना पाश्चात्य विद्वानों द्वारा की गई है, वह सर्वथा असंगत है। इन विद्वानों की कल्पना का आधार यह है कि आर्य भारत में प्रवेश करने से पूर्व ईरान में कुछ समय तक रहे और तब उनका एक दल भारत की ओर बढ़ आया। कालान्तर मे भारत में वैदिक धर्म एवं संस्कृति का उदय हुआ। ईरान में आर्य तत्त्वों का स्वतन्त्र विकास हुआ, जिनका प्रतिबिम्ब अवेस्ता में प्राप्त होता है। अवेस्ता तथा वेदों में समान आर्य तत्त्वों के विषय में यह निष्कर्ष निकाला जा सकता है कि ये तत्त्व मूल रूप से उस समय के हैं, जब ईरानी एवं भारतीय एक अविभाजित जाति के रूप में थे और अपने समान पूर्वजों के दाय के रूप में ये तत्त्व दोनों वर्गों को समान रूप से प्राप्त हुए हैं। भारतीय एवं ईरानी आर्यों के इन समान पूर्वजों को ही 'भारत-ईरानी' (इण्डो-ईरानियन) जाति कहा जाता है और जिस समय इनका अस्तित्व था, उस काल को 'भारत-ईरानी काल' (इण्डो-ईरानियन पीरियड)।

जो देवता वैदिक साहित्य तथा अवेस्ता में उभयनिष्ठ हैं, वे अवश्य की वैदिक-काल से भी प्राचीन 'भारत-ईरानी काल' के हैं, ऐसा उनका विश्वास है। किन्तु हमने यह सिद्ध करने की चेष्टा की है कि **ईरान में जितने भी आर्य तत्त्व पाए जाते हैं उन सबका कारण भारत से ही गई हुई आर्य जाति की शाखाएँ हैं**। आर्यों के इन्हीं दलों ने ईरान में जाकर वैदिक धर्म एवं संस्कृति की स्थापना की, जिसका वहाँ के आदिवासी मागियों के आचार-विचारों से मिलकर संकर हुआ और जिसका स्वरूप कालान्तर में ज़रथुस्त्र के धार्मिक आन्दोलन से और अधिक परिवर्तित हुआ। वर्तमान अवेस्ता में उस वैदिक संस्कृति की केवल एक झलक मात्र अवशिष्ट है।

प्रस्तुत अध्याय में अवेस्ता के इन्हीं वैदिक देवताओं के स्वरूप पर प्रकाश डाला जाएगा। यद्यपि वर्तमान अवेस्ता में प्राप्त इनका स्वरूप खण्डित एवं अपूर्ण है और इसलिए हम इस ईरानी शाखा के मूल धार्मिक विचारों तक पहुँचने में सफल नहीं हो सकते, किन्तु फिर भी यत्र-तत्र प्राप्त कुछ उल्लेखों की वैदिक धर्म के साथ तुलना करके उन देवताओं के धूमिल चित्र अवश्य प्रस्तुत किए जा सकते हैं। विदेश जाकर इन देवताओं में जो-जो परिवर्तन हुए उनके परिज्ञान के लिए स्थान-स्थान पर वैदिक देवताओं से इनकी तुलना आवश्यक तथा उचित होगी। अवेस्ता के इन देवताओं के ये चित्र किस समय के हैं? यह कहना कठिन है, पर इतना अवश्य है कि ये आर्यों के

उपास्यों से सम्बन्धित अत्यन्त प्राचीन वैदिक धारणाओं के ही प्रतीक हैं। ऋग्वेद का उद्भव १३वीं शती ई० पू० में मानने वाले पाश्चात्य विद्वानों का अनुगमन करते हुए यह सोचना कि ये ऋग्वेद से एक-दो शताब्दी पूर्व के धार्मिक विचारों का प्रतिनिधित्व करते हैं — एक प्रबल एवं तर्कसंगत सम्भावना पर अनावश्यक आवरण डालना होगा।

ईरानी देवों का परिचय —

अहुरमज़्दा (असुर मेधा)

अहुर ईरानी देव-मण्डल का अधिपति है। मज़्दा ('मेधा' या 'महद्-धा', बुद्धिमान्, बलशाली अथवा महान्) शब्द अधिकतर विशेषण के रूप में प्रायः इस शब्द से जुड़ा प्राप्त होता है। यह नाम मध्य फारसी में **ओह्रमज़्द**, न० फा० में **हुरमज़्द** तथा ग्रीक ऐतिहासिक ग्रन्थों में **होरोमस्देस्** के रूप में प्राप्त होता है। अहुर शब्द का वैदिक रूप 'असुर' है। यह शब्द शक्तिशाली एवं प्राणवान् अर्थ में वरुण, एवं कहीं-कहीं इन्द्र आदि प्रमुख देवताओं के लिए ऋग्वेद में प्रयुक्त हुआ है।

ईरान एवं उसके समीपवर्ती देशों में इस शब्द का इतिहास बहुत प्राचीन है। ७१५ ई० पू० में मीडिया में एक व्यक्तिवाचक नाम के रूप में **'मज़्दक'** शब्द प्राप्त होता है। इस शब्द के आधार पर गैल्डनर[1] का मत था कि ८ वीं शती ई० पू० में ही मीडिया में ज़रथुस्त्र का नवीन धर्म पर्याप्त प्रचलित हो चुका था। किन्तु जैक्सन एवं माउल्टन का विचार है कि यह आवश्यक नहीं कि यह नाम ज़रथुस्त्र धर्म के सर्वोत्कृष्ट देवता अहुरमज़्दा को ही सूचित करता हो, अहुरमज़्दा शब्द गाथाओं में ही अनेक स्थानों पर व्यक्तिवाचक संज्ञा नहीं है[2]।

अनेक उपलब्ध प्रमाणों के आधार पर यह निश्चित होता है कि ज़रथुस्त्र के प्रादुर्भाव से बहुत पूर्व ही असुर शब्द ईरान में प्रचलित था। असीरिया में अस्सुर बानी-पल के राज्य के एक शिलालेख में इस देवता का **'अस्सर मज़ास्'** नाम से उल्लेख हुआ है[3]। यद्यपि शिलालेख ७वीं शती ई० पू० का ही है किन्तु नाम की आर्षता इसे अत्यधिक प्राचीन सूचित करती है। ईरान के प्राचीनतम साहित्य तक में भारतीय **'स'** के स्थान पर सदा **'ह्'** प्राप्त होता है। अतः यह शब्द ईरान से असीरिया उस समय गया होगा, जब इस प्रकार का वर्ण परिवर्तन नहीं हुआ था। इस शिलालेख के आविष्कर्ता होमल का मत है कि नाम की यह आर्षता १७०० से १२०० ई० पू० का काल सूचित करती है और इस नाम के प्राप्त होने के पर्याप्त समय पूर्व ही इस देवता की असीरिया में प्रतिष्ठापना हो चुकी होगी। **'सु'** के स्थान पर **'स्स'** तथा **'ज़्द'** के स्थान पर 'ज़्' की

---

१. **ए० ब्रि०** भाग २३, **ज़ोरेस्टर।**

२. माउल्टन, **अ० जो०**, पृ० ३१।

३. प्रो० नोमेल, **प्रोसीडिंग्स् ऑफ़् दि सोसाएटी ऑफ़् बाइब्लिकल आरक्योलोजी** १८९९, पृ० १३२।

उपलब्धि यह सूचित करती है कि विदेशी भूमि में पहुँचने के पश्चात् कुछ समय तक विकसित एव परिवर्तित होने के बाद ही यह शब्द इस रूप में हमें प्राप्त हुआ है[१]। इस अभिलेख में अस्सर मज़ास् के साथ सात **'इगिगी'** (आकाश के देवता) तथा सात **'अनुन्नकी'** (पृथ्वी एवं पाताल के देवता) का भी उल्लेख है, जिन्हें कुछ आमेश-स्पेन्ता से सम्बन्धित मानते हैं।

ईरान के प्रसिद्ध राजा दारियुस् के समय तक अहुरमज़्दा की उपासना पर्याप्त प्रचलित हो चुकी थी। उसने अपने बहिश्ताँ के शिलालेख में (३।७७, ७९) अहुर को आर्यों का परमेश्वर कहा है और उसे सब देवताओं में श्रेष्ठ ('मथिश्ता बग़ानाम्') घोषित किया है। उसने उसे 'आकाश एवं पृथ्वी का उत्पादक' कहा है और साथ ही अहुर के प्रति अपनी श्रद्धा सूचित करते हुए उसकी सहायता से गोमत मागी द्वारा भग्न किए हुए **'आयदनों'** (प्रार्थना मन्दिर) के जीर्णोद्धार करने का भी उल्लेख किया है[२]। स्पष्ट है कि दारियुस् के समय में ईरान की आर्यशाखा अहुरमज़्दा की सर्वप्रमुख देवता के रूप में उपासना करती थी।

अहुरमज़्दा के मूल स्वरूप के विषय में विद्वानों में पर्याप्त मतभेद है। माउल्टन का मत है कि दारियुस् के द्वारा उल्लिखित आर्य शब्द किसी जाति-विशेष का सूचक नहीं है। वह शब्द केवल शिष्ट वर्ग के व्यक्तियों को सूचित करता है[३]। ईरान में उपास्य देवों के दो वर्ग थे — दएव एवं असुर। प्राकृतिक तत्त्वों से उद्भूत देवताओं की 'दएव' संज्ञा थी तथा जो 'पितर' अपने अपने महत्त्व के कारण उपास्य बन जाते थे, उन्हें असुर कहते थे। एक तो असु शब्द स्वतः प्राण अथवा सूक्ष्म शरीर का वाची है, दूसरे ऋग्वेद तथा अवेस्ता में असुर विशेषण से अभिहित देवताओं की विशेषताएँ ज़रथुस्त्र धर्म के **फ्रवशी** से अत्यधिक समानताएँ रखती हैं। ऋग्वेद में असुर शब्द ऐसे शक्तिशाली एवं उदार देवताओं का विशेषण है, जो अनैतिक तत्त्वों से पूर्णतः मुक्त हैं और आह्वान करने पर अपने अश्वयुक्त रथ में आकाश मार्ग से प्रार्थियों की सहायता करने जाते हैं[४]। बिल्कुल ये ही विशेषताएँ फ्रवशियों की भी हैं, अतः प्रतीत होता है कि असुर शब्द पितर पूजा से सम्बन्धित है और इस रूप में ईरानी प्राचीन वीरों की पूजा करते थे। ऐसे ही एक असुर को ज़रथुस्त्र से बहुत पूर्व ही अत्यन्त प्रतिष्ठित स्थान प्राप्त हो गया एवं ईरान के पूर्वी भाग में उसकी उपासना अत्यन्त प्रबल हो उठी।

अहुरमज़्दा इस प्रकार प्राचीन वीर-पूजा (Hero-worship) से सम्बन्धित प्रतीत होता है और उसका मूल रूप सम्भवतः किसी भी प्राकृतिक तत्त्व से सम्बन्धित नहीं

१. माउल्टन, **वही पृ०** ४२४।

२. **ए० रि० ई०**, भाग ८, पृ० ५१५, **मीडियन रिलीजन**: ए० एच० सेसे।

३. **अ० ज़ो** पृ०, ६०।

४. **वे० मा०** पृ०, ७।

था। अतः आकाशदेव वरुण से उसकी एकात्मता का कोई प्रश्न नहीं उठता। माउल्टन के अनुसार वरुण की भी किसी प्राकृतिक तत्त्व से उत्पत्ति अत्यन्त संदिग्ध है[१]। प्राचीन भारतीय विद्वानों में ही वरुण के मूल रूप के विषय में अत्यधिक भ्रान्ति थी। वस्तुतः उसका मूल रूप किसी आचारशास्त्रीय धारणा से सम्बन्धित है। यह शब्द **'वर्'** जैसी किसी प्राचीन धातु से बना है। यह धातु संस्कृत **'व्रत'** (नियम) अवेस्तीय **उर्वत, उर्वइति** (अनुबन्ध या समझौता) तथा **उर्वथ** (मित्र) में देखी जा सकती है। ऋग्वेद में वरुण का नैतिक नियमों के संरक्षक देवता के रूप में सर्वोच्च स्थान होने का सम्भवतः यही कारण है[२]।

उक्त विद्वान् के अनुसार आकाश से सम्बन्धित देवताओं में केवल **'द्येउस्'** या भारतीय **द्यौः** की ही ईरान एवं भारत में समान रूप से उपासना होती थी। हेरोदोतस् ने अपने इतिहास में कहा है कि पारसी लोग कोई मूर्ति या मन्दिर नहीं बनाते और जो ऐसा करता है, उसे अज्ञानी समझते हैं, किन्तु लोग पर्वतों के सर्वोच्च शिखर पर जाकर 'ज़्येउस्' को यज्ञ प्रदान करते हैं तथा सम्पूर्ण आकाशमण्डल को ज़्येउस् नाम से अभिहित करते हैं[३]।

ग्रीक देवमण्डल में आकाश के देवता के रूप में ज़्येउस् का सर्वोच्च स्थान है। अधिकांश विद्वानों का विचार है कि ज़्येउस् से हेरोदोतस् का तात्पर्य मज़्दा से है। उसने पारसियों के देवताओं को ग्रीक नामों से उल्लिखित किया है किन्तु माउल्टन का मत है कि ज़्येउस् से हेरोदोतस् का तात्पर्य अहुरमज़्दा से नहीं अपितु **द्यौस्** के ईरानी प्रतिरूप **'दियौस्'** से था। यद्यपि द्यौः की उपासना क्रमशः क्षीण होती जा रही थी किन्तु जब भारत में द्यौः एक महत्त्वपूर्ण देवता था तो कोई कारण नहीं कि ईरान में उसका कोई अस्तित्व न हो[४]। भाषा वैज्ञानिक दृष्टि से भी **द्यौस्** शब्द का ईरानी रूप **दियौस्** होना चाहिए। कुछ विभक्तियों में इस शब्द का उच्चारण एक यूनानी को लगभग 'ज़्येउस्' जैसा ही लगता रहा होगा[५]। इस प्रकार हेरोदोतस् के कथन से अहुरमज़्दा को आकाश का देवता मानने की धारणा की किंचित् मात्र भी पुष्टि नहीं होती।

---

१. **ए० रि० ई०** भाग ७, पृ० ४१८ ईरानियन्सः तथा माउल्टन **अ० ज़ो** पृ० ६०।

It is more than doubtful whether an elemental character can be assigned to Ahura Mazda, even in the pre-reformatic age..... Really evidences for Ahura Mazda's elemental character are exceedingly weak.

२. **अ० ज़ो** , पृ० ६४ तथा **ए० रि० ई०**, ९, पृ० ५६८ ओरमज़्द।

३. हेरोदोतसः **इतिहास** १। १३१, देखिए पीछे पृ० १५।

४. **अ० ज़ो० पृ०** ३५२।

५. तु० की०-कारनाय : **ओरमज़्द (ए० रि० ई०)** पृ० ५६७- ५६९। तथा देशमुख, **ओरिजिन० पृ०** १७१।

माउल्टन के मत के तीन आधार हैं: (क) अहुरमज़्दा का मूल रूप प्राचीन वीर पूजा से सम्बन्धित है। अपने प्रागैतिहासिक प्रारम्भिक रूप में वह किसी महत्त्वपूर्ण फ्रवशी या पितर से सम्बन्धित था; (ख) वरुण एवं अहुर में कोई सम्बन्ध नहीं है तथा (ग) वरुण की उत्पत्ति किसी प्राकृतिक तत्त्व के आधार पर नहीं अपितु कुछ आचारशास्त्रीय मान्यताओं के आधार पर हुई है। माउल्टन की प्रथम धारणा पर पीछे विस्तारपूर्वक विचार करके उसकी निस्सारता प्रदर्शित की जा चुकी है। मृतात्माओं की पूजा कभी एक महान् धर्म की भूमिका नहीं प्रस्तुत कर सकती। दूसरी एवं तीसरी धारणा पर यहाँ विचार किया जाएगा।

अवेस्ता के अहुर एवं ऋग्वेद के वरुण के स्वरूप एवं व्यक्तित्व के विषय में इन ग्रन्थों में जो विवरण प्राप्त हैं, उनकी तुलना दोनों देवताओं का समान उद्भव मानने के लिए विवश करती है। अवेस्ता तथा ऋग्वेद दोनों में ही अहुर या असुर विशेषण मुख्य रूप से अहुरमज़्दा तथा वरुण के लिए ही प्रयुक्त किया गया है। यद्यपि दोनों ही ग्रन्थों में यह विशेषण कहीं-कहीं अपवाद रूप से अन्य प्रमुख देवताओं के लिए भी प्रयुक्त है[१] किन्तु प्रधानतः इन्हीं देवताओं का इस विशेषण पर एकाधिकार है। इसके अतिरिक्त जिस प्रकार ऋग्वेद में वरुण एवं मित्र देवताओं का एक महत्त्वपूर्ण युग्म है और उनकी प्रायः 'मित्रावरुणौ' इस द्वन्द्वात्मक रूप में स्तुति की गई है उसी प्रकार अवेस्ता में भी 'मिथ्राअहुरा' नाम से इन दोनों देवताओं की सम्मिलित प्रार्थना प्राप्त होती है[२]। यद्यपि यह रीति ऋग्वेद में बहुत सुलभ है किन्तु अवेस्ता में दो देवताओं का इस प्रकार संयोग एक अस्वाभाविक सी बात है। साथ ही अहुर की तुलना में मिथ्र का अधिक महत्त्वपूर्ण स्थान नहीं है और गाथाओं में तो उसका उल्लेख तक नहीं है। ऐसी दशा में दोनों का संयोग उस समय की ओर संकेत करता है जब दोनों महत्त्व की दृष्टि से लगभग एक स्तर पर थे। मिथ्राअहुरा तथा मित्रावरुणा की मौलिक एकता में किसी भी प्रकार अविश्वास नहीं किया जा सकता[३] और यह मानना असम्भव है कि मिथ्राअहुरा के युग्म

---

१. उदाहरणार्थ अवेस्ता में दो स्थानों पर (यश्त १०।२५, ६९ में) मिथ्र के लिए तथा तीन स्थानों पर (यस्न १।५, २।५, ६५, १२) यह शब्द अपांनपात् के लिए भी प्रयुक्त हुआ है। इसी प्रकार ऋग्वेद में भी इन्द्र (१।१७४।१, ८।७९।६) तथा द्यौः (१।१२२।१, ८।२०।१७) के लिए इसका प्रयोग है।

२. देखिए यश्त १०।१ — 'अहुरमज़्दा ने पवित्र ज़रथुस्त्र से कहा निश्चय ही मैंने मिथ्र को यज्ञ के लिए पूर्ण योग्य बना कर उत्पन्न किया है, वह भी उसी प्रकार स्तुति का अधिकारी है जैसे मैं, अहुरमज़्दा'। यश्त १०।१४५ 'हम मिथ्र और अहुर की उपासना करते हैं, जो दो अमर देवता महान् एवं पवित्र हैं — डार्मस्टेटर, से० बु० ई० भाग २३ पृ० ११९ (अंग्रेज़ी अनुवाद का हिन्दी रूपान्तर)।

३. ब्लूमफील्ड : **रिलीजन ऑफ़् दि वेद**, पृ० १२१ —
It seems to me an almost unimaginable feat of scepticism to doubt the original identity of the two pairs.

में उल्लिखित एवं वर्णित अहुर तथा स्वतन्त्र रूप से स्तुत जगत् के स्वामी सर्वज्ञ अहुरमज़्दा में कोई अन्तर है।

ऋग्वेद तथा अवेस्ता में वर्णित वरुण एवं अहुर की विशेषताओं में अत्यधिक साम्य है। अवेस्ता में अहुर को सम्पूर्ण जगत् का शासक कहा गया है (यस्न ३१।१)। वह संसार का सर्वोत्कृष्ट एवं सर्वशक्तिशाली राजा है। उसके आदेशों का कोई उल्लंघन नहीं कर सकता (यस्न २७।१ तथा ३१।२)। उसी ने सूर्य, चन्द्र, पृथ्वी, समुद्र तथा नदियों आदि का स्थान निश्चित किया है। सूर्य एवं तारों के मार्ग उसी के द्वारा निश्चित एवं नियन्त्रित हैं। चन्द्रमा को वही बढ़ाता तथा घटाता है (यस्न ३७।१ तथा ४४।१)। दिन और रात्रि का निर्माण करके वही प्राणियों को उनके कर्तव्य की याद दिलाता है (४४।५)। सम्पूर्ण ब्रह्माण्ड को नियन्त्रण में एवं क्रम से रखने वाले नियम 'अश' का भी वह जनक है। इस दैवी नियम के रक्षक होने के कारण वह दिन-रात जागता और सभी मनुष्यों के अच्छे और बुरे कर्मों को देखता रहता है (यस्न ३१।१३, वेन्दिदाद १९।२०)। उसे कोई धोखा नहीं दे सकता, वह बुद्धिमान् एवं महान् है (यस्न ४३।६, ४५।४)। उसी ने सर्वप्रथम आकाश को प्रकाश से युक्त किया। अपनी देदीप्यमान आँखों से वह सब कुछ देखता है और प्रत्येक प्राणी से अपनी इच्छानुसार कार्य करवाता है (यस्न ३०।५)। आकाश उसके वस्त्र हैं। नदियों में जल वही बहाता है तथा वायु एवं मेघखण्डों को इतस्ततः गतिशील करता है (यश्त १३।३)। प्राणियों के जीवन के लिए वायु का तथा स्थिति के लिए पृथ्वी का भी निर्माण उसने किया है (वेन्दिदाद २१।४.८, १२, आदि)। उगने अथवा बढ़ने वाली प्रत्येक वस्तु (वनस्पति तथा प्राणी) उसी के द्वारा निर्मित है (वेन्दिदाद १९।२०)। जो उसके बताए हुए न्याय तथा सत्य के मार्ग पर चलते हैं और '**द्रुज़्**' (अंग्रामइन्यु) के कार्यों में रत नहीं होते, वे आनन्द से पूर्ण उसके राज्य (**ख्शथ्र**) में पहुँचते हैं, जो सत्कर्मों का सर्वोत्कृष्ट फल (**इश्ति**) है।

अवेस्ता के इस वर्णन की ऋग्वैदिक वरुण के स्वरूप से तुलना करने पर आश्चर्यजनक समानता प्राप्त होती है। जिस प्रकार अहुर को बुद्धिमान् (मज़्दा) कहा गया है उसी प्रकार ऋग्वेद में भी वरुण का बुद्धि एवं ज्ञान से सम्बन्ध है। उसे ऋ० वे० १।१२४।१४ में '**असुरः प्रचेताः**' कहा गया है। मुख्य रूप से केवल उसे ही सब देवताओं का अधिपति (राजा) कहा गया है (**अबुध्ने राजा वरुणो वनस्य, उरुं हि राजा वरुणश्चकार,** ऋ० १।२४।७-८, **अव राजन् पशुतृपं न तायुम्** ७।८६।५)। वह मनुष्यों एवं देवताओं दोनों का राजा है, सम्पूर्ण संसार का राजा है (**विश्वस्य भुवनस्य राजा** ५।८५।३) और जो कुछ भी संसार में है उस सब का राजा है (**विश्वेषां वरुणासि राजा** १०।११।४) वरुण के बनाए नियम (व्रत) के कारण चन्द्रमा

प्रकाशित होता हुआ आकाश में विचरण करता है तथा उच्चतम आकाश में भासमान नक्षत्र रात्रि में चमकते हैं किन्तु प्रात:काल लुप्त हो जाते हैं (**अमी य ऋक्षा निहितास उच्चा नक्तं ददृशे कुह चिद्दिवेयुः। अदब्धानि वरुणस्य व्रतानि विचाकशच्चन्द्रमा नक्तमेति,** १।२४।१०)। सूर्य को उसी ने उच्च आकाश में स्थापित किया है (७।८६। १) तथा उसी ने दिन-रात एवं ऋतुओं का विभाजन किया है (७।६६।११)। उसने सूर्य के लिए गमन मार्ग का निर्माण किया है, सूर्य उसी पर चलता है (**यस्मा आदित्या अध्वनोरदन्तिः** ७।६०।४)।

अहुर की भाँति वरुण भी **ऋत** (प्रकृति अथवा जगत् के नियम) का सर्वोत्कृष्ट रक्षक है। उसका **ऋत** वहाँ तक व्याप्त है जहाँ सूर्य की किरणें भी नहीं पहुँचती। (**ऋतेन ऋतमपिहितं ध्रुवं वां, सूर्यस्य यत्र विमुचन्त्यश्वान्** ५।६२।१)। उस ऋत के द्वारा आकाश एवं पृथ्वी पृथक्-पृथक् हैं और बिना आधार के भी अपने स्थान पर स्थिर हैं। इसी ऋत के कारण सूर्य प्रतिदिन निश्चित समय एवं स्थान पर आकाश में चमकता रहता है (७।८७।५)। अवेस्ता तथा ऋग्वेद दोनों में अहुर तथा वरुण को 'ऋत के स्रोत' कहा गया है। वे ही जागतिक नियमों को बनाने वाले हैं; ऋत के उत्पत्तिस्थान हैं। ऋ० वे० २।२८।५। में वरुण को '**खा** (= स्रोत) **ऋतस्य**' (**वि मच्छ्रथाय रशनामिवाग ऋध्याम ते वरुण खामृतस्य**) कहा गया है, ठीक इस प्रकार अवेस्ता में उसे '**अशाहे खाओ**' (यस्न १०।४) कहा गया है। दोनों शब्दों में आश्चर्यजनक ध्वनि साम्य है।

वरुण सर्वज्ञ है। वह आकाश के मध्य में बैठा हुआ सब कुछ देखता रहता है। यदि दो व्यक्ति बैठकर गुप्त मन्त्रणा करें और सोचें कि हमारी बातें कोई नहीं सुन रहा तो यह उनका भ्रम है। वहाँ पर सुनने वाला एक तीसरा व्यक्ति और होता है, और वह है वरुण। मनुष्यों के निमेष तक उसके गिने हुए हैं (**द्वौ सन्निषद्य यन्मन्त्रयेते राजा तद्वेद वरुणस्तृतीयः। संख्याता अस्य निमिषो जनानाम्,** अ० वे० ४।१६।२, ५)। पृथ्वी एवं आकाश के बीच में तथा उसके बाहर भी जो कुछ है, वह सब वरुण जानता है (अ० वे० ४।१६।४)। मनुष्य के शुभ एवं अशुभ कर्मों का वह सदा लेखा रखता है (**सत्यानृते अवपश्मन् जनानां** ७।४१।३)। सूर्य उसकी आँख है और उसी से वह मनुष्यों को देखा करता है (१।५०। ६ तथा **उद्वां चक्षुर्वरुण सुप्रतीकं देवयोरेति सूर्यस्ततन्वान्** ७।६१।१)।

जिस प्रकार अवेस्ता में अहुर का मेघों तथा नदियों से सम्बन्ध वर्णित है उसी प्रकार वेदों में वरुण जल से घनिष्ठतया सम्बन्धित है और प्रायेण उनका नियन्ता कहा गया है। उसी ने नदियों को बहाया है। उसी के नियम के कारण वे अनवरत बहती हैं और थकती नहीं (**प्र सीमादित्यो असृजद् विधर्ता ऋतं सिन्धवो वरुणस्य यन्ति। न श्राम्यन्ति न विमुचन्ति........**) वरुण एवं मित्र नदियों के पति (**सिन्धुपती** २।६५।२) कहे गए हैं। आपस् (वर्षा के जल) का वह विशेष रूप से अधिपति है। वर्षा के लिए उसकी

प्रार्थना की जाती है। मेघ रूपी कठौते (कबन्ध) को वह उलट कर पानी बरसाता है और पृथ्वी तथा वायुमण्डल को आर्द्र कर देता है — (**नीचीनवारं वरुणः कबन्धं प्रससर्ज रोदसी अन्तरिक्षम्। उनत्ति भूमिं पृथिवीमुत द्यां** ५।८५।३, ४)।

अवेस्ता की भाँति ऋग्वेद में भी वरुण को अनेक स्थानों पर क्षत्र (राजत्व) से युक्त बताया गया है। उसका धाम परम व्योम में है, जहाँ मरने के पश्चात् सुकृती जाते हैं और वहाँ पर यम तथा वरुण की अध्यक्षता में सुख-भोग करते हैं।

विभिन्न जातियों एवं धर्मों के देवताओं में भी कभी-कभी कुछ आकस्मिक समानता पाई जाती है किन्तु वह समानता इस सीमा तक कभी नहीं बढ़ती। अतः वरुण एवं अहुर की एकात्मता में कोई सन्देह नहीं होना चाहिए[१]। अब रही उनके उद्भव की बात। इस सम्बन्ध में वैदिक देवतावाद के एक महत्त्वपूर्ण जर्मन विद्वान् ओल्डेनबर्ग के मत का यहाँ उल्लेख आवश्यक है[२]।

उसका मत है कि मित्र, वरुण पाँच आदित्यगण आर्य देवमण्डल के सदस्य नहीं हैं। इन्द्रादि की भाँति वे आर्य ऋषियों की श्रद्धा से प्रसूत नहीं हुए हैं। इनका उद्भव कुछ आर्येतर तत्त्वों से हुआ है। मूलतः ये देवता क्रमशः सूर्य, चन्द्र[३] तथा अन्य पाँच ग्रहों को सूचित करते हैं और बैबीलोनिया से ग्रहण किए गए हैं। श्रादर तथा कारनाय ने भी इस मत का युक्ति-युक्त मण्डन किया है[४]।

उनके कथन का सारांश यह है कि आर्यों के देवताओं का नैतिक एवं आचारशास्त्रीय विचारों से कोई विशेष सम्बन्ध नहीं था और इसका प्रमुख कारण यह था कि वे मुख्यतः प्राकृतिक शक्तियों के मानवीकरण थे। किन्तु अहुरमज़्दा एवं वरुण के चरित्र में भौतिक रूप सर्वथा अप्रधान हैं और नैतिक पक्ष ही मुख्य रूप से वर्णित है। अहुरमज़्दा के साथ जिन छः आमेश-स्पेन्ता का उल्लेख किया गया है, वे सभी अमूर्त

---

१. कीथ : **रिलीजन भाग १,** चतुर्थ अध्याय पृ० ३३।
 म्यूर : **ओरिजिनल संस्कृत टैक्स्ट्स्** भाग ५ पृ० ७२।
 मैक्डॉनल : **वै० मा० पृ०** २८।
 कारनाय : **ए० रि० ई०** नवम भाग, **'औरमज़्द'** पृ० ५६७ (ब)
 डार्मस्टेटर् : **ज़ेन्द अवेस्ता** : भूमिका, पृ० ५९ आदि।

२. ओल्डेनबर्ग : **डी रिलीगियोन डेस वेद,** पृ० १८५ तथा १९४।

३. हिलेब्रांड्ट का भी मत है कि वरुण चन्द्रमा का देवता है किन्तु उसने उसके स्वरूप पर किसी ब्राह्य प्रभाव को स्वीकार नहीं किया है। देखिए : हिलेब्रांड्ट : **वैदिशे मिथोलोगी**, प्रथम भाग, २८२-३९१

४. देखिए — **ए० रि० ई०** द्वितीय भाग, श्राडर : **आर्यन रिलीजन** तथा **ए० रि० ई०**, नवम भाग, ए० जे० कारनाय : **ओरमज़्द**।

नीतिशास्त्रीय विचार हैं; यथा: **अश** या **अर्त** (ऋत, नियम या सत्य), **आरमइति** (पवित्रता, ज्ञान), **हउर्वतात** (ऐश्वर्य, उन्नति), **ख्शथ्र वइर्य** (उत्तम राज्य), **अमेरेतात** (अमरता), **बोहुमनः** (सद्विचार)।

भारत में भी वरुण एवं मित्र के साथ **अंश, भग, अर्यमा, दक्ष** आदि आदित्यों का उल्लेख किया गया है। इन आदित्यों का मूल भी बिल्कुल वही है, जो आमेश-स्पेन्ता का है। दोनों की उत्पत्ति अमूर्त नैतिक तत्त्वों के दैवीकरण से हुई है।

ये देवतागण अपनी नैतिक विशेषता के कारण अन्य आर्य देवताओं से भिन्न हैं। अतः इनका उद्गम किसी आर्येतर स्रोत से होना चाहिए। सामी (सेमेटिक) लोगों को बहुत पहले से ही ज्योतिष का अच्छा ज्ञान था। बैबीलोनिया, सुमेरिया तथा असीरिया में सूर्य एवं चन्द्र की दो महान् शक्तिशाली देवताओं (क्रमशः **शामाश** तथा **सिन**) के रूप में तथा शेष बुध, शुक्र, मंगल, बृहस्पति एवं शनि आदि ग्रहों की उनके परिचर देवताओं के रूप में पूजा होती थी। **शामाश** तथा मित्र, एवं **सिन** तथा वरुण के स्वरूप में पर्याप्त समानता है। असीरिया का शामाश (सूर्य) अत्यधिक न्यायप्रिय है। वह मनुष्यों को उचित मार्ग प्रदर्शित करता है। उसके कुछ अपरिवर्त्य नियम हैं, जिनसे वह न्याय करता है। देश के शत्रुओं के छल को वह देखता है और उनको नष्ट करता है। बद्ध व्यक्तियों को बन्धन से मुक्त भी वही करवाता है। शामाश की भाँति मित्र भी मुख्य रूप से न्याय, मैत्री, प्रतिज्ञा एवं नियमों का रक्षक है तथा अपराधियों को दण्ड देता है[1]।

असीरिया तथा बैबीलोनिया के देवमण्डल में सिन (चन्द्रमा) का भी महत्त्वपूर्ण स्थान है। वह एक श्रेष्ठ राजा है तथा मनुष्यों एवं प्रकृति पर शासन करता है। वह संसार में स्थिरता एवं शान्ति उत्पन्न करता है। वह न्यायी है तथा वरुण की भाँति अपराधियों को बन्धनमुक्त करता है। उसकी किरणें पवित्रता की प्रतीक हैं तथा अहुर की भाँति उसे भी बुद्धिमान् कहा गया है[2]।

बोग़ाज़क्यूई में मृत्फलक पर **मितानी** नामक आर्य जाति के देवताओं में जहाँ मित्र, वरुण, इन्द्र तथा नासत्या का नाम पाया जाता है, वहीं सेमेटिक **हित्तित्ति** जाति के देवताओं में शामाश (सूर्य) सिन (चन्द्र) तथा तेशाब (झंझावात) के नाम प्राप्त होते हैं, अतः इन देवों की समानता और स्पष्ट हो जाती है।

उपर्युक्त प्रमाणों से निश्चित होता है कि मित्र, वरुण एवं आदित्य मूलतः बैबीलोनिया एवं असीरिया के देवता थे। लगभग १४वीं या १५वीं शती ई० पू० आर्य मध्य-एशिया में सामियों के सम्पर्क में आए और नैतिक उत्कर्ष के कारण इन देवताओं को अपने

---

१. **ए० रि० ई०**, भाग ९ कारनाय **'औरमज्द'** पृ० ५६९।

२. **वही** : पृ० ५६९।

देवमण्डल में स्थान दिया। उसके पश्चात् आर्यों का समूह पूर्व की ओर बढ़ा और इस प्रकार अहुर एवं वरुण जैसे शक्तिशाली देवताओं का जन्म हुआ।

स्वभावतः ओल्डेनबर्ग ने वरुण के ग्रीक ऊरानुस् से सम्बन्ध को अस्वीकृत किया है क्योंकि दोनों की समानता वरुण को भारोपीय देवता सिद्ध करते हुए उसके आकाश से सम्बन्ध को व्यक्त करती है।

ओल्डेनबर्ग के इस विचित्र मत का प्रामाणिक तर्कों से अनेक विद्वानों द्वारा खण्डन किया गया है। शामाश एवं मित्र तथा सिन और वरुण में जो थोड़ी बहुत समानता है वह सर्वथा आकस्मिक है। उसका कारण मुख्यतः यही है कि दोनों देवताओं में नैतिक तत्त्वों का प्राधान्य है। शामाश का स्वरूप वैदिक मित्र से नहीं अपितु वरुण से अधिक मिलता है। वैदिक मित्र (एवं ईरानी मिथ्र) में शामाश की भाँति न तो उतने नैतिक तत्त्व ही हैं और न उसका ऋत से ही कोई सम्बन्ध है। फिर, यदि ये देवता पूर्णतः शामाश एवं सिन के ही प्रतिरूप होते तो इनके नामों में भी कुछ समानता होनी चाहिए थी[१]। ईरानी देवमण्डल का मिथ्र, रोम एवं मध्य एशिया में जाकर भी मिथ्र ही बना रहा।

ओल्डेनबर्ग ने आर्यों के इस ऋण का समय लगभग १५०० ई० पू० निश्चित किया है। किन्तु १४वीं शताब्दी में बोग़ाज़क्यूई में 'मित्र' एवं 'शामाश' तथा 'वरुण' एव 'सिन' को पृथक्-पृथक् उल्लिखित किया गया है। यदि दोनों देवताओं को एक ही माना जाए तो उनका पृथक्-पृथक् उल्लेख क्यों है? क्या १०० वर्षों में ही आर्य उन देवताओं को भूल गए? यह असम्भव है कि इतने कम समय में ही आर्यों ने विदेशी देवताओं को आत्मसात् करके उनको नया नाम दे दिया हो तथा वे देवता उनके देवमण्डल में सर्वप्रमुख बन गए हों। ओल्डेनबर्ग के तर्क का अनुगमन करते हुए तो वैदिक इन्द्र का भी उद्भव बैबीलोनियन 'ताशेब' से सिद्ध किया जा सकता है।

पीछे अस्सुर बानीपल के राज्य के एक असीरियन शिलालेख का उल्लेख किया जा चुका है। ओल्डेनबर्ग की पुस्तक छपने के ५ वर्ष पश्चात् प्राप्त इस शिलालेख से स्पष्ट है कि लगभग १७०० ई० पू० में ही आर्यों का 'अस्सर मज़ास्' असीरिया में अपना आधिपत्य जमा चुका था[२]। इतने समय पूर्व ही आर्यों के इस नैतिक देवता का स्वयं असीरिया में ही पाया जाना क्या इस तथ्य को सूचित नहीं करता कि ईरानी आर्यों के देवमण्डल में इस प्रभावशाली देवता का ओल्डेनबर्ग के द्वारा अनुमानित समय से बहुत पूर्व ही प्रादुर्भाव हो चुका था?

---

१. तु० की० कीथ, **रिलीजन** पृ० १०२।

२. माउल्टन, **अ० जो० पृ०** ३१, २४३, २५२। द्रष्टव्य पीछे पृ० ६८।

ओल्डेनबर्ग का मत बहुत कुछ 'आदित्यगण' तथा 'आमेश-स्पेन्ता' की एकात्मता पर निर्भर करता है किन्तु अहुर के परिचर ईरानी आमेश-स्पेन्ता तथा भारतीय आदित्यों में लेशमात्र भी समानता नहीं है। आमेश-स्पेन्ता की संख्या निश्चित है। वे छः हैं तथा अहुर को मिलाकर सात। किन्तु वैदिक साहित्य में आदित्यों की संख्या पूर्णतः अनिश्चित है। ऋग्वेद के प्रारम्भिक सूक्तों में वरुण एवं मित्र को मिलाकर उनकी संख्या छः है, जिनके नाम क्रमशः इस प्रकार हैं — मित्र, अर्यमा, दक्ष, भग, वरुण तथा अंश। परवर्ती सूक्तों में 'अदिति' को मिलाकर इनकी संख्या सात (९।११४।३) तथा पुनः 'मार्ताण्ड' को मिलाकर आठ (१०।७२।८) कर दी गई है। अथर्ववेद में आदित्यों की संख्या अदिति के अतिरिक्त आठ है। तैत्तिरीय ब्राह्मण (१।१।९।१) में दक्ष, अदिति तथा मार्ताण्ड के स्थान पर इन्द्र, विवस्वान् तथा धाता का उल्लेख मिलता है। शतपथ ब्राह्मण में (६।१।२।८, ११, ६, ३८) आदित्यों की संख्या १२ है और इसमें जयन्त, भास्कर, त्वष्टा, पूषन् तथा विष्णु का भी नाम है। इस प्रकार भारत में आदित्यों की संख्या पाँच से प्रारम्भ होती है (वरुण को छोड़कर) और १२ तक जाती है, जबकि ईरान में वे सदा छः हैं। कारनाय का यह कथन कि "यदि आमेश-स्पेन्ता के नाम तथा संख्या आदित्यों से नहीं मिलती तो यह केवल संयोग की ही बात है क्योंकि 'अश' तथा 'अरमइति' आदि ऋग्वेद में भी प्राप्त होते हैं"[१] सर्वथा अनुपयुक्त है।

वैदिक आदित्यों में जिन भग, अर्यमा तथा मित्र की गणना की गई है, वे अवेस्ता में भी प्राप्त होते हैं किन्तु उनको आमेश-स्पेन्ता गण में स्थान नहीं दिया गया। इसके अतिरिक्त आमेश-स्पेन्ता पूर्णतः अमूर्त नैतिक भावों के दैवीकरण से बने हैं जबकि भारतीय आदित्यों में इस प्रकार का कोई भी चिह्न नहीं है। वस्तुतः आमेश-स्पेन्ताओं के स्वरूप में कोई भी ऐसा गुण नहीं है जो यह प्रमाणित कर सके कि आमेश-स्पेन्ता की उत्पत्ति इतने अधिक स्थूल तत्त्वों से हुई है और न ही किसी प्रकार यह सिद्ध किया जा सकता है कि मंगल, गुरु आदि ग्रहों ने ऋतु, वोहुमनः (सद्विचार) तथा अमेरेतात् (अमरता) आदि नैतिक विचारों का रूप धारण कर लिया होगा[२]।

एक बात और है। ईरानियों के आमेश-स्पेन्ताओं में श्रेष्ठ 'अशा-वहिश्ता' (ऋत वसिष्ठ, श्रेष्ठ ऋत या नियम) का उल्लेख उस समय से बहुत पूर्व ही पाया जाता है जो ओल्डेनबर्ग ने आर्य धर्म पर सेमेटिक प्रभाव के लिए निश्चित किया है। २०वीं शती के प्रारम्भिक वर्षों में मिस्र के उत्तरी भाग के **तेल-एल-अमर्न** नामक स्थान में कुछ मृत्फलकों की प्राप्ति हुई थी। इन फलकों पर कीलकाक्षरों में कुछ पत्र खुदे हुए थे। ये सभी पत्र बेबीलोनिया, असीरिया, सीरिया, फोनेशिया आदि देशों के राजाओं के द्वारा

---

१. कारनाय, **ए० रि० ई० : भाग ९,** पृ० ५६८ (अ)

२. तु० की०— **अ० जो०**, पृ० ९९।

अपने सम्राट् मिस्र के **फराओस्** नाम से प्रसिद्ध राजाओं के नाम लिखे गए हैं। इनमें सीरिया के मितानियों के **दुश्रत्त** (दशरथ ?) राजा का पत्र अत्यधिक महत्त्वपूर्ण है। यह पत्र १६०० ई० पू० का है, इसमें इस राजा के भाई का नाम '**अर्तशुवर**' (ऋतशूर ?) तथा पितामह का '**अर्ततम**' (ऋततम ?) दिया हुआ है। दोनों नामों का प्रथम पद अर्त है। निश्चित रूप से यह वही 'अर्त' है, जो जागतिक नियम के अर्थ में दारियुस् आदि राजाओं के शिलालेखों में उल्लिखित है और जिसका अवेस्ता के 'अश' तथा ऋग्वेद के 'ऋत' से तादात्म्य है[१]। ईसवी सन् के १६०० वर्ष पूर्व इसका महत्त्वपूर्ण उल्लेख आर्यों की 'ऋत' की धारणा को अत्यधिक प्राचीन सिद्ध करता है। वस्तुतः आर्यों की आर्षकल्पना द्वारा प्रसूत ऋत की धारणा एक ऐसा अद्वितीय एवं श्रेष्ठ विचार है जिसकी तुलना किसी भी प्राचीन धर्म के किसी तत्त्व से नहीं हो सकती।

ओल्डेनबर्ग के (जो जर्मनी में उत्पन्न एक यहूदी थे) इस मत के मूल में उनकी यह धारणा थी कि आर्य धर्म में आचारशास्त्रीय विचार बहुत बाद में प्रारम्भ होते हैं। इसके विपरीत सामियों में (जिनमें यहूदी भी आते हैं) ऐसे विचार बहुत पूर्व ही अंकुरित हो चुके थे। किन्तु यह सोचना कि आर्य नैतिक एवं आचारशास्त्रीय विचारों से पूर्णतः असम्पृक्त थे तथा ऐसे विचार निश्चित रूप से बाह्य प्रभाव हैं, एक ऐसा पक्षपात पूर्ण मत स्थापित करना है जिसके लिए कोई आधार नहीं है[२]। वैदिक युग में ही हमें अदिति, श्रद्धा आदि अमूर्त देवियों के दर्शन होते हैं। प्राचीन ग्रीक तथा रोमन धर्म में भी कई उत्तम आचारशास्त्रीय विचार हैं। ज़रथुस्त्र का धार्मिक आन्दोलन निश्चित रूप से यह सूचित करता है कि ईरान में भी नैतिक तत्त्वों के उद्भव तथा विकास के लिए परिपूर्ण अवकाश था[३]। ज़रथुस्त्र के धर्म पर सेमेटिक प्रभाव नहीं के बराबर है। ''जिनकी उपासना में प्रकृति के सर्वोच्च एवं सर्वोत्कृष्ट तत्त्व आकाश (द्यौः) की उपासना का समावेश था, वे आचारशास्त्रीय विचारधारा का आविष्कार निश्चित रूप से बिना किसी बाह्य सहायता के कर सकते थे[४]।''

वस्तुतः अपने अतुल विस्तार, सर्वत्र विद्यमानता, तथा प्रकाश से सम्बन्ध के कारण आकाश के देवता के साथ मनुष्यों के अच्छे-बुरे कर्मों को देखने की विशेषता स्वतः सम्बद्ध हो जाती है और यह विशेषता कालान्तर में उच्च आचारशास्त्रीय धाराणाओं के रूप में विकसित होती है। ईसा से लगभग दो सहस्र वर्ष पूर्व ही ऋत के विचार की प्राप्ति और दूर-दूर तक इसकी उपलब्धि निश्चित रूप से सूचित करती है कि आर्यों ने

---

१. ब्लूमफील्ड : **रि० वे०**, पृ० ११-१३ तथा १३५-३६।

२. कीथ : **रिलीजन०**, प्रथम भाग, पृ० १०१।

३. माउल्टन : **अ० जो०**, पृ० ६८, ९८, २३७-४३।

४. माउल्टन : **अ० जो०** पृ० २४५।

उसी समय आचारशास्त्रीय विचारों एवं धारणाओं का आविष्कार कर लिया था जिस समय सेमेटिक व्यक्ति '**ऋत**' जैसी किसी भी उच्च एवं श्रेष्ठ धारणा पर नहीं पहुँचे थे।

ग्रीक देवमण्डल के '**ऊरानॅस**' से तुलना करने पर वरुण के मूलतः आकाश के देवता होने की पुष्टि होती है। इस तुलना से स्पष्ट है कि आर्य देवमण्डल में वरुण अत्यधिक प्राचीन देवता हैं और उनका अस्तित्व भारोपीय काल में भी था। 'वृ' (भारो० *वेर्*) धातु से निर्मित यह शब्द सम्भवतः आकाश के सर्वाच्छादनकारी गुण की ओर संकेत है।[1] ऋग्वेद ८।४१।३ में वरुण की इस विशेषता की ओर स्पष्ट संकेत है —

स क्षयः परिषस्वजे न्यु१स्त्रो मायया दधे स विश्वं परिदर्शतः।
तस्य वेनीरनु व्रतमुषवस्तिस्त्रो अवर्धयन्नभस्यामन्तके समे॥

उसका स्थान उच्चतम आकाश में हैं। वह वर्षा करवाता है। सूर्य उसका नेत्र है (तु० की० **येना पावक चक्षसा भुरण्यन्तं जनां अनु। त्वं** (सूर्य) **वरुण पश्यसि** — ऋ० वे० १।५०।६)। वह दूर तक देखने वाला है। उसके एक सहस्त्र नेत्र हैं (जो सम्भवतः तारों को सूचित करते हैं)। ये सभी विशेषताएँ उसका आकाश से घनिष्ठ सम्बन्ध सूचित करती हैं। सुदूर क्षितिज तक परिदृश्यमान् अपने अनन्त विस्तार से सम्पूर्ण भूमण्डल को परिवेष्टित करने वाला आकाश, जो भूमण्डल पर मनुष्यों द्वारा क्रियमाण सभी कर्मों का निरीक्षण सा करता हुआ प्रतीत होता है, बड़ी सरलता के साथ वरुण जैसे उत्कृष्ट नैतिक देवता का रूप धारण कर सकता है[2]।

पारसी धर्म के अहुरमज़्दा के चरित्र में भी इस प्रकार की अनेक धुँधली विशेषताएँ सुरक्षित रह गई हैं, जो आक ाश से उसका सम्बन्ध सूचित करती हैं। वह श्वेत, दीप्तिमान् तथा दूरदर्शी हैं। उसका शरीर सबसे अधिक कान्तिशाली है (बुन्दा० १। ७)। सूर्य उसका नेत्र है। आकाश की सरिताएँ (व्योमगंगा अथवा आपः) उसकी पत्नियाँ हैं। आकाशीय अग्नि (विद्युत्) उसका पुत्र है (यस्न ५८।८)। वह एक सुन्दर रत्न-जटित वस्त्र (तारकित आकाश) धारण करता है और ऐसे स्थान में निवास करता है जहाँ सदा अतुल प्रकाश रहता है (यस्न ७५।२२)।

वैदिक धर्म के मूल में प्राचीनतम समय से ही दो प्रमुख धारणाएँ थीं। कालान्तर में ये ही दो धारणाएँ विभिन्न रूपों में विविध देवकथाओं में विकसित हुई हैं[3]। इनमें से पहली धारणा यह थी कि प्रकृति में सर्वत्र एक अखण्ड नियम व्याप्त है और उसका प्रत्येक कार्य एक क्रम एवं नियम के अनुसार होता है। दिन के पश्चात् दिन, मास के

---

१. ब्लूमफील्ड : **रि० वे०**, पृ० १३७।

२. कीथ : **रिलीजन०**, प्रथम भाग, अध्याय ८, पृ० १०२।

३. डार्मस्टेटर् : **ज़ेन्द अवेस्ता,** भाग १ (से० बु० ई० ४) पृ० ५७।५८।

पश्चात् मास, ऋतुओं के पश्चात् ऋतुएँ और वर्ष के पश्चात् वर्ष उसी क्रम से प्रत्येक बार आते जाते हैं। सूर्य निश्चित समय पर निश्चित स्थान में उदित होता है और निश्चित समय एवं स्थान पर अस्त हो जाता है। चन्द्रमा की कलाएँ एक क्रम से बढ़ती हैं और फिर उसी क्रम से घटती जाती हैं। तारे एवं नक्षत्र भी आकाश में अपने निश्चित स्थान पर उदित होते हैं और निश्चित गति से अपना मार्ग पूर्ण करते हैं। इस नियम का रक्षक एक सर्वशक्तिमान् देवता है, जो प्रकृति की सब वस्तुओं पर नियन्त्रण रखता है[१]।

दूसरी धारणा यह थी कि प्रकृति में अच्छी एवं बुरी शक्तियों में सदा भयंकर युद्ध होता रहता है। कभी सत् शक्ति की विजय होती है, कभी असत् की। यह युद्ध झंझावात में सर्वाधिक स्पष्ट होता है, जहाँ असत् शक्ति या कोई दैत्य देखते-देखते प्रकाश की किरणों का हरण करके ले जाता है और उनको पुनः प्राप्त करने के लिए सत् शक्ति को अत्यधिक संघर्ष करना पड़ता है।

प्रथम धारणा वैदिक युग में जाकर ऋत की धारणा के रूप में विकसित हुई है। वेदों में ऋतु के तीन रूप हैं; १ — प्रकृति का अपरिवर्त्य नियम, २ — देवताओं की ठीक तथा उपयुक्त प्रकार से उपासना, तथा ३ — मनुष्य का नैतिक आचरण[२]। ऋत के प्रथम प्रकार का विस्तृत वर्णन किया जा चुका है। स्वयं देवताओं का भी जन्म ऋत के ही आधार पर हुआ है। उन्हें प्रायः **'ऋत-जात'** कहा गया है। वे ऋत को जानते हैं (ऋतज्ञ), उसका पालन करते हैं (ऋतयुः) और उससे प्रेम करते हैं (ऋतसप्)। वैदिक यज्ञीय विधान केवल देवताओं को प्रसन्न करने का और फिर उनकी कृपा से अभीष्ट पूर्ति का ही साधन मात्र नहीं है, वह स्वतः अपने में भी एक पुण्य कार्य है। इसलिए ऋत का दूसरा प्रकार यज्ञ से सम्बन्धित है। ऋत के संरक्षण में यज्ञ सम्पन्न होता है। अग्नि ऋत का प्रथम पुत्र है। वह ऋत की सहायता से अपना कार्य करता है तथा यज्ञीय हवि को ऋत के मार्ग पर ले जाता है। अपने तीसरे रूप में ऋत सत्य से घनिष्ठतया सम्बन्धित है। इसीलिए असत्य को अधिकांशतः अनृत कहा गया है। अनृत की तुलना में असत्य शब्द बहुत कम प्राप्त होता है। सत्य एवं अनृत का युग्म है। वरुण ऋत का रक्षक है। अतः वह प्राणियों के 'सत्यानृत' को देखता है (**यासां राजा वरुणो याति मध्ये सत्यानृते अवपश्यन् जनानाम्,** ऋ० वे० ६।४९।३)। जब यमी यम को सहवास के लिए प्रेरित करती है तो यम इस अनैतिक कार्य को ऋत का स्मरण दिलाकर मना करता है और कहता है कि जिस कार्य को तुम ऋत कह रही हो उसको करने से हम जान-बूझकर अनृत में फँस जाएंगे (**न यत्पुरा चकृमा कद्ध नूनम् ऋता वदन्तो अनृतं रपेम** ऋ० वे० १०।१०।४)।

---

१. तु० की — माक्सम्युलर : **लेक्चर्स ऑन् दि ओरिजिन एण्ड ग्रोथ ऑफ़ रिलीजन**, पृ० २४९।
२. ब्लूमफील्ड : **रि० वे०**, पृ० १२९।

इस त्रिविध ऋत को जगत् में स्थापित करने वाला आकाशदेव वरुण है। न तो आकाश से ऊपर कोई वस्तु है और न उसके बाहर। अतः वह सर्वाधिक महान् है। आकाश में अथवा उसके नीचे ही प्रत्येक वस्तु उत्पन्न होती है। अतः वह सबका जनक है। सूर्य, चन्द्र तथा नक्षत्र रूप नेत्रों से वह सब कुछ देखता रहता है। अतः वह सर्वज्ञ एवं बुद्धिमान् है[१]।

इस देवता का नामकरण उसके भौतिक रूप के आधार पर 'वरुण' (आच्छादनकारी) तथा आध्यात्मिक रूप के आधार पर 'असुर' (स्वामी-शक्तिमान्) हुआ था। भारत में उसकी सामान्य संज्ञा के रूप में प्रथम नाम सुरक्षित रहा और ईरान में द्वितीय। किन्तु ईरान में वरुण शब्द में व्यक्तिवाचक संज्ञा का भाव जाता रहा। यह शब्द (**वेरेन**) केवल भौतिक आकाश का वाची सामान्य शब्द हो गया और इसके एक ऐसे काल्पनिक प्रदेश का सूचक हो गया जहाँ देवासुर संग्राम होता रहता है[२]।

धीरे-धीरे इस आकाश देव की आध्यात्मिक विशेषताएँ अधिकाधिक स्पष्ट होती गईं और उसकी भौतिक विशेषताएँ पृष्ठभूमि में पहुँचने लगीं। बहुत शीघ्र ही उसका मूल स्वरूप आँखों से ओझल हो गया। यही कारण है कि जहाँ ऋग्वेद में कहा गया है कि वरुण मित्र के साथ आकाश में विचरण करता है, वहीं ईसा से ५०० वर्ष पूर्व दारियुस् के शिलालेख में अहुर को पृथ्वी एवं आकाश दोनों का निर्माता बताया गया है। यहाँ हम वरुण के इन उपासकों को उसके मूल रूप से सर्वथा अनभिज्ञ पाते हैं।

मिथ्र (वै० मित्र)

बोग़ाज़क्यूई के मृत्फलक पर मित्र का नाम पाए जाने से उसकी महत्ता एवं ईरान में उसकी प्राचीनता निश्चित है। मित्र शब्द के शब्द के मूल **अर्थ** की समस्या उसके मूल **स्वरूप** से घनिष्ठतया सम्बन्धित है। संस्कृत में मित्र शब्द के दो अर्थ हैं। नपुंसकलिंग में यह शब्द सुहृद् का वाची है और पुल्लिंग में सूर्य का। यस्नों की प्राचीनतम फारसी में भी **मिथ्र** शब्द अनुबन्ध, प्रतिज्ञा या सुलह का वाची है। यश्त में आकर इस शब्द का विकसित रूप 'मिहिर' निश्चित रूप से सूर्य का वाची है। अवेस्ता का सम्पूर्ण दशम यश्त मिहिर की स्तुति में रचित है।

ऋग्वेद तथा अवेस्ता में 'मित्रद्रुह्' (मित्र से द्रोह करने वाला) तथा 'मिथ्रोद्रुज्' (प्रतिज्ञा भग्न करने वाला) नामक दो समास भी प्रायः पाए जाते हैं। प्रो० मिलेट का

---

१. डार्मस्टेटर् : **दि सुप्रीम गौड इन दि इन्डो-यूरोपियन माइथॉलजी** पृ० २८३, (**दि कन्टेम्परेरी रिव्यू**, अक्टूबर १८७९)

२. डार्मस्टेटर् : **ज़ेन्द अवेस्ता**, प्रथम भाग, भूमिका, पृ० ५८।

मत है[1] कि यही शब्द प्राचीनतर है और कालान्तर में इन्हीं शब्दों से मित्र शब्द पृथक् होकर स्वतन्त्र देवता बन गया है। मित्रद्रुह् (सं० 'मित्रध्रुक्') का मूल भाव, समय (शर्त), मैत्री अथवा पण (समझौता) को भग्न करने वाला था। धीरे-धीरे प्रथम पद मिथ्ऱ या मित्र ने भाववाचक के स्थान पर व्यक्तिवाचक संज्ञा का रूप धारण कर लिया। इसकी पुष्टि में उन्होंने यह प्रमाण दिया है कि ऋग्वेद में संकलित एकमात्र मित्र सूक्त (३।५९) में उसके स्वरूप में किसी भी प्राकृतिक तत्त्व की झलक नहीं है। किन्तु क्योंकि प्रकाश को सद्विचारों का संरक्षक माना जाता है और अन्धकार का सम्बन्ध छल, षड्यन्त्र तथा असत्य से है, अतः मित्र का कालान्तर में दिन के प्रकाश अथवा सूर्य से सम्बन्ध हो गया। माउल्टन तथा ब्रुगमान आदि विद्वानों का भी मत है कि जातिवाचक अथवा भाववाचक संज्ञा के रूप में मित्र शब्द व्यक्तिवाचक संज्ञा से प्राचीनतर है और सम्भवतः भारोपीय **'मेई'** (संस्कृत-*मे*-**प्रणिदाने**) धातु से बना है, जिसका अर्थ **'विनिमय करना'** होता है। लैटिन का **कम्-म्यूनिस्** (समुदाय), गॉथिक का **ग-मेन्स** तथा जर्मन भाषा का **गेमाइन** (सामान्य, सब के लिए) शब्द इसी धातु से आए हैं। ब्रुगमान के अनुसार मित्र शब्द मूल अर्थ 'मित्रतापूर्ण विनिमय' (Freundlicher Verkehr) रहा होगा। ग्रिसवोल्ड का विचार है कि अपनी मूल अवस्था में सम्भवतः मित्र 'प्रतिज्ञा' का विशिष्ट-देवता था। अतः उसका कार्य था मनुष्यों के पारस्परिक व्यवहार को देखना और उन्हें सत्य एवं न्याय के मार्ग पर ले चलना, किन्तु बाद में सत्य एवं प्रकाश से घनिष्ठ सम्बन्ध के कारण उसका प्रकाश एवं सूर्य से सम्बन्ध हो गया। किन्तु जैसा कि आगे स्पष्ट होगा, मित्र के सम्बन्ध में एक प्रकृति-देवता का आचारशास्त्रीय देवता में विकास इससे अधिक सम्भावित प्रतीत होता है[2]।

यह कुछ विचित्र सा लगता है कि इस सर्वशक्तिशाली मिथ्ऱ का गाथाओं में उल्लेख तक नहीं है। प्रतीत होता है कि अन्य प्रकृति-देवताओं की भाँति ज़रथुस्त्र ने अपने धर्म से उसका भी बहिष्कार कर दिया था। **मिथ्ऱम्** शब्द कुछ स्थानों पर प्रयुक्त अवश्य है (उदाहरणार्थ यस्न ४६।५), पर केवल प्रण, प्रतिज्ञा या समझौते के अर्थ में ही।

प्राचीन सेमेटिक जाति मातृ-देवता की पूजा के लिए विख्यात है। बेबीलोनिया में इश्तर नाम से इस देवी की पूजा होती थी, इसे पशु तथा वनस्पति जगत् की उर्वरा शक्ति का प्रतीक माना जाता था। हेरोदोतस् ने अपने इतिहास (१।१३१) में लिखा है कि ईरानियों ने असीरियावासियों से मातृदेवता की पूजा अपना ली है और और वे उसे मिथ्ऱ कहते हैं। स्पष्ट है कि यहाँ पर एक प्राचीन आर्य देवता का सेमेटिक देवी से तादात्म्य

---

१. **जूर्नाल आसियातीक**, १८९७, भाग दो, पृ० १४३ तथा आगे (माउल्टन के द्वारा **अ० जो०** पृष्ठ ६३ में उल्लिखित।)

२. तु० की०, देशमुख : **ओरिजिन०** : पृ० १७३

स्थापित करते हुए हेरोदोतस् ने एक बड़ी भूल की है। अवेस्ता में केवल एक ही देवी का उल्लेख है और वह है **अर्द्वी सूरा-अनाहिता** (**आर्द्रा-शूरा-अनाहता;** कलंकहीन, आर्द्र कर देने वाली वीर देवी)। वह अत्यन्त रूपवती देवी है जो आकाश में निवास करती है तथा वर्षा के जल पर नियन्त्रण रखती है। इसे नदियों आदि की भी अधिष्ठात्री माना गया है। उर्वराशक्ति से भी इसका घनिष्ठ सबन्ध है। किन्तु हेरोदोतस् की इस भूल को भी कुछ विद्वानों ने प्राचीन ईरान के धार्मिक रहस्यों को खोलने की कुंजी समझा है। उदाहरणार्थ माउल्टन का मत है कि हेरोदोतस् के समय में मिथ्र एवं अनाहिता की उपासना का सम्मिश्रण हो गया था, दोनों का उसी प्रकार से एक युग्म बन गया था जैसे वैदिक मित्रावरुणा का। दोनों के सम्बन्ध का कारण सम्भवतः यह है कि असीरियन भाषा में वर्षा को **'मेत्रु'** (metru) कहते हैं। वर्षा के जल एवं वर्षा की देवी का सम्बन्ध हो जाना अत्यन्त सरल था। यह सम्बन्ध सम्भवतः किसी सेमेटिक प्रदेश में ही हो चुका था। आकाश के जलों से सम्बन्धित होने के कारण मेत्रु का सम्बन्ध आकाश से भी हो गया और क्योंकि आकाश को एक सर्वद्रष्टा साक्षी माना जा सकता है, जो मनुष्यों में उत्तम सम्बन्ध स्थापित रखता है, अतः उसमें मित्रता एवं प्रतिज्ञा का रक्षक आदि आचारशास्त्रीय तत्त्व समाविष्ट हो गए। यही मेत्रु ईरान में आकर ईरानी देवता मिथ्र में अपनी सत्ता खो बैठा क्योंकि मेत्रु से ध्वनि-साम्य रखने वाला यह शब्द भाववाचक (प्रण, विश्वास आदि) तथा व्यक्तिवाचक (देवता का नाम) संज्ञा के रूप में ईरान में पहले से ही प्रचलित था। इस प्रकार ईरान में मिथ्र के दो स्वरूप हो गए। एक प्राचीन, जो किसी प्रकृति-तत्त्व से सम्बन्धित था और दूसरा नवीन आचारशास्त्रीय । दशम यश्त में मिथ्र का जो स्वरूप है वह मुख्यतः द्वितीय स्वरूप पर निर्भर है। यहाँ यह प्रश्न उठता है कि यदि मिथ्र के चरित्र में इतने आचारशास्त्रीय तत्त्व थे तो ज़रथुस्त्र ने गाथाओं में उसका उल्लेख क्यों नहीं किया। इसका कारण यह है कि ज़रथुस्त्र का मिथ्र के इस आचारशास्त्रीय रूप से सम्भवतः परिचय नहीं था। यह उसके बाद विकसित हुआ[१]।

मिथ्र के आचारशास्त्रीय वैशिष्ट्य की व्याख्या करने के लिए उस पर आर्येतर प्रभाव मानने की कोई आवश्यकता नहीं है। माउल्टन का यह मत मिथ्र का सम्बन्ध एक प्राकृतिक तत्त्व से हटाकर दूसरे प्राकृतिक तत्त्व से जोड़ता है और फिर उसमें आचारशास्त्रीय तत्त्वों के सन्निवेश को स्वीकार करता है। मेत्रु कभी भी एक देवता के रूप में सेमेटिक जातियों में विकसित नहीं हुआ। परवर्ती अवेस्ता में भी कहीं भी अनाहिता के साथ मिथ्र का उल्लेख नहीं है। अतः प्रतीत होता है कि मिथ्राअहुरा की भाँति उन दोनों का युग्म कभी नहीं रहा। यदि होता भी तो हेरोदोतस् दोनों का उल्लेख करता; यह नहीं लिखता कि ईरानी सेमेटिक देवी इश्तर को मिथ्र कहते हैं। निश्चित रूप

---

१. देखिए — माउल्टन, **अ० जो०**, पृष्ठ ६५-६७।

से हेरोदोतस् ने यहाँ एक बहुत बड़ी भूल की है[१]। दोनों के एकरूप हो जाने की तो कोई सम्भावना भी नहीं, क्योंकि दो पृथक् देवताओं के रूप में अवेस्ता में अन्त तक उनकी सत्ता सुरक्षित रही है। ईसवी सन् के आसपास की शताब्दियों में मिथ्र की युद्ध के देवता के रूप में अत्यन्त प्रतिष्ठा हो गई थी। अतः मिथ्र के इस स्वरूप की सन्तोषजनक व्याख्या करने के लिए भी एक अन्य आर्येतर प्रभाव की कल्पना करनी पड़ेगी। वस्तुतः मिथ्र अपने उद्भव के काल से ही मुख्यतः आचारशास्त्रीय देवता था। अवेस्ता में उसका उल्लेख मिलने के समय से कई शताब्दियों पूर्व ही मिथ्र की स्तुति में ऋग्वेद के तृतीय मण्डल में सन्निहित ५९वें सूक्त से इस कथन की सम्यक् पुष्टि हो जाती है।

बोग़ाज़क्यूई में जिन चार आर्य देवताओं का उल्लेख है, वह निष्प्रयोजन और आकस्मिक नहीं है। उनमें से प्रत्येक की अपनी महत्ता है। **हित्तिति** और **मितानी** राजाओं में युद्ध के पश्चात् सुलह हुई थी। उसमें हित्तिति राजा ने मितानी राजा से अपनी पुत्री का विवाह कर दिया था। ऋत के रक्षक रूप में शक्तिमान् वरुण का आह्वान दोनों की रक्षा के लिए तथा सत्य पर स्थिर रखने के लिए किया गया है। इन्द्र युद्ध का देवता था। अश्विनौ ऋग्वेद में (विशेषतः सूर्यासूक्त १०।८५ में) विवाह से विशेषतया सम्बद्ध हैं। शेष मित्र का उल्लेख निश्चित रूप से इसलिए किया गया है कि वह सन्धि, प्रतिज्ञा आदि का अधिष्ठाता था। यह फलक मित्र का ज़रथुस्त्र से कम से कम एक सहस्र वर्ष पूर्व आचारशास्त्रीय विचारों से सम्बन्ध सूचित करता है।

माउल्टन का विचार है कि यदि मिथ्र में वे नैतिक आचारशास्त्रीय तत्त्व होते, जो अवेस्ता के दशम यश्त में प्राप्त होते हैं तो ज़रथुस्त्र के द्वारा उसका बहिष्कार कभी नहीं होता। किन्तु वस्तुस्थिति ठीक इसके विपरीत है। नैतिक एवं आचारशास्त्रीय दृष्टि से सर्वोच्च एवं सर्वशक्तिमान् अहुर की स्थापना के पश्चात् मिथ्र की आवश्यकता ही क्या रह गई थी? मिथ्र में सन्धि, प्रतिज्ञा तथा अनुबन्ध आदि के रक्षक के रूप में जो भी विशेषताएँ थी, वे सब ज़रथुस्त्र ने **अश-वहिश्ता** (ऋत) नामक आमेश-स्पेन्ता से सम्बन्धित कर दी और तब मिथ्र का केवल प्राकृतिक रूप बचा, जो ज़रथुस्त्र की दृष्टि में सर्वथा हेय था ही। ज़रथुस्त्र की धारणा एकेश्वरवाद की ओर थी। अतः अहुर अपने समान सशक्त एवं प्रसिद्ध प्रतिद्वन्द्वी को सहन नहीं कर सकता था और इसलिए मिथ्र का निष्कासन स्वाभाविक ही था।

लौकिक संस्कृत में **मित्र** शब्द पुल्लिंग में सर्वत्र सूर्य का वाची है। फारसी में भी **'मिहिर'** शब्द सूर्य को सूचित करता है। फ़ारसी से यह शब्द संस्कृत में भी आ गया है। वैदिक साहित्य के अनेक उद्धरणों से मित्र का प्रकाश से सम्बन्ध सूचित होता है, अतः

---

१. तु० की० स्टुअर्ट जोन्स, **ए० रि० ई० भाग** ८, पृ० ७५३; **'मिथइज़्म'** नामक लेख।

प्रतीत होता है कि मित्र का मूलतः सूर्य की ज्योति से सम्बद्ध था[१]। सूर्य जगत् की आत्मा है। उसका उदय सभी को प्रसन्न करता है। उसके प्रकाश से सभी प्राणी स्फूर्तिमान् हो उठते हैं। अतः मानव का प्रकाश को लाभदायक या, दूसरे शब्दों में, मैत्रीपूर्ण समझना उचित ही था। प्रकाश का सत्य, ज्ञान एवं धर्म से तथा अन्धकार का असत्य, छल तथा अज्ञान से जो सम्बन्ध है[२] वह स्वभावतः मित्र को वह आचारशास्त्रीय रूप प्रदान कर सकता है जो बहुत प्राचीनकाल में ही उसे प्राप्त हो गया था। इस दृष्टि से सम्भवतः मित्र की व्युत्पत्ति तीन धातुओं से प्रदर्शित की जा सकती है। प्रो० ग्रे के अनुसार यह '**मा**' = नापना से निकला है और प्राचीनकाल में मित्र को दिन का नापने वाला समझा जाता था। द्वितीय व्युत्पत्ति '**मिथ्** = मिलाना, सम्पर्क स्थापित करना या सहमत होना से सम्बन्धित है और तृतीय '**मिद्** = स्नेह या सद्व्यवहार करना से[३]।

ऋ० वे० ३।५९।१। में कहा गया है कि मित्र मनुष्यों के कर्मों को निर्निमेष दृष्टि से देखता है (**मित्रः कृष्टीरनिमिषाभि चष्टे**)। अपनी महिमा (प्रकाश?) के द्वारा उसने समस्त नभोमण्डल को तथा कीर्ति (तेज?) से पृथ्वी को व्याप्त कर रखा है (**अभि यो महिना दिवं मित्रो बभूव सप्रथाः, अभि श्रवोभिः पृथिवीम्**; ३।५९।७) अथर्ववेद में एक स्थान पर (९।३।१८) कहा गया है कि जो कुछ वरुण रात्रि में अपने अन्दर छिपाए रहता है उस सबको मित्र दिन में प्रकाशित कर देता है। ऋग्वेद की निम्नलिखित ऋचा में सूर्य देव सविता का मित्र से तादात्म्य किया गया है —

उत यासि सवितस्त्रीणि रोचनोत सूर्यस्य रश्मिभिः समुच्यसि।
उत रात्रीमुभयतः परीयस उत मित्रो भवसि देव धर्मभिः॥

— ५।८१।४

मित्र का ऋग्वेद में एक महत्त्वपूर्ण विशेषण है '**ब्रुवाणो यातयज्जनः**' 'अपने वचन से अब व्यक्तियों को नियन्त्रित करने वाला' जो उसके आचारशास्त्रीय रूप को सूचित करता है (किन्तु इस समस्त शब्द के 'मनुष्यों को परिश्रम में रत कर देनेवाला सूर्य' अथवा 'मनुष्यों को एकत्र करने वाला' आदि अर्थ भी हो सकते हैं)। सूर्य-देव सविता के सम्बन्ध में भी प्रायः ऐसा ही भाव व्यक्त किया गया है (तु० की०, ऋ० वे० ५।८२। ९ **य इमा विश्वा जातानि आश्रावयति श्लोकेन**)। देदीप्यमान अग्नि की मित्र से तुलना की गई है (**मित्रो अग्निर्भवति यत्समिद्धो, ३।५।४; त्वं (अग्ने) मित्रो भवसि**

---

१. तारापोरवाला : **रि० ज०** अध्याय ४। मैक्डॉनल : **वै० मा०** पृ० ३०। डार्मस्टेटर् **जे० अ०**, प्रथम भाग, भूमिका पृ० ६०। कीथ: **रिलीजन०** पृ० २९८ आदि।

२. तु० की० डार्मस्टेटर् : **जे० अ० पृ० ८१** "प्रकाश एवं सत्य दोनों एक ही वस्तुएँ हैं; चर्म चक्षुओं से देखने पर जो वस्तु प्रकाश है, मन के नेत्रों से देखने से वही सत्य।"

३. तु० की० — देशमुख : **ओरिजिन०** पृ० १७४।

यत्समिद्धः)। इन सभी उद्धरणों से मित्र का प्रकाश या सूर्य ज्योति से घनिष्ठ सम्बन्ध प्रतीत होता है।

अवेस्ता में मिथ्ऱ का सूर्य से सम्बन्ध और भी अधिक स्पष्ट है। एक स्थान पर उसकी सूर्य के देवता '**ह्वर ख्शएत**' (तेजस्वी सूर्य) के साथ सम्मिलित स्तुति की गई है। यह स्तुति प्रत्येक पारसी की प्रातःकालीन प्रार्थना का काम देती है। यश्त २३।६ में मिथ्ऱ को तीक्ष्ण किरणों से युक्त कहा गया है। यश्त २४।४ तथा १०।७ में कहा गया है कि मिथ्ऱ के एक सहस्र नेत्र (रश्मियाँ) हैं। नभ के प्रकाश से सम्बन्ध होने के कारण उसे कहीं-कहीं (आकाश की) विस्तृत गोचार भूमि (**वउरु गौयौति,** संस्कृत-**उरु गव्यूति**) तथा विशाल प्रदेशों का स्वामी(**वैङ्घु-पैति**) भी कहा गया है (फरगार्द ३।२, यश्त १०।१ तथा १०।७) और इसलिए उसका अवेस्त के **राम ह्वश्त्र** (वायु) से जिसे प्रायः गोपालक की उपाधि दी गई है, पर्याप्त सम्बन्ध है। ईरान में मिथ्ऱ एवं सूर्य का सम्बन्ध इतना निश्चित था कि ग्रीक इतिहासकार स्त्रेबो ने अपने इतिहास में स्पष्ट लिखा हैं कि "वे (पारसी) सूर्य की पूजा करते हैं, जिसे वे मिथ्ऱ कहते हैं"[१]।

वरुण से सम्बन्ध के कारण मिथ्ऱ में वरुण के भी कुछ गुण आ गए हैं। उदाहरणार्थ यश्त १०।१३ में कहा गया है, वह उषा का दूत है, उषा के पहले पूर्व दिशा में **हरैती** पर्वत के पीछे से निकला करता है और थोड़ी देर में आकाश के सुनहले शिखरों पर चढ़ जाता है। यश्त १०।९५ में कहा गया है कि सूर्यास्त के पश्चात् वह गदा हाथ में लेकर आकाश में पश्चिम से पूर्व की ओर एक स्थान से दूसरे स्थान तक भ्रमण करता है और मनुष्यों के आचरण को देखता है। यश्त १०।७ में उसे निद्रा रहित नेत्रों से पृथ्वी की क्रियाओं के अवलोकन करते हुए वर्णित किया गया है।

मिथ्ऱ की सूर्यतत्त्व से पृथक् विकसित होने वाली कतिपय अपनी भी विशेषताएँ हैं। आर्यों (शिष्ट) को वह सुखमय एवं सुन्दर आवास प्रदान करता है (यश्त १०।४। ५)। वह सत्यवादी, उत्तम वक्ता तथा दूरदर्शी है (१०।७)। यश्त १०।८४ में कहा गया है कि जब किसी निर्धन अथवा दुर्बल व्यक्ति को उसके अधिकारों से वंचित किया जाता है तो वह अपने हाथ उठाकर सहायता के लिए मिथ्ऱ को पुकारता है। अपनी प्रतिज्ञा या अनुबन्ध को भग्न करना मिथ्ऱ का तिरस्कार करना है। ऐसा व्यक्ति मिथ्ऱद्रुज् है। मिथ्ऱ ऐसे अपराध को कभी क्षमा नहीं करता, वह असत्य का भयंकर शत्रु है[२]। न्याय एवं नियमों का स्वामी होने से उसे पृथ्वी के न्यायालयों का भी स्वामी माना गया है।

---

१. स्त्रेबो : १५।३।११ : देखिए माउल्टन, **अ० जो०** पृ० ४०७।

२. ढाला : **ज़ोरेस्ट्रियन थियोलजी**, पृ० १०६-१०८।

मित्र युद्ध का भी देवता है। उसका मुख्य शस्त्र 'वज्र' (गदा या कुल्हाड़ी) है। अपने 'वज्र' से वह दुष्टों को दण्ड देता और दएवों के सिर काट डालता है (यश्त १०। १३२)।

किन्तु इन सबके अतिरिक्त मिथ्र को जल प्रदान करने वाला भी कहा गया है। वही आकाश से पानी बरसाकर वृक्षों की वृद्धि में सहायता देता है। (यश्त २०। ६१)। वह एक ऐसा देवता है, जो मनुष्यों को दीर्घ जीवन, पुत्र, पशु, सम्पत्ति, ऐश्वर्य शक्ति, विजय तथा कल्याण प्रदान करता है (१०। ३३, ६५)। वज्र धारण करना तथा पानी बरसाना आदि कुछ ऐसी विशेषताएँ हैं, जो मिथ्र ने प्राचीन आर्य देव इन्द्र से ग्रहण की हैं। आर्य देवमण्डल के प्रमुख देवता इन्द्र के अवेस्ता में एक दैत्य का रूप पा जाने पर उनकी प्रमुख विशेषताओं का अन्य प्रधान देवताओं द्वारा आत्मसात् किया जाना स्वभाविक ही था।

ऋग्वेद के मित्र सूक्त (३।५९) में भी मित्र का लगभग इन्हीं शब्दों में वर्णन किया गया है। मित्र के नियम (व्रत)बहुत कठोर हैं, उनका अवश्य पालन चाहिए ('आदित्यस्य व्रतमुपक्षियन्तो' 'इष इष्टव्रता अकः')। इसे एक उदार देवता के रूप में चित्रित किया गया है जो मनुष्यों की सहायता करता है तथा उन्हें स्वास्थ्य, धन, अन्न एवं ऐश्वर्य प्रदान करता है —

प्र स मित्र मर्तो अस्तु प्रयस्वान् यस्त आदित्य शिक्षति व्रतेन।
न हन्यते न जीयते त्वोतो नैनमंहो अश्नोत्यन्तितो न दूरात्॥
— ३।५९।२

अनमीवास इलया मदन्तो मितज्ञवो वरिमन्ना पृथिव्याः। — ३।५९।३
मित्रस्य चर्षणीधृतीऽवो देवस्य सानसि। — ३।५९।६

कृष्ण यजुर्वेद की तैत्तिरीय संहिता में (२।१।८) में मित्र को युद्ध में शान्ति स्थापित करके परस्पर सन्धि करवाने वाला कहा गया है (**मैत्रम् श्वेतमालभेत संग्रामे संयत्ते समयकामो मित्रमेव स्वेन भागधेयेनोप धावति**)।

दशम यश्त के ९३वें पद में कहा गया है कि 'मिथ्र की सहायता की अपेक्षा दोनों लोकों में होती है; इस लोक में वह मनुष्य के शरीरों की सहायता करता है और उस लोक में आत्माओं की'। यह कथन पारसी धर्म में मिथ्र के एक अन्य महत्त्वपूर्ण कार्य का परिचायक है, जो ईरान में क्रमशः विकसित हो रहा था। परवर्ती अवेस्ता में यह सामान्य विश्वास पाया जाता है कि मिथ्र मृत व्यक्तियों की आत्माओं को उनके कर्म के अनुसार शुभ अथवा अशुभ फल प्रदान करता है। मृत व्यक्ति की आत्मा को **'चिन्वतु'** नामक सेतु पार करना पड़ता है, जो परलोक को ले जानेवाला सेतु है। सेतु के दूसरी ओर न्यायकर्ता **मिथ्र** एवं **रश्नु** बैठे रहते हैं और आत्माओं की पृथ्वी पर किए गए कर्मों

के अनुसार स्वर्ग या नरक में स्थान देते हैं। रश्नु को सदा **'रज़िश्त'** (परम न्यायी) की उपाधि दी जाती है। मृत्यु के पश्चात् दुष्ट व्यक्तियों को दण्डित करने के कारण वह सभी पापी व्यक्तियों का शत्रु है (फरगार्द ४।५४)[१]। डार्मस्टेटर् का मत है कि रश्नु की उत्पत्ति मित्र के ही व्यक्तित्व से हुई है और सम्भवतः यह शब्द पहले मिथ्र का विशेषण था[२]।

रश्नु की भाँति मिथ्र का एक और सहायक है जिसे पारसी धर्म में **'श्रओश'** (आज्ञापालन, अनुशासन) की संज्ञा दी गई है।[३] आर्य देवमण्डल में मानवमात्र के पारस्परिक सत्य सम्बन्धों को सुदृढ़ रखने वाले वाले मित्र, तथा जगत् के भौतिक एवं नैतिक नियमों (ऋतु) के अधिपति वरुण का मित्रावरुणौ तथा मिथ्राअहुरा के रूप में मणि-कांचन संयोग ज़रथुस्त्र द्वारा भग्न कर दिया गया। मित्र की आचारशास्त्रीय विशेषताएँ अश तथा अहुर से सम्बद्ध कर दी गईं तथा शेष का तिरस्कार कर दिया गया। सम्भावना तो यहाँ तक है कि ज़रथुस्त्र ने उसे पूर्णतः राक्षस या 'दएव' की पदवी दे डाली, क्योंकि गाथाओं में एक स्थान पर (यस्न ३२।१०) कहा गया है कि 'सूर्य एवं वृषभ को आँखों से देखना सबसे अधिक बुरा है'। सम्भवतः सूर्य से तात्पर्य मिथ्र से है और वृषभ का उल्लेख उस कथा को सूचित करता है, जिसके अनुसार मिथ्र ने एक वृषभ को मार कर अनेक ओषधियों तथा पशुओं को उत्पन्न किया। ज़रथुस्त्र ने मिथ्र के स्थान पर **'ग्यूश तशन्'** (वृषभ स्रष्टा) नामक एक नए अमूर्त रूप की कल्पना की[४]। किन्तु जैसा कि बार्थोलोमे का मत है 'यद्यपि मिथ्र की उपासना का ज़रथुस्त्र की मूल शिक्षाओं (गाथाओं) में 'हओम' की भाँति कोई भी स्थान नहीं है किन्तु सामान्य जनता का विश्वास उसमें इतना प्रबल था कि कालान्तर में पुरोहितों को उसकी उपासना की अनुमति देना आवश्यक हो गया'[५]। सम्भवतः ६ठीं शताब्दी ई० पू० में ही मिथ्र को

---

१. तारापोरवाला, **रि० ज०**, अध्याय ७ पृ० १०१।

२. डार्म्स्टीर, **जे० अ०** भूमिका, पृ० ६१, पाद टिप्पणी।

३. डा० सुकुमार सेन (**'इण्डो ईरानिका'** कलकत्ता, चतुर्थ भाग, जुलाई १९५०) का मत है ईरानी **श्रओश** एवं भारतीय **स्कन्द** सर्वथा एक हैं। उन्होंने दोनों की समान विशेषताओं की ओर संकेत किया है और **श्रओश** का संस्कृत रूप **श्रौष** मानते हुए उसे **'श्रु'** धातु से निष्पन्न माना है। दोनों देवों के साम्य का यह सुझाव तो पूर्णतया असिद्ध और दूरारूढ़ है। पर हाँ, श्रओष की श्रु धातु से उत्पत्ति (बात 'सुनने' या मानने की क्रिया) के सम्बन्ध में कोई सन्देह नहीं है।

४. स्टुअर्ट जोन्स, **मिथ्रइज़्म** : ८, पृ० ७५३ । तु० की — माउल्टन **अ० जो०**, पृ० ३४७, ३५७।

५. "Ich nehme an, dass Mithra in der streng Zarathrustichen Lehre als Gottheit nicht anerkannt war, ebensowenig z. B. 'Haoma'. Da aber der Glaube an Mithra im Volke zu fest wurzelte, waren die Priester späterhin genötigt, seine Verehrung zuzulassen",
आल्टईरानिशस् व्योर्टरबूख़, स्तम्भ सं० ११८५।

अपना सम्मानास्पद पद प्राप्त हो गया था क्योंकि ईरान के प्राचीन कलेन्डर में, जिसे दारियुस् (लगभग ५०० ई० पू०) ने प्रचलित किया था, सातवें महीने का (जो इस समय १७ सितम्बर से १७ अक्टूबर तक पड़ता है) नाम मिथ्र के ऊपर रखा गया है। अवेस्ता का दशम यश्त सम्पर्णतः मिथ्र की ही स्तुति करता है; इसमें लगभग १२५ पद हैं। यह यश्त अत्यन्त काव्यात्मक है और कहीं-कहीं अत्यन्त ओजपूर्ण हो गया है।

मिथ्र की उत्पत्ति एवं कार्यों के विषय में परवर्ती अवेस्ता में जो कथा वर्णित है, उसका संक्षिप्त रूप इस प्रकार है — मिथ्र की उत्पत्ति नदी के किनारे एक पवित्र गूलर के वृक्ष की छाया में एक कठोर शिलाखण्ड से हुई थी। उत्पन्न होते समय वह एक हाथ में तीक्ष्ण कटार तथा दूसरे में दीपशिखा लिए था। उसने अपनी कटार से वृक्ष की छाल निकाली और उसको पहन लिया। इसके पश्चात् उसने सूर्य से युद्ध करके अपनी शक्ति की परीक्षा करने की ठानी। किन्तु दोनों ने सन्धि कर ली और एक दूसरे की सहायता करने का वचन दिया।

अहुरमज़्दा ने एक विशाल एवं शक्तिशाली वृषभ की सृष्टि कर रखी थी। यह वृषभ पर्वतों एवं मैदानों पर निर्द्वन्द्व विचरण करता था। मिथ्र ने जाकर उसके सींग पकड़े और ऊपर चढ़ने में सफल हो गया। वृषभ उछल उछलकर तीव्रता से भागने लगा किन्तु मिथ्र ने उसे छोड़ा नहीं। जब वह थक गया तो वह उसे एक गुफा के अन्दर ले जाने लगा किन्तु वृषभ फिर भाग खड़ा हुआ। इस बार सूर्य ने उसकी सहायता के लिए एक पक्षी को भेजा। उसकी सहायता से मिथ्र बैल को पकड़कर गुफा के द्वार पर लाया। वहाँ उसने उसे अपने वश में करके उसके पार्श्व में अपनी तीक्ष्णा कटार भोंक दी। वृषभ के शरीर से जो रक्त निकला उससे सब वनस्पतियों एवं पशुओं की उत्पत्ति हुई[1]।

ग्रिसवोल्ड का मत है कि मिथ्र के प्रति ज़रथुस्त्र की घृणा का मुख्य कारण यह था कि उसके समय में मिथ्र के स्वरूप का एक अन्य अपकृष्ट पक्ष भी था। वह एक योद्धा के रूप में प्रसिद्ध था और युद्ध एवं विजय के देवता के रूप में मीडिया के दस्युगण उसकी उपासना करते थे। प्राचीन देवताओं में प्रकाश एवं अन्धकार के प्रतीकात्मक युद्ध का अनेक स्थानों पर वर्णन प्राप्त होता है। अतः मिथ्र के स्वरूप की यह विशेषता उसकी प्रकाशात्मकता का स्वाभाविक विकास थी[2]।

यद्यपि इससे पूर्व मिथ्र के चरित्र में इस प्रकार की विशेषता के अस्तित्व का कोई भी प्रमाण नहीं है और इसलिए मिथ्र के गाथाओं से बहिष्कार में इस कारण की बहुत

१. कारनाय : **ईरानियन माइथॉलजी,** अध्याय २, पृ० २८७, २८८। तथा क्यूमौं, **दि मिस्ट्रीज़ ऑफ़् मिथ्र,** पृ० १३१ तथा आगे।

२. **ग्रिसवोल्ड : रि० ऋ०,** पृ० ११७ तथा पाद टिप्पणी (५)।

कम सम्भावना है किन्तु इतना निश्चित है कि ईसवी सन् के कम से कम ५०० वर्ष पूर्व मिथ्र योद्धाओं और सैनिकों का प्रिय देवता बन चुका था। ऋग्वेद में उसे '**सुक्षत्र**' कहा गया है (३।५९।४)। यश्त १०।४१ में भी इसका स्पष्ट संकेत है — "[शत्रुओं में] मिथ्र सहसा तीव्र भय उत्पन्न कर देते हैं। रश्नु उसको द्विगुणित कर देता है और श्रओश उनको एक साथ सुरक्षित स्थानों में भाग जाने के लिए बाध्य कर देता है।" मिथ्र का युद्ध से सम्बन्ध द्योतित करने वाले अन्य संकेत भी इसी यश्त में कई स्थानों पर पाए जाते हैं।

३०० ई० पू० तक सामरिक देवता के रूप में मिथ्र का महत्त्व और बढ़ गया तथा प्राचीन प्राकृतिक तत्त्व की उपासना के साथ ग्रीस की रहस्यवादी विचारधारा एवं कुछ अंशों में सेमेटिक प्रभाव के सम्मिश्रण से इसकी उपासना का पृथक् सम्प्रदाय ही स्थापित हो गया। अनेक देशों और धर्मों की विचारधाराओं एवं पूजा पद्धतियों के प्रभाव से इसने एक विचित्र रूप धारण कर लिया। इसी काल में रोम की सेना में अनेक ईरानी सैनिकों का प्रवेश हुआ। उन्होंने युद्ध के पराक्रमी देवता के रूप में (यश्त १०। १३२) मिथ्र की उपासना को सम्पूर्ण रोमन सेना में फैला दिया और सेना के तथा ईरान के व्यापारियों के प्रभाव से स्वल्प समय में ही यह धर्म केवल रोम में ही नहीं अपितु आस-पास के देशों में भी — यहाँ तक कि सुदूर पश्चिम में स्थित इंग्लैंड तक में — सशक्त रूप से व्याप्त हो गया। रोम में 'अपराजेय' शक्तिशाली मिथ्र के रूप में सूर्य-देव (Sol Invictus Mithras) की उपासना सर्वत्र व्याप्त हो गई। तीसरी शताब्दी के अन्त तक तो ऐसा प्रतीत होने लगा मानों वह एक विश्व-धर्म का रूप धारण कर लेगा। चौथी शताब्दी के प्रारम्भ में रोम के अनेक राजा 'मिथ्रधर्म' (Mithraism) को मानने वाले थे और ईसाई धर्म का रोम तथा शेष यूरोप पर प्रभाव नहीं के बराबर था। यद्यपि धीरे-धीरे ईसाई धर्म के प्रभाव के कारण यूरोप से मिथ्र धर्म समाप्त हो गया किन्तु मिथ्र के प्राचीन मन्दिर एवं मूर्तियाँ अब भी समस्त यूरोप में प्राप्त होती हैं[१]। इन पंक्तियों के लेखक ने जर्मनी के दक्षिण-पश्चिमी भाग तथा फ्रांस में स्थित अनेक संग्रहालयों में स्थानीय उत्खनन से प्राप्त मिथ्र की विविध मूर्तियाँ देखी हैं। ईसाई धर्म के प्रारम्भिक रूप का निर्माण करने में मिथ्र धर्म का भी बहुत कुछ हाथ रहा है और अर्नेस्ट रेनेन का यह कथन ठीक ही है कि यदि ईसाई धर्म का उद्भव नहीं हुआ होता तो आज संसार में मिथ्र की उपासना हो रही होती[२]।

---

१. मैक्डॉनल : **लेक्चर्स ऑन् दि कम्पेरिटिव रिलीजन,** पृ० १० (कलकत्ता विश्ववि० में दिए गए भाषण)।

२. ब्लूमफील्ड द्वारा : **रि० वे०**, पृ० ८५ पर उल्लिखित।

रोम में प्राप्त मिथ्र की मूर्तियों का सबसे प्रिय 'अभिप्राय' (motif) वृषभ का वध करते हुए उसका चित्रण है। मिथ्र के दोनों ओर हाथ में दीप-शिखा धारण किए हुए दो परिचर भी चित्रित किए गए हैं, जिनके रोमन नाम क्रमशः **कोट** तथा **कोटपुट** हैं। सम्भवतः ये उदित एवं अस्त होते हुए सूर्य के प्रतीक हैं। कुछ मूर्तियों में सूर्य और उनके दूत पक्षी का भी चित्रण है। कुछ में वृषभ के गले से निकलते हुए रक्त को एक श्वान के द्वारे चाटे जाते हुए दिखाया गया है। मिथ्र की सबसे सरल मूर्तियाँ वे हैं, जिनमें उसे एक हाथ में कटार तथा दूसरे में सूर्य की प्रतीक दीप-शिखा लिए हुए शिला से निकलते हुए उत्कीर्ण किया गया है[१]।

हओम (वै० सोम)

यद्यपि सोम एक विशिष्ट लता के 'अंशुओं' से निकला हुआ तथा यज्ञ में बहुधा उपयुक्त होने वाला सुस्वादु एवं आनन्ददायक रस मात्र है किन्तु यज्ञ से इसका घनिष्ठ सम्बन्ध होने के कारण इसमें एक विशेष प्रकार की पवित्र भावना का समावेश हो गया है, जिसने इसका लगभग दैवीकरण कर दिया है। मुंजवान् नामक किसी पर्वत से सोमलता लाई जाती थी। कुचलकर उसका रस निकाला जाता था और छानने के पश्चात् दुग्ध एवं मधु मिश्रित करके विधिवत् देवताओं को समर्पित करने के पश्चात् उसका पान किया जाता था। ऋग्वेद में इस सोमरस को अनेक अलौकिक गुणों से युक्त बताया गया है। किन्तु प्राचीन वैदिक-काल में ही सोम की धारणा इस भौतिक रूप से बहुत ऊपर उठ गई थी। उसका मूल स्थान स्वर्ग में माना जाने लगा था और उसका तादात्म्य संसार के अणु-अणु में स्पन्दित प्राणशक्ति से कर दिया गया था[२]।

वैदिक धर्म के दाय के रूप में आर्यों की ईरानी शाखा को भी सोम के उपयोग एवं विधि-विधान की प्राप्ति हुई।

यह एक रोचक तथ्य है कि भारत एवं ईरान दोनों स्थानों में सोम का इतना महत्त्व होते हुए भी और उसे अमरत्व साधन में समर्थ मानते हुए भी ज़रथुस्त्र ने अपने धर्म से उसका पूर्ण बहिष्कार कर दिया था। गाथाओं में दो स्थान ऐसे हैं, जहाँ ज़रथुस्त्र की **हओम** के प्रति घृणा व्यक्त होती है। यस्न ४८। १० में ज़रथुस्त्र अहुर से प्रार्थना करता हुआ कहता है कि 'तुम इस मादक द्रव्य के भ्रष्टाचार को कब समाप्त करोगे। जिससे **करपन** (मागी पुरोहित) दुष्कर्म करते हैं!' यद्यपि इस स्थान पर मागी पुरोहितों की

---

१. इन मूर्तियों के विस्तृत विवरण के लिए देखिए — क्यूमों: **मिस्ट्रीज़ ऑफ़् मिथ्र** (अंग्रेजी अनुवाद), शिकागो १९०३, तथा कारनाय, **ईरानियन माइथॉलजी** पृष्ठ २६४ तथा २८८।

२. सोम कथाओं की विद्वत्तापूर्ण व्याख्या के लिए देखें, उल्रिष् श्नाइडर : **डेऽर सोमराउब डेस् मनु : म्युथॅस् उण्ड् रिटुआल्** (मनु का सोम अपरहरण, कथा और कर्मकाण्ड) वीसबाडेन १९७१।

चतुरता से हओम का नाम नहीं आने पाया है किन्तु निश्चित रूप से उसी की ओर संकेत है[1]। दूसरे स्थान पर (यस्न ३२।१४) उल्लेख पूर्णतः भ्रान्ति-रहित है। वहाँ कहा गया है कि 'धर्म के शत्रु वृषभ का इसलिए बलिदान करते हैं जिससे **दूरओश** उनकी सहायता करें'। परवर्ती अवेस्ता में अनेक स्थानों पर हओम के लिए दूर-ओश (मृत्यु) विशेषण प्रयुक्त हुआ है।

ज़रथुस्त्र की हओम के प्रति इस घृणा का कारण सम्भवतः यह है कि उस समय हओम-रस का सम्बन्ध मागियों के अनेक यातविक कृत्यों से हो गया था और प्राचीन अपरिष्कृत धर्म के ये पुरोहित **वृषभ-हन्ता** मिथ्र की पूजा के रूप में रात्रि में एक वृषभ का बलिदान करते थे। इस कृत्य में अनेक प्राचीन यातविक क्रियाएँ भी सम्मिलित थीं। कृत्य के बीच में ही तीव्र मद्य एवं हओम का पान किया जाता था।

दो अपेक्षाकृत परवर्ती यस्नों, ९ तथा १०, में हओम का प्रत्यावर्तन हुआ है। किन्तु अब वह पहले वाला हओम नहीं है। हओम की महत्ता एवं उसका उपयोग ईरान में तब तक पूर्णतः लुप्त हो चुका था, अतः हओम केवल देवताओं का प्रिय, मृत्युंजयी एक पेय मात्र रह गया है जिसका प्रतीकात्मक रूप उसके भौतिक रूप से कहीं अधिक प्रबल है। किन्तु फिर भी वैदिक सोम एवं ईरानी हओम की तुलना दोनों को एक ही वस्तु मानने को प्रेरित करती है।

सोम सर्वोत्कृष्ट ओषधि है, वह वनस्पतियों का राजा है (**सोमं नमस्य राजानं यो जज्ञे वीरुधां पतिः** ९।११४।२)। अवेस्ता में भी हओम को यह सम्मान प्रदान किया गया है (यस्न १०।१)। ऋ० वे० ५।८५।२ में कहा गया है कि वरुण ने सोम पादप को पर्वतों पर स्थापित किया (**वरुणो .... अदधात् सोममद्रौ**)। ठीक इसी प्रकार यस्न १०।४।१० में कहा गया है कि चतुर देवता (अहुर) ने हओम को **'हरैती'** पर्वत पर उसकी घाटियों में स्थापित किया है। वहाँ से कुछ पवित्र पक्षी सोम को पृथ्वी पर लाते हैं (यस्न १०।११, १७)। ऋग्वेद में एक श्येन सोम को पृथ्वी पर लाता है (**अमथ्नात् अन्यं परि श्येनो अद्रेः** १।९३।६, **आ यं ते श्येन उशते जभार** ३।४३।७)। ऋ० वे० ३।५३।१४ में सोम को झुकी हुई शाखाओं वाला (**नैचाशाखं** तथा **नम्यांशुः**) कहा गया है। अवेस्ता में भी हओम की यही विशेषता है (यस्न ९।१६)। इस पादप अथवा लता का रंग कुछ भूरा या पीला सा (**हरि** अथवा **ज़रि**) होता है (**परि सुवानो हरिरंशुः**, ऋ० वे० ९।९२।१ तथा यस्न ९।१६, ३०)।

दोनों धार्मिक पुस्तकों में सोम-हओम के आध्यात्मिक गुणों का वर्णन सुन्दर काव्यात्मक शैली में किया गया है जो इस अद्वितीय पेय के प्रति हार्दिक प्रशंसा से

---

१. माउल्टन : **अ० ज़्रो०**, पृ० ७२।

आपूरित है[१]। सोम प्रत्येक रोग को शान्त करने की क्षमता रखता है; उसका पीने वाला स्वस्थ, प्रसन्न एवं दीर्घायु होता है।

(१) ते मा रक्षन्तु विस्रसश्चरित्रात् उत मा स्रामाद्यवयन्तु इन्दवः।

— ऋ० वे० ८।४८।५।

(२) अप त्या तस्थुर् अनिरा अमीवा निरत्रसन्तमिषीचीरभैषुः।

— ८।४८।११।

(३) त्वं च सोम नो वशो जीवातुं न मरामहे। — १।९१।६।

ठीक इसी प्रकार अवेस्ता में भी सोम को रोगों का प्रशमन करने वाला माना गया है और दीर्घायु के लिए उससे प्रार्थना की गई (यस्न ९।१९ तथा १०।९) साथ ही उसे ज्ञान, साहस, सफलता, स्वास्थ्य एवं महत्त्व का प्रदायक भी कहा गया है (यस्न ९। १७)।

निम्नलिखित ऋचा में सोम को अत्यन्त पराक्रमी, विजेता, कीर्तिशाली तथा सम्पूर्ण योद्धाओं में सर्वोत्कृष्ट बताया गया है —

अषाढं युत्सु पृतनासु पप्रिं स्वार्षामप्सा वृजनस्य गोपाम्।
मरेषुजं सुक्षितिं सुश्रवसं जयन्तं त्वामनु वदेम सोम।

— १।९१।२१

अवेस्ता के यस्न ९।३०, ३१ में हओम को प्रत्येक युद्ध में विजय प्रदान करने वाला कहा गया है और उससे निर्दोष मनुष्यों को पीड़ित करने वाले दुष्टों का विनाश करने की प्रार्थना की गई है। यही नहीं, हओम के पान से मनुष्यों के सम्पूर्ण कल्मष, असत्य एवं पाप भी दूर हो जाते हैं और मनुष्य नितान्त शुद्ध हो जाता है। इस प्रकार यह शरीर को ही नहीं आत्मा को भी पुष्ट करता है (यस्न १०।१३)। इसको पीने से मृत्यु पास नहीं आ सकती और मनुष्य अमरत्व प्राप्त कर लेता है (९।२०)। ऋग्वेद में अनेक स्थानों पर सोमपान से अमर हो जाने का वर्णन है। अतएव सोमपान के पश्चात् न तो शत्रु ही कुछ बिगाड़ सकते हैं और न कोई अन्य दैवी संकट आ सकता है।

अपाम सोमममृता अभूम अगन्म ज्योतिर् अविदाम देवान्।
किन्नूनमस्मान् कृणवद् अरातिः ? किं धूर्तिरमृतमर्त्यस्य ?

— ऋ० वे० ८।४८।३

यस्न ९।१९ तथा २१ में हओम के छः विशेषः गुण बताए गए हैं। यह स्वर्ग, स्वास्थ्य, दीर्घायु, दुष्टों का दमन करने की शक्ति, शत्रुओं पर विजय तथा चोर एवं

---

१. जीवनजी जमशेदजी मोदी, **ए० रि० ई०**, भाग ६, पृ० ५०६ **हओम**।

वधिकों से सुरक्षा प्रदान करता है। ईर्ष्यालु तथा दुष्ट लोगों से भी यह रक्षा करता है(९। २८)। ज्ञान प्राप्ति के इच्छुक विद्यार्थियों द्वारा, पति प्राप्त करने की इच्छुक कुमारियों द्वारा तथा पुत्र की इच्छुक स्त्रियों द्वारा इसकी विशेष रूप से स्तुति की जाती है[१] (यस्न ९। २२, २३)। हओम का यह गुण सम्भवतः ईरान का स्वतन्त्र विकास है।

इन्द्र के साथ घनिष्ठ सम्बन्ध के कारण सोम में कुछ इन्द्र के भी गुण आ गए हैं। इन्द्र वृत्र को मारने के पूर्व सोमरस के कई तड़ाग पी जाता है। तब उसमें वृत्र से युद्ध करने के लिए स्फूर्ति आती है। इस दृष्टि से सोम भी '**वृत्रहन्**' तथा '**वृत्राणां हन्ता**' है — (**हन्ता वृत्राणामसि सोम पूर्भित्**। ९। ८८। ४)

अवेस्ता में भी सोम को '**वेरेथ्रेग़्न्**' कहा गया है। जिस प्रकार वैदिक वृत्रहन् दैत्यों को '**वधर्**' नामक शास्त्रों से पराजित करता है, उसी प्रकार वेरेथ्रेग़्न '**वदर्**' से प्रहार करता है। सोम '**स्वर्षा**' (प्रकाश का विजेता) है तो हओम भी '**ह्वरेज़**' है। दोनों ही ज्ञानी एवं बुद्धिमान् (**सुक्रतु/हुख़्रतु**) कहे गए हैं। भारत एवं ईरान दोनों देशों में सोमरस के निर्माण की विधि एक ही थी। सोमपादप के अंशु (अवे० **अंहुश्**-डंठल) कुचले जाते थे और रस में दुग्ध एवं मधु मिलया जाता था (यस्न १०। १३)। ऋग्वेद में सर्वप्रथम सोम रस के निर्माता तीन व्यक्ति कहे गए हैं — **विवस्वान्, त्रित** तथा **आप्त्य**। ठीक ये ही नाम (**वीवङ्ह्वन्त, थ्रित** तथा **आथ्व्य**) अवेस्ता के प्रथम तीन सोम निर्माताओं के भी हैं[२]।

पार्थिव रूप के अतिरिक्त ऋग्वेद में सोम का एक आकाशीय(दिव्य) रूप भी है (**ममत्तु त्वा दिव्यः सोम इन्द्र, ममत्तु यः सूयते पार्थिवेषु** १०। ११६। ३)। वस्तुतः सोम का वास्तविक स्थान आकाश ही है। वहाँ से मातरिश्वा अथवा श्येन उसे पृथ्वी पर लाता है। अतः कई स्थानों पर सोम को आकाश का पुत्र (**दिवः शिशुः**, उदाहरणार्थ **एष स्य मद्यो रसोऽव चष्टे दिवः शिशुः** ९। ३८। ५) कहा गया है।

अवेस्ता में हओम केवल रस का ही नाम नहीं है। यह एक अत्यन्त प्राचीन उपदेशक का भी नाम है, जिसने आदि काल में अज्ञानी मानवों को धार्मिक ज्योति के दर्शन कराए। अवेस्ता में उसे प्राचीन धार्मिक उपदेशकों द्वारा भी पूजित एवं आदृत होते हुए प्रदर्शित किया गया है। नवम यस्न में वह ज़रथुस्त्र के सम्मुख प्रकट होकर ईरान में धार्मिक भावना के प्रसार का प्राचीन इतिहास वर्णित करता हुआ चित्रित किया गया है[३]। कुछ विद्वानों का मत है कि सुदूर प्रागैतिहासिक काल में हओम अथवा सोम नाम

---

१. देखिए — कारनाय : **ई० मा०**, पृ० २८२ ।

२. देखिए — मैक्डॉनल : **वै० मा०**, पृ० ११४।

३. तारापोरवाला : **रि० ज०**, प्रथम अध्याय।

का एक वास्तविक व्यक्ति हुआ था। इसी ने एक विशेष लता की खोज करके उसके रस का पान करने एवं देवताओं को अर्पित करने की प्रथा चलाई थी। कालान्तर में उस विशिष्ट पादप अथवा लता का नाम ही उसके नाम पर प्रसिद्ध हो गया।[1]

अवेस्ता में हओम के दो भेद हैं। एक सामान्य हओम, जो पीतवर्ण का होता है, और दूसरा श्वेत हओम या **'गओकरन'** (गोकर्ण)। दस सहस्त्र प्रकार के बीजों को मिलाकर इस अद्भुत (**गओकरन**) का बीज बना है। एक सुन्दर पौधे के रूप में गओकरन आकाश के **'वउरुकष'** नामक समुद्र के मध्य में उगा हुआ है। इसके चारों और दस सहस्त्र औषधियाँ और हैं (फरगार्द २०।४)। यह सम्पूर्ण वनस्पतियों का राजा है (बुन्दाहिश : ५८।१०)। जो कोई इसके किसी भी अंश को खाता है, वह अमर हो जाता है (बुन्दाहिश ४२।१२)। सृष्टि के अन्त में प्रलय के पश्चात् पुण्यशाली व्यक्तियों को इसका रसपान करने को मिलता है (बुन्दाहिश : ५९।४)। अंग्रामइन्यु ने इसे हानि पहुँचाने के लिए एक गिरगिट की रचना की थी। किन्तु उसकी सुरक्षा के लिए अहुर मज़्दा ने दस मछलियाँ नियुक्त कर रखी हैं, जो चारों ओर घूमकर सदा उसकी रक्षा किया करती हैं (बुन्दाहिश १८)।

पार्थिव हओम इसी गओकरन का अंश है। इसे एक पवित्र पक्षी ने आकाश से लाकर **अलबुर्ज हर-बरजैति (हरैति)** नामक पर्वत पर स्थापित किया है।[2]

सोम का एक नाम मधु भी है। कहीं-कहीं दोनों शब्दों को एक दूसरे के विशेषण के रूप में भी प्रयुक्त किया गया है। उदाहरणार्थ सोम को **मधुमान्** (९।९६।१३) तथा मधु को **'सौम्य'** (३।५३।१०) कहा गया है। मधु शब्द सम्भवतः भारोपीय है। ग्रीक में यह शब्द **मेथु,** प्रा० जर्मन में **मेठ,** एंग्लो-सेक्सन में **मेडु** तथा अंग्रेज़ी में **मीड** के रूप में प्राप्त होता है। ग्रीक देवकथाओं में ज़्येउस् का श्येन आकाश से मेथु अथवा अमृत (ग्रीक **अम्ब्रोसिया**) को पृथ्वी पर लाते हुए वर्णित किया गया है। ठीक इसी प्रकार ऋग्वेद में भी एक धातुमय दुर्ग को भग्न करके इन्द्र के दूत श्येन का इन्द्र के लिए उच्चतम आकाश से मधु लाते हुए उल्लेख है। ब्लूफील्ड, कीथ, मैक्डॉनल, ग्रिसवोल्ड तथा कारनाय आदि[3] विद्वानों का मत है कि मधु के पृथ्वी पर आनयन की यह भारोपीय देवकथा मूल रूप में जल-वर्षण से सम्बन्धित है। धातुमय दुर्ग मेघ हैं। श्येन तडित् का

---

१. उदाहरणार्थ जीवनजी जमशेदजी मोदी : **हओम, ए० रि० ई०**, भाग ६, पृ० ५०७ ।

२. प्रस्तुत लेखक का मत है कि संस्कृत का 'गोकर्ण' शब्द भी सोम एवं चन्द्रमा का अर्थ रखता है (गोकर्णेश्वर, गोकर्णनाथ=सोमेश्वर, सोमनाथ अर्थात् शिव)। 'गोकर्ण' शब्द का यह अर्थ कोषों में नहीं मिलता तथा प्रायः विस्मृत है। देखें **'कलाकल्प'** (दिल्ली) शोधपत्रिका भाग १ (जुलाई, २००३) में `Gokarna : A borrowed word from Avesta? (G.C. Tripathi) संज्ञक लेख।

३. देखिए : क्रमशः **रि० वे०** पृ० १४६, **रिलीजन०**, पृ० १७२, **वै० मा०**, पृ० ११४, **रि० ऋ०**, पृ० २१७ तथा **ईरानियन माइथॉलजी**, पृ० २८३।

प्रतिरूप है। मेघों में वनस्पतियों का प्राणधायक जल (मधुतत्त्व) भरा हुआ है, जिसके पृथ्वी पर आगमन से सभी प्राणी तृप्त होते हैं। सोम और उसकी कथाएँ शुद्ध भारतीय हैं, किन्तु इस प्राचीन भारोपीय देवकथा का सोम के साथ तादात्म्य हो गया है, जिससे मधु एवं सोम की एकात्मता स्थापित हो गई है[१]।

आतर (वै० अग्नि)

प्राचीन फारसी में (मध्य फ़ा० **आतश**) '**आतर**' अग्नि को कहते हैं। ग्रीक देवमण्डल में '**हैस्तिया**' रोम में '**वेस्ता**' नामक गार्हपत्य अग्नि-देवियों की उपस्थिति से तथा सं० '**अग्नि**' के समानान्तर लेटिन में '**इग्निस्**' तथा लिथुआनियन में '**अग्निस्**' शब्द की प्राप्ति से इतना तो निश्चित ही है कि आर्यों के लिए अग्नि प्रारम्भ से ही आदर का पात्र थी। प्राचीनकाल से चली आ रही इस अग्नि उपासना की उपेक्षा ज़रथुस्त्र भी नहीं कर सके। आर्यों के प्राचीन प्राकृतिक देवताओं में केवल '**अग्नि**' का ही कई स्थानों पर गाथाओं में निश्चित उल्लेख प्राप्त होता है। ज़रथुस्त्र के अनुसार अग्नि उस दिव्य, शाश्वत, अनन्त, ईश्वरीय ज्योति का पार्थिव स्वरूप है और इस प्रकार वह अहुरमज़्दा का दीप्तियुक्त भौतिक प्रतीक है। अहुरमज़्दा का प्रतीक होने के कारण प्राचीन पारसी धर्म में अग्नि की पूजा का अत्यधिक महत्त्व था। अग्नि पूजा के इस महत्त्व को देखकर ही कभी-कभी पारसी भूल से 'अग्नि पूजक' (अर्थात् 'अग्नि' की ईश्वर या परम-तत्त्व के रूप में पूजा करने वाले) कहे जाते हैं।

यद्यपि वह्नि के अर्थ में वैदिक भाषा में प्रयुक्त '**अग्नि**' एवं प्राचीन फारसी भाषा के '**आतर**' शब्दों में कोई भाषा-वैज्ञानिक सम्बन्ध नहीं है तथापि 'आतर' शब्द से बना हुआ **अथ्रवन्**, जिसका अर्थ पारसी धर्म में पुरोहित या अग्नि की पूजा करने वाला व्यक्ति है, वैदिक साहित्य में भी **अथर्वन्** नाम से पाया जाता है। ऋग्वेद की अनेक ऋचाओं में अपने पूर्वजों के रूप में ('**पूर्वे पितरः**') इनका अत्यन्त आदरपूर्वक स्मरण किया गया है; उदाहरणार्थ —

अंगिरसो नः पितरो नवग्वा अथर्वाणो भृगवः सोम्यासः।
तेषां वयं समतौ यज्ञियानामपि भद्रे सौमनसे स्याम॥

— ऋ० वे० १०।१४।६

कुछ स्थानों पर यह भी कहा गया है कि सर्वप्रथम अथर्वा ने ही मन्थन करके

---

१. कीथ : **रिलीजन**, पृ० १७२ —
The mead was an Indo-European view......... the identification of Soma was accomplished with it and therefore the application to it of the Soma legends was the immediate outcome.

अग्नि को उत्पन्न किया। तदुपरान्त अन्य व्यक्तियों ने भी उसी विधि से अग्नि को उत्पन्न करना प्रारम्भ किया।

त्वामग्ने पुष्करादध्यथर्वा निरमन्थत। ६। १६। १३
इममु त्यमथर्ववदग्निं मन्थन्ति वेधसः। ६। १५। १७

ऋग्वेद में कुछ स्थानों पर यह शब्द 'पुरोहित' अर्थ का भी वाची है। प्रतीत होता है कि यह शब्द मूलतः 'अग्नि से सम्बन्ध रखने वाले' प्राचीन पुरोहितों का सूचक रहा होगा। विन्टरनित्स् का कथन है कि 'पुरोहित' के लिए प्रयुक्त होने वाला सम्भवतः यह प्राचीनतम शब्द है। यह भी बहुत सम्भव है कि प्राचीनतम अग्नि पूजा के साथ कुछ ऐन्द्रजालिक कृत्यों का भी समावेश रहा हो। 'अथर्ववेद' शब्द इस ओर संकेत करता है। इस वेद का प्राचीन नाम था 'अथर्वाङ्गिरसः' — इसमें '**अथर्व**' शब्द समृद्धि प्रदान करने वाले, परिवार में शान्ति स्थापित करने वाले तथा रोगों का प्रशमन करने वाले आदि मन्त्रों को सूचित करता था और 'अंगिरसः' शत्रुओं आदि को नष्ट करने अभिशापात्मक मन्त्रों को[१]।

वैदिक 'अग्नि' तथा ईरानी 'आतर' में कई समानताएँ हैं। ऋग्वेद में अनेक स्थानों पर अग्नि को 'द्यौः का पुत्र' कहा गया है। उदाहरणार्थ

अग्निरमृतो अभवद्वयोभिः यदेनं द्यौर्जनयत् सुरेताः। (१०। ४५। ८)
दिवः शिशं सहसः सूनुमग्निं यज्ञस्य केतुमरुषं यजध्यै। (६। ४९। २)

ठीक इसी प्रकार अवेस्ता में आतर को कई स्थानों पर 'अहुरमज़्दा का शिशु' कहा गया है (यश्त १९। ४७, फरगार्द ३। १५, ५। १०, १५। २६ इत्यादि)। यदि ऋग्वेद में अग्नि कहीं कहीं द्यौः अथवा इन्द्र का शस्त्र अथवा परिघ है तो आतर को भी अहुरमज़्दा के मुख्य शस्त्र के रूप में चित्रित किया गया है, जिससे वह दैत्यों का विनाश करता है। अग्नि की ये दोनों ही विशेषताएँ अत्यन्त स्वाभाविक हैं क्योंकि आकाश में मेघ-घर्षण से जायमान एवं पृथ्वी पर पतित अग्नि को आकाश से उत्पन्न भी कल्पित किया जा सकता है एवं उससे प्रक्षिप्त भी[२]।

वैदिक आहवनीय, दाक्षिणात्य एवं गार्हपत्य नामक तीन अग्नियों के समान पारसी-धर्म में भी तीन प्रकार की अग्नियाँ पाई जाती हैं (यस्न ६२। ५)। ग्रिसवोल्ड तथा श्पीगल के अनुसार ये क्रमशः गृह, ग्राम तथा समुदाय-विशेष से सम्बन्धित हैं। अवेस्ता में कई स्थानों पर (उदाहरणार्थ २। १२) आतर की इन 'सम्पूर्ण अग्नियों' के साथ स्तुति की गई है। इस भाव की तुलना में ऋग्वेद की निम्न ऋचा ली जा सकती है, जिसमें

---

१. विन्टरनित्स् : **हिस्ट्री ऑफ़् इंडियन लिटरेचर**, प्रथम भाग, अथर्ववेद का विवरण।
२. डार्मस्टेटर् : **जे०अ०**, भाग ४, भूमिका पृ० ६२ ।

अग्नि से सभी अग्नियों के साथ यज्ञ एवं स्तुति धारण करने की प्रार्थना की गई है —

विश्वेभिरग्ने अग्निभिः इमं यज्ञमिदं वचः।
चनो धाः सहसो यहो॥ ऋ० वे० १।२६।१०।

जिस प्रकार वैदिक साहित्य में अनेक स्थानों पर अग्नि को गृहपति — घर अथवा परिवार का स्वामी — कहा गया है (**कविर्गृहपतिर्युवा**, ७।१४।२) उसी प्रकार यस्न १७।११ में भी आतर को 'प्रत्येक घर का स्वामी' कहा गया है। ऋग्वेद में अग्नि का प्रायः **दमूनाः** विशेषण भी मिलता है। जिसका अर्थ होता है 'गृह से सम्बन्धित'। 'अहुरमज़्दा के पुत्र' आतर से यश, धन, धान्य ज्ञान ओज, शक्ति एवं पुत्र-पौत्रादि देने की प्रार्थना की गई है। ठीक इसी प्रकार प्रार्थनाएँ ऋग्वेद में अग्नि से अनेक स्थानों पर की गई हैं। उदाहरणार्थ ऋ० वे० १।५९।३ में कहा गया है कि जिस प्रकार सूर्य में समस्त रश्मियाँ केन्द्रित हैं उसी प्रकार अग्नि में सभी प्रकार के ऐश्वर्य स्थित हैं —

आ सूर्ये न रश्मयो ध्रुवासो वैश्वानरे दधिरे आ वसूनि।

इसी प्रकार ऋ० ३।१।१९। में अग्नि से धन, विजय, यश आदि की प्रार्थना की गई है —

अस्मे रयिं बहुलं संतरुत्रं सुवाचं भागं यशसं कृधी नः॥

ऋ० वे० के प्रथम मण्डल के प्रथम सूक्त में ही अग्नि का यह उदार स्वरूप स्पष्ट है, जहाँ उससे धन एवं वीरता की याचना प्राप्त होती है और उससे पिता के समान कल्याणकारी होने की प्रार्थना की गई है —

अग्निना रयिमश्नवत् पोषमेव दिवे दिवे।
यशसं वीरवत्तमम्। १।१।३
स नः पितेव सूनवे अग्ने सूपायनो भव।
सचस्वा नः स्वस्तये॥ १।१।९।

अवेस्ता में आतर को कुछ स्थानों पर (उदाहरणार्थ यस्न १७।१-११) यज़त कहा गया है तथा कुछ अन्य स्थानों पर उसकी आमेश-स्पेन्ताओं में भी गणना की गई है (यस्न १।२)। जिस प्रकार '**थ्रित**' या '**थ्राएतोन**' यज़त के (जो तृतीय अथवा आकाशीय अग्नि-तडित् का ही दैवीकरण है) '**अझ़ि दहाक**' से हुए युद्ध को अवेस्ता में प्रायः उल्लिखित किया गया है, उसी प्रकार कुछ स्थानों पर अहुरमज़्दा के पुत्र आतर का भी **अझ़ि** (वै० अहि- वृत्र) से संग्राम एवं अन्त में अझ़ि की पराजय वर्णित है। यद्यपि ऋग्वेद में भी इन्द्र का विशेष आयुध **वज्र** और कुछ नहीं केवल अन्तरिक्ष की अग्नि या ताडित् मात्र है किन्तु अवेस्ता में इन्द्र के लोप के कारण अझ़ि अथवा वृत्र के वध का कार्य उसके उपकरणों को करना पड़ा है। १९वें यश्त के ४७ से ५१ तक के

५ पदों में आतर के अझ़ि से युद्ध का जो काव्यात्मक विवरण दिया हुआ है वह संक्षेप में इस प्रकार है: "..........अहुरमज़्दा का पुत्र **आतर** तब इस विचार से आगे बढ़ा कि तेज (**ख्वरेनान्ह या ह्वरेनो**) को मैं पकड़ लूँ किन्तु उसके पीछे से तीन सिर और छः आँखों वाला अझ़ि चिल्लाया — रुको, यदि तुम **ह्वरेनो** को ग्रहण करते हो तो मैं तुम्हारा अस्तित्व ही मिटा दूँगा, जिससे तुम अश के प्राणियों की रक्षा करने के लिए अहुरमज़्दा की सृष्टि में नहीं रह जाओगे। आतर डर कर पीछे हट गया; तब अझ़ि आगे बढ़ा। अब आतर ने उसे चेतावनी दी कि यदि वह आगे बढ़ा तो उसे जलाकर भस्म कर देगा। अझ़ि कुछ डर कर पीछे हटा। उसी बीच ख्वरेनान्ह या ह्वरेनो वउरुकष के समुद्र में पहुँच गया जहाँ अपां-नपात् ने उसे ग्रहण कर लिया"।

इन समानताओं के होते हुए भी वैदिक अग्नि तथा पारसी आतर की धारणाओं में पर्याप्त भेद भी है। वैदिक साहित्य में अग्नि का देवीकरण पूर्ण है किन्तु अवेस्ता के आतर का मानवीकरण अथवा देवीकरण अधूरा ही है। डार्मस्टेटर् का तो यहाँ तक मत है कि अवेस्ता में आतर की धारणा पूर्णतः तात्त्विक है, उसमें कोई भी मानवीय तत्त्व नहीं[१]। आतर अहुरमज़्दा का अंश है। ज़रथुस्त्र का जन्म उसी में हुआ था। अहुर, आतर तथा वोहुमनः ज़रथुस्त्र की रक्षा करते हैं। आतर सम्पूर्ण मनुष्यों एवं पशुओं में परिव्याप्त है। जब अहुर ने आतर का निर्माण किया था तो उसमें केवल प्रकाश एवं तेज मात्र था; **अंग्रामइन्यु** ने उसके साथ धुएँ एवं कालिख का संयोग कर किया। ये सभी उसे अग्नि का सूक्ष्म तात्त्विक रूप सूचित करते हैं।

वैदिक साहित्य में अग्नि को प्रायः '**अतिथि**' कहा गया है। वह देवता है किन्तु मानवों के कल्याण के लिए उसने मर्त्यों के बीच में अपना निवास बना रखा है (ऋ० वे० ८।६०।१)। मनुष्य देवताओं को जो कुछ प्रदान करना चाहते हैं, अग्नि उसको अभीष्ट देवता के पास पहुँचा देता है। इसीलिए वह '**हव्यवाहन**' है। किन्तु पारसी धर्म में अग्नि का यह देवत्वमय रूप नहीं हैं। अग्नि एक देवता के रूप में नहीं अपितु एक तत्त्व के रूप में पूजनीय है। स्वतः अग्नि की ही उपासना होती है। प्राचीन ईरान के प्रत्येक धार्मिक भवन में इसकी स्थिति रहती थी। अग्नि की विशेष पूजा उन मन्दिरों में होती थी जिन्हें आयदना कहते थे। छोटे मन्दिरों को आदरान कहा जाता था। बड़े मन्दिरों में एक ऊँची वैदिका पर 'बहराम' आतर स्थापित रहती थी। चन्दन की छः पवित्र समिधाओं तथा सुगन्धित द्रव्यों से इसे जीवित रखा जाता था। इसको बुझ जाने देने के अपराध का दण्ड मृत्यु था। बहराम नामक आतर को सोलह प्रकार की विभिन्न पवित्र अग्नियों के सम्मिश्रण से उत्पन्न किया जाता था और इस निर्माण कार्य में पूरा एक वर्ष

१. जे० अ० (से० बु० ई० भाग ४) पृ० ७६।

लगता था। इसे सम्पूर्ण अग्नियों की आत्मा समझा जाता था; अतः इसकी पूजा का तात्पर्य था, सम्पूर्ण अग्नियों की और तद्द्वारा अहुरमज़्दा की उपासना करना[1]।

ईरान में प्राप्त कुछ अग्नि मन्दिरों के खण्डहरों तथा पार्थिया के राजाओं की मुद्राओं पर अंकित आकारों से प्रतीत होता है कि ऐसे मन्दिर प्रायः १५ फीट ऊँचे होते थे। मन्दिर की बनावट गोल होती थी और उसमें आठों दिशाओं की ओर आठ द्वार होते थे। इनमें ऊपर एक गुम्बद हुआ करता था। एक दिन में पाँच बार **'मोबद'** अथवा अग्निपूजक मन्दिर में प्रवेश करता था। नासिका को वह एक विशेष प्रकार के कपड़े (**पैतिदान**) से आवृत रखता था जिससे अग्नि उसके निःश्वास से दूषित न हो सके और हाथों में हस्तावाप पहने रहता था। एक-एक समिधा को अग्नि पर रखते हुए वह दुर्विचार, दुःशब्द तथा दुष्कर्मों को हटाने के लिए तीन बार **दुश्मनः, दुज़्हूक्त, दुज़्ह्वर्श्त**, इन शब्दों का पाठ करता था[2]।

ईरान में अग्नि के ये पूजक सम्भवतः **मागियों** के वर्ग में से थे। यातविक कृत्यों से पूर्ण उनके प्राचीन धर्म में सम्भवतः दैत्यों एवं प्रेतादिकों के अपसारक के रूप में अग्नि का एक विशेष स्थान था और जब ज़रथुस्त्र ने अपने नवीन धर्म में अग्न्युपासना की स्वीकृति दी तो अग्नि-पुरोहितों के रूप में उनके प्रतिष्ठित होने में देर नहीं लगी। प्राचीन अग्न्युपासना के साथ यातविक कृत्यों का जो सम्बन्ध था, वह **अथर्वन्** या **अथ्रवन्** शब्द से व्यक्त ही है[3]।

ईरान के विषय में लिखने वाले प्राचीनतम ग्रीक ऐतिहासिक हेरोदोतस् ने पारसियों के यज्ञ-विधान के विषय में लिखा है कि 'वे लोग यज्ञ के लिए न किसी अग्नि वेदी का निर्माण करते हैं और न अग्नि में हव्य आदि ही प्रदान करते हैं। जब वे देवताओं के लिए पशुओं का बलिदान करते हैं तो उसके मांस को कुशा (?) के कोमल आसन पर रख देते हैं और देवताओं का उसी स्थान पर आह्वान करते हैं।'[4] स्त्रेबो कथन है कि 'वे उपास्य अग्नि पर बिना छाल वाली सूखी लकड़ियाँ रखते है; नीचे से पंखा झलकर उसे प्रदीप्त करते हैं और ऊपर से घी डालते जाते हैं। वे अग्नि को मुख से फूँकते नही

---

१. डार्मस्टेटर् : **जे० अ०**, प्रथम भाग, पृ० ५९ तथा आगे। अबुल फज़्ल ने **'आइन-ए-अकबरी'** में लिखा है कि अग्नि पूजा प्रसिद्ध मुग़ल सम्राट् अकबर ने भी पारसियों से सीख ली थी। एक बार जब अग्नि बुझ गई तो अकबर ने क्रुद्ध होकर उसके पूजक को अपने किले के ऊपर से गिरवाकर मरवा दिया।'

२. कारनाय, **ईरानियन माइथॉलजी**, पृ० २८४-८५।

३. तु० की० —मउल्टन, **अ० ज़्रो०**, पृ० २००।

४. हेरोदोतस् १।१३२, देखिए : **अ० ज़्रो०**, पृ० ३९४।

और जो कोई अग्नि को फूँकता है अथवा उस पर कोई शव अथवा गोबर (कण्डे) रखता है उसे मृत्यु के घाट उतार देते हैं'[१]।

अग्नि के विषय में इन दोनों ग्रीक इतिहासकारों का विवरण अक्षरशः ठीक है। उपास्य अग्नि को मुख की वायु से दूषित करना अथवा उस पर पर गोबर या शव जैसी (अंग्रामइन्यु से सम्बन्धित) अपवित्र वस्तु रखना अक्षम्य अपराध था। यही कारण था कि भारतीयों की भाँति पारसियों में शवों को जलाने की प्रथा प्रचलित नहीं हुई। जल को भी अत्यन्त पवित्र मानने के कारण शवों को नदी में भी नहीं फेंका जा सकता था। अतः शव को खुले स्थान में मांसाशी पक्षियों द्वारा भक्षण के लिए छोड़ देना ही सर्वाधिक उपयुक्त मार्ग था। यदि अग्नि के आस-पास कोई श्वान या मनुष्य मर जाता था तो शिशिर ऋतु में ९ दिन के लिए और ग्रीष्म ऋतु में एक मास के लिए अग्नि उस स्थान से हटा दी जाती थी जिससे पवित्र अग्नि पर **द्रुज़्** (मृत्यु) का प्रभाव न हो[२]।

ईरान में यद्यपि देवताओं के लिए अग्नि में हवन करने की प्रथा नहीं थी किन्तु देवताओं को यजमान के पास तक बुलाने में अग्नि को सक्षम समझा जाता था और इसलिए देवताओं को बलि प्रदान करते समय पवित्र अग्नि की ओर देखकर प्रार्थना की जाती थी। बिना अग्नि की ओर देखे हुए दी गई बलि देवताओं को ग्राह्य नहीं समझी जाती थीं।

यिम (वै० यम)

वैदिक देवताओं में **'यम'** ही एक देवता है, जिसका अवेस्ता में अत्यन्त विस्तार से वर्णन किया गया है। परवर्ती काल में **फ़िरदौसी** के **शाहनामे** में यम के व्यक्तित्व का और भी अधिक विकास हुआ है। यहाँ उसे एक शक्तिशाली एवं योग्य राजा के रूप में चित्रित किया गया है और उससे सम्बन्धित अनेक छोटी-बड़ी देवकथाओं की सृष्टि हुई है।

यम का ईरानी प्रतिरूप **'यिम'** है। प्रायः इसके साथ **'ख्शएत'** (तेजस्वी) विशेषण जुड़ा हुआ मिलता है। **'यिम-ख्शएत'** का ही परवर्ती फारसी (शाहनामा) में जाकर **'जमशेद'** बन गया है। पारसियों में यह एक प्रचलित नाम है।

जिस प्रकार ऋग्वेद में यम को **विवस्वान्** (सूर्य) का पुत्र बताया गया है उसी प्रकार अवेस्ता में भी उसे **'वीवङ्ह्वन्त'** का रूपवान् पुत्र वर्णित किया गया है (वेन्दिदाद २।९)। वीवङ्ह्वन्त ने अहुर को हओम की आहुतियों से प्रसन्न करके उसे प्राप्त किया था। अंग्रामइन्यु के आक्रमण और ज़रथुस्त्र के धार्मिक संशोधन के बीच का समय

---

१. स्त्रेबो : १५।१४, देखिए — **अ० ज़ो०** पृ० ४०८।

२. **ए० रि० ई०**, भाग ६, पृ० ३०; ए० ई० क्राउले **'फायर, फायर-गॉड्स'**।

पारसी परम्परा के अनुसार एक-एक सहस्र वर्षों के तीन कालों में विभाजित किया गया है। इनमें से प्रथम एक सहस्र वर्षों तक पृथ्वी पर यिम ने राज्य किया। "उसके राज्य में सभी व्यक्ति ऐश्वर्य से पूर्ण थे, कोई भी मनुष्य अथवा पशु मरता नहीं था। जल कभी सूखता नहीं था। वनस्पतियाँ सदा हरी रहती थीं। उस समय न शीत था, न ग्रीष्म, न जरा थी, न मृत्यु, न शत्रु थे, न राक्षस" (यस्न ९।४-५)।

तीन-तीन सौ वर्षों के पश्चात् तीन बार **यिम** के राज्य में पशुओं एवं मनुष्यों की संख्या अप्रत्याशित रूप से बढ़ गई। तब तीनों बार अहुरमज़्दा की आज्ञा से यिम ने पृथ्वी को और अधिक विस्तीर्ण एवं पृथुल किया और ९०० वर्षों के उपरान्त पृथ्वी अपने मूल रूप से द्विगुणित हो गई (वेन्दिदाद २।९ - ११)।

तभी अहुरमज़्दा ने यज़तों की एक सभा में यिम को बुलाकर आदेश दिया कि कुछ समय पश्चात् भयंकर प्रलय के द्वारा सभी प्राणी नष्ट हो जायेंगे। अतः तुम एक '**वर**' (बाड़ा, चारों ओर से घिरा हुआ रहने का खुला स्थान) का निर्माण करो, जिसमें सभी प्राणियों एवं वनस्पतियों के एक-एक सर्वोत्तम युग्म तथा बीज लेकर प्रविष्ट हो जाओ। यिम ने एक सुन्दर 'वर' का निर्माण किया। अहुर ने उसमें एक विशेष प्रकार के प्रकाश का प्रबन्ध किया। इस प्रकार वह 'वर' स्वतः प्रकाशित रहने लगा। उस स्थान पर रहने वाले व्यक्ति केवल वर्ष में एक बार ही सूर्य, चन्द्रमा एवं तारों के उदय अस्त को देख पाते थे। अतः वे एक वर्ष को एक दिन समझते थे (वेन्दिदाद २।४० तथा यश्त १९।२८)। उस 'वर' में शीत और ग्रीष्म का प्रकोप नहीं था। अतः प्राणियों के युग्म उसमें आनन्द से रहते थे। पारसी परम्परा के अनुसार प्रलयकाल के पश्चात् यिम का वह 'वर' खुलेगा और प्राणियों के युग्मों से पुनः प्राणियों की तथा वानस्पतिक बीजों से उद्भिज्ज जगत् की सृष्टि होगी।

पृथ्वी से यिम के राज्य के अन्त होने के विषय में भी अवेस्ता एक विशेष घटना का उल्लेख करता है। कुछ समय के पश्चात् यिम के हृदय में अहंकार का अंकुर उत्पन्न हुआ। उसने सोचा कि यह पृथ्वी मेरी ही है। मैंने ही अपनी इच्छानुसार इसमें विस्तार किया है। मैंने ही प्राणियों को रोग, जरा एवं मृत्यु से मुक्त किया है। मेरे समान अभी तक न तो राजा हुआ और न होगा। ऐसा सोचकर वह ईश्वर (अहुर) को जानते हुए भी उनसे विमुख रहने लगा। उसका मन असत्य एवं अधर्म पर अवलम्बित रहने लगा (यश्त १९।३३)। परिणामतः उसका 'तेज' (**ख्वरेनान्ह या ह्वरेनो**) एक पक्षी के रूप में उससे निकल गया। निस्तेजस्क हो जाने पर वह प्रभावहीन हो गया और उसके शत्रु '**अझ़ि दहाक**' दैत्य ने उसे अपदस्थ करके उसके राज्य पर अधिकार जमा लिया। यिम भाग कर छिप गया। बहुत वर्षों पश्चात् एक बार वह सुदूर पूर्व में प्रकट हुआ।

१. डार्मस्टेटर् : **जे० अ०**, भाग १,भूमिका खण्ड ३८, पृ० ७५।

जैसी ही अझि़ दहाक को उसका पता चला उसने क्रकच से उसके खण्ड-खण्ड करवा डाले (यश्त ५। २९-३४, यश्त १९। ३४ तथा ४६)।

यिम की इस कथा के लगभग सभी तत्त्व वेदों में वर्णित यम के स्वरूप के विकसित रूप मात्र हैं[१]। कई स्थलों पर स्पष्ट रूप से उसे विवस्वान् का पुत्र अथवा वैवस्वत कहा गया है (ऋ० वे०१०।१४।५ तथा '**विवस्वन्तं हुवे यः पिता ते**')। जिस प्रकार अवेस्ता में यिम को एक स्थान का स्वामी कहा गया है, जहाँ न शीत है, न ऊष्मा, न रोग हैं, न मृत्यु और जिसे सूर्य, चन्द्र और तारे प्रकाशित नहीं करते; उसी प्रकार ऋग्वेद में भी उसे पितरों के ऐसे लोक का स्वामी कहा गया है जहाँ आनन्द का अखण्ड साम्राज्य है। यह लोक आकाश के तीसरे एवं उच्चतम भाग में है, जहाँ सूर्य की किरणें नहीं पहुँचती (ऋ० वे० ९। ११३। ८, **यत्र राजा वैवस्वतो यत्रावरोधनं दिवः**) शुक्ल यजुर्वेद १२। ६३ में भी यम एवं यमी को आकाश के सर्वोच्च भाग में निवास करने वाला कहा गया है। इन स्थान पर संगीत एवं वीणा की मधुर ध्वनि करने वाला कहा गया है। इस स्थान पर संगीत पर वीणा की मधुर ध्वनि व्याप्त रहती है (१०।१३५।७ **इमं यमस्य सादनं देवमानं यदुच्यते। इयमस्य धम्यते नालीरयं गीर्भिः परिष्कृतः**)। वहाँ यम एक सघन वृक्ष के नीचे बैठे हुए अन्य देवों के साथ सोमपान करते हैं (**यस्मिन् वृक्षे सुपलाशे देवैः संपिबते यमः**)। अवेस्ता के वर की भाँति उसका कार्य मृत व्यक्तियों को अपने लोक में एकत्र करना है (**संगमनं जनानां**), जहाँ वे सुख एवं शान्ति से रहते हैं।

ऋग्वेद में यम को विश्पति (ग्राम अथवा नगर-निवासियों का स्वामी तथा पिता) कहा गया है (१०।१३५।१ **अत्रा नो विश्पतिः पिता पुराणां अनु वेनिति**) सृष्टि में मरने वाला वह पहला व्यक्ति था (**यो ममार प्रथमो मर्त्यानां,** अ० वे० १८।३।१३)। मरकर सर्वप्रथम ऊँचे-नीचे तथा टेढ़े-मेढ़े मार्गों से (**प्रवतो महीः**) से होता हुआ वह सीधे सूर्य की ओर गया और उससे भी ऊपर जाकर उसने अपना लोक स्थापित किया। यम के द्वारा दिखलाए मार्ग से ही उस लोक में उसके पश्चात् सभी मर्त्य (मनुष्य) गए और यम उनका राजा बना रहा (ऋ० वे० १०। १४। १, **परेयिवांसं प्रवतो महीरनु बहुभ्यः पन्थामनुपस्पशानम्**)। अवेस्ता में यिम के द्वारा पृथ्वी को चौड़ी करने तथा प्राणियों के युग्मों को एक 'वर' में सुरक्षित कर देने की धारणा का मूल यही है। अवेस्ता में एक स्थान पर (वेन्दिदाद २।१०) कहा गया है कि [पृथ्वी पर प्राणियों की संख्या बहुत अधिक बढ़ जाने पर] "यिम सूर्य के मार्ग की दिशा में प्रकाश की ओर बढ़ चला और वहाँ से एक वज्र के प्रहार से पृथ्वी को विस्तृत किया।" ऋग्वेद के उपर्युक्त उल्लेखों से तुलना के बिना इस वाक्य का वास्तविक तात्पर्य जानना कठिन है।

ऋग्वेद में कपोत अथवा उलूक को यम का दूत कहा गया है। ऋग्वेद का पूरा एक (१०।१६५) सूक्त कपोत के घर में प्रवेश करने से उत्पन्न अनिष्ट को दूर करने के लिए

है। ठीक इसी प्रकार अवेस्ता में भी राजा यिम का दूत एक पक्षी है, जो यिम के 'वर' का समाचार बाहर लाता है।

अवेस्ता एवं ऋग्वेद के यम में एक अन्तर अवश्य है; ऋग्वेद में यम को मरने वाला प्रथम व्यक्ति बताया गया है, वह वरुण के समान **स्वर्ग का राजा** (ऋ० १०।१४। १) है — जहाँ मृत व्यक्तियों की आत्माएँ वास करती हैं। इसके विपरीत अवेस्ता में यिम को प्राचीनकाल का सर्वप्रसिद्ध राजा माना गया है, जिसका राज्य ईरान का स्वर्णयुग था। उसका मृत्यु एवं मृत व्यक्तियों से कोई सम्बन्ध नहीं ।

इस अन्तर के कारण पर डार्मस्टेटर् एवं कारनाय का अभिमत यह है कि ईरानी देवकथाओं में सृष्टि के प्रथम पुरुष और प्रथम स्त्री के लिए **गय-मरेतन** (**गयोमर्त**) तया माश्या और माश्योई की पृथक् एवं पूर्ण कथाएँ थीं,[1] अतः यिम की कथा का विकास इस रूप में न हो सका। कथा में थोड़ा सा परिवर्तन हो गया किन्तु फिर भी यिम प्राचीनकाल का प्रथम यज्ञकर्ता तथा प्रथम राजा बना रहा[2]।

ऋग्वेद के दशम मण्डल का दशम सूक्त यम के विषय में अत्यधिक महत्त्वपूर्ण है। यम की यमला बहन **यमी** मनुष्य जाति की वृद्धि के लिए अपने भाई से विवाह का प्रस्ताव रखती है —

यमस्य मा यम्यं काम आगनृत्समाने योनौ सह शेय्याय।
जायेव पत्ये तन्वं रिरिच्यां वि चिद् बृहेव रथ्येव चक्रा॥ (मन्त्र ७)

किन्तु यम भाई एवं बहन के पारस्परिक सम्बन्ध को अनुचित, अनैतिक एवं देवताओं तथा ऋषियों द्वारा अमान्य बताया हुआ कह कर, उसे प्रत्यादिष्ट करता है और उससे कहता है कि वह किसी अन्य से यह प्रस्ताव रखे —

न वा उ ते तन्वा तन्वं सं पपृच्यां पापमाहुर्यः स्वसारं निगच्छात्।
अन्येन मत्प्रमुदः कल्पयस्व न ते भ्राता सुभगे वष्टि एतत्॥ (१२)

ऋग्वेद का यह सूक्त यहाँ समाप्त हो जाता है। आगे का विवरण भारतीय साहित्य में कहीं नहीं मिलता। परवर्ती पौराणिक साहित्य में यम की बहन का नाम यमुना है और दोनों का सम्बन्ध भाई एवं बहन के पवित्र सम्बन्ध का उज्ज्वलतम निदर्शन है[3]। यद्यपि मूल

---

१. इन कथाओं के विस्तृत वर्णन के लिए कारनाय की **ईरानियन माइथॉलजी**, अध्याय ३, पृ० २९४–३०० देखिए।

२. कारनाय — **वही**, पृ० ३१३ तथा **जे० अ०**, भूमिका, पृ० ७५।

३. ऋग्वेद के इस गूढ़ सूक्त के मूल उद्देश्य और रहस्य की सन्तोषजनक व्याख्या के लिए प्रो० उलरिष् श्राइडर का **इण्डो-ईरानियन जर्नल** (हॉग, हॉलेण्ड), अप्रैल १९६७ में जर्मन भाषा में प्रकाशित लेख 'यम उण्ट् यमी (**ऋग्वेद १०।१०**)' द्रष्टव्य है।

अवेस्ता में भी इस कथा का कोई उल्लेख नहीं है किन्तु अवेस्ता की पहलवी टीकाओं में **यिम** एवं **यिमक** (वै० यमी) के सम्बन्ध का स्पष्ट उल्लेख है और उसे अत्यन्त पवित्र एवं प्रशंसनीय सम्बन्ध माना गया है। यहाँ पर मागियों का प्रभाव स्पष्ट है। कहा जा चुका है कि मागियों में निकट सम्बन्धियों से विवाह करने की सामान्य प्रथा थी। उसको प्रमाणिक सिद्ध करने के लिए उन्होने प्राचीन धार्मिक लोकविश्वास का सहारा लिया और उसमें अपेक्षित परिवर्तन किया[१]। बून्दाहिश २३। १ में कहा गया है कि तेजभ्रष्ट हो जाने के पश्चात् यिम की बुद्धि भी भ्रष्ट हो गई। उसने एक राक्षसी से विवाह कर लिया एवं अपनी पत्नी **यिमक** को एक दैत्य को दे दिया। परिणामस्वरूप दैत्यों एवं पूँछ वाले बन्दरों जैसे निम्न कोटि के कुरूप प्राणियों की उत्पत्ति हुई।

यिम के 'वर' के सम्बन्ध में एक महत्त्वपूर्ण तथ्य ध्यान देने योग्य है। ऋग्वेद में यम के इस प्रकार के वर का कोई उल्लेख नहीं है। यम के वर की यह कथा एक प्राचीन प्रलय-कथा से सम्बन्धित है, जो थोड़े बहुत परिवर्तित रूप में प्रायः सभी प्राचीन साहित्यों में पाई जाती है। प्राचीन लोक-विश्वास के अनुसार सुदूर प्रागैतिहासिक काल में एक बार संसार में भयंकर बाढ़ आई थी और उसके पश्चात् हिमपात हुआ था। अधिकांश असहाय जनता इसमें नष्ट हो गई। जो थोड़े से लोग बच सके उन्हीं से सृष्टि का पुनः प्रारम्भ हुआ।

भारत में यह कथा प्राचीन राजर्षि मनु से सम्बन्धित है। ऋग्वेद में मनु को मनुष्य जाति का सर्वप्रथम पूर्वज बताया गया है, जो कल्प के आदि में उत्पन्न हुए थे। 'मनुज' 'मानव' एवं 'मनुष्य' संज्ञाएँ भी इसी शब्द से निकली हैं और ऋग्वेद में प्रायः प्रयुक्त हुई हैं। ऋग्वेद अथवा अन्य कहीं भी यम को मनुष्य जाति का पूर्वज नहीं कहा गया। वह केवल प्रथम मरणशील व्यक्ति था। सबसे पहले मरने के कारण वह पितृलोक का राजा हो गया[२]। यम-यमी संवाद में आगे '**अन्येन मत्प्रमुदः कल्पयस्व**' तथा '**अन्येन मदाहनो याहि तूर्णम्**' से स्पष्ट है कि यम के समय में अन्य कई मनुष्यों अस्तित्व था।

यम की भाँति **मनु** भी विवस्वान् का ही पुत्र है। उसकी माँ का नाम सवर्णा है। वैदिक तथा परवर्ती लौकिक साहित्य में उसे **वैवस्वत** कहा गया है। **शतपथ ब्राह्मण**

---

१. माउल्टन के **अ० जो०** (पृ० २०५ पाद टिप्पणी) में उल्लिखित डॉ. फेसर्टेली के मत के अनुसार ऋग्वेद का यह परवर्ती सूक्त किसी प्रतिवेशी जाति में प्रचलित विवाह सम्बन्ध के ऊपर एक प्रकार का व्यंग्य है [क्योंकि यम-यमी का सम्बन्ध कहीं भी वर्णित नहीं है]और बहुत सम्भावना है कि यह जाति मागी ही हो।

२. तु० की० —**वैदिक माइथॉलजी** : पृ० १३९। यही कारण है कि **श० ब्रा०** १३।४।३।३ में मनु-वैवस्वत को मनुष्यों का तथा यम-वैवस्वत को पितरों का राजा कहा गया है।

की एक प्रसिद्ध प्रलय-कथा के अनुसार जब समुद्र ने बढ़कर पृथ्वी को जलाप्लावित कर दिया तो एक विचित्र दैवी शक्ति सम्पन्न, शृंगयुक्त मत्स्य के आदेश से मनु सम्पूर्ण ओषधियों के बीज लेकर सप्तर्षियों के साथ एक नौका पर चढ़ गए। उस नौका को वह मत्स्य खींचता हुआ हिमालय पर्वत की एक उच्च अधित्यका में रख आया। जल के हटने के पश्चात् मनु नीचे उतरे। उन्होंने यज्ञ किया, जिससे **इला** नामक कन्या की उत्पत्ति हुई और उससे मानव सृष्टि आगे बढ़ी।[1]

इस कथा के मूल-तत्त्व वे ही हैं, जो यम के 'वर' के प्रसंग में अवेस्ता में वर्णित हैं। प्रलयकाल की आसन्नता से सशंक होकर प्राणियों एवं ओषधियों के बीज एक स्थान पर सुरक्षित कर देना और प्रलयकाल के प्रश्चात् उन्हीं से पुनः सृष्टि की उत्पत्ति, दोनों कथाओं का मूल आधार है। यिम एवं मनु दोनों विवस्वान् (वीवङ्ह्वन्त) के पुत्र हैं। ईरान की देवकथाओं में मनु का उल्लेख ही नहीं है। अतः स्वभावतः यह कथा यिम के साथ जोड़ दी गई।

वीवङ्ह्वन्त (वै० विवस्वान्)

वैदिक **विवस्वान्** शब्द '**वस्**' (चमकना) धातु से बना है और यह शब्द किसी न किसी रूप में सम्भवतः सूर्य अथवा प्रकाश से ही सम्बन्धित है किन्तु अवेस्ता में 'वीवङ्ह्वन्त' शब्द के इस तात्पर्य का कोई संकेत नहीं है। यहाँ वीवङ्ह्वन्त प्राचीनकाल का एक प्रसिद्ध यज्ञकर्ता बताया गया है, जिसने यज्ञ में सर्वप्रथम **हओम** (सोमरस) की आहुति दी। फलस्वरूप उसे **यिम** नामक पुत्र की प्राप्ति हुई। सर्वप्रथम **सोमयज्ञ** करने की विशेषता के अतिरिक्त वीवङ्ह्वन्त के व्यक्तित्व के विषय में अवेस्ता में कुछ नहीं मिलता।

विवस्वान् के मूल रूप के विषय में ऋग्वेद में भी निश्चित संकेत नहीं मिलते। कोई भी स्वतन्त्र सूक्त विवस्वान् की स्तुति में नहीं कहा गया। ऋग्वेद में प्राप्य प्रकीर्ण उल्लेखों में उसे यज्ञ से विशेष रूप से सम्बन्धित बताया गया है। इन्द्र, अश्विनौ, अग्नि मातरिश्वन् तथा सोम के साथ भी उसका उल्लेख है। नवम मण्डल में वह सोम के साथ विशेष रूप से सम्बन्धित है। विवस्वान् के बालखिल्य सूक्त (४। १) में इन्द्र को विवस्वान् तथा त्रित के साथ सोमपान करते हुए वर्णित किया गया है। विवस्वान् के आदेश को पाकर उषाकाल को सुशोभित करती हुई सोम की धाराएँ बहती हैं —

अपानासो विवस्वतो जनन्त उषसो भगम्, सूरा अण्वं वि तन्वते।

— ऋ० वे० ९।१०।५

---

१. इस कथा का विशेष विवरण **विष्णु** के सम्बन्ध में (अ० ५) देखिए।

सोम विवस्वान् के साथ रहता है (ऋ० वे० ९। २६। ४) और आपस् रूपी सात बहनें उसे विवस्वान् के पथ पर अग्रसर करती हैं (ऋ० ९। ६६। ८)। [चलनी के द्वारा] परिष्कृत सोम को विवस्वान् की पुत्रियाँ (? **धियः**-हाथ की उंगलियाँ) एक पात्र से दूसरे पात्र में उड़ेलती हैं[१]।

अध क्षपा परिष्कृतो वाजाँ अभि प्रगाहते।
यदी विवस्वतो धियो हरिं हिन्वन्ति यातवे। — ऋ० वे० ९। ९९। २

अवेस्ता और ऋग्वेद में विवस्वान् के सोम से इस प्रकार के सम्बन्ध को देखते हुए उसके मूल रूप की अस्पष्टता पर विचार करते हुए ओल्डेनबर्ग ने यह निष्कर्ष निकाला है कि विवस्वान् मूलतः प्रकृति के किसी भी तत्त्व से सम्बन्धित नहीं था। प्राचीन लोकविश्वास के अनुसार वह केवल सोम-याग करने वाला मनुष्य जाति का सर्वप्रथम पूर्वज था, जिसे बाद में देवतामण्डल में स्थान मिल गया[२]। माउल्टन के अनुसार प्राचीन फारसी में 'वीवङ्ह्वन्त' का अर्थ 'दूर (तक) प्रकाशित होने वाला' है। अतः यह शब्द प्राचीनकाल में (सूर्य के प्रकाश से) देदीप्यमान आकाश का ही धार्मिक नाम था[३]। अश्विन्, अग्नि तथा सोम से उसके सम्बन्ध तथा यज्ञ में उसके स्थान को देखते हुए मैक्डॉनल तथा रोठ आदि विद्वानों का मत है कि वह उदीयमान रक्ताभ सूर्य को सूचित करता है[४]।

ऐर्यमन् (अर्यमन्)

अर्यमा मूलतः सूर्य से सम्बन्धित देवता है। इसीलिए सम्भवतः यह वेद में वरुण और मित्र से घनिष्ठतया सम्बन्धित है। लौकिक साहित्य तक में कभी-कभी सूर्य के अर्थ में इस शब्द का प्रयोग होता है[५]। अवेस्ता में **ऐर्यमा** के इस रूप का कोई संकेत नहीं। मित्र देवता की भाँति यह शब्द भी सम्भवतः सूर्य के सौहार्दपूर्ण और साहाय्ययुक्त रूप को द्यौतित करता था। कुछ स्थानों पर (उदाहरणार्थ ऋ० ५। ३। २) अर्यमा शब्द केवल

१. यह अर्थ उपर्युक्त दोनों ऋचाओं में विवस्वान् शब्द को व्यक्तिवाचक संज्ञा मानते हुए पाश्चात्य विद्वानों के अनुसार किया गया है। प्रथम ऋचा में प्रयुक्त विवस्वान् शब्द सायण के अनुसार इन्द्र का वाची है (**विवस्वतः इन्द्रस्य**) और द्वितीय में यजमान का (**विवस्वतः परिचरणवतो यजमानस्य, धियः कर्मसाधनभूता अंगुल्यः, हरितवर्णं सोमं पात्राण्यभिगमनाय प्रेरयन्ति**)। यहाँ सायण ने अवश्य किसी प्राचीन परम्परा का अवलम्बन किया होगा किन्तु विवस्वान् शब्द को एतन्नामविशिष्ट देवता के अतिरिक्त अन्य किसी अर्थ में लेने का कोई कारण नहीं दिखता।

२. ओल्डेनबर्ग : **डी रिलीगियोन डेस वेद पृ० १२२।**

३. माउल्टन, **अ० जो०**, पृ० १४९।

४. मैक्डॉनल, **वै० मा०**, पृ० ४३।

५. शिशुपाल वध २। ३९ (**प्रोषितार्यमणं मेरोरन्धकारस्तटीमिव**)।

मित्र को ही सूचित करता है किसी देवता को नहीं (**'त्वम् अर्यमा भवसि यत्कनीनां,'** हे अग्ने, त्वं कन्यानाम् अर्यमा-मित्रम् भवसि)। **अर्यम्य** शब्द का अर्थ भी मित्र से सम्बन्धित या मित्रता-पूर्ण है (ऋ० ५।८५।७ **अर्यम्यं वरुण मित्र्यं वा, सखायं वा सदमिद् भ्रातरं वा**)। माउल्टन का मत है कि गाथाओं में भी इस शब्द का अर्थ मित्र ही है[१]। ढाला एवं तारापोरवाला का भी यही विचार है कि अवेस्ता में अर्यमा शब्द अपने मूल अर्थ में सौहार्द को ही सूचित करता है[२]।

सूर्यासूक्त तथा गृह्य-सूत्रों के अध्ययन से पता चलता है कि वैदिक-काल में विवाहोत्सव के समय अर्यमा का भी आह्वान जाता था (ऋ०१०।८५।३६)। विवाह के अवसर पर ऐर्यमा की स्तुति का महत्त्वपूर्ण स्थान था। आजकल भी पारसी लोग विवाह के अवसर पर ऐर्यमा की स्तुति में निर्मित इस छोटे से सूक्त **ऐर्येमाइश्यो'** का गान अत्यावश्यक समझते हैं[३] —

आ अइर्यमा इश्यो रफद्राइ जन्तू,
नरअव्याश्चा नइरिव्यश्च ज़रथुस्त्राहे,
वङ्हउश् रफद्राइ मनङ्हो।

इसकी संस्कृत छाया इस प्रकार होगी —

आ अर्यमा इष्यः रब्धुं गच्छतु (गन्तु)
नृभ्यश्च नारीभ्यश्च ज़रधस्त्रस्य
वासोः रब्धुं मनसः॥

यह छन्द वैदिक त्रिपाद गायत्री के बहुत अधिक समीप है और इसका भाव यह है कि 'अभीष्ट अर्यमा पुरुषों तथा स्त्रियों की प्रसन्नता के लिए यहाँ पधारें। वे अपने आगमन से ज़रथुस्त्र को तुष्ट करें तथा वसु मनस् (श्रेष्ठ मन, एक आमेश-स्पेन्ता) को प्रसन्नता प्रदान करें'।

---

१. माउल्टन : **अ० जो०** पृ० ११७।

२. ढाला : **ज़ोरेस्ट्रियन थियोलजी** पृ० ११९। तारापोरवाला : **रि० ज०**, अध्याय १, पृ० १३। 'अर्यमा' तथा 'अरि' आदि शब्दों की बहुमान्य व्याख्या के लिए जर्मन प्रोफेसर पाउल थीमे की प्रसिद्ध पुस्तक **'डेऽर फ्रेम्डलिंग इम् ऋग्वेद'**, (ऋग्वेद में विदेशी या अपरिचित), लाइप्त्सिष् १९३८, द्रष्टव्य है। इस पुस्तक में प्रो० थीमे ने प्रतिपादित किया है कि 'अरि' का मूल अर्थ विजातीय या अपरिचित है; जो जनसमुदाय या जाति इन विदेशियों या विजातियों से अच्छा व्यवहार करती थी, शत्रुवत् न हों, वह अपने को 'अर्य' कहती थी। 'अरियों' के प्रति किए जाने वाले सौजन्यपूर्ण व्यवहार एवं सौहार्द का ही संरक्षक देवता अर्यमा है। गोरखपुर वि.वि. के स्व० विशुद्धानन्द पाठक 'अर' शब्द का अर्थ 'हल' लेते थे और 'अरिन्' का अर्थ 'कृषक' करते थे।

३. तारापोरवाला : **रि० ज०**, अध्याय १।

अपाम्-नपत् (वै० अपां-नपात्)

'अपां-नपात्' का अर्थ है जल का पुत्र। अवेस्ता में अपाम्-नपत् को जल में निवास करने वाला देवता माना गया है। वह अनेक स्त्रियों से घिरा रहता है और शीघ्रगामी घोड़ों पर यात्रा करता है। एक स्थान पर कहा गया है कि जिस समय (देवताओं का) तेज (ख्वरेनान्ह, ह्वरेनो) आतर से निकलकर दैत्यों की ओर जा रहा था, वह **वउरुकष** समुद्र में गिर पड़ा। उस समय अपाम्-नपत् ने ही उसे बाहर निकाला[१]। पहले कहा जा चुका है (पृ० ९५, ९९) कि आकाश ही वउरुकष समुद्र है। अतः यहाँ पर अपाम-नपत् का सम्बन्ध आकाश की अग्नि (तडित्) से प्रतीत होता है।

ऋग्वेद में वर्णित 'अपां-नपात्' का स्वरूप उपर्यक्त विवरण से बहुत अधिक भिन्न नहीं है। ऋ० वे० १। १८६। ५ में उसे मन के समान वेग वाले घोड़ों पर चलने वाला कहा गया है (**येन नपातमपां जुनाम मनोजुवो वृषणो यं वहन्ति**)। इस देवता का सम्बन्ध जल तथा अग्नि दोनों से ही समानरूप में प्रतीत होता है। ऋग्वेद के दशम मण्डल का ३०वाँ सूक्त **'आपस्'** की स्तुति में कहा गया है किन्तु इसकी तृतीय, चतुर्थ और पञ्चम ऋचाओं में अपां-नपात् का वर्णन है[२]। सुन्दर आपस्-युवतियाँ उसके चारों ओर घूमती हैं (**कल्याणीभिर्युवतिभिर्न मर्यः**)। आपस् में ही उसका जन्म होता है और उनके भीतर से वह प्रकाशित होता है। विद्युत् से परिवेष्टित अपां-नपात् आपस् की गोद में बैठा रहता है और वे उसे लेकर चारों ओर घूमती हैं।

इस प्रकार के वर्णन के आधार ओल्डेनबर्ग का अनुमान है कि अपां-नपात् मुख्यतः जल से सम्बन्धित देवता है। किन्तु बाद में भ्रमवश उसका आकाशीय जल से उत्पन्न अग्नि (तडित्) से तादात्म्य कर दिया गया। इसकी पुष्टि में उसने दो प्रमाण दिए हैं: प्रथम तो अपां-नपात् की स्तुति में मिलने वाले एकमात्र सूक्त (ऋक्० २। ३५) में उसका जलीय स्वरूप ही प्रधान है[३]; द्वितीयतः कर्मकाण्ड में भी इस देवता का सम्बन्ध मुख्यतः जल से ही है — उदाहरणार्थ जब ऋत्विक् यज्ञ के लिए जल लेने जाते हैं तो उसी की स्तुति करते हैं एवं उसे सर्पिस् की आहुति देते हैं। इसी प्रकार वर्षा करने के लिए जब **'कारीरि-इष्टि'** की जाती है तो भी उसे यज्ञ का मुख्यांश प्रदान किया जाता है[४]।

किन्तु ऋग्वेद के स्थलों से प्रतीत होता है कि अपां-नपात् और कुछ नहीं केवल आकाशीय अग्नि ही है, जिसका वर्षा के मेघों के बीच में जन्म होता है। अपां-नपात्

---

१. तु ० की० — हिलेब्रांड्ट: **वेदिशे मिथोलोगी** प्रथम भाग, पृ० ३७७।

२. **अपां नपातं हविषा यजध्वम्, अपां-नपात् मधुमतीरपो दाः।**

३. **डी रिलीगियोन डेस् वेद,** पृ० ११९, तथा मैक्सम्यूलर — **चिपूस फ्राम ए जर्मन वर्कशाप,** पृ० ४१०, हिलेब्रांड्ट, **वेदिशे मिथोलोगी** पृ० ३६५।

४. तु की० — कीथ, **रिलीजन०**, भाग १, पृ० १३५।

को हेमवर्ण का वर्णित किया गया है। उसका भोजन घृत है। वह सुनहले वस्त्रों से परिवेष्टित है और सर्वोच्च स्थान पर स्थित रहकर वह अप्रत्याहत तेज से चमकता रहता है। अपां-नपात् सूक्त (२।३५) की अन्तिम ऋचा में उसे स्पष्ट रूप से अग्नि के नाम से सम्बोधित किया गया है। (**अयांसम् अग्ने सुक्षितिं जनायायांसमु मघवद्‍भ्यः सुवृक्तिम्**, २।३५।१५)। साथ ही ऋग्वेद के अग्नि सूक्तों में अग्नि को कई स्थानों पर (उदाहरणार्थ ऋ० वे० १।७०।३, ७।९।३) तथा यजुर्वेद (उदाहरणार्थ ८।२४) में जल का पुत्र (अपां-नपात्) तथा आपोगर्भ (जल से उत्पन्न भ्रूण) कहा गया है।

उपर्युक्त तथ्यों के आधार पर मैक्डॉनल एवं कीथ का यह निष्कर्ष कि अपां-नपात् केवल आकाशीय अग्नि (तडित्) का ही द्योतक है,[1] जो मेघों के परस्पर घर्षण से उत्पन्न होती है, सर्वाधिक उचित है।

वैरेथ्रेग़्न (वै० वृत्रहन्)

वेदों में **वृत्रहन्** नामक कोई भी स्वतन्त्र देवता नहीं है। वृष्टि के अवरोधक दैत्य वृत्र का वध करने के कारण यह इन्द्र का एक प्रसिद्ध **विशेषण** मात्र है। यह अत्यन्त रोचक एवं विचित्र तथ्य है कि अवेस्ता में इन्द्र एक भयंकर दैत्य का नाम है, जिसका स्थान अंग्रामइन्यु के ठीक बाद है किन्तु **वेरेथ्रेग़्न्** (परवर्ती फारसी का '**बहराम**') के रूप में इन्द्र का यह विशेषण अवेस्ता में युद्ध का एक अत्यन्त महत्त्वपूर्ण देवता बन गया है।

अवेस्ता का १४वाँ यश्त उसकी स्तुति में कहा गया है 'यह यश्त अत्यन्त ओजस्वी एवं वीरत्वपूर्ण है। पढ़ते-पढ़ते पाठक युद्ध की झनझनाहट का अनुभव करने लगता है'[2]। विजय का देवता होने के कारण युद्ध में सफल होने के लिए दोनों ही पक्ष उसका आह्वान करते हैं। ठीक इसी प्रकार ऋग्वेद में भी इन्द्र को दोनों सेनाओं के द्वारा स्तुत होते हुए वर्णित किया गया है —

यं क्रन्दसी संयती विह्वयेते, परेऽवर उभया अमित्राः।
समानं रथं चिदातस्थिवांसा, नाना हवेते स जनास इन्द्रः।
— २।१२।८

वर्षा एवं तडित् से सम्बन्धित होने के कारण वेरेथ्रेग़्न को वउरुकष (आकाशीय समुद्र) से उत्पन्न वर्णित किया गया है। जिस प्रकार ऋग्वेद में इन्द्र पुनः पुनः **अहि** (वृत्र) को पराजित करता है, उसी प्रकार वेरेथ्रेग़्न भी अझ़ि **दहाक** पर विजय प्राप्त करता है। अझ़ि (सं० अहि) का एक विशेषण '**विशाय**' भी है इसका अर्थ है ऐसा सर्प

१. **वै० मा०**, पृ० ७०, **रिलीजन०** भाग १, पृ० १३४।
२. तारापोरवाला, **दि रिलीजन ऑफ़् ज़रथुस्त्र**; सप्तम अध्याय, पृ० १०२।

जिसकी लार विषमयी है। वेरेथ्रेग़्न उसे भी पराजित करता है और उसे '**दमावन्द**' पर्वत पर बन्दी बना देता है[१]।

अवेस्ता में वेरेथ्रेग़्न को अनेक प्रकार के आकार ग्रहण करने की सामर्थ्य वाला बताया गया है। इस यश्त में ऐसे दस रूपों का वर्णन है, जिनमें बहुत से पशुओं के भी हैं। सर्वप्रथम वह **ह्वरेनो** (तेज) से युक्त वायु के रूप में आता है, फिर वह पीले कान एवं सुनहले सींगों वाले एक सुन्दर वृषभ का रूप धारण करता है, तत्पश्चात् श्वेत **तिश्त्र्य** की भाँति एक सुन्दर श्वेत अश्व में बदल जाता है और उसके पश्चात् लम्बे बालों एवं तीक्ष्ण दाँतों वाले एक भार-वाहक ऊँट के रूप में। सबसे बाद में वह एक सुन्दर युवक के रूप में आता है (यश्त १४। १९-२१)। यह तथ्य ऋग्वेद के '**इन्द्रो मायाभिः पुरुरूप ईयते**' (इन्द्र अपनी गुप्तशक्ति से अनेक रूप धारण करता है) का स्मरण दिला देता है।

उसे 'शक्ति से भी अधिक शक्तिशाली,' 'विजय से भी अधिक विजयी', 'यश से भी अधिक यशस्वी' एवं 'कृपा से भी अधिक कृपालु' बताया गया है। **वारेग्न** नामक एक मांसाशी पक्षी उसका दूत है। वह स्वयं भी प्रायः इस पक्षी का रूप धारण किया करता है[२]।

उपर्युक्त साम्यों से स्पष्ट है कि वेरेथ्रेग़्न और इन्द्र में एकत्व का एक अस्पष्ट सूक्ष्म सूत्र अवश्य ही अनुस्यूत है। अतः मैक्डॉनल का यह कथन कि अवेस्ता का वेरेथ्रेग़्न वैदिक इन्द्र से पूर्णतः भिन्न है[३] और वह विजय का एक स्वतन्त्र देवता मात्र है, उचित नहीं प्रतीत होता।

वेरेथ्रेग़्न के मूल स्वरूप के विषय में विद्वानों में पर्याप्त मतभेद है। ओल्डेनबर्ग एवं मैक्डॉनल का मत है कि प्राचीनतम भारोपीय काल में आकाश एवं वृष्टि के देवता इन्द्र के अतिरिक्त तडित् एव गर्जन का भी एक स्वतन्त्र देवता था। उसे भीमकाय, बहुभक्षी, शक्तिमान् तथा वज्र (तडित्) से दैत्यों का वध करने वाला समझा जाता था[४]। आगे चलकर भारत में दोनों देवताओं की धारणाएँ मिलकर एक हो गईं। किन्तु अवेस्ता में वेरेथ्रेग़्न नाम से तडिद्गर्जन का ही देवता प्रमुख स्थान का भागी बना रहा और इन्द्र सर्वथा लुप्त हो गया।

---

१. डार्मस्टेटर् : **ज़ेन्द अवेस्ता**, द्वितीय भाग पृ० ५५९।

२. कारनाय का मत है कि विद्युल्लेखा ही यहाँ पर वारेग्न पक्षी के रूप में कल्पित की गई है; देखिए — **ईरानियन माइथॉलजी**, पृ० ३६१, टिप्पणी ३०।

३. मैक्डॉनल : **वै० मा०** पृ० ६६।

४. ओल्डेनबर्ग : **डी रेलीगियोन डेस वेद**, पृ० १३४
मैक्डॉनल : **वै० मा०** पृ० ६६

बार्थोलोमे का मत है कि प्राचीन फारसी में **'वेरेथ्र'** का अर्थ है **'आक्रमण'** 'वेरेथ्रेग्न' उससे बनी नपुंसकलिंग भाववाचक संज्ञा है, जिसका अर्थ है 'आक्रमण का प्रतिरोध' किन्तु इस प्रकार के युद्ध के एक देवता की कल्पना करने पर यह शब्द पुल्लिंग होकर 'आक्रमण का प्रतिरोध करनेवाला' 'विजयी' आदि अर्थों वाची हो गया। उनके मत से यह शब्द उस समय का है, जब ईरानी और भारतीय एक थे (वैदिक भाषा में भी एक **'वर्त्र'** शब्द पाया जाता है, जिसका अर्थ 'संकट से रक्षा करने वाला' है। क्या इसका 'वेरेथ्र' से कोई सम्बन्ध है ?)। भारत में इस शब्द का मूल अर्थ लुप्त हो गया और यहाँ वृत्रध्न शब्द में भ्रामक व्युत्पत्ति द्वारा **वृत्रघ्न** नामक एक दैत्य की कल्पना कर ली गई और वृत्रघ्न शब्द उस विशेष दैत्य के हन्ता का विशेषण हो गया[१]। माउल्टन तथा जुश्ती आदि विद्वानों ने इसका समर्थन किया है।

उपर्युक्त मत बहुत निर्बल भित्ति पर स्थित है। 'वेरेथ्रेग़्न' और 'वेरेथ्र' शब्द अवेस्ता में बहुत अधिक अर्वाचीन है[२], केवल यश्त भाग में ही इनके दर्शन होते हैं। आक्रमण, युद्ध आदि के अर्थ में 'वेरेथ्र' शब्द गाथाओं में कहीं भी प्रयुक्त नहीं हुआ है। यह पूर्णता निःसंशय है कि 'वेरेथ्रेग्न' एवं 'वेरेथ्र' जैसे शब्द अपने वैदिक प्रतिरूपों से कहीं अधिक बाद के हैं। अनेक भाषा-वैज्ञानिक कारणों से यह नितान्त असम्भव प्रतीत होता है कि वेरेथ्रेग्न शब्द वैदिक भाषा से भी बहुत पूर्व भारोपीय काल का हो। अतः इस समस्या का सर्वाधिक युक्ति समाधान यह है कि इन्द्र का यह वैदिक विशेषण जब ईरानी भूमि में पहुँचा तो इन्द्र की स्थिति के क्षीण होने के कारण एवं 'आझ़ि (अहि = वृत्र) दहाक' के रूप में वृत्र इन्द्र की कथा के दूसरे रूप में स्थित रहने के कारण वृत्रहन् शब्द का **'वृत्र'** अर्थहीन हो गया। कालान्तर में इस शब्द का मूल भाव तो लुप्त हो गया किन्तु **'घ्न'** (हन्) या **'ग़्न'** परसर्ग का अर्थ 'नष्ट करनेवाला, हटानेवाला' बना रहा और इसके सांमजस्य के लिए वृत्र के ईरानी अपभ्रंश 'वेरेथ्र' में धीरे-धीरे आक्रमण, अभियान का भाव आ गया। आश्चर्य है कि इन विद्वानों ने अवेस्ता एवं वेदों के क्रम पर ध्यान न देते हुए ऐसी अनर्गल कल्पना कैसे कर डाली[३] ?

मैक्डॉनल, ओल्डेनबर्ग एवं श्पीगल का यह मत भी अप्रमाणित एवं अयुक्त है कि भारोपीय काल में 'आकाश के गरजने वाले देवता' के अतिरिक्त तडिद्गर्जन का भी एक

---

१. बार्थोलोमे : आल्टईरानिशस् व्योर्टरबूख़ पृ० १४२०; द्रष्टव्य : माउल्टन, **अ० ज़ो०**, पृ० ६९ तथा ४२७।

२. तु० की० — तारापोरवाला : **रिलीजन आफ़ ज़रथुस्त्र** पृ० १०३

३. तु० की० — कीथ रिलीजन० पृ० ३३, पादटिप्पणी।
The theory that the Iranian genius is the old *Sondergott* of the war, and Vṛtra an Indian creation through misunderstanding of the term "assault-repelling," is quite unacceptable.

स्वतन्त्र एवं पृथक् देवता था। प्रथम देवता से मैक्डॉनल का क्या तात्पर्य है यह स्पष्ट नहीं है। इस प्रकार के दो पृथक् देवता कभी नहीं रहे। इन्द्र एवं वृत्रहन् की धारणाएँ सदा एक ही रही हैं। इन्द्र मुख्यतः वृष्टि का देवता है और वृत्र वृष्टि का अवरोध करता है, उसे मारे बिना वृष्टि नहीं हो सकती। वृत्रहन् का तडित् के देव से कोई सम्बन्ध नहीं है। इन्द्र के विवरण में (अध्याय ६) यह तथ्य और स्पष्ट होगा।

आर्मीनिया पर बहुत समय तक ईरान का सांस्कृतिक प्रभाव रहने के कारण युद्ध एवं विजय का यह ईरानी देवता '**वहग्न**' नाम से वहाँ भी प्रविष्ट हो गया और बहुत काल तक उनका एक प्रमुख देवता बना रहा[१]।

ख़्वर्/ह्वर् (स्वर् या सूर्य)

ह्वर् (परवर्ती उच्चारण ख़्वर् तु.की. खुर्शीद, ख़ुरासान आदि नाम) अवेस्ता में सूर्य के देवता का नाम है। प्रायः इसे ह्वर् **ख्शएत** (तेजस्वी सूर्य) नाम से सम्बोधित किया जाता है। जिस प्रकार वैदिक तथा पर-वैदिक साहित्य में सूर्य को सात अश्वों के रथ पर आसीन बताया गया है (ऋ० वे० ४। १३। ३) उसी प्रकार अवेस्ता में भी (यश्त ६। १ आदि) सूर्य को सात घोड़ों के रथ में आकाश में विचरण करते हुए वर्णित किया गया है। ऋग्वेद में सूर्य भास्वान् एवं दीप्तिमान् है। प्रतिदिन उदित होने के कारण वह अमर्त्य है। अन्धकार के दैत्य को वह अपनी किरणों रूपी बाणों से पराजित करके उदित होता है। उसके उदित होने पर दानवों की शक्ति समाप्त हो जाती (ऋ० वे० ७। ६३। १, तथा १। १९१। ८ **उत्पुरस्तात् सूर्य एति विश्वदृष्टो अदृष्ट हा। अदृष्टान् सर्वान् जम्भयन्त्सर्वाश्च यातुधान्यः**)। अवेस्ता में भी (यश्त ६। २। ४) कहा गया है कि यदि सूर्य उदित न हो तो **दएवों** की शक्ति **यज़तों** की अपेक्षा बहुत अधिक बढ़ जाए और वे सभी अच्छी वस्तुओं को नष्ट कर दें। सूर्य के लिए यज्ञ करने वाला **यातु, पैरिका** आदि के प्रभाव को नष्ट करके यज़तों को प्रसन्न करता है।

ऋग्वेद में अनेक बार सूर्य को आकाश के देवता वरुण का नेत्र कहा गया है (ऋ० वे० ७। ६६। १०), जिससे वह सभी मनुष्यों के अच्छे बुरे कर्मों का अवलोकन करता है। ठीक यही भाव अवेस्ता में भी प्राप्त होता है। यहाँ भी **ह्वर्** को अहुरमज़्दा की आँख कहा गया है।

ये उभयनिष्ठ विशेषताएँ दोनों के पूर्ण तादात्म्य को सूचित करती हैं।

वयु (वायु या वात)

वैदिक वायु का अवेस्ता में पर्याप्त उच्च स्थान का भागी है। यही एक ऐसा देवता है,

---

१. **ए० रि० ई०**, प्रथम भाग, पृ० ७९९, '**आर्मीनिया**', एम० एनानिकियन।

जिसका यश्त भाग में ही नहीं अपितु प्राचीनतम गाथा भाग में भी उल्लेख है[1]। यश्त ४२। ३ में एक बार इसका नाम (**वयु**) आया है। अवेस्ता के १५वें यश्त में भी पूर्णत: उसी का वर्णन है। ऋग्वेद में कहा गया है कि वायु का रथ स्वर्ण-निर्मित है; उसके बैठने का आसन भी सोने का बना है। अपने रथ में बैठकर वह आकाश के सर्वोच्च भाग को भी स्पर्श का लेता है। (**रथं हिरण्यबन्धुरमिन्द्रवायू स्वध्वरम्। आ हि स्थायो दिविस्पृशम्** ४। ४६। ४ तथा ४। ४८। २)। अवेस्ता में भी (यश्त १५। ५७) **वयु** के रथ, वस्त्र मुकुट तथा शिरस्त्राण आदि को स्वर्ण-निर्मित वर्णित किया गया है। उसकी स्वर्ण किंकणियाँ मधुर शब्द उत्पन्न करती हैं।

ऋग्वेद में **वात** का भी उल्लेख मिलता है। किन्तु वात का दैवीकरण वायु की अपेक्षा निर्बल है। मुख्यत: वात अथवा **वातास:** का उल्लेख पर्जन्य के साथ पवन या झंझावात को सूचित करने के लिए होता है। अवेस्ता में भी बिल्कुल यही स्थिति है। **वात** शब्द यहाँ भी है पर उसका प्रयोग वायु के देवता को सूचित करने के लिए नहीं अपितु पवनतत्त्व को सूचित करने के लिए ही हुआ है[2]।

अवेस्ता में ऋग्वेद की अपेक्षा **वयु** का बहुत अधिक उच्च स्थान है। यहाँ तक कि अहुरमज़्दा भी अंग्रामइन्यु के विनाश के लिए झंझावात के देवता वयु से प्रार्थना करता है 'उच्च आकाश में विचरण करने वाला एवं महत्त्वपूर्ण कार्य करने की शक्ति रखने वाला' वयु अहुरमज़्दा की सहायता करता है (यश्त १५। ३)।

इसी यश्त में उसे 'प्रकाश का विजेता' एवं 'दैत्यों का विनाशक' आदि विशेषणों से भी सम्बोधित किया गया है। इनके अतिरिक्त भी उसके लिए कुछ ऐसे विशेषण प्रयुक्त किए गए हैं जो केवल अहुर के लिए प्रयुक्त होते हैं। यहाँ पर उसकी सहायता के लिए इच्छुक व्यक्तियों की एक सूची दी हुई है, जिनमें सर्वप्रथम अहुर का नाम है। परवर्ती अवेस्ता में भी उसे राजाओं की सहायता करते हुए वर्णित किया गया है[3]।

अवेस्ता में वायु का एक अन्य नाम '**राम ह्वस्त्र**' भी है। इस शब्द का अर्थ है — 'विश्रामयोग्य गोचरभूमि का स्वामी'। मेघों के खण्डों को प्राय: गायों के रूप में कल्पित किया गया है। इसीलिए वायु के लिए ऐसे विशेषण का प्रयोग है। ऋग्वेद १। ३४। ४ (**तुभ्यं धेनुः सबर्दुघा विश्वा वसूनि दोहते। अजनयो मरुतो वक्षणाभ्य:, दिव आ वक्षणाभ्य:**) तथा अ० वे० २। २६। १ में भी वायु को 'गोपालक' बताया गया है; मिश्र

---

१. बार्थोलोमे नामक जर्मन विद्वान् ने अपने गाथाओं के अनुवाद में (श्ट्रासबुर्ग १९०४) यह मत **व्यक्त** किया है कि गाथाओं में किसी भी प्रकार से वैदिक वायु का उल्लेख नहीं है। देखिए तारापोरवाला: **रि० ज़** प्रथम अध्याय, पृ० ९।

२. तु० की०-ढाला : **ज़ोरेस्ट्रियन थियोलजी** पृ० १३२।

३. तारापोरवाला : **रि० ज़े**, अध्याय ७, पृ० १०५।

देवता को भी अवेस्ता में (फरगार्द ३। २, यश्त १। ३, १। ९) विस्तृत गोचरभूमि का स्वामी कहा गया है। इस प्रकार ये दोनों परस्पर घनिष्ठतया सम्बन्धित हैं।

अवेस्ता में अहुर तथा अंग्रा का युद्ध अन्तरिक्ष में ही होता वर्णित किया गया है। वयु (तत्त्व) का आधा भाग अहुर के अधिकार में है और आधा अंग्रा के। दोनों भागों के बीच में एक शून्य स्थान है, इसका नाम '**वाई**' है और इसी में इन अच्छी और बुरी शक्तियों का युद्ध होता है।

उशह् (उषस्)

अवेस्ता में ऋग्वेद की सर्वाधिक महत्त्वपूर्ण देवी, ऋषियों की मनोरम कल्पना के प्रसूत उषस् का अधिक महत्त्वपूर्ण स्थान नहीं है। केवल एक छोटे से यश्त में उसका वर्णन है। इस यश्त के पद्य बहुधा इधर-उधर से लिए गए हैं और काव्यात्मकता के स्थान पर इसमें आचारशास्त्रीयता अधिक है। अवेस्ता में इस देवी का उशहीन नाम से पुल्लिंग में भी वर्णन होता है। सम्पूर्ण ५वीं गाह में इस देवता का वर्णन किया गया है।

आरमइति (अरमति)

ऋग्वेद ७। ३६। ८ (**प्र वो महीमरमतिं कृणुध्वं**) तथा ८। ४२। ३ की व्याख्या में सायण ने **अरमति** शब्द का अर्थ 'भूमिः' दिया है '**अरमतिम् उपरतिरहितां महीं महतीभूमिम्**'। प्रतीत होता है कि सायण ने यहाँ पर किसी प्राचीन परम्परा का अवलम्बन किया है क्योंकि ऋग्वेद में अन्य स्थानों पर अरमति शब्द पवित्रता, श्रद्धा अथवा भक्ति का ही मानवीकरण है। अवेस्ता में **आरमइति** पृथ्वी की देवी है किन्तु साथ ही उसे बुद्धि एवं ज्ञान का प्रतीक माना गया है। छः आमेश-स्पेन्ताओं में इसका प्रमुख स्थान है। देवों में भक्ति ही प्रातःकलिक यज्ञ तथा अग्नि में हवन आदि क्रियाओं का कारण होती है, इसलिए अवेस्ता में आरमइति का आतर (अग्नि) से घनिष्ठ सम्बन्ध है और इस सम्बन्ध पर अनेक कथाओं का भी निर्माण हुआ है (फ़रगार्द १८। ५१)। वैसे ऋग्वेद में अन्य स्थानों पर पृथ्वी की देवी का स्वतन्त्र उल्लेख है और अथर्ववेद में एक विस्तृत, तथा काव्यात्मक सूक्त (१२। १) उसकी स्तुति में कहा गया है।

थ्रित आथ्व्य (वै० त्रित आप्त्य)

त्रित का अर्थ है 'तीसरा' और ऋग्वेद में यह शब्द अग्नि के तीसरे रूप अर्थात् आकाशीय विद्युत् का द्योतक है। अवेस्ता एवं ऋग्वेद की तुलना करने से प्रतीत होता है कि यह प्राचीनतम वैदिक-काल में इन्द्र की भाँति वर्षा एवं तडित् का ही देवता था। ऋग्वेद में वर्णित उसका स्वरूप यद्यपि पर्याप्त अस्पष्ट है किन्तु उसके चरित्र की दो विशेषताएँ पुनः-पुनः उल्लिखित की गई हैं। प्रथम यह कि उसे इन्द्र की भाँति अनेक वृष्ट्यवरोधक दैत्यों का वध करने वाला कहा गया है; जिन दैत्यों को इन्द्र मारता है

उन्हीं को वह भी। दूसरी विशेषता यह है कि इन्द्र की भाँति उसका भी सोम से घनिष्ठ सम्बन्ध वर्णित किया गया है। मैक्डॉनल का मत है कि त्रित इन्द्र के पूर्व एक महत्त्वपूर्ण वृष्टि के देवता के रूप में प्रतिष्ठित था किन्तु इन्द्र के उत्कर्ष के पश्चात् उसका महत्त्व कम हो गया[१]।

ऋग्वेद में **त्रित** मानव नहीं अपितु देवता है। नवम मण्डल में अनेक स्थानों पर उसे इन्द्र के लिए सोमरस प्रस्तुत करने वाला कहा गया है। त्रित की पुत्रियाँ (उँगलियाँ) सोम की बूँदों को प्रस्तर खण्ड से इन्द्र के लिए निकालती है (ऋ० वे० ९। ३८। २ **एतं त्रितस्य योष्णो हरिं हिन्वन्ति अद्रिभिः। इन्दुमिन्द्राय पीतये**)। त्रित के ग्रावन् (प्रस्तरों) के बीच में सोम छिपा रहता है (९। १०२। २)। रस निकालकर त्रित ही उसे शुद्ध करता है (ऋ० वे० ९। ३४। ४, **भुवत् त्रितस्य मर्ज्यो भुवदिन्द्राय मत्सरः**)। मधुस्रावी सोम को उड़ेलते समय त्रित का नाम लिया जाता है (ऋ० ९। ८६। २०, **त्रितस्य नाम जनयन् मधुक्षरत्**)। त्रित केवल सोम प्रस्तुत करता है, ऐसी बात नहीं है, वह सोमपान में भी रुचि लेता है। ऋ० वे० ८। १२। १६ में इन्द्र को विष्णु, त्रित-आप्त्य तथा मरुतों के साथ सोमपान करते हुए वर्णित किया गया है।

अवेस्ता में भी **थ्रित** हओम का सेवन करने वाले प्राचीन वीरों में एक है (यस्न ९। ७)। जैसा कि उसके नाम से स्पष्ट है, वह सर्वप्रथम हओम प्रस्तुत करने वालों में तीसरा व्यक्ति माना जाता है (यस्न ९। ९-१०); आथ्व्य दूसरा है, और वीवङ्ह्वन्त सर्वप्रथम। इस संजीवन ओषधि से उसका सम्बन्ध होने के कारण उसे औषध-शास्त्र का सर्वप्रथम प्रचारक भी माना गया है। वह योग्य भिषक्, बलवान् , उदार तथा बुद्धिमान् है। 'उसने रोग को रोग के पास एवं मृत्यु को मृत्यु के पास भगा दिया। अहुरमज़्दा से जब उसने ओषधियों के लिए प्रार्थना की तो उसने स्वर्ग में **गओकेरेन** (श्वेत हओम) के चारों ओर लगी हुई दस सहस्र ओषधियाँ उसे लाकर दीं और उन्हीं से उसने चिकित्सा करनी प्रारम्भ की' (वेन्दिदाद २०। २-४)।

जिस प्रकार अवेस्ता में थ्रित एक उत्तम भिषक् है, उसी प्रकार तैत्तिरीय संहिता में (१। ८। १०) त्रित को भी रोगों को दूर करके दीर्घायु प्रदान करने वाला कहा गया है। अथर्ववेद में भी रोग विनाश के मन्त्रों में कई स्थानों पर त्रित का आह्वान किया गया है। मैक्डॉनल का मत है कि अवेस्ता एवं वैदिक साहित्य में त्रित के चरित्र में इस विशेषता का सन्निवेश केवल त्रित को अमरत्व-सम्पादक सोमरस का प्रस्तुतकर्ता माने जाने के कारण ही हुआ है[२]। त्रित की तीन सिर वाले वृष्ट्यवरोधक दैत्य को मारने की विशेषता अवेस्ता में उसी के एक दूसरे प्रतिरूप **थ्राएतोन** से सम्बन्धित है। वैदिक साहित्य में

---

१. **वै० मा०**, पृ० ६९।

२. **वै० मा०**, पृ० ६८।

त्रित का **त्रैतन** भी नाम मिलता है; थ्राएताओन या थ्राएतोन इसी का ईरानी रूप है। किन्तु जहाँ ऋग्वेद में **आप्त्य** (जल का पुत्र) शब्द त्रित को द्योतित करने के लिए उसके स्थान पर स्वतन्त्र रूप से भी प्रयुक्त है, वहाँ अवेस्ता में थ्राएताओन को **आथ्व्य** का पुत्र कहा गया है। यह आथ्व्य ईरानी परम्परा के अनुसार थ्रित के पूर्व हओम प्रस्तुत करने वाला द्वितीय व्यक्ति था (यस्न ९।७।)।

अस्तु, थ्राएतोन अपनी अदम्य शक्ति से तीन सिर वाले और छः नेत्रों वाले भयंकर दैत्यों (द्रुज्) **अझ़ि दहाक** (दैत्याकार सर्प) आदि का वध करता है। अझ़ि छल एवं कपट की साक्षात् प्रतिमा था। उसे अंग्रामइन्यु ने राजाओं एवं अहुर के पूजकों को सताने के लिए उत्पन्न किया था[१]। ह्वरेनो के निकल जाने पर यम से उसी ने राज्य छीन लिया था और उसका वध करवा डाला था। थ्राएतोन और अझ़ि का युद्ध चतुष्कोणिक **वरेन** (**चथ्रु गओशी वरेनो**) अर्थात् चौकोर आकाश में होता है (वेन्दिदाद १।१८)।

ऋग्वेद में इस तीन सिर और छः नेत्रों वाले दानव का नाम **विश्वरूप** है। इसे त्वष्टा का पुत्र कहा गया है। आप्त्य (जल का पुत्र) त्रित उससे युद्ध करता है और उसका वध करके गायों का उद्धार करता है (ऋ० वे० १।१५८।५)। इस कार्य में उसे अपने पिता के अस्त्रों से सहायता मिलती है (१०।८।८)। इसी सूक्त की अगली ऋचा में (१०।८।९) इन्द्र को भी बिल्कुल यही कार्य करते हुए वर्णित किया गया है। वह भी विश्वरूप के तीनों सिरों को काट कर गायों पर अधिकार कर लेता है। ऋग्वेद १०। ९९।६ में कहा गया है कि इन्द्र ने गरजते हुए त्रिशिरस्क एवं षणनेत्रवान् विश्वरूप को बन्दी कर लिया एवं बल से उन्मत्त त्रित ने नुकीले वज्र से उसका वध कर डाला (**अस्य त्रितो न्वोजसा वृधानो विपा वराहमयो अग्रया हन्**)।

वैदिक साहित्य में त्रित के विषय में एक अन्य रोचक कथा प्राप्त होती है। शतपथ ब्राह्मण १।२।३।१-२ तथा तैत्तिरीय ब्राह्मण (३।२।८।१०-११) में त्रित को जल से उद्भूत अग्नि का पुत्र कहा गया है। उसके **एकत** तथा **द्वित** नामक दो भाई और बताए गए हैं। ऋग्वेद के प्रथम मण्डल के १०५वें सूक्त की व्याख्या करते हुए सायण ने एक कथा का उल्लेख करते हुए कहा है कि त्रित को उसके दोनों भाइयों ने कुएँ में ढकेल दिया था[२]। ऋग्वेद १।१०५।१७ (**त्रितः कूपे अवहितो देवान् हवय ऊतए**) तथा १०। ८।७ में त्रित को कुएँ में गिर जाने के कारण सहायतार्थ देवताओं की स्तुति करते हुए वर्णित किया गया है। महाभारत के शल्यपर्व, ३६वें अध्याय में इस कथा का सुन्दर

१. कारनाय, **ईरानियन माईथॉलजी**, पृ० २६९।

२. तु० की० — **बृहद्देवता** — ३।१३२-१३७।

त्रितं गास्त्वनुगच्छन्तं क्रूराः सालावृकीसुताः। कूपे प्रक्षिप्य, गाः सर्वास्तत एवापजह्रिरे॥

स तत्र सुषुवे सोमं मन्त्रविन्मन्त्रवित्तमः। देवांश्चावाहयत् सर्वांस्तच्छुश्राव बृहस्पतिः॥

तथा द्या द्विवेद की **नीति मञ्जरी** — श्लोक २८।

विकास प्राप्त होता है। यहाँ त्रित को एक तपस्वी ऋषि के रूप में चित्रित किया गया है, जिसने कुएँ में पड़े होने पर भी तत्रत्य सामग्री से देवों के लिए सोम प्रदान किया।

अवेस्ता में भी इस कथा की छाया वर्तमान है। थ्राएताओन अझ़ि दहाक का वध करने के लिए अपने दो भाइयों के साथ जाता है किन्तु वे मार्ग में स्वयं थ्राएताओन का ही वध करने की चेष्टा करते हैं।

प्राचीन ईरानी काल का यही थ्राएतोन फ़िरदौसी के शाहनामे का **फ़रीदुन** है जो **ज़ोहाक** (अझ़ि दहाक) से युद्ध करके ईरान को उसके शासन से मुक्त करता है। **फ़रीदुन** एवं **ज़ोहाक** के चरित्र से देवत्व एवं दानवत्व पूर्णतः समाप्त हो गया है। **ज़ोहाक** केवल ईरान पर राज्य करने वाला एक आततायी अरबी राजा है और फ़रीदुन प्राचीनकाल का एक पराक्रमी वीर मात्र।

अन्य देवता

उपर्युक्त महत्त्वपूर्ण देवताओं के अतिरिक्त कुछ ऐसे भी देवता हैं जिनका केवल उल्लेख अथवा नगण्य वर्णन अवेस्ता में प्राप्त होता है। वेदों में महत्त्वपूर्ण स्थान प्राप्त करते हुए भी अवेस्ता में इनका नाम मात्र ही क्यों शेष रह गया — इसके कारण स्पष्ट हैं। इन देवताओं के वास्तविक व्यक्तित्व का निर्माण और पोषण मुख्यतः भारत में ही हुआ था। भारत से विस्थापित होने के पश्चात् कुछ देवता तो ईरान की भौगोलिक परिस्थितियों तथा संस्कृति के अनुरूप अपने व्यक्तित्व को न ढाल सकने के कारण स्थिर न रह सके। ईरान जैसे शुष्क स्थान में इन्द्र जैसे वर्षा के देवता का महत्त्व सम्भव नहीं था। कर्मकाण्ड की न्यूनता के कारण उन अधिकांश अल्पमहत्त्वपूर्ण देवताओं को भुला दिया गया, जिनका यज्ञ आदि में अपेक्षाकृत कम उपयोग था। इसके अतिरिक्त ईरान की ओर अभिगमन करने वाली आर्य शाखा में सम्भवतः अधिकांश में युद्धप्रिय क्षत्रिय थे, जिनमें रचनात्मक प्रतिभा का बाहुल्य नहीं था। और सबसे प्रमुख कारण यह है कि ज़रथुस्त्र की धार्मिक क्रान्ति के पश्चात् प्राचीन आर्य देवताओं पर से ईरान की जनता की श्रद्धा एवं विश्वास काफी कम हो गया। केवल कुछ ही शेष बचे, उनमें भी एक-दो को छोड़कर कालान्तर में अन्य सभी धीरे-धीरे लुप्त हो गए।

अवेस्ता के अपेक्षाकृत कम महत्त्वपूर्ण देवताओं में **इन्द्र** का नाम विशेष रूप से उल्लेखनीय है। वैदिक साहित्य के सर्वोच्च आराध्य का अवेस्ता में केवल एक स्थान पर इसी नाम से उल्लेख है, किन्तु देवता के रूप में नहीं अपितु अंग्रामइन्यु के एक विशेष कृपापात्र प्रमुख **दैत्य** के रूप में[१]। इन्द्र की दुर्गति सचमुच शोचनीय है।

नाओङ्हैथ्या भी अवेस्ता में एक दैत्य का नाम है। उसका उल्लेख प्रायः इन्द्र के

१. डार्मस्टेटर् का मत है कि **इन्द्र** शब्द अवेस्ता में अग्नि के विनाशकारी रूप का वाची है; **ज़ेन्द अवेस्ता, भूमिका,** पृ० ७२।

साथ किया गया है और यह अंग्रामइन्यु की सेना में **स्पेन्ता आरमइति** का विरोधी है। यह वैदिक-काल के **नासत्या** (अश्विनौ) का ईरानी प्रतिनिधि है। इस देवता का मूल रूप लुप्त होने के पश्चात् भ्रामक लोक-व्युत्पत्ति से इसकी यह दशा हुई है।

ऋग्वेद के षट् आदित्यों में **भग** देवता की भी गणना है। यह देवता पौराणिक काल तक सुरक्षित चला आया है और बाद में सूर्य से इसका तादात्म्य कर दिया गया है। अवेस्ता का **बग़** (उदार) शब्द अहुरमज़्दा के विशेषण के रूप में पर्सीपोलिस में स्थित अखमीनियन राजाओं के शिलालेखों प्रयुक्त हुआ है[१]। प्रतीत होता है कि यह शब्द प्राग्वैदिक-काल में सभी देवताओं का एक सामान्य विशेषण मात्र था किन्तु बाद में भारत में एक स्वतन्त्र देवता का वाची बन गया।

अग्नि के लिए (तथा कहीं-कहीं बृहस्पति आदि अन्य देवों के लिए भी) ऋग्वेद में प्रायः **नराशंस** विशेषण प्रयुक्त हुआ है। इस शब्द का अर्थ है मनुष्यों की स्तुति (नराणाम् आशंसः) अथवा मनुष्यों के द्वारा स्तुत[२]। अवेस्ता में अहुर के दूत का नाम **नैर्योसंह** है (फ़रगार्द २२।७), जो निश्चित रूप से इसी शब्द का अपभ्रंश है। अवेस्ता के प्राचीन अंशों में यह शब्द भी दिव्य-अग्नि का वाची है[३]। किन्तु परवर्ती अवेस्ता में इसका पूर्ण रूप से मानवीकरण हो गया है। जब-जब पृथ्वी पर कोई अशान्ति होती है, तब-तब यह अहुर एवं मिथ्र आदि को पृथ्वी पर जाने के लिए प्रेरित करता है, इसका एक अन्य कार्य है — ज़रथुस्त्र के 'बीज' की रक्षा करना जिससे मनुष्य जाति के उद्धारक ज़रथुस्त्र के पुत्र सओश्यन्त की उत्पत्ति होगी।

ऋग्वेद में **पुरंधी** धन-धान्य एवं समृद्धि की देवी है[४]। यह देवी अवेस्ता में भी **पारेन्दी** नाम से प्राप्त होती है। यहाँ भी यह ऐश्वर्य एवं वैभव की देवी है तथा कोषों की रक्षा करती है। उसे छोटी-छोटी घण्टियों से स्वनित रथ में आकाश में विचरण करते हुए वर्णित किया गया है।

वैदिक **मास्** की तुलना में अवेस्ता में चन्द्रमा के देवता का नाम **माह्** (अथवा प्राचीन फारसी, **माओङ्ह**) है। अवेस्ता का यह देवता मुख्यतः पशुओं की अभिवृद्धि से सम्बन्धित है। उसे पशुओं के बीज का धारक कहा गया है और इस दृष्टि से वह **वोहुमनो** (पशुओं के अधिष्ठाता देवता) से घनिष्ठतया सम्बन्धित है। अवेस्ता का एक यश्त (७वाँ) मुख्यतः माओङ्ह की स्तुति में है। इसमें चन्द्रमा को आमेश-स्पेन्ता का निवास-स्थान कहा गया है (यश्त ७।३)। वहाँ से वह अहुरमज़्दा के द्वारा निर्मित सृष्टि

१. तारापोरवाला : **दि रिलीजन ऑफ़् ज़रथुस्त्र**, अध्याय १, पृ० २७।

२. मैक्डॉनल : वे० मा० पृ० १००, किन्तु डार्मस्टेटर् का मत है कि यह शब्द देवताओं एवं मनुष्यों के बीच अग्नि का संदेशवाहकत्व द्योतित करता है। पृ० ७० (**ज़ेन्द अवेस्ता, भूमिका**)।

३. तारापोरवाला : **वही,** अध्याय १, पृ० ३३।

४. द्रष्टव्य : लेखक का **'ऋग्वेद में पुरंधि'** शीर्षक निबन्ध, **प्राच्यप्रज्ञा** (अलीगढ़), १९६८, पृ० २५-३५।

पर कल्याण की वर्षा करते हैं। इसी यश्त में माओङ्ह को प्रायः **रतु** (अश का रक्षक, स्वामी) कहा गया (७।३।४, ६) है[1]।

अवेस्ता एवं वेदों में कुछ प्राचीन आचार्यों के नामों में भी समानता है। '**काव्य-उशना**' का दृष्टान्त इसका रोचक उदाहरण है[2]। ऋग्वेद में वर्णित प्राचीन ऋषियों में उशना का बहुत महत्त्वपूर्ण स्थान है। इन्द्र से उसका घनिष्ठ सम्बन्ध है। इन्द्र उशना के साथ रहने में प्रसन्न होता है (१।५१।११)। ऋ० वे० १।१२१।१२ तथा ५।३४।२ में उसे इन्द्र के लिए वज्र निर्माण करने वाला कहा गया है। **शुष्ण** दैत्य को जीतने में वह इन्द्र की सहायता करता है (५।२९।९)। एक स्थान पर कहा गया है कि उशना ने अग्नि को यज्ञ के देवता के रूप में स्थापित किया (८।२३।१७)। वैदिक 'काव्य-उशना' (या 'कवि उशना', ऋ. ४।२६।१)अवेस्ता में '**कव उशन**' नाम से प्राप्त होता है, यह प्राचीन समय का एक राजर्षि है, जिसने अपनी प्रार्थनाओं एवं स्तुतियों के द्वारा दैत्यों (दएवों) को विजित किया था एवं आकाश में निर्बाध रूप से उड़ने की शक्ति प्राप्त की थी। उसके मुखमण्डल से एक तेजपुंज निकलता रहता था। इसी तेजस्विता के कारण उसे '**अश्वरेचो**' (वर्चस्व से पूर्ण) कहा गया है। इसी काव्य-उशना को परवैदिक साहित्य (महाभारत आदि) में **शुक्र (आचार्य)** कहा गया है। शुक्र का अर्थ भी 'चमकने वाला' होता है। इस सम्बन्ध में एक मनोरंजक तथ्य और ध्यान देने योग्य है। ऋग्वेद में इन्द्र से घनिष्ठतया सम्बन्धित होते हुए भी परवर्ती वैदिक तथा पौराणिक साहित्य में शुक्राचार्य को सदा असुरों का (तथा बृहस्पति को देवों का) गुरु माना गया है। शुक्राचार्य को असुरों का गुरु मानने की धारणा बहुत पूर्व ही प्रचलित हो चुकी होगी क्योंकि तैत्तिरीय संहिता (२।५।८ तथा २।५।११) में कहा गया है कि अग्नि देवों का दूत है तथा काव्य-उशना दैत्यों अथवा असुरों का (**अग्निर्देवानां दूत आसीदुशना काव्यो असुराणां**)। सम्भव है कि असुरों का तात्पर्य अहुर उपासक ईरानियों से हो[3]।

देवताओं के अतिरिक्त वेदों तथा अवेस्ता में दैत्यों आदि के वाची कुछ शब्दों में भी समानता है। वैदिक **यातु, द्रुह्** (द्रुट्) आदि **यतु** (परवर्ती फ़ारसी, जादू) एवं **द्रुज़्** नामों से अवेस्ता में इसी रूप में पाए जाते हैं किन्तु अवेस्ता में इनका स्थान नगण्य सा होने के कारण हम यहाँ इन्हें उपेक्षित कर सकते हैं।

❖ ❖ ❖

१. **ए० रि० ई०** भाग ९, पृ० ५६७, '**ओरमज़्द**'।
२. म० प्र० लखेड़ा, '**कवि उशना, इन् वेद एण्ड अवेस्ता**', जर्नल ऑफ़् गंगानाथ झा केन्द्रीय संस्कृत **विद्यापीठ, भाग २९, ३०७-३१४।**
३. तारापुरवाला : **वही,** अध्याय १ पृ० २९।

तृतीय अध्याय

वैदिक तथा परवर्ती देवशास्त्र का सिंहावलोकन

भारतीय परम्परा के अनुसार वेद परमात्मा के निःश्वास हैं। उनका निर्माण किसी ने नहीं किया। ऋषियों की दिव्य दृष्टि ने उस ज्ञान का मानस प्रत्यक्ष करके शाब्दिक वर्णन किया है। सृष्टि के आदि में लोक कल्याण के लिए परमात्मा ने मनुष्यों को यह ज्ञान-राशि प्रदान की। वे मानव की प्रखर मेधा एवं बुद्धि के विस्तार की सीमाएँ हैं। वेदों की प्रामाणिकता में अविश्वास करने वाला नास्तिक है —'नास्तिको वेदनिन्दकः'। नष्ट वेदों के उद्धार के लिए स्वयं विष्णु को मत्स्य या हयग्रीव अवतार ग्रहण करना पड़ा। अन्य ग्रन्थों के वाक्यों की प्रामाणिकता पर सन्देह हो सकता है किन्तु वेदों के वाक्यों के सम्बन्ध में यह बात नहीं। वे 'स्वतः प्रमाण' हैं। जो कुछ उनमें कहा गया है, वह परम सत्य है।

किन्तु दुर्भाग्य से वेद जिस समय की कृतियाँ हैं, उस समय की राजनैतिक, सांस्कृतिक अथवा सामाजिक झलक पाने का हमारे पास कोई भी ऐतिहासिक साधन नहीं है। वेदों की भाषा इतनी अधिक आर्ष एवं लौकिक संस्कृत से इतनी अधिक भिन्न है कि सम्भवतः किसी भी मन्त्र का अर्थ 'इदमित्थं' करके निश्चित नहीं किया जा सकता। प्रत्येक मन्त्र के एकाधिक अर्थ किए गए हैं और हो सकते हैं। प्राचीन भारत में वैदिक संहिताओं का पठन-पाठन गुरु-शिष्य परम्परा से ही होता रहा है और यह परम्परा कई सहस्रों वर्ष पूर्व ही नष्ट हो चुकी थी। अतः संहिताओं पर भाष्य लिखने की आवश्यकता का अनुभव हुआ। ये सभी भाष्य वैदिक अर्थ परम्परा की केवल एक क्षीण धारा का ही प्रतिनिधित्व करते हैं। ऐसे सभी भाष्यों में निर्विवाद रूप से सायणाचार्य (१४वीं शताब्दी) का भाष्य सर्वश्रेष्ठ है। किन्तु यह भाष्य मुख्यतः कर्मकाण्डीय है। भाष्यकार के सम्मुख मुख्यतः यही प्रश्न रहा है कि किस सूक्त अथवा मन्त्र का यज्ञ में किन स्थानों पर उपयोग होता है। इस क्षेत्र में उसे ऋग्वेद के ब्राह्मणों एवं कल्पसूत्रों से विशेष सहायता मिली है। प्रत्येक वैदिक मन्त्र के एक अथवा एकाधिक देवता परम्परया निश्चित हैं। सायणाचार्य के अनुसार ये देवता केवल बाह्य जगत् के विभिन्न तत्त्वों अथवा शक्तियों के प्रतीक हैं। उनकी दृष्टि में अस्तंगत सूर्य ही वरुण है —

अस्तं गच्छन् सूर्य एव वरुण इत्युच्यते।
स हि स्वगमनेन रात्रीर्जनयति। — ऋ० वे० भा० ७।८७।१

इस दृष्टि से सायण के गुरु हैं — यास्क एवं शौनक। यास्काचार्य ने निरुक्त में स्थान-स्थान पर प्रत्येक वैदिक देवता के भौतिक स्वरूप का उल्लेख किया है। शौनकीय बृहद्देवता भी देवताओं के स्वरूप के विषय में अधिकांशतः निरुक्त पर ही आधारित है।

तो क्या वेद केवल भौतिक तत्त्वों की अधिष्ठात्री शक्तियों को उपास्य रूप में कल्पित करके उनके लिए किए जाने वाले यज्ञ में उपयुक्त होने वाले कतिपय मन्त्रों का संग्रह मात्र हैं? यदि नहीं, तो वेदों में कौन सा ऐसा अद्वितीय ज्ञान है, जिसके लिए भारतीय मनीषी एवं दार्शनिक सदा वेद के अक्षय ज्ञान-भण्डार की ओर आशा भरी दृष्टि से देखते रहे?

यह प्रश्न आज का नहीं है। यास्क के समय ही वेदों के प्रतिपाद्य को लेकर गम्भीर शास्त्रार्थ हुआ करते थे। यास्क ने वेदों के सम्बन्ध में ऐतिहासिक, नैरुक्त, प्राकृतिक तथा वैयासिक (आख्यानपरक) मतों का उल्लेख किया है। इस सम्बन्ध में उसने वृत्र दैत्य का उदाहरण दिया है। नैरुक्त अथवा वैयाकरण कहते हैं कि मेघ ही वृत्र है। ऐतिहासिक कहते हैं कि वह प्राचीनकाल के त्वष्टा ऋषि का पुत्र था। प्रकृतिवादी कहते हैं कि जल एवं विद्युत् के मिलने से वर्षा होती है। अग्नि रूपी वज्र से जल का विदारण एवं निपातन होता है। प्रतीकात्मक रूप से इसे इन्द्र एवं वृत्र के युद्ध के रूप में चित्रित किया जाता है। ब्राह्मण ग्रन्थ इस विषय में एक आख्यान कहते हैं, उनके अनुसार वृत्र एक भयंकर अजगर था। उसने अपने शरीर के विस्तार से जलस्रोतों को रोक दिया। जब इन्द्र ने उसका वध किया तो जल प्रवाहित हो उठे —

तत्को वृत्रः। मेघ इति नैरुक्ताः त्वाष्ट्रो असुर इत्यैतिहासिकाः। अपां च ज्योतिषश्च मिश्रीभावकर्मणो वर्षकर्म जायते। तत्र उपामार्थेन युद्धवर्णाः भवन्ति। अहिवत्तु खलु मंत्रवर्णाः ब्राह्मणवादाश्च। विवृद्ध्या शरीरस्य स्रोतांसि निवारयांचकार। तस्मिन् हते प्रसस्यन्दिरे आपः। निरुक्त २।१६

आधुनिक काल में भी १९वीं शती में वेदों के अनुशीलन की और ध्यान जाते ही विद्वानों का ध्यान सायण के भाष्य की उपयुक्तता पर गया। पाश्चात्य विद्वत्समाज ने सायण द्वारा संकेतित एवं उल्लिखित सूत्रों के आधार पर चलकर प्रायः प्रत्येक वैदिक देवता के मूलभूत प्राकृतिक स्वरूप को खोजने का यत्न किया और इसे अन्वेषण से प्राप्त निष्कर्षों की अन्य देशों की देवकथाओं से तुलना करके तुलनात्मक देवशास्त्र की आधारशिला स्थापित की।

किन्तु फिर भी कतिपय भारतीय विद्वानों को सायणाचार्य की देवता-विषयक व्याख्या से सन्तोष नहीं हुआ और उन्होंने वैदिक देवताओं के स्वरूप का गहन अध्ययन करके उनके स्वरूप को अन्य प्रकार से विशद व्याख्याएँ प्रस्तुत की। ऐसे

विद्वानों में स्वामी दयानन्द सरस्वती[१], अरविन्द[२] एवं एम० पी० पण्डित, डा० रेले[३], लोकमान्य तिलक[४], परमशिव अय्यर[५] तथा वासुदेवशरण अग्रवाल[६] आदि प्रमुख हैं।

स्वामी दयानन्द सम्भवतः सर्वप्रथम भारतीय विद्वान् थे जिन्होंने सायण-भाष्य एवं पाश्चात्य विद्वानों के द्वारा स्थापित मत के विरुद्ध चलने का प्रयास किया। सं० १९३३ (सन् १८७६) में प्रारम्भ किए गए अपने ऋग्वेद-भाष्य में सर्वप्रथम उन्होंने वैदिक बहुदेववाद के मूल में एकदेववाद के आधार की स्थापना की। उनका मत था कि वेदों में इन्द्र, वरुण, मित्र, विष्णु आदि विविध नामों से केवल एक परमेश्वर की ही स्तुति की गई है। ये विविध नाम केवल परमात्मा की विभिन्न शक्तियों गवं गुणों के व्यञ्जक हैं। अपने इस मत की पुष्टि के लिए उन्होंने व्याकरण की सहायता ली और "अनेकार्थाः हि धातवः" के सिद्धान्त पर चलकर वैदिक शब्दों के मनोवाञ्छित अर्थ किए। "इदि परमैश्वर्ये" धातु से औणादिक 'रन्' प्रत्यय करने पर इन्द्र शब्द सिद्ध होता है। ऐश्वर्यशाली होने से परमात्मा इन्द्र है। "**यः इन्दति, परमैश्वर्यवान् भवति स इन्द्रः परमेश्वरः।**" "वृञ् वरणे" अथवा "वर ईप्सायाम्" धातुओं से 'उनत्' प्रत्यय करने पर वरुण शब्द बनता है। परमात्मा विद्वान् मुमुक्षुओं को स्वीकार करता है अथवा उनके द्वारा स्वीकार किया जाता है, अतः वह वरुण है। **यः सर्वान् शिष्टान् मुमुक्षून् धर्मात्मनो वृणोति** अथवा **यः शिष्टैः मुमुक्षुभिर्महात्मभिः व्रियते वर्यते वा स वरुणः परमेश्वरः।** "अमिदा स्नेहने" से 'क्त्र' प्रत्यय होने पर मित्र शब्द बनता है। परमात्मा सबसे स्नेह करता है, अतः वह मित्र है — **मेद्यति स्निह्यति वा स मित्रः, परमेश्वरः।** 'विष्लृ व्याप्तौ' धातु से 'नु' प्रत्यय होने पर विष्णु शब्द सिद्ध होता है। परमात्मा सम्पूर्ण जगत् में व्याप्त होने के कारण विष्णु है — **वेवेष्टि व्याप्नोति चराचरं जगत् सः विष्णुः परमेश्वरः**[७]।

यद्यपि संहिताओं एवं ब्राह्मण ग्रन्थों में ३३ तथा उससे भी अधिक देवों का उल्लेख है किन्तु ये केवल व्यवहार मात्र की सिद्धि के लिए हैं। "सब मनुष्यों के उपासना के योग्य तो देव एक ब्रह्म ही है, जो सम्पूर्ण जगत् का कर्ता, सर्वशक्तिमान्, सर्वोपास्य, सर्वाधार, सर्वकारण, सच्चिदानन्द स्वरूप, परमात्मा है। उसी का अनेक विशेषणों से (३४ देवों के रूप में) वेदों में वर्णन किया गया है।" —

---

१. **'सत्यार्थ प्रकाश** एवं **''ऋग्वेदादि भाष्य भूमिका'।**
२. **'ऑन् दि वेद'** एवं **'अदिति एण्ड अदर डीटीज़ इन दि ऋग्वेद'।**
३. **'वैदिक गाड्स एज़ फिगर्स ऑफ़ बायालजी'।**
४. **'आर्कटिक होम इन दि वेदाज़'** तथा **'ओरियन'।**
५. **'ऋक्स'।**
६. **'वेद विद्या' 'ऊरु ज्योति'** आदि।
७. **सत्यार्थ प्रकाश**, ३१वाँ संस्करण, अजमेर १९५६, पृ० ५।

.... इत्यादि विशेषणयुक्तं ब्रह्मास्ति स एवैको देवश्चतुस्त्रिंशो वेदोक्तसिद्धान्त-प्रकाशितः परमेश्वरो देवः सर्वमनुष्यैरुपास्योऽस्तीति। ये वेदोक्तमार्गपरायणा आर्यास्ते सर्वदैतस्यैवोपासनं चक्रुः, कुर्वन्ति, करिष्यन्ति च[१]।

जिस दिव् धातु से देव शब्द बनता है, उसके क्रीड़ा, विजिगीषा, व्यवहार, द्युति, स्तुति, मोद, मद, स्वप्न, कान्ति एवं गति ये १० अर्थ हैं। इनमें से क्रीड़ा, विजिगीषा व्यवहार, निद्रा एवं मद ये पाँच अर्थ परमात्मा के भौतिक स्वरूप अर्थात् ३३ देवताओं में पाए जाते हैं और द्युति, स्तुति, कान्ति, मोद तथा गति ये परमात्मा के ही प्रमुख गुण हैं[२]। अतः देव शब्द का मुख्य अर्थ परमात्मा ही है, उसमें अनन्त गुण हैं। गौण रूप से पृथक्-पृथक् एक या दो गुण जिन-जिन तत्त्वों में व्यक्त होते हैं, उनको भी 'देव' कह दिया जाता है। दिव् धातु के मुख्य अर्थ 'प्रकाश करना' से भी परमात्मा का ही बोध होता है। क्योंकि सूर्य चन्द्रमा आदि अपनी ज्योति से प्रकाशित नहीं होते। परमेश्वर ही उनको प्रकाशित करता है। इस विषय में कठोपनिषद् का निम्नलिखित मन्त्र (५।१५) प्रमाण है —

न तत्र सूर्यो भाति न चन्द्रतारकं नेमा विद्युतो भान्ति कुतोऽयमग्निः।
तमेव भान्तमनु भाति सर्वं यस्य भासा सर्वमिदं विभाति[३]॥

ऋग्वेद के बहुदेववाद के मूल में एकदेववाद सिद्ध करने के लिए स्वामी दयानन्द ने, जिन वैदिक उद्धरणों का उल्लेख किया है उनमें से अधिकांश ऋग्वेद से पर्याप्त अर्वाचीन हैं। पहला उद्धरण उन्होनें शतपथ ब्राह्मण (१४।४।२।१९-२२) से दिया है —

आत्मेत्येवोपासीत .... स य आत्मानमेव प्रियमुपास्ते न हास्य प्रियं प्रमायुक्तं भवति। योऽन्यां देवतामुपास्ते न स वेद यथा पशुरेव स देवानाम्।

इन वाक्यों में देवताओं की उपासना छोड़कर आत्मा की उपासना करने का आदेश दिया गया है। स्वामी दयानन्द के अनुसार, 'परमेश्वर की सब की आत्मा है,' अतः आत्मा शब्द से उसी का ग्रहण होता है। ऋग्वेद से इस सम्बन्ध में दो-तीन मन्त्र उद्धृत किए गए हैं —

---

१. **ऋग्वेदादि भाष्य भूमिका**, तृतीय संस्करण, १९४९, पृ० ५९।

२. **वही**, पृ० ९८।

३. **ऋ० भा० भू०**, पृ० ८९। स्वामी जी के अनुसार इस मन्त्र का अर्थ है — सूर्य चन्द्रमा, तारे आदि परमेश्वर में प्रकाश नहीं कर सकते। इन सबका प्रकाश करने वाला एक ही है। परमेश्वर के प्रकाश से ही सूर्य प्रकाशित हो रहा है।

हिरण्यगर्भः समवर्तताग्रे भूतस्य जातः पतिरेक आसीत्।
स दाधार पृथिवीं द्यामुतेमां कस्मै देवाय हविषा विधेम॥

— ऋ० वे० १०। ८१। १

'एकं सद्विप्रा बहुधा वदन्ति अग्निं यमं मातरिश्वानमाहुः'

— ऋ० वे०१। १६४। ४६

अन्य मन्त्रों की (उदाहरणार्थ पूषा से सम्बन्धित ऋ० १। ६। १५। ५ अष्टक-क्रम) एकदेववाद पुष्ट करने की क्षमता उनकी विशिष्ट प्रकार की व्याख्या से ही सम्भव है। यजुर्वेद से इस सम्बन्ध में उद्धरण अन्तिम (४०वें) अध्याय से, जो ईशावास्योपनिषद् के नाम से प्रसिद्ध है, अथवा ३२वें अध्याय से लिए गए हैं।

उदाहरणार्थ —

तदेवाग्निस्तदादित्यस्तद्वायुस्तदु चन्द्रमाः
तदेव शुक्रं तद्ब्रह्म ता आपः स प्रजापतिः॥ ३२/१

अन्य अध्यायों के मन्त्रों में निम्नलिखित विशेष महत्त्वपूर्ण है —

विश्वतश्चक्षुरुत विश्वतो मुखो विश्वतो बाहुरुत विश्वतस्पात्।
सं बाहुभ्यां धमति सं पतत्रैर्द्यावाभूमीर्जनयन् देव एकः॥

— य० वे० १७। १९

अन्य उद्धरण उपनिषदों से दिए गए हैं जिनमें स्वभावतः एकदेववाद का प्रतिपादन है।

इन प्रकार के अन्य वैदिक मन्त्रों से अपने दृष्टिकोण की पुष्टि करते हुए दयानन्द ने अपने ऋग्वेद-भाष्य में विभिन्न देवताओं के नामों को परमेश्वर का वाची मानकर और अत्यन्त बुद्धिमत्तापूर्वक प्रत्येक शब्द के प्रत्येक अर्थ को ईश्वरपरक लगाकर वेदों में देवों के विविध व्यक्तित्वों का खण्डन करके उनको केवल परब्रह्म की ही स्तुतिपरक माना है। इस सम्बन्ध में उदाहरण के लिए उनकी व्याख्या-पद्धति के अनुसार ऋग्वेद के प्रथम मन्त्र का अर्थ उद्धृत किया जाता है—

अग्निमीळे पुरोहितं यज्ञस्य देवमृत्विजम्।
होतारं रत्नधातमम्।

१. ज्ञानस्वरूप, २. व्यापक, ३. सबके अग्रणी नेता एवं ४ पूज्य परमात्मा (अग्निम्) की मैं स्तुति करता हूँ (ईळे)। वह परमेश्वर १. सबके सामने स्थित रहता है, २. उत्पत्ति से पूर्व जगत् का धारण करने वाला है (पुरोहितम्), यज्ञादि उत्तम कर्मों को प्रकाशित करता है (देवम्)। १. वसन्त आदि सब ऋतुओं का उत्पादक है तथा २. सब ऋतुओं में पूजनीय है (ऋत्विजम्)। वह सब सुखों को प्रदान करने वाला है (होता, हु-

दानादानयो:, जुहोति=ददाति इति 'होता'द्ध तथा १. प्रलयकाल में सब पदार्थों को ग्रहण करने वाला, २. सूर्यचन्द्रादि रत्नों को धारण करने वाला तथा ३. स्वर्ण हीरक आदि रत्नों को अपने भक्तों को प्रदान करने वाला है (रत्नधातमम्)।[1]

स्वामी जी पुराणों में वर्णित आख्यानों एवं देवकथाओं को कपोल-कल्पना समझते थे। उन्हें उनका केवल वैदिक रूप ही ग्राह्य था। वेदों में प्राप्त ऐसी सभी देवकथाओं की उन्होने भौतिक स्तर पर व्याख्या करने की चेष्टा की है। यहाँ पर उन्होंने यास्क, सायण एवं सभी पाश्चात्य विद्वानों द्वारा अनुमोदित वैदिक देवों एवं देवकथाओं के प्राकृतिक स्वरूप को नि:संकोच स्वीकार किया है और उनकी कोई आध्यात्मिक या परमेश्वरपरक व्याख्या नहीं की। उदाहरणार्थ इन्द्र द्वारा वृत्र हनन प्रसिद्ध वैदिक प्रसंग को उन्होंने इस प्रकार व्याख्यात किया है —

"यहाँ सूर्य नाम इन्द्र का है। वह अपनी किरणों से वृत्र अर्थात् मेघ को मारता है। जब वह मर कर पृथ्वी पर गिर पड़ता है, तब अपने जलरूप शरीर को सब पृथिवी में फैला देता है .... जिस समय इन्द्र मेघरूप वृत्रासुर को मार कर आकाश से पृथिवी में गिरा देता है, तब वह पृथिवी में सो जाता है[2]। इस प्रकार अलंकार रूप वर्णन से इन्द्र और वृत्र, ये दोनों परस्पर युद्ध का सामना करते हैं, अर्थात् जब मेघ बढ़ता है तब तो वह सूर्य के प्रकाश को हटाता है, और जब सूर्य का ताप अर्थात् तेज बढ़ता है तब वह वृत्र नामक मेघ को हटा देता है। परन्तु इस युद्ध के अन्त में इन्द्र नाम सूर्य की ही विजय होती है...जब जब मेघ वृद्धि को प्राप्त होकर पृथिवी और आकाश में विस्तृत होकर फैलता है तब तब उसको सूर्य हनन करके पृथिवी में गिरा दिया करता है[3]।"

यद्यपि यह ठीक है कि वैदिक संहिताओं में ऐसे मन्त्र हैं जिनसे वैदिक देवताओं के एक तत्त्व के ही विभिन्न रूप होने की बात पुष्ट होती है किन्तु सूक्तों की विविध देवपरकता, प्रत्येक देवता का सूक्त के आदि में उल्लेख, वैदिक ऋषियों के हृदय में देवताओं के स्वतन्त्र एवं पृथक् अस्तित्व को सूचित करता है। वायु, आपस्, उषस्, अग्नि आदि शब्दों से एतन्नामविशिष्ट विभिन्नभौतिकपदार्थ रूप सरल अर्थ न लेकर इन्हें परमात्मा के के वाची कैसे स्वीकार कर लिया जाए? अग्नि शब्द से सीधा-सादा आग

---

१. सायण के अनुसार इस ऋचा का अर्थ है —
हम अग्नि देव की स्तुति करते हैं। वह यज्ञ का सर्वस्व है वही पुरोहित एवं ऋत्विक् होता है और भक्त के लिए धन-सम्पत्ति का धारण करने वाला है।

२. **ऋ० भा० भू०** पृष्ठ ४१६, तु० की—
इन्द्रस्य नु वीर्याणि प्रवोचं यानि चकार प्रथमानि वज्री।
अहन्नहिमन्वपस्ततर्द प्र वक्षणा अभिनत्पर्वतानाम्॥ १। ३२। १

३. **ऋ० भा० भू०** ४२०।

का अर्थ न लेकर ''अंचु गतिपूजनयो:'' अथवा 'अग', 'अगि' आदि गत्यर्थक धातुओं से इस शब्द को सिद्ध करके इससे परमेश्वर रूपी खींचा-तानी का अर्थ लिया जाए? जिस प्रकार वेदों मे एकदेववाद के मन्त्र हैं, उसी प्रकार अद्वैतवाद, तथा बहुदेवतावाद के भी अनेक मन्त्र प्राप्त होते हैं। वस्तुत: वैदिक शब्दों के साथ बहुत अधिक उलझने के पश्चात् ही ऐसे अर्थ को प्राप्त किया जा सकता है।

महर्षि अरविन्द ने वेदों के वर्षों के अध्ययन एवं समाधि की अवस्था में प्राप्त अपने व्यक्तिगत अनुभवों के आधार पर यह सिद्धान्त प्रतिपादित किया है कि वेदों में गूढ़ भाषा में उन सत्यों का वर्णन है जिन्हें प्राचीन आर्य ऋषियों ने समाधि एवं आत्मसाक्षात्कार की अवस्था में अपनी अलौकिक अन्तर्दृष्टि से प्राप्त किया था। किन्तु ये तथ्य अत्यन्त रहस्यमय एवं गोप्य समझे जाते थे। सामान्य व्यक्तियों के लिए ये गूढ़ एवं दुरधिगम्य भी थे। अत: उनके द्वारा इनका दुरुपयोग ही होता। इसलिए उन ऋषियों ने इन मनोवैज्ञानिक विचारों को एक ऐसी भाषा का आवरण पहना दिया जो द्व्यर्थक थी। जिसका एक अर्थ संसार के अग्नि, जल आदि भौतिक तत्त्वों से सम्बन्धित था और दूसरा गुरु-कृपा से ज्ञेय गूढ़ार्थ ही मन्त्रों का वास्तविक अर्थ था। यह सूक्ष्म एवं गूढ़ अर्थ गुरु-परम्परा से सुरक्षित रहा करता था। यही कारण है कि प्राचीन ग्रन्थों में स्थान-स्थान पर कहा गया है कि वेदों का वास्तविक अर्थ गुरु के चरणों में बैठकर ही प्राप्त किया जा सकता है। यदि वेद में इस प्रकार के कुछ गूढ़ रहस्य न होते और उसमें केवल जड पदार्थों पर चेतनत्व की प्रतिष्ठा करके उन पदार्थों का अथवा अन्य काल्पनिक देवताओं का प्रशंसात्मक स्तवन होता तो वेदों की, अगाध एवं अनन्त ज्ञान के स्रोत के रूप में, परवर्ती लौकिक साहित्य में प्रतिष्ठा न होती; उसे सम्पूर्ण धर्मों एवं विज्ञानों का अक्षय भण्डार न समझा जाता।

अरविन्द के इस मत का आधार संक्षेप में इस प्रकार है —

वैदिक संहिताओं में, विशेषत: ऋग्वेद में, ऐसे अनेक क्रियारूप हैं जो परवर्ती संस्कृत में बिल्कुल प्राप्त नहीं होते। इन शब्दों का मूल वास्तविक अर्थ जानने का हमारे पास कोई भी उपयुक्त साधन नहीं है। परवर्ती भाष्यकारों तथा वैयाकरणों ने व्याकरण की दृष्टि से इनके जो अर्थ निश्चित किए हैं, वे प्राय: प्रसंगानुकूल नहीं हैं। अनेक ऐसे भी शब्द हैं जो लौकिक संस्कृत में तो प्राप्त होते हैं किन्तु वैदिक साहित्य में वे अन्य अर्थों में प्रयुक्त हुए प्रतीत होते हैं। अधिकांश स्थानों पर ऐसे शब्द वैदिक मन्त्रों के वास्तविक अर्थ के परिज्ञान के लिए अपरिहार्य हैं। कहीं-कहीं तो ये सम्पूर्ण सूक्त के भाव को परिवर्तित कर देने की सामर्थ्य रखते हैं। किन्तु सायणाचार्य आदि भारतीय आचार्यों एवं पाश्चात्य विद्वानों के विस्तृत भाष्यों को पढ़कर मस्तिष्क में जो एक सामान्य प्रभाव पड़ता है, वह यह है कि वेद कुछ ऐसे असंस्कृत व्यक्तियों की कृतियाँ

हैं, जो सीधी-सादी भाषा के माध्यम से अपने विचारों को व्यक्त कर सकने में असमर्थ थे और साथ ही जिनमें क्रमबद्ध चिन्तन शक्ति का भी अभाव था। ऐसे शब्द प्रायः प्राचीन ऋषियों की उस शब्दावली के हैं जिनकी सहायता से उन्होंने गूढ़ मानसिक रहस्यों को वैदिक मन्त्रों में व्यक्त किया है।

उपनिषदों में अत्यन्त गूढ़, गम्भीर, सूक्ष्म एवं परिपूर्ण मनौवैज्ञानिक तथा आध्यात्मिक विचार प्राप्त होते हैं। ये सब पूर्ववर्ती शून्य से उत्पन्न नहीं हो सकते। मनुष्य एक ज्ञान से ही दूसरे ज्ञान पर पदार्पण करता है। ज्ञान के पूर्ववर्ती अपूर्ण अथवा अस्पष्ट सूत्रों को वह ग्रहण करता है और उस दिशा में चलता हुआ पूर्णता प्राप्त करता है। ज्ञान के किसी भी क्षेत्र में सहसा पूर्णता नहीं प्राप्त की जा सकती। अतः उपनिषदों की इस उत्कृष्ट मनोवैज्ञानिक एवं आध्यात्मिक विचारधारा का उद्गम वेदों में ही मानना पड़ेगा।

एक बात और है। वैदिक देवताओं और पौराणिक देवताओं के स्वरूप में आश्चर्यजनक अन्तर है। उपनिषद् एवं पुराणों में प्राप्त वैदिक देवता प्रायः किसी न किसी मनोवैज्ञानिक विचार से सम्बन्धित हैं। वेदों की सरस्वती-नदी पुराणों में विद्या एवं ज्ञान की अधिष्ठात्री है। विष्णु एवं रुद्र सर्वोत्कृष्ट स्थान पा गए हैं और विश्व की सरंक्षक तथा संहारक शक्तियों के अधिष्ठाता हैं। ईशावास्य-उपनिषद् में सूर्य की ज्ञान के प्रकाशक देवता के रूप में स्तुति की गई है, जिसकी कृपा से मनुष्य सत्य को प्राप्त कर सकता है। ऋग्वेद के गायत्री मन्त्र में भी सूर्य का यही रूप सामने आता है। इसी उपनिषद् में अग्नि की, कुछ नैतिक विशेषताओं के अधिष्ठाता होने के कारण, स्तुति की गई है। वह मनुष्य को पापों से मुक्त करता है तथा देवमार्ग से ले जाकर आनन्द की प्राप्ति कराता है। वह मनुष्यों की इच्छाशक्ति का अधिष्ठाता माना गया है और इसलिए उनके सदसत् कर्मों का उत्तरदायी है। सोम पादप, जो वैदिक ऋषियों को एक विशिष्ट प्रकार का रस प्रदान करता था, उपनिषदों में मनस्तत्व से सम्बन्धित है। पुराणों में सोम चन्द्रमा की संज्ञा है और स्थान-स्थान पर चन्द्रमा का मनुष्यों के मन से सम्बन्ध बताया गया है। ये सब तथ्य वैदिक जडात्मवाद अथवा जडचेतनावाद के ऊपर आधारित देवोपासना एवं देवों के इन मनोवैज्ञानिक विचारों के अधिष्ठातृत्व के बीच में विभेद के एक स्पष्ट गर्त को सूचित करते हैं[१]।

जो रहस्यमय गूढ़ मनोवैज्ञानिक विचार वेदों की ऋचाओं में सन्निहित हैं, उनकी परिपूर्ण अभिव्यक्ति के लिए भारतीय परम्परा में 'दृष्टि' एवं 'श्रुति' ये दो शब्द प्रचलित हैं। ऋषि सूक्त का रचयिता नहीं है। वह एक अनन्त सत्य एवं अपौरुषेय ज्ञान का द्रष्टा है। वेदों की भाषा श्रुति है। उसमें वे शब्द है, जो सुदूर निस्सीम आकाश से स्पन्दित होते हुए उस व्यक्ति के आन्तरिक श्रोत्र तक पहुँचते हैं, जिसने पहले से अपनी आन्तरिक

---

१. देखिए श्री अरविन्द : **ऑन् दि वेद**, अध्याय १, पृ० १-१०।

शक्तियों को उनके श्रवण के योग्य बना रखा है।[१]

अरविन्द के अनुसार **राये, रयि, राधस्, रत्न, वाजस्** आदि शब्द भौतिक विभूतियों के अतिरिक्त आध्यात्मिक तत्त्वों के भी सूचक हैं। उपनिषदों में **राये** शब्द आध्यात्मिक शक्ति का सूचक है और एक उपनिषद् में ऋग्वेद से उद्धृत एक मन्त्र में भी इसका यह अर्थ है। अतः वेदों में भी इसका यही मनोवैज्ञानिक अर्थ होना चाहिए। ठीक इसी प्रकार यज्ञ एवं उसकी सम्पूर्ण प्रक्रिया भी अधिकांशतः प्रतीकात्मक है और मनुष्य के आन्तरिक एवं बाह्य सभी कर्मों को सूचित करती है। स्वयं गीता में ही यज्ञ शब्द मनुष्य की सम्पूर्ण क्रियाशीलता का वाची है। यज्ञ को संचालित करने का श्रेय **पुरोहित** को है, जिसका अर्थ है 'सामने स्थित'। यह पुरोहित और कुछ नहीं केवल मनुष्य की इच्छाशक्ति है, जो सभी कार्यों के लिए उत्तरदायी है। जैसा कि पहले कहा जा चुका है, अग्नि इसी इच्छाशक्ति का सूचक है और इसीलिए उसे स्थान-स्थान पर पुरोहित कहा गया है। **गो** का अर्थ गाय के अतिरिक्त किरण भी होता है। किरण अथवा प्रकाश ज्ञान का वाची है। उषा को गोमती तथा अश्वमती कहा गया है अर्थात् वह यजमान को गो तथा अश्व प्रदान करती है। गो और अश्व और कुछ नहीं केवल ज्ञान एवं शक्ति, चेतना एवं ऊर्जा के वाची हैं। इस दोनों की सहायता के बिना कोई कार्य नहीं हो सकता। पणि आर्यों की गायें (गावः) चुरा ले जाते हैं और अन्धकारमय गुफा में बंद कर देते हैं। स्वर्ग की कुक्कुरी सरमा उनको पुनः प्राप्त करने में सहायता करती है। वस्तुतः **सरमा** प्रातिभ ज्ञान (Intuition) की प्रतीक है, जो मनुष्य के अन्धकारमय अवचेतन मन में स्थित आत्मज्ञान की किरणों (गो) को बाहर लाती है।[२] उनके अनुसार **इन्द्र** आध्यात्मिक ज्ञान से पूर्ण मन का वाची है। अतः इन्द्र को ही इन गायों (ज्ञान) की आवश्यकता रहती है।

सत्य के परिज्ञान से मर्त्यता छोड़कर अमरता प्राप्ति ही वैदिक ऋषियों की दृष्टि में जीवन का उद्देश्य है। पर अमरता अनन्त एवं अखण्ड आनन्दमय है। मन, प्राण एवं स्थूल शरीर का विनाश ही मृत्यु है। जब मनुष्य **रोदसी** अर्थात् आकाश (मन) एवं पृथ्वी (पाँच भौतिक शरीर) को छोड़ देता है, तभी वह **महः** (आनन्द) एवं **सत्यम्** की स्थिति को प्राप्त करता है।[३] **धीः, मनीषा, मनस्, मति, ऋतम्, कवि, विप्र, विपश्चित्, क्रतु, घृतम्, श्रवः** आदि के भी अनेक मनोवैज्ञानिक अर्थ श्री अरविन्द ने निश्चित किए हैं।[४]

---

१. अध्याय २, पृ० ११।

२. अध्याय ४, पृ० ४३।

३. पृष्ठ ५३।

४. यहाँ अरविन्द के सिद्धान्त का केवल दिग्दर्शन मात्र किया गया है। विस्तार के लिए उनकी विद्वत्तापूर्ण पुस्तक **'ऑन् दि वेद'** पठनीय है।

वैदिक देवताओं के सम्बन्ध में **वी० जी० रेले** के एक नवीन एवं विचित्र मत का भी यहाँ उल्लेख आवश्यक प्रतीत होता है। सन् १९३१ में बम्बई से प्रकाशित अपनी मौलिक पुस्तक **'वैदिक गाड्स — एज़ दि फिगर्स ऑफ़् बाँयॉलजी'** में उन्होंने प्रतिपादित किया है कि सभी वैदिक देवता मनुष्य के **स्नायु संस्थान** के विभिन्न **चेतना-केन्द्रों** तथा क्रियाओं के प्रतीक हैं। देवता के रूप में जिस चेतन सत्ता की वैदिक ऋषियों ने कल्पना की वह मानवीय चेतना का ही प्रतिरूप है और इस चेतना का अधिष्ठान स्नायु तन्त्र (मस्तिष्क, सुषुम्ना एवं तन्त्रिकाएँ) ही देवों का निवास-स्थान है। उन्हीं के शब्दों में "मेरा यह दृढ़ विश्वास है कि वेद स्नायु संस्थान एवं उनकी कार्य प्रणाली पर ऋषियों द्वारा लिखी गई पुस्तकें हैं। इन सबको वैदिक ऋषियों ने एक ऐसी भाषा में व्यक्त किया है, जो उनके निवास स्थान[१] से सम्बन्धित प्राकृतिक दृश्यों से लिए गए रूपकों अथवा प्रतीकों से युक्त है[२]।"

'यथा पिण्डे तथा ब्रह्माण्डे' इस प्रसिद्ध लोकोक्ति के अनुसार वैदिक ऋषियों ने मस्तिष्क को सम्पूर्ण ब्रह्माण्ड की एक लघु प्रतिकृति समझा। अत: उन्होंने मस्तिष्क के विभिन्न विभागों से सम्बन्धित इन देवताओं को बाह्य प्रकृति के विभिन्न क्षेत्रों से भी सम्बद्ध किया है। वैदिक देवताओं के इस स्वरूप पर दृष्टि रखते हुए ही सम्भवत: प्रसिद्ध प्राचीन भारतीय शल्यचिकित्सक सुश्रुत ने कहा है कि वेदों में वर्णित सभी देवताओं का मानव शरीर में स्थायी अस्तित्व है। श्री रेले का विश्वास है कि केवल इसी दृष्टि से व्याख्या करने पर ही वेदों में वर्णित देवताओं की प्रत्येक विशेषता की सन्तोषजनक व्याख्या की जा सकती है। आत्मा जैसी किसी अमूर्त एवं अव्यक्त सत्ता की स्वीकृति के पूर्व मानव चेतना का मूल रहस्य खोजते हुए उन्होंने मानव मस्तिष्क एवं स्नायुमण्डल का सूक्ष्म अध्ययन किया था।

श्री रेले के सिद्धान्त को पूर्णत: समझने के लिए स्नायुमण्डल का एक संक्षिप्त-सा विवरण दे देना, यहाँ अनुपयुक्त न होगा। यह सभी को ज्ञात है कि ज्ञान एवं चेतना का केन्द्र मस्तिष्क है। मस्तिष्क के दो भाग हैं, दोनों एक दूसरे से स्वतन्त्र हैं। इनमें एक भाग मस्तक की ओर आगे होता है और दूसरा पीछे। आगेवाला भाग पिछले भाग की अपेक्षा बहुत बड़ा होता है। संवेदन की क्रिया एवं समस्त ज्ञानेद्रियों तथा कर्मेन्द्रियों का

---

१. इस सम्बन्ध में रेले तिलक के अनुयायी हैं और उत्तरी ध्रुव को ही आर्यों का मूल निवास-स्थान मानते हैं (देखिए-उनकी पुस्तक की भूमिका, पृ० १२-१३)। तिलक के इस मत का संक्षिप्त विवरण आगे दिया गया है।

२. My conviction as a whole leads me to believe that the Vedas are the books writted on the physiology of the nervous system by different Vedic seers. They describe its structure in a language which is full of metaphors taken from the natural phenomena. —Preface, pp. xi-xii

नियमन यहीं से होता है। इसे 'प्रमस्तिष्क' कहते हैं। पिछला 'लघु-मस्तिष्क' शरीर में सन्तुलन स्थापित रखता है। दोनों मस्तिष्कों के बीच में एक दरार-सी होती है। दरार के दोनों ओर के भाग एक समान होते हैं। इस प्रकार मस्तिष्क के चार खण्ड हो जाते हैं। यह महत्त्वपूर्ण है कि मस्तिष्क का दक्षिण भाग शरीर के वामांग को और वामांग शरीर के दक्षिण भाग को नियन्त्रित रखता है। मस्तिष्क से शरीर में सूचनाएँ ले जाने के लिए एवं इन्द्रियों से विभिन्न अनुभूतियों को मस्तिष्क तक पहुँचाने के लिए शरीर के प्रत्येक अंग में पतले डोरे जैसी तन्त्रिकाओं (अथवा स्नायु) का जाल सा बिछा रहता है। ये सब तन्त्रिकाएँ सुषुम्ना नामक एक बड़ी नाड़ी से जुड़ी रहती हैं। यह नाड़ी रीढ़ की हड्डी के बीच के पोले भाग में ऊपर से नीचे तक स्थित रहती है। सुषुम्ना अनेक तन्त्रिकाओं का एक समूह है। कपाल के पिछले भाग में जिस स्थान पर सुषुम्ना मस्तिक से मिलती है, वहाँ उसका ऊपरी सिरा कुछ मोटा हो जाता है। इसे 'मेडुला ऑबलांगाटा' कहते हैं। मस्तिष्क एवं सुषुम्ना को आवृत करती हुई एक बहुत पतली झिल्ली होती है। इस पतली झिल्ली के ऊपर एक मोटी झिल्ली होती है। दोनों के बीच में एक चिकना गाढ़ा-सा द्रव होता है। संक्षेप में यही स्नायु संस्थान है।

श्री रेले ने शरीर-शास्त्र सम्बन्धी अनेक सूक्ष्म प्रमाणों के द्वारा यह सिद्ध करने का यत्न किया है कि प्रमस्तिष्क ही इन्द्र है। जिस प्रकार आकाश से वर्षा की बूँदें गिरती हैं उसी प्रकार यह भी तन्त्रिकाओं द्वारा शरीर में अनेक सूचनाएँ भेजता रहता है। प्रमस्तिष्क के मध्य भाग में स्थित अनुभूति का केन्द्र थैलेमस् ही अग्नि है। लघु-मस्तिष्क पूषन् है। मैडुला एवं लघु मस्तिष्क के समीप का पोन्स नामक भाग रुद्र है। यहाँ पर मैडुला से आए हुए तीन स्नायु समूह लघुमस्तिष्क से मिलते हैं। इन्हीं स्नायु रूपी बाणों से सम्बन्ध के कारण ही रुद्र को धनुर्धर या त्रिशूलधारी कहा गया है। सुषुम्ना विष्णु है। प्रमस्तिष्क के दाहिने और बाएँ भाग से आकर सुषुम्ना में प्रवेश करने वाले दो स्नायु समूह अश्विनौ शब्द से वाच्य हैं। स्नायुओं के तीन समूह ही ऋभु नाम से ऋग्वेद में वर्णित किए गए हैं। ऋग्वेद में कहा गया है कि ऋभुगण ने त्वष्टा के एक चषक को चार चषकों में परिवर्तित कर दिया। ये चार चषक प्रमस्तिष्क के पिछले दो कोषों, लघुमस्तिष्क का एक कोष एवं मेडुला के ही प्रतीकात्मक रूप हैं। मस्तिष्क एवं सुषुम्ना के चारों ओर का लसिका-द्रव मित्र और वरुण हैं। वरुण को चमकीले वस्त्र पहने हुए वर्णित किया गया है। ये वस्त्र वे ही दोनों झिल्लियाँ हैं, जिनके बीच में यह द्रव रहता है। रेले ने ऋग्वेद की अनेक ऋचाओं का प्रमाण देते हुए यह भी सिद्ध किया है कि वैदिक शब्द 'रोदसी' का अर्थ पृथिवी एवं आकाश नहीं हो सकता। रोदसी शब्द अनेक ऋचाओं में पृथिवी एवं आकाश दोनों के वाची शब्दों के साथ, पृथक्-पृथक् भी प्रयुक्त हुआ है और तब भी वह द्विवचन ही है। वस्तुतः यह शब्द प्रमस्तिष्क के दो गोलार्द्धों का वाची है। मुखमण्डल की मांसपेशियों को नियन्त्रित करने वाली एवं वहाँ से

प्रमस्तिष्क तक सूचना ले जाने वाली तन्त्रिकाओं की संज्ञा मरुत् है। ये जाकर उस 'सेतु' (Pons) से मिलती है जिसे वैदिक भाषा में रुद्र का नाम दिया गया है। इस प्रकार ये रुद्र के पुत्र हैं। भ्रूण एवं तत्पश्चात् शिशु के रूप में विकसित होने वाला संसिक्त कोष ही हिरण्यगर्भ है, आदि-आदि।

डा० रेले की ही भाँति वैदिक देवताओं के सम्बन्ध में एक अन्य विचित्र मत श्री **परमशिव अय्यर** का है। अपनी 'रिक्स' (Riks) नामक पुस्तक में उन्होनें प्रतिपादित किया है कि ऋग्वेद में उस समय की घटनाओं का उल्लेख है, जब पृथ्वी का जन्म ही हुआ था और पर्वतों, नदियों तथा समुद्र आदि का भूतल पर क्रमशः निर्माण हो रहा था। भूतल पर होने वाले विविध प्रकार के परिवर्तनों को ही वैदिक ऋषियों ने ऋग्वेद के रूप में उपनिबद्ध किया है और सम्पूर्ण देवता भूगर्भ विद्या-सम्बन्धी दृश्यों (Geological Phenomena) के ही वाची हैं। अपने मत की पुष्टि के लिए अय्यर महोदय को भी स्वभावतः स्वामी दयानन्द की भाँति शब्दों के अर्थों में पर्याप्त तोड़-मरोड़ करनी पड़ी है। 'परमे व्योमन्' का अर्थ उनके मत में 'सर्वोच्च आकाश में' नहीं अपितु 'बहुत नीचे' है। 'उमा' शब्द गर्त का वाची है।

वैदिक देवों की उनकी व्याख्या पद्धति का अनुमान रुद्र और मरुतों की व्याख्या से लगाया जा सकता है। वेदों में वर्णित मरुद्गण की उत्पति, क्रियाओं तथा रूपों से समानता दिखाते हुए उन्होंने सिद्ध किया है कि मरुतों का गण पर्वतों के उच्च शिखरों पर जमें हुए हिम, हिमयुक्त शिखरों तथा बर्फीले झंझावात को सूचित करता है। मरुतों को 'रुद्रस्य सूनवः' तथा 'पृश्निमातरः' (पृश्निः माता येषां) कहा गया है। **पृश्नि वस्तुतः कुन्तल** मेघ (साइरस) है जो सदा ऊँचे पर्वतों के भी ऊपर हवा में तैरता रहता है और कभी पृथ्वी पर नहीं उतरता। ब्राह्मण ग्रन्थों में रुद्र को अग्नि कहा गया है। वस्तुतः रुद्र अन्तरिक्ष की अग्नि (विद्युत या तडित्) है। इस तडित् के कारण ही उच्च पर्वतीय शिखर तथा उनके ऊपर का वायुमण्डल विद्युन्मय हो जाता है और फलस्वरूप मेघ की वाष्प के संयोग से उन शिखरों पर तुहिन कण जम जाते हैं। मरुत् और रुद्र को अनेक ओषधियों का स्वामी तथा रोग विनाशन में निपुण बताया गया है। वस्तुतः विद्युत् के आवेश से युक्त, हिमयुक्त तीव्र झंझावात, वायुमण्डल के रोगोत्पादक कीटाणुओं तथा अन्य हानिकारक तत्त्वों को नष्ट करके वातावरण को शुद्ध कर देता है। साथ ही ऐसे झंझावात के पश्चात् विविध प्रकार की ओषधियों की भी तीव्रता से वृद्धि होती है। ऐसा झंझावात प्रायः अचानक ही उठ होता है। अतः मरुतों को विमान अथवा अश्वों के बिना ही इतस्ततः विचरण करते हुए वर्णित किया गया है[१]।

इस प्रसंग में **श्री बाल गंगाधर तिलक** का मत भी उल्लेखनीय है। यद्यपि अरविन्द, रेले या अय्यर की भाँति उन्होंने वैदिक देवताओं की प्रकृति एवं उत्पत्ति के

---

१. टी० परमशिव अय्यर, **ऋक्स**, पृ० १७-१९।

विषय में अपना कोई पृथक् सिद्धान्त स्थिर नहीं किया और इस सम्बन्ध में मूलतः पाश्चात्य विद्वानों द्वारा प्रतिपादित प्राकृतिक सिद्धान्त का ही अवलम्बन किया है फिर भी इन्द्र-वृत्र की कथा का आधार लेकर उन्होनें इसकी तथा एतत् सम्बन्धित अन्य देवकथाओं की जिस प्रकार से व्याख्या की है उससे वैदिक देवताओं के स्वरूप पर पर्याप्त प्रकाश पड़ता है। ऋग्वेद के निम्न मन्त्र —

तानीदहानि बहुलान्यासन् या प्राचीनमुदिता सूर्यस्य।
यतः परि जार इवाचरन्ती उषो ददृक्षे न पुनर्यतीव॥ ७। ७६। ३

एवं इसी प्रकार के अन्य उल्लेखों के आधार पर जिनमें अनेक दिनों के पश्चात् सूर्योदय होने का और उषाकाल के बहुत समय स्थिर रहने का उल्लेख है, लोकमान्य ने यह प्रतिपादित किया है कि आर्यों का मूल निवास-स्थान उत्तरी ध्रुव का वह प्रदेश था जहाँ छः मास का दिन एवं छः मास की रात्रि होती है। इस ध्रुवीय सिद्धान्त की आधारभूत इन्द्र एवं वृत्र की कथा की तिलक ने इस प्रकार व्याख्या की है —

ऋग्वेद में वृत्र का विनाश करके इन्द्र द्वारा जलों को प्रवर्तित करने का उल्लेख है। साथ ही अनेक स्थानों पर यह भी कहा गया है कि उसने बल आदि दैत्यों द्वारा गुफाओं में अवरुद्ध गायों को मुक्त किया। प्रथम कृत्य से इन्द्र को वृष्टि का देवता तथा द्वितीय से सूर्य का देवता समझा जाता है। किन्तु पर्जन्य एवं सूर्य, सविता, विवस्वान्, मित्र आदि वृष्टि एवं प्रकाश के देवों के होते हुए भी ऋग्वेद में इन्द्र का इतना महत्त्व क्यों है ? इस प्रश्न का सर्वाधिक सन्तोषजनक उत्तर तब मिल सकता है, जब हम यह मानें कि ऋग्वेद में उल्लिखित जल, आकाशीय जल है। प्राचीन आर्यों का विश्वास था कि जल-वाष्प सम्पूर्ण पृथ्वीमण्डल को चारों ओर से व्याप्त किए हुए है और इन्हीं जलों से पृथ्वी की सृष्टि हुई है; (उपनिषदों में भी अनेक स्थानों पर कारण-कार्य भाव से आकाश से क्रमशः वायु, अग्नि, जल एवं पृथ्वी की उत्पत्ति का वर्णन है[१])। यह माना जाता था कि ये जल पृथ्वी से पर्याप्त ऊँचाई पर मण्डलाकार रूप में स्थित हैं और धीरे-धीरे पृथ्वी के चारों ओर चक्कर लगाते रहते हैं। सूर्य-चन्द्र आदि ग्रह इसी जलमण्डल में स्थित होने के कारण पृथ्वी की परिक्रमा करते हैं।

ध्रुव की महारात्रि शरद् ऋतु से प्रारम्भ होती थी। दक्षिणी गोलार्द्ध में होने के कारण, उत्तरी ध्रुव से देखने पर उस समय सूर्य पृथ्वी के नीचे चला जाता था। वृत्र पृथ्वी के नीचे के इसी अन्धकारमय स्थान का स्वामी दैत्य था। उसका कार्य शरद् ऋतु के आदि में प्रारम्भ होता है। यदि इस जलमण्डल की गति अवरुद्ध हो जाए तो सूर्य-चन्द्र आदि का उदय बंद हो जाएगा और संसार एक भयंकर संकट में पड़ जाएगा। अतः उन्होंने एक ऐसे देवता की कल्पना की थी जो वृत्र से निरन्तर युद्ध करता हुआ उसका वध

---

१. तु० की०, **तैत्तिरीय उ०** २।१।

करता है और अन्ततः आगामी वर्ष के आदि में आकाशीय जलों को अग्रसारित करता है, जिससे सूर्यादि का पुनर्दर्शन सम्भव होता है। पृथ्वी के दोनों कोणों पर आर्य कुछ पर्वतों को भी स्थित मानते थे, इसीलिए सूर्य, चन्द्र एवं नक्षत्रादि रूपी गायों का इन पर्वत कन्दराओं से निर्गमन का प्रायशः वर्णन है[१]। इसी सिद्धान्त के अनुसार अन्य वैदिक देवताओं की प्रकृति की व्याख्या करते हुए लोकमान्य तिलक ने विष्णु के सम्बन्ध में कहा है कि ऋग्वेद में जिन तीन पदक्रमों का वर्णन किया गया है, वे भी सूर्य की पृथ्वी–परिक्रमा से ही सम्बन्धित हैं। ध्रुवीय प्रदेश के छः मास के लम्बे दिन के अतिरिक्त उदय के पूर्व एवं अस्त के पश्चात् एक–एक मास तक सूर्य का थोड़ा–थोड़ा प्रकाश आता ही रहता है। केवल चार मास ही गहन अन्धकार में आवृत रहते हैं। चार–चार मास लम्बे, तीन खण्ड ही विष्णु के तीन पद (क्रमण) हैं, जिनसे वह सम्पूर्ण ब्रह्माण्ड को नाप डालता है। ऋग्वेद में प्रायः कहा गया है कि विष्णु का तृतीय पद मनुष्यों द्वारा अदृष्ट रहता है। केवल दो ही पद आँखों से दिखाई पड़ते हैं[२]। विष्णु का एक प्रसिद्ध विशेषण 'शिपिविष्ट' भी है। इसका अर्थ यास्क ने 'अप्रतिपन्नरश्मिः' किया है, जो विष्णु की इस गूढ़ अवस्था का वाची है। अश्विनौ, वरुण, पूषन्, मित्र, मरुत् आदि देवों की भी तिलक ने इसी दृष्टि से व्याख्या की है और प्रायः सबका उपर्युक्त सिद्धान्त में उपयुक्त स्थान निर्धारित किया है।

वैदिक देवों की अवधारणा के मूल उत्स को आकाशीय तत्त्वों में खोजने की कुछ अन्य विद्वानों ने भी चेष्टा की है। अक्षय कुमारी देवी (एवोल्यूशन ऑफ़् ऋग्वेद — पैन्थिऑन्, कलकत्ता १९३८) इन्द्रादि का उद्गम द्वादश राशियों में मानती है (धनु = इन्द्र, मेष = अग्नि, मृगव्याध = रुद्र आदि) तो आर० शामाशास्त्री *बी०सी०लॉ स्मृतिग्रन्थ* (कलकत्ता १९४५) में अग्नि को मंगल ग्रह ('अंगारक') से एवं दीर्घतमा, अंगिरस तथा भृगु ऋषियों कों क्रमशः बुध, बृहस्पति एवं शुक्र ग्रहों से जोड़ते हैं।

वर्तमान युग के प्रसिद्ध वैदिक विद्वान् एवं विचारक **श्री वासुदेवशरण अग्रवाल** ने यह सिद्धान्त स्थिर किया है कि वेदों में सृष्टि के विभिन्न गूढ़ रहस्यों का ही परोक्ष भाषा में वर्णन किया गया है। ''सृष्टि की रहस्यमयी प्रक्रिया की व्याख्या वेद की नाना विद्याओं के रूप में उपलब्ध होती है''। मनुष्य के शरीर के अन्दर के विभिन्न रहस्य, एवं जगत् के प्रत्येक कण में व्याप्त सृष्टि के रहस्य, ये दो ही वे स्रोत हैं जिनसे वैदिक

---

१. The waters do not mean the waters in cloud but the waters or the watery vapours which fill the universe and form the material out of which the latter was created . . . the conquest over the cloud was something far more marvellous and cosmic in character than the breaking of the rain. *Arctic Home in the Vedas,* p. 269.

2. **द्वे इदस्य क्रमणे स्वर्दृशो अभिख्याय मर्त्यो भुरण्यति।**
तृतीयमस्य नकिरादधर्षति वयश्चन पतयन्तः पतत्रिणः। १।१५५।५

ऋषियों ने देवताओं का निर्माण किया है। अग्रवाल जी की विचार-सरणि जयपुर के सुप्रसिद्ध वैदिक विद्वान् पं० मधुसूदन ओझा एवं उनके मानस-शिष्य श्री मोतीलाल शर्मा ('शतपथ ब्राह्मण का विज्ञानभाष्य' के रचयिता) के विचारों से घनिष्ठतया प्रभावित है। **'वेदविद्या'** एवं **'उरुज्योति'** नामक पुस्तकों में लेखक के वैदिक देववाद सम्बन्धी निबन्धों का संग्रह है। उनके अनुसार वैदिक सृष्टि-विद्या की दृष्टि से विश्व में दो ही मूल तत्त्व हैं, एक देव और दूसरा भूत। देवतत्त्व का ही दूसरा नाम शक्तितत्त्व है। भूत दृश्य और स्थूल हैं। देव या शक्ति सूक्ष्म और अदृश्य है। प्रत्येक भूत एक-एक कूट या ढेर है। उसकी विधृति शक्ति या देव कहलाती है। बिना देव के किसी भी भूत की पृथक् सत्ता सम्भव नहीं। मूलभूत देवतत्त्व एक और अखण्ड है। वही सृष्टि के लिए नाना भाव में परिवर्तित है। **'एकं सद्विप्रा बहुधा वदन्ति,' 'एको देवः सर्वभूतेषु गूढः'** यही सृष्टि का मूल सूत्र है। यद्यपि देवताओं के अनेक नाम कहे गए हैं किन्तु उन सब नामों के मूल में एक ही देवतत्त्व प्रतिष्ठित है — **'यो देवानां नामधा एक एव, तं संप्रश्नं भुवना यन्यत्यन्या'** (ऋ० १०।८२।३)।

मन, प्राण (लाइफ) और पञ्चभूतों (मैटर) से इस प्राणिजगत् की सृष्टि हुई है। पञ्चभूतों में आकाश सर्वाधिक सूक्ष्म है। उसका गुण वाक् है। अतः पञ्चभूतों को वैदिक भाषा में वाक् कहा गया है — **'वाङ्मयः प्राणमयः मनोमयः एष आत्मा'**।

अग्नितत्त्व की व्याख्या करते हुए अग्रवाल जी ने कहा है कि ज्ञान और कर्म की जितनी शक्ति है, उस सबका प्रतीक अग्नि है। मूल और तूल दोनों रूपों में जितनी शक्ति और उसके भेद हैं, वह सब अग्नि का ही एक-एक रूप है। **'एक एवाग्निर्बहुधा समिद्धः'**, जिसका समिन्धन होता है उसे अग्नि कहते हैं। स्थूल काष्ठ या समिधा अग्नि के समिन्धन का एक प्रतीक या उदाहरण मात्र है। अग्नि को हम तब तक प्रत्यक्ष नहीं देख सकते जब तक वह भूत के माध्यम से प्रकट न हो। भूत को क्षर कहते हैं और उसके भीतर निवास करने वाले अक्षर को देव कहा जाता है — **'क्षरः सर्वाणि भूतानि कूटस्थोऽक्षर उच्यते'** (भगवद्गीता १५) ऋग्वेद के अस्यवामीय सूक्त (ऋ० १।१६४) में कहा है कि अक्षर से ही क्षर का जन्म होता है अर्थात् देव या शक्ति से ही भूत का निर्माण होता है। इस अक्षर या देवतत्त्व की अभिव्यक्ति तीन रूपों में हो रही है; वृक्ष-वनस्पति, पशु-पक्षी, एवं मानव। इन तीनों में जो शक्ति तत्त्व है, उसे प्राणाग्नि कहते हैं। प्राणतत्त्व ही वैदिक अग्नि है। प्राण रूपी कोई ज्योति या रोचना मानव केन्द्र में प्रकट होती है और प्राण एवं अपान के रूप में स्पन्दित होती हुई आयुपर्यन्त सक्रिय रहती है, **'अन्तश्चरति रोचनास्य प्राणदपानती व्यख्यन् महिषो दिवम्'** (ऋ० १०।१८९।२)। ये प्राण विराट् आत्मतत्त्व के ही अंशभूत हैं। विराट् आत्मतत्त्व का वैदिक परिभाषा में सर्वोत्तम प्रतीक सूर्य माना गया है — **'सूर्य आत्मा जगतस्तथुषश्च'**, (ऋ० १।११५।१) जो भौतिक अग्नि का ही विशालरूप है। मैत्रायणी उपनिषद् के अनुसार

ब्रह्म के दो रूप हैं — मूर्त और अमूर्त। जो मूर्त है, वह असत्य है, जो अमूर्त है, वह सत्य है, वही ब्रह्म है, वही ज्योति है। जो ज्योति है, वही आदित्य है। जो आदित्य है, वही आत्मा है (मै०उ० ६। ३)।

प्रज्ञा या मनस्तत्त्व ही वैदिक इन्द्र है। ऋग्वेद में इन्द्र को मनस्वान् कहा गया है — **'यो जात एव प्रथमो मनस्वान् देवो देवान् क्रतुना पर्यभूषत्'**, (ऋ० २। १२। १)। जहाँ एक या अनेक इन्द्रियों का विकास उपलब्ध है, वहाँ इन्द्र या मनस्तत्त्व की सत्ता अवश्य है। कौषीतकि उपनिषद् में इन्द्र ने अपने विषय में कहा है — **'प्राणोऽस्मि प्रज्ञात्मा'** अर्थात् मैं ऐसा प्राण हूँ जो प्रज्ञा या मनस्तत्त्व के साथ प्राणियों के केन्द्र में आविर्भूत होता हूँ। मन की महती सत्ता अवचेतन प्रज्ञा में है। उसी से सब प्रेरणाओं के स्रोत उन्मुक्त होते हैं। यही रुँधे हुए जलों का इन्द्र द्वारा उन्मोचन है।

मातृगर्भ में शिशु के रूप में विकसित होने वाला गर्भित कोष या भ्रूण ही हिरण्यगर्भ है — इस कोष से ही जीवन का स्पन्दन प्रारम्भ हो जाता हो जाता है। कोष के भीतर प्रसुप्त उसका केन्द्रक (न्यूक्लियस) विभाजित होते हुए एक राशि या कूट बन जाता है, जिसे शरीर कहते हैं। सर्वप्रथम इसी हिरण्यात्मक गर्भ या शिशु का जन्म होता है — **हिरण्यगर्भः समवर्तताग्रे भूतस्य जातः पतिरेक आसीत्** १०। १२१। १)। हिरण्य का अर्थ है अग्नि या ज्योति, और गर्भ का अर्थ है शिशु या कुमार (ऋ० १०। १३। ३)।

ऋक् एवं यजुर्वेद में अग्नि को 'अन्नाद' या अन्न का भक्षण करने वाला कहा गया है। जीवों का प्राणात्मक स्पन्दन ही अन्नाद-अग्नि का रूप है। अन्न ही सोम है। केन्द्र के बाहर से अन्नरूपी सोम को खींच कर अन्नाद-अग्नि पचाता है और शरीर की वृद्धि करता है। 'अग्निना रयिमश्नवत् पोषमेव दिवे दिवे' (ऋ० १। १। ३) का यही अभिप्राय है। यही सोम की अग्नि में आहुति है। यही सोम याग है। यदि केन्द्र में बैठे अन्नाद-अग्नि को सोम न मिले तो यज्ञ की समाप्ति हो जाए और कोष या शरीर के संवर्द्धन का कार्य रुक जाए।

पृथ्वी की सम्पूर्ण प्राणिसृष्टि अन्न (सोम) तथा अन्नाद (अग्नि) के नियम के अधीन है। जिस केन्द्र में प्राण का जन्म होता है उसमें अशनाया या बुभुक्षा का नियम अवश्य काम करता है। बालक भूख से व्याकुल होकर रोता है। अग्नि की सोम के लिए व्याकुलता या भूख को ही ब्राह्मण ग्रन्थों में रुदन कहा है — **'यदरोदीत् तस्माद्रुद्रः** (श० ब्रा० ६। १। ३। १०)। अग्नि ही रुद्र है। अन्नाद-अग्नि अन्न रूप सोम के बिना नहीं रह सकता। इस प्रकार अग्नि के दो रूप कहे गए हैं, घोर तथा अघोर। जब अग्नि को सोम नहीं मिलता तो वह घोर या मृत्यु (रुद्र) रूप हो जाता है। बिना सोम के अग्नि अपने केन्द्र को ही नष्ट कर डालता है; जैसे घी या तेल के अभाव में दीपक की ज्वाला बत्ती को ही जला डालती है। किन्तु जैसे ही अग्नि को सोम मिलता है, वह शान्त हो

जाता है और शिव या कल्याणकारी बन जाता है और सोम से शरीर को पुष्ट करता है। इसी प्रकार इस समस्त विश्व की जो संचालिका शक्ति है, वही विराट् सविता देव है। ''विश्वरूपी वत्स की माता अनन्त प्रकृति ही अदिति है''। प्राणि जगत् में स्त्री पुरुष के युग्म को ही मित्रावरुणौ कहते हैं, आदि आदि।

अग्रवाल जी का मत है कि सूर्य, चन्द्र, पृथ्वी, समुद्र, मेघ, आकाश, नदी, वृक्ष, वन, जल, अग्नि, आदि जितने भी शत-सहस्र पदार्थ है वे सब अपने-अपने प्रतीक से सृष्टि के रहस्य को प्रकट कर रहे हैं। वे शब्दमयी भाषा की अपेक्षा कहीं गम्भीर अर्थों के परोक्ष संकेत प्रदान करते हैं। ऋषियों ने अर्थों को इन प्रतीक रूपी खूँटियों पर टाँगकर ही अपने अभिप्रेत की व्याख्या की है। कारण यह कि प्रतीक रूप में उपयुक्त इन वस्तुओं की रचना मानवी कृति नहीं अपितु नित्य कृति हैं। अतः वह अपौरुषेय रचना है। इसलिए इनके द्वारा जो अर्थ ग्रहण किए जाते हैं, वे भी अपौरुषेय हैं[1]।''

वैदिक मन्त्रों की दुरूहता एवं अनेक प्रकार के अर्थों को व्यक्त करने की क्षमता से वैदिक देवताओं एवं देवकथाओं के विषय में किस-किस प्रकार के परस्पर नितान्त असम्बद्ध मत प्रस्थापित किए जा सकते हैं? इसका यह एक संक्षिप्त-सा निदर्शन मात्र है। दर्पण के समान निर्मल एवं स्वच्छ वैदिक मन्त्रों में जो कोई भी झाँक कर उनकी पृष्ठभूमि में स्थित रहस्यों को खोजने की इच्छा करता है, उसे उनमें अपनी ही भावनाओं का प्रतिबिम्ब दिखाई पड़ता है। इन विविध मतों की विस्तृत समालोचना करना व्यर्थ है। हमारा विश्वास है इन मतों का यह विवरण ही स्वयं अपनी समालोचना साथ ही प्रस्तुत करता है। हो सकता है, प्रत्येक में सत्य का कुछ-कुछ अंश हो। वैदिक ज्ञान-विज्ञान के सम्बन्ध में अभी हम इतनी अधिक प्रारम्भिक अवस्था में हैं कि हमको इस सम्बन्ध में प्रत्येक नवीन दृष्टिकोण का स्वागत करना चाहिए।

---

१. अग्रवाल जी की वैदिक देवताओं के स्वरूप की यह व्याख्या, जिसे गुरुवर स्वर्गीय श्री भोलानाथ जी 'वेदों के प्रति रहस्यवादी (mystical) दृष्टिकोण' नाम से अभिहित किया करते थे, अग्रवाल जी के मथुरा में आयोजित दयानन्द दीक्षा शताब्दी के अवसर पर (२६।१२।१९५९) सभापति पद से दिए गए भाषण से उद्धृत की गई है। इस भाषण की एक प्रति श्री अग्रवाल जी ने लेखक को देने की कृपा की थी। सामान्यतः ये विचार पर्याप्त दुरूह एवं दुरधिगम्य हैं। ऊपर इनका सरल एवं संक्षिप्त रूप ही प्रस्तुत किया गया है।

(अभी कुछ वर्ष पूर्व जब कुछ खोजते हुए अचानक यह पुस्तक मेरे हाथ लगी तो आज से पचास वर्ष पूर्व उसके कवर-पृष्ठ पर 'यौवनप्रभवं तमः' से आवेष्टित, लगभग २० वर्ष की कच्ची अवस्था में अपने द्वारा लिखी गई निम्न विनोदपूर्ण टिप्पणी प्राप्त हुई —

अन्तर्दृष्ट्या समाधौ ये वीक्षिताः सुमनोहराः।
दुर्विज्ञेया विचारास्ते भाषणेऽस्मिन् प्रपञ्चिताः।।
नूनं सर्वप्रकारेण व्याख्याताः शेमुषीजुषा।
शंके किन्तु, स्वयं ह्येष न तान् समवगच्छति!)

स्वामी दयानन्द कहते हैं कि अग्नि सूर्य आदि नामों से वेदों में ईश्वर की स्तुति है। अरविन्द का मत है कि वस्तुतः वैदिक मन्त्र मनोवैज्ञानिक रहस्यों का ही वर्णन करते हैं केवल प्राकृत जनों से इस रहस्य को अस्पष्ट रखने के लिए ही बाह्य प्रकृति के दृश्यों का उन पर आवरण पहना दिया गया है। रेले कहते हैं कि प्रकृति के विभिन्न तत्त्वों के आधार पर वैदिक मन्त्र शरीर-विज्ञान एवं स्नायु संस्थान के रहस्यों पर प्रकाश डालते हैं। अय्यर महोदय भी अग्नि सूर्य आदि नामतः उल्लिखित देवताओं के प्रकृतिपरक सम्बन्ध को स्वीकार करते हुए भी विष्णु, इन्द्र आदि अस्पष्ट देवताओं के स्वरूप के आधार पर कुछ भूगर्भशास्त्रीय एवं भौगौलिक तथ्यों की व्याख्या करते हैं। अग्रवाल जी भी स्वीकार करते हैं कि इन्द्र, अग्नि, सूर्य, आपस् इत्यादि प्रतीकों द्वारा सृष्टि के रहस्यों की ही कहानी वेदों में कही गई है। इस प्रकार यह तो एक संशयहीन, अकाट्य एवं सर्वमान्य सिद्धान्त है ही कि वैदिक मन्त्र अग्नि, मरुत्, पर्जन्य, उषस् आदि प्राकृतिक शक्तियों के प्रति कहे गए हैं। केवल अग्न्यादि के वास्तविक एवं यथार्थ स्वरूप की व्याख्या पर मतभेद है। यही कारण है कि बहुत प्राचीनकाल से ही स्वतः भारतीय वेदज्ञों के एक समुदाय का यह निश्चित विचार हो गया था कि वैदिक देवता प्रकृति की विभिन्न शक्तियों के ही मानवीकरण (या दैवीकरण) हैं और वैदिक मन्त्रों में इन प्राकृतिक दृश्यों में व्यक्त दैवीशक्ति की ही परिष्टुति एवं अभ्यर्थना निहित है।

यास्क के उल्लेखों से ज्ञात होता है कि उसके समय में भी वैदिक देवताओं को ऐतिहासिक व्यक्ति मानने वाले '**ऐतिहासिक**', तथा कपोल कल्पना मानने वाले '**पौराणिक**' आदि सम्प्रदाय के विद्वान् विद्यमान थे[1]। किन्तु यास्क स्वयं वैदिक देवता विषयक '**प्राकृतिक सिद्धान्त**' के पक्षपाती थे। वैदिक व्याख्या क्रम में इस सिद्धान्त का आविर्भाव कब हुआ, इस पर निश्चित रूप से कुछ भी कहना असम्भव है। कम-से-कम महाभारत, रामायण एवं पुराणों में जिस धार्मिक-सामाजिक स्थिति का प्रतिबिम्ब है उससे यही प्रतीत होता है कि उस समय लोग देवताओं के मानव रूप से ही अधिक परिचित थे, प्राकृतिक रूप से नहीं। उनमें सर्वत्र यह विश्वास कार्य करता हुआ प्रतीत होता है कि अग्नि, वायु आदि शब्दों के इन भौतिक **पदार्थों** का नहीं अपितु इन तत्त्वों के अधिष्ठाता किसी **देवता** का बोध होता है। किन्तु इतना अवश्य है कि प्राचीनतम ब्राह्मण ग्रन्थों से ही इस सिद्धान्त की पुष्टि में उद्धरण उपस्थित किए जा सकते हैं। ''अग्नि-वायु-आदित्य ही मुख्य देवता हैं, अन्य देवता इन्हीं के विविध रूप हैं'' यह लगभग प्रत्येक ब्राह्मण ग्रन्थ में सर्वत्र सरलतया प्राप्य वाक्य है। 'विद्युत् को ही इन्द्र कहते हैं' स्तनयित्नुरेवेन्द्रः, यह शतपथ ब्राह्मण (११।६।३।९) का ऋग्वेद के सर्वाधिक प्रभावशाली देवता के विषय में मत है।

---

१. इन मतों का आगे विस्तार से उल्लेख किया गया है।

निरुक्तकार के इसी मत का आधार लेकर **शौनकीय बृहद्देवता** की रचना हुई। बृहद्देवता का रचयिता निरुक्त के दैवत-काण्ड से इतना अधिक प्रभावित है कि अनेक स्थानों पर उसने निरुक्त के वाक्यों को शब्दशः अथवा यत्किञ्चित् परिवर्तित रूप में अपना लिया है। यास्क का नामतः उल्लेख करने से यास्क से उसके परवर्तित्व में कोई सन्देह नहीं रह जाता। निरुक्त एवं बृहद्देवता दोनों ही सायण के सामने थे। अतः काल की दृष्टि से वैदिक साहित्य से अत्यन्त दूर सायण का इन दोनों महत्त्वपूर्ण ग्रन्थों से प्रभावित होना स्वाभाविक ही था। परिणामस्वरूप सायण ने भी ऋग्वेद की मुख्यतः कर्मकाण्डीय दृष्टि से व्याख्या करते हुए देवताओं के प्राकृतिक आधार को स्वीकार किया। सायण-भाष्य का अनुशीलन करने पर पाश्चात्यों को देवताओं एवं देवकथाओं के प्रति एक नई दृष्टि मिली। वैदिक साहित्य से सूत्र प्राप्त होने पर उन्होंने अन्य धार्मिक देवकथाओं की भी इसी दृष्टि से व्याख्या की और तुलनात्मक देवशास्त्र को जन्म दिया। किन्तु इस सिद्धान्त के अनुयायियों ने सदा एक भूल की, और वह है, इस सिद्धान्त को सीमातीत मात्रा में आगे बढ़ाना। यह ठीक है कि अग्नि, मरुत् एवं पर्जन्य आदि ने वैदिक देवताओं के मूल स्वरूप के सम्बन्ध में एक दिशा — और सम्भवतः ठीक दिशा — प्रदान की। किन्तु साथ ही इस सूत्र की प्राप्ति से प्रोत्साहित होकर इसके समर्थक इतने आगे बढ़े कि प्रत्येक वैदिक (और अवैदिक भी) देवताओं का उद्गम प्रकृति या ज्योतिर्मण्डल में खोजा जाने लगा। परिणाम वही हुआ जो अत्यन्त स्वाभाविक था — बहुत से ऐसे देवता थे, जिनके स्वरूप की सही व्याख्या न हो सकी और इसलिए उन्हें **'प्राचीनतम' 'अस्पष्ट'** या **'अपारदर्शक'** देवताओं की उपाधि दे दी गई। यह भूल यास्क के ही समय से ही प्रारम्भ हो गई थी और उसका कुछ देवताओं, (उदाहरणार्थ अश्विनौ) के स्वरूप के विषय में एकाधिक प्राकृतिक तत्त्वों को सुझाना यह सूचित करता है कि उसे किसी एक पर दृढ़ विश्वास नहीं है। ब्लूमफील्ड आदि पाश्चात्य विद्वानों ने भी प्रतिपादित किया है कि सब देवता प्राकृतिक शक्तियों के विविध रूप हैं; यदि हमें उनके उद्गम का वास्तविक पता नहीं चलता तो इसका तात्पर्य यह है कि वे देवता 'वैदिक देवताओं की उत्पत्ति परम्परा में सर्वाधिक प्राचीन हैं और इसीलिए उनका स्वरूप कुछ अस्पष्ट हो गया है'। इस पूर्वस्थापित निर्णय के आधार पर आगे बढ़ने पर एवं वेदों में संकेतित देवताओं की त्रित्वात्मता का अनुसरण करने का द्वितीय परिणाम यह हुआ कि सभी देवताओं का स्थान अग्नि, वायु या सूर्य वर्ग में से किसी एक में निश्चित कर दिया गया और तत्तत् वर्ग के विशिष्ट प्राकृतिक तत्त्व से उसका सम्बन्ध जोड़ने की चेष्टा की गई। अर्यमा, पूषन्, सविता, विवस्वान् आदि सभी सूर्य के ही विविध रूप या विशेषण मान लिए गए। एक ही प्राकृतिक तत्त्व से वैदिक ऋषियों को इतने अधिक देवता गढ़ने का क्या प्रयोजन था और यह सम्भव है भी या नहीं, इस तथ्य पर कोई ध्यान नहीं दिया गया। यदि बाह्य प्रकृति के प्रभावशाली दृश्यों

को देवत्व प्रदान किया जा सकता है तो अन्तः प्रकृति के भी प्रमुख अमूर्त भावों की उपेक्षा करने का कोई कारण नहीं प्रतीत होता। कम से कम **अदिति, पूषन्, अर्यमा, बृहस्पति, प्रजापति** तथा इसी प्रकार के कुछ अन्य देवताओं के उद्गम का कारण किसी प्राकृतिक तत्त्व को मानना दुराग्रह ही कहा जाएगा। यदि ऋग्वेद के दशम मण्डल में **श्रद्धा, मन्यु, काम** आदि भावात्मक देवता प्राप्त हो सकते हैं तो कोई कारण नहीं कि प्रारम्भिक अथवा पूर्व वैदिक-काल में इस प्रकार के देवता न रहें हों। वरुण, मित्र, इन्द्र आदि देवों के प्राकृतिक आधार के सम्बन्ध में वैदिक विद्वान् आज तक एकमत नहीं हो सके हैं और यह पूर्ण सम्भव प्रतीत होता है कि ऐसे देवताओं का कोई प्राकृतिक आधार रहा ही न हो।[१]

प्रथम अध्याय में कहा जा चुका है कि प्रायः भारोपीय तथा अधिकांश वैदिक देवताओं की उत्पत्ति के मूल में जड-चेतनावाद का सिद्धान्त कार्य करता हुआ प्रतीत होता है। प्रकृति के विभिन्न शक्तिशाली एवं प्रभावपूर्ण दृश्यों को देखकर प्रकृति के साथ घनिष्ठतया सम्बन्धित एवं नागरिक जीवन की जटिलताओं से दूर, सरल एवं निश्छल मानव हृदय का उन दृश्यों में चेतना की स्फूर्ति का आरोप कर लेना नितान्त स्वाभाविक है। कालान्तर में तत्तत् विशिष्ट तत्त्वगत यह आरोपित चेतना किसी ऐसी शक्ति की परिकल्पना को जन्म देती है, जो उस विशिष्ट तत्त्व की अधिष्ठात्री किन्तु उससे पृथक् है और उसपर नियन्त्रण रखती है। यहाँ से **जडात्मवाद** की सीमाएँ प्रारम्भ होती हैं। और यद्यपि वैदिक देववाद में जडात्मवाद की सम्भावना का पूर्णतः बहिष्कार नहीं किया जा सकता किन्तु इतना तो निःसंशय ही है कि वैदिक साहित्य में तत्त्व एवं तत्सम्बन्धित चेतना-शक्ति का परस्पर निरपेक्ष एवं स्वतन्त्र अस्तित्व सिद्ध करने के लिए दोनों के बीच में विभाजन की कोई रेखा खींचना सम्भव नहीं है। वस्तुतः ऋग्वेद तक आते-आते जडात्मवाद के तत्त्व पूर्णतः लुप्त हो चुके होते हैं और उनका स्थान एक विकसित बौद्धिक विचारधारा ले लेती है। जो भी थोड़े-बहुत चिह्न बचे हैं वे सिद्ध करते हैं कि भले ही जडात्मवाद कभी वैदिक धर्म के मूल में रहा हो किन्तु अब नष्ट हो चुका है।

यह कहना तथ्य के कहीं अधिक समीप होगा कि वैदिक ऋषियों को प्रकृति के विभिन्न प्रभावशाली, सशक्त एवं लाभदायक रूपों के पीछे एक ही अज्ञात,सर्वशक्तिमती, सत्ता काम करती हुई प्रतीत होती थी। जड दृश्यों के पीछे उनकी दिव्य दृष्टि किसी ऐसी चेतना का अनुसंधान करती थी, जो जगत् की प्रत्येक क्रियाशीलता में व्याप्त है। इस

---

१. सन् १९७८ में पूना के भण्डारकर प्राच्य शोध संस्थान में हुए अखिल **भारतीय प्राच्य-विद्या सम्मेलन** के अध्यक्षीय भाषण में **प्रो० यान् ख़ोंडा (Gonda)** ने प्रत्येक वैदिक देवता के उद्गम को प्राकृतिक तत्त्वों में खोजने की प्रवृत्ति की फिर आलोचना की है।

प्रकार वे प्रकृति के उस विशिष्ट तत्त्व की नहीं अपितु उसमें अभिव्यक्त **दिव्य-शक्ति** (Divine Energy) की उपासना करते थे। स्वतः ऋग्वेद के ही अनेक मन्त्रों में इस तथ्य के स्पष्ट प्रमाण हैं कि प्रकृति के विविध अभिरूपों में प्रतिबिम्बित किन्तु उन सब में एकतया अनुस्यूत एक ही दिव्य-शक्ति की, अभिव्यक्ति एवं आश्रय के वैभिन्न्य के कारण नाम-भेद से अनेक रूपों में स्तुति की गई है[१]। वैदिक बहुदेवतावाद के मूल में वर्तमान एकदेववाद की यह भावना सर्वाधिक सशक्त रूप में सम्भवतः इस ऋचा में प्रकट हुई है —

इन्द्र मित्रं वरुणमग्निमाहुरथो दिव्यः स सुपर्णो गरुत्मान्।
एकं सद्विप्रा बहुधा वदन्ति अग्निं यमं मातरिश्वानमाहुः॥

— ऋ० १।१६।४६

"ऋषि कभी उसे इन्द्र कहते हैं, कभी मित्र, कभी वरुण, कभी अग्नि; एक ही तत्त्व को विद्वान् अग्नि, यम आदि अनेक रूपों में वर्णित करते हैं।" ऋ० ८।४१।१० में कहा गया है कि उस एक 'अज' तत्त्व से सम्पूर्ण लोकों की रचना हुई है और उसी से आकाश स्थित है —

स धाम पूर्व्यं ममे यः स्कम्भेन विरोदसी।
अजो न धामधारयन्नभन्तामन्तके समे॥

इस ऋचा में 'अज' शब्द का प्रयोग महत्त्वपूर्ण है क्योंकि ऋग्वेद में एतद्व्यतिरिक्त प्रायः सभी देवताओं की विभिन्न प्रकार से उत्पत्ति का वर्णन है (उदाहरणार्थ १।१३९।११।)

दशम मण्डल में कई स्थानों पर सम्पूर्ण देवताओं की एकात्मकता का उल्लेख है, उदाहरणार्थ १०।११५।५ में कहा गया है कि ऋषि अथवा कवि-गण अपनी स्तुतियों के द्वारा एक ही तत्त्व को अनेक बना देते हैं —

सुपर्णं विप्राः कवयो वचोभिरेकं सन्तं बहुधा कल्पयन्ति।

इसी **'अज'** एवं **'एक'** तत्त्व की ओर दीर्घतमा ऋषि द्वारा दृष्ट प्रसिद्ध अस्यवामीय सूक्त (१।१६४) में भी संकेत है —

वि यस्तस्तम्भ षळिमा रजांसि,
अजस्य रूपे किमपि स्विदेकम्। (ऋचा ६)

एक अन्य स्थान पर उस सर्वज्ञ, सर्वशक्तिमान् की स्तुति करने का उपदेश दिया गया है, जो एक और केवल एक है —

---

१. The Sun, the moon, the stars, the hills and the plains.
Are not these O Soul ! the Vision of Him who reigns?
— Tennyson, *Higher Pantheism*

य एक इत् तमुष्टुहि कृष्टीनां विचर्षणिः।
पतिर्जज्ञे वृषक्रतुः॥ (६।४५।१६)

ऋग्वेद के प्रसिद्ध हिरण्यगर्भ सूक्त (१०।१२१) में उस 'एक' (हिरण्यगर्भ) को संसार का सर्वप्रथम जनक, सर्वशक्तिमान् तथा सम्पूर्ण देवों का एक मात्र अधिष्ठाता कहा गया है —

(क) **हिरण्यगर्भः समवर्तताग्रे भूतस्य जातः पतिरेक आसीत्।**
(ऋचा १)

(ख) **यश्चिदापो महिना पर्यपश्यद् दक्षं दधाना जनयन्तीर्यज्ञम्।**
यो देवेष्वधि देव एक आसीत् ....। (ऋचा ८)

(ग) **प्रजापते न त्वदेतान्यन्यो विश्वा जातानि परि ता बभूव।**
(ऋचा १०)

हेनोथीज़्म के प्रबल प्रतिपादक मैक्स म्यूलर आदि पाश्चात्य विद्वानों ने भी यथास्थान स्वीकार किया है कि ऋग्वेद संहिता के संकलन के पूर्व ही वैदिक ऋषियों ने **एक-देववाद** (Monotheism) की धारणा का आविष्कार कर लिया था और इन्द्र, अग्नि तथा प्रजापति आदि विभिन्न नाम इसी एक दिव्य-शक्ति के वाची थे[१]। मैक्डॉनल का भी मत है कि ऋग्वैदिक समय में ही वैदिक ऋषियों के प्रातिभ चक्षु प्रकृति के विभिन्न तत्त्वों तथा नाना देवताओं के मूल में किसी एक अव्यक्त, सर्वशक्तिमान् सत्ता के दर्शन करते थे[२]।

यजुर्वेद एवं अथर्ववेद तक आते-आते तो एकदेववाद की यह धारणा और भी प्रबल हो उठती है, यजुर्वेद कहता है —

(क) **तदेवाग्निः तदादित्यः तद्वायुः तदु चन्द्रमाः।**
तदेव शुक्रं तद् ब्रह्म ता आपः स प्रजापतिः॥ ३२।१

(ख) **स नो बन्धुर्जनिता स विधाता, धामानि वेद भुवनानि विश्वा।**
यत्र देवा अमृतमानशाना, तृतीये धामन्नध्यैरयन्त॥ ३२।१०

(ग) **परीत्य भूतानि परीत्य लोकान्, परीत्य सर्वाः प्रदिशो दिशश्च।**
उपस्थाय प्रथमजामृतस्य, आत्मनात्मानमभिसंविवेश॥ ३२।११

यजुर्वेद के ३० से आगे के अध्याय पूर्णतः एकात्मवाद के प्रतिपादक हैं। ४० वाँ ईशावास्य उपनिषद् है।

---

१. मैक्स म्यूलर : **सिक्स सिस्टम्स ऑफ़् इंडियन फिलासफी**, प्रथम भाग, पृ० ६।

२. मैक्डॉनल, **वै० मा०**, १६।

अर्थववेद के कुछ मन्त्र तो इतनी स्पष्टता से एकदेववाद का प्रतिपादन करते है कि यदि उनकी स्थिति उपनिषदों में होती तो भी कोई आश्चर्य का विषय नहीं था —

(क) **एक एव नमस्यो विक्ष्वीड्य......**
एक एव नमस्य: सुशेवा:। (२।२।१-२)

(ख) **सोऽर्यमा स वरुण: स रुद्र: स महादेव:।**
सोऽग्नि: स उ सूर्य: स उ एव महायम:। (१३।४।४-५)

(ग) **एको ह देवो मनसि प्रविष्टो प्रथमो जात: स उ गर्भे अन्त:।**
(१०।८।२८)

(घ) **बृहन्तो नाम ते देवा येऽसत: परिजज्ञिरे।**
एकं तदंगं स्कम्भस्य असदाहु: परो जना:॥ (१०।७।२५)

(ङ) **यस्य त्रयस्त्रिंशद् देवा अंगे गात्रा विभेजिरे।**
तान् वै त्रयस्त्रिंशद् देवान् एके ब्रह्मविदो विदु:॥ (१०।७।२७)

(च) **यो भूतं च भव्यं च सर्वं यश्चाधितिष्ठति।**
स्वर्यस्य च केवलं तस्मै ज्येष्ठाय ब्रह्मणे नम:॥ (१०।८।१)

किन्तु इस नामरूपादि रहित, अज्ञात रहस्यमय शक्ति की अनुभूति अथवा संवेदना सदा अस्पष्ट रहती है। उसका प्रत्यक्षीकरण स्थानान्तरित एवं परिवर्तित होता रहता है, बस इसीलिए उस शक्ति को कभी किसी नाम से पुकारा जाता है, कभी किसी से। कभी अग्नि से नाम उसकी स्तुति की जाती है तो कभी मित्र अथवा वरुण नाम से।

उपर्युक्त विवरण का यह तात्पर्य नहीं है कि वैदिक संहिताओं में आए हुए सोम, अग्नि, उषस् आदि नामों का संज्ञा के रूप में अपना कोई भौतिक अस्तित्व नहीं है और वे केवल परमेश्वर के ही विशेषण हैं। वस्तुत: अग्नि, उषस् आदि के भौतिक रूप को भुलाकर उनको केवल ईश्वर के गुणों के द्योतक विशेषण मान लेना बहुत कठिन है। स्वामी दयानन्द एवं महर्षि अरविन्द के द्वारा समर्थित यह अद्वैतवाद परवर्ती वैदिक युग में भले ही विकसित हो गया हो किन्तु जिस समय ऋग्वैदिक सूक्तों की रचना हो रही थी उस समय देवताओं का स्वरूप उनके भौतिक एवं आध्यात्मिक रूपों का मिश्रणमात्र था। प्रकृति के किसी विशेष तत्त्व के दृश्यमान् एवं अनुभूयमान् भौतिक स्वरूप से प्रारम्भ करके वैदिक ऋषियों की दृष्टि उसके पीछे प्रतिबिम्बित किसी दिव्य-शक्ति की सामर्थ्य का भी साक्षात्कार करती थी। प्रत्येक देवता के उद्गगम के मूल में ये ही दो तत्त्व हैं: उस प्राकृतिक दृश्य का भौतिक स्वरूप और उससे घनिष्ठतया सम्बद्ध कोई दिव्य ईश्वरीय चेतना। वैदिक ऋषि इसी भौतिक स्वरूप से प्रारम्भ करके उस आध्यात्मिक शक्ति तक पहुँचे हैं, जो सभी में समान है। कुछ देवताओं में उनका भौतिक स्वरूप ही

प्रधान है और कुछ में धीरे-धीरे उनका आध्यात्मिक रूप प्रबल होता चला गया है। प्रथम प्रकार के देवताओं के उदाहरण हैं, अग्नि, उषस् सोम एवं दूसरे प्रकार के मित्र, सविता तथा वरुण आदि। वैदिक देववाद की यही विशेषता है कि उसमें हम प्रत्येक देवता को अपनी आँखों के सामने ही उद्भूत होते हुए देखते हैं। अधिकांशतः हमें इसका ज्ञान रहता है कि किसी **विशिष्ट देवता के उद्गम की प्रेरणा का मूल स्रोत क्या है**। धीरे-धीरे उसमें आध्यात्मिक गुणों का समावेश हो जाता है, उसकी शक्ति में अभिवृद्धि होती रहती है और वह देखते ही देखते अपने पूर्ण विकास तक पहुँच जाता है। इस प्रक्रिया के सबसे सुन्दर उदाहरण सम्भवतः अग्नि एवं सोम हैं। अग्नि का ज्वलनशील, देदीप्यमान, तेजयुक्त, भौतिक स्वरूप कितना स्पष्ट है किन्तु फिर भी वैदिक ऋषि उस दृश्यमान स्वरूप के बन्धन को तोड़कर निर्बाध गति से उसके आध्यात्मिक स्वरूप की ओर बढ़ते हैं। नीचे के मन्त्रांश इसके सुन्दर उदाहरण हैं —

अग्नि ऋत का स्रोत है (६।४८।५)। वह शाश्वत जीवन का केन्द्र है और उसके अनेक नाम एवं रूप हैं, (३।२०।३, ६।९।७)। उसका निवास मनुष्यों के हृदय में है, जहाँ से वह बार-बार उत्पन्न होता है (अस्मद्हृदो भूरिजन्मा, १०।५।१)। वह सनातन होने पर भी सदा नवीन है (१०।४।१)। वह प्रत्येक वस्तु को देखता है (१०। १८७।४-५)। जितनी भी संसार में उत्पन्न वस्तुएँ हैं, वह उन सब को जानता है १०। ११।१ तथा १०।९१।३)। वह महान् शक्तिशाली है (३।३।४)। जिस प्रकार रथ की नाभि में अरे प्रविष्ट रहते हैं; उसी प्रकार उसमें सभी प्रकार के ज्ञान प्रतिष्ठित हैं (२।५। ३), इसीलिए वह 'विश्वविद् तथा विश्ववेदाः' है। अग्नि शक्तिशाली दिव्य सम्राट् (७। ६।१) है। वह पृथ्वी एवं आकाश से भी महान् है (१०।८८।१४)। उसकी शक्ति एवं पराक्रम से मनुष्य और देवता तक काँपते हैं (६।९।७, १।५९।५)। उसके अन्दर सभी देवता केन्द्रित हैं (३।११।९, ५।३।१)। एक अग्नि ही सब देवताओं के रूप में स्थित है (२।१।३।, ५।१।१-३)। वह नियमों का जानने वाला तथा सत्यमय है (१।१४५।५, १।७०।१)। उसके नियम (व्रत) कभी नष्ट नहीं होते और पृथ्वी तथा आकाश तक उनका पालन करते हैं (२।८।३, ७।५।४)।

ठीक इसी प्रकार सामान्य सोम-पेय को भी ऋग्वेद के नवम मण्डल में स्थान स्थान 'पर संसार को उत्पन्न करने वाली स्फूर्ति तथा ऊर्जा,' 'यज्ञ की सर्वप्रथम प्राचीन आत्मा', 'देवताओं की उत्पत्ति एवं वंश को जानने वाला' 'राजा वरुण की चिन्तनशक्ति', 'ज्ञानस्वरूप,' 'प्रकृति के रहस्यों को प्रकट करने वाला' आदि कहा गया है।

यह मानना कठिन है कि अग्नि एवं सोम की ये विशेषताएँ केवल उनके भौतिक रूप पर दृष्टि रखकर ही कही गई हैं। निश्चित रूप से ये शब्द इनके अतिभौतिक गुणों

के परिचायक हैं और जब अग्नि तथा सोमरस जैसे सामान्य एवं अत्यन्त स्पष्ट प्रत्यक्ष भौतिक रूप वाले तत्त्वों के पीछे उनके आध्यात्मिक गुणों को खोजा जा सकता है तो एवं इन्द्र के लिए तो शंका का कोई स्थान ही नहीं है।

वैदिक देवताओं का यह आध्यात्मिक पक्ष सभी देवताओं में समान रूप से अनुस्यूत है; अन्तर है, केवल भौतिक तत्त्वों का। यही कारण है कि वैदिक देवताओं की स्तुति में उपवर्णित गुणों में परस्पर अत्यधिक समानता है। एक स्थान पर अग्नि ही इन्द्र, विष्णु, मित्र, वरुण आदि सम्पूर्ण देवतामय बताया गया है (२।१), तो अन्य ऋषि अनुभव करते हैं कि सम्पूर्ण देवता इन्द्र में ही निवास करते हैं (३।५४।१७)। तीसरे ऋषि का विचार है कि अदिति ही सब देवताओं की जननी है (५।२५।३, ८।४७।९ आदि)। 'दिवो दुहिता' उषस् द्यौः की पुत्री (१।३।२२) है किन्तु ऋग्वेद १।११३। १९ में उसे देवताओं की माँ (माता देवानां) भी कहा गया है। १०।७२।४ में दक्ष को देवताओं का जनक कहा गया है। ऋ० २।२६।३। में ब्रह्मणस्पति के लिए 'देवानाम् पितरम्' शब्द कहे गए हैं। **सोम,** 'पिता देवानां जनिता सुदक्षो' है (९।८७।२) तथा इन्द्र, विष्णु सूर्य, अग्नि एवं द्यावापृथिवी को उसने ही उत्पन्न किया है (९।९६।५) —

सोमः पवते जनिता मतीनां जनिता दिवो जनिता पृथिव्याः।
जनिताग्नेः जनिता सूर्षस्य जनितेन्द्रस्य जनितोत विष्णोः॥

वस्तुत वैदिक-काल में उस असीम एवं विविध रूपों में सर्वव्यापक तत्त्व को समझने और उसकी स्पष्ट परिभाषा देने की उत्सुकता में वैदिक ऋषियों एवं कवियों ने अपनी बुद्धि एवं विचारधारा के अनुसार उन कई रूपों में उसकी कल्पना की थी जिनमें वे उसकी उपस्थिति एवं शक्ति को विशेष रूप से व्यक्त समझते थे।

प्राचीन भारतीय वैदिक मर्मज्ञों से यह तथ्य छिपा नहीं था। **यास्क** ने **निरुक्त** में स्पष्ट कहा है कि महैश्वर्य से सम्पन्न होने के कारण सब देवताओं की 'आत्मा' एक होते हुए भी कार्यभेद से एक ही देवता की अनेक प्रकार से स्तुति की जाती है। एक ही आत्मा के ये देवता अंग मात्र हैं। संसार के किसी भी तत्त्व की देवता के रूप में स्तुति की जा सकती है। एक ही शक्ति से सम्बन्धित होने के कारण ये देवता एक-दूसरे को उत्पन्न करते हुए तथा परस्पर एक-दूसरे के कारण कहे जाते हैं। देवताओं की आध्यात्मिक शक्ति ही सब कुछ है, वही इनका रथ है, वही अश्व और वही आयुध। उसी से ये सब कार्य करते हैं —

महाभाग्यात् देवताया एक एव आत्मा बहुधा स्तूयते। एकस्यात्मनो अन्ये देवाः प्रत्यंगानि भवन्ति। प्रकृतिसार्वात्म्याच्च। इतरेतरजन्मानो भवन्ति इतरेतरकृतयः। आत्मा वैषां रथो भवति। आत्मायुधम्। आत्मा सर्वं देवस्य।

— निरुक्त ७।२

बृहद्देवता में भी निरुक्त के इन शब्दों की प्रतिध्वनि प्राप्त होती है —

तासामियं विभूतिर्हि नामानि यदनेकशः।
आहुस्तासां तु मन्त्रेषु कवयोऽन्योन्ययोनिताम्॥
तेषामात्मैव तत्सर्वं यद्यद्भक्तिः प्रकीर्यते।
तेजस्त्वेवायुधं प्राहुः वाहनं चैव यस्य तत्॥ — बृ० दे० १।७१, ७३।

वैदिक देवताओं का वास्तविक आकार क्या है ? इस विषय में **निरुक्त** (७।२) में एक मनोरंजक वाद-विवाद प्राप्त होता है। एक मत देवताओं के वास्तविक व्यक्तित्व का अस्तित्व मानता है। उसके अनुसार देवता पुरुषरूप होते हैं ('पुरुषविधा स्युरित्येकम्'), क्योंकि देवताओं की स्तुतियाँ मनुष्यों के समान ही की जाती हैं और उनके अंग प्रत्यंगों तथा कर्मों का वर्णन भी मनुष्यों की भाँति होता है ('चेतनावद्वद्धि स्तुतयो भवन्ति')। जैसे 'ऋष्वा त इन्द्र स्थविरस्य बाहू' 'यत्संगृभ्णा मघवन् काशिरित्ते' तथा 'युक्तग्राव्णो योऽविता सुशिप्रः' इत्यादि में इन्द्र की भुजाओं, मुष्टि तथा हनु का वर्णन किया गया है। 'कल्याणीर्जाया सुरणं गृहे ते' में इन्द्र की पत्नी का वर्णन है। 'अद्धीन्द्र पिब च प्रस्थितस्य' में इन्द्र से खाने और पीने की तथा 'आश्रुत्कर्णा श्रुधी हवम्' में आह्वान सुनने की प्रार्थना की गई है। इससे निश्चित होता है कि इन्द्रादि देवता मनुष्य के रूप में ही हैं।

किन्तु दूसरा मत इससे पूर्णतः भिन्न है। इस मत के अनुसार देवता आकृतिविहीन हैं, वे मनुष्यों के समान नहीं हैं ('अपुरुषविधाः स्युरित्यपरम्')। अग्नि, वायु, सूर्य, पृथिवी आदि का स्थूल रूप तो स्पष्टतः जड ही है। इन तत्त्वों को मनुष्याकार बताना प्रत्यक्ष का अपलाप करना है ('अपि तु यद् दृश्यतेऽपुरुषविधं तत्। यथाग्निर्वायुरादित्यः पृथ्वी इति')। वस्तुतः इन अचेतन तत्त्वों की भी चेतन के समान स्तुति की जाती है। यह स्तुति वैसी ही है जैसी वेद में जड शिलाओं अथवा नदियों की स्तुति, जैसे —

'अभिक्रन्दन्ति हरितेभिरासभिः' (ग्रावस्तुतिः)
'सुखं रथं युयुजे सिन्धुरश्विनम्' (नदीस्तुतिः)

अतः यह कहना ठीक नहीं कि पुरुषविध अंगों से स्तुति किए जाने के कारण देवता मनुष्यवत् चेतन हैं। अक्ष (पाँसे) से लेकर ओषधियों तक के लिए वेद में ऐसी स्तुति प्राप्त होती है ('अथो एतत्पौरुषविधिकैः अंगैः संस्तूयन्त इत्यचेतनेष्वप्येतद् भवति। अचेतनान्यपि एवं स्तूयन्ते यथाक्षप्रभृतीन्यौषधिपर्यन्तानि।') साथ ही यह कहना भी उचित नहीं की मनुष्यवत् कर्मों के वर्णन से देवता मनुष्याकार हैं क्योंकि 'होतुश्चित्पूर्वे हविरद्यमाशत्' (होता से पूर्व ही ये शिलाएँ भक्ष्य भक्ष्य हवि को खा गईं) आदि में खाना क्रिया शिला जैसी जड वस्तु के लिए भी उपचार मात्र से कही गई है। अतः देवताओं को अचेतन कहना उपयुक्त है।

एक तीसरे मत को मानने वाले व्यक्ति कहते हैं कि वस्तुत: देवता दोनों प्रकार के हैं, जड भी और चेतन भी। सूर्य, अग्नि आदि प्रकृति तत्त्व स्वत: भी जड पदार्थों के रूप में स्तुत हैं और कभी-कभी इन्हीं तत्त्वों का चेतन रूप भी स्तुत होता है। दोनों प्रकार के देवता स्वतन्त्र है और परस्पर इनका कोई सम्बन्ध नहीं ('अपि वोभयविधा: स्यु:')।

यास्क का अपना मत यह है कि प्रत्येक देवता की प्रकृति के दो रूप हैं, जड तथा चेतन। जड-रूप तो सबको दिखाई पड़ता है पर चेतन नहीं। किन्तु उसका जड-रूप चेतन-रूप के अधीन रहता है। पृथ्वी, वायु, अग्नि आदि के भौतिक रूपों को नियन्त्रित करने वाला एक चेतनामय अन्य पक्ष होता है, जिसका कर्म सम्बन्ध के कारण पुरुष या मनुष्य रूप में वर्णन किया जाता है। जड़-रूप चेतन-रूप के अधिकार में उसी प्रकार रहता है; जैसे यजमान के अधिकार में यज्ञ। यजमान के अधीनत्व के कारण ही यज्ञ को 'यजमान का यज्ञ' कहा जाता है। ('अपि वा पुरुष-विधानामेव सतां कर्मात्मान एते स्यु:। यथा यज्ञो यजमानस्य')।

(पौराणिक) आख्यानों के सिद्धान्त से भी इसकी पुष्टि होती है। उदाहरणार्थ **महाभारत** (आदि पर्व) में अग्नि की अर्जुन से खाण्डव वन को घेर लेने की याचना है। कारण यह है कि घी पीते-पीते अग्नि को अपचन हो गई है और वे जठराग्नि दीप्त करने के लिए मांस खाना चाहते हैं। अर्जुन के खाण्डव वन को चारों ओर से घेर लेने का आश्वासन देने पर सम्पूर्ण वन में अग्नि प्रदीप्त हो उठती है और वन भस्म हो जाता है। यहाँ अग्नि का चेतन स्वरूप वह है, जिससे उसने अर्जुन से याचना की है और स्थूल रूप वह, जिससे उसने वन को भस्म किया है। दोनों रूपों को मिलाकर ही अग्नि देवता का स्वरूप बनता है। इस प्रकार इन जड अथवा भौतिक रूपों का प्रयोजन पुरुष-विध अथवा चेतन देवताओं के लिए ही है।

तृतीय मत वाले दोनों प्रकार के देवताओं को स्वतन्त्र एवं पृथक् मानते हैं किन्तु यास्क के अनुसार प्रत्येक जड तत्त्व पर नियन्त्रण रखने वाली एक चेतन शक्ति होती है। इन दोनों रूपों को मिलाकर ही पक्षों का एक साथ वर्णन प्राप्त होता है।

निरूक्त के टीकाकार **दुर्गाचार्य** ने इन चारों मतों को क्रमश: पुरुषविध, अपुरुषविध, उभयविध तथा 'कर्मार्थात्मोभयविध' नामक संज्ञाओं से अभिहित किया है। तृतीय मत में जडात्मवाद के स्पष्ट संकेत हैं। जिसके अनुसार देवता एक ऐसी शक्ति के रूप में माना जाता है, जो उस विशिष्ट वस्तु में निवास करती है किन्तु उससे स्वतन्त्र है। चतुर्थ मत जडचेतनावाद से प्रभावित है। इससे स्पष्ट है कि यास्क के समय में ही यह सिद्धान्त स्थापित हो चुका था कि अग्नि, सूर्य, आकाश आदि के ये दृश्यमान् भौतिक रूप ही सर्वशक्तिमान् देवता नहीं हैं। इनके पीछे इनको नियन्त्रण में रखने वाली एक अन्य शक्ति और है, जो देवता का वास्तविक स्वरूप है।

वैदिक देवताओं के भौतिक स्वरूप के विकास के सम्बन्ध में एक महत्त्वपूर्ण तथ्य ध्यान देने योग्य है। 'देव' शब्द दिव् धातु से बना है, जिसका अर्थ होता है 'चमकना या प्रकाशित होना'; अतः देव का अर्थ प्रकाशमान् या भास्वर है। प्रथम अध्याय में कहा जा चुका है कि इस शब्द के देउस्, देइवस्, थेअॅस् आदि अनेक रूपान्तर विभिन्न भारोपीय भाषाओं में पाए जाते हैं। देव-सामान्य के लिए सर्वाधिक प्रचलित शब्द की 'दिव्' धातु से निष्पत्ति यह सूचित करती है कि आर्यों के प्राचीनतम एवं प्रारम्भिक देवगण सूर्य अथवा प्रकृति के प्रकाशमान् तत्त्वों से ही सम्बद्ध थे। उनकी धार्मिक चेतना का यही सर्वप्रथम उन्मेष था[१]। उपास्य तत्त्व के अर्थ में देव शब्द के प्रतिष्ठित होने के पश्चात् धीरे-धीरे धार्मिक चेतना के विस्तार और फैलाव के साथ-साथ वृष्टि-जल एवं पृथ्वी आदि तत्त्व भी उपास्यों की श्रेणी में आने लगे और तब इनके लिए भी उपास्य शक्ति के लिए रूढ़ देव शब्द का प्रयोग होने लगा। तब स्वभावतः इन 'अदेव' उपास्यों में वे विशेषताएँ सन्निविष्ट होने लगीं जो पहले केवल देवों में ही थीं और क्रमशः सभी देवताओं में तेजस्विता, अमरत्व, पराक्रम, उदारता, कृपालुता तथा जीवाधायकत्व के गुण आ गए। विभिन्न प्रकार के देवताओं के एकीभाव में इस प्रक्रिया के महत्त्व को भी अस्वीकृत नहीं किया जा सकता[२]।

इतना होने पर भी ऋग्वेद के देवमण्डल में ऐसे देवता अपेक्षाकृत बहुत कम हैं जो प्रकृति के प्रकाशमान् तत्त्व से सम्बन्धित नहीं हैं। अधिकांश देवता अग्नि (पृथ्वी) विद्युत् (अन्तरिक्ष) तथा सूर्य (आकाश) के ही ऊपर आधारित हैं और जो नहीं हैं उनको भी इसी त्रिक के अन्दर सम्मिलित करने की प्रवृत्ति प्रायः भारतीय वेदज्ञों में रही है — **बृहद्देवता** बड़े स्पष्ट शब्दों में 'सूर्य आत्मा जगतस्तस्थुषश्च' (ऋ० वे० १।११५।१) के अनुसार सम्पूर्ण देवताओं की सूर्यात्मकता प्रतिपादित करता हुआ इन्द्र आदि सभी देवताओं को सूर्य से ही सम्बन्धित सिद्ध करता है। सूर्य ही भूत, भविष्य एवं वर्तमान के सब प्राणियों तथा जंगम एवं स्थावर पदार्थों का एकमात्र उत्पत्ति एवं प्रलय स्थान है। जो कुछ इस संसार में था, है और जो अभी होगा, उस सबका यह कारण है। यही शाश्वत ब्रह्म है। अपने को तीन रूपों में विभाजित करके यही आकाश अन्तरिक्ष एवं पृथ्वी पर वर्तमान रहता है। अपनी किरणों से पार्थिव जल को सुखाकर और आकाश में ले जाकर यह बरसा देता है, इसलिए इसी को इन्द्र कहते हैं . . .'

भवद्भूतस्य भव्यस्य जंगमस्थावरस्य च।
अस्यैके सूर्यमेवैकं प्रभवं प्रलयं विदुः॥
असतश्च सतश्चैव योनिरेषा प्रजापतिः।
यदक्षरं च वाच्यं च यथैतद् ब्रह्म शाश्वतम्॥

---

१. ब्लूमफील्ड : **रिलीजन ऑफ़् दि वेद**, पृ० १०८-९।

२. माक्सम्युलर : **इंडिया : ह्वाट कैन इट् टीच अस**, पृ० २१८-१९।

कृत्वैष हि त्रिधात्मानमेषु लोकेषु तिष्ठति।
देवान् यथायथं सर्वान् निवेश्य स्वेषु रश्मिषु॥
एतद् भूतेषु लोकेषु अग्निभूतं स्थितं त्रिधा।
ऋषयो गीर्भिरर्चन्ति व्यञ्जितं नामभिस्त्रिभिः ॥ १। ६१–६३
रसान् रश्मिभिरादाय वायुनायं गतः सह।
वर्षत्येव च यल्लोके तेनेन्द्र इति स स्मृतः ॥ १। ६९

देवताओं की उत्पत्ति में ज्योतितत्त्व के इस महत्त्व के कारण तथा आध्यात्मिक दृष्टि से भी सभी देवों को एक ही मूल शक्ति के विविध रूप माने जाने के कारण वैदिक देवताओं में वैयक्तिकता की मात्रा अधिक नहीं है। प्रत्येक देवता के स्वरूप में कुछ विशिष्ट व्यक्तिगत गुणों को छोड़कर प्रकाश से सम्बन्धित तेजस्विता, ज्ञान, उदारता तथा आध्यात्मिक पक्ष से सम्बन्धित पृथ्वी, आकाश आदि का धारकत्व, अन्य देवों का उत्पादकत्व, अमरता तथा चराचर प्राणियों का अधीश्वरत्व आदि गुण समान रूप से प्राप्य हैं। कभी–कभी इन समान गुणों ने देवता की व्यक्तिगत विशेषताओं को धूमिल कर दिया है[१]।

वैदिक देवताओं के स्वरूपों की तुलना से एक अन्य महत्त्वपूर्ण तथ्य भी प्रकाश में आता है। जब कोई वैदिक कवि किसी विशिष्ट देवता का वर्णन करता है तो वह उसे सर्वोत्कृष्ट मान लेता है और उसे सम्पूर्ण देवताओं में श्रेष्ठ तथा उच्च सिद्ध करता है। प्रायः प्रत्येक मुख्य देवता की स्तुति में ऐसे मन्त्र ढूँढे जा सकते हैं, जिसमें उसी को सबसे महान् बताया गया है। उदाहरणार्थ ऋग्वेद के द्वितीय मण्डल के प्रथम सूक्त में अग्नि को जगत् का शासक, प्राणियों का स्वामी, ज्ञानी राजा, मनुष्यों का मित्र तथा पिता कहा गया है और उसे जगत् की अन्य विविध प्रकार की शक्तियों का अधिष्ठाता बताया गया है। अन्य सूक्त में इन्द्र की महती प्रशंसा की गई है और दशम मण्डल के एक सूक्त में पुनः–पुनः कहा गया है: 'विश्वस्मादिन्द्र उत्तरः' अर्थात् इन्द्र सभी से श्रेष्ठ है। सोम के विषय में कहा गया है कि वह जन्म से ही महान् है, वह सम्पूर्ण जगत् का विजेता है तथा सब पर शासन करता है। वह पृथ्वी, अग्नि, सूर्य, इन्द्र तथा विष्णु का निर्माता है एवं मनुष्यों को दीर्घायु प्रदान करता है। इस प्रकार वरुण की स्तुति में जितने भी सूक्त कहे गए हैं उनसे वरुण को सम्पूर्ण ब्रह्माण्ड का शासक तथा बड़े–बड़े देवताओं को भी अपने वश में रखने वाला वर्णित किया गया है।

इस प्रकार बारी–बारी से प्रत्येक देवता को उस समय के लिए कवि द्वारा अपने सर्वाधिक उत्कर्ष पर पहुँचा दिया गया है। उसकी स्तुति करते समय अन्य देवताओं का ध्यान नहीं रखा गया। उसकी इस प्रकार से स्तुति की गई है मानों वही एकमात्र,

---

१. मैक्डॉनल : **संस्कृत लिटरेचर**, पृ० ६९।

पूर्ण एवं सर्वशक्तिमान् कर्ता हो। मैक्सम्यूलर ने इस वैदिक धारणा के लिए 'हेनोथीज़्म' (अथवा कैथोनोथीज़्म; मैक्डॉनल) नामक शब्द प्रयुक्त किया था[१] और उसका मत था कि वैदिक देवमण्डल में किसी भी देवता का अपना पूर्वनिर्धारित, निश्चित स्थान एवं महत्त्व नहीं था। केवल कवियों के वर्णन के अनुसार ही देवता क्रमशः विभिन्न उत्कर्ष पर पहुँचा दिए जाते थे। इस प्रकार वरुण, इन्द्र आदि की श्रेष्ठता केवल औपचारिक है, वास्तविक नहीं।

इस धार्मिक प्रवृत्ति-विशेष के जो हिन्दू धर्म में बहुत बाद तक प्राप्त होती है, कुछ कारण हैं। इसे अवसरवादिता की संज्ञा देना उचित नहीं है[२]। सर्वप्रथम तो यह केवल कवि की स्वच्छन्दता है। अपने इष्टदेव की स्तुति में कवि का उसे सर्वगुणसम्पन्न वर्णित करना स्वाभाविक ही है। द्वितीय कारण यह है कि ऋग्वेद के बहुत देवता प्रकृति के एक ही तत्त्व पर आधारित हैं; उदाहरणार्थ सूर्य, सविता, विष्णु, मित्र, पूषन्, विवस्वान् तथा उषस् आदि सभी देवता निश्चित रूप से सूर्य से सम्बन्धित हैं। अतः गुणों में समानता होना उचित ही है। सूर्य वर्ग से देवताओं की इस स्वाभाविक समानता के अतिरिक्त अन्य देवताओं की पारस्परिक समानता का कारण देव शब्द से व्यक्त गुणों की सर्वनिष्ठता है, जिसका उल्लेख पीछे किया जा चुका है। किन्तु सम्भवतः सर्वप्रमुख कारण यह है कि सभी देवताओं की आध्यात्मिक पृष्ठभूमि बिल्कुल एक है। एक ही दिव्य-शक्ति की अभिव्यक्ति होने के कारण प्रत्येक देवता की सर्वशक्तिमत्ता का वर्णन पूर्णतः स्वाभाविक है। वैदिक देवताओं की प्रकृति की समानता ने एक ऐसी विशेषता को जन्म दिया है, जो वैदिक देववाद की अपनी स्वतन्त्र सम्पत्ति है : कुछ वैदिक देवताओं की समानता इतनी अधिक बढ़ गई है और उनके स्वरूपों में इतना अधिक तादात्म्य हो गया है कि युग्म के रूप में स्तुति की गई है। दो देवताओं का व्यक्तित्व मिलकर एक हो गया है और दोनों की विशेषताएँ पूर्णतः एकरूप हो गई हैं। मित्रावरुणा (णौ) इसके सुन्दर उदाहरण हैं। इस युग्म की पूर्णतः वे ही विशेषताएँ हैं जो अकेले वरुण की। ऐसे अन्य उदाहरण इन्द्रवरुण, इन्द्रसोम, इन्द्रविष्णु, सोमरुद्र, अग्निसोम तथा अग्निमरुत् आदि हैं।[३] इस प्रवृत्ति की चरम सीमा वहाँ लक्षित होती है जहाँ सभी देवता अपने व्यक्तित्त्व को खोकर 'विश्वेदेवाः' नामक एक स्वतन्त्र देवगण में परिवर्तित हो गए हैं[४]।

---

१. इसके विशेष विवरण के लिए देखिए — मैक्सम्यूलरः **हिस्ट्री ऑफ़् एन्श्यन्ट संस्कृत लिटरेचर**, पृ० ५३३-३४; **फ़िज़िकल रिलीजन** पृ० १८०; **ओरिजिन एन्ड ग्रोथ ऑफ़् रिलीजन**, पृ० २७१।

२. ओल्डेनबर्ग : **डी रि० डेस वेद**, पृ० १०१; मैक्डॉनल : **वै० मा०**, पृ० १६; क्लेटनः **ऋ० वै० रि०**, ५८-६०; ग्रिसवोल्डः **रि० ऋ०**, १०९।

३. युग्म देवताओं के विशेष विवरण के लिए यान ख़ोंडा (Jan Gonda) की '**दि डूअल डीटीज़ इन दि रिलीजन ऑफ़् दि वेद,** (अम्स्टर्डम १९७४) पुस्तक द्रष्टव्य है।

४. ब्लूमफील्ड : **रि० वे०,** पृ० ८८ तथा आगे।

किन्तु प्रत्येक देवता को उच्च मानने की इस भावना ने ऋग्वैदिक देवमण्डल के उस प्रकार के विकास को रोक दिया जैसा कि ग्रीक देवमण्डल अथवा परवर्ती भारतीय पौराणिक देवमण्डल में मिलता है। ग्रीक/रोमन या पौराणिक देवकथा साहित्य में कुछ देवता बड़े हैं, कुछ छोटे। राजा, मन्त्री, सेनापति तथा अन्य विविध प्रकार के पदों के लिए यहाँ स्थान निश्चित है। पूरा देवमण्डल एक सुसंघटित राज्य के समान प्रतीत होता है किन्तु ऋग्वेद में प्रत्येक देवता का अन्य देवता के प्रभाव से मुक्त, एक स्वतन्त्र एवं आदरपूर्ण अस्तित्व है —

न हि वो अस्त्यर्भको देवासो न कुमारकः
विश्वे सतो महान्त इत्। — ऋ० ८। ३०। १

'हे देवो! न तुममें कोई कोई बड़ा है न छोटा। सब समान रूप से महान् हैं'। यही कारण है कि पृथक्-पृथक् देवताओं की स्तुति में, ऋग्वेद में प्राप्त मन्त्रों से उनके आपेक्षिक उत्कर्ष के सम्बन्ध में कोई परिणाम नहीं निकाला जा सकता। सूक्तों की संख्या की दृष्टि से क्रमशः अश्विनौ, सोम, इन्द्र यथा अग्नि का ऋग्वेद में उत्तरोत्तर अधिक महत्त्व होना चाहिए और वरुण, मित्र, विष्णु आदि का उत्तरोत्तर कम; किन्तु ऐसा नहीं है।

ऋग्वेद में देवों की संख्या प्रायः ३३ अथवा '**त्रिभिः एकादश**' कही गई है (**ये त्रिंशति त्रयस्परो देवासो बर्हिरासदन्**, ८। २८। १, तथा ८। ३०। २, १। ३४। ११)। यद्यपि एक स्थान पर (३। ९। ९) सहसा बहुत अधिक (३३३९) देवताओं का भी उल्लेख आया है किन्तु ३३ की संख्या ही अनेक स्थानों पर ऋग्वेद तथा वैदिक संहिताओं, ब्राह्मणों तथा अन्य वैदिक एवं लौकिक साहित्य और निरुक्त आदि से पुष्ट होती है। यजुर्वेद में "**त्रयस्त्रिंशतास्तुवत भूतान्यशाम्यन् प्रजापतिः परमेष्ठ्यधिपतिरासीत्**" (१४। ३१) कहकर स्पष्ट ही ३३ देवता माने गए हैं। अथर्ववेद में कई स्थानों पर देवों की संख्या "त्रयस्त्रिंशत्" कही गई है —

यस्य त्रयस्त्रिंशद् देवा निधिं रक्षन्ति सर्वदा।
निधिं तमथ को वेद यं देवा अभिरक्षथ॥ — १०। ७। २३

शतपथ ब्राह्मण में कहा गया है कि १२ आदित्य, ११ रुद्र तथा ८ वसु हैं। द्यौः तथा पृथ्वी को मिलाकर कुल ३३ देवता हैं।

इन देवों के उद्भव का भी प्रायः वर्णन किया गया है। द्यौः एवं पृथ्वी को अनेक स्थानों पर देवताओं के पिता एवं माता कहा गया है। कुछ अन्य देवताओं द्वारा उत्पन्न बताए गए हैं और कुछ हिरण्यगर्भ अथवा प्रजापति से। देवताओं की इस क्रमिक उत्पत्ति के कारण ऋ० ७। २१। ७। में प्राचीन (पूर्व) देवताओं का भी उल्लेख है।

'स्वाहा देवा अमृता मादयन्ताम्' (ऋ० ३। ४। ११) **'देवाँ अमृतान् पिप्रियं च'** (ऋ० ७। १७। ४) **'यत्र देवा अमृतमानशानाः** (य० वे० ३२। १०) आदि मन्त्रों में देवताओं को' अमर कहा गया है। किन्तु कहीं-कहीं अग्नि, सोम अथवा सविता आदि के द्वारा भी सम्पूर्ण देवताओं को अमरत्व की प्राप्ति होती हुई बताई गई है।

१. **त्वां विश्वे अमृतं जायमानं शिशुं न देवा अभिसंनवन्ते** (अग्नि) **ऋ. ६। ८। ४**

२. **देवभ्यो हि प्रथमं यज्ञियोभ्येऽमृतत्वं सुवसि भागमुत्तमम्** (सविता) **ऋ. ४। ५४। २**

वैदिक देवताओं का आकार मनुष्य के रूप समान माना गया है। यह बात दूसरी है कि कुछ देवताओं पर मानवीकरण का बहुत झीना सा आवरण है और उस पारदर्शी आवरण से उनका मूल स्वरूप स्पष्ट झलकता है। उषस्, सूर्य, वायु, पृथ्वी, द्यौः आदि ऐसे ही देवता हैं जिनका मानवीकरण अधिक दूर तक नहीं जा सका है। किन्तु रुद्र, इन्द्र आदि अन्य देवताओं की शारीरिक विशेषताओं का प्रायः उल्लेख है। इन्द्र की सबल भुजाओं, उदर तथा सुन्दर मूँछों एवं रुद्र के गौर वर्ण तथा कान्तिमय शरीर का प्रायः उल्लेख किया गया है। सूर्य के हाथ एवं अग्नि की जिह्वाएँ भी, जो क्रमशः किरणों एवं ज्वालाओं को सूचित करती हैं, अनेक स्थानों पर उल्लिखित हैं। कुछ देवताओं के वस्त्रों का भी उल्लेख है, उदाहरणार्थ देवी उषस् को चमकीले रेशमी-वस्त्रों से सुसज्जित प्रदर्शित किया गया है। इन्द्र आदि देवताओं के स्वर्ण-कवच का उल्लेख है एवं उनके आयुधों की भी चर्चा की है। इन्द्र का प्रिय आयुध वज्र है, जिसे कहीं स्वर्ण से निर्मित बताया गया है और कहीं अस्थियों से। रुद्र, धनुष एवं बाण तथा हिरण्मय आभूषण धारण करते हैं। प्रायः प्रत्येक देवता के पास एक रथ है, जिसमें वे यज्ञ-भाग ग्रहण करने के लिए पृथ्वी पर आते हैं। इन्हें प्रायः अश्व खींचते हैं। पर कहीं कहीं पूषन् के रथ को बकरों, अश्विन् के रथ को हरिणियों तथा उषस् के रथ को धेनुओं से युक्त बताया गया है।

देवताओं का स्थान सर्वोच्च आकाश, तृतीय धाम या विष्णु का तृतीय पाद है, जहाँ वे सोम रस से मत्त होकर प्रसन्नता से रहते हैं और यज्ञ में अपना भाग ग्रहण करने के लिए अथवा उपासकों की सहायता के लिए वहाँ से आते हैं। प्रायः हव्य-वाहन अग्नि भी उनके पास तक उनका भाग पहुँचा देता है। दुग्ध, दधि, घृत, सोम, मधु, तथा यव आदि धान्य एवं अपूप आदि मिष्टान्न उनको प्रदान किए जाते हैं, जिन्हें वे प्रेम से स्वीकार करते हैं। इन्द्र सोम का विशेष प्रेमी है और वह सोम के कई 'तड़ाग' एक साथ पी जाता है।

सभी देवता शक्तिशाली, समर्थ दाता एवं उदार हैं। वे छल से रहित एवं अनैतिक तत्त्वों से पूर्णतः मुक्त हैं। स्तोता की प्रार्थना पर वे असत् को नष्ट करते हैं। वे

स्वाभाविक दयालुता, करुणा एवं मैत्री भावना से ओत-प्रोत हैं। हाँ, रुद्र एवं वरुण में राजोचित प्रताप एवं असत्-तत्त्वों के दमन के लिए आवश्यक क्रोध अवश्य पाया जाता है। वे मनुष्य की त्रुटियों अथवा पापों पर उन्हें दण्डित करते हैं। रुद्रदेव की शक्ति (हेति) से बचने की ऋग्वेद में प्रायः प्रार्थना की गई है[१]। जो वरुण के नियमों के विरुद्ध कार्य करता है, उसे वरुण जलोदर रोग से पीड़ित कर देते हैं। उनके पाश भी भयानक हैं, जिनमें बँधा जीव शान्ति नहीं पाता[२]।

अथर्ववेद का अध्ययन करने से पता चलता है कि वैदिक ऋषियों की नए-नए देवताओं की उद्भावना करने की शक्ति अभी क्षीण नहीं हुई है। यद्यपि १९। २७। ११-१३ में **'ये देवा दिव्येकादश स्थ'** आदि वाक्यों में पृथ्वी, अन्तरिक्ष तथा आकाश में ११-११ देवों का उल्लेख है किन्तु यह ऋग्वेद की स्मृति-मात्र है। वास्तविकता यह है कि अथर्ववेद में लगभग १५० छोटे-मोटे देवों का उल्लेख है[३] जिनमें **रोहित, मृत्यु विद्युत्, व्रात्य, वेन, काम, काल, विराज, मन्यु, धनपति, आशापाल** आदि देवताओं तथा **विष्कला**, **सूषणा**, **अराति** एवं **निर्ऋति** आदि देवियों की धारणा नवीन है। ये देवता पृथ्वी, आकाश, जल, पशु तथा वनस्पति आदि सभी स्थानों में रहते हैं (१। ३०। २)। पृथ्वी पर रहने वाले कुछ विशिष्ट देवगण पूर्व, दक्षिण, पश्चिम तथा उत्तर दिशाओं के अधिपति हैं। इनके नाम क्रमशः **हेति**, **अविष्यु**, **वैराज** तथा **प्रविध्यन्** हैं (३। २६। १-६)।

अथर्ववेद में कई स्थानों पर कहा गया है कि देवता पहले मर्त्य थे। वे अपने तेज या वर्चस् के द्वारा (३। २२। ३), तपस् के माध्यम से, किसी यज्ञ विशेष की सहायता से (४। १४। १) अथवा रोहित की कृपा से अमर हो गए। वे पितरों के साथ स्वर्ग-लोक में निवास करते हैं (६। १२३। ३)। मनुष्यों की भाँति उनमें भी परस्पर सम्बन्ध हैं। **बृहस्पति** और **अथर्वा** क्रमशः देवों के भाई तथा पिता हैं (४। १। ७ आदि), **सिनीवाली** उनकी बहन, है (**सिनीवालि पृथुष्टके या देवानामसि स्वसा**, ७।४८।१)। तृतीय आकाश में एक विशाल वृक्ष पर वे निवास करते हैं (६। ९५। १), एक स्थान पर उन्हें जल का भक्षण करते हुए वर्णित किया गया है (**यासां देवा दिवि कृण्वन्ति भक्षम्**, १। ३३। ३)। उनके अपने विशाल नगर तथा दुर्ग भी हैं (५। ८। ६)। क्षत्रिय

---

१. परि णो हेती रुद्रस्य वृज्याः परि त्वेषस्य दुर्मतिर्मही गात्।
अव स्थिरा मघवद्भ्यस्तनुष्व मीढ्वस्तोकाय तनयाय मृळ। २। ३३। १४

२. अव द्रुग्धानि पित्र्या सृजा नो अव या वयं चकृमा तनूभिः।
अव राजन् पशुतृपं न तायुं सृजा वत्सं न दाम्नो वसिष्ठम्॥ ७। ८६। ५

३. देखिए एन० जे० शेण्डे : **दि फाउन्डेशन्स ऑफ़् अथर्वणिक रिलीजन** (डेक्कन कालेज ग्रन्थमाला, भाग ९, संख्या ३, ४), पूना १९४९।

तथा वैश्यों की भाँति वे भी आयुध धारण करते हैं (६।१३।१)। उनके गुप्तचर (स्पशाः) भी बड़े सतर्क और चतुर हैं (१८।१।९)।

यज्ञ का अब उनके जीवन में अत्यधिक महत्त्व है। यज्ञ उनका स्वामी है (७।५।३)। वे प्रजापति के आदेश का पालन करते हैं (४।२।१)। वे यजमान की रक्षा करते हैं और उसे दीर्घ जीवन प्रदान करते हैं (५।३।९ तथा ७।१७।३)। सोमरस का महत्त्व अथर्ववेद में भी है, आथर्वणिक देवता भी सोम में रुचि रखते हैं और सोमपान से आनन्दित होते हैं (६।८६।६)।

किन्तु इतना होने पर भी वैदिक देवों में अब वह शक्ति नहीं है जो उनमें ऋग्वेद में परिलक्षित होती है। यहाँ आकर वे आथर्वणिक पुरोहितों की मन्त्रशक्ति के सामने अशक्त होकर आत्मसमर्पण कर देते हैं। आथर्वणिक पुरोहित अपने मन्त्रों के बल से उनसे जो चाहते हैं, वह करवा लेते हैं। उनकी इच्छाशक्ति समाप्त हो चुकी है और मन्त्रों तथा अन्य यातविक कृत्यों के वशीभूत होकर उन्हें मन्त्रज्ञाता की अभीष्ट सिद्धि करनी ही पड़ती है। अब वे मन्त्रज्ञ के हाथों की कठपुतली हैं। उनका कार्य-क्षेत्र बहुत विस्तृत हो गया है, पर जिन कार्यों को करने के लिए उनका आह्वान किया जाता है, वे अत्यन्त सामान्य तथा तुच्छ हैं। वे रोगों को दूर करते हैं, शत्रु के लिए कृत्या उत्पन्न करते हैं, किसी स्त्री या पुरुष को अन्य पुरुष या स्त्री के प्रति आसक्त कराते हैं, कृषि की रक्षा करते हैं और मणि तथा वर्मों के द्वारा गर्भस्थ बालक का रक्षण करते हैं। इन्द्र, वरुण, सूर्य तथा अग्नि आदि सभी महान् ऋग्वैदिक देवों का दैनिक जीवन से सम्बद्ध ऐसे अनेक अवसरों पर विविध मन्त्रों में बार-बार आह्वान किया गया है। ऋग्वेद में जहाँ वे यज्ञादि से प्रसन्न होकर अपनी इच्छा से उपासक को समृद्ध आदि प्रदान करते हैं, वहाँ अथर्ववेद में आथर्वणिक पुरोहित अपने मन्त्रों की शक्ति से उनसे ऐसे कार्य करवाने की सामर्थ्य रखता है। वैदिक देवों की यह तुलनात्मक निर्बलता परवर्ती साहित्य में अधिकाधिक व्यक्त होती चली गई है।

ब्राह्मण ग्रन्थों में उल्लिखित देवमण्डल में वैदिक देवमण्डल की अपेक्षा कोई विशेष अन्तर नहीं है। किन्तु ब्राह्मण ग्रन्थों के अनुशीलन से सर्वप्रथम जो तथ्य सामने आता है, वह है यज्ञ का अत्यधिक और सर्वोपरि महत्त्व। वैदिक संहिताओं के पर्यालोचन से ज्ञात होता है कि उस समय यज्ञ देवताओं की प्रसन्नता के लिए प्रदान किया जाता था। या तो यजमान देवताओं द्वारा किए गए उपकारों की कृतज्ञता के फलस्वरूप यज्ञ करता था और या फिर उसका उद्देश्य यह होता था कि किसी विशिष्ट देवता को सन्तुष्ट करके उसकी कृपा से वह किसी अभीप्सित वस्तु को प्राप्त करे। किन्तु ब्राह्मणों का यजमान देवता की कृपा का न तो प्रार्थी है, न अभिलाषी। प्रत्येक यज्ञ स्वयं में एक स्वतन्त्र शक्ति है; प्रत्येक यज्ञ का एक विशेष फल है, जिसे वह किसी अन्य शक्ति के बिना

स्वयं ही उत्पन्न कर सकता है; उदाहरणार्थ 'ज्योतिष्टोम' यज्ञ करने पर स्वर्ग प्राप्ति एवं 'पुत्रेष्टि' यज्ञ करने पर पुत्र-प्राप्ति पूर्णतः निश्चित है; उसमें किसी देवता की सन्तुष्टि की अपेक्षा नहीं हैं। देवताओं के महत्त्व के ह्रास का यह स्पष्ट निदर्शन है।

ब्राह्मणों में भी प्रायः देवताओं की संख्या लगभग वही है, जो संहिताओं में। केवल **प्रजापति** नामक एक नवीन कर्मकाण्डीय देवता का नया आविर्भाव हुआ है और इससे उनकी संख्या ३३ के स्थान पर ३४ हो गई है (श० ब्रा० ४।५।७।२, ५।१।२।१३ आदि)। इन देवताओं को ब्राह्मणों में **आदित्य, वसु** एवं **रुद्र** इन तीन वर्गों में विभक्त कर दिया गया है। शतपथ ब्राह्मण के १४ वें काण्ड के पञ्चम अध्याय में इन देवताओं की इस प्रकार व्याख्या की गई है —

त्रयस्त्रिंशत् त्वेव देवा इति कतमे ते त्रयस्त्रिंशत् अष्टौ वसवः एकादश रुद्राः द्वादशादित्याः, एकत्रिंशत् इन्द्रश्चैव प्रजापतिश्च त्रयस्त्रिंशदिति। कतमे वसव इति। अग्निश्च पृथिवी च वायुश्चान्तरिक्षं च आदित्यश्च चन्द्रमाश्च नक्षत्राणि चैते वसवः। एतेषु हीदं सर्वं वसु हितम् एते हीदं सर्वं वासयन्ते। तद् यदिदं सर्वं वासयन्ते तस्माद् वसव इति। कतमे रुद्रा इति दशेमे पुरुषे प्राणाः आत्मैकादश। ते यदास्मात् शरीरदुत्क्रामन्ति अथ रोदयन्ति। तद् यद् रोदयन्ति तस्माद् रुद्रा इति॥

कतम आदित्या इति। द्वादश मासा संवत्सरस्य एत आदित्याः। एते हीदं सर्वं आददाना यन्ति । तद् यदिदं आददाना यन्ति तस्मादादित्या इति। कतम इन्द्रः कतमः प्रजापतिः इति। स्तनयित्नुरेवेन्द्रः यज्ञः प्रजापतिरिति।

यहाँ अग्नि, पृथ्वी, वायु, द्यौः, सूर्य, चन्द्रमा, नक्षत्र आदि को वसु-वर्ग में तथा मित्र, अर्यमा, भग, वरुण, दक्ष, अंश, मार्ताण्ड, धाता आदि की बारह आदित्यों में तथा अजएकपाद्, अहिर्बुध्न्य, त्र्यम्बक, महेश्वर आदि की रुद्रों में गणना की गई है, जो सम्पूर्ण ब्रह्माण्ड को व्याप्त किए हुए हैं अथवा जिनमें ही सब समृद्धि अवस्थित है, वे **वसु** हैं। जो समय का ग्रहण (आददानाः) या नियमन करते हुए चलते हैं, वे द्वादश मासों के अधिपति **आदित्य** हैं। प्राण ही **रुद्र** हैं क्योंकि वे शरीर से निकलते समय सम्बन्धियों को रुलाते हैं। आदित्यों और वसुओं आदि की यह सूची सभी ब्राह्मण ग्रन्थों में एक जैसी नहीं है। विष्णु, इन्द्र आदि देवों की गणना में विशेष रूप से मतभेद है। विष्णु को कुछ ब्राह्मणों में आदित्य वर्ग के अन्दर परिगणित किया गया है और कहीं उनका उल्लेख ही नहीं है। इन्द्र को यहाँ तक तीनों वर्गों से स्वतन्त्र, एक पृथक् देवता माना गया है किन्तु परवर्ती ब्राह्मणों में वह आदित्य वर्ग में ही है। इतना होने पर भी सभी वैदिक देवता इन वर्गों के अन्दर नहीं आ पाए हैं, उदाहरणार्थ विवस्वान्, अश्विनौ, उषस् , त्रित, मातरिश्वन् , पर्जन्य, बृहस्पति आदि; और कुछ ऐसे आ गए हैं जिनका संहिताओं में नाम तक उल्लिखित नहीं है। रुद्रगण के विषय में कोई निश्चित सूची महाभारत से पूर्व प्राप्त नहीं होती।

शतपथ ब्राह्मण में ही अन्य स्थानों पर याज्ञवल्क्य ने देवों की संख्या ३०३ या ३००३ भी बताई है। किन्तु उसने कहा है कि वस्तुतः ३०३ या ३००३ उन्हीं देवताओं की महिमाएँ हैं, देवता तो वस्तुतः ३३ ही हैं।

ब्राह्मण ग्रन्थों में देवों की प्रायः उतनी ही विशेषताओं का उल्लेख हुआ है, जितनी कर्मकाण्ड के लिए आवश्यक हैं। बहुधा ऋग्वैदिक देवों के स्वरूप की एक सामान्य धारणा उनके मस्तिष्क में रहती है और उसी के अनुरूप वे अपनी गाथाओं एवं ऊहाओं का जाल बुनते हैं। श० ब्रा० ३।९।१ में ऋग्वेद के विभिन्न देवों का यह संक्षिप्त स्वरूप देखिए: **'वाग् वै सरस्वती'** (७) **'पशवो वै पूषा'** (२०) **'ब्रह्म वै बृहस्पति'** (११) **'क्षत्रं वा इन्द्रः'** (१६) **'विशो वै मरुतः'** (१७) **तथा 'तेजो वा अग्नि'** (१८) **'आदि'।**

श० ब्रा० ४।३।५।१ तथा १३।१।७।२ में कहा गया है कि देवता तीन प्रकार के हैं (**'त्रयो वै देवाः', 'त्रयावृतो वै देवाः'**)।'यह कथन सम्भवतः वसु, आदित्य एवं रुद्र के इन्हीं तीन वर्गों से सम्बन्ध रखता है। यह भी हो सकता है कि यह पृथ्वी, अन्तरिक्ष एवं आकाश के अनुसार किए गए वैदिक देवताओं के विभाजन की ओर संकेत करता हो, जिसका उल्लेख स्वतः ऋग्वेद (१।१३९।११) में है।

यज्ञ के महत्त्व की वृद्धि के साथ-साथ पुरोहितों एवं ब्राह्मणों का भी महत्त्व बढ़ता रहा है। श० ब्रा० (२।२।२।६) में कहा गया है कि देवता दो प्रकार के हैं, एक पृथ्वी के देवता और दूसरे दिव्य देवता। पृथ्वी के देवता ब्राह्मण हैं। यजमान यज्ञ करके दिव्य देवों को प्रसन्न करता है और दक्षिणा देकर पृथ्वी देवों को। राजा सबका शासक है किन्तु ब्राह्मणों का नहीं। दोनों की प्रसन्नता से ही अभीष्ट की प्राप्ति होती है —

द्वया वै देवाः। ये ब्राह्मण शुश्रूवांसो अनूचानाः ते मनुष्यदेवाः तेषां द्वेधा विभक्त एव यज्ञः। आहुतिभिरेव देवान् प्रीणति। दक्षिणाभिः मनुष्यदेवान्॥

जिस प्रकार ऋग्वेद में देवों के तीन निवास-स्थानों (पृथ्वी, अन्तरिक्ष तथा आकाश) का वर्णन है, उसी प्रकार श० ब्रा० (६।५।३।३ तथा ६।१।२।१०) में भी देवों का इसी प्रकार-निवास-स्थान के अनुसार विभाजन है। किन्तु एक स्थान पर (९।५।२।८) उनके रहने के सप्त लोकों (भूः, भुवः, स्वः, महः, जनः, तपः, सत्यम्) का वर्णन किया गया है और १०।२।४।४ में कहा गया है कि त्रिलोकी और चार दिशाएँ ही देवों के रहने के सप्तलोक हैं। इससे मिलती-जुलती धारणा अथर्ववेद में भी है जहाँ कहा गया है कि देवता पृथ्वी, अन्तरिक्ष तथा आकाश के अतिरिक्त दिगन्तों, नक्षत्रों, जल तथा वृक्ष आदि में भी रहते हैं —

ये देवा दिवि तिष्ठन्ति ये पृथिव्यां
ये अन्तरिक्ष ओषधीषु पशुषु अप्सु अन्तः। १।३०।३

श० ब्रा० में भी इसे स्वीकार किया गया है (१४।३।२।४)। श० ब्रा० १२।७।३।७ में देवताओं तथा पितरों के पृथक्-पृथक् निवास-स्थानों का उल्लेख किया गया है।

ऋग्वेद में देवताओं की उत्पत्ति के विषय में कोई निश्चित उल्लेख नहीं है किन्तु ब्राह्मण ग्रन्थों में प्रायः सभी स्थानों पर देवताओं की उत्पत्ति प्रजापति से बताई गई है (**प्रजापतिर्देवान् असृजत्,** तै० ब्रा० ३।१०।९)। प्रजापति ब्राह्मणग्रन्थों में विकसित एक नवीन देवता हैं, जिन्हें संसार की प्रत्येक वस्तु का कर्ता माना गया है और जिनकी उत्पत्ति सम्भवतः यज्ञ एवं कर्मकाण्ड के सम्बन्ध से हुई है। प्रजापति का जन्म एक हिरण्मय-अण्ड 'हिरण्यगर्भ' से हुआ है (श० ब्रा० ११।१।६।१) और उन्हें 'ब्रह्म' (महान्) 'विश्वकर्मा' (सबका निर्माता) 'पुरुष' (चेतन शक्ति) तथा 'धाता' (धारण करने वाला) कहा गया है। यही 'ब्रह्म' शब्द पुराणों में 'ब्रह्म' (पु० ब्रह्मन्) बन जाता है।

श० ब्रा० (१०।१।३।१) का कथन है कि देवता प्रजापति की श्वास से उत्पन्न हैं। ऐ० ब्रा० (५।३।२) का कथन है कि प्रजापति की इच्छा हुई कि मैं एक से अनेक हो जाऊँ। उसने तप किया और उसके प्रभाव से पृथ्वी, अन्तरिक्ष तथा आकाश उत्पन्न हुए। तब उसने इन तीनों लोकों पर मनन किया। इस चिन्तन से प्रत्येक का अभिमानी एक-एक देवता — पृथ्वी से अग्नि, अन्तरिक्ष से वायु तथा आकाश से सूर्य — उत्पन्न हुआ[1]। लगभग यही बात श० ब्रा० (६।५।३।३) में कुछ शब्द-भेद से कही गई है। श० ब्रा० में अनेकशः (१।२।४।१, १।५।३।२ तथा ४।२।४।११) **असुरों** को भी प्रजापति से उत्पन्न बताया गया है।

ब्राह्मण ग्रन्थों में प्रायः कहा गया है कि देवगण पहले अमर नहीं थे किन्तु किसी विशेष यज्ञीय कृत्य का करने के पश्चात् उन्होंने अमरता प्राप्त की (उदाहरणार्थ श० ब्रा० ११।१।२।१२ तथा ११।२।३।६)। ऐसे उद्धरणों का मूल उद्देश्य कर्मकाण्ड के किसी अंग की महत्ता द्योतित करना है। उनसे देवों के विषय में तत्कालीन धारणा का परिचय मिलना कठिन है। श० ब्रा० में एक स्थान पर (२।२।२।८-१०) कहा गया है कि 'देव और असुर दोनों ही प्रजापति से उत्पन्न हुए। दोनों एक दूसरे से लड़ते थे किन्तु दोनों ही मरणशील थे; देवों में केवल अग्नि ही अमर्त्य था। अतः जिस देवता को असुर मारते थे, वह अन्तिम रूप से मर जाता था। देवों ने स्तुति एवं तपस्या की, जिससे वे अमर होकर मर्त्य असुरों को जीत सकें। तब उन्होंने अमर 'अग्न्याधाय' को देखा। उन्होनें कहा कि आओ हम इस अमर वस्तु को अपनी आत्मा में धारण करें। तब उन्होंने ऐसा ही किया और अमर तथा अपराजेय हो गए'। इसी ब्राह्मण में एक अन्य

---

१. **अग्निरस्मिन्नथेन्द्रस्तु मध्यतो वायुरेव वा।**
सूर्यो दिवीति विज्ञेया तिस्र एवेह देवताः॥ — *बृहद्देवता* १।६९

स्थान पर (११।१।६।१४) कहा गया है कि जिस समय देवता उत्पन्न हुए उस समय उनकी मूल आयु केवल एक सहस्र वर्षों की थी। एक अन्य स्थान पर (श० ब्रा० १०। १।४।१) स्वयं प्रजापति को प्रारम्भ में मर्त्य बताया गया है। उनके केवल प्राण अमर थे, शरीर तो क्षय्य ही था; किन्तु एक कृत्य विशेष के कारण वे अक्षय और अमर हो गए।

ऋग्वेद में अधिकतर **असुरों** का पृथक्-पृथक् ही उल्लेख प्राप्त होता है। इन्द्र के **शम्बर, अहि, बल** तथा **वृत्र** आदि शत्रु बताए गए हैं। किन्तु ब्राह्मणों में देवों की भाँति असुरों की एक स्वतन्त्र श्रेणी बन गई है। उनका एक पूरा समूह ही है, जो कौशल में देवों से कम नहीं है। प्रजापति के उच्छ्‌वास से देवों की सृष्टि हुई है और निःश्वास से असुरों की। असुर भी देवों की भाँति प्रजापति की ही सन्तान हैं (श० ब्रा० १।२।४। ८, तै० सं० ३।३।७।१ तथा तै० ब्रा० १।४।१।१), किन्तु उन्हें सदा देवताओं से लड़ते हुए प्रदर्शित किया गया है। असुरों के साथ पिशाचों एवं राक्षसों का भी स्वतन्त्र उल्लेख है। यातविक कृत्य ही उनके कर्मकाण्ड हैं। उनका पुरोहित 'काव्य उशना' (शुक्राचार्य) है। (तां० ब्रा० ६।७।१)। श० ब्रा० (९।५।१।१२-१६) में कहा गया है कि पहले देवता और असुर दोनों ही सत्य तथा असत्यमय थे। देवताओं ने सत्य को अपनाकर असत्य को छोड़ दिया किन्तु असुरों ने असत्य को ही अपनाया। अतः वे निर्बल हो गए। प्रायः असुरों को अन्धकार तथा माया से युक्त कहा गया है (श० ब्रा० २।४।२।५)।

श० ब्रा० (३।२।२।२२) में कहा गया है कि देवता कभी सोते नहीं; और न कभी उनकी आँखों में आँसू आते हैं (मै० सं० २।१।१०, ऐ० ब्रा० ५।१।२)। यज्ञ उनका भोजन है तथा सूर्य उनका प्रकाश। वे अमरता में निवास करते हैं (श० ब्रा० २। ४।२।१)। वे प्रत्यक्ष से द्वेष करते हैं, रहस्यमय परोक्ष वस्तुएँ उन्हें प्रिय हैं (**प्रत्यक्षद्विषो हि देवाः परोक्षप्रियाः**, श० ब्रा० ९।१।२।७)। वे जब यज्ञ भाग ग्रहण करते आते हैं तो अदृश्य रहते हैं (श० ब्रा० ३।३।४।६)। वे आनन्ददाता तथा यशस्वी हैं एवं मनुष्यों को उचित मार्ग प्रदर्शित करते हैं। (श० ब्रा० २।१।४।९ तथा ऐ० ब्रा० ४। २५)। श० ब्रा० (३।४।२।६-७) में देवताओं की सर्वज्ञता प्रदर्शित की गई है। जो कुछ भी मनुष्य सोचता है, वह उसके निःश्वास में व्याप्त होकर बाहर निकल जाता है और वायु में मिल जाता है। वायु देवताओं को बता देता है कि मनुष्य के मन में क्या है।

इन्द्र की देवों के ऊपर प्रधानता अभी सुरक्षित है। इन्द्र उनका राजा है और साम उनके वेद हैं (श० ब्रा० १२।४।३।१४) प्रजापति ने इन्द्र को यह पद प्रदान किया है (तै० ब्रा० २।२।१०), किन्तु कहीं कहीं राक्षसों के आक्रमण के भय से देवताओं द्वारा अपनी सुरक्षा के लिए स्वतः इन्द्र को अपना नायक चुनना वर्णित है (श० ब्रा० ३।४। २।१)।

ब्राह्मण ग्रन्थों में प्रतिबिम्बित वैदिक देवताओं के स्वरूप पर दृष्टिपात करने से प्रतीत होता है कि वैदिक देवताओं का महत्त्व पर्याप्त क्षीण हो चुका है। यज्ञ की शक्ति के आगे उनकी सामर्थ्य कुछ भी नहीं है। यज्ञ के न मिलने पर वे क्षीण हो जाते हैं और असुरों को परास्त नहीं कर पाते। जो भी कुछ महत्त्व वे प्राप्त करते हैं, वह सब यज्ञ के ही कारण है[1]। कहाँ तो ऋग्वैदिक समय में यज्ञ देवताओं की प्रसन्नता के लिए किया जाता था और और कहाँ अब वे स्वयं यज्ञ करने के लिए विवश होते हैं (श० ब्रा० ११।५।५।१२, वा० सं० १९।१२)। यज्ञ देवताओं से स्वतन्त्र एक महत्त्वपूर्ण शक्ति है और यज्ञ का अधिष्ठाता प्रजापति सब देवों का उत्पादक है। इस प्रकार देवों की अपनी उत्पत्ति भी यज्ञ के अधीन है।

यज्ञ से ही वे स्वर्ग पर विजय प्राप्त करके उसे अपना निवास-स्थान बनाते हैं (श० ब्रा० १।७।३।१ तथा तै० सं० १।७।१।३)। छन्दों तथा सूक्तों से पूजा करने के कारण ही उनका यह महत्त्व हुआ है (श० ब्रा० ३।९।३।१०, मैं० सं० ३।२।३, तां० ब्रा० ७।४।२, ऐ० ब्रा० १।९)। असुरों को परास्त करने के लिए शक्ति अब उनमें सोम से नहीं आती, इसे वे यज्ञ करके प्राप्त करते हैं (श० ब्रा० २।५।३।२-३, तै० सं० १।६।१०।२)। वे एक दूसरे की प्रसन्नता के लिए भी यज्ञ करते हैं (श० ब्रा० ५।१।१।२, ११।१।८।२)। साथ ही यज्ञ का स्वयं भी इतना अधिक महत्त्व है कि वे यज्ञ के लिए भी यज्ञ प्रदान करते हैं (ऐ० ब्रा० १।१६; **यज्ञेन यज्ञमयजन्त देवा:, ऋ०** १०।९०।१६)।

गृह्य-सूत्रों में प्रतिबिम्बित वैदिक देवताओं में कोई उल्लेखनीय नई विशेषता नहीं है। एक तो सूत्र स्वत: अत्यन्त संक्षिप्त हैं और दूसरे, धार्मिक कृत्यों के सन्दर्भ में ही तत्कालीन देवताओं का यदा-कदा विवरण प्राप्त होने के कारण उनके स्वरूप का उचित अनुमान नहीं लगाया जा सकता। फिर भी इतना तो निश्चित ही है कि ब्राह्मण ग्रन्थों में वैदिक देवताओं की महत्ता के ह्रास का जो आभास प्राप्त होता है, उसी का विकास सूत्रों में हुआ है। प्रत्येक कृत्य में कुछ विशेष देवताओं का आह्वान किया जाता हैं और उनको हवि प्रदान की जाती है। सभी कृत्यों में अनिवार्यता के कारण अग्नि का अत्यधिक महत्त्व है। साथ ही विष्णु और रुद्र का महत्त्व विशेष रूप से बढ़ गया है। रुद्र के लिए 'शिव' विशेषण भी अनेक स्थानों पर प्रयुक्त हुआ है। ऋग्वेद के शक्तिशाली देवता इन्द्र और वरुण का केवल नाममात्र को उल्लेख है। **विनायक** (गणेश) आदि नवीन देवताओं का भी जन्म हुआ है किन्तु अब भी लोकविश्वास में देवों की संख्या वही ३३ ही है। हिरण्यकेशी गृ० सू० (२।८।७।४) में आग्रहायणी कृत्य के समय

१. देखिए, देशमुख : **ओरिजिन् एण्ड डेवलपमेन्ट ऑफ़् रिलीजन इन वैदिक लिटरेचर,** पृ० ३५१-३७०।

यजमान प्रार्थना करता है कि "तीन बार एकादश (त्रिभिः एकादश) देवता जो उदार हैं, जिनके पुरोहित बृहस्पति हैं, सविता की प्रेरणा से मेरा कल्याण करें"।

इसी गृह्य-सूत्र में एक अन्य स्थान पर (१।४।११।४) श्राद्ध कर्म के प्रसंग में कहा गया है कि "भूमि स्थिर है, अग्नि इसका नियामक है, अन्तरिक्ष स्थिर है, वायु इसका नियामक है, आकाश स्थिर है, सूर्य इसका नियामक है"। उपनयन संस्कार के समय उपाध्याय ब्रह्मचारी के दक्षिण कर्ण में कहता है "तुम अग्नि एवं पृथ्वी पर स्थिर रहो, वायु एवं अन्तरिक्ष में स्थिर रहो तथा सूर्य एवं आकाश पर स्थिर रहो" (हिरण्य० १।२।६।३) इससे प्रतीत होता है कि ऋग्वेद, अथर्ववेद एवं ब्राह्मणों में अनेकशः उल्लिखित देवताओं का यह त्रिविध विभाजन गृह्य-सूत्रों के समय भी मान्य था।

देवताओं के उद्भव के सम्बन्ध में गृह्य-सूत्रों में कुछ नहीं कहा गया। गृह्य-सूत्रों के लेखक धार्मिक कृत्यों के वर्णन में ही इतने अधिक व्यस्त हैं कि देवताओं के स्वरूप पर स्वतन्त्र रूप से विचार करने का उन्हें अवकाश ही नहीं है। उनकी चेष्टा यह अन्वेषण करने की रही है, किस विशिष्ट धार्मिक कृत्य से, किस वैदिक देवता को सम्बन्धित किया जा सकता है? उदाहरणार्थ ऋग्वेद में विष्णु को 'गर्भ का कल्पक' (१०।१८४।१) कहा गया है तो इस संकेत के आधार पर गृह्य-सूत्रों में गर्भाधान संस्कार के समय उनका आह्वान किया गया है।

देवताओं के विषय में सामान्य धारणा यही है कि वे विभिन्न दिशाओं में निवास करते हैं, कवच पहनते हैं तथा शक्तिशाली धनुष एवं बाण धारण करते हैं। वे कभी पलक नहीं मारते, निर्निमेष दृष्टि से सावधानीपूर्वक मनुष्य के कर्मों का पर्यवेक्षण किया करते हैं (गोभिल गृह्य ४।९।१९)। उनमें रोग तथा रोग के 'कीटाणुओं' को नष्ट करने की अपूर्व शक्ति है (पारस्कर २।१७।१३।१५)

वस्तुतः गृह्य-सूत्रों के रचयिताओं के सम्मुख वैदिक देवों का कोई निश्चित सामान्य स्वरूप नहीं है। ऋग्वेद में विभिन्न देवों की जो विविध विशेषताएँ वर्णित की गई हैं, उन्हीं के आधार पर उन्होनें विभिन्न गार्हस्थिक कार्यों के लिए देवों का औचित्य सोचकर उनका आह्वान किया है। यही कारण है, विष्णु जैसे महनीय देवों का भी गर्भ की रक्षा जैसे छोटे कार्य के लिए आह्वान किया गया है। गृह्य-सूत्रों में वर्णित देवों की विशेषता के आधार पर किसी देवता के व्यक्तित्व के विषय में निश्चित धारणा बना लेना कठिन है।

रामायण, महाभारत एवं पुराणों में आकर हम देवताओं के एक नवीन संसार में आ जाते हैं। संहिताओं में यद्यपि कई देवताओं की मानवीय एवं शारीरिक विशेषताओं का उल्लेख किया गया है किन्तु फिर भी उनका व्यक्तित्व अधिक स्पष्ट नहीं है।

प्रत्येक के आकार–प्रकार की हम उचित कल्पना नहीं कर सकते और सम्भवतः यही कारण है कि वैदिक–काल में देवों की मूर्तियों के निर्माण का कोई उल्लेख नहीं मिलता[१]। किन्तु पौराणिक काल में प्रत्येक के अंग–प्रत्यंगों एवं चरित का सजीव वर्णन है। वेदों में देवों के व्यक्तित्व की केवल बाह्य रूपरेखा मात्र है। पर पुराणों एवं महाकाव्यों (रामायण–महाभारत) में इन रेखाचित्रों में सुन्दर चटकीले रंग भर दिए गए हैं। उदाहरण के लिए विष्णु के बाह्य आकार के विषय में ऋग्वेद पूर्णतः मौन है किन्तु पौराणिक काल में विष्णु के श्यामल वर्ण, कोमल शरीर तथा चार भुजाओं का वर्णन है। इन चारों भुजाओं में वे शंख, चक्र, गदा तथा पद्म धारण करते हैं। उनके शरीर पर पीताम्बर पड़ा रहता है और गले में वैजयन्ती माला तथा कौस्तुभ मणि सुशोभित होती रहती है। उनके नेत्र नीलकमल के समान हैं तथा दृष्टि कारुण्मयी है। गरुड उनका वाहन है तथा लक्ष्मी प्रियतमा, जो सदा उनके चरण दबाया करती हैं। क्षीरसागर में उनका निवास–स्थान है, जिसे वैकुण्ठ कहते हैं। जय और विजय नामक दो द्वारपाल उनके प्रवेश–द्वार के बाहर खड़े रहकर रखवाली करते हैं।

ठीक इसी प्रकार शिव (वैदिक रुद्र) तथा ब्रह्मा (वैदिक प्रजापति) की भी शारीरिक विशेषताओं का पूर्ण वर्णन है। वेदों में देवों की पत्नियों का केवल औपचारिक वर्णन है। इन्द्र शब्द में स्त्रीलिंग वाचक आनुक् तथा डीप् प्रत्यय लगाकर इन्द्राणी बन गया और वह इन्द्र की पत्नी हो गई। किन्तु महाकाव्यों एवं पुराणों में इन्द्राणी, पार्वती, लक्ष्मी तथा सरस्वती आदि सभी का स्वतन्त्र व्यक्तित्व है। इन्द्र के पुत्र जयन्त का भी वर्णन है, जो एक आँख से काना है।

किन्तु साथ ही पुराणकाल में वेद के बहुत से देवता केवल नाममात्र को ही अवशिष्ट रह गए हैं और कुछ पूर्णतः विलुप्त हो गए हैं। ऐसे ह्रासोन्मुख देवताओं में पूषन्, सविता, अर्यमा, मित्र, त्रित तथा अपां–नपात् आदि हैं। वरुण तथा इन्द्र आदि का उत्कर्ष पूर्णतः क्षीण हो गया है। वैदिक देवमण्डल का सम्राट् वरुण केवल समुद्रों का राजा मात्र है, विष्णु, शिव आदि के आगे उसकी शक्ति पूर्णतः नगण्य है। अग्नि को एक ब्राह्मण के रूप में चित्रित किया गया है। उसका महत्त्व केवल यज्ञ में उसकी उपयोगिता के कारण है, देवता के रूप में नहीं। इन्द्र यद्यपि अब भी राजा है किन्तु अब उसका कार्य केवल अप्सराओं के साथ विलास करना है। कभी–कभी वह पृथ्वी पर भी सुन्दरियों को खोजा करता है; गौतम की पत्नी अहल्या इसका उदाहरण है। राक्षसों का वध करने की उसमें शक्ति नहीं है। रामायण में एक स्थान पर उल्लेख है कि एक बार इन्द्र ने सूर्यवंश के राजा ककुत्स्थ को असुरों का विनाश करने के लिए बुलाया। इन्द्र वृषभ बना और राजा ने उसके ककुद् पर बैठकर युद्ध किया। महाभारत में इन्द्र

---

१. देखिए, **प्रथम अध्याय**, अनुभाग ४, पृ० ३५।

राक्षसों का विनाश करने के लिए अर्जुन को बुलवाता है। ये दो ही नहीं और भी अनेक राजा इन्द्र की सहायता करते हुए वर्णित किंए गए हैं। अभिज्ञानशाकुन्तलम् में पार्थिव नरेश दुष्यन्त स्वर्ग जाकर इन्द्र के शत्रुओं का संहार करते हैं। कहीं-कहीं तो इन्द्र को मनुष्यों से बुरी तरह हारते हुए वर्णित किया गया है। महाभारत में खाण्डवदाह के समय इन्द्र एवं अर्जुन के घोर युद्ध का वर्णन है, जिसमें इन्द्र को मुँह की खानी पड़ती है। श्रीमद्भागवत में कृष्ण द्वारा अपनी पूजा न पाकर इन्द्र का कुद्ध होकर घोर वर्षा करना, कृष्ण का गोवर्धन धारण करना और अन्त में इन्द्र का विनम्र होकर कृष्ण के चरणों में गिरना वर्णित है। इन्द्र की तुच्छता का यह सुन्दर निदर्शन है। जब असुर उसे तंग करते हैं तो वह ब्रह्मा, विष्णु या शिव के पास भागता है। दयालु विष्णु प्रायः उसकी विपत्ति का निवारण करते हैं। जब बलि ने उसका राज्य छीन लिया तो विष्णु को ही वामन का रूप धारण करके उसकी सहायता करनी पड़ी। यही नहीं, उसे मनुष्यों की भी सहायता की आवश्कता पड़ती है।

बहुत से नये देवताओं का जन्म भी महाकाव्यों और पुराणों में हुआ है। अधिकतर ऐसे देवताओं का पूर्ववर्ती वैदिक साहित्य में कोई उल्लेख नहीं है। दुर्गा, स्कन्द, गणेश, हनुमान् आदि ऐसे ही देवी-देवता हैं, जिनकी उपासना पौराणिक युग में जन्म लेकर आज भी हिन्दू धर्म में व्यापक रूप से प्रचलित है।

पुराणों में प्रायः देवों की संख्या बहुत ऊँची बताई गई है। ऋग्वेद के ३३ देवों को पुराणकारों ने ३३ करोड़ बना दिया है। वस्तुतः यहाँ 'कोटि' शब्द के अर्थ की भ्रान्ति ही मुख्य कारण है, 'करोड़' के अतिरिक्त कोटि का अर्थ 'प्रकार' भी है। प्राचीनतर साहित्य में वर्णित देवों की 'तेंतीस कोटियों' का अर्थ 'तेंतीस प्रकार' के देवगण से है। ब्रह्मपुराण (११०। १४७) तीन-करोड़ पाँच-सौ देवों का उल्लेख करता है (**तिस्त्र कोट्यस्तथा पंचशतानि मुनिसत्तम**)। पर विष्णु पुराण में एक स्थान पर यह भी कहा गया है कि सब देवता संख्या में ३३ हैं और ये वेदों से उत्पन्न हुए हैं (**सर्वे देवगणास्तात त्रयस्त्रिंशत्तु छन्दजाः** १।१५।१३९)। वेदों की भाँति महाकाव्यों एवं पुराणों में देवों का पृथ्वी आदि स्थानों के अनुसार कोई विभाजन नहीं किया गया। पुराणों की सजीव देवकथाओं के आगे यह धारणा ही पूर्णतः लुप्त हो चुकी है कि देवगण कभी प्रकृति के किसी तत्त्व से सम्बन्धित थे। उनमें यथार्थता एवं वास्तविकता है। पौराणिक कवियों को उनके अस्तित्व में पूर्ण विश्वास है। फिर भी महाभारत में (अनुशासन पर्व, अध्याय १५०) एक स्थान पर श० ब्रा० के ही अनुसार देवताओं का रुद्र, आदित्य तथा वसु वर्ग में परिगणन है। किन्तु इस विभाजन का महाकाव्यों अथवा पुराणों में कोई व्यावहारिक महत्त्व नहीं है, यह प्राचीनकाल की एक स्मृति मात्र है। साथ ही जो नाम इस सूची में दिए गए हैं उनमें से कुछ श० ब्रा० से पर्याप्त भिन्न हैं; उदाहरणार्थ —

रुद्राः अज-एकपाद् अहिर्बुध्न्य, पिनाकी, अपराजित, ऋत, पितृरूप, त्र्यम्बक, महेश्वर, वृषाकपि, शम्भु, हवन।

आदित्याः अंश, भग, मित्र, वरुण, धाता, अर्यमा, जयन्त, भास्कर, त्वष्टा, पूषन्, इन्द्र तथा विष्णु।

वसवः धर, ध्रुव, सोम, सविता, अनिल, अनल, प्रत्यूष, प्रभास।

अश्विनौ नासत्य तथा दस्त्र।

एक सामान्य दृष्टि से ही ज्ञात हो जाएगा कि रुद्रगण में अधिकतर शिव के ही विशेषण एकत्र करके रख दिए हैं। हवन एवं ऋत आदि का, पता नहीं, रुद्र से क्या सम्बन्ध है? गीता में कहा गया है — 'मैं रुद्रों में शिव हूँ' और शिव का इस सूची में नाम तक नहीं है। आदित्य-वर्ग में सूर्य से सम्बन्धित कुछ प्राचीन देवता हैं किन्तु जयन्त, भास्कर आदि का अन्यत्र कहीं दूसरी बार नामोल्लेख तक नहीं है। वसु-वर्ग में सविता तथा सोम एवं साथ ही वायु एवं अग्नि को मिलाकर अत्यन्त भ्रान्त कर दिया गया है। धर एवं प्रभास का कोई भी परिचय अन्यत्र कहीं नहीं दिया गया। पता नहीं, ध्रुव वही विष्णु-भक्त बालक है अथवा ध्रुव तारा अथवा कोई और। अश्विनौ में एक का नाम नासत्य बताया गया है और दूसरे का दस्त्र। दोनों ही अश्विनीकुमारों के प्राचीन सम्मिलित विशेषण हैं (द्विवचन में 'नासत्या' या 'दस्त्रा')।

पौराणिक काल में ब्राह्मणों का उत्कर्ष भी इस प्रसंग में ध्यान देने योग्य है। महत्त्व इतना अधिक बढ़ गया है कि देवता उनके प्रभाव से थर-थर काँपते हैं। अहल्या से अनुचित सम्बन्ध के कारण गौतम-ऋषि इन्द्र को शाप दे देते हैं और इन्द्र उनसे अनुनय-विनय करता है। इन्द्र का प्रभाव ही क्या है? जो भी १०० अश्वमेध यज्ञ कर ले, वह इन्द्र बन जाता है। किन्तु स्वार्थी इन्द्र की यही चेष्टा रहती है कि कोई भी १०० अश्वमेध न कर सके। रामायण में उसे दिलीप के सौवें यज्ञ का अश्व चुराकर ले जाते हुए वर्णित किया गया है; अश्विनी कुमार यज्ञ में सोम के अधिकारी नहीं हैं किन्तु च्यवन की कृपा से वे सोमपान के अधिकारी बन जाते हैं। भृगु देवाधिदेव-विष्णु की छाती में लात मारने की सामर्थ्य रखते हैं। ऋषि माण्डव्य को चोरी के अपराध की शंका में सूली पर चढ़ा दिया जाता है किन्तु वे मरते नहीं। कुछ समय पश्चात् वे सदेह यमलोक पहुँचते हैं और यम से पूछते हैं कि किस अपराध के कारण उसने यह दण्ड उन्हें दिया? उसके उत्तर से असन्तुष्ट होकर वे उसे शूद्र योनि में जन्म लेने का शाप देते हैं। वृत्र जैसे असुर का वध करने पर भी इन्द्र को ब्रह्म-हत्या का पातक लगता है क्योंकि वृत्र को त्वष्टा ब्रह्मर्षि ने उत्पन्न किया है।

अवतारवाद का सिद्धान्त पौराणिक देवकथाओं की एक अन्य महत्त्वपूर्ण विशेषता है। संसार की रक्षा के लिए विष्णु को मत्स्य, कूर्म, वराह, वामन, राम, कृष्ण आदि

अवतार ग्रहण करने पड़ते हैं। इनमें से कुछ तो वैदिक साहित्य में ही संकेतित हैं और प्राचीन प्रकृति-कथाओं से सम्बन्धित हैं (उदाहरणार्थ वामन) कुछ ऐतिहासिक व्यक्ति हैं (राम, कृष्ण आदि), जिन्हें शक्ति एवं सामर्थ्य के वैशिष्ट्य के कारण विष्णु से सम्बद्ध कर दिया गया है। विष्णु के अतिरिक्त अन्य देवता भी अपनी शक्ति से मनुष्यों को उत्पन्न करने में समर्थ हैं और युधिष्ठिर आदि पञ्च पाण्डव क्रमशः धर्म (या यम), वायु, इन्द्र तथा अश्विनौ (दो) की शक्ति से उत्पन्न माने गए हैं।

देवों और असुरों का युद्ध अब और अधिक सामान्य हो गया है। ऋग्वेद की भाँति अब एक-एक देवता का एक-एक असुर से युद्ध नहीं होता। सभी असुर मिलकर सम्मिलित रूप देवों पर आक्रमण करते हैं और कभी-कभी देवताओं को स्वर्ग से हटाकर वहाँ के राजा बन बैठते हैं। ऐसे पाँच देवासुर संग्रामों का मत्स्य पुराण में उल्लेख मिलता है।

महाकाव्यों एवं पुराणों में देवताओं के सम्बन्ध में **आख्यानों** एवं **उपाख्यानों** का एक विशाल भण्डार उपलब्ध है। प्रत्येक देवता के विषय में उसके अन्य देवताओं, मनुष्यों तथा असुरों के सम्बन्ध से अनेक आख्यानों का जन्म हुआ है। इस भण्डार में ऐसे भी उपाख्यान हैं, जिनका मूल वैदिक साहित्य में है किन्तु जिनको कवियों ने अपनी उर्वर कल्पना-शक्ति से अब और अधिक पूर्णता एवं काव्यात्मकता के साथ प्रस्तुत किया है। पुराणों के ये मनोरम आख्यान सामान्यतः सात वर्गों में विभक्त किए जा सकते हैं —

१. ज्योतिष-सम्बन्धी
२. प्रतीकात्मक
३. वैदिक
४. ऐतिहासिक
५. इष्ट देवता की प्रशंसापरक
६. दार्ष्टान्तिक या उपदेशात्मक, तथा
७. लोकविश्वास से उद्भूत।
८. व्रत एवं तीर्थादि माहात्म्य

प्रथम वर्ग में ऐसी कथाएँ हैं जो आकाश के (प्रायः रात्रि में दिखाई देने वाले) किसी दृश्य पर आधारित हैं, उदाहरणार्थ विश्वामित्र द्वारा त्रिशंकु को सदेह स्वर्ग भेजे जाने और इन्द्र द्वारा तिरस्कृत होने पर आकाश में ही लटके रहने की कथा, गंगावतार की कथा, ध्रुव एवं सप्तर्षियों का आख्यान तथा चन्द्रमा के २७ नक्षत्र-पत्नियाँ होने, किन्तु रोहिणी के अतिरिक्त अन्य पत्नियों से प्रेम न करने के कारण क्षयी हो जाने, आदि की कथाएँ। द्वितीय वर्ग की कथाएँ पूर्णतः अमूर्त विचारों पर आधारित है और किसी विशेष गूढ़ तत्त्व की शिक्षा देने के लिए गढ़ी गयी हैं, उदाहरणार्थ भागवत का पुरञ्जन उपाख्यान (४।२५।२) या भक्ति के ज्ञान और वैराग्य नामक दो पुत्रों की कथा (भाग० माहात्म्य अ० ३)। तृतीय वर्ग में वे कथाएँ हैं जो अंशतः वैदिक साहित्य में उल्लिखित हैं, जिनका आधार अधिकांश में भौतिक अथवा याज्ञिक है और जिनका

पुराणों में विशद एवं रोचक पल्लवन हुआ है। विष्णु के वामन, वराह तथा मत्स्य आदि अवतारों की कथाएँ, इन्द्र द्वारा वृत्र, नमुचि आदि असुरों के वध के आख्यान एवं त्रिपुर-विनाश आदि की कथाएँ इसी श्रेणी में आती हैं। कुछ कथाएँ ऐतिहासिक व्यक्तियों के जीवन-चरित पर आधारित हैं। यद्यपि कल्पना के रंगों द्वारा कवि ने मूल को पर्याप्त चित्र-विचित्र कर दिया है फिर भी उनका ऐतिहासिक रूप अभी लुप्त नहीं हुआ है। रामायण तथा महाभारत की मूलकथाएँ, हरिश्चन्द्र का आख्यान एवं नल-दमयन्ती आदि की कथाएँ इसके उदाहरण हैं। पुराणों में बहुत सी कथाएँ ऐसी भी हैं जो बिना किसी पूर्व आधार के केवल अपने इष्ट-देव का उत्कर्ष सूचित करने के लिए गढ़ ली गयी हैं। वायु तथा शिव पुराण में एक कथा आती है, जिसके अनुसार सृष्टि के आदि में जब ब्रह्मा और विष्णु में पारस्परिक श्रेष्ठता का निर्णय करने के लिए विवाद होने लगा तो उनके सामने एक विशाल शिवलिंग प्रकट हुआ। जब दोनों उसके अन्त का पता लगाने में असमर्थ रहे तो शिव ने प्रकट होकर उन्हें उपदेश दिया और उन्हें अपना अंश घोषित किया। किन्तु वैष्णव-पुराण भागवत में बाणासुर के प्रसंग में कृष्ण और शिव के युद्ध का वर्णन है, जिसमें कृष्ण की विजय होती है। इसी प्रकार द्वादश स्कन्ध में शिव को विष्णु की माया से भ्रान्त होते हुए वर्णित किया गया है। देवी-भागवत की पचासों कथाएँ इसी प्रकार की हैं। छठे प्रकार की कथाएँ वे हैं जो किसी विशेष नैतिक नियम जैसे सत्य, पातिव्रत्य, अतिथि सत्कार या इन्द्रिय संयम आदि गुणों की व्याख्या करने के लिए उद्‌भावित की गयी है। महाभारत में ऐसी अनेक कथाएँ हैं जिनमें वार्तालाप के रूप में जीवनोपयोगी अनेक नैतिक शिक्षाएँ दी गयी है। पद्म पुराण में वर्णित नन्दा गौ (सत्य) तथा पतिव्रता सुकला (पातिव्रत्य) आदि की कथाएँ भी ऐसी ही हैं। गणेश तथा कार्तिकेय आदि से सम्बन्धित कथाएँ, प्रायः लोकविश्वास की कथाओं के ही सुसंस्कृत रूप हैं और इनको पृथक् वर्गीकृत किया जा सकता है। विविध तीर्थों एवं व्रतों के माहात्म्य से सम्बद्ध पौराणिक कथाएँ भी पण्डितों द्वारा सर्वत्र सुनाई जाती हैं।

वैदिक देवों की उत्पत्ति का जो आधार और प्रक्रिया ऋग्वेद में लक्षित होती है, पुराणों में उनकी चरम सीमा प्राप्त होती है। प्रकृति की किसी भी महत्त्वपूर्ण वस्तु अथवा मानसिक भाव आदि को देवता के रूप में मूर्त मान लेना पुराणों के लिए सर्वथा सरल और स्वाभाविक है। भाग० १।१७ में पृथ्वी-देवी का गौ रूप में वर्णन प्राप्त होता है। ब्रह्म पुराण के १२७ वें अध्याय में वेदों को मानव रूप में बोलते हुए वर्णित किया गया है। भाग० ४।२४।१० में समुद्र की कन्या शतद्रुति का उल्लेख है। भाग० ४।१७ में पर्वत एवं वृक्ष आदि भी पृथु को भेंट देते हैं और इसी पुराण में अन्यत्र (२।९।१६) सांख्य दर्शन के २५ तत्त्वों को मूर्तरूप में विष्णु की सेवा करते हुए वर्णित किया गया है। पद्म पुराण (भूमि खण्ड, १२ वें अध्याय) में दुर्वासा एवं दत्तात्रेय के सम्मुख धर्म, ब्रह्मचर्य, सत्य, दम, नियम आदि नैतिक गुण विविध-वस्त्रालंकार-वेष्टित ब्राह्मणों के रूप में उपस्थित होते हैं।

देवताओं का स्वतन्त्र व्यक्तित्व होते हुए भी वे एक ही परम शक्ति के विविध अंश बताए गए हैं। उपनिषदों की विचारधारा के प्रभाव से सब दैवी शक्तियों को एक मुख्य शक्ति से सम्बन्धित करने की प्रवृत्ति प्रायः सर्वदा रही है। भाग० पु० ४। १४। २ में सब देवता एक ही भगवान् के अंश बताए गए हैं। यहाँ तक कि ब्रह्मा, विष्णु और महेश को भी ब्रह्मपुराण में एक ही शक्ति के तीन रूप बताया गया है —

वेदेन गीयते यस्तु पुरुषः स परात्परः।
गुणाभिव्याप्तिभेदेन मूर्तोऽसौ त्रिविधो भवेत्॥
ब्रह्मा विष्णुः शिवश्चेति एक एव त्रिधोच्यते। — ब्रह्म० १३०। ८९

पुराणों में देवों की प्रकृति के विषय में जो सबसे अधिक विचित्र अधिक विचित्र वस्तु है, वह उनकी **अस्थिरता एवं निर्बलता**। तपस्या के बढ़ते हुए महत्त्व के कारण देवताओं के बल की गाथाएँ पृष्ठभूमि में पड़ गयी हैं। तप के प्रभाव के आगे वे निर्बल हैं। पद्म पुराण (भूमि खण्ड, १० वाँ अध्याय) में तपस्वी विष्णुशर्मा इन्द्र को देवराज के पद से भ्रष्ट करके किसी दूसरे को उसके स्थान पर नियुक्त करने का विचार करते हैं। तपस्या से बलशाली हुआ तारकासुर, इन्द्र, विष्णु, वरुण आदि को हरा देता है। विष्णु का सुदर्शन-चक्र, इन्द्र का वज्र, वरुण के पाश, अग्नि की शक्ति और वायु का अंकुश, सब उसके ऊपर व्यर्थ हो जाते हैं। यही कारण है कि इन्द्रादि देवों को संकट पड़ने पर सदा तपस्या की शक्ति की आवश्यकता पड़ती हैं। पद्म पुराण (१९ वाँ अध्याय) में देवता कालकेय-दानवों से पीड़ित होकर अगस्त्य के पास सहायता के लिए पहुँचते हैं और वे समुद्र के जल का पान करके उनकी सहायता करते हैं। वृत्र-वध के लिए अब दधीचि जैसे तपस्वी ऋषि की अस्थियों की आवश्कता पड़ती है। नैतिक गुणों के उत्कर्ष के आगे दैवी शक्ति का यह अपकर्ष भारतीय संस्कृति के क्रमिक विकास की सुन्दर कथा कहता है। पुराणों का यह विश्वास है कि यदि मनुष्य सत्य, अहिंसा, सदाचार आदि में रत रहे तो देवता तक उसका कुछ नहीं बिगाड़ सकते। यज्ञादिक बाह्य कृत्यों से देवों को पूजने की अपेक्षा अपने आचरण को उत्तम बनाकर और अपने अन्दर विभिन्न नैतिक गुणों का समावेश करके मनुष्य अतिमानवीय ही नहीं अतिदैवी शक्ति भी प्राप्त कर सकता है।

देवों को पुराणों में पूर्णतः अमर नहीं माना गया। बौद्ध दर्शन के क्षणिकवाद एवं वेदान्त के प्रभाव के कारण जगत् की अन्य मिथ्या वस्तुओं की भाँति वे भी विनाशशील हैं। प्रत्येक कल्प के आदि में पृथक्-पृथक् देवों की उत्पत्ति होती है। जैसे सूर्य का उदय एवं अस्त होता है उसी प्रकार इन देवों की उत्पत्ति तथा विनाश होता है —

तेषामपीह सततं निरोधत्पत्तिरुच्यते।
यथा सूर्यस्य मैत्रेय उदयास्तमनाविह॥

एवं देवनिकायास्ते सम्भवन्ति युगे-युगे॥ — विष्णु० १।१५।१४०

और वायु पुराण (अ० ६६) के अनुसार तो प्रत्येक मन्वन्तर में देवता ही बदल जाते हैं। देवताओं का ही नहीं अपितु ब्रह्मा, विष्णु तथा महेश आदि का भी आविर्भाव-तिरोभाव होता है। इस प्रकार देवता अमर नहीं, केवल दीर्घ-जीवी हैं। उनकी सृष्टि ब्रह्मा ने की है और प्रत्येक सृष्ट वस्तु का लय अवश्य होता है (मत्स्य० १५३।१८३)। श्रीमद्भागवत ३।११।२३ आदि में कहा गया है कि इन्द्र के पद पर एक कल्प के चौदह मन्वन्तरों में प्रत्येक में पृथक्-पृथक् १४ व्यक्ति आसीन होते हैं।

वैदिक देवताओं के स्वरूप के उद्भव एवं विकास की यह कथा अत्यन्त रोचक है। अगले पृष्ठों में यह प्रदर्शित करने का प्रयत्न किया जाएगा कि किस प्रकार प्रत्येक महत्त्वपूर्ण वैदिक देवता का जन्म हुआ और कैसे उसके स्वरूप का क्रमशः विकास होता हुआ उस रूप में पहुँचा, जिसमें पुराणों में उसके दर्शन होते हैं? संसार की किसी भी जाति में देवशास्त्र के विकास का इतना लम्बा इतिहास प्राप्त नहीं होता। भारतीय देवों की इसी अविच्छिन्न परम्परा को ध्यान में रखकर प्राचीन मनीषियों ने कहा था कि यदि वैदिक देवताओं का सही रहस्य जानना हो तो पुराणों का अध्ययन करना चाहिए क्योंकि अल्पज्ञ व्यक्ति से वेद सदा भयभीत रहता है —

इतिहासपुराणभ्यां वेदं समुपबृंहयेत्।
बिभेत्यल्पश्रुताद् वेदो मामयं प्रहरेदिति॥

विभिन्न विद्वानों ने वैदिक देवताओं का अनेक प्रकार से वर्गीकरण किया है, इनमें से कुछ प्रमुख सिद्धान्तों का यहाँ उल्लेख किया जाता है —

पहले कहा जा चुका है कि वैदिक संहिताओं एवं ब्राह्मणादि प्राचीन वैदिक ग्रन्थों में तैंतीस देवताओं का उल्लेख है। पर इन ३३ देवताओं के नाम किसी भी वैदिक ग्रन्थ में निश्चित रूप से नहीं दिए गए। प्रायः २५ या २६ ही ऐसे मुख्य देवता हैं जिनके विषय में ऋग्वेद कुछ कहता है। शेष के नाम भी यद्यपि जोड़कर संख्या ३३ पूरी कर दी गई है और नैघण्टुक के पञ्चम काण्ड में तो ३३ से भी अधिक देवताओं की सूची है, किन्तु इन अवान्तर नामों के विषय में पर्याप्त मतभेद रहा है। अस्तु, इन देवताओं को अध्ययन की सुविधा के लिए वैयक्तिक विशेषताओं के आधार पर कुछ विशिष्ट वर्गों में पर्याप्त मतभेद रहा है। अस्तु, इन देवताओं को अध्ययन की सुविधा के लिए वैयक्तिक विशेषताओं के आधार पर कुछ विशिष्ट वर्गों में विभाजित करने की चेष्टा की गई है।

इस प्रसंग में **'ग्यॉटरनामेन्'** (Götternamen)के रचयिता प्रसिद्ध जर्मन विद्वान् उज़ेनर् का मत सर्वप्रथम उल्लेखनीय है। रोमन तथा लिथुआनियन धर्म के देवताओं के

आधार पर उन्होंने यह निष्कर्ष निकाला है कि आर्यों के देवमण्डल में देवताओं के स्वरूप का विकास क्रमशः तीन अवस्थाओं में से होकर गया है —

१. क्षणिक देवता (Augenblicksgötter) ऐसे देवता जो किसी विशेष क्रिया के ऊपर उतने ही क्षण तक अधिकार रखते हैं, जब तक वह क्रिया होती रहती है। ऐसे देवता सभ्यता के विकास के बहुत प्रारम्भिक काल में पाए जाते हैं। वैदिक साहित्य में इनका कोई चिह्न नहीं है।

२. विशेष देवता (Sondergötter) ऐसे देवता जो जीवन या प्रकृति के किसी विशेष क्षेत्र से सम्बन्धित होते हैं और उस पर पूर्ण अधिकार रखते हैं, जैसे उषस्, अग्नि आदि।

३. वैयक्तिक देवता (Persöenliche Götter) जब 'विशेष देवता' धीरे-धीरे अन्य देवताओं के गुणों को आत्मसात् करके अपने व्यक्तित्व को विकसित कर लेते हैं और उस विशेष क्षेत्र से पृथक् होकर स्वतन्त्र हो जाते हैं तो वे इस प्रकार के देवता बन जाते हैं, यथा इन्द्र, वरुण आदि।

उज़ेनर् के इस मत की पहले (प्रथम अध्याय पृ० ५ एवं उससे आगे) समीक्षा की जा चुकी है। भारतीयेतर जातियों के, अवैदिक देवमण्डलों से निष्कर्ष निकालकर उज़ेनर् ने वैदिक देवताओं को इस दृष्टि से परखने की चेष्टा की है। अतः वैदिक देवताओं के वर्गीकरण में इससे सहायता नहीं मिलती।

यहाँ यह भी ध्यान में रखना चाहिए कि ऋग्वेद में विभिन्न देवताओं की स्तुति में कहे गए सूक्तों के आपेक्षिक न्यूनाधिक्य से भी वैदिक देवताओं की महत्ता अथवा तुच्छता का ज्ञान नहीं हो सकता। इन्द्र की स्तुति में ऋग्वेद में सर्वाधिक सूक्त (२५०) कहे गए हैं। इसके पश्चात् अग्नि का स्थान (२००) है। यदि इस प्रकार वर्गीकरण किया जाए तो पाँच वर्ग बन जायेंगे। प्रथम वर्ग में इन्द्र, अग्नि तथा सोम; द्वितीय वर्ग में अश्विनौ, मरुत् तथा वरुण; तृतीय वर्ग में उषस्, सवितृ, बृहस्पति, सूर्य तथा पूषन्; चतुर्थ वर्ग में वायु, द्यावापृथिवी, रुद्र तथा विष्णु एवं पञ्चम वर्ग में यम तथा पर्जन्य होंगे। किन्तु यह आवश्यक नहीं कि जिस देवता की स्तुति में अधिक मन्त्र हों, वही वैदिक-काल में उत्कृष्ट समझा जाता रहा हो। वरुण की महत्ता निश्चित रूप से इन्द्र तथा अग्नि से अधिक है किन्तु वह द्वितीय वर्ग में है। इन्द्र और अग्नि यद्यपि ऋग्वेद में प्रधान देवता हैं किन्तु सामान्य जनता में भी वे इतने ही अधिक पूजनीय समझे जाते थे या नहीं, यह कहना बहुत कठिन है। ऋग्वेद में उनका महत्त्व केवल यज्ञ से घनिष्ठतया सम्बन्धित होने के कारण है। मरुद्गण इन्द्र से सम्बन्धित होने के कारण ही अधिक मन्त्रों के भागी हुए हैं। सम्भवतः अश्विनौ पर्याप्त लोकप्रिय थे किन्तु ऋग्वेद में उनका महत्त्व केवल प्रातःकालीन प्रकाश से सम्बन्धित होने के कारण है । प्राचीनतम काल के महत्त्वपूर्ण

देवता, सब देवों के माता-पिता, द्यावापृथिवी के लिए ऋग्वेद में केवल छः सूक्त हैं और ब्राह्मण ग्रन्थों तथा पौराणिक काल के सर्वाधिक महत्त्वपूर्ण देवता विष्णु का स्थान केवल चतुर्थ वर्ग में है। स्पष्ट है कि ऋग्वैदिक-काल में देवताओं की आपेक्षिक महत्ता जानने में सूक्तों की यह संख्या कोई सहायता नहीं देती[१]।

वैदिक देवताओं के वर्गीकरण का एक ऐतिहासिक पक्ष भी है। प्रथम अध्याय में कुछ ऐसे देवताओं का उल्लेख एवं वर्णन किया जा चुका है जिनके स्वरूप के सूक्ष्मतम तत्त्व भारोपीय काल में ही प्रादुर्भूत हो चुके थे। जो देवता भारत तथा ईरान के देवमण्डलों में समान हैं, वे भी बहुधा प्राचीन समझे जाते हैं। इनके विपरीत रुद्र, बृहस्पति, विष्णु, पूषन् आदि देवताओं के विषय में निश्चित रूप से कहा जा सकता है कि वे भारत में ही उत्पन्न हुए हैं। इसी प्रकार प्रजापति, विनायक एवं दुर्गा जैसे देव-देवियाँ और भी अर्वाचीन हैं, जो क्रमशः ब्राह्मणों, सूत्रों तथा पुराणों में उत्पन्न होती हुई प्रतीत होती हैं।

किन्तु इस प्रकार का वर्गीकरण भी दोषमुक्त नहीं है। द्यौः को छोड़कर किसी भी अन्य वैदिक देवता को भारोपीय नहीं कहा जा सकता। वरुण, पर्जन्य आदि के विषय में पर्याप्त सन्देह है। अश्विनौ का भी अन्य प्राचीन देवमण्डलों में किसी देवता के साथ ऐकात्म्य नहीं प्राप्त होता। सूर्य एवं पृथ्वी आदि की भारोपीय उपासना भी कल्पना पर आधारित है। और, जैसा कि पहले कहा जा चुका है, भारत-ईरानी काल की कल्पना ही असंगत है। यह पर्याप्त सम्भव है कि इन्द्र, वायु, अर्यमा, मित्र आदि देवता भारत में उत्पन्न हुए हों और वे केवल भारत से ही ईरान में ले जाए गए हों। शायद ही ऐसा कोई ऋग्वैदिक देवता होगा जिसकी उत्पत्ति के निश्चित काल का परिज्ञान हमको हो। अतः वैदिक देवताओं के सम्बन्ध में इस प्रकार का वर्गीकरण पूर्णतः महत्त्वहीन एवं व्यर्थ है[२]।

पाश्चात्य विद्वानों में सम्भवतः ब्लूमफील्ड का वर्गीकरण ही कुछ वैज्ञानिक आधार-भित्ति पर स्थित है। वैदिक देवों में अग्नि, उषस् आदि कुछ ऐसे देवता हैं जिनका नाम उसी तत्त्व का द्योतक है जिससे वे उत्पन्न एवं विकसित हुए हैं। दूसरे प्रकार के देवता वे हैं जिनके नाम उन प्राकृतिक तत्त्वों से पर्याप्त दूर हट चुके हैं जिनसे उनका उद्भव है किन्तु थोड़े ही अन्वेषण के पश्चात् उनका मूल रूप स्पष्ट हो जाता है, उदाहरणार्थ विष्णु तथा पूषन् आदि को लिया जा सकता है जो सूर्याभिमानी देव हैं। तीसरे प्रकार के देवता वे हैं जिनके विषय में यह तो निश्चित हैं कि वे प्रकृति के किसी तत्त्व से उत्पन्न हुए हैं; पर किस विशिष्ट तत्त्व से हुए हैं इसका निश्चयपूर्वक निर्णय कभी नहीं हो सकता,

---

१. कीथ : **रिलीजन** पृ० ९३, ९४; तथा मैक्डॉनल : **वै० मा०** पृ० २०।

२. तु० की०, मैक्डॉनल : **वै० मा०**, पृ० २१।

उदाहरणार्थ इन्द्र, वरुण तथा अश्विनौ। इसमें प्रागैतिहासिक-भारोपीय तथा भारत-ईरानी काल के देवताओं एवं परवर्ती ऋग्वेद में विकसित श्रद्धा, मन्यु काम, प्रजापति आदि अमूर्त देवताओं को मिलाकर पाँच वर्ग बन जाते हैं[१]।

(१) प्रागैतिहासिक काल के देवता — जिनका उल्लेख अन्य आर्य देवमण्डलों तथा अवेस्ता में प्राप्त होता है; उदाहरणार्थ द्यौः, वरुण, मित्र, अर्यमा।

(२) पारदर्शी अथवा स्पष्ट देवता (Transparent gods) — जिनका मानवीकरण अपूर्ण है और जो देवता होने के अतिरिक्त प्रकृति के किसी विशेष तत्त्व को भी सूचित करते हैं; उदाहरणार्थ अग्नि, उषस्, वायु, सूर्य।

(३) अल्प-पारदर्शी, अर्ध-स्पष्ट अथवा धूमिल देवता (Translucent gods) — ऐसे देवता जिनका व्यक्तित्व उस विशिष्ट प्रकृति-तत्त्व से, जो उनका कारण है, पृथक् होकर पर्याप्त विकसित हो चुका है किन्तु फिर भी अदृश्य नहीं हुआ है और थोड़े ही अन्वेषण के उपरान्त जाना जा सकता है; उदाहरणार्थ विष्णु (सूर्य)।

(४) अपारदर्शी अथवा अस्पष्ट देवता (Opaque gods) — जो अनेक उपाख्यानों से संयुक्त होकर अपने मूल रूप से बहुत दूर हट चुके हैं और जिनका उद्‌भव जानने का हमारे पास कोई साधन नहीं हैं; उदाहरणार्थ इन्द्र, वरुण तथा अश्विनौ।

(५) अमूर्त, भावात्मक तथा प्रतीकात्मक देवता — ऐसे देवता, जो किसी क्रिया-विशेष अथवा भाव को सूचित करते हैं अथवा देवता या राक्षस के रूप में किसी कामना अथवा भय को व्यक्त करते हैं। उदाहरणार्थ प्रजापति, विश्वकर्मा, बृहस्पति, पुरुष, काल, श्रद्धा, काम, निर्ऋति मन्यु,।

ब्लूमफील्ड के इस विभाजन में अनेक कमियाँ हैं। इस विभाजन के मूल सिद्धान्त वैदिक-देवताओं की **उत्पत्ति के समय** एवं उनकी **मूल प्रकृति** पर आधारित हैं। इसलिए इसमें दोनों प्रकार के दोष हैं। ऐतिहासिक विभाजन का पूर्वोल्लिखित मुख्य दोष इसमें भी है। यह निश्चयपूर्वक नहीं कहा जा सकता कि कौन से देवता प्रागैतिहासिक हैं और कौन से पूर्णतः वैदिक। बहुत से देवता ऐसे हैं जो प्रागैतिहासिक होते हुए भी अन्य वर्गों में स्थान पाने के अधिकारी हैं। उदाहरणार्थ **वात** देवता वायु से सम्बन्धित है। इस प्रकार यह पारदर्शी देवता है। किन्तु अवेस्ता में भी इस देवता के दर्शन होते हैं। अतः यह प्रागैतिहासिक भी हो सकता है। **इन्द्र** अस्पष्ट देवता होते हुए भी अवेस्ता में उल्लिखित है। **वरुण** को ब्लूफील्ड ने प्रागैतिहासिक माना है किन्तु उसके उद्भव का निश्चय न होने से वह अस्पष्ट वर्ग में भी है। **अग्नि** पारदर्शक होते हुए भी प्रागैतिहासिक है और मित्र प्रागैतिहासिक तथा अस्पष्ट दोनों।

---

१. इसके विस्तृत विवरण के लिए देखिए, ब्लूमफील्ड : **रि० वे०** ८८-८९।

इस विभाजन में दूसरी कमी यह है कि देवताओं की स्पष्टता अथवा अस्पष्टता के निर्णय के कोई सर्वमान्य सिद्धान्त नहीं हैं, यह सर्वथा स्वैच्छिक है। कुछ **वरुण** को आकाश देवता मानकर अर्ध-स्पष्ट मानने के पक्ष में हो सकते हैं तो और कुछ उसे अस्पष्ट देवताओं में रखना चाहेंगे। **पूषन्** (अर्धस्पष्ट) तथा **अर्यमा** (प्रागैतिहासिक) आदि देवताओं को भी अस्पष्ट माना जा सकता है।

वस्तुतः इन सब विभाजनों में प्राचीन भारतीय वेद-व्याख्याता यास्काचार्य की ही विभाजन प्रणाली सर्वाधिक अनवद्य है। यास्क मुनि ने सम्पूर्ण देवताओं को विश्व में उनकी स्थिति के अनुसार तीन वर्गों में विभाजित किया है —

१. **आकाश-स्थानीय देवता** — जैसे वरुण, सूर्य, विवस्वान्, विष्णु आदि।

२. **अन्तरिक्ष-स्थानीय देवता** — जैसे इन्द्र, वायु, मातरिश्वन्,पर्जन्य रुद्र आदि।

३. **पृथ्वी-स्थानीय देवता** — जैसे पृथ्वी, अग्नि, बृहस्पति, सोम आदि।

यास्क का कथन है कि प्रत्येक वर्ग में ११-११ देवता हैं। स्वतः ऋग्वेद में ही इन तीन वर्गों में प्रत्येक में एकादश देवताओं का उल्लेख किया गया है —

ये देवासो दिव्येकादश स्थ पृथिव्यामधि एकादश स्थ।
अप्सुक्षितो महिनैकादश स्थ ते देवासो यज्ञमिम जुषध्वम्।
— ऋ० १।१३९।११

इस स्पष्ट उल्लेख के अतिरिक्त निम्न तीन सूक्तों में भी देवताओं की संख्या का तो नहीं किन्तु उनके त्रेधा विभाजन का स्पष्ट संकेत प्राप्त होता है —

शं नो दिव्याः पार्थिवाः शं नो अप्याः (देवाः)। ७।४९।२
मां धुरिन्द्र नाम देवता दिवश्च ग्मश्चापां च जन्तवः। १०।४९।२

देवाँ आदित्याँ अदितिं हवामहे ये पार्थिवासो दिव्यासो अप्सु ये। १०।६५।९

ठीक इसी प्रकार अथर्ववेद में देवताओं के इस विभाजन का उल्लेख है, किन्तु यहाँ भी प्रत्येक वर्ग के देवताओं की संख्या नहीं दी गई —

ये देवा दिविषदो अन्तरिक्षसदश्च ये ये चेमे भूम्यामधि।
तेभ्यस्त्वं धुक्ष्व सर्वदा क्षीरसर्पिरथो मधु॥ अथर्ववेद १०।९।१२

ऋग्वेद में कहीं-कहीं तेंतीस के अतिरिक्त भी कुछ देवताओं का उल्लेख है —

१. **विश्वैदेवैः त्रिभिरेकादशैरिह अद्भिः मरुद्भिः भृगुभिः सचा भुवा।**
सजोजषा उषसा सूर्येण च सोमं पिबतमश्विना॥ ऋ० ८।५।३

२. **स त्रीँरेकादशाँ इह यक्षच्च पिप्रयच्च नो।**
विप्रो दूतः परिष्कृतो नभन्तामन्यके समे॥ ८।३९।९

३. श्रुष्टीवानो हि दाशुषे देवा अग्ने विचेतसः।
तान् रोहिदश्व गिर्वणस्त्रयस्त्रिंशतमा वह॥ १।४५।२

नैघण्टुक के पञ्चम काण्ड में, जिसकी व्याख्या में यास्क ने देवताओं का यह त्रेधा विभाजन प्रदर्शित किया है, प्रत्येक वर्ग में ११ से भी अधिक देवताओं की गणना है। कुछ ऐसे महत्त्वपूर्ण देवता (१) इला, रात्रि, वनस्पति, अश्व, शकुनि, (२) मृत्यु, मन्यु, तार्क्ष्य, क्षेत्रपति, दधिक्रा तथा (३) वृषाकपि, मनु, वसु, समुद्र तथा दध्यङ् आदि हैं। इस सूची में पृथ्वी तथा त्वष्टा की गणना तीनों ही वर्गों में हैं। अग्नि तथा उषस् पृथ्वी-स्थानीय तथा मध्यम-स्थानीय (अन्तरिक्ष) दोनों वर्गों में हैं। अग्नि, वरुण, यम तथा सवित अन्तरिक्ष-स्थान में भी परिगणित हैं और आकाश-स्थान में भी।

यास्क ने कहा है कि नैरुक्तों के सिद्धान्त के अनुसार केवल तीन ही देवता हैं। पृथ्वी-स्थानीय अग्नि, अन्तरिक्ष-स्थानीय वायु अथवा इन्द्र तथा द्युस्थानीय सूर्य। तत्तत् वर्गों के समस्त देवता इन्हीं तीन प्रतिनिधि देवताओं के विविध रूप हैं। सर्वकार्यक्षमत्व तथा ऐश्वर्य के कारण एक ही देवता के विविध नाम हो जाते हैं। साथ ही जब एक ही देवता के विभिन्न कर्मों का वर्णन किया जाता है तो कर्मवैविध्य के कारण उनके पृथक्-पृथक् नामों का उल्लेख किया जाता है, जैसे एक ही ब्राह्मण कर्म के अनुसार होता, अध्वर्यु, ब्रह्मा तथा उद्गाता हो जाता है —

तिस्र एव देवता इति नैरुक्ताः। अग्निः पृथ्वीस्थानः। वायुर्वेन्द्रो वान्तरिक्षस्थानः। सूर्यो द्युस्थानः। तासां महाभाग्याद् एकैकस्या अपि बहूनि नामधेयानि भवन्ति अपि ता कर्मपृथक्त्वात्। यथा होताध्वर्युब्रह्मोद्गातेत्यप्येकस्य सतः। — निरुक्त ५।२

बृहद्देवता में भी सम्पूर्ण देवताओं को इन्हीं तीन प्रमुख देवों का विविध रूप मानकर देवों के त्रित्ववाद का प्रतिपादन किया गया है। शौनक का कहना है कि मुख्यतः ये ही तीन देवता हैं और शेष इनकी विभूतियाँ हैं; यही कारण है कि मन्त्रों में एक देवता को दूसरे का उत्पादक कहा गया है। किन्तु कुछ लोगों का मत है कि इन तीनों देवों की ये विविध विभूतियाँ उस विशिष्ट स्थान के पृथक् और स्वतन्त्र देवता हैं —

अग्निरस्मिन्नथेन्द्रस्तु मध्यतो वायुरेव च।
सूर्यो दिवीति विज्ञेया तिस्र एवेह देवताः॥
एतासामेव महात्म्यान्नामान्यत्वं विधीयते।
तत्तत्स्थानविभागेन तत्र तत्रैह दृश्यते॥
तासामियं विभूतिर्हि नामानि यदनेकशः।
आहुस्तासां तु मन्त्रेषु कवयोऽन्योन्ययोनिताम्॥
यथास्थानं प्रदिष्टास्ताः नामान्यत्वेन देवताः।

तद्भक्तास्तप्रधानाश्च केचिदेवं वदन्ति ताः ॥
पृथक् पुरस्ताद्ये तूक्ता लोकाधिपतयस्त्रयः । १ । ६९-७३

जैसा कि पहले ही कहा जा चुका है वैदिक साहित्य में इस त्रित्ववाद का अनेक स्थानों पर उल्लेख है। स्वयं ऋग्वेद के ही एक मन्त्र से प्रतीत होता है कि समस्त देवों में सूर्य, वायु एवं अग्नि को सर्वप्रमुख मानने और उन्हें क्रमशः आकाश, अन्तरिक्ष तथा पृथ्वी से सम्बद्ध करने की धारणा पर्याप्त प्राचीन है—

सूर्यो नो दिवस्पातु वातो अन्तरिक्षात्।
अग्निर्नः पार्थिवेभ्यः । १ । १५८ । १

पृथ्वी आदि प्रत्येक स्थान में पृथक्-पृथक् देवताओं की सत्ता मानने का मत प्राचीन याज्ञिकों का है। सप्तम अध्याय के द्वितीय पाद में आगे निरुक्तकार ने इस मत का उल्लेख किया है। याज्ञिक कहते हैं कि विभिन्न नामों का होना ही अनेक देवताओं के अस्तित्व का प्रमाण है। यदि एक व्यक्ति अनेक कार्य करे तो सब के अनुसार उसका नाम परिवर्तित नहीं हो जाता और एक कार्य को बाँटकर बहुत से व्यक्ति भी कर सकते हैं—

अपि वा पृथगेव स्युः। पृथग्घि स्तुतयो भवन्ति। तथाभिधानानि।
यथो एतत्कर्मपृथक्त्वादिति बहवोऽपि विभज्य कर्माणि कुर्युः।

यास्क का कथन है कि देवों की एकता (एकत्र परिगणन) इनके स्थान तथा कार्यों की समानता से निर्धारित की गई है —

तत्र संस्थानैकत्वं सम्भोगैकत्वं चोपेक्षितव्यम्।

जो देवता एक ही स्थान से सम्बद्ध हैं और एक ही प्रकार के कर्म करते हैं उनका एकत्व स्वीकार किया जाना स्वाभाविक ही है।

वस्तुतः सब देवता एक ही परमात्मदेव की विभूतियाँ हैं। उनके भिन्न-भिन्न अंशों को लेकर भिन्न-भिन्न देवताओं की कल्पना कर ली जाती है। इस प्रकार एकत्ववाद, त्रित्ववाद और बहुत्ववाद सभी अपनी-अपनी दृष्टि से ठीक हैं

यास्क के इस वर्गीकरण से प्रत्येक देवता के मूल प्राकृतिक रूप को समझने में सहायता मिलती है। देवों की विशेषताओं एवं स्थान पर दृष्टि रखने से उनके मूल तत्त्व को प्रायः सरलता से जाना जा सकता है। किन्तु साथ ही यास्क के इस विभाजन को प्राचीन मुख्य देवताओं की गणना से आगे बढ़ाना और प्रजापति, त्वष्टा, बृहस्पति, श्रद्धा, काम आदि अमूर्त एवं भावात्मक देवों को भी इनमें परिगणित कर लेना उचित नहीं होगा।

इस प्रबन्ध में इन्हीं तीन वर्गों के आधार पर वैदिक देवताओं के स्वरूप का संक्षिप्त विवेचन करके उनके क्रमिक विकास पर प्रकाश डाला जाएगा।

❖ ❖ ❖

चतुर्थ अध्याय

द्युस्थानीय देवता (१)

आदित्यगण

प्रथम अध्याय में कहा जा चुका है कि देवता-विषयक सर्वप्रथम तथा प्रमुख धारणा आकाश की दीप्तिमान् शक्तियों से सम्बन्धित थी। दिव् धातु से बना देव शब्द ही इसका परिचायक है। आकाश से सम्बन्धित दिव्य-शक्तियों में आदित्यों का गण वैदिक साहित्य में अपने महत्त्व के कारण अद्वितीय स्थान रखता है। ऋग्वेद के अनेक उत्कृष्ट देवता इसमें परिगणित हैं। इनका पौराणिक काल में अदिति के १२ पुत्रों के रूप में उल्लेख प्राप्त होता है। अदिति के पुत्र होने के कारण ये आदित्य कहलाते हैं[1]। इनके नामों में पूर्णतः एकरूपता नहीं पाई जाती तथापि श्रीमद्भागवत ६। ६। ३९ में दी गई निम्न सूची यत्किंचित् अन्तर से प्रायः सर्वत्र प्राप्त होती है —

विवस्वानर्यमा पूषा त्वष्टाथ सविता भगः।
धाता विधाता वरुणो मित्रः शक्र उरुक्रमः।

विधाता के स्थान पर विष्णु पुराण[2] **अंशु** की गणना करता है, जो ऋग्वेद में परिगणित **अंश** का ही प्रतिरूप प्रतीत होता है। मत्स्यपुराण[3] में अंशु के स्थान पर अंशुमान् शब्द आता है, जो पूर्णतः सूर्य का पर्यायवाची है। पर इसी पुराण में एक अन्य स्थान पर (१७०।५७) आदित्यों को सूची में न अंशुमान् का उल्लेख है और न सविता

---

१. **दित्यदित्यादित्यपत्युत्तरपदाण्ण्यः** (अष्टा० ४।१।८५) के अनुसार अदिति शब्द से अपत्यार्थक 'ण्य' प्रत्यय।

२. **मारीचात् कश्यपाज्जाता आदित्या दक्षकन्यया।**
तत्र विष्णुश्च शक्रश्च जज्ञाते पुनरेव हि।
अर्यमा चैव धाता च त्वष्टा पूषा तथैव च।
विवस्वान् सविता चैव मित्रो वरुण एव च॥
अंशुर्भगश्चातितेजा आदित्या द्वादश स्मृताः। विष्णु० पु० १।१५।१३१-१३३

३. **इन्द्रो धाता भगस्त्वष्टा मित्रोऽथ वरुणो यमः।**
विवस्वान् सविता पूषा अंशुमान् विष्णुरेव च।
मारीचात् काश्यपादाप पुत्रानदितिरुत्तमान्। मत्स्य० पु० ६।४,५

का। इनके स्थान पर **धनद** (कुबेर) और **पर्जन्य** की गणना की गई है[1]। वायु पुराण (६६।७३) विधाता के स्थान पर अंश तथा सविता के स्थान पर पर्जन्य को स्वीकार करता है।

अंशु के स्थान पर अंश की गणना के अतिरिक्त महाभारत (आदि० ६६।३६-३७) की सूची विष्णु पुराण से मिलती है (**आदित्यां द्वादशादित्या संभूता भुवनेश्वराः। धाता मित्रोऽर्यमा शक्रो वरुणस्त्वंश एव च। भगो विवस्वान् पूषा च सविता दशमस्तथा। एकादश तथा त्वष्टा द्वादशो विष्णुरुच्यते**)। किन्तु परवर्ती महाभारत (अनु० १५०।१५) तथा हरिवंश पु० में जयन्त को भी आदित्य स्वीकार किया गया है। सामान्यतः इसे इन्द्र का पुत्र समझा जाता है। पर लगता है जयन्त कुछ प्राचीन है क्योंकि कुछ ब्राह्मणों में भी सविता या विधाता के स्थान पर स्वतन्त्र रुप से उसकी गणना हुई है।

यहाँ स्मरणीय है कि वैदिक-काल में सर्वत्र आदित्यों के द्वादशत्व का वर्णन होने पर भी वैदिक-काल के प्रारम्भ में आदित्यों की संख्या छः से अधिक नहीं थी और इन छः आदित्यों के नाम थे—मित्र, वरुण, अर्यमा, भग, दक्ष तथा अंश। ऋग्वेद के एक प्राचीन मन्त्र (२।२७।१) में इनका उल्लेख इस प्रकार हुआ है —

इमा गिर आदित्येभ्यो घृतस्नूः सनाद्राजभ्यो जुह्वा जुहोनि।
शृणोतु मित्रो अर्यमा भगो नस्तुविजातो वरुणो दक्षो अंशः॥

एक स्थान पर (९।११४।३) यह संख्या बढ़ा कर सात कर दी गई है पर यह नवीन प्रवेष्टा कौन है? इसका उल्लेख नहीं किया गया (देवा आदित्या ये सप्त तेभिः सोमाभिरक्ष णः)। एक अपेक्षाकृत अर्वाचीन मन्त्र में (१०।७२।८, ९) अदिति के आठ पुत्र बताए गए हैं, किन्तु यह कहा गया है कि उनमें से वह सात को देवों के पास ले गई और आठवें मार्ताण्ड को, जो मृत अण्ड से उत्पन्न हुआ था, पृथ्वी पर ही छोड़ दिया; तथापि बाद में उसे भी अपना लिया—

अष्टौ पुत्रासो अदितेर्ये जाता तन्वस्परि।
देवाँ उपप्रैत् सप्तभिः परा मार्ताण्डमास्यत्॥
सप्तभिः पुत्रैरदितिरुप्रैत् पूर्व्यं युगम्।
प्रजायै मृत्यवे त्वत्पुनर्मार्ताण्डमाभरत्॥ ऋ० वे० १०।७२।८, ९।

शतपथ ब्राह्मण (३।१।३।३) इस सम्बन्ध में एक मनोरंजक लघुकथा का उल्लेख करता है —"अदिति के आठ पुत्र थे किन्तु उनमें से सात ही आदित्य

---

१. **इन्द्रो विष्णुर्भगस्त्वष्टा वरुणो ह्यर्यमा रविः।**
पूषा मित्रश्च धनदो धाता पर्जन्य एव च।
इत्येते द्वादशादित्याः ....। मत्स्य पु० १७०।५६, ५७।

कहलाते थे। जो आठवाँ पुत्र मार्ताण्ड नामक अदिति ने उत्पन्न किया वह हस्त-पाद आदि अवयवों से रहित एक मांसपिण्ड मात्र था। आदित्यों ने देखा कि यह हम लोगों की आकृति से नहीं मिलता। अतः उन्होंने उसके अवयव आदि विभक्त किए। तब वह एक तेजस्वी मनुष्य रूप में परिणत हो गया। उसका नाम विवस्वान् हुआ और उससे सब मनुष्यों का जन्म हुआ —''

अष्टौ ह वै पुत्रा अदितेः। यांस्त्वेद्देवाः आदित्या इत्याचक्षते सप्त ह एव ते। अविकृतं हाष्टमं जनयाञ्चकार मार्तण्डम्। संदेघो ह एवास यावानेव ऊर्ध्वस्तावांस्तिर्यङ् पुरुषः सम्मितः इत्युहैके आहुः। ते उ ह एते ऊचुः देवा आदित्याः यदस्मान् अजनिमा तदमुया इव भूद् हन्त विकरवाम इति तं विचक्रुः यथा अयं पुरुषो विकृतः। यम् उ ह तद् विचक्रुः सः विवस्वानादित्यस्तस्य इमाः प्रजाः।

— श० ब्रा० ३।१।३।३

तैत्तिरीय संहिता ६।५।६।१ में भी कहा गया है कि अदिति के गर्भ से दूसरी बार एक अपरिपक्व अण्ड का जन्म हुआ (**तस्यै व्यृद्धमण्डमजायत**)। महाभारत (शान्ति २४३।५७) में भी इस सम्बन्ध में एक छोटी सी कथा है कि अदिति ने देवों की विजय के लिए पकाए गए यज्ञिय अन्न में से ब्रह्मचारी बुध को भिक्षा नहीं दी, जिससे उसने अदिति को शाप दिया कि तुम्हारे गर्भ से एक मृत अण्ड का जन्म होगा। उस मृत अण्ड से उत्पन्न होने के कारण श्राद्धदेव संज्ञक विवस्वान् मार्ताण्ड नाम से प्रसिद्ध हुए[1]। हरिवंश पुराण में भी कहा गया है कि कश्यप ने ऋषि पुत्र स्नेह से अज्ञान के कारण कहा कि 'वह मरा नहीं है अपितु अण्ड में स्थित है' (इससे वह मृत बालक जीवित हो गया और) इस प्रकार उसका नाम मार्ताण्ड पड़ा—

न खल्वयं मृतोऽण्डस्य इति स्नेहादभाषत।
अज्ञानात् कश्यपस्तमाद् मार्तण्ड इति चोच्यते ॥

— हरिवंश पु० ५।५४९

---

१. **अदितिर्वै देवानामन्नमपचद् एतद्धुक्त्वा असुरान् हनिष्यन्तीति। तत्र बुधो व्रतचर्यासमाप्तौ आगच्छद् अदितिं चावोचत् भिक्षां देहीति। तत्र देवैः पूर्वमेतत् प्राश्यं नान्येन इत्यदितिः भिक्षां नादात्। अथ भिक्षाप्रत्याख्यानरुषितेन बुधेन ब्रह्मभूतेन अदितिः शप्ता अदितेरुदरे भविष्यति व्यथा विवस्वतो द्वितीयजन्मन्यण्डसंज्ञितस्य अण्डं मातुरदित्या मारितं स मार्तण्डो विवस्वान् अभवत् श्राद्धदेवः।**

अन्त का वाक्य पूर्णतः स्पष्ट नहीं है। मार्ताण्ड की उत्पत्ति विषयक ब्राह्मणग्रन्थों के उल्लेख भी कुछ अस्पष्ट से हैं।

मार्ताण्ड की उत्पत्ति एवं व्युत्पत्ति आदि के लिए देखिए, **पञ्चविंश ब्रा०** २३।१२।६ **महाभारत आदि०** ३।१३, **मार्कण्डेय पुराण** ७७।१०१, १०९ तथा १०५।१९।

यह सब उस प्राचीन वैदिक कल्पना का ही उज्जृम्भण है, जिसके अनुसार जगत्-कर्ता प्रजापति-रूप सूर्य की उत्पत्ति एक हिरण्मय अण्ड से हुई है। अस्तु; अदिति द्वारा मार्ताण्ड को छोड़ने तथा बाद में स्वीकार कर लेने का कथात्मक रहस्य यही है। पर मार्ताण्ड के जन्म के पश्चात् अदिति के आठ पुत्र हो जाते हैं और संहिताओं तथा ब्राह्मणों में बार-बार इन्हीं का उल्लेख किया जाता है। अथर्ववेद की "**अष्टयोनिरदितिरष्टपुत्रा**" (८।९।२१) पंक्ति पहले उल्लिखित की जा चुकी है। तै० सं० में भी मित्र, वरुण, धाता, अर्यमा, अंशु, भग, इन्द्र और विवस्वान् (मार्ताण्ड) का उल्लेख है[1]। ऐ० ब्रा० १। १।९।१ भी इन्हीं आठ आदित्यों का उल्लेख करता है —

अदितिः पुत्रकामा साध्येभ्यो देवेभ्यो ब्रह्मौदनमपचत्। तस्यै उच्छेषणमददुः तत् प्राश्नात् सा रेतोऽधत्त धाता च अर्यमा च अजायेताम्। सा द्वितीयमपचत् .... तस्यै मित्रश्च वरुणश्चाजायेताम्। सा तृतीयमपचत् .... तस्यै अंशश्च भगश्चाजायेताम्। चतुर्थमपचत् .... तस्यै इन्द्रश्च विवस्वांश्चाजायेताम्॥

महाभारत सभापर्व (११।१०) में इसी प्रकार आदित्यों की (छ:) युग्मों में गणना है किन्तु तै० सं० और ऐ० ब्रा० की इस सूची पर दृष्टि डालने से प्रतीत होता है कि ऋ० वे० २।२७।१ में प्राप्त दक्ष का नाम इस सूची में नहीं है। इसके अतिरिक्त **धाता, विवस्वान्** और **इन्द्र** ये तीन नवीन नाम और आ गए हैं। प्रतीत होता है कि इस समय तक अदिति की दक्ष पुत्री के रूप में दृढ़ प्रतिष्ठा हो चुकी थी। अत: स्वभावत: दक्ष का नाम अदिति के पुत्रों से निकाल दिया गया। ऋग्वेद में धाता के स्वरूप की कोई स्पष्ट रूपरेखा नहीं मिलती किन्तु परवर्ती वैदिक संहिताओं में वह उन तीन-चार महत्त्वपूर्ण देवों में से एक है, जिन्होंने आगे चलकर प्रजापति की उत्पत्ति में योग दिया। इन्द्र ऋग्वेद में अन्तरिक्ष-स्थानीय देवता था, द्युस्थानीय नहीं। अत: तब उसका आदित्यगण में सन्निवेश कठिन था। पर देवों के इस स्थान सम्बन्धी वर्गीकरण के सिद्धान्तों के शिथिल हो जाने पर उसका यहाँ प्रवेश हो गया[2]। विवस्वान् ऋग्वेद में पूर्णत: सूर्य का वाची है, उसका भौतिक स्वरूप अत्यन्त स्पष्ट है, जबकि इस प्राचीन सूची में कुछ अस्पष्ट सौर देवता परिगणित हैं। बाद में सविता के साथ उसका भी इनमें प्रवेश हो जाता है।

शतपथ ब्राह्मण में आकर आठ से बढ़ाकर यह संख्या एकदम बारह कर दी गई है पर इनके नामों का उल्लेख नहीं किया गया और ऐसा भी प्रतीत होता है कि श० ब्रा० आदित्यों के स्वरूप के विषय में इससे अधिक कुछ नहीं जानता कि वे आकाश से

---

१. देखिए, ऋग्वेद २।२७।१ का सायणभाष्य। '**ते च तैत्तरीये अष्टौ पुत्रासो अदितेरित्युपक्रम्य स्पष्टमनुक्रान्ताः मित्रश्च वरुणश्च धाता च अर्यमा च अंशुश्च भगश्च विवस्वांश्च एते** इति।'

२. वैसे श० ब्रा० ११।६।३ ५ में इन्द्र की आदित्यों से पृथक् गणना है।

सम्बन्धित हैं। यहाँ तक कि उनके अदिति के पुत्र होने का भी श० ब्रा० ने उल्लेख नहीं किया। श० ब्रा० ६।१।२।८ उनकी उत्पत्ति के विषय में कहता है कि जब प्रजापति की वाणी का मन से संयोग हुआ तो वह बारह बिन्दुओं से गर्भवती हो गई। उससे द्वादश आदित्यों का जन्म हुआ, जिन्हें प्रजापति ने दिशाओं, प्रदिशाओं में स्थापित किया। वस्तुतः ब्राह्मणों की रहस्यमयी शैली में यह प्रजापति की मानसी सृष्टि का वर्णन है। सृष्टि–उत्पत्ति की सरलतम प्रक्रिया यह है कि प्रजापति ने मन में जिस वस्तु का संकल्प किया और वाणी से उसे कह दिया वह उसी रूप में बन गई —

स मनसा एव वाचं मिथुनं समभवत् सा द्वादश द्रप्सान् गर्भ्यभवत् ते द्वादशादित्या असृज्यन्त तान् दिव्युपादधात्। श० ब्रा० ६।१।२।८

ऐ० ब्रा० १।२।४ में भी बारह आदित्यों का उल्लेख है।

तै० सं०, ऐ० ब्रा, कौ० ब्रा० तथा श० ब्रा० आदि लगभग सभी प्राचीन ब्राह्मणों में आदित्यों का पुरोहितों के एक विशिष्ट वर्ग के रूप में भी उल्लेख है। वे पहले इसी पृथ्वी पर थे और मरणधर्मा थे किन्तु किसी विशेष यज्ञीय कृत्य द्वारा उन्होंने अमरत्व तथा आकाश में स्थान प्राप्त किया। अंगिरावंशीय ब्राह्मणों (आंगिरसों) से प्रायः उनकी प्रतिस्पर्धा वर्णित की गई है। ऐ० ब्रा० १।३।५ में कहा गया है कि ये आदित्य (और अंगिरस) पूर्वकाल में मर्त्य थे किन्तु उन्होंने 'अग्नि द्वारा अग्नि में यज्ञ किया' (अर्थात् अग्नि में हवन कर के उसकी उपासना की)जिनसे वे स्वर्ग पहुँच गए। यह जो अग्नि की आहुति है, वह स्वर्ग ले जाती है —

आदित्याश्चैव इहासन् अंगिरसश्च। तेऽग्रे अग्निना अग्निम् अयजन्त। ते स्वर्गं लोकमायन्। सैषा स्वर्ग्या आहुतिः। ऐ० ब्रा० १।३।५

अन्य ब्राह्मणों में अंगिरसों तथा आदित्यों के परस्पर यज्ञ करवाने का भी उल्लेख है। कौषीतकि ब्राह्मण (३०।६) में यह कथा अधिक सुस्पष्ट है। अंगिरस अगले दिन सोमयाग करने वाले थे, अतः उन्होंने अग्नि को दूत बनाकर आदित्यों को यज्ञ में विभिन्न पद सँभालने के लिए आमन्त्रित किया। आदित्यों ने अग्नि से कहा कि हम तो आज ही यज्ञ कर रहे हैं और हमने तुमको (अग्नि को) होता (तु० की० **अग्निर्होता कविक्रतुः** ऋ० वे० १।१।५) बृहस्पति को ब्रह्मा, अयास्य को उद्गाता तथा घोर को अध्वर्यु चुना है (ये सभी अंगिरस हैं), अतः आप हमारा यज्ञ कराएँ। अंगिरसों ने मना कर दिया, जिससे उन्हें पाप लगा और वे आदित्यों के ६० वर्ष पश्चात् स्वर्ग पहुँच सके।

पर ऐ० ब्रा० ६।५।८, ९ का कथन है कि अंगिरसों ने आदित्यों का यज्ञ करवाना स्वीकार कर लिया। यज्ञ समाप्ति के अनन्तर स्वर्ग जाते हुए आदित्यों ने अंगिरसों को पृथ्वी दान में दे दी। पर अंगिरसों के अधिकार में आते ही वह तपने लगी और सिंहनी

होकर लोगों को खाने दौड़ी। तब आदित्यों ने सूर्य रूपी श्वेत अश्व[1] को निष्क्रय के रूप में देकर पृथ्वी वापिस ले ली[2]।

थोड़े बहुत अन्तर से यही कथा श० ब्रा० ३।५।१।१३-१९ में भी प्राप्त होती है।

ब्राह्मण ग्रन्थों में आकर बड़ी से बड़ी वैदिक शक्तियाँ भी सामान्य यजमानों का सा आचरण करते हुए वर्णित की गई हैं। यज्ञ ही उनके सामने एक प्रमुख कर्त्तव्य है। अत: यहाँ आदित्यों का सामान्य ब्राह्मणों में परिवर्तित हो जाना कोई असाधारण बात नहीं।

लगता है ब्राह्मण ग्रन्थों में आदित्यों को ऋषिगण मानने की धारणा काफी बद्धमूल हो चुकी थी क्योकिं ऐ० ब्रा० के १३ वें अध्याय में प्रजापति के तेज से विभिन्न ऋषियों की उत्पत्ति का वर्णन है और इनमें आदित्यों का भी उल्लेख है। अपनी पुत्री के प्रति आसक्त होने पर प्रजापति[3] के वीर्य से एक तड़ाग बन गया। यह व्यर्थ न जाए यह सोच कर देवों ने उसे अग्नि वैश्वानर से घेर दिया। उसके ऊपर मरुत् बहने लगे; अग्नि ने उसे जलाया। उसका एक अंश अग्नि के जलाने के

---

१. सूर्य के श्वेत अश्व के रूप में वर्णन के लिए देखिए **अथर्व** २०।१३५।७-१०।**श० ब्रा०** ३।५।१।१९ में इस अश्व का सूर्य के साथ तादात्म्य किया गया है—

अथैभ्यः सूर्यं दक्षिणामनयन्। तं प्रत्यगृह्णन् .... अस्माभिरेष प्रति गृहीतो य एष तपतीति॥ तस्मात् सद्यः क्रियोऽश्वः श्वेतोदक्षिणा।

२. **ब्रह्मपुराण** (१५५।१-१४) में यह कथा बड़े सुन्दर ढंग से पल्लवित की गयी है। पौराणिक काल में गौ के अतिशय महत्त्व के कारण यहाँ श्वेत अश्व का स्थान कपिला गौ ने ले लिया है। संक्षेप में वह इस प्रकार है:-

गौतम्या दक्षिणे पारे आदित्यान् मुनिसत्तम।
अयाजयन्नंगिरसो दक्षिणां ते भुवं ददुः।
अंगिरोभ्यस्तदादित्याः तपसेंऽगिरसो ददुः।
सा भूमिः सैंहिकी भूत्वा जनान् सर्वानभक्षयत्।३ ।
तत्रसुस्ते जनाः सर्वे अंगिरोभ्यो न्यवेदयन्।
आदित्याननुगत्वाथ वाचमंगिरसोऽब्रुवन्।
भुवं गृह्णन्तु या दत्ता नेत्यादित्यास्तदाब्रुवन्।
निवृत्तां दक्षिणां नैव प्रतिगृह्णन्ति सूरयः।
तथापि क्रयरूपेण गृह्णीमो दक्षिणां भुवम्।
तथेत्युक्ते तु ते देवाः कपिलां शुभलक्षणाम्।
गंगायाः दक्षिणे पारे भुवः स्थाने तु तां ददुः।

३. इस कथा की व्याख्या के लिए देखिए ९ वाँ अध्याय, 'प्रजापति'।

कारण चमकने लगा (अदेदीदिवत्), वे ही आदित्य बन गए[1] —

इदं प्रजापतेः रेतः सिक्तमधावत्। तत् सरोऽभवत्। ते देवा अब्रुवन् मेदं रेतो दुषदिति। तदग्निना वैश्वानरेण पर्यादधुः। तन्मरुतः अधून्वत्। तदग्निर्वैश्वानरः प्राच्यावयत्। तस्य यद् रेतसः तृतीयम् अदेदीदिवत् (तद्) आदित्या अभवन्।

— ऐ० ब्रा० ३।९।१०

ऐतरेय ब्राह्मण के इस प्रसंग में दिव् (चमकना) धातु से आदित्य शब्द की व्युत्पत्ति बताई गई है। व्याकरण की दृष्टि से अशुद्ध होते हुए भी यह व्युत्पत्ति सम्भवतः आदित्यों के मूल स्वरूप के सर्वाधिक समीप है। क्योंकि यह तो लगभग निश्चित ही है कि आदित्यगण में परिगणित देवता अपने मूल रूप में किसी न किसी प्रकार प्रकाश से अवश्य सम्बन्धित थे। महाभारत काल में भी आदित्यों का यह स्वरूप अत्यन्त स्पष्ट था। आदि० ६५।१४-१५ में कहा गया है कि अदिति के गर्भ से प्रकट बारह आदित्य सूर्य के ही विभिन्न रूप हैं —

द्वादशैते समाख्याता आदित्याः सूर्यरूपिणः।
अदितेर्गर्भसम्भूताः सर्वदेवपुरोगमाः॥

पर ब्राह्मणग्रन्थों में आदित्य शब्द की अन्य प्रकार से भी व्याख्या की गई है, उदाहरणार्थ शतपथ ब्राह्मण ११।६।६।८ (बृहदारण्यक उ० ३।९।५) में कहा गया है कि वर्ष के द्वादश मास ही द्वादश आदित्य कहलाते हैं। ये मास संसार की प्रत्येक वस्तु लेते हुए (**आददानाः**, व्याप्त करते हुए) जाते हैं, इसीलिए इनको आदित्य कहते हैं।

कतमे आदित्या इति। द्वादशमासाः संवत्सरस्य एते आदित्याः। एते हि इदं सर्वम् आददाना यान्ति। यद् इदं सर्वम् आददाना यन्ति तस्माद् आदित्या इति॥

शब्दान्तर से श्रीमद्भागवत का कथन है कि वेदरूप, आदि-पुरुष, भगवान् सूर्य लौकिक कर्म संचालन के लिए अपने को बारह भागों में बाँट कर वसंत आदि छः ऋतुओं में तदनुरूप ऋतुगुणों (मौसम) का विधान करते हैं —

स एष भगवानादिपुरुषः........... लोकानां स्वस्तये आत्मानं त्रयीमयं कर्मशुद्धिनिमित्तं द्वादशधा विभज्य षट्सु वसन्तादिषु ऋतुषु यथोपजोषम् ऋतुगुणान् विदधाति। भाग० पु० ५।२२।३

पौराणिक युग में प्रलयकाल के अवसर पर प्रकाशित होने वाले बारह सूर्यों की कल्पना इन्हीं आदित्यों का ही विकसित रूप है। बारह मासों को आदित्य मानने की कल्पना का उद्भव सम्भवतः अदिति को आनन्त्य अथवा निस्सीम-काल का प्रतीक मानने से हुआ है। यदि अदिति उस समाप्तिहीन, निरन्तर प्रवहमान, समय को द्योतित

---

१. इसी प्रकरण में ठीक इसी प्रकार भृगु-अंगिरस् तथा बृहस्पति की भी उत्पत्ति वर्णित की गई है।

करती है, जिसकी इकाई वर्ष है तो अदिति के पुत्रों का वर्ष के बारह मासों से तादात्म्य हो जाना नितान्त स्वाभाविक है। विष्णु पुराण (२।१०) में कहा गया है कि बारह मासों में सूर्य का रथ विभिन्न आदित्यों से अधिष्ठित होता है—

स रथोऽधिष्ठितो देवैरादित्यैर्ऋषिभिः तथा॥ २।१०।२

चैत्र में सूर्य के रथ में **धाता**, वैशाख में **अर्यमा**, ज्येष्ठ में **मित्र**, आषाढ़ में **वरुण**, श्रावण में **इन्द्र**, भाद्रपद में **विवस्वान्**, आश्विन में **पूषा**, कार्तिक में **पर्जन्य**, मार्गशीर्ष में **अंश**, पौष में **भग**, माघ में **त्वष्टा** तथा फाल्गुन में **विष्णु** विराजमान होते हैं। स्पष्ट है कि वर्ष के विभिन्न मासों में सूर्य के ताप के विभिन्न रूप देखकर एक ही सूर्य के इन बारह रूपों को एक-एक मास से सम्बद्ध कर लिया गया[१]। वैष्णव सम्प्रदाय में इन आदित्यों के नाम ही वर्ष के बारह मासों के भी नाम हैं। प्रो० रोठ ने आदित्यों के इतने भौतिक रूपों को स्वीकार नहीं किया है। उसके अनुसार आदित्य मुख्यतः भावात्मक देवता हैं। अनन्तता रूपी अदिति तत्त्व उनको धारण करता है। अदिति के पुत्र होने के कारण वे अनश्वर, शाश्वत और सनातन हैं। जिस अमर और अनश्वर तत्त्व में वे निवास करते हैं, वह दिव्य (आकाशीय) ज्योति है। आदित्य न तो सूर्य के प्रतीक हैं, न चन्द्रमा के और न तारों के; अपितु इस सम्पूर्ण भौतिक प्रकाश के पीछे जो एक अनन्त ज्योति तत्त्व है, वे उसके धारण करने वाले हैं[२]।

आदित्यों की एक अत्यन्त सन्तोषजनक व्याख्या ग्रिसवोल्ड[३] ने भी की है। उनके अनुसार सभी आदित्य वैदिक देवमण्डल के सर्वोत्कृष्ट एवं आदरणीय देवता वरुण के ही विभिन्न विशेषण मात्र हैं। सम्पूर्ण आदित्यों के लिए मिलकर वेदों में सम्भवतः ऐसी कोई बात नहीं कही गई जो वरुण के लिए सत्य न हो। वरुण की भाँति वे भी नैतिक तत्त्वों से युक्त हैं। ऋत की रक्षा करते हैं और पापों को क्षमा करते हैं। अतः प्रतीत होता है कि उनका कोई स्वतन्त्र व्यक्तित्व नहीं है। वे **वरुण** के ही स्वरूप की विभिन्न विशेषताओं के मानवीकरण मात्र हैं और उसके ही महान् व्यक्तित्व के अंश हैं। विभिन्न आदित्यों और वरुण के स्वरूप को मिला कर ही पूर्व-वैदिक-काल के इस महान् देवता का चित्र खींचा जा सकता है, जो अपने उत्कर्ष के कारण वैदिक देवमण्डल में अप्रतिम था, और जिसके बनाए नियमों को तोड़ने का सामर्थ्य देवों में भी नहीं था। मित्र शब्द मैत्री और सुलह का वाची है और वरुण के सामाजिक रूप को व्यक्त करता है। अर्यमा का अर्थ है — सुहृद् अथवा वर का परिचित और यह

---

१. देखिए, त्रिवेणीप्रसाद सिंह : **हिन्दू धार्मिक कथाओं के भौतिक अर्थ** : पृष्ठ ४७, ४८।

२. **त्साइटश्रिफ्ट डेऽर डॉइशेन मार्गेनलैण्डिशेन गेज़ेलशाफ्ट** : भाग ६, पृ० ६८ तथा आगे।

३. डा० एच० डी० ग्रिसवोल्ड, **दि रिलीजन ऑफ़् दि ऋग्वेद** : पृ० १४३।

वैवाहिक सम्बन्ध की पवित्रता का द्योतक है। भग का अर्थ है — भाग्य अथवा सम्पति और यह देवता वरुण की सौभाग्यप्रदायिनी प्रकृति तथा उदारता का बोध कराता है। दक्ष का अर्थ निपुणता या कौशल है और यह शब्द वरुण की शक्ति एवं चातुर्य का परिचायक है। इसी प्रकार अंश शब्द का अर्थ, भाग है और इससे प्रतीत होता है कि देवता वरुण किसी व्यक्ति को उसके प्राप्त अंश से विमुख नहीं करता—आदि। इस प्रकार सामूहिक रूप से आदित्यगण दिव्य-ज्योति से सम्बन्धित होते हुए भी सत्य, पवित्रता और ऋत के रक्षक भी हैं। वे भौतिक (प्रकृति-सम्बन्धी) तथा नैतिक दोनों प्रकार के शाश्वत एवं अभंग्य सांसारिक नियमों के संस्थापक हैं[१]।

ग्रिसवोल्ड के मत में पर्याप्त सामंजस्य है और निःसंदिग्धतया आदित्यगण के सभी प्राचीन देवता अमूर्त भावों के मानवीकरण मात्र हैं। ऋग्वेद में ही उनका व्यक्तित्व अत्यन्त धुँधला है और बाद में तो उनका नाममात्र अवशिष्ट रह गया है। भग शब्द भारोपीय है, और जैसा कि प्रथम अध्याय में कहा जा चुका है, यह देवों का एक सामान्य विशेषण मात्र था। क्रमशः द्वितीय तथा चतुर्थ अध्याय में मित्र एवं दक्ष की भावात्मक प्रकृति पर भी प्रकाश डाला गया है। अंश और भग में कोई उल्लेखनीय विशेषता नहीं है और अर्यमा का यद्यपि ब्राह्मण ग्रन्थों में सूर्य से तादात्म्य किया गया है तो भी ऋग्वेद में कई स्थानों पर यह केवल सुहृद् या मित्र का भाव रखता है। किसी बड़े देवता के प्रमुख विशेषणों का पृथक् होकर स्वतन्त्र देवता बन जाना ऋग्वेद में अस्वाभाविक नहीं है; उदाहरणार्थ विवस्वान् और सविता देवता सूर्य के ही प्राचीन विशेषण मात्र हैं।

ऋग्वेद के द्वितीय मण्डल के २७ वें सूक्त में आदित्यों की सामान्य विशेषताओं का पर्याप्त परिचय मिलता है। यहाँ उन्हें भास्वर, पवित्र, पाप तथा कलंक से रहित, अदम्य, विस्तृत, गम्भीर, अवंचनीय तथा अनेक नेत्रों से युक्त कहा गया है —

आदित्यासः शुचयो धारपूता अवृजिना अनवद्या अरिष्टाः ॥ २॥

त आदित्यास उरवो गभीरा अदब्धासो दिप्सन्तो भूर्यक्षाः॥ ३॥

वे न कभी सोते हैं और न पलक मारते हैं, उन्हें कोई धोखा नहीं दे सकता। वे सबके कर्म देखते हैं और मनुष्यों की रक्षा करते हैं —

अस्वप्नजो अनिमिषा अदब्धा उरुशंसा ऋजवे मर्त्याय॥ ९॥

वे मनुष्य के हृदय के अन्दर तक देख लेते हैं तथा छली और सज्जन को अच्छी प्रकार पहचानते हैं। दूर की (अज्ञात) वस्तु भी उनके समीप है —

---

१. वही, पृ० १४४, १४५।

१. अन्तः पश्यन्ति वृजनोत साध सर्वं राजभ्यः परमा चिदन्ति॥ २।२७।३

२. पाकत्रा स्थन देवाः हृत्सु जानीथ मर्त्यम्॥

— ऋ० ८।१८।१५

संसार की स्थावर-जंगम दोनों प्रकार की वस्तुओं की वे रक्षा करते हैं; वे अत्यन्त पवित्र (ऋतावानः) हैं। उनके नियम पूर्णतः निश्चित है (धृतव्रताः) वे असत्य से घृणा करते हैं और पापियों को दण्ड देते हैं —

धारयन्त आदित्यासो जगत् स्था देवा विश्वस्य भुवनस्य गोपाः।
दीर्घाधियो रक्षमाणा असुर्यमृतावानश्चयमाना ऋणानि॥ २।२७।४

आदित्यों में से मित्र तथा वरुण से पापों को दूर करने की विशेष रूप से प्रार्थना की जाती है (२।२७।१४)। आदित्य जिसकी रक्षा करते हैं, वह उसी प्रकार सुरक्षित हो जाता है जैसे योद्धा कवच से —

युष्मे देवा अपि ष्मसि युध्यन्त इव वर्मसु। ऋ० वे० ८।४७।८

अथर्ववेद में भी आदित्यों का लगभग यही स्वरूप प्राप्त होता है। उनका निवास-स्थान परम व्योम में है। मृत व्यक्ति देवयान से जाकर उनके निवास-स्थान तक पहुँच जाता है (अ० वे० २।१२।४)। अ० वे० ७।७।१ में उनका निवास गहरे समुद्र में बताया गया है, जो सम्भवतः प्रकाश के समुद्र का द्योतक है —

तेषां हि धाम गभिषक् समुद्रियं नैनान् तमसा परो अस्ति किंचन॥

एक स्थान पर आदित्यों (तथा विश्वेदेवों) के उपासक को उत्तम प्रकाश में ले चलने की प्रार्थना की गई है —

इमादित्या उत विश्वे च देवा उत्तरस्मिन् ज्योतिषि धारयन्तु

— अ० वे० १।९।१।

वे शत्रुओं से मनुष्यों की रक्षा करते हैं (अ० वे० ९।२।१५) और युद्ध के समय अपने उपासक के साथ-साथ जाकर उसकी सहायता करते हैं (५।२१।१०)।

तै० सं० (६।२२) तथा **श० ब्रा०**(३।४।२।१) में वरुण को आदित्यों का नेता तथा अधिपति बताया गया है किन्तु वरुण के परवर्ती ह्रास के कारण यह पद इन्द्र को प्राप्त हो गया है। अदिति के गर्भ से उसका जन्म सर्वप्रथम हुआ है। अतः अवस्था की दृष्टि से वह इन आदित्यों में सबसे बड़ा है। विष्णु यद्यपि सबसे छोटे हैं किन्तु अपने गुणों के कारण उनका महत्त्व सबसे अधिक है —

जघन्यजस्तु सर्वेषामादित्यानां गुणाधिकः।

— महा० आदि० ६६।६७।

पद्म पुराण ७। २० में अदिति के इन पुत्रों को देवों में सर्वश्रेष्ठ कहा गया है। हरिवंश (१५४८ वाँ श्लोक) तथा मत्स्य पु० १७९। ५७ में भी इन्हें सर्वोत्कृष्ट देवता माना गया है —

इत्येते द्वादशादित्या वरिष्ठास्त्रिदिवौकसः।

किन्तु पुराणों में परिपूर्ण रूप से विकसित पुनर्जन्म के सिद्धान्त की लपेट में कहीं-कहीं ये आदित्य भी आ गए हैं। वेदों के अक्षय और अमर आदित्यों की आयु पुराणों में आकर केवल एक मन्वन्तर की रह गई है। प्रत्येक मन्वतर में वे पुनर्जन्म ग्रहण करके एक नया रूप धारण करते हैं। **विष्णु पुराण** १। १५। १२८-१३०, १३४ में कहा गया है कि आदित्य इस मन्वन्तर से पूर्ववर्ती चाक्षुष मन्वन्तर में **तुषित** नामक देवता थे। मन्वन्तर के समाप्त होने पर इन्होंने अदिति के गर्भ से जन्म ले लिया और आदित्य कहलाए —

पूर्वमन्वन्तरे श्रेष्ठाः द्वादशासन् सुरोत्तमाः।
तुषिता नाम तेऽन्योन्यम् ऊचुर्वैवस्वतेऽन्तरे॥
उपस्थितेऽतियशसश्चाक्षुषस्यान्तरे मनोः।
समवायीकृताः सर्वे समागम्य परस्परम्॥
आगच्छत द्रुतं देवा अदितिं सम्प्रविश्य वै।
मन्वन्तरे प्रसूयामस्तन्नः श्रेयो भवेदिति॥
एवमुक्त्वा तु ते सर्वे चाक्षुषस्यान्तरे मनोः।
मारीचात् काश्यपाज्जाता अदित्या दक्षकन्यया॥
चाक्षुषस्यान्तरे पूर्वमासन् ये तुषिता सुराः।
वैवस्वतेऽन्तरे ते वै आदित्या द्वादश स्मृताः॥

वायु पुराण (६६ वाँ तथा ६७ वाँ अध्याय) तो आदित्यों के कल्प के आरम्भ से लेकर अब तक सात जन्मों का उल्लेख करता है। कल्प के आदि में प्रजापति ने अपने मुख से दर्श, पौर्णमास, बृहत्, रथन्तर, आकूत, आकूति, वित्ति, सुवित्ति, कूति, अधीष्ट, अधीति और विज्ञाति इन बारह मनुओं की उत्पत्ति की। इन्हीं को **जय** नामक देवगण भी कहते हैं। ये सब मन्त्रमय शरीर वाले हैं (वस्तुतः ये नाम यज्ञिय कर्मकाण्ड से सम्बन्धित विभिन्न संज्ञाओं के मानवीकरण मात्र हैं)। ब्रह्मा ने उन्हें सृष्टि करने की आज्ञा दी पर वे मुक्ति के प्रयत्नों में लग गए जिससे ब्रह्मा ने उन्हें सात बार जन्म लेने का शाप दिया। अतः स्वायंभुव मन्वन्तर में वे अजिता के गर्भ से **अजित** नाम देवगण के रूप में, स्वारोचिष मन्वन्तर में तुषिता के गर्भ से **तुषित** गण के रूप में, औत्तम मन्वन्तर में सत्या के गर्भ से **सत्यगण** के रूप में, तामस मन्वन्तर में हर्या से **हरिगण** के रूप में तथा चारिष्णव मन्वन्तर में निकुष्ठा के गर्भ से **वैकुण्ठगण** के रूप में उत्पन्न हुए। छठे चाक्षुष

मन्वन्तर में वे धर्म की पत्नी साध्या के गर्भ से **साध्यगण** के रूप में तथा इस वर्तमान वैवस्वत मन्वन्तर में अदिति के गर्भ से **आदित्यों** के रूप में उत्पन्न हुए।

यह वर्णन कुछ विचित्र सा है और अन्य ग्रन्थों में प्राप्त आदित्यों के सामान्य स्वरूप से मेल नहीं खाता। विशेष रूप से सम्पूर्ण जगत् के निर्माण, पालन तथा संहार करने में समर्थ, परमेश्वर रूपी विष्णु का प्रत्येक मन्वन्तर में जन्म और तिरोभाव किसी भी पुराण में वर्णित विष्णु की प्रकृति से भिन्न है। यह ठीक है कि इस समस्या का समाधान विष्णु-परमेश्वर को आदित्यगण के 'विष्णु' से पृथक् मान कर एवं उनके उपेन्द्र-रूप अथवा वामन-अवतार को आदित्यों की सूची में परिगणित करके किया जा सकता है, किन्तु बहुत संतोषजनक यह नहीं है क्योंकि न तो उपेन्द्र-विष्णु के किसी अन्य रूप का पूर्ववर्ती मन्वन्तर में उल्लेख मिलता है, और न ही ब्रह्मा द्वारा विष्णु की उत्पति किसी पुराण द्वारा मान्य है। इन्द्र और वरुण जैसे देवों की भी निरन्तर उत्पत्ति एवं विनाश आदि का कहीं कोई उल्लेख नहीं है। अतः यही सम्भव प्रतीत होता है कि वायुपुराणकार आदित्यगण को विष्णु, इन्द्र, वरुण एवं विवस्वान् आदि देवों से पृथक् कुछ अवर एवं कम महत्त्वपूर्ण देवों का एक समूह मात्र मानता है। पर विष्णु पुराण तो बड़े से बड़े देवों की उत्पत्ति में कोई आश्चर्य नहीं मानता। उसके अनुसार इन सभी ३३ वैदिक देवताओं की उत्पत्ति एवं निरोध सदा हुआ ही करता है —

सर्वे देवगणास्तात त्रयस्त्रिंशत्तुछन्दजाः
तेषामपीह सततं निरोधोत्पत्तिरुच्यते। १। १५। १३९

अस्तु, आदित्यगण के सब देवताओं का पृथक्-पृथक् वर्णन आगे के पृष्ठों में किया जाएगा। यहाँ वेदों के प्रसिद्ध जर्मन विद्वान ओल्डेनबर्ग के उस मत का उल्लेख करना आवश्यक जान पड़ता है, जिसके अनुसार आदित्यगण के प्राचीन सदस्य भारतीय सृष्टि नहीं हैं अपितु किसी सेमेटिक देश से लेकर वैदिक देवमण्डल में समाविष्ट कर लिए गए हैं[1]। इस मत की विस्तृत समीक्षा द्वितीय अध्याय में अहुरमज़्दा की व्याख्या में की जा चुकी है। संक्षेप में उसका कहना है कि ईरानी 'आमेश-स्पेन्ता' और वैदिक 'आदित्य' एक ही हैं और दोनों बेबीलोनिया से आर्य देवमण्डल में आए हैं। जिस प्रकार ईरानी धर्म छः आमेश-स्पेन्ता है और उनका अधिपति अहुर-मज़्दा है उसी प्रकार वैदिक-काल में वरुण छः आदित्यों का अधिपति है और इस प्रकार कुल सात आदित्य हैं। ये सात आदित्य सूर्य (मित्र) चन्द्र (वरुण) तथा सप्ताह के अन्य पाँच ग्रहों को द्योतित करते हैं। उसके अनुसार वरुण तथा अहुरमज़्दा के स्वरूप में जो नैतिक तत्त्वों का उत्कर्ष है, वह आर्य धर्म से बाहर की वस्तु है। वरुण तथा मित्र एवं

---

१. (अ) **डी रिलीगियोन डेस वेद** (तृतीय संस्करण, १९२३), पृ० १९०

(आ) **त्सा० डेउर दा० मा० गे०**, भाग ५० पृ० ४३ तथा आगे।

अहुर के अतिरिक्त आर्य धर्म में नैतिक दृष्टि से उत्कृष्ट अन्य कोई देवता नहीं है। किन्तु बेबीलोन में ये तत्त्व बहुत पहले ही विकसित हो चुके थे और ये विभिन्न ग्रहों को व्यक्त करने वाले देवों से सम्बन्धित थे। अतः जब आर्यों ने इन ग्रहों के स्वरूप पर विकसित देवों को आदित्यों के रूप में ग्रहण किया तो ये तत्त्व भी उन्हीं के साथ आ गए।

ओल्डेनबर्ग का यह मत पूर्णतः निराधार है। सबसे पहली बात तो यह है कि अमेशस्पेन्ता और आदित्यों में दूर-दूर तक कोई समानता नहीं है। ईरान में अमेशस्पेन्ता की कल्पना बहुत अर्वाचीन और पूर्णतः ज़रथुस्त्र के नये धर्म से सम्बन्धित है, प्राचीन ईरानी धर्म से नहीं। समान स्रोत से उत्पन्न देवों के नाम में ध्वनि का कुछ न कुछ क्षीण साम्य अवश्य होना चाहिए। यदि नामों का साम्य न हो तो प्रकृति का तो कम से कम होना ही चाहिए। किन्तु १-**वोहु मनः** (सद्विचार) २-**अश वहिश्त** (श्रेष्ठ पवित्रता) ३-**ख़्शथ वइर्य** (सुन्दर राज्य) ४-**आरमइति** (मैत्री या संज्ञान) ५-**हउर्वतात** (स्वास्थ्य) और ६-**अमेरतात** (अमरता), इन छः अमेशस्पेन्ताओं का किसी भी आदित्य से भावसाम्य नहीं है। एक विशेष बात और है। ईरानी धर्म में वैदिक आदित्यों में से अर्यमा (ऐर्यमन्), भग (बग़) तथा मित्र (मिथ्र्) के नाम पाए जाते हैं किन्तु ये अमेशस्पेन्ता की सूची में सम्मिलित नहीं है। इसके अतिरिक्त आदित्यों की सात संख्या वेदों में केवल एक बार उल्लिखित है। यह स्थिर नहीं है। प्राचीन वैदिक मन्त्रों में वरुण सहित केवल छः आदित्यों का ही उल्लेख है और परवर्ती मन्त्रों में कम से कम आठ का उल्लेख मिलता है।

अमेशस्पेन्तओं पर एक दृष्टि डालने से ही स्पष्ट हो जाता है कि ये पूर्णतः भावात्मक और अमूर्त हैं और इनका किसी भी प्राकृतिक तत्त्व से दूर-दूर तक कोई सम्बन्ध नहीं है, ग्रहों जैसी परम भौतिक वस्तु से उनके साहचर्य की तो कल्पना भी नहीं की जा सकती। आदित्यों और अमेशस्पेन्ताओं के इस भावात्मक स्वरूप के कारण ही उनसे, प्राकृतिक तत्त्वों से उद्भूत अन्य देवों की भाँति, कोई भी पौराणिक कथा सम्बन्धित नहीं है। वस्तुतः उनके स्वरूप में इनका अवकाश ही नहीं है।

ईरानी धर्म के अश-वहिश्त या ऋत का उल्लेख ओल्डेनबर्ग के पश्चात् तेल-एल-अमर्न में कीलकाक्षर में लिखे कुछ ऐसे मृत्फलकों में पाया गया है, जो कम से कम १६०० ई० पू० के हैं और यह समय ओल्डेनबर्ग द्वारा बेबीलोनियन प्रभाव के लिए निश्चित किए गए समय से कम से कम २०० वर्ष पूर्व है। स्पष्ट है कि ऋत 'अश' के नैतिक नियम तथा इससे सम्बन्धित अमेशस्पेन्ता की कल्पना ईरान में सैमेटिक प्रभाव के बहुत पूर्व ही विद्यमान थी[१]।

इसके अतिरिक्त यह मानना कि प्राचीन भारतीय-ईरानी आर्य नैतिक तत्त्वों से

---

१. देखिए, ब्लूमफ़ील्ड : **दि रिलीजन ऑफ़् दि वेद,** पृ० ११, १३, १३५, १३६।

बहुत दूर थे और वे किसी नैतिक देवता की उद्‌भावना नहीं कर सकते थे, घोर पक्षपातपूर्ण होगा। जिन आर्यों की उपासना में ज्योतिष्मान् आकाश से सम्बन्धित सर्वोच्च देवता द्यौः की उपासना का समावेश था, उनके धर्म में नैतिक तत्त्वों की उत्पत्ति बहुत सरल थी और तेल-एल-अमर्न के मृत्फलकों ने सामियों से भी पूर्व आर्य धर्म में ऐसे तत्त्वों की उपस्थिति निर्विवाद रूप से सिद्ध कर दी है। स्वतः ज़रथुस्त्र की धार्मिक क्रान्ति यह सूचित करती है कि आर्य नैतिक विचारों और मूल्यों की दृष्टि से पिछड़े हुए नहीं थे।

सूर्य तथा अन्य सौर देवता

'देव' शब्द स्वयं इस तथ्य का प्रमाण है कि आर्यों की दिव्य-शक्ति सम्बन्धी प्रचीनतम धारणा प्रकाश से सम्बन्धित थी। अतः ऋग्वेद में सूर्य एवं प्रकाश के अनेक रूपों से सम्बन्धित अनेक प्रकार के देवों की प्राप्ति और परिणामस्वरूप द्युस्थानीय देवों की सर्वाधिक संख्या आश्चर्य का विषय नहीं है।

ऋग्वेद में सूर्य के भौतिक रूप से प्रत्यक्षतया सम्बन्धित देवता का नाम 'सूर्य' ही है। इस देवता का मानवीकरण अत्यधिक अपूर्ण है। सूर्य के रूप में वैदिक ऋषियों ने संसार को प्रकाश देने वाले एवं प्रातःकाल प्रत्येक व्यक्ति में नवशक्ति का संचार करके उसे कार्यों में संलग्न कर देने वाले, आकाशस्थ ज्योतिष्पिण्ड का ही वर्णन किया है। सूर्य का भासमान मण्डल ही ऋषियों के सम्मुख प्रमुख रूप से वर्ण्य रहा है, उसका आधिदैविक स्वरूप नहीं।

सूर्य आकाश के पुत्र हैं (**दिवस्पुत्राय सूर्याय शंसत।** ऋ० १०।३७।१)। उनको अदिति का पुत्र या आदितेय भी कहा गया है (१०।८८।११)। उनके उदय के अनन्तर ही मनुष्य के नेत्र सांसारिक विषयों को देख पाते हैं अतः वे प्राणियों के एकमात्र नेत्र हैं (**सूर्यो भूतस्यैकं चक्षुः**, अ० वे० १३।१।४५ तथा ऋ० वे० १०।१५८।४)। अ० वे० ५।२४।९ में सूर्य को नेत्रों का अधिपति बता कर उससे अपनी (आँखों की?) रक्षा करने की प्रार्थना की गई है (**सूर्यश्चक्षुषामधिपतिः स मामवतु**)। ऋग्वेद के प्रसिद्ध पुरुष-सूक्त में कहा गया है कि सूर्य की उत्पत्ति विराट्-पुरुष के नेत्रों से हुई है (**चक्षोः सूर्यो अजायत**, १०।९०।१३) और ऋ० १०।१६।३ में कहा गया है कि मरने पर मनुष्य के चक्षु (या दर्शन शक्ति) सूर्य में मिल जाते हैं (**सूर्यं चक्षुर्गच्छतु**)।

प्रकृति के कोने-कोने में सूर्य की रश्मियों के प्रवेश के कारण सूर्य को 'बहुत दूर तक देखने वाले' कहा गया है। 'उरुचक्षा' (ऋ० ७।३५।८) तथा 'दूरेदृश्' (१०।३७।१) विशेषण विशेष रूप से उनके लिए प्रयुक्त हुए हैं। सब कुछ देखने के कारण वे 'विश्वचक्षा' (१।५०।२) भी हैं। सूर्य मनुष्यों के सभी कृत्यों को देखते हैं (**पश्यन्**

जन्मानि सूर्यः, ऋ० १।६०।७)। वे प्राणियों के शुभ (ऋजु) एवं अशुभ (वृजिन) कर्मों को जानते हैं (**ऋजु मर्त्येषु वृजिना च पश्यन् अभिचष्टे सूरो अर्य एवान्**, ऋ० ६।५१।२)। वे संसार को स्थिर रखने वाले एवं जगत् के रक्षक (**विश्वस्य स्थातुर्जगतश्च गोपा**, ७।६०।२) हैं। उनके बिना इस संसार की कल्पना नहीं की जा सकती अतः उन्हें इस स्थावर तथा जंगम जगत् की आत्मा कहा गया है (**सूर्य आत्मा जगतस्तस्थुषश्च**, १।११५।१)।

सूर्य के रथ को सात अश्व खींचते हैं। इन अश्वों का रंग हरित वर्ण का है। ऋग्वेद में इनका प्रायः उल्लेख हुआ है (**आ सूर्यो यातु सप्ताश्वः**, ५।४५।९; **सप्त त्वा हरितो रथे वहन्ति देव सूर्य**, १।५०।८; **अयुक्त सप्त हरितः सधस्थात्**, ७।६०।३; **भद्रा अश्वा हरितः सूर्यस्य**, १।११५।३)। सूर्य की यह विशेषता पौराणिक काल तक अविच्छिन्न चली आई है। लौकिक संस्कृत में सप्त-सप्ति एवं हरिदश्व या हरितहय आदि सूर्य के सामान्य विशेषण हैं।

उषा-काल के पश्चात् सूर्योदय होने के कारण ऋग्वेद में सूर्य को उषा (रूपी माताओं) की गोद में खेलते हुए (या सुशोभित होते हुए) वर्णित किया गया है —

विभ्राजमानः उषसामुपस्थाद् रेभैरुदेति अनुमद्यमानः (७।६३।३)।

किन्तु कहीं-कहीं उषा को सूर्य की योषा (पत्नी) भी कहा गया है (७।७५।५)।

पूर्व से पश्चिम तक आकाश में विचरण करने के कारण कहीं-कहीं सूर्य को 'अरुष (भूरे या लाल) वर्ण का सुन्दर पंखों वाला पक्षी' भी कहा गया है (**उक्षा समुद्रो अरुषः सुपर्णः**, ऋ० ५।४७।३)। उनकी उपमा तीव्र गति से उड़ने वाले श्येन से दी गई है (**रघुः श्येनः पतयदन्धो अच्छा**, ५।४५।९)।

सूर्य अपने प्रकाश से अन्धकार के दानवों एवं डाकिनी-शाकिनी आदि (यातुधान्यः) का विनाश करते हैं (**अदृष्टान् सर्वान् जनान् जंभयन् सर्वाश्च यातुधान्यः**, ऋ० १।१९१।८) ऋ० १०।३७।४ में कहा गया है कि वे दुःखों, रोगों एवं दुःस्वप्नों का शमन करते हैं (**अस्मद् ..... अपामीवाम् अप दुःष्वप्नं सुव**)।

सूर्य आकाश का रत्न (दिवोरुक्म, ऋ० ७।६३।४) है। उन्हें 'पृश्निरश्मा' (अनेक वर्णों का प्रस्तर, ऋ० ५।४७।३) भी कहा गया है। सूर्यदेव के विषय में केवल एक ही लघु देवकथा प्राप्त होती है और वह यह कि इन्द्र ने सूर्य को जीत कर उनसे उनका चक्र छीन लिया (**यत्रोत बाधितेभ्यः चक्रं कुत्साय युध्यते। मुषाय इन्द्र सूर्यम्॥** ऋ० ४।३०।४)।

शुक्ल यजुर्वेद में सूर्य को स्वयंभूः कहा गया है (स्वयंभूरसि श्रेष्ठो रश्मिः..... २।२६)।१३।३ में कहा गया है कि वह ब्रह्म (विशाल) है। उसका जन्म सबसे पहले

हुआ है और वह संसार की वर्तमान तथा भविष्यकाल में होने वाली सब वस्तुओं का मूल कारण है (ब्रह्म जज्ञानं प्रथमं पुरस्तात्...... सतश्च योनिमसतश्च वीवः)। ७। ४२ में ऋग्वेद का **सूर्य आत्मा जगतस्तस्थुषश्च**' मन्त्र भी उद्धृत किया गया है। इससे प्रतीत होता है कि उस समय सूर्य को जगत् का आदिकारण अथवा प्रजापति मानने की धारणा धीरे-धीरे उद्बुद्ध हो रही थी। इस सम्बन्ध में बृहदेवता के निम्न श्लोक द्रष्टव्य हैं —

भवद्भूतस्य भव्यस्य जंगमस्थावरस्य च।
अस्यैके सूर्यमेवैकं प्रभवं प्रलयं विदुः॥

असतश्च सतश्चैव योनिरेषा प्रजापतिः।
यदक्षरं च वाच्यं च यथैतद् ब्रह्म शाश्वतम्॥ — बृ० दे० १। ६१, ६२

२। २६ में सूर्य को तेज प्रदान करने वाला (वर्चोदा) कहा गया है और उससे वर्चस् प्रदान करने की प्रार्थना की गई है। १०। ९२ में कहा गया है कि पणियों ने जो गायें छिपाई थीं, उनके एक भाग को इन्द्र ने तथा दूसरे भाग को सूर्य ने प्रकट किया —

त्रिधा हितं पणिभिर्गुह्यमानं .... इन्द्र एकं सूर्य एकं जजान।

जो निश्चित रूप से अन्धकार के आवरण में छिपी किरणों (गावः) के सूर्य द्वारा प्रातःकालीन उद्धार की ओर संकेत है।

विष्णु एवं भागवत पुराणों में सूर्य के रथ के आगे-पीछे अनेक गन्धर्वों एवं अप्सराओं के चलने का उल्लेख है। इसका आधार सम्भवतः य० वे० १८। ३९ का वह मन्त्र है, जिसमें सूर्य को गन्धर्व तथा उसकी किरणों को अप्सराएँ कहा गया है —

'सूर्यो गन्धर्वस्तस्य मरीचयो अप्सरसः आयुवो नाम'।

यजुर्वेद के सूर्य विषयक शेष मन्त्र प्रायः ऋग्वेद से लिए गए हैं।

अथर्ववेद में आकर सूर्यदेव जादूगरों एवं वैद्यों के हाथ के खिलौने बन गए हैं। मुख्य रूप से उनका आह्वान विभिन्न रोगों को दूर करने के लिए तथा शरीर को और अधिक कान्तिशाली तथा वर्चस्वी बनाने के लिए किया जाता है। शत्रुओं को नष्ट करने के लिए सूर्य से प्रार्थना की जाती है (अ० वे० १। ९। २)। २। २१। १ में स्तोता सूर्य से अपने प्रचण्ड ताप द्वारा ऐसे मनुष्यों को नष्ट करने की प्रार्थना करता है, जिनसे वह घृणा करता है या जो उससे घृणा करते हैं। सूर्य दिखाई पड़ने वाले एवं अदृश्य दोनों प्रकार के कृमियों को नष्ट करता है (६। २३। ६)। अ० वे० ६। ५२। १ में कहा गया है कि पर्वतों के पीछे से उगने वाला आदित्य राक्षसों को नष्ट करता है। सूर्य रोगों को नष्ट करता है और मनुष्य को दीर्घायु बनाता है (८। १। ५, १२)। वह मनुष्य को मेधावी भी बनाता है (६। १०८। १)।

ब्राह्मण ग्रन्थों में आकर आदित्य शब्द सूर्य के लिए ही विशेष रूप से रूढ़ हो गया है (उदा० श० ब्रा० ६।१।२।३ तथा ६।४।१।८ आदि)। वैसे तो अथर्ववेद में ही आदित्य शब्द अनेकशः सूर्य का वाची है किन्तु इस शब्द प्रयोग की चरम सीमा ब्राह्मणों में ही है। 'आदित्य' विशेषण ने अब मूल शब्द 'सूर्य' को तिरस्कृत कर दिया है। श० ब्रा० में अस्सी प्रतिशत स्थानों पर सूर्य को द्योतित करने के लिए आदित्य शब्द का प्रयोग है और बीस प्रतिशत में सूर्य का। श० ब्रा० २।१।२।१८ में इस शब्द की व्युत्पत्ति देते हुए कहा गया है कि रात्रि में अनेक ज्योतिष्पिण्ड प्रकाशित होते रहते हैं किन्तु सूर्य उदित होते ही उनका क्षत्र या तेज हरण कर लेता है (आ-दा), इसी से उसे आदित्य कहते हैं। क्षत्र से हीन वे ज्योतिष्पिण्ड 'नक्षत्र' (न क्षत्रं येषां) कहलाते हैं।

नाना ह वा एतान्यग्रे क्षत्राणि आसुः। यथैवासौ सूर्यः, एवम्। तेषामेव उद्यन्नेव वीर्यं क्षत्रमादत्त। तस्मादादित्यो नाम, यदेषां वीर्यं क्षत्रमादत्त[1] (आ-दा)। एतद् वा अनपराद्धं नक्षत्रं यत्सूर्यः ॥

श० ब्रा० की यह व्याख्या हमें आदित्य शब्द की निरुक्त में दी गई व्याख्या का स्मरण कराती है। यास्क ने इस शब्द की चार व्याख्याएँ की हैं — 'रसों (जल) को ग्रहण करता है' 'नक्षत्रों के प्रकाश को ग्रहण करता है' 'प्रकाश से आदीप्त होता है' या 'अदिति का पुत्र है'।

आदित्यः कस्माद्? आदत्ते रसान्। आदत्ते भासं ज्योतिषाम्।
आदीप्तो भासा इति वा। अदितेः पुत्र इति वा। निरुक्त १।४

चौथी व्युत्पति ही आदित्य शब्द का मूल अर्थ है। तीसरी पूर्णतः ऐच्छिक है। दूसरी व्युत्पति श० ब्रा० से ली गई है। प्रथम व्युत्पत्ति तथ्यों की दृष्टि से सन्तोषजनक है; इसी व्युत्पत्ति की ओर संकेत करते हुए बृहद्देवताकार ने कहा है —

रसान् रश्मिभिरादाय वायुनायं (सूर्यः) गतः सह।
वर्षत्येव च यल्लोके तेनेन्द्र इति स स्मृतः ॥ बृ० दे० १।६८

श० ब्रा० १४। २। १। २१ में कहा गया है कि सूर्य की एक रश्मि का नाम 'वृष्टिवनि' (वृष्टि प्रदान करने वाली) है, उससे वह (जलवृष्टि द्वारा) सम्पूर्ण प्रजा का भरण करता है। रश्मियों से जल ग्रहण करके बरसाने के कारण ही ब्राह्मण ग्रन्थों में बृहद्देवता की भाँति इन्द्र एवं आदित्य का तादात्म्य किया गया है। श० ब्रा० ८।५।३।२ का कहना है कि 'अथ यः स इन्द्रः असौ स आदित्यः।

१. तु० की, अ० वे० ७।१३।१
यथा सूर्यो नक्षत्राणामुद्यंस्तेजांस्याददे।
आ पूर्वक दा धातु से आदित्य की व्युत्पत्ति के लिए तै० आ० १।१४।१ का यह वाक्य भी देखिए — **यो असौ तपन् उदेति। स सर्वेषां प्राणिनां प्राणान् आदाय उदेति।**

श० ब्रा० ६।२।३।६ में कहा गया है कि आदित्य (अपनी किरणों से) समस्त आकाश को व्याप्त कर लेता है। ९।२।३।१७ में भी लगभग यही भाव प्राप्त होता है — **उद्यन् वा एष इमाँल्लोकानापूरयति।** कौ० ब्रा० ५।८ तथा ऐ० ब्रा० ६।५।९ में व्यापनशीलता की इसी विशेषता के कारण सूर्य को **अश्व** (अश्–व्याप्तौ) कहा गया है। ऋ० ५।४७।३ ('उक्षा समुद्रो अरुषः सुपर्णः') के अनुकरण में श० ब्रा० ९।२।३।१८ में उसे समुद्र कहा गया है, जो सम्भवतः प्रकाश के समुद्र से उसका सम्बन्ध सूचित करता है। वह एक सुपर्ण पक्षी है। आदित्य को ही धाता कहा जाता है (९।५।१।३७) क्योंकि वही समस्त संसार को धारण तथा उत्पन्न करता है (यत एवं सर्वमपि दधद् विदधद् अतिष्ठत् तस्मादसौ धाता, सायण)। ७।३।२।१२ में कहा गया है कि सारी प्रजा प्रजापति–आदित्य की सन्तान है और आदित्य नीचे झुककर स्नेह से उन्हें सूँघता (चूमता) हुआ चला जाता है (**असावेव तदादित्यः इमा प्रजाः अभिजिघ्रति**)। सूर्य की किरणें वज्र के समान हैं, उनसे वह राक्षसों को नष्ट करके मनुष्यों को अभय प्रदान करता है। **ते एतं वज्रम् अपश्यन्–अमुमेवादत्यिम्। एतेन वज्रेण पुरस्ताद् रक्षांसि नाष्ट्रा अपहत्य अभये अनाष्ट्रे स्वस्ति समश्नुते**, ७।३।२।१०)। ३।३।४।८ में पुनः कहा गया है '**सूर्यः पुरस्तान् नाष्ट्रा रक्षांसि अपघ्नन् एति**'। २।१।४।९ में सूर्य को पापों को नष्ट करने वाला कहा गया है (**सूर्य एवैषां पाप्मनो अपहन्ता।**)।

सूर्य संसार के सम्पूर्ण प्राणियों का नेत्र है क्योंकि उसके उदय होने पर ही आँखों में ज्योति आती है। यदि आँख में कोई रोग हो तो सूर्य को चरु प्रदान करना चाहिए (**सूर्यो वै प्रजानां चक्षुः। यदा हि एवैष उदैति अथैतं सर्वं चरति। चक्षुषा एव अस्मिन् तच्चक्षुर्दधाति। स यच्चरुर्भवति**)। १२।९।२।८ तथा १४।३।१।२८ में सूर्य को सर्वोत्कृष्ट ज्योति (**सूर्यो वै ज्योतिरुत्तमम्**) कहा गया है और श० ब्रा० १४।३।२।९ तो यहाँ तक कहता है कि सूर्य सब देवों की आत्मा है (**सूर्यो वै सर्वेषां देवानामात्मा**, तु० की० ऋग्वेद १।११५।१)। वह संसार में सबसे ऊपर प्रतिष्ठित है (श० ब्रा० ९।३।४।२३, **अमुं तदादित्यमस्य सर्वस्योत्तमं दधाति। तस्मादेषो अस्य सर्वस्योत्तमः**)।

दिन और रात्रि के समूह का नाम ही आयु है। सूर्य दिन और रात्रि का नियामक है। अतः ऋग्वेद में उससे आयु को बढ़ाने की प्रार्थना की गई है (ऋ० १।११३।१६) किन्तु श० ब्रा० का रचयिता एक निराशावादी की भाँति कहता है कि (मनुष्यों की आयु में दिन और रात को घटाने के कारण) सूर्य ही मृत्यु है। जो सूर्य से नीचे है, वह मरणशील है। देवता उससे ऊपर रहते हैं। अतः वे अमर हैं —

तद्वा एष एव मृत्युः ए एष तपति य एतस्माद् अर्वाच्यः प्रजास्ताः म्रियन्ते अथ या पराच्यः ते देवाः। तस्मात् ते अमृताः। श० ब्रा० २।३।३।७

गृह्यसूत्रों में सूर्य का स्वरूप अपने भौतिक रूप से अधिक पृथक् नहीं हो सका है। जहाँ भी तेज, यश या वर्चस् की आवश्यकता होती है वहाँ सूर्य का आह्वान किया जाता है। गोभिल गृ० सू० ३।४।२१ में समावर्तन संस्कार के अवसर पर स्नातक सूर्य से अपने अन्दर तेज के संचार की प्रार्थना करता है। इसी प्रकार आश्वलायन गृ० सू० १। २१।४ में भी विद्यार्थी का सर्वप्रथम अध्यापन प्रारम्भ करते हुए गुरु सूर्य से अपने अन्दर मेधा, तेज एवं शक्ति स्थापित करने की अभ्यर्थना करता है।

सूर्य को धन, ऐश्वर्य तथा पशु आदि का स्वामी माना जाता था। गोभिल गृ० सू० ४। ५।३०-३२ आदि में सामान्य सुख, एवं धन की प्राप्ति के लिए सूर्य की विभिन्न कालों में उपासना का विधान हैं।

हिरण्यकेशी गृ० सू० १।२।७।१० में सूर्य को प्रतिज्ञाओं तथा नियमों का रक्षक माना गया है। गुरु शिष्य को आदित्य के नियन्त्रण में रखता है और शिष्य सूर्य से प्रार्थना करता है कि वह आदित्य के व्रत में बँध कर ('आदित्यस्य व्रते उपक्षियन्तः') ब्रह्मचर्य आश्रम के नियमों का सफलतापूर्वक पालन कर सके।

हिरण्य० गृ० सू० २।६।१६।४ में सूर्य को राक्षसों एवं पापों को दूर करने में समर्थ बताया गया है और पारस्कर १।८।७ तथा १।६।३ में सूर्य को पूर्व दिशा में भासित होने वाला देवों का नेत्र कहा गया है। उससे दीर्घजीवन प्रदान करने की प्रार्थना करते हुए इच्छा व्यक्त की गई है कि उपासक उसे सौ शरद् ऋतुओं तक देखता रहे।

रामायण, महाभारत एवं पुराणों में सूर्य के स्वरूप पर दृष्टि डालने से पूर्व अच्छा यह होगा कि हम ऋग्वेद के कुछ अन्य छोटे-छोटे सौर देवताओं के स्वरूप पर भी दृष्टि निक्षेप कर लें जिन्होंने अपने व्यक्तित्व को पौराणिक सूर्य के व्यक्तित्व में विलीन करके सूर्य के परवर्ती विकास में सहयोग दिया है और परिणामस्वरूप जिनके नाम बाद में सूर्य के केवल सामान्य विशेषण मात्र बन कर रह गए हैं।

विवस्वान्

यह शब्द प्रकाशमान होना, या चमकना अर्थ की **वस्** धातु में **वि** प्रत्यय पूर्वक बना है। वस् धातु ही उषा शब्द के मूल में भी है। विवस्वान् शब्द का अर्थ है तेजस्वी। अतः यह तो निश्चित ही है, इस शब्द का मूलतः सूर्य से किसी न किसी रूप में सम्बन्ध था। अवेस्ता में **वीवङ्ह्वन्त** नामक देवता की प्राप्ति से इसकी पर्याप्त प्राचीनता निश्चित होती है। ऋग्वेद तक आते-आते इस देवता का मूल स्वरूप अधिकांशतः लुप्त हो गया है और इसमें अनेक मानवीय विशेषताएँ आ गई हैं।

इनकी पत्नी का नाम **सरण्यू** है। वह त्वष्टा की पुत्री है। उसने यम को अपने गर्भ से उत्पन्न किंया है (**यमस्य माता पर्युह्यमाना महो जाया विवस्वतो ननाश,** ऋ० १०।

१७।१)। यम के लिए **वैवस्वत** विशेषण ऋग्वेद में प्राय: प्रयुक्त हुआ है (ऋ० १०। १४।१)। ऋग्वेद में संकेतित एक अन्य कथा के अनुसार विवस्वान् ने अश्विनौ को भी अपनी इसी पत्नी से उत्पन्न किया है[1] (ऋ० १०।१७।२)। उन्हें मनुष्यों के आदिपूर्वज मनु के भी पिता कहा गया है (ऋ० ८।५२।९)। अ० वे० ८।१०।२४ तथा श० ब्रा० १३।४।३।३ में भी मनु के लिए 'वैवस्वत' विशेषण प्रयुक्त हुआ है। इस प्रकार विवस्वान् इस सम्पूर्ण प्रजा के आदि-जनक हैं। इसी को दृष्टि में रख कर श० ब्रा० ३। १।३।४ तथा तै० सं० ६।५।६ में कहा गया हे कि सभी मनुष्य विवस्वान् की सन्तान हैं —

(१) स विवस्वान् आदित्यः तस्येमाः प्रजाः।

(२) ततो विवस्वान् आदित्यो अजायत तस्य वा इयं प्रजा यन्मनुष्याः।

ऋग्वेद में एक स्थान पर (१०।६।३।१) तो देवों तक को विवस्वान् के पुत्र या **'जनिमा विवस्वतः'** कहा गया है। आदित्यों के प्रसंग में श० ब्रा० की उस कथा का तो उल्लेख किया ही जा चुका है (पृष्ठ १७६), जिसके अनुसार अविस्पष्ट देह वाले मांस-पिण्ड मार्ताण्ड में जब अवयव आदि का विभाजन किया गया तो उसका नाम विवस्वान् पड़ा (३।१।३।२, ३, ४)।

विवस्वान् के स्थान या सदन का भी ऋग्वेद में उल्लेख हुआ है, जहाँ देवता आनन्द से विचरण करते हैं (**यस्मिन् देवा विदथे मादयन्ते विवस्वतः सदने धारयन्ते**, ऋ० १०।१२।७)। अवेस्ता में वीवङ्ह्वन्त को संसार में सबसे पहले यज्ञ करने वाला एवं सोम (हओम) रस का सेवन करने वाला बताया गया है। ऋग्वेद में नवम मण्डल में भी अनेक स्थानों पर सोम का विवस्वान् से घनिष्ठ सम्बन्ध वर्णित किया गया है। सोम विवस्वान् के साथ रहता है (**संवसान विवस्वतः**, ९।२६।४) और उनकी पुत्रियों (उँगलियों) द्वारा परिशुद्ध किया जाता है (९।१४।५), आदि आदि।

जिस प्रकार ऋग्वेद में सूर्य देवता सूर्यमण्डल के नितान्त भौतिक स्वरूप का प्रतिनिधि है उसी प्रकार विवस्वान् उसके आधिदैविक स्वरूप का। अत्यन्त प्राचीनकाल में ही आर्यों में सूर्य की जड-जगत् एवं मनुष्यों तथा देवों आदि के मूल-कारण के रूप में मान्यता थी। विवस्वान् देवता के रूप में सूर्य के इसी पक्ष पर विशेष बल दिया गया है। सृष्टि के आदि-पुरुष या आदि चेतन प्राणी के रूप में ही उन्हें प्रथम यज्ञकर्ता तथा प्रथम सोमाभिषविता माना गया है। पुराणादिकों में जहाँ सूर्य के मानवीय या दैवी रूप का वर्णन हुआ है वहाँ विवस्वान् शब्द ही उनके नाम के रूप में प्रयुक्त हुआ है। विवस्वान् एवं सूर्य के **तादात्म्य** के विषय में भारतीय साहित्य में कभी भ्रान्ति नहीं

१. इस कथा का विस्तृत विवरण **अश्विनौ** शीर्षक में देखिए।

रही। श० ब्रा० १०।५।२।४ में ही कहा गया है कि इस सूर्य को ही विवस्वान् कहते हैं क्योंकि वह दिन एवं रात्रि को प्रकाशित या विभाजित करता है —

असौ वा आदित्यो विवस्वान्। एष हि अहोरात्रे विवस्ते॥

अथर्ववेद तथा ब्राह्मणों में विवस्वान् का महत्त्व उत्तरोत्तर गिरता गया है और गृह्यसूत्रों में तो उनका उल्लेख भी नहीं प्राप्त होता।

सविता

ऋग्वेद के सौर देवताओं में सम्भवतः सविता सर्वाधिक महत्त्वपूर्ण हैं। यह शब्द 'सू' धातु से बना है, जिसके तीन अर्थ होते हैं, प्रेरित करना, उत्पन्न करना तथा रस निकालना। सम्भवतः प्रथम अर्थ ही इस शब्द के मूल में अभिप्रेत है। प्रातःकालीन सूर्य के विविध कर्मों में प्रेरक तथा सद्विचारों के उद्बोधक स्वरूप को ही सविता नाम से स्मरण किया जाता था। प्रसिद्ध गायत्री मन्त्र में बुद्धि को सत्कर्मों की ओर प्रेरित करने के लिए इन्हीं सविता देवता का स्तवन किया गया है —

तत्सवितुर्वरेण्यं भर्गो देवस्य धीमहि।
धियो यो नः प्रचोदयात्। — ऋ० वे० ३।६२।१०

यहाँ सविता देवता के जिस उत्तम तेज (वरेण्य भर्ग) का उल्लेख किया है उससे इनका प्रकाश (साथ ही ज्ञान एवं चैतन्य) से सम्बन्ध स्पष्ट परिलक्षित होता है।

प्रातःकालीन सूर्य से सम्बन्धित होने के कारण स्वाभावतः सविता का सुनहले रंग या स्वर्ण से विशेष सम्बन्ध है। उन्हें **हिरण्याक्ष** (१।३५।८), **हिरण्यबाहु** (६।७१।१), **हिरण्यहस्त** (१।३५।१०) या **हिरण्यपाणि** (१।३५।९) तथा **हिरण्यजिह्व** (६।७१।३) कहा गया है। उनके केश भी स्वर्ण के रंग के हैं (**हरिकेशः** १०।१३९।१)। उनके पास एक सोने का रथ है (१।३५।२) जिसके बैलों की गर्दन पर रखे जुएँ ('प्रउगं') आदि भी स्वर्णनिर्मित हैं (१।३५।२)।

सविता के बाहुओं का विशेष रूप से उल्लेख है। वे अपनी भुजाओं को उठाकर मनुष्यों को विविध कर्मों में प्रेरित करते हैं (**प्र बाहू अस्राक् सविता सवीमनि निवेशयन् प्रसुवन् अक्तुभिः जगत्**, ४।५३।३)। उनके ये बाहु भुवन के अन्त तक व्याप्त हो जाते हैं (२।३८।२ तथा ४।५३।४)। निश्चित रूप से यहाँ सूर्य की किरणों ('कर') का उल्लेख है।

सूर्य एवं सविता का तादात्म्य ऋग्वेद के अनेक मन्त्रों में प्राप्त होता है। ऋ० ४।१४।२ में कहा गया है कि सविता ने अपनी ज्योति को पृथ्वी से अत्यन्त ऊपर स्थापित किया है और सूर्य अपने प्रकाश से अन्तरिक्ष एवं द्यावापृथिवी को व्याप्त करते हैं —

ऊर्ध्वं केतुं सविता देवो अश्रेत् ज्योतिर्विश्वस्मै भुवनाय कृण्वन्।
आ प्रा द्यावापृथिवी अन्तरिक्षं वि सूर्यो रश्मिभिश्चेकितानः ॥

ऋ० १०।१५८।१-४ तथा १।३५।१-११ में भी सविता एवं सूर्य को पूर्णतः एक ही माना गया है। दो-तीन स्थानों पर सूर्य को ही मनुष्यों का 'प्रसविता' (आर्षरूप 'प्रसवीता') कहा गया है, जो उन्हें कर्मों की ओर प्रेरित करता है, जिससे उन्हें अपने अभीष्ट अर्थों की प्राप्ति होती है —

उद्वेति प्रसवीता जनानां महान् केतुरर्णवः सूर्यस्य, ७।६३।२
नूनं जनाः सूर्येण प्रसूताः अयन्नर्थानि कृणवन्नपांसि, ७।६३।४

पर देवताओं के रूप में सूर्य एवं सविता का पृथक्-पृथक् अस्तित्व होने के कारण कहीं-कहीं दोनों का एक ही स्थान पर स्वतन्त्र रूप से भी उल्लेख है(उदा० १।३५। ९, १।१२३।३, ५।८१।४ आदि)।

कहीं-कहीं पूषा, मित्र एवं भग आदि अन्य सौर देवों से भी सविता का तादात्म्य किया गया है। **स नः पूषा अविता भुवद्** (३।६२।९), **उत पूषा भवसि देव यामभिः** (५।८१।५), **उत मित्रो भवसि देव धर्मभिः** (५।८१।४) **सुवाति सविता भगः** (५। ८२।३) तथा **उदुष्य देवाः सविता ययाम........ भगो हव्यो मानुषेभिः** (७।३८।१) आदि मन्त्र इसके प्रमाण हैं।

सायण ने ऋ० ५।८१।४ की व्याख्या में लिखा है कि सूर्य को उदय से पूर्व सविता कहते हैं और उदय से अस्त तक सूर्य —

उदयात् पूर्वभावी सविता। उदयास्तमयवर्ती सूर्यः।

और यास्क का मत है कि सविता का समय वह है, जब आकाश में उजाला छा जाता है और प्रकाश की किरणें नभमण्डल में विकीर्ण होने लगती हैं —

तस्य कालो यदा द्यौः अपहततमस्का आकीर्णरश्मिर्भवति।

पर ऋग्वेद के कुछ मन्त्रों में (उदा० २।३८।१) सविता का सायंकालीन सूर्य से सम्बन्ध प्रतीत होता है। वे मनुष्यों एवं पशुओं को सुलाते भी हैं और जगाते भी (निवेशने प्रसवे चासि भूम्नः)। वे अश्वों को रथों से मुक्त कराते हैं और पथिकों को विश्राम देते हैं (२।३८।३)। सविता के सूर्यास्त से इसी सम्बन्ध के कारण श० ब्रा० में सविता का सूर्य से तादात्म्य करते हुए पश्चिम दिशा का सविता से विशेष सम्बन्ध माना गया है —

प्रतीचीमेव दिशम्। सवित्रा प्राजानन्नेष वै सविता य एष तपति। तस्मादेष प्रत्यङ् एति। प्रतीची हि एतेन दिशं प्राजानन्। प्रतीची हि एतस्य दिक्।

— श० ब्रा० ३।२।३।१८

'सू' धातु का अर्थ उत्पन्न करना भी होता है। अतः सविता का अर्थ संसार का उत्पादक मानकर वैदिक साहित्य में कहीं-कहीं उन्हें प्रजापति भी कहा गया है। ऋ० वे० ४। ५३। २ में सविता के लिए प्रजापति विशेषण आता है (**दिवो धर्मा भुवनस्य प्रजापतिः**)। श० ब्रा० १२। ३। ५। १ में कहा गया है कि जो सविता है, वही प्रजापति है (**यो हि एव सविता स प्रजापतिः**) और तै० ब्रा० १। ६। ४। १ का कथन है कि प्रजापति ने सविता होकर इस प्रजा का निर्माण किया (**प्रजापतिः सविता भूत्वा प्रजा असृजत**)। तै० सं० २। १। ६ में सविता को प्रसव अथवा प्रजाओं का अधिपति कहा गया है (**सविता ह वै प्रसवानामीशे**)। ऋग्वेद में प्रजापति-त्वष्टा को भी दो स्थानों पर सविता कहा गया है। (देवस्त्वष्टा सविता विश्वरूपः, ३। ५५। १९, १०।१०।५)।

प्रतीत होता है कि सविता शब्द मूलतः विश्व में जीवनीशक्ति एवं स्फूर्ति के प्रदायक तथा कर्मों में प्रेरक सूर्य का एक विशेषण मात्र था, किन्तु कालान्तर में वह अपने महत्त्व के कारण अपने भौतिक रूप से पृथक् होकर एक सूक्ष्म देवता बन गया। 'सू' धातु का मूल अर्थ 'प्रचोदित करना' या 'आगे ठेलना' प्रतीत होता है, जिससे दो भाव विकसित होते हैं — भौतिक अर्थ में 'गर्भस्थ शिशु को जन्म देना' (षूङ् प्राणिप्रसवे) और सूक्ष्म अर्थ में 'प्रेरित करना' (षू प्रेरणे)। सविता के प्रसंग में दोनों अर्थ सुरक्षित हैं किन्तु प्रधानता दूसरे अमूर्त, भावात्मक अर्थ की है। सू से निष्पन्न प्रसवीता, प्रसव, आसुवत्, सवाय, सोषवीति, आसुव तथा परासुव आदि सभी शब्दों में प्रेरित करने का भाव निहित है।

वस्तुतः परवर्ती युग में सविता की केवल यही एक विशेषता मुख्य रूप से अवशिष्ट रह गई है। **सविता वै देवानां प्रसविता,** यह ब्राह्मण ग्रथों में सर्वत्र प्राप्त होने वाला वाक्य है। श० ब्रा० में ही यह वाक्य लगभग १०० बार प्रयुक्त हुआ है (उदा०, श० ब्रा० १। १। २। १७)। इस पर सायण ने लिखा है '**देवानां मध्ये सविता खलु प्रसविता, स्व-स्व व्यापारेषु सर्वस्य लोकस्य प्रेरयिता, सूते प्रेरयतीति सविता इति तन्नामव्युत्पत्तेः**'[1] यजुर्वैदिक संहिताओं में जहाँ कहीं यजमान या ऋत्विक् आदि के द्वारा किसी भी यज्ञ पात्र के ग्रहण करने का विधान है वहाँ सर्वत्र यह कहा जाता है कि मैं तुम्हें सविता की प्रेरणा से ग्रहण कर रहा हूँ (**देवस्य त्वा सवितुः प्रसवे .... गृह्णामि, वाज० सं० १। १०**)। ब्राह्मणग्रन्थों के कर्मकाण्ड में इस सवितृप्रसव का इतना महत्त्व

---

१. **मत्स्य पुराण** १२५। ३७ में सविता शब्द की एक विशेष व्युत्पत्ति दी हुई है। इसके अनुसार यह शब्द स्रु-झरना (स्रवण) धातु से बना है। इससे (सूर्य से) तेज विकीर्ण होता रहता है इसलिए इसे सविता कहते हैं—

स्रवति स्यन्दनार्थेषु धातुरेष निगद्यते।
स्रवणात् तेजसश्चैव तेनासौ सविता स्मृतः॥

है कि इसके सम्बन्ध में एक कथा का निर्माण किया गया है। प्रजापति रूपी मृग के रुद्र के बाण से विद्ध प्राशित्र भाग को जब देवों ने भग को दिया तो उसके नेत्र ही जल गए, खाते ही पूषा के दाँत टूट गए किन्तु जब वह बृहस्पति को दिया गया तो वे शीघ्रता से सविता के पास उसके प्रसव (प्रेरणा, अनुज्ञा, अनुमति) के लिए पहुँचे। सवितृ-प्रसूत प्राशित्र को खाने से उनका कुछ नहीं बिगड़ा।[1]

तत् बृहस्पतये पर्याजह्रुः। स बृहस्पतिः सवितारमेव प्रसवाय उपाधावत्। सविता वै देवानां प्रसविता। इदं मे प्रसुव इति। तदस्मै सविता प्रसविता प्रासुवत्। तदेनं सवितृप्रसूतं नाहिनत्।

इस सम्बन्ध में ऐ० ब्रा० ७।४।२ के, **'न वै तस्य काचन रिष्टिर्भवति सवितृप्रसूतस्य'** शब्द भी ध्यान देने योग्य हैं।

शुक्ल यजुर्वेद में सविता के लिए सत्य-सव या सत्य-प्रसव विशेषण प्रायः आए हैं। उनकी एक विशेषता वस्तुओं तथा मनुष्यों को पवित्र करना भी है। **देवस्त्वा सविता पुनातु** (१।३), **देवो मा सविता पुनातु अच्छिद्रेण पवित्रेण सूर्यस्य रश्मिभिः** (४।४) आदि मन्त्र इसके उदाहरण हैं । वे हिरण्यपाणि हैं (१।१६) वे प्राणियों को चैतन्य करने वाले, सर्वज्ञाता, बुद्धि प्रदाता, कर्मों में प्रेरक तथा धनादि के प्रदाता कहे गए हैं (२२।११, १२, १३, १४)। य० वे० १७।५८ में उनका सूर्य से स्पष्ट तादात्म्य किया गया है। २।१२ में उन्हें यज्ञपति बता कर उनसे यज्ञ की रक्षा करने की प्रार्थना की गई है (**एतत् ते देव सवितर्यज्ञं प्राहुः तेन यज्ञमव**...........)। य० वे० ३३।६९ में भी उनसे अपनी सामान्य रक्षा करने की प्रार्थना की गई है (**रक्षा माकिर्नो अद्य शंस ईशत**)। ४। २५ में उन्हें आकाश में विद्यमान, दिव्य, बुद्धिदाता, सत्य प्रेरणा वाले रत्नों के धाम तथा अपरिमित द्युति वाले कहा गया है।

य० वे० १।२५ में सविता के सैकड़ों पाशों का उल्लेख है, जिनसे वे अपने द्वेषकों तथा द्वेष्यों को बाँधते हैं (**सवितः परमस्यां पृथिव्यां शतेन पाशैर्यो अस्मान् द्वेष्टि यं वयं द्विष्मः। तमतो मा मौक्**)। यह वाक्य ऋग्वैदिक वरुण का स्मरण दिलाता है। वरुण की भाँति ऋग्वेद में सविता को भी व्रतों का रक्षक कहा गया है (**व्रतानि देवः सविता अभिरक्षते**, ४।५३।४)।

अथर्ववेद ७।२५।१ में भी सविता को सत्यधर्मा कहा गया है। वे सत्य के पुत्र (**सत्यस्य सूनुः**), सुन्दर वाणी से युक्त, युवक तथा कल्याणकारी (सुशेव) हैं (अ० वे० ६।१।२)। उनकी प्रेरणा से मनुष्य कर्म करते हैं (**देवस्य सवितुः सवे कर्म कृण्वन्तु मानुषाः**, ६।२३।३)। उनका जन्म हिरण्यवर्ण के पवित्र जल में हुआ है

१. इसकी विस्तृत व्याख्या रुद्र देवता के प्रसंग में देखिए।

(**हिरण्यवर्णा शुचयः पावकाः यासु जातः सविता,** अ० वे० १।६३।१)। वे एक मंगलमय देवता हैं और विश्व का कल्याण करते हैं (**देवः सुकृत् सविता विश्ववारः, ५।२७।३**)। ऋग्वैदिक अग्नि की भाँति उन्हें 'कविक्रतु' (अत्यधिक ज्ञानी या उच्च विचारों से पूर्ण) तथा 'रत्नधाम' (ऐश्वर्यों के अधिष्ठाता) एवं सत्यसव कहा गया है (७।१४।१)। अ० वे० ७।१६।१ में उनसे प्रार्थना की गई है कि वे उपासक की उन्नति करें, उसे सौभाग्य प्रदान करें और तेजस्वी बनाएँ (**सवितर्वर्धयैनं ज्योतयैनं महते सौभगाय**)।

२।२६।१ में सविता से वन में भ्रान्त पशुओं को पुनः गोष्ठ में वापिस लाने की प्रार्थना की गई है (**सह यन्तु पशवो ये परेयुः अस्मिन् तान् गोष्ठे सविता नियच्छतु**)। ऋग्वेद में भटके हुए पशुओं को घर लाने का यह काम पूषन् का है किन्तु दोनों के सौर देवता होने के कारण विशेषताओं का यह आदान-प्रदान स्वाभाविक ही है।

सविता स्त्रियों के शरीर से बुरे लक्षणों को दूर करते हैं (१।२८।१) और उन्हें सुन्दर पति की प्राप्ति कराते हैं (२।३६।८)। दीर्घायु के लिए भी सविता की प्रार्थना की गई है (३।११।४)। वे अनेक प्रकार के अपशकुनों को दूर करते हैं (१९।८।४)।

ब्राह्मण ग्रन्थों में सविता और सूर्य का पूर्ण तादात्म्य प्राप्त होता है। दोनों की एकता पूर्णतः प्रतिष्ठित हो चुकी है। श० ब्रा० ३।२।३।१८, ४।४।१।३ तथा ५।३।१।७ आदि में स्पष्ट कहा है कि 'आकाश में तपने वाला' एवं 'विचरण करने वाला' सविता है — **एष वै सविता य एष तपति। एति वा एषः**। पुनः २।६।३।८ में कहा गया है **एष वा सूर्यो य एष तपति,** अतः दोनों का साम्य स्पष्ट है। सूर्य अग्नि का ही आकाशस्थ रूप है, अतः श० ब्रा० ६।३।१।६ में सविता को भी अग्नि कहा गया है। ९।२।३।१२ में अग्नि, आदित्य एवं सविता इन तीनों का तादात्म्य प्राप्त होता है। अग्नि ही आकाशस्थ सूर्य है और यही सूर्यरश्मि तथा स्वर्णकेश सविता आकाश की अजस्र ज्योति का उत्पादक है —

असौ वा आदित्य एषो अग्निः। एष सूर्यरश्मिर्हरिकेशः पुरस्तात् सविता एनद् ज्योतिः उद्यच्छति अजस्रम्।

सविता आकाश में प्रकाशित होने वाली अमर एवं दिव्य ज्योति है। यह मनुष्यों, पशुओं तथा पादपों को वसु तथा तेज प्रदान करता है। जिसे यह कम तेज प्रदान करता है, वह अल्पायु होता है और जिसे अधिक, वह दीर्घायु —

तदेतत् वसु चित्रं राधः। तदेष सविता विभक्ताभ्यः प्रजाभ्यो विभजति। भूय इव ह त्वेकाभ्यः प्रयच्छति कनीय इवैकाभ्यः। तद् याभ्यो भूयः प्रयच्छति ता ज्योक्ततमां जीवन्ति। याभ्यः कनीयः, कनीयस्ताः। — श० ब्रा० १०।२।६।५

सविता को (इन्द्र तथा अग्नि के साथ) ब्रह्मचारी का रक्षक माना गया है (११।५।४।३)। उनका वर्षा ऋतु से विशेष सम्बन्ध वर्णित किया गया है (१२।८।२।३३)। पर उनका मुख्य कार्य विभिन्न कर्मों में मनुष्यों को प्रेरणा देना ही है, उन्हें स्थान पर **'सत्यप्रसविता'** कहा गया है (कौ० ब्रा० ५।२, ६।१४ तथा तै० सं० १।८।१९) और **श० ब्रा०** १३।४।२।६। में उनके **प्रसविता, आसविता**, तथा **सत्य प्रसविता**, ये तीन रूप माने गए हैं। एक स्थान पर यह भी कहा गया है, मनुष्य का मन ही सविता है क्योंकि वही सदसत् कर्मों में प्रेरित करता है (**मनो ह वास्य सविता,** ६।३।१।१३)।

जिस प्रकार यजुर्वेद में सविता को पवित्रकारी माना गया है उसी प्रकार श० ब्रा० ३।१।३।२२ में कहा गया है कि जिसको सविता पवित्र कर देते हैं, वह अत्यन्त पुनीत (सुपूत) हो जाता है —

तद् वै सुपूतं यं देवः सविता पुनात्।
तस्मादाह देवो मा सविता पुनातु।

अब हम ऋग्वैदिक ब्राह्मणों पर आते हैं। **ऐ० ब्रा० ४।२।१ तथा कौ० ब्रा० १८।१** में सविता की पुत्री सूर्या के सोम से विवाह का वर्णन है। यहाँ सविता शब्द निश्चित रूप से सूर्य का वाची है और **सूर्या** है उसकी पुत्री उषा। इसके अतिरिक्त ऐ० ब्रा० ७।४।२ में आए एक उल्लेख से सविता और सूर्य का स्पष्ट तादात्म्य सूचित होता है। यहाँ कहा गया है कि जिस दिन यजमान यज्ञ में दीक्षित होता है उस दिन प्रातःकाल उसे उदीयमान सूर्य की उपासना करते हुए (उद्यन्तम् आदित्यम् उपतिष्ठेत्) कहना चाहिए, "**देवसवितर्देवयजनं मे देहि**"। आगे कहा गया है कि सविता द्वारा प्रसूत (अनुमत) व्यक्ति की कोई हानि नहीं होती और वह उत्तरोत्तर बढ़ने वाली लक्ष्मी को तथा प्रजाओं के ऐश्वर्य को प्राप्त करता है (**उत्तरोत्तरिणीं ह श्रियमश्नुते, अश्नुते ह प्रजानामैश्वर्यम्**)।

श० ब्रा० ३।२।३।१८ की भाँति कौ० ब्रा० ७।६ में सविता का पश्चिम दिशा से विशेष सम्बन्ध माना गया है। यहाँ आई एक कथा के अनुसार जब देवगण यज्ञ द्वारा स्वर्ग पहुँचे तो वे दिग्भ्रान्त थे। सवितृ ने उनसे कहा कि मैं तुम्हारे लिए एक दिशा खोजूँगा, मेरे लिए हवि प्रदान करो। देवों ने ऐसा ही किया। तब उन्होंने देवों को पश्चिम दिशा का ज्ञान दिया। "सविता आकाशवर्ती आदित्य है, वह सदा पश्चिम की ओर जाता है, पूर्व की ओर कभी नहीं, क्योंकि वह उस दिशा का स्वामी है"।

ऋग्वेद एवं यजुर्वेद में सविता को जो स्थान–स्थान पर **हिरण्यबाहु** या **हिरण्यपाणि** कहा जाता है, उसकी एक कर्मकाण्डीय व्याख्या कौ० ब्रा० ६।१३ में पाई जाती है। यहाँ कहा गया है कि एक बार देवों ने यज्ञ किया तो ब्रह्मा का भाग सविता को दे दिया, किन्तु उसे लेते ही उनके दोनों हाथ भग्न हो गए तब देवों ने उन्हें सोने के हाथ दे दिए, इससे उन्हें **हिरण्यपाणि** कहा जाता है।

गृह्यसूत्रों में सविता का व्यक्तित्व विद्याध्ययन करने वाले ब्रह्मचारियों के विशेष अभिरक्षक के रूप में उभरा है (तु० की० श० ब्रा० ११।५।४।३ **प्रजापतये त्वा परिददामि, देवाय त्वा सवित्रे परिददामि। एते वै श्रेष्ठे वर्षिष्ठे देवते। एताभ्यामेवैनं श्रेष्ठाभ्यां वर्षिष्ठाभ्यां देवताभ्यां परिददाति। तथा हास्य ब्रह्मचारी न कांचनार्तिमार्च्छति**)। उपनयन संस्कार के अवसर पर गुरु शिष्य के कन्धे पर हाथ रखता हुआ कहता है कि मैं तुमको सविता के संरक्षण में रखता हूँ (**देवाय त्वा सवित्रे परिददामि,** गोभिल० २। १०।३२)। सविता ही बालक के हृदय एवं मस्तिष्क में सद्विचारों को उत्पन्न करके बौद्धिक एवं नैतिक उत्कर्ष के लिए उसे सामर्थ्य प्रदान कर सकते हैं। उपनयन संस्कार के पश्चात् तीन रात्रि तक सविता को इसीलिए बालक पक्व-ओदन प्रदान करता है। हस्त नक्षत्र सविता को विशेष प्रिय है, अतः उसी दिन अध्ययन प्रारम्भ किया जाता है। और यदि किसी दिन किसी दुःस्वप्न या अमंगल के कारण बालक का ध्यान पढ़ाई से उचट जाता है तो सविता की प्रार्थना की जाती है (**दुःखस्वप्नेषु 'अद्य नो देव सवितर्' इति**[1] **एताम् ऋचं जपेत्,** गोभिल० ३।३।३२॥ तुलना की०, ऋ० वे० १०। ३७।४, १।३५।९ तथा अ० वे० १९।८।४)। हिरण्यकेशी गृ० सू० १।२।५।४ में शिष्य गुरु के पास जाकर कहता है कि मुझे विद्या दीजिए, मैं सविता द्वारा प्रसूत एक विद्यार्थी के रूप में आपके पास रहूँगा। गुरु उसका हाथ पकड़ता हुआ कहता है कि सविता ने तुम्हारा हाथ पकड़ा है, वह तुम्हारी रक्षा करे (हिरण्यकेशी गृ० सू० १।२।५।६)।

हिरण्यकेशी २।५।३ में सविता को पितरों के लिए भी विशेष रूप से कल्याणकारी बताया गया है। सविता की प्रेरणा प्राप्त करने वाला पितरों को पुरोडाश प्रदान करता है और सविता उसे पितामह तथा प्रपितामह के लिए ग्राह्य बनाते हैं (तु० की०, ऋ० वे० १०।१७।४ जहाँ सविता का पितरों से सम्बन्ध है)।

यज्ञादि कर्मों में सविता की प्रेरणा या अनुमति की प्रार्थना तो प्रायः सर्वत्र ही की गई है (**'देव सवितः प्रसुवेति,'** गोभिल गृ० सू० १।३।४)। कोई भी यज्ञीय सविता की प्रेरणा (' सवितुः प्रसवे') के बिना नहीं होता।

पूषा

पूषन् शब्द पुष् धातु से बना है और इसका अर्थ है पोषक, पुष्ट करने वाला। ऋग्वेद में यह देवता सूर्य की कल्याणकारणी एवं मनुष्यों को पुष्ट करने वाली शक्ति का प्रतीक है। उनके **पुष्टिंभर** तथा **पुरुवसु** आदि विशेषण इस ओर संकेत करते हैं। वे अत्यधिक धन के स्वामी हैं (**ईशानं राधसो महः,** ऋ० वे० ६।५५।२। वे धन की धारा तथा वसु की राशि प्रदान करते हैं ६।५३।३)।

---

१. द्रष्टव्य, छान्दोग्य आरण्यक २।१।५।

सूर्य से उनका सम्बन्ध ऋग्वेद में सर्वत्र प्राप्त होता है। सूर्य की भाँति वे भुवनों एवं जीवों को स्पष्टतया देखते हैं (३।६२।९)। वे विश्व का अवलोकन करते हुए आगे बढ़ते हैं (**विश्वमन्यो अभिचक्षाण एति,** २।४०।५)। उनका स्थान अत्यन्त ऊँचे आकाश में है (**दिव्यन्यः सदनं चक्र उच्चा,** २।४०।४)। वे सवितृ की प्रेरणा से विचरण करते हैं (**यस्य पूषा प्रसवे याति विद्वान्,** य० वे० १७।५८)। उनका एक अपना प्रमुख विशेषण **आघृणि** (प्रकाशमान) है, जो बाद में **घृणि** रूप में सूर्य का विशेषण बन गया है। पूषा को अपनी माता अथवा भगिनी (उषा) का जार भी कहा गया है (**मातुर्दिधिषुम् अब्रवं स्वसुर्जारः शृणोतु नः,** ६।५५।५) जो निश्चित रूप से उनके सूर्य होने का परिचायक है। ६।५८।४ में कहा गया है कि देवों ने **सूर्या** (उषा) को उसके प्रेमी **पूषा** को प्रदान कर दिया (**यं देवासो अददुः सूर्यायै कामेन कृतं तवसं स्वर्चम्**)। सूर्यासूक्त में पूषा से कहा गया है कि वे वधू का हाथ पकड़ कर ले जाएँ और गृहस्थ सुख प्राप्ति के लिए आशीर्वाद दें (**पूषा त्वेतौ नयतु हस्तगृह्य,** १०।८५।२६)।

विन्टरनित्स् का कथन है कि ऋग्वेद के देवमण्डल में आने से पूर्व पूषन् सम्भवतः किसी छोटी आभीर जाति के सूर्य देव थे[१]। वस्तुतः ऋग्वेद में वर्णित पूषन् की मार्गों को जानने, यात्रियों की रक्षा करने तथा खोए पशुओं को घर लौटा लाने आदि की विशेषताओं ने विन्टरनित्स् को इस कथन के लिए प्रेरित किया है। वे प्रत्येक मार्ग के संरक्षक एवं स्वामी है। इसीलिए उन्हें प्रायः पथस्पति कहा गया है (**पथस्पथः परिपतिं वचस्या,** ६। ४९।८; ० **वयमुत्वा पथस्पते, ६।५३।१**)। वे पथ-प्रदर्शक (प्रपथ्य) भी हैं। अतः यात्री पूषा को हवि प्रदान करके ही यात्रा प्रारम्भ करते हैं और भटकने पर पुनः ऋ० वे० ६।५३ सूक्त से पूषन् की स्तुति करते हैं (आश्व० गृ० सू० ३।७।८ तथा शांखा० श्रौ० सू० ३।४।९)। शांखायन गृ० सू० २।१।१० में पूषा के लिए उनका सायंकालीन बलिभाग घर की देहली के बाहर रख देने का विधान है। मार्ग के अधिपति होने के कारण ही ऋग्वेद में स्थान-स्थान पर पूषन् से मार्ग के विघ्नों एवं वृकों, दस्युओं आदि को दूर रखने की प्रार्थना की गई है (**यो नः पूषन्नघो वृको दुःशेव आदिदेशति। अप स्म तं पथो जहि।** ऋ० १।४२।२; **अप त्यं परिपन्थिनं मुषीवाणं दुरश्चितं। दूरमधि स्रुतेरज।** ऋ० १।४२।३।)।

मार्गों के ज्ञाता होने के कारण पूषा पशुओं के पीछे-पीछे चलकर उनकी रक्षा करते हैं (**पूषा गा अन्वेतु नः पूषा रक्षतु अर्वतः,** ६।५४।५)। वे उन्हें गड्ढे में गिरने से बचाते हैं, उनके शरीर को क्षत-विक्षत नहीं होने देते, उन्हें इधर-उधर भटकने से रोकते हैं

---

१. विन्टरनित्स् : **हिस्ट्री ऑफ़ इंडियन लिटरेचर** : प्रथम भाग, पृ० ६५। मेरे गुरु स्व० प्रो० उलरिष् श्नाइडर (म्युंस्टर वि० वि०) भी पूषन् को यूनानी तथा रोमन आभीर-देवों, क्रमशः पान् (Pan) तथा फ़ाउनुस् (Faunus) से सम्बद्ध करते थे। दोनों का सम्बन्ध वनों और पशुओं से है।

और सुरक्षित घर ले आते हैं (**माकिर्नेशन् माकीरिषन् माकीं संशारि केवटे। अथारिष्टाभिरागहि,** ६।५४।७)। खोए हुए पशु को पुनः घर लौटाने के लिए ऋग्वेद में पूषा से प्रायः प्रार्थना की गई है (**पुनर्नो नष्टमाजतु,** ६। ५४। १०)। उनका चाबुक पशुओं को सीधे मार्ग पर ले जाता है। (**या ते अष्ट्रा गोओपशा आघृणे पशुसाधनी** ६। ५३।९)। शांखा० गृ० सू० ३।९।१ में बाड़े से गायों के भाग जाने या खो जाने पर पूषा की स्तुति करने का विधान किया गया है। ब्राह्मण ग्रन्थों में भी पूषन् का पशुओं से यह सम्बन्ध पूर्णतः सुरक्षित है, जैसा कि हम आगे देखेंगे।

पूषन् के लिए ऐसे भी विशेषण प्रयुक्त हुए हैं, जो ऋग्वेद में प्रायः इन्द्र, वरुण या रुद्र आदि महान् देवों से सम्बन्धित है, उदाहरणार्थ **असुर** या **शक्र** (शक्तिशाली ५। ५१। ११, ८४। १५) **ईशान** (स्वामी, ६।५४।८) **त्वेष** (पराक्रमी या, भयानक ६। ४८। १५) एवं **क्षयद्वीर** (वीरों के शासक, १। १०। ६४)। उनके रक्षितृत्व पर विशेष बल दिया गया है और उन्हें **रक्षिता, पायुः** (१।८९।५), **गोपा** (१०। १७। ३) तथा **अविता** (८।४।१८) कहा गया है। वे पुष्टि के सखा (१०। २६।७), अन्न के स्वामी तथा उदारचेता (**इलस्पति, मघवा,** ६।५८।४) हैं।

पूषन् की शारीरिक विशेषताओं का भी ऋग्वेद में उल्लेख हुआ है। रुद्र की भाँति वे भी **कपर्द** (बालों का जूड़ा) धारी हैं (कपर्दनम् ६।५५।२)। उनके दाढ़ी एवं मूछें भी हैं (१०।२६।७)। वे अपने हाथ में सोने की बर्छी (वाशी, १।४२।६), अंकुश या चाबुक (अष्ट्रा ६।५३।९) तथा आरी (६।५३।५), रखते हैं। उनके रथ में बकरे जुते रहते हैं।[1] पूषन् अत्यन्त कुशल सारथी हैं। उन्हें रथीतम कहा गया है (६।५६।२, ३)। वे दही में मिलाकर जौ के आटे का बना हुआ सत्तू या **करम्भ** खाते हैं (१।१३८।४)।

शुक्ल यजुर्वेद में पूषा की केवल तीन-चार ही विशेषताओं का उल्लेख प्राप्त होता है। अश्विनौ के बाहुओं के समान पूषा के हस्त भी यहाँ विशेष प्रसिद्ध हैं और यजमान वस्तुओं को ग्रहण करते समय ".... **पूष्णोर्हस्ताभ्यामाददे**" अवश्य कहता है। पूषा मार्ग के रक्षक हैं (**पूषा अध्वनस्पातु** ४। १९)। वे पशुओं के अधिपति हैं (**पूष्णा पशुभिः** १०।३०) तथा उन्हें 'सर्वज्ञ' (**विश्ववेदाः** २५।१९) एव 'रक्षक' कहा गया है।

अथर्ववेद में पूषन् का उल्लेख लगभग ३० बार हुआ है। यहाँ वे मुख्यतः पृथ्वी की उर्वरा शक्ति बढ़ाने वाले तथा मनुष्यों एवं पशुओं को समृद्ध करने वाले देवता के रूप में सामने आते हैं। वे खोई वस्तु को पुनः प्राप्त कराते हैं। (**पुनर्नो नष्टमाजतु सं नष्टेन गमेमहि, अ० वे० ७।९।४**)। अ० वे० ५।२८।३ में उन्हें अन्न एवं पशुओं को

---

१. ग्रीक देवशास्त्र के **पान्** (Pan) की जंघाएँ और पैर बकरों जैसे हैं और उनमें खुर भी हैं। यह भी दोनों के साम्य की ओर इंगित करता है। पान् का दुर्दर्शन रोमश शरीर और उसका भयंकर अट्टहास 'panic' उत्पन्न करता है।

प्रदान करने में विशेष समर्थ बताया गया है। मार्गों के अधिपति होने के कारण ६।६७।१। में आए एक मन्त्र में पूषा की इसलिए स्तुति की गई है कि वे शत्रुओं के सब मार्ग बंद कर दें, जिससे वे घिर जाएँ। अ० वे० १८।२।५३। में अन्त्येष्टि क्रिया के समय पूषन् से मृतक को स्वर्ग के मार्ग से ले जाने की प्रार्थना है और १।११।१ में गर्भिणी स्त्री के कष्टरहित प्रसव के लिए उनका आह्वान किया गया है।

ब्राह्मण ग्रन्थों में पूषन् की लगभग वे ही विशेषताएँ संक्षेप में प्राप्त होती हैं, जो ऋग्वेद में उल्लिखित हैं। उदा० श० ब्रा० ५।२।५।७, तथा ५।३।१।९। आदि में पशुओं को पूषा से सम्बन्धित बताया गया है (**पौष्णाः पशवः**)।५।२।५।७ में पूषा को पशुओं का उत्पादक कहा गया है (**प्रजननं वै पूषा**)। श० ब्रा० ३।१।४।९ में पुनः ये शब्द प्राप्त होते हैं **पशवो वै पूषा। पुष्टिर्वै पूषा। पुष्टिर्वै पशवः**। तै० सं० १।५।१ में भी पूषा को पशुओं का अधिपति कहा गया हैं। श० ब्रा० १।१।२।१७ में पूषा के लिए भागदुघः विशेषण आया है (भागं दोग्धीति भागदुघः भागप्रदः इत्यर्थः — सायण)।

सर्वत्र पुष् धातु से ही पूषन् की सिद्धि की गई है। ''पुष्टिर्वै पूषा'' इसका प्रमाण है। पुष्टि से इसी सम्बन्ध के कारण एक स्थान पर वायु को (१४।२।१।९) तथा एक स्थान पर पृथ्वी को (४।५।९।६) पूषा बताया गया है। महीधर का मत है कि पोषणकारी वृष्टि का प्रेरक होने के कारण वायु पूषा है और सायण ने पृथ्वी के विषय में लिखा है — **पोषणात् पृथिवी पूष्णा रक्षितस्य प्रच्युतिर्नास्ति।**

तै० सं० ५।१।२ में पूषा को मार्गों का स्वामी या सही मार्ग पर ले जाने वाला कहा गया है (**पूषा वा अध्वनां सन्नेता**) और तै० सं० २।१।१ में कहा गया है कि वे शक्ति तथा बल प्रदान करते हैं (**पूषा वा इन्द्रियस्य वीर्यस्य अनुप्रदाता**)।

पशुओं पर पूषा के आधिपत्य को सूचित करने के लिए तै० सं० २।४।४ में एक छोटी सी कथा आती है कि एक बार प्रजापति ने पशु उत्पन्न किए किन्तु वे उनसे दूर चले गए तब प्रजापति ने पूषा को हवि प्रदान करके उन्हें प्राप्त किया क्योंकि पूषा पशुओं के स्वामी हैं—

> **....... प्रजापति : पशूनसृजत्। ते अस्मात् सृष्टाः पराञ्च आयन्।**
> **.....तान् पूषा चान्ववैता। सो अब्रतीत्। अनया मा प्रतिष्ठ। अथ त्वा**
> **पशव उपावर्त्स्यन्तीति .... ततो वै प्रजापतिं पशवः उपावर्तन्त।**

श० ब्रा० ४।२।५।२२ में पूषा के लिए करंभ प्रदान करने का विधान है। ऋग्वेद में ही यह पूषा का प्रिय खाद्यपदार्थ है। श० ब्रा० १।७।४।५-८, कौ० ब्रा० ६।१३ तथा तै० सं० २।६।८ में इसकी व्याख्या में एक कथा दी गई है। देवों ने मृग-रूपी

प्रजापति का रुद्र के बाण से विद्ध अंश पूषा को खाने को दिया किन्तु उसे खाते ही उनके दाँत टूट गए। इसी से उन्हें पिसा अन्न खाने को देते हैं।[1]

ते होचुः पूष्णा एनत् परिहरेति। तत् पूष्णो पर्याजह्रुः तत् पूषा प्राश, तस्य दतो निर्जघान। तस्मादाहुः अदन्तकः पूषेति। तस्माद्यं पूष्णे चरुं कुर्वन्ति प्रपिष्टानाम् (तण्डुलानामितिशेषः — हरिस्वामी) **एव कुर्वन्ति यथा अदन्तकाय एवम्।**

— श० ब्रा० १।७।४।७

सूर्य से सम्बन्ध होने के कारण **ईशावास्योपनिषद्** में पूषा ने अत्यधिक उत्कर्ष प्राप्त किया है। ईशावास्य के कुछ मन्त्रों में सूर्य की परमात्मा के रूप धारणा की गई है। अतः पूषा शब्द सर्वषोषक ब्रह्म का वाची बन गया है। १५ वें श्लोक में कवि कहता है कि "सत्य का मुख हिरणमय-पात्र से ढका हुआ है। हे पूषन्, सत्य रूपी धर्म को देखने के लिए तुम उसे हटा दो" —

हिरणमयेन पात्रेण सत्यस्यापिहितं मुखम्।
तत्त्वं पूषन्नपावृणु सत्यधर्माय दृष्टये॥ — ईश० उ० १५

सत्य की खोज करने के लिए उपनिषद् के कवि की पूषन् से यह प्रार्थना समस्त उपनिषद् में अद्वितीय है। अगले श्लोक में पूषन् (रूपी सूर्य या परमात्मा) के लिए **ऋषि** (ज्ञानी), **यम** (नियामक) तथा **प्राजापत्य** (प्रजा के स्वामी) विशेषण प्रयुक्त हुए हैं और सूर्य रूप में उनसे अपनी रश्मियों को समेट कर आदित्य-मण्डलस्थ पुरुष के दर्शन कराने की प्रार्थना की गई है —

पूषन्नेकर्षे यम सूर्य प्राजापत्य व्यूह रश्मीन् समूह। — ईश० उ० १६

गृह्यसूत्रों में भी पूषा के सम्बन्ध में प्रायः उन्हीं विशेषताओं का उल्लेख है, जो ब्राह्मण ग्रन्थों में प्राप्त होती है। **आश्वालायन गृ० सू०** ३।८।१० में भयपूर्ण मार्ग में चलने से पूर्व पूषा की स्तुति करने का विधान है। किसी भी कार्य से दूर जाने वाले व्यक्ति पहले पूषा की कृपा की कामना करते हैं (उदा०, काठक गृ० सू० २।११।४)। पूषा को वैवाहिक सुख का प्रदाता भी समझा जाता है। विवाह संस्कार के अवसर पर पूषा को विशेष रूप से लाजा (खीलें) प्रदान की जाती है (गोभिल० २।२।७ तथा द्राह्यायण १।३।२५।)। हिरण्यकेशी गृ० सू० १।६।२०।२ तथा काठक गृ० सू० ३।१।५ में विवाह के अनन्तर वर वधू से कहता है कि पूषा तुम्हें हाथ पकड़ कर घर ले चले और गृहलक्ष्मी के रूप में तुम घर में आनन्द से रहो (**पूषा त्वेता नयतु हस्तगृह्य......... गृहान् गच्छ गृहपत्नी यथासौ वशिनी त्वा विदथमावदासि**)। गोभिल० २।२।१६। तथा हिरण्यकेशी २।१।५।११ में बालक के चूडाकर्म के अवसर पर भी पूषा का आह्वान किया गया है और उससे बालक को दीर्घायु बनाने की प्रार्थना की गई है।

१. इसकी विस्तृत व्याख्या रुद्र के प्रसंग में देखिए।

शांखायन गृ० सू० १।९।९ में प्रात:काल अग्निहोत्र के समय पूषा के लिए हवि प्रदान करते हुए यजमान कहता है कि "पूषा पशुओं एवं धन के स्वामी हैं। वे हमें इन दोनों से युक्त करें"। यजुर्वेद में उल्लिखित पूषन् के हस्तों का प्राय: गृह्यसूत्रों में भी वर्णन आया है (**पूष्णोर्हस्ताभ्यां हस्तं गृह्णामि असौ..........** गोभिल० गृ० सू० २।१०।२६)। गोभिल गृ० सू० २।७।१०, १३ में पशुओं की वृद्धि एवं पुष्टि के लिए पूषा से प्रार्थना की गई है। पशुओं की मार्ग में रक्षा करने के लिए भी प्राय: गृह्यसूत्रों में विविध ऋग्वैदिक मन्त्रों के पाठ का विधान किया गया है।

महाकाव्यों तथा पुराणों में पूषा का केवल नाममात्र शेष रह गया है। उनके स्वरूप का विकास बिल्कुल उलटी दिशा में चला है। उत्तरोत्तर उनकी महत्ता का ह्रास ही होता गया है। ऋग्वेद में उनका व्यक्तित्व सर्वाधिक पूर्ण है किन्तु पुराणों में अत्यधिक अस्पष्ट एवं अपूर्ण हैं। रामायण में केवल एक स्थान पर उनका उल्लेख है। रावण के साथ जब सभी देवता युद्ध करने आते हैं तो पूषा भी त्वष्टा के साथ अपनी सेना लेकर आते हैं। उन्हें 'आदित्य', 'निर्भय' 'महावीर्य' कहा गया है —

तथादित्यौ महावीर्यौ त्वष्टा पूषा च दंशितौ।
निर्भयौ सह सैन्येन तदा प्राविशतां रणे॥ — रामा० उत्तर० २७।३६

वस्तुत: पूषा का उल्लेख ऐसे ही स्थानों पर किया गया है जहाँ देवों के किसी सामूहिक कार्य का वर्णन है और इसलिए अन्य देवों के नामों की सूची के साथ-साथ इस प्राचीन वैदिक देवता के नाम का भी उल्लेख करना आवश्यक हो गया है। उदाहरणार्थ महाभारत आदि० २२६।६७ में वे खाण्डवदाह के अवसर पर अन्य सभी देवों के साथ अर्जुन से युद्ध करते हैं और शल्य० ४५।४३, ४४ में जब सभी देवता स्कन्द को वर प्रदान करते है तो वे भी उसे दो पार्षद प्रदान करते हैं।

पूषा का केवल एक ही पौराणिक कथा से सम्बन्ध है और वह है रुद्र के द्वारा दक्ष-यज्ञ के विध्वंस की। इस कथा में पूषा को रुद्र का विरोधी प्रदर्शित किया गया है अत: रुद्र के गणेश्वर वीरभद्र उन्हें गिराकर उनके दाँत उखाड़ लेते हैं —

स वै विध्वंसितं यज्ञं दृष्ट्वा पूषा समभ्यगात्।
पूष्णो दन्तानथोत्पाट्य वीरभद्रो न्यपातयत्॥ ब्रह्म० १०९।२५

श्रीमद्भागवत में कहा गया है कि वीरभद्र ने पूषा के दाँत इसलिए निकाले कि जब दक्ष शिव की निन्दा कर रहा था तो वे दाँत निकाल कर हँस दिए थे —

पूष्णश्चापातयद् दन्तान् कालिंगस्य यथा बलः।
शप्यमाने गरिमणि सोऽहसद् दर्शयन् दतः॥ — भाग० ४।६।२१

महा० द्रोण० २०२।४९ तथा सौप्तिक, १८।१६ में भी शिव द्वारा पूषा के दाँत तोड़े जाने का उल्लेख हुआ है। अब वे यजमान के दाँतों से केवल पिसा हुआ अन्न खाते हैं (**पूषा तु यजमानस्य दद्भिर्जक्षतु पिष्टभुक्**। भाग० ४।७।४)।

स्पष्ट है कि यह श० ब्रा० १।७।४।७ में उल्लिखित प्रसंग का ही परवर्ती विकास है, जिसके अनुसार प्राशित्र खाने से पूषा के दाँत गिर गए थे। और ऋ० वे० १।३८।४ में करम्भ पूषा का प्रिय भोजन है ही।

अर्यमा

अर्यमा देवता के लिए ऋग्वेद में कोई सूक्त नहीं प्राप्त होता। पर आदित्यों के प्रसंग में उनका बहुधा उल्लेख किया गया है। इस शब्द का अर्थ है मित्र, साथी या परिचर और ऋग्वेद में प्राय: इस अर्थ में जातिवाचक संज्ञा के रूप में इसका प्रयोग भी हुआ है — **नार्यमणं पुष्यति नो सखायं केवलाघो भवति केवलादी** (१०।११७।१)। यहाँ अपने परिचर एवं मित्र के साथ भोजन करने का उपदेश है। अर्यमा शब्द से बना 'अर्यम्य' शब्द मित्र शब्द से बनी भाववाचक संज्ञा 'मित्र्यं' के समान है और मैत्री का अर्थ रखता है (**अर्यम्यं वरुण मित्र्यं वा सखायं वा सदमिद् भ्रातरं वा**, ऋ० ५।८५।**३**)। विवाहादि के अवसर पर कुमारियों का सहायक तथा रक्षक होने के कारण अग्नि को एक स्थान पर कन्याओं का मित्र कहा गया है (**त्वमर्यमा भवसि यत्कनीनां नाम स्वधावन् गुह्यं बिभर्षि**, ऋ० ५।३।२)।

प्रतीत होता है कि अर्यमा पारस्परिक सौहार्द से सम्बन्धित प्राचीनकाल के कोई अमूर्त देवता हैं[1] जो बाद में स्वरूप के अनिश्चय के कारण आदित्य मण्डल में प्रविष्ट कर लिए गए और इस सम्बन्ध के कारण बाद में इनका नाम सूर्य का वाची हो गया। अवेस्ता में यह शब्द **ऐर्यमन्** रूप में प्राप्त होता है (देखिए पीछे पृ० १०८ तथा आगे)।

ब्राह्मण ग्रन्थों में अर्यमा के विषय में इतना ही ज्ञात होता है कि वे सूर्य हैं। अर्यमा एवं सूर्य का पूर्ण तादात्म्य तै० सं० २।३।४ तथा श० ब्रा० ५।३।१।२ में प्राप्त होता है। तै० सं० के इस उद्धरण में तीन बार अर्यमा को 'आदित्य' बताया गया है और कहा गया है कि स्वर्ग, धन तथा कल्याण की कामना करने वाले को अर्यमा को चरु प्रदान करना चाहिए —

अर्यम्णे चरुं निर्वपेत् स्वर्गकामो असौ वा आदित्यो अर्यमा अर्यमणमेव स्वेन भागेन उपधावति स एवैनं सुवर्गं लोकं गमयति। अर्यम्णे चरुं निर्वपेत् यः कामयेत

---

१. प्रसिद्ध जर्मन विद्वान् पाउल थीमे ने अपने Der Fremdling im Ṛgveda नामक ग्रन्थ में अर्यमा को मूलत: **अरि** अर्थात् अतिथि, अभ्यागत से सम्बन्धित देवता बताया है, और स्वत: **आर्य** शब्द को इससे सम्बन्धित माना है (पृ० १०९, पादटि० २)।

दानकामा मे प्रजाः स्युरिति असौ वा आदित्यो अर्यमा यः खलु वै ददाति सो अर्यमा। अर्यम्णे चरुं निर्वपेत् यः खलु कामयेत स्वस्ति खलु जनतामियाम्।

— तै० सं० २।३।४

श० ब्रा० ५।३।१।२ में कहा गया है कि बृहस्पति-याग के लिए ब्राह्मण को श्वेत गौ दक्षिणा के रूप में देनी चाहिए क्योंकि ऊपर की दिशा बृहस्पति की है और उससे ऊपर अर्यमा (सूर्य) का मार्ग है (जो किरणों के कारण श्वेत है) —

.... **तस्य शितिपृष्टो गौर्दक्षिणा। एषा वा ऊर्ध्वा बृहस्पतेदिक्। तदेष उपरिष्टाद् अर्यम्णः पन्थाः।**

(ऊर्ध्वा दिक् बृहस्पतिदेवताका। तस्या उपरिष्टाद् अर्यम्णः। सूर्यस्य एषः परिदृश्यमानः पन्था-मार्गः। स च किरणबन्धात् श्वेतः — सायण)

निरुक्त में (११।२४) यास्क ने भी अर्यमा को सूर्य का वाची माना है।

पुराणों में अर्यमा की पितरों के अधिपति के रूप में मान्यता है। जिस प्रकार इन्द्र देवों के राजा हैं उसी प्रकार अर्यमा पितरों के। गीता में भगवान् कृष्ण पितरों में अपने को अर्यमा बतलाते हैं (**पितॄणामर्यमा चास्मि यमः संयमतामहम्, १०।२९**)। ऋग्वेद (१०।१४) शु० यजुर्वेद (१९।४५) तथा श० ब्रा० १२।८।१९ एवं १३।४।३।६ में अत्यन्त स्पष्ट शब्दों में पितरों का अधिपति यम को बताया गया है। वह क्षत्र (राजा) है और पितर **विश्** (प्रजा)। वैदिक साहित्य में नरकों का कोई उल्लेख नहीं है किन्तु पुराणों में नरकों की धारणा का विकास होने पर पितरों तथा मृतात्माओं के प्राचीन राजा यम नरक केअधिपति बन गए हैं। यम का जो स्थान रिक्त हुआ उसमें अस्पष्ट-स्वरूप वाले इस देवता की नियुक्ति कर दी गई। यहीं नहीं, कभी-कभी तो अर्यमा यम के दूसरे कार्य, नरकाधिपतित्व की भी देखभाल कर लेते हैं। जब माण्डव्य ऋषि यम को शूद्र-योनि में जाने का शाप देते हैं और यम विदुर के रूप में पृथ्वी पर जन्म लेते हैं तो १०० वर्षों तक अर्यमा यम के स्थान पर पापियों को दण्ड देते रहते हैं —

अबिभ्रदर्यमा दण्डं यथावदधकारिषु।
यावद्दधार शूद्रत्वं शापाद् वर्षशतं यमः॥ भागवत० १।१३।१५

पितरों के अधिपति होने के कारण पृथ्वी-दोहन के समय श्राद्धदेवता पितर अर्यमा को बछड़ा बना कर कच्ची मिट्टी के पात्र में कव्य-रूपी दूध दुहते हैं —

वत्सेन पितरोऽर्यम्णा कव्यं क्षीरमधुक्षत।
आमपात्रे महाभागा श्रद्धया श्राद्धदेवताः॥ — भागवत ४।१८।१८

महा० आदि० ६५।१५, शान्ति० २०८।१५ आदि में अर्यमा का द्वादश आदित्यों में परिगणन किया गया है। ज्योतिषशास्त्र में वे उत्तरफाल्गुनी नक्षत्र के स्वामी हैं।

मित्र

ऋग्वेद में मित्र देवता का स्वतन्त्र उल्लेख बहुत कम है। वरुण के साथ मिलाकर **मित्रावरुणा (णौ)** नाम से उनका प्रायः वर्णन हुआ है। किन्तु इस युगल देवता में भी मित्र का अपना व्यक्तित्व नहीं के बराबर है क्योंकि मित्रावरुण में ऐसी कोई विशेषता नहीं है, जो अकेले वरुण में पाई जाती हो। केवल एक ही सूक्त (३।५९) उनके लिए प्राप्त होता है, इसमें भी उनकी दो-तीन विशेषताओं का वर्णन है। मित्र अपने आदेश से (अथवा स्तुत होने पर) मनुष्यों को अपने अपने कर्मों में प्रेरित करते हैं (यातयति) और निर्निमेष दृष्टि से मनुष्यों (कृष्टीः) को देखते हैं[1] —

मित्रो जनान् यातयति ब्रुवाणो मित्रो दाधार पृथिवीमुतद्याम्।
मित्रः कृष्टीरनिमिषाभि चष्टे मित्राय हव्यं घृतवज्जुहोत॥

— ऋ०३।५९।१

पृथ्वी और आकाश को धारण करने की विशेषता तो लगभग सभी देवों में समान है परन्तु '**यातयज्जन**' मित्र की अपनी एक विशेष उपाधि है (**यातयज्जनो गृणते सुशेवः** ३।५९।५) क्योंकि अग्नि के लिए एक बार कहा गया है कि वह मित्र की भाँति 'यातयज्जन' (**मित्रं न यातयज्जनम्** ८।१०२।१२) है। मित्र से सम्बन्ध के कारण यह विशेषण एक बार मित्रावरुणौ के लिए (५।७२।२)तथा दोनों से सम्पर्क के कारण एक बार अर्यमा के लिए भी आया है (१।१३६।३)। मनुष्य के कर्मों को अपलक दृष्टि से देखने की विशेषता मुख्यतः वरुण की है।

वरुण की भाँति मित्र के व्रतों या नियमों का भी वर्णन किया गया है, जो इन व्रतों का पालन करता है, वह समृद्धिशाली होता है। उसे न कोई मार सकता है और न जीत सकता है; उसे कोई भी व्याधि नहीं होती—

प्र स मित्र मर्त्यो अस्तु प्रयस्वान् यस्त आदित्य शिक्षति व्रतेन।
न हन्यते न जीयते त्वोतो नैनमंहो अश्नोत्यन्ततो न दूरात्॥

(५।३९।२)

---

१. रोठ तथा मैक्डॉनल आदि विद्वानों के अनुसार 'यातयति' का अर्थ है 'एक स्थान पर एकत्र करना' इसकी पुष्टि में वे 'जनं च मित्रो यतति ब्रुवाणः' (७।३६।२) आदि मन्त्र उद्धृत करते हैं। सायण ने इसे यत् (प्रयत्न करना) का णिजन्त रूप माना है, जो सबसे उपयुक्त है। 'एकत्र करने' का मित्र के विषय में क्या अर्थ हो सकता है? इसी प्रकार कृष्टि शब्द भी मनुष्यमात्र का वाची है— किसानों या हल जोतने वालों का नहीं। इस सम्बन्ध में यास्क का मत ही सर्वाधिक उपयुक्त है — **कृष्टीः इति मनुष्यनाम — विकृष्टदेहा भवन्ति।** (आधुनिक बँगला में 'कृष्टि' का अर्थ 'संस्कृति' है।)

अथर्ववेद १३। ३। १३ में वरुण का सायंकाल से तथा मित्र का प्रात:काल से सम्बन्ध वर्णित किया गया है (**स वरुणः सायमग्निर्भवति स मित्रो भवति प्रातरुद्यन्**) और ९। ३। १८ में कहा है कि मित्र प्रात:काल उसे प्रकाशित करें, जिसे वरुण ने छिपा रखा था (**वरुणेन समुब्जितं मित्रः प्रातर्व्युब्जतु**)। इन संकेतों से मित्र का सूर्य या प्रकाश से विशेष सम्बन्ध व्यक्त होता है। इस सम्बन्ध की पुष्टि अवेस्ता में मित्र के स्वरूप पर दृष्टि निक्षेप करने से तथा रोमन साम्राज्य में 'अपराजेय सूर्य' (Sol Invictus) के रूप में इसकी उपासना किए जाने से भी होती है। सम्भवत: धूम-रूपी अन्धकार से आवृत होने के कारण ही ऋग्वेद ५। ३। १ सद्योजात-अग्नि को वरुण तथा प्रदीप्त-अग्नि को मित्र का रूप माना गया है —

त्वमग्ने वरुणो जायसे यत्त्वं मित्रो भवसि यत्समिद्धः।

सम्भवत: इसी आधार पर श० ब्रा० २। ३। २। ९२ में भी कहा गया है कि जब अग्नि की ज्वालाएँ शान्त हो जाती हैं और थोड़ी-थोड़ी अग्नि लकड़ियों में जलती रहती है तो वह मित्र देवता के समान होती है। उस समय वह हानिकारक नहीं होती। मित्र भी सभी का सुहृद् है। वही किसी का वध (पीड़ोत्पादन) नहीं करता। वह अत्यन्त शान्त है और (स्वभाव में) ब्राह्मण (के समान) है —

अथ यत्रैतत् प्रतितरामिव तिरश्चीवार्चिः संशाम्यतो भवति। तर्हि हैष भवति। तर्हि हैष भवति मित्रः यमाहुः सर्वस्य वा अयं ब्राह्मणो मित्रम्। न वा अयं कंचन हिनस्ति।

मित्र के इसी पक्ष पर ब्राह्मण-ग्रन्थों में सबसे अधिक बल दिया गया है। तै० सं० ५। १। ६ में कहा गया है कि मित्र देवों में सर्वाधिक मंगलमय है (**मित्रो वै शिवो देवानाम्**) और श० ब्रा० ५। ३। २। ७ में कहा गया है कि मित्र किसी की हानि नहीं करते, वे सबके मित्र हैं। अतएव मित्र को भी कोई हानि नहीं पहुँचाता। न उनके काँटा गड़ता है और न कोई व्रण होता है —

न वै मित्रः कंचन हिनस्ति। सर्वस्य हि एव मित्रो मित्रम्। न मित्रं कश्चन हिनस्ति। नैनं कुशो न कण्टको विभिनत्ति। नास्य व्रणश्चनास्ति।

अवेस्ता में जिस प्रकार मित्र को पारस्परिक सन्धि की शर्तों का संरक्षक कहा गया है उसी प्रकार तै० सं० २। १। ८ में भी इस सम्बन्ध में एक महत्त्वपूर्ण उल्लेख प्राप्त होता है, जिसमें कहा गया है कि यदि कोई संग्राम में रत व्यक्ति शान्ति एवं सन्धि चाहता है तो उसे मित्र की उपासना करनी चाहिए। मित्र दोनों पक्षों को आपस में मिलाते हैं —

मैत्रमालभेत संग्रामे संयत्ते समयकामी मित्रमेव स्वेन भागधेयेन उपधावति। स एवैनं मित्रेण संनयति।

इस उद्धरण से स्पष्ट है कि आज से ३४०० वर्ष पूर्व बोगाज़क्यूई में हित्तिति एवं मितानी जातियों की जो सन्धि हुई थी उसमें मित्र के आह्वान का क्या महत्त्व था।

यह कुछ आश्चर्य का विषय है कि लौकिक साहित्य में मित्र शब्द के पुल्लिंग में सूर्य-वाची होते हुए भी ब्राह्मणों में कहीं सूर्य एवं मित्र का स्पष्ट तादात्म्य नहीं किया गया। तै० सं० में केवल एक स्थान पर आए दो वाक्यों से सूर्य एवं मित्र की एकरूपता ध्वनित होती है। वाज सं० ३६।१८ में कहा गया है कि हम मित्र के नेत्र से सब प्राणियों को देखें और सब प्राणी हमें भी मित्र के नेत्र से देखें —

मित्रस्य चक्षुषा समीक्षामहे।
मित्रस्याहं चक्षुषा सर्वाणि भूतानि समीक्षे।
मित्रस्य मा चक्षुषा सर्वाणि भूतानि समीक्षन्ताम्।

इसमें सन्देह नहीं कि मित्र के नेत्रों से देखने का तात्पर्य मैत्री, सहानुभूति, सौहार्द या प्रेम की दृष्टि से देखना है पर तै० सं० २।६।८ में ठीक इसके समानान्तर एक उद्धरण प्राप्त होता है, जिसमें कहा गया है कि मैं तुम्हें सूर्य के नेत्रों से देखता हूँ, क्योंकि सूर्य कभी किसी को हानि नहीं पहुँचाता —

सूर्यस्य त्वा चक्षुषा प्रतिपश्यामि इत्यब्रवीत्।
न हि सूर्यस्य चक्षुः कंचन हिनस्ति।

पूषा की भाँति पुराणों एवं महाभारत में मित्र का वहीं उल्लेख है जहाँ औपचारिक रूप से क्रमशः सभी देवताओं का वर्णन किया गया है, उदा० अर्जुन के जन्म के समय आए हुए देवों की (आदि० १२२।६६), खाण्डव दाह के अवसर पर अर्जुन से युद्ध करने के लिए आए देवों की, (वही, २२६।३६) तथा स्कन्द को आशीर्वाद देने के लिए आए देवों की (शल्य० ४५।४१) सूची में। पुराणों में मित्र का देवरूप में प्रायः कहीं उल्लेख नहीं है और यह शब्द पूर्णतः सूर्य का वाची बन गया है।

सूर्य देवता का पौराणिक स्वरूप

वैदिक विवस्वान्, सविता, पूषा तथा अर्यमा आदि देवों का व्यक्तित्व पौराणिक युग में सूर्य के साथ मिल गया है और इन सबने मिलकर पौराणिक देवमण्डल के एक शक्तिशाली तथा अत्यन्त महत्त्वपूर्ण देवता को जन्म दिया है। उनके इसी महत्त्व के कारण उनकी उपासना का एक पृथक् सम्प्रदाय ही चल पड़ा और प्राचीन भारत में सैकड़ों वर्षों तक सहस्रों व्यक्ति उन्हें अज्ञानान्धकार के नाशक, विद्या के प्रकाशक, विविध कामनाओं के पूरक तथा स्वास्थ्य-प्रदाता देवता के रूप में अपना इष्टदेव मानते रहे। मत्स्य पुराण ५२।२१ तथा २४ में ब्रह्मा, विष्णु, शिव तथा सूर्य को एक रूप मान

कर इन्हें संसार की चार सर्वोत्कृष्ट शक्तियाँ कहा गया है इनमें भी सूर्य (पूषा) तो शेष तीनों के ही आधार है —

ब्रह्मा विष्णुश्च भगवान् मार्तण्डो वृषवाहनः।
इमा विभूतयः प्रोक्ता चराचरसमन्विता॥
ब्रह्मादीनां परं धाम त्रयाणामपि संस्थितिः।
वेदमूर्तावतः पूषा पूजनीयः प्रयत्नतः॥

"वेदमूर्तावतः पूषा पूजनीयः प्रयत्नतः" वाक्य से स्पष्ट है कि पूषा शब्द पूर्णतः सूर्य का वाची है। इसी प्रकार **मत्स्य**० ७८। ६, ७ में भी पूषा एवं अर्यमा शब्द सूर्य के वाची माने गए हैं। यहाँ सूर्य के लिए किए जाने वाले मन्दार-सप्तमी नामक व्रत में विभिन्न नामों से सूर्य की उपासना का वर्णन है —

दक्षिणे तद्वदर्काय तथाऽर्यम्णेति नैऋते।
पूष्णेत्युत्तरतः पूज्यमानन्दायेत्यतः परम्॥

पद्म पुराण ७६। ३५ में सूर्य की स्तुति में उनके —

सुवर्णरेता मित्रश्च पूषा त्वष्टा गमस्तिमान्।

आदि नाम आए हैं, जिससे मित्र एवं पूषा (तथा त्वष्टा) का उनसे तादात्म्य स्पष्ट है। पूषा शब्द महा० वन पर्व ३। १६ में भी सूर्य के लिए प्रयुक्त हुआ है।

विष्णु पुराण ३। ११। ३९ में सूर्य के लिए विवस्वान् तथा सविता विशेषण आए हैं और उन्हें जगत् को प्रेरित करने वाले कहा गया है —

नमो विवस्वते ब्रह्मन्भास्वते विष्णुतेजसे।
जगत्सवित्रे शुचये सवित्रे कर्मसाक्षिणे॥

ब्रह्मपुराण ८९। २२ में भी सविता शब्द पूर्णतः सूर्य के लिए आया है —

तत्पुत्रवचनं श्रुत्वा सविताऽचिन्तयत् तदा।

श्रीमद्भागवत ५। ७। १४ में कहा गया है कि राजा भरत आदित्य की निम्नलिखित श्लोक से स्तुति किया करते थे —

परोरजः सवितुर्जातवेदो देवस्य भर्गो मनसेदं जजान।

जिसकी शब्दावली स्पष्ट रूप से सविता-सम्बन्धी वैदिक ऋचाओं से प्रभावित है।

वैदिक सूर्य केवल सूर्यमण्डल के भौतिक स्वरूप का परिचायक है, किन्तु धीरे-धीरे इनका व्यक्तित्व पूर्ण हो गया है और ये पूर्ण विग्रहवान् देवता बन गए हैं। पौराणिक साहित्य में वाल्मीकि रामायण के सर्वप्राचीन होने के कारण यहाँ पर सूर्य का भौतिक-

रूप दैवी-रूप में संक्रान्त होता हुआ दिखाई देता है। उत्तर० ३५। २९ में कहा गया है कि हनुमान सूर्य-बिम्ब को फल समझ कर उसकी ओर झपटे। ३१ वें श्लोक में कहा गया है कि उसी दिन राहु भी सूर्य को ग्रसने आ रहा था क्योंकि चन्द्र एवं सूर्य उसकी बुभुक्षा मिटाने के साधन हैं (**बुभुक्षापनयं दत्त्वा चन्द्रार्कौ मम वासव,** ३५, ३४)। इन दोनों ही श्लोकों में सूर्य का भौतिक रूप ही कवि के समक्ष है किन्तु सहसा वह सूर्य के दैवी रूप पर आ जाता है और कहता है कि सूर्य क्रुद्ध होकर हनुमान् को दग्ध कर सकते थे किन्तु वे यह सोच कर रुक गए कि एक तो यह शिशु है दूसरे इससे भविष्य में देवों का महत्त्वपूर्ण कार्य सधेगा—

शिशुरेष त्वदोषज्ञ इति मत्वा दिवेश्वरः।
कार्यं चात्र समायत्तमित्येवं न ददाह सः॥ — उत्तर० ३५। ३०

महाभारत आदि० ६६ तथा अनु० १५० अध्यायों में सूर्य अथवा विवस्वान् से सम्बन्धित एक अत्यन्त प्राचीन कथा प्राप्त होती है, जिसमें सूर्य के दैवी एवं भौतिक रूपों का विचित्र सम्मिश्रण है। लगभग महाभारत के ही आधार पर यह कथा **भागवत०** ८। १३, विष्णु० ३। २। २-१२ मत्स्य० ११। १-४१, वायु० ८४, तथा ब्रह्म ८९ अध्यायों में भी प्राप्त होती है। इसके अनुसार सूर्य के **संज्ञा** (सरण्यू, सुरेणु, उषा) नामक एक पत्नी थी, जो **त्वष्टा** या **विश्वकर्मा** की पुत्री थी। **यम** एवं **यमुना** (या यमी) नामक उसकी दो युग्म सन्तानें थीं। मार्ताण्ड का तेज इतना प्रचण्ड था कि संज्ञा उसे अधिक दिनों तक नहीं सह सकी। उसने अपने शरीर से अपनी ही जैसे एक स्त्री बनाई, जिसका **सवर्णा** या **छाया** नाम पड़ा और उससे अपने बच्चों की देखभाल करने तथा पति को सन्तुष्ट करने के लिए कह कर वह वन में जाकर एक बडवा के रूप में तपस्या करने लगी। सवर्णा के **शनैश्चर** तथा **मनु** नामक दो सन्तानें हुईं। सूर्य को पहले तो कुछ पता नहीं चला किन्तु बाद में उन्हें सवर्णा की नीच प्रकृति तथा बच्चों के प्रति किए गए भेदपूर्ण व्यवहार के कारण उसके संज्ञा होने में सन्देह हो गया। ध्यानस्थ होकर उन्होंने देखा तो पता चला कि संज्ञा वन में तप कर रही है। वे वहाँ पहुँचे और उससे दोनों **अश्विनी-कुमारों** को उत्पन्न किया। तब सूर्य-संज्ञा त्वष्टा के पास पहुँचे जहाँ संज्ञा ने सूर्य के तेज को सहन करने में असमर्थता प्रकट की। इस पर देव-शिल्पी त्वष्टा ने सूर्य को शाण पर चढ़ा कर उसे इधर-उधर से काट-छाँट कर अपेक्षाकृत छोटा, गोल तथा कम तेजस्वी बना दिया[1]। सूर्य के कटे-छटे अंश से उसने विष्णु के चक्र तथा शिव के शूल आदि का निर्माण किया। सूर्य का तेज अब जीव लोक के लिए सुसह्य हो गया। **विष्णु पुराण** से इस कथा के कुछ श्लोक उद्धृत किए जाते हैं —

---

१. महाकवि भवभूति ने उत्तररामचरितम् ६। ३ में इस कथा की ओर संकेत किया है —

त्वष्टृयन्त्रभ्रमिभ्रान्तमार्त्तण्डज्योतिरुज्ज्वलः।

सूर्यस्य पत्नी संज्ञाभूत् तनया विश्वकर्मणः।
मनुर्यमो यमी चैव तदपत्यानि वै मुने[1] ॥ २ ॥

असहन्ती तु सा भर्तुस्तेजश्छायां युयोज वै।
भर्तृशुश्रूषणेऽरण्ये स्वयं च तपसे ययौ॥ ३ ॥

छायासंज्ञा ददौ शापं यमाय कुपिता यदा।
तदा नेयमसौ बुद्धिरित्यासीद् यमसूर्ययोः॥ ५ ॥

ततो विवस्वानाख्याते तयैवारण्यसंस्थिताम्।
समाधिदृष्ट्या ददृशे तामश्वां तपसि स्थिताम्॥ ६ ॥

आनिन्ये स पुनः संज्ञां स्वस्थानं भगवान् रविः।
तेजसः शमनं चास्य विश्वकर्मा चकार ह॥ ८ ॥

भ्रमिमारोप्य सूर्यं तु तस्य तेजोनिशातनम्।
कृतवानष्टमं भागं स व्यशातयदव्ययम्॥ ९ ॥

यत्तस्माद् वैष्णवं तेजः शातितं विश्वकर्मणा।
जाज्वल्यमानमपतद् तद् भूमौ मुनिसत्तम॥ १० ॥

त्वष्टैवं तेजसा तेन विष्णोश्चक्रमकल्पयत्।
त्रिशूलं चैव शर्वस्य शिविकां धनदस्य च॥ ११ ॥

— विष्णु० ३।२।२-११

इसमें सन्देह नहीं कि यह कथा सूर्य द्वारा उषा के पीछा किए जाने और पश्चिम में उसे प्राप्त कर लेने की वैदिक कथा का ही रूपान्तर है[2]। किन्तु कथा के पूर्वार्द्ध में कवि ने सूर्य के गार्हस्थिक जीवन की एक झाँकी देकर जो उसका मानवी रूप चित्रित किया

---

१. अन्य पुराणों में प्रायः मनु को सवर्णा का पुत्र बताया गया है और उसके लिए सावर्णि विशेषण प्रयुक्त हुआ है। देखिए, मार्कण्डेय० ८१।१ **सावर्णि : सूर्यतनयो यो मनुः कथ्यतेऽष्टमः**; तथा ८१।९३ **सूर्याज्जन्म समासाद्य सावर्णिर्भविता मनुः।**

२. देखिए ब्रह्म पु० ९७ अध्याय (सम्पूर्ण)। यहाँ सूर्य की पत्नी का नाम उषा है — (**तस्य पत्नी उषा ख्याता त्वाष्ट्री त्रैलोक्यसुन्दरी, दुष्प्रेक्षं तं स्वकं कान्तं ध्यायन्ती निश्चला उषा।** ३, १२)। निम्नलिखित श्लोक पर भी ध्यान दीजिए—

धावन्तीं तां प्रियामश्वामश्वरूपधरः स्वयम्।
पर्यधावद् यतो याति उषा भानुस्ततः ततः ॥ २८ ॥

सूर्य के तेज का विशकलन पश्चिम दिशा में प्रभास क्षेत्र के निकट (सोमनाथ के समीप) हुआ था, जो निश्चित रूप से सायंकाल में सूर्य की तेजहीनता की ओर संकेत करता है।

इस कथा की विस्तृत व्याख्या **अश्विनौ** तथा **प्रजापति** के विवरण में देखिए।

है, उत्तरार्द्ध में वह त्वष्टा द्वारा सूर्य को काट-छाँट कर छोटा करने के विवरण से मेल नहीं खाता। उत्तरार्द्ध में सूर्य शब्द केवल सूर्य-बिम्ब को सूचित करता है। उसके तेज-शकलों से चक्र, शूल आदि का निर्माण भी इसकी पुष्टि करता है। प्राकृतिक तत्त्वों के भौतिक रूप का यह अर्धमानवीकरण भारतीय देवशास्त्र की प्रमुख विशेषता है। अग्नि, चन्द्रमा एवं वायु आदि के विषय में भी बिल्कुल यही बात है। यहाँ स्मरणीय है कि विवस्वान् एवं संज्ञा की कथा अपने मूल रूप में बृहद्देवता ७। १- ७ में भी पाई जाती है तथा इसके संकेत ऋग्वेद में भी हैं पर बृ० दे० कथाओं में केवल अश्विनौ के जन्म तक वर्णन है; उसमें त्वष्टा के द्वारा सूर्य के तेज के खण्डन उल्लेख नहीं है।

महा० वन० ३०६। ५ में कहा गया है कि वैसे तो सूर्य तेंजपिण्ड मात्र है किन्तु दिव्यदृष्टि वालों को वे कवच-कुण्डलधारी पुरुष के रूप में दिखाई पड़ते हैं। विष्णु पुराण (४। १३। ९५) में देवता रूप में सूर्य की कुछ शारीरिक विशेषताओं का वर्णन किया गया है। सत्रजित् की स्तुति से प्रसन्न होकर सूर्यभगवान् नीचे आते हैं और तब वह उन्हें नाटे कद के, अत्यन्त उज्ज्वल, किंचित् ताम्र-वर्ण तथा पीले नेत्रों वाले पुरुष के रूप में देखता है —

ततस्तम् आताम्रोज्ज्वलं ह्रस्ववपुषम्
ईषद् आपिंगलनयनम् आदित्यमद्राक्षीत्।

सूर्य का यह दैवी रूप महाभारत के अनेक प्रसंगों में प्रस्फुटित हुआ है। यहाँ वे एक भक्त-वत्सल, उदार तथा दानी देवता के रूप में सामने आते हैं। **वन पर्व** के तृतीय अध्याय में वन जाते हुए युधिष्ठिर अपने जीवन-यापन के लिए सूर्य की स्तुति करते हैं। सूर्य प्रसन्न होकर उन्हें एक अक्षयपात्र प्रदान करते हैं, जिससे पाण्डव मनचाहा भोजन प्राप्त कर सकते हैं (३। ७२)। विराट् पर्व में दुरात्मा कीचक से त्रस्त द्रौपदी जब सूर्य की स्तुति करती है तो वे उसकी रक्षा के लिए एक राक्षस को नियुक्त कर देते हैं। (१५। १९-२०)।

महाभारत में सूर्य-देव की मानव सन्तानों का भी वर्णन है। आदि० ११० तथा वन०३०७। २८ में सूर्य के तेज से कुन्ती के गर्भ द्वारा अपरिमित पराक्रमी वीर कर्ण के जन्म का उल्लेख है। कुन्ती राजा कुन्तिभोज की पुत्री थी। दुर्वासा ऋषि को प्रसन्न करके उसने एक ऐसा मन्त्र प्राप्त किया था, जिसके द्वारा पुत्र प्राप्ति के लिए किसी भी देवता का आह्वान किया जा सकता था। परीक्षा लेने के लिए उसने सूर्य को बुलाया और उनके संयोग से उसके कर्ण नामक पुत्र उत्पन्न हुआ। गंगा में स्नान करके अर्घ्य देते हुए कर्ण और सूर्य की प्रत्यक्ष बातचीत हुआ करती थी (वन० ३०१। १-१०)। सूर्य को अत्यधिक पुत्रवत्सल बताया गया है। इन्द्र जब छल से कर्ण से कवच-कुण्डल माँगने का विचार करते हैं तो सूर्य कर्ण को स्वप्न में सावधान करते हैं (वन० ३००। १०-२०)।

आदि पर्व १७२।१-५ में सूर्य की एक अन्य सुन्दरी कन्या **तपती** का उल्लेख है जिसे वे वसिष्ठ की प्रार्थना पर राजा संवरण को प्रदान कर देते हैं (आदि १७२।२६)।

सूर्यदेव को विविध प्रकार की विद्याओं का अधिष्ठाता माना गया है। इस सम्बन्ध में महर्षि वैशम्पायन के शिष्य याज्ञवल्क्य द्वारा सूर्य से शुक्ल यजुर्वेद प्राप्त करने की कथा महाभारत शान्ति० ३१८।६-१२ तथा ३६३ अ०, विष्णु पु० ३।५।१-२१ तथा भागवत० १२।६।६१-७३ आदि में प्रसिद्ध है। इसके अनुसार एक बार वैशम्पायन ने अपने शिष्य याज्ञवल्क्य से अप्रसन्न होकर कहा कि तुमने जो कुछ भी मुझसे पढ़ा है वह छोड़ कर चले जाओ —

ततः क्रुद्धो गुरुः प्राह याज्ञवल्क्यं महामुनिम्।
मुच्यतां यत् त्वयाधीतं मत्तो विप्रावमानक॥ — विष्णु० ३।५।८

याज्ञवल्क्य रुधिर से भरे मूर्तिमान् यजुर्वेद को उनके सामने ही वमन करके चले गए और नए यजुर्मन्त्रों की प्राप्ति के लिए त्रयीमयात्मक सूर्य की स्तुति करने लगे (**ऋग्यजुः सामभूताय त्रयीधाम्ने च ते नमः**; विष्णु० ३।५।१५)। सूर्य अश्व (वाजी) का रूप धारण करके आए और याज्ञवल्क्य को उन मन्त्रों का उपदेश दिया, जो उनके गुरु को भी ज्ञात नहीं थे। वाजिरूपी सूर्य से उपदिष्ट होने के कारण उन मन्त्रों की संहिता वाजसनेयी संहिता कहलाई—

एवमुक्तो ददौ तस्मै यजूंषि भगवान् रविः।
अयातयाम-संज्ञानि यानि वेत्ति न तद्गुरुः॥
.... वाजिनस्ते समाख्याताः सूर्योऽप्यश्वोऽभवद्यतः॥
— विष्णु० ३।५।२७, २८।

इसी प्रकार **रामायण** में सूर्य बालक-हनुमान् को सम्पूर्ण विद्याओं का ज्ञान प्राप्त करने का वर देते हैं (उत्तर० ३६।१४) —

यदा तु शास्त्राण्यध्येतुं बुद्धिरस्य भविष्यति।
तदास्य शास्त्रं दास्यामि येन वाग्मी भविष्यति॥

और बड़े होने पन हनुमान् उदय से अस्त तक उनके पीछे जाते हुए व्याकरण तथा अन्य शास्त्रों का अध्ययन करते हैं —

असौ पुनर्व्याकरणं ग्रहीष्यन् सूर्योन्मुखः पृष्ठगमः कपीन्द्रः।
उद्यद्गिरेरस्तगिरिं जगाम ग्रन्थं महद् धारयन्नप्रमेयः॥
— उत्तर० ३६।४५

ऋग्वेद १।१६४।२ में सूर्य के एक चक्र वाले रथ का वर्णन है, जिसमें तीन नाभियाँ हैं और जो सात नामों वाले अश्व के द्वारा खींचा जाता है, जो अजर एवं अमर है

तथा जिसमें सम्पूर्ण प्राणी निवास करते हैं —

सप्त युंजन्ति रथमेकचक्रमेको अश्वो वहति सप्तनामा।
त्रिणाभि चक्रमजरमनर्व यत्रेमा विश्वा भुवनाधि तस्थुः॥

मत्स्य पु० १२५।३८ (तथा आगे) **वायु०** ५१।६०-७६, तथा **भागवत०** ५।११।१३ आदि में इस रथ की प्रतीकात्मक व्याख्या की गई है। गायत्री, त्रिष्टुप् आदि सात वैदिक छन्द ही सूर्य के सात अश्व हैं (**यत्र हयाश्छन्दोनामानः सप्तारुणयोजिताः वहन्ति देवामादित्य् भाग०** ५।२१।१५)। संवत्सर ही उनके रथ का एक चक्र है। उसमें मास रूपी बारह अरे हैं। ग्रीष्म, वर्षा, शिशिर उसकी तीन नाभियाँ हैं और छः ऋतुएँ ही उनकी नेमियाँ हैं, आदि —

यस्यैकं चक्रं द्वादशारं षण्नेभि त्रिणाभि संवत्सरात्मकम् आमनन्ति।
— भाग० ५।२१।१३

मत्स्य पुराण में सूर्य के इस तीव्रगामी, एक सहस्र रश्मियों से भासमान तथा सात घोड़ों से युक्त रथ का सुन्दर वर्णन है, जिससे वे मेरु पर्वत की प्रदक्षिणा करते हुए दिन और रात का विभाजन करते हैं —

सूर्यः सप्ताश्वयुक्तेन रथेनामितगामिना।
श्रिया जाज्वल्यमानेन दीप्यमानैश्च रश्मिभिः॥
उदयास्तगचक्रेण मेरुपर्वतगामिना॥
सहस्ररश्मियुक्तेन भ्राजमानेन तेजसा।
चचार मध्ये लोकानां द्वादशात्मा दिनेश्वरः॥
— मत्स्य० १७३।२१-२३

मत्स्य पु० के उपर्युक्त उद्धरण में सूर्य का 'द्वादशात्मा' विशेषण मननीय है। श० ब्रा० १६।६।३।८ में कहा गया है कि १२ मास ही द्वादश आदित्य हैं। इसकी पुराणों में (**विष्णु पु०** २।१०) इस प्रकार व्याख्या की गई है कि सूर्य का रथ प्रतिमास विभिन्न आदित्यों से अधिष्ठित होता है। उदा० चैत्र मास में धाता-आदित्य, क्रतुस्थला-अप्सरा, पुलस्त्य-ऋषि, रथभृत्-यक्ष, तथा तुम्बुरु-गन्धर्व उनके रथ पर विराजमान रहते हैं। क्रमशः अन्य मासों में अर्यमा, मित्र, वरुण, इन्द्र, विवस्वान्, पूषा, अंश तथा त्वष्टा आदि आदित्य उनके रथ के अधिष्ठाता होते हैं। इसी प्रकार अप्सराओं ऋषियों, यक्षों तथा गन्धर्वों में भी परिवर्तन होता रहता है।

भागवत० ५।२२।३ में कहा गया है कि सूर्य वेद-स्वरूप हैं। उनका शरीर त्रयीमय है। वे साक्षात् नारायण हैं, जो लोक कल्याण के लिए अपने शरीर को (द्वादश आदित्य रूपी) बारह भागों में विभक्त करके विभिन्न ऋतुओं का विभाजन करते हैं —

स एष भगवानादिपुरुष एव साक्षान्नारायणो लोकानां स्वस्तये आत्मानं त्रयीमयं कर्मविशुद्धिमित्तं कविभिरपि च वेदेन विजिज्ञास्यमानो द्वादशधा विभज्य षट्सु वसन्तादिषु ॠतुषु यथोपजोषम् ॠतुगुणान् विदधाति।

सम्भवत: पूर्व समुद्र के जल से उत्पन्न होने और पश्चिम समुद्र के जल में ही लीन हो जाने के कारण ही सूर्य को नारायण कहा गया है। किन्तु दार्शनिक व्याख्या के अनुसार समस्त 'नरों'- (आत्माओं) का आश्रयस्थान या अधिष्ठान (अयन) 'नारायण' है। इसी अर्थ में 'परम-आत्मन्' या 'पुरुषोत्तम' शब्द प्रयुक्त हुए हैं। बाद में इसी अर्थ नारायण शब्द विष्णु का वाची हो गया है। मत्स्य पु० १६५।१ सूर्य को योगी, सत्त्वमूर्ति तथा विभावसु भी कहा गया है —

भूत्वा नारायणो योगी सत्त्वमूर्तिर्विभावसुः।

विष्णु पु० २।८।५६ सूर्य को विष्णु के अंश से उत्पन्न अविकारी ज्योति कहता है —

वैष्णवोंऽशपरः सूर्यो योऽन्तर्ज्योतिरसंप्लवम्।

यजुर्वेद ३।१९ में कहा गया है कि रात्रि के समय अग्नि सूर्य के तेज से संयुक्त रहता है — **सं त्वमग्ने सूर्यस्य वर्चसा अगथाः समृषीणां स्तुतेन।** इसी आधार पर मत्स्य पु० १२७।१०, ११ में कहा गया है कि रात्रि के समय सूर्य के तेज का चतुर्थांश अग्नि में प्रविष्ट हो जाता है और दिन में अग्नि का चतुर्थांश सूर्य में। इसीलिए दिन में अग्नि प्रभाहीन रहती है किन्तु रात्रि में अत्यधिक भासमान होती है —

प्रभा सौरी तु पादेन अस्तं याति दिवाकरे।
अग्निमाविशते रात्रौ तस्मादग्निः प्रकाशते॥

उदिते तु पुनः सूर्ये ऊष्माग्नेस्तु समाविशेत्।
पादेन तेजसश्चाग्नेः तस्मात् सन्तपते दिवा॥

सूर्यग्रहण का सर्व-प्राचीन स्पष्ट उल्लेख ॠग्वेद ५।४०।५-८ में ही प्राप्त होता है जहाँ कहा गया है कि **स्वर्भानु** नामक असुर ने सूर्य को अन्धकार से आवृत करके छिपा दिया —

यत् त्वा सूर्यं स्वर्भानुस्तमसा अविध्यद् असुरः।

तै० सं० २।१।२ तथा श० ब्रा० ५।३।२।२ में इस सम्बन्ध में एक कथा का वर्णन किया गया है। कि एक बार **स्वर्भानु** ने सूर्य पर आक्रमण करके उसे अन्धकार से आवृत कर दिया तब **सोम** (चन्द्रमा) एवं **अग्नि** ने अन्धकार को दूर करके सूर्य को पुनः प्रकाशित किया। यह स्वर्भानु पौराणिक देवशास्त्र में **राहु** है। रामा० उत्तर० ३५। ३१ आदि में इसका उल्लेख है। महाभारत (आदि० १९।५) में कहा गया है कि

स्वर्भानु राक्षस अमृत-मंथन के अवसर पर देवता का रूप धारण करके अमृत पी रहा था कि सूर्य एवं चन्द्र ने इस भेद का उद्घाटन कर दिया। विष्णु ने उसका सिर काट डाला। आज भी वह अपने पुराने वैर का बदला लेने के लिए सूर्य-चन्द्रमा को ग्रसता है।

उपर्युक्त कथा से पुनः सूर्य का दैवी तथा भौतिक रूप एक साथ स्पष्ट होता है। वस्तुतः सूर्य का अत्यधिक मानवीकरण होने पर भी उसके भौतिक, तेजस्वीस्वरूप को आँखों से ओझल करना नितान्त असम्भव था। यही कारण है कि सूर्य को अर्घ्य देते समय जहाँ उपासक उन्हें 'भक्तवत्सल' तथा 'कुण्डलांगदभूषित' कहता है, वहीं उन्हें 'सहस्त्ररश्मि' तथा 'विश्वरूप' नामों से भी सम्बोधित करता है —

नमस्ते विश्वरूपाय नमस्ते विश्वरूपिणे।
सहस्त्ररश्मये नित्यं नमस्ते सर्वतेजसे॥
नमस्ते रुद्रवपुषे नमस्ते भक्तवत्सल।
पद्मनाभ नमस्तेऽस्तु कुंडलांगदभूषित।
नमस्ते सर्वलोकेषु सुप्तांस्तान् प्रतिबुध्यसे॥

— पद्म पु० २०।१७२-७४

पृथ्वी पर रहने वाले मनुष्यों के लिए प्राणस्वरूप होने के कारण ऋग्वेद में सूर्य को स्थावर-जंगम की आत्मा कहा गया है (ऋ० १।११५।१)। ऊपर उद्धृत **बृहद्देवता** (१। ६१, ६२) के दो श्लोकों में भी सूर्य की ऐसी ही धारणा है। पुराणों में आकर सूर्य के प्रजापतित्व की धारणा और अधिक विकसित हुई। उन्हें पृथ्वी आदि लोकों का कर्ता, सत् एवं असत् पदार्थों का उत्पादक, चर एवं अचर पदार्थों का स्वामी एवं प्राणियों की आत्मा कहा गया है और इसी रूप में ईसवी सन् की प्रारम्भिक शताब्दियों में उनकी उपासना समस्त भारत में प्रचलित हुई महा० वन० ३।१५-७२ में युधिष्ठिर सूर्य की स्तुति करते हुए उन्हें जगत् का चक्षु तथा प्राणियों की आत्मा कहते हैं —

त्वं भानो जगतश्चक्षुस्त्वमात्मा सर्वदेहिनाम्।

यही नहीं, परब्रह्मा के व्यक्त रूप होने के कारण वे समस्त प्राणियों के मूल कारण तथा योगियों, ज्ञानियों एवं ममुक्षुओं की अन्तिम गति भी हैं —

त्वं योनिः सर्वभूतानां त्वमाचारः क्रियावताम्।
त्वं गतिः सर्वसांख्यानां योगिनां त्वं परायणम्।
अनावृतार्गलाद्वारं त्वं, गतिस्त्वं मुमुक्षताम्॥

— महा० वन० ३।१५, १६।

भागवत० ५।२०।४६ में भी सूर्य को देवता, पशु, पक्षी, मनुष्य तथा उद्भिज्ज जगत् की आत्मा माना गया है —

देवतिर्यङ्मनुष्याणां सरीसृपसवीरुधाम।
सर्वजीवनिकायानां सूर्य आत्मा दृगीश्वरः॥

ऋग्वेद में प्रजापति विश्वकर्मा के लिए कहे गए ''**विश्वतश्चक्षुरुत विश्वतो मुखो विश्वतो बाहुरुत विश्वतस्पात्। सं बाहुभ्यां धमति संपतत्रैर्द्यावाभूभी जनयन् देव एकः**'' (१०।८१।३) की पृष्ठभूमि पर सूर्य को प्रजापति सिद्ध करने वाले ब्रह्मपुराण के ये श्लोक देखिए —

देवोऽसौ विश्वतश्चक्षुर्यो देवो विश्वतोमुखः।
यो रश्मिभिस्तु धमते दिव्यं यो जनको मतः॥
स सूर्य एक एवात्र साक्षाद्रूपेण सर्वदा।
स्थिति करोतु तन्मूर्तौ भविष्यन्त्यखिला स्थिताः॥

— ब्रह्म० पु० ११०।१४१-४२

सूर्य के इस उत्कर्ष के कारण कोई आश्चर्य नहीं। यदि उन्हें पद्म पुराण में (सृष्टिखण्ड, ७५।३-२०) ब्रह्मा, विष्णु, रुद्र एवं अग्नि, वायु आदि का भी कारण एवं 'ब्रह्म के स्वरूप से प्रकट उनका ही उत्कृष्ट तेज' बता दिया गया है। सूर्य प्रत्यक्ष देवता हैं। विष्णु, शिव आदि के दर्शन सबको नहीं हो सकते, केवल हृदय में उनका साक्षात्कार होता है। किन्तु सूर्य भगवान् सबको मूर्त रूप में सदा दिखते हैं। ये चराचर जगत् में सर्वत्र व्याप्त हैं और उनके अतिरिक्त संसार में और कुछ नहीं है —

त्वं च ब्रह्मा त्वं च विष्णू रुद्रस्त्वं च जगत्पते।
त्वमग्निः सर्वभूतेषु वायुस्त्वं च नमो नमः॥
सर्वगः सर्वभूतेषु न हि किंचित् त्वया विना।
चराचरे जगत्यस्मिन् सर्वदेहे व्यवस्थितः॥

वरुण

ऋग्वेद के देवों में आदर एवं मान की दृष्टि से सम्राट् वरुण सर्वोत्कृष्ट पद के भागी हैं। यद्यपि ऋग्वेद में इन्द्र के लिए सर्वाधिक सूक्त कहे गए हैं और उनके क्रिया-कलापों का, विशेषतः सोमपान एवं वृत्रहनन का, अत्यन्त विस्तार से वर्णन है किन्तु नैतिक दृष्टि से वरुण का स्तर इन्द्र से कहीं अधिक ऊँचा है। वे एक परम शक्तिशाली, निश्चित नियमों के पालन करने और करवाने वाले, बुद्धिमान् सम्राट् हैं और सभी देवता उसके व्रतों (नियमों) का पालन करते हैं।

निरुक्तकार ने कहा है '**वरुणो वृणोतीति सतः**' (निरुक्त १०।४) — सबको आच्छादित कर लेने के कारण उन्हें वरुण कहते हैं। गोपथ ब्राह्मण १।७ में भी वरुण शब्द की यही व्युत्पत्ति प्राप्त होती हैं — **यच्च वृत्वा अतिष्ठत् तद् वरुणो अभवत्। तं**

वा एतं वरणं सन्तं वरुण इत्याचक्षते परोक्षेण। 'वृ-आच्छादने' धातु से बना यह शब्द सम्भवतः मूल रूप में आकाश के विशाल विस्तार का द्योतक था। मनुष्य के नेत्रों की सीमा से भी आगे सुदूर क्षितिज के पार तक विस्तृत आकाश ने ही प्राचीन आर्यों के हृदय में वरुण जैसे सर्वदर्शी, सर्वज्ञ एवं मनुष्य की प्रत्येक क्रिया पर दृष्टि रखने वाले, दैवी शासक वरुण की कल्पना को जन्म दिया। प्रसिद्ध जर्मन विद्वान् रोठ का मत है कि वरुण विशेषतः रात्रि के आकाश से सम्बन्धित थे। रात्रि में प्रकाश के अभाव के कारण नेत्रों की दर्शन-शक्ति सीमित हो जाती है। तब आकाश सिमट कर छोटा प्रतीत होने लगता है और वरुण तथा उसके उपासकों में और अधिक सामीप्य की भावना आ जाती है[१]। रोठ के इस मत में सत्य का कुछ अंश अवश्य प्रतीत होता है, क्योंकि ब्राह्मण ग्रन्थों में मित्रावरुणौ का क्रमशः दिन और रात्रि से बार-बार सम्बन्ध बताया गया है — उदाहरणार्थ ऐ० ब्रा० ४।२।४ में कहा गया है कि मित्र दिन है और वरुण रात्रि (**अहर्वै मित्रो रात्रिर्वरुण उभे वा एषोहोरात्रे**) और तै० सं० २।१।७ का कथन है कि दिन मित्र से सम्बन्धित है तथा रात्रि वरुण से। अतः मित्र के लिए श्वेत तथा वरुण के लिए कृष्ण पशु का आलभन करना चाहिए (**मैत्रं वा अहर्वारुणी रात्रिः .... मैत्रं श्वेतमालभेत वारुणं कृष्णम् ....**)[२]। सायण भी ऋ० वे० ७।८७।१ के भाष्य में कहते हैं कि अस्तंगत सूर्य ही वरुण कहलाता है (**अस्तंगच्छन् सूर्य एव वरुण उच्यते** ....)। पर इतना होने पर भी वरुण की क्रियाशीलता रात्रि तक ही सीमित नहीं है, वे प्रमुखतः आकाश के ही देवता हैं।

वरुण तथा उनके ग्रीक एवं ईरानी प्रतिरूप क्रमशः ऊरानॅस् तथा अहुरमज़्दा का प्रथम एवं द्वितीय अध्यायों में विस्तार से वर्णन किया जा चुका है। वैदिक देवमण्डल में केवल वरुण के लिए ही मुख्यतः राजा या सम्राट् शब्द का प्रयोग हुआ है (ऋ० वे० १। २७।७, ८; ४।१।२; ५।४०।७ आदि)। २।२७।१० में कहा गया है कि वरुण समस्त प्राणियों का राजा है, चाहे वे देवता हों, चाहे असुर या मनुष्य (**त्वं विश्वेषां वरुणासि राजा ये च देवाः असुरा ये च मर्त्याः**)।५।८५।३ में उसे सम्पूर्ण भुवन का राजा (**विश्वस्य भुवनस्य राजा**) तथा ७।८७।६ में समस्त सत् पदार्थों का स्वामी (**सतो अस्य राजा**) कहा गया है। राजा के रूप में किसी पर आश्रित न होने के कारण वह **स्वराट्** (२।२८।१) है।

वरुण का नैतिक पक्ष तथा क्रियाशीलता ही ऋग्वेद के कवियों के समक्ष मुख्यतः वर्ण्य रही है। अतः उनकी शारीरिक विशेषताओं तथा आकार-प्रकार का अपेक्षाकृत

---

१. देखिए, **त्साइटश्रिफ़्ट डेऽर मार्गेनलैन्डिशेन गेज़ेलशाफ्ट** — भाग ६ पृ० ७०।

२. इस सम्बन्ध में **श० ब्रा०** ५।२।५।१७ का भी कथन महत्त्वपूर्ण है, जिसके अनुसार प्रत्येक काली वस्तु वरुण की है।

बहुत कम उल्लेख है। वरुण के नेत्र का प्रायः उल्लेख हुआ है। इससे वरुण कर्म करते हुए मनुष्यों को देखते हैं (**येन पावक चक्षुषा भुरण्यन्तं जनाँ अनु। त्वं वरुण पश्यसि** १।५०।६)। बहुत दूर तक देख सकने के कारण वरुण की एक उपाधि 'उरुचक्षस्' भी है (**मृळीकायोरुचक्षसम्** १।२५।५)। वरुण का यह नेत्र और कुछ नहीं, सूर्य ही है क्योंकि ऋग्वेद में अनेक स्थानों पर सूर्य को वरुण या मित्रावरुण का नेत्र बताया गया है (**उद् वां चक्षुर्वरुण सुप्रतीकं देवयोरेति सूर्यस्ततन्वान्,** ७।६१।१ **नमो मित्रस्य वरुणस्य चक्षसे ....दिवस्पुत्राय सूर्याय शंसत,** १०।३७।१) वरुण सुनहले रंग की एक चादर (द्रापि) ओढ़ते हैं और चमकीले वस्त्र धारण करते हैं (**विभ्रद् द्रापिं हिरण्ययं वरुणो वस्त्र निर्णिजम्** १।२५।१३)। श० ब्रा० में वरुण को एक गौरवर्ण, स्वर्णाकृति, खल्वाट एवं पिंगलाक्ष व्यक्ति के रूप में चित्रित किया गया है (**साक्षादेव वरुणमवयजते शुक्लस्य खलतेः विक्लियस्य, पिंगाक्षस्य मूर्धनि जुहोति,** श० ब्रा० १३।३।६।५)।

वरुण के निवास-स्थान का भी ऋग्वेद में प्रायः वर्णन मिलता है। उनका प्रासाद स्वर्णमय है और वह सर्वोच्च आकाश में बना हुआ है (**आ यद्योनिं हिरण्ययं वरुण मित्र सदथः, ५।६७।२; तिष्ठथो रथं .... परमे व्योमनि** ५।६३।१)। उनका भवन अत्यन्त विशाल है और वह सहस्रों स्तम्भों (स्थूणों) पर आधृत है (**बृहन्तं गर्तमाशाते,** ५।६८।५; **सहस्रस्थूण आसाते,** २।४१।५)। अपने इसी भवन में बैठकर वे जगत् के सम्पूर्ण कार्यों का निरीक्षण करते हैं (**अतो विश्वान्यद्भुता चिकित्वाँ अभि पश्यति** १।२५।११)। सायंकाल सूर्य भी जगत् के कार्यों का विवरण देने के लिए उनके घर जाता है (७।६०।१)।

वरुण ने संसार के पालन के लिए कुछ निश्चित नियमों (व्रतानि) का निर्माण किया है और संसार की प्रत्येक क्रिया इन्हीं नियमों से नियन्त्रित है। उनके व्रतों के ही कारण पृथ्वी एवं आकाश अपने-अपने स्थान पर स्थित है। (**अस्तभ्नात् द्यामसुरो विश्ववेदा अमिमीत वरिमाणं पृथिव्याः। आसीदद् विश्वा भुवनानि सम्राट् विश्वेतानि वरुणस्य व्रतानि,** ८।४२।१ तथा ६।७०।१ आदि)। उन्होंने ही सूर्य को द्युलोक में स्थापित करके प्रकाशित किया है (७।८६।१, ८।४१।१० आदि) और आकाश में विचरण करने का मार्ग निर्धारित किया है (**उरुं हि राजा वरुणश्चकार सूर्याय पन्थामन्वेतवा उ,** १।२४।८)। साथ ही उन्होंने ही मनुष्यों के हृदयों में सद्विचार, जल में अग्नि तथा पर्वतो में सोम को भी स्थापित किया है। (**हृत्सु क्रतुं वरुणो अप्सु अग्निं दिवि सूर्यमदधात् सोममद्रौ,** ५।८५।२)। अपने नियमों से राजा वरुण संसार का पालन करते हैं (**ऋतेन विश्वा भुवना विराजथः** ५।६३।७) और उनके नियम वहाँ तक व्याप्त हैं जहाँ तक सूर्य के घोड़े भी नहीं जा सकते। (**ऋतेन ऋतमपिहितं ध्रुवं वां सूर्यस्य यत्र विमुचन्त्यश्वान्** ५।३२।१)।

वरुण का प्रभाव तथा माहात्म्य इतना अधिक व्यापक है कि आकाश में उड़ने वाले पक्षी तथा दूरगामिनी सरिताएँ भी उनके साम्राज्य की सीमा, बल तथा क्रोध का पार नहीं पा सकतीं (**न हि ते क्षत्रं न सहो न मन्युं वयश्चनामी पतयन्त आयुः। नेमा आपो अनिमिषं चरन्ती ....** १।२४।६)।

वरुण में सम्पूर्ण प्राणियों सहित समस्त भुवन निवास करते हैं (**परिधामनि ममृशद् वरुणस्य पुरो गए,** ८।४८।७ आदि) वरुण सर्वज्ञ हैं, वे आकाश में उड़ते हुए पक्षियों की स्थिति को तथा समुद्र में चलते हुए पोतों की गति को जानते हैं। जो कुछ भी इस संसार में हो चुका है या होगा, वरुण को उन सब का ज्ञान है (**वेदा यो वीनां पदम् अन्तरिक्षेण पतताम्। वेद नावः समुद्रियः,** १। २५। ७॥ **अतो विश्वानि अद्‌भुता चिकित्वाँ अभिपश्यति। कृतानि या च कर्त्वा,** १। २५। ११)।

वरुण के नियम पूर्णतः स्थिर एवं अनतिक्रम्य हैं। इसीलिए वरुण के लिए प्रायः धृतव्रत विशेषण का प्रयोग हुआ है। मित्र और वरुण प्रकृति के नियम ऋत के पोषक तथा रक्षक (**ऋतावृधौ**, १।२३।५) हैं। देवता तक मित्र और वरुण के बनाए नियमों का पालन करते हैं और उनको तोड़ने का साहस नहीं कर सकते (**न वां देवा अमृता आ मिनन्ति व्रतानि मित्रावरुणा ध्रुवाणि,** ५।६९।४, **विश्वेदेवा अनु व्रतं**, ८।४१।४)। उनके व्रतों का उल्लंघन करने वाला व्यक्ति वरुण का कोपभाजन बनता है (७।८६।३, ४)। नैतिकता तथा सत्कर्मों के सर्वोत्कृष्ट परिपालक होने के कारण वरुण पापियों को, विशेषतः असत्य-वक्ताओं को कड़ा दण्ड देते हैं। ऐसे व्यक्तियों को वे अपने पाशों से बाँध लेते हैं, जो सात-सात शृंखलाओं से बने हुए हैं और तीन प्रकार के हैं, (**ये ते पाशा वरुण सप्तसप्त त्रेधा तिष्ठन्ति विषिता रुशन्तः। सिनन्तु सर्वे अनृतं वदन्तः यः सत्यवाद्यति तं सृजन्तु**; अ० वे० ४।१६।६)। ऋ०।६५।३ में मित्र और वरुण को पाश धारण करने वाले, अनृत का दमन करने वाले तथा दुष्ट मनुष्यों के शत्रु कहा गया है। वरुण के ये पाश रस्सियों से नहीं बने हैं फिर भी प्राणी इनमें पूर्णतः जकड़ जाता है (७।८४।२)। ऋग्वेद में स्थान-स्थान पर वैदिक कवियों की वरुण के प्रति यह प्रार्थना प्राप्त होती हैं कि वे हमें अपने पाशों से छुड़ाएँ (**प्र नो मुञ्चतं वरुणस्य पाशात्, ६।७४।४; उदुत्तमं मुमुग्धि नो वि पाशं मध्यमं चृत** १।२५।२१ आदि)।

वरुण स्वयं तो सर्वज्ञानी (चिकित्वान्) हैं ही साथ ही उनके कुछ दूत या गुप्तचर भी हैं। ये आकाश से उतरकर भूमि पर विचरण करते हैं और अपनी सहस्रों आँखों से सब कुछ देख लेते हैं (**दिवः स्पशः प्रचरन्तीदमस्य सहस्राक्षा अभि पश्यन्ति भूमिम्,** अ० वे० ४।१६।४)। इन बुद्धिमान् चरों को कोई धोखा नहीं दे सकता (**सन्ति स्पशो अदब्धासो अमूराः,** ऋ० ६।६७।५)।

वरुण को ऋग्वेद में प्रायः **असुर** या शक्तिशाली कहा गया है। अपनी माया या

रहस्यात्मक शक्ति से वे जगत् का पालन करते हैं, 'सूर्य से पृथ्वी को नापते हैं' और उसे मेघाच्छन्न करवा कर मधुबिन्दुओं की वर्षा करवाते हैं (**इमामूष्वासुरस्य श्रुतस्य महीं मायां वरुणस्य प्रवोचम् .... वि यो ममे पृथिवीं सूर्येण। तमभ्रेण वृष्ट्या गूहथो दिवि पर्जन्य द्रप्सा मधुमन्त ईरते**; ५।८५।५ तथा ५।६३।४)।

वरुण का जल से विशेष सम्बन्ध है। ऋ० वे० के पञ्चम मण्डल का सम्पूर्ण ६३ वाँ सूक्त उनकी जलवर्षण शक्ति का वर्णन करता हैं। ऋ० ७।६४।२ में मित्रावरुण को सिन्धुपति — नदियों या समुद्र के स्वामी — कहा गया है। वरुण समुद्र के जल में विचरण करते हैं (**अद्‌भिर्याति वरुणः समुद्रैः, १।१६१।१६**)। वरुण ने ही समुद्र को चारों ओर से वेलाबद्ध किया है (**अव सिन्धुं वरुणो द्यौरिव स्थात्**, ७।८७।६)। सातों नदियाँ वरुण के विशाल मुख (समुद्र) में जाकर गिरती हैं (८।६९।१२)। एक स्थान पर नदियों को वरुण के वस्त्र बताया गया है (**वना वसानो वरुणो न सिन्धून्, ९।९०।२**)। प्रतीत होता है कि वरुण से सम्बन्धित जल एवं समुद्र मुख्यतः अन्तरिक्षगत हैं। आपस् सूक्त (७।४९) में कहा गया है कि अन्तरिक्ष में वर्तमान जलों के बीच में उनके राजा वरुण मनुष्यों के कर्मों का अवलोकन करते हुए विचरण करते हैं (**यासां राजा वरुणो याति मध्ये सत्यानृते अवपश्यन् जनानाम्**, ऋचा ३)। वरुण अपने कबन्ध (या मशक) को उलटा करके पृथ्वी पर पानी बरसाते हैं (**नीचीनवारं वरुणः कबन्धं प्रससर्ज रोदसी अन्तरिक्षम्....... उनत्ति भूमिं पृथिवीमुत द्याम्.........** ५।८५।३, ४) ऋ० ८।४१।८ में वरुण के समुद्र का आकाश से स्पष्ट सम्बन्ध बताया गया है (**स समुद्रो अपीच्यस्तुरो द्यामिव रोहति**)। आकाश में रहने वाले वरुण का अन्तरिक्ष के जलों से सम्बन्ध होना स्वाभाविक ही है[१]।

वर्षा जल से इसी सबन्ध के कारण सम्भवतः वरुण को सौ अथवा सहस्र ओषधियों का स्वामी कहा गया है और उनसे मृत्यु तथा कष्ट को दूर रखने की प्रार्थना की गई है (**शतं ते राजन् भिषजः सहस्रम् उर्वी गभीरा सुमतिष्टे अस्तु। बाधस्व दूरे निर्ऋतिं पराचैः कृतं चिद् एनः प्रमुमुग्धि अस्मात् १।२४।९**)। ऋ० १।२४।११ का कवि वरुण से प्रार्थना करता है कि वे उसकी स्तुति को स्वीकार करें और अप्रसन्न होकर उसकी आयु क्षीण न करें (**अहेळमानो वरुणेह बोध्युरुशंस मा न आयुः प्रमोषीः**)।

अथर्ववेद में भी वरुण के विषय में पर्याप्त नवीन मन्त्र प्राप्त होते हैं। वरुण शब्द लगभग १५० बार अथर्ववेद में आया है। उनके लिए यहाँ **शतवृष्ण्य** (अत्यन्त शक्तिशाली या सैकड़ों कामनाओं को पूर्ण करने वाले, अ० वे० १।३।३) असुर, उग्र (अ० वे०

---

१. वरुण के जल से सम्बन्ध की विशिष्ट व्याख्या के लिए देखिए—
Heinrich Lüders : *Varuṇa,* Vol. I (Varuṇa und die Wasser), Göttingen 1951.

१०।१०।२), **सत्यधर्मा** (निश्चित नियम वाले, अ० वे० १।१०।३), **इषिर** (प्राणवान्, अ० वे० ५।१।९) तथा **दिवः कविः** (अ० वे० ५।१३।१) आदि विशेषण प्रायः प्रयुक्त हुए हैं। अथर्ववेद में वरुण की महत्ता को सर्वाधिक सशक्त शब्दों में व्यक्त करने वाला सूक्त ४।१६ है, जो समस्त वैदिक साहित्य में अद्वितीय है। इस संसार के पालक वरुण सभी मनुष्यों को अत्यन्त समीप से देखते हैं। छिप कर भी यदि कोई कुछ करता है तो वे उसे भी जानते है। बैठे, चलते, छिपे हुए या किसी गुप्त स्थान में स्थित मनुष्य को भी वे जानते हैं। जहाँ पर दो व्यक्ति छिप कर मन्त्रणा करते हैं वहाँ एक तीसरे व्यक्ति वरुण उपस्थित रहते हैं —

बृहन्नेषामधिष्ठाता अन्तिकादिव पश्यति।
यस्तायन्मन्यते चरन् सर्वं देवा इदं विदुः॥
यस्तिष्ठति चरति यश्च वञ्चति यो निलायं चरति यः प्रतंकम्।
द्वौ संनिषद्य यन्मंत्रयेते राजा तद् वेद वरुणस्तृतीयः॥

— अ० वे० ४।१६।१, २

पृथ्वी और आकाश के अन्दर जो कुछ भी है उस सब को वरुण जानते हैं। यहाँ तक कि प्राणियों के निमेष तक उनकी गिनती में रहते हैं (४।१६।५, **संख्याता अस्य निमिषो जनानाम्**) आकाश में उड़ने वाला भी वरुण के पाशों से नहीं बच सकता। उनके दूत सब जान लेते हैं (४।१६।४)। पृथ्वी और अन्तरिक्ष के समुद्र वरुण की कुक्षि हैं। किन्तु वे थोड़े से जल में भी अपने को सीमित कर लेते हैं (**उतो समुद्रो वरुणस्य कुक्षी, उतास्मिन्नल्प उदके विलीनः**, ४।१६।३)।

वरुण को राजा माने जाने के कारण (३।४।५, ६) अथर्ववेद में राज्य तथा राजत्व की प्राप्ति के लिए अनेक ऐन्द्रजालिक मन्त्रों में वरुण का आह्वान किया गया है (उदा० ६।८८।२ तथा ३।५।४)। राज्य से भ्रष्ट राजा से सन्तुष्ट होने पर वरुण उसको पुनः राज्य दिलवाते हैं (३।३।३)।

अ० वे० १०।६।४४ में शत्रु के लिए आभिचारिक मन्त्रों से युक्त जल को चारों दिशाओं में फेंकने का विधान है। ये जल वरुण के पाश बन कर शत्रु को तथा उसके भोजन एवं प्राणों को आबद्ध कर लेते हैं।

सर्वप्रथम अ० वे० में ही वरुण को पश्चिम दिशा का स्वामी कहा गया है। इस दिशा से आने वाले सर्पों तथा अन्य आपत्तियों से वे मनुष्यों की रक्षा करते हैं (३।२७।३)।

अ० वे० ७।८३।१ में उनके घर का भी उल्लेख मिलता है। यह घर स्वर्ण निर्मित है और जल में बना हुआ है (**अप्सु ते राजन् वरुण गृहो हिरण्ययो मिथः**)।

शुक्ल यजुर्वेद में वरुण के लिए केवल छः पूरे सूक्त प्राप्त होते हैं और इनमें से एक भी नया नहीं हैं। सभी ऋग्वेद से लिए गए हैं। शेष मन्त्र अधिक महत्त्वपूर्ण नहीं हैं; लगता है कि यजुर्वेद में वरुण अपने ऋग्वैदिक महत्त्व को छोड़ चुके हैं। **यजु०** ८।३७ में इन्द्र को 'सम्राट्' तथा वरुण को केवल 'राजा' कहा गया है(**इन्द्रश्च सम्राड् वरुणश्च राजा**)। १०।३० में वरुण को शक्ति या ओजस् का अधिपति कहा गया है और १०। २८ में उनके लिए सत्यौजाः विशेषण प्रयुक्त हुआ है। ७।९ में मित्रावरुणौ को ऋतावृधौ भी कहा गया है। वरुण के पाशों का भय अब भी पूजक के हृदय में बना हुआ है। ८। २३ में वह वरुण और उनके पाशों को प्रणाम करता है (**नमो वरुणाय अभिष्ठितो वरुणस्य पाशः**) और २२।१२ में आदित्य (अदिति के पुत्र) वरुण से उन पाशों को शिथिल करने की प्रार्थना की गई है। इस अदिति की कृपा से मनुष्य 'अदिति' (मुक्ति, बन्धन हीनता; दिति = बन्धन) प्राप्त करता है। वरुण का जल से अविच्छेद्य सम्बन्ध है। २६।१ में कहा गया है कि जिस प्रकार अग्नि का पृथ्वी से, वायु का अन्तरिक्ष से, तथा आदित्य (सूर्य) का द्यौः से सम्बन्ध है, उसी प्रकार वरुण और आपस् भी परस्पर संसक्त है —

आपश्च वरुणश्च सन्नेते तेमे संनमतामदः।

महाकाव्यों एवं पुराणादिकों में वरुण ऐसे अश्वों के स्वामी के रूप में विख्यात हैं, जिनका सारा शरीर श्वेत किन्तु एक कर्ण काला हो। श्रीमद्भागवत ९।१५।६, ७ में जब गाधि अपनी पुत्री सत्यवती के विवाह हेतु ऋचीक से कन्या-शुल्क के रूप में ऐसे एक सहस्र घोड़े माँगते हैं, तो वे वरुण से ही उनको लाकर देते हैं[१]। इस धारणा का बीज यजु० २९।५८ में खोजा जा सकता है। यहाँ कहा गया है कि सम्पूर्णतया कृष्ण किन्तु एक चरण से श्वेत अश्व वरुण का होता है (**वारुणः कृष्णः एकशितिपात् पेत्वः**)।

कृष्णयजुर्वेद की संहिताओं में आकर यद्यपि वरुण का वह उत्कर्ष एवं समादार सुरक्षित नहीं रह पाया है, जो ऋग्वेद तथा अंशतः अथर्ववेद में प्राप्त होता है किन्तु संक्षेप में उनके स्वरूप की मूल विशेषताएँ लगभग वे ही हैं, जो ऋग्वेद में प्राप्त होती हैं। तै० सं० २।२।६ में कहा गया है कि यदि दो व्यक्ति आपस में कोई समझौता या प्रतिज्ञा करें तो जो उनमें से उसे पहले भग्न करता है उसे वरुण अपने पाशों से जकड़ देते हैं —

यौ सममाते तयोर्यः पूर्वो अभिद्रुह्यति तं वरुणो गृह्णाति॥

तै० सं० ६।६।२ में कहा गया है कि वरुण का वास जल में है अतः वरुण विषयक अवभृथ-स्थान जल में सम्पादित किया जाता है। इससे यजमान वरुण को अपने घर में ही सन्तुष्ट करता है।

---

१. देखिए आगे पृ० २३४।

अपो अवभृथमवैति। अप्सु वै वरुणः। साक्षादेव वरुणमवयजते।

एक अन्य स्थान पर आपः (स्त्रीलिंग) को वरुण की पत्नियाँ बताया गया है (**आपो वरुणस्य पत्न्य आसन्,** ५।५।४)। तै० सं० २।३।१२ में वरुण का अश्वों से विशेष सम्बन्ध बताया गया है, प्रजापति ने वरुण को एक अश्व प्रदान किया। यह उसका प्रमुख पशु है (**प्रजापतिर्वरुणाय अश्वमनयत्। स स्वां देवतामार्च्छत्....**)।

तै० सं० २।३।१३। में वरुण के पाशों का भी उल्लेख है। पापी व्यक्तियों को वे इसी से बद्ध करते हैं —

वरुण एवं वरुणपाशेन गृह्णाति यः पाप्मना गृहीतो भवति।

वरुण के पाशों का उल्लेख तै० सं० ६।६।३ में भी हुआ है और इसी खण्ड में ऋग्वेद १।२४।९। की भाँति वरुण की अनेक औषधियों का उल्लेख किया गया है।

अब हम ब्राह्मणों पर आते हैं। यहाँ भी वरुण के स्वरूप में कोई उल्लेखनीय परिवर्तन नहीं है। हाँ यह अवश्य है कि प्रजापति आदि के आगे वरुण एक अत्यन्त सामान्य कोटि के तुच्छ से देवता हैं जिनको समय-समय पर यज्ञ भाग तो दिया जाता है किन्तु अब उनसे भयभीत होने का कोई कारण नहीं रह गया है क्योंकि उनकी सार्वभौम सत्ता कभी की लुप्त हो चुकी है। तथापि उनका नृपत्व अभी सुरक्षित है क्योंकि श० ब्रा० १२।८।३।१० में स्पष्ट कहा गया है — **वरुणो वै देवानां राजा।** ब्राह्मणों की धारणा के अनुसार चक्रवर्ती राजा बनने के लिए राजसूय यज्ञ करना नितान्त आवश्यक है। अतः श० ब्रा० ५।४।३।१ तथा ५।४।३।२१ में कहा गया है कि वरुण ने ही सर्वप्रथम राजसूय यज्ञ किया था और इसीलिए वे देवों के राजा बने —

वरुणाद् ह वा अभिषिषिचानाद् .....। .... वरुणसवो वा एष यद्राजसूयमिति। वरुणो अकरोदिति त्वेवैष एतत्करेति॥

इसी ब्राह्मण में एक अन्य स्थान (२।२।३।१) पर कहा गया है कि वरुण ने अग्न्याधान के कृत्यों को करके राज्य प्राप्त किया —

वरुणो हैनद् (अग्निं) राज्यकाम आदधे (अग्न्याधानं चकार)
स राज्यमागच्छत्। तस्मात् यश्च वेद यश्च न, वरुणो राजेत्येवाहुः।

ऐ० ब्रा० में एक राजा के रूप में वरुण को सम्मानास्पद स्थान प्राप्त है। एक छोटा सा प्रसंग है कि एक बार देवों के पारस्परिक अनैक्य के कारण असुरों ने उन्हें बहुत पीड़ित किया। तब देवों ने एकत्र होकर आपस में यह निश्चय किया कि हम लोग अपने-अपने प्रिय शरीर राजा वरुण के पास ग्रहणक के रूप में रख दें और जो छल से विभक्त हो, उसे अपना शरीर कभी प्राप्त न हो —

.... **ते अब्रुवन् हन्त या एव न इमा प्रियतमाः तन्वः ता अस्य वरुणस्य राज्ञो गृहे**

संनिदधामहे, एताभिः एव नः स न संगच्छातै यो न एतद् अतिक्रामाद्य आलुलोभयिषाद् इति। ऐ० ब्रा० १।४।७

श० ब्रा० ५।३।३।९ में वरुण को धर्म अथवा नियमों का स्वामी (धर्मपति) कहा गया है। वे सांसारिक नियमों के धारक (धृतव्रत) हैं। उनके बनाए सभी नियम सत्य हैं, तथा वे सत्य के पालक (सत्ययुज्) हैं (५।४।४।१०)। श० ब्रा० ५।४।६।३१ में वरुण को आर्पयिता या 'हानि पहुँचाने वाला' कहा गया है। यह दण्ड वे उन्हें देते हैं जो उनके नियमों के विरुद्ध कार्य करते हैं।

अ० वे० ३।२७।३। भाँति श० ब्रा० ८।६।१।७ में भी वरुण को पश्चिम दिशा का स्वामी कहा गया है। परवर्ती साहित्य में सर्वत्र वरुण पश्चिम दिशा के दिक्पाल के रूप में प्रतिष्ठित हैं।

कौषीतकि ब्राह्मण ५।४ तथा १८।४ में कहा गया है कि वरुण का घर जल में है अतः वरुण के लिए जल में ही बलि देनी चाहिए। इससे यजमान वरुण को उनके घर में ही सन्तुष्ट करता है। श० ब्रा० ५।३।४।१२ में भी वरुण को जल का स्वामी बताया गया है (**वरुण्या वा एता आपो भवन्ति**)। जल में डूब कर होने वाली अकाल मृत्यु से बचने के लिए वरुण को जौ का चरु दिया जाता है (श० ब्रा० १३।३।८।१) क्योंकि वरुण जिससे अप्रसन्न होते हैं, उसकी मृत्यु जल में होती है। श० ब्रा० १२।९।२।४ में जल में पड़ने वाले आवर्त को वरुण का पुत्र अथवा भ्राता कहा गया है (**यो ह वा अयमपामावर्तः .... स हैष वरुणस्य पुत्रो भ्राता वा**)। जल की शपथ खाकर पाप करना वरुण के प्रति अपराध है (वही)।

वरुण के पाशों का भी ब्राह्मण ग्रन्थों में प्रायः उल्लेख मिलता है, जिनसे वे अपराधियों को बाँधते हैं। कौ० ब्रा० ५।३ में एक यज्ञीय कथा आती है जिसमें कहा गया है कि एक बार वैश्वदेव यज्ञ के द्वारा प्रजापति ने पुत्र उत्पन्न किए। उन्होंने उत्पन्न होते ही वरुण के यव का भक्षण करना प्रारम्भ कर दिया। वरुण ने अपने पाशों से उन्हें बाँध लिया। तब वे बालक प्रजापति के पास गए और उनसे वरुण को प्रसन्न करने के लिए किसी यज्ञीय कृत्य का आविष्कार करने को कहने लगे। प्रजापति ने **वरुण प्रघास** इष्टि द्वारा वरुण को प्रसन्न किया। तब वरुण ने उन्हें अपने पाशों से तथा साथ-साथ अन्य संकटों से भी मुक्त कर दिया। श० ब्रा० में यह कथा तो प्राप्त नहीं होती किन्तु ५।२।४।२ में इतना अवश्य कहा गया है कि प्रजापति ने वरुणप्रघासों से सम्पूर्ण प्रजा को वरुण के पाशों से मुक्त करके नीरोग तथा संकटरहित किया —

वरुण-प्रघासैर्वै प्रजापतिः प्रजा वरुणपाशात् प्रामुञ्चत्। ता अस्यानमीवा अकिल्विषाः प्रजाः प्राजायन्त।

इसी प्रकार क्रमशः २।५।२।१० तथा ५।२।५।१६ में वरुण के इन पाशों का उल्लेख हुआ है —

(क) **वरुणो ह वा अस्य प्रजा अगृह्णत्।**
तत्प्रत्यक्षं वरुणपाशात् प्रजाः प्रमुञ्चति।

(ख) **तत् सर्वस्मादेवैत् वरुणापाशाद्**
सर्वस्माद् वरुणयात् प्रजाः प्रमुञ्चति।

श० ब्रा० ५।३।१।५ में कहा गया है कि अश्व वरुण के अपने पशु हैं (**स हि वारुणो यदश्वः**)। यह कथन शु० य० वे० २९।५८ तथा तै० सं० २।३।१२ का स्मरण दिलाता है जहाँ वरुण का अश्वों से विशेष सम्बन्ध बताया गया है)। श० ब्रा० ८।४।३।१३ में पुनः वरुण को एकशफ वाले पशुओं अर्थात् अश्वों का स्वामी कहा गया है (**एकशफाः पशवः असृज्यन्त........ वरुणो अधिपतिरासीत्**)।

श० ब्रा० ५।२।५।१७ में वरुण का काली वस्तुओं से विशेष सम्बन्ध स्थापित किया गया है। यज्ञ में वरुण के लिए एक काला वस्त्र दक्षिणा है क्योंकि सभी काली वस्तुएँ वरुण की हैं (**कृष्णं वासो वारुणस्य। तद्धि वारुणं यत् कृष्णम्**)। यह वाक्य वरुण के रात्रि से सम्बन्ध की ओर पुनः एक संकेत करता है।

वरुण का मूल प्राकृतिक आधार अत्यन्त सूक्ष्म होने के कारण ऋग्वेद में वरुण से सम्बन्धित कोई भी गाथा प्राप्त नहीं होती। ब्राह्मणों में भी सामान्यतः यही प्रवृत्ति परिलक्षित होती है। किन्तु ऐ० ब्रा० की सप्तम पञ्चिका के तृतीय अध्याय में वर्णित शुनःशेप की कथा में वरुण प्रमुख पात्र हैं। कथा मुख्यतः उन्हीं के चारों ओर घूमती है[१]। यह कथा ऋग्वेद के प्रथम मण्डल के २४ वें सूक्त की व्याख्या में कही गई है और इसमें वरुण का उदार, नियम पालन में कठोर किन्तु साथ ही करुणामय व्यक्तित्व जिस प्रकार उभरा है, वह अन्यत्र दुर्लभ है। इक्ष्वाकुवंशी राजा हरिश्चन्द्र वरुण से कहते हैं कि यदि नरक से उद्धार पाने के लिए उनके एक पुत्र हो जाए तो वे उसी की बलि देकर वरुण को सन्तुष्ट करेंगे (**स वरुणं राजानमुपससार पुत्रो मे जायतां तेन त्वा यजै**)। पुत्र होता है, किन्तु पुत्र-स्नेह के कारण राजा वरुण को टालते रहते हैं और क्रमशः उन्हें दस दिन बाद, बालक के दूध के दाँत निकलने पर, अन्न के दाँत निकलने पर तथा कवच

---

१. शुनःशेप की यह कथा ऐ० ब्रा० के अतिरिक्त शांखायन श्रौतसूत्र में भी प्राप्त होती है। लाइप्त्सिष् (पू० जर्मनी) के संस्कृत प्रोफेसर डा० फ्रीडरिख वैलर ने दोनों पाठों की तुलना करके उनका पाठ-समीक्षात्मक अध्ययन प्रस्तुत किया है, जिससे कथा के विकास पर भी प्रकाश पड़ता है, द्रष्टव्य—
Friedrich Weller : *Die Legende vom Śunaḥśepa im Aitareya-Brāhmaṇa and Sāṅkhāyanaśrautaśūtra*, Berlin 1956.

धारण करने के योग्य होने पर आने के लिए कहते हैं। जब उनके पुत्र **रोहित** को यह पता चलता है कि पिताजी मेरी बलि देकर यज्ञ करने वाले हैं तो वह धनुष लेकर वन में चला जाता है। इधर प्रतिज्ञा भंग करने के कारण वरुण हरिश्चन्द्र को जलोदर रोग से पीड़ित कर देते हैं। यह सुनकर रोहित लौटना चाहता है किन्तु इन्द्र उसे बार–बार रोक देते हैं। अन्त में वह अजीगर्त के पुत्र **शुनःशेप** को अपने स्थान पर बलि देने के लिए खरीद लेता है। वरुण उसकी बलि स्वीकार करने के लिए तैयार हो जाते हैं। पर विश्वामित्र की प्रेरणा से यूप में बद्ध शुनः–शेप वरुण की मार्मिक एवं हृदयद्रावी स्तुति करता है, जिससे प्रसन्न होकर वरुण उसे छोड़ देते हैं और राजा को भी रोगमुक्त कर देते हैं। हरिश्चन्द्र की इस कथा ने पुराणों में आकर एक नया मोड़ लिया है, जैसा कि हम आगे देखेंगे।

इस कथा में वरुण का मानव रूप अत्यन्त स्पष्ट है। यह रूप ऐ० ब्रा० ३।३।१० तथा श० ब्रा० ९।६।१(सम्पूर्ण) में और अधिक स्पष्ट हो जाता है जहाँ महर्षि भृगु को वरुण का पुत्र कहा गया है। श० ब्रा० के इस उद्धरण में एक छोटी सी कथा है कि एक बार भृगु अपने को, अपने पिता वरुण से विद्या और ज्ञान में श्रेष्ठ समझने लगे। वरुण ने उन्हें चारों दिशाओं में घूम कर आने के लिए कहा। सभी ओर भृगु ने नरक के क्रूर दृश्य देखे। उनके लौटकर खिन्न होकर बैठ जाने पर वरुण ने उन्हें अग्निहोत्र का उपदेश दिया।

गृह्यसूत्रों में मुख्यतः गृह्यकर्मों के सम्बन्ध में ही वैदिक देवों का उल्लेख होने से उनका वास्तविक रूप छिप गया है। पर फिर भी इतना तो स्पष्ट ही है कि वरुण के उत्कर्ष का उत्तरोत्तर ह्रास ही होता गया है और गृह्यसूत्रों में उनकी वह स्थिति भी नहीं रही है, जो ब्राह्मण ग्रन्थों में है। वरुण की प्राचीन विशेषताओं में से बहुत कम का सूत्रग्रन्थों में उल्लेख आया है। ऋग्वेद में वरुण को परमज्ञानी अथवा सर्वज्ञ कहा गया है। इसी आधार पर खदिरगृह्यसूत्र २।२।३५ में जातकर्म संस्कार के अवसर पर बालक की मेधा तथा बुद्धि की वृद्धि के लिए मित्रावरुण की ऋचा पढ़कर घृत चटाने का विधान है। परवर्ती साहित्य में **'प्रचेता'** (ज्ञानी) विशेषण वरुण की सामान्य संज्ञा ही बन गया है[1]। पुंसवन संस्कार के अवसर पर भी न्यग्रोध शाखा को वृक्ष से तोड़ते समय वरुण का आह्वान किया जाता है (गोभिल० २।६।८, **यद्यसि वारुणी वरुणाय त्वा राज्ञे परिक्रीणामि**)। गोभिल० ४।७।१४ में कहा गया है कि न्यग्रोध वरुण का वृक्ष है, अतः नया घर बनवाने वाले व्यक्ति को ध्यान रखना चाहिए कि उसके घर के पश्चिम की ओर यह वृक्ष न रहे, नहीं तो शस्त्रपीड़ा का भय रहता है (**न्यग्रोधाच्छस्त्रसंपीडा ...... न्यग्रोधो वारुणो वृक्षः**)। गृह–प्रवेश के समय भी वरुण की स्तुति की जाती है।

---

१. तु० की—**'प्रचेता वरुणः पाशी यादसांपतिरप्पतिः'**, अमरकोश, दैवतकाण्ड, स्वर्गवर्ग ६४।

सम्भवतः ऋग्वेद में उल्लिखित वरुण के विशाल प्रासाद ने बाद में वरुण का गृहों से सम्बन्ध जोड़ दिया। ऋग्वेद में वरुण के घर में सहस्त्रों खम्भे हैं और न्यग्रोध वृक्ष भी वायवी-जड़ों द्वारा बने अनेक खम्भों से युक्त होता है। वरुण का नियमों एंव व्रतों से अब भी सम्बन्ध है। उपनयन के अवसर पर गुरु बालक का हाथ पकड़ता हुआ कहता है कि आज से '**वरुण ने तुम्हारा हाथ पकड़ लिया है**' अर्थात् ब्रह्मचारी को नियम एवं अनुशासन से रहना पड़ेगा।

वरुण के पाशों का स्मरण अभी भी बना हुआ है। समावर्तन के अवसर पर स्नातक अपनी मेखला को उतार कर कहता है कि हे वरुण अब तुम अपने इस पाश से मुझे मुक्त करो (गोभिल० ३। ४। २३, **मेखलामवमुंचत। उदुत्तमं वरुण पाशमिति** ......)। सामर्थ्यशाली होने के कारण विघ्नों एवं संकटों का विनाश करने के लिए वरुण का प्रायः आह्वान एवं स्तवन किया जाता है। घर में किसी अपशकुन के होने पर (जैसे यदि घर में कपोत घुस आए, या मधुमक्खियाँ छत्ता बनाने लगें अथवा किसी यूप में पत्तियाँ आने लगें, आदि) वरुण की ही इस अमंगल के विनाश के लिए स्तुति की जाती है (हिरण्यकेशी १। ५। १७)। विवाह के अवसर पर भी वधू की रक्षा के लिए वरुण से प्रार्थना की जाती है (हिरण्यकेशी १। ६। १९)।

महाभारत एवं रामायण में आकर हम देवकथाओं के एक नये संसार में प्रवेश करते हैं। किसी भी देवता के विषय में गृह्यसूत्रों सी अस्पष्टता यहाँ प्राप्त नहीं होती। प्रत्येक का व्यक्तित्व अत्यन्त स्पष्ट तथा मानवी है।

वरुण अब त्रिलोकी के अधिपति नहीं हैं। उनके पास केवल जलों का साम्राज्य है। महा० शल्य० ४७। ९-१० में कहा गया है कि प्रजापति ने वरुण को जलों के आधिपत्य पर नियुक्त किया। विष्णु० १। २२। ३ भी इसकी पुष्टि करता है — **जलानां वरुणं तथा** (ब्रह्मा राजानमकरोत्)। महा० आदिपर्व २२४। १-३ में वरुण को जल के वासी, उसके स्वामी तथा पश्चिम दिशा के अधिपति कहा गया है। भाग० ३। १७। २९ में उनके लिए '**अपां पतिः**' विशेषण आया है जल एवं समुद्र के स्वामी होने के कारण जल में रहने वाले मकर, मत्स्य आदि सभी प्राणी वरुण के अनुचार कहे गए हैं। वह '**यादसां-पति**' है। भागवत० ३। १७। २५ में कहा गया है कि जब हिरण्याक्ष समुद्र में कूद पड़ा तो वरुण के सैनिक, जलचर जीव, भय से इधर-उधर भाग गए —

तस्मिन् प्रविष्टे वरुणस्य सैनिकाः
यादोगणाः सन्निधयः ससाध्वसाः।
अहन्यमाना अपि तस्य वर्चसा
प्रधर्षिता दूरतरं प्रदुद्रुवः॥

वरुण की राजधानी का नाम विभावरी है। यह समुद्र के मध्य में स्थित है —

मौर्व्याभिजघ्ने गदया विभावरीम् आसेदिवान् तात पुरीं प्रचेतसः।

— भाग० ३। १७। २६

रामायण उत्तर० २३। २० में वरुण के दिव्य प्रासाद का वर्णन किया गया है, जो श्वेतमेघ के समान आभा वाला है और कैलाश पर्वत की भाँति उच्छ्रित तथा भासमान है —

ततः पाण्डुरमेघाभं कैलासमिव भास्वरम्।
वरुणस्यालयं दिव्यम् अपश्यद् राक्षसाधिपः॥

न तो यह गृह अथर्ववेद की भाँति हिरण्यमय है और न ऋग्वेद में वर्णित भवन की भाँति सहस्रस्थूणायुक्त।

वरुण की पत्नी एवं पुत्रों का भी उल्लेख मिलता है। रामा० उत्तर०, २३ वें सर्ग में वरुण की अनुपस्थिति में उनके कई पुत्रों द्वारा अपनी नगरी से निकल कर राक्षसराज रावण से युद्ध करने का उल्लेख है। महाभारत में वरुण की दो पत्नियों का उल्लेख है, **देवी** (जिसके बल नामक एक पुत्र तथा सुरा नामक एक कन्या है) तथा **गौरी** (महा० उद्योग० ११७। ९)। उनके मन्त्री का नाम **प्रभास** है।

भाग० ३। १७। २८ में वरुण को असुर लोक (पाताल) का भी पालक कहा गया है, जो सम्भवतः उनके वैदिक विशेषण 'असुर' का प्रभाव है। वे लोकपाल हैं, अधिपति हैं, उनकी कीर्ति दूर-दूर तक व्याप्त है और युद्ध में अनेक वीरों के छक्के छुड़ाकर तथा देवों और दानवों को परास्त करके उन्होंने प्राचीनकाल में राजसूय यज्ञ किया था। ब्राह्मण ग्रन्थों में वर्णित वरुण की यह विशेषता क्षीण रूप में अभी भी वरुण से सम्बन्धित है। पर उनमें अब संहिता अथवा ब्राह्मणकालीन सामर्थ्य एवं शक्ति कहाँ? इसीलिए जब हिरण्याक्ष पूर्व पराक्रम की याद दिलाते हुए उन्हें युद्ध के लिए चुनौती देता है तो वे अपने क्रोध को दबाकर शान्तिपूर्वक कहते हैं कि 'अब हमारा शरीर ओजहीन एवं शान्त हो गया है, तुम जाकर भगवान् विष्णु से लड़ो'—

स्मयन् प्रलब्धुं प्रणिपत्य नीचवत् जगाद मे देह्यधिराज संयुगम्।
त्वं लोकपालोऽधिपतिर्बृहच्छ्रवा वीर्यापहो दुर्मद वीरमानिनाम्॥
विजित्य लोकेऽखिलदैत्यदानवान् यद्राजसूयेन पुरायजत् प्रभो॥
रोषं समुत्थं शमयन् स्वया धिया व्यवोचदंगोपशमं गता वयम्।
पश्यामि नान्यं पुरुषात् पुरातनाद् यः संयुगे त्वाम्....आराधयिष्यति।

— भाग० ३। १७। २७, २९

ऋग्वेद के सर्वोच्च एवं सर्वाधिक सामर्थ्यशाली देवता वरुण में अब एक सामान्य असुर से भी लड़ने की शक्ति नहीं है। विष्णु पुराण ५। २९। १० में राजा वरुण के एक दिव्य जलवर्षी राजछत्र का उल्लेख है, जिसे नरकासुर छीन ले गया था (छत्रं यत् सलिलस्रावि तज्जहार प्रचेतसः)।

महा० (उद्यो० ११७। ९) में वरुण की **देवी** नामक पत्नी से उत्पन्न जिस **सुरा** नामक कन्या का उल्लेख है, उसे अन्यत्र **वारुणी** भी कहा गया है। भागवत पु० १०। ६५। १९, २० तथा विष्णु पु० ५। २५। १-७ में वरुण बलराम के उपभोग के लिए वारुणी को उनके पास भेजते हैं (**उपभोगार्थमत्यर्थं वरुणः प्राह वारुणीम्**) और वह एक कदम्ब के कोटर से फूट पड़ती है। बलराम उस वारुणी (कादम्बरी-मदिरा)का पान करते हैं। ब्रह्मपुराण के १२९ वें अध्याय में हिरण्य दैत्य के पुत्र **महाशनि** का युद्ध की इच्छा से वरुण के पास जाना वर्णित है। चतुर वरुण उसे अपनी पुत्री (वारुणी) पत्नीरूप में देकर छुटकारा पाते हैं और साथ ही क्रीड़ा के लिए यौतुक के रूप में अपना घर समुद्र भी दे देते हैं। यह वारुणी मदिरा का ही सुन्दर मानवीकरण है, जो दैत्यों को स्वभावतः प्रियः है। जल अथवा रस के साथ वरुण का विशेष सम्बन्ध ही बाद में मद्य से वरुण के सम्बन्ध के रूप में विकसित हुआ है। भाग० २। १०। १७ में रस के अधिपति होने के कारण वरुण को जिह्वा का अधिष्ठाता कहा गया है।

महा० शल्य० ४९। ११, १२ में कहा गया है कि वरुण अत्यधिक यज्ञ किया करते हैं। सरस्वती नदी के किनारे यमुना तीर्थ में उन्होंने एक विशाल राजसूय यज्ञ किया था। उसी से उन्होंने लोकपालत्व प्राप्त किया तथा अत्यन्त पराक्रमी हो गए। वन पर्व के १३४ वें अध्याय में एक विचित्र कथा आती है। इसके अनुसार बन्दी नामक वरुण का पुत्र वरुण के द्वारा निरन्तर किए जाने वाले यज्ञों में भाग लेने के लिए पृथ्वी के प्रकाण्ड पण्डितों को शास्त्रार्थ में हरा कर नदी में डुबवा देता था, जिससे वे वरुण के पास पहुँच जाते थे। भाग० ४। १६। १० तथा ४। २२। ५९ में कहा गया है कि वरुण का शरीर, कोष तथा राज्य अत्यन्त सुरक्षित है और पृथु के राज्य की स्थिरता की वरुण के राज्य से तुलना की गई है। रत्नाकर के स्वामी होने के कारण वरुण का रत्नादिकों के स्वामी माने जाना स्वाभाविक है। भाग० २। ३। ७ में कहा गया है कि धन-सम्पत्ति (कोष) की इच्छा करने वाले व्यक्ति को वरुण की उपासना करनी चाहिए —

.... **कोषकामः प्रचेतसम् (यजेत)।**

वरुण के पाशों का अब भी उल्लेख होता है पर अब वे एक सामान्य शस्त्र बन गए हैं, जिनका प्रयोग कोई भी कर सकता है। महा० आदि० २२६। ३२-३७ में कहा गया है कि खाण्डवदाह के अवसर पर वरुण अपने पाश तथा अशनि लेकर अर्जुन से लड़ने आए थे। बाद में इन्होंने अर्जुन को अपना पाश नामक अस्त्र प्रदान किया (वन० ४१। २७-३२)। भाग० ५। २४। २३ में कहा गया है कि भगवान् विष्णु ने वरुण को पाशों से बलि को बाँधा था (**वरुण-पाशैश्च सम्प्रतिमुक्तः**)। भाग० ७। ५। ५० में हिरण्यकशिपु अपने शण्ड और अमर्क नामक गुरु पुत्रों को आदेश देता है कि जब तक शुक्राचार्य न आएं तब तक प्रह्लाद को 'वरुणपाशों' में बाँधे रखिए —

इमं तु पाशैर्ववरुणस्य बद्ध्वा निधेहि भीतो न पलायते यथा।

महाभारत में केवल पाश ही नहीं अपितु गाण्डीव धनुष को भी वरुण का विशेष अस्त्र बताया गया है। विराट्० ४३।६ में कहा गया है कि इन्होंने सौ वर्षों तक गाण्डीव धारण किया बाद में उसे 'अक्षय' तरकश सहित अग्नि को दे दिया (आदि० २२४। १-६)। रामायण के बालकाण्ड (सर्ग ७७, प्रथम श्लोक) के अनुसार शिव का प्रसिद्ध धनुष परशुराम ने राम की परीक्षा के लिए उन्हें चढ़ाने को दिया था। राम के द्वारा धनुष चढ़ा दिए जाने पर निस्तेजस्क होकर वे उसे राम को देकर चले जाते हैं। राम उसे वरुण को दे देते हैं। महा० आदि पर्व २२४। १-६ में अर्जुन के लिए अग्नि इस धनुष को वरुण से माँग लाते हैं। महाप्रस्थान पर्व १।४१-४२ में अर्जुन इस पुनः जल में (वरुण के पास) फेंक देते हैं।

वैदिक-काल की भाँति वरुण अब नैतिक तथा धार्मिक अपराधों से रुष्ट नहीं होते। किन्तु जब कोई जल से सम्बन्धित अपराध करता है तो वरुण के अनुचर उसे पकड़ कर जल के अधिपति वरुण के पास ले जाते हैं। भाग० १०।२८।२ में जब कृष्ण के धर्म-पिता नन्द अर्धरात्रि की आसुरी वेला में यमुना में स्नान करते हैं तो वरुण के अनुचर (जलजन्तु) उनको पकड़ कर ले जाते हैं (**तं गृहीत्वानयद् भृत्यो वरुणस्यासुरोऽन्तिकम्। अविज्ञायासुरीं वेलां प्रविष्टमुदकं निशि**)। इसी प्रकार भाग० १०।२२।१९ में चीरहरण प्रसंग में कृष्ण गोपियों से कहते हैं कि जल में नग्न होकर स्नान करने से उन्होंने वरुण के विरुद्ध अपराध किया है—

यूयं विवस्त्रा यदपो धृतव्रता व्यगाहतैतत् तदु देवहेलनम्।

अश्वों से वरुण का जो विशेष सम्बन्ध वैदिक साहित्य में वर्णित किया गया है वह महाभारत एवं पुराणों में आकर सुन्दर रूप में पल्लवित हुआ है। महा० वन० ११५। २७, तथा भागवत ९।१५।५-७ में वर्णित एक कथा में कहा गया है कि ऋचीक मुनि ने राजा गाधि की पुत्री सत्यवती को पत्नी रूप में प्राप्त करना चाहा। राजा ने टालने के लिए कहा कि यदि आप चन्द्रमा के समान धवल, श्वेतवर्ण के एक सहस्त्र अश्व स्त्री-शुल्क के रूप में दें, जिनका एक कान काला हो, तो आपको कन्या मिल सकती है। ऋचीक मुनि वरुण के पास गए और सब स्थिति बता कर वैसे ही अश्व लाकर राजा को दे दिए और कन्या प्राप्त की —

तस्य सत्यवतीं कन्याम् ऋचीकोऽयाचत द्विजः।
वरं विसदृशं मत्वा गाधिर्भार्गवमब्रवीत्॥
एकतः श्यामकर्णानां हयानां चन्द्रवर्चसाम्।
सहस्त्रं दीयतां शुल्कं कन्यायाः, कुशिका वयम्॥

इत्युक्तस्तन्मतं ज्ञात्वा गतः स वरुणन्तिकम्।
आनीय दत्त्वा तानश्वान् उपयेमे वराननाम्॥ — भाग० ९।१५।५-७

शु० यजु० २९।५९ में उल्लिखित '**वारुणः कृष्णः एकाशितिपात् पेत्वः**' (दे० पीछे पृ० २२५) का यह सुन्दर विकास है।

वरुण के शरीरिक आकार-प्रकार तथा वेश-भूषा का केवल **मत्स्य पुराण** १७३। १२-१५ में उल्लेख मिलता है। तारकामय संग्राम के अवसर पर असुरों से युद्ध करते हुए वरुण का वर्णन करता हुआ कवि कहता है कि 'वे चारों समुद्रों के युक्त थे, उनका शरीर जलमय था। उनके अश्वों का रंग चन्द्रमा की किरणों के समान श्वेत था और वे वायु के समान वेग वाले तथा जलाकार थे'। 'वरुण का शरीर मरकत-मणि के समान श्याम था, वे स्वर्ण के आभूषण (हरिभार) तथा पीताम्बर पहने हुए थे; उनके साथ अनेक भीषण सर्प भी थे। वे शंख तथा मोती आदि से युक्त बाजूबन्द धारण किए हुऐ थे एवं उद्वेलित और क्षुब्ध समुद्र के समान भीषण थे' —

चतुर्भिः सागरैर्युक्तो लेलिहानश्चपन्नगैः।
शंखमुक्तांगदधरो बिभ्रत् तोयमयं वपुः॥
कालपाशान् समाविध्यन् हयैः शशिकरोपमैः।
वाय्वीरितैर्जलाकारैः कुर्वन् लीलाः सहस्त्रशः॥
पाण्डुरोद्धूतवसनः प्रचलन् रुचिरांगदः।
मणिश्यामोत्तमवपुः हरिभारार्पितो वरः॥
वरुणः पाशधृङ् मध्ये देवानीकस्य तस्थिवान्।
युद्धवेलामभिलषन् भिन्नवेल इवार्णवः॥ — मत्स्य० १७३।१२-१५

इस उद्धरण से वरुण का जल से सम्बन्ध बहुत स्पष्ट है। उनका शरीर ही जलमय है। मानवाकार चारों समुद्र उनके परिचर हैं। भुजाओं में वे शंख तथा मोती धारण किए हुए हैं। उनके अश्व भी जलाकार हैं। '**वाय्वीरितैर्जलाकारैः**' एक अन्य कल्पना को जन्म देता है। क्या समुद्र की विशाल ऊर्मियाँ ही तो वरुण के अश्वों के रूप में वर्णित नहीं है? 'वाय्वीरितैः' के दो अर्थ हो सकते हैं —'वायु के समान वेग वाले' तथा 'वायु के द्वारा प्रेरित।' वायु के द्वारा प्रेरित जलाकार-अश्व, वायु के द्वारा आन्दोलित समुद्र-वीचियों के अतिरिक्त और क्या हो सकते हैं? सम्भवतः इसीलिए वरुण का अश्वों से विशेष सम्बन्ध है।

अत्यन्त आश्चर्य का विषय है कि वैदिक-काल में नैतिक नियमों के सर्वोत्कृष्ट परिपालक के रूप में प्रतिष्ठित एवं अनैतिक कर्म करने वाले व्यक्तियों को कड़ा दण्ड देने वाले वरुण के स्वरूप में ही पौराणिक काल में कुछ अनैतिक तत्त्व पाए जाते हैं। महा० अनु० १५४वें अध्याय में एक कथा आती है कि एक बार वरुण ने उतथ्य ऋषि

की भार्या भद्रा पर आसक्त होकर उसका अपहरण कर लिया (श्लोक १२) और बार-बार कहने पर भी तभी लौटाया जब महर्षि ने क्रुद्ध होकर उनके निवास-स्थान समुद्र का सारा जल पी डाला (१५४।१८)।

विष्णु एवं आदि देवों के उत्कर्ष के कारण सर्वसामर्थ्यशाली वैदिक वरुण अब इतने शक्तिहीन तथा निस्तेजस्क हो गए हैं कि वे युद्ध में अर्जुन से भी नहीं जीत सकते (महा० आदि० २२६। ३२-३७)। अब कृष्ण की इतनी अधिक महत्ता है कि वरुण जैसे शक्तिशाली दिक्पाल भी कृष्ण को अपने निवास-स्थान पर पाकर धन्य हो उठते हैं और उनके चरण छूकर अपने को अत्यन्त सौभाग्यशाली समझते हैं (भाग० १०। २८। ४-७)।

ऐ० ब्रा० में आई हुई **हरिश्चन्द्र एवं शुनःशेप** की कथा बहुत थोड़े से अन्तर के साथ ब्रह्मपुराण (अध्याय १०४) तथा श्रीमद्भागवत के नवम स्कन्ध के सप्तम अध्याय (श्लोक ७-२३) में प्राप्त होती है। किन्तु बाद के पुराणकारों को राजसूय-यज्ञ के कर्ता, पराक्रमी राजा, हरिश्चन्द्र की यह असत्यवादिता अभीष्ट नहीं हुई। इसलिए उन्होंने इस कथा के उत्तरार्ध का निर्माण किया जिसमें हरिश्चन्द्र को अत्यन्त सत्यवादी, दानी तथा धर्म-पालक सिद्ध किया गया है । आज हरिश्चन्द्र नाम के साथ सत्य का जो अविच्छेद्य सम्बन्ध है वह इसी कथा के कारण है। देवी भागवत के सप्तम स्कन्ध के १४ से लेकर २७ तक पूरे १४ अध्यायों (७३५ श्लोकों) में यह कथा कही गई है। कथा का पूर्वार्ध वही है, जो ऐतरेय ब्राह्मण में प्राप्त होता है। वरुण की प्रसन्नता से रोगमुक्त हो जाने पर राजा हरिश्चन्द्र **वसिष्ठ** को गुरु बना कर राजसूय करते हैं और उन्हें अतुल धन सम्पत्ति दक्षिणा के रूप में प्रदान करते हैं। वसिष्ठ विश्वामित्र से हरिश्चन्द्र की प्रशंसा करते हुए कहते हैं —

हरिश्चन्द्रसमो राजा न भूतो न भविष्यति।
सत्यवादी तथा दाता शूरः परमधार्मिकः॥ देवी भाग० ७। १७। ५३

विश्वामित्र को विश्वास नहीं है कि वह राजा, जिसने पुत्र स्नेह के कारण लगातार झूठ बोल कर वरुण को इतने दिनों तक टाला, ऐसा हो सकता है। इसके अतिरिक्त वे हरिश्चन्द्र से अप्रसन्न भी हैं क्योंकि पुरुषमेध यज्ञ के अवसर पर उन्होंने हरिश्चन्द्र से शुनःशेप को छोड़ देने की प्रार्थना की थी (१६। ३८-५५) पर हरिश्चन्द्र ने स्वार्थवश ऐसा नहीं किया (१६। ५८)। अत: वे वसिष्ठ के कथन की परीक्षा के लिए हरिश्चन्द्र की परीक्षा लेना चाहते हैं। छल से वे हरिश्चन्द्र का सब राज्य ले लेते हैं। दान की पूरी दक्षिणा चुकाने के लिए हरिश्चन्द्र को अपनी पत्नी शैव्या, पुत्र रोहित तथा स्वयं अपने को बेच कर एक चाण्डाल की दासता करनी पड़ती है। सर्प के काट लेने से रोहित मर जाता है। शैव्या उसे जलाने श्मशान में लाती है, वहाँ लोग उसे राक्षसी समझ कर

हरिश्चन्द्र को उसे मार डालने का आदेश देते हैं। पुत्र और पत्नी को पहचान कर हरिश्चन्द्र अत्यन्त दु:खित होते हैं और वे दोनों पुत्र की चिता में अपने को भी भस्म करने के लिए उद्यत होते हैं कि सहसा दृश्य परिवर्तित हो जाता है। हरिश्चन्द्र की सत्यनिष्ठा से प्रसन्न होकर इन्द्र देवता प्रकट होते हैं। विश्वामित्र भी उनकी दृढ़ता से प्रभावित होते हैं और फिर हरिश्चन्द्र अयोध्यावासियों के साथ स्वर्ग जाते हैं।

कथा का यह उत्तरार्ध अत्यन्त हृदयद्रावक तथा मर्मस्पर्शी है। ऐ० ब्रा० के हरिश्चन्द्र और पौराणिक हरिश्चन्द्र में आकाश-पाताल का अन्तर है। वरुण का सम्बन्ध इस कथा से पूर्णतः लुप्त हो गया है। जिस अज्ञात कवि मष्तिष्क ने हरिश्चन्द्र की इस कथा को जन्म दिया, उसकी प्रतिभा एवं उद्भावना-प्रवणता की जितनी प्रशंसा की जाए, वह कम है। पौराणिक साहित्य की यह अद्भुत कृति हैं। परवर्ती पुराणों में हरिश्चन्द्र से सम्बन्धित पहली कथा इस दूसरी कथा के आगे पूर्णतः विलुप्त हो गई है। **मार्कण्डेय पुराण** के अष्टम अध्याय के २७० श्लोकों में केवल इसी दूसरी कथा का मार्मिक वर्णन प्राप्त होता है[१]। हिन्दी में भी इस कथा के आधार पर अनेक नाटक लिखे गए हैं, जिनका अभिनय कठोर-हृदयों को भी एक बार अश्रुप्लावित कर देता है। महात्मा गाँधी ने अपनी आत्मकथा ("My Experiments with Truth") में लिखा है कि बचपन में सत्यवादी हरिश्चन्द्र की कथा पर आधारित एक नाटक देखने से ही उन्हें जीवन भर सत्यनिष्ठ रहने की प्रेरणा मिली।

मित्रावरुणौ

ऋग्वेद के देवों में वरुण जिस देवता से अत्यन्त घनिष्ठतया सम्बन्धित हैं, वह है मित्र। महत्त्व की दृष्टि से ऋग्वेद का यह देवयुग्म ऋग्वेद में एक विशेष स्थान रखता है। २५ के लगभग सूक्त मित्रावरुणौ के लिए कहे गए हैं जब कि वरुण के लिए १२ और मित्र के लिए केवल एक। प्रतीत होता है कि मित्र और वरुण दोनों का प्राकृतिक उद्भव लगभग समान अथवा परस्पर अविभाज्य रूप से सम्बन्धित था। वरुण के साथ मिल जाने पर मित्र का अपना व्यक्तित्व पूर्णतः लुप्त हो गया है और 'मित्रावरुणौ' देवताओं में बिल्कुल वे ही विशेषताएँ हैं, जो अकेले वरुण में[२]।

ब्राह्मण ग्रन्थों में मित्र और वरुण के प्राकृतिक आधार पूर्णतः भुलाए जा चुके हैं। उनकी केवल युग्मत्व की भावना सुरक्षित रह गई है। इसलिए ब्राह्मणों में किन्हीं भी दो

१. इस कथा की विस्तृत विवेचना के लिए देखिए, वासुदेवशरण अग्रवाल : **'मार्कण्डेय पुराण — एक सांस्कृतिक अध्ययन'** पृ० ५५-९५।

२. देखिए, मैक्डॉनल : वै० मा०, पृ० २७ तथा १२७। वैदिक युग्म देवताओं की विस्तृत समीक्षा के लिए J. Gonda का *The Dual Deities in the Religion of Veda* (Amsterdam 1974) ग्रन्थ द्रष्टव्य है।

परस्पर सम्बन्धित वस्तुओं का मित्रावरुणौ से तादात्म्य कर दिया जाता है। यज्ञीय कृत्यों में विभिन्न स्थलों पर दी जाने वाली मैत्रावरुण हवि की व्याख्या में ब्राह्मणों ने सर्वत्र पूर्ण स्वेच्छाचारिता से काम लिया है। श० ब्रा० १।८।३।१२ तथा ५।५।१।१२ में कहा गया है कि निःश्वास (प्राण) तथा उच्छ्वास (उदान) ही क्रमशः मित्र और वरुण हैं (**प्राणोदानौ वै मित्रावरुणौ**)। श० ब्रा० ४।१।४।१ में मित्र और वरुण की सूक्ष्म भावात्मक व्याख्या भी की गई हैं। मित्र संकल्प (**क्रतु**) है और वरुण क्रिया (**दक्ष**)। जो मनुष्य मन में सोचता है, वह मित्र का अंश है। वरुण की सहायता से वह उसे कार्य रूप में परिणत करता है। इस प्रकार मित्र **ब्रह्म** है और वरुण **क्षत्र**। एक विचारक है और दूसरा कर्ता —

क्रतुदक्षौ ह वा अस्य मित्रावरुणौ। एतत् नु अध्यात्मम्। स यदेव मनसा कामयते इदं मे स्यात् इदं कुर्वीय इति स एव क्रतुः। अथ यदस्मै तत् समृध्यते तत् दक्षः। मित्र एव क्रतुः वरुणो दक्षः। ब्रह्मैव मित्रः क्षत्रे वरुणः, अभिगन्ता एव मित्रः कर्ता क्षत्रियः।
— श० ब्रा० ४।१।४।१

श० ब्रा० २।४।४।१८ १९ में वरुण को चन्द्रमा का तथा मित्र को सूर्य का रूप ध्वनित किया गया है। इस उद्धरण के अनुसार शुक्ल-पक्ष वरुण है और कृष्ण पक्ष मित्र। अमावस्या की रात्रि को वरुण (चन्द्रमा) तथा मित्र (सूर्य)मिल जाते हैं। तब मित्र वरुण में अपने तेज का निक्षेप करता है —

अथैतावेवार्धमासौ मित्रावरुणौ। ए एवापूर्यते स वरुणः। यः अपक्षीयते स मित्रः। तावेतां रात्रिं [अमावास्यां] **उभौ समागच्छतः। तद्वा एतां रात्रिं मित्रो वरुणे रेतः सिंचति।**

इस पर सायणाचार्य लिखते हैं —

य एवार्धमासः समन्तात् वर्धमानया चन्द्रकलया पूर्णो भवति स अमृतरससम्बन्धाद् वरुणः। स हि रसाभिमानी देवः। यः अर्धमासः क्षीयमाणचन्द्रकलायुक्तो भवति स अपरपक्षः मित्रः। तौ चन्द्रसूर्यात्मकौ मित्रावरुणौ उभौ एतां दर्शरात्रिं सह समाप्नुतः।

ऐ० ब्रा० ४।२।४ कहता है कि मित्र दिन है और वरुण रात्रि (**अहर्वै मित्रो रात्रिर्वरुणः उभे वा एषोऽहोरात्रे आरभते**)। इसी प्रकार तै० सं० २।१।७ में भी दिन को मित्र से तथा रात्रि को वरुण से सम्बन्धित किया गया है। (**मैत्रावरुणीं द्विरूपामालभेत प्रजाकामो, मैत्रं वा अहर्वारुणी रात्रिः**)। मित्र, मूलतः सूर्य का देवता था। अतः प्रकाश से उसका अन्त तक सम्बन्ध रहा है। बाद में मित्र और वरुण के पारस्परिक घनिष्ठ सम्बन्ध के कारण दिन से अविभाज्य रूप से सम्बन्धित रात्रि का वरुण से सम्बन्ध हो गया। यजु० २९।६ में आए एक मन्त्र से भी मित्र का दिन से तथा वरुण का रात्रि से

सम्बन्ध ध्वनित है। यहाँ उषा को मित्र और वरुण के बीच में विचरण करती हुई कहा गया है —

अन्तरा मित्रावरुणा चरन्ती मुखं यज्ञानामभि संविदाने।
उषासा.......। — वाज० सं० २९।६

सम्भवतः इसीलिए तै० सं० २।१।९ में मित्र के लिए श्वेत तथा वरुण के लिए कपिला गौ के आलभन का विधान है।

तै० सं० २।१।९ में यह भी कहा गया है कि वरुण जल का अधिपति है और मित्र वृक्षों का। अतः मित्रावरुणौ को दी जाने वाली बलि इन दोनों के संगम पर होनी चाहिए। श० ब्रा० ५।३।२।६ में कहा गया है कि वरुण को मथ कर निकाले गए नवनीत की तथा मित्र को स्वयं निकले हुए मक्खन[1] की आहुति देनी चाहिए। जोती हुई भूमि में उत्पन्न अन्न का स्वामी वरुण है और स्वतः उत्पन्न अन्न, वन्य-धान्य का मित्र (श० ब्रा० ५।३।३।८) आदि।

ब्राह्मणों के पश्चात् महाभारत में ही मित्रावरुण का उल्लेख मिलता है। वह भी केवल एक बार (शल्य० ५४।१४)। यहाँ मित्रावरुण से अगस्त्य एवं वसिष्ठ ऋषि की उत्पत्ति की कथा है, जो रामायण उत्तर० ५६।१३-२४ तथा मत्स्य० ६१।२७-३१ में भी प्राप्त होती है। संक्षेप में यह इस प्रकार है कि एक बार वरुण ने सम्भोग के लिए **उर्वशी** को अपने पास बुलाया। उर्वशी ने कहा कि मित्र ने मुझे पहले ही वरण कर लिया है इसलिए मैं आपकी इच्छा पूर्ण न कर सकूँगी, पर हृदय से मैं आपकी हूँ। मित्र को जब यह पता चला तो उसने उर्वशी को पृथ्वी तल पर जाने और पुरूरवा की पत्नी बनने का शाप दिया[2]। कामासक्त मित्र और वरुण ने एक जलकुम्भ में अपने तेज को निक्षिप्त किया। जिससे बाद में अगस्त्य और मैत्रावरुणि-वसिष्ठ की उत्पत्ति हुई —

ततः कामयमानेन मित्रेणाहूय सोर्वशी।
उक्ता मां रमयस्वेति बाढमित्यब्रवीच्च सा॥
गच्छन्ती चाम्बरं तद्वत् स्तोकमिन्दीवरेक्षणा।
वरुणेन धृता पश्चात् वरुणं नाभ्यनन्दत।
मित्रेणाहं वृता पूर्वमथ भार्या न ते प्रभो॥

---

१. इस प्रकार के मक्खन को प्राप्त करने की प्रक्रिया के लिए देखिए, श० ब्रा० ५।३।२।६ पर सायणभाष्य और आश्वलायन श्रौ० सू० १८।११।३-६।

२. पुरूरवा और उर्वशी के प्रेम की यह कथा वैदिक साहित्य में ऋग्वेद (१०।९५), तथा श० ब्रा० ११।५।१-१७ में उल्लिखित है। परवर्ती साहित्य में यह रामायण, मत्स्यपुराण, पद्मपुराण, ब्रह्मपुराण, विष्णुपुराण तथा भागवत आदि में प्राप्त होती है। इसी के आधार पर कालिदास ने अपने अमर नाटक 'विक्रमोर्वशीयम्' की रचना की है।

उवाच वरुणश्चित्तं मयि संन्यस्य गम्यताम्।
गतायां बाढमित्युक्त्वा मित्रः शापमदात् तदा॥
तस्यै, मानुषलोके त्वं गच्छ सोमसुतात्मजम्।
भजस्वेति यतो वेश्याधर्म एष त्वया कृतः॥
जलकुम्भे ततो वीर्यं मित्रेण वरुणेन च।
प्रक्षिप्तमथ संजातौ द्वावेव मुनिसत्तमौ।

वरुण और मित्र के बीच में दोलायमान यह **उर्वशी** (तु० की०, **अन्तरा मित्रावरुणा चरन्ती**) रात्रि और दिन के बीच अवस्थित **उषा** के अतिरिक्त और क्या हो सकती है ?

प्रस्तुत कथा मित्र और वरुण के पूर्ण पार्थक्य की व्यंजना करती हुई भी दोनों के स्वरूपगत साम्य को सूचित करती है। अन्यत्र भी यही बात है। रामा० उत्तर० ५६।१३ में कहा गया है कि एक बार मित्र, वरुण की अनुपस्थिति में क्षीरसागर में रहते हुए वरुण का कार्य सम्भालते रहे —

तमेव कालं मित्रोऽपि वरुणत्वमकारयत्।
क्षीरोदेन सहोपेतः पूज्यमानः सुरोत्तमैः।

दो पृथक्-पृथक् देवताओं के रूप में अपनी स्वतन्त्र सत्ता रखते हुए भी मित्र और वरुण के व्यक्तित्वों का इस प्रकार जुड़ कर एक हो जाना, परवर्ती हिन्दू देवशास्त्र में सुविख्यात उस प्रक्रिया की पूर्व-परिचिति है जिसके अनुसार स्वरूप की दृष्टि से साम्य रखने वाले देवता परस्पर जुड़ कर एक उच्चतर देवता की सृष्टि करते हैं।

अश्विनौ

पीडित व्यक्तियों की सहायता के हेतु सदा तत्पर रहने वाले, देवों के वैद्य, ये दो सुन्दर युवक ऋग्वेद के देवशास्त्र में अत्यन्त महत्त्वपूर्ण स्थान रखते हैं।

जितनी गाथाओं का उनसे सम्बन्ध है उतनी गाथाएँ किसी भी देवता के विषय में प्राप्त नहीं होतीं। उनकी स्तुति में कही गई ऋचाओं की संख्या भी बहुत अधिक हैं। निघण्टु में उनकी गणना द्युस्थानीय देवताओं में की गई है और वस्तुतः ऋग्वेद में वे मुख्य रूप में प्रकाश से ही किसी न किसी रूप में सम्बन्धित देवता जान पड़ते हैं। ऋग्वेद में कुछ स्थानों पर उन्हें आकाश के पुत्र ('**दिवो नपाता**') कहा गया है (१। १८२।९, १।१८४।१, १०।६१।४)। उनके आविर्भाव का समय प्रातःकाल की ब्राह्म वेला है जब रात्रि अपनी बहन उषा से विदाई लेकर रक्तवर्ण के सूर्य के लिए स्थान रिक्त करके जा रही होती है —

अप स्वसुरुषसो नग् जिहीते
रिणक्ति कृष्णीररुषाय पन्थाम्।
अश्वामघा गोमघा वां हुवेम .... — ऋ० वे० ७।७१।१

वे उस समय पृथ्वी पर आते हैं, जब नक्षत्ररूपी अरुणवर्णा गायों के बीच में रात्रि कुछ-कुछ वर्तमान रहती है (**कृष्णा यद् गोषु अरुणीषु सीदद् दिवो नपादश्विना हुवे वाम्**, ऋ० वे० १०।६१।४)। ऋ० वे० ८।५१।२ में कहा गया है कि जब गुलाबी उषा दूर से पृथ्वी पर झाँकती है तो अश्विनौ अपने भ्राजमान रथ पर बैठ कर उसका अनुसरण करते हैं —

दूराद् इहेव यत् सती अरुणाप्सुः अशिश्वितत् .....
नृवद् दस्रा मनोयुजा रथेन पृथुपाजसा। सचेथे अश्विनोषसम्॥

ऋ० वे० ८।९।१७ में उषा से अश्विनौ को जगाने की प्रार्थना की गई है (**प्रबोधय उषो अश्विना**)। ऋ० वे० ३। ३९। ३ में उन्हें अन्धकार का विनाश करने वाले (**तमोहना**) कहा गया है और ऋ० वे० ८। ३५। १६ में अश्विनौ द्वारा जिन राक्षसों के वध का उल्लेख है (**हतं रक्षांसि सेधतममीवाः**) वे सम्भवतः अन्धकार के ही प्रतिनिधि हैं। ऐ० ब्रा० १।२।१५ में अश्विनौ को उषस् एवं अग्नि की भाँति प्रातःकाल का देवता कहा गया है (**एत वाव देवाः प्रातर्यावाणो यदग्नि रुषा अश्विनौ**) और श० ब्रा० ५।५। ४।१ में अश्विनौ को श्वेत तथा लोहित वर्ण का बताया गया है (**श्वेत आश्विनो भवति। श्वेताविव ह्यश्विनौ। लौहित आश्विनो भवति.....**) इससे भी उनका प्रातःकालिक प्रकाश से सम्बन्ध सूचित होता है।

अश्विनौ के लिए तेज अथवा प्रकाश से सम्बन्धित अनेक विशेषण प्रयुक्त हुए हैं। वे प्रकाशमान या शुभ्र हैं (७।६८।१)। तेज (**शुभस्**) के स्वामी होने के कारण उन्हें शुभस्पती भी कहा गया है (८। २२। १८, १०।९३।६)। उनके शरीर की ज्योति सुनहली है, अतः वे **हिरण्यपेशसा** (८।८।२) हैं। कुछ मन्त्रों में उन्हें रुद्रा या लोहित वर्ण के भी बताया गया है(५।७५।३)। वे सुनहले अथवा लाल मार्ग में गमन करते हैं (**हिरण्यवर्तनी**, ५। ७५। ३; **रुद्रवर्तनी**, य० वे० ३३। ५८)। प्रातःकाल से घनिष्ठ सम्बन्ध के कारण ही सम्भवतः अश्विनौ को संहिताओं एवं ब्राह्मणों में सर्वत्र प्रातःकाल प्रस्फुटित होने वाले कमलपुष्पों की माला धारण करते हुए वर्णित किया गया है —

१. **गर्भं ते अश्विनौ देवौ आधत्तां पुष्करस्त्रजौ।** ऋ० वे० १०।१८४।२

२. **तावन्मे अश्विना वर्च आ धत्तां पुष्करस्त्रजौ।** अ० वे० ३।२२।४

३. **...... कुमारं पुष्करस्त्रजम्।** वाज० सं० २।३३

४. **अश्विनाविमे हीदं सर्वमाश्नुवातां पुष्करस्त्रजाविति।** श० ब्रा० ४।१।५१६

अश्विनौ की यह विशेषता महाभारत एवं पुराणों तक भी पूर्णरूपेण सुरक्षित चली आई है। श्रीमद्भागवत ९।३।१५ में अश्विनौ को 'पद्मस्रजौ' कहा गया है।

उष:काल की सुनहली किरणों से सम्बन्ध के कारण अश्विनौ के रथ को स्वर्णनिर्मित या हिरण्यय बताया गया है (**हिरण्ययेन पुरुभू रथेन इमं यज्ञं नासत्या उपयातम्**, ऋ० वे० ४।४४।४)। इस रथ के चक्र, उनकी नाभि, इसी प्रकार परिधि एवं रथ की रश्मियाँ भी सोने की बनी हुई है—

१. उभा चक्रा हिरण्यया...... हिरण्ययी वां रभिरीषा अक्षो हिरण्ययः।
— ऋ० वे० ८।५।२९।

२. हिरण्यया वां पवयः प्रुषायन्। — ऋ० वे० १।८०।१।

३. रथो यो वां त्रिबन्धुरो हिरण्याभीशुः अश्विना। — ऋ० वे० ८।२२।५।

उनके इस रथ को एक सहस्र किरणों से अलंकृत कहा गया है (ऋ० वे० ८।८।११)।

ऋग्वेद में अश्विनौ का मधु से सम्बन्ध भी उल्लेखनीय है। वे स्वयं मधु के समान वर्ण वाले हैं (मधुवर्ण, ८।२२।६)। उनका रथ भी मधुवर्ण है और उसमें सदा मधु वर्तमान रहता है (मधुवाहन)। वे मधु के अत्यन्त प्रेमी हैं, इसीलिए उनको **मधूयु** तथा **माध्वी** कहा गया है। उनके पास मधु से पूर्ण एक दृति या चर्मपात्र है (**दृतिं वहेथे मधुमन्तमश्विना**, ४।४५।३)। ऋ० वे० १।११७।६ में कहा गया है कि उन्होंने एक बार मधु के १०० घड़े उड़ेले (**शतं कुम्भाँ असिचतं मधूनाम्**)। मधुमक्खियों को भी वे ही मधु प्रदान करते हैं (ऋ० वे १०।४०।६) आदि। अश्विनौ के मधु से इस सम्बन्ध की व्याख्या करना कठिन है। पर हो सकता है प्रात:काल के मादक दृश्य से सम्बन्ध के कारण, जब मदमाती शीतल वायु प्रवाहित होती रहती है और नवीन प्रस्फुटित मधु से पूर्ण सुगन्धित पुष्पों पर मधुमक्खियाँ मँडराती रहती हैं, अश्विनौ का मधु से यह सम्बन्ध हो गया हो। इस प्रसंग में अश्विनौ की **मधुमती कशा** (अंकुश या चाबुक) का भी उल्लेख हुआ है जो ओल्डेनबर्ग के अनुसार प्रात:कालीन ओस की बूँदों की परिचायक है[१]।

अश्विनौ के शारीरिक आकार-प्रकार के विषय में ऋग्वेद में कुछ संकेत प्राप्त होते हैं। उन्हें अनेक स्थानों पर युवक (युवानौ, ७।६७।१०) कहा गया है वे अत्यन्त सुन्दर

---

१. देखिए मैक्डॉनल : **वै० मा०** पृ० ४७ टिप्पणी ८ (पृष्ठ ५४ पर)। कशा शब्द वा० सं० ७।११ के निम्न मन्त्र में भी आया है — **या वां कशा मधुमती अश्विना सूनृतावती। तया यज्ञं मिमिक्षितम्॥** यहाँ सायण के अनुसार कशा का अर्थ प्रकाशवती वाणी है। सूनृतावती आदि विशेषणों के कारण यह अर्थ यहाँ सर्वाधिक उपयुक्त भी है।

(बल्गु, ६।६२।५) हैं। उनका वर्ण मधु के समान है। वे तेजस्वी तथा हिरण्यवर्ण हैं। ७।६२।५ में उन्हें प्राचीन या 'प्रत्ना' भी कहा गया है, जो वैदिक ऋषियों के मस्तिष्क में उनके अस्तित्व की प्राचीनता को सिद्ध करता है। उनकी यह प्राचीनता ग्रीक **दिउस्क्यूराई** आदि से तुलना करने से तो सिद्ध होती है[1] साथ ही वैदिक तथा पर-वैदिक ग्रन्थों में उनके स्वरूप के विषय में दी गई व्याख्याओं की अनेकरूपता भी इसकी पुष्टि करती है। वे मन के समान शीघ्र गमन करने वाले (**मनोजवसा**, ८।२२।१६), शक्तिशाली (**शक्र**, १०।२४।४) तथा पौरुषयुक्त (**पुरुशाकतमा**, ६।६२।५) हैं। वे अत्यन्त बुद्धिमान् तथा ज्ञानी (**गम्भीरचेतसा** ८।८।२) हैं और उन्हें अनेक प्रकार की माया आती है (**मायिना**, ७।६३।५)।

प्रातःकाल से घनिष्ठतया सम्बन्धित होने के कारण ऋग्वेद के कुछ मन्त्रों में **सूर्या** या उषा को अश्विनौ की पत्नी के रूप में चित्रित किया गया है। ऋ० वे० १।११९।५ कहा गया है कि सूर्या ने स्वयं अश्विनौ को अपने पति के रूप में वरण किया —

आ वां पतित्वं सख्याय जग्मुषी योषा अवृणीत जेन्या युवां पती।

अशिवनौ के रूप में सूर्या के दो पति हैं और वह सदा उनके रथ पर बैठती है (ऋ० वे० ४।४३।३) —

तदू षु वाम् अजिरं चेति यानं येन पती भवथः सूर्यायाः।

ऋग्वेद के अन्य कई मन्त्रों में भी सूर्य की युवती पुत्री सूर्या के अश्विनौ के रथ में बैठने का उल्लेख है —

१. आ वां रथं युवतिस्तिष्ठदत्र जुष्ट्वी नरा दुहिता सूर्यस्य ।१।११८।५

२. युवो रथं दुहिता सूर्यस्य सह श्रिया नासत्या वृणीत। १।११७।१३

ऋग्वेद के १।११६।१७ मन्त्र में अश्विनौ द्वारा जीती हुई सूर्या के उनके रथ पर चढ़ने का उल्लेख है। नासत्या अत्यन्त शोभा के साथ उसको ग्रहण करते हैं और सम्पूर्ण देवता उनके कार्य का अनुमोदन करते हैं —

आ वां रथं दुहिता सूर्यस्य कार्ष्मेवातिष्ठद् अर्वता जयन्ती।
विश्वेदेवा अन्वमन्यन्त हृद्भिः समु श्रिया नासत्या सचेथे॥

सायण ने इस सम्बन्ध में एक अन्तःकथा का उल्लेख किया है। सूर्य अपनी पुत्री सूर्या को सोम को प्रदान करना चाहते थे किन्तु सभी देवता उसे प्राप्त करना चाहते थे। उन्होंने निश्चय किया कि सूर्य को लक्ष्य बनाकर वे एक दौड़ लगाएँ और उसमें जीतने वाला सूर्या का पाणिग्रहण करे। अश्विनो अपने अश्व (या गर्दभ, अर्वन्) पर दौड़े और सर्वप्रथम आए, अतः सूर्या उन्हीं के रथ पर चढ़ी —

१. द्र० प्रथम अध्याय (पृष्ठ ३९-३०)।

सविता स्वदुहितरं सूर्याख्यां सोमाय राज्ञे प्रदातुमैच्छत्। तां सूर्यां सर्वे देवा वरयामासुः। ते अन्योन्यमूचुः। आदित्यमवधि कृत्वा आजिं धावाम। यः अस्माकम् उज्जेष्यति तस्येयं भविष्यति इति। तत्र अश्विनौ उदजयताम्। सा च सूर्या जितवतोः तयोः रथमारुरोह। अत्र 'प्रजापतिर्वै सोमाय राज्ञे दुहितरं प्रायच्छत्' इति ब्राह्मणमनु-सन्धेयम्।

अन्त के वाक्य से स्पष्ट है कि सायण ने यह कथा **ऐतरेय ब्राह्मण** ४। २। १-३ के आधार पर दी है। **कौषीतकि ब्राह्मण** १८। १ में भी यह कथा सोमयाग के अवसर पर **'आश्विन-शास्त्र'** या अश्विनौ से सम्बन्धित एक सहस्र ऋचाओं के 'आश्विन' के नाम से अभिहित होने के कारण की व्याख्या करने के लिए वर्णित की गई है। यहाँ यह स्मरणीय है कि इन दोनों ही ब्राह्मणों में अश्विनौ सूर्या को प्राप्त करने के लिए दौड़ नहीं लगाते। प्रजापति या सूर्य अन्य देवों के इच्छा करते हुए भी अपनी पुत्री सूर्या को सोम को ही देते हैं किन्तु जब ये बाद में 'वहतु'[1] के रूप में एक सहस्र (ऋचाएँ) देने (बाँटने) लगते हैं तो उनके लिए देवों में प्रतिस्पर्द्धा होती है। इसके लिए आजि या दौड़ होती है और काफी कर्मकाण्डीय जटिलताओं के पश्चात् अपने रासभ पर अश्विनौ दौड़ में जीतते हैं ऋचाओं का नाम उनके ऊपर पड़ता है —

प्रजापतिर्वै सोमाय राज्ञे दुहितरं प्रायच्छत् सूर्यां सावित्रीम्। तस्यै सर्वे देवा वरा आगच्छन्। तस्या एतत् सहस्रं वहतुमन्वाकरोत् यदेतत् आश्विनम् इति आचक्षते .... तस्मिन् देवा न समजानत, ममेदम् अस्तु ममेदम् अस्तु इति। ते संजानाना अब्रुवन् आजिमस्यायामहै स यो न उज्जेष्यति तस्येदं भविष्यतीति.......। ऐ० ब्रा० ४। २। १।

नीतिमञ्जरीकार द्याद्विवेद ने भी सायण के भाष्य में दी गई उपर्युक्त कथा के आधार पर ४५वें नीति श्लोक की रचना की है[2]।

ऋग्वेद के कुछ अन्य सूक्तों में भी सोम और सूर्या के विवाह का वर्णन प्राप्त होता है। दशम मण्डल का ८५वाँ सूक्त इस सम्बन्ध में विशेष महत्त्वपूर्ण है। इस सम्पूर्ण सूक्त को सूर्यासूक्त कहा जाता है। इसके नवम तथा चतुर्दश मन्त्रों में सोम को सूर्या का पति तथा अश्विनौ को 'वर के परिचर' कहा गया है। वे सोम की वरयात्रा में आते हैं —

सोमो वधूयुरभवत् अश्विनास्ताम् उभा वरा।
सूर्यां यत् पत्ये शंसन्तीं मनसा सविताददात्॥

---

१. यह शब्द इस प्रसंग में 'दहेज' का नहीं अपितु 'पुरस्कार' का वाची प्रतीत होता है। कन्या की विदाई के समय पैसे लुटाने की प्रथा आज भी प्रचलित है।

२. **प्राप्नुयाद्विजयं सत्यात्तस्मात्सत्यं समाचरेत्।**
नासत्यावश्विनौ सूर्यां देवेभ्यो जिग्यतुः पुरा॥
द्रष्टव्य, सीताराम जयराम जोशी द्वारा सम्पादित **नीतिमञ्जरी** (बनारस, १९३३), पृ० ९७।

यदश्विना पृच्छमानौ अयातं त्रिचक्रेण वहतुं सूर्यायाः।
विश्वेदेवा अनु तद् वामजानन् पुत्रः पितरौ अवृणीत पूषा॥

दशम मण्डल में संकलित होने के कारण ये मन्त्र पहले उद्धृत प्रथम मण्डल के मन्त्रों से निश्चित रूप से परवर्ती हैं। प्रतीत होता है कि ऋग्वेद के प्रारम्भिक काल में उषस् से घनिष्ठ सम्बन्ध के कारण अश्विनौ की उसके पति रूप में मान्यता थी किन्तु धीरे-धीरे सोम के चन्द्रमा के रूप में विकसित होने पर उषा का पतित्व सोम को स्थानान्तरित कर दिया गया । यहाँ यह स्मरणीय है कि दशम मण्डल के इसी सूक्त के प्रथम तीन मन्त्रों में ही सोम का निश्चित रूप से चन्द्रमा से तादात्म्य किया गया है। ऋग्वेद से प्रारम्भिक मन्त्रों में सोम केवल सोमलता का रस ही है। अश्विनौ जैसे देवों की अपेक्षा, जिनका प्राकृतिक आधार अत्यन्त अस्पष्ट या सूक्ष्म था, चन्द्रमा से सूर्य की पुत्री उषा का सम्बन्ध निश्चित रूप से अधिक उपयुक्त है। लगता है, उषा का अश्विनौ से सम्बन्ध केवल उनके प्रातःकाल से सम्बन्धित होने के ही कारण था, इसकी कोई गाथात्मक पृष्ठभूमि नहीं थी। अस्तु, ऐ० ब्रा० और कौ० ब्रा० में सूर्या और सोम के इसी विवाह का वर्णन किया गया है और सायण ने उसे यत्किंचित् परिवर्तित करके जिस मन्त्र की व्याख्या में उसे उद्धृत किया है, उसका उससे कोई सम्बन्ध नहीं है।

अश्विनौ की मुख्यतः मानवमात्र के सहायक देवताओं के रूप में कल्पना की गई है। विशेषरूप से वे किसी शारीरिक या रोग से ग्रस्त मनुष्य को स्वास्थ्य एवं नवजीवन प्रदान करते हुए वर्णित किए गए हैं। ऋग्वेद ८।१८।८ में उन्हें देवों के वैद्य कहा गया है —

उतत्या दैव्या भिषजा शं नः करतो अश्विना।

अ० वे० ७।५३।१ में भी उन्हें देवों के वैद्य कहा गया है और उनसे मृत्यु को दूर रखने की प्रार्थना की गई है —

प्रत्यौहतामश्विना मृत्युमस्मद् देवानामग्रे भिषजा शचीभिः।

अपनी ओषधियों द्वारा वे रोग-पीड़ितों की सहायता करते हैं। ऋग्वेद में उनकी दयालुता एवं पीड़ितों के प्रति सहानुभूति की अनेक कथाएँ उल्लिखित की गई हैं। इन कथाओं की संख्या ऋग्वेद में किसी भी देवता से सम्बन्धित कथाओं से अधिक है। यही कारण है कि **नीतिमञ्जरी** में अश्विनौ के सम्बन्ध में लगभग ३० कथाओं का वर्णन किया गया है। खेल नाम के राजा की **विश्पला** नामक स्त्री के चरण को शत्रुओं ने काट डाला था। उसके पुरोहित अगस्त्य ने अश्विनौ की स्तुति की और उन्होंने रात्रि में आकर उसके लोहे की एक टाँग लगा दी—(**सद्यो जंघामायसीं** विश्पलायै **धनेहिते सर्त्तवे प्रत्यधत्तम्**, ऋ० वे० १।११६।१५ तथा १।११२।१०, १।११७।११, १।११८।८

और १०।३९।८)[1]। वृषागिर् नामक राजा के **ऋज्राश्व** नामक एक पुत्र था। एक बार उसने अश्विनौ की वृकी के लिए प्रजा के १०१ मेष मार डाले । पिता ने जब उसे शाप से अन्धा कर दिया तो अश्विनौ ने उसे नेत्र दिए (शतं **मेषान् वृक्ये चक्षदानमृज्राश्वं तं पिता अन्धं चकार। तस्मा अक्षी नास्त्या विचक्ष आधत्तं दस्रा भिषजावनर्वन्**, ऋ० वे० १।११६।१६ तथा १।११७।१७-१८)[2]। इसी प्रकार लँगड़े और अन्धे को भी उन्होंने चलने और देखने की शक्ति प्रदान की (**याभिः शचीभिः वृषणा परावृजं प्रान्धं श्रोणं चक्षस एतवे कृथः**, ऋ० वे० १।११२।८)। उन्होंने वृद्ध **च्यवन** ऋषि को फिर से यौवन प्रदान करके पत्नी का प्रिय बनाया (**युवां च्यवानम् अश्विना जरन्तं पुनः युवानं चक्रथुः शचीभिः**, ऋ० वे० १।११७।१३ तथा १।११६।१०, १।११८।६, ५।७४।५, ७।६८।६, ७।७१।५, १०।३९।४)[3]। इसी प्रकार कलि राजा को भी उन्होंने पुनर्यौवन प्रदान किया (**पुनः कलेरकृणुतं युवद् वयः**, ऋ० वे० १०।३९।८) और उसे एक पत्नी प्रदान की (१।११२।१५)।

इन भिषक्कर्मों के अतिरिक्त उन्होंने अनेक कष्ट-पीड़ित मानवों को भी सहायता की है। तुग्र के पुत्र **भुज्यु** को उन्होंने गहरे समुद्र से निकाला और उसे डूबने से बचाया (**यदश्विना ऊहथुः भुज्यमस्तं शतारित्रां नाव्यमातस्थिवांसम्**, ऋ० वे० १।११६।५ आदि)। मृत की भाँति एक गर्त में पड़े हुए वन्दन को भी उन्होंने संकट से उबारा (ऋ० वे० १।११९।६, १०।३९।८,)। **जाहुष** नाम का राजा शत्रुओं से घिर गया था। रात्रि में उसे अपने रथ पर चढ़ा कर अश्विनौ शत्रु-सेना के बाहर ले गए (ऋ० वे० १।११६।२० तथा ७।७१।५)। **विमद** को उन्होंने एक पत्नी प्रदान की (१०।६५।१२) और त्वग्रोग के कारण पिता के घर में ही बूढ़ी हो रही **घोषा** को उपयुक्त पति की प्राप्ति कराई (१।११७।७, १०।४०।५)। **पेदु** को उन्होंने एक सुन्दर अश्व प्रदान किया (१।११६।६) और **शयु** की जीर्ण धेनु में दुग्ध उत्पन्न किया (१।११६।२२) आदि आदि।

अश्विनौ से सम्बन्धित ये कथाएँ हमारे काम की नहीं है क्योंकि इनमें से केवल च्यवन को यौवन प्रदान करने की कथा को छोड़कर अन्य कोई कथा न तो परवर्ती संहिताओं में ही प्राप्त होती है, न ब्राह्मणों में ही। इन कथाओं का केवल ऋग्वेद तक ही

---

१. **न सञ्चरणशीलः स्यान्निशि निःशंकमानसः।**
विश्पला छिन्नपादाऽऽसीत् खेलस्याजौ यतो निशि॥ — नीतिमञ्जरी, ४३

२. **यो हितोऽन्यः पिता ज्ञेयो ह्यहितोऽपि पिताऽपिता।**
ऋज्राश्वोऽन्धः कृतः पित्रा नासत्याभ्यां सुलोचनः॥ — नीतिमञ्जरी, ४४

३. **सर्वेषामेव जन्तूनां सर्वदुःखाधिका जरा।**
च्यवनोऽप्यश्विनौ स्तुत्वा तयार्त्तोऽभूत्पुनर्युवा॥ — नीतिमञ्जरी, ३८

सीमित रहना कुछ आश्चर्यजनक है क्योंकि वैदिक देवों से सम्बन्धित अधिकांश कथाएँ किसी न किसी रूप में यदि ब्राह्मण ग्रन्थों में नहीं तो कम से कम पौराणिक साहित्य में तो अवश्य ही उल्लिखित की गई हैं। प्रतीत होता है कि इन कथाओं में अधिसंख्य का कोई न कोई ऐतिहासिक आधार अवश्य है। अश्विनौ का मनुष्यों के कल्याण एवं आरोग्य से विशेष सम्बन्ध होने के कारण कुछ असामान्य एवं चमत्कारी प्रतीत होने वाली घटनाएँ अश्विनौ से सम्बन्धित कर ली गई हैं। सत्य एवं ऐतिहासिक होने के कारण इनका प्राकृतिक दृश्यों या अन्य आधारों पर आश्रित काल्पनिक कथाओं की भाँति मनमाना विकास नहीं हो सका।

च्यवन की कथा श० ब्रा० ४।१।५।१-१५ में विस्तार से कही गई है और उसके पश्चात् वह और अधिक विस्तार से **महाभारत** में तथा अत्यन्त परिष्कृत एवं संक्षिप्त रूप में श्रीमद्भागवत में प्राप्त होती है। श० ब्रा० की कथा अपने मूल में कर्मकाण्डीय है। अश्विनौ को सोमयाग में भाग क्यों दिया जाता है, वह इसकी व्याख्या प्रस्तुत करती है। संक्षेप में वह इस प्रकार है —

'जब **भार्गव** और **अंगिरस्** ऋषिगण स्वर्ग जाने लगे तो वे च्यवन को यहीं छोड़ गए। वे अत्यन्त कुरूप तथा प्रेतों के समान विकराल आकृति वाले थे। एक बार मनु का पुत्र राजा **शर्याति** उधर से निकला। **शर्याति** के शिविर के पास घूमते हुए उसके पुत्रों ने उन्हें देखा और लोष्ठों (छोटे पत्थरों) से मारा। च्यवन ने उन्हें उन्मत्त कर दिया। वे आपस में लड़ने लगे। तब शर्याति अपनी पुत्री **सुकन्या** को लेकर च्यवन के पास गए और उसे स्वीकार करके क्रोध शान्त करने की प्रार्थना की। ऐसा ही हुआ। एक दिन अश्विनौ ने सुकन्या को देखा और उसकी इच्छा की। उन्होंने उससे अपने बूढ़े और कुरूप पति को छोड़ देने के लिए कहा। जब सुकन्या ने च्यवन से यह बताया तो ऋषि ने कहा कि तुम अश्विनौ से कहना कि "तुम स्वयं असमृद्ध तथा असम्पूर्ण हो, फिर भी मेरे पति की निन्दा करते हो"। यदि वे पूछें, कैसे? तो उनसे कहना कि पहले मेरे पति को युवा बना दो, तब बताऊँगी। दुबारा जब अश्विनौ आए तो ऐसा ही हुआ। उन्होंने एक ह्रद में स्नान करवा कर च्यवन को युवा बना दिया। तब ऋषि ने उन्हें बताया कि कुरुक्षेत्र में देवता यज्ञ कर रहे हैं, किन्तु तुम्हें अयोग्य समझ कर यज्ञ-भाग नहीं दे रहे। यह सुनकर अश्विनौ वहाँ गए और देवों से इसका कारण पूछा। उन्होंने कहा कि तुम लोग चिकित्सा के प्रसंग में मनुष्यों के बीच बहुत अधिक रहते हो, अतः हम तुम्हें यज्ञ के अयोग्य समझते हैं। "लेकिन आप लोग भी तो शिरोविहीन यज्ञ कर रहे हैं", अश्विनौ ने कहा। देवों ने जब इसका कारण पूछा तो उन्होंने अपना यज्ञ-भाग निश्चित करवाकर और उसे प्राप्त करके यज्ञ का सिर जोड़ दिया' —

यत्र वै भृगवो वा अंगिरसो वा स्वर्ग लोकं समाश्नुवत तत् च्यवनो भार्गवः......

जीर्णिः कृत्यारूपो जहे। शर्यातो वा इद मानवो ग्रामेण चचार ...... तस्य कुमाराः क्रीडन्त इमं जीर्णिं कृत्यारूपम् अनर्थ्यं मन्यमाना लोष्ठैः विपिपिषुः। स शार्यातेभ्यश्चुक्रोध। तेभ्यः असंज्ञां चकार। पितैव पुत्रेण युयुधे, भ्राता भ्रात्रा। शर्यातो ह वा ईक्षांचक्रे यत् 'किमकरम् तस्मादिदमापदि' इति। .... स विदांचकार स वै च्यवन इति। स रथं युक्त्वा सुकन्यां शार्यातीम् उपाधाय प्रसिष्यन्द .... 'ऋषे नमस्ते। यन्नावेदिषम् तेन अहिंसिषम्। इयं सुकन्या तया ते अपह्नुवे'।

.... अश्विनौ ह वा इदं भिषज्यन्तौ चेरतुः। तौ सुकन्याम् उपेयतुः। तस्यां मिथुनमीषाते। तौ होचतुः 'सुकन्ये कमिमं जीर्णिं कृत्यारूपम् उपशेषे? आवाम् अनुप्रेहि' इति। सा होवाच 'यस्मै मां पिता अदात् नैवाहं तं जीवन्तं हास्यामि' इति। तद् ह अयम् ऋषिः आजज्ञौ। स होवाच .... सुकन्ये यदि त्वेतत् पुनर्ब्रुवतः सा त्वं ब्रूतात् 'न वै सुसर्वौ इव स्थ न सुसमृद्धौ इव। अथ मे पतिं निन्दथः'। तौ यदि त्वा ब्रुवतः 'केन आवाम् असर्वौ स्वः केन असमृद्धौ इति'? सा त्वं ब्रूतात् 'पतिं मे पुनर्युवाणं कुरुतम् अथ वां वक्ष्यामीति'..........।

तौ होचतुः एतं ह्रदमभ्यवहर। स येन वयसा कमिष्यते तेनोदैष्यतीति......तौ ह ऋषिरेव प्रत्युवाच—कुरुक्षेत्रे अमी देवा यज्ञं तन्वते ते वां यज्ञादन्तर्यन्ति....तौ ह तत एव प्रेयतुः 'उप नौ ह्वयध्वमिति'। नेह देवा ऊचुः 'न वाम् उपह्वयिष्यामहे। बहु मनुष्येषु संसृष्टमचारिष्टं भिषज्यन्तौ' इति।

तौ होचतुः 'विशीर्ष्णा वै यज्ञेन यजध्व' इति। 'कथं विशीर्ष्णेति?' 'उप नौ ह्वयध्वम् अथ वो वक्ष्यावः' इति। ताभ्यामेतम् आश्विनं ग्रहमगृह्णन्। .... तौ एतद्यज्ञस्य शिरः प्रत्यधत्तम्॥ — श० ब्रा० ४।१।५।१।१५

वस्तुतः इस कथा में अश्विनौ से सम्बन्धित दो कथाएँ जुड़ी हुई हैं। कथा का पहला भाग है, जिसमें अश्विनौ च्यवन को युवा बनाते हैं। जैसा कि ऊपर कहा जा चुका है, अश्विनौ द्वारा च्यवन को युवा बनाने का कृत्य अन्य मानव-कल्याणकारी कृत्यों के साथ ऋग्वेद में अनेक स्थानों पर वर्णित है। कथा के दूसरे भाग में अश्विनौ को शिरोविहीन यज्ञ को पूर्ण करते हुए या यज्ञ का सिर जोड़ते हुए वर्णित किया गया है। यह अंश पूर्णतः कर्मकाण्डीय है। विष्णु के प्रसंग में सोमयाग के प्रवर्ग्य नामक कृत्य का उल्लेख आया है। इस अत्यन्त रहस्यमय यज्ञीय-कृत्य को अपने निरतिशय महत्त्व के कारण 'यज्ञ का सिर' या मुख्य भाग कहा गया है[१]। जब तक देवता इस कृत्य को नहीं जानते थे तब तक वे मानो शिरोविहीन यज्ञ किया करते थे।

---

१. देखिए, **श० ब्रा०** १४।१।१।१७।

तेन अपशीर्ष्णा यज्ञेन देवा अर्चन्तः श्राम्यन्तश्चेरुः

(अपशीर्ष्णा अपगतशिरस्केन प्रवर्ग्यविरहितेन विभक्तेन यज्ञेन — सायण)

दध्यङ् (दधीचि) ऋषि इस प्रवर्ग्य या **मधुविद्या** को जानते थे। अश्विनौ ने जब देखा कि दध्यङ् को यह विद्या जाती है कि यज्ञ का सिर किस प्रकार जोड़ा जाता है और कैसे उसे पूर्ण किया जाता है (**यथा यथैतद् यज्ञस्य शिरः प्रतिधीयते। यथैष कृत्स्नो यज्ञो भवति**, श ब्रा० १४।१।१।१८), तो वे उसे जानने के लिए उनके पास पहुँचे। इन्द्र ने दध्यङ् को मना किया कि आप अश्विनौ को यह मधुविद्या या प्रवर्ग्य-रहस्य न बताएँ, नहीं तो मैं आपका सिर काट डालूँगा (श० ब्रा० १४।१।१।१९)। अश्विनौ को जब यह पता लगा तो उन्होंने दध्यङ् की अनुमति से एक अश्व का सिर लाकर उनके साथ जोड़ दिया (१४।१।१।३३) और ऋषि से सारी प्रवर्ग्य विद्या प्राप्त कर ली। जब इन्द्र ने युद्ध कर दध्यङ् का अश्व-शिर काट डाला तो अश्विनौ ने दध्यङ् का पहले वाला मनुष्य-शिर लाकर जोड़ दिया (१४।१।१।२४, **अथास्य इन्द्र शिरश्चिच्छेद।।अथास्य स्वं शिर आहृत्य तद् ह अस्य प्रतिदधतुः**)।

इस कथा के बीज ऋग्वेद में ही प्राप्त होते हैं। ऋ० वे० १।११७।२२, १।११९।९, १०।४८।२। तथा सबसे अधिक स्पष्ट शब्दों में १।११६।१२ में इसका संकेत किया गया है —

दध्यङ् ह यन्मधु आथर्वणो वाम् अश्वस्य शीर्ष्णा प्र यदीमुवाच।

श० ब्रा० के चतुर्दश काण्ड में आए बृहदारण्यक उप० २।५।१६, १७, १८ में भी दध्यङ् द्वारा अश्वशिर से अश्विनौ को प्रवर्ग्य की यह मधुविद्या प्रदान करने का उल्लेख है —

इदं वै तन्मधु दध्यङ् आथर्वणो अश्विभ्यामुवाच
तदैतद् ऋषिःपश्यन्नवोचद् आथर्वणाय अश्विना
दधीचे अश्व्यं शिरः प्रत्यैरयतम्॥

यज्ञ की शिरोभूत इसी प्रवर्ग्य-विद्या के ज्ञाता होने के कारण ही अश्विनौ ने कुरुक्षेत्र में देवताओं से जाकर कहा था कि वे अपगतशिरस्क यज्ञ कर रहे हैं और अपना सोमभाग पाने पर उन्होंने देवों को यज्ञ की शिरोभूत इस विद्या का उपदेश देकर यज्ञ को सर्वांगसम्पन्न बना दिया। च्यवन एवं दध्यङ् की इन दोनों कथाओं के तत्त्वों को मिलकर शतपथब्राह्मणकार ने ग्रह-याग में अश्विनौ के लिए दिए जाने वाले सोम-भाग की बड़ी सुन्दर कर्मकाण्डीय व्याख्या की है।

कथा का द्वितीय अंश तै० सं० ६।४।९, मै० सं० ४।६।१।२ तथा कठ० सं० २७।४।५ में भी प्राप्त होता है। इन स्थानों में च्यवन ऋषि का कोई उल्लेख नहीं है।

अश्विनौ यज्ञ के कटे हुए सिर को जोड़ते हैं और बदले में देवता उन्हें बहिष्पवमान स्तोत्रों से पवित्र करके सोम का अधिकारी बना देते हैं। वैद्य होने के कारण इन्हें पहले 'अपूत' तथा 'अमेध्य' समझा जाता था —

यज्ञस्य शिरः अच्छिद्यत्। ते देवा अश्विनौ तब्रुवन् 'भिषजौ वै स्थः। इदं यज्ञस्य शिरः प्रत्यधत्तम्' इति । तौ अब्रूताम् 'वरं वृणावहै। ग्रहा एव नौ अत्रापि गृह्यताम्' इति ताभ्यामेतम् आश्विनम् अगृह्णन्। ततो वै तौ यज्ञस्य शिरः प्रत्यधत्तम् ...... तौ दैवा अब्रुवन् 'अपूतौ वै इमौ मनुष्यचरौ भिषजौ' इति .... अपूतौ ह एष अमेध्यो यो भिषक्। तौ बहिष्पवमानेन पावयित्वा ताभ्यामेतमाश्विनमगृह्णन्।

— तै० सं० ६।४।९।१

निश्चित रूप से कृष्ण-यजुर्वेद की संहिताओं में प्राप्त कथा का यही रूप सर्वाधिक प्राचीन है। सोम से बहिष्कृत अश्विनौ का प्रवर्ग्य-विद्या सीख कर यज्ञ को पूर्ण करना और परिणामस्वरूप यज्ञ का भागी बनाना ही कथा का प्रमुख प्रतिपाद्य है। किन्तु शतपथ ब्राह्मण में च्यवन की कथा इतनी चतुरतापूर्वक मुख्य कथा से सम्बन्धित कर दी गई है कि उसका पृथक्करण असम्भव है। परवर्ती ग्रन्थों में कथा का जो रूप है उसमें श० ब्रा० की ही कथा आधारभूत रही है।

महाभारत में कथा का मुख्य अथवा कर्मकाण्डीय दूसरा भाग लगभग विलुप्त हो गया है और इसने एक नया रूप धारण किया है। यह स्वाभाविक भी था क्योंकि यज्ञ आदि की महत्त्वहीनता के कारण उस समय उसकी कोई आवश्यकता न थी। कथा कर्मकाण्ड के क्षेत्र को छोड़ कर स्वतन्त्र आकार धारण करती है, जिसमें तपस्या की शक्ति ही सर्वोपरि है।

महाभारत **वनपर्व** के दो अध्यायों (१२३ तथा १२४) में च्यवन ऋषि की यह कथा प्राप्त होती है। पयोष्णी नदी के तट पर महर्षि च्यवन दीर्घकाल तक तपस्या करते हैं जिससे उनके ऊपर मिट्टी तथा घास आदि जम जाती है। एक दिन शर्याति अपनी चार पत्नियों तथा पुत्री सुकन्या के साथ क्रीड़ा करता हुआ उधर आ निकलता है। सुकन्या सखियों के साथ खेलती हुई वल्मीक के पास पहुँचती हैं। वल्मीक के अन्दर से चमकती हुई दो आँखें दिखाई पड़ती है। कौतूहलवश सुकन्या उनमें काँटा चुभा देती है। च्यवन क्रुद्ध होकर राजा के सैनिकों का मल-मूत्र बन्द कर देते हैं। जब राजा को अपनी कन्या द्वारा च्यवन को कष्ट देने का वृत्तान्त पता चलता है तो वह सुकन्या के साथ क्षमा याचना करने पहुँचता है। च्यवन सुकन्या की माँग करते हैं। राजा उन्हें अपनी पुत्री प्रदान करता है। एक दिन अश्विनीकुमार सुकन्या को देखते हैं और उससे अपने वृद्ध पति को छोड़ कर अपने में से किसी एक का वरण करने की सलाह देते हैं। सुकन्या इसे नहीं मानती। उसके पातिव्रत्य से प्रसन्न होकर अश्विनीकुमार उसके पति

को युवक बना देने के लिए एक सरोवर में प्रविष्ट कराते हैं और स्वयं भी उसमें प्रविष्ट होते हैं। सरोवर से तीनों एक ही आकृति के सुन्दर युवकों के रूप में निकलते हैं पर सुकन्या अपने पति को पहचान जाती है।

अश्विनीकुमारों के इस प्रकार से प्रसन्न होकर च्यवन उन्हें यज्ञ में सोमपान के अधिकारी बना देने का आश्वासन देते हैं। अपने श्वसुर शर्याति से वे यज्ञ करवाते हैं[1] और उसमें अश्विनीकुमारों को देने के लिए सोम ग्रहण करते हैं। इन्द्र प्रकट होकर च्यवन को ऐसा करने के लिए मना करते हैं और च्यवन के न मानने पर वज्रप्रहार करने के लिए उद्यत होते हैं। च्यवन वज्रसहित उनकी भुजा को स्तम्भित कर देते हैं और इन्द्र के विनाश के लिए यज्ञकुण्ड से **मद** नामक दैत्य की सृष्टि करते हैं। इन्द्र घबरा कर अश्विनीकुमारों को सोमपान का अधिकारी मान लेते हैं और च्यवन **मद** को स्त्री, द्यूत, स्वर्ण तथा सुरा में विभक्त कर देते हैं।

इस कथा में अश्विनीकुमारों की प्रवर्ग्य-विद्या आदि के ज्ञाता होने से सोमपान की योग्यता नहीं वर्णित की गई। यह च्यवन को किए गए उपकार का फल है। च्यवन इस कथा में अत्यन्त सक्रिय भाग लेते हैं जबकि श० ब्रा० में वे अश्विनौ को केवल एक सुझाव मात्र देकर विरत हो जाते हैं। अश्विनौ ने च्यवन के साथ जो उपकार किया उसका बदला च्यवन से ही दिलाकर महाभारत के लेखक ने कथा को अधिक औचित्यपूर्ण तथा सजीव बना दिया है। अब तप कर प्रभाव इतना अधिक है कि इन्द्र जैसे देवराज भी तपस्वियों से घबराते हैं।

श्रीमद्भागवतकार ने २६ श्लोकों में (९।२।१-२६) इस कथा का वर्णन किया है। कथा की रूपरेखा पूर्णतः महाभारत के अनुसार है किन्तु उससे थोड़ी सी परिष्कृत है। एक बार अश्विनीकुमार च्यवन के आश्रम में आते हैं। ऋषि उनसे अपने को युवा बनाने की प्रार्थना करते हैं और बदले में सोमपान के अधिकारी बनाने का वचन देते हैं अश्विनीकुमारों को यहाँ सुकन्या के इच्छुक नहीं प्रदर्शित किया गया। मद दानव का भी कोई उल्लेख नहीं है। जब राजा शर्याति अपने जामाता के आश्रम आता है और वृद्ध च्यवन को न देख कर सुकन्या के साथ एक युवक को देखता है तो उसकी जो प्रतिक्रिया होती है उसका भागवतकार ने इस शब्दों में वर्णन किया है —

राजा दुहितरं प्राह कृतपादाभिवन्दनाम्।
आशिषश्चाप्रयुञ्जानो नातिप्रीतिमना इव॥

---

१. वाज० सं० ७।३५ में शर्याति का एक प्रसिद्ध सोमयज्ञकर्ता के रूप में उल्लेख हुआ है — **इन्द्र मरुत्व इह पाहि सोमं यथा शार्यातेः अपिबः सुतस्य।** तु० की **जैमिनीय उपनिषद् ब्राह्मण** ४।७।१ तथा ८।३।५।

चिकीर्षितं तै किमिदं, पतिस्त्वया प्रलम्भितो लोकनमस्कृतो मुनिः।
यत् त्वं जराग्रस्तमसत्यसम्मतं विहाय जारं भजसेऽमुमध्वगम्॥
कथं मतिस्तेऽवगतान्यथा सतां कुलप्रसूते कुलदूषणं त्विदम्॥
बिभर्षि जारं यदपत्रपा कुलं पितुश्च भर्तुश्च नयस्यधस्तमः॥

ब्राह्मणग्रन्थों तथा कृष्ण यजु० संहिताओं में अन्यत्र भी कुछ स्थानों पर अश्विनौ को मूलतः सोमपान का अनधिकारी बताया गया है; उदा० तै० सं० २।१।१० में कहा गया है कि जो ब्राह्मण तुच्छ होने पर भी सोमपान का अधिकारी बनना चाहता है, उसे अश्विनौ की उपासना करनी चाहिए क्योंकि अश्विनौ भी पहले सोम के अधिकारी नहीं थे[1], बाद में हो गए —

अश्विनम् .... आलभेत यो दुर्ब्राह्मणः सोमं पिपासेत्। अश्विनौ वै देवानामसोमपौ आस्ताम्। तौ पश्चात् सोमपीथं प्राप्नुताम्......।

किन्तु आश्चर्य की बात है कि वैदिक संहिताओं में ऐसा कोई संकेत नहीं है जिसके आधार पर यह कहा जा सके कि अश्विनौ मूलतः सोमयाग से बहिष्कृत थे। ऋ० वे० ३।५।७७,९ में उन्हें सोम के प्रेमी बताया गया है और ८।३५।१ में उषा तथा सूर्य के साथ सोमपान के लिए उनका आह्वान भी किया गया है। वाज० सं० में भी वाजपेय यज्ञ के अवसर पर इन्द्र तथा सरस्वती के साथ विशेष रूप से उन्हीं को सोमपान के लिए आमन्त्रित किया गया है[2]।

अश्विनौ के भिषक्त्व तथा सोमपान से इस सम्बन्ध के अतिरिक्त उनके विषय में अन्य कोई महत्त्वपूर्ण उल्लेख ब्राह्मणों में प्राप्त नहीं होते हैं। अथर्ववेद में भी अश्विनौ के सम्बन्ध में अधिकांशतः संक्षेप में उन्हीं विशेषताओं का उल्लेख हुआ है जो ऋग्वेद में पाई जाती हैं। उदाहरणार्थ अ० वे० ३।१६।१ में उनका प्रातःकाल आह्वान किया गया है। ७।३५।१ में उन्हें 'देवों के वैद्य' (देवानां भिषजा) बताया गया है। अ० वे० ५।२५।३ में कहा गया है कि वे कमल-पुष्पों की माला धारण करते हैं (पुष्करस्रजा)। ९।१।१९ में अश्विनौ से प्रार्थना की गई है कि 'तेजस्वी अश्विनौ स्तुतिकर्ता (की वाणी) को मधु से अभ्यक्त करें जिससे वह सभा में वर्चस्वती वाणी बोले' —

---

१. आदरणीय गुरुवर प्रो० उलरिष् श्राइडर का मत है कि अश्विनौ के मूलतः अपूज्य होने के पीछे अत्यन्त प्राचीन लोकविश्वास की यह धारणा काम कर रही है कि यमल या जुड़वाँ सन्तानों में एक जारज होती है। वैदिक भारत में भी जुड़वाँ सन्तान होने पर उसके शुद्धीकरण हेतु एवं अनिष्ट निवारण के लिए किए जाने वाले कृत्यों के उल्लेख प्राप्त होते हैं। ऋग्वेद का प्रसिद्ध यम-यमी सूक्त (१०।१०) भी ऐसे ही किसी धार्मिक कृत्य में प्रयुक्त किया जाता था (**इण्डो-ईरानियन जर्नल**, भाग १०, १९६७, पृ० १३-३२)।

२. हिलेबांड्ट ने अवश्य अपने **वेदिशे मिथोलोगी** (प्रथम भाग, पृ० २४९) नामक ग्रन्थ में ऋग्वेद के कुछ उद्धरणों से यह सिद्ध करने की चेष्टा की है कि अश्विनौ पहले सोमयाग से बहिष्कृत थे।

अश्विना सारघेण मा मधुनाक्तं शुभस्पती।
यथा वर्चस्वती वाचम् आददानि जनाँ अनु॥

"जिस प्रकार मधुमक्खियाँ छत्ते में मधु एकत्र करती हैं उसी प्रकार अश्विनौ मेरे अन्दर तेज (वर्चस्) धारण करें" (**यथा मधु मधुकृतः संभरन्ति मधावधि। एवा मे अश्विना वर्च आत्मनि ध्रियताम्**, अ० वे० ९।१।१६)। अश्विनौ और मधु के सम्बन्ध में यह (९।१) सम्पूर्ण सूक्त महत्त्वपूर्ण है। अ० वे० २।३०।२। में कहा गया है कि अश्विनौ दो प्रेमियों को परस्पर मिलाते हैं (**अश्विना कामिना सं च वक्षथः**)। १४।१। ३५ में विवाह के अवसर पर अश्विनौ से वधू को कान्तिमती तथा वर्चस्वती बनाने की प्रार्थना की गई है और ५।२५।३ में कहा गया है कि वे ही स्त्रियों में गर्भ को उत्पन्न करते हैं (**गर्भं ते अश्विनोभा आधत्तां पुष्करस्त्रजा**)।

गृह्यसूत्रों में भी अश्विनौ के स्वरूप में प्राचीन वैदिक ग्रन्थों की अपेक्षा कोई महत्त्वपूर्ण अन्तर नहीं प्राप्त होता। उनको 'पुष्करस्त्रजौ' कहा गया है तथा उन्हें अत्यन्त बुद्धिमान् मान कर अपने अन्दर मेधा के संचार के लिए उनका आह्वान किया गया है (**मेधां अश्विनावुभौ आधत्तां पुष्करस्त्रजौ**, पारस्कर गृ० सू० १।३।१९)। यजुर्वेद में अश्विनौ के बाहुओं का बड़ा महत्त्व है, जिनसे वे आर्त्तों की सहायता करते हैं। गोभिल गृ० सू० २।१०।२६ में (तथा अन्यत्र भी) उपनयन संस्कार के अवसर पर आचार्य शिष्य का हाथ **वाज० सं०** के इन्हीं शब्दों से साथ पकड़ते हैं — **देवस्य त्वा सवितुः प्रसवे अश्विनोर्बाहुभ्यां ....गृह्णामि।** ऋग्वेद में अश्विनौ के एक श्रेष्ठ रथी माने जाने के कारण हिरण्यकेशी गृ० सू० १।४।२ में रथ पर चढ़ने से पूर्व अश्विनौ की स्तुति की जाती है और स्तुतिकर्ता उनसे रथ तथा रथी को सुरक्षित रखने की प्रार्थना करता है।

हिरण्यकेशी गृ० सू० १।७।२५ में विवाह के अवसर पर अश्विनौ से वधू के उरोजों को सुरक्षित रखने की प्रार्थना की गई है और गर्भाधान संस्कार के अवसर पर गर्भ स्थापित करने के लिए प्रायः सभी गृह्यसूत्रों में उनका आह्वान प्राप्त होता है।

अश्विनौ शब्द का मूल भाव क्या है, यह निश्यपूर्वक नहीं कहा जा सकता। अश्वी का अर्थ है 'जिसके पास अश्व हो'। यास्क के पूर्वज और्णवाभ ने अश्विनौ की इसी प्रकार व्याख्या की है — **अश्वैरश्विनौ इत्यौर्णवाभः** (निरुक्त, १२।१)। किन्तु अश्विनौ के ऋग्वैदिक स्वरूप में अश्वों से ऐसा कोई सम्बन्ध प्रतीत नहीं होता। उनके रथ के अश्वों का उल्लेख अवश्य हुआ है पर इसमें कोई विशेषता नहीं है क्योंकि ऋग्वेद में अनेक देवों के अश्वों का उल्लेख मिलता है। अश्व शब्द 'अश्-व्याप्तौ' धातु से बना है, अतः ब्राह्मण ग्रन्थों में (देखिए बृ० उ० १।१।२) में संसार को अपनी किरणों से व्याप्त कर लेने के कारण सूर्य को 'अश्व' कहा गया है। मैक्डॉनल का मत है कि अश्व शब्द सूर्य की किरणों का भी वाची है। अतः

'अश्विन्' शब्द इनके सूर्य या प्रकाश से सम्बन्ध का द्योतक है[१]।

अश्विनौ के लिए ऋग्वेद में **नासत्या** और **दस्रा** ये दो विशेषण बहुत अधिक प्रयुक्त हुए हैं। नासत्या का सम्भवतः अर्थ है 'जो अस्त्य न हों', सत्य युक्त, सत्य संकल्प। किन्तु दस्र शब्द के 'नाशक' (गोल्डश्टुकर), 'विचित्र' या 'आश्चर्यजनक' (मैक्डॉनल) तथा 'दर्शनीय' (सायण) आदि कई अर्थ किए गए हैं। इनमें से 'नासत्या' शब्द अत्यधिक प्राचीन है और बोगाज़क्यूई के मृत्फलकों में ही (देखिए पीछे पृ० २९) अश्विनौ के लिए प्रयुक्त पाया जाता है। आगे चल कर ये दो विशेषण दोनों अश्विनीकुमारों पृथक्-पृथक् नाम (एक का नासत्य, दूसरे का दस्र) बन गए हैं। सर्वप्रथम सम्भवतः बृहद्देवता में इन शब्दों का अश्विनौ-युग्म में एक-एक के नाम के रूप में उल्लेख हुआ है —

नासत्यश्चैव दस्रश्च यौ स्तुतावश्विनाविति। ७। ६

महाभारत, आदि० ६६। ३५ तथा अनु० १५०। १८ में अश्विनौ के इन्हीं दो नामों का उल्लेख हुआ है। किन्तु ऋग्वेद में दस्र एवं नासत्य शब्द अश्विनौ के सम्मिलित रूप से विशेषण हैं, जैसाकि इन शब्दों के सदा द्विवचन में प्रयुक्त होने से प्रतीत होता है—

ता वल्गू दस्रा पुरुषाकतमा (ऋ० ६। ६२। ५)
अश्विनावेह गच्छतम् नासत्या मा विवेनतम् (ऋ० ५। ७८। १)

बोगाज़क्यूई के मृत्फलक में भी नासत्या शब्द द्विवचन में ही प्रयुक्त हुआ है।

अस्तु, अश्विनौ की उत्पत्ति के विषय में ऋग्वेद तथा अथर्ववेद में एक महत्त्वपूर्ण मन्त्र प्राप्त होता है। ऋग्वेद १०। १७। २ में कहा गया है कि 'देवताओं ने अमर.......को मर्त्य मनुष्यों से छिपा लिया और उसी प्रकार की एक.........को विवस्वान् को दे दिया। जब ऐसा हुआ तो सरण्यू ने अश्विनौ को जन्म दिया और दो मिथुनों या पुत्र-पुत्रियों को छोड़ दिया' —

अपागूहन् अमृतां मर्त्येभ्यः कृत्वी सवर्णाम् अददुः विवस्वते।
उत अश्विनौ अभरद् यत् तदासीत् अजहात् उ द्वा मिथुना सरण्यूः॥

यह मन्त्र अ० वे० १८। २। ३३ में भी आया है। इसके अतिरिक्त इसी भाव से सम्बन्धित ऋग्वेद (१०।१७।१) तथा अथर्ववेद में एक और मन्त्र प्राप्त होता है —

त्वष्टा दुहित्रे वहतुं कृणोति तेनेदं (ऋ० इतीदं) **विश्वं भुवनं समेति।**
यमस्य माता पर्युह्यमाना महो जाया विवस्वतो ननाश॥

— अ०वे० १८। १। ५३

---

१. मैक्डॉनल, **वै० मा०**, पृ० ५३।

"त्वष्टा, जो दहेज अपनी पुत्री को देता है, उससे यह सारा संसार व्याप्त हो जाता है। विवाह होने के पश्चात् यम की माता और विवस्वान् की पत्नी खो गई (या चली गई)"।

दोनों ही मन्त्र अत्यधिक अस्पष्ट हैं, किन्तु इनके आधार पर परवर्ती आचार्यों ने विवस्वान् की पत्नी सरण्यू, उसके पुत्र यम-यमी, सवर्णा तथा अश्विनौ की उत्पत्ति आदि संकेतों को लेकर एक अत्यन्त रोचक तथा सजीव कथा का संघटन किया है। अत्यन्त संक्षेप में सर्वप्रथम यास्क ने (निरुक्त १२।१० में) यह कथा दी है किन्तु यह कथा उनसे पूर्ववर्ती है जैसा की उनके प्रथम वाक्य से ही स्पष्ट है—

तत्रेतिहासमाचक्षते। त्वाष्ट्रीसरण्यूर्विवस्वत आदित्यात् यमौ मिथुनौ जनयांचकार। सा सवर्णामन्यां प्रतिनिधाय आश्वं रूपं कृत्वा प्रदुद्राव। स विवस्वानादित्यः आश्वमेव रूपं कृत्वा तामनुसृत्य संबभूव। ततः अश्विनौ जज्ञाते सवर्णायां मनुः।

— निरुक्त १२।१०

"त्वष्टा की पुत्री सरण्यू के गर्भ से आदित्य या विवस्वान् के संयोग से यम और यमी उत्पन्न हुए। वह सवर्णा नाम की एक अन्य स्त्री को (विवस्वान् के पास रख कर) अश्व का रूप धारण करके चली गई। तब विवस्वान् ने भी उसके पास जाकर अश्व का रूप धारण करके उससे संगम किया और उससे दोनों अश्विनौ की उत्पत्ति हुई"।

इस कथा पर दृष्टि डालने से विदित होगा कि इस कथा का रचयिता उपर्युक्त वैदिक मन्त्रों के आधार पर अश्विनौ के अश्व से विशेष सम्बन्ध की व्याख्या करने की चेष्टा कर रहा है। उसके मत से अश्विनी या बडवा से उत्पन्न होने के कारण ही इन्हें अश्वी या अश्विनौ कहा जाता है। वैदिक मन्त्रों में सरण्यू एवं विवस्वान् के अश्वरूप धारण करने का कोई संकेत नहीं है किन्तु कथा को यह मोड़ कथाकार ने उपर्युक्त उद्देश्य की पूर्ति के लिए ही दिया है। यद्यपि व्याकरण की दृष्टि से 'अश्विन्' का तात्पर्य 'अश्व से उत्पन्न हुआ' नहीं है पर 'इतिहास' की दृष्टि से इस शब्द की यही सर्वाधिक सन्तोषजनक व्याख्या है। परवर्ती साहित्य में यह कथा अत्यधिक प्रसिद्ध हुई है और इसका पर्याप्त पल्लवन किया गया है। अश्वा-रूपधारिणी सरण्यू से उत्पन्न होने के कारण महाभारत एवं पुराणों में अश्विनौ के स्थान पर **अश्विनी-कुमार** नाम अधिक प्रचलित एवं सामान्यतया प्राप्य है। 'अश्विनौ' से 'अश्विनीकुमार' नाम का यह परिवर्तन साधारण नहीं है, इसके पीछे एक छोटा सा इतिहास है।

अस्तु, यास्क के बाद बृहद्देवताकार ने कुछ विस्तार से इस कथा का वर्णन किया है(बृ० दे० ६।१६२- ६३, ७ ।१-७)। अन्तिम श्लोक में बृहद्देवताकार ने लिखा है कि ऐसा इतिहास यास्क सरण्यू-देवी विषयक दो ऋचाओं (१०।१७०।१, २) में मानते हैं (**इतिहासमिमं यास्कः सरण्यूदेवते द्व्यृचे .... मन्यते**)। इससे प्रतीत होता है

कि बृहद्देवता के समय भी यह कथा प्राचीनतम रूप में निरुक्त में ही प्राप्य थी। बृहद्देवता की कथा इस प्रकार है—

अभवन् मिथुनं त्वष्टुः सरण्यूस्त्रिशिरा सह।
स वै सरण्यूं प्रायच्छत् स्वयमेव विवस्वते॥ ६। १६२।

ततः सरण्व्यां जज्ञाते यमयम्यौ विवस्वतः॥ १६३।

सृष्ट्वा भर्तुः परोक्षं तु सरण्यूः सदृशीं स्त्रियम्।
निक्षिप्य मिथुनं तस्याम् अश्वा भूत्वापचक्रमे॥ ७। १।

अविज्ञानाद् विवस्वांस्तु तस्यामजनयत् मनुम्। २।

स विज्ञाय त्वपक्रान्तां सरण्यूमश्वरूपिणीम्।
त्वाष्ट्रीं प्रति जगामाशु वाजी भूत्वा सलक्षणः॥ ३॥

सरण्यूश्च विवस्वन्तं विदित्वा हयरूपिणम्।
मैथुनायोपचक्राम तां च तत्रारुरोह सः॥ ४।

ततस्तयोस्तु वेगेन शुक्रं तदपतद् भुवि।
उपाजिघ्रच्च सा त्वश्वा तच्छुक्रं गर्भकाम्यया॥ ५॥

आघ्रातमात्राच्छुक्रात्तु कुमारौ संबभूवतुः।
नासत्यश्चैव दस्रश्च यौ स्तुतावश्वनाविति॥ ६॥

अन्तिम श्लोक में कहा गया है कि विवस्वान् के शुक्र को सूँघने से सरण्यू ने अश्विनौ को उत्पन्न किया। यह कल्पना सम्भवतः अश्विनौ के 'नासत्या' विशेषण से उत्पन्न हुई है। इस शब्द का 'नासा' से सम्बन्ध आभासित होता है। इसी आधार पर पुराणों में कहा गया है कि सरण्यू ने आदित्य के शुक्र को नासिका के छिद्रों से निकाल दिया। उससे अश्विनौ का जन्म हुआ जो नासा से उत्पन्न होने के कारण 'नासत्यौ' कहे जाते हैं—

नासापुटाभ्यामुत्सृष्टं परोऽयमिति शंकया।
तद्रेसस्ततौ जातौ अश्विनाविति निश्चितम्॥
.... नासत्यौ नासिकाग्रतः॥ — मत्स्य पु० ११। ३६-३७

महाभारत में दो स्थानों पर (आदि० ६६ तथा अनु० १५०), मत्स्य पुराण के ११ वें अध्याय में (श्लोक १- ४१), वायु पुराण के ८४वें अध्याय में, विष्णु पुराण ३। २। २-७ में तथा ब्रह्म पुराण के ८९ वें अध्याय में अश्विनौ के जन्म की यह कथा अत्यन्त विस्तार से वर्णित है। बृहद्देवता में सरण्यू के विवस्वान् के पास से चले जाने का कोई कारण नहीं बताया गया है किन्तु पुराणों में कहा गया है कि सरण्यू विवस्वान् के असह्य तेज को सहने में असमर्थ थी, इसलिए अपने समान एक **सवर्णा** अथवा **छाया** नाम की

स्त्री को उत्पन्न करके और उससे अपने पुत्रों को मातृस्नेह से पालन करने का अनुरोध कर वह तप करने वन में चली गई —

ततस्तेजोमयं रूपम् असहन्ती विवस्वतः।
नारीमुत्पादयामास स्वशरीरादनिन्दिताम्॥

छाये त्वं भज भर्तारमस्मदीयं वरानने।
अपत्यानि मदीयानि मातृस्नेहेन पालय॥

— मत्स्य० ११।५, ६

बाद में त्वष्टा विवस्वान् के तेज को कम करने के लिए उन्हें चक्रभ्रमि (शाण) पर चढ़ा कर और उसके तेजस्वी मण्डल को इधर-उधर से काट-छाँट कर, गोल तथा छोटा कर देते हैं —

यन्त्रारूढं च मां कृत्वा छिन्धि तेजांस्यनेकशः। — ब्रह्म० ८९।४१

अपनेष्यामि ते तेजो यन्त्रे कृत्वा दिवाकर।
रूपं तव करिष्यामि लोकानन्दकरं प्रभो॥ — मत्स्य ११।२७-२८

विवस्वान् के प्रसंग में कहा जा चुका है कि सरण्यू **उषा** का ही देवी-रूप है। सायण ने सरण्यू का अर्थ 'सरणशीला' किया है (ऋ० १०।१७।२)। उदीयमान सूर्य ही विवस्वान् है। उसकी पत्नी उषा या सरण्यू है। जब सूर्य का तेज प्रखर होता है तो सरणशीला-उषा की रक्तिमा भाग कर छिप जाती है। संसार को किरणों से व्याप्त करने (अशु-व्याप्तौ) के कारण सूर्य ही 'अश्व' है। कुछ समय पश्चात् पश्चिम में उषा और विवस्वान् का पुनः मिलन होता है और दोनों पूर्व में अपने घर लौटते हैं। ब्रह्मपुराण-कार को इस कथा का प्राकृतिक आधार पूर्णतः स्पष्ट था। उसने विवस्वान् की पत्नी का नाम **उषा** दिया है, सरण्यू नहीं —

तस्य पत्नी उषा ख्याता त्वाष्ट्री त्रैलोक्यसुन्दरी। ८९।३

ऋग्वेद में भी उषा एक सुन्दर युवती के रूप में उपस्थित होती है। पुराणकार ने स्पष्ट कहा है कि विवस्वान् का अपनी पत्नी के पीछे दौड़ना, सूर्य का ही उषा के पीछे दौड़ने को सूचित करता है —

धावन्तीं तां प्रियामश्वाम् अश्वरूपधरः स्वयम्।
पर्यधावद् यतो याति उषा भानुस्तस्ततः॥ ब्रह्म पु० ८९।२८

रामायण, तथा महाभारत आदि में अश्विनौ की कोई भी ऐसी नवीन विशेषता प्राप्त नहीं होती जिसे परवर्ती विकास कहा जाए। **रामायण** (बाल० १७।१४) में अश्विनौ को रूप-यौवन से सम्पन्न तथा अत्यन्त सुन्दर कहा गया है —

रूपयौवनसंपन्नौ अश्विनौ रूपसम्मतौ।

महाभारत में च्यवन की कथा के अतिरिक्त दो अन्य स्थानों में अश्विनीकुमारों को श्रेष्ठ वैद्यों के रूप में चित्रित किया गया है। आदि० ३।५५ में जब **आयोद धौम्य** का शिष्य **उपमन्यु** अर्क के पत्ते खा लेने से अन्धा होकर एक कूप मे गिर जाता है तो उसके गुरु उसे अश्विनीकुमारों की स्तुति करने की सलाह देते हैं। वे उसे खाने के लिए एक अपूप देते हैं, जिससे उसे पुनः नेत्र ज्योति मिल जाती है (आदि० ३।७३)। अश्विनीकुमार ही मान्धाता को उसके पिता युवनाश्व के उदर से बाहर निकालते हैं (द्रोण० ६२।४)। महाभारत के प्रमुख पात्र पञ्च-पाण्डवों में सबसे छोटे दो भाई **नकुल** और **सहदेव** अश्विनीकुमारों के ही अंश कहे गए हैं, जिन्हें उन्होंने **माद्री** के गर्भ से उत्पन्न किया था (आदि० ९५।६३)

वैदिक अश्विनौ का भौतिक आधार अत्यन्त अस्पष्ट है। उनका मूल स्वरूप यास्क के समय में ही एक समस्या बना हुआ था। अपने निरुक्त में उन्होनें अश्विनौ के आधिभौतिक स्वरूप की चार-पाँच प्रकार से व्याख्या की है —

अथातो द्युस्थाना देवताः। तासामश्विनौ प्रथमागामिनौ भवतः। अश्विनौ यद् व्यश्नुवाते सर्वं रसेन अन्यो, ज्योतिषा अन्यः। अश्विभिरश्विनौ इत्यौर्णवाभः।

तत् कौ अश्विनौ ? द्यावापृथिव्यौ इत्येके अहोरात्रौ इत्येके। सूर्याचन्द्रमसौ इत्येके। राजानौ पुण्यकृतौ इति ऐतिहासिकाः। तयोः कालः ऊर्ध्वरात्रात् प्रकाशीभावस्य अनुविष्टम्भम् अनु। तयोर्मार्गो हि मध्यमो ज्योतिर्मार्गः आदित्यः।

यास्क ने यहाँ द्यावापृथिवी, सूर्य-चन्द्रमा तथा दिन और रात्रि को अश्विनौ के प्राकृतिक आधार के रूप में उपन्यस्त किया है। पहली व्याख्या का संकेत उन्हें सम्भवतः श० ब्रा० ४।९।५।१६ से प्राप्त हुआ है, जहाँ कहा गया है कि समस्त जगत् को व्याप्त कर लेने ('आश्नुवाताम्') के कारण पृथ्वी एवं आकाश ही अश्विनौ हैं —

इमे वै द्यावापृथिवी प्रत्यक्षमिश्वनौ। इमे हीदं सर्वमाश्नुवाताम् पुष्करस्त्रजौ इति। अग्निरेव अस्यै (पृथिव्याः) पुष्करम् आदित्यो अमुष्यै (दिवः)।

निस्सन्देह श० ब्रा० ने अश्विनौ के कमलों की बड़ी सुन्दर व्याख्या की है। 'अग्नि पृथ्वी का कमल है और सूर्य आकाश का। पृथ्वी और आकाश ही अश्विनौ हैं'। किन्तु अश्विनौ सदा साथ रहने वाले देवता हैं, जबकि पृथ्वी तथा आकाश के विषय में ऐसा नहीं है। उनका सूर्य से विशेष सम्बन्ध है, वे उसके पुत्र हैं। उन्हें पृथ्वी और आकाश मान लेने पर इसकी समुचित व्याख्या नहीं की जा सकती। अश्विनौ पुष्करधारी नहीं अपितु पुष्करस्त्रक्धारी हैं। द्यावापृथ्वी के स्वतन्त्र एवं स्पष्ट देवता होने से अश्विनौ जैसे अस्पष्ट देवताओं का उनसे कोई सम्बन्ध प्रतीत नहीं होता।

पारस्परिक सतत पार्थक्य के कारण एवं चन्द्रमा का प्रात:काल से कोई सम्बन्ध न होने के कारण सूर्य और चन्द्रमा की व्याख्या भी सन्तोषजनक नहीं हैं। गोल्डश्टुकर का मत है कि यास्क का अश्विनौ के स्वरूप के विषय में अपना विचार यह था कि ब्राह्मवेला के समय होने वाला झुटपुटा ही, जिसमें रात्रि (अन्धकार) एवं दिन (प्रकाश) दोनों का सम्मिश्रण होता है, अश्विनौ पद से वाच्य है। अश्विनौ में एक अन्धकारमय है और दूसरा प्रकाशमय। अन्त के दो वाक्यों की गोल्डश्टुकर ने इसी दृष्टि से व्याख्या की है[१]। अश्विनौ के आकाश एवं सूर्य के पुत्र होने की बात इसी से समझ में आ सकती है।

दुर्गाचार्य की वृत्ति के आधार पर रोठ का मत है कि यास्क अश्विनौ को **इन्द्र** तथा सूर्य समझते हैं। उनके शब्द ''अश्विनौ में से एक रस (जल) से पृथ्वी को व्याप्त करता है और दूसरा प्रकाश से'' इसी ओर संकेत करते हैं। अन्तिम वाक्य भी इसी का परिचायक है[२]। पर वास्तविकता यह है कि यास्क ने इस विषय में अपना कोई मत नहीं दिया है। आदित्य और इन्द्र जैसे अत्यन्त प्रसिद्ध, स्पष्ट एवं पूर्ण देवों का अश्विनौ जैसे युगल-देवों के रूप में संयोग होने का कोई कारण नहीं है और यह यास्क का मत कभी नहीं हो सकता।

ओल्डेनबर्ग का मत है कि भोर का तारा (प्रात:काल उदित होने वाला शुक्र ग्रह) ही अश्विनौ का भौतिक रूप है। सन्ध्या तारे के साथ मिलाकर अश्विनौ की युग्म-रूप में कल्पना की गई है[३]। भोर का तारा प्रात:काल के आने का सूचक है और इस प्रकार वह नवजीवन का प्रतीक है। यद्यपि इस मत में सबसे बड़ी कठिनाई यह है कि भोर और सन्ध्या के तारे कभी एक साथ नहीं रहते। यहाँ तक कि उनका उदय भी एक दिन नहीं होता किन्तु ग्रिसवोल्ड ने अनेक प्रमाण देकर इसी धारणा को मान्यता देने की चेष्टा की है[४]। उनका कथन है कि ऋ० ५।७३।४ तथा १।१८१।४ में अश्विनौ को पृथक्-पृथक् जन्म लेते हुए भी वर्णित किया है। जैसे १।१८८।६ में उषा एवं संध्या को साथ द्योतित करने के लिए 'उषसा' अभिधान प्रयुक्त हुआ है उसी प्रकार सम्भवत: इन दोनों तारों का पृथक्-पृथक् होने पर भी साथ-साथ उल्लेख है। तथापि यह मानना पड़ेगा कि साँझ और भोर के तारे वाला यह मत अत्यन्त दूरारूढ़ और सत्य से दूर है[५]। और यही वेबर

---

१. म्यूर द्वारा **ओरिजिनल संस्कृत टैक्स्ट्स**, भाग ५ पृ० २५५-५७ पर उल्लिखित। द्रष्टव्य, ग्रिसवोल्ड, **रिलीजन ऑफ़् द ऋग्वेद**, २५६ त. आगे।

२. रोठ द्वारा संपादित **निरुक्त**, पृ० १५९; म्यूर, वही पृ० २३५।

३. **डी रिलीगियोन डेस वेद**, पृ० २१४।

४. ग्रिसवोल्ड, **रि० ऋ०**, पृ० २५८।

५. वस्तुत: जिन दो तारों को भोर तथा साँझ का तारा कहा जाता है, वे एक ही हैं, दो नहीं। यह सूर्य की परिक्रमा करने वाला पृथ्वी का पड़ोसी ग्रह **शुक्र** है। जब वह सूर्य के आगे रहता है तो प्रात:

के मत के विषय में भी कहा जा सकता है, जिसके अनुसार अश्विनौ मिथुनराशि के दो तारे हैं[१]।

अश्विनौ से सम्बन्धित कथाओं की ऐतिहासिकता की चर्चा उपर की जा चुकी है। यास्क ने लिखा है कि कुछ ऐतिहासिकों के मत से वे प्राचीनकाल के दयालु एवं पुण्यशाली राजा हैं (**राजानौ पुण्यकृतौ**)। गैल्डनर ने भी अश्विनौ को वैदिक-भारत के प्राचीन ऐतिहासिक सन्त माना है[२]। परन्तु वास्तविकता यह है कि अश्विनौ से सम्बन्धित गाथाओं का भले ही ऐतिहासिक आधार हो, अश्विनौ का बिल्कुल नहीं हैं। वे निश्चित रूप से प्रकाश से सम्बन्धित देवता जान पड़ते हैं। आर्य देशों के देवशास्त्रों में (**दिओस्क्युराई** आदि रूपों में) उनकी प्राप्ति तथा बोग़ाज़क्यूई के मृत्फलक पर उनका उल्लेख उन्हें प्राचीनतम आर्यदेवता ही सिद्ध करता है, ऐतिहासिक व्यक्ति नहीं।

वस्तुतः अश्विनौ किसी ऐसे प्राकृतिक दृश्य से सम्बद्ध हैं, जो प्रातःकाल के अतिरिक्त सायंकाल भी दिखाई पड़ता है। विवस्वान् और सरण्यू की कथा इस ओर स्पष्ट संकेत करती है और इस दृष्टि से गोल्डश्टुकर का ही मत अधिक सन्तोषजनक प्रतीत होता है, जिसके अनुसार वे अन्धकार और प्रकाश के घुले-मिले रूप हैं। पर यह मत भी अश्विनौ के स्वरूप की पूरी व्याख्या नहीं कर सकता। वस्तुतः ऐसा प्रतीत होता है कि अत्यन्त प्राचीनकाल के देवता होने के कारण स्वतः वैदिक ऋषियों को उनके उद्भव के विषय में स्पष्ट परिज्ञान नहीं था।

❖ ❖ ❖

काल सूर्योदय से पूर्व दिखाई पड़ता है। जब वह पृथ्वी तथा सूर्य के ठीक बीच में अथवा सूर्य के पृष्ठभाग में चला जाता है तो अस्त हो जाता है। सूर्य से पीछे रहने पर वह सूर्यास्त के पश्चात् पश्चिम में दृष्टिगोचर होता है। इस प्रकार भोर और साँझ के तारे किसी भी दशा में एक ही दिन नहीं दिखाई पड़ सकते। उनके बीच प्रायः दो मास का अन्तर होता है।

१. बेबर : **इंदिशे श्टूडियन**, भाग ५ पृ० २३४।

२. पिशेल तथा गैल्डनर : **वेदिशे श्टूडियन**, भाग २ पृ० ३१

पञ्चम अध्याय

द्युस्थानीय देवता (२)

विष्णु, लक्ष्मी तथा गरुड

रूपरेखा — विष्णु शब्द की विभिन्न व्युत्पत्तियाँ, विष्णु के तीन पदक्रमों का स्वरूप और उनका वामन-अवतार। वामनत्व का कारण। विष्णु का यज्ञ से तादात्म्य और दोनों की समान व्यापानशीलता। यज्ञरूपी विष्णु से सम्बन्धित ब्राह्मण ग्रन्थों के आख्यान। पुराणों में विष्णु की यज्ञपुरुष के रूप में ख्याति। उनका यज्ञमय वराह अवतार। इस अवतार के ऋग्वेद में उल्लेख और मूलतः इसका प्रजापति से सम्बन्ध। साम्य का कारण, नारायण विशेषण। पुराणों में इस अवतार का वर्णन। श० ब्रा० में जलौघ की कथा का वर्णन और मत्स्य का उल्लेख। महाभारत में मत्स्य प्रजापति का रूप। परवर्ती पुराणों में उसका विष्णु से सम्बन्ध। कूर्म अवतार के बीज; श० ब्रा० में प्रजापति का कूर्म रूप। कूर्म के पृथ्वी का धारक होने का लोकविश्वास। बाद में कूर्म का विष्णु से सम्बन्ध। विष्णु के दस अवतार — नृसिंह अवतार का विशेष वर्णन। विष्णु का विराट् रूप। ब्राह्मणों में इन्द्र से उनकी विशेष मैत्री। पशुओं, विशेषतः गायों (गो) से उनका विशेष सम्बन्ध। विष्णु का परम पद। विष्णु के क्षीरसागर वासी होने का कारण। विष्णु का धन और ऐश्वर्य से सम्बन्ध — श्री या लक्ष्मी की धारणा। उनके वाहन गरुड का वैदिक स्वरूप। सुदर्शन-चक्र। विष्णु की जगत् की सर्वश्रेष्ठ शक्ति के रूप में मान्यता।

विष्णु शब्द की निरुक्ति एवं उनका मूल स्वरूप

यास्क ने निरुक्त में (१२।१८) विष्णु शब्द की व्युत्पत्ति विश् (प्रवेश करना) अथवा वि+अश् (व्याप्त करना) धातु से मानी है[१]। बृहद्देवताकार का मत है कि यह शब्द व्याप्ति अर्थवाली **विष्, विश्** अथवा **वेविष्** (विष्लृ) धातुओं से बना है। समस्त संसार को व्याप्त (आच्छादित), कर लेने तथा प्रत्येक वस्तु में व्याप्त (प्रविष्ट) रहने से सूर्य को ही विष्णु कहा जाता है।[२] —

---

१. विष्णुर्विशतेर्वा व्यश्नोतेर्वा।

२. द्रष्टव्य, पीछे पृ० १९० पर उल्लिखित निम्न श्लोक —

भवद्भूतस्य भव्यस्य जंगमस्थावरस्य च।
अस्यैके सूर्यमेवैकं प्रभवं प्रलयं विदुः॥
असतश्च सतश्चैव योनिरेषा प्रजापतिः। तथा पृ० २१९-२०।

विष्णातेर्विशतेर्वा स्यात् वेवेष्टेर्व्याप्तिकर्मणः।
विष्णुर्निरुच्यते सूर्यः सर्वः सर्वान्तरश्च यः॥ २। ६९

विष्णु शब्द की व्युत्पत्ति का निरूपण करते हुए अनेक पुराणों में प्रायः विष्णु के इसी पक्ष पर विशेष बल दिया गया है। उदाहरणार्थ —

१. (अ) **जगद्विष्टम्भनाच्चैव विष्णुरेवेति कीर्त्यसे।**
व्याप्तं त्वयैव विशता त्रैलोक्यं सचराचरम्॥ मत्स्य० २४८।४१

(आ) **प्रविश्यान्तर्महातेजाः स्वयमेवात्मसंभवः।**
प्रभावादपि तद्व्याप्त्या विष्णुत्वमगमत् पुनः॥ वही, २।३०

२. **विष्णुः सर्वप्रवेशनात्।** — लिंग ७०।९७, ब्रह्माण्ड० १।४।२५

३. **यस्माद् विष्टम् इदं सर्वं वामनेन महात्मना।**
तस्मात् स वै स्मृतो विष्णुः विशेर्धातोः प्रवेशनात्॥
— विष्णु० ३।१।४६, कूर्म० ५१।३६

महाभारत (शान्ति० **३४१।४२**) में स्वयं विष्णु के मुख से कहलाया गया है कि "मैने पृथ्वी और अन्तरिक्ष को व्याप्त कर रखा है, जगत् का विक्रमण अर्थात् आच्छादन करने या नाप लेने से मेरी संज्ञा विष्णु है — (**व्याप्ता मे रोदसी...... क्रमणाच्चाप्यहं विष्णुः पार्थ इत्यभिसंज्ञितः**)"। महा० उद्योग ७०।१३ का '**विष्णुः, विक्रमणात्**' वाक्यांश भी इस सम्बन्ध में महत्त्वपूर्ण है। विष्णु शब्द की व्याख्या करते हुए महाभारत के प्रसिद्ध टीकाकार नीलकण्ठ ने (शान्ति० ३४१।४२ में) लिखा है —

विष्लृ व्याप्तौ, विश् प्रवेशने, ष्णु प्रस्त्रवणे एतेषामन्यतमस्य रूपं विष्णुः इति अभिप्रेत्याह। विच्छन्ति गच्छन्ति लीयन्ते अस्मिन्।

विच्छन्ति अस्मात् लोकाः इति वा। वेवेष्टि व्याप्नोति इति वा। विच्छयति दीप्यते इति वा।

अपनी इस परिभाषा में नीलकण्ठ ने **विष्** (व्याप्त करना) तथा **विश्** (प्रविष्ट होना) इन दो धातुओं के अतिरिक्त **ष्णु** (प्रस्त्रवण करना) धातु से वि उपसर्ग पूर्वक 'विष्णु' शब्द की सिद्धि की जो चेष्टा की है, वह समीचीन प्रतीत होती है। दीप्ति अर्थ में प्रयुक्त होने वाली चुरादिगणी **विच्छ्** धातु[1] भी विष्णु के जिस प्रकाशशील स्वरूप की ओर संकेत करती है, वह महत्त्वपूर्ण है। **बृहद्देवताकार** के अनुसार सूर्य ही विष्णु है और प्रकाशपुञ्ज का उद्‌गिरण करने वाले तेजस्वी सूर्य मण्डल से सम्बन्धित देवता के नाम में मूलतः इन भावों का होना स्वाभाविक ही है। तुदादिगण की एक अन्य गत्यर्थक

---

१. **व्रश्चभ्रस्जसृजमृजयजराजभ्राजच्छशां षः** (८।२।३६) इत्यनेन छान्तस्य विच्छतेः षकारोऽन्तादेशः स्याद् झलि पदान्ते च, विच्छ् + औणादिक नु = विष्णुः।

विच्छ् धातु से विष्णु शब्द की निरुक्ति और उसका 'जिसमें अन्त में समस्त सृष्टि चली जाती है' (अर्थात् लीन हो जाती है) अथवा 'जिससे सब लोक निकलते हैं' आदि अर्थ विष्णु शब्द का निश्चित रूप से मूल भाव नहीं है और सम्भवत: उस समय विकसित हुआ है, जब परवर्ती ब्राह्मणकाल में विष्णु अन्य वैदिक देवों को अपने बढ़ते हुए प्रभाव के कारण पृष्ठभूमि में छोड़कर परमेश्वर के रूप में प्रतिष्ठित हो चुके थे।

ब्राह्मण ग्रन्थों में विष्णु की एक अन्य प्राचीन निरुक्ति मिलती है: **अथ यद् विषितो भवति तद् विष्णुः**। यह शब्द 'षिञ्-बन्धने' धातु से बना है और इसका अर्थ है — विस्तृत, मुक्त, स्वतन्त्र या खुला हुआ (तु० की०, 'स्यन्दतां कुल्याः *विषिताः* पुरस्तात्' ऋ० वे० ५।८३।८)। ख़ोंडा का मत है कि यह शब्द विष्णु की प्राचीनतम विशेषताओं में एक की ओर संकेत करता है। ऋग्वेद में कुछ स्थानों पर विष्णु को इन्द्र की वृत्र-वध में सहायता करके जलों को पृथ्वी की ओर प्रवाहित करने में तथा बल के द्वारा बद्ध गायों को मुक्त करने में सहायता करते हुए वर्णित किया गया है[१]।

यह तो हुई भारतीय विद्वानों की दृष्टि। इसी सम्बन्ध में कुछ पाश्चात्य विद्वानों के मनोरंजक मतों का भी उल्लेख आवश्यक है। ब्लूमफील्ड का मत है विष्णु यौगिक शब्द है और '**वि+स्नु**' से बना है। उसके अनुसार 'स्नु' शब्द का वही अर्थ है, जो 'सानु' का (अर्थात् शिखर या ऊपरी धरातल)। 'वि' उपसर्ग 'से होकर' (अंग्रेज़ी through) का भाव व्यक्त करता है। इस प्रकार इस शब्द का अर्थ है 'वह देवता जो पृथ्वी के पृष्ठ भाग (धरातल) से होकर जाता है'। ऋग्वेद में विष्णु की सर्वाधिक महत्त्वपूर्ण विशेषता यही है कि वे अपने तीन पद-क्रमों से समस्त संसार की व्याप्त कर लेते हैं। सामवेद का यह मन्त्र स्पष्ट रूप से विष्णु की इस निरुक्ति का समर्थन करता है[२] —

इस विष्णु र्वि चक्रमे पृथिव्या अधि सानवि। २।१०२४

ओल्डेनबर्ग ने भी इसी व्युत्पत्ति के अनुसार विष्णु का अर्थ 'विस्तृत क्षेत्रों का अधिपति। (Herr der weiten Flächen)' अथवा 'भूमि के विस्तीर्ण क्षेत्र (स्नु) को पार करने वाला' माना है[३]। एक अन्य जर्मन विद्वान् ग्युन्टर्ट ने भी इस निरुक्ति का समर्थन किया है किन्तु उनके अनुसार विष्णु शब्द का भाव है — 'ऐसा देवता जिसने भूमि के तल को चपटा करके प्रथित किया अथवा फैलाया है' (wer die Fläche auseinander gebreitet hat)।[४]

---

१. जे० ख़ोंडा; **आस्पेक्ट्स ऑफ़् अर्ली विष्णुइज़्म** : पृ० ५५।

२. ब्लूमफील्ड, **दि रिलीजन ऑफ़् दि वेद** : पृ० १६८ तथा **अमेरिकन जर्नल ऑफ़् फ़िलालॉजी** : भाग २७ पृ० ४२८।

३. ओल्डेनबर्ग, **रिलीगियोन डेस वेद**, पृ० २३०।

४. **डेऽर आरिशे वेल्टक्योनिख् उण्ट् हाइलण्ट्** पृ० ३०६। ऋग्वेद में अनेक स्थलों पर विष्णु द्वारा 'बाधित' मानवता के लिए 'पृथ्वी को फैलाने' या नए आवास स्थान उत्पन्न करने का —

दो अन्य पाश्चात्य विद्वानों, थॉमस ब्लाख्[1] तथा जोहान्सन[2] ने विष्णु शब्द में 'जिष्णु' (विजयी) शब्द की भाँति 'स्नु' प्रत्य की उपस्थिति (तु० की० पाणिनि ३। २। १३९) मानी है, और मूल 'वि'। किन्तु कठिनता यह है कि **जि** की भाँति **वि** कोई धातु नहीं है, दूसरी बात यह कि 'ग्लाजिस्थश्चग्स्नु:' यह पाणिनि का सूत्र 'जि' धातु से ही 'स्नु' प्रत्यय करता है, 'वि' से नहीं। पर इन विद्वानों ने 'वि' शब्द के 'पक्षी' अर्थ के अनुसार (तु०की०, वेद यो वीनां गतिम्, ऋ० १। २५। ७) यह सिद्ध करने की चेष्टा की है कि 'विष्णु' शब्द मूलत: 'श्रेष्ठ पक्षी' का अर्थ रखता है और इस रूप में सूर्य को द्योतित करता रहा होगा। ऋग्वेद में प्राय: सूर्य को सुपर्ण या गरुत्मत् कहा गया है। जोहान्सन ने विष्णु शब्द की ग्रीक 'औइस्नॅस' से (oisnos) तुलना की है, जिसका अर्थ 'बड़ा पक्षी' होता है।

हॉपकिन्स ने गति या संक्रमण से विष्णु का विशेष सम्बन्ध ध्यान में रखते हुए गत्यर्थक वि अथवा वी धातु (वी गतिव्याप्तिप्रजनकान्त्यसनखादनेषु, धातुपाठ १०४८) से इसकी व्युत्पत्ति मानने का प्रस्ताव रखा है[3]। मैक्डॉनल का भी विचार है कि ऋग्वेद में विष्णु के गमन करने या 'त्रेधा विचक्रमण' का ही विशेष महत्त्व है। अत: विष्णु शब्द अवश्य ही किसी गत्यर्थक धातु से सम्बद्ध होगा। इस सम्बन्ध में उसने क्र्यादिगण की 'विष्' (= विप्रयोगे, धातुपाठ, १५२७) धातु का सुझाव दिया है। ऋग्वेद में यह धातु पर्याप्त स्थानों पर प्रयुक्त हुई है और पीटर्सबुर्ग कोश के अनुसार इसका मूल अर्थ क्रियाशील या गतिमान् होना है[4]।

संस्कृत शब्द-सम्पदा द्वारा 'विष्णु' शब्द की सर्वमान्य व्याख्या न हो पाने के कारण ज़्युलुस्की (J. Przylusky) आदि कुछ भाषावैज्ञानिकों का यह भी मत है कि यह शब्द मूलत: आर्यभाषाओं का है ही नहीं; यह किसी द्रविड़ भाषा का शब्द है, जो बाद में कुछ ध्वनि-परिवर्तनों के साथ संस्कृत भाषा में अपना लिया गया। **विश्ट्, विट्ठ** या **विठ्** जैसी कोई धातु इस शब्द के मूल में हो सकती है। महाराष्ट्र के प्रसिद्ध विष्णु - देवता का नाम **विठोबा या विट्ठल है,** जो ऐसी ही किसी धातु से बना है। एफ० डब्ल्यू०

उल्लेख है (ऋ० ६। ४९। १३, ७। १००। ४)। पुराणों में भी पृथ्वी को विस्तृत (पृथुल) करने वाले और पर्वत तथा जंगल आदि साफ करके उसे मनुष्यों के लिए निवास योग्य बनाने वाले राजा पृथु को विष्णु का अवतार बताया गया है (भाग० ४। १५। ६)। विष्णु के स्वरूप की इस विशेषता से उक्त व्युत्पत्ति की संगति लग जाती है।

१. **व्योर्टरबूख़ उण्ट् ज़ाखेन** : पृ० ८०।

२. **यूबर डी आल्ट-इन्दिशे गौटिन्** '**धिषणा**', पृ० ४८।

३. **जर्नल ऑफ़् अमेरिकन ओरिएन्टल सोसाइटी, भाग० ६ पृ० २६४।**

४. इन दोनों मतों के लिए देखिए **आक्त द्यु काँग्रे ऐंतरनासियोनाल् देज़् ओरियन्तालिस्त** (अष्टादश अधिवेशन, १९३१), पृ० १५४ तथा **आर्ख़ीव ओरियन्टालनी** भाग ४ (१९३२), पृ० २६१।

थॉमस का मत है कि जिस प्रकार कृष्ण शब्द का तमिल रूप आज क्रुश्ट्ना (क्रिश्ट्ना) है, उसी प्रकार विष्णु का 'मूल रूप' **विश्ट्नु** (विस्ट्नु) रहा होगा जिसका संस्कृतीकरण 'विष्णु' के रूप मे कर लिया गया। इन पंक्तियों के लेखक की दृष्टि से द्रविड़ भाषाओं के आधुनिक उच्चारण (ण = ट्न, टँ) से वैदिक शब्दों की व्युत्पत्ति से सम्बन्धी कोई भी निष्कर्ष निकालना कठिन है। यदि आज के द्रविड़भाषी संस्कृत के 'ण' का शुद्ध उच्चारण नहीं कर पाते और उसे 'ट्न' या 'टँ' बोलते हैं तो इसका अर्थ यह नहीं कि किसी प्राचीन द्रविड़ ध्वनि 'ट्न' से संस्कृत 'ण' की उत्पत्ति हुई है।

वस्तुतः विष्णु के प्रारम्भिक तथा मूल स्वरूप की जितनी सुन्दर व्याख्या भारतीय परम्परा प्रस्तुत करती है, उतनी किसी भी विदेशी विद्वान् की नहीं[१]। बृहद्देवता तथा निरुक्त के उल्लेख से और विष्णु की आदित्य-गण में गणना किए जाने से स्पष्ट है कि विष्णु का मूल रूप सूर्य से किसी न किसी प्रकार से अवश्य सम्बद्ध था। सूर्य के उदय के पश्चात् जहाँ तक भी मनुष्य की दृष्टि जाती है, वहाँ तक उसे प्रकृति की प्रत्येक वस्तु प्रकाश से आवृत दिखाई पड़ती है। सूक्ष्म विवरों में भी सूर्य की सर्वत्र-गामिनी किरणें प्रविष्ट रहती हैं; वह महतो-महीयान् ही नहीं अणोरणीयान् भी है। अतः सूर्य के इस व्यापक रूप की ओर, प्रकृति के प्रत्येक स्पन्दन में किसी अव्यक्त चेतना के दर्शन करने वाले, वैदिक महर्षियों की दृष्टि जानी स्वाभाविक ही थी।

विष्णु का सूर्य से सम्बन्ध अनेक वैदिक तथा परवैदिक उद्धरणों से प्रकट होता है। जिस प्रकार सूर्य-देव सविता के लिए कहा गया है कि अपनी महिमा से उन्होंने पार्थिक लोक को नाप डाला (**यः पार्थिवानि विममे स एतशो रजांसि देवः सविता महित्वना**, ऋ० वे० ५।८१।३) उसी प्रकार विष्णु को भी अनेक स्थानों पर पृथ्वीमण्डल को नापते हुए वर्णित किया गया है, उदाहरणार्थ —

विष्णोर्नु कं वीर्याणि प्रवोचं यः पार्थिवानि विममे रजांसि। १।१५४।१

यो रजांसि विममे पार्थिवानि त्रिश्चिद् विष्णुर्मनवे बाधिताय। ६।४९।१३

---

१. विष्णु की समस्त प्रारम्भिक विशेषताओं का सम्यक् पर्यालोचन करने के पश्चात् ख़ोंडा ने इस तथ्य को स्पष्ट शब्दों में स्वीकार किया है — 'विष्णु के स्वरूप के विषय में भारत में चिरकाल से सम्मानित उस व्युत्पत्ति में बहुत सत्य है जो विष्णु को व्याप्ति से सम्बन्धित करती है। जो लोग प्रत्येक पारम्परिक व्याख्या से सम्बन्धित मत को अविश्वास की दृष्टि से देखते हैं उन्हें मैं विश्वास दिलाना चाहता हूँ कि जब मैंने अपना अनुसंधान प्रारम्भ किया तब मुझे यह तथ्य बिल्कुल स्पष्ट नहीं था।' (ख़ोंडा, **आस्पेक्ट्स०** पृ० १७२, पाद-टिप्पणी १)। इस पुस्तक के द्वितीय संस्करण (दिल्ली १९६९) की भूमिकात्मक टिप्पणी में ख़ोंडा ने निर्भ्रान्त शब्दों में पुनः व्यापनशीलता एवं विभुत्व को विष्णु के स्वरूप का मूल आधार माना है।

विष्णु की यह विशेषता निश्चित रूप से सूर्य के पृथ्वीमण्डल के चारों और परिभ्रमण को संकेतित करती है। अ० वे० ५।२६।७ में विष्णु का ताप से विशेष सम्बन्ध बताया गया है—**विष्णुर्युनक्तु बहुधा तपांसि**। वर्ष मास और ऋतुओं का नियामक सूर्य ही है, इस तथ्य को ध्यान में रखकर ऋ० वे० १।१५५।६ में कहा गया है कि विष्णु अपने ९० अश्वों को जिनके ४ नाम हैं, एक चक्र की भाँति घुमाते हैं —

चतुर्भिः साकं नवतिं च नामभिः चक्रं न वृतं व्यतींरवीविपत्।
बृहच्छरीरो विमिमान ऋक्वभिर्युवाकुमारः प्रत्येत्याहवम्॥

प्राचीन वैदिक साहित्य में प्रायः ४ ऋतुओं का उल्लेख है[१] और ९० अश्व प्रत्येक ऋतु के तीन मासों के दिनों को सूचित करते हैं। वर्ष का कालचक्र के रूप में पुराणों में मनोरम वर्णन प्राप्त होता है[२]। शतपथ ब्राह्मण १४।१।१, तैत्तिरीय आरण्यक ५।१।१ तथा पञ्चविंश ब्राह्मण ७।५।६–१६ में एक विचित्र कथा आती है। इसके अनुसार एक बार विष्णु अपने धनुष को सिर के नीचे रखकर सो रहे थे। दीमकों (वम्री) ने जाकर धनुष की प्रत्यंचा काट दी, जिससे धनुष बड़े वेग से उछला, उससे विष्णु का सिर कटकर ऊपर की ओर चला गया और आकाश में जाकर सूर्य बन गया[३]। परवर्ती साहित्य में विष्णु का वाहन गरुड है। उसे **गरुत्मत्** तथा **सुपर्ण** कहा गया है। ये दोनों ही विशेषण सूर्य के लिए ऋग्वेद में प्रयुक्त किए गए हैं और उसे एक शीघ्रग्रामी पक्षी के रूप में चित्रित किया गया है[४]। कून आदि कुछ विद्वानों ने विष्णु के तेजस्वी चक्र तथा कौस्तुभ मणि के मूल रूप को भी सूर्यमण्डल से सम्बन्धित करने की चेष्टा की है पर वह बहुत दूर की कल्पना प्रतीत होती है और इसकी सिद्धि में प्रमाणों का अभाव है।[५]

परवर्ती धार्मिक ग्रन्थों में भी विष्णु के इस रूप की स्मृति पूर्णतः भुलाई नहीं गई है। महाभारत के अनुशासन पर्व के १४९वें अध्याय में विष्णु के जिन सहस्रनामों का वर्णन है, उनमें **सहस्रांशु** (६४) **गभस्तिनेमि** (६५) **विहायसगति** (१०७) **रवि, विरोचन, सूर्य, सविता आदि** विशेषण निश्चित रूप से विष्णु का सूर्य से सम्बन्ध सूचित करते हैं। मत्स्य–पुराण (अ० ८।४) में कहा गया है कि विष्णु ज्योतिष्पिण्डों के अधिपति हैं। विष्णु–पुराण स्पष्ट शब्दों में घोषित करता है —

---

१. देखिए मैक्डॉनल तथा कीथ, **वैदिक इन्डैक्स** : प्रथम भाग, पृ० ११०, 'ऋतु'।

२. **श्रीमद्भागवत,** ५।२१।१३।

३. इस प्रतीकात्मक कथा पर आगे विचार किया गया है।

४. **उक्षा समुद्रो अरुष सुपर्णः पूर्वस्य योनिं पितुरा विवेश।**
मध्ये दिवो निहितः पृश्निरश्मा विचक्रमे रजसस्पात्यन्तौ।१।४७।३

५. **हेरब्कुम्फ्ट डेस फॉयर्स उण्ट् डेऽर ग्योटर–ट्रांक्स**; पृ० २२२। **वै० मा०,** ३९।

मैत्रेय केशवः सूर्यः तत्प्रभा कमलालया॥ २।८।२३

'सूर्य ही विष्णु हैं और उनकी प्रभा लक्ष्मी है।' ब्रह्मपुराण और भी सशक्त शब्दों में कहता है —

यश्च सूर्यः स वै विष्णुः यश्च विष्णुः स भास्करः। १५८।२४

एक ही तत्त्व आधिभौतिक दृष्टि से सूर्य और आधिदैविक दृष्टि से विष्णु है[1]।

विष्णु का प्रसिद्ध विशेषण **नारायण** संस्कृतवाङ्मय में सूर्य के साथ भी प्रयुक्त होता है। मत्स्य पुराण का कथन है कि भगवान् नारायण ही सत्त्वगुण से सूर्य का रूप धारण करके अपनी किरणों से जल का शोषण किया करते हैं —

भूत्वा नारायणो योगी सत्त्वमूर्तिर्विभावसुः।
गभस्तिभिः प्रदीप्ताभिः संशोषयति सागरान्॥ १६५।१

इसी प्रकार श्रीमद्भागवत के निम्न मन्त्र में सूर्य को विष्णु का (प्रत्यक्ष) रूप कहा गया है —

प्रत्नस्य विष्णोः रूपं च सत्यस्य ऋतस्य ब्रह्मणो अमृतस्य च मृत्योश्च सूर्यमात्मानम् ईमहि॥ भाग० ५।२०।५

आदित्यों के प्रसंग में भाग० ५।२२।३ का जो वाक्य उद्धृत किया गया है, उसमें भी ऋतुओं का विभाजन करने वाले सूर्य को, लोककल्याण के लिए धारण किया हुआ आदिपुरुष नारायण का साक्षात् स्वरूप बताया गया है —

स एष भगवानादिपुरुष एव साक्षात् नारायणो लोकानां स्वस्तये आत्मानं द्वादशधा विभज्य ऋतुगणान् विदधाति।

भाग० १२।११।४५ में भी भगवान् विष्णु को आदित्य की संज्ञा दी गई है—

इस प्रसंग में एक श्लोक बहुत महत्त्वपूर्ण है, जिसमें कहा गया है कि वेदोक्त यज्ञ-यागादि क्रियाओं के आधार सूर्य और विष्णु में कोई अन्तर नहीं है। पर ऋषियों ने वैदिक क्रियाओं की भिन्नता के अनुसार सूर्य का वर्णन विभिन्न रूपों में किया है—

एक एव हि लोकानां सूर्य आत्मादिकृद् हरिः।
सर्ववेदक्रियामूलम् ऋषिभिर्बहुधोदितः॥ भाग० १२।११।३०

---

१. **पद्म पुराण** (सृष्टि खण्ड २०।१७३) में सूर्य के लिए पद्मनाभ विशेषण का प्रयोग हुआ है। नाभि से कमल के उद्भव की परिकल्पना पुराणों में विष्णु के लिए ही की गई है। क्या यह विशेषण सूर्य और विष्णु के तादात्म्य का द्योतक है?

महाभारत तथा **रामायण** में विष्णु के सूर्य-रूप के लिए देखिए — हॉपकिन्स: **एपिक माइथॉलजी**, पृ० २०३।

ऋग्वेद में विष्णु सूर्य के सामान्य प्रकाशशील स्वरूप के देवीकरण नहीं है। मैक्डॉनल का मत है कि विष्णु की कल्पना आकाश में तीव्रगति से विचरण करते हुए सूर्य–बिम्ब से उद्भूत हुई है[१]। आकाश में पूर्व से पश्चिम की ओर तेजी से जाते हुए सूर्य के ज्योतिष्पिण्ड को ध्यान में रखकर ही विष्णु के लिए **उरुगाय,** तथा **उरुक्रम** (दूर तक जाने वाले) आदि विशेषणों का प्रयोग मिलता है 'वि' पूर्वक 'क्रम्' धातु का प्रयोग ऋग्वेद में केवल एक और देवता के लिए एक बार हुआ है वह है सूर्य[२]। विष्णु को प्रायः तीव्रगामी कहा गया है और 'इ' (–जाना) से बने **एष, एवया तथा एवयावान्** आदि विशेषण उनके लिए अनेक स्थानों पर प्रस्तुत किए गए हैं[३]।

विष्णु का विक्रमण एवं वामन–अवतार

तथापि निःसंदिग्ध रूप से ऋग्वेद में विष्णु की सर्वाधिक प्रमुख विशेषता उनके द्वारा तीन पदक्रमों का रखा जाना है। 'तीन प्रकार से विचक्रमण करते हुए उन्होंने सारे पृथ्वीमण्डल को व्याप्त कर लिया'। विष्णु के इस कार्य का चारों वैदिक संहिताओं में स्थान–स्थान पर उल्लेख है —

१. **इदं विष्णुर्विचक्रमे त्रेधा निदधे पदम्। समूल्हमस्य पांसुरे।**
ऋ० वे० १।२२।१७, वाज० सं० ५।१५ तथा
३४।४३, सा० वे० २।१०२०, अ० वे० ७।२६।५।

२. **यः पार्थिवानि विममे रजांसि....... विचक्रमाणस्त्रेधोरुगायः।**
— ऋ० वे० १।१५४।३

३. **य इमं दीर्घ प्रयतं सधस्थमेको विममे त्रिभिरित् पदेभिः।**
— ऋ० वे० १।१५४।३

४. **यः पार्थिवानि त्रिभिरद् विगामभिः उरुक्रमिष्टोरुगायाय जीवसे॥**
— ऋ० वे० १।१५५।४

ऋ० वे० १।१५४।२ में कहा गया है कि विष्णु के इन्हीं विस्तृत चरणन्यासों के अन्दर सम्पूर्ण लोक विश्राम करते हैं। यहाँ तीन पदक्रमों का सम्बन्ध तीन लोकों से है —

यस्योरुषु त्रिषु विक्रमणेषु अधिक्षियन्ति भुवनानि विश्वा।

सम्पूर्ण विश्व विष्णु के इन्हीं तीन चरणों के अन्दर समाया हुआ है —

---

१. **वै० मा०**, पृ० ३९।

२. **मध्ये दिवो निहितः पृश्निरश्मा विचक्रमे रजसस्पात्यन्तौ,** ५।४७।३।

३. वै० मा०, पृ० ३८।

येषु विष्णुस्त्रिषु पदेषु इष्टः तेषु विश्वं भुवनमाविवेश।
— वाज० सं० २३।४९

वैसे तो ये तीनों ही पदक्रम मधु से पूर्ण हैं (**यस्य त्री पूर्णा मधुना पदानि, १।१५४।४**) किन्तु इनमें से जो तीसरा चरण, तीसरा लोक, सबसे ऊपर है, उसमें तो मधु का एक अनन्त स्रोत ही है —

विष्णोः पदे परमे मध्व उत्सः। ऋ० वे० १।१५४।५

विष्णु का यह परमपद मानवी दृष्टि तथा पक्षियों की उड़ान से बाहर है —

तृतीयमस्य नकिरा दधर्षति वयश्चन पतयन्तः पतत्रिणः।
— ऋ० वे० १।१५५।५

विष्णु का तीन स्थानों में निवास है इसलिए उनको **त्रिषधस्थ** कहा गया है। (१।१५६।५)। **महाभारत** (विष्णुसहस्रनाम) में भी विष्णु का एक विशेषण **त्रिधामा** या तीन धामों में निवास करने वाला है। वे **त्रिधातु** (१।१५४।४)अर्थात् तीन प्रकार के हैं।

ऊपर के सभी उद्धरणों में एक ही मुख्य बात प्रतीत होती है। विष्णु ने अपने मधुमय तीन पदों से समस्त जगत् को व्याप्त कर रखा है और सम्पूर्ण जगत् उन्हीं के भीतर निवास करता है। यहाँ प्रश्न उठता है कि विष्णु के इन पदों का क्या तात्पर्य है? बहुत पहले ही भारतीय विद्वानों की दृष्टि इस ओर गई थी। ऋ० वे० १।२२।१७ की व्याख्या करते हुये आचार्य यास्क ने इस सम्बन्ध में अपने पूर्व के दो वैदिक विद्वानों शाकपूणि तथा और्णवाभ के मत का उल्लेख किया है —

यदिदं किंच तद् विक्रमते विष्णुः। त्रेधा निधत्ते पदम्। त्रेधाभावाय पृथिव्यामन्तरिक्षे दिवि इति शाकपूणिः। समारोहणे विष्णुपदे गयशिरसि इति और्णवाभः। समूढमस्य पांसुरे। प्यायने अनतरिक्षे पदं न दृश्यते। अपि वा उपमार्थे स्यात्। समूढमस्य पांसुले इव पदं न दृश्यते, इत्यादि। —निरुक्त १२।१९

अपनी निरुक्त-वृत्ति में **दुर्गाचार्य** ने शाकपूणि तथा और्णवाभ के मत की व्याख्या इस प्रकार की है —

विष्णुरादित्यः। कथमित्याह। त्रेधा निदधे पदम्। निधत्ते पदम्। निधानं पदैः। क्व तत्तावत्। पृथिव्यामन्तरिक्षे दिवीति शाकपूणिः। पार्थिवोऽग्निः भूत्वा पृथिव्यां यत्किञ्चिदस्ति तद् विक्रमते तदधितिष्ठति। अन्तरिक्षे वैद्युतात्मना दिवि सूर्यात्मना। यदुक्तम्—तमू अकृण्वन् त्रेधा भुवे कम्। (ऋ० वे० १०।८८।१)। **समारोहणे उदयगिरौ उद्यन् पदमेकं निधत्ते। विष्णुपदे मध्यन्दिने अन्तरिक्षे। गयशिरसि अस्तंगिरौ इत्यौर्णवाभाचार्यो मन्यते।**

स्पष्ट है कि यास्क तथा उसके पूर्वजों (तथा दुर्गाचार्य) के अनुसार विष्णु भौतिक-सूर्य का ही आधिदैविक रूप है। और्णवाभ का मत था कि प्रातः, मध्याह्न तथा सन्ध्या में सूर्य की क्रमशः उदयाचल, मध्याकाश तथा अस्ताचल पर स्थिति ही विष्णु के तीन पद हैं। एक पद उसका पूर्व दिशा में पड़ता है, दूसरा सर्वोच्च आकाश में और तीसरा पश्चिम के क्षितिज पर। माक्सम्युलर[१] तथा म्यूर[२] को, एवं कतिपय अन्य यूरोपीय विद्वानों (हावर, केगी, ह्विटने, तथा डायसन) को भी विष्णु के पदक्रमों की यही व्याख्या स्वीकार्य है।

किन्तु इस मत के विरुद्ध दो प्रबल आपत्तियाँ हैं। पहली तो यह कि उदय, मध्य तथा अस्त के तीन बिन्दुओं को लेने पर केवल दो ही पदक्रम बन पाते हैं। क्रमण (चलना) शब्द से ही स्पष्ट है कि एक बिन्दु एक पदक्रम को नहीं व्यक्त कर सकता; दो बिन्दु मिलाकर ही एक पग माना जा सकता है। ऐसी दशा में पश्चिम से पूर्व तक सूर्य का रात्रि-गमन ही तीसरा पद माना जा सकता है[३]। किन्तु इस अन्धकारमय पदक्रम का सूर्यदेव विष्णु से कहीं भी सम्बन्ध प्रतीत नहीं होता। दूसरी बात यह है कि वेदों में विष्णु के तीसरे पद को अत्यन्त ऊँचा स्थान माना गया है। वह परम पद है और वहाँ तक पक्षियों की भी गति नहीं है। किन्तु और्णवाभ के मत से विष्णु का तीसरा पद पश्चिमी क्षितिज का वह बिन्दु है, जहाँ सूर्य अस्त होता है[४]।

---

१. माक्सम्युलर : **ऋग्वेद का अनुवाद** (से० बु० ई०), प्रथम भाग, पृ० ११७।

२. जे० म्यूर : **ओरिजिनल संस्कृत टैक्स्ट्स,** पञ्चम भाग, पृ० ६६, ६७ तथा भूमिका, ७।

३. देखिए म्यूर, **वही** पृ० ४४०। **रामा०** किष्किन्धा० ४०।५८, ५९ के आधार पर लेखक का विचार है कि वाल्मीकि को सूर्य की रात्रि में उत्तर दिशा की ओर यात्रा को ही विष्णु का तीसरा पद मानना अभीष्ट था। पर सम्भवतः ५८वें श्लोक में वर्णित विष्णु के दो पदों और ५९वें में उल्लिखित सूर्य की उत्तर यात्रा में कथा की दृष्टि से कोई सम्बन्ध नहीं है।

४. वैसे वाल्मीकि विष्णु के तीसरे पद को नहीं, अपितु दूसरे पद को ही सर्वाधिक उच्च बिन्दु मानने के पक्ष में हैं — उनके अनुसार विष्णु ने प्रथम पग उदयगिरि पर रखा और दूसरा सुमेरु पर्वत पर, जो संसार का सर्वोच्च पर्वत है और सूर्य जिसकी परिक्रमा करते हैं —

ततः परं हेममयः श्रीमानुदयपर्वतः।
शृंगं सौमनसं नाम जातरूपमयं ध्रुवम्।
तत्र पूर्वं पदं कृत्वा पुरा विष्णुस्त्रिविक्रमे।
द्वितीयं शिखरे मेरोश्चकार पुरुषोत्तमः॥ किष्किन्धा० ५४।५७।५८

इसी प्रकार युद्ध-काण्ड में वे कहते हैं कि लंका धवल उच्च प्रसादों से इस प्रकार युक्त थी, जैसे विष्णु का मध्यम पद मेघों से आच्छन्न रहता है — **''घनैरिवातपापाये मध्यमं वैष्णवं पदम्''** (३९।२२)। यहाँ 'मध्यम पद' निश्चित रूप से मध्य-आकाश को सूचित करता है। कालिदास ने भी आकाश अथवा अन्तरिक्ष का विष्णु के द्वितीय पद के रूप में उल्लेख किया है —

अतः बैर्गैन्ये तथा मैक्डॉनल आदि विद्वान् शाकपूणि के ही मत के अनुयायी हैं। किन्तु यास्क द्वारा उल्लिखित शाकपूणि का मत थोड़ा अस्पष्ट है। सम्भवतः शाकपूणि का अभिप्राय यह है कि देदीप्यमान सूर्य की किरणें भूमण्डल, वायु तथा आकाश तीनों स्थानों में समान रूप से व्याप्त रहती हैं पूर्व से पश्चिम तक पृथ्वी पर विष्णु का एक पदक्रम है। पूर्व से पश्चिम तक अन्तरिक्ष में दूसरा और पूर्व पश्चिम तक आकाश में तीसरा। पक्षियों की गति केवल वायु-मण्डल या अन्तरिक्ष तक है, आगे नहीं। सम्पूर्ण दृश्य-जगत् को इस प्रकार तीन फलकों में विभाजित कर देने की धारणा वैदिक साहित्य में प्राचीनतम काल से प्राप्त होती है और ऋ० वे० १।१३९।११ आदि में देवताओं के इन तीन लोकों के अनुसार किए गए विभाजन में प्रतिबिम्बित है।

शाकपूणि के ही मत को स्वीकार करते हुए ब्लूमफील्ड[१] का विचार है कि विष्णु के पदक्रम सूर्य की प्रातः काल से मध्याह्न तक की गति को व्यक्त करते हैं। प्रातःकाल सूर्य की क्षितिज पर स्थिति विष्णु का पृथ्वी पर प्रथम पदक्रम है। धीरे-धीरे सूर्य ऊपर उठता है और अन्तरिक्ष में होता हुआ (द्वितीय पदक्रम) सर्वोच्च आकाश में पहुँच जाता है। यही विष्णु का परम पद है, जो चक्षु के समान आकाश में स्थित दिखाई देता है (**तद्विष्णोः परमं पदं सदा पश्यन्ति सूरयः, दिवीव चक्षुराततम्।** ऋ० १।२२।२०)। स्पष्ट है कि शाकपूणि के शब्दों की यह व्याख्या उतनी सन्तोषजनक नहीं है क्योंकि इससे सूर्य की केवल आधी गति ही पदक्रमों से व्याप्त हो पाती है। पृथ्वी, अन्तरिक्ष तथा आकाश में विष्णु के दो-दो पदक्रमों का कहीं भी उल्लेख नहीं है। साथ ही इससे विष्णु के तीन पदक्रमों में सम्पूर्ण विश्व के समा जाने के तथ्य की भी समुचित व्याख्या नहीं होती।

दुर्गाचार्य की व्याख्या तो और भी असन्तोषजनक है। उसके अनुसार विष्णु, सूर्य (अथवा सामान्य तेज या प्रकाश-पुञ्ज) है। अग्नि, विद्युत् तथा सूर्य ही विष्णु के तीन रूप हैं। अग्नि सम्पूर्ण पृथ्वी को व्याप्त करता है, विद्युत् अन्तरिक्ष को तथा सूर्य आकाश को। इस मत के अनुसार अग्नि, सूर्य तथा विष्णु में परस्पर तनिक भी भेद नहीं रह जाता। यह ठीक है कि सूर्य तथा अग्नि दोनों के ही ऋग्वेद में इसी प्रकार तीन रूप वर्णित किए गए हैं किन्तु विष्णु का विशेष सम्बन्ध गति से है, किसी स्थिर वस्तु से नहीं। जैसा कि पहले कहा जा चुका है, विष्णु सूर्य के गतिशील रूप का परिचायक है।

एषा मनो मे प्रसभं शरीरात्
पितुः पदं मध्यममुत्पतन्ती। — विक्रमोर्वशीयम्, १।२०
तस्य द्वितीयहरिविक्रमनिस्तमस्कं
वायोरिदं परिवहस्य वदन्ति मार्गम्। — शाकुन्तलम्, ७।६

१. ब्लूमफील्ड : **रिलीजन ऑफ़् दि वेद**, पृ० १६९।

विष्णु और सूर्य की धारणा में पूर्णतः तादात्म्य मान लेने पर ऋग्वेद में दोनों के स्वतन्त्र वर्णन की आवश्यकता ही क्या रह जाती है? अग्नि, विद्युत् आदि को विष्णु के दो पदक्रम किसी भी दशा में नहीं माना जा सकता क्योंकि विष्णु के संक्रमण में जो गत्यात्मकता है, उसकी ऐसी दशा में व्याख्या नहीं की जा सकती है; फिर विष्णु के उरुक्रम, उरुगाय तथा एवयावान् आदि विशेषण व्यर्थ हो जाते हैं।

वस्तुतः विष्णु के तीन पदक्रमों के सम्बन्ध में हमें स्वतः ऋग्वेद से परवर्ती वैदिक साहित्य में ऐसे उद्धरण मिलने लगते हैं, जिनमें **शाकपूणि** के मत के अनुरूप विष्णु के पदक्रमों का पृथ्वी, अन्तरिक्ष तथा आकाश से सम्बन्ध स्थापित किया गया है। यजुर्वेद में विष्णु के इन चरणन्यासों को आकाश, अन्तरिक्ष तथा पृथ्वी से सम्बन्धित बताया गया है —

१— **दिवि विष्णुर्व्यक्रंस्त .... जागतेनच्छन्दसा, अन्तरिक्षे विष्णुर्व्यक्रंस्त .....त्रैष्टुभेनच्छन्दसा, पृथिव्यां विष्णुर्व्यक्रंस्त .... गायत्रेणच्छन्दसा........।** — वाज० सं० २। २५

२ — **दिवो वा विष्ण उत वा पृथिव्या महो वा विष्ण उरु अन्तरिक्षात्।**
— वाज० सं० ५। १४

तै० सं० २। ४। १२ में कहा गया है कि विष्णु ने अपना तृतीयांश पृथ्वी में स्थापित किया, तृतीयांश अन्तरिक्ष में और इतना ही आकाश में —

स विष्णुस्त्रेधा आत्मानं विन्यधत्त पृथिव्यां तृतीयमन्तरिक्षे तृतीयं दिवि तृतीयम्।

श० ब्रा० १। १। २। १३ (तथा १। ९। ३। ९, ३। ६। ३। ३ आदि) में और भी स्पष्ट शब्दों में देवों के कार्य के लिए विष्णु के द्वारा पृथ्वी, अन्तरिक्ष तथा आकाश को एक-एक पदक्रम से व्याप्त कर लेने का उल्लेख है—

यज्ञो वै विष्णुः। स देवेभ्य इमां विक्रान्ति विचक्रमे। येषामियं विक्रान्तिः। इदमेव प्रथमेन पदेन पस्पार। अथेदमन्तरिक्षं द्वितीयेन। दिवमुत्तमेन। एतासु एवैषु एतस्मै विष्णुर्यज्ञो विक्रान्तिं क्रमते।

लगता है, ब्राह्मणकाल में विष्णु की यह विशेषता काफी महत्त्वपूर्ण स्थान रखती थी क्योंकि लगभग सभी प्राचीन ब्राह्मण ग्रन्थों में विष्णु के इन तीन पगों का अनेक यज्ञीय कृत्यों से सम्बन्ध है। कुछ विशेष यज्ञों में विष्णु से सम्बन्धित कृत्यों के समय पूर्व की ओर तीन पग चलने का विधान किया गया है। ऐसा करने से यजमान आंशिक रूप से विष्णु से अपना साम्य स्थापित करता है। तैत्तिरीय संहिता का कथन है कि ऐसा करने से, जिस प्रकार विष्णु ने इन सम्पूर्ण लोकों को जीत लिया था उसी प्रकार यजमान भी तेजस्वी होकर इन लोकों को जीत लेता है —

यद्विष्णुक्रमान् क्रमते विष्णुरेव भूत्वा यजमानः......... इमाँल्लोकान् अनपजय्यम् अभिजयति। — तै० सं० ५२।१

विष्णुक्रमान् क्रमते विष्णुर्भूत्वा इमाँल्लोकानभिजयति।
— तै० ब्रा० १।७।४।४

राजसूय यज्ञ के अवसर पर शार्दूल चर्म के ऊपर राजा के लिए तीन पग चलने का विधान है। श० ब्रा० का कथन है कि इन विष्णु-क्रमों को करने से वह इन सब लोकों के ऊपर हो जाता है, पहले वह इनके भीतर ही था —

अथैनमन्तरेव शार्दूलचर्मणि विष्णुक्रमान् क्रमयति .... इमे वै लोका विष्णोर्विक्रमणम्। विष्णोः विक्रान्तम्। विष्णोः क्रान्तम्। तदिमानेव लोकान्[1] त्समारुह्य सर्वमेवेदमुपर्यपरि भवति। अर्वागेवास्माद् इदं सर्वं भवति।
— श० ब्रा० ५।४।२।६

ब्राह्मण ग्रन्थों के इन्हीं उल्लेखों में उसे सुन्दर तथा रम्य कथा के बीज वर्तमान हैं, जो बाद में भगवान् विष्णु के वामन-अवतार के लम्बे आख्यान के रूप में विकसित हुई[2]। इसी ब्राह्मण में एक अन्य स्थान पर (१।२।५।१-७) विष्णु की तीन पदक्रमों से समस्त ब्रह्माण्ड को व्याप्त करने की यह विशेषता एक छोटी सी यज्ञ सम्बन्धी कथा का आधार है —

देवाश्च वा असुराश्च उभये प्राजापत्याः पस्पृधिरे। ततो देवा अनुव्यमिवासुः। अथ ह असुरा मेनिरे अस्माकमेवेदं खलु भुवनमिति। तां होचुः हन्तेमां पृथिवीं विभजामहै। तां विभज्योपजीवामेति। तामौक्ष्णैश्चर्मभिः पश्चात् प्राञ्चो विभजमाना अभीयुः। तद्वै देवा शुश्रुवुः, विभजन्ते ह वा इमामसुराः मेदिनीम्। प्रेत, तदेष्यामो यत्रेमामसुरा विभजन्ते। के ततः स्याम यदस्यै न भजेमहीति। ते यज्ञमेव विष्णुं पुरस्कृत्येयुः। ते होचुः अनु नो अस्यां पृथिव्यामाभजत। अस्त्येव नो अप्यस्यां भाग इति। ते हासुरा असूयन्त इवोचुः। यावदेवैष विष्णुरभिशेते तावद्वो दद्मः इति। वामनो ह विष्णुरास। तद्वै देवा जिहीडिरे। महद्वै नो अदुः ये नो यज्ञसम्मितमदुरिति। ते प्राञ्चं विष्णुं निपाद्य छन्दोभिरभितः पर्यगृह्णन्। तं छन्दोभिरभितः परिगृह्य अग्निं पुरस्तात्

---

१. प्रतीत होता है कि यहाँ पर लोक शब्द अपने दोनों अर्थों में प्रयुक्त हुआ है। इस शब्द का अर्थ 'भुवन' के साथ-साथ 'लोग' या 'सामान्यजन' भी होता है। विष्णु अपने पदक्रमों से सम्पूर्ण लोकों से ऊपर हो गए तो राजा इन पदक्रमों से सब लोगों (प्रजा) से ऊँचा हो जाता है।

२. इन पंक्तियों के लेखक ने वामन-अवतार की कथा के उद्‌भव और क्रमिक विकास पर १९६३-६६ में एक शोध प्रबन्ध लिखा था, जिस पर उसे फ्राईबुर्ग वि० वि० (प० जर्मनी) से डॉ० फिल्० की उपाधि प्राप्त हुई है। द्रष्टव्य — *Der Ursprung und die Entwicklung der Vāmana-Legende in der indischen Literatur,* Otto Harrassowitz, Wiesbaden 1968.

समाधाय तेनार्चन्तः श्राम्यन्तश्चेरुः। तेनेमां सर्वां पृथिवीं समविन्दन्त।

— श० ब्रा० १।२।५।१-७

प्रजापति की सन्तान, देवों और असुरों में सदा प्रतिस्पर्धा बनी रहती थी। एक बार देवता कुछ निर्बल पड़ गए। असुरों ने सोचा, अब तो यह पृथ्वी हमारी ही है। वे उसे वृषभचर्म से निर्मित प्रमाण-सूत्र के द्वारा नाप-नाप कर आपस में विभाजित करने लगे। देवों ने जब यह सुना तो उन्होंने सोचा कि यदि हमें भूमि न मिली, तो हम क्या करेंगे? अतः उन्होंने विष्णु को आगे किया और जाकर अपना भाग माँगा। ईर्ष्यालु असुरों ने उन्हें उतना ही भाग देना स्वीकार किया जितना विष्णु लेटकर अपने शरीर से आच्छादित कर सकते थे। विष्णु बौने थे। देवों ने सोचा कि विष्णु तो साक्षात् यज्ञ हैं। और यदि विष्णु (यज्ञ) के बराबर इन्होंने भूमि दे दी, तो सब कुछ दे दिया। उन्होंने छन्दों से विष्णु को घेर दिया और अग्नि को पूर्व में स्थापित करके विष्णु-रूप यज्ञ की परिश्रमपूर्वक अर्चना करनी प्रारम्भ की, जिससे उन्होंने सम्पूर्ण पृथ्वी प्राप्त कर ली[१]।

ऊपर के वर्णन से स्पष्ट है कि श० ब्रा० में विष्णु के वामन तथा त्रिविक्रम रूप का पृथक्-पृथक् स्वतन्त्र उल्लेख है। दोनों को एक ही कथा का अंग नहीं बनाया गया। त्रिविक्रमत्व की धारणा ऋग्वैदिक है और वामनत्व की ब्राह्मणकालीन; किसी भी प्राचीन ब्राह्मण में दोनों का मिश्रण नहीं है। तै० सं० २।१।३ में भी श० ब्रा० की भाँति विष्णु ने वामन-रूप धारण करके समस्त लोकों को जीत लिया —

देवासुरा एषु लोकेषु अस्पर्धन्त। स एतं विष्णुर्वामनपश्यत्। तं स्वायै देवतायै आलभत। स इमान् लोकान् अभ्यजयत्।

ऐतरेय ब्राह्मण में भी विष्णु के द्वारा अपने तीन विक्रमणों से क्रमशः, **त्रिलोकी**, **वेद** तथा **वाक्** को आच्छादित करने का वर्णन किया गया है; पर यहाँ उनके वामन रूप का कोई उल्लेख नहीं है। इन्द्र बँटवारे के समय असुरों को विष्णु के तीन पदक्रमों से अवशिष्ट स्थान देने की प्रतिज्ञा करते हैं, पर शेष कुछ बचता ही नहीं —

इन्द्रश्च ह वै विष्णुश्च असुरैः युयुधाते। तान् ह स्म जित्वा ऊचतुः कल्पामहै इति। ते ह तथेत्यसुराः ऊचुः। सो अब्रवीद् इन्द्रो यावदेवायं विष्णुः त्रिर्विक्रमते तावद् अस्माकम्, अथ युष्माकम् इतरत् इति। स इमाँल्लोकान् विचक्रमे अथो वेदान् अथो वाचम्। ऐ० ब्रा० ६।३।७

महाकाव्यों तथा पुराणों में आकार देवों की पराजय, विष्णु का वामनरूप तथा तीन पदक्रमों से लोकाच्छादन आदि तत्त्वों के योग से एक सुन्दर कथा की संरचना की गई

---

१. ठीक इसी प्रकार **तैत्तिरीय ब्राह्मण** ३।२।९।७ में भी कहा गया है कि मन्त्रों द्वारा अर्चित होने पर विष्णु अत्यधिक बढ़ गए और तब देवों ने सारी भूमि प्राप्त कर ली।

है। परवर्ती विकास का प्रारम्भिक रूप **महाभारत** में मिलता है, जहाँ यह कथा दो स्थानों पर (वनपर्व तथा शान्तिपर्व में) उल्लिखित है। शान्तिपर्व में विष्णु नारद से अपनी भावी **वामन-अवतार** का वर्णन करते हुए कहते हैं —

विरोचनस्य बलवान् बलिः पुत्रो महासुरः।
अवध्यः सर्वलोकानां सदेवासुररक्षसाम्॥

भविष्यति स शक्रं च स्वराज्याद् च्यावयिष्यति।
त्रैलोक्येऽपहृते तेन विमुखे च शतक्रतौ॥

अदित्यां द्वादशादित्यः संभविष्यामि कश्यपात्[1]**।**
ततो राज्यं प्रदास्यामि शक्रायमिततेजसे॥

देवताः स्थापयिष्यामि स्वेषु स्थानेषु नारद।
बलिं चैव करिष्यामि पातालतलवासिनम्॥ आदि

शान्ति० ३३९।७९-८३

यहाँ पराक्रमी असुरराज बलि के द्वारा इन्द्र से त्रैलोक्य का राज्य छीने जाने तथा विष्णु द्वारा उसे पुनः प्राप्त करके इन्द्र को सौंपने और बलि को पाताल भेजने का उल्लेख है। तीन चरणन्यासों का नहीं। पर महाभारत के समय में विष्णु के द्वारा अपने तीन पदन्यासों से त्रिलोकी का अतिक्रमण एक सामान्य तथ्य बन चुका था जो '**त्रयो लोकास्त्वया क्रान्तास्त्रिभिविक्रमणैः पुरा**' (उद्योग० १०।६) तथा '**धर्मेण व्यजयल्लोकान् त्रीन् विष्णुरिव विक्रमैः**' (सभा० १२६।३५) आदि में तो उल्लिखित है ही, साथ ही वन पर्व में आने वाली वामनावतार की कथा में भी इसका स्पष्ट उल्लेख है —

अदितेरपि पुत्रत्वमेत्य यादवनन्दन।
त्वं विष्णुरिति विख्यातः इन्द्रादवरजो विभुः॥

शिशुर्भूत्वा दिवं खं च पृथिवीं च परन्तप।
त्रिभिर्विक्रमणैः कृष्ण क्रान्तवानसि तेजसा॥

---

१. महाभारत के दाक्षिणात्य पाठ में इसके पश्चात् कथा को बढ़ाने के लिए तीन श्लोक और दिए हुए हैं —

जटी गत्वा यज्ञसदः स्तूयमानो द्विजोत्तम।
यज्ञस्तवं करिष्यामि श्रुत्वा प्रीतो भवेद् बलिः॥
किमिच्छसि वटो ब्रूहीत्युक्तो याचे महद् वरम्।
दीयतां त्रिपदीमात्रमिति याचे महासुरम्॥
स दद्यान् मयि संप्रोक्तः प्रतिषिद्धश्च मन्त्रिभिः।
यावज्जलं हस्तगतं त्रिभिर्विक्रमणैर्वृतम्॥

संप्राप्य दिवमाकाशमादित्यसदने स्थितः।
अत्यारोहच्च भूतानां भास्करं स्वेन तेजसा॥

वन० २७२।७१-७३

रामायण (बालकाण्ड, २९ वाँ अध्याय) में महर्षि वाल्मीकि ने लगभग १८ श्लोकों में वामन के द्वारा बलि से पृथ्वी के छीने जाने की कथा का वर्णन किया है। इन्द्र एवं मरुद्गणों के सहित एक बार सब देवों को जीतकर राजा बलि ने यज्ञ किया —

एतस्मिन्नेव काले तु राजा वैरोचनिर्बलिः।
निर्जित्य दैवतगणान् सेन्द्रांश्च समरुद्गणान्॥

कारयामास तद्राज्यं त्रिषु लोकेषु विश्रुतः।
यज्ञं चकार सुमहानसुरेन्द्रो महाबलः॥ २९।४, ५॥

देवता विष्णु के पास पहुँचे और उनसे कहा कि बलि एक महान् यज्ञ कर रहा है। उसके पूर्ण होने पर उसकी शक्ति बहुत बढ़ जाएगी। वह कभी अपने याचकों को लौटाता नहीं है। अतः आप अपनी माया से एक वामन-रूप धारण करके हमारा कल्याण कीजिए —

स त्वं सुरहितार्थाय मायायोगमुपागतः।
वामनत्वं गतो विष्णो कुरु कल्याणमुत्तमम्॥ ९॥

इसी समय महर्षि कश्यप ने एक सहस्र वर्षों में पूर्ण होने वाला एक व्रत किया था। वर के रूप में उन्होंने विष्णु से याचना की '**भ्राता भव यवीयांस्त्वं शक्रस्यासुरसूदन**' (१७)। भगवान् ने अदिति के गर्भ से जन्म लिया और बलि से तीन पग भूमि माँग कर उनसे तीनों लोकों को आक्रान्त करके इन्द्र को पुनः उसका राज्य दिलवा दिया —

अथ विष्णुर्महातेजा अदित्यां समजायत।
वामनं रूपमास्थाय वैरोचनिमुपागतः॥

त्रीन् क्रमानथ भिक्षित्वा प्रतिगृह्य च मेदिनीम्।
आक्रम्य लोकाँल्लोकात्मा सर्वलोकहिते रतः॥

महेन्द्राय पुनः प्रादात् नियम्य बलिमोजसा। २९।१९-२१

बालकाण्ड के जिस अंश में यह कथा आती है, वह सम्भवतः रामायण का प्रक्षिप्त अंश है। पर वाल्मीकि को यह कथा अच्छी प्रकार ज्ञात थी क्योंकि अन्य कई स्थानों पर भी उन्होंने इसका उल्लेख किया है (उदाहरणार्थ, अरण्य० ६१। २४, यथा **विष्णुर्महाबाहुर्बलिं बद्ध्वा महीमिमाम्**, तथा युद्ध० ५६। ३८)। कथा की प्रकृति से लगता है कि इस अंश के लेखक के सामने वामनावतार की कोई बड़ी कथा थी, जिसे उसने संक्षिप्त करके यहाँ प्रस्तुत किया है।

यह कुछ आश्चर्य की बात है कि वैष्णवचरित के आधार-स्तम्भ विष्णु पुराण में विष्णु के सर्वप्रसिद्ध वामन-अवतार का केवल डेढ़ श्लोकों में उल्लेख भर है (देखिए, ३। १। ४२, ४३) हरिवंश, मत्स्य, विष्णु-धर्मोत्तर, ब्रह्म, पद्म, वामन, स्कन्द तथा भागवत पुराणों में यह कथा अत्यधिक विस्तार से प्राप्त होती है। श्रीमद्भागवत के अष्टम स्कन्ध में तो १६ से लेकर २३ वें अध्याय तक पूरे २९७ श्लोकों में विष्णु के इस अवतार की कथा कही गई है। संहिताओं तथा ब्राह्मण ग्रन्थों में आए हुए कतिपय छुटपुट उल्लेखों के आधार पर इतने विशाल आख्यान का भवन खड़ा कर देना पुराणकारों के पल्लवन-कौशल का अद्वितीय निदर्शन है। भागवतकार की सबसे बड़ी विशेषता यह है कि उसने प्राचीन ग्रन्थों में आए हुए एतत्कथाविषयक किसी भी उल्लेख को छोड़ा नहीं है। सबको, यहाँ तक कि परस्पर विरोधी सन्दर्भों को भी, लेकर उसने एकरूपात्मक और एकरसात्मक कथा की सृष्टि की है[१]। कथा इतनी रोचक, मार्मिक, सजीव तथा भक्ति-भाव से आप्लावित है कि इसे प्राचीन भारतीय कथा साहित्य का एक रत्न माना जाना चाहिए। विष्णु को समस्त संसार में व्याप्त, आदिपुरुष, परमेश्वर के रूप में चित्रित किया गया है और उनके विराट् रूप का वर्णन है। एक पद में वे पृथ्वी को नाप लेते हैं, आकाश उनके शरीर से घिर जाता है और दिशाएँ भुजाओं से। दूसरे चरण से स्वर्, महः, जनः तथा सत्य-लोक को नाप लेने के पश्चात् तीसरे चरण के लिए ब्रह्माण्ड में स्थान ही नहीं बचता, अतः दान की प्रतिज्ञा पूरी न कर पाने के कारण बलि को वरुण पाशों से बँधना पड़ता है। बलि का चरित अत्यधिक उत्कृष्ट, महनीय तथा श्लाघ्य है। अपने गुरु शुक्राचार्य द्वारा वामन को भूमि देने के लिए मना करने एवं बार-बार चेतावनी देने तथा अन्त में बात न मानने पर, शाप दे देने पर भी बलि अपने वचन से नही डिगता। शुक्राचार्य उसे बहुत समझाते हैं कि ऐसा दान प्रशंसनीय नहीं है, जिससे अपनी जीविका ही चली जाए (**न तद्दानं प्रशंसन्ति येन वृत्तिर्विपद्यते,** ८। १९। ४३), किन्तु दृढ़निश्चयी बलि पर इसका कोई प्रभाव नहीं होता। शुक्राचार्य की भविष्यवाणी अक्षरशः सत्य होती है। सम्पूर्ण लोकों को जीत कर सिंहासन पर आसीन वामन तथा उनके पार्षदों पर आक्रमण करते हुए राक्षसों को वह नम्रतापूर्वक रोकता है (८। २। १। १०-२०) और वामन द्वारा भर्त्सना किए जाने पर भी क्रुद्ध नहीं होता। अन्त में विष्णु उसे पाताल-लोक का अखण्ड राज्य प्रदान करते हैं। वहाँ वे उसे स्वर्ग से भी अधिक ऐश्वर्य तथा सुख के साधन प्रदान करने का आश्वासन देते हैं; जीवन भर उसके प्रासाद के बाहर उसी वामन-आकार में द्वारपाल के रूप में उसकी रक्षा करने की प्रतिज्ञा करते हैं और अगले सावर्णि मन्वन्तर में इन्द्र पद प्राप्त करने का वर प्रदान करते हैं।

१. गयाचरण त्रिपाठी : **डेऽर उअरश्प्रुंग् उण्ट् डी एन्ट्विक्लुंग् डेऽर वामन-लेगैण्डे** (*Der Ursprung und die Entwicklung der Vāmana-Legende*), पृ० १४९ तथा आगे।

मत्स्य पुराण (२४५वाँ अध्याय) में विष्णु के विराट् रूप में आदित्य, रुद्र, मरुद्गण, अश्विनौ तथा प्रजापति आदि देवों की स्थिति बताई गई है[१]। ब्रह्म पुराण (७३वाँ अध्याय) में भी भगवान् दो ही पदों से समस्त ब्रह्माण्ड को व्याप्त कर लेते हैं और जब तीसरे पद के लिए बलि से पूछते हैं —

तृतीयस्य पदस्यात्र स्थानं नास्त्यसुरेश्वर।
क्व क्रमिष्ये भुवं देहि बलि तं हरिरब्रवीत्॥ ४९॥

तो बलि हँसकर एक बहुत सुन्दर उत्तर देता है — "अब आपके तीसरे पद के लिए मैं स्थान कहाँ से लाऊँ? यह जगत् आपका ही बनाया हुआ है, मेरा नहीं। अत: यदि आपकी ही गलती से इसमें कमी पड़ गई तो मैं क्या करूँ?"

विहस्य बलिरप्याह सभार्यः सकृतांजलिः।
त्वया सृष्टं जगत्सर्व न स्त्रष्टाहं सुरेश्वर।
त्वद्दोषादल्पमभवत् किं करोमि जगन्मय॥ ५०॥

इस पर विष्णु प्रसन्न होकर उसे वर प्रदान करते हैं।

ऐसा लगता है कि बलि के वरुण-पाशों से बन्धन की धारणा बहुत प्राचीन है क्योंकि महाभारत (शान्ति० २२७। १८) में इसका उल्लेख है —

बद्धश्च वारुणैः पाशैः वज्रेण च समाहतः।

पद्म पुराण के सृष्टिखण्ड के २५ वें अध्याय में वामनावतार की यह कथा थोड़े से अन्तर से प्राप्त होती है। सबसे बड़ा अन्तर यही है कि यहाँ बलि के स्थान पर **वाष्कलि** संज्ञक दैत्य का नाम प्राप्त होता है। ब्रह्मा के वर से वह अत्यधिक सामर्थ्यशाली हो जाता है। बलि को भाँति उसे भी सद्गुणी तथा अतिथिसत्कार चित्रित किया गया है। जिस प्रकार **ऐतरेय ब्राह्मण** में (६। ३। ७) इन्द्र असुरों से विष्णु के लिए भूमि माँगते हैं, उसी प्रकार यहाँ भी वे वामन को अपने साथ लेकर वाष्कलि के प्रासाद में जाते हैं और कहते हैं, 'ये ब्राह्मण देवता कश्यप के कुल में उत्पन्न हुए हैं। इन्होंने मुझसे तीन पग भूमि की याचना की थी। किन्तु मेरे पास तो अब कुछ है नहीं, अत: तुम्हीं इनकी इच्छा पूर्ण कर दो।' शुक्राचार्य यहाँ भी मना करते हैं पर वाष्कलि बलि की ही भाँति कहता है —

---

१. **पाणौ तु पतिते तोये वामनोऽभूदवामनः।**
सर्वदेवमयं रूपं, दर्शयामास तत्क्षणात्।
चन्द्रसूर्यौ च नयने, द्यौर्मूर्धा चरणौ क्षितिः।
विश्वेदेवा च जानुस्था जंघे साध्याः सुरोत्तमाः। — मत्स्य पु० २४५। ५२, ५३

शत्रापपि गृहायाते नास्त्यदेयं तु किंचन।

होता वही है। विष्णु यज्ञ–पर्वत पर पहुँच कर एक पग सूर्य लोक में रखते हैं और दूसरा ध्रुव लोक में। तीसरे से वे ब्रह्माण्ड के आवरण पर आघात करते हैं, जिससे उसमें छेद हो जाता है और उसके द्वारा बहुत सा जल अन्दर आ जाता है। यह जल गंगा का रूप धारण कर लेता है[१] जो जगत् में 'विष्णुपदी' नाम से प्रसिद्ध होती है। और जब विष्णु वाष्कलि से वर माँगने को कहते हैं तो वह केवल उनकी भक्ति तथा अन्तकाल में उनके हाथों अपनी मृत्यु माँगता है। भगवान् अगले कल्प में वराह रूप धारण करके पृथ्वी का उद्धार करते समय उसका भी 'उद्धार' करने का वचन देते हैं।

श्रीमद्भागवत में विष्णु का बलि के द्वारपाल बनने का जो उल्लेख है, उसका संकेत ऐतरेय ब्राह्मण में ही प्राप्त हो जाता है। ऋग्वेद के **व्रजं च विष्णुः सखिवाँ अपोर्णुते** (१।१५६।४, अपने सखा के साथ विष्णु गायों के बाड़े को खोलते हैं) पर टिप्पणी करते हुए ऐ० ब्रा० (१।५।४) कहता है कि विष्णु देवों के द्वारपाल हैं —

विष्णुर्वै देवानां द्वारपः। स एवास्मै एतद् द्वारं विवृणीति॥

इस वाक्य का ठीक तात्पर्य ज्ञात नहीं। पर **गौ** शब्द किरणों का भी वाची है। विष्णु (सूर्य) के उदित होते ही आकाश रूपी गोष्ठ का द्वार खुल जाता है और गायें (किरणें) बाहर निकल पड़ती हैं। 'देवों के द्वारपाल' का 'बलि का द्वारपाल' बन जाना कठिन नहीं।

एक प्रश्न यह भी उठ सकता है कि विष्णु को तीन पदन्यासों के समय वामन रूप में क्यों चित्रित किया गया है। मैक्डॉनल का मत है कि असुरों का सन्देह मिटाने के लिए और उनसे विष्णु के बराबर भूमि देना सरलता से स्वीकार कराने के लिए देवों की एक चाल के रूप में इसे कथा में जोड़ा गया है[२]। किन्तु कीथ तथा ओटो श्राडर[३] का विचार है कि विष्णु का वामनत्व आकस्मिक नहीं है, इसके पीछे लोकविश्वास की दृढ़ पृष्ठभूमि है। आर्यजातियों में ह्रस्वाकार प्राणियों को असामान्य शक्ति का स्वामी माना

---

१. वैदिक परिकल्पना के अनुसार पहले सर्वत्र जल था, उसमें प्रजापति ने एक हिरण्मय अण्ड उत्पन्न किया, जिसके फूटने पर ऊपरी भाग आकाश और निचला भाग पृथ्वी बन गया। इस प्रकार यह 'ब्रह्माण्ड' एक विराट् वारिधि में तैर रहा है, जिसके नियामक वरुण हैं। ब्रह्माण्ड में छिद्र होने पर बाह्य समुद्र का यही जल आकाश में प्रविष्ट होकर आकाश–गंगा का रूप धारण कर लेता है, जो भगीरथ (एवं उसके पूर्वजों) के प्रयास से शिव के मस्तक पर गिर कर पृथ्वी पर पहुँचती है।

२. मैक्डॉनल, **वै० मा०** पृ० ४१।

३. कीथ, **रिलीजन एण्ड फिलासफी०**, भाग १ पृ० १११।

ओ० श्राडर, **रेयाललैक्सिकोन डेऽर इन्डोगेर्मानिशेन आल्टरटूम्सकुन्डे** (Reallexikon der Indogermanischen Altertumskunde), भाग, पृ० ७०७।

जाता था। प्राचीन जर्मनी में यह एक सामान्य विश्वास था कि जोतने-बोने तथा फसल काटने के कामों में कुछ खर्वाकार मानव (Zwerge) किसानों की सहायता करते हैं। प्राचीन भारतीय विश्वास के अनुसार, अलौकिक शक्तियों से युक्त यक्ष-गण भी वामन ही कल्पित किए जाते थे। सर्वशक्तिशाली विष्णु का वामनरूप इसी लोकविश्वास की प्रवृत्तियों का सर्वाधिक प्रसिद्ध भारतीय उदाहरण है।

पर विष्णु के वामनरूप के लिए इतनी दूर जाने की आवयकता नहीं। प्रारम्भ में वामन तथा बाद में बृहच्छरीर विष्णु (**बृहच्छरीरो विमिमान ऋक्वभिः**, ऋ० वे०१। १५५।६) सम्भवतः उदीयमान, रक्ताभ सूर्यमण्डल के किरणों से रहित रूप को सूचित करते हैं। पूर्व-क्षितिज में सूर्य के दर्शन के कुछ क्षणों पश्चात् तक भी पृथ्वी मण्डल पर उसका कोई प्रभाव प्रतीत नहीं होता[1]। किन्तु थोड़ी देर में ही उसका प्रकाश-पुञ्ज बढ़ कर आकाश एवं पृथ्वी को व्याप्त कर लेता है[2]।

विष्णु के इस वामन रूप के महत्त्व के कारण ही तैत्तिरीय (१।८।८, तथा पूर्वोल्लिखित २।१।३) तथा मैत्रायणी-संहिताओं में विष्णु के निमित्त ह्रस्व पशु के आलभन का अथवा दक्षिणास्वरूप एक खर्वाकृति वृषभ प्रदान करने का विधान है। मै० सं० २।५।३ में कहा गया है कि एक बार देवों और असुरों में स्पर्धा हुई। जो-जो देवता करते थे, वही-वही असुर भी। देवता परेशान हो गए। तब उन्होंने एक वामन-पशु देखा और उसे विष्णु को प्रदान किया, जिससे विष्णु ने देवों के लिए ये सब लोक जीत लिए —

देवाश्च वा असुराश्चास्पर्धन्त। ते वै समावदेव यज्ञे कुर्वाणा आसन्। यदेव देवा अकुर्वत तदसुरा अकुर्वत। ते न व्यावृतमगच्छंस्ते देवा एतं वामनपशुम् अपश्यन् तं वैष्णवमालभन्त, ततो वै विष्णुरिमाँल्लोकानुदजयत्। ततो देवा असुरान् एभ्यो लोकेभ्यः प्राणुदन्त। मैत्रा० सं० २।५।३

---

१. भौतिकी के प्रारम्भिक सिद्धान्तों से परिचित छात्र जानते हैं कि प्रकाश की किरणें जब सघन से विरल अथवा विरल से सघन माध्यम में प्रविष्ट होती हैं तब वे एक विशेष कोण पर मुड़ जाती हैं। भूमि के वायु-मण्डल में भी पृथ्वीतल पर सघन वायु रहती है और ऊपर उठने पर विरल होती जाती है। अतः वायु के सघन एवं विरल कई माध्यम बन जाते हैं। जब सूर्य की किरणें क्षितिज से थोड़ी सी नीचे रहती हैं तब प्रकाश के वर्ण-चक्र की अन्तिम लाल रंग की किरण मुड़कर दर्शक की आँखों तक पहुँच जाती है और उससे क्षितिज के ऊपर एक झूठा लाल रंग का सूर्य-बिम्ब दिखाई देने लगता है। यह स्थिति कुछ ही क्षण रहती है। इसके पश्चात् सूर्य-मण्डल का वास्तविक उदय होता है।

इस विवरण का उद्देश्य वैदिक-कथा में भौतिकी के तत्त्व ढूँढ़ना नहीं अपितु केवल यह स्पष्ट करना है कि सूर्य के दर्शन के कुछ क्षण उपरान्त तक भी उसमें प्रकाश का समावेश नहीं होता।

२. तुलना कीजिए, जे० खोंडा, **आस्पेक्ट्स०** पृ० १४६।

श० ब्रा० ५।२।५।४ यज्ञ में विष्णु सम्बन्धी कृत्य के लिए ऋत्विक् को एक वामन-पशु दक्षिणा के रूप में देने का विधान करता है क्योंकि 'जो भी वस्तुएँ वामन हैं वे विष्णु से सम्बन्धित है' (**तस्य वामनो गौर्दक्षिणा। स हि वैष्णवो यद्वामनः**)। '**तद् हि पशुष वैष्णवं रूपं यद् वामनस्य गोः**' वाक्य भी इस ब्राह्मण में प्रायः आया है।

प्रसंगवश यहाँ यह भी उल्लेख कर दिया जाए कि दक्षिणभारत, विशेषतः केरल में, अपने उदात्त चरित्र और औदार्य के कारण दैत्यराज बलि को धार्मिक लोकविश्वास में बहुत ऊँचा स्थान प्रदान किया गया है। उसकी 'महाबलि' संज्ञा है (तमिलनाडु का 'महाबलिपुरम्' सुविख्यात है) और उसके सम्मान में ''ओणम्'' नामक उत्सव मनाया जाता है, जो भाद्रपद शुक्ल द्वादशी को श्रवण नक्षत्र में आयोजित होता है। 'ओणम्' वस्तुतः 'श्रवणम्' का ही विकृत रूप है। उत्तरभारत में ठीक इसी दिन 'वामनद्वादशी' होती है, जो विष्णु के वामन-अवतार की तिथि है। ओणम् के दिन केरलीय जन अपने घरों को स्वच्छ करके उसे पुष्पों आदि से खूब सजाते हैं और विविध प्रकार के पकवान बनाते हैं क्योंकि उनका विश्वास है कि इस दिन महाबलि पाताल से एक दिन के लिए पुनः पृथ्वी पर यह देखने के लिए लौटते हैं कि उनके द्वारा पूर्वशासित इस पृथ्वीमण्डल पर सब कुशल तो है और उनकी पूर्व प्रजा सुख से जीवनयापन कर रही है, या नहीं। अपनी प्रजा को स्वच्छ घरों में रहते और खूब खाते-पीते देखकर उन्हें परम आनन्द होता है। प्राचीन भारत में वामन द्वादशी से ही **इन्द्रध्वज उत्सव** भी प्रारम्भ होता था, यह दिन इन्द्र को उसके राज्य की पुनः प्राप्ति का दिन था।

बलि का स्मरण उत्तरभारत में भी रक्षाबन्धन (श्रावण पूर्णिमा) के दिन किया जाता है। बहिन भाई की कलाई में राखी (रक्षासूत्र) बाँधती हुई कहती है कि [विष्णु ने] जिन [वरुण पाशों] से दानवराज बलि को बाँधा था, तुम्हारी लक्ष्मी और समृद्धि को मैं उन्हीं पाशों से बाँध कर स्थिर कर रही हूँ, तुम यहाँ (मेरे भाई के शरीर) से बाहर मत जाओ —

> **येन बद्धो बली राजा दानवेन्द्रो महाबलः।**
> **तेन त्वां प्रतिबध्नामि रक्षे मा चल मा चलः।।**

विष्णु और यज्ञ

वामनावतार सम्बन्धी श० ब्रा० का जो अंश ऊपर उद्धृत किया गया है (१।२।५।१-७) उसमें विष्णु को यज्ञ कहा गया है (**ते यज्ञमेव विष्णुं पुरस्कृत्य ईयुः**)। जब असुर वामन-विष्णु के शरीर के बराबर भूमि देने के लिए सहमत हो जाते हैं तो देवता बहुत प्रसन्न होते हैं। ''इन्होंने तो हमें यज्ञ के बराबर भूमि दे डाली (**महद्वै नो अदुः यद् यज्ञसम्मितमदुरिति**) और यज्ञ है अनन्त, अतः ये सारे लोक हमारे ही हो गए।'' और

तब वे पूर्व में अग्नयाधान करके विष्णु-रूपी यज्ञ को विविध छन्दों से बढ़ाने लगते हैं[1]। गायत्री, त्रिष्टुभ् तथा जगती से क्रमशः दक्षिण-पश्चिम और उत्तर से वे उसे परिगृहीत करते हैं और यज्ञ-विष्णु समस्त लोकों को आक्रान्त कर लेता है।

ब्राह्मण ग्रन्थों में यज्ञ और विष्णु का तादात्म्य अत्यन्त सामान्य बात है। यज्ञ और विष्णु के पारस्परिक एकात्म्य को द्योतित करने वाला **'यज्ञो वै विष्णुः'** वाक्य श० ब्रा० में ही स्थान-स्थान पर कम से कम ५० बार आया है (उदाहरणार्थ १।१।२।१३, ५।२।३।६, ५।४।५।१ आदि)। एक स्थान पर कहा गया है — **स यः स विष्णुर्यज्ञः सः। स यः स यज्ञोऽसौ स आदित्यः** (१४।१।१।६)। कौषीतकि ब्राह्मण (४।२, १।८, १८।१४) तथा ऐतरेय ब्राह्मण (१।३।४) आदि में भी यज्ञ और विष्णु का ताद्रूप्य वर्णित है। कीथ ने ऋग्वेद में अपेक्षाकृत गौण स्थान के भागी होते हुए भी विष्णु के ब्राह्मण ग्रन्थों एवं परवर्ती साहित्य में उत्कृष्ट स्थान प्राप्त करने का मुख्य कारण यज्ञ से उनका तादात्म्य बताया है। पर प्रश्न यह है कि संसार को नियन्त्रित करने वाला सर्वोच्च-तत्त्व यज्ञ ब्राह्मण ग्रन्थों में विष्णु से किस प्रकार सम्बन्धित हो गया जब कि ऋक् या यजुर्वेद में इस धारणा की क्षीण रूपरेखा भी प्राप्त नहीं होती। कीथ ने इस विषय में अपनी अज्ञानता स्वीकार की है, "जिस विचारशृंखला से यह तादात्म्य उत्पन्न हुआ उसे अब ठीक से नहीं जाना जा सकता"[2]। त्रिवेणीप्रसाद सिंह का विचार है कि विष्णु सूर्य का दैवीकरण है; सूर्य और अग्नि का वेदों में एकात्म्य है। अतः विष्णु का यज्ञ की अग्नि से तादात्म्य हुआ और फिर स्वतः यज्ञ से। वे लिखते हैं, "वेद तथा पुराणों में सम्भवतः विष्णु नाम से सूर्य की ही पूजा हुई परन्तु ब्राह्मणों में विष्णु यज्ञ के अथवा यज्ञाग्नि के देवता माने गए। सूर्य भी अग्नि का ही वैश्वानर रूप है अतः इन दोनों विचारों में वास्तविक भेद नहीं है।"[3]

इस मत में विसंगति यह है कि विष्णु का कहीं भी पार्थिव अग्नि से न तो तादात्म्य किया गया है और न ही हो सकता है। विष्णु सूर्य-मण्डल की दाहकता अथवा आग्नेय शक्ति के नहीं अपितु व्यापनशील प्रकाशकत्व के द्योतक हैं अतः वे सदा दिव्य हैं। यहाँ विस्तृत विवेचन के लिए अवसर नहीं है, किन्तु सामान्य अग्नि से यज्ञिय-अग्नि और यज्ञ की अग्नि से परमसामर्थ्यशाली यज्ञ से तादात्म्य की प्रक्रिया इतनी स्वाभाविक नहीं है, जितनी उक्त विद्वान् समझते हैं। विष्णु तथा यज्ञ के तादात्म्य की इससे अधिक स्वाभाविक तथा स्पष्ट व्याख्या सम्भव है।

---

१. प्रमुख वैदिक छन्द सात हैं और इनसे 'फैलाए जाने' या वितत होने के कारण यज्ञ को वितान के अतिरिक्त सप्त-होता भी कहते हैं—

'येन यज्ञस्तायते सप्तहोता' (वा० स० ३४।४)

२. कीथ : **रिलीजन एण्ड फिलॉसफी०, प्रथम भाग, पृ० १११।**

३. त्रिवेणीप्रसाद सिंह : **हिन्दू धार्मिक कथाओं के भौतिक अर्थ**, पृ० ६६।

ख़ोंडा का विचार है कि यज्ञ की सामर्थ्यशालिता तथा संसार की प्रत्येक वस्तु (फल) को उत्पन्न कर सकने की क्षमता ने प्रजापति और यज्ञ का तादात्म्य बहुत पहले ही कर दिया था क्योंकि प्रजापति भी संसार की प्रत्येक वस्तु के उत्पादक हैं (**प्रजननं प्रजापतिः**, श० ब्रा० ५।१।३।९; **प्रजापतिना प्रजनयित्रैताः प्राजनयत्**, वही ८।४।३।२०)। इसी को दृष्टि में रखकर श० ब्रा० ११।१।८।३ में कहा गया है कि यज्ञ को प्रजापति ने अपनी ही प्रतिमा के रूप में उत्पन्न किया है—**अथैतमात्मनः प्रतिमामसृजत यद्यज्ञम्। तस्मादाहुः प्रजापतिर्यज्ञ इति**। किन्तु साथ ही प्रजापति की कुछ ऐसी विशेषताएँ भी ब्राह्मणों में प्राप्त होती हैं, जो मुख्यतः विष्णु से सम्बन्धित हैं। उदाहरणार्थ श० ब्रा० १२।३।५।१ में प्रजापति को सूर्य (सविता) बताया गया है —

यो ह्येष सविता स प्रजापतिरिति।

और ११।४।३।१ में प्रजापति से **श्री** का जन्म उल्लिखित है —

तस्माच्छ्रान्तात् तेपानात् श्रीः उदक्रामत् सा दीप्यमाना भ्राजमाना लेलायन्ती अतिष्ठत्।

दोनों देवों के ऐसे साम्य के कारण प्रजापति की बहुत सी विशेषताएँ विष्णु में सन्निविष्ट हो गईं; इनमें यज्ञ से तादात्म्य भी एक थी।[1]

विष्णु और यज्ञ के तादात्म्य की व्याख्या करने के लिए इस द्रविड़-प्राणायाम की भी आवश्यकता नहीं है। वस्तुतः ब्राह्मण ग्रन्थों में यज्ञ संसार की आत्मा है (**सर्वेषामेष भूतानामात्मा यद् यज्ञः**, श० ब्रा० १४।३।२।१) वह जगत् की सर्वोच्च शक्ति है। मनुष्यों के ही नहीं देवों तक के अस्तित्व का वह आधार है: संसार की कोई भी वस्तु उसकी सहायता से प्राप्त की जा सकती है। प्रत्येक वस्तु उसके भीतर है, उसमें व्याप्त है। वह सबका आच्छादक अथवा व्यापक है।[2] ठीक इसी प्रकार परवर्ती-संहिता काल में विष्णु को एक ऐसा सर्वसामर्थ्यशाली देवता माना जाने लगा था, जो जड और चेतन, स्थावर तथा जंगम, सम्पूर्ण वस्तुओं को अपने अन्दर व्याप्त कर लेते हैं और सर्वत्र विद्यमान हैं। सम्पूर्ण त्रिलोकी को उन्होंने अपने पदक्रमों से आवृत कर रखा है। जगत् के व्यापन अथवा आच्छादन की इस प्रमुख सामान्य विशेषता ने ही दोनों के तादात्म्य में सर्वाधिक महत्त्वपूर्ण योग दिया। प्रख्यात वैदिक व्याख्याता सायण को भी यह तथ्य अस्पष्ट नहीं था, क्योंकि श० ब्रा० १।१।२।१३ में आये 'यज्ञो वै विष्णुः' वाक्य की व्याख्या में उन्होंने स्पष्ट लिखा है —

'विष्णोर्यज्ञस्य च व्यापनसामान्यात् तादात्म्यव्यपदेशः'

---

१. ख़ोंडा, **आस्पेक्ट्स०**, नवम खण्ड पृ० ७७-८०।

२. वेदों में यज्ञ के महत्त्व के लिए देखें — H. Aguilar कृत '**दि सेक्रीफ़ाइस् इन् दि ऋग्वेद**', दिल्ली

लगता है विष्णु के यज्ञ से इस तादात्म्य का प्रारम्भ यजुर्वेद में ही हो चुका था क्योंकि यहाँ विष्णु से हव्य की (१।४) तथा स्वतः यज्ञ की रक्षा (७।२०) करने की प्रार्थना की गई है और विष्णु तथा यजमान की एकरूपता प्रतिपादित की गई है।

अस्तु, विष्णु और यज्ञ के इस साम्य के कारण ब्राह्मण-ग्रन्थों में विष्णु से सम्बन्धित एक मनोरंजक कथा प्राप्त होती है, जो संक्षेप में इस प्रकार है — एक बार कुरुक्षेत्र में कुछ देवों ने एक यज्ञ-सत्र प्रारम्भ किया। आपस में इन्होंने निश्चय किया कि जो यज्ञ के रहस्य को जान लेगा, वह हम लोगों में सर्वश्रेष्ठ हो जाएगा। विष्णु ने उसे सर्वप्रथम प्राप्त किया, जिससे उन्हें देवों में श्रैष्ठ्य प्राप्त हुआ। गर्व के कारण वे तीन बाण और एक धनुष लेकर वहाँ से चल दिए और एक स्थान में धनुष को सिर के नीचे रखकर लेट गए। उन्हें जीत न सकने के कारण देवों ने दीमकों से सहायता करने के लिए कहा और उन्हें सर्वत्र अन्न, तथा मरुस्थल में भी जल प्राप्त करने का वरदान दिया। तब दीमकों ने विष्णु के धनुष की प्रत्यञ्चा काट दी, जिससे धनुर्दण्ड उछला और विष्णु का सिर कट कर आकाश में चला गया, जहाँ वह सूर्य बन गया। तब इन्द्र विष्णु के उस रुण्ड के पास पहुँचे और उसे अपने अंग-प्रत्यंगों से संयुक्त कर लिया, जिससे विष्णु का तत्त्व इन्द्र में आ गया। विष्णु **मख** (यज्ञ) हैं। इन्द्र **मखवत्** हो गए। इसी **मखवत्** को देवों की परोक्ष भाषा में **मघवत्** (मघवा - इन्द्र) कहते हैं.....

देवा ह वै सत्रं निषेदुः। अग्निरिन्द्रः सोमो मखो विष्णुर्विश्वेदेवाः अन्यैव अश्विभ्याम्। तेषां कुरुक्षेत्रं देवयजनमास...... ते होचुः यो नः श्रमेण तपसा श्रद्धया यज्ञेनाहुतिभिः यज्ञस्योदृचं पूर्वोऽवगच्छात् स नः श्रेष्ठो असत्....... तद्विष्णुः प्रथमं प्राप। स देवानां श्रेष्ठो अभवत। स यः स विष्णुः यज्ञः सः, स यः स यज्ञः असौ स आदित्यः। तद्धेदं यशो विष्णुर्न शशाक संयन्तुम्.......। स तिसृधन्वमादायापचक्राम। स धनुरात्र्यां शिर उपस्तभ्य तस्थौ। तं देवा अनभिधृष्णुवन्तः समन्तं परिण्यविशन्त। ता ह वम्र्यः ऊचुः........ यो अस्य ज्यामप्यद्यात्....... अन्नाद्यमस्मै प्रयच्छेम। अपि धन्वन्नपो अधिगच्छेत् ...... तस्योपपरासृत्य ज्यामपिजक्षुः। तस्यां छिन्नायां धनुः आर्त्न्यौ विष्फुरन्त्यौ विष्णोः शिरः प्रचिच्छिदतुः........ तं देवा अभ्यसृज्यन्त....... एवं तमिन्द्रः प्रथमं प्राप। तमन्वंगमनु न्यपद्यत्। तं पर्यगृह्णात्। ...... स उ एव मखः। स विष्णुः। तत इन्द्रो मखवानभवत्। मखवान् ह वै तं मघवानित्याचक्षते........। — श० ब्रा० १४।१।१-१३

बिल्कुल यही कथा मैत्रायणी संहिता, पञ्चविश ब्राह्मण तथा तैत्तिरीय आरण्यक में भी थोड़े से अन्तर के साथ प्राप्त होती है। श० ब्रा० की कथा सबसे अधिक अर्वाचीन है और इसमें कई नए तत्त्व जोड़कर मूल से पर्याप्त अन्तर कर दिया गया है। मै० सं० (४।५।९) का विवरण निश्चित रूप से सर्वाधिक प्राचीन है। यहाँ विष्णु का उल्लेख

तक नहीं किया गया, न ही इन्द्र की कोई महत्त्वपूर्ण भूमिका है। विष्णु के स्थान पर यहाँ **मख** या **यज्ञ** है। वह स्वत: एक देवता है। सब मिलकर यज्ञ करते हैं और आपस में निश्चय करते हैं कि जो भी समृद्धि किसी एक को प्राप्त होगी, वह समान रूप से सबको होगी। मख को वह मिल जाती है। लेकिन वह उसे किसी को भी देने की इच्छा नहीं करता और जब देखता है कि देवता उससे अपने भाग बलात् लेने को तैयार हैं तो वह तीन बाण और धनुष लेकर चला जाता है। देवों के कहने पर दीमकें अपना काम करती हैं और मख का सिर कटकर **सम्राज्** (प्रवर्ग्य)[1] बन जाता है। अग्नि, इन्द्र और वायु उसके क्रमशः पूर्व, मध्य और अन्त के भागों को ग्रहण कर लेते हैं.......

देवा ह वै सत्त्रमासत कुरुक्षेत्रे। अग्निर्मखो वायुरिन्द्रः। ते अब्रुवन्। यतमो न प्रथम ऋध्नवत् तं नः सहेति। तेषां वै मख आर्ध्नोत्। तं न्यकामयत। तं न समसृजत। तदस्य प्रासहादित्सन्त। स इत एव तिस्रो अजनयत। स प्रतिधायापक्रामत्। तं नाभ्यधृष्णुवत्। तं धन्वार्तिं प्रतिष्कभ्यातिष्ठत्। स इन्द्रो वम्रीरब्रवीत्। एतां ज्यामप्यत्तेति...... ता वै ज्यामप्यादन्। तस्य धन्वार्तिरुदय्य शिरोऽच्छिनत्। स सम्राडभवत्। अथेतरं त्रेधा व्यगृह्णत। अग्निः पूर्वार्धम् इन्द्रो मध्यं वायुर्जघनार्धम्। तस्मादाग्नेयं प्रथमं सवनम्, ऐन्द्रं माध्यन्दिनं सवनं, वैश्वदेवं तृतीयसदनं, वायुर्हि विश्वेदेवाः।
— मै० सं० ४।५।९

मै० सं० की यह कथा विशुद्ध यज्ञीय उद्भावना है। यज्ञ को यहाँ चेतन प्राणी के रूप में चित्रित किया गया है। यज्ञ परमसामर्थ्यशाली है। अग्नि, इन्द्र और वायु या विश्वेदेवाः यज्ञ के प्रमुख देवता हैं। सोम-यज्ञ में मुख्य भाग पाने के कारण इनको यज्ञ की ऋद्धि को आत्मसात् करते हुए वर्णित किया गया है किन्तु यज्ञ का मुख्य भाग (सिर) तो है प्रवर्ग्य। इन देवों के लिए सवन करने पर भी यज्ञ पूर्ण नहीं होता है क्योंकि ये यज्ञ के सिर को आत्मसात् नहीं कर सके। अतः जब यजमान प्रवर्ग्य कृत्य करता है तो मानों वह यज्ञ के सिर को उससे जोड़ देता है और यज्ञ पूर्ण हो जाता है। मै० सं० में इस तत्त्व को स्पष्ट नहीं किया गया है। पर पञ्चविंश ब्राह्मण (७।५।६) इसका संकेत करता है। इस ब्राह्मण की कथा अत्यन्त संक्षिप्त तथा स्पष्ट है इसलिए इसे प्रायः परवर्ती श्रौत-सूत्रों की व्याख्याओं एवं पद्धतियों में उद्धृत किया गया है —

---

१. सोम-याग में उपसद् के पूर्व किया जाने वाला एक अत्यधिक महत्त्वपूर्ण कृत्य। सर्वश्रेष्ठ और महत्त्वपूर्ण होने के कारण इसे 'सम्राज्' कहा जाता है। इस कृत्य की मुख्य क्रिया तीन मिट्टी के सकोरों (महावीर) में दूध एवं घी के मिश्रण को उबालना एवं इन्द्र, वायु, सवितृ तथा अश्विन् आदि को उसके भाग प्रदान करना है। अवशिष्ट यज्ञांश को पुरोहित सूँघते हैं और यजमान उसका पान कर जाता है। यह कृत्य पत्नी-शाला में बैठी महिलाओं को नहीं दिखाया जाता। विशेष विवरण **श्रौतकोश** (पूना १९७०), डा० सूर्यकान्त कृत **वैदिक कोश**, चित्रभानु कृत **डिक्शनरी ऑफ् वैदिक रिटुअल्स** (दिल्ली १९७८) और एच्. जी. रानाडे कृत **एन् इलस्ट्रेटेड डिक्शनरी ऑफ् वैदिक रिटुअल्स्** (दिल्ली २००६) में द्रष्टव्य है।

देवाः वै यशस्कामाः सत्रमास्त। अग्निरिन्द्रोवायुर्मखः। ते अब्रुवन् यन्नो यशः ऋच्छात् तन्नः सह आसद् इति। तेषां मखं यशः आर्च्छत् तदादाय अपाक्रामत् तदस्य प्र सह आदित्सन्त तं पर्ययतन्त। स धनुः प्रतिष्टभ्य अतिष्ठत् तस्य धनुरार्त्नीः ऊर्ध्वा पतित्वा शिरोऽच्छिनत् स प्रवर्ग्योऽभवत्। यज्ञो वै मखः। यत् प्रवर्ग्यं प्रवृञ्जन्ति तत् यज्ञस्यैव तच्छिरः प्रतिदधति। — पञ्चविंश ब्रा० ७।५।६

यहाँ अनावश्यक जानकर दीमकों का उल्लेख नहीं किया गया। तैत्तिरीय आरण्यक (५।१।१-७) की कथा पञ्चविंश तथा शतपथ-ब्राह्मण के बीच की कड़ी है। मैत्रायणी-संहिता तथा पञ्चविंश में विष्णु का कोई उल्लेख नहीं है। पर तैत्तिरीय-आरण्यक में इस मख को सामानाधिकरण्य से 'वैष्णव' (अर्थात् विष्णु से सम्बन्धित) कहा गया है। आगे चलकर शतपथ-ब्राह्मण यज्ञ और विष्णु का पूर्ण तादात्म्य करते हुए कथा के नायक के स्थान पर पूर्णतः विष्णु को प्रतिष्ठापित कर देता है। धनुष और बाण यहाँ मख की हथेलियों से उत्पन्न होते हैं। मुस्कराने से उसका तेज मुख से निकल कर श्यामाक (सावाँ) बन जाता है जिसे हवन करके देवता यज्ञ के तेज को पुनः प्रतिष्ठापित करते हैं —

देवा वै सत्रमास्त ऋद्धिपरिमितं यशस्कामाः। ते अब्रुवन् 'यन्नः प्रथमं यशः ऋच्छात् सर्वेषां नः तत् आसत्' इति। .... तेषां मखं वैष्णवं यशः आर्च्छत्। ..... तेन अपाक्रामत्। तं देवाः अन्वायन् यशः अवरुरुत्स्यमानाः। ..... तस्य सव्याद् धनुरजायत दक्षिणादिषवः। सोऽस्मयत 'एकं मा सन्तं बहवो न अभ्यधर्षिषुः' इति । तस्य सिष्मीयमानस्य तेजोऽपक्रामत्। ते श्यामाका अभवन्। स्मयका वै नाम एते। स धनुः प्रतिष्कभ्य अतिष्ठत्। याः उपदीकाः ..... तस्य ज्याम् अप्यादन्। तस्य धनुः विप्रवमाणम् शिरः उदवर्तयत्। तद् द्यावापृथिवी अनुप्रावर्तत ...... यत् प्रावर्तत् तत् प्रवर्ग्यस्य प्रवर्ग्यत्वम्। तं स्तृतं देवता त्रेधा व्यगृह्णन्त। अग्निः प्रातः सवनमिन्द्रो माध्यन्दिनं सवनं विश्वेदेवाः तृतीयं सवनम्। तै० ब्रा० ५।१।१-६

इस आरण्यक में आगे एक अन्य महत्त्वपूर्ण तथ्य ध्यान देने योग्य है। पूर्ववर्ती ब्राह्मणों में इस सम्बन्ध में अश्विनौ का उल्लेख नहीं है किन्तु यहाँ मख के सिर के नष्ट हो जाने पर देवता देव-वैद्य अश्विनौ से उस सिर को पुनः जोड़ने की प्रार्थना करते हैं। अश्विनौ प्रवर्ग्य में एक सोमयुक्त ग्रह (मिट्टी का कुल्हड़, जिसमें देवों को भाग दिया जाता है) प्राप्त करके मख का सिर धड़ से संयुक्त कर देते हैं। इस सिर को जोड़ने की प्रक्रिया का वर्णन तैत्तिरीय ब्राह्मण भी लगभग पञ्चविंश ब्राह्मण की तरह करता है —

ते देवा अश्विनौ अब्रुवन् भिषजौ वै स्थः। इदं यज्ञस्य शिरः प्रतिधत्तम् इति। तौ अब्रूताम् वरं वृणीमहि, ग्रहः एव नौ अत्रापि गृह्यताम् .... तौ एतद् यज्ञस्य शिरः प्रत्यधत्ताम् यत् प्रवर्ग्यः। तेन सशीर्ष्णा यज्ञेन यजमानाः अव आशिषोऽरुन्धत। अभि सुवर्गं लोकम् अजयन्। यत् प्रवर्ग्यं प्रविनक्ति यज्ञस्येव तच्छिरः प्रतिदधाति। तेन

अशीर्ष्णा यज्ञेन यजमानः अव आशिषो रुन्धेऽभि सुवर्गं लोकं जयति। तस्माद् एष आश्विनप्रवयाः इव यत् प्रवर्ग्यः। तै० ब्रा० ५।१।७

ऋक् तथा यजुर्वेद में अश्विनौ के देव-वैद्य होने के कई उल्लेख हैं (उदाहरणार्थ **देवा यज्ञमतन्वत भेषजं भिषजाश्विना**, वाज सं० १९।१२)। साथ ही उनके द्वारा च्यवन को वृद्धावस्था से मुक्त कराने तथा विश्पला की टाँग ठीक करने आदि की कई कथाएँ हैं (ऋ० वे० १।११८।६ तथा १।११२।१० आदि)। तै० आ० में अश्विनौ के इसी स्वरूप को ध्यान में रखते हुए कथा में उनका सन्निवेश कर दिया गया है। श० ब्रा० प्रवर्ग्य से अश्विनौ के इस सम्बन्ध की जो मनोरंजक आख्यायिका प्रस्तुत करता है (देखिए, श० ब्रा० १४।१।१।१८-२५) उसका उल्लेख अश्विनौ के प्रसंग में (पृ० २८६-८७) किया गया है। ''महर्षि दध्यञ्च् (प्रवर्ग्य की) इस 'मधुविद्या' को जानते थे। वे जानते थे कि यज्ञ का सिर कैसे जोड़ा जा सकता है और उसे किस प्रकार पूर्ण किया जा सकता है। पर इन्द्र ने उनसे कहा कि यदि तुम यह विद्या किसी को बताओगे तो मैं तुम्हारा सिर काट लूँगा। अश्विनौ के मन में इसे सीखने की बड़ी इच्छा हुई। वे दध्यञ्च् के पास पहुँचे। उन्होंने इन्द्र की चेतावनी उनसे बताई। अश्विनौ ने कहा कि हम अभी ही तुम्हारा सिर काटकर एक अश्व का सिर तुम्हारे धड़ से जोड़ देते हैं। तुम उससे ही उपदेश दो। जब इन्द्र उसे काट डालेगा तो हम तुम्हारा वास्तविक सिर लाकर जोड़ देंगे। ऐसा ही हुआ और अश्विनौ उस मधुविद्या (प्रवर्ग्य-क्रिया) के अधिकारी ज्ञाता हो गए[1]। उन्होंने देवों के अध्वर्यु बनकर[2] यज्ञ करते हुए यज्ञ का कटा सिर उसी में जोड़ दिया।'' इस मधुविद्या के दार्शनिक तत्त्वों का वर्णन श० ब्रा० में आगे (अर्थात् बृहदारण्यक उप० २।५६ में) अत्यन्त विस्तार से प्राप्त होता है।

प्रस्तुत कथा के कर्मकाण्डीय महत्त्व को न समझते हुए कीथ ने लिखा है कि यह कथा बड़ी विचित्र तथा असंगत है और इसका कोई भी प्रतीकात्मक अर्थ लेना भूल होगी[3]। पर श० ब्रा० की परवर्ती कण्डिकाएँ ही इस रहस्यात्मक कथा की सुस्पष्ट व्याख्या करती हैं। अपने अद्वितीय महत्त्व के कारण प्रवर्ग्य ही यज्ञ का शीर्ष है। यज्ञ और विष्णु के पूर्ण तादात्म्य के कारण श० ब्रा० विष्णु को कथा के मुख्य पात्र के रूप में चित्रित करता है। प्रवर्ग्य की क्रिया में जब मिट्टी के सकोरे में दूध गरम किया जाता

---

१. अश्विनौ के मधु से घनिष्ठ सम्बन्ध के लिए पीछे अश्विनौ का विवरण देखिए (पृ० २४२-२४८)। प्रवर्ग्य की मधु-विद्या से उनका सम्बन्ध स्वाभाविक है। ऋग्वेद १।११६।१२ में ही अश्विनौ को इस मधुविद्या का अधिकारी बताया गया है, जिसे उन्होंने दध्यञ्च् से अश्वशिर के माध्यम से प्राप्त की — **दध्यङ्ह वा यन्मध्वाथर्वणो वामश्वस्य शीर्ष्णा प्र यदीमुवाच।**

२. अश्विनौ के आध्वर्यव के लिए देखिए श० ब्रा० ४।१।५।१५ तथा ८।२।१।३।

३. 'The myth is an odd and curious one and to ascribe to it any symbolic sense, would doubtless be a mistake.' कीथ, **रिलीजन एण्ड फिलॉसफी**, प्रथम भाग, ११२।

है तो वह प्रतप्त होकर आकाश में चमकने वाले आदित्य से उपमेय हो जाता है। अतः प्रवर्ग्य ही सूर्य है (**ए एष तपति, एष उ प्रवर्ग्यः**, १४१। १। २८)। जो यज्ञ की शेष क्रियाओं को जानता हुआ भी इसे (प्रवर्ग्य को) नहीं जानता, वह मानों यज्ञ-रूप विष्णु का सिर खण्डित करता है — ऐसा सिर जो ब्राह्मण ग्रन्थों की रहस्यमय यज्ञीय शैली में सूर्य है। अश्विनौ ने जाकर दध्यञ्च् से यह विद्या पढ़ी और तब वे यज्ञ के सिर को जोड़कर पूर्ण बनाने में सफल हुए।

ऋषि 'नारायण' के द्वारा दृष्ट ऋग्वेद के सुप्रसिद्ध पुरुषसूक्त (१०। ९०) की अन्तिम (१६वीं) ऋचा (य ज्ञेन यज्ञयजन्त देवाः....) में आये 'यज्ञ' शब्द का अर्थ भी पारम्परिक व्याख्या पद्धति में विष्णु से लिया जाता है। विष्णु ही 'यज्ञपुरुष' हैं।

मुख्यतः ब्राह्मण ग्रन्थों में सम्पन्न विष्णु और यज्ञ का यह तादात्म्य परवर्ती साहित्य में भी भुलाया नहीं गया है। महाभारत के विष्णु-सहस्रनाम में विष्णु ऐसे कई नाम प्राप्त होते हैं, जिसमें उनको 'यज्ञ' कहा गया है —

यज्ञ इज्यो महेज्यश्च क्रतुः सत्रं महामखः। अनु० १४९। ४८

इसी प्रकार पुराणों में भी भगवान् विष्णु को स्थान-स्थान पर 'यज्ञ का स्वामी' 'यज्ञ का अधिष्ठाता' तथा यज्ञ का फल-प्रदाता' कहा गया है। मत्स्य पुराण (२४५। १०)में जब शुक्राचार्य बलि से बताते हैं कि विष्णु वामन-रूप में तुम्हारे इस यज्ञ में आ रहे हैं तो वह अत्यन्त प्रसन्न होकर कहता है —

धन्योऽहं कृतपुण्यश्च यन्मे यज्ञपतिः स्वयम्।
यज्ञमभ्यागतो ब्रह्मन् मत्तः कोऽन्योऽधिकः पुमान्॥
— मत्स्य० २४५। १०

ब्रह्म पुराण (७३वाँ अध्याय) में इस प्रसंग में विष्णु के लिए 'यज्ञेश' 'यज्ञवाहन' तथा 'यज्ञपुरुष' विशेषण प्रयुक्त हुए हैं —

क. **नासौ विप्रो, बले सत्यं यज्ञेशो यज्ञवाहनः**। ७३। ३२

ख. **यज्ञेशो यज्ञपुरुषश्चन्द्रादित्यौ स्तनान्तरे**। ७३। ४२

विष्णु पुराण भारतभूमि की प्रशंसा करता हुआ कहता है कि इस देश में विविध यज्ञों से यज्ञपुरुष, भगवान्-विष्णु की उपासना की जाती है —

पुरुषैर्यज्ञपुरुषो जम्बूदीपे सदेज्यते।
यज्ञैर्यज्ञमयो विष्णुः, अन्यद्वीपेषु चान्यथा॥ — विष्णु० २। ३। २१

श्रीमद्भागवत में तो शायद ऐसे उल्लेखों की गणना ही नहीं की जा सकती, जिनमें विष्णु को यज्ञ से घनिष्ठतया सम्बन्धित बताया गया है। उदाहरणार्थ ३। १३ में उनके

लिए 'यज्ञलिंग (यज्ञ से ज्ञात होने वाले, श्लोक १३) 'यज्ञ' (२२) 'यज्ञपुरुष' (२३) 'यज्ञेश्वर' (२९) तथा ३। १४ में 'यज्ञमूर्ति' (२) 'यजुषां पति' (८) आदि विशेषण प्रयुक्त हुए हैं।

श्रीमद्भागवत, चतुर्थ स्कन्ध के दूसरे अध्याय में दक्ष प्रजापति और उनके जामाता भगवान् शिव के पारस्परिक विरोध-भाव के जन्म का चित्रण है। शिव के द्वारा आदर न पाकर दक्ष उन्हें खूब खरी-खोटी सुनाता है और इधर शिव के गण दक्ष और उनके अनुयायियों को यज्ञ के कर्मकाण्ड में लिप्त रह कर सदा ऐहिक सुखों की कामना करते रहने के लिए फटकारते हैं। वैदिक कर्मकाण्ड की निन्दा सुन कर महर्षि भृगु निवृत्तिमार्गी शिवगणों को शाप देते हुए कहते हैं कि 'तुम लोग उस वैदिक मार्ग की निन्दा करते हो, जिसके संस्थापक साक्षात् विष्णु हैं और जिस पर बड़े-बड़े ऋषि मुनि चलते आए हैं, अतः पाषण्डी हो जाओ' —

ब्रह्म च ब्राह्मणांश्चैव यद्यूयं परिनिन्दथ।
सेतुं विधारणं पुंसामतः पाषण्डमाश्रिताः॥

एष एव हि लोकानां शिवः पन्थाः सनातनः।
यं पूर्वे चानुसंतस्थुर्यत्प्रमाणं जनार्दनः॥

तद् ब्रह्म परमं शुद्धं सतां वर्त्म सनातनम्।
— भागवत ४। २। ३०-३२

आगे (सप्तम अध्याय, पृ० ४४६-६१) शिव के प्रसंग में बताया जाएगा कि प्राचीनकाल में शिव और विष्णु दो विभिन्न प्रकार के धार्मिक वर्गों से सम्बन्धित थे। शिव उन निवृत्तिमार्गी परिव्राजकों के आराध्य थे, जो सांसारिक भोगों पर दृष्टि रखने वाले कर्मकाण्ड का बहिष्कार करके आत्म-तत्त्व की खोज में संलग्न रहते थे और विष्णु वैदिक कर्मकाण्ड अथवा यज्ञ-यागादिकों से सम्बन्धित थे। दक्ष प्रजापति है। प्रजापति का ही ब्राह्मणों में नाम दक्ष है (तै० सं० २। ३। ५, श० ब्रा० २। ४। ४। २) और प्रजापति यज्ञ के जनक, अधिष्ठाता तथा स्वतः यज्ञस्वरूप हैं। अतः दक्ष और शिव का विरोध स्वाभाविक ही है।

विष्णु के यज्ञमयत्व की सबसे सुन्दर परवर्ती व्याख्या श्रीमद्भागवत पुराण प्रस्तुत करता है। यहाँ यज्ञ को विष्णु का एक अवतार मान कर उसे मानवी रूप दे दिया है, प्रजापति रुचि की पत्नी **आकूति** के गर्भ से विष्णु '**सु-यज्ञ**' नाम से जन्म लेते हैं। उनकी पत्नी का नाम '**दक्षिणा**' है। दोनों के संयोग से **सु-यम** नामक देव गणों की उत्पत्ति होती है —

जातो रुचेरजनयत् सुयमान् सुयज्ञः
आकूतिसूनुरमनामथ दक्षिणायाम्॥ — भागवत० २।७।२

इसी महापुराण के चतुर्थ स्कन्ध में यज्ञ और दक्षिणा के संयोग की कथा कुछ विस्तार से दी गई है। स्वायंभुव मनु ने अपनी पुत्री आकूति का विवाह **रुचि** प्रजापति के साथ इस शर्त पर कर दिया कि वे उसकी प्रथम सन्तान को अपने दत्तक पुत्र के रूप में ग्रहण करेंगे। पुत्र साक्षात् विष्णु का अवतार था। उसका नाम **यज्ञ** था। पुत्री का नाम **दक्षिणा** था। वह लक्ष्मी का अंश थी। पुत्र का पालन स्वायंभुव मनु ने किया और पुत्री का प्रजापति रुचि ने। युवक होने पर यजुष् (= यज्ञ) मन्त्रों के अधिपति ने अपने ऊपर आसक्त **दक्षिणा** का पाणिग्रहण किया। इस विवाह से दोनों को **तोष** हुआ और उनके संयोग से **तुषित** नामक द्वादश देवता उत्पन्न हुए।

इन तुषित देवों का उल्लेख ऊपर (पृ० १८५ पर) आ चुका है। ये ही वर्तमान वैवस्वत मन्वन्तर में द्वादश आदित्य हैं। यज्ञ और दक्षिणा के घनिष्ठ सम्बन्ध पर आधारित इस कथा में प्रतीकात्मकता ही सर्वोपरि है। इसीलिए दोनों के मिलन में भ्राता और भगिनी के सम्बन्ध को भी उपेक्षित कर दिया गया है। सुसम्पन्न यज्ञ और उदार दक्षिणा से यजमान को जो तोष प्राप्त होता है, उसकी झाँकी इन बारह पुत्रों के नामों में है —

प्रजापतिः स भगवान् रुचिस्तस्यामजीजनत्।
मिथुनं ब्रह्मवर्चस्वी परमेण समाधिना॥

यस्तयोः पुरुष साक्षाद् विष्णुर्यज्ञस्वरूपधृक्।
या स्त्री सा दक्षिणा भूतेरंशभूतानपायिनी॥

तां कामयानां भगवानुवाह यजुषां पतिः।
तुष्टायां तोषमापन्नोऽजनयद् द्वादशात्मजान्॥

तोषः प्रतोषः संतोषो भद्रः शान्तिरिडस्पतिः।
इध्मः कविर्विभुः स्वह्नः सुदेवो रोचनो द्विषट्॥
तुषिता नाम ते देवाः ....॥ — भाग० ४।१।३-५

यज्ञ और दक्षिणा का परस्पर ऐसा सम्बन्ध तै० सं० (६।१।३) में भी वर्णित किया गया है पर यहाँ दक्षिणा के गर्भ से इन्द्र का जन्म होता है। श० ब्रा० ३।२।१।२७ में दक्षिणा का स्थान वाक् ने ले लिया है।

विष्णु का यज्ञ-वराह रूप

विष्णु का यज्ञ से सम्बन्ध इतना अधिक व्यापक है कि विष्णु के अन्य स्वरूपों के पूर्व भी यह यज्ञ शब्द प्रायः विशेषण रूप में प्राप्त होता है — "पृथ्वी की रक्षा के लिए

विष्णु ने 'यज्ञ-वराह' का रूप धारण किया। **श्रीमद्भागवत** ३।१३ में भगवान् के इस यज्ञमय वराह-शरीर की एक अत्यन्त उत्कृष्ट स्तुति प्राप्त होती है, जिसमें यज्ञ के विभिन्न अंग तथा कर्मकाण्ड के उपकरण भगवान् के विभिन्न अंग-उपांगों के रूप वर्णित किए गए हैं। तीनों वेद ही उनके शरीर हैं। उनके रोम-छिद्रों में सम्पूर्ण यज्ञ समाए हुए हैं। उनकी त्वचा छन्द है। रोम कुश हैं। नेत्र घृत हैं। चारों चरण चातुर्होत्र हैं। मुख स्रुक् है। दोनों नासापुट स्रुवा हैं। उदर इडा (यज्ञिय भक्षण-पात्र) है। दोनों कान चमस और ग्रह हैं। मुख प्राशित्र है। भोजन अग्निहोत्र है......आदि-आदि। विष्णु के यज्ञमयत्व के सम्बन्ध में यह महत्त्वपूर्ण स्तुति शब्दशः उद्धरणीय है —

जितं जितं तेऽजित यज्ञभावन त्रयीं तनुं त्वां परिधुन्वते नमः।
यद्रोमगर्तेषु निलिल्युरध्वरास्तस्मै नमः कारणसूकराय ते॥ ३४॥

रूपं तवैतन्ननु दुष्कृतात्मनां दुर्दर्शनं देव यदध्वरात्मकम्।
छन्दांसि यस्य त्वचि बर्हिरोमस्वाज्यं दृशि त्वंघ्रिषु चातुर्होत्रम्॥३५॥

स्रुक् तुण्ड आसीत् स्रुव ईश नासयोरिडोदरे चमसाः कर्णरन्ध्रे।
प्राशित्रमास्ये ग्रसने ग्रहास्तु ते यच्चर्वणं भगवन्नग्निहोत्रम्॥ ३६॥

दीक्षानुजन्मोपसदः शिरोधरं त्वं प्रायणीयोदयनीयदंष्ट्रः।
जिह्वा प्रवर्ग्यस्तव शीर्षकं क्रतोः सभ्यावसथ्यं चितयोऽसवो ते।३७॥

सोमस्तु रेतः सवनान्यवस्थितिः संस्थाविभेदास्तव देव धातवः।
सत्राणि सर्वाणि शरीरसन्धिस्त्वं सर्वयज्ञक्रतुरिष्टिबन्धनः॥ ३८॥
नमो नमस्तेऽखिलमंत्रदेवताद्रव्याय सर्वक्रतवे क्रियात्मने॥ ३९॥

लगभग इसी शैली में विष्णु के यज्ञ-वराहरूप का वर्णन मत्स्य पुराण (२४७। ६२-७९) तथा वायु पुराण (६।१५-२७) में भी किया गया है।

विष्णु के वराह अवतार की इस कथा के अत्यन्त सूक्ष्म अंकुर ऋग्वेद में ही प्राप्त होने लगते हैं किन्तु पुराणों का यह रूप उस मूल से बहुत अधिक परिवर्तित है। ऋ० १।६१।७ में कथा का प्राचीनतम, किन्तु साथ ही अत्यन्त अस्पष्ट, उल्लेख प्राप्त होता है। इसमें कहा गया है कि "बलवान् धनुर्धारी विष्णु ने पर्वत को विदीर्ण करते हुए [उसके पीछे रहने वाले] वराह को वेध डाला और पका हुआ अन्न चुरा लाए" —

मुषायद् विष्णुः पचतं सहीयान् विध्यद् वराहं तिरो अद्रिमस्ता॥

ऋग्वेद में केवल एक और स्थान पर इस देवकथा का लगभग इन्हीं शब्दों में उल्लेख किया गया है। कवि इन्द्र से कहता है कि "हे इन्द्र, तुम्हारे द्वारा प्रेरित त्रिविक्रम-विष्णु एक सौ महिष, दूध में पके चावल (पायस या खीर) तथा एक भयंकर शूकर (एमुष) को उठा ले गए" —

विश्वा इत् ता विष्णुराभरत् उरुक्रमस्त्वेषितः।
शतं महिषान् क्षीरपाकमोदनं[1] वराहमिन्द्र एमुषम्॥ — ८।७७।१०

यह तो लगभग असंग्दिध है कि प्रथम मन्त्र में उल्लिखित वराहवध इन्द्र द्वारा वृत्र-वध के आलंकारिक वर्णन के अतिरिक्त और कुछ नहीं है। वराह वृत्र का ही प्रतीकात्मक नाम है[2]। त्रित आप्त्य को, जो ऋग्वेद में इन्द्र के मुख्य सहायक के रूप में वृत्र-वध के लिए प्रख्यात है, ऋ० १०।९९ ६ में 'वराह' का वध करते हुए वर्णित किया गया है —

अस्य त्रितो न्वोजसा वृधानो विपा वराहमयो अग्रया हन्।

वार् अथवा **वर्** शब्द जल का वाची है। स्वादिगणी **अह्** धातु का अर्थ व्याप्त करना है[3]। जल को आच्छादित कर लेने और उसे प्रवाहित न होने देने से वृत्र की ही संज्ञा वाराह या वराह है (अह् + घञ्)। यह सुविदित है कि पर्वत-वाची सभी शब्द ऋग्वेद में मेघों के भी वाची हैं। अतः मेघों या अन्तरिक्ष में विद्यमान वृत्र का हनन तथा उसकी सम्पत्ति (जल) का आहरण ही इन श्लोकों का वर्ण्य जान पड़ता है।

ऋग्वेद के इन अस्पष्ट संकेतों की व्याख्या करते हुए सायण ने ऋ० वे० ८।७७। ११ के भाष्य में कृष्ण-यजुर्वेदीय चरक (कठ) ब्राह्मण से एक उद्धरण दिया है, जो अब अप्राप्य है। द्याद्विवेद ने अपनी **नीतिमञ्जरी** में भी इसे '**हते वराहे शक्रेण विष्णुर्जग्राह पायसम्**' (श्लोक १२९) के भाष्य में उद्धृत किया है —

विष्णुर्यज्ञः। स देवेभ्य आत्मानमन्तरधात्। तमन्यदेवता नाविन्दन् इन्द्रस्त्ववेत्। स इन्द्रमब्रवीत् को भवानिति। तमिन्द्रः प्रत्यब्रवीत् अहं दुर्गाणामसुराणां च हन्ता। भवाँस्तु कः? इति। सः अब्रवीत् अहं दुर्गादाहर्ता, त्वं तु यदि दुर्गाणामसुराणां हन्ता ततः अयं वराहो वाममुषः एकविंशत्याः पुरामश्ममयीनां पारे वसति तस्मिन्नसुराणां वसु वाममस्ति। तमिमं जहीति। तस्येन्द्रस्ताः पुरो भित्त्वा हृदयमविध्यत्। अधि तत्र यदासीत् तद् विष्णुराहरद् इति।

---

१. जे० कॉइपर, (**एन आस्ट्रो-एशियाटिक मिथ इन ऋग्वेद**, पृ० १२) का विचार है कि 'ओदन' यज्ञ की दृष्टि से किसी महत्त्वपूर्ण तत्त्व को द्योतित करता है, सम्भवतः अग्नि या सोम को। फॉन श्र्योडर ने इसे सूर्य का वाची माना है। खोंडा, **आस्पेक्ट्स०** पृ० १३६ टिप्पणी ४१।

२. देखिए, लुई रेनु, **वृत्र ए वृथ्रग्न**, पेरिस १९३४, पृ० १६३।
मैक्डॉनल, वै० मा० पृ० ४१ तथा १५१
खोंडा, **आस्पेक्ट्स०** पृ० १३७।
कीथ, **रिलीजन एण्ड फिलासफी** पृ० १११।

३. देखिए, **पा० धातु पाठ**, १२७३, अह व्याप्तौ (अह्नोति)।''

'यज्ञरूपी विष्णु देवों से छिप गए। इन्द्र को यह पता था। जब इन्द्र विष्णु के पास गए तो विष्णु ने पूछा कि तुम कौन हो? इन्द्र ने अपना परिचय देते हुए कहा कि मैं दुर्गों को नष्ट करने वाला तथा असुरों का वध करने वाला वीर हूँ, लेकिन तुम कौन हो? विष्णु ने कहा, मैं दूरस्थ दुर्ग से भी प्रत्येक वस्तु को यहाँ ला सकता हूँ। यदि तुम असुर-हन्ता हो तो इक्कीस पहाड़ियों के पीछे रहने वाले उस असुर को मार डालो, जो देवों का धन चुरा ले गया है। इन्द्र ने उसे मार डाला और तब विष्णु उसके द्वारा सञ्चित धन को देवों के लिए ले आए।'

आगे सायणाचार्य लिखते हैं कि प्रथम मन्त्र (१।६१।७) के चतुर्थ पाद 'विध्यद् वराहं तिरो आद्रिमस्ता' में विष्णु का वराहवध के लिए इन्द्र के प्रति कथन है और तृतीय पाद में इन्द्र विष्णु से उस धन को लाने के लिए कहते हैं: 'मुषायद् विष्णुः पचतं सहीयान्'। विष्णु वहाँ से क्या-क्या लाए, यह अगले (८।७७।१०) मन्त्र में बताया गया है[1]।

ऊपर उल्लिखित चरक ब्राह्मण का यह विवरण प्राचीनतर **तैत्तिरीय संहिता** की एक कण्डिका (६।२।४।२) का थोड़ा सा संक्षिप्त रूप है। तै० सं० में (क) यज्ञ विष्णु रूप धारण करके पृथ्वी में घुस जाता है[2], (ख) सब देवता मिलकर उसे ढूँढते हैं, (ग) इन्द्र उसके ऊपर से होकर जाता है (और उपर्युक्त वार्तालाप होता है), (घ) असुर सात पर्वतों के पीछे रहता है, इक्कीस के नहीं, (ङ) इन्द्र दर्भ घास का एक गुच्छा उठाकर उससे पर्वतों को भेद कर असुर को मार डालता है और तब (च) विष्णु-रूपी यज्ञ उस (वराह) को एक यज्ञ के रूप में लाकर देवों को भेंट करता हैं।

यज्ञो देवेभ्यो निलायत विष्णूरूपं कृत्वा स पृथिवीं प्राविशत् तं देवा हस्तान्त्संरभ्यैच्छन् तमिन्द्र उपर्युपर्यत्यक्रामत् सः अब्रवीत् को मा अयम् उपर्युपरि अत्यक्रमीत् इति अहं दुर्गे हन्तेत्यथ कस्त्वमित्यहं दुर्गादाहर्तेति सः अब्रवीत् दुर्गे वै हन्ता अवोचथा वराहः अयं वाममोषः सप्तानां गिरीणां परस्ताद्वित्तं वेद्यम् असुराणां बिभर्ति तं जहि यदि दुर्गे हन्ता असि इति स दर्भपुञ्जीलम् उद्वृह्य सप्तगिरीन् भित्त्वा तमहनत् सः अब्रहीत् दुर्गाद् वा आहर्ता अवोचथा एतमाहरेति तमेभ्यो यज्ञ एव यज्ञमाहरद्यत् तद्वित्तं वेद्यमसुराणाम् अविन्दन्त। तै० सं० ६।३।४।२, ३

---

१. **तयोर्मध्ये 'अस्येदुमातुः' इत्यत्र विष्णुना 'हे इन्द्र त्वं दुर्गाणां हन्ता' इत्यात्मानं कथयसि तर्हि वराहम् असुरं जहि इत्युक्तार्थो 'विध्यद् वराहम्' इति पदेन प्रतिपादितः। इन्द्रेण च विष्णो त्वं 'दुर्गादाहर्ता' इति ब्रूषे मया पुराणि जितान्यसुरश्च घातितस्तस्य वामं वसु आनय इत्युक्तो विष्णुमूर्तिः तस्य वराहासुरस्य धनं मुमोष। स अर्थो 'मुषायद् विष्णुः पचतम्' इति पदेन सूचितः। स किं पुनः मूषितवान् इति तदत्र उच्यते 'विश्वा इत् ता' इति।** (ऋग्वेद ८।७७।१० पर सायणभाष्य)

२. इस भाव की विष्णु शब्द के वाच्यार्थ प्रवेश करने वाला (विश् प्रवेशने) से तुलना कीजिए।

कृष्णयजुर्वेद की मैत्रायणी संहिता में (३।८।१) भी यह उद्धरण बहुत कुछ इन्हीं शब्दों में प्राप्त होता है[१]। किन्तु यहाँ एक महत्त्वपूर्ण बात यह है कि प्रारम्भ में विष्णु का उल्लेख नहीं किया गया। यज्ञ ही देवों से छिप जाता है। पक्षी तक उसके ऊपर से नहीं जा सकते। पर इन्द्र उसके ऊपर से निकलता है। तभी वार्तालाप होता है और असुर के मरने पर विष्णु उसकी सम्पत्ति को देवों के पास ले आते हैं। यहाँ पर आकर विष्णु तथा यज्ञ का तादात्म्य कर दिया जाता है। मै० सं० इस सम्बन्ध में ऋग्वेद की एक अन्य ऋचा (८।९६।२)[२] भी उद्धृत करती है, जिसकी ओर प्रायः विद्वानों का ध्यान नहीं गया।

काठक संहिता (२५।२) में वर्णित यह कथा लगभग मैत्रायणी संहिता के ही समान है।

मानना होगा कि यह कथा है बहुत ही अस्पष्ट। इतना ही स्पष्ट हो पाता है कि कथा ब्राह्मणिक कर्मकाण्ड से किसी न किसी रूप में सम्बद्ध है, पर इसका वास्तविक तात्पर्य जानना कठिन है। असुरों का घातक इन्द्र देवों के शत्रु वराह (वृत्र) को मार डालता है और इस विघ्न के नष्ट हो जाने पर मनुष्यों तथा देवों को हर प्रकार की ऐहिक एवं पारलौकिक सम्पत्ति प्रदान करने वाली यज्ञ नामक दिव्यशक्ति (अथवा विष्णु) असुरों के उस कोष को प्राप्त करने में समर्थ होती है। पर इस कोष को (दूसरा) यज्ञ क्यों कहा गया है, यह स्पष्ट नहीं है।

एक उल्लेखनीय बात और है। ऋग्वेद में (८।७७।१०) 'एमुष' शब्द वराह (वृत्र) का विशेषण मात्र है और 'भयंकरत्व' का भाव सूचित करता है। ब्राह्मणों में इसे वराह का व्यक्तिवाचक अभिधान समझ लिया गया है। चरक-ब्राह्मण में यह शब्द 'वाममुषः' तथा तै० सं० में 'वाममोष' के रूप में प्राप्त होता है। दोनों का अर्थ 'धन (वाम) चुराने वाला' है। ऋग्वेद के एमुषः शब्द के अनुरूप नीतिमञ्जरी में उल्लिखित चरक-ब्राह्मण के उद्धरण में 'वराह एवमुषः' पाठान्तर भी प्राप्त होता है[३] और मै० सं०

---

१. अभ्यर्धो वै देवेभ्यो यज्ञ आसीत् तेनाविदुरिह वा स इह वेत्यस्ति यज्ञ इति त्वविदुः। तेन वै संसृष्टिमैछन् तं प्रैषमैछन् तम् न अविन्दन्। तं वयांसि उपर्युपरि नात्ययतन्। तमिन्द्रः उपर्युपरि अत्यक्रामत्.......अयं वराह आमुख एकविंशत्याः पुरां पारे अश्ममयीनां तस्मिन् असुराणां वसु वाममन्तः तं जहीति तं वै विष्णुराहरद्। यज्ञो वै विष्णुः यज्ञो वै तद्यज्ञम् असुरेभ्यः अध्याहरद् यज्ञेन वै तद्यज्ञं देवा असुराणामविन्दन्त.......। मै० सं० ३।८।३

२. अतिविद्धा विथुरेणा चिदस्त्रा त्रिः सप्त सानु संहिता गिरीणाम्।
न तद्देवो न मर्त्यस्तुतुर्याद्यानि प्रवृद्धो वृषभश्चकार॥

३. नीतिमञ्जरी, पृ० २७७।

इस वराह का नाम 'आमुख'[१] बताती हैं।

शतपथ ब्राह्मण में आकर यह कथा एक नया मोड़ लेती है। पिछली सभी कथाओं में वराह असुरत्व का प्रतिनिधि है किन्तु यहाँ वह लोक-कल्याण में रत एक परम सामर्थ्यशालिनी शक्ति है। उसका तादात्म्य प्रजापति से किया गया है और उसे पृथ्वी का पति बताया गया है। श० ब्रा० १४।१।२।११ में प्रवर्ग्य के लिए घर्मपात्र बनाते समय वन्य-वराह द्वारा उत्खात मृत्तिका ग्रहण करने का भी विधान है। इस अवसर पर कहा गया है कि पहले पृथ्वी का परिमाण प्रादेश-मात्र था[२]। इसे एमूष नामक वराह ने उठाया (उत + हन्)। वराह प्रजापति का रूप था और प्रजापति पृथ्वी के पति हैं और साथ ही यज्ञ के अधिष्ठाता भी। अतः मिट्टी प्रवर्ग्य पात्र के सर्वथा उपयुक्त है —

इयती वा इयमग्रे पृथिवी आस प्रादेशमात्री। ताम् एमूष[३] इति वराह उज्जघान। सः अस्याः पतिः प्रजापतिः। तेन एव एनम् एतत् मिथुनेन प्रियेण धाम्ना समर्द्धयति।

तैत्तिरीय संहिता ७।१।५।१ में भी वराह रूपी प्रजापति द्वारा पृथ्वी के उद्धार की यह कथा बहुत थोड़े से अन्तर के साथ उल्लिखित है। सृष्टि के पूर्व सब कुछ जल से आच्छन्न था। उस जल पर प्रजापति वायु का रूप धारण करके विचरण कर रहे थे। उन्होंने (जल में डूबी) पृथ्वी को देखा और वराह का रूप धारण करके निकाला। फिर विश्वकर्मा होकर उन्होंने उसका (जल) पोंछा, उसे चपटी बनाया। चपटी किए जाने (या फैलायी जाने) के कारण इसे 'पृथ्वी' कहते हैं —

आपो वा इदमग्रे सलिलमासीत्। तस्मिन् प्रजापतिर्वायुर्भूत्वा अचरत्। स इमामपश्यत्। तां वराहो भूत्वा अहरत्। तां विश्वकर्मा भूत्वा व्यमार्ट्। सा अप्रथत। सा पृथिव्यभवत्। तत् पृथिव्यै पृथिवित्वम्। तै० सं० ७।१।५।१

इसी संहिता के ब्राह्मण में (तै० ब्रा० १।१।३।५ तथा आगे) प्रजापति के द्वारा पृथ्वी के उद्धरण की यह कथा और भी अधिक विस्तार के साथ दी हुई है। तै० आ० (१।१०।८) में कहा गया है कि पृथ्वी का उद्धार करने वाले इस काले वराह के एक सहस्त्र भुजाएँ थीं —

---

१. कीथ ने अपने तै० सं० के अनुवाद (हा० ओ० सी०, १९) में पृ० ५०५ की तीसरी पाद टिप्पणी में लिखा है कि **एमुषम्** के स्थान पर मै० सं० ३।८।३ में 'एमुख' पाठ प्राप्त होता है,जो अशुद्ध है। किन्तु सातवलेकर सम्पादित मै० सं० के औंध संस्करण में यह शब्द एमुख भी नहीं 'आमुख' है।

२. अंगुष्ठ से तर्जनी तक की पूरी लम्बाई। लगभग १० अंगुल।

३. यह एमुष शब्द वराह का वही ऋग्वैदिक विशेषण है, पर सायण ने इसे ए-मूषः इस प्रकार द्विशब्दात्मक माना है। उनकी मनोरंजक व्याख्या देखिए—'ए' **अरे पृथिवी**। '**मूषः**' अमुष्याः **स्तेयकादिवत् त्वम् अदृश्या भवसि इति वदन्**.....।

उद्धृतासि वराहेण कृष्णेन शतबाहुना[१] ।

यहाँ एक स्वाभाविक प्रश्न उठता है कि इन्द्र के द्वारा वराह का वध करने तथा विष्णु के द्वारा उसके धन को ले जाने की कथा का वराह रूपधारी प्रजापति द्वारा पृथ्वी के उद्धार की कथा से कोई सम्बन्ध है या नहीं ? लगभग सभी पाश्चात्य विद्वानों का मत है कि द्वितीय कथा प्रथम कथा का ही स्वाभाविक विकास है। कथा के दोनों भाग एक ही कथा के दो रूप हैं। पहले में वराह देवों का शत्रु है किन्तु दूसरे में उसे सृष्टि-उत्पत्ति से सम्बन्धित कर दिया गया है और प्रजापति से तादात्म्य करके उसको अत्यन्त उत्कृष्ट स्थिति का भागी बना दिया गया है[२]। दोनों वराहों की एकता का सबसे प्रबल प्रमाण यह है कि दोनों 'एमुष' या 'एमूष' बताया गया है। ऋग्वेद में प्राप्त होने वाले इस विशेषण की शतपथ ब्राह्मण में पुनरावृत्ति, कथा की अविच्छिन्न परम्परा की द्योतक है। ख़ोंडा का विचार है कि दोनों ही कथाओं में वराह का मूल स्वरूप एक ही है। यह वराह जीवन के सारतत्त्व को ग्रहण करके उसकी रक्षा करने वाला शक्तिशाली जीव है। पृथ्वी से अन्न को उत्पन्न करने में भी उसका हाथ है और इस प्रकार उर्वरा-शक्ति से उसका सम्बन्ध है लेकिन साथ ही वह सरलता से अपनी निधि किसी को नहीं देता[३]।

पर वराह सम्बन्धी इन दोनों कथाओं का उद्गम परस्पर असम्बद्ध रूप से मानना ही अधिक उचित है। प्रथम कथा में वराह एक असुर है और देवों का विरोधी होने तथा उनका धन हड़प ले जाने के कारण इन्द्र को उसे मारना पड़ता है। दूसरी कथा में ऐसी कोई बात नहीं है। पृथ्वी जल में डूबी हुई है, अतः एक शक्तिशाली शूकर उसको जल से निकाल कर ऊपर स्थापित करता है। यह शूकर भी सामान्य वराह नहीं अपितु प्रजापति का ही रूप है। दोनों कथाओं में वराह की धारणा परस्पर विभिन्न है। साथ ही यह भी ध्यातव्य है कि तैत्तिरीय संहिता में दोनों कथाएँ स्वतन्त्र रूप से साथ-साथ आई हैं (देखिए ६।२।४।२ तथा ७।१।५।१)। दोनों की स्थिति में इतना कम अन्तर है कि दूसरी कथा को पहली का परवर्ती-विकास किसी भी दशा में नही माना जा सकता और न ही यह सिद्ध किया जा सकता है कि तै० सं० के विभिन्न काण्डों में रचनाकाल

---

१. यह श्लोक **महानारायणी उपनिषद्** (४।५) तथा **पद्म पुराण** (सृष्टि खण्ड, २०।१५६) में भी प्राप्त होता है। पद्म पुराण में वैष्णवों द्वारा स्नानानन्तर मृत्तिका धारण करते हुए इसका पाठ करने का विधान है। श्लोक का उत्तरार्ध इस प्रकार है —

नमस्ते सर्वलोकानां प्रभवारणि सुव्रते।

२. देखिए, मैक्डॉनल, **वै० मा०** पृ० ४१।

ख़ोंडा, **आस्पेक्ट्स०**, पृ० १३९।

कीथ, **रिलीजन एण्ड फिलॉसफी०**, पृ० १११।

इंडियन माइथॉलजी, पृ० ११२।

३. **वही**, पृष्ठ १३९।

की दृष्टि से लम्बा व्यवधान है। वस्तुतः दूसरी कथा के बीज अर्थववेद में (१२।१। ४८) ही प्राप्त हो जाते हैं जहाँ पृथ्वी और वराह का स्पष्ट सम्बन्ध वर्णित है —

वराहेण पृथिवी संविदाना सूकराय विजिहीते मृगाय।

पाश्चात्य विद्वानों में सम्भवतः कॉइपर[1] ही ऐसे हैं, जिन्होंने सृष्टि रचना से सम्बन्धित, प्रजापति के रूप, इस महावराह का प्राचीन वराह कथा से सम्बन्ध स्वीकार नहीं और कम से कम वर्तमान समय तक प्राप्त प्रमाणों के आधार पर तो दोनों कथाओं में सम्बन्ध की कोई कड़ी दिखाई नहीं पड़ती।

ध्यातव्य है कि वराह का यह रूप **प्रजापति** का है, विष्णु का नहीं। रामायण तथा प्राचीन पुराणों में भी वराह अवतार का प्रजापति या ब्रह्मा से ही सम्बन्ध है। सृष्टि रचना के निमित्त विचार करते हुए प्रजापति पृथ्वी को प्रलयकालीन जल में मग्न देखकर एक-दंष्ट्रा वाले महावराह का रूप धारण करके जल के अन्दर से उठाकर लाते हैं और जल ऊपर स्थापित कर देते हैं। रामायण के अयोध्या काण्ड में स्पष्ट शब्दों में **ब्रह्मा** द्वारा पृथ्वी के उद्धार का कथन है —

सर्वं सलिलमेवासीत् पृथिवी सलिलनिर्मिता।
ततः समभवद् ब्रह्मा स्वयंभूः दैवतैः सह॥

स वराहस्ततो भूत्वा प्रोज्जहार वसुन्धराम्।
असृजच्च जगत्सर्वं सह पुत्रैः कृतात्मभिः॥ — अयोध्या० ११०।३

ऊपर तै० सं० का जो उद्धरण दिया गया है (७।१।५।१), उसमें कहा गया है कि जल से आप्लावित पृथ्वी के ऊपर प्रजापति वायु का रूप धारण करके विचरण कर रहे थे। वायु पुराण, जो निश्चित रूप से सर्वाधिक प्राचीन पुराणों में से एक है[2], कथा में इस ब्राह्मणकालीन कल्पना का उल्लेख करता है (६।१-१४)। 'प्रलयकालीन जल से सम्पूर्ण पृथ्वी आप्लावित हो गई। उस समय सहस्रों सिर, सहस्रों नेत्र, सहस्रों हाथ और पैर वाले, आदि पुरुष, स्वयंभू, नारायण जल में सोए हुए थे। जल (नार) में सोने के कारण ही उन्हें नारायण कहा जाता है।[3] कालरात्रि के अन्त में सृष्टि के लिए उन्होंने ब्रह्मा

---

१. जे० कूपर (J. Kuiper) **एन आस्ट्रो-एशियन मिथ इन दि ऋग्वेद,** अम्सटर्डम १९५०, पृ० १८।

२. इस पुराण में वर्णित कथाओं का प्राचीन स्वरूप, साम्प्रदायिकता का अभाव तथा महाकवि बाण द्वारा हर्ष-चरित (७वीं शती) में इसकी कथा सुने जाने के उल्लेख आदि कुछ तथ्य इस धारणा की पुष्टि करते हैं। किर्फेल (W. Kirfel) भी अपने **पुराणपञ्चलक्षणम्** नामक जर्मन ग्रन्थ में विविध पुराणों के पाठों की तुलनात्मक समीक्षा करने पर इसी निष्कर्ष पर पहुँचे हैं।

३. तु०की० —**आपो नारा इति प्रोक्ता आपो वै नरसूनवः।**
ताः यदस्यायनं पूर्वं स्तेन नारायणः स्मृतः॥ — मनुस्मृति, १।१०

का रूप धारण किया और वायु के समान लघुकाय होकर खद्योत की भाँति उस अन्धकार में इधर-उधर विचरण करने लगे। पृथ्वी को जल में निमग्न देखकर उन्होंने जल क्रीड़ा के उपयुक्त वराह का रूप धारण किया। उनका शरीर दस योजन लम्बा और सौ योजन ऊँचा था। रंग नीले मेघ के समान और घर्घर ध्वनि मेघ-गर्जन के समान थी। महापर्वत के समान विशालकाय तथा श्वेत, तीक्ष्ण और कठोर दाँतों वाले उस वराह की आँखें विद्युत् और अग्नि के समान चमकीली थीं। उस अमित तेजस्वी रूप को धारण करके वे पृथ्वी का उद्धार करने के लिए रसातल में घुस गए —

तदा स भगवान् ब्रह्मा सहस्त्राक्षः सहस्त्रपात्॥
सहस्त्रशीर्षा पुरुषो रुक्मवर्णो ह्यतीन्द्रियः।
ब्रह्मा नारायणाख्यः स सुष्वाप सलिले तदा॥
सत्त्वोद्रेकात्प्रबुद्धस्तु शून्यं लोकमुदीक्ष्य सः।
आपो नारा वै तनव इत्यपां नाम शुश्रुम।
अप्सु शेते च यत्तस्मात्तेन नारायणः स्मृतः॥
ब्रह्मा तु सलिले तस्मिन् विज्ञायान्तर्गतां महीम्।
अनुमानादसंमूढो भूमेरुद्धरणं प्रति॥
सलिलेनाप्लुतां भूमिं दृष्ट्वा स तु समन्ततः।
किंनु रूपमहं कृत्वा उद्धरेयमिमां महीम्।
जलक्रीडासु रुचिरं वाराहं रूपमस्मरत्।
दशयोजनविस्तीर्णं शतयोजनमुच्छ्रितम्॥
नीलमेघप्रतीकाशं मेघस्तनितनिस्वनम्।
विद्युदग्निप्रकाशाक्षमादित्यसमतेजसम्॥
रूपमास्थाय विपुलं वाराहममितं हरिः।
पृथिव्ययुद्धरणार्थाय प्रविवेश रसातलम्॥ वायु-पु० ६।१-१५

नारायण

यहाँ प्रजापति ब्रह्मा ही सृष्टि-रचना के निमित्त जल में डूबी हुई पृथ्वी का स्वतः महावराह रूप धारण करके उद्धार करते हैं; किन्तु उनको परम-पुरुष नारायण का रूप बताया गया है। ये नारायण निश्चित रूप से विष्णु नहीं हैं। श० ब्रा० १२।३।४।१ (तथा १३।६।१।१, १३।६।२।१२) में एक 'पुरुष-नारायण' का उल्लेख है (**पुरुषं ह नारायणं प्रजापतिरुवाच यजस्व यजस्वेति**)। इस पुरुष को इसी ब्राह्मण में (३।१।१।८) प्रजापति का विशेषण बताया गया है[1] — **सोऽयं पुरुषः प्रजापतिरकामयत**

१. कात्यायन की **सर्वानुक्रमणी** ऋग्वेद के पुरुष-सूक्त १०।९० के ऋषि का नाम 'नारायण' बताती है। **का० श्रौ० सू०** २४॥३।३६ में भी नारायण शब्द पुरुष के विशेषण के रूप में प्रयुक्त हुआ है।

भूयान्त्स्याम् प्रजायेयेति। प्राचीन वैदिक कल्पना के अनुसार सृष्टि के आरम्भ में सर्वत्र जल ही जल था (देखिए, ऋग्वेद १०।१२९।३ **तम आसीत् तमसा गूल्हमग्रे अप्रकेतं सलिलं सर्वमा इदम्**)। जल के अन्दर सृष्टि का रचयिता एवं नियामक परम-पुरुष विद्यमान था (ऋग्वेद १।९०।२, **पुरुष एवेदं सर्वं यद् भूतं यच्च भाव्यम्**)। कालान्तर में जल में एक हिरण्यमय-अण्ड उत्पन्न हुआ और उससे हिरण्यगर्भ प्रजापति का जन्म हुआ (ऋ० १०।१२१।१, **हिरण्यगर्भः समवर्तताग्रे भूतस्य जातः पतिरेक आसीत्**)। जल में निवास करने के कारण प्रजापति का ही प्राचीन विशेषण 'नारायण' था। **मनुस्मृति** (१।९, १०) नारायण तथा ब्रह्मा का तादात्म्य करती है।

तदण्डमभवद् हैमं सहस्रांशुसमप्रभम्।
तस्मिन् जज्ञे स्वयं ब्रह्मा सर्वलोकपितामहः॥

आपो नारा इति प्रोक्ता आपो वै नरसूनवः।
ताः यदस्यायनं पूर्वं तेन नारायणः स्मृतः॥

और ठीक इसी प्रकार विष्णु पुराण (१।४।१) भी —

ब्रह्मा नारायणाख्योऽसौ कल्पादौ भगवान् यथा।

किन्तु श० ब्रा० से स्पष्ट है कि प्रजापति का यह विशेषण प्राचीनकाल में ही एक पृथक् देवता के रूप में विकसित होने लगा था। तथापि तब तक इसकी अवधारणा इतनी स्पष्ट नहीं हुई थी कि यह एक स्वतन्त्र और महत्त्वपूर्ण देवता बन जाता। अतः बहुत दिनों तक सृष्टि के आदि-कारण के रूप में प्रजापति से सम्बन्धित एक अस्पष्ट एवं व्यक्तित्वहीन देवता के रूप में मान्य होने पर भी बाद में विष्णु का उत्कर्ष होने पर तथा सृष्टि के मूल-कर्ता के रूप में उनको स्वीकार कर लिए जाने पर, यह विशेषण पूर्णतः विष्णु से जुड़ गया[१]। वायु पुराण में उल्लिखित नारायण, प्रजापति से ही सम्बन्धित हैं, विष्णु से नहीं।

लिङ्ग पुराण अत्यन्त स्पष्ट शब्दों में 'नारायण' को प्रलय-जल में शयन करने के कारण स्वयंभू-ब्रह्मा का विशेषण बताता है और उन्हीं के द्वारा वराह रूप से पृथ्वी के उद्धृत किए जाने का वर्णन करता है। उसने इस रूप का विष्णु के साथ कोई सम्बन्ध स्वीकार नहीं किया —

---

१. नारायण शब्द के प्रयोग तथा इस शब्द से वाच्य दैवी शक्ति की धारणा के लिए देखिए **ए०रि० ई०**, भाग ९, पृ० १८४-८५ पर जे० एन० फ़र्कुहर का '**नारायण**' लेख। लेखक ने इस शब्द को नर (पुरुष) शब्द से (अपत्यार्थक फक् प्रत्यय द्वारा) निष्पन्न माना है और ऋग्वैदिक 'पुरुष' का समानार्थक कल्पित किया है। उनकी दृष्टि में जल से सम्बन्धित अर्थ पूर्णतः काल्पनिक है। किन्तु उन्होंने इसके वास्तविक अर्थ तथा प्रयोग के विषय में अपना अज्ञान स्पष्टतः स्वीकार किया है (पृ० १८४ ब)।

रात्रौ चैकार्णवे ब्रह्मा नष्टे स्थावरजंगमे।
सुष्वापाम्भसि यस्तस्मान्नारायण इति स्मृतः॥

शर्वर्यन्ते प्रबुद्धो वै दृष्ट्वा शून्यं चराचरम्।
स्त्रष्टुं तदा मतिं चक्रे ब्रह्मा ब्रह्मविदां वरः॥

उदकैराप्लुतां क्ष्मां तां समादाय सनातनः।
पूर्ववत्स्थापयामास वाराहं रूपमाश्रितः॥

लिङ्ग-पु०, १।४।५९-६१

पद्म पुराण (सृष्टि खण्ड, अध्याय ३) में भी मूलतः ब्रह्मा को ही वराह रूप धारण करते हुए बताया गया है। किन्तु लगता है तब तक इस कथा की प्रवृत्ति कुछ-कुछ विष्णु की ओर होने लगी थी। पद्म पुराण का विवरण ब्राह्मणों और परवर्ती पुराणों के बीच का है। यहाँ कहा गया है कि 'महारात्रि से सोकर उठने पर सत्त्वगुण के उद्रेक से युक्त (सत्त्वगुण से योग विष्णु की विशेषता है, ब्रह्मा रजोगुणमय हैं) ब्रह्मा ने सम्पूर्ण लोकों को शून्य और पृथ्वी को एकार्णव में डूबी देखकर कुछ देर विचार किया और फिर वे यज्ञमय वराह का रूप धारण करके जल में प्रविष्ट हुए'। बाद के श्लोकों में मुख्यतः विष्णु के लिए प्रयुक्त 'भगवान्' विशेषण का इस यज्ञ-वराह के लिए प्रयोग हुआ है। ब्रह्मा या विष्णु संज्ञा से इस 'भगवान्' को स्पष्ट नहीं किया गया।

पिछले पृष्ठ पर **विष्णु पुराण** (१।४।१) से उद्धृत श्लोक में नारायण शब्द को ब्रह्मा की ही संज्ञा बताया गया है। इसी (चौथे) अध्याय के अगले श्लोकों में नारायण-ब्रह्मा ही वराह रूप धारण करके पृथ्वी को उठाते हैं —

ब्रह्मा नारायणाख्योऽसौ कल्पादौ भगवान् यथा।
ससर्ज सर्वभूतानि तदाचक्ष्व महामुने॥ १॥

प्रजाः ससर्ज भगवान् ब्रह्मा नारायणात्मकः।
प्रजापतिपतिर्देवो यथा तन्मे निशामय॥ २॥

अतीतकल्पावसाने निशासुप्तोत्थितः प्रभुः।
सत्त्वोद्रिक्तस्तथा ब्रह्मा शून्यं लोकमवैक्षत॥ ३॥

नारायणः परोऽचिन्त्यः परेषामपि स प्रभुः।
ब्रह्मास्वरूपी भगवाननादिः सर्वसंभवः॥ ४॥

तोयान्तःस्थां महीं ज्ञात्वा जगत्येकार्णवीकृते।
अनुमानात्तदुद्धारं कर्तुकामः प्रजापतिः ॥ ७॥
अकरोत् स्वतनूमन्यां कल्पादिषु यथा पुरा।
मत्स्यकूर्मादिकां तद्वद् वाराहं वपुरास्थितः॥ ८॥

स्थितः स्थिरात्मा सर्वात्मा परमात्मा प्रजापतिः ॥ ९ ॥
प्रविवेश तदा तोयमात्माधारो धराधरः ॥ १० ॥

श्लोकों पर एक सामान्य दृष्टि डालने से ही ज्ञात होगा कि विष्णुपुराणकार ने अत्यन्त चतुरता से ब्रह्मा से सम्बन्धित यह कथा विष्णु की ओर मोड़ दी है। प्रारम्भ के श्लोकों में तो नारायण को जगत् का स्रष्टा, प्रजापति तथा ब्रह्मा कहा गया है। किन्तु क्रमशः इन्हें (पर-) ब्रह्म-स्वरूप, सत्त्वोद्रिक्त, स्थिरात्मा, परमात्मा आदि विष्णु के विशेषण प्रदान कर दिए गए हैं और कहा गया है कि मत्स्य और कूर्म अवतारों की भाँति यह अवतार भी उन्हीं परमात्मा (विष्णु) का ही था[1]। आगे १२ से ४४ श्लोकों तक पृथ्वी तथा सनकादि योगियों द्वारा इस महावराह की विष्णु रूप में स्तुति निबद्ध है और ५। २९। २३ में पृथ्वी कृष्ण से कहती है कि आपने ही वराह रूप धारण करके मेरा उद्धार किया था — **यदाहमुद्धृता नाथ त्वया सूकरमूर्तिना।**

महाभारत में वराह अवतार का पाँच स्थानों पर उल्लेख है। तीन स्थानों पर (सभापर्व अ० ३८, वनपर्व १४३। ४५-४७ तथा शान्तिपर्व अ० ३३९) इसे 'नारायण' का अवतार कहा गया है और दो स्थानों पर (वन० २७२। ५१-५५ तथा शान्ति २०९। १६-३०) विष्णु का। पर महाभारत में नारायण के स्वरूप पर दृष्टि निक्षिप्त करने से पता चलता है कि यहाँ पर नारायण शब्द का पूर्णतः विष्णु से तादूप्य है; प्रजापति या ब्रह्मा से इस विशेषण का उपर्युक्त उद्धरणों में कोई सम्बन्ध नहीं।

परवर्ती प्रक्षेप-बाहुल्य के कारण महाभारत एक ही कथा के कई मनोरंजक रूप उपस्थित करती है। वनपर्व में इस अवतार की भूमिका में कहा गया है कि एक बार पापियों के भार से पृथ्वी रसातल में सौ योजन नीचे धँस गई। उसने जाकर विष्णु से अपनी रक्षा की प्रार्थना की —

अतिभाराद् वसुमती योजनानां शतं गता।
नारायणं वरं देवं प्रपन्ना शरणं गता॥ — महा० वन० १४३। ३९-४०

विष्णु ने अत्यन्त विशालकाय, भयावह तथा एक सींग वाले महावराह का रूप धारण किया और पृथ्वी को उसी सींग पर रखकर (दाँतों पर नहीं) ऊपर लाए —

स तां विसर्जयित्वा तु पृथिवीं शैलकुण्डलाम्।
ततो वराहः संवृत्तः एकशृंगो महाद्युतिः॥

---

१. लगभग इन्हीं भावों से युक्त श्लोक **ब्रह्माण्ड पुराण** १। ५। १-१३ में भी प्राप्त होते हैं। पर वे विष्णुपुराण की ही छाया मात्र हैं। यहाँ भी वराह अवतार का नारायण-ब्रह्मा से सम्बन्ध बताया गया है।

रक्ताभ्यां नयनाभ्यां तु भयमुत्पादयन्निव।
धूमं च ज्वलयन् लक्ष्म्या तत्र देशे व्यवर्धत॥

स गृहीत्वा वसुमतीं शृंगेणैकेन भास्वता।
योजनानां शतं वीर समुद्धरति योऽक्षरः॥

— महा० वन०, १४३।४५-४७

इसके विपरीत शान्तिपर्व (२०९।१६-३०) में विष्णु के वराह-अवतार का एक विचित्र और भारतीय साहित्य में अन्यत्र दुर्लभ कारण दिया हुआ है। इसके अनुसार एक बार रसातलवासी नरकासुर और उसके दानव-अनुयायी अत्यधिक प्रबल तथा आततायी हो उठे। देवों और ब्रह्माजी के कथन पर विष्णु ने एक वराह का रूप धारण किया और शीघ्रता से जाकर उन सबको अपने खुरों से कुचल डाला। वन पर्व, १४३वें अध्याय, में भी विष्णु इन्द्र की सहायता के लिए नरकासुर का वध करते हैं; किन्तु पुराणों में यह कार्य कृष्ण से सम्बन्धित है।

मस्त्य पुराण के २४६ वें तथा २४७ वें अध्यायों में भगवान् विष्णु के इस अवतार का विस्तार से वर्णन है। सृष्टि रचना के समय पर्वतों के भार तथा विष्णु के तेज को धारण करने में असमर्थ होकर कीचड़ में फँसी दुर्बल गौ की भाँति नीचे धँसती हुई पृथ्वी को उसकी प्रार्थना पर विष्णु पर्वत के समान विशालकाय, कृष्ण-वर्ण, वराह का रूप धारण करके अपनी दाढ़ों पर रखकर ले आते हैं। पृथ्वी विष्णु की स्तुति करती हुई उनके 'गोविन्द' नाम की व्याख्या करती हुई कहती है कि प्रत्येक युग में इसी प्रकार प्रनष्ट गो (पृथ्वी) का विन्दन (प्राप्ति) करने से आपका नाम गोविन्द है —

युगे युगे प्रनष्टां गां विष्णो विन्दसि तत्त्वतः।
गोविन्देति ततो नाम्ना प्रोच्यसे ऋषिभिस्तथा॥ — २४७।४३

श्रीमद्भागवत के तृतीय स्कन्ध के १३वें अध्याय में सृष्टि-रचना के समय जल में डूबी पृथ्वी को देखकर उदास बैठे हुए ब्रह्मा जी की नासिका के छिद्र से अंगुष्ठ-पर्व के बराबर एक छोटा सा वराह-शिशु निकल पड़ता है। पल भर में ही वह पर्वत के समान बढ़ जाता है। ब्रह्मा जी तथा ऋषिगण वराहरूपधारी यज्ञ-पुरुष भगवान् विष्णु की स्तुति करते हैं। श्रीमद्भागवत सम्पूर्ण पुराणसाहित्य में अपने काव्यात्मक वर्णनों के कारण अद्वितीय स्थान रखता है। वराह के शारीरिक रूप का कितना सुन्दर चित्रण है —

उत्क्षिप्तबालः खचरः कठोरः सटा विधुन्वन् खररोमशत्वक्।
खुराहताभ्रः सितदंष्ट्र ईक्षा ज्योतिर्बभासे भगवान् महीध्रः।

— ३।१३, २७

जब वज्र के समान अंग वाले वराह भगवान् पृथ्वी के उद्धार के लिए गम्भीर गर्जन के साथ समुद्र में कूद पड़े तो उसकी कुक्षि विदीर्ण हो गई और उसमें जो उत्ताल तरंगें उठने लगीं, वे ऐसी जान पड़ीं मानों समुद्र व्याकुल होकर अपने हाथ ऊपर उठाकर भगवान् से प्रार्थना कर रहा हो कि 'मेरी रक्षा करो' —

स वज्रकूटांगनिपातवेगविशीर्णकुक्षिः स्तनन्यन्नुदन्वान्।
उत्सृष्टदीर्घोर्मिभुजैरिवार्तश्चुक्रोश यज्ञेश्वर पाहि मेति॥ — ३।१३।२

श्रीमद्भागवत इस कथा में एक और महत्त्वपूर्ण योग करता है और वह है, हिरण्याक्ष दैत्य का। यह दैत्य हिरण्यकशिपु का भाई था और दिग्विजय के लिए घूमते हुए इसने रसातल में जाकर पृथ्वी को लेकर आते हुए भगवान् विष्णु को युद्ध के लिए ललकारा था। इसका जब विष्णु ने वध किया तो उसके रक्त से लिप्त उनके मुख तथा गण्डस्थल की शोभा ऐसी हुई मानो 'किसी हाथी की सूँड तथा दाँत गेरू की धरती खोदने से लाल हो गए हों' (३२वाँ श्लोक)। इसी स्कन्ध के १८वें अध्याय में हिरण्याक्ष और वराह रूपी विष्णु का युद्ध विस्तार से वर्णित है। यहाँ यह स्मरण रखना चाहिए कि हिरण्याक्ष दैत्य का महाभारत में उल्लेख नहीं है[१]। पर उसके खिलभाग हरिवंश पु० में इसका नाम आता है। हिरण्यकशिपु के द्वितीय भाई के रूप में इसकी धारणा तब विकसित हुई, जब विष्णु-पार्षद **जय** और **विजय** को पृथ्वी पर दैत्यों के रूप में जन्म लेने का शाप मिला।

यह तो हुई वराह द्वारा पृथ्वी के उद्धार की कथा की परम्परा। किन्तु कहीं-कहीं विष्णु के इस शूकर रूप के कुछ विचित्र से कारण भी मिलते हैं। ऊपर महाभारत में एक स्थल पर पातालवासी दैत्यों के विनाश के लिए विष्णु के द्वारा धृत वराह रूप का उल्लेख किया जा चुका है। **ब्रह्म पुराण** (७९।७-२०) के अनुसार एक बार सिन्धुसेन नामक राक्षस 'यज्ञ को लेकर रसातल में घुस गया। यज्ञ के न होने से देवादि प्राणी क्षीण होने लगे। उन्होंने जाकर विष्णु से प्रार्थना की और विष्णु ने वराह रूप से रसातल में जाकर और दैत्य को मार कर देवों का संकट दूर किया और उनको यज्ञ पुनः प्रदान किया'[२]।

---

१. तु० की० हॉपकिन्स, **एपिक माइथॉलजी**, पृ० ४८।

२. **पुरा देवान् पराभूय यज्ञमादाय राक्षसः।**
रसातलमनुप्राप्तः सिन्धुसेन इति श्रुतः।
यज्ञे तलमनुप्राप्ते निर्यज्ञा ह्यभवन् मही।
नायं लोकोऽस्ति न परो यज्ञे नष्ट इतीश्वराः।
विष्णुं पुराणपुरुषं गत्वा तस्मै न्यवेदयन्।
ततः प्रोवाच भगवान् वाराहं वपुरास्थितः।

ऊपर के विवरण से स्पष्ट है कि प्रजापति के इस अवतार का विष्णु के प्रति स्थानान्तरण बहुत कुछ दोनों के सामान्य विशेषण **नारायण** पर आधारित है। ब्राह्मणों तथा पुराणों में यह शब्द प्रजापति या ब्रह्मा का ही विशेषण है और जल में डूबी पृथ्वी की चिन्ता जल में रहने वाले 'नारायण' के अतिरिक्त और कौन कर सकता है? पर नारायण शब्द जिस परम-पुरुष को सूचित करता था, उसकी धारणा परवर्ती युग में विष्णु के अधिक समीप थी, क्योंकि इस समय तक ब्रह्मा एक महत्त्वहीन सामान्य से देवता बनकर रह गए थे। अतः नारायण विशेषण के उचित अधिकारी विष्णु हुए और तब वराह अवतार की कथा अन्तिम और निश्चित रूप से विष्णु से सम्बन्धित हो गई। मानव कल्याण के लिए विष्णु द्वारा विभिन्न अवतारों को धारण करने की कल्पना ने इसमें और सहायता की।

मत्स्य पुराण महाप्रलय के उपरान्त सृष्टि का वर्णन करता हुआ कहता है कि प्रारम्भ में सर्वत्र अन्धकार ही अन्धकार था। सब कुछ जैसे सोया हुआ सा था। कहीं भी किसी वस्तु का कोई पता नहीं था। उस अन्धकार में पिछले पुण्यकर्मों के प्रभाव से सत्त्वगुण के उद्रेक से स्वयंभू 'नारायण' उत्पन्न हुए, जो इन्द्रियों से परे अव्यक्त-रूप हैं। उनकी उत्पत्ति से सारा अन्धकार छँट गया। उन्होंने सृष्टि की इच्छा से सर्वप्रथम जल का निर्माण किया और फिर उसमें बीज निक्षिप्त किया। वह बीज एक हिरण्मय अण्ड के रूप में परिणत हो गया। तब स्वयंभू (आत्मसंभव) भगवान् उसमें प्रविष्ट हो गए और उसमें प्रविष्ट या व्याप्त होने के कारण उनका नाम 'विष्णु' हो गया —

महाप्रलयकालान्त एतदासीत्तमोमयम्।
प्रसुप्तमिव चातर्क्यमप्रज्ञातमलक्षणम्॥
अविज्ञेयमविज्ञातं जगत् स्थास्नु चरिष्णु च।
ततः स्वयंभूरव्यक्तः प्रभवः पुण्यकर्मणाम्॥
व्यञ्जयन्नखिलं ह्येतत् प्रादुरासीत् तमोनुदः।
नारायण इति ख्यातः स एकः स्वयमुद्बभौ॥
यः शरीरादभिध्याय सिसृक्षुर्विविधं जगत्।
अप एव ससर्जादौ तासु बीजमवासृजत्॥
तदेवाण्डं समभवद् हेमरूपमयं महत्।
प्रविश्यान्तर्महातेजाः स्वयमेवात्मसंभवः।

आनयिष्ये मखं पुण्यं हत्वा राक्षसपुंगवान्।
स वराहवपुः श्रीमान् रसातलनिवासिनः।
राक्षसान् दानवान् हत्वा मुखे धृत्वा महाध्वरम्।
........निश्चक्राम रसातलात्॥ — ब्रह्म० पु० ७९। ७, ८, ११, १२, १४, १६।

प्रभावादपि तद्व्याप्त्या विष्णुत्वमगमत् पुनः ॥

— मत्स्य पु० २। २५-३०

स्पष्ट है कि यहाँ पर नारायण शब्द सृष्टि के आदि में स्वतः उत्पन्न होने वाले ('स्वयंभू' = ब्रह्मा का विशेषण) एवं जगत् के मूल-कारण परम-पुरुष का वाची है। किन्तु साथ ही साथ इसका विष्णु से भी तादात्म्य कर दिया गया है — "नारायण हिरण्याण्ड में प्रविष्ट हो गए उस अण्ड से सम्पूर्ण जगत् उत्पन्न हुआ; अतः सर्वत्र प्रविष्ट होने के कारण उन परम-पुरुष नारायण को ही विष्णु कहते हैं।"

गुप्तकाल के आस-पास नारायण विष्णु के विशेषण के रूप में उस परम-तत्त्व का वाची बन चुका था, जो वेदान्त की परिभाषा में लीला से अपनी मायोपाधि द्वारा जगत्कारण ईश्वर का रूप धारण करता है। निर्गुण परब्रह्म का यह सत्त्व-सम्पन्न सगुण या ईश्वर-रूप है जो सृष्टि का उत्पादक है। शंकराचार्य ने अपने शारीरक भाष्य में नारायण शब्द का प्रयोग परमेश्वर को द्योतित करने के लिए ही किया है। और लगभग ८वीं शताब्दी में निर्मित **त्रिपाद्विभूतिमहानारायणउपनिषद्** में नारायण को सृष्टि का आदि-कारण, सत्त्व-सम्पन्न तथा आनन्द-युक्त परमेश्वर बताया गया है —

तत्र तत्त्वतो गुणातीतशुद्धसत्त्वमयो लीलागृहीतनिरतिशयानन्दलक्षणो मायोपाधिको नारायण आसीत्। स एव नित्यपरिपूर्णः पादविभूतिवैकुण्ठनारायणः। स चानन्तकोटिब्रह्माण्डानाम् उदयस्थितिलयाद्यखिलकार्यकारणवान् परमकारणभूतो महामायातीतः तुरीयः सर्वकारणमूलं विराट्-स्वरूपो भवति।

— त्रिपाद्विभूतिमहानारायणोपनिषद्, २ अ०

वस्तुतः 'नारायण' शब्द की सबसे सुन्दर व्युत्पत्ति 'नराणाम् अयनम्, उत्पत्तिस्थानं शरणं वा' ही है। इस दृष्टि से यह विष्णु के 'पुरुषोत्तम' विशेषण का लगभग समानार्थक है। पुरुष-पुरुषोत्तम (गीता १५।१६-१८) तथा नर-नारायण का एक युग्म है। पीछे पृ० २९९ पर दी गई नारायण शब्द की व्याख्या, जिसमें 'नार' शब्द को जल का वाची बताया गया है, कृत्रिम प्रतीत होती है क्योंकि जल के अर्थ में 'नार' शब्द कहीं प्रयुक्त हुआ नहीं मिलता। पुरुष या नर जीवात्मा है, और परमात्मा 'पुरुषोत्तम' या 'नारायण'।

ख़ोंडा का मत है कि वन्य-शूकर द्वारा अपने तुण्डाग्र से भूमि की मिट्टी खोदे जाने के सामान्य दृश्य ने हल से क्षेत्र-कर्षण की क्रिया से साम्य के कारण वराह का पृथ्वी की उर्वराशक्ति से सम्बन्ध प्राचीन समय में ही जोड़ दिया था[१]। पृथ्वी की उर्वरा शक्ति

१. ख़ोंडा : **आस्पेक्ट्स०**, पृ० १३२ तथा आगे। इस प्रसंग में अनेक प्राचीन तथा अर्वाचीन आर्य एवं अनार्य जातियों में शूकर के स्थान की तुलना करके इस लेखक ने बहुत सी सर्वथा काल्पनिक, असंगत तथा अमान्य कल्पनाओं का जाल भी बुना है।

कभी-कभी पूर्णतया मानवीय रूप भी धारण कर लेती है। श० ब्रा० में वराह रूपधारी प्रजापति को पृथ्वी का पति कहा गया है। शास्त्रों में प्रातः शय्या त्याग करते समय जिस श्लोक का पाठ करने का विधान है, उसमें पृथ्वी को 'विष्णु-पत्नी' कहा गया है — **समुद्रमेखले देवि पर्वतस्तनमण्डले, विष्णुपत्नि नमस्तुभ्यं, पादस्पर्शं क्षमस्व मे।** श्रीमद्भागवत में जब वराह रूपी भगवान् पृथ्वी को ऊपर लाकर रखते हैं तो देवगण उनकी स्तुति करते हैं —

संस्थापयैनां जगतां सतस्थुषां लोकाय पत्नीमसि मातरं पिता।
— ३।१३।४२

"यह जगत् की माता पृथ्वी आपकी पत्नी है और आप संसार के पिता हैं"। श्रीमद्भागवत (१०।५९) तथा विष्णु-पुराण (५।२९) में कृष्ण के द्वारा पृथ्वी के पुत्र, प्राग्ज्योतिषपुर (गुवाहाटी, आसाम) के अधिपति **नरकासुर** के वध का तथा उसके द्वारा बन्दी बनाई १६,००० कन्यायों की मुक्ति का वृत्तान्त वर्णित है। विष्णु पु० में नरकासुर के वध के उपरान्त पृथ्वी आकर कृष्ण की स्तुति करती है और उनको यह रहस्य बताती है कि नरक उनका ही पुत्र था और जब विष्णु वराह रूप मे उसे ऊपर लाए थे तब वह उनके संयोग से उत्पन्न हुआ था—

यदाहमुद्धृता नाथ, त्वया सूकरमूर्तिना।
त्वत्स्पर्शसंभवः पुत्रस्तदायं मय्यजायत॥
सोऽयं त्वयैव दत्तो मे त्वयैव विनिपातितः।
— विष्णु० ५।२९।२३, २४

महाभारत के उत्तरभारतीय संस्करण में इसका उल्लेख नहीं है; किन्तु दाक्षिणात्य पाठ **नरक-'भौम'** को विष्णु का पुत्र बताता है। अन्य प्राचीन पुराणों में नरक के विष्णु का पुत्र होने का कोई उल्लेख नहीं है। पर आसाम में ही रचित दशम शताब्दी की एक अपेक्षाकृत अर्वाचीन कृति **कालिकापुराण** (३०वाँ अध्याय) इस परम्परा का कुछ विस्तार से उल्लेख करती है। इसके अनुसार अपनी भुजाओं में मानवरूपिणी पृथ्वी को ऊपर लाते हुए विष्णु के संयोग से नरक की उत्पत्ति हुई थी और यह उस स्थान पर उत्पन्न हुआ था, जहाँ पर भूमिसुता **सीता** जनक को प्राप्त हुई थी। जावा तथा मलय द्वीपों में नरकासुर की यह कथा बहुत प्रचलित है और इनके साहित्य में नरकासुर के विष्णुपुत्रत्व को स्पष्ट स्वीकार किया गया है[१]। इस प्रसंग में एक यह भी रोचक तथ्य उल्लेखनीय है कि प्राग्ज्योतिषपुर के पास पूर्वमध्ययुग में **भौमिक** नामक एक क्षत्रिय जनजाति का उल्लेख प्राप्त होता है, जो बाद में विचरण करती हुई बंगाल एवं उड़ीसा

---

१. देखिए, खोंडा : **आस्पेक्ट्स०**, पृ० १४३।

तक पहुँचती है और आज 'भुइयाँ' नाम से जानी जाती है। भुइयाँ भूमि को अपनी माता मानते हैं। उड़ीसा का सुप्रसिद्ध 'भौमकर' राजवंश भी सम्भवतः इनसे सम्बद्ध है जिसने छठी से नौवीं शताब्दी तक वहाँ राज्य किया।

प्रसिद्ध जर्मन विद्वान् योहान्-याकोब मायर के अनुसार[१] नरकासुर गन्दगी, कूड़ा-करकट तथा गोबर आदि का प्रतिनिधि है, जो पृथ्वी से उत्पन्न होता है। शूकर आदि प्राणियों का इनसे घनिष्ठ सम्बन्ध स्पष्ट है ही। भारतीय परम्परा के अनुसार दीपावली के एक दिन पहले नरक-चतुर्दशी को इसका वध हुआ था। इस दिन सभी हिन्दू अपने घरों से कूड़ा-करकट बाहर निकालकर तथा उन्हें लीप-पोत कर स्वच्छ करते हैं। यह 'नरक' का विनाश है।

विष्णु का वराहरूप कुछ शैव कथाओं में भी अपनी भूमिका निभाता है। शिव पुराण एवं वायु पुराण की एक कथा के अनुसार सृष्टि के आदि में, जब ब्रह्मा जी उत्पन्न हुए तो उनमें और विष्णु में विवाद होने लगा कि श्रेष्ठतर कौन है। तब दोनों के सम्मुख एक कान्तिमय ज्योतिर्लिंग प्रकट हुआ और आकाशवाणी हुई कि जो इसका अन्त पता लगा लेगा, वह श्रेष्ठतर है। विष्णु एक **श्वेतवाराह** का रूप धारण करके नीचे की ओर गए किन्तु पता न लगा सके। ब्रह्मा जी **हंस** का रूप धारण करके ऊपर उड़े किन्तु वे भी लिंग का ऊपरी छोर न पा सके। इसी कारण वर्तमान कल्प को 'श्वेतवाराह कल्प' कहते हैं। ब्रह्मा के हंस रूप से कल्प इसलिए नहीं प्रसिद्ध हुआ क्योंकि उन्होंने असत्य कह दिया था कि मैं ऊपरी छोर देख आया हूँ।

मत्स्य पुराण में विष्णु के वराह स्वरूप की मूर्ति बनाने के लिए जो स्पष्ट निर्देश दिए गए हैं उनसे गुप्त-युग में महावराह के भौतिक रूप की अवधारणा का परिचय मिलता है। महावराह के एक हाथ में पद्म तथा दूसरे में गदा होनी चाहिए। उनके दाँतो के अग्रभाग अत्यन्त तीक्ष्ण हों। घोण (थूथन) नुकीला हो। एक तन्वंगी, भयभीत, स्त्री के रूप में अपनी बाँई कोहनी से पृथ्वी उनके दाँतों से लटकी हो। पृथ्वी के हाथ में कमल हो। उसका मुख विस्मय से उत्फुल्ल हो तथा हाथ कमर पर हो, आदि —

महावराहं वक्ष्यामि पद्महस्तं गदाधरम्।
तीक्ष्णदंष्ट्राग्रघोणास्यं मेदिनीवामकूर्परम्॥
दंष्ट्राग्रेणोद्धृतां दान्तां धरणीमुत्पलान्विताम्।
विस्मयोत्फुल्लवदनामुपरिष्ठां प्रकल्पयेत्॥
दक्षिणं कटिसंस्थं तु करं तस्याः प्रकल्पयेत्।

---

१. **ट्रिलोगी आल्टइंडिशर मैष्टे उण्ट् फैस्टे डेऽर वैगेटात्सिओन** (Trilogie altindischer Mächte und Feste der Vegetation) : भाग ३, पृ० ३१२।

कूर्मोपरि तथा पादमेकं नागेन्द्रमूर्धनि।
संस्तूयमान लोकेशैः समन्तात् परिकल्पयेत्॥
— मत्स्य पु० २५९।२८-३१

एरण (म० प्र०), देवगढ़ (झाँसी) तथा उदयगिरि (विदिशा) की गुफाओं में गुप्त-काल की ऐसी अनेक सुन्दर मूर्तियाँ प्राप्त होती हैं, जो उपर्युक्त लक्षणों के अनुसार ही निर्मित हैं। महान् तथा विशालकाय भारी-भरकम वराह की दंष्ट्रा में लटकी पृथ्वी की पतली सी नारीमूर्ति सर्वशक्तिमान् एवं अनन्त-शक्तिशाली परमात्मा की तुलना में भूमण्डल की लघुता एवं तुच्छता को अत्यन्त सुन्दर ढंग से व्यक्त करती है।

विष्णु का मत्स्य अवतार

वराह की भाँति विष्णु के **मत्स्य** एवं **कूर्म** संज्ञक दो अन्य अवतार और हैं, जो प्राचीन साहित्य में प्रजापति से सम्बन्धित थे किन्तु बाद में सर्वव्यापनशील विष्णु ने उन्हें आत्मसात् कर लिया। **मत्स्य** का सम्बन्ध एक प्राचीन जलप्लावन की कथा से है जो भारतीय ही नहीं, लगभग सभी प्राचीन आर्य तथा सेमेटिक देशों के साहित्य (उदाहरणार्थ बाइबिल) में प्राप्त होती है। सम्भवतः यही एक ऐसी कथा है जो आर्य तथा सेमेटिक दोनों देशों की कथा-परम्पराओं में समान है। प्रतीत होता है कि सहस्रों वर्ष पूर्व किसी विस्मृत प्रागैतिहासिक काल में कुछ भौगोलिक कारणों से अथवा भूमण्डल की हलचल के कारण किसी स्थान पर बहुत बड़े परिमाण में एक भयानक बाढ़ आयी थी, जिसने सभ्यता के तत्कालीन केन्द्रों में से अधिकांश को नष्ट कर दिया था। सम्भवतः इसी की स्मृति इस प्रलय-कथा में सुरक्षित रह गई है। कुछ विद्वान् इस कथा का सेमेटिक उद्गम मानने के पक्ष में हैं[1]; उनका कहना है कि आर्यों ने इस कथा को बाद में आर्येतर जातियों से ग्रहण किया। किन्तु डा० सूर्यकान्त ने इस धारणा का सशक्त शब्दों में खण्डन किया है[2]। उनके अनुसार बैबीलोनिया तथा इज़राइल में मिलने वाले विवरण भारतीय साहित्य में प्राप्य प्राचीनतम विवरण (श० ब्रा० १।८।१।१-१९) से परवर्ती हैं और दोनों देशों की कथाओं की विभिन्न प्रकृति यह सिद्ध करती है कि दोनों स्वतन्त्र रूप से अपने-अपने देश की तत्कालीन भौगोलिक स्थिति तथा परम्पराओं के आधार पर विकसित हुई हैं।

---

१. मैक्डॉनल : **हिस्टरी ऑफ़् संस्कृत लिटरेचर** (पुनर्मुद्रण दिल्ली १९६१), पृ० २१८; विन्टरनित्स् : **हिस्टरी ऑफ़् इंडियन लिटरेचर**, प्रथम भाग (कलकत्ता १९२७), पृ० २१०। विस्तार के लिए देखिए— **ए० रि० ई०**, भाग ४, पृ० ५४५-५७ (Deluge नामक लेख), तथा आर्० अन्द्रे : **डी फ़्लूटज़ागेन**, ब्राउनश्वाइग् (ब्रुन्सविग्) १८९१।

२. डॉ० सूर्यकान्त, **फ्लड लीजेन्ड इन् संस्कृत लिटरेचर,** जालन्धर १९५०, भूमिका भाग।

अस्तु, **शतपथ ब्राह्मण** में मत्स्य (अवतार) की कथा इस प्रकार है—एक दिन विवस्वान् के पुत्र **मनु** के पास उनके भृत्य आचमन करने के लिए जल लाए। जब मनु ने आचमन के लिए अञ्जलि में जल लिया तो एक छोटी सी मछली[१] उनके हाथ में आ गई। उसने कहा 'मेरा पोषण करो, मैं तुम्हारी रक्षा करूँगी।' 'कैसे मेरी रक्षा करोगी?' मनु ने कहा। मछली बोली, 'थोड़े ही दिनों में एक भयङ्कर बाढ़ सारी प्रजा को नष्ट कर देगी, उससे मैं तुम्हारी रक्षा करूँगी'। मनु ने उससे पूछा, 'तुम्हारी रक्षा कैसे हो सकती है?' उसने कहा, 'जब तक हम छोटे रहते हैं तब तक हमारे अनेक विनाशक होते हैं। बड़ी मछली ही छोटी मछली को खा जाती है। अभी मुझे घड़े में रख दो, जब उससे बढ़ जाऊँ तो एक गड्ढा खोदकर उसमें रख देना और उसके बाद समुद्र में। तब मेरा कोई विनाश नहीं कर सकेगा'। मनु ने ऐसा ही किया और समुद्र में डाली जाने पर वह मछली मनु को बाढ़ आने का समय बताकर तथा उनको उस दिन एक नाव लेकर तैयार रहने का आदेश देकर जल में विलीन हो गई। बाढ़ आने पर मनु नाव में चढ़ गए। वह मछली एक सींग वाले विशालकाय मत्स्य के रूप में प्रकट हुई। मनु ने नाव की रस्सी उसके सींग से बाँध दी। नाव लेकर वह उत्तर पर्वत (हिमालय?) की ओर गई। वहाँ मनु को नाव एक वृक्ष से बाँधने का आदेश दिया और कहा कि जल के उतरने पर नीचे आ जाना। बाढ़ ने सम्पूर्ण प्रजा को नष्ट कर दिया, केवल मनु बच रहे।

अब कथा का याज्ञिक दृष्टि से महत्त्वपूर्ण भाग प्रारम्भ होता है। जल घटने पर मनु नीचे आए और घृत, दधि तथा छेने आदि से उन्होंने जल में ही हवन किया। एक वर्ष बाद जल से **इडा** नामक एक कन्या उत्पन्न हुई। उसने मनु से कहा, 'तुम मुझसे यज्ञ करो; इससे तुम्हें धन, पशु तथा अन्य अभीष्ट वस्तुएँ प्राप्त होंगी'। मनु ने ऐसा ही किया और उसके द्वारा यह सारी प्रजा उत्पन्न की। अगली कण्डिका में पशुओं को इडा (इळा, इला=अन्न) बताया गया है।

मनवे ह वै प्रातः अवनेग्यम् उदकम् आजह्रुः ।......तस्यावनेनिजानस्यः मत्स्य पाणी आपेदे। स हास्मै वाचमुवाद 'बिभृहि मा, पारयिष्यामि त्वा' इति। 'कस्मान् मा पारयिष्यसि'? इति। औघः इमाः सर्वाः प्रजा निर्वोढा, ततस्त्वा पारयितास्मि, इति। 'कथं ते भृति' रिति। स होवाच ....यावद् वै क्षुल्लका भवामः, बह्वी वै नः तावत् नाष्ट्रा भवति। उत मत्स्य एव मत्स्यं गिलति। कुम्भ्यां माग्रे विभरासि। स यदा तामतिवर्द्धै, अथ कर्षूं खात्वा तस्यां मा बिभरासि। स यदा तामतिवर्द्धै अथ मा समुद्रमभ्यवहरासि तर्हि वा अतिनाष्ट्री भवितास्मि'। शश्वद् ह झष आस। स हि ज्येष्ठं वर्धते। 'अथ इतिथीं समां तदौघ आगन्ता, तन्मा नावम् उपकल्प्य उपासासै। स औघ उत्थिते नावम् आपद्यासै। ततस्त्वा पारयितास्मि'। तमेवं भृत्वा समुद्रमभ्यवजहार। स यतिथीं तत्समां परिदिदेश

१. 'मत्स्यः'। मूल में यह सर्वत्र पुल्लिंग है, पर हिन्दी के अनुरोध से यहाँ स्त्रीलिंग में दिया गया है।

ततिथीं समां नावम् उपकल्य उपासांचक्रे। स औघ उत्थिते नावमापेदे। तं स मत्स्य उपन्यापुप्लुवे। तस्य शृंगे नावः पाशं प्रतिमुमोच। तेनैतमुत्तरं गिरिम् अतिदुद्राव। स होवाच 'अपीपरं वै त्वा, वृक्षे नावं प्रतिबन्धीष्व। तं तु त्वा मा गिरौ सन्तमुदकमन्तश्छैत्सीत्। यावद् यावद् उदकं समवायात् तावत् तावद् अन्ववसर्पासि' इति।.......औघो ह ताः सर्वाः प्रजाः निरुवाह। अथेह मनुरेवैकः परिशिशिषे'।

— श० ब्रा० १।८।१।१-६

कथा का यही अंश सबसे प्राचीन तथा मुख्य है। यज्ञ से सम्बन्धित अंश तो पिछली कथा के परिवेश में यज्ञीय उपकरण **इडा** की पारिभाषिक व्याख्या है। मूल कथा में किसी भी देवता-विशेष की कोई भूमिका नहीं है। श० ब्रा० के इस आख्यान को कविवर प्रसाद ने अपने अद्वितीय महाकाव्य **'कामायनी'** द्वारा अमर कर दिया है।

श० ब्रा० के बाद यह कथा **महाभारत** (वन पर्व, अध्याय १८७) में ही प्राप्त होती है। यहाँ पर स्पष्ट कहा गया है कि यह मत्स्य **प्रजापति** या ब्रह्मा का रूप था। ठीक भी है, प्रलयकालीन जल से मानव जाति के आदि-पूर्वज मनु की रक्षा करके सृष्टि के अंकुरों को सुरक्षित रखने का प्रयास प्रजापति के अतिरिक्त और कौन कर सकता है? और जलप्लावन का पूर्वज्ञान, अतुलित विस्तार से विवर्द्धन तथा समुद्र में नौवहन आदि अतिमानुषिक कार्य भी ब्राह्मणकालीन सर्वोच्च दैवी शक्ति दैवी प्रजापति के द्वारा ही सम्भव है।

चीरिणी नदी के तट पर स्नान करते हुए स्वायंभुव (वैवस्वत नहीं) मनु के हाथों में एक छोटी सी मछली आ जाती है और दीनतापूर्वक मनु से अपनी रक्षा करने की प्रार्थना करती है —

भगवन् क्षुद्रमत्स्योऽस्मि बलवद्भ्यो भयं मम।
मत्स्येभ्यो हि ततो मां त्वं त्रातुमर्हसि सुव्रत॥ — वन पर्व १८७।७

मनु उसे कमण्डलु में रख लेते हैं। किन्तु वह इतनी तेज़ी से बढ़ती है कि क्रमशः घट, तालाब तथा नदी भी उसके लिए छोटे पड़ जाते हैं। अन्त में मनु उसे समुद्र में डलवा देते हैं और तब —

यदा समुद्रे प्रक्षिप्तः स मत्स्यो मनुना तदा।
तत एनमिदं वाक्यं स्मयमान इवाब्रवीत्॥ २६॥
भगवन् हि कृता रक्षा त्वया सर्वा विशेषतः।
प्राप्तकालं तु यत्कार्य तत् त्वया श्रूयतां मम॥ २७॥
अचिराद् भगवन् भौममिदं स्थावरजंगमम्।
सर्वमेव महाभाग प्रलयं वै गमिष्यति॥ २८॥

जङ्गम-स्थावराणां च यच्चेङ्गं यच्च नेङ्गति।
तस्य सर्वस्य सम्प्राप्तः कालः परमदारुणः॥ ३०॥

यह सूचना देने के पश्चात् वह मनु से एक दृढ़ नाव बनवाने के लिए कहती है और प्रलय का समय बताकर मनु को आदेश देती है कि उस दिन सम्पूर्ण ओषधियों एवं अन्नों के बीजों को लेकर सप्तर्षियों के साथ नाव में बैठे जाना। मैं एक सींग वाले महामत्स्य के रूप में आऊँगी और तुम्हें सुरक्षित स्थान पर ले जाऊँगी —

नौश्च कारयितव्या ते दृढा युक्तवटारका।
तत्र सप्तर्षिभिः सार्द्धम् आरुहेथा महामुने।
आगमिष्याम्यहं शृंगी विज्ञेयस्तेन तापस॥ ३०, ३१॥

ऐसा ही होता है। उस दिन सागर अपनी मर्यादा भंग करके पृथ्वीमण्डल को डुबा देता है। मनु की नाव प्रलय-जल में तैरती है। मनु मत्स्य का स्मरण करते हैं। वह आता है। नाव की रस्सी उसके सींग से बाँध दी जाती है। मत्स्य उसे हिमालय तक ले जाता है और एक पर्वत शिखर पर रस्सी बाँधने का आदेश देता है —

ततो हिमवतः शृंगं मत्परं भरतर्षभ।
तत्राकर्षत् ततो नावं स मत्स्यः कुरुनन्दन॥ ४८॥
अथाब्रवीत् तदा मत्स्यस्तान् ऋषीन् प्रहसन् शनैः।
अस्मिन् हिमवतः शृंगे नावं बध्नीत मा चिरम्॥ ४९॥

इसके पश्चात् मत्स्य अपना परिचय देता है। 'मै ब्रह्मा नामक प्रजापति हूँ। मुझसे श्रेष्ठ और कोई नहीं है। मत्स्य रूप में मैंने मनु तथा आप लोगों (सप्तर्षिगण) की रक्षा की है क्योंकि मनु ही (इस प्रलय के उपरान्त) सृष्टि की रचना करेंगे। तपस्या के बल से मनु की प्रतिभा अत्यन्त विकसित हो जाएगी और प्रजा की सृष्टि करते समय इनकी बुद्धि सदा जागरूक रहेगी' —

अहं प्रजापतिर्ब्रह्मा मत्परं नाधिगम्यते।
मत्स्यरूपेण यूयं च मयास्मान्मोचिता भयात्॥ ५२॥
मनुना च प्रजाः सर्वाः सदेवासुरमानुषाः।
स्त्रष्टव्या सर्वलोकाश्च यच्चेङ्गं यच्च नेङ्गति॥ ५३॥
तपसा चापि तीव्रेण प्रतिभास्य भविष्यति।
मत्प्रसादात् प्रजासर्गे न च मोहं गमिष्यति॥ ५४॥

स्पष्ट है कि कथा में विष्णु का कोई स्थान नहीं है। कथा अपने में पूर्ण तथा क्रमबद्ध है। प्रजापति-मनु की रक्षा के लिए ब्रह्मा जी ही यह सब यत्न करते हैं। किन्तु ब्रह्मा जी के साथ अवतार-वाद के सिद्धान्त का कोई सम्बन्ध नहीं था। यह विशेषता प्रधानतया

विष्णु की ही थी। इसके अतिरिक्त पौराणिक युग में प्राणियों की रक्षा का दायित्व मुख्य रूप से विष्णु को समझा जाता था। अतः विष्णु के उत्कर्ष के साथ-साथ इस कथा का झुकाव विष्णु की ओर होता गया।

मत्स्य-पुराण में यह कथा सम्पूर्ण पुराण की आधार-भूमि है। मत्स्यरूप-धारी-भगवान मनु को प्रलय-काल में जिस पुराण का उपदेश देते हैं, वही 'मत्स्य पुराण' नाम से प्रसिद्ध है। इस पुराण में मत्स्य रूप **विष्णु** का ही है, ब्रह्मा का नहीं। कई श्लोकों में इसके स्पष्ट संकेत मिलते हैं —

१. **ज्ञातस्त्वं मत्स्यरूपेण मां खेदयसि केशव।**
हृषीकेश जगन्नाथ जगद्धाम नमोऽस्तु ते॥ १।२८

२. **एवमुक्तो मनुस्तेन पप्रच्छ मधुसूदनम्।**१।१

३. **काले यथोक्ते संजाते वासुदेवमुखोद्गते।**
श्रृंगी प्रादुर्बभूवाथ मत्स्यरूपी जनार्दनः॥ २।१७

४. **तदेवैकार्णवे तस्मिन् मनुः पप्रच्छ केशवम्।** २।२१

५. **कस्माच्च भगवान् विष्णुर्मत्स्यरूपत्वमाश्रितः।** १।८, आदि।

किन्तु कथा का ब्रह्मा जी से सम्बन्ध पूरी तरह भुलाया नहीं गया है। कथा के प्रारम्भ में मनु तपस्या करके ब्रह्मा जी को तुष्ट करते हैं और उनसे वर माँगते हैं कि मैं प्रलयकाल में संसार की रक्षा कर सकूँ —

वरं वृणीष्व प्रोवाच प्रीतः स कमलासनः।
एवमुक्तोऽब्रवीद्राजा प्रणम्य स पितामहम्।
भूतग्रामस्य सर्वस्य स्थावरस्य चरस्य च।
भवेयं रक्षणायालं प्रलये समुपस्थिते॥ १।१४, १६

ब्रह्मा जी उन्हें वह वर प्रदान करते हैं और उधर विष्णु उनकी कार्यसिद्धि के लिए मत्स्य रूप में आ पहुँचते हैं।

भागवतकार ने कथा को और अधिक क्रमबद्ध करने के लिए उससे ब्रह्मा का नाम बिल्कुल हटा दिया है। कथा का प्रारम्भ भागवत के मुख्य श्रोता राजा परीक्षित के प्रश्न से होता है कि भगवान् विष्णु ने मत्स्य जैसे तुच्छ एवं विगर्हित प्राणी का रूप क्यों धारण किया[१] ? शुकदेवजी उत्तर देते हैं कि गो, ब्राह्मण, देवता, वेद तथा सज्जनों की रक्षा के लिए भगवान् को ऐसा करना पड़ता है (तु० की० गीता ४।७, ८) —

---

१. **भगवञ्छ्रोतुमिच्छामि हरेरद्भुतकर्मणः। अवतारकथामाद्यां मायामत्स्यविडम्बनम्॥**
यदर्थमदधात् रूपं मात्स्यं लोकजुगुप्सितम्। तमःप्रकृति दुर्मर्षं कर्मग्रस्त इवेश्वरः॥
— श्रीमद्भागवत ८।२४।१, २

गोविप्रसुरसाधूनां छन्दसामपि चेश्वरः।
रक्षामिच्छंस्तनूर्धत्ते धर्मस्यार्थं तथैव हि॥ ८।२४।५

पर यहाँ उनके अवतार का एक विशेष तथा महत्त्वपूर्ण कारण और है। सृष्टि रचना के उपरान्त थककर सोते हुए ब्रह्मा जी के मुख से निकले हुए चारों वेदों को **हयग्रीव** नामक दैत्य चुराकर पाताल ले गया था। उनको पुनः प्राप्त करने के लिए भगवान् विष्णु ने जल में विचरण के उपयुक्त मत्स्य रूप धारण किया —

कालेनागतनिद्रस्य धातुः शिशयिषोर्बली।
मुखतो निःसृतान् वेदान् हयग्रीवोऽन्तिकेऽहरत्॥
ज्ञात्वा तद् दानवेन्द्रस्य हयग्रीवस्य चेष्टितम्।
दधार शफरीरूपं भगवान् हरिरीश्वरः॥ ८।२४।८, ९

भागवत की कथा का मुख्य पात्र विष्णु-परायण तपस्वी द्रविड़ेश्वर **सत्यव्रत** है, जो वर्तमान मन्वन्तर में विवस्वान् का श्राद्धदेव संज्ञक पुत्र है। मत्स्यरूपधारी विष्णु कृतमाला नदी में तर्पण करते हुए राजर्षि सत्यव्रत के पास पहुँचते हैं। कथा उसी प्रकार चलती है। पर एकशुगंधारी सुवर्ण-वर्ण का वह मत्स्य सत्यव्रत को हिमालय पर्वत पर नहीं ले जाता। जब तक प्रलयकालीन जल रहता है तब तक मत्स्यरूपी भगवान् नौका को लिए हुए समुद्र में घूमते रहते हैं और सत्यव्रत को मत्स्यपुराण तथा आत्मतत्त्व का उपदेश देते हैं। प्रलय के उपरान्त जब ब्रह्मा जी जागते हैं तो मत्स्य-विष्णु हयग्रीव को मारकर वेदों को वापिस लाकर ब्रह्मा को सौंप देते हैं —

अतीतप्रलयापाय उत्थिताय स वेधसे।
हत्वासुरं हयग्रीवं वेदान् प्रत्याहरद्धरिः॥ ८।२४।५७

इस अध्याय की समाप्ति के साथ अष्टम स्कन्ध भी समाप्त हो जाता है और अन्तिम श्लोक में कवि एक बार फिर भगवान् विष्णु के मत्स्य अवतार का प्रमुख कारण हयग्रीव राक्षस को मारकर वेदों का उद्धार करना बताता है —

प्रलयपयसि धातुः सुप्तशक्तेर्मुखेभ्यः
श्रुतिगणमपनीतं प्रत्युपादत्त हत्वा।
दितिजमकथयद् यो ब्रह्म सत्यव्रतानां
तमहमखिलहेतुं जिह्ममीनं नतोऽस्मि॥

महाभारत में प्रजापति के मत्स्य रूप का कारण केवल मनु की रक्षा है किन्तु भागवतकार ने सम्भवतः अखिल सृष्टि के नियामक विष्णु का इतनी सी बात के लिए अवतार लेना इष्ट नहीं समझा। अतः उसने वेदों के उद्धार का महत्त्वपूर्ण कार्य भी इस अवतार के साथ जोड़ दिया है। यहाँ स्मरणीय है कि वेदों के हरण की कथा महाभारत

में भी प्राप्त होती है, किन्तु काफी परिवर्तित रूप में। यहाँ **मधु** और **कैटभ** नामक दैत्य वेदों का अपहरण करके पाताल में ले जाते हैं और स्वतः विष्णु अश्व के शिर से युक्त एक मानव-रूप धारण करते हैं जो विष्णु के '**हयग्रीव**' अवतार नाम से महाभारत में प्रसिद्ध है (देखिए शान्तिपर्व, ३४७। १-७१)। ब्राह्मण ग्रन्थों की कर्मकाण्ड-सम्बन्धी विचिकित्साओं में अश्व या अर्वन् का एक महत्त्वपूर्ण स्थान है। अश् धातु का अर्थ है 'व्याप्त करना'। सबको व्याप्त कर लेने के कारण प्रजापति ही अश्व है। उषा उसका सिर है, सूर्य नेत्र तथा वायु प्राण, आदि (श० ब्रा० १०।६।४।१) **बृहदारण्यक** उप० के प्रथम दो ब्राह्मणों में 'अश्व' नामधारी इस प्रजापति का सुन्दर यज्ञीय विवरण प्राप्त होता है। अश्विनौ के प्रसंग में दध्यञ्च् आथर्वण द्वारा अश्व के सिर से अश्विनौ को मधुविद्या प्रदान करने का उल्लेख आ चुका (पृ० २४९) है। स्पष्ट है कि यज्ञ में विशेष महत्त्व के कारण अश्व शब्द एक विशेष प्रकार से वैदिक कर्मकाण्ड तथा वेदों से सम्बन्धित था। अतः वेदों के उद्धार के लिए विष्णु का हयग्रीव रूप से अवतार लेना उचित ही था। इसीलिए विष्णु का यह हयग्रीयत्व वेदों के उद्धार से ही सम्बन्धित है, मधु-कैटभ के वध से नहीं। पाताल में पहुँचकर हयग्रीव विष्णु मधुर स्वर से सामवेद का गायन करने लगते हैं। मधु-कैटभ वेदों को एक ओर फेंककर उनके पास आते हैं। इतने में विष्णु वेदों को लेकर अन्तर्हित हो जाते है। मधु-कैटभ जब उन्हें ढूंढ़ते हुए ऊपर पहुँचते हैं तो वे अपने दूसरे रूप से उनका वध करते हैं। मधु-कैटभ की यह कथा **मार्कण्डेय पुराण** के देवीमाहात्म्य (दुर्गा-सप्तशती) तथा **देवी भागवत** (स्कन्ध १, अध्याय ६-९) में सुन्दर ढंग से विकसित हुई है। पर मधु-कैटभ को यहाँ वेदों का अपहर्ता नहीं कहा गया। कारण स्पष्ट है भागवतकार ने विष्णु के इस अपेक्षाकृत कम प्रसिद्ध अवतार को स्वीकार नहीं किया और न उसे अश्व-सिर वाले विष्णु की कल्पना ही मनःपूत हुई। अतः उसने 'हयग्रीव' को एक दैत्य बना दिया, जो ब्रह्मा के चतुर्मुख से निकले चारों वेदों को हड़प ले जाता है और जिसको मारने के लिए भगवान् विष्णु मत्स्य रूप धारण करते हैं। यद्यपि मत्स्य रूप में भगवान् के राक्षस से लड़ने की कल्पना अधिक उपयुक्त नहीं है किन्तु महाभारत की अपेक्षा यहाँ विष्णु का उद्देश्य अवश्य अधिक महत्त्वपूर्ण है।[1]

---

१. हमारे पुराणों में 'हयग्रीव' का एक ओर तो विनाशकारी दैत्य के रूप में उल्लेख है, दूसरी ओर विष्णु के एक अंशावतार के रूप में, जो वैष्णवपाञ्चरात्र एवं विशिष्टाद्वैत दर्शन के प्रमुख प्रवचनकार एवं आदिगुरु के रूप में मान्य है। इनके नाम से पाञ्चरात्र की एक प्राचीन संहिता ('हयशीर्ष-पाञ्चरात्र') भी विख्यात है। लक्ष्मणदेशिककृत काश्मीर के **शारदातिलक** नामक तन्त्रग्रन्थ में हयग्रीव की उपासना से सम्बन्धित मन्त्र आदि दिए हुए हैं। हयग्रीव के इस द्विविध स्वभाव के लिए वर्तमान लेखक का **तोहफ़ा-ए-दिल** (Festschrift Helmut Nespital, ed. D. Lönne, Reinbek 2001) में पृ. ८४५ से ८५६तक प्रकाशित *Über Hayagriva, den pferdeköpfigen Gott in der indischen Mythologie* शीर्षक लेख द्रष्टव्य है।

उपर्युक्त किसी भी कथा में जल-प्रलय के किसी कारण का उल्लेख नहीं है। उसे कालाधीन तथा स्वाभाविक समझा गया है। किन्तु **कालिका-पुराण** के ३४वें अध्याय में इसका एक मनोरंजक कारण दिया हुआ है। महर्षि **कपिल** राजा वैवस्वत मनु से अपने लिए किसी ऐसे स्थान को प्रदान करने की याचना करते हैं, जहाँ बैठकर वे शान्तिपूर्वक तपस्या कर सकें और मानव-कल्याण के लिए ज्ञान की ज्योति जला सकें। मनु कहते हैं कि लोक-कल्याण के लिए प्रयत्न करने वाला व्यक्ति उपयुक्त-स्थान आदि छोटी-मोटी वस्तुओं के लिए चिन्तित नहीं होता। बड़े-बड़े ज्ञानी महर्षि संसार में हुए हैं, उन्होंने कभी किसी के पास जाकर स्थान प्रदान करने की प्रार्थना नहीं की। अतः जहाँ आपकी इच्छा हो वहाँ जाकर तप कीजिए। इस तिरस्कार से क्रुद्ध होकर कपिल मुनि मनु को शाप देते हैं कि तुम त्रिलोकी का राज्य पाने के कारण दर्प से उन्मत्त हो। अतः कुछ ही दिनों के अन्दर तुम्हारा यह चराचर जगत् विनष्ट हो जाएगा। तब मनु विष्णु को तुष्ट करके उनसे जगत् के रक्षण की प्रार्थना करते हैं। विष्णु प्रत्येक प्राणी के एक-एक युग्म तथा वनस्पतियों के बीजों की प्रलयकाल में रक्षा करते हैं, जो उनके कर्त्तव्य (जगत्पालन) के सर्वथा अनुरूप हैं।

द्वितीय अध्याय में (पृ० १०३) कहा जा चुका है कि अवेस्ता में जलौघ की कथा विवस्वान् (वीवङ्ह्वन्त) के प्रथम पुत्र यम (यिम) से सम्बन्धित है। जलप्लावन के अवसर पर **यिम** सभी प्राणियों का एक-एक युग्म और सम्पूर्ण वनस्पतियों का एक-एक बीज लेकर अपने 'वर' या बाड़े में शरण लेते हैं।

कूर्म अवतार

अब हम विष्णु के एक अन्य जीव-अवतार कूर्म पर आते हैं। परवर्ती पुराणों में कहा गया है कि अमृत-मन्थन के समय मन्थन दण्ड के रूप में प्रयुक्त किए जाते हुए मन्दराचल के समुद्रतल में धँसने पर भगवान् विष्णु ने कूर्म का रूप धारण किया और नीचे स्थित हो मन्दर को सँभाला। उस विचित्र मन्थान के स्थिर होने पर देवों ने शेषनाग को रज्जु बनाकर क्षीरसागर को मथा और अपने अभीष्ट की प्राप्ति की।

संसार की सर्वोच्च शक्ति के कूर्म रूप का अत्यन्त प्रारम्भिक उल्लेख शतपथ ब्राह्मण में ही प्राप्त होता है। यह उद्धरण इस प्रकार है—

स यत् कूर्मो नाम। एतद्वै रूपं कृत्वा प्रजापतिः प्रजाः असृजत। यदसृजत अकरोत् तत्, यदकरोत् तस्मात् कूर्मः। कश्यपो वै कूर्मः। तस्मादाहुः सर्वाः प्रजाः काश्यप्य इति। — श० ब्रा० ७।५।१।५

"यह जो कछुआ होता है, इसी का रूप धारण करके प्रजापति ने सृष्टि रची थी। 'रची थी' को ही कहते हैं 'की थी'। क्योंकि इस रूप से उन्होंने सृष्टि 'की थी' इसीलिए

इस रूप को कहते हैं 'कूर्म' (कृ = करना + औणादिक मनिन्)। कूर्म का ही दूसरा नाम है 'कश्यप'। इसी से कहा जाता है कि सम्पूर्ण प्रजा कश्यप की सन्तान है[१]।''

सृष्टि के आदि में सर्वत्र जल की स्थिति होने के कारण प्रजापति को जल में सुखपूर्वक विचरण करने योग्य कोई ऐसा ही रूप धारण करना उचित भी था। और कूर्म सामान्य जल-चर नहीं है। ब्राह्मणों के कर्मकाण्डीय दर्शन में यह बहुत महत्त्वपूर्ण स्थान रखता है। श० ब्रा० ७।५।१।१ तथा ६।१।१।१२ में कहा गया है कि कूर्म इन सब पृथ्वी आदि लोकों का रस है। वह उनसे तब निकला था जब वे जल में डूबे हुए थे। और जिस प्रकार रस में उस वस्तु का सम्पूर्ण सार रहता है उसी प्रकार कूर्म भी तीनों लोकों की आत्मा है —

रसो वै कूर्मः। यो वै स एषां लोकानाम् अप्सु प्रविद्धानां पराङ्‍रसः अत्यक्षरत् स एष कूर्मः। यावान् वै रसः तावानात्मा। स एष इम एव लोकाः। — ७।५।१।१

सोऽकामयत आभ्यः अद्भ्यः अधि इमां प्रजनयेयम् इति। तां संक्लिश्य अप्सु प्राविध्यत्। तस्यै य पराङ्‍रसः अत्यक्षरत्। स कूर्मः अभवत्॥ — ६।१।१।१२

इस त्रिलोकी की आत्मा कूर्म के त्रिलोकमयत्व का एक अन्य रोचक कारण और भी है। कूर्म का शरीर एक कड़े खोल से आवृत रहता है। खोल का ऊपरी कपाल आकाश को सूचित करता है क्योंकि वह आकाश की भाँति दोनों सिरों से नीचे मुड़ा रहता है, और नीचे का पृथ्वी को क्योंकि वह समतल रहता है। जिस प्रकार द्यावा-पृथ्वी के भीतर ही सारे लोक हैं, उसी प्रकार कछुए का शरीर भी इन कपालों के भीतर अवस्थित है अतः वह त्रिलोकी का प्रतिनिधि है —

तस्य यदधरं कपालम्। अयं स लोकः। तत्प्रतिष्ठितमिव भवति। प्रतिष्ठित इव ह्ययं लोकः। अथ यदुत्तरम्, सा द्यौः। तद् व्यवगृहीतान्तमिव भवति। व्यवगृहीतान्तेव हि द्यौः। अथ यदन्तरा, तदन्तरिक्षम् स एष इम एव लोकाः।

— श० ब्रा० ७।५।१।२

ब्राह्मणों तथा आरण्यकों की सृष्टि-सम्बन्धी दार्शनिक विचिकित्साओं में कूर्म का कितना महत्त्वपूर्ण स्थान था यह तैत्तिरीय आरण्यक के निम्न उद्धरण से और स्पष्ट हो

१. पुराणों में सम्पूर्ण प्रजा को महर्षि कश्यप की सन्तान बताया गया है। उनके १३ पत्नियाँ हैं, जो दक्ष प्रजापति की पुत्रियाँ हैं। इसके पत्नी से विभिन्न प्रकार के प्राणियों की उत्पत्ति होती है — दिति से दैत्य उत्पन्न होते हैं और अदिति से देवता ('आदित्य'), विनता से पक्षी उत्पन्न होते हैं तो कद्रू से सरीसृप। लौकिक संस्कृत में बाद में कूर्म के लिए **कश्यप** का विकसित रूप **कच्छप** प्रयुक्त होता है, कश्यप शब्द ऋषिवाची ही है।

जाएगा। यहाँ **प्रजापति** और सृष्टि के आदि कारण **कूर्म** का एक छोटा सा संवाद है। सृष्टि के लिए घोर तपस्या करने के उपरान्त प्रजापति के शरीर का रस निकलकर जल में प्रविष्ट होकर एक कूर्म का रूप धारण कर लेता है। प्रजापति उससे कहते हैं कि तुम मेरी त्वचा और मांस से उत्पन्न हुए हो। कूर्म इसका प्रतिवाद करता है और कहता है कि मैं तुमसे भी पहले था (पूर्वम् आसम्)। इसी से उसे 'पुरुष' कहते हैं। कूर्म वही आदि पुरुष है, जिसे 'सहस्र-शीर्षा' 'सहस्राक्ष' तथा 'सहस्रपात्' कहा गया है। प्रजापति उसकी महत्ता स्वीकार करते हुए उससे सृष्टि रचना के लिए कहते हैं और तब कूर्म सृष्टि करता है।

यो रसः सः अपाम् इति। अन्तरतः कूर्मभूतं सर्पन्तं तमब्रवीत्। मम वै त्वङ्मांसांशमभूत् नेत्यब्रवीत्। पूर्वमेवाहम् इह आसम् इति। तत्पुरुषस्य पुरुषत्वम्। सहस्रशीर्षा पुरुषः। सहस्राक्षः सहस्रपात्। भूत्वोदतिष्ठत्। तमब्रवीत्। त्वं वै पूर्वं समभूः त्वमिदं पूर्वं कुरुष्व इति। तैत्तिरीय आरण्यक १। २३। ३, ४

यहाँ यदि प्रजापति को यज्ञ और याज्ञिक क्रियाओं का प्रतिनिधि माना जाए तो उनके शरीर के सारभूत तत्त्व कूर्म को जगत् का आदि-कर्ता, परम-पुरुष मानना उचित ही है, जिसकी प्राचीन संज्ञा नारायण थी। स्पष्ट है कि यहाँ पर कूर्म ऋग्वेद के प्रसिद्ध पुरुष-सूक्त (१०। ९०) में उल्लिखित जगत् के आदि-कारण पुरुष का वाची है। सायणाचार्य भी इस वाक्य की व्याख्या में लिखते हैं —

'अहं तु सर्वगतनित्यचैतन्यस्वरूपत्वात् पूर्वमेवेहास्मिन् स्थाने स्थितोऽस्मि।'

'पहले स्थित रहने के कारण' (यत् पूर्वमासम् इत्याह तस्मात् पुरुषः, सा०) पुरुष को पुरुष कहा जाता है। यदि इस काल्पनिक व्युत्पत्ति की उपेक्षा भी कर दी जाए तो भी **कूर्म** और **पुरुष** का तादात्म्य इस प्रसंग में पर्याप्त महत्त्वपूर्ण है। सम्भवतः इसी तथ्य को ध्यान में रखते हुए श० ब्रा० ७। ५। १। ७ में कूर्म को प्राण या जीवों की चेतना-शक्ति कहा गया है —

प्राणो वै कूर्मः। प्राणो हीमाः सर्वाः प्रजाः करोति।

वैदिक ग्रन्थों की सृष्ट्युत्पत्ति सम्बन्धी परिकल्पनाओं में कूर्म के इन महत्त्वपूर्ण उल्लेखों (विशेषतः श० ब्रा० ७। ५। १। ५) को मैक्डॉनल[1] तथा कीथ[2] ने विष्णु के कूर्म अवतार की पृष्ठभूमि माना है। वस्तुतः कूर्म का 'त्रिलोकी' एवं 'पुरुष' से तादात्म्य अवश्य विष्णु से कुछ सम्बन्ध जोड़ता है। बहुत प्रारम्भिक काल में ही विष्णु का इस

१. मैक्डॉनल : **जर्नल ऑफ् रॉयल एशियाटिक सोसाइटी,** भाग २७ (सन् १८९७), पृ० १६६-६८।

२. कीथ : **रिलीजन एण्ड फिलासफी**० भाग १, पृ० ११२।

जगत् के त्रेधा विभाजन, या त्रिलोक से घनिष्ठ सम्बन्ध हो गया था और जब कूर्म के खोल की ऊपर नीचे की परत और उसका शरीर मिलाकर त्रिलोकी से तादात्म्य किया गया (श० ब्रा० ७।५।१।२) तो विष्णु से भी परोक्ष रूप से कुछ न कुछ सम्बन्ध होना स्वाभाविक ही था। कूर्म का सृष्टि के आदितत्त्व पुरुष से तादात्म्य, जिसके लिए वैदिक युग में ही नारायण विशेषण का प्रयोग होने लगा था, सम्भवतः उसके और विष्णु के तादात्म्य की दिशा में दूसरा चरण था।

पर महाभारत तथा प्राचीन पुराणों में अमृत-मन्थन के समय कूर्म का जो स्वरूप प्राप्त होता है, वह इन वैदिक धारणाओं से सम्बन्ध की अविच्छिन्न परम्परा को सूचित नहीं करता। अमृत-मन्थन के समय उपस्थित होने वाला कूर्म सृष्टि रचना से या सृष्टि की नियामक-शक्ति से किसी भी प्रकार सम्बन्धित नहीं है। अनन्त आकाश में हमारी यह पृथ्वी बिना किसी दृश्यमान् आधार के कैसे स्थित है, यह प्राचीन मानव के सम्मुख एक प्रमुख प्रश्न था। सामान्य लोक-विश्वास के अनुसार इसकी व्याख्या कई प्रकार से की गई थी, जिनमें से कुछ अभी तक भारतीय अल्प-शिक्षित समाज में प्राप्त होती हैं। एक मत यह था कि पृथ्वी को एक गौ अपने एक सींग पर लिए खड़ी है; जब वह थक जाने के कारण उसे दूसरे सींग पर लेती है तो भूकम्प आ जाता है। दूसरी कल्पना के अनुसार पृथ्वीमण्डल को एक हाथी साधे हुए है। तीसरी धारणा एक विशालकाय सर्प की थी, जो अपने अनेक (प्रायः एक सहस्र) फणों के ऊपर पृथ्वी को धारण किए हुए है। इस नाग की कल्पना अनन्त-शेषनाग के रूप में विकसित होकर और भागवत धर्म के प्रमुख उपास्य तत्त्व [चतुर्व्यूहों में से एक] **संकर्षण** से जुड़कर[१] बहुत कुछ दार्शनिक आधार पा गई है। चौथी धारणा थी एक कूर्म की जो अपनी कठोर पीठ पर पृथ्वी का भार साधे हुए है[२]। कूर्म के खोल की ऊपर की कठोर पपड़ी को इस कार्य के लिए उपयुक्त समझा जाना स्वाभाविक है। मत्स्य पुराण (२४६।७५) में कहा गया है कि जब वराह भगवान् ने पृथ्वी को उठाया तो अपना एक पैर पृथ्वी को धारण करने वाले कूर्म की पीठ पर रखा और ऊपर निकल आए —

कूर्मपृष्ठे पदं न्यस्य निश्चक्राम रसातलात्।

वराह अवतार की प्रतिमा बनाने के लिए मत्स्य पुराण में जो निर्देश दिए गए हैं उनमें भी कहा गया है कि वराह भगवान् का एक पैर कूर्म पर तथा दूसरा हाथी के मस्तक पर दिखाना चाहिए —

---

१. देखिए, **श्रीमद्भागवत** ५।२५ (विशेषतः १, ८, १२, १३)।

२. **अद्यापि नोज्झति हरः किल कालकूटम्**
कूर्मो बिभर्ति धरणीं खलु पृष्ठभागे। आदि (सुभाषित)

कूर्मोपरि तथा पादमेकं नागेन्द्रमूर्धनि।
संस्तूयमानो लोकेशैः समन्तात् परिकल्पयेत्॥ — मत्स्य २५९।३०

इसके स्पष्ट प्रमाण मिलते हैं कि वैदिक युग के लोक-विश्वास में भी पृथ्वी को कूर्मपृष्ठ पर अवस्थित माना जाता था। श्रौत-यागों के लिए वेदी निर्माण की प्रक्रिया का विवरण देते समय **शतपथ ब्राह्मण** (७।५।१।१) वेदी की नींव में सबसे नीचे एक कूर्म (या उसकी खोल?) रखने का विधान करता है, जिससे वेदी सुप्रतिष्ठित रहे।

मार्कण्डेय पुराण के ५८वें अध्याय में भुवन-विन्यास का वर्णन करते हुए पृथ्वी का आधार एक कच्छप को बताया गया है, जो इसे अपनी पीठ पर धारण करके स्थिर रखता है। कछुए द्वारा पृथ्वी को साधने की कल्पना भारतीय ही नहीं जापान, चीन और यहाँ तक कि अमेरिका की रेड-इंडियन जनजातियों के लोकविश्वास में भी प्राप्त होती है। चीन के प्राचीन (ताओ) धर्म की कल्पना के अनुसार पुण्यात्माओं के रहने के लिए ईश्वर ने पहले सर्वसुखसम्पन्न पाँच द्वीप बनाए थे किन्तु वे ज्वार-भाटे के साथ हिलते रहते थे, अतः उसने प्रत्येक को स्थिर करने के लिए तीन-तीन कछुओं को नियुक्त किया[१]। अमेरिका की अल्मोन्किन नामक जनजाति के धार्मिक विश्वासों में कूर्म की पृथ्वी के धारक के रूप में अवधारणा का महत्त्वपूर्ण स्थान है; बल्कि कहीं कहीं तो पृथ्वी को कूर्म का पृष्ठभाग ही बताया गया है[२]। महाभारत में अमृत-मन्थन के अवसर पर (आदि०, १८वाँ अध्याय) जब मन्दराचल समुद्र में धँसने लगता है तो देव और असुर पृथ्वी को धारण करने वाले इसी कूर्म को बुलाकर उससे पर्वत को धारण करने के लिए कहते हैं —

ऊचुश्च कूर्मराजानमकूपारे[३] सुरासुराः।
अधिष्ठानं गिरेरस्य भवान् भवितुमर्हति॥ ११॥

कूर्मेण तू तथेत्युक्त्वा पृष्ठमस्य समर्पितम्।
तं शैलं तस्य पृष्ठस्थं वज्रेणेन्द्रो न्यपीडयत्॥ १२॥

— महा०, आदि० १८।११, १२

---

१. देखिए डॉनेल्ड ए० मैकेन्जी (सम्पा०) **मिथ्स ऑफ़् चाइना एण्ड जपैन, पृ०** १११-११२, १४०, २८०।

२. डब्ल्यू शिमट् : **डेऽर उअरश्प्रुंग् डेऽर गॉटेसइडे** (Der Ursprung der Gottesidee), भाग २, म्युंस्टर १९२९, पृ० ४४५।

३. यह शब्द महाभारत में **जैमिनीय ब्राह्मण** से आया प्रतीत होता है जहाँ यह कश्यप (कूर्म) का विशेषण है (**अकूपारो वै कश्यपः कलिभिः सह समुद्रम् अभ्यवैषत्**......३।२७३)। म० भा० में यह संज्ञा के रूप में प्रयुक्त हुआ है और सम्भवतः अधस्तल या पृथ्वी से नीचे के स्थान का वाची है।

स्पष्ट है कि महाभारत में अमृत-मन्थन के अवसर पर मन्दर धारण करने वाला कूर्म, विष्णु का अवतार नहीं अपितु प्राचीन लोक-विश्वास का पृथ्वी को धारण करने वाला कूर्म ही है। ठीक इसी प्रकार मत्स्य पुराण के १४८वें अध्याय में मन्दराचल के मन्थन-दण्ड बनने के लिए सहमत होने पर उसको धारण करने तथा वेष्टन बनने के लिए क्रमशः कूर्म तथा शेषनाग नीचे से समुद्र तल पर आते हैं —

कल्प्यतां नेत्रकार्ये यः शक्तः स्याद् वेष्टने मम।
ततस्तु निर्गतौ देवौ कूर्मशेषौ महाबलौ॥ — २४८।२६

और कूर्म अपनी सामर्थ्य का वर्णन करता हुआ कहता है कि जब मुझे सम्पूर्ण पृथ्वी-तल को धारण करने में श्रम नहीं होता तब मन्दराचल रूपी इस छोटी सी गोली (घुटिका, गुटिका) से क्या होगा? —

त्रैलोक्यधारणेनापि न ग्लानिर्मम जायते।
किमु मन्दरकात् क्षुद्रात् घुटिकासंनिभादिह॥ — २४८।२८

और यह कहकर कूर्म मन्दर के नीचे स्थिर हो जाता है : **कूर्मश्चाधः स्थितः तदा** (श्लोक ३७)।

इस प्रकार मत्स्य पुराण में भी यह कूर्म विष्णु का अवतार नहीं है। किन्तु पृथ्वी को धारण करने के असामान्य कार्य को करने वाला समाान्य कच्छप तो हो नहीं सकता। अतः मत्स्यपुराणकार का कथन है कि कूर्म तथा शेषनाग विष्णु के तेज के चतुर्थांश से युक्त हैं और उन्हीं की शक्ति से वे पृथ्वी को धारण करते हैं —

विष्णोर्भागौ चतुर्थांशाद् धरण्या धारणे स्थितौ। — २४८।२७

और यहीं पर कूर्म को विष्णु का अवतार माने जाने के बीज मिलने लगते हैं जो वैष्णव पुराणों में जाकर पल्लवित एवं पुष्पित होते हैं। वस्तुतः पृथ्वी को साधने और स्थिर करने का यह कार्य विष्णु की प्रकृति तथा अवतारों के मूल कारण से घनिष्ठतया सम्बन्धित भी है[१]। यहाँ स्मरणीय है कि **मत्स्य पुराण** विष्णु के केवल **'सात अवतारों'** का (सम्भवतः मत्स्य, वराह, नृसिंह, वामन, परशुराम, राम तथा कृष्ण) उल्लेख एवं वर्णन करता है, शेष का नहीं। दैत्यों से युद्ध करते हुए विष्णु दैत्य-गुरु महर्षि भृगु की पत्नी (तथा शुक्राचार्य की माता) **देवी** का चक्र से शिरश्छेदन कर देते हैं जिससे क्रुद्ध होकर ऋषि विष्णु को पृथ्वीतल पर **सात** बार अवतार लेने का शाप देते हैं —

यस्मात्ते जानतो धर्मम् अवध्या स्त्रीः निषूदिता।
तस्मात्त्वं सप्तकृत्वेह मानुषेषूपपत्स्यसि॥ — ४७।१०३

---

१. देखिए — ख़ोंडा : **आस्पेक्ट्स०**, खंड १८, पृ० १२७।

यद्यपि महाभारत, शान्तिपर्व (३३९वाँ अ०), के दाक्षिणात्य पाठ में कूर्म को विष्णु का अवतार स्वीकार किया गया है और विष्णु नारद से अपने अवतारों का वर्णन करते हुए कहते हैं —

द्वितीयं कूर्मरूपं मे हेमकूटनिभं सुत।
मन्दरं धारयिष्यामि अमृतार्थे द्विजोत्तम॥

किन्तु यह अंश मूल भारत में बहुत बाद में किया गया प्रक्षेप प्रतीत होता है। कारण यह है कि एक तो महाभारत के उत्तरभारतीय संस्करण में, ७६वें तथा ७७वें श्लोकों के बीच में प्राप्त होने वाले, इन चार श्लोकों का कोई चिह्न नहीं है; दूसरी बात यह है कि दाक्षिणात्य पाठ के इन चार श्लोकों को निकाल देने पर पूर्व-अपर श्लोक में उचित सम्बन्ध स्थापित हो जाता है। ७६वें श्लोक में विष्णु कहते हैं कि मैं जगत् का निर्माता हूँ और पृथ्वी को वराह रूप में जन-कल्याण के लिए ऊपर लाता हूँ —

नष्टे पुनर्बलात् काल आगमयत्यमितद्युतिः।
तथा बलादहं पृथिवीं सर्वभूतहिताय वै॥

दाक्षिणात्य पाठ को हटा देने पर निम्नलिखित श्लोक (७७वाँ) आता है —

सत्त्वैराक्रान्तसर्वाङ्गां नष्टां सागरमेखलाम्।
आनयिष्यामि स्वस्थानं वाराहं रूपमाश्रितः॥

स्पष्ट है कि ७६वें श्लोक में वाक्य पूर्ण नहीं हुआ है; उसकी क्रिया चार श्लोकों के बाद ७७वें श्लोक में है। विष्णु अवतारों की संख्या दस निश्चित हो जाने के बाद किसी को भगवान के मत्स्य और कूर्म अवतार की कमी यहाँ खटकी और नारद से प्रश्न करवाया —

नारदस्त्वथ पप्रच्छ भगवन्तं जनार्दनम्।
केषु केषु च भावेषु त्वं द्रष्टव्यो महाप्रभो॥

इस पर विष्णु ने उत्तर दिया है —

शृणु नारद तत्त्वेन प्रादुर्भावान् महामुने।
मत्स्यः कूर्मो वराहश्च नारसिंहोऽथ वामनः।
रामो रामश्च रामश्च कृष्णः कल्कीति ते दश॥

इसके पश्चात् वे अपने मत्स्य अवतार का वर्णन करते हैं, जिसे पूर्वोद्धृत (वनपर्व १८७।५२-५४) श्लोकों में स्पष्ट शब्दों में प्रजापति का अवतार कहा गया हैं, और तब कूर्म का। अतः प्रतीत होता है कि महा० आदि पर्व में मन्दराचल को स्थिर करने वाले कूर्म को जो मूलतः पृथ्वी को धारण करनेवाला कूर्म बताया गया है, वही परम्परा प्राचीन है और महाभारत-काल में वही मान्य थी। बाद में वैष्णव-पुराणों के प्रभाव से

महाभारत के दाक्षिणात्य संस्करण में कूर्म (और मत्स्य) को विष्णु का अवतार घोषित करने वाले (चार) श्लोक प्रक्षिप्त कर दिए गए।

रामायण में बालकाण्ड के ३२वें से लेकर ६५वें सर्ग तक का अंश परवर्ती एवं प्रक्षिप्त माना जाता है। तो भी गोरीसियो द्वारा सम्पादित रामायण के उत्तरभारतीय संस्करण के ४६वें अध्याय में अमृत-मन्थन के अवसर पर उपस्थित होने वाले कूर्म का विष्णु से तादात्म्य नहीं किया गया[1]। पर दाक्षिणात्य संस्करण में देवता तथा गन्धर्व मन्दर के पाताल में धँस जाने पर विष्णु से उसे उठाने की प्रार्थना करते हैं और विष्णु एक कछुए का रूप धारण करके देवों की इच्छा पूर्ण करके उनका कार्य सिद्ध करते हैं —

ततो देवासुरा सर्वे ममन्थू रघुनन्दन।
प्रविवेशाथ पातालं मन्थानः पर्वतोत्तमः॥
ततो देवाः सगन्धर्वास्तुष्टुवुर्मधुसूदनम्।
त्वं गतिः सर्वभूतानां विशेषेण दिवौकसाम्॥
पालयास्मान् महाबाहो गिरिमुद्धर्तुमर्हसि।
इति श्रुत्वा हृषीकेशः कामठं रूपमास्थितः।
पर्वतं पृष्ठतः कृत्वा शिश्ये तत्रोदधौ हरिः॥

— रामा० बाल० ४५।२७-३०

रामायण के इस अंश को वैष्णव-पुराणों का समकालीन होना चाहिए। विष्णु **पुराण** स्पष्ट शब्दों में विष्णु के इस कूर्म-रूप का वर्णन करता है —

क्षीरोदमध्ये भगवान् कूर्मरूपी स्वयं हरिः।
मन्थानाद्रेरधिष्ठानं भ्रमतोऽभून्महामुने॥ विष्णु १।९।८८

और श्रीमद्भागवतकार अपनी पल्लवनशील काव्यात्मक शैली में इस घटना का वर्णन करते हुए कहते हैं कि 'जब देवों और असुरों ने अत्यन्त उत्साह के साथ समुद्र को मथना प्रारम्भ किया तो निराधार मन्दराचल जल में घुस गया। बलवान् दैव के द्वारा अपने पुरुषार्थ को इस प्रकार व्यर्थ जाते देखकर वे अत्यन्त खिन्न हो गए। तब विघ्नेश्वर (गणेश) के इस विधान को देखकर अत्यन्त पराक्रमी तथा अमोघसंकल्पशाली विष्णु ने एक अद्भुत कच्छप का रूप धारण किया और जल के अन्दर प्रविष्ट होकर पर्वत को रोका। उस समय उनकी पीठ लाखों योजन विस्तृत थी और वे समुद्र के बीच स्थित एक विशाल द्वीप के समान लग रहे थे। यद्यपि विशाल एवं भारी मन्दराचल भयंकर वेग से उनकी पीठ पर घुमाया जा रहा था पर उन्हें ऐसा लग रहा था मानों कोई उनकी पीठ खुजला रहा हो' —

---

१. देखिए, ख़ोंडा : **आस्पेक्ट्स०** १८, पृ० १२७।

विलोक्य विघ्नेशविधिं तदेश्वरो, दुरन्तवीर्योऽवितथाभिसन्धिः।
कृत्वा वपुः काच्छपमद्भुतं महत् प्रविश्य तोयं गिरिमुज्जहार॥
तमुत्थितं वीक्ष्य कुलाचलं पुनः समुत्थिता निर्मथितुं सुरासुराः।
दधार पृष्ठेन सलक्षयोजनप्रस्तारिणा द्वीप इवापरो महान्॥
सुरासुरेन्द्रैर्भुजवीर्यवेपितं परिभ्रमन्तं गिरिमंगपृष्ठतः।
बिभ्रत् तदावर्तनमादिच्छपो मेनेऽङ्गकण्डूयनमप्रमेयः॥

— भागवत ८।७।८,९, १०

बाद में विष्णु के कूर्मावतार की यह धारणा इतनी प्रबल हुई कि मुख्यतः ब्रह्मा जी का गुणगान करने वाले **पद्म पुराण** (सृष्टिखण्ड, ५वाँ अध्याय) जैसे ग्रन्थों ने भी इसे स्वीकार किया और कूर्म-पुराण के वक्ता कूर्म-रूपी जनार्दन विविध विद्याओं के अधिष्ठाता माने गए।

नृसिंह अवतार

विष्णु के प्राचीन (जीव) अवतारों में नृसिंह रूप ऐसा है जिसके संकेत अथवा बीज प्रारम्भिक वैदिक साहित्य में प्राप्त नहीं होते। सबसे पहले तैत्तिरीय आरण्यक में नृसिंह (नारसिंह) के विषय में एक गायत्री प्राप्त होती है —

वज्रनखाय विद्महे तीक्ष्णदंष्ट्राय धीमहि।
तन्नो नारसिंहः प्रचोदयात्॥ — तै० आ० १०।१।७

यद्यपि यह स्वराङ्कित है, किन्तु इसकी प्राचीनता में कुछ सन्देह है[1]। कारण यह है कि एक तो तै० आ० का नारायणोपनिषद् संज्ञक दशम-प्रपाठक ही सायणाचार्य आदि द्वारा 'खिल भाग' माना गया है (**यथा बृहदारण्यके सप्तमाष्टमाध्यायौ खिलकाण्डत्वेन आचार्यैरुदाहृतौ तथेयं नारायणीयाख्या याज्ञिक्युपनिषद् अपि खिलकाण्डरूपा तल्लक्षणोपेतत्वात्** — प्रपाठक का उपोद्घात)। दूसरे इस प्रपाठक (नारायणोपनिषद्) के परस्पर किंचिद् भिन्न दो संस्करण प्राप्त होते हैं और सायणाचार्य ने जिस संस्करण पर भाष्य लिखा है उसमें इस गायत्री का उल्लेख नहीं है।

विष्णु के इस अवतार के उद्गम का पता नहीं चलता। प्राचीन मिस्र की धार्मिक परम्परा में अर्ध-नारी एवं अर्ध-सिंह का रूप धारण करने वाली स्फ़िंक्स नामक देवमूर्ति का महत्त्वपूर्ण स्थान है। मिस्र और भारत के अति प्राचीन सांस्कृतिक सम्बन्धों को देखते हुए उधर से आने वाले प्रभावों की सम्भवतः इस प्रसंग में उपेक्षा नहीं की जा सकती। अन्तर केवल इतना है कि जहाँ स्फ़िंक्स का शरीर सिंहाकार एवं मुख मानव

---

१. कीथ ने इस आरण्यक के लिए तीसरी शती ई० पू० का समय निश्चित किया है। देखिए उनकी **इंडियन माइथॉलजी** (माइथॉलजी ऑफ़् ऑल रेसेज़, ६) पृ० ८०।

(नारी) का है वहीं भारत में नृसिंह का मुख सिंहाकार है और शेष मानवरूप। हॉपकिन्स का मत है कि प्रारम्भ में नृसिंह शब्द विष्णु की श्रेष्ठता घोषित करने वाला एक विशेषण मात्र था। इसका अर्थ है 'सिंह के समान (पराक्रमी) पुरुष' (या पुरुषों में सिंह के समान)। विष्णु के लिए **पुरुषोत्तम** या परमपुरुष आदि शब्द प्रायः प्रयुक्त हुए हैं। महाभारत में एक स्थान पर यह (नृसिंह) शब्द श्रेष्ठ पुरुषों को द्योतित करने के लिए प्रयुक्त हुआ है —

सुरर्षभा ब्राह्मणसत्तमाश्च तथा नृपाद्या नरदेवमुख्याः।
इष्ट्वा महार्हैः क्रतुभिः नृसिंहाः संत्यज्य देहान् सुगतिं प्रपन्नाः॥
— महा० शल्य० ५३। २३

कालान्तर में इस समस्त-विशेषण के श्रेष्ठतासूचक द्वितीय पद को पशुवाची मानकर विष्णु के इस अवतार की कल्पना की गई[१]। कीथ ने भी परोक्षतया हॉपकिन्स के मत का सर्मथन किया है[२]।

किन्तु केवल इस एक विशेषण के प्रह्लाद-चरित, नृसिंह-अवतार तथा हिरण्यकशिपु-वध आदि की घटनाओं से युक्त, वैविध्यपूर्ण आख्यान को जन्म देने की बात समझ में नहीं आती। नृसिंह या पुरुषसिंह शब्द का कोई विशेष सम्बन्ध केवल विष्णु से कभी नहीं रहा। प्रायः प्रत्येक पराक्रमी व्यक्ति के लिए 'पुरुषसिंह' 'नरशार्दूल' आदि विशेषण महाकाव्यों में प्रयुक्त होते रहे हैं। नृसिंह की भाँति 'पुरुषर्षभ' या 'पुरुषपुंगव' आदि विशेषण भी विष्णु (तथा अन्य देवों या वीरों) के लिए उतनी ही स्वच्छन्दतापूर्वक प्रयुक्त हुए हैं किन्तु विष्णु का वृषभ से कभी कोई सम्बन्ध नहीं हुआ। अतः नृसिंह अवतार की यह व्याख्या सन्तोषजनक नहीं है।

वस्तुतः नृसिंह की कल्पना रामायण तया महाभारत आदि से बहुत पहले की है। तै० आ० की गायत्री अपेक्षाकृत अर्वाचीन होने पर भी रामायण और महाभारत से प्राचीन है। नृसिंह से सम्बन्धित **नृसिंहपूर्वतापनीय** तथा **नृसिंहउत्तरतापनीय** उपनिषद् विषय तथा वाक्य संरचना आदि की दृष्टि से परवर्ती वैदिक उपनिषदों से थोड़े ही बाद के प्रतीत होते हैं। इन उपनिषदों में प्राचीन दार्शनिक विचारधारा के गूढ़ एवं रहस्मय तत्त्व प्राप्त होते हैं[३]। नृसिंह को जगत् का आदिकारण एवं परम-तत्त्व मानकर उपासना की गई है। पर उल्लेखनीय है कि न तो कहीं हिरण्यकशिपु का उल्लेख है और न कहीं

---

१. हॉपकिन्स, **एपिक माइथॉलजी,** पृ० २११।

२. कीथ, **इंडियन माइथॉलजी,** पृ० ८१।

३. **संस्तभ्य सिंहं स्वसुतान् गुणर्धान् संयोज्य शृंगैः ऋषभस्य हत्वा।**
वश्यां स्फुरन्तीमसतीं निपीड्य संभक्ष्य सिंहेन स एष वीरः॥

नृसिंह के आधे-मानव और आधे-सिंह रूप का। नृसिंह आदि शब्द यहाँ गूढ़ आध्यात्मिक भावों के प्रतिनिधि हैं।

पुराणों (विशेषतः श्रीमद्भागवत ७। २-१० तथा हरिवंश ३। ४३ वाँ अध्याय) में नृसिंह अवतार का मुख्य उद्देश्य पापी दैत्य हिरण्यकशिपु का वध करना बताया गया है। वराह भगवान् द्वारा अपने बड़े भाई हिरण्याक्ष के मारे जाने पर विष्णु से द्वेष करने लगा था। तपस्या द्वारा ब्रह्माजी को तुष्ट करके उसने यह वर प्राप्त किया था कि उसे देवयोनि, मनुष्ययोनि अथवा पशुयोनि में उत्पन्न कोई भी प्राणी न मार सके। अपने विष्णु-भक्त पुत्र प्रह्लाद को वह भीषण यातनाएँ देता था और सदा उसकी हत्या के उपाय सोचा करता था। सर्वत्र अपनी सत्ता सिद्ध करने के लिए विष्णु एक स्तम्भ से अर्ध-मानव तथा अर्ध-सिंह रूप में उत्पन्न हुए और अपने नखों से हिरण्यकशिपु को चीर डाला।

किन्तु **महाभारत** में न तो प्रह्लाद का उल्लेख है और न विष्णु के स्तम्भ से प्रकट होने का। वनपर्व के २७२ वें अध्याय में यह कथा सर्वाधिक विस्तार से दी गई है परन्तु इससे केवल इतना ही पता चलता है कि एक बार विष्णु ने एक विचित्र रूप धारण किया, जो आधा मानव का था और आधा सिंह का। फिर वे हिरयकशिपु की सभा में गए। हिरण्यकशिपु ने जब ऐसे विचित्र प्राणी को आते देखा तो (आशङ्का तथा भय के कारण) शूल उठाकर उनकी ओर झपटा। तब बलवान् नरसिंह ने अपने तीक्ष्ण नखों से उसे चीर डाला —

पुनरेव महाबाहुरपूर्वां तनुमाश्रितः।
नरस्य कृत्वार्धतनुं सिंहस्यार्धतनुं प्रभुः॥
दैत्येन्द्रस्य सभां गत्वा पाणिं संस्पृश्य पाणिना।
दैत्यानामादिपुरुषः सुरारिदितिनन्दनः॥
दृष्ट्वा चापूर्वपुरुषं क्रोधात् संरक्तलोचनः।
शूलोद्यतकरः स्त्रग्वी (v.l. धन्वी)[1] हिरण्यकशिपुस्तदा।
मेघस्तनितनिर्घोषो नीलाभ्रचयसन्निभः।
देवारिर्दितिजो वीरो नृसिंहं समुपाद्रवत्॥
समुपेत्य ततस्तीक्ष्णैः मृगेन्द्रेण बलीयसा।

श्रृंगप्रोतान् पदा स्पृष्ट्वा हत्वा तामग्रसत्स्वयम्।
नत्वा च बहुधा दृष्ट्वा नृसिंहः स्वयभुद्बभौ॥ नृसिंहोत्तरतापनीय, चतुर्थ खण्ड
इन श्लोकों की लम्बी दार्शनिक व्याख्या यहाँ असम्भव है। इसके लिए देखिए — **कल्याण, उपनिषदंक** (वर्ष २३, अंक १), पृ० ५९१-९२।

१. v.l. (*varia lectio*) पाठान्तर के लिए लैटिन पारिभाषिक शब्द।

नारसिंहेन वपुषा दारितः करजैः भृशम्॥

— महा० वन० २७२।५६–६०

शान्तिपर्व में कहा गया है कि हिरण्यकशिपु यज्ञों का विनाशक था इसलिए विष्णु को देवों की रक्षा के लिए उसे मारना पड़ा —

नारसिंहं वपुः कृत्वा हिरण्यकशिपुं पुनः।
सुरकार्ये हनिष्यामि यज्ञघ्नं दितिनन्दनम्॥ — शान्ति ३३९।७८

द्रोणपर्व में क्रुद्ध नरसिंह के गर्जन का उल्लेख है —

संक्रुद्धमिव नर्दन्तं हिरण्यकशिपुर्हरिम्। — द्रोण० १९७।२३

यद्यपि एक दो अन्य स्थानों में भी नृसिंह रूप का उल्लेख है(उदाहरणार्थ, वन० १४६।५३ तथा द्रोण० १९१।३६) किन्तु वे उपमानार्थक हैं और उनसे कथा सम्बन्धी कोई महत्त्वपूर्ण बात पता नहीं चलती। **मत्स्य पुराण** में (१६०–१६२ अध्याय), महाभारत में प्राप्य इस उपाख्यान को तीन बड़े-बड़े अध्यायों (२३१ श्लोकों) में पल्लवित किया गया है। कृतयुग में दैत्यों का आदिपुरुष हिरण्यकशिपु घोर तप करता है और जब ब्रह्मा जी तुष्ट होकर उसे दर्शन देते हैं तो वह यह वर माँगता है —

न देवासुरगन्धर्वा न यक्षोरगराक्षसाः।
न मानुषाः पिशाचा वा हन्युर्माम् देवसत्तम॥

ऋषयो वा न मां शापैः शपेयुः प्रपितामह।
यदि मे भगवान् प्रीतो वर एष वृतो मया॥

न चास्त्रेण न शस्त्रेण गिरिणा पादपेन च।
न शुष्केण न चार्द्रेण न दिवा न निशाऽथवा॥

— मत्स्य० १६०।११–१३

वरदान से दर्पित होकर वह सम्पूर्ण प्रजा को कष्ट देना प्रारम्भ करता है। देवता रक्षा के लिए विष्णु के पास पहुँचते हैं। विष्णु उन्हें आश्वासन देते हैं और नृसिंह-वपु धारण करके हिरण्यकशिपु के पास जाते हैं। हिरण्यकशिपु का पुत्र जान जाता है कि इस वेष में भगवान् विष्णु ही उपस्थित हुए हैं। वह अपने पिता को चेतावनी देता है। हिरण्यकशिपु अपने सेवकों तथा सैनिकों को नृसिंह को पकड़कर मार डालने का आदेश देता है। तब एक भयङ्कर संग्राम छिड़ जाता है, जिसका वर्णन ११८ श्लोकों में किया गया है। अन्त में नृसिंह भगवान् अपने सहायक ओंकार[१] की सहायता से उसे समाप्त कर देते हैं।

---

१. ओंकार और नृसिंह का यह सम्बन्ध ध्यान देने योग्य है। नृसिंहतापनीय उपनिषदों में वैदिक प्रणव या ओंकार (जिसे ऋषभ कहा गया है) नृसिंह (परमात्मा) से सम्बन्धित दार्शनिक विचारों में

वैष्णव पुराणों में इस कथा की एक पृथक् परम्परा के दर्शन होते हैं। महाभारत तथा **मत्स्य पुराण** के इस आख्यान में हिरण्यकशिपु के प्रसिद्ध विष्णु-भक्त पुत्र प्रह्लाद की कोई महत्त्वपूर्ण भूमिका नहीं है[१]। मत्स्य पु० में वह केवल अपने पिता से नृसिंह के वास्तविक स्वरूप को बता देता है। किन्तु विष्णु तथा भागवतपुराणों में प्रह्लाद के चरित का अत्यन्त विस्तार से वर्णन है। **विष्णु-पुराण** प्रह्लाद की उत्कट भक्ति-भावना और अनन्य विष्णु-परायणता का सुन्दर चित्रण करता है। विष्णु-द्रोही हिरण्यकशिपु के बार-बार प्रह्लाद के विनाश का यत्न करने पर भी विष्णु अपने भक्त की सर्वतोभावेन रक्षा करते हैं। पर विष्णुपुराणकार को विष्णु भक्त प्रह्लाद के पिता का विष्णु द्वारा वध अभीष्ट नहीं है।

प्रह्लाद की निरतिशय विष्णुभक्ति से क्रुद्ध हिरण्यकशिपु अपने पुत्र को समुद्र में डुबाकर ऊपर से भारी पर्वत-शिखाओं से दबवा देता है —

ततो दैत्या दानवाश्च पर्वतैस्तं महोदधौ।
आक्रम्य चयनं चक्रुर्योजनानि सहस्रशः ॥ १। १९। ६२

शिलोच्चय के नीचे दबा हुआ प्रह्लाद विष्णु की जगत् के परम-तत्त्व के रूप में मार्मिक स्तुति करता है (१। १९। ६४-८६)। विष्णु प्रह्लाद के हृदय में प्रकट होते हैं और उसे दो वर प्रदान करते हैं। प्रथम से वह विष्णु चरणों में सदा स्थिर रहने वाली अदम्य निष्ठा माँगता है और दूसरे से अपने पिता की, विष्णु विरोध तथा उसे (प्रह्लाद को) दिए गए विविध कष्टों से लगे पापों से मुक्ति —

मयि द्वेषानुबन्धोऽभूत् संस्तुतावुद्यते तव।
मत्पितुस्तत्कृतं पापं देव तस्य प्रणश्यतु॥
शस्त्राणि पातितान्यंगे क्षिप्तो यच्चाग्निसंहतौ।
दंशितश्चोरगैर्दत्तं यद्विषं मम भोजने॥
अन्यानि चाप्यसाधूनि यानि पित्रा कृतानि मे।
त्वयि भक्तिमतो द्वेषादघं तत्संभवं च यत्।
त्वत्प्रसादात्प्रभो सद्यस्तेन मुच्येत मे पिता। — १। २०। २१-२४

अत्यन्त महत्त्वपूर्ण स्थान रखता है। **अहिर्बुध्न्य संहिता** आदि पाञ्चरात्र ग्रन्थों में नृसिंह का तादात्म्य सुदर्शन-चक्र से किया गया है। काञ्चीपुरम् में वरदराज मन्दिर के परिसर में अवस्थित एक देवालय की उपास्य प्रतिमा एक ओर से सुदर्शन-चक्र तथा दूसरी ओर से नृसिंह को प्रदर्शित करती है।

१. **मार्कण्डेय पुराण** ४। ५५ में भी प्रह्लाद का उल्लेख नहीं है। यहाँ **मत्स्य पुराण** की भाँति नृसिंह हिरण्यकशिपु के साथ-साथ विप्रचित्ति आदि दानवों का भी वध करते हैं —

कृत्वा नृसिंहरूपं च हिरण्यकशिपुर्हतः।
विप्रचित्तिमुखाश्चान्ये दानवा विनिपातिताः॥

विष्णु उसकी इन इच्छाओं को पूर्ण करके तथा अन्त में निर्वाण-प्राप्ति का वरदान देकर अन्तर्हित हो जाते हैं। कथा का सुखमय अन्त होता है। जब प्रह्लाद घर जाकर अपने पिता की वन्दना करता है तो वही हिरण्यकशिपु उसका आलिंगन करके उसका मस्तक चूमता है और आँखों में आँसू भरकर कहता है — 'कितनी प्रसन्नता की बात है, बेटा, कि तुम अभी जीवित हो'। वह अपने किए पर पछताता है और प्रह्लाद से अतिशय प्रेम करने लगता है —

स चापि पुनरागम्य ववन्दे चरणौ पितुः।
तं पिता मूर्ध्न्युपाघ्राय परिष्वज्य च पीडितम्॥
जीवसीत्याह वत्सेति वाष्पार्द्रनयनो द्विज॥
प्रीतिमांश्चाभवत् तस्मिन्ननुतापी महासुरः।
गुरुपित्रोश्चकारैवं शुश्रूषां सोऽपि धर्मवित्। — १।२०।२९-३१

स्पष्ट है कि विष्णुपुराणकार के अनुसार कथा का अन्त यहीं हो जाता है। विष्णु की कृपा से सब ओर सौमनस्य की स्थापना हो जाती है और दोनों का ही जीवन सुखमय हो जाता है। पाठक का कौतूहल और जिज्ञासा यहीं समाप्त हो जाती है। किन्तु इस क्रमबद्ध आख्यान में भी सबसे अन्त में एक श्लोक प्राप्त होता है, जो रेशमी वस्त्र में लगे सूती कपड़े के पैबन्द की तरह स्पष्टतः पृथक् प्रतीत हो रहा है —

पितुर्युपरतिं नीते नरसिंहस्वरूपिणा।
विष्णुना सोऽपि दैत्यानां मैत्रेयाभूत् पतिस्ततः॥ — १।२०।३२

हिरण्यकशिपु के हृदय-परिवर्तन के पश्चात् नरसिंह-विष्णु द्वारा उसके वध का क ोई कारण या औचित्य नहीं है। अतः प्रतीत होता है कि विष्णु पुराण इस सम्बन्ध में एक पृथक् परम्परा का वर्णन करता है, जिसमें विष्णु की महत्ता एवं उनकी भक्ति के प्रभाव का कीर्तन ही प्रधान है और नरसिंह का कोई स्थान नहीं। महाभारत आदि में प्राप्त प्राचीन परम्परा के आग्रह पर किसी ने यह श्लोक बाद में प्रक्षिप्त कर दिया है। एक तर्क यह भी हो सकता है कि विष्णुपुराणकार ने एक लम्बी कथा का पूर्वार्द्ध मात्र वर्णित किया है। इस घटना के बाद में हिरण्यकशिपु के पुनः अत्याचारी हो जाने पर नृसिंह को एक युद्ध में जो उस दैत्य का वध करना पड़ा, वह महाभारत आदि में उल्लिखित कथा का उत्तरार्ध इस (अन्तिम) श्लोक से ध्वनित किया गया है। किन्तु स्पष्ट है कि पहली सम्भावना सत्य के अधिक समीप है। एक बार विष्णु की कृपा को प्राप्त कर लेने वाला व्यक्ति दुबारा उनका शत्रु कैसे बन सकता है? अस्तु।

भागवतकार ने इस कथा का इतना सुन्दर, संश्लिष्ट तथा क्रमबद्ध रूप प्रस्तुत किया है कि वह अनन्त काल तक विष्णु भक्तों की अमूल्य सम्पत्ति बनी रहेगी। सप्तम स्कन्ध के प्रथम दस अध्यायों में कथा का विस्तार से वर्णन है, पर उपर्युल्लिखित कोई

भी शंका भागवत की कथा में उत्पन्न नहीं होती। प्रह्लाद को सताने तथा अन्त में उसे मारने के लिए खड्ग लेकर उसकी ओर दौड़ते हुए हिरण्यकशिपु को प्रत्येक स्थान में अपनी सत्ता का प्रमाण देने के लिए विष्णु एक स्तम्भ से प्रकट होकर उसका वध करते हैं। विष्णु–विरोधी हिरण्यकशिपु का पुत्र विष्णु–भक्त कैसे होता है, इसका भी समाधान भागवतकार ने यह कहकर दिया है कि हिरण्यकशिपु जब एक बार तपस्या करने के लिए मन्दराचल पर जाता है तो **इन्द्र** उसकी गर्भवती पत्नी **कयाधु** का इसलिए हरण कर ले जाता है कि जन्म होने पर उसके पुत्र को मार सके। किन्तु नारद उसे छुड़ाते हैं और अपने आश्रम में रखकर भक्ति, ज्ञान एवं वैराग्य का उपदेश देते हैं। इसी के संस्कार गर्भस्थ बालक प्रह्लाद पर भी पड़ते हैं —

ऋषिः कारुणिकस्तस्याः प्रादाद् उभयमीश्वरः।
धर्मस्य तत्त्वं ज्ञानं च मामप्युद्दिश्य निर्मलम्॥
तत् तु कालस्य दीर्घत्वात् स्त्रीत्वात् मातुस्तिरोदधे।
ऋषिणानुगृहीतं मां नाधुनाप्यजहात् स्मृतिः॥

— भागवत ७।७।१५, १६

बड़े भाई (हिरण्याक्ष) का वध कर देने के कारण विष्णु का घोर शत्रु हिरण्यकशिपु यह नहीं सह सकता। कई बार चेतावनी देने पर भी जब प्रह्लाद विष्णु–भक्ति नहीं छोड़ता तो वह हर प्रकार से उसके विनाश का प्रयत्न करता है —

नदन्तो भैरवान् नादांश्छिन्धि भिन्धीति वादिनः।
आसीनं चाहनञ्छूलैः प्रह्लादं सर्वमर्मसु॥

दिग्गजैर्दन्दशूकैश्च अभिचारावपातनैः।
मायाभिः संनिरोधैश्च गरदानैरभोजनैः॥

हिमवाय्वग्निसलिलैः पर्वताक्रमणैरपि।
न शशाक यदा हन्तुम् ....॥ — भागवत ७।५।४०, ४३, ४४

और उनमें असफल होकर स्वयं उसका वध करने के लिए उद्यत होता है। 'मुझको छोड़ कर संसार का स्वामी और कौन है? यदि वह सर्वत्र है तो इस खम्भे में क्यों नहीं दिखाई पड़ता? ठहर जा, मैं अभी तेरा सिर धड़ से अलग किए देता हूँ। तू जिसकी शरण लेता है वही विष्णु आज आकर तेरी रक्षा करे'[1]। इसके आगे का विवरण भागवतकार के ही शब्दों में देखिए —

---

१. **यस्त्वया मन्दभाग्योक्तो मदन्यो जगदीश्वरः।**
क्वासौ यदि स सर्वत्र कस्मात् स्तंभे न दृश्यते?
सोऽहं विकत्थमानस्य शिरः कायाद् हरामि ते।
गोपायस्व हरिस्त्वाद्य यस्ते शरणमीप्सितम्। ७।८।१३, १४

एवं दुरुक्तैर्मुहुरर्दयन् रुषा सुतं महाभागवतं महासुरः।
खड्‌गं प्रगृह्योत्पतितो वरासनात् स्तम्भं तताडातिबलं स्वमुष्टिना॥
तदैव तस्मिन् निनदोऽतिभीषणो बभूव येनाण्डकटाहमस्फुटत्।
यं वै स्वधिष्ण्योपगतं त्वजादयः श्रुत्वा स्वधामात्ययमंग मेनिरे॥
सत्यं विधातुं निजभृत्यभाषितं व्याप्तिं च भूतेष्वखिलेषु चात्मनः।
अदृश्यतात्यद्भुतरूपमुद्वहन् स्तंभे सभायां न मृगं न मानुषम्॥

— ७।८।१५, १६, १८

इसके आगे के सुन्दर श्लोकों (७।८।१९-३९) में नृसिंह के भयानक रूप का ओजस्वी चित्रण तथा उनके द्वारा हिरण्यकशिपु का वध वर्णित किया गया है।

हॉपकिन्स का मत है कि हिरण्यकशिपु शैव धर्म का प्रतीक है और उसका विष्णु से द्वेष, शैव और वैष्णव धर्म के प्राचीन झगड़े का परिचायक है[१]। किन्तु यह बात समीचीन नहीं प्रतीत होती। ज्यों-ज्यों हम भारत के धार्मिक इतिहास में पीछे बढ़ते जाते हैं, त्यों-त्यों साम्प्रदायिकता की मात्रा कम होती चली जाती है। महाभारत, जिसमें यह कथा सर्वप्रथम उल्लिखित है, ऐसी भावना से सर्वथा मुक्त है। शिव और विष्णु के ऐकात्म्य को द्योतित करने वाले महाभारत में कम से कम दो सौ उद्धरण हैं। निम्न श्लोकों को उदाहरण के रूप में प्रस्तुत किया जा सकता है, जिनमें कृष्ण अर्जुन से कहते हैं कि विष्णु और शिव एक ही सत्य के दो रूप हैं —

नारायणात्मको ज्ञेयः पाण्डवेय युगे युगे।
तस्मिन् हि पूज्यमाने हि देवदेवे महेश्वरे।
संपूजितो भवेत् पार्थ देवो नारायणः प्रभुः॥
यस्तं वेत्ति स मां वेत्ति योऽनु तं स हि मामनु॥
रुद्रो नारायणश्चैव सत्यमेकं द्विधा कृतम्। आदि

— शान्ति० ३४१।२२, २६, २७।

शैवों और वैष्णवों का द्वेष मध्य-युग की वस्तु है, जबकि दक्षिण में शिव और विष्णु के उपासकों के वर्ग साम्प्रदायकिता से अन्धे होकर परस्पर झगड़ने लगे थे। हिरण्यकशिपु तपस्या से ब्रह्मा को तुष्ट करता है। शिव पूरी कथा में कहीं नहीं आते और भागवत में उन्हें दैत्य के वध के उपरान्त अन्य देवों के साथ नृसिंह की स्तुति करते हुए चित्रित किया गया है। (७।८।४१)। प्रह्लाद के विषय में त्रिवेणीप्रसाद सिंह ने एक नितान्त दूरारूढ़ कल्पना की है। उनके अनुसार 'हिरण्यकशिपु के पुत्र प्रह्लाद कदाचित् ईरान के पुण्यात्मा शासक 'परधात' अथवा 'पेशदात' थे' जो भारतीय देवशास्त्र में आ

---

१. **एपिक माइथॉलजी**, पृ० २११।

गए[१]। परधात ईरान के एक काल्पनिक प्रागैतिहासिक राजा 'हओश्यंग' का विशेषण मात्र है, जिसका अर्थ होता है 'अच्छे नगरों का राजा'[२]। परधात का अर्थ है 'प्रथम स्मृतिकार' या कानून बनाने वाला। इस राजा को अवेस्ता में ईरानी राष्ट्र का प्रथम निर्माता बताया गया है तथा ऐसा समझा जाता रहा है कि उसी ने सर्वप्रथम मानवों को अग्नि एवं धातुओं के प्रयोग से परिचित कराया[३]। पता नहीं प्रह्लाद और परधात में थोड़े से ध्वनि-साम्य के अतिरिक्त उक्त लेखक को और कौन से उभयनिष्ठ तत्त्व मिले, जिससे उन्होंने दोनों का यह तादात्म्य स्थापित किया। हिरण्यकशिपु और प्रह्लाद के शुद्ध भारतीय-कथानक[४] के रहस्य की विस्तृत व्याख्या के लिए यहाँ स्थान नहीं है पर इतना अवश्य कहा जा सकता है कि यह कथा पूर्णतः प्रतीकात्मक है और हिरण्य की शय्या (कशिपु) रूपी सांसारिक माया को त्यागकर ज्ञानमय परमात्मा (देखिए, विष्णु पु० १। २०। २, **शुद्धेऽन्तःकरणे विष्णुः तस्थौ ज्ञानमयोऽच्युतः**) की खोज में भटकती हुई नित्य-आनन्द-स्वरूप (प्रह्लाद) आत्मा के प्रयत्नों को ध्वनित करती हैं। अन्त में ज्ञान से माया का नाश होता है।

विष्णु की अन्य विभूतियाँ एवं उनका विराट्रूप

महाभारत के समय में ही विष्णु के दस प्रमुख अवतारों की मान्यता प्रतिष्ठित हो चुकी थी। शान्तिपर्व (३३वाँ अण्ध्याय) के दाक्षिणात्य पाठ में (७६ तथा ७७वें श्लोकों के बीच में) विष्णु के इन अवतारों की इस प्रकार परिगणना है —

मत्स्यः कूर्मो वराहश्च नारसिंहोऽथ वामनः।
रामो रामश्च रामश्च कृष्णः कल्कीति ते दश॥

श्लोक के पूर्वार्द्ध में उल्लिखित पाँच अवतारों के बीज किसी न किसी रूप में वैदिक साहित्य में प्राप्त होते हैं। कल्कि या कल्की कलियुग के अन्त में धर्म की रक्षा के लिए होने वाला अवतार है। शेष चार महत्त्वपूर्ण, वीर, ऐतिहासिक व्यक्तियों के नाम हैं, जो कालान्तर में अपने महत्त्व तथा अतिमानवीय पराक्रमों के कारण विष्णु के अवतारों में परिगणित कर लिए गए। स्मरणीय है कि रामायण के प्राचीनतम मौलिक भाग में राम को विष्णु का अवतार नहीं अपितु एक पराक्रमी महापुरुष मात्र माना गया

---

१. **हिन्दू धार्मिक कथाओं के भौतिक अर्थ**, पृ० ७७।

२. कारनाय : **ईरानियन माइथॉलजी**, पृ० २९९ तथा जुश्ती : **ईरानिशस् नामेनबूख**, पृ० १२६।

३. कारनॉय, **वही,** पृ० २९९ तथा आगे।

४. प्रह्लाद के चरित का क्रमिक विकास और उसका विस्तृत धार्मिक विश्लेषण पाउल हाकर (Paul Hacker) कृत — **प्रह्लाद : वेर्डन उण्ट् वान्ड्लुङ् आइनर् इडियाल् गेश्टाल्ट्** (Prahlāda: Werden und Wandlung einer Ideal-Gestalt), भाग १, २, (वीसबाडेन १९६०) नामक जर्मन ग्रन्थ में द्रष्टव्य है।

है[१]। यही बात महाभारत में कृष्ण के विषय में भी है। बल्कि महाभारत के कृष्ण का चरित तो और भी यथार्थ तथा मानवीय है।

विष्णु-पुराण तृतीय राम (कृष्ण के बड़े भाई बलराम) के स्थान पर गौतम बुद्ध का उल्लेख ('रामो रामश्च बुद्धश्च') करता है और भागवत तो नारद, कपिल, सनत्कुमार, दत्तात्रेय, पृथु, व्यास आदि सभी को विष्णु का अवतार स्वीकार करता है। उसके अनुसार विष्णु के अवतार दो प्रकार के है: पूर्णावतार तथा अंशावतार। पूर्णावतार तो मत्स्य, कूर्म आदि (दस मुख्य अवतार) हैं और अंशावतार नारद आदि। 'जिस प्रकार अथाह सरोवर से सहस्रों छोटी-छोटी नालियाँ निकलती हैं उसी प्रकार सत्त्वमूर्ति भगवान विष्णु से भी असंख्य अवतार प्रकट होते हैं —

ऋषयो मुनयो (v.l. **मनवो) देवा मनुपुत्रा महौजसः।**
कलाः सर्वे हरेरेव सप्रजापतयस्तथा॥
अवतारा ह्यसंख्येया हरेः सत्त्वनिधेर्द्विजाः।
यथाविदासिनः कुल्याः सरसः स्युः सहस्रशः[२]॥ — १।३।२६, २७

गीता में भगवान् ने अर्जुन से अपनी अनेक विभूतियों का उल्लेख किया है और कहा है कि वे वस्तुतः अनन्त और असंख्येय हैं, **'नास्त्यन्तो विस्तरस्य मे'** (१०।१९)। बाद में वे कहते हैं कि जो भी कुछ संसार में ऐश्वर्य, कान्ति तथा शक्ति से युक्त दिखाई देता है, वह सब मेरे ही अंश से उत्पन्न है —

यद् यद् विभूतिमत् सत्त्वं श्रीमदूर्जितमेव वा।
तत् तदेवागच्छ त्वं मम तेजोंऽशसंभवम्॥ १०।४१

मत्स्य पुराण भी इसी प्रकार नारायण की अनन्त मूर्तियों का उल्लेख करता है —

अव्यक्तो व्यक्तलिंगस्थो स एष भगवान् प्रभुः।
नारायणो ह्यनन्तात्मा प्रभवोऽव्यय एव च॥ (१७१।३)

और सम्पूर्ण देवताओं को विष्णु के ही विभिन्न अंश घोषित करता है (१७१।४-६)।

विष्णु-पुराण इतने से सन्तुष्ट नहीं होता, वह कहता है कि जो कुछ भी संसार में दिखाई या सुनाई पड़ता है, उसके अन्दर और बाहर सब ओर नारायण ही व्याप्त हैं —

---

१. विस्तृत विवेचन के लिए देखिए, म्यूर : **ओरिजिनल संस्कृत टैक्स्ट्स्**, भाग ४, पृ० १५६-५८।

२. तु० की० विष्णु पु० १।८।३४

किं चाति बहुनोक्तेन संक्षेपेणेदमुच्यते।
देव तिर्यङ्मनुष्यादौ पुन्नाम्ना भगवान् हरिः॥ तथा ३।१।४६

यच्च किंचिद् जगत्यस्मिन् दृश्यते श्रूयतेऽपि वा।
अन्तर्बहिश्च तत्सर्वं व्याप्य नारायणः स्थितः॥

इसमें सन्देह नहीं कि सम्पूर्ण संसार के व्यापक तत्त्व के रूप में विष्णु की प्रतिष्ठा का निर्माण करने में उनके नाम की व्युत्पत्ति का बहुत बड़ा हाथ है[1], पर विष्णु की विविध रूपों को धारण करने की क्षमता का उल्लेख ऋग्वेद में भी है, जिससे प्रतीत होता है कि विष्णु की बहुरूपता की कल्पना अत्यन्त प्राचीन है। एक कवि विष्णु से कहता है कि तुम अपना यह (दूसरा) रूप हमसे मत छिपाओ क्योंकि (हमें परिज्ञात है कि) तुमने संग्राम में एक अन्य रूप धारण किया था —

मा वर्पो अस्मद् अप गूह एतद् यदन्यरूपः समिथे बभूव॥
— ऋ० ७।१७०।६

विष्णु की इस विविधरूपता तथा संसार की प्रत्येक वस्तु को व्यापन करने की क्षमता ने आगे चलकर उनके 'विश्वरूपत्व' की कल्पना को जन्म दिया। विष्णु पुराण का कथन है कि जो भी कुछ संसार में उत्पन्न होता है और होगा वह सब विष्णु का ही अंश है —

यत्किञ्चित् सृज्यते येन सत्त्वजातेन वै द्विज।
तस्य सृज्यस्य सम्भूतौ तत्सर्वं वै हरेस्तनुः॥
अतीता वर्तमानाश्च ये भविष्यन्ति चापरे।
ते सर्वे सर्वभूतस्य विष्णोरंशसमुद्भवाः॥ — १।२२।३८, २०

जगत् की प्रत्येक वस्तु को विष्णु का ही अंश माने जाने के कारण विष्णु की एक विराट् रूप में कल्पना की गई है। इसके बीज हमें ऋग्वेदीय पुरुषसूक्त (१०।९०) में ही प्राप्त हो जाते हैं जिसमें 'पुरुष' को सम्पूर्ण भूत एवं वर्तमान जगत् का आदिकारण बताया गया है (पुरुष एवेदं सर्वं यद्भूतं यच्च भव्यम्)। इसी धारणा का अनुगमन करते हुए सम्पूर्ण जगत् को प्रतीकात्मक रूप से पुरुषाकार माना गया और इस पुरुष को विराट्-पुरुष विष्णु बताया गया है। महाभारत में ही विष्णु के ऐसे विराट् रूप का पाँच स्थानों पर वर्णन है। वन पर्व (अ० १८९) में मार्कण्डेय ऋषि शिशु-रूप में वट पर सोते हुए विष्णु के उदर में जाकर सम्पूर्ण विश्व के दर्शन करते हैं। बाद में विष्णु ऋषि से कहते हैं कि 'अग्नि मेरा मुख है, पृथ्वी चरण हैं, चन्द्रमा और सूर्य नेत्र हैं, द्युलोक मस्तक है, आकाश और दिशाएँ श्रोत्र हैं' आदि। उद्योग पर्व (अ० १३१) में दुर्योधन द्वारा अपने को बन्दी बना लेने का उद्योग करते हुए देख कर कृष्ण उसे अपना

---

१. **यस्माद् विष्टमिदं विश्वं तस्य शक्त्या महात्मनः।**
तस्मात् स प्रोच्यते विष्णु : विशेर्धातोः प्रवेशनात्॥ — विष्णु पु० ३।२।४५

सर्वदेवमय रूप दिखाते हैं। इसी प्रकार अपने भक्त नारद और उत्तंक पर कृपा करने के लिए भी (क्रमशः शान्ति० ३३९ तथा आश्व ५५) में वे अपना विश्वरूप दिखाते हैं। पर सम्भवतः गीता के ११वें अध्याय (भीष्मपर्व, ३५वाँ अध्याय) में कृष्ण द्वारा अर्जुन को दिखाया गया विश्वरूप चित्रात्मक वर्णन की दृष्टि से अद्वितीय है। जगत् की सम्पूर्ण वस्तुओं को अर्जुन उन आश्चर्यमय, अनन्त तथा विश्वतोमुख कृष्ण के विश्वरूप में देखता है —

सर्वाश्चर्यमयं देवमनन्तं विश्वतोमुखम्.......
तत्रैकस्थं जगत्कृत्स्नं प्रविभक्तमनेकधा।
अपश्यद् देवदेवस्य शरीरे पाण्डवस्तदा॥ — ११। ११, १३

उनके इस रूप को 'अनेकवक्त्रनयनं' या 'अनेकबाहूदरवक्त्रनेत्रं कहा गया है। ऋग्वेद के पुरुष को भी 'सहस्रशीर्षा' 'सहस्राक्ष' तथा 'सहस्रपात्' कहा गया है (१०। ९०। १) और इस पुरुष तथा परवर्ती विष्णु की धारणा नारायण शब्द की शृंखला द्वारा जुड़ी हुई है।

श्रीमद्भागवत् में विष्णु के इस विराट् रूप का स्थान-स्थान पर वर्णन मिलता है। जगत् के दृश्यमान, अदृश्यमान, स्थूल-सूक्ष्म रूप तथा दैवी शक्तियाँ सब उसी विराट् पुरुष के अंग प्रत्यंग हैं। द्वितीय स्कन्ध के प्रथम अध्याय में भगवान् के विश्वरूप का अपेक्षाकृत संक्षिप्त किन्तु स्पष्ट और सारगर्भित वर्णन मिलता है —

पातालमेतस्य हि पादमूलं पठन्ति पार्ष्णि प्रपदे रसातलम्।
महातलं विश्वसृजोऽथ गुल्फौ तलातलं वै पुरुषस्य जंघे॥
इन्द्रादयो बाहव आहुरुस्राः कर्णौ दिशः श्रोत्रममुष्य शब्दः।
नासत्यदस्त्रौ परमस्य नासे घ्राणोऽस्य गन्धो मुखमग्निरिद्धः॥
छन्दांस्यनन्तस्य शिरो गृणन्ति दंष्ट्रा यमः स्नेहकला द्विजानि।
हासो जनोन्मादकरी च माया दुरन्तसर्गो यदपांगमोक्षः॥
व्रीडोत्तरोष्ठोऽधर एव लोभो धर्मः स्तनोऽधर्मपथोऽस्य पृष्ठः।
कस्तस्य मेढ्रं वृषणौ च मित्रौ कुक्षिः समुद्रा गिरयोऽस्थिसंघाः॥

— आदि २। १। २६, २९, ३१, ३२

विष्णु एवं इन्द्र का सम्बन्ध ('उपेन्द्र')

विष्णु की एक उल्लेखनीय वैदिक विशेषता इन्द्र के साथ सम्बन्ध है। ये दोनों देवता ऋग्वेद में परस्पर घनिष्ठतया सम्बद्ध हैं। कई मन्त्रों में दोनों की साथ-साथ स्तुति की गई है। **'मृगो न भीमः कुचरो गिरिष्ठाः'** आदि कुछ वाक्यांश इन्द्र तथा विष्णु दोनों के लिए प्रयुक्त हुए हैं (इन्द्र १०। १८०। २, विष्णु १। १५४। २); **'उरुक्रमिष्ट जीवसे'** भी दोनों

के लिए आया है (ऋ० १।५५।४ तथा ८।६३।९)। ऋ० ६।६९।५ में दोनों देवों को 'मनुष्यों के जीवन के हेतु स्थान बनाने के लिए' अन्तरिक्ष एवं लोकों को विस्तृत करते हुए वर्णित किया गया है। इसी सूक्त की प्रथम, तृतीय तथा षष्ठ ऋचा में धन के लिए दोनों की साथ-साथ स्तुति की गई है।

ऋग्वेद में विष्णु, इन्द्र के प्रमुख सहायक के रूप में (विशेषतः वृत्र-वध में) हमारे सामने आते हैं। वे इन्द्र के समीचीन तथा सदा साथ रहने वाले मित्र हैं, **'इन्द्रस्य युज्यः सखा'** (१। २२। १९)। यद्यपि निर्विवाद रूप से ऋग्वैदिक इन्द्र विष्णु की अपेक्षा अधिक शक्तिशाली हैं। तो भी कहीं-कहीं तो ऐसा प्रतीत होने लगता है कि इन्द्र की विजय का प्रमुख श्रेय विष्णु को ही है। उदाहरणार्थ ऋ० ८। १२। २७ में विष्णु का अपने ओज से तीन बार पदक्रम करने का उल्लेख है और ८। १००। १२ में इन्द्र विष्णु के पास जाकर अपने पदक्रमों का विस्तार करने के लिए कहते हैं, जिससे दोनों मिलकर वृत्र का विनाश कर सकें और आकाशीय नदियाँ अवरोधमुक्त हो जाएं —

सखे विष्णो वितरं विक्रमस्व द्यौर्देहि लोकं वज्राय विष्कभे।
हनाव वृत्रं रिणचाव सिन्धून् इन्द्रस्य यन्तु प्रसवे विसृष्टाः॥

इसी प्रकार ऋ० ४।१८।११ में वृत्र-वध के लिए उद्यत इन्द्र विष्णु से यही प्रार्थना करता है —

अथाब्रवीद् वृत्रमिन्द्रो हनिष्यन् सखे विष्णो वितरं विक्रमस्व।

दोनों ऋचाओं में आया हुआ 'सखे' सम्बोधन ध्यान देने योग्य है। बृहद्देवता इस सम्बन्ध में एक छोटे से आख्यान का उल्लेख करता है —

त्रीन् लोकान् अभिवृत्यैतान् वृत्रस्तस्थौ स्वया त्विषा।
नाशकद् हन्तुमिन्द्रोऽपि विष्णुमभ्येत्य सोऽब्रवीत्।

वृत्रं हनिष्ये तिष्ठस्व विक्रमस्य ममान्तिकम्।

उद्यतस्य तु वज्रस्य द्यौर्ददातु ममान्तरम्।
तथेति विष्णुस्तच्चक्रे........॥

— बृहद्देवता। ६। १२१, २२, २३।

नीतिमञ्जरीकार ने इस कथा से यह 'नीति' ग्रहण की है (श्लो० १३४) —

महद्भिः यन्महत्कर्म कार्यं नैव स्वतन्त्रतः।
ययाचे बलिनं विष्णुं वृत्रं हन्तुं हि वृत्रहा॥

तै० सं० २।४।१२।३ तथा ६।५।१।४ में वृत्र के सम्बन्ध में कहा गया है जब उसने तीनों लोकों कों आवृत कर लिया तो इन्द्र और त्वष्टा दोनों उससे घबरा गए। तब

इन्द्र ने विष्णु से सहायता के लिए कहा। विष्णु ने उसकी वृद्धि को रोकने के लिए अपने तृतीयांश को क्रमशः पृथ्वी, अन्तरिक्ष तथा आकाश में स्थापित किया (**'त्रेधा आत्मानं विन्यधत्त'**) और विष्णु की सहायता पाकर (अनु-स्थित) उसने वज्र से वृत्र को मार डाला —

.... स विष्वङ् अवर्धत। स इमान् लोकान् अवृणोत् यदवृणोत् तद् वृत्रस्य वृत्रत्वम्। तस्मादिन्द्रोऽबिभेदपि त्वष्टा। .... तर्हि विष्णुरन्या देवता आसीत्। सः अब्रवीद् विष्णवेहीदमा हरिष्यावो येनायमिदम्। स विष्णुस्त्रेधा आत्मनं विन्यधत्त....... तेन इन्द्रो वज्रमुदयच्छद् विष्णवनुस्थितः। — तै० सं० २।४।१२।३

श० ब्रा० ५।५।५।२, पञ्चविंश ब्रा० २०।१५।६ तथा ऐतेरेय (३।५।६) और जैमिनीय ब्राह्मणों में भी विष्णु को असुरों के वध में सहायक बताया गया है। विष्णु की शक्ति से इन्द्र ने कई पराक्रम के कार्य किए' (**विष्णोः स्थाम्ना इत् इन्द्रो वीर्य-मकृणोत्**, काठक सं० १।१२; तु० की० — तै० सं० १।१।१३, श० ब्रा० १।४।५।३ आदि)।

इन्हीं वैदिक संकेतों के आधार पर **महाभारत**, वन० १०१।९, में कहा गया है कि वृत्र वध के लिए इन्द्र ने विष्णु की स्तुति की और तब विष्णु ने उनको (अपने) तेज तथा बल से युक्त किया। इस ग्रन्थ में ऐसे अनेक स्थल हैं (उदाहरणार्थ आदि० ६५।१, ८४।९, भीष्म० ५०।४२, ५९।८०, द्रोण ५२।३४, ८१।२५ तथा शान्ति० ६४।१३) जहाँ विष्णु को इन्द्र की सहायता करते हुए या युद्ध में उनके साथ लड़ते हुए चित्रित किया गया है। इन्द्र के अवतार अर्जुन और विष्णु के अवतार कृष्ण का सौहार्द तथा घनिष्ठ मैत्री प्रसिद्ध ही है। वन० १४२। २२ में नरकासुर से त्रस्त और भयभीत इन्द्र विष्णु की स्तुति करते हैं और विष्णु संसार के कल्याण के लिए नरक का वध करते हैं। स्पष्ट है कि इस युग में आकर इन्द्र की अपेक्षा विष्णु का महत्त्व कहीं अधिक बढ़ गया है। अब वे इन्द्र के साधारण सखा नहीं हैं अपितु एक ऐसे सर्वशक्तिशाली परमेश्वर हैं, जिनकी कृपा की अपेक्षा इन्द्र आदि सभी देवों को होती है।

महाभारत, उद्योग० १०।१२ में कहा गया है कि वृत्र-वध के लिए विष्णु स्वतः इन्द्र के वज्र में प्रविष्ट हुए। शान्ति० ३४२।४१ में भी दधीचि की अस्थियों से निर्मित और विष्णु से प्रविष्ट वज्र द्वारा इन्द्र त्वष्टा के पुत्र विश्वरूप को मारते हैं —

........तान्यस्थीनि धाता संगृह्य वज्रमकरोत् तेन वज्रेण अभेद्येन अप्रधृष्येण...... विष्णुप्रविष्टेन इन्द्रो विश्वरूपं जघान.......।

इसका मूल सम्भवतः **ऐ० ब्रा०** १।४।८ में है, जिसमें कहा गया है कि देवों ने असुरों के विनाश के लिए उपसद रूपी जो बाण बनाया उसकी नोंक (अनीक) अग्नि थी, फाल (शल्य) सोम था और छड़ (तेजन) विष्णु —

इषुं वा एतां देवाः समस्कुर्वत यदुपसदस्तस्या अग्निरनीकमासीत् सोमः शल्यो विष्णुस्तेजनम्।

श० ब्रा० (३।४।४।१४) कहता है कि अग्नि, सोम तथा विष्णु को सन्तुष्ट करके मनुष्य एक शत्रुघाती वज्र का निर्माण करता है। विष्णु ऐसे वज्र के 'कुल्मल' (कुल्मलं तत्पुच्छभागः, सायण) हैं। महाभारत (द्रोण २०२।७७) तथा मत्स्य पु० (१३३।४१) में भी त्रिपुरदाह के अवसर पर विष्णु शिव के बाण बनते हैं (**तेजसः समवायोऽथ चैषोस्तेजो रथांगधृक्**)। शांखायन श्रौ० सू० ६।१।३।५ तथा आश्वलायन गृह्य-सूत्र १।२४।८ में विष्णु के भौतिक प्रतीक सूर्य को विभिन्न प्रकार की विद्युतों (वज्र) में सर्वोत्कृष्ट कहा गया है और इन्द्र तो 'स्तनयित्नु' हैं ही (**स्तनयित्नुरेवेन्द्रः**, श० ब्रा० ११।६।३।९)।

पुराणों तथा महाकाव्यों में इन्द्र पर जब भी कोई विपत्ति पड़ती है तो वे विष्णु के पास दौड़ते हैं। बलि के द्वारा उसका राज्य छीन लिए जाने पर वे अदिति के गर्भ से उसके छोटे भाई (उपेन्द्र)[१] के रूप में जन्म लेकर संकट दूर करते हैं। मत्स्य पुराण (४८वाँ अध्याय, ९७-१०१)में वे इन्द्र की रक्षा के लिए भृगु पत्नी का सिर तक काट डालते हैं और ऋषि का शाप ग्रहण करते हैं (देखिए, रामायण उत्तर० ५१।१२-१६)। अमृत-मन्थन के उपरान्त होने वाले देवासुर संग्राम में भी वे इन्द्र पक्ष की सहायता करते हैं (श्रीमद्भागवत, स्कन्ध ८, अ० १०)। यहाँ विष्णु का देवाधिदेव या परब्रह्म के रूप में नहीं अपितु इन्द्र के सहायक एक शक्तिशाली देवता के रूप में चित्रण किया गया है।

लगता है इन्द्र की कुछ प्राचीन वैदिक विशेषताएँ भी विष्णु ने आत्मसात् कर ली हैं। उदाहरणार्थ ऋ० १०।६७।६ तथा अन्य कई स्थानों में इन्द्र को **वल** दैत्य द्वारा एक गुफा में अवरुद्ध गायों को मुक्त करते हुए वर्णित किया गया है (तै० सं० २।१।५।१ में भी इन्द्र वल के विल (गुफा) को खोलकर सहस्रों पशुओं को बाहर निकालते हैं (**इन्द्रो वलस्य विलमपौर्णोत् स य उत्तमः पशुरासीत् तं पृष्ठं प्रति संगृह्य उदक्खिदत् तं सहस्रं पशवोऽनूदायन्**)। पञ्चविंश ब्राह्मण (१९।७) में कहा गया है कि वल की गुफा एक विशाल प्रस्तर-शिला से ढकी हुई थी। ठीक इसी प्रकार श्रीमद्भागवत (१०।३७।२५-३४) में भी **मय** दानव का पुत्र व्योमसुर वन में खेलते हुए गोप-बालकों को चुपके से ले भागता है और जाकर गुफा में छिपाकर शिला से उसका मुँह ढक देता है। बाद में कृष्ण उसका वध करके गोपों का उद्धार करते हैं[२]।

१. इन्द्र के साथ रहने और उसके सहायक होने (उप + इन्द्र) के कारण 'उपेन्द्र' शब्द विष्णु का सामान्य विशेषण है किन्तु **भागवत** २।४।३० में यह एक स्वतन्त्र देवता के रूप में वैकारिक अहंकार से उत्पन्न दस सात्त्विक देवताओं में परिगणित है।

२. विष्णु द्वारा इन्द्र की विशेषताओं को आत्मसात् करने के विषय में विस्तार के लिए देखिए — वी० वी० दीक्षितः **रिलेशन ऑफ़ एपिक्स् विद् ब्राह्मण-लिटरेचर**, (ओरियन्टल बुक एजेन्सी, पूना)।

मत्स्य पुराण (१६६।५२) में विष्णु मार्कण्डेय से कहते हैं कि मैं ही इन्द्र पद पर प्रतिष्ठित शक्र हूँ, **अहमिन्द्रपदे शक्रः**। बृहद्देवता का कथन है कि सूर्य अपनी रश्मियों से जल को अन्तरिक्ष में ले जाकर बरसा देता है इसलिए उसी की संज्ञा इन्द्र है —

रसान् रश्मिभिरादाय वायुनायं गतः सह।
वर्षत्येव च यल्लोके तेनेन्द्र इति स स्मृतः॥

पुराणादिकों में विष्णु मुख्य रूप से जगत् के रक्षक तथा पालक के रूप में प्रतिष्ठित हैं। जगत् की उत्पत्ति तथा विनाश ब्रह्मा और शिव से सम्बन्धित हैं। विष्णु के इस पालकरूप के बीज ऋग्वेद में ही प्राप्य हैं, जहाँ कहा गया है कि विष्णु ने विपत्ति में पड़े व्यक्तियों के कल्याण के लिए विक्रमण किया —

यो रजांसि विममे पार्थिवानि त्रिश्चिद् विष्णुर्मनवे बाधिताय।
तस्य ते शर्मन् उपपद्यमाने राया मदेम तन्वा३ तना च॥

— ऋ० वे० ६।४९।१३

वैदिक युग में प्रजापति या ब्रह्मा जैसे किसी देवता की उपस्थिति न रहने के कारण उस समय विष्णु का प्रजा की सृष्टि में भी कुछ अधिकार रहा प्रतीत होता है। ऋ० ७। ३६।९ में उनसे गर्भस्थ बालक की रक्षा करने की प्रार्थना की गई है। सूक्त १०।१८४ की प्रथम ऋचा को सर्वानुक्रमणी में 'गर्भार्थाशीः' कहा गया है। विष्णु से गर्भ धारण में सहायक होने की प्रार्थना की गई है। यह मन्त्र अथर्व० ५।२५।५ में भी आया है और बृ० उ० ६।४।२१, मानव गृ० सू० २।१८।२, कौषीतकि श्रौ० सू० ३।५।५ तथा आश्वलायन गृ० सू० १।१४।३ में इस ऋचा को वन्ध्या स्त्री के लिए पुत्र-प्राप्ति में विनियुक्त किया गया है।

विष्णु एवं पशु

प्राचीन भारतीय जीवन में ग्राम्य पशु किसी भी मनुष्य की सम्पत्ति के महत्त्वपूर्ण अंग थे। अतः पशुओं का विष्णु से सम्बन्ध बहुत स्वाभाविक है। अत्यन्त प्राचीन ग्रन्थों में ही इसके संकेत मिलते हैं। ऋग्वेद में 'शिपिविष्ट' विष्णु एक सामान्य विशेषण है (देखिए ७।१००।५)। तै० सं०२।५।५।२ में कहा है कि 'शिपि' पशुओं को कहते हैं। यज्ञ पशुओं में 'विष्ट' (पर आधारित) है अतः वह शिपिविष्ट है, और विष्णु ही यज्ञ है। पञ्चविंश ब्रा० का कथन है — **एषा वै प्रजापतेः पशुष्ठा तनूः यच्छिपिविष्टः**(१८।६। २६)। मैत्रायणी सं० १।११।९ तथा काठक सं० १४।१० में भी शिपिविष्ट की ऐसी व्याख्याएँ दी हुई हैं। तै० ब्रा० २०।३।२ में कहा गया है कि एक बार पशु मनुष्यों के पास से चले गए। इन्द्र, अग्नि, प्रजापति और विश्वेदेवाः उनको लाने में असमर्थ रहे। किन्तु विष्णु ने एक विशेष यज्ञीय कृत्य से उन्हें प्राप्त किया। गोविन्द (गाः विन्दति)

शब्द विष्णु के लिए बौधायन ध० सू० २।९।१० में आया है; बाद में यह कृष्ण का एक महत्त्वपूर्ण विशेषण बन गया। महाभारत के विष्णुसहस्रनाम (अनु०, १४९) में विष्णु के 'गोहित' 'गोपति' तथा 'गोविदां पति' आदि विशेषण प्राप्त होते हैं।

गायों के साथ विष्णु के इस विशिष्ट सम्बन्ध की व्याख्या एक अन्य प्रकार से भी सन्तोषजनक रूप से की जा सकती है। गो शब्द किरणों का भी वाची है और नैघण्टुक में यह किरणों के पर्यायवाची शब्दों में परिगणित हुआ है। गमनशील अथवा सर्वत्र प्रसरणशील होने के कारण किरणें गौः हैं। सूर्य के आधिदैविक रूप विष्णु उनके (किरणों के) स्वामी होने के कारण 'गोपति' हैं। ऋ० वे० १।१५४।६ में विष्णु के लोक में ऐसी 'तेज़ चलने वाली' तथा 'भूरिशृंगा' गायों का स्पष्ट उल्लेख है (**ता वां वास्तूनि उश्मसि गमध्यै यत्र गावो भूरिशृंगा अयासः**) जिनसे सम्भवतः कवि का तात्पर्य किरणों से ही है[1]। किन्तु बाद में चलकर ये बीज विष्णु के 'गोलोक' की कल्पना के रूप में विकसित हुए हैं, जिसका वर्णन गोपालपूर्वतापनीयोपनिषद् १।१०-१२ में इस प्रकार किया गया है —

सत्पुण्डरीकनयनं मेघाभं वैद्युताम्बरम्।
द्विभुजं ज्ञानमुद्राढ्यं वनमालिनमीश्वरम्॥
गोपगोपीगवातीतं सुरद्रुमतलाश्रितम्।
कालिन्दीजलकल्लोलसंगिमारुतसेवितम्॥ आदि

विष्णु की आकृति एवं वेशभूषा

ऋग्वेद में विष्णु की शारीरिक विशेषताओं का उल्लेख नगण्य है। उन्हें केवल 'युवा-कुमार' का गया है। मानवीकरण के अत्यधिक अपूर्ण होने के कारण उनकी आकृति के विषय में कोई निश्चित धारणा नहीं बनाई जा सकती। किन्तु महाकाव्यों तथा पुराणों में विष्णु के एक-एक अंग का ऐसा सुन्दर तथा सूक्ष्म चित्रण किया गया है कि उनकी मनोहर मूर्ति एवं मोहक छवि स्थायी रूप से हृत्पटल पर अंकित हो जाती है। ऐसे युग में जिसमें विष्णु के विग्रह की अर्चना एव उनके सूक्ष्म ध्यान से संवलित मानसी-पूजा आदि धार्मिक कृत्य अधिकाधिक लोकप्रिय होते जा रहे थे, यह अत्यन्त आवश्यक भी था। श्रीमद्भागवत में विष्णु के स्वरूप के कई मनोरम वर्णन प्राप्त होते हैं। उनका शरीर मरकत-मणि के समान श्याम-वर्ण और कोमल हैं। चार भुजाएँ हैं, जिनमें वे क्रमशः शंख, चक्र, गदा और पद्म धारण किए रहते हैं। उनका परिधान पीत-वर्ण का कौशेय वस्त्र है। घुँघराले बाल हैं, जो स्वर्ण किरीट से ढके रहते हैं। गले में वे वनमाला

१. रोठ के अनुसार ये गायें तारे हैं और मैक्डॉनल ने इन्हें छोटे-छोटे मेघखण्डों का वाची माना है, **वै० मा०**, पृ० ३८।

धारण किए रहते हैं और शरीर में विविध रत्न तथा आभूषण। वक्षःस्थल में वे कौतुभ मणि धारण करते हैं और वहाँ लक्ष्मी का स्थायी निवास है। उनका मुख अत्यन्त सुन्दर, सौम्य तथा प्रसन्न रहता है। वे शेषनाग के ऊपर लेटे रहते हैं और उनकी पत्नी लक्ष्मी उनके चरण दबाया करती हैं, आदि —

मृणालगौरायतशेषभोगपर्यङ्क एकं पुरुषं शयानम्।
फणातपत्रायुतमूर्धरत्नद्युभिर्हतध्वान्तयुगान्ततोये॥

प्रेक्षां क्षिपन्तं हरितोपलाद्रेः संध्याभ्रनीवेरुरुरुक्ममूर्ध्नः।
रत्नोदधारौषधिसौमनस्य वनस्रजो वेणुभुजांघ्रिपांघ्रे॥

विचित्रदिव्याभरणांशुकानां कृतश्रियापाश्रितवेषदेहम्।
मुखेन लोलार्तिहरस्मितेन परिस्फुरत्कुण्डलमण्डितेन।
शोणायितेनाधरबिम्बभासा प्रत्यर्हयन्तं सुनसेन सुभ्र्वा॥
कदम्बकिंजल्कपिशंगभासा स्वलंकृतं मेखलया नितम्बे।
हारेण चानन्तधनेन वत्स श्रीवत्सवक्षःस्थलवल्लभेन॥

— भाग० ३।८।२३।२५, २७, २८

भागवत ३।१५।३९–४१ तथा अन्य स्थानों पर भी ऐसे सुन्दर एवं काव्यात्मक वर्णन प्राप्त होते हैं। मत्स्य० १७१।२०–२४ में वर्णित विष्णु के रूप में उनके नीलवर्ण के शरीर, पीताम्बर, स्वर्णभूषण, किरीट, आयुध तथा तेज का विशेष रूप से वर्णन किया गया है —

वपुः स्वं दर्शयामास दिव्यं कृष्णपुर्हरिः.........
बलाहकाञ्जननिभं बलाहकतनूरुहम्॥
तेजसा वपुषा चैव कृष्णं कृष्णमिवाचलम्॥
दीप्तपीताम्बरधरं तप्तकाञ्चनभूषणम्।
धूमान्धकारवपुषं युगान्ताग्निमिवोत्थितम्॥
चतुर्द्विगुणपीनांसकिरीटच्छन्नमूर्धजम्।
बभौ चामीकरप्रख्यैरायुधैरूपशोभितम्॥
चन्द्रार्ककिरणोद्योतं गिरिकूटमिवोच्छ्रितम्।
नन्दकानन्दितकरं शराशीविषधारिणम्।

— मत्स्य० १७१।२०–२४

विष्णु का परमपद

ऋग्वेद में विष्णु के 'परमपद' या सर्वोच्च निवास–स्थान का विशेष रूप से वर्णन किया गया है। यह परमपद आकाश में चक्षु की भाँति स्थित है और केवल ज्ञानी व्यक्ति ही

इसे देख सकते हैं —

तद्विष्णोः परमं पदं सदा पश्यन्ति सूरयः।
दिवीव चक्षुराततम्॥ ऋ० वे० १।२२।२०

वहाँ पर देवता तथा देवों में श्रद्धा रखने वाले व्यक्ति प्रसन्नतापूर्वक विचरण करते हैं —

तदस्य प्रियमभि पाथो अश्याम नरो यत्र देवयवो मदन्ति।
— ऋ० वे० १।१५४।५

विष्णु का यह स्थान नीचे से अत्यन्त भासमान दिखाई देता है और यहाँ पर बड़े-बड़े सींगों वाली गायें (किरणें) विचरण करती रहती हैं —

यत्र गावो भूरिशृंगा अयासः......
परमं पदमवभाति भूरि। — १।१५४।६

उनके इस स्थान में अमृत का निवास है और विष्णु इसकी रक्षा किया करते हैं —

विष्णुर्गोपा परमं पाति पाथः प्रिया धामान्यमृता दधानः॥ ३।५५।१०

विष्णु का यह धाम अग्नि के तृतीय स्थान (आकाश) में है। अग्नि का तीसरा रूप सूर्य है और उसका स्थान है आकाश, अतः विष्णु का उससे सम्बन्ध स्वाभाविक ही है। ऋ० १०।१।३ में कहा गया है कि 'गोपा' (ग्वाले, रक्षक) विष्णु इसकी रक्षा करते हैं —

विष्णुरित्था परममस्य विद्वान् जातो बृहन्नभि पाति तृतीयम्।

विष्णु के इस परम पद अथवा तृतीय पद (चरण) का वैदिक ऋषियों की दृष्टि में जो भी तात्पर्य रहा हो, पुराणकारों ने इसे ध्रुवलोक माना है। वायु पुराण (५०।२२२-२३) में कहा गया है कि सप्तर्षिमण्डल के ऊपर ध्रुवलोक तथा विष्णु-पद है, वहाँ जाने पर कोई चिन्ता नहीं सताती। एक ही स्थान पर स्थिर रहने के कारण और परमपुण्यशाली सप्तर्षिमण्डल द्वारा परिक्रमा किए जाने के कारण इस स्थान (ध्रुवमण्डल) का प्राचीन विद्वानों की दृष्टि में विशेष महत्त्व था। **ध्रुव** का अर्थ है स्थिर और इस तारे के स्थिर रहने के कारण ही यह नाम पड़ा है। किन्तु भागवत में इस नाम के एक तेजस्वी भगवद्भक्त बालक के निवास-स्थान के कारण इसे ऐसा बताया गया है। तपस्या द्वारा विष्णु का साक्षात्कार कर लेने पर **ध्रुव** को विष्णु के पार्षद इसी विष्णु-पद में ले जाते हैं। ज्योतिश्चक्र (सप्तर्षिमण्डल) इस पद के चारों ओर उसी प्रकार घूमता है जैसे खूँटे में बँधे बैल उसके चारों ओर।

गंभीरवेगोऽनिमिषं ज्योतिषां चक्रमाहितम्।
यस्मिन् भ्रमति कौरव्य मेढ्यामिव गवां गणः॥ — ४।१२।३९

भाग० ५।२२।१७ में कहा गया है कि उत्तर दिशा में सप्त ऋषि प्राणिमात्र की हित कामना करते हुए विष्णु के परमपद की प्रदक्षिणा करते हैं, **'उत्तरस्माद् .... ऋषय......लोकानां शमनुभावयतो भगवतो विष्णोर्यत्परमं पदं प्रदक्षिणं प्रक्रमन्ति।'**

विष्णु के पार्षद इस लोक का वर्णन इन शब्दों में करते हैं —

सुदुर्जयं विष्णुपदं जितं त्वया यत्सूरयोऽप्राप्य विचक्षते परम्।
आतिष्ठ तच्चन्द्रदिवाकरादयो ग्रहर्क्षतारा परियन्ति दक्षिणम्॥
यन्नाव्रजन् जन्तुषु येऽननुग्रहा व्रजन्ति भद्राणि चरन्ति येऽनिशम्॥
अनास्थितं ते पितृभिरन्यैरप्यङ्ग कर्हिचित्।
आतिष्ठ जगतां वन्द्यं तद्विष्णोः परमं पदम्॥

— भाग० ४।१२।२५, ३६, २६

केवल शान्त, समदर्शी, शुद्ध, प्राणियों पर दया करने वाले तथा विष्णु के प्रिय ही यहाँ स्थान पाते हैं —

शान्ताः समदृशाः शुद्धाः सर्वभूतानुरंजनाः।
यान्त्यंजसाच्युतपदमच्युतप्रियबान्धवाः॥ — ४।१२।३७

विष्णुपुराण में 'परमपद' शब्द निवास-स्थान के अर्थ में नहीं अपितु परमस्वरूप या मूल स्वरूप के ही अर्थ में लेखक ने सदा प्रयुक्त किया है। विष्णु का परम पद (परमस्वरूप) प्रधान (प्रकृति), पुरुष, व्यक्त (सृष्टि प्रपञ्च) तथा काल इन चारों से परे कोई अनिर्वचनीय तत्त्व है, जिसे केवल विद्वान् ही जान सकते हैं —

प्रधानपुरुषव्यक्तकालानां परमं हि यत्।
पश्यन्ति सूरयः शुद्धं तद्विष्णोः परमं परम्॥ — १।२।१६

१।९।५३, ५४ में कहा गया है कि जिसके दस-करोड़वें भाग से यह सारा विश्व उत्पन्न होता है, जो अव्यय तथा परब्रह्मस्वरूप है और जिसका ज्ञान योगिजन पुण्यों तथा पापों के क्षय के उपरान्त ओंकार से चिन्तन करके प्राप्त करते हैं, वही विष्णु का परमपद (परस्वरूप) हैं —

यस्यायुतायुतांशांशे विश्वशक्तिरियं स्थिता।
परब्रह्मस्वरूपं यत्प्रणमामस्तमव्ययम्॥
यद्योगिनः सदोद्युक्ताः पुण्यपापक्षयेऽक्षयम्।
पश्यन्ति प्रणवेऽचिन्त्यं तद्विष्णोः परमं पदम्॥ —१।९।५३, ५४

विष्णु का आवास

पुराणों में विष्णु के निवास-स्थान को क्षीर-सागर में अवस्थित बताया गया है। इसी क्षीर-समुद्र के अन्दर उनका प्रिय वैकुण्ठ लोक है, जहाँ वे शेषनाग पर शयन किया करते हैं। जैसा कि ऊपर के विवरण से स्पष्ट है, विष्णु का यह स्थान प्रकाश से घनिष्ठतया सम्बन्धित है और सूर्य से विष्णु के सम्बन्ध के कारण यह स्वाभाविक भी है। दूध का यह समुद्र ऋग्वेद में वर्णित 'प्रकाश के समुद्र' के अतिरिक्त और कुछ नहीं है। सूर्य के आकाश में उदित होते ही अन्तरिक्ष में दूधिया किरणों का जो जाल सा बिछ जाता है, वही सम्भवतः क्षीर-समुद्र है और उसी के पीछे (अन्दर) विष्णु का निवास-स्थान है। विष्णु की सलाह से इसी क्षीर-समुद्र को मथकर देवों ने अमृत निकाला था, (भाग० ८।६, महा० आदि० १७।१२)। वायु पुराण विष्णु के समुद्र को 'अमृतोदधि' कहता है (९७। २२)। विष्णु के स्थान का मधु या अमृत से विशेष सम्बन्ध ऊपर उल्लिखित किया जा चुका है। ऋ० १।१५४।४ में विष्णु के तीनों पद अक्षय मधु से पूर्ण कहे गए हैं (**यस्य त्री पूर्णा मधुना पदानि अक्षीयमाणा......**) और उनके परमपद में तो मधु का एक स्रोत ही है (**विष्णोः पदे परमे मध्व उत्सः**, ५वीं ऋचा)। इस तृतीय धाम में देवता 'अमृत का भक्षण करते हुए' ('अमृतमानशानाः', जिसका मूल भाव है 'अमरता को व्याप्त करते हुए' या 'अमर होकर') निवास करते हैं (**यत्र देवाः अमृतमानशानास्तृतीये धामन्नध्यैरयन्त,** वाज० सं० ३२।१०)। गोभिल गृ० सू० ४। १०।१५ तथा सामविधान ब्रा० (२।८।१२) में मधुपर्क को विष्णुपत्नी लक्ष्मी का भक्ष्य तथा यश और महत्त्व प्रदान करने वाला कहा गया है। आप० श्रौ० सू० १२।१८। ८ तथा मानव श्रौ० सू० २।३।६।१५ में विष्णु को मधुच्यवनकारी निर्झरों से सम्बन्धित वर्णित किया गया है। महा० के विष्णुसहस्रनाम (अनु० १४९।३१) में विष्णु के 'मधु' तथा 'माधव' विशेषण भी आए हैं। समुद्र से विष्णु के सबन्ध होने का कारण उनका नारायण से तादात्म्य भी है। प्राचीन वैदिक कल्पना के अनुसार नारायण सृष्टि के प्रारम्भिक जल से उत्पन्न जगत् के आदि व्यक्त-कारण थे और, जैसा कि पहले ही कहा चुका है (पृ० ३००), नारायण शब्द पर-वैदिक युग में विष्णु का विशेषण बन गया था।

विष्णु की प्रिया : लक्ष्मी

विष्णु के प्रसंग में उनसे सम्बन्धित दो मुख्य देवता लक्ष्मी और **गरुड** पर भी कुछ प्रकाश डालना आवश्यक है। देवता के रूप में **लक्ष्मी** या **श्रीः** का उल्लेख प्राचीन वैदिक ग्रन्थों में नहीं है। केवल **वा० सं०** ३१।२२ में **श्रीः** तथा **लक्ष्मी** को आदित्य की पत्नियाँ कहा गया है (**श्रीश्च लक्ष्मीश्च ते पत्न्यौ अहोरात्रे पार्श्वे**...... आदि) किन्तु यहाँ मानवीकरण अत्यधिक अपूर्ण है। ऋग्वेद में 'लक्ष्मी' शब्द केवल एक स्थान पर (१०।७१।२) आया है, जहाँ इसका अर्थ सम्भवतः वाक्सौष्ठव या भाग्य है (**भद्रा एषां**

लक्ष्मीनिर्हिताधि वाचि)। हाँ 'श्री' शब्द अवश्य भाग्य, धन, ऐश्वर्य, शोभा, श्रेष्ठता, समृद्धि आदि का वाची है; उदाहरण के लिए ऋग्वेद १। १८८। ८ '**ता नश्चोदयत श्रिये**' (कल्याण), १०। ४५। ५ '**श्रीणामुदारो धरुणो रयीणाम्**' (विभूति, सायण), ६। ४८। १९ '**समो देवैरुत श्रिया**' (सम्पत्ति) १। १३९। ३, '**युवोर्विश्वा, अधिश्रियः**' (समृद्धि) तथा ९। ९४। ४ '**श्रिये जातः श्रिय आ निरियाय,**' '**श्रियं वसानाः**' (मंगल) आदि मन्त्रों में श्री शब्द के इन अर्थों की अभिव्यक्ति हुई है। ऋ० ८। २०। १२ '**अनीकेषु अधिश्रियः**' तथा ७। ६७। २ '**श्रिये दिवो दुहितुर्जायमानः**' आदि मन्त्रों में मरुत् तथा उषा के सम्बन्ध में श्री शब्द शारीरिक शोभा को भी व्यक्त करता है।

अथर्ववेद में भी श्री शब्द का भूति या समृद्धि अर्थ सुरक्षित है। अ० वे० १२। १। ६३ में श्री और भूति शब्द समानाधिकरण्य से एक साथ आए हैं —

संविदाना दिवा श्रिये श्रियां मा धेहि भूत्याम्।

जो श्री या शोभा से रहित है उसे 'अश्रीर' अथवा 'अश्लील' कहा गया है (**अश्लीला तनूर्भवति रुशती पापयामुया,** अ. वे. १४। १। २७; **अश्रीरं चित् कृणुथा सुप्रतीक्षम्,** अ. वे. ४। २१। ६)। ऋग्वेद में एक स्थान पर जामाता के लिए भी यह विशेषण प्रयुक्त हुआ है (**अश्रीर इव जामाता** ८। २। २०)।

श० ब्रा० में भी अनेक स्थानों पर भाववाचक संज्ञा के रूप में प्रयुक्त (२। १। ४। ९, ४। १। ३। ९, १०। १। ४। १४, ११। ४। ४। ११ आदि) इस श्री शब्द के अर्थ में कोई नावीन्य नहीं है, किन्तु सर्वप्रथम श० ब्रा० में ही **श्री** का मनोरम मानवीकरण प्राप्त होता है। ११। ४। ३। १-४ में एक छोटी सी यज्ञीय कथा है, जिसमें कहा गया है कि प्रजापति के सृष्टि रचना से श्रान्त होने पर उनके शरीर से श्री उत्पन्न हुई। [अनेक ऐश्वर्यों से युक्त] देदीप्यमान शरीर वाली वह कान्तिमती सुन्दरी भय से काँपती हुई खड़ी थी कि देवों ने उसे देखा और उसे मारकर उसके ऐश्वर्यों को ले लेने की इच्छा की। प्रजापति ने उन्हें स्त्री-वध से रोका किन्तु उसके ऐश्वर्यों को ले लेने की अनुमति दे दी। अग्नि ने उससे अन्नाद्य, सोम ने राज्य, वरुण ने साम्राज्य, मित्र ने क्षत्रियत्व, इन्द्र ने बल और बृहस्पति ने ब्रह्मवर्चस्व ग्रहण कर लिया। तब प्रजापति की सलाह से श्री ने यज्ञ द्वारा उन्हें पुनः प्राप्त किया —

प्रजापतिर्वै प्रजाः सृजमानः अतप्यत। तस्मात् श्रान्तात् श्रीः उदक्रामत्। सा दीप्यमाना भ्राजमाना लोलायन्ती अतिष्ठत्। तां देवाः अभ्यध्यायन्। ते प्रजापतिम् अब्रुवन् हनाम इमामा इदमस्य ददामहै इति। स ह उवाच स्त्री वै एषा यत् श्रीः, न वै स्त्रियं घ्नन्ति, उत त्वा अस्याः जीवन्त्याः एव आददत इति। तस्या अग्निः अन्नाद्यम् आदत्त सोमो राज्यं वरुणः साम्राज्यम्.....। — श० ब्रा० ११। ४। ३। १-४

स्पष्ट है कि श्रीः सभी प्रकार की विभूतियों के सम्मिलित तत्त्व का मानवीकरण थी और यद्यपि श० ब्रा० में एक स्वतन्त्र देवी के रूप में उसका कोई महत्त्व नहीं है किन्तु यहाँ हमें उसके परवर्ती रूप की छाया अवश्य प्राप्त हो जाती है।

इस प्रकार वैदिक श्रीः का स्वरूप भावात्मक अधिक है और सम्भवतः उनके स्वरूप का कोई भौतिक आधार नहीं है। किन्तु हो सकता है कि ऋग्वैदिक उषा-सुन्दरी की छटा तथा तेज ने श्रीः के उस रूप को जन्म दिया हो, जो शोभा या सुन्दरता का परिचायक है। प्रकृति के विभिन्न दृश्यों में उषःकालीन दृश्य सर्वाधिक हृदयहारी है, अतः शारीरिक सौन्दर्य को भी सूचित करने वाली देवी श्रीः का उससे सम्बन्ध स्वाभाविक है। अपनी प्रखर किरणों से लोकत्रय को व्याप्त और वेष्टित करने वाले सूर्य की ही वेदों में विष्णु संज्ञा है और उस विष्णु का ब्राह्म तेज उषस् ही उनकी श्रीः (शोभा) है[1]। जो कालान्तर में उनकी पत्नी बन जाती है। विष्णुपुराणकार ने भी इस ओर संकेत किया है — **मैत्रेय केशवः सूर्यः तत्प्रभा कमलालया।** (१।८।२३)।

पुराणों में लक्ष्मी को सागर-मन्थन से उत्पन्न बताया गया है जो सम्भवतः पूर्व सागर में सर्वप्रथम परिदृश्यमान् उषा का वाची हो सकता है। लक्ष्मी के विषय में सबसे महत्त्वपूर्ण बात यह है कि वे विष्णु से कभी पृथक् नहीं होतीं। उन्होंने स्वयं विष्णु को अपने पतिरूप में चुना है और वे सदा उनके वक्षःस्थल में निवास करती हैं।

दिव्यमाल्याम्बरधरा स्नाता भूषणभूषिता।
पश्यतां सर्वदेवानां ययौ वक्षःस्थलं हरेः॥
तया विलोकिता देवा हरिवक्षःस्थलस्थया। — विष्णु० १।९।१०५,६

एक अन्य स्थान में विष्णुपुराणकार कहते हैं कि जिस प्रकार विष्णु भगवान् सर्वव्यापक हैं उसी प्रकार विष्णु से कभी पृथक् न होने वाली जगज्जननी लक्ष्मी भी नित्य और सर्वव्यापक हैं —

नित्यैवैषा जगन्तमाता विष्णोः श्रीरनपायिनी।
यथा सर्वगतो विष्णुः तथैवेयं द्विजोत्तम॥ — १।८।१७

इससे स्पष्ट है कि यदि देवी लक्ष्मी का कोई भौतिक आधार है तो वह सूर्य से ही किसी न किसी रूप में अविच्छेद्य रूप से सम्बन्धित है।

---

१. एस० के दीक्षितार, **ज्योति-जाह्नवी लक्ष्मी**, नवनीत (हिन्दी डाइजेस्ट), नवम्बर १९५९, पृ० ३७॥ लक्ष्मी के ऊपर डा० उपेन्द्र नाथ धल (उत्कल वि० वि०) की Goddess Lakṣmī — Origin and Development नामक उत्कृष्ट पुस्तक (दिल्ली १९७८) प्राप्य है, जिसमें लक्ष्मी के स्वरूप की मीमांसा एवं उसका ऐतिहासिक विवेचन किया गया है।

धन और ऐश्वर्य की देवी लक्ष्मी से उनके पति के रूप में विष्णु का इतना घनिष्ठ सम्बन्ध क्यों है इसका कारण अत्यन्त सरल और स्वाभाविक है। प्राचीनकाल में ही विष्णु का 'वसु' या धन से सम्बन्ध हो गया था। अथर्व० ७।२६।८, वाज० सं० ५।१९ तथा तै० सं० १।२।१३।८ में विष्णु के विषय में निम्नलिखित ऋचा आती है, जिसमें विष्णु के द्वारा अपने भक्तों को आकाश, अन्तरिक्ष तथा पृथ्वी से दोनों हाथों से धन (वसु) प्रदान करने का उल्लेख है —

दिवो वा विष्ण उत वा पृथिव्या महो वा विष्ण उरो अन्तरिक्षात्।
उभा हि हस्ता वसुना पृणस्य आ प्रयच्छ दक्षिणाद् आ उत सव्यात्॥

ऋ० ७।१००।२ में कवि ने विष्णु से अपनी विश्वजनीन उदारता (**सुमतिं विश्वजन्यां**) दिखाने और सुवर्णादिक धन (रायः) तथा समृद्धि (भूति) प्रदान करने की प्रार्थना की है —

त्वं विष्णो सुमतिं विश्वजन्याम् अप्रयुतामेवयावो मतिं दाः।
पर्चो यथा नः सुवितस्य भूरेः अश्वावतः पुरुश्चन्द्रस्य रायः॥

ऋ० ६।४९।१३ का कवि विष्णु के सुरक्षण में अपने पुत्र-पौत्रादिकों के साथ धन-धान्य का उपभोग करना चाहता है (**तस्य ते शर्मन् उपदद्यमाने राया मदेम तन्वा तना च**)। तै० सं० १।६।४।३ में विष्णु के प्रति किए गए यज्ञ से अनामय, समृद्धि तथा सुरक्षा की प्राप्ति का वर्णन है। ब्राह्मणों में विष्णु का यज्ञ से पूर्णतः तादात्म्य कर दिए जाने के कारण यज्ञ से जितने भी प्रकार के लाभ की प्राप्ति और धन आदि भौतिक कामनाओं की पूर्ति की आशा हो सकती है, उन सबको विष्णु के द्वारा प्रदेय बताया गया है (उदाहरणार्थ, तै० सं० १।७।४।४)।

महाभारत में भी विष्णु का यह औदार्य और दातृत्व सुरक्षित है। विष्णुसहस्रनाम (महा०, अनु० १४९।८७) में उन्हें वसु, वसुद, वसुप्रद तथा महाधन कहा गया है। ख़ोंडा के अनुसार विष्णु के 'वासुदेवत्व' यही पूर्व-रूप है[१]। महा० भीष्म० ८।१६ में उन्हें स्वर्णालंकृत तथा सुवर्णवर्ण कहा गया है। विष्णु का सूर्य से प्राचीन सम्बन्ध यहाँ स्मरणीय है। सूर्यदेव सविता को भी वैदिक संहिताओं में 'हिरण्यबाहु' 'हिरण्यपाणि', तथा 'हिरण्याक्ष' कहा गया है। धन और ऐश्वर्य से इस सम्बन्ध के कारण विष्णु का समृद्धि की देवी लक्ष्मी के स्वामी हो जाना अत्यन्त स्वाभाविक है। विष्णु पुराण १।८। २७ में कहा गया है कि लक्ष्मी समृद्धि है और उसको धारण करने वाले धनेश्वर-विष्णु 'श्रीपति' हैं — **ऋद्धिः श्रीः श्रीधरो देवः स्वयमेव धनेश्वरः।**

---

१. ख़ोंडा, **आस्पेक्ट्स**०, पृ० २३।

विष्णु का वाहन : गरुड

अब हम विष्णु के प्रसिद्ध वाहन गरुड पर आते हैं। वैदिक देवशास्त्र में उल्लिखित पक्षियों में श्येन का प्रमुख स्थान है। यह श्येन इन्द्र का दूत है और उसके आदेश से आकाश से मधु (सोम) को पृथ्वी पर लाता है —

इन्द्र पिब वृषधूतस्य वृष्ण आ यं ते श्येन उशते जभार।

— ऋ० ३।४३।७

अधा मे श्येनो मधु आ जहार। — ऋ० ४।१८।१३

किन्तु इस सोमहारी श्येन का विष्णु के वाहन से कोई प्रत्यक्ष सम्बन्ध नहीं है अतः इस पर हम आगे (**'सोम'** के प्रसंग में) विचार करेंगे।

प्रश्न यह है कि विष्णु का वाहन गरुड क्या है? मैक्डॉनल तथा हॉपकिन्स[1] का विचार है कि पूर्व से पश्चिम की ओर जाता हुआ सूर्य का बिम्ब ही वैदिक ऋषियों की कल्पना में व्योमविहारी गरुड है। ऋ० ५।४५।९ में सूर्य को शीघ्रगामी श्येन कहा गया है —

रघुः श्येनः पतयदन्धो अच्छा आ सूर्यो अरुहच्छुक्रमर्णः।

दशम मण्डल में दो बार सूर्य के लिए **'गरुत्मत्'** विशेषण भी आया है, जो परवर्ती साहित्य में गरुड का वाची है।

किन्तु इन दोनों ही विद्वानों का मत भ्रान्तिपूर्ण है। विष्णु को सूर्य का आधिदैविक प्रतीक मानने पर सूर्य-बिम्ब को विष्णु का वाहन गरुड मानना औचित्यपूर्ण नहीं लगता। वस्तुतः यज्ञीय अग्नि ही गरुड है। ऋ० वे० ७।१५।४ में अग्नि को 'आकाश का श्येन' कहा गया है (**नवं नु स्तोममग्रये दिवः श्येनाय जीजनम्**)। अस्यवामीय सूक्त (१।१६४) की अन्तिम (५२) ऋचा में भी अग्नि को एक विशाल 'दिव्य सुपर्ण' कहा गया है (**दिव्यं सुपर्णं वायसं बृहन्तम् अपां गर्भम्**)। अग्नि मनुष्यों के यज्ञ को आकाश में देवों तक ले जाता है। यज्ञीय हवि को वह उसके विभिन्न अधिकारियों के पास वहन करता है; अतः उसकी पक्षी के रूप में कल्पना अत्यन्त स्वाभाविक है। यज्ञ-वेदी के निर्माण के समय कुण्ड में इष्टिकाओं को ऐसे बिछाया जाता है कि उससे पंख फैलाकर उड़ते हुए एक श्येन की आकृति बन जाए। वेदी में अग्नि को स्थापित करते हुए कहा जाता है —

सुपर्णोऽसि गरुत्मान् पृष्ठे पृथिव्याः सीद। — वाज० सं० १७।७२

---

१. मैक्डॉनल **वै० मा०**, पृ० १५२। हॉपकिन्स, **रिलीजन्स् ऑफ़् इंडिया**, पृ० ४५।

वाज० सं० ४। ३४ में अग्नि से कहा गया है कि तुम श्येन होकर आकाश में उड़ जाओ — **'श्येनो भूत्वा परापत'**। १२। ४ में भी उखा (अग्निपात्र) में अग्नि को धारण करते हुए उसे एक पक्षी मानकर उसके सिर, नेत्र, पंख आदि की कल्पना की जाती है और उसे आकाश में उड़कर देवों तक हवि पहुँचाने के लिए प्रेरित किया जाता है —

सुपर्णोऽसि गरुत्मान् त्रिवृत् ते शिरो गायत्रं चक्षुः बृहद्रथन्तरे पक्षौ। स्तोमऽआत्मा छन्दांस्यंगानि यजूंषि नाम। साम ते तनूः वामदेव्यम् यज्ञायज्ञियं पुच्छं धिष्ण्याः शफाः। सुपर्णोऽसि गरुत्मान् दिवं गच्छ स्वः पत। — वाज० सं० १२। ४

शतपथ ब्राह्मण इस मन्त्र की व्याख्या करता हुआ स्पष्ट शब्दों में कहता है कि उखा में वर्तमान **अग्नि** की ही **सुपर्ण-गरुत्मान्** के रूप में कल्पना की जाती है। अग्नि यज्ञ को देवों तक ले जाने वाला सुनहले पंखों का श्येन है। उसकी यह सामर्थ्य ही गरुड है। त्रिवृत्, गायत्री आदि छन्द इसके सिर तथा नेत्र हैं। अग्नि तत्त्व के सिर, नेत्र, आदि की कल्पना के कारण यह मन्त्र विकृति कहलाता है क्योंकि यह उखारूपी गर्भ में सिक्त अग्निरूपी रेतस् के विकार (अवयवादिविभाजन) की कल्पना करता है —

अथैनमतो विकृत्या विकरोति, इदमेवैतद् रेतः सिक्तं विकरोति।
तस्माद्योनौ रेतः सिक्तं विक्रियते। — ६। ७। २। ५

सुपर्णोऽसि गरुत्मान् इति। वीर्यं वै सुपर्णो गरुत्मान्।
वीर्यमेवैनम् एतद् अभिसंस्करोति॥ — ६। ७। २। ६

सायण ने इन शब्दों की और भी अधिक स्पष्ट व्याख्या करके शंका के लिए कोई स्थान नहीं छोड़ा है —

सुपर्णोऽसीत्ययं मन्त्रो विकृतिरुच्यते। अग्नेः पक्षपुच्छादिमत्सुपर्णरूपेण तत्र विकारप्रतिपादनात्...... विकारप्रतिपादकमन्त्रेणाभिमंत्रणमेवात्र विकरणम्।

मंत्रस्यायमर्थः, **हे अग्ने त्वं गरुत्मान् प्रबलपक्षोपेतः सुपर्णाख्यः पक्षी असि। यज्ञ एव पक्ष्यात्मना उच्यते**........ अतस्त्वं दिवं द्युलोकं गच्छ....... सुपर्णात्मना भावनया तस्य वीर्यमेवाभिसंस्कृतवान् भवति।

शुक्ल यजुर्वेद के १८ वें अध्याय में अग्नि को दिव्य सुपर्ण के रूप में वर्णित करने वाले तीन मन्त्र आते हैं जिनकी व्याख्या में पुनः शतपथ ब्रा० (९। ४। ४। ३) ने अग्नि का गरुत्मत्त्व प्रतिपादित किया है। इन मन्त्रों में अग्नि को घृत से उत्पन्न एवं धूम से बढ़ते हुए एक ऐसे पक्षी के रूप में चित्रित किया गया है जो अपने पंखों से राक्षसों को भागता है और जिसकी सहायता से मनुष्य 'उत्तम स्वर्गलोक' में पहुँच सकता है —

अग्निं युनज्मि शवसा घृतेन दिव्यं सुपर्णं वयसा बृहन्तम्।
तेन वयं गमेम ब्रध्नस्य विष्टपं स्वो रुहाणा अधिनाकमुत्तमम्॥

इमौ ते पक्षौ अजरौ पतत्रिणौ याभ्यां रक्षांसि अपहस्यग्ने।
ताभ्यां पतेम सुकृतामुलोकं यत्र ऋषयो जग्मुः प्रथमजाः पुराणाः॥
इन्दुर्दक्षः श्येनः ऋतावा हिरण्यपक्षः शकुनो भुरण्युः.........॥
— वाज० सं० १८।५१, ५२, ५३

यह अग्निरूप श्येन या गरुड विष्णु का वाहन कैसे बन गया, इसका कारण सुस्पष्ट है। जैसा कि पहले कहा जा चुका है (पृ० २८१-२९०) ब्राह्मण ग्रन्थों में विष्णु और यज्ञ का घनिष्ठ तादात्म्य प्राप्त होता है। इस तादात्म्य से जायमान अनेक कथाएँ भी इन ग्रन्थों में यत्र-तत्र प्राप्त होती हैं। अग्नि यज्ञ को वहन करने वाला 'सुपर्ण' पक्षी है अतः इस सुपर्ण या गरुत्मान् का यज्ञरूप-विष्णु का वाहन बन जाना अत्यन्त सरल तथा स्वाभाविक है।[1]

ब्राह्मणोत्तरकालीन साहित्य में इस विष्णु वाहन का सूक्ष्म मानवीकरण कर दिया गया है और हनुमान् जी की भाँति इनका भी अर्ध-पक्षी और अर्ध-मानव रूप कल्पित किया गया। गुप्तकालीन गारुडोपनिषद् में गरुड का मानव रूप में अत्यन्त चित्रात्मक वर्णन किया गया है —

कपिलाक्षं गरुत्मन्तं सुवर्णसदृशप्रभम्।
दीर्घबाहुं बृहत्स्कन्धं नानाभरणभूषितम्॥
आजानुतः सुवर्णाभम् आवक्षस्तुहिनप्रभम्।
कुंकुमारुणमाकण्ठं शतचन्द्रनिभाननम्॥
नीलाग्रनासिकावक्त्रं सुमहच्चारुकुण्डलम्।
दंष्ट्राकरालवदनं किरीटमुकुटोज्ज्वलम्॥
कुंकुमारुणसर्वांगं कुन्देन्दुधवलाननम्।
विष्णुवाह नमस्तुभ्यम् ....॥ — गारुडोपनिषद् श्लो० ५, ६, ७, ८

अपने इसी विहग-मानव मिश्रित रूप में गरुड को अनेक युद्धों में सक्रिय भाग लेकर अपने नख तथा चञ्चु प्रहारों से दानवों को मारते तथा विष्णु की रक्षा करते हुए भी वर्णित किया गया है (तु० की०, **देवासुरविमर्देषु बहुशो दृढविक्रमम्**। मत्स्य० १७३। ४२)। विष्णु पुराण (५।३०) में पारिजातहरण पर होने वाले कृष्ण और इन्द्र के युद्ध में गरुड ऐरावत से लड़ते हैं, वरुण के नागपाश के खण्ड-खण्ड कर डालते हैं और चोंच, पंख तथा नखों से देवों को मार भगाते हैं —

पाशं सलिलराजस्य समाकृष्योरगाशनः।
चकार खंडशश्चंच्वा बालपन्नगदेहवत्॥

---

१. सुपर्ण-गरुड के वैदिक स्वरूप एवं उसकी विस्तृत विवेचना के लिए प्रस्तुत लेखक की नाग पब्लिशर्स, दिल्ली (२००५) द्वारा प्रकाशित '**अमृताहरणम्**' नामक पुस्तक की भूमिका द्रष्टव्य है।

गरुत्मानपि तुंडेन पक्षाभ्यां च नखांकुरैः।
भक्षयंस्ताडयन् देवान् दारयंश्च चचार वै॥ आदि
— विष्णु ५।३०।५९, ६४

उनका भोजन सर्प हैं और वेग वायु से भी अधिक बताया गया है। उनका शरीर पर्वत के समान विशाल है और पंख रंग-बिरंगे हैं, अतः जब वे आकाश में उड़ते हैं तो ऐसा लगता है मानो इन्द्रधनुष निकल आया हो। उनके शरीर का सामान्य वर्ण स्वर्ण के समान है और वे पक्षियों के राजा हैं —

स कश्यपस्यात्मभुवं द्विजं भुजगभोजनम्।
पवनाधिकसम्पातं गगनक्षोभणं खगम्॥

भुजगेन्द्रेण वदने निविष्टेन विराजितम्।
अमृतारंभनिर्मुक्तं मन्दराद्रिमिवोच्छ्रितम्॥

शिखिनं बलिनं चैव तप्तकुण्डलभूषणम्।
विचित्रपत्रवसनं धातुमन्तमिवाचलम्॥
पक्षाभ्यां चारुपत्राभ्याम् आवृत्य दिवि लीलया।
युगान्ते सेन्द्रचापाभ्यां तोयदाभ्यामिवाम्बरम्॥
— मत्स्य पुराण १७३।४०-४१, ४३-४५

महाभारत के आदिपर्व में गरुड द्वारा अपनी माता विनता को दास्य-भाव से मुक्त करने के लिए स्वर्ग से अमृत हरण करने की कथा आती है। गरुड के इस कार्य का विष्णु-वाहन गरुड से मौलिक रूप में कोई सम्बन्ध नहीं है, अतः इस कथा पर सोम के प्रसंग में विचार किया जाएगा।

सुदर्शन-चक्र

विष्णु का प्रिय अस्त्र सुदर्शन-चक्र बताया गया है और यह उनका अपना विशेष आयुध है। इस चक्र की कल्पना के बीज वैदिक साहित्य में ही निहित हैं। कून[1] के मत का समर्थन करते हुए मैक्डॉनल ने कहा है कि विष्णु का चक्र सूर्य का प्रतीक है, और ऋ० ५।६३।४ में सूर्य को एक विचित्र आयुध कहा भी गया है—**सूर्यो ज्योतिश्चरति चित्रमायुधम्।** किन्तु वस्तुतः ऐसा नहीं है। ऋग्वेद तथा अथर्ववेद में संवत्सर या वर्ष की एक चक्र के रूप में कल्पना प्राप्त होती है। इस संवत्सर चक्र में १२ अरे (मास) हैं, तथा तीन [या चार] नाभियाँ। इसके ३६० दाँते हैं और यह अक्षय तथा अमर चक्र सदा घूमता रहता है। सम्पूर्ण विश्व इसी के भीतर निवास करता है।

---

१. कून: **हेरबकुम्फ्ट डेस फॉयर्स उण्ट् डेस ग्योटरट्रांक्स**, पृ० २२२।

ऋग्वेद के अस्यवामीय सूक्त (१।१६४) के निम्न (४८) मन्त्र में इस संवत्सररूपी चक्र की बारह परिधियों, तीन नाभियों तथा कभी ढीले न होने वाले ३६० अरों का उल्लेख है जो निश्चित रूप से मास, ऋतु तथा दिनों का परिचायक है —

द्वादश प्रधयश्चक्रमेकं त्रीणि नभ्यानि क उ तच्चिकेत।
तस्मिन्त्साकं त्रिशता न शंकवोऽर्पिता षष्टिर्न चलाचलासः॥

इसी सूक्त के ११वें मन्त्र में '**द्वादशारं न हि तज्जराय ववर्ति चक्रं परि द्यामृतस्य**' आदि से इस अक्षय चक्र के १२ अरों (मासों) का उल्लेख किया गया है और '**सप्त युञ्जन्ति रथमेकचक्रम्**' (२) आदि वाक्यों से सप्ताह के सात दिनों का भी स्पष्ट वर्णन है। अथर्ववेद में भी —

सप्तचक्रान् वहति देव एष सप्तास्य नाभीरमृतं न अक्षः।
स इमा विश्वा भुवनान्यञ्जत् कालः स ईयते प्रथमो नु देवः॥
— अथर्व० १९।५२।२

आदि मन्त्रों में काल के अमर चक्र का वर्णन किया गया है। ऋ० १।१६४।२, ११, १२ की भाँति 'सप्तचक्र' तथा 'सप्तनाभि' आदि शब्द अथर्ववेद में भी सप्ताह के सात दिनों के द्योतक हैं। कौषीतकि ब्रा० २०।१ में कहा गया है कि 'संवत्सर ही देवों का निरन्तर घूमनेवाला अक्षय चक्र है' — **संवत्सरो वै देवानां भ्रमिचक्रम्, अमृतं हैतत्।** संवत्सर का विभाग सूर्य की गति अथवा दिवारात्रि पर निर्भर करता है, अतः सूर्य (सविता) को ही ऋ० ५।८१।१ में समय का विभाजक कहा गया है[1]। सूर्य से इस सम्बन्ध के कारण विष्णु से संवत्सर चक्र का सम्बन्ध हो जाना स्वाभाविक ही था। ऋ० १।१५५।६ में कहा गया है कि "विष्णु ने अपने चार नाम वाले ९० घोड़ों को एक चक्र की भाँति चारों ओर घुमाया" — **चतुर्भिः साकं नवतिं च नामभिः चक्रं न वृत्तं व्यतीरवीविपत्।** निश्चित है कि यहाँ पर कवि का आशय एक-एक ऋतु के नब्बे-नब्बे दिनों (तीन मास) से है[2]; और यह चक्र संवत्सर ही है।

पुराणादिकों में सूर्य के रथ को केवल एक चक्र से युक्त बताया गया है[3]। भागवतकार का स्पष्ट कथन है कि यह संवत्सररूपी चक्र ही सूर्य के रथ का एक

---

१. देखिए कीथ : **वैदिक इंडेक्स**, द्वितीय भाग, पृ० ४६६।

२. ऋग्वेद में ऋतुओं की संख्या पूर्णतः निश्चित नहीं थी अतः कहीं तीन और कहीं चार ऋतुओं का उल्लेख मिलता है। ब्राह्मण ग्रन्थों में इनकी संख्या ६ तक पहुँच गई है। देखिए, कीथ, **वही**, पृ० ११०-११, "ऋतु"।

३. तु० की०, **रथस्यैकं चक्रं भुजगयमिताः सप्ततुरगाः** (भोजप्रबन्ध), आदि। वस्तुतः जिस किसी वाहन में धुरी के एक ओर स्थित केवल एक चक्र होगा, आगे चलाने पर उसकी गति केवल गोलाई में होगी। जैसे उदयाचल से परमाकाश होते हुए अस्ताचलगामी सूर्यबिम्ब की।

पहिया है, जिसमें बारह अरे, छः नेमियाँ, तथा तीन नाभियाँ हैं और जो कोल्हू की भाँति गोलाई में घूमता रहता है —

यस्यैकं चक्रं द्वादशारं षण्नेभि
त्रिणाभि संवत्सरात्मकं समामनन्ति।
(तस्याक्षो मेरोर्मूर्धनि कृतो....... यत्र प्रोतं
रविरथचक्रं तैलयन्त्रचक्रवद् भ्रमति)

— भागवत ५।२१।१३

उपर्युक्त विवरण से स्पष्ट है कि संवत्सर चक्र की परिकल्पना ने ही विष्णु के सम्बन्ध में उनके सुदर्शन-चक्र तथा सूर्य के सम्बन्ध में उनके रथ के एक-चक्र की धारणा को जन्म दिया है। कालान्तर में जब विष्णु का व्यक्तित्व दैवीकरण की चरम सीमा पर पहुँच गया तो सुदर्शन-चक्र केवल आयुध बनकर रह गया और, जैसा कि स्वाभाविक था, उसका मूल विलुप्त हो गया।

विष्णु के इस आयुध की रामानुजीय श्रीवैष्णवों के सम्प्रदाय में बहुत प्रतिष्ठा-वृद्धि हुई। वहाँ उसे एक प्रकार से स्वतन्त्र देवता का रूप प्राप्त हो गया है। गदा और चक्र का मानवीकरण तो लगभग प्रथम शताब्दी में ही हो गया था। महाकवि भास के **दूतवाक्यम्** में कृष्ण के स्मरण करते ही उनके सम्मुख ये दोनों आदेशार्थ हाथ जोड़कर खड़े हो जाते हैं। 'आयुध-पुरुषों' का अंकन विष्णु के साथ शिल्प में प्रायः मिलता है। जहाँ वे पुरुषाकृति नहीं हैं, वहाँ भी उनको (विशेषतः सुदर्शन को) दुकूल आदि से अलंकृत करके रखा जाता है। पुरी के जगन्नाथ मन्दिर में गर्भगृह की रत्नवेदी पर जगन्नाथ-बलभद्र-सुभद्रा के साथ सुदर्शन की भी पूज्य देव-प्रतिमा के रूप में प्रतिष्ठा है। प्रत्येक विष्णुमन्दिर के शिखर पर धातुमय चक्र अवस्थित रहता है। चक्र की स्तुति में दक्षिण-भारत में अनेक स्तोत्र कहे गए हैं, जिनमें सम्भवतः श्री कूरनारायण मुनि (श्रीवैष्णव) विरचित '**श्रीसुदर्शनशतकम्**' सर्वश्रेष्ठ और सर्वाधिक प्रचलित है। स्रग्धरा छन्दोबद्ध, और 'सूर्यशतक' (मयूर) 'देवीशतक' (बाण) आदि से भाषा की प्रौढि और ओजस्-प्रवाह में तुलनीय इस स्तोत्र का प्रथम मंगलात्मक पद्य निदर्शनार्थ प्रस्तुत है -

सौदर्शन्युज्जिहाना दिशि विदिशि तिरस्कृत्य सावित्रमर्चि-
र्बाह्या बाह्यान्धकारक्षतजगदगदङ्कारभूम्ना स्वधाम्ना।
दोःखर्जूदूरगर्जद्विबुधरिपुवधूकण्ठवैकल्यकल्या
ज्वाला जाज्वल्यमाना वितरतु भवतां वीप्सयाऽभीप्सितानि।।

विष्णु : परमेश्वर के रूप में

रामायण, महाभारत तथा पुराणों के काल में विष्णु की लोकप्रियता और महत्त्व इतना अधिक बढ़ा कि वे देवाधिदेव ही नहीं, अपितु पर-ब्रह्म के साक्षात् सगुण-स्वरूप माने जाने लगे। विष्णु के व्यापक विराट् रूप, संसार की रक्षा करने की क्षमता, उनके चरित्र में अनैतिक तत्त्वों का अभाव, अनेक पैराणिक कथाओं में उनकी महत्त्वपूर्ण भूमिका तथा उनके सूक्ष्म एवं पूर्ण मानवीकरण ने भी इस उत्कर्ष में पर्याप्त योग दिया। विष्णु के इस महनीय व्यक्तित्व ने लगभग छठी शताब्दी ई० पू० में ही उनसे सम्बन्धित एक महत्त्वपूर्ण उपासना-सम्प्रदाय को जन्म दिया जो **भागवत-सम्प्रदाय** के नाम से भारत के धार्मिक इतिहास में अद्वितीय स्थान रखता है। इस भक्ति सम्प्रदाय से सम्बन्धित दर्शन **पाञ्चरात्र-आगम** नाम से महाभारत आदि में प्रसिद्ध है (शान्ति ३३९ आदि)। भागवत सम्प्रदाय ने भारत में पिछले ढाई हजार वर्षों में विष्णु-भक्ति की जो अमृतमन्दाकिनी प्रवाहित की उससे देश का कोना-कोना आप्लावित और आनन्दित हो उठा। इसी भक्ति-भावना ने हिन्दुओं को पराधीनता के संकटकाल में कष्टों को भुलाकर धैर्य धारण करने की क्षमता प्रदान की।

वेदान्त आदि दार्शनिक सम्प्रदायों में माया की धारणा के उदय और विकास के पश्चात् विष्णु ने माया को भी आत्मसात् कर लिया। माया उनकी वह शक्ति है जिसकी सहायता से वे संसार के प्राणियों को मोहित किए रहते हैं[१]। विष्णु की माया जगत्-उत्पत्ति में उनकी उतनी सहायिका नहीं, जितनी प्राणियों को मोहित करने में। इस रूप में वह व्यक्तिगत 'अविद्या' के अधिक समीप है। सागर-मन्थन से अमृत निकलने पर जब दैत्य उसे हड़प ले जाते हैं तो विष्णु अपनी माया से एक मोहिनी (सुन्दरी) का रूप धारण करके असुरों से अमृत-पात्र ले लेते हैं और देवों को अमृत पिला देते हैं (भागवत ८।९)। भगवान् शिव तक विष्णु के इस मायानिर्मित रूप पर मुग्ध हो जाते हैं (भागवत ८।१२।१५-४०)। त्रिपुर विनाश के अवसर पर वे असुरों को माया से मोहित करके मयासुर द्वारा मायानिर्मित अमृत-सरोवर का पान कर जाते हैं। **मय** इस बात को स्वीकार करता है कि बावड़ी के अमृत को पीने वाला विष्णु के अतिरिक्त और कोई नहीं हो सकता (मत्स्य० **१३६।१६**)।

यज्ञ से तो विष्णु का प्राचीन सम्बन्ध है ही। वे ही यज्ञ मार्ग की मर्यादा के प्रतिष्ठापक तथा यज्ञ का फल देने वाले हैं। परवर्ती साहित्य में तप का महत्त्व बहुत बढ़

---

१. **त्रिभिर्गुणमयैर्भावैरेभिः सर्वमिदं जगत्।**
मोहितं नाभिजानाति मामेभ्यः परमव्ययम्॥
दैवी ह्येषा गुणमयी मम माया दुरत्यया।
मामेव ये प्रपद्यन्ते मायामेतां तरन्ति ते।। गीता ७।१३, १४

गया है। तप से ही ब्रह्मा आदि जगत्–सर्जन की शक्ति प्राप्त करते हैं। तप से मनुष्य सभी वाञ्छित वस्तुएँ प्राप्त कर सकता है। और इस तप से गम्य हैं विष्णु। वे ही तप का फल देने वाले हैं। भागवत पु० २।९।२२, २३ में विष्णु स्वयं कहते हैं —

तपो मे हृदयं साक्षाद् आत्माहं तपसोऽनघ।
सृजामि तपसैवेदं ग्रसामि तपसा पुनः॥
बिभर्मि तपसा विश्वं वीर्यं में दुश्चरं तपः।

इन आध्यात्मिक तत्त्वों के अधिष्ठातृत्व ने विष्णु को अन्य देवों से बहुत उत्कृष्ट बना दिया है। दार्शनिक सम्प्रदायों ने जगत् की नियामक जिस एक सर्वोच्च अमूर्त, अव्यक्त शक्ति की स्थापना की थी, विष्णु उसी के व्यक्त प्रतीक हो गए। भागवतकार ने विष्णु को प्राणियों के हृदय में वर्तमान **आत्म–तत्त्व** तथा योगियों द्वारा ध्येय **परमात्म–तत्त्व**, दोनों कहा है —

१. **योऽन्तर्हितो हृदि गतोऽपि दुरात्मनां ....** — ३।१५।५६

२. **तं त्वा विदाम भगवन् परमात्मतत्त्वं**
सत्त्वेन सम्प्रति सदा रचयन्तमेषाम्।
यत्तेऽनुतापविदितैर्दृढभक्तियोगै-
रुद्ग्रन्थयो हृदि विदुर्मुनयो विरागाः॥ — भाग० ३।१५।४६

१०।८८।५–१० में सांख्य–दर्शन के अनुसार सृष्टि–प्रक्रिया का वर्णन करते हुए भागवतकार का कथन है कि विष्णु निर्गुण, प्रकृति के स्पर्श से रहित, साक्षात् भगवान् हैं। उनका भजन करने से मुक्ति (कैवल्य) की प्राप्ति होती है। रुद्र, सूर्य, वरुण आदि शेष देव त्रिगुणमय हैं; वे प्रकृति (महत्तत्त्व) के विभिन्न विकारों से उत्पन्न होते हैं।

पद्म पुराण (सृष्टि खण्ड २५।३०–३५) में कहा गया है कि स्वर्ग, देवगण तथा जगत् आदि सम्पूर्ण चेतन–अचेतन वस्तुएँ विष्णु ही हैं। सम्पूर्ण चराचर जगत् भगवान् से व्याप्त है। जिस प्रकार स्फटिक मणि विविध वर्णवाली वस्तुओं के सान्निध्य से चित्र–विचित्र प्रतीत होने लगती है उसी प्रकार मायामय गुणों के संसर्ग से स्वयंभू परमात्मा की नाना रूपों में प्रतीति होती है।

मत्स्य पु० (१६३।१९–२८) विष्णु को तप एवं यज्ञादि सभी धार्मिक कृत्यों से गम्य, एकमात्र परम–पुरुष, शाश्वत, अप्रमेय, प्रलयकाल में स्थित रहने वाले, लीला से सृष्टि करने वाले, जगत् के एकमात्र अधिष्ठाता, परब्रह्म कहता है। विष्णु ही सूर्य, वायु, अग्नि आदि देवों एवं मेघ आदि पदार्थों का रूप धारण करके संसार का कल्याण करते हैं —

भूत्वा सूर्यश्चक्षुषी चाददानो भूत्वा वायुः प्राणिनां प्राणजालम्।
भूत्वा वह्निर्निर्दहन् सर्वलोकान् भूत्वा मेघो भूय उग्रोऽप्यवर्षत्॥
— मत्स्य० १६४।२४

विष्णु पुराण में इन्द्र, सूर्य, अश्विनौ, वसु, मरुत् आदि देवता स्वतः अपने को विष्णु के अंश बता कर उनको प्रणाम करते हैं —

शक्रार्करुद्रवस्वश्विमरुत्सोमादिभेदवत्।
वयमेकं स्वरूपं ते तस्मै देवात्मने नुमः॥ — विष्णु० ३।१७।१७

इस स्थिति में आकर विष्णु अपने वैष्णव-रूप से बहुत ऊँचे उठते हुए वह हो गए हैं, जिसे पाञ्चरात्र दर्शन निर्गुण-स्वरूप 'पर-वासुदेव' कहता है।

पद्म पु०(२।११४) तथा **विष्णु** (१।२।६६) का कथन है कि विष्णु उस एक, सर्वोच्च, परम-शक्ति का नाम है, जो क्रमशः जगत् की सृष्टि, त्राण तथा संहार करने के लिए तीन रूपों में व्यक्त होती है —

सृष्टिस्थित्यन्तकरणाद् ब्रह्मविष्णुशिवात्मकः।
स संज्ञां याति भगवान् एक एव जनार्दनः॥ पद्म पु० २।११४

अन्यत्र ये दो पुराण यहाँ तक कहते हैं कि चेतन-शक्तियाँ (देवता) ही नहीं अपितु इस जगत् में जो कुछ भी मूर्त या अमूर्त पदार्थ हुए हैं या होंगे, वे तथा अन्य जो कुछ भी सुनाई पड़ता है या अनुभव किया जाता है, वह सब उसी विष्णु नाम की परमशक्ति का ही रूप है —

यान्यमूर्तानि मूर्तानि यान्यत्रान्यत्र वा क्वचित्।
सन्ति वै वस्तुजातानि तानि सर्वाणि तद्वपुः॥
— विष्णु० १।२२।८७

यत्किञ्चित् पश्यसे विप्र यच्छृणोषि च किंचन।
यच्चानुभवसे लोके तत्सर्वं मामनुस्मर॥
— पद्म०, सृष्टि ३६।१३५

❖ ❖ ❖

षष्ठ अध्याय

अन्तरिक्षस्थानीय देवता (१)

इन्द्र

वैदिक युग के देवों में इन्द्र शक्ति, बल, ओज तथा वीरता के प्रतीक हैं और उनकी महत्ता का अनुमान इसी से हो सकता है कि उनकी स्तुति में कहे गए सूक्तों की संख्या ऋग्वेद में सबसे अधिक (लगभग २५०) है। ऋग्वेद में वे सर्वाधिक मानवीय तत्त्वों से परिपूर्ण देवता हैं। इन्द्र का वैयक्तिक रूप इतना प्रबल है कि उनके मौलिक प्राकृतिक रूप का पता लगाना असम्भव सा है; 'इन्द्र' शब्द की व्युत्पत्ति एवं उसके विश्लेषण से भी इसमें कोई सहायता नहीं मिलती। यास्क ने इस शब्द की तेरह प्रकार से व्याख्या की है —

१. **इरां दृणाति। इरां ददाति। इरां दधाति। इरां दारयते। इरां धारयते।**

२. **इन्दवे द्रवति। इन्दौ रमते।**

३. **इन्धे भूतानि** (तद् यदेनं प्राणैः समैन्धन् तदिन्द्रस्य इन्द्रत्वम् इति विज्ञायते)।

४. **इदं करणात्** (इति आग्रयणः)। **इदं दर्शनात्** (इति औपमन्यवः)।

५. **इन्दतेर्वा ऐश्वर्यकर्मणः; इदं** (शत्रूणां) **दारयिता आदरयिता वा (यज्वनाम्) इति।**

— निरुक्त १०।१।८

ये व्याख्याएँ, उपर्युक्त प्रकार से ५ खण्डों में वर्गीकृत की जा सकती हैं। पहले प्रकार की व्याख्या इरा या अन्न से सम्बन्धित है। वर्षा देवता होने के कारण इन्द्र अन्न के बीजों को प्रस्फुटित करते हैं (दृणाति, दारयते)। 'इरादारः' शब्द ही परोक्ष रूप से इन्द्र कहा जाता है। अन्न को धारण करने या प्रदान करने के कारण उन्हें इरादः, इराधः या इराध्रः (अथवा इराधरः) कहा जाता है जो 'इन्द्र' में बदल जाता है। इन्दु अथवा सोम के लिए दौड़ कर आने के कारण, अथवा सोमपान में आनन्द लेने के कारण वे 'इन्दुद्रवः' अथवा 'इन्दुरमः' हैं। ब्राह्मणों में प्राणों को इन्द्र कहा गया है। इन्ध् धातु का अर्थ है प्रदीप्त करना। प्राण समस्त शारीरिक वृत्तियों को प्रदीप्त करते हैं, अतः वे इन्द्र

हैं, आग्रयण और औपमन्यव का मत है कि समस्त संसार का निर्माण करने अथवा इसके द्रष्टा होने के कारण (इदंकरः, इदंदृशः) वे इन्द्र हैं। इन्द् धातु ऐश्वर्य या सामर्थ्यवाची है। अपने ऐश्वर्य (इदं) से वे याज्ञिकों के शत्रुओं को नष्ट करते अथवा भगाते हैं अतः 'इदं- दरः' आदि मूल शब्दों से भी इन्द्र की निष्पत्ति हो सकती है।

स्पष्ट है कि इन्द्र शब्द का मूल अर्थ यास्क के समय में लुप्तप्राय हो चुका था। अधिकांश व्युत्पत्तियाँ बाद में ऋग्वैदिक इन्द्र के स्वरूप पर दृष्टि रखते हुए गढ़ ली गई हैं। 'इरां दृणाति' या 'इन्दवे द्रवति' आदि ऐसी ही व्युत्पत्तियाँ हैं। इतनी सारी व्युत्पत्तियों की व्याख्या करने के लिए, जिनमें से अधिकांश ध्वनि की दृष्टि से इन्द्र शब्द बहुत दूर है, दुर्गाचार्य को एक लम्बा वक्तव्य देना पड़ा है[1]।

यास्क के द्वारा दी गई व्युत्पत्तियों में निश्चित रूप से **इन्द्** धातु से इन्द्र की निष्पत्ति मानना सर्वाधिक सन्तोषजनक है। पाणिनीय धातुपाठ में 'इदि परमैश्वर्ये' धातु प्राप्त होती है। इससे औणादिक र, रक् या रन् प्रत्यय लगाकर इन्द्र शब्द को लौकिक व्याकरण में सिद्ध किया गया है। इन्द्र देवता की श्रेष्ठता ऋग्वेद में पूर्णतः निःसन्दिग्ध है। ऋ० १०।४९।१ में उन्हें ब्रह्म (महान्) भी कहा गया है —

अहं दां गृणते पूर्व्यं वस्वहं ब्रह्म कृणवं मह्यम् वर्धनम्।

ब्राह्मणों में भी उनका यह उत्कर्ष सुरक्षित है और उपनिषदों में तो कहीं-कहीं इन्द्र शब्द परमात्मा का वाची है (ऐ० उ० १।१।१४)। महाकाव्यादिकों में यद्यपि इन्द्र में उतनी शक्ति एवं सामर्थ्य नहीं है तो भी देवों के सम्राट् तो वे हैं ही।

इद् अथवा इन्द् धातु ही वैदिक इडा, इरा, इन्दु तथा लौकिक 'इन्दिरा' आदि शब्दों के मूल में है। डा० फतेह सिंह का मत है कि यह धातु भारोपीय है और नार्स 'ओडिन' तथा जर्मन 'वोडन' नामक युद्ध के देवताओं के नामों के मूल में भी इसी का अस्तित्व है[2]।

मैक्सम्यूलर[3] का कथन है कि इन्द्र शब्द उसी धातु से आया है जिससे इन्दु (बिन्दु

---

१. **विज्ञायते हि 'परोक्षप्रिया हि देवाः प्रत्यक्षद्विषः' इति। सर्वत्रैवं देवताभिधेयेषु अभिधानत एव हि देवता आत्मनस्तत्त्वमन्तर्णीय व्यवधाय आत्मानम् अविदुषा परोक्षीकृत्य नित्यं वर्तते तां तु विद्वांसः तदभिधानव्युत्पत्तिद्वारेण विवृत्य दैवेन चक्षुषा मनसोपजातदिव्यदृष्टयो दृष्ट्वा ताद्भाव्यं प्रतिपद्यन्ते इति तदभिधानव्युत्पत्तौ कृत्स्नः पुरुषार्थ आहितः।** (नि० १०।१।८ की टीका)

२. **वैदिक एटिमॉलजी** , पृ० ६१-१०२; पर विद्वान् लेखक इन्द्र शब्द की अन्य आर्य भाषाओं के समान शब्दों के साथ तुलना करने में बहुत आगे बढ़ गया है, जिनमें से अधिकांश अप्रमाणित हैं (उदाहरणार्थ जर्मन जनजाति के प्राचीन देवता ओडिन या वोडन के यिम-थार नामक विशेषण की 'इन-दर' शब्द से तुलना)। वोडन शब्द का संस्कृत 'वात' से सम्बन्ध सम्भावित है, इन्द्र के साथ नहीं (द्रष्टव्य : पृ० ३४ टि०)।

३. **लेक्चर्स ऑन् लैंग्वेज**, द्वितीय भाग, पृ० ४३८।

या रस) शब्द बना है। अतः अपने मूल रूप में यह धातु अवश्य ही जल से सम्बन्धित रही होगी और मुख्यतः जल वर्षण से सम्बन्धित होने के कारण इस देवता का व्यक्तिवाचक नाम इसी धातु से बना लिया गया। मैक्डॉनल ने भी इन्द्र का इन्दु शब्द से सम्बन्ध स्वीकार किया है[१]। रोठ ने अपने कोश में इन्द्र शब्द को इन् (जीतना) धातु में व्यक्तिवाचक 'र' प्रत्यय से निष्पन्न माना है। द् व्यंजन का बीच में उच्चारण की सुविधा के लिए आगमन हुआ है (उसी प्रकार जैसे संस्कृत में 'सुनर' से 'सुन्दर' तथा हिन्दी में 'वानर' से 'बन्दर' शब्द बने हैं — लेखक।)

सम्भवतः इन तीन सम्भावित व्युत्पत्तियों में ऐश्वर्यार्थक इद् (इन्द्) धातु ही सर्वाधिक उपयुक्त है। इन्दु शब्द 'उन्दी क्लेदने' (धा० पा० १४५८) से स्वर विपर्यय द्वारा (उन्दिः = इन्दुः) सिद्ध किया जाता है। इन्द्र शब्द यदि इसी धातु से बना है तो उसका रूप 'उन्द्र' होना चाहिए था। उ के इ में परिवर्तन का कोई कारण नहीं है। रोठ द्वारा निर्दिष्ट 'इन्' धातु संस्कृत में कहीं भी नहीं पाई जाती। अतः संस्कृतेतर आर्य भाषाओं में प्राप्त होने वाली इस धातु से इन्द्र शब्द की, जो निशिचित रूप से भारतीय शब्द है और जिसका अस्तित्व भारोपीय काल में नहीं था, व्युत्पत्ति मानना उचित नहीं है।

अस्तु, ऊपर कहा जा चुका है कि इन्द्र सबसे अधिक स्पष्ट व्यक्तित्व वाले देवता हैं। उनके सिर, उदर, भुजाओं तथा हाथों का वर्णन किया गया है। उनके शिप्र (ओष्ठ या हनु) का भी प्रायः वर्णन आता है। 'सुशिप्र' विशेषण उनके लिए प्रायः प्रयुक्त हुआ है। उनके दाढ़ी तथा मूछें भी हैं, जो सोमपान के पश्चात् हिलने लगती हैं (**प्र दोधुवत् श्मश्रुषु प्रीणानो याहि हरिभ्यां सुतस्य पीतिम्,** ऋ० २। ११। १७)। वे सूर्य के समान तेजस्वी हैं (१०। ११२। ३)। उनके बाल भूरे हैं (हरिकेश, १०। ९६। ८)। कठोर एवं सशक्त बाहु वाले होने के कारण उन्हें 'वज्रबाहु' भी कहा गया है। अपनी माया (या गुप्त शक्ति) के द्वारा वे चाहे जैसे बन जाते हैं (**इन्द्रो मायाभिः पुरुरूप ईयते,** ६। ४७। १८ तथा **रूपं रूपं मघवा बोभवीति मायां कृण्वानः** ३। ५३। ८)।

ऋग्वेद ४। १७। ४ में **द्यौः** को इन्द्र का पिता बताया गया है। (**सुवीरस्ते जनिता मन्यत द्यौः इन्द्रस्य कर्ता**)। एक स्थान पर इन्द्र की माता को **गृष्टि** या **गौ** बताया गया है (४। १८। १०)। १०। १११। २ में इसीलिए उन्हें **गार्ष्टेय** कहा गया है। उनके जन्म होने पर द्यावापृथिवी काँपने लगे थे (४। १७। २)। उत्पन्न होते ही वे एक महान् एवं अजेय योद्धा बन गए (३। ५१। ८) और देवों को उन्होंने अपने कार्यों द्वारा अभिभूत कर दिया (२। १२। १)। इन्द्र की पत्नी **इन्द्राणी** का भी उल्लेख ऋग्वेद में हुआ है (१। २२। १२, २। ३२। ८, १०। ८६। ९, १०, ११ आदि)। ऋ० १०। ८६ में इन्द्र और इन्द्राणी में

---

१. **वै० मा०**, पृ० ६६।

परस्पर एक सुन्दर वार्तालाप प्राप्त होता है, जिसमें इन्द्राणी इन्द्र से उनके वानर वृषाकपि द्वारा अपने उद्यान के नष्ट किए जाने की शिकायत करती है। ऋ० १०।८६। ११ में कहा गया है कि स्त्रियों में इन्द्राणी सबसे अधिक सौभाग्यशालिनी है क्योंकि उसका पति कभी नहीं मरता। इन्द्र के लिए **शचीपति** विशेषण भी प्राय: प्रयुक्त हुआ है। पिशेल का मत है कि **शची** शब्द यहाँ इन्द्र की पत्नी का नाम है किन्तु अन्यत्र इस शब्द के बहुवचन में भी प्रयुक्त होने के कारण (उदाहरणार्थ, वा सं० १०।३४ तथा १९। ८१) मैक्डॉनल का विचार है कि यह शब्द केवल 'शक्ति' का वाची है और इन्द्र को शक्तिशाली होने के कारण ही शचीपति कहा गया है।

इन्द्र का यान एक सुनहला रथ है, जिसकी गति मन से भी तीव्र है (१०।११२। २)। इनके रथ को अनेक अश्व खींचते हैं (१।१६।१)। इस रथ पर इन्द्र श्येन की भाँति आकाश में उड़ते चले जाते हैं (८।३४।९)।'रथेष्ठा' (महारथी) विशेषण विशेष रूप से इन्द्र के लिए ही आया है।

इन्द्र का अपना विशेष अस्त्र वज्र है, जो तडित् अथवा विद्युद्गर्जन का ही प्रतीक है। इस वज्र को इन्द्र के लिए त्वष्टा ने बनाया था। इसमें दो सौ पर्व हैं और एक सहस्र नोकें (भृष्टि)। इन्द्र इसे वीर कर्मों के लिए धारण करते हैं—

त्वष्टा यद् वज्रं सुकृतं हिरण्ययं सहस्त्रभृष्टिं स्वपा अवर्तयत्।
धत्त इन्द्रो नर्यपांसि कर्तवे......॥

— ऋ० १।८५।९

इस मन्त्र में वज्र को हिरणमय बताया गया है किन्तु प्राय: इसे 'आयस' या लोहे का बना हुआ कहा गया है (१।५२।८)। यह अत्यन्त तीक्ष्ण धारों से युक्त है (७।१८। १८)। उनके अन्य अस्त्रों में अंकुश (६।८२।३), जाल (अ० वे० ८।८।५) तथा धनुष-बाण आदि प्रमुख हैं (१०।१०३।३।)।

सम्पूर्ण वैदिक देवताओं में इन्द्र सोमपान करने के सर्वाधिक अभिलाषी हैं। जितना सोम वे पीते हैं, उतना कोई भी मनुष्य या देवता नहीं पी सकता (८।२।४)। वह उनका सर्वाधिक प्रिय पेय है (८।४।१२)। मुख्यत: उन्हीं के लिए सोम का सेवन होता है (इन्द्रोयेन्दो परि स्त्रव, ऋ० ९।११२।१)। उत्पन्न होते ही उन्होंने सर्वप्रथम सोमपान किया (त्वं सद्यो अपिबो जात इन्द्र, मदाय सोमम् ....३।३२।१०)। वृत्र दानव के वध के लिए शक्ति संचयार्थ उन्होंने सोम के तीन ह्रदों का पानी किया था (५। २९।७)। एक स्थान पर (८।६६।४) तो उन्हें सोम के तीस सरोवरों का पान कर डालते हुए वर्णित किया गया है। ऋग्वेद में सोम और इन्द्र का यह सम्बन्ध इतना घनिष्ठ है कि यह लगभग असम्भव है कि सोम के किसी सूक्त में इन्द्र का उल्लेख न हो। **सोम-पा** विशेषण इन्द्र के लिए विशेष रूप से प्रयुक्त हुआ है (२।१२।१३)। ऋ० ३।

४८।४ में कहा गया है कि सोम के लिए इन्द्र ने त्वष्टा की चोरी तक कर डाली थी —

त्वष्टारमिन्द्रो जनुषाभिभूया अमुष्या सोममपिबत् चमूषु।

दानवों का वध करना, इन्द्र का सर्वप्रमुख कार्य है। और दानवों में भी वृत्र से उनकी विशेष शत्रुता है। जैसा कि इसके नाम से ही स्पष्ट है, यह राक्षस जल को सब ओर से आवृत कर लेता है (**यद् वृत्रम् अपो वव्रिवांसम्** ६। २०। २)। उसके द्वारा अन्तरिक्ष के जलों को घेर कर उनके ऊपर लेट जाने से (४। १९। २) जल की वृष्टि रुक जाती है। अतः इन्द्र इस वृष्ट्याच्छादक दैत्य को अपने वज्र से नष्ट कर डालते हैं (२। ११। ५)। वे उसके मर्म स्थानों पर अपने वज्र से प्रहार करते हैं (३। ३२। ४)। उसके नष्ट होने पर सरिताओं का जल स्वच्छन्द रूप से प्रवाहित होने लगता है (१। ५७। ६, १। ८५। ९, **अवासृजत् सर्तवे सप्तसिन्धून्** २। १२। १२, तथा १। १०३। २, २। ११। २, २। १९। ३ आदि)। वृत्र का वध करने के कारण **'वृत्रहन्'** इन्द्र का अपना विशेषण है, जो उनके लिए लगभग ७० बार प्रयुक्त हुआ है।

वृत्र के अतिरिक्त वे **नमुचि**, शम्बर एवं बल आदि अन्य अनेक राक्षसों का भी वध करते हैं। नमुचि का वध वे जल के फेन से करते हैं (**अपां फेनेन नमुचेः शिरः इन्द्रो अवर्तयः**, ८। १४। १३)। **नमुचि** शब्द सम्भवतः 'न मुच्' (न छोड़ने वाला) से बना है और वृत्र का विशेषण प्रतीत होता है। **शम्बर** पर्वतों में रहता था (२। १२। ११, **यः शम्बरं पर्वतेषु क्षियन्तम्** और वहाँ उसके ९० दुर्ग थे, किन्तु इन्द्र ने उसे खोज कर नष्ट कर दिया ७। १८। २०)।

इन असुरों के वध में **मरुत्** इन्द्र के विशेष सहायक बताए गए हैं। मरुद्गण से अत्यन्त घनिष्ठ सम्बन्ध होने के कारण इन्द्र के लिए **मरुत्वान्** विशेषण प्रायः प्रयुक्त हुआ है (५। ४१। ६ तथा ९। ६५। १० आदि)। अग्नि के साथ युग्म-देवों के रूप में भी इन्द्र की प्रायः स्तुति की गई है (१। २१ तथा १। १०८ आदि)। इन्द्र का मध्यम-अग्नि (तडित्) से सम्बन्ध होने के कारण यह स्वाभाविक भी है।

असुरों के जिन पुरों अथवा पर्वतों का उल्लेख किया गया है, वे मेघ के ही प्रतीक हैं। वृत्र तथा अन्य दैत्य इन्हीं पुरों या पर्वतों में छिपे रहते हैं और इन्द्र मेघ रूपी पुरों को नष्ट करके उनका वध करते हैं। असुरों के इन पुरों का विभेद करने से उनका **पुरभिद्** या **पूर्भिद्** एक सामान्य विशेषण है (१०। १११। १० आदि)। ऋ० २। १२। २ में कहा गया है कि इन्द्र ने कम्पायमान पर्वतों को स्थिर किया (यः पर्वतान् प्रकुपितान् अरम्णात्) और ४। ५४। ५ के एक उल्लेख में कहा गया है कि पहले पर्वत इच्छानुसार इधर-उधर उड़ते रहते थे (यथा तथा पतयन्तो वियेमिरे) किन्तु इन्द्र ने उनका विनाश कर दिया (इन्द्र ज्येष्ठान् बृहद्भ्यः पर्वतभ्यः क्षयाँ एभ्यः)। **मैत्रायणी संहिता** १। १०। १३ में इसी आधार पर कहा गया है कि पहले पर्वतों के पंख थे। वे जहाँ चाहते थे, वहाँ उतर जाते

थे, अतः पृथिवी कम्पित होती थी। किन्तु इन्द्र ने उन्हें काट डाला। कटे हुए पंख मेघ बन गए। अतः आज भी मेघ पर्वतों के पास जाते हैं। क्योंकि वे वहीं से उत्पन्न हुए हैं —

प्रजापतेर्वा एतद् ज्येष्ठं तोकं यत्पर्वताः। ते पक्षिण आसन्। ते परापातम् आसत, यत्र यत्र अकामयन्त। अथ वा इयं तर्हि शिथिरा आसीत्। तेषाम् इन्द्रः पक्षान् अच्छिनत्। तैः इमाम् अदृंहद् ये पक्षा आसन् ते जीमूता अभवन् तस्माद् एते सपदि पर्वतम् उपप्लवन्ते। योनिर्हि एषाम् एषः। — मै० सं० १।१०।१३

इन्द्र मेघों का भेदन करके जल की वृष्टि तो करते ही हैं, साथ ही वे गायों को भी प्राप्त करते हैं, जो उन मेघरूपी पर्वतों (की गुफाओं) में बन्द थीं। (यस्य गाः अन्तरश्मनो मदे दृल्हा अवासृजः, ६।४३।३)। ऋग्वेद के अनेक मन्त्रों में पर्वतों में असुरों द्वारा निरुद्ध इन गायों के इन्द्र द्वारा विमुक्त करने का उल्लेख आता है (उदाहरणार्थ ८।४५।३, ६।१७।५, १०।११२।८, ५।३०।४ आदि)। **गो** शब्द किरणों का वाची है (सर्वे अपि रश्मयो गाव उच्यन्ते, **निरुक्त:** २।५)। आकाश का आच्छादन कर लेने वाले (वृत्राः) मेघ सूर्य की किरणों को भी अपने अन्दर निरुद्ध कर लेते हैं। इन्द्र इन मेघों के व्यूह को छिन्न-भिन्न करके इन गायों का उद्धार करते हैं। जलवर्षण के उपरान्त मेघ प्रायः स्वतः छँट जाते हैं। अतः इन्द्र के इन दोनों कार्यों का प्रायः साथ-साथ वर्णन हुआ है। ऋ० १।५२।८ में कहा गया है कि इन्द्र ने वृत्र को मार कर मनुष्यों के लिए जल को प्रवाहित किया और देदीप्यमान सूर्य को आकाश में स्थापित किया —

जघन्वान् उ हरिभिः संभृतक्रतविन्द्र वृत्रं मनुषे गातु यन् अपः।
अयच्छथा बाह्वोः वज्रमायसम् अधारयो दिव्या सूर्यं दृशे॥

इसी प्रकार ३।३४।८ में इन्द्र को एक साथ प्रकाश तथा जल प्राप्त करते हुए वर्णित किया गया है (ससवांसं स्वरपश्च देवीः)।

इसी सम्बन्ध के कारण इन्द्र को प्रायः सूर्य तथा उषा का जनक बताया गया है (जजान सूर्यम् उषसं सुंदसा, ३।३२।८; यः सूर्यं य उषसं जजान, यो अपां नेता २।१२।७)। उन्होंने सूर्य को घोर अन्धकार से बाहर निकाला (सूर्यं विवेद तमसि क्षियन्तम्, ३।३९।५)।

असुर-हनन की उपर्युक्त कथाओं के अतिरिक्त इन्द्र से सम्बन्धित कुछ अन्य उपाख्यानों का भी ऋग्वेद में उल्लेख है। प्रायः यह कहा गया है कि इन्द्र का आदेश पाकर एक श्येन (परवर्ती गरुड) आकाश से उनके लिए सोमरस को पृथ्वी पर लाया (३।४३।७, ४।१८।१३ तथा ८।८९।८ आदि)।

अपश्यं जायाममहीयमानामधा मे श्येनो मधु आ जभार।

— ऋ० ४ । १८ । १३

ऋग्वेद के एक पूरे सूक्त (१० । १०८) में **सरमा** एवं **पणिओं** की मनोरंजक कथा प्राप्त होती है। पणि इन्द्र की गायों को चुरा ले जाते हैं। इन्द्र अपनी **सरमा** नामक शुनी को उनका पता लगाने के लिए भेजते हैं। पणि उसको प्रलोभन देकर अपनी ओर मिलाना चाहते हैं, पर वह विचलित नहीं होती। बाद में इन्द्र उसके चरणचिह्नों पर जाकर पणियों का पता लगाकर पणियों से युद्ध करते हैं (६ । ३९ । २) **अपाला** नामक स्त्री अपनी त्वचा के रोग को दूर करने के लिए अपने मुख में सोम सेवन करती है और इन्द्र प्रसन्न होकर उसे एक सुन्दर युवती बना देते हैं (८ । ८०)। कुछ कथाओं में उनकी वीरता एवं अपने भक्तों को दी जाने वाली सहायता का भी उल्लेख आता है। वे समर में सुदास की सहायता करते हैं (७ । ३३ । ३) और उसके शत्रुओं को परुष्णी में डुबा देते हैं (७ । १८ । ९)। वे **यदु** एवं **तुर्वसु** राजाओं का कल्याण करते हैं और उन्हें नदी के पार उतार देते हैं (१ । १७४ । ९)। **नीतिमञ्जरी** में इन्द्र के सम्बन्ध में ऐसी लगभग ५० कथाओं का वर्णन किया गया है।

पराक्रम, शक्ति, ओज एवं माहात्म्य में इन्द्र अप्रतिम हैं। उत्पन्न होते ही वे सब देवों से वीरता में आगे बढ़ गए थे। उनके पराक्रम एवं वीरता से पृथ्वी और आकाश काँपते हैं —

यो जात एव प्रथमो मनस्वान् देवो देवान् क्रतुना पर्यभूषत।
यस्य शुष्माद् रोदसी अभ्यसेतां नृम्णस्य मह्वा स जनास इन्द्रः ॥

— ऋ० २ । १२ । १

मनुष्यों और देवों में उनके समान महत्त्वशाली आज तक न तो कोई उत्पन्न हुआ और न भविष्य में होगा (न त्वावाँ अन्यो दिव्यो न पार्थिवो, न जातो न जनिष्यते; ७ । ३२ । २३)। देवता या मनुष्य कोई भी उनकी शक्ति की थाह नहीं पा सके हैं (५ । ४२ । ६)। इन्द्र इतने बड़े है कि यदि वे पृथ्वी एवं आकाश को पकड़ लें तो वे उनकी मुट्ठी में ही आ जाएँ (३ । ३० । ५)। यदि पृथ्वी दस गुना और विशाल होती तब वह इन्द्र के बराबर हो पाती (१ । ५२ । ११)। सभी प्राचीन देवों ने उनकी शक्ति एवं पराक्रम को सराहा है (७ । २१ । ७)। सभी देवता उनके विचारों के अनुरूप कार्य करते हैं, यहाँ तक कि वरुण, सूर्य, तथा रुद्र भी उनके व्रत के अन्दर हैं (१ । १०१ । ३, २ । ३८ । ९)। इन्द्र के अपने विशेषण भी असीम शक्ति के द्योतक हैं। **शचीपति** (शक्ति के स्वामी) का उल्लेख ऊपर किया जा चुका है। **शक्र** का अर्थ भी शक्तिशाली है और यह इन्द्र अपना एक विशिष्ट विशेषण है। उन्हें **तवसु** (बलवान्), **असुर** (शक्तिमान्) तथा **अमितौजाः** (अत्यधिक ओजस्वी, १ । ११ । ४) कहा गया है। उन्हीं की ऋषि सबसे अधिक स्तुति करते हैं, अतः वे **पुरुष्टुत** या **पुरुहूत** (१ । ११ । ४) हैं। **शतक्रतु** एवं

शतमन्यु विशेषण भी इन्द्र के वीरतापूर्ण कार्यों (क्रतु, मन्यु=संकल्प) की ओर संकेत करते हैं।

इन्द्र अत्यन्त उदार तथा दानी हैं। मघवन् (उदार) विशेषण उन्हीं के लिए प्रयुक्त होता है (३।५३।५)। वे धन के अक्षय कोष हैं (१०।४२।२) और अपने उपासकों को अपार समृद्धि प्रदान करते हैं (२। २२। ३)

यजुर्वेद में इन्द्र की लगभग उन्हीं विशेषताओं का उल्लेख हुआ है जो ऋग्वेद में विस्तार से प्राप्त हैं। वे बल, पराक्रम तथा धन के धाता हैं (वा० सं० २।१०)। वे मरुत् के सखा, वृष्टिकारक, धान्यवर्धक, प्रमादरहित, बलदाता, यजमान के रक्षक तथा वज्री हैं (३।४६, ७।३६)। युद्ध में लड़ने के लिए शक्ति संचय करने के हेतु इन्द्र को सोम-पान करने की आवश्यकता पड़ती है (७। ३८)। वे सोमयाग की वृद्धि करने वाले, अनुपम बलशाली तथा यजमान की इच्छा पूर्ण करने वाले हैं। (७।३९)। वा० सं० ७। ४० में उनके लिए **पर्जन्य** शब्द आया है (महाँ इन्द्रो य ओजसा पर्जन्यो वृष्टिमानिव)। १०। २८ में उन्हें '**विशौजा**' कहा गया है, जिसका अर्थ सायण ने 'प्रजा का रक्षक' किया है। लौकिक संस्कृत में यह शब्द **विडौजा** के रूप में इन्द्र का मुख्य विशेषण बन गया है। युद्ध में इन्द्र का पराक्रम सर्वमान्य है। अतः विजय के लिए उनका स्थान-स्थान पर आह्वान किया गया है (१७। ४२-४३)। सदा जीतने के कारण वे **जयन्त** हैं (१७।३८)। परवर्ती देवशास्त्र में यह उनके पुत्र का नाम है। इसी मन्त्र में उन्हें **गोत्रभिद्** भी कहा गया है। गायों (किरणों) को निरुद्ध करने के कारण मेघ ही गोत्र हैं और इन्द्र उनके भेदक हैं। उन्हें **गोविद्** (गोविन्द) भी इसीलिए कहा गया है (१७। ३७)। वर्धमान इन्द्र ने अपने शतपर्व युक्त वज्र से (३३।९६) उषा के पूर्व ही वृत्र को मारा था और इस कार्य में ३३ देवता उनके सहायक थे (समिद्ध इन्द्र उषसामनीके पुरोरुचा पूर्वकृद् वावृधानः। त्रिभिर्देवैः त्रिंशता वज्रबाहुः जघान वृत्रं विदुरो ववार, २०। ३६)। इन्द्र ईशान (सामर्थ्यशाली) हैं (३७। ३५); जहाँ तक सूर्य का प्रकाश पहुँचता है, वह सब स्थान इन्द्र के वश में हैं (यदद्य कच्च वृत्रहन् उदगा अभिसूर्य। सर्व तदिन्द्र ते वशे (३३। ३५)[१]। परवर्ती देवशास्त्र में इन्द्र को अदिति का पुत्र बताया गया है। यह धारणा सर्वप्रथम वा० सं० २८। २५ में पाई जाती है (यं गर्भम् अदितिर्दधे शूचम् इन्द्रं वयोवसम्)।

इन्द्र का **वसिष्ठ ऋषि** एवं उनके वंशजों से विशेष सम्बन्ध है। ऋ० ७।१८।९, १३ में वे वसिष्ठ की प्रार्थना पर **सुदास्** की रक्षा करते हैं और इसी प्रकार वा० सं० २०।५४ में कहा गया है कि 'वसिष्ठ (एवं उनके वंशजों) ने तुम्हारी विशेष रूप से अभ्यर्चना की' (एवेदिन्द्रं वृषणं वज्रबाहुं वसिष्ठासो अभ्यर्चन्ति अर्कैः)। इसी की ओर संकेत हुए

---

१. इस मन्त्र की थोड़ी सी भिन्न प्रकार से व्याख्या करके सूर्य एवं इन्द्र का तादात्म्य भी सिद्ध किया जा सकता है, देखें Lommel, H., *Der Arische Kriegsgott*, Frankfurt/M., 1939.

विष्णु पुराण १।९।१-२४ की एक कथा में दुर्वासा ऋषि अपने द्वारा दिए गए पुष्प की इन्द्र द्वारा अवहेलना किए जाने पर क्रुद्ध होकर कहते हैं —

वसिष्ठाद्यैः दयासारैः स्तोत्रं कुर्वद्भिरुच्चकैः।
गर्वं गतोऽसि येनैव मामप्यद्यावमन्यसे॥ — विष्णु० १।९।२२

तै० सं० ३।५।२ में भी वसिष्ठ का इन्द्र से विशेष सम्बन्ध वर्णित करते हुए कहा गया है कि अन्य ऋषि इन्द्र को प्रत्यक्ष नहीं देख सके पर वसिष्ठ ने उन्हें देखा। इन्द्र ने उनको ब्रह्मज्ञान देकर अपनी स्तुति करने का आदेश दिया (ऋषयो वा इन्द्रं प्रत्यक्षं नापश्यन्। तं वसिष्ठः प्रत्यक्षमपश्यत्। सः अब्रवीद् ते वक्ष्यामि)।

अथर्ववेद में भी इन्द्र का महत्त्व पूर्णतः सुरक्षित है। अन्तिम (२० वें) काण्ड में लगभग १२५ सूक्त इन्द्र से सम्बन्धित हैं और शेष काण्डों में भी लगभग ४५० स्थानों पर उनका उल्लेख है। यदि आभिचारिक मन्त्रों को निकाल दिया जाए — जिनमें उनसे कहीं निष्ठुर प्रेमी को नष्ट करने की प्रार्थना की गई है (६।१३८।३), कहीं बच्चों के उदर के कृमियों को, (५।२३।२) तो कहीं सर्पों को (१०४।१०); कहीं पत्नी की प्राप्ति के लिए उनकी स्तुति है तो कहीं (८।६।१३) गर्भवती स्त्री की रक्षा के लिए (८।६।१३) — तो उनका जो स्वरूप प्रकट होता है, वह लगभग ऋग्वैदिक स्वरूप की ही भाँति है। वे वृत्र का हनन करने के लिए सर्वत्र प्रसिद्ध हैं (४।२४।१, ६)। वे अत्यन्त बलशाली हैं और शक्ति के सर्वोत्कृष्ट निदर्शन हैं (१।३५।३)। अ० वे० १३।४।४६ में कहा गया है कि वे मृत्यु तथा अमरता से भी अधिक शक्तिशाली हैं (भूयानिन्द्रो नमुराद् भूयान् इन्द्रासि मृत्युभ्यः)। सब कवियों की वाणी उन्हीं की प्रशंसा करती है (४।२४।५)। वे पूर्व, पश्चिम आदि सभी दिशाओं के स्वामी हैं (६।९८।२, ३ आदि) और देवों के अधिपति हैं। शत्रुओं को जीतने के कारण उन्हें **विषासहि** कहा गया है।

इन्द्र की अथर्ववेद में सर्वाधिक प्रमुख विशेषता उनका सूर्य या आदित्य से तादात्म्य है। ऋग्वेद में तो केवल उन्हें सूर्य का उत्पादक तथा गो (प्रकाश) को प्राप्त करने वाला ही कहा गया है पर यहाँ वे पूर्णतः सूर्य बना दिए गए हैं (द्रष्टव्य १७।१)। उदित होते ही वे उपासक को तेज से उन्नतिशील बनाते हैं। (उदिहि उदिहि सूर्य वर्चसा मा उदिहि। मन्त्र ६)। ११वें मन्त्र में कवि सूर्य को इन्द्र रूप में सम्बोधित करके उन्हें पुरुहूत, सर्ववित् आदि कहता हुआ उनसे कल्याणकारी होने की प्रार्थना करता है —

त्वमिन्द्रासि विश्वजित् पुरुहूतस्त्वमिन्द्र।
त्वमिन्द्र सुहवंस्तोममेरस्व स नो मृड सुमतौ ते स्याम॥
— अ० वे० १७।१।११

नवम (त्वं न इन्द्र महते सौभागाय अदब्धेभिः परिपाहि अक्तुभिः), दशम (त्वं न इन्द्रोतिभिः शिवाभिः शं-तमो भव) तथा त्रयोदश मन्त्रों में भी सूर्य का इन्द्र रूप में वर्णन

है। किन्तु २०-२२ वें मन्त्रों में पुनः उपासक के **'शुक्रोऽसि भ्राजोऽसि, रुचिरसि रोचोऽसि'** तथा **'उद्यते नम उदायते नम उदिताय नमः। अस्तंयते नमः। अस्तमेष्यते नमः' आदि** शब्दों से पुनः इन्द्र का सूर्य-रूप उभर आता है।

देवों में सर्वाधिक शक्तिशाली होने के कारण प्रायः शत्रुओं को नष्ट करने के लिए प्रयुक्त मन्त्रों में इन्द्र का विशेष स्थान है। राक्षसों एवं पिशाचों को भी वे यातविक शक्ति से नष्ट करते हैं। इन्द्र की शक्ति की स्मृति अवश्य सुरक्षित है पर उस शक्ति का उपयोग एवं विनियोग आथर्वणिक ऋषि अपने मन्त्रों से ही करवाते हैं।

अब हम **ब्राह्मणों** पर आते हैं। इन्द्र की वीरता एवं पराक्रम की कथाओं पर यहाँ कर्मकाण्ड का आवरण पड़ा हुआ है। वृत्र-वध का सर्वत्र उल्लेख है, पर उनके स्थानों पर विभिन्न कर्मकाण्डीय कृत्यों को ही इन्द्र का वज्र बताया गया है। ऐ० ब्रा० १।४।९ में कहा गया है कि आज्य (घृत) रूपी वज्र से ही इन्द्र ने वृत्र को मारा। घृत ही असुरों का विनाशक अशनि है (घृतेन हि इन्द्रो वृत्रमहन्)। **कौ० ब्रा०** ३।४ तथा **श० ब्रा०** ११।१।३।५ में कहा गया है कि इन्द्र ने पौर्णमास यज्ञ से पुष्ट होकर वृत्र का वध किया तो कौ० ब्रा० २३।२ में बताया गया है कि इन्द्र ने महानाम्नी सूक्तों द्वारा वृत्र का वध किया, आदि। ब्राह्मणग्रन्थ केवल यही जानते हैं कि वृत्र नामक कोई राक्षस था जिसे इन्द्र ने मारा। मारने की प्रक्रिया और उपकरणों के स्वरूप के विषय में कोई निश्चित धारणा प्राप्त नहीं होती। यही कारण है कि प्रत्येक स्थान पर यज्ञ के विभिन्न कृत्यों द्वारा वृत्र को मारा जाता हुआ बताया गया है। **ऐ० ब्रा०** २।१।३ में कहा गया है कि इन्द्र ने सोम तथा अग्नि की सहायता से वृत्र को मारा। उन्होंने इन्द्र से पुरस्कार स्वरूप कोई विशेष यज्ञिय भाग प्राप्त किया। ये सब तर्कणाएँ केवल यज्ञ के विभिन्न कृत्यों की व्याख्या मात्र हैं।

इन्द्र ने वृत्र को मार कर समस्त संसार का आधिपत्य प्राप्त किया (श० ब्रा० ५।२।३।७)। श० ब्रा० १।१।३।४, ५ में कहा गया है कि वृत्र ने आकाश और पृथ्वी को आवृत कर लिया था। इन्द्र ने उसे मारा और उसके शरीर से जल की धाराएँ निकल पड़ीं —

वृत्रो ह वा इदं सर्व वृत्वा शिश्ये। यदिदमन्तरेण द्यावापृथिवी। स यदिदं सर्व वृत्वा शिश्ये तस्माद् वृत्रो नाम। तमिन्द्रो जघान। स हतः पूतिः सर्वत एवापो अभि-प्रसुस्त्रुवे॥

— श० ब्रा० १।१।३।४, ५

वृत्र शब्द की बिल्कुल यही व्युत्पत्ति तै० सं० २।४।१२ (यदिमान् लोकान् अवृणोत् तद् वृत्रस्य वृत्रत्वम्) तथा निरुक्त २।५।३ (वृत्रो वृणोतेर्वा, वर्तते वा, वर्धते वा) में भी पाई जाती है।

तै० सं० २।१।४ तथा ५।४।५ में कहा गया है कि जब इन्द्र ने वृत्र (अहि) को मारा तो वृत्र ने अपनी १६ कुण्डलियों से उसे लपेट लिया। इन्द्र ने अग्नि को हवि प्रदान की जिससे सन्तुष्ट होकर उसने **अहि** की कुण्डलियों को १६ खण्डों में जला दिया। उसके मुख से (विदेह की) गायें निकल पड़ीं।

इन्द्र को **'विमृध्'** कहते हैं क्योंकि वे मृध् (राक्षसों, दुष्टों) को नष्ट करते हैं (श० ब्रा० ११।१।३।२)। बृहस्पति (ब्रह्म) की सहायता पाकर इन्द्र (क्षत्र) असुरों को नष्ट करते हैं (९।२।३।३)। इन्द्र क्षत्र (वीरता) के अधिपति हैं (८।४।३।१० इन्द्रियं वीर्यमिन्द्रः, क्षत्रं हि सः २।५।४।८)। वे क्षत्रियों के द्वारा उपास्य हैं (ऐ० ब्रा० ७।४।५)। इन्द्र अप्रतिरथ (अत्यन्त पराक्रमी, महारथी) हैं (९।२।३।५)। वे अकेले ही सब देवों के बराबर हैं (८।७।३।८)। वे सागर के समान विशाल हैं। (समुद्रव्यचसं)। वे सभी महारथियों में श्रेष्ठ हैं। सभी ऋषियों की वाणियाँ उन्हीं की स्तुति करती हैं। देवता भी उनकी महत्ता स्वीकार करते हैं — इन्द्रो वै नो वीर्यवत्तमः (श० ब्रा० ४।६।६।३)। उत्तम रक्षक होने के कारण उन्हें **सुत्रामा** (सुत्रामन्)कहा जाता है (५।५।४।२४)। विश् (प्रजा या मरुद्गण) ही उनकी शक्ति हैं अतः वे **विशौजाः** (या **विडौजा**) विशेषण से अभिहित किए जाते हैं (५।४।४।११)। श० ब्रा० ५।४।३।७ में कहा गया है कि इन्द्र का एक गुप्त नाम **अर्जुन** है (अर्जुनो ह वै नामेन्द्रो यदस्य गुह्यं नाम)। महाभारत के प्रमुख पाण्डव अर्जुन को भी इन्द्र का अवतार बताया गया है (आदि० ११२।३५)।

स्थान-स्थान पर उनके अन्तरिक्ष से सम्बन्ध के संकेत मिलते हैं। उदाहरणार्थ श० ब्रा० १४।२।२।६ में कहा गया है कि इन्द्र ही वायु है (अयं वा इन्द्रो य एष पवते) और ११।६।३।९ में उनका **स्तनयित्नु** या तडित् से तादात्म्य किया गया है।

तै० सं० ६।५।५ में इन्द्र के माहात्म्य तथा उत्कर्ष का एकमात्र कारण वृत्र-वध बताया गया है। वृत्र वध के कारण देवों ने उनकी महत्ता स्वीकार की, जिससे उनका नाम **महेन्द्र** हो गया (इन्द्रो वृत्रमहन् तं देवा अब्रुवन् महान् अयम् अभूत् यो वृत्रमवधीः इति। तन्महेन्द्रस्य महेन्द्रत्वम्॥)। श० ब्रा० ९।५।४।९ में भी इस भाव की प्रतिध्वनि प्राप्त होती है। वृत्र के वध के पूर्व वे 'इन्द्र' थे किन्तु जैसे राजा अन्य राजाओं को जीत कर महाराज बन जाता है, उसी प्रकार वे भी वृत्र-वध से 'महेन्द्र' हो गए —

इन्द्रो वा एष पुरा वृत्रस्य वधात्। अथ वृत्रं हत्वा यथा महाराजो विजिग्यानः एवं महेन्द्रो अभवत्।

ऐ० ब्रा० ८।३।१ में इन्द्र के राज्याभिषेक का वर्णन है। सभी देवता तथा प्रजापति उन्हें एक स्वर से सभी देवों में सर्वाधिक सशक्त पराक्रमी, वीर, सर्वकार्यक्षम तथा रक्षक स्वीकार करते हैं।

श० ब्रा० में एक बड़ा महत्त्वपूर्ण उद्धरण प्राप्त होता है, जिससे पता चलता है कि ब्राह्मण-ग्रन्थों के रचयिताओं की स्मृति में इन्द्र एवं वृत्र के मूल प्राकृतिक आधार सुरक्षित थे और सम्भवत: वे समझते थे कि यह युद्ध वर्षा, तडित् एवं झंझावात के संघर्षमय प्राकृतिक दृश्य का ही रूपक है। श० ब्रा० ११।६।३।८ में कहे गए शब्द इस सम्बन्ध में ध्यान देने योग्य हैं; 'हे इन्द्र तुमने कभी किसी से युद्ध नहीं किया, और न तुम्हारा कोई शत्रु ही है। तुम्हारे जिन युद्धों का वर्णन किया जाता है, वे सब माया या भ्रम मात्र हैं (अत: असत्य हैं)। न तुमने प्राचीनकाल में युद्ध किया न अब करते हो —

नैतदस्ति यद् दैवासुरम्। यदिदमन्वाख्याने त्वत् उद् यत् इतिहासे त्वत्। तस्मादेतत् ऋषिणा अभ्यनूक्तम् —

न त्वं युयुत्से कतमच्च नार्हन् न ते अमित्रो मघवन् कश्चनास्ति।
मायेत्सा ते यानि युद्धानि आहुः नाद्य शत्रून् ननु पुरा युयुत्से॥

इन्द्र के जन्म के विषय में ब्राह्मण ग्रन्थों में थोड़े बहुत परिवर्तित रूप में प्राय: एक ही कथा आती है। इसमें उसे **यज्ञ** (पुरुष) तथा **वाक्** (स्त्री) का पुत्र बताया गया है। ब्राह्मण, आरण्यक एवं उपनिषत्-साहित्य में वाक् की विश्व को उत्पन्न करने वाली सर्वोत्कृष्ट शक्ति के रूप में धारणा प्राप्त होती है और यज्ञ तो सृष्टि की सर्वोच्च शक्ति है ही। अत: इस देवश्रेष्ठ की दोनों से उत्पत्ति स्वाभाविक ही है। कर्मकाण्डीय धारणाओं की पृष्ठभूमि में अमूर्त भावों का यह मानवीकरण ब्राह्मण ग्रन्थों की ही नहीं प्राय: समस्त वैदिक एवं पौराणिक साहित्य की विशेषता है —

सोऽयं यज्ञो वाचमभिदध्यौ। मिथुनी एनया स्याम् इति तां संबभूव। इन्द्रो वा ईक्षांचक्रे। महत् वा इतः अभ्वं (अपत्यं, सायण) **जनिष्यते। यज्ञस्य च मिथुनात् वाचश्च। यन्मा तत् नाभिभवेदिति स इन्द्र एव गर्भो भूत्वा एतत् मिथुनं प्रविवेश॥**

— श०ब्रा० ३।२।१।२५

तै० सं० २।१।५ में इन्द्र की उत्पत्ति एक गाय से बताई गई है, जो इन्द्र को जन्म देने के पश्चात् वन्ध्या हो गई। ऋ० ४।१८।१० में भी इन्द्र की माता को 'गृष्टिः' ('गृष्टिः सकृत्प्रसूता गौः' **अमरकोश**) तथा इन्द्र को **गार्ष्टेय** कहा गया है (१०।१११।२)।

ऐ० ब्रा० ३।२।११ में इन्द्र की पत्नी का नाम **प्रासहा** (सेना) बताया गया है। तै० सं० २।२।८ में कहा गया है कि इन्द्र की पत्नी का नाम इन्द्राणी है और वह सेना की अधिष्ठात्री है। युद्ध के देवता इन्द्र की पत्नी का सेना से यह सम्बन्ध स्वाभाविक ही है —

इन्द्राण्यै चरुं निर्वपेद् यस्य सेना संशितेव स्यात्।
इन्द्राणी वै सेनायै देवता।

पुराणों तथा महाकाव्यों में इन्द्र से सम्बन्धित जितनी भी प्रमुख गाथाएँ प्राप्त होती हैं उन सब के बीज ब्राह्मण-ग्रन्थों में पाए जाते हैं। वृत्र-वध की भूमिका के रूप में तै० सं० २।४।१२ तथा २।५।१ में एक मनोरंजक कथा प्राप्त होती है। 'त्वष्टा देवता थे किन्तु उनकी पत्नी असुर-कन्या थी। उनके पुत्र विश्वरूप के तीन सिर थे, जिनसे वह क्रमश: सोमपान, सुरापान तथा अन्न-भक्षण करता था। वह देवों का पुरोहित था। यज्ञ में प्रत्यक्ष रूप से तो वह देवों को भाग देता था किन्तु परोक्ष रूप से असुरों को भी। इन्द्र ने सोचा कि इस प्रकार तो यह हमारा राज्य पलट डालेगा। अत: उसने अपने वज्र से उसके तीनों सिर काट डाले जो, क्रमश: कपिंजल, कलविंक तथा तित्तिरि नामक पक्षी बन गए' —

विश्वरूपो वै त्वाष्ट्रः पुरोहितो देवानामासीत् स्वस्त्रीयो असुराणाम्। तस्य त्रीणि शीर्षाणि आसन् सोमपानं, सुरापानम् अन्नादनम् स प्रत्यक्षं देवेभ्यो भागमवदत् परोक्षमसुरेभ्यः .... तस्माद् इन्द्रो अबिभेद्। ईदृक् वै राष्ट्रं विपर्यावर्तयति इति। तस्य वज्रमादाय शीर्षाणि अच्छिनत् यत्सोमपानमासीत् स कपिंजलो अभवत् यत् सुरापानं स कलविंको यदन्नादनं स तित्तिरिः। तै० सं० २।५।१

आगे की कथा इससे पिछले प्रपाठक में है। जब त्वष्टा को पता चला कि इन्द्र ने उसके पुत्र को मार डाला है, तो उसने इन्द्र को सोमपान से वंचित कर दिया। इस पर इन्द्र ने आकर बलात् सोमपान किया। यह देख कर त्वष्टा ने सोम के उच्छिष्ट को यज्ञ कुण्ड में डालकर '**इन्द्रशत्रो विवर्धस्व**' कहा। जिससे यज्ञ-धूम से वृत्र उत्पन्न हो गया; उसने सारे आकाश को आच्छादित कर लिया —

त्वष्टा हतपुत्रो वीन्द्रं सोमम् आहरत्। तस्मिन् इन्द्र उपहवमैच्छत्। तं नोपाह्वयत। पुत्रम् मे अवधीरिति। स यज्ञवेशसं कृत्वा प्रासहा सोमम् अपिबत्। तस्य यदत्यशिष्यत् तत् त्वष्टा आहवनीयम् उप प्रावर्तयत्। स्वाहा इन्द्रशत्रुर्वर्धस्व इति। स संभवन् अग्नीषोमौ अभि समभवत्........ इषुमात्रम् इषुमात्रं विश्वङ्ङवर्धत स इमान् लोकान् अवृणोत्........। तै. सं. २।४।१२

तब इन्द्र ने विष्णु की सहायता से उस दैत्य को नष्ट किया (तु० की०, श० ब्रा० ५। ५।५।१-५)

श० ब्रा० ५।५।४।२-११ तथा १२।७।१०।१-१४ में यह कथा थोड़े से अन्तर के साथ कही गई है। वृत्र एवं विश्वरूप को यहाँ एक दूसरे से सम्बद्ध नहीं माना गया है। विश्वरूप के मारने पर त्वष्टा इन्द्र को सोम से बहिष्कृत कर देते हैं। इन्द्र बलपूर्वक सोम का पान करता है किन्तु वह चोरी का सोम उसके मार्मिक स्थलों से फूट कर बाहर निकल पड़ता है —

इदं वै मा सोमादन्तर्यन्तीति। स यथा बलीयान् वलीयसः एवमनुपहूत एव यो

द्रोणकलशे शुक्र आस तं भक्षयांचकार। स हैनं जिघिंस। सः अस्य विष्वङ् एव प्राणेभ्यो द्रुद्राव......। — श० ब्रा० ५।५।४।८

इन्द्र की इस दशा को देख कर अश्विनौ उसके पास आते हैं और सुरापान करा उसे स्वस्थ करते हैं (कण्डिका १५)। सुत्रामन् या इन्द्र से सम्बद्ध सौत्रामणि यज्ञ में इसीलिए सुरापान किया जाता है। इन्द्र द्वारा त्वष्टा के सोम की चोरी की कथा का बीज ऋग्वेद की निम्नलिखित दो ऋचाओं में विद्यमान है —

१. **त्वष्टारमिन्द्रो जनुषाभिभूया अमुष्या सोममपिबत् चमूषु** (३।४८।४)

२. **आमुष्या सोममपिबश्चमू सुतं ज्येष्ठं तद् दधिषे सहः** (८।४।४)

ऐ० ब्रा० ७।५।२ में भी इन्द्र द्वारा **विश्वरूप, वृत्र, यति, अरुर्मघ** आदि 'ब्राह्मण-असुरों' का वध किए जाने से अप्रसन्न होकर त्वष्टा द्वारा इन्द्र को ही नहीं अपितु उसके साथ-साथ समस्त क्षत्रिय जाति को सोमपान की अनधिकारिणी बना देने का उल्लेख है।

वृत्र और विश्वरूप की यह कथा ऋग्वैदिक इन्द्र-वृत्र युद्ध से कहीं अधिक यथार्थ तथा वास्तविक है। ऋग्वेद में वृत्र का स्वरूप अत्यन्त सूक्ष्म है। केवल सर्प की भाँति उसकी कुण्डलियों का उल्लेख किया गया है। किन्तु ब्राह्मण ग्रन्थों में यह कथा मानवीय आधार-भूमि पर स्थापित है। अतः इसने महाकाव्यों एवं पुराणादिकों में विस्तार से वर्णित वृत्रेन्द्र-संग्राम की भूमिका का कार्य किया है। कल्पना के चटकीले रंगों से सुसज्जित होकर पुराणों की कथा अत्यन्त रोचक बन गई है।

ब्राह्मणों में विश्वरूप असुर के देवों द्वारा पुरोहित बनाए जाने के किसी विशेष कारण का उल्लेख नहीं किया गया। पुराणों में मुख्यतः बृहस्पति की ही, देव पुरोहित तथा इन्द्र के मन्त्री के रूप में मान्यता है। अतः उनको छोड़कर विश्वरूप को पौरोहित्य प्रदान करने के लिए किसी आधार का होना आवश्यक था। यह आधार **श्रीमद्भागवत** ६।७।८-१६ में विशेष रूप से वर्णित है। एक बार ऐश्वर्यातिरेक से इन्द्र उन्मत्त हो गया। गन्धर्वों एवं किन्नरों आदि की स्तुति में भूले रहने से राजभवन में आने पर उसने उठकर देवगुरु बृहस्पति का अभिवादन नहीं किया। इससे अप्रसन्न होकर बृहस्पति घर चले आए और अपनी योग-शक्ति से अदृश्य हो गए —

स तदा परमाचार्यं देवानाम् आत्मनश्च ह।
नाभ्यनन्दत सम्प्राप्तं प्रत्युत्थानासनादिभिः॥

वाचस्पतिं मुनिवरं सुरासुरनमस्कृतम्।
नोच्चचालासनादिन्द्रः पश्यन्नपि समागतम्॥
ततो निर्गत्य सहसा कविरांगिरसः प्रभुः।

आययौ स्वगृहं तूष्णीम् विद्वान् श्रीमदविक्रियाम्॥
बृहस्पतिर्गतोऽदृष्टां गतिमध्यात्ममायया॥

— भाग० ६।७।७, ८, ९, १६

इन्द्र ब्रह्मा की सलाह से त्वष्टा के योग्य पुत्र विश्वरूप को अपना पुरोहित बनाते हैं (भाग० ६।७।३७-३८), पर उसकी असुरों के प्रति सहानुभूति देख कर वज्र से उसके सिर काट डालते हैं (६।९।४)। ब्रह्महत्या को वे पृथ्वी, जल, वृक्ष तथा स्त्री-जाति में विभक्त कर देते हैं[1] (भाग० ६।९।६-१०)। त्वष्टा क्रुद्ध होकर यज्ञ कुण्ड से वृत्र को उत्पन्न करते हैं (६।९।१२)। इस भयंकर दैत्य का अत्यन्त ओजस्वी शब्दों में भागवतकार ने इस प्रकार वर्णन किया है —

दग्धशैलप्रतीकाशं सन्ध्याभ्रानीकवर्चसम्।
तप्तताम्रशिखाश्मश्रुं मध्याह्नार्कोग्रलोचनम्॥
देदीप्यमाने त्रिशिखे शूल आरोप्य रोदसी।
नृत्यन्तमुन्नदन्तं च चालयन्तं पदा महीम्॥
दरीगंभीरवक्त्रेण पिबता च नभस्तलम्।
लिहता जिह्वयर्क्षाणि ग्रसता भुवनत्रयम्॥
महता रौद्रदंष्ट्रेण जृम्भमाणं मुहुर्मुहुः।

— भाग० ६।९।१३-१७

यहाँ यह स्मरण रखना चाहिए कि तैत्तिरीय संहिता में यज्ञकुण्ड से उत्पन्न वृत्र केवल यज्ञधूम का प्रतीक है। वह सोम एवं अग्नि को आत्मसात् करके बढ़ता है। वैदिक तथा लौकिक साहित्य में अनेक स्थानों पर यज्ञ के धूम को वृष्टि का कारण बताया गया है। उससे मेघ उत्पन्न होते हैं और मेघ से वृष्टि (यज्ञाद् भवति पर्जन्यः पर्जन्यादन्नसम्भवः। गीता ३। १४)। यज्ञ का धूम मेघ बन कर आकाशमण्डल को व्याप्त कर लेता है। उसमें सोम (मधुर जल) तथा अग्नि (तडित्) आत्मसात् रहते हैं। इन्द्र वृत्र को मारते हैं और तब जल की धाराएँ पृथ्वी को आप्लावित कर देती हैं (तै० सं० २।५।२)। पर भागवत में वृत्र पूर्णतः मानवाकृति एवं दानवरूप है। उसका रूप स्थूल है, सूक्ष्म नहीं। उसकी भयानक आकृति को देखकर सभी लोग त्रस्त होकर इधर-उधर भाग जाते हैं (वित्रस्ता दुद्रुवुः लोकाः वीक्ष्य सर्वे दिशो दश।६।९।१७)। इन्द्र की सहायता देवता करते हैं और वृत्र की **नमुचि, शम्बर, पुलोमा** आदि असुर। इन्द्र अपनी पराजय संदिग्ध जानकर विष्णु की सलाह से दधीचि के पास पहुँचते हैं और उनकी अस्थियाँ लेकर विश्वकर्मा से वज्र का निर्माण करवाते हैं (भाग० ६।९।

---

१. ब्रह्महत्या के पातक को इस प्रकार विभाजित करने का प्राचीनतम उल्लेख **तैत्तिरीय संहिता** २।५।१ में प्राप्त होता है। किन्तु यहाँ त्रेधाविभाजन का ही उल्लेख है, जल की चर्चा नहीं है।

५१-६।१०।१३)। घोर देवासुर-संग्राम होता है, जिसमें वृत्रासुर असीम पराक्रम का प्रदर्शन करता है (६।११।१-१५)। वह इन्द्र को निगल जाता है किन्तु इन्द्र वज्र से उसके उदर को फाड़कर निकल आते हैं (६।१२।३२) और उसका सिर काट डालते हैं। इस कथा के अन्त का यह श्लोक अत्यन्त महत्त्वपूर्ण है क्योंकि इसमें इन्द्र एवं वृत्र के युद्ध के प्राचीन प्राकृतिक आधार की झलक है —

वज्रस्तु तत्कन्धरमाशुवेगः कृन्तन् समन्तात् परिवर्तमानः।
न्यपातयत् तावदहर्गणेन यो ज्योतिषामयने वार्त्रहत्ये॥

— भाग० ६।१२।३३

इसमें कहा गया है कि तीव्रतापूर्वक घूमते हुए इन्द्र के वज्र ने वृत्र के कण्ठ को पूरे एक वर्ष पश्चात् वृत्र-वध के मुहूर्त में काटा। निश्चित रूप से यह प्रतिवर्ष वर्षाकाल में इन्द्र द्वारा होने वाली वृत्र की पराजय एवं तज्जन्य जलवृष्टि की ओर संकेत करता है।

ऋ० वे० १।११६।१२, ११७।२२ तथा ब्राह्मण ग्रन्थों में प्राप्त होने वाली **दधीचि** की **अश्विनौ** को मधुविद्या प्रदान करने की कथा बाद में वृत्र-वध के इस आख्यान से जोड़ दी गई है। अश्विनौ के वर्णन में कहा जा चुका है कि इन्द्र ने अथर्वा के पुत्र **दध्यङ्** (दध्यञ्च्) से अश्विनौ को मधुविद्या प्रदान करने के लिए मना कर दिया था और ऐसा करने पर उसका सिर काट डालने की धमकी दी थी। अश्विनौ ने एक अश्व का सिर दध्यङ् के जोड़ दिया और विद्या प्राप्त की। जब इन्द्र ने उसे काट डाला तो उन्होंने उसका वास्तविक सिर लाकर लगा दिया (श० ब्रा० १४।१।१।१८-२५)। बाद में इन्द्र को वृत्र-वध के लिए जब किसी प्रभावशाली शस्त्र की आवश्यकता पड़ती है तो देवता उन्हें दध्यञ्च् (पश्चाद्वर्ती दधीचि) के **अश्व-शिर** की अस्थियों का उपयोग करने को कहते हैं, क्योंकि मधुविद्या के उपदेशक होने के कारण उस कंकाल में अतुल-शक्ति का वास था। सिर का कंकाल खोजा जाता है और विश्वकर्मा उसकी अस्थियों से वज्र का निर्माण करते हैं। **रामा० बाल०** २७।११ में वज्र को 'हयशिरः' कहा गया है।

महाभारत तथा **पुराणों** में आकर यह प्रसंग दधीचि के त्याग, बलिदान एवं तेज का अपूर्व आख्यान बन जाता है। वृत्र के पराक्रम से व्याकुल देवता दधीचि के पास पहुँचते हैं और उनसे अपने शरीर की समस्त अस्थियाँ प्रदान करने की प्रार्थना करते हैं क्योंकि विष्णु ने उनसे कह रखा है कि ब्रह्मतेज-युक्त दधीचि की अस्थियों में ही वृत्र जैसे राक्षस का वध करने का सामर्थ्य है। दधीचि लोक कल्याण के लिए हँसते-हँसते योग-बल से अपना शरीर छोड़ देते हैं। वन्य गायें उनके शरीर का मांस चाट जाती हैं और देवता उनकी अस्थियाँ लेकर चले जाते हैं (महाभारत वन० १००।२१, शल्य० ५१।२९-३०, शान्ति० ३४२।४०; ब्रह्म पु० ११० अ०; पद्म पु० सृष्टि० १९ अ०; भाग० ६।९, १० आदि०) **ब्रह्म पुराण** की कथा में इसका भी कारण वर्णित किया गया है कि

देवों ने दधीचि की ही अस्थियाँ क्यों लीं। देवों ने एक बार आवश्यकता न जान कर अपने सभी शस्त्र दधीचि के आश्रम में रख दिए। किन्तु बहुत दिनों तक जब देवता उन्हें लेने नहीं आए और राक्षस उनको ले जाने की घात में रहने लगे, तो दधीचि ने उनका अभिमन्त्रित जल से प्रक्षालन किया और जल को पी गए, जिससे उन सम्पूर्ण शस्त्रों की शक्ति और प्रभाव को उनके शरीर ने आत्मसात् कर लिया (११०। ३८, ३९)। ऋग्वेद में वर्णित इन्द्र के लौह या स्वर्ण-निर्मित वज्र से वर्तमान अस्थिमय-वज्र कितना भिन्न है। तथापि अभी भी यदा-कदा इसके तडित् से सम्बन्ध के संकेत मिल जाते हैं, उदाहरणार्थ **पद्म० सृष्टि** १९। ६५ में कहा गया है कि 'इन्द्र के वज्र से विद्युत् के समान गर्जन होता है।'

वृत्र-वध के इस आख्यान पर दृष्टि डालने से विदित होता है कि वृत्र में कोई भी आसुरी दोष नहीं है। इन्द्र अपने गुरु तथा पुरोहित विश्वरूप का वध करते हैं। वह ब्राह्मण है और ब्राह्मण का वध शास्त्र के अनुसार किसी भी स्थिति में क्षत्रिय द्वारा विहित नहीं है। इसके पश्चात् वह त्वष्टा की अनुमति के बिना उसके सोम का भी पान करता है। अतः त्वष्टा द्वारा उसको दण्ड देने के लिए प्रयत्न करना स्वभाविक ही है। वृत्र क्षत्रिय धर्म का पालन करते हुए अपने भाई की मृत्यु का बदला लेने के लिए यत्न करता है और धर्म-युद्ध में प्राण देता है। उसका चरित्र पूर्णतः निर्दोष है। वेदों में जल का अवरोध करना ही उसका मुख्य अपराध था पर उसकी स्मृति अब तो पूर्णतः लुप्त हो चुकी है। अतः धीरे-धीरे महाकाव्यों में वृत्र के स्वरूप का उत्कर्ष होता चला गया है। महाभारत में वृत्र को परम ज्ञानी, बुद्धिमान् तथा धार्मिक व्यक्ति के रूप में चित्रित किया गया है। **महा० शान्ति०** २७९। १३-३१ में उसे इन्द्र के द्वारा निहत नहीं बताया गया है। तीनों लोकों को जीतने की इच्छा से वह तपस्या करता है और फिर ऐश्वर्य के उन्माद में समस्त देवों की सम्पत्ति हस्तगत कर लेता है किन्तु बाद में उसे प्रबोध होता है और विष्णु में अटूट श्रद्धा के कारण वह युद्ध के अवसर पर विष्णु को प्रत्यक्ष देखता है —

युयुत्सुना महेन्द्रेण पुंसा सार्धं महात्मना।
ततो मे भगवान् दृष्टो हरिर्नारायणः प्रभुः॥ शान्ति० २७९। २८

इन्द्र केवल उसका राज्य छीन कर उसे पद-भ्रष्ट कर देते हैं। पर वृत्र को इससे शोक नहीं होता। शुक्राचार्य से वह कहता है कि मैंने सत्य और तप के प्रभाव से जीवों के आवागमन का रहस्य जान लिया है, अतः मुझे हर्ष और शोक नहीं होते —

सत्येन तपसा चैव विदित्वासंशयं ह्यहम्।
न शोचामि न हृष्यामि भूतानामगतिं गतिम्॥ शान्ति० २७९। १६

वह सनत्कुमार आदि से विष्णु-भक्ति के विषय में प्रश्न करता है (शान्ति०, २८०

अ०) और अन्त में विष्णु का ध्यान करते हुए अपने प्राणों को छोड़कर परम धाम प्राप्त करता है (योजयित्वा तथात्मानं पर स्थानमवाप्तवान्, २८०।५९ तथा २८३।६०, ६१)। युधिष्ठिर उसकी प्रशंसा करते हुए कहते हैं —

अहो धर्मिष्ठता तात वृत्रस्यामिततेजसः।
यस्य विज्ञानमतुलं विष्णोर्भक्तिश्च तादृशी॥

— शान्ति० २८१।१

श्रीमद्भागवत में भी उसे विष्णु का एक उत्कृष्ट भक्त तथा ज्ञानी बताया गया है। इन्द्र से युद्ध करते समय सांसारिक जंजाल से खिन्न होकर विष्णु के चरणों में अपने चित्त को लगा कर वह उनकी मार्मिक स्तुति करता है — 'हे भगवान्! जो आपके चरण-कमलों का सहारा लेकर रहते हैं, मुझे उनके दासों का भी दास बनने का सौभाग्य प्राप्त हो। मेरा मन आपका चिन्तन करे, वाणी आप के गुण गाए और शरीर आपका कार्य करे। बिना पंख वाले पक्षी जैसे अपनी माता की बाट जोहते हैं, भूख से पीड़ित बछड़े जैसे अपनी माता का दूध पीने को आतुर रहते हैं और विरहिणी जैसे अपने परदेशी प्रियतम की प्रतीक्षा में व्याकुल रहती है, उसी प्रकार मेरा हृदय भी अब आपको देखने के लिए तड़प रहा है —

अजातपक्षा इव मातरं खगाः स्तन्यं यथा वत्सतराः क्षुधार्ताः।
प्रियं प्रियेव व्युषितं विषण्णा मनोऽरविन्दाक्ष दिदृक्षते त्वाम्॥

— भाग० ६।११।२६

वृत्र के शरीरपात के पश्चात् इस विष्णु-भक्त के शरीर से एक ज्योति निकल कर विष्णु में विलीन हो जाती है (भाग० ६।१२।३५)।

कहाँ वैदिकयुगीन आसुरीभावमय वृत्रासुर और कहाँ विष्णु के प्रति सम्पूर्णतया समर्पित यह सात्त्विक और धार्मिक व्यक्तित्व? दोनों में आकाश-पाताल का अन्तर है। विष्णु-भक्ति की जाह्नवी में अवगाहन कर पुराणों में अनेक पापियों के कल्मष धुल गए हैं और एक उज्ज्वल चरित्र निखर आया है।

वृत्र के इस उत्कर्ष के विपरीत इन्द्र का उत्तरोत्तर अपकर्ष हुआ है। पुराणों में उन्हें एक नीच, छली और ईर्ष्यालु देवता के रूप में चित्रित किया गया है और इस प्रवृत्ति की चरम सीमा तब परिलक्षित होती है जब महाभारत तथा देवी भागवत आदि पुराणों में इन्द्र को त्वष्टा के पुत्र **विश्वरूप का** अकारण वध करते हुए वर्णित किया जाता है। **महा०, उद्योग०** ९ तथा १०वाँ अ० **देवी भाग०** ६।१।३०-६।२।२७ में त्रिशिरा को इन्द्र का पुरोहित नहीं अपितु एक तपस्वी ऋषि बताया गया है। वह घोर तपस्या करता है। इन्द्र उसके बढ़ते हुए प्रभाव से सशंक होकर सोचते हैं कि कहीं यह इन्द्रपद प्राप्त करके मुझे नष्ट न कर दे —

तं च दृष्ट्वा तपस्यन्तं खेदमाप शचीपतिः।
विषादमगमत् तत्र शक्रोऽयं मास्म भूदिति॥ — देवी भा० ६।१।३६

उसकी तपस्या में विघ्न डालने के लिए वे अप्सराओं को भेजते हैं किन्तु उनसे जब काम नही चलता तो स्वयं वज्र से उसका वध कर डालते हैं (देवी भा० ६।२।४)। नीचता और भय की यह पराकाष्ठा है। इसी प्रकार **रामायण उत्तर०** ८४-८६ सर्गों में भी वृत्र को अत्यन्त सदाचारी, विद्वान् तथा धार्मिक चित्रित किया गया है। वह तपस्या करता है किन्तु इन्द्र उसके तेज से भयभीत होकर उसका वध कर देते हैं। इन्द्र की दुष्टता और निर्बलता की इस पृष्ठभूमि में वृत्र का चरित्र और भी निखर उठता है।

त्वष्टा के पुत्र **त्रिशिरा** का उल्लेख ऋग्वेद में भी है पर इन्द्र के अतिरिक्त प्रायः **त्रित** को भी उसका वध करते हुए वर्णित किया गया है। वृत्र की भाँति वह भी देवों की गायें चुरा लेता है —

त्रिशीर्षाणं सप्तरश्मिं जघन्वान् त्वाष्ट्रस्य चिन्त्रिः ससृजे त्रितो गाः।
— ऋ० १०।८।८

वैदिक त्रिशिरा असुर पुराणों में एक तपस्वी ऋषि है। वृत्र के उपर्युक्त भक्त-स्वभाव की व्याख्या करने के लिए बाद में कुछ कथाओं का निर्माण हुआ है, जिसमें प्रायः उसे पूर्वजन्म का **चित्रकेतु** (भाग० ६। १७। १-२५) या **मणिमान्** (महा० आदि० ६७।४४) नामक राजा बताया गया है, जो अत्यन्त भगवद्-भक्त था किन्तु शिव का उपहास करने से पार्वती के शापवश अगले जन्म में वृत्र नामक राक्षस हुआ।

ब्रह्म० ९६।२-४, **भाग०** और **महा० उद्योग०** १०।४६ तथा **शान्ति०** २८२।११-१८ में इन्द्र का वृत्र वध करने के उपरान्त ब्रह्महत्या के भय से भाग कर जल में जा छिपने का वर्णन है। इसका आधार तै० सं० २।५।३ तथा श० ब्रा० १।६।४।१, २ में है, जहाँ कहा गया है कि इन्द्र वृत्र पर प्रहार कर (ब्रह्महत्या रूप) अपराध के भय से अथवा वृत्र को जीवित समझकर दूर भाग गए (इन्द्रो वृत्रं हत्वा परां परावतम् अगच्छद् अपराधमिति मन्यमानः, तै० सं०)।

अब हम इन्द्र के दूसरे प्रमुख शत्रु **नमुचि** पर आते हैं। पीछे (पृ० ३६०) कहा जा चुका है कि ऋग्वेद ८।१४।१३ में इन्द्र द्वारा जल के फेन से नमुचि का वध करने का उल्लेख है (अपां फेनेन नमुचेः शिर इन्द्रो अवर्तयः)। इसकी व्याख्या में सायण ने ब्राह्मणों के आधार पर निम्नलिखित कथा उद्धृत की है —

पुरा किल इन्द्रो असुरान् जित्वा नमुचिमसुरं ग्रहीतं न शशाक। स च युध्यमानः तेनासुरेण जगृहे। स च गृहीतमिन्द्रम् एवम् अवोचत्। 'त्वां विसृजामि रात्रौ अह्नि च

शुष्केनार्द्रेण चायुधेन यदि मां न हिंसीः इति' स इन्द्रः तेन विसृष्टः सन् अहारोत्रयोः सन्धौ शुष्कार्द्रविलक्षणेन फेनेन तस्य शिरश्चिच्छेद।

सायण ने यह कथा उस शाखा के ब्राह्मण से ली है जिसके वे स्वयं अनुयायी थे, अर्थात् तैत्तिरीय ब्राह्मण से। इस ब्राह्मण में कथा का सबसे प्राचीन रूप प्राप्त होता है। वृत्र का वध करने और असुरों को पराजित कर लेने पर भी इन्द्र नमुचि को नहीं मार पाते। नमुचि ही उनको अपने बल से बाँध लेता है और इन्द्र के कहने पर इस शर्त पर छोड़ता है कि बाद में इन्द्र उसे न तो दिन में मारेंगे, न रात में, न गीले शस्त्र से और न सूखे से। किन्तु इन्द्र चालाकी से एक दिन प्रात:काल उसे जल के फेन से मार डालते हैं —

इन्द्रो वृत्रं हत्वा असुरान् पराभाव्य नमुचिमसुरम् नालभत तं शच्या अगृह्णात्। तौ समलभेताम्। सोऽस्माद् अभिशुनतरोऽभवत्। सोऽब्रवीत् 'सन्धि सन्दधावहै। अथ त्वा अवस्त्रक्ष्यामि। न मा शुष्केण नाद्रेण हनः न दिवा न नक्तम्।' स एवम् अपां फेनेन असिंचत्। न वै एष शुष्को नार्द्रः। व्युष्टा आसीद् अनुदितः सूर्यः। न वै एतद् दिवा न नक्तम्। तस्य एतस्मिन् लोके अपां फेनेन शिर उदवर्तयः। तै० सं० १।७।१।६

शुक्ल यजुर्वेदीय परम्परा के अनुसार कथा में अश्विनौ भी महत्त्वपूर्ण भाग लेते हैं। ऋ० १०।१३१।४ तथा वा० सं० १०।३३ में जो मन्त्र प्राप्त होता है, वह इस प्रकार है —

युवां सुराणाम् अश्विना नमुचावसुरे सचा।
विपिपाना शुभस्पती इन्द्रं कर्मस्ववातम्॥

इसमें अश्विनौ द्वारा नमुचि के वध के अवसर पर इन्द्र की रक्षा करने का उल्लेख है। **श० ब्रा०** १२।७।३।१-४ में इस संकेत को पल्लवित करते हुए इसे थोड़ा सा कर्मकाण्डीय पुट दे दिया गया है। सुरा से प्रमत्त नमुचि इन्द्र के बल, अन्न के रस तथा सोम को हर ले गया। इन्द्र अश्विनौ तथा सरस्वती के पास पहुँचे और बोले कि मैंने नमुचि से प्रतिज्ञा की है कि न तो तुम्हें दिन में मारूँगा, न रात में। न धनुष से, न डण्डे से। न थप्पड़ से, न मुक्के से। न गीली वस्तु से, न सूखी वस्तु से। अब तुम मेरे बल को वापिस दिलाने की चेष्टा करो। सरस्वती और अश्विनौ ने जल में फेन उत्पन्न किया। इन्द्र ने प्रात:काल उससे नमुचि का वध किया। किन्तु उसके अन्दर जो सोम था, वह रक्त मिश्रित था, अतः अश्विनौ ने उसे **'सोमो राजा अमृतं सुतः'** (वा० सं० १९।७२) आदि मन्त्रों से पृथक् तथा शुद्ध किया और इन्द्र को लाकर प्रदान किया —

इन्द्रस्य इन्द्रियम् अन्नस्य रसं सोमस्य भक्षं सुरया असुरो नमुचिः अहरत् सः अश्विनौ सरस्वतीं चोपाधावत्। शेपानो अस्मि नमुचये न त्वा दिवा न नक्तं हनानि। न दंडेन न धन्वना। न पृथेन न मुष्टिना न शुष्केण नार्द्रेण.....। तस्य शीर्षश्छिन्ने लोहितमिश्रः सोमो अतिष्ठत्। तस्मादभीत्सन्त। स एतदन्धसो विपानमपश्यन्...... तेनैनं स्वदयित्वा आत्मन् अदधत॥ — श० ब्रा० १२।७।३।१, ३, ४

महाभारत में तीन स्थानों पर (वन० २५। १० तथा ९९२। ४, शल्य० ४३। ३७, ३८) इन्द्र द्वारा नमुचि वध का उल्लेख है। शल्य पर्व की कथा इस प्रकार है — एक बार इन्द्र के भय से नमुचि सूर्य की किरणों में समा गया किन्तु इन्द्र ने उसे आश्वासन दिया कि मैं तुमको दिन या रात्रि में, सूखी अथवा गीली वस्तु से नहीं मारूँगा। नमुचि निकल आया तो एक दिन इन्द्र ने फेन से उसका गला काट डाला। वह कटा सिर विश्वासघाती इन्द्र के पीछे लग गया पर इन्द्र ने किसी प्रकार अरुणा नदी में स्नान करके उससे छुटकारा पाया —

नमुचिर्वासवाद् भीतः सूर्यरश्मिं समाविशत्।
तेनेन्द्रः सख्यमकरोत् समयं चेदमब्रववीत्॥

न चार्द्रेण न शुष्केण न रात्रौ नापि चाहनि।
वधिष्याम्यसुरश्रेष्ठ सखे सत्येन ते शपे॥

एवं स कृत्वा समयं दृष्ट्वा नीहारमीश्वरः।
विच्छेदास्य शिरो राजन् अपां फेनेन वासवः॥

तच्छिरो नमुचेश्छिन्नं पृष्ठतः शक्रमन्वियात्।
भो मित्रहन् पापेति ब्रुवाणः शक्रमन्तिकात्॥

— उद्योग० ३५-३८

वृत्र की भाँति नमुचि को भी **महाभारत, शान्ति** पर्व के २२६वें अ० में जीवित दिखाया गया है। नमुचि राजलक्ष्मी से भ्रष्ट होने पर प्रशान्त महासागर के समान गम्भीर बना रहता है (श्रिया विहीनमासीनम् अक्षोभ्यमिव सागरम्, २) और इन्द्र द्वारा पूछे गए प्रश्नों का उत्तर देता है। महाभारत तथा पुराणों में यह एक सामान्य धारणा है कि शुक्राचार्य अपनी संजीवनी विद्या से मृत दैत्यों को जीवित कर देते थे। अतः प्राचीन दैत्यों को इस प्रकार जीवित वर्णित कर देने पर भी कोई असामंजस्य नहीं उत्पन्न होता।

महाभारत, उद्योग० १० अ० में नमुचि कथा की कुछ विशेषताएँ वृत्र-वध की कथा से मिल गई हैं। यहाँ यह कहा गया है कि इन्द्र ने संध्या काल में अपने वज्र पर जल-फेन लगा कर वृत्र का वध किया क्योंकि उसे ब्रह्मा से दिन या रात्रि में, सूखी या गीली वस्तु से न मरने का वरदान प्राप्त था (१०। ३९)।

इन्द्र से सम्बन्धित एक अन्य महत्त्वपूर्ण कथा के बीज भी ब्राह्मण ग्रन्थों में पाए जाते हैं। रामायण में इन्द्र के गौतम ऋषि की पत्नी अहल्या के साथ व्यभिचार करने और परिणामस्वरूप ऋषि द्वारा दोनों को शाप देने की कथा विस्तार से वर्णित की गई है (बाल० ५०। ११ तथा उत्तर० ३०। २१-४६)। इसका संकेत **श० ब्रा०** ३। ३। २। १८ में उद्धृत इस मन्त्र में प्राप्त होता है —

हरिव आगच्छ मेधातिथिर्मेषवृषणश्वस्य मेने।
गौरवावस्कन्दिन् अहल्यायै जार इति।

यह मन्त्र **जैमिनीय ब्राह्मण** २।७९ तथा **षड्विंश ब्रा** १।१।२ में भी प्राप्त होता है। सम्पूर्ण वैदिक साहित्य में अहल्या के साथ इन्द्र के सम्पर्क का केवल यही एक उल्लेख है। पर यहाँ अहल्या का स्वरूप अत्यन्त अस्पष्ट है। 'अहल्या का जार' बताने के अतिरिक्त इन्द्र के विषय में भी और कुछ नहीं कहा गया। प्रतीत होता है कि यह कथा लोक-विश्वास में सुरक्षित चली आई और रामायण काल में आकर सुन्दर रूप से विकसित हुई। वास्तविक एवं प्रमुख विकास बाद में होने से कथा में परवर्ती तत्त्व आ जाने स्वाभाविक ही थे। अतः मुख्य कथा का राम से घनिष्ठ सम्बन्ध हो गया। रामायण में ऋषि गौतम को अहल्या का पति बताया गया है। बालकाण्ड की कथा के अनुसार इन्द्र एक बार गौतम ऋषि का रूप धारण करके आते हैं और अहल्या से संगम की याचना करते हैं। जब अहल्या को पता चलता है कि साक्षात् देवराज इन्द्र ही मेरे पास आए हुए हैं तो उसका चित्त चंचल हो जाता है। गौतम ऋषि को जब दोनों के कुकृत्य का पता चलता है तो वे इन्द्र को शाप देकर नपुंसक बना देते हैं और अहल्या को भी अपना स्थूल शरीर छोड़कर अदृश्य सूक्ष्म-रूप से वायु भक्षण करते हुए आश्रम में रहने का शाप देते हैं किन्तु साथ ही यह विधान कर देते हैं कि राम के इस आश्रम में प्रवेश से उसे अपना प्राचीन रूप फिर प्राप्त हो जाएगा।

वायुभक्षा निराहारा तप्यन्ती भस्मशायिनी।
अदृश्या सर्वभूतानामश्रमेऽस्मिन् वसिष्यसि॥
यदा चैतद् वनं घोरं रामो दशरथात्मजः।
आगमिष्यति दुर्धर्षस्तदा पूता भविष्यसि॥

— रामा० बाल० ५०।३०, ३१

रामायण के उत्तरकाण्ड में बालकाण्ड की कथा से इतना अन्तर है कि यहाँ अहल्या अपनी इच्छा से आत्मसमर्पण नहीं करती। इन्द्र को वह उसके छद्मवेश के कारण गौतम ही समझती है —

अज्ञानाद् धर्षिता नाथ त्वद्रूपेण दिवौकसा।
न कामकाराद् विप्रर्षे प्रसादं कर्तुमर्हसि॥ — उत्तर० ३०।४२

अहल्या के विषय में कहा गया है कि वह त्रिलोक में अनुपम सुन्दरी थी। प्रजापति ने प्रजा के सौन्दर्य का सारभाग लेकर उसका निर्माण किया था। **हल्य** (कुरूपता) के अभाव के कारण वह अहल्या थी (हलं नामेह वैरूप्यं हल्यं तत्प्रभवं भवेत्। यस्मान्न विद्यते हल्यं तेनाहल्येति विश्रुता, ३०। २५)। रामायण, उत्तरकाण्ड, की यह कथा **ब्रह्मपुराण** के ८७वें अध्याय में सुन्दर रूप से विकसित की गई है। समस्त पौराणिक

साहित्य में सम्भवतः इसका सबसे उत्तम रूप यहीं प्राप्त होता है। **महा० शान्ति०** ३४२। २३ में भी इस कथा का अत्यन्त संक्षिप्त उल्लेख है।

जहाँ तक इस कथा के भौतिक अथवा देवशास्त्रीय आधार का प्रश्न है, उसकी व्याख्या मीमांसकों ने बहुत पहले ही सन्तोषजनक रूप से कर दी थी। जैमिनीय सूत्र ९। १। ४२, ४४ की व्याख्या करते हुए तन्त्रवार्तिक में कुमारिल भट्ट ने कहा है कि **अहल्या** शब्द **रात्रि** का वाची है। अहन् या दिन में लीन हो जाने के कारण रात्रि 'अहल्या' कहलाती है। और सूर्य ही इन्द्र है। जार का अर्थ है क्षीण करने वाला या नष्ट करने वाला। क्योंकि यह शब्द 'जॄ-वियोहानौ' धातु से बना है। रात्रि को क्षीण करने के कारण सूर्य-रूपी इन्द्र को अहल्या का जार कहते हैं —

समस्ततेजः परमेश्वरत्वनिमित्तेन्द्रशब्दवाच्यं सवितैव अहनि लीयमानतया रात्रेः अहल्याशब्दवाच्यतया क्षयात्मकजरणहेतुत्वाद् जीर्यति अस्माद् अनेन वा उदितेन वा इत्यहल्याजार उच्यते न परस्त्रीव्यभिचारात्॥

वैदिक साहित्य में इन्द्र की सूर्यात्मकता के अनेक उल्लेख प्राप्त होते हैं। अथर्ववेद में तो पूरा एक सूक्त (१७वाँ काण्ड) ही दोनों का तादात्म्य सूचित करता है। ऋग्वेद में इन्द्र द्वारा सूर्य के प्रकाश को पुनः प्राप्त करने का जो उल्लेख है, उससे इन्द्र का सूर्य से घनिष्ठ सम्बन्ध हो जाना स्वाभाविक ही है। **श० ब्रा०** ३। ४। २। १५ में कहा गया है — **'एष वा इन्द्रो य एष तपति'**। ८। ५। ३। २ में पुनः उन्हें आदित्य कहा गया है। तै० सं० १। ७। ६ में भी एतद्विषयक यह वाक्य प्राप्त होता है — **'असौ वा आदित्य इन्द्रः'**। **श० ब्रा०** २। ३। १। ७ में सूर्य को इन्द्र बताया गया है; उसकी किरणें ही 'विश्वेदेवाः' कहलाती हैं —

एते वै विश्वेदेवा रश्मयः योऽथ परं भाः स इन्द्रः।

श० ब्रा० १। ६। ४। १८ के भाष्य में आदित्य और इन्द्र के तादात्म्य की व्याख्या करते हुए सायणाचार्य ने कहा है **'आदित्य एवेन्द्रः परमैश्वर्ययोगात्'**।

वा० सं० ३। १० का निम्नलिखित मन्त्र इन्द्र और अहल्या की कथा की कल्पना का आधार प्रतीत होता है —

सजूर्देवेन सवित्रा सजूरात्र्येन्द्रवत्या। सजूर्देवेन सवित्रा सजूरुषसेन्द्रवत्या जुषाणः सूर्यो वेतु।

रात्रि को 'इन्द्रवती' मानने की परिकल्पना ही अहल्या की कथा की (और उषस् को इन्द्रवती मानने की धारणा प्रजापति और उनकी पुत्री की) कथा की आधार-भूमि है। वाजसनेयी संहिता के इस मन्त्र की व्याख्या में श० ब्रा० २। ३। १। ३७ में कहा गया है कि सूर्य ही इन्द्र है वह रात्रि से संगत होता है —

सवितृमत्प्रसवाय। तद् रात्र्या मिथुनं करोति। सेन्द्रं करोति। इन्द्रो हि यज्ञस्य देवता तद् अह्ना वा उषसा वा मिथुनं करोति....... तत् सूर्याय प्रत्यक्षं जुहोति।

महाकाव्यों और **पुराणों** में इन्द्र के स्वरूप पर एक सामान्य दृष्टि डालने से ही विदित हो जाएगा कि वैदिक युग के एकच्छत्र सम्राट्, अब अत्यन्त निर्बल तथा श्री-हीन हो गए हैं। देवों के अधिपति वे अवश्य हैं पर अब उनमें सामान्य दैत्यों का वध करने की भी शक्ति नहीं है। यहाँ तक कि कई बार तो पृथ्वी के सामान्य मर्त्य उनसे अधिक शक्तिशाली सिद्ध होते हैं। महा० आदि० के २२६ वें अध्याय में खाण्डव-दाह की घटना को लेकर इन्द्र और अर्जुन में घोर युद्ध होता है जिसमें अर्जुन अपने गाण्डीव के तीक्ष्ण बाणों से इन्द्र को पराजित कर देते हैं (२२७। ३)। **निवातकवच** दानवों का वध करने में जब इन्द्र असमर्थ रहते हैं तो वे अर्जुन को पृथ्वी से बुलाते हैं और उनका स्वागत-सत्कार करते हैं (वन० ४३। ८-१५)। कभी-कभी अपने स्वार्थ के लिए उन्हें अत्यन्त अपमानजनक कार्य भी करने पड़ते हैं। शशाद के पुत्र **पुरञ्जय** के पास जब वे राक्षसों का वध करने की प्रार्थना लेकर पहुँचते हैं तो वह कहता है कि यदि आप वृषभ बनें तो मैं आपके ऊपर बैठकर युद्ध कर सकता हूँ (विष्णु० ४। २। २८-३२)। इन्द्र को कार्य सिद्धि के लिए यह भी करना पड़ता है। इन्द्र की सामर्थ्य अब इतनी क्षीण हो चुकी है कि कोई भी वीर उन्हें युद्ध में बन्दी बना लेता है। **ब्रह्म पु०** के १२९वें अध्याय में हिरण्य राक्षस से उनकी पराजय होती है और भीषण अपमान के पश्चात् उसके पाशों में उन्हें मुक्ति मिलती है। **रामा० उत्तर०** २९। ३० में इन्द्र का पुत्र **मेघनाद** उन्हें जीतकर इन्द्रजित् उपाधि प्राप्त करता है। **विष्णु पु०** ५। ३० में इन्द्र और कृष्ण का घोर युद्ध होता है क्योंकि कृष्ण अपनी पत्नी सत्यभामा के लिए उनके नन्दनवन से पारिजात का वृक्ष उखाड़कर ले जाने के लिए उद्यत होते हैं। इस युद्ध में इन्द्र की कृष्ण से करारी हार होती है। **मत्स्य पु०** १४५। ४७ में दिति का पुत्र **वज्रांग** इन्द्र को उसी प्रकार बाँध लाता है जैसे सिंह किसी क्षुद्र मृग को दबोच लेता है —

बद्ध्वा ततः सहस्राक्षं पाशेनामोघवर्चसा।
मातुरन्तिकमागच्छद् व्याघ्रः क्षुद्रमृगं यथा॥

इन्द्र अत्यन्त ईर्ष्यालु हैं। उनकी किसी भी पार्थिव राजा की उन्नति देख कर उसे नष्ट करने की चेष्टा रहती है। उनकी इन्द्रत्व प्राप्ति का कारण केवल यही है कि वे १०० अश्वमेध यज्ञ कर चुके हैं। जो इतने यज्ञ कर लेता है, वह इन्द्र पद का भागी हो जाता है। इन्द्र शब्द अब एक सामान्य उपाधि है और एक सामान्य पद का वाची है, जिसे कोई भी प्राप्त कर सकता है। भाग० ८। १। १-१० में विभिन्न मन्वन्तरों में होने वाले अनेक इन्द्रों का उल्लेख है। अतः इन्द्र को इस विषय में अत्यन्त सावधान रहना पड़ता है कि कहीं कोई उनका राज्य न हड़प ले। राजा **पृथु** का बढ़ता हुआ उत्कर्ष देखकर उन्हें बड़ी ईर्ष्या होती है —

शतक्रतुर्न ममृषे पृथोर्यज्ञमहोत्सवम्		— भाग० ४।१९।२

और वे राजा पृथु का कोई अपकार करने की चेष्टा करते हैं—

इति चाधोक्षजेशस्य पृथोस्तु परमोदयम्।
असूयन् भगवानिन्द्रः प्रतिघातमचीकरत्॥
— भाग० ४।१९।१०

अतः पृथु के यज्ञ के अश्व को वह जटायुक्त छद्म वेश धारण करके ले भागते हैं। अपनी माया से वे चारों ओर सघन अन्धकार फैला देते हैं। ऋषिगण क्रुद्ध होकर उन्हें मन्त्रों से यज्ञाग्नि में ही हवन कर देने का विचार करते हैं पर पृथु उन्हें मना करके इन्द्र को मारने के लिए धनुष उठाते हैं। इन्द्र घबराकर पृथु को उनका अश्व लौटा देते हैं और उनके चरण स्पर्श करते हैं। वैदिक युग का सर्वशक्तिमान् एकछत्र सम्राट् जब पृथु जैसे पार्थिव राजाओं के चरण छूता है तो उसकी तुच्छता एवं हीनता का सर्वोच्च निदर्शन प्राप्त होता है —

स्पृशन्तं पादयोः प्रेम्णा व्रीडितं स्वेन कर्मणा।
शतक्रतुं परिष्वज्य विद्वेषं विससर्ज ह॥		— वही, ४।२०।१८

विष्णु पु० ५।११ तथा **श्रीमद्भागवत** दशम-स्कन्ध के २४वें अध्याय में इन्द्रयोग के अवसर पर कृष्ण गोपों द्वारा इन्द्र की पूजा किए जाने का घोर विरोध करते हैं। कृष्ण के द्वारा पुरातन काल से चली आ रही इन्द्र की कर्मकाण्डीय उपासना का तिरस्कार करना, एक ऐसी विद्रोहमूलक प्रतिक्रिया को सूचित करता है, जिसमें वैदिक कर्मकाण्ड का विरोध हो रहा था। विरोध का मूल आधार था एक नवीन दार्शनिक चिन्तन, जिसके अंग थे सांख्य का प्राचीन दर्शन, कर्मों के फल में विश्वास और पुनर्जन्म की धारणा। अपने-अपने सुख-दुःख के कारण मनुष्य के पूर्वजन्मगत संस्कार (स्वभाव) तथा वर्तमान जन्म में किए गए कर्म हैं। जो अपने वर्ण एवं आश्रम के अनुकूल कार्य करता है, उसे अपनी कामनाओं की पूर्ति के लिए अथवा भय से प्रेरित होकर इन्द्रादि तुच्छ देवों की उपासना करने की कोई आवश्यकता नहीं है क्योंकि ये मनुष्य के भाग्य को नहीं बदल सकते। ईश्वर में विश्वास रखना और दीनों की सेवा करते हुए अपने कर्त्तव्य का पालन करना यज्ञ आदि के हिंसामय कर्मकाण्ड से कहीं अच्छा है। 'इन्द्र की पूजा करने की अपेक्षा तो जड गोवर्द्धन-पर्वत की पूजा करना अधिक अच्छा है। कम से कम वह गौओं को कन्द, मूल, फल आदि से तो तृप्त करता है।'

इन्द्र कुद्ध होकर जलवृष्टि से गोकुल को डुबा देना चाहते हैं, किन्तु अन्त में कृष्ण की ही विजय होती है। और जब इन्द्र जाकर अपना मुकुट कृष्ण के चरणों में रखते हैं और कामधेनु के दुग्ध से उनका अभिषेक करते हैं (भाग० १०।२७।२, ३ तथा २२) तो सरलता से अनुमान लगाया जा सकता है कि यह एक ऐसे युग का सूचक है, जब

इन्द्र जैसे प्राचीन कर्मकाण्डीय देवताओं का महत्त्व समाप्त हो रहा था और उनका स्थान ईश्वर-भक्ति तथा सदाचार पालन आदि के नैतिक नियम ले रहे थे।

इन्द्र अपने पद के विषय में अत्यन्त सशंक रहते हैं। उन्हें सदा भय बना रहता है कि कहीं कोई इसे छीन न ले। जब भी कोई तपस्या करता है तो उसमें विघ्न डालने के लिए वे अप्सराओं को भेजते हैं। **विश्वामित्र** तथा **कण्डु** (विष्णु १।१५।१२) आदि की कथाएँ इस सम्बन्ध में प्रसिद्ध हैं। भाग० ११।४ में वे नर-नारायण की तपस्या में भी विघ्न डालते हैं। किन्तु ऋषियों का तेज इतना अधिक बढ़ा हुआ है कि बेचारे इन्द्र को कई बार उनके कोप का भाजन होना पड़ता है। **विष्णु०** १९।९।१-२४ में जब वे **दुर्वासा** के द्वारा दी गई माला का अभिनन्दन नहीं करते तो परमकोपन ऋषि उन्हें श्रीहीन हो जाने का शाप देते हैं (१६वाँ श्लोक)। इन्द्र ऐरावत से उतरकर उन्हें मनाते हैं।(१।९।१८), किन्तु ऋषि उन्हें फटकार लगाकर चल देते हैं। भाग० १०।६।२१, २२ तथा **महा० आदि०** ५७।६० में **तक्षक** को शरण देने के कारण जब ऋषि जनमेजय के नाग-यज्ञ में मन्त्र पढ़कर हवन करते हैं तो इन्द्र अपने सिंहासन सहित हवन-कुंड में गिरने के लिए आने लगते हैं—

तच्छ्रुत्वा आजुहुर्विप्राः सहेन्द्रं तक्षकं मखे।
'तक्षकाशु पतस्वेह सहेन्द्रेण मरुत्वता'॥
इति ब्रह्मोदिताक्षेपैः स्थानादिन्द्रः प्रचालितः।

— भाग० १०।६।२१, २२

इसी प्रकार **महा०, वनपर्व** १२४।१९ में जब च्यवन ऋषि अश्विनौ को इन्द्र के मना करने पर सोमपान कराते हैं और इन्द्र उन्हें मारने के लिए वज्र उठाते हैं तो च्यवन अपने तपोबल से उनकी दाहिनी भुजा को स्तम्भित करे देते हैं और इन्द्र का भक्षण कर जाने के लिए **मद** नामक दैत्य की सृष्टि करते हैं (वन० १२४।२१)। विवश होकर इन्द्र उन्हीं की शरण में जाते हैं। इसी प्रकार के एक अन्य प्रसंग का उल्लेख कालिदास ने रघुवंश के द्वितीय सर्ग में किया है, जिसमें शिव के ऊपर वज्रप्रहार करने में उद्यत इन्द्र के बाहु का जडीकरण भगवान् शिव केवल उधर अपनी दृष्टि डाल कर ही कर देते हैं- **'जडीकृतस्त्र्यम्बकवीक्षणेन वज्रं मुमुक्षन्निव वज्रपाणिः'**। वैदिक 'सुत्रामा' (उत्तम रक्षक) अब अपनी ही रक्षा करने में समर्थ नहीं हैं।

इन्द्र की तुच्छता का उदाहरण **महा०, वनपर्व** २२७ वें अध्याय में भी प्राप्त होता है, जहाँ वे केवल कुछ दिनों के बालक **कार्तिकेय** की बढ़ती हुई शक्ति देखकर युद्ध करके उसे नष्ट करने की चेष्टा करते हैं किन्तु अन्त में उससे हार कर वे उसकी महत्ता स्वीकार करते हैं। मत्स्य० १४५।४७ में **वज्रांग** इन्द्र को पराजित करके बाँध लेता है पर कश्यप आदि ऋषियों के कहने पर छोड़ देता है। किन्तु वे ही इन्द्र वज्रांग के तपस्या

में प्रवृत्त हो जाने पर उसकी पत्नी **वरांगी** को सताते हैं और अनेक प्रकार के रूप धारण करके उसे भयभीत करते हैं—

तस्यां तपसि वर्तन्त्याम् इन्द्रश्चक्रे विभीषिकाम्।
भूत्वा तु मर्कटस्तत्र तदाश्रमपदं महान्॥
चक्रे विलोलं निःशेषं तुम्बीघटकरण्डकम्।
ततस्तु मेषरूपेण कम्पं तस्याकरोन्महत् (आर्ष)॥
भीषिकाभिरनेकाभिः तां क्लिश्यन् पाकशासनः।

— मत्स्य० १४५। ६३, ६४, ६७

राक्षसों का वध करने के लिए वे हर सम्भव प्रयत्न करते हैं। अपनी पुत्री **जयन्ती** को वे तपस्या करते हुए शुक्र को मुग्ध करने के लिए भेजते हैं और फिर बृहस्पति को शुक्राचार्य का रूप धारण करके असुरों को भ्रान्त करने का आदेश देते हैं (मत्स्य पु०, ४७ वाँ अ०)। यहाँ वे अत्यन्त स्वार्थी तथा चालाक चित्रित किए गए हैं। जब उन्हें पता चलता है कि दिति के गर्भ से मेरा विनाश करने वाला बालक उत्पन्न होने वाला है तो वे जाकर उसकी भारी सेवा-शुश्रूषा करते हैं और एक दिन मौका पाकर गर्भस्थ बालक की हत्या करने का प्रयत्न करते हैं (ब्रह्म पु० १२४ वाँ अ०, विष्णु १। २१। ३०-४१, मत्स्य० ७। ५०-६५, वायु० ६५वाँ अ०, आदि)। इस स्थल पर उन्हें अत्यन्त क्रूर तथा हृदयहीन चित्रित किया गया है। मरुत् बालक की करुणामयी प्रार्थना से भी उनका हृदय नहीं पिघलता (ब्रह्म पु० १२४। ५९-६८)। ऐसे ही कई कर्मों के कारण इन्द्र को अपने राज्य से कई बार भ्रष्ट होना पड़ता है। ब्रह्मपुराण १२२। ४८ में ऐसे तीन प्रसंगों का उल्लेख किया गया है।

मै० सं० १। १०। १३ में इन्द्र के द्वारा पर्वतों के पंखों को काटे जाने और उन पंखो के मेघ बन जाने का जो उल्लेख है, उसकी स्मृति पुराणों में भी सुरक्षित है। भाग० ८। ११। ३४ तथा मत्स्य० १२४। ११-१३ में वर्षा करने वाले श्रेष्ठ पुष्करावर्तक नामक मेघों को पर्वतों के उन्हीं पक्षों से उत्पन्न बताया गया है।

पुष्करावर्तका नाम ये मेघाः पक्षसंभवाः।
शक्रेण पक्षाश्छिन्ना वै पर्वतानां महौजसा।
कामगानां समृद्धानां भूतानां नाशमिच्छताम्॥ आदि।

कालिदास के **मेघदूत** का मेघ भी पुष्करावर्तकों के वंश में उत्पन्न है (**'जातं वंशे भुवनविदिते पुष्करावर्तकानाम्'**) — इसीलिए जब वह पर्वतों के समीप आता है तो पूर्व सम्बन्ध का स्मरण करके उष्ण स्रोतों के रूप में पर्वतों की आँखों से अश्रुवृष्टि होने लगती है (स्नेहव्यक्तिश्चिरविरहजं मुञ्चतो बाष्पमुष्णम्)।

इन्द्र अब मुख्य रूप से वर्षा देवता रह गए हैं। उनका वैदिक **पर्जन्य** (या मेघ) से तादात्म्य किया गया है। वे ही जल-वृष्टि से प्राणियों का पोषण करते हैं। किसी राजा से अप्रसन्न होने पर या तो वे उसके राज्य में जल-वृष्टि बिल्कुल बन्द कर देते हैं (उदाहरणार्थ **ऋषभदेव** की समृद्धि से ईर्ष्या होने पर, भाग० ५।४।४) या अत्यधिक जलौघ से उसके प्रदेश को आप्लावित कर देते हैं (जैसे **कृष्ण** से अप्रसन्न होकर, भाग० १०।२५।१-१२)। वैदिक देवता 'पर्जन्य' का स्वरूप अब इन्द्र के साथ मिल गया है और उनकी एक प्रमुख विशेषता बन गया है। भागवत में **नन्द** इन्द्र की महत्ता का वर्णन इन शब्दों में करते हैं —

पर्जन्यो भगवान्द्रिो मेघास्तस्यात्ममूर्तयः।
तेऽभिवर्षन्ति भूतानां प्रीणनं जीवनं पयः॥
तं तात वयमन्ये च वार्मुचां पतिमीश्वरम्।
द्रव्यैस्तद्रेतसा सिद्धैर्यजन्ते क्रतुभिर्नराः॥ — भाग० १०।२४।८-१०

लगभग इन्हीं शब्दों में **विष्णुपुराणकार** ने भी नन्द से इन्द्र की पूजा का समर्थन करवाया है। इन्द्र मेघों के स्वामी हैं। मेघों से जो जलवृष्टि होती है, उससे अन्न उत्पन्न होता है और उसको खाकर हम अपने प्राण धारण करते हैं। अतः वृष्टि के अधिष्ठाता देवता का तर्पण हमें अवश्य करना चाहिए —

मेघानां पयसां चेशो देवराजः शतक्रतुः।
तेन संचोदिता मेघा वर्षन्त्यम्बुमयं रसम्॥
तद्वृष्टिजनितं सस्यं वयमन्ये च देहिनः।
वर्तयामोपयुञ्जानाः* तर्पयामश्च देवताः॥
पर्जन्यः सर्वलोकस्योद्भवाय भुवि वर्षति॥
— विष्णु ५।१०।१९, २०, २३

भारत जैसे देश के लिए वृष्टि का जो महत्त्व है, उसके परिप्रेक्ष्य में इन्द्र की पूजनीयता स्वाभाविक ही थी। प्राचीनकाल में भाद्रपद शुक्लपक्ष में **इन्द्रमह** या **इन्द्रध्वज** उत्सव के रूप में इन्द्र की देशव्यापी पूजा होती थी। इस उत्सव में एक उत्तुंग वृक्ष-स्तम्भ या वंश-दण्ड को किसी सार्वजनिक स्थान पर स्थान पर स्थापित करके उसे विविध प्रकार से अलंकृत किया जाता था; उसमें इन्द्र का आह्वान तथा पूजन होता था और जनता अनेक दिनों तक नृत्य-गीतादि द्वारा इन्द्रध्वज के चारों ओर हर्षोल्लासपूर्ण उत्सव मनाती थी। तमिल साहित्य के सुप्रसिद्ध काव्य **शिलप्पतिकारम्** (५वीं शती), वराहमिहिर की **बृहत्संहिता** (७वीं शती) तथा भोज के **समरांगणसूत्रधार** (११वीं

*दुहरी सन्धि का यह आर्ष प्रयोग ध्यातव्य है। पूर्वपृष्ठ (३८२) परा उद्धृत 'तस्याकरोन्महत्' भी ऐसा ही प्रयोग है (वर्तयामः + उपयुञ्जानाः, तस्याः + अकरोत्)।

शती) आदि ग्रन्थों में इस उत्सव का विस्तार से वर्णन प्राप्त होता है[१]। उड़ीसा तथा नेपाल में यह आधुनिक युग तक प्रचलित रहा है।

मत्स्य० १७३। ६ में इन्द्र के रथ का सुन्दर वर्णन है और इसे विद्युल्लता विभूषित, इन्द्रधनुषयुक्त, पर्वत के समान (कृष्ण-वर्ण) तथा इच्छानुसार अन्तरिक्ष में विचरण करने वाले मेघों (या मेघ रूपी अश्वों ?) से युक्त बताया गया है —

वज्रविस्फूर्जितोद्भूतैः विद्युदिन्द्रायुधोदितैः।
युक्तो बलाहककगणैः पर्वतैरिव कामगैः॥

पीछे कहा जा चुका है कि ऋग्वेद में इन्द्र अपने पक्षी श्येन द्वारा आकाश से सोम को पृथ्वी पर मँगवाते हैं। यहाँ देवता स्वयं सोम के अभ्यर्थी हैं और सोम उनकी पहुँच के बाहर है। किन्तु **महाभारत** (आदि० ३०-३३ अ०) में यह स्थिति बदल गई है। यहाँ इन्द्र सोम या अमृत के रक्षक के रूप में चित्रित किये गए हैं। गरुड जब अमृत लेने स्वर्ग पहुँचते हैं तो इन्द्र अपनी पूरी शक्ति से उन्हें रोकते हैं (आदि० ३३।१८-३५)। इन्द्र के पास अमृत का भण्डार है। वे अमृत-वृष्टि से कौरवों द्वारा मारे गए गन्धर्वों को जीवित कर देते हैं (वन० २४५ अ०)। उनका शरीर अमृतमय है। वन० १२६। ३० तथा द्रोण ६२। ७ में वे अपनी अमृतवर्षिणी तर्जनी को मान्धाता के मुख में डालकर उस मातृविहीन बालक का पोषण करते हैं।

पृथ्वी के मनुष्यों के शील एवं स्वभाव की परीक्षा लेना भी इन्द्र का एक विशेष कार्य है। महा० शल्य० ४८। २-५८ में वे भरद्वाज की कन्या **श्रुतावती** की परीक्षा लेते हैं और बाद में उसे अपनी पत्नी बनाते हैं। वन० १३१ वें अध्याय में राजा **उशीनर** (शिवि) की परीक्षा के लिए इन्द्र और अग्नि क्रमशः एक श्येन तथा कपोत का रूप धारण करके आते हैं और उसकी दानशीलता की परीक्षा लेते हैं। **महा० अनु०** ५। १३-२८ में वे एक शुक की दृढ़निष्ठा की परीक्षा लेते हैं, जो अपने आश्रयदाता शुष्क-वृक्ष को छोड़कर कहीं नहीं जाना चाहता था। **पद्म० भूमिखण्ड** के ५८वें अध्याय में पतिव्रता **सुकला** के पातिव्रत्य की परीक्षा लेते हुए उसे कामदेव द्वारा अपने प्रति प्रलुब्ध और आसक्त कराने की उनकी चेष्टा भी इसी शृंखला की एक कड़ी है।

इन्द्र की गायों की पणियों द्वारा चोरी और इन्द्र द्वारा उनका पता लगाने के लिए देवशुनी **सरमा** को भेजना आदि की ऋग्वेद (१०। १०८) में वर्णित कथा **ब्रह्म पु०** १३१ वें अध्याय में अपने मूल रूप में प्राप्त होती है और **वायु पु०** ७८वें अध्याय में ऋग्वेद तथा श० ब्रा० आदि में उल्लिखित इन्द्र द्वारा त्वष्टा के सोम का बलात् पान किए

---

१. उत्सव के कर्मकाण्ड तथा उसके मध्यकालीन स्वरूप के सम्बन्ध में प्रस्तुत लेखक का निम्न निबन्ध द्रष्टव्य है : *Das Indradhvaja-Fest in Orissa, Überreste der Indraverehrung in Ostindien*, Z.D. M. G. (Supplement III), Wiesbaden 1977.

जाने की कथा भी वर्णित की गई है। इन्द्र के मुख से गिरी सोम की बूँदें पृथ्वी पर गिरकर ईख बन जाती हैं और हाथ की उँगलियों से गिरी श्यामाक।

इन्द्र के प्रायः सभी वैदिक विशेषण पुराणों में सुरक्षित हैं। वृत्रहा, पुरुहूत या पुरुष्टुत (अत्यधिक स्तुत), पुरन्दर, गोत्रभिद् (असुरों के मेघरूपी पुरों को नष्ट करने वाले), सुत्रामा (रक्षक), वासव (धनयुक्त), मघवा (उदार), विडौजा (मरुत्-विश्-ही जिसकी शक्ति हैं, या प्रजा में शक्ति संचार करने वाले) तथा मरुत्वान् आदि ऐसे ही विशेषण हैं। 'शतक्रतु' या 'शतमन्यु' का अर्थ ऋग्वेद में 'सैकड़ों पराक्रमों या संकल्पों वाला' है किन्तु ब्राह्मण-काल में ही क्रतु का अर्थ 'यज्ञ' लेकर उन्हें 'सौ अश्वमेध यज्ञ करनेवाला' मान लिया गया है। उनकी एक उपाधि 'सहस्राक्ष' भी है। सम्भवतः वर्षा के उपरान्त छँटते हुए मेघों के बीच से झलकते हुए नीले आकाश-खण्डों की परिचायक है। पर इसकी पौराणिक कथा यह है कि गौतम ने अहल्या के धर्षण के कारण इन्द्र को सहस्रभग-युक्त होने का शाप दिया पर बाद में उन चिह्नों को आँखों में परिवर्तित कर दिया।

किन्तु ऋग्वेद में इन्द्र के वीर कर्मों के रूप में वर्णित घटनाएँ और उनकी उपलब्धियाँ पुराणकाल में विष्णुभक्त भागवतों द्वारा अधिकांशतः कृष्ण (या विष्णु) से सम्बद्ध कर दी गई है। श्रीमद्भागवत में कृष्ण के द्वारा अजगर **अघासुर** का वध वर्णित है, जो वृत्र का ही दूसरा रूप है। **व्योम** नामक असुर गोपों और उनकी गायों को ले जाकर एक गुफा में बन्द कर देता है, जहाँ से कृष्ण उन्हें छुड़ा कर जाते हैं। यह व्योम वैदिक **बल** नामक असुर है, जिसकी गुफा से इन्द्र ने गायों को निकाला था (यो गा उदाजद् अपधा बलस्य, ऋ० २।१२।३)। ऐसे कई अन्य प्रसंग हैं।

ऋग्वेद के इस परमशक्तिशाली देवता के उत्तरोत्तर अपकर्ष एवं उनके छोटे भाई (उपेन्द्र) के निरन्तर उत्कर्ष का यह इतिहास धार्मिक मान्यताओं के विकास की दृष्टि से अत्यधिक रोचक है।

मरुद्गण

'मरुत्' शब्द से ही स्पष्ट है कि यह झंझावात से सम्बन्धित अथवा तीव्रता से प्रवहमान वायु को सूचित करता है। ऋग्वेद में इसकी कल्पना एक देवता के रूप में नहीं अपितु कई देवों के एक समूह के रूप में की गई है। इनका एक गण या **शर्धः** (ऋ० १।३७।१) है। किन्तु इन सभी मरुतों का आकार एवं कार्य आदि पूर्णतः एक से हैं। निरुक्तकार ने मरुत् शब्द की तीन प्रकार से व्याख्या की है —

मरुतो मितराविणो व मितरोचनो वा। महद् द्रवन्ति इति वा।

— निरुक्त ११।१३

दुर्गाचार्य के अनुसार **मित** शब्द का अर्थ है योग्य, अनुरूप या सुश्लिष्ट। जो उचित प्रकार से रव या गर्जन करते हैं, वे मरुत हैं (मितं नाम सुश्लिष्टम्, यथा तेषां योग्यं रवितुं तथा रवन्ति स्तनयन्ति)। उत्तम प्रकार से दीप्त (रोचन्ते) होने के कारण भी उनको मरुत् कह सकते हैं। इधर-उधर अत्यधिक भागने (द्रवण) के कारण भी महद्द्रुत् (क्विप्) या महद्रुत शब्द ह् तथा द् का लोप होने से 'मरुत्' में बदल सकता है। दुर्गाचार्य ने यह भी लिखा है कि कुछ व्यक्ति यास्क के ऊपर उद्धृत मूल पाठ में 'मित' शब्द के स्थान पर 'अमित' शब्द को स्वीकार करते हैं (मरुतोऽमितराविणो वाऽमितरोचनो वा) क्योंकि दोनों शब्दों की सन्धि समान है। इस प्रकार यास्क द्वारा सुझाई प्रथम दो व्युत्पत्तियों का अर्थ 'अत्यधिक शब्द करने वाले' या 'अत्यधिक प्रकाशित होने वाले' भी हो सकता है[१]।

मरुतों की संख्या के विषय में वैदिक साहित्य में कोई निश्चित धारणा प्राप्त नहीं होती। **ऋ०** ८।९६।८ में उनकी संख्या त्रिःषष्टि या १८० बताई गई है (त्रिः षष्टिस्त्वा मरुतो वावृधाना) किन्तु अन्य स्थानों पर उन्हें **'त्रिसप्त'** या २१ भी बताया गया है (त्रिसप्तैः शूर सत्त्वभिः)। अ० वे० १३।१।३ में भी उन्हें **'त्रिषप्तासः'** कहा गया है। **वाजसनेयी सं०** २१।२७ में २७ मरुतों का उल्लेख है (त्रिणवे मरुतः स्तुताः) किन्तु १७।८१-८५ में मरुतों के सात-सात के गण का उल्लेख करते हुए उनकी संख्या क्रमशः ७, १४, २१, २८, ३५ तथा ४२ बताई गई है। **तै० सं०** ४।६।५, **तै० ब्रा०** २।७।५, **श० ब्रा०** २।५।१।१३, ५।४।३।१७ तथा ९।३।१।२५ में कहा गया है कि मरुतों का गण सात-सात के वर्गों में बँटा है (सप्त सप्त हि मारुतो गणः)। **तै० सं०** २।२।५ में इनके सात वर्ग बताए गए हैं और इस प्रकार इनकी संख्या ४९ हो जाती है। यही संख्या सभी पुराणों तथा महाकाव्यों में मान्य है।

अस्तु, ये सभी मरुत् समवयस्क हैं। इन भाइयों में आपस में न कोई छोटा है, न बड़ा (अज्येष्ठासो अकनिष्ठास एते सं भ्रातरों वावृधुः सौभगाय, ऋ० ५।६०।५)। इनका जन्म एक ही स्थान से हुआ है और इनका आवास (नीड) भी एक ही है (शुभा सवयसः सनीला सामान्या मरुतः सं मिमिक्षुः, १।१६५।१)।

---

१. बेनफे (**ओरियन्ट एण्ड ऑक्सीडेन्ट**) ने ऋ० वे० १।६।४ की टिप्पणी में लिखा है कि मरुत् शब्द मृ (या मर्) धातु से निकला है और मूल रूप में आकाश में विचरण करती हुई प्रेतात्माओं का वाची था। यद्यपि कून, मायर तथा श्र्योदर आदि विद्वानों ने इसका समर्थन किया है किन्तु ऋग्वेद में मरुतों के स्वरूप को देखते हुए यह कल्पना पूर्णतः निराधार प्रतीत होती है। देखिए कीथ, **रिलीजन०** प्रथम भाग, पृ० १५३, १५४।

झंझावात से सम्बद्ध होने के कारण **रुद्र** से इनका सम्बन्ध अत्यन्त स्वाभाविक है। अतः इन्हें 'रुद्र के पुत्र' (**रुद्रासः, रुद्रियाः**) कहा गया है (१।३९।४, ७ तथा १।३८।७ आदि)। उनकी माता '**पृश्नि**' है, जिससे रुद्र (वृषभ) ने उन्हें उत्पन्न किया है। (२।३४।२)। पृश्नि का अर्थ है 'अनेक वर्ण वाली गाय' अतः उन्हें **पृश्निमातरः** के अतिरिक्त '**गोमातरः**' भी कहा गया है। मैक्डॉनल का मत है कि पृश्नि शब्द वर्षा करने वाले चितकबरे मेघ का परिचायक है[1]। **ऋ०** १।२३।१२ में उन्हें विद्युत् के हास्य से उत्पन्न बताया गया है और कुछ स्थानों में उन्हें 'आकाश का पुत्र' भी कहा गया है (३।५४।१३ आदि)।

मरुतों की **दीप्तिमत्ता** का भी प्रायः उल्लेख हुआ है। वे अग्नि तथा सूर्य के समान तेजस्वी हैं (ये अग्नयो न शोशुचन्, ६।६६।२; सूर्यत्वचः ७।५९।११)। **ऋ०** १०।७८।३ में उन्हें 'अग्नि की लपटों के समान प्रकाशमान' कहा गया है (अग्नीनां न जिह्वा विरोकिणः)। इसमें सन्देह नहीं कि मरुत् का ज्योति से यह सम्बन्ध विद्युत् के कारण ही है। मरुतों के साथ विद्युत् का वर्णन प्रायः हुआ है (**ऋ०** ५।५४।२, ३ आदि)। जब मरुत् पृथ्वी पर घृत की वर्षा करते हैं तो विद्युत् पृथ्वी की ओर मुस्कुराती है (**अव स्मयन्त मरुतः पृथिव्यां यदीं घृतं मरुतः प्रष्णुवन्ति**, १।१६८।८)। मरुत् के भालों या 'ऋष्टि' का प्रायः उनके साथ सर्वत्र उल्लेख हुआ है। ये देदीप्यमान भाले विद्युत् के ही प्रतिरूप हैं क्योंकि ऋग्वेद में कई स्थानों पर रूपक-अलंकार के रूप में 'ऋष्टिविद्युतः' शब्द आया है। (१।१६८।५ आदि) मरुत् स्त्रियों की भाँति अपने शरीर को स्वर्ण के आभूषणों से सजाते हैं (**प्र ये शुंभन्ते जनयो न सप्तयो**, १।८५।१)।

मरुतों के **रथ** का भी उल्लेख हुआ है। यह रथ विद्युन्मय है (आ विद्युन्मद्भिः मरुतः रथेभिः, १।८८।१)। इसके चक्र स्वर्ण-निर्मित हैं और इनमें घृत (जल) की वर्षा करने वाले चर्मपात्र (कोश) रखे हुए हैं (**श्चोतन्ति कोशा उप वा रथेष्वा**, १।८७।२)। इनके रथों में चितकबरी घोड़ियाँ (पृषतीः) जुती रहती हैं (**मनोजुवो यन्मरुतो रथेष्वा वृषव्रातासः पृषतीरयुग्ध्वम्**, १।८५।४)। वैसे सम्भवतः 'पृषतीः' (चितकबरी) का अर्थ, हरिणियाँ लेना अधिक उचित होगा। पौराणिक युग में वायु का वाहन मृग ही है। 'मनोजुवः' (मन के समान वेगवान्) अर्थ भी मृग के साहचर्य में अधिक ठीक बैठता है।

मरुतों का पराक्रम असीम है। ये कल्याणकारी हैं (**मयोभुवो ये अमिता महित्वा**, ५।५८।२)। उनकी शक्ति का अन्त आज तक किसी ने नहीं पाया (**न हि तु वो मरुतो आरात् चित् शवसो अन्तमापुः**, १।१६७।९)। वे वार्धक्यरहित (अजर, १।६४।३) हैं। वे सिंह के समान गर्जना करते हैं (**सिंहा इव नानदन्ति** १।६४।८)।

---

१. **वै० मा०**, पृ० ७८।

उनकी क्रियाशीलता से आकाश भी काँपने लगता है (द्यौर्न चक्रदद् भिया, ८।७।२६)। वे अपने रथ की शक्ति से पर्वतों को भी उखाड़ डालते हैं (अद्रिं भिन्दन्ति ओजसा, ५।५२।९)। बड़े-बड़े वन (वृक्ष) उनकी शक्ति के आगे नतमस्तक हो जाते हैं (वना चिदुग्रा जिहते नि वो भिया, ५।६०।२।)।

मरुत् वर्षाकारी हैं। वे पृथ्वी को जल से आर्द्र बना देते हैं (१।३८।९) और वृष्टि को पृथ्वी की ओर प्रेरित करते हैं (**वृष्टिं मे विश्वे मरुतो जुनन्ति** ५।५८।३)। **अथर्ववेद** ४।२७।४ में कहा गया है कि मरुत् समुद्र के जल को आकाश में ले जाते हैं और वहाँ से पृथ्वी पर बरसाते हैं (**अपः समुद्राद् दिवमुद्वहन्ति दिवस्पृथिवीमभि ये सृजन्ति**)।

झंझावात के गर्जन को दृष्टि में रखकर इन्हें अनेक बार गायक (ऋक्वन्) कहा गया है। ये अपनी वीणा (बाण) पर अनेक प्रकार के गीत गाते हैं (१।१९।४, १।८५।२)।

मरुत् वृष्टि के देवता **इन्द्र** के विशेष रूप से सहायक हैं (३।३५।९ आदि)। इन्द्र के गुणों का कीर्तन करके तथा गानादि के द्वारा वे इन्द्र के उत्साह एवं शक्ति को बढ़ाते हैं (१।१३५।११)। वृत्र के वध में भी उन्होंने इन्द्र की सहायता की थी (वृत्रेण यदहिना बिभ्रद्रायुधा विश्वे ते इन्द्र मरुतः सहात्मना अवर्धन् १०।११३।३)। **वा० सं०** ३३।६३ तथा **ऋ०** ३।४७।४ में कहा गया है कि उन्होंने इन्द्र की वृत्र-हनन तथा शम्बर-वध में सहायता की थी (ये त्वा अहिहत्ये मघवन् अवर्धन् ये शांबरे हरिवो ये गविष्टौ)। इन्द्र जो-जो भी पराक्रम के कार्य करते हैं, उन सब में मरुतों का हाथ अवश्य रहता है (१।१०२।१ आदि)। **'मरुत्वान्'** आदि इन्द्र का अपना विशेषण है और यह लौकिक साहित्य में भी इन्द्र के लिए प्रायः प्रयुक्त हुआ है। एक अस्पष्ट से मन्त्र में मरुद्गण अपने को इन्द्र का भाई बताते हुए उससे अपने को न मारने की प्रार्थना करते हैं —

किं न इन्द्र जिघांससि ? भ्रातरो मरुतस्तव।
तेभिः कल्पस्व साधुया मा नः समरणे वधीः॥ ऋ० १।१७०।२

ऋग्वेद में कुछ स्थानों पर मरुतों को **'सुदानव'** कहा गया है (आ यं नरः सुदानवो ददाशुषे दिवः कोशमचुच्यवुः, ५।५३।६; धमन्तो बाणं मरुतः सुदानवः, १।८५।४)। इन प्रसंगों से प्रतीत होता है कि दानवः का अर्थ है 'देने वाले', दानी। अतः सुदानवः का तात्पर्य 'अत्यधिक दानी' है। यह शब्द दा धातु से नु प्रत्यय द्वारा वैसे ही बना है जैसे **भा** से **भानुः**।

शुक्ल यजुर्वेद में वर्णित मरुतों के स्वरूप में ऋग्वेद की अपेक्षा कोई विशेष अन्तर नहीं है। २।१६ में उनके सम्बन्ध में **पृश्नि** (माता) तथा **पृषतीः** का उल्लेख हुआ है। ३।४४ में उनके उग्र एवं भयंकर रूप का वर्णन हुआ है और उन्हें **'प्रघासिनः'**

(विनाशक) कहा गया है। वे रक्षा करने में अत्यन्त निपुण हैं। उनकी कृपा से मनुष्य अत्यन्त सुरक्षित रहता है (**मरुतो यस्य हि क्षये पाथा दिवो विमहसः। स सुगोपातमो जनः**।८।३१)।१७।१ में उनसे ऊर्जा तथा शक्ति को धारण करने की प्रार्थना की गई है (**तां न इषमूर्जं धत्त मरुतः**) ३।४६ में इन्द्र को '**मरुत्सखा**' कहा गया है[1]।७।३६ में इन्द्र के लिए '**मरुत्वान्**' विशेषण आया है और ३।३७ में उनसे मरुतों के साथ आ कर सोमपान करने की प्रार्थना की गई है (**इन्द्रः सगणो मरुद्भिः सोमं पिब**)।१७।८६ में कहा गया है कि मरुत् **दैवी-विश्** (प्रजा) है और वे इन्द्र का अनुगमन करते हैं (**इन्द्रं दैवीर्विशो मरुतो अनुवर्त्मानः अभवन्**) और ३३।६३, ६४ में ऋग्वेद के (३।४७।४ आदि) मरुतों से सम्बन्धित इन्द्र-साहाय्य विषयक मन्त्रों को उद्धृत किया गया है।

वा० सं० १७।४७ में मरुतों का यातविक कृत्यों से भी किञ्चित् सम्बन्ध प्रतीत होता है क्योंकि यहाँ उनसे यह प्रार्थना की गई है कि वे शत्रु की सेना को इस प्रकार अन्धकार से आवृत कर दें कि वे एक दूसरे को ही न देख पाएँ —

असौ या सेना मरुतः परेषामभ्यैति नः ओजसा स्पर्द्धमाना।
तां गूहत तमसापव्रतेन यथामी अन्यो अन्यं न जानन्॥

आकाश की घनघोर गर्जन-युक्त वृष्टि-प्रक्रिया से सम्बन्धित होने के कारण मरुतों का विप्लव, अशान्ति या युद्ध से सम्बन्ध होना स्वाभाविक ही था। **अथर्ववेद** के अनेक अभिचारिक मन्त्रों में भी शत्रुओं को विनष्ट करने के लिए उनका आह्वान किया गया है। तृतीय काण्ड का प्रथम सूक्त इसका उदाहरण है। इसके दूसरे मन्त्र में प्रचण्ड मरुतों से शत्रुओं की सेना के विरुद्ध लड़ने की प्रार्थना की गई है (**यूयमुग्रा मरुत ईदृशे स्थाभि प्रेत मृगत सहध्वम्**)। षष्ठ मन्त्र में कहा गया है कि इन्द्र शत्रु-सेना को अज्ञान से आवृत कर ले और मरुत् अपनी शक्ति से उसे नष्ट कर दें (इन्द्रः सेनां मोहयतु मरुतो घ्नन्तु ओजसा)।४।२७।७ में कहा गया है कि मरुद्गण तेजस्वी, शक्तिशाली तथा युद्ध में अत्यन्त भयंकर है (**तिग्मम् अनीकं विदितं सहस्वन् मारुतं शर्धः पृतनासु उग्रम्**)।

मरुत् के पिता **पशुपति रुद्र** हैं (अ० वे० २४।१२)। वे जल की धाराएँ पृथ्वी पर गिराते हैं (४।२७।५, ये अद्भिरीशाना मरुतो तर्पयन्ति)। अ० वे० ४।२७ सम्पूर्ण सूक्त में मरुतों से कष्टों (अंहः) से छुड़ाने की प्रार्थना की गई है। जल-वृष्टि से सम्बन्ध के वे कारण उनका ओषधियों एवं अन्न से भी सम्बन्ध है। अतः ८।१।२ में कहा गया है कि दीर्घ-जीवन प्रदान करते हैं। स्तोता को वे प्रजा तथा धन से समृद्ध करते हैं (७।३३।१)। कृषि से भी कई स्थानों पर उनका सम्बन्ध स्थापित किया गया है (३।१७।९, ६।३०।१ आदि)।

अ० वे० ७।७७।३ में मरुतों को स्फूर्तिमय, प्रसन्नचित्त तथा आह्लादित करने वाले

---

१. तु० की०, **मरुत्प्रयुक्ताश्च मरुत्सखाभं तमर्च्यमारादभिवर्तमानम्**, रघुवंश २।१०।

(मादयिष्णु) कहा गया है (**मरुतः स्वर्का उरुक्षयाः सगणा मानुषासः। सांतपना मत्सरा मादयिष्णवः**)।

ब्राह्मण ग्रन्थों में संख्याधिक्य के कारण और सम्राट् इन्द्र से उनका सम्बन्ध होने से मरुतों को प्रायः '**विशः**' अर्थात् प्रजा, कृषक अथवा वैश्य कहा गया है। **ऐ० ब्रा०** १। २। ३, **कौ० ब्रा०** ७। ८, **तै० सं०** ६। १। ५ तथा **श० ब्रा०** २। ५। १। १२, ५। १। ३। ३ तथा ९। ३। १। १३ आदि में मरुतों को 'देवों की प्रजा' कहा गया है (विशो वै मरुतो देवविशः)। **तै० सं०** २। २। ५ में कहा गया है कि मरुत् देवों की प्रजा हैं और वे वैश्य वर्ण के हैं। अतः जिस राजा को प्रजा या ग्रामों की आवश्यकता हो, वह मरुतों की उपासना करे। **तै० सं०** २। २। ५ में कहा गया है कि मरुतों को सात कपालों में यज्ञ-भाग देना चाहिए क्योंकि मरुतों के सात गण हैं। (**मारुतः सप्तकपालो भवति। सप्तगणा वै मरुतः। गणशः एवास्मै सजातानवरुन्धे**) और **श० ब्रा०** २। ५। १। १३ में कहा गया है कि मरुतों का प्रत्येक गण सात-सात का है। (**सप्त सप्त हि मारुतो गणः**), इससे प्रतीत होता है कि उस समय मरुतों की ४९ संख्या ही मान्य थी।

अश्वत्थ वृक्ष से मरुतों का विशेष सम्बन्ध माना गया है। वे उसमें निवास करते हैं (**श० ब्रा०** ५। २। १। १७ तथा **तै० सं०** ३। ५। ७)। **श० ब्रा०** ७। २। २। १०, ९। १। २। ५ में मरुतों को वर्षा का अधिपति बताया गया है (मरुतो वै वर्षस्येशते)। **कौ० ब्रा०** ५। ४ में कहा गया है कि मरुत् जल में निवास करते हैं, अतः चातुर्मास्य यज्ञ में उन्हें जलमिश्रित दुग्ध प्रदान करना चाहिए। इसी ब्राह्मण में आगे (१२। ८) मरुतों और जल का तादात्म्य करते हुए कहा गया है कि 'मरुत् ही जल हैं और जल ही अन्न है। अतः मरुत् को हवि प्रदान करके यजमान अन्न प्राप्त करता है।' **तै० सं०** २। १। ६ में भी मरुतों को 'अन्न' कहा गया है। जो उनकी उपासना करता है, वह अन्न का भागी होता है। (मारुतम् आलभेत अन्नकामो, अन्नं वै मरुतः, य एवास्मै अन्नं प्रयच्छति अन्नाद एव भवति)। **श० ब्रा०** ८। ४। २। ८ में उन्हें गर्भ का अधिपति एवं उसका रक्षक कहा गया है।

अथर्ववेद के ऊपर उद्धृत मन्त्र में मरुतों के लिए 'सांतपना' (प्रतप्त करने वाले) विशेषण आया है। कौ० ब्रा० ५। ५ में भी मरुतों को 'ताप देने वाला' कहा गया है। वे अग्नि को उत्पन्न करते हैं। अन्तरिक्षस्थ विद्युत् या दवाग्नि से मरुतों का यह सम्बन्ध उचित ही है। **श० ब्रा०** २। ५। ३। ३ में कहा गया है कि मरुत् संतपनकारी हैं। उन्होंने वृत्र को प्रतप्त कर दिया, जिससे शिथिल होकर वह लम्बी साँसे लेने लगा (और तब इन्द्र ने उसका वध कर डाला) —

> **मरुतो ह वै सान्तपना मध्यन्दिने वृत्रं सन्तेपुः। स सन्तप्तो अनन्नेव प्राणन् परिदीर्णः शिश्ये।**

(सन्तपनकारिणः मरुतः वृत्रमसुरं सन्तप्तं कृतवन्तः। स यः सन्तप्तः सन् श्वासप्रश्वासौ कुर्वन् अनन् प्राणन् विदारितसर्वावयवः शयनं कृतवान् — **सायण**)।

इतस्ततः इच्छानुसार विचरण करने के कारण मरुतों को ब्राह्मण ग्रन्थों में प्रायः **'क्रीडिन्'** या **क्रीडनकाः** अर्थात् खिलाड़ी कहा गया है। वृत्र-वध के समय इन्द्र के बल को बढ़ाते हुए (मनोरंजन करने के लिए) वे उनके चारों ओर खेलते रहे (**मरुतो ह वै क्रीडिनो वृत्रं हनिष्यन्तम् इन्द्रमागतम् तमभितः परिचिक्रीडुः महयन्तः, श० ब्रा०** २।५।३।२०)। **कौ० ब्रा०** ५।५ में भी उन्हें 'क्रीडायुक्त' कहा गया है। और **श० ब्रा०** २।५।१।१२ में कहा गया है कि मरुत् सर्वत्र स्वच्छन्द भ्रमण करते हैं—

ता हेदमनिषेद्ध्रा इव चेरुः (नियन्तृरहिता इव, स्वतंत्राः — सायण)।

इन्द्र और मरुतों का अटूट सम्बन्ध है। इन्द्र मरुतों के बल से ही वृत्र को मारते हैं। **श० ब्रा०** ४।३।३।७ में इन्द्र मरुतों को बुलाते हुए कहते हैं कि तुम मेरे पास ही रहो, तुम्हारे बल से मैं वृत्र को मारूँगा (उप मा वर्तध्वम्। युष्माभिर्बलेन वृत्रं हनानीति)। **ऐ० ब्रा०** ३।२।९ में कहा गया है कि मरुतों की इन्द्र के साथ स्थायी और दृढ़ मैत्री है। वृत्र से हुए इन्द्र के युद्ध के समय मरुतों ने उसे प्रोत्साहन दिया। शम्बर वध के समय उसकी सहायता की और अब वे सदा उसके साथ रहकर प्रसन्न रहते हैं। **ऐ० ब्रा०** ३।२।५ में मरुतों का तादात्म्य मनुष्यों की श्वास-प्रश्वास की वायु से किया गया है और मरुत् और इन्द्र के सम्बन्ध के विषय में कहा गया कि जब इन्द्र ने वृत्र का वध किया तो सभी देवों ने उसे छोड़ दिया। केवल मरुत् उस समय इन्द्र के पास रहे। क्योंकि मरुत् श्वास-प्रश्वास हैं और ये मनुष्य के सर्वोत्कृष्ट साथी हैं। उस समय भी इन्द्र उनसे युक्त रहा (**इन्द्रं वै वृत्रं जघ्निवांसं नास्तृतेति मन्यमानाः सर्वा देवता अजहुः। तं मरुत एव स्वापयो नापजहुः। प्राणा वै मरुतः स्वापयः। प्राणाः हैवैनं तं नाजहुः**)। इसी ब्राह्मण में अन्यत्र एक छोटी सी कथा में कहा गया है कि इन्द्र ने वृत्र-वध के समय सभी देवों से अपनी सहायता करने को कहा। जब वृत्र ने सब देवों को अपनी ओर आते हुए देखा तो उसने घोर गर्जना की, जिससे सब देवता भाग गए। केवल मरुत् इन्द्र के साथ रह गए और उन्होंने इन्द्र का उत्साह बढ़ाया —

इन्द्रो वै वृत्रं हनिष्यन् सर्वा देवता अब्रवीद्। अनु मा उपतिष्ठध्वम् उप मा आह्वयध्वम्। तथेति। तं हनिष्यन्तः आद्रवन्। सोऽवेद माम् वै हनिष्यन्तः आद्रवन्ति। हन्त इमान् भीषयै। तानभि प्राश्वसीत्। तस्य श्वसथाद ईषमानाः विश्वेदेवा अद्रुवन् मरुतो ह एनं नाजहुः 'प्रहर भगवो जहि वीरयस्व' इत्येतां वाचं वदन्तः उपातिष्ठन्त।

— ऐ० ब्रा० ३।२।

ऐ० ब्रा० की इस कथा का आधार ऋग्वेद का ८।९६।७ मन्त्र है, जिसमें उपर्युक्त पूरी कथा के बीज वर्तमान हैं —

वृत्रस्य त्वा श्वशथाद् ईषमाना विश्वे देवा अजहुर्ये सहायः।
मरुद्भिरिन्द्र सख्यं ते अस्तु अथेमा विश्वाः पृतना जयासि॥

संभवतः ऐसे ही वैदिक उद्धरणों से प्रेरणा प्राप्त कर कालिदास ने रघुवंश के द्वितीय सर्ग में इन्द्र के लिये ''मरुत्सखा'' विशेषण प्रयुक्त किया है और राजा दिलीप की उससे तुलना की है (**मरुत्प्रक्ताश्च मरुत्सखाभं तमर्च्यमारादभिवर्तमानम् . . .**)

वैसे तो ऋग्वेद में **मारुत** तथा **वायु** देवों में अन्तर है पर ब्राह्मण ग्रन्थों में कहीं कहीं मरुतों को वायु का ही रूप बताया गया है। मरुत् से बना 'मारुत' शब्द सामान्य वायु को सूचित करता है। श० ब्रा० ९।४।२।६ में कहा गया है कि अन्तरिक्षगत मारुत या वायु ही मारुतों का गण है —

अन्तरिक्षलोको वै मारुतो मारुतां गणः। तद् यो अन्तरिक्षलोके तमस्मिन्नेतद् दधाति।

वा० सं० १८।४५। में भी वायु के लिए मारुत शब्द प्रयुक्त हुआ है और उससे कल्याणप्रद रूप से अपनी ओर प्रवाहित होने की प्रार्थना की गई है —

मारुतो असि मरुतां गणः। शंभूः मयोभूः मा वाहि।

महाकाव्यों तथा पुराणादिकों में भी मरुतों का मानवीकरण अत्यधिक अपूर्ण है। इनका इन्द्र के परिचर ४९ देवों के रूप में उल्लेख किया गया है, जो सदा एक गण के रूप में रहते हैं। **विष्णु०** १।२२।४ में कहा गया है कि प्रजापति ने इन्द्र को मरुतों का स्वामी बनाया (वासवं मरुतामपि)। मरुतों की उत्पति तथा उनकी इन्द्र से मैत्री के विषय में लगभग सभी प्रमुख पुराणों तथा रामायण में एक मनोरंजक इतिहास प्राप्त होता है और प्रायः सर्वत्र इस कथा का एक ही रूप है। **रामायण बाल०** ४६, ४७ (१-९), **भाग०** ६। १८, **विष्णु०** १।२१-३०-४०, **मत्स्य** ७वाँ अ०, **वायु०** ६७वाँ० अ०, **पद्म सृष्टिखण्ड** ८वाँ अ० तथा **ब्रह्म पु०** के १२४वें अध्याय में वर्णित यह आख्यान संक्षेप में इस प्रकार है —

अमृत-मन्थन के उपरान्त हुए देवासुर संग्राम में जब देवों ने असुरों को हरा दिया तो उनकी माता अदिति को अत्यन्त दुःख हुआ। उसने अपने पति कश्यप की सेवा की और उनके तुष्ट होने पर उनसे एक ऐसे पुत्र होने का वरदान माँगा जो इन्द्र का वध कर सके (वरदो यदि मे ब्रह्मन् पुत्रमिन्द्रहणं वृणे। भाग० ६।१८।३७)। कश्यप ने उनको एक व्रत का उपदेश दिया, जिसके नियमों का एक सहस्र वर्ष तक पालन करना था। इन्द्र को जब यह पता लगा तो वे आकर दत्तचित्त होकर दिति की सेवा करने लगे और इस ताक में रहने लगे कि कभी दिति का नियम भंग हो तो उसके गर्भ को नष्ट कर दूँ। जब व्रत समाप्ति में कुछ समय रह गया तो एक दिन क्लान्ति के कारण दिति बिना पैरों को धोये, बाल खोले, पलँग के पैताने की ओर सिर किए हुए दिन में ही सो गई —

अकृत्वा पादयो शौचं प्रसुप्ता मुक्तमूर्धजा।
निद्राभरसमाक्रान्ता दिवा परशिराः क्वचित्॥ मत्स्य० ७।५३

अवसर देखकर इन्द्र सूक्ष्म रूप से दिति के गर्भ में प्रविष्ट हो गए और वहाँ उन्होंने अपने वज्र से गर्भस्थ बालक के सात टुकड़े कर दिए। किन्तु व्रत के प्रभाव से वे मरे नहीं और सात बालक बन कर रोने लगे। इन्द्र ने उनसे रोने के लिए मना किया (**मारोदीरिति तं शक्रः पुनः पुनरभाषत, विष्णु०** १।२१।३९) और अपने वज्र से फिर एक-एक बालक के सात-सात खण्ड कर डाले किन्तु फिर भी वे खण्ड ४९ तेजस्वी बालकों के रूप में परिणत हो गए। उन्होंने रोते हुए कहा कि 'हे इन्द्र!, हम तुम्हारे भाई हैं। तुम हमें क्यों नष्ट करना चाहते हो?' (**नो जिघांससि किम् इन्द्र, भ्रातरो मरुतस्तव भाग०** ६।१८।६४। **किं मां न रक्षसे वज्रिन् भ्रातरं त्वं जिघांससि, ब्रह्म०** १२४।५९) जब इन्द्र ने यह सुना बोले तो यदि तुम मेरे भाई हो तो तुम निर्भय रहो (**मा भैष्ट भ्रातरो मह्यं यूयमित्याह कौशिकः**, भाग० ६।१८।६४)। इसके पश्चात् इन्द्र ने उन्हें अपना साथी बना लिया और क्योंकि गर्भ में खण्ड किए जाने पर इन्द्र ने उन्हें रोने से मना किया था, (**मा रुदः**) इसलिए उनका नाम '**मरुतः**' पड़ गया —

यस्मान् मा रुदतेत्युक्ता रुदन्तो गर्भसंस्थिताः।
मरुतो नाम वै नाम्ना भवन्तु सुखभागिनः॥ — मत्स्य० ७।९२

रुदन्ति बहुरूपाणि 'मा रुदे'त्यब्रबीद् हरिः।
ततस्ते मरुतो जाता बलवन्तो महौजसः॥ — ब्रह्म १२४-७३

कथा का मुख्य रूप यही है, वैसे विभिन्न पुराणकारों की लेखनियों से निकलकर इसमें थोड़ा-बहुत अन्तर भी हो गया है। उदाहरणार्थ **ब्रह्मपुराण** में इन्द्र को बहुत निकृष्ट एवं निर्दय चित्रित किया गया है। दिति का गर्भस्थ बालक जब इन्द्र को आया हुआ देखता है तो वह उसकी भर्त्सना करता हुआ कहता है —

हत्वा वा किं नु जायेत यशो व पुण्यमेय वा।
वध्यन्ते भ्रातरः कामाद् गर्भस्थाः किन्नु पौरुषम्?
त्वं विद्यावान् वज्रपाणे मां निघ्नन् किं न लज्जसे?
— ब्रह्म १२४।६४, ६५।

किन्तु फिर भी स्वार्थी इन्द्र उसको मारने का प्रयत्न करता है, क्योंकि '**क्रोधान्धानां लोभिनां च घृणा क्वापि न विद्यते**' (१२४।६९)। इन्द्र ऐसा कार्य करता है, जिसे कोई चाण्डाल भी नहीं करना चाहेगा (**न यत्करोति श्वपचः प्रवृत्तस्तत्र वज्रधृक्**, ७६) अतः अगस्त्य उसे शाप देते हैं कि वह युद्ध में सदा शत्रुओं को पीठ दिखा कर भागा करे—**संग्रामे रिपवः पृष्ठं पश्येयुस्ते सदा हरे** (७८) और दुःखी अदिति भी उसे स्त्रियों से पराजित होकर राज्य से भ्रष्ट होने का शाप देती है — **स्त्रीभिः परिभवं प्राप्य राज्यात्प्रभ्रश्यसे हरे** (८०)।

किन्तु **रामायण** (बाल०, ४६, ४७) की दिति इन्द्र की सेवा से बहुत प्रसन्न रहती है और एक बार तो वह इन्द्र से यह भी कहती है, अब मेरा व्रत पूर्ण होने में कुछ ही समय और शेष है, मैंने तुम्हारा वध करने वाले पुत्र की कामना की थी पर अब मैं उसे तुम्हारा मित्र बना दूँगी। तुम उसके साथ त्रैलोक्य का राज्य भोगना —

तमहं त्वत्कृते पुत्रं समाधास्ये जयोत्सुकम्।
त्रैलोक्यविजयं पुत्रं सह भोक्ष्यसि विज्वरः॥ — रामा० बाल० ४६। १४

कथा पर दृष्टि डालने से विदित होता है कि इसका आधार ऋग्वेद का ऊपर उल्लिखित वह मन्त्र है, जिसमें मरुत् इन्द्र से अपने को उसके भाई बता कर न मारने की प्रार्थना करते हैं (१। १७०। २ **किं न इन्द्र जिघांससि भ्रातरो मरुतस्तव। तेभिः कल्पस्व साधुया मा नः समरणे वधीः**)। **भागवत** और **ब्रह्म** पुराणों में बिल्कुल ये ही शब्द थोड़े-बहुत परिवर्तन के साथ पुनरावृत्त हुए हैं। तै ब्रा० २। ७। ११ में भी इन्द्र एवं मरुत् के विरोध की एक झलक निम्न कथा में प्राप्त होती है, जिसमें कहा गया है कि एक बार अगस्त्य मरुतों के लिए कुछ वृषभ समर्पित कर रहे थे किन्तु उन्हें इन्द्र चुरा ले गए। इस पर मरुत् वज्र उठाकर इन्द्र के पीछे दौड़े —

अगस्त्यो मरुद्भ्यः उक्ष्णा प्रौक्षत्। तानिन्द्र आदत्त। ते एनं वज्रम् उद्यत्य अभ्यायन्त। तान् अगस्त्यश्च इन्द्रश्च 'कयाशुभीयेन' (ऋ०१। १६५) अशमयताम्।

— तै० ब्रा० २। ७। ११

ऋ० १। १६५। १-८ में भी इन्द्र और मरुतों के वैमनस्य के कुछ संकेत प्राप्त होते हैं[1]। ऐसे संकेतों और मरुतों तथा इन्द्र की घनिष्ठ मैत्री के विवरणों के परस्पर विरोध की व्याख्या करने के लिए ही पुराणों में उपर्युक्त कथा का निर्माण हुआ है। मरुतों के लिए ऋग्वेद में जो '**सुदानवः**' (अच्छे दाता) विशेषण प्राप्त होता है उसी के प्रभाव से वे दिति की सन्तान बताए गए हैं। परवर्ती भाषा में 'दानव' का आशय उन देवविरोधी शक्तियों से है, जो दिति या 'दानु' की सन्तानें हैं।

ऋग्वेद में मरुतों को रुद्र के पुत्र कहा गया है किन्तु पुराणों से यह धारणा पूर्णतः विलुप्त हो गई है। **नीतिमंजरीकार** ने ३१वें श्लोक[2] की व्याख्या में मरुतों के जन्म की पुराणों में वर्णित कथा को पूर्णतया उद्धृत करते हुए रुद्र और उमा को कथा के अन्त में बलात् प्रविष्ट करा दिया है। दिति के पुत्र के ४९ खण्ड देखकर पार्वती रुद्र से उन्हें जीवित कर देने की प्रार्थना करती है (**एकैकमेषां लभतां शरीरं मदर्थमेतत् क्रियतां**

१. इन सूक्तों के प्रथम मन्त्र की भूमिका में यास्क ने लिखा है—(१। ५) **अगस्त्यः इन्द्राय हविर्निरूप्य मरुद्भ्यः सम्प्रदित्साम् चक्रे। स इन्द्रः एत्य परिदेवयांचकार॥**

२. यह श्लोक इस प्रकार है —

दृष्ट्वा परव्यथां सन्तः उपकुर्वन्ति लीलया।
दितेर्गर्भव्यथां हत्वा रुद्रोऽभूत् मरुतां पिता॥

महेश) और महेश्वर सबको प्राणदान देकर उनके पिता बन जाते हैं। वैसे इस प्रसंग का संकेत ऋग्वेद में ही प्राप्त हो जाता है जहाँ रुद्र को मरुतों का पिता (**पितर् मरुताम्**) कहा गया है (ऋ० २।३३।१) पार्वती की प्रार्थना पर शिव द्वारा अनेक मुमूर्षु एव मृत प्राणियों को प्राणदान करने का यह अभिप्राय (मोटिफ़) भारतीय लोक कथाओं में सामान्यतया सर्वत्र उपलब्ध होता है।

लौकिक साहित्य में मरुतों के सात गणों की वायुमण्डल के विभिन्न विभाजनों के रूप में व्याख्या करने की चेष्टा की गई। रामायण में कहा गया है कि मरुतों के ये सात गण क्रमशः ब्रह्मलोक, इन्द्रलोक तथा पूर्व, दक्षिण, पश्चिम एवं उत्तर दिशाओं में विचरण करते हैं और सातवें गण का नाम है वायु, जो सर्वत्र गमनशील है —

मरुतां सप्त सप्तानां स्थानपाला भवन्त्विमे।
वातस्कन्धा इमे सप्त चरन्तु दिवि पुत्रक॥
ब्रह्मलोकं चरत्वेकः इन्द्रलोकं तथापरः।
दिव्यवायुरितिख्यातः तृतीयोऽपि महायशाः।
चत्वारस्तु सुरश्रेष्ठ दिशो वै तव शासनात्॥ रामा० बाल० ४७।३।५

वायु का मरुतों के एक गण के रूप में उल्लेख यहाँ महत्त्वपूर्ण है। **मरुत्** झंझावात हैं और शान्त रहने वाला पवन **वायु**। वायुपुराण के ६७वें अध्याय में (श्लोक १२-२५) मरुतों के इन सात गणों को वायु के सात स्तरों (स्कन्धों) में विचरण करते हुए वर्णित किया गया है। मरुतों का प्रथम गण '**आवह**' नामक वात-स्कन्ध में विचरण करता है जो पृथ्वी से लेकर मेघों तक व्याप्त है। मेघों से सूर्य तक वायु का जो '**प्रवह**' नामक वात-स्कन्ध है, उसमें द्वितीय गण विचरण करता है। सूर्य से चन्द्रमण्डल तक व्याप्त वायु के '**उद्वह**' नामक वात-स्कन्ध में तीसरा, और इस प्रकार अन्य भी[१]। स्पष्ट है कि ऐसे वर्णनों में वायु और मरुत् का पार्थक्य अत्यन्त कठिन हो जाता है।

मरुतों के सम्बन्ध में सम्पूर्ण पौराणिक साहित्य में दो या तीन ही ऐसे उल्लेख हैं, जिनसे उनके शारीरिक रूप का भान होता है। उदाहरणार्थ **महाभारत, द्रोण०** ५५।४०

---

१. **मत्स्य पु०** १६२।३२-३३ में वायु के इन स्तरों के नाम इस प्रकार दिए गए हैं —
आवहः प्रवहश्चैव विवहोऽथ उदावहः। परावहः संवहश्चैव
महाबलपराक्रमः॥ तथा परिवहः श्रीमान्— ॥
कालिदास ने शाकुन्तल (७।६) में ज्योतिष्पिण्डों को आकाश में गतिमान् करने वाले 'परिवह' नामक वायु का इस प्रकार उल्लेख किया है —

त्रिस्त्रोतसं वहति यो गगनप्रतिष्ठां,
ज्योतींषि वर्तयति च प्रविभक्तरश्मिः।
तस्य द्वितीयहरिविक्रमनिस्तमस्कं,
वायोरिदं परिवहस्य वदन्ति मार्गम्॥

में राजा मरुत्त आविक्षित के विशाल यज्ञ का वर्णन करते हुए कहा गया है कि मरुद्गण उसमें देवताओं को भोजन परोसने का कार्य किया करते थे। यह धारणा श० ब्रा० १३। ५। ४। ६ के उस वाक्य पर आधारित है, जिसमें मरुतों को राजा मरुत्त के यज्ञ का 'परिवेष्टा' (रक्षक? भोजन परोसने वाला?) बताया गया है — **मरुतः परिवेष्टारो मरुत्तस्यावसन् गृहे। आविक्षितस्य कामप्रेर्विश्वेदेवाः सभासदः।।** इसी प्रकार **श्रीमद्भागवत** ९। १०। ३५-३९ में बृहस्पति एवं ममता (उतथ्यपत्नी) की वितथ सन्तान **भरद्वाज** को दोनों के द्वारा त्याग दिए जाने पर मरुद्गण ले जाते हैं। दुष्यन्त के पुत्र भरत दीर्घतमा ऋषि को प्रसन्न करके भरद्वाज को पुत्र के रूप में प्राप्त करते हैं।

पर सामान्यतः पुराणों में मरुतों के स्वरूप में उतनी भी शारीरिक विशेषाएँ सुरक्षित नहीं रह सकी हैं, जितनी ऋग्वेद में प्राप्त होती हैं। वैदिक संहिताओं की अपेक्षा पुराणों में उनका रूप अधिक सूक्ष्म है। इनकी तुलना में तो वायु का ही मानवीकरण अधिक पूर्ण है। वायु एक ऐसे देवता हैं, जिनका विकास-क्रम मरुतों से ठीक उलटा है। ऋग्वेद में वे केवल वाततत्त्व को सूचित करते हैं किन्तु धीरे-धीरे उनका देवरूप अधिक विकसित होता चला गया है और उनका व्यक्तित्व एक शक्तिशाली पवनदेव के रूप में उभरा है।

वायु

वायु एक ऐसे देवता हैं, जिनकी धारणा का विकास अग्नि की भाँति अत्यन्त स्थूल एवं सर्वत्र दृश्यमान् भौतिक तत्त्व से हुआ है। देवत्व का एक झीना सा आवरण उनके ऊपर पड़ा हुआ है। ये अन्तरिक्ष के प्रतिनिधि देवता हैं, इसलिए अन्तरिक्ष के सर्वप्रमुख देवता इन्द्र से उनका प्रायः तादात्म्य किया गया है और दोनों में से किसी को भी अन्तरिक्ष का सर्वाधिक महत्त्वपूर्ण देवता मान लिया जाता है[1]। इन्द्र और वायु का ऋग्वेद के कुछ सूक्तों में एक साथ भी स्तवन किया गया है। श० ब्रा० ४। १०। ३। १९ में '**यो वै वायुः स इन्द्रो य इन्द्रः स वायुः**' आदि शब्दों से दोनों का तादात्म्य सूचित किया गया है।

वायु का पर्यायवाची ऋग्वेद में **वात** भी है। पर यह वायु के देवत्व की अपेक्षा उनके तीव्रता से प्रवहित होने वाले भौतिक रूप का अधिक परिचायक है और इसलिए इस अभिधान का पर्जन्य के साथ अधिक उल्लेख हुआ है।

---

१. **तिस्त्र एव देवताः इति नैरुक्ताः, वायुर्वा इन्द्रो वा अन्तरिक्षस्थानाः**। निरुक्त ७।५
अग्निरस्मिन् अथेन्द्रस्तु मध्यतो वायुरेव वा। बृहद्देवता १।६५

ऋग्वेद के पुरुष-सूक्त (१०।९०) में वायु को आदि-पुरुष के प्राणों से उत्पन्न बताया गया है (प्राणाद् वायुरजायत, मन्त्र १३)। प्राणों से वायु का यह सम्बन्ध समस्त संस्कृत साहित्य में प्राप्त होता है। **अथर्ववेद** ११।४।१५ का वक्तव्य है कि वायु को ही प्राण कहा जाता है (प्राणमाहुः मातरिश्वानं वातो ह प्राण उच्यते)। इसी प्रकार **तै० सं०** ५।१।५ में भी प्राण एवं वायु का तादात्म्य किया गया है —

सं ते वायुर्मातरिश्वा दधातु इत्याह। प्राणो वै वायुः। प्राणेनेवास्यै प्राणान् संदधाति।

तै० सं० २।२।१ में वायु को 'नियुत्वत्' कहा गया है। नियुत् का अर्थ है समूह या गण। वायु के प्रसंग से सम्भवतः यह मरुतों को सूचित करता है। इसी प्रसंग में वायु को प्राण तथा इस नियुत् (मरुद्गण) को अपान बताया गया है (प्राणो वै वायुरपानो नियुत्। वायवे नियुत्वते आलभेत)। **ब्रह्मपुराण** १२६।१८ में भी कवि वायु को प्राण बताता है —

..........भवान् प्राणो, वायो सत्यं त्वयि स्थितम्।

और **मत्स्यपुराणकार** (१७३।२८) ने तारकामय संग्राम में वायु का वर्णन करते हुए है कि ये वायु-देव ही पाँच प्राणों के रूप में सभी प्राणियों के शरीर में विद्यमान रहते हैं और शरीरगत सात धातुओं में व्याप्त रहकर तीनों लोकों को धारण करते हैं—

यः प्राणः सर्वभूतानां पंचधा भिद्यते नृषु।
सप्तधातुगतो लोकान् त्रीन् दधार चचार च॥

रामायण के **उत्तरकाण्ड** (३५।६०, ६१) में ब्रह्मा जी वायु की विशेषताओं का वर्णन करते हुए कहते हैं कि वायु ही जीवों का प्राण है। उसके बिना शरीर काष्ठ के समान हो जाता है।

अशरीरः शरीरेषु वायुश्चरति पालयन्।
शरीरं हि विना वायुं समतां याति दारुभिः।
वायुः प्राणः सुखं वायुः वायुः सर्वमिदं जगत्॥

इन्द्र के साथ वायु के सम्बन्ध के कारण ऋग्वेद में दोनों को एक ही रथ में बैठे हुए वर्णित किया गया है (इन्द्रवायू सरथं यातमर्वाक्, ७।९१।५)। ये दोनों देवता अपने रथ पर चढ़े हुए आकाश का स्पर्श करते हैं (उभा देवा दिविस्पृशा इन्द्रवायू हवामहे, १।२३।२)। वायु के रथ को अनेक अश्व खींचते हैं। ये इच्छानुसार रथ में जुत जाते हैं (मनोयुजो युक्तासः, ४।४८।४)। विभिन्न स्थानों में इनकी संख्या ९९, १०० या १००० बताई गई है। पृथिवी और आकाश के बीच में व्याप्त होने के कारण वायु को रोदसी या

द्यावापृथिवी का पुत्र भी कहा है (राये न यं जज्ञतू रोदसी इमे, ७।९०।३), दो स्थानों पर उन्हें **त्वष्टा का जामाता** बताया गया है पर उनकी पत्नी का कहीं उल्लेख नहीं है (त्वष्टुर्जामातरद्भुत, ८।२६।२१)। एक स्थान पर वायु को मरुतों का जनक भी बताया गया है, उनको उसने आकाश की नदियों से उत्पन्न किया (अजनयो मरुतो वक्षणाभ्यो दिव आ वक्षणाभ्यः, १।१३४।४)।

वायु को दर्शनीय या सुन्दर (**दर्शत** १। २। १) तथा अत्यधिक सौन्दर्यशाली (**सुप्सरस्तमः**, ८।२६।२४) भी कहा गया है। गरजते हुए तेजी से आगे बढ़ने के कारण वे **'क्रन्ददिष्टि'** हैं (१०।१००।२)। इन्द्र के साथ उनके लिए **'सहस्राक्ष' 'मनोजुवा'** (मन के समान तीव्र चलने वाले) तथा **'धियस्पती'** (बुद्धिमान्) विशेषण प्रयुक्त हुए हैं (१।२३।३)। वायु के भौतिक स्वरूप वात के लिए ऋग्वेद में एक सुन्दर सूक्त (१०।१६८) प्राप्त होता है। वह घनघोर रव करता हुआ तथा गरजता हुआ आता है और आते ही पृथ्वी की धूलि से सभी वस्तुओं को भूरा बना देता है (रुजन्नेति स्तनन्नस्य घोषः। दिविस्पृग्याति अरुणानि कृण्वन् उतो एति पृथिव्या रेणुमस्यन्।) पृथ्वी की छोटी-मोटी वस्तुएँ उसके पीछे-पीछे उसी प्रकार एकत्र हो जाती हैं, जैसे सभा में स्त्रियाँ। अन्तरिक्ष के पथ में विचरण करते हुए वह कभी विश्राम नहीं लेता (न हि विशते कतमच्चनाहः)। किसी को यह ज्ञात नहीं है कि वह कहाँ उत्पन्न होता है और कहाँ से आता है (क्व स्विज्जातः कुत आ बभूव)। जहाँ इसकी इच्छा होती है, वहाँ यह विचरण करता है (यथावशं चरित देव एषः) इसका रूप किसी को नहीं दिखाई पड़ता केवल घोष ही सुनाई पड़ता है (घोषा इदस्य शृण्विरे न रूपम्)।

सोम के साथ भी वायु का विशेष सम्बन्ध है। वे सोम के रक्षक हैं (वायुः सोमस्य रक्षिता, १०।८५।५)। वे शुद्ध सोम का पान करते हैं (शुचिपा)। ऋग्वेद के अनेक मन्त्रों में वायु को इन्द्र के साथ सर्वप्रथम सोमपान करने वाला कहा गया है (पूर्वपेयं हि वां हितम्। तुभ्यं कि पूर्वपीतये देवा देवाय येमिरे, १।१३५।१, ४। त्वं हि पूर्वपा असि, ४।४६।१)। **ऐ ब्रा०** २।४।१ में इस विषय में एक छोटी सी कथा का उल्लेख किया गया है, जिसमें वायु को सर्वप्रथम सोमभाग देने का कारण वर्णित है —

देवा वै सोमस्य राज्ञो अग्रपेये न समपादयन्, अहं प्रथमः पिबेयमहं प्रथमः पिबेयमित्येव अकामयन्त। ते संपादयन्तो अब्रुवन् हन्त आजिम् अयाम स यो न उज्जेष्यति स प्रथमः सोमस्य पास्यति। तथेति। ....तेषां वायुर्मुखं प्रथमः प्रत्यपद्यत अथेन्द्रः। स अवेद इन्द्रो वायुमुद् वै जयतीति तमनुप्रापतत् 'तुरीयं मे अथ उज्जयाव' इति। तथेति। तुरीयभाक् इन्द्र अभवत् त्रिभाक् वायुः तौ सह एव इन्द्रवायू उदजयताम्।

— ऐ० ब्रा० २।४।१

सोम के प्रथम पान के लिए देवों में स्पर्धा हुई। दौड़ से इसका निर्णय करने का

निश्चय किया गया। 'मनोजव' वायु ही सबसे आगे रहे। इन्द्र ने वायु से अपना आधा भाग देने के लिए कहा। पर वायु ने केवल चौथाई भाग देना स्वीकार किया। इसीलिए सबसे पहले वायु को सोम के प्रथम भाग के तीन अंश तथा इन्द्र को एक अंश प्रदान किया जाता है। **श० ब्रा०** १३। १। २। ७ में वायु को देवों में सर्वाधिक वेगवान् बताया गया है (वायुर्वैदेवानामाशिष्ठः) और **तै० सं०** २। १। १ में भी कहा गया है — 'वायुर्वै क्षेपिष्ठा देवता' । वेग एवं बल के लिए वायु सर्वत्र प्रसिद्ध हैं।

यजुर्वेद में वायु का पापशोधक रूप भी सामने आता है। बहता हुआ वायु पृथ्वी की दुर्गन्ध को नष्ट करता है, इसीलिए उसे **'पवन'** भी कहा गया है। वायु के इसी पावन एवं शोधक रूप को ध्यान में रखकर ही ऋग्वेद १०। १८६। १ में वात से आयु को बढ़ाने की प्रार्थना की गई है (प्र ण आयूंषि तारिषत्)। शु० यजुर्वेद ४। ४ में इसी कारण वायु के लिए **'अच्छिद्र'** तथा **'पवित्र'** विशेषण प्रयुक्त हुए हैं। **वा० सं०** २०। १५ में वायु का मलशोधक रूप पापशोधक तत्त्व के रूप में परिवर्तित हो गया है और उससे दिन और रात में किए गए सम्पूर्ण पापों को नष्ट करने की प्रार्थना की गई है —

यदि दिवा यदि नक्तम् एनांसि चकृमा वयम्।
वायुर्मा तस्मादेनसो विश्वान् मुञ्चतु अंहसः॥

शतपथब्राह्मणकार ने वा० सं० ४। ४ में प्रयुक्त अच्छिद्र एवं पवित्र शब्दों के विषय में लिखा है—**यो वा अयं पवते एषो अच्छिद्रं पवित्रम्।** इस पर सायण कहते हैं कि सर्वदा सभी वस्तुओं को पवित्र करने के कारण वायु अच्छिद्र एवं पवित्र है (सर्वदा सर्वत्र पवनात् एष वायुः अच्छिद्रं पवित्रम्) और श० ब्रा० २। ६। ३। ७ में तो वायु की परिभाषा ही यह बताई गई है, कि जो पवित्र करे वही वायु है — **अयं वै वायुः योऽयं पवते** (तु० की० **कात्यायन श्रौ० सू०** २। १०२)।

श० ब्रा० ४। १। ३। ७ में एक कथा आती है कि एक बार सोम अत्यधिक अपवित्र हो गया और उससे दुर्गन्ध आने लगी। देवों ने वायु से उस दुर्गन्ध को दूर करके सोम को स्वादिष्ट बनाने के लिए कहा। वायु ने एक वर प्राप्त करके ऐसा ही कर दिया —

स एषामाश्यत्। स एनान् शुक्तः पूतिरभिभवौ। स नालम् आहुत्या आस, नालं भक्षाय। ते देवा वायुमब्रुवन्। वायो, इमं नो विवाहि इमं नो स्वदयेति। ......तथेति होवाच यूयं तु मे सच्युपवातेति।

अथर्ववेद ६। ५। ११ में भी कहा गया है कि सोम वायु की पावनी शक्ति द्वारा पवित्र किया जाता है —

वायोः पूतः पवित्रेण प्रत्यङ् सोमो अति द्रुतः।

इसी प्रकार अ० वे० ६।६२।१ में भी वात की पावनकारिणी विशेषता का उल्लेख लिया गया है।

अथर्ववेद में वायु का पशुओं से विशेष सम्बन्ध है। वे उन्हें एक स्थान पर एकत्र करते हैं (६।१२४।१)। उनसे विभिन्न रूपों और वर्णों के ग्राम्य पशुओं को मुक्त करने की प्रार्थना की गई और (पशुओं का रक्षक होने के कारण) उन्हें प्रजापति भी कहा गया है —

ये ग्राम्या पशवो विश्वरूपा विरूपा सन्तो बहुधैकरूपाः।
वायुष्टानग्रे प्र मुमोक्तु देवः प्रजापतिः प्रजया संरराणः॥
— अ० वे० ६।३४।४

अ० वे० २।२६।१ में उन्हें पशुओं का सहचर भी बताया गया है (एह यन्तु पशवो ये परेयुः वायुर्येषां: सहचारं जुजोष)। वायु का पशुओं से यह सम्बन्ध बिल्कुल मौलिक है और अन्यत्र कहीं भी इसका संकेत नहीं मिलता, न पूर्ववर्ती ग्रन्थों में और न परवर्ती।

सर्वत्र विचरणशील तथा शीघ्रगामी होने के कारण वायु की देवों के दूत के रूप में धारणा बहुत पहले ही विकसित हो गई थी। **श० ब्रा०** ४।१।१।३ में आई एक लघुकथा में इन्द्र द्वारा वृत्र पर प्रहार किए जाने पर देवता वायु को इसका पता लगाने को भेजते हैं कि वह जीवित है या नहीं, क्योंकि वायु सर्वाधिक तीव्रगामी है। यदि वृत्र जीवित भी होगा तो भी वायु पुनः शीघ्रता से लौटकर आ सकता है —

ते ह देवा ऊचुः। न वै हतं वृत्रं विद्म न जीवन्तम्। ते वायुमब्रुवन्। वायो, त्वमिदं विद्धि। यदि हतो वृत्रो जीवति वा। त्वं वै न आशिष्ठो असि। यदि जीविष्यति त्वमेव क्षिप्रं पुनरागमिष्यति इति। तथेत्येयाय वायुरैद्धतं वृत्रम्। स होवाच हतो वृत्रः॥

वायु का यह दौत्य पुराणों में भी सुरक्षित है। **महा० वन०** १९।२२–२४ में देवता **शाल्व** का वध करने के लिए उद्यत प्रद्युम्न के पास वायु से उनका शीघ्र वध करने के लिए सन्देश भेजते है और **मत्स्य०** १५२।३९। में पार्वती की सखी कुसुमामोदिनी शिव के द्वारा **आडि** के वध का समाचार भी वायु के द्वारा ही पार्वती के पास भिजवाती है —

अपरिच्छिन्नतत्त्वार्था शैलपुत्र्यै न्यवेदयत्।
दूतेन मारुतेनाशुगामिना नागदेवता।
श्रुत्वा वायुमुखाद् देवी.......॥

मध्वाचार्य द्वारा प्रतिष्ठापित द्वैतमार्ग में वायु की ईश्वर (विष्णु) तथा जीव के बीच सम्पर्क स्थापित करने वाले माध्यम के रूप में बड़ी प्रतिष्ठा है। वायु की दूतकर्म के लिए उपयुक्तता उनकी एक अन्य विशेषता से भी प्रतिफलित होती है। शरीरस्थ वायु

ही मुख से निःसृत होकर वाणी का प्रादुर्भाव करती है (**वायु पुराण,** ५४।१०-१७)। फलतः वायुदेव को अत्यन्त वाग्मी चित्रित किया गया है। वाणी के अधिपति होने के कारण वे भाषण-कला में अत्यन्त निपुण हैं। **मत्स्य पु०** में जब देवता तारकासुर से हारकर ब्रह्मा के पास पहुँचते हैं तो वायु से सबके प्रतिनिधि के रूप में ब्रह्मा से बात करने के लिए कहते हैं —

वाचां प्रधानभूतत्वात् मारुतं तमचोदयन्। मत्स्य० १५३।२७

और विष्णु आदि देवों के द्वारा आज्ञप्त होने पर वे बोलना प्रारम्भ करते हैं —

इति विष्णुमुखैर्देवैः श्वसनः प्रतिबोधितः।
चतुर्मुखं तदा प्राह चराचरगुरुं विभुम्॥ — मत्स्य० १५३।२८

वायु का सर्वाधिक सुन्दर तथा चित्रात्मक वर्णन रामायण के उत्तरकाण्ड में प्राप्त होता है। इसके ३५वें सर्ग में वायु के संसर्ग से वानरराज केसरी की **अञ्जना** नामक पत्नी में **हनुमान्** नामक अमित बलशाली पुत्र की उत्पत्ति का वर्णन है।[1] राम के परम सेवक और सहायक के रूप में हनुमान् का चरित लोक-प्रसिद्ध है। विशालकाय वृक्षों को भी अपने वेग से धराशायी कर देने वाले वायु के अधिष्ठाता देवता के पुत्र का अद्वितीय शक्ति एवं बल-सम्पन्न होना स्वाभाविक ही है। हनुमान् इसीलिए वज्र के समान दृढ तथा गरुड के समान वेगवान् बताया गया है —

मारुतस्यात्मजः श्रीमान् हनुमान्नाम वानरः।
वज्रसंहननोपेतो वैनतेयसमो जवे।
सर्ववानरमुख्येषु बुद्धिमान् बलवानपि॥ — बाल० १७।१६, १७

वायु अत्यन्त पुत्रवत्सल हैं। बालक हनुमान् की वे हर प्रकार से रक्षा करते हैं। सूर्य की ओर बढ़ते हुए हनुमान् पर जब इन्द्र प्रहार करते हैं तो वायुदेव क्रुद्ध होकर प्राणियों के शरीर के अन्दर होने वाली अपनी सततगति को बन्द कर देते हैं। यहाँ वायु का तादात्म्य आयुर्वेद-शास्त्र की धारणा के अनुसार मानवशरीर में स्थित तीन प्रमुख धातुओं में परिगणित 'वात' धातु के साथ कर दिया गया है। वात के संचार के बिना प्राणियों के मलमूत्र आदि अवरुद्ध हो जाते हैं, श्वासोच्छ्वास बन्द हो जाता है और शरीर की सन्धियों के टूटने के कारण अंग-संचालन भी रुक जाता है —

तस्मिंस्तु पतिते काले वज्रताडनविह्वले।
चुक्रोधेन्द्राय पवनः प्रजानामहिताय सः॥

---

१. यत्र राज्यं प्रशास्त्यस्य केसरी नाम वै पिता।
तस्य भार्या बभूवेष्टा अंजनेति परिश्रुता॥
जनयामास तस्यां वै वायुरात्मजमुत्तमम्॥ उत्तर० ३५।१९, २०

प्रचारं स तु संगृह्य प्रजास्वन्तर्गतः प्रभुः।
विण्मूत्राशयमावृत्य प्रजानां परमार्तिकृत्।
रुरोध सर्वभूतानि यथा वर्षाणि वासवः॥
वायुप्रकोपाद् भूतानि निरुच्छ्वसितानि सर्वशः।
सन्धिभिर्भिद्यमानैश्च काष्ठभूतानि जज्ञिरे॥ — उत्तर० ३५।४८-५१

वायु का यह रूप उसके आधिभौतिक रूप से भी अधिक सूक्ष्म है। किन्तु अगले श्लोकों में उनका आधिदैविक रूप फिर उभर आया है। अपने आहत पुत्र को लेकर वे पर्वत की गुफा में चले जाते हैं (गुहां प्रविष्टः स्वसुतं शिशुमादाय मारुतः, **वहीं** ३५। ४१)। उनके शरीर में सुवर्ण के आभूषण हैं और कर्णों में चंचल कुण्डल। गले में वे माला धारण करते हैं। जब ब्रह्मा जी उनकी गुफा में आते हैं तो वे उठकर उन्हें प्रणाम करते हैं और उनके चरणों में गिर पड़ते हैं —

ततः पितामहं दृष्ट्वा वायुः पुत्रवधार्दितः।
शिशुकं तं समादाय उत्तस्थौ धातुरग्रतः॥
चलत्कुण्डलमौलिकस्त्रक् तपनीयविभूषणः॥
पादयोर्न्यपतद् वायुः त्रिरुपस्थाय वेधसः॥ — उत्तर० ३६। १, २

यह वायु का शुद्ध मानव (देव) रूप है। वस्तुतः वायु के दैविक तथा भौतिक रूप कभी एक में नहीं मिल पाए हैं। दोनों का तादात्म्य है अवश्य, पर साथ ही उनका पृथक्-पृथक् उल्लेख भी किया गया है। फिर भी यह कहना ही होगा कि देवशास्त्र में अन्त तक अग्नि की भाँति वायु के भौतिक तथा दैविक रूपों में विभाजन की रेखा खींचना असम्भव सा है। अग्नि, वायु आदि प्रत्यक्ष तत्त्वों को देव-रूप में हँसते, बोलते तथा युद्ध करते देखकर पाठक की सामान्य बुद्धि में यही प्रभाव पड़ता है कि ये देवता तत्त्वों के पीछे स्फुरित होती हुई किसी अव्यक्त चेतना के प्रतीक हैं, जो इन तत्त्वों का नियमन करती है किन्तु जिसका इन तत्त्वों से पार्थक्य नहीं किया जा सकता।

महा०, शान्तिपर्व के १५६वें अध्याय में सेमल वृक्ष का एक उपाख्यान आता है, जिसमें एक विशाल शाल्मली वृक्ष नारद से अपने को अत्यधिक बलशाली बताता हुआ वायु से भी भयभीत न होने की बात कहता है। नारद जी वायु के पास जाकर वृक्ष की तिरस्कार भरी बातें सुनाते हैं और तब वायु वृक्ष पर प्रकोप करते हैं (शान्ति० १५६। ९)। **महा० आदि०** ७२। १-४ में इन्द्र विश्वामित्र की तपस्या भंग करने के लिए मेनका को भेजते समय वायु को भी उसके सहायक के रूप में भेजते हैं और वायु अवसर देखकर उसका वस्त्र उड़ा देते हैं। ऐसे सभी उल्लेखों में उनके दैवी तथा भौतिक रूप साथ-साथ होते हैं।

महा० शान्ति० १५५।९ में वायु को संसार में सर्वाधिक बलशाली बताया गया है ('न हि वायोर्बलेनास्ति भूतं तुल्यबलं क्वचित्')। इन्द्र, यम, कुबेर तथा वरुण भी उनके समान शक्तिमान् नहीं हैं ('इन्द्रो यमो वैश्रवणो वरुणश्च जलेश्वरः। नैतेऽपि तुल्या मरुतः', १५५।१०)। महाभारत के प्रमुख पाण्डव, अतुल पराक्रमी, भीमसेन को वायु के अंश से उत्पन्न बताया गया है (आदि० १२२।११-१४)। इनमें दस सहस्र हाथियों का बल वर्णित किया गया है (आदि० १२८। २०)। जन्म के दसवें दिन माता की गोद से छूटकर इनके एक शिला पर गिर जाने से वह शिला ही टुकड़े हो जाती है (आदि० १२२।१५)। वायु के प्रथम पुत्र हनुमान् का बल और पराक्रम तो रामायण में अनेक स्थानों पर वर्णित है ही, आज भी वे पहलवानों के इष्ट देवता हैं।

रामायण बाल० ३५, ३६ अ० में वायु के विषय में एक अन्य आख्यान भी प्राप्त होता है जिसमें उन्हें अत्यधिक स्त्री-प्रिय तथा ईर्ष्यालु चित्रित किया गया है। राजा कुशनाभ की सुन्दरी एवं यौवनशाली कन्याओं को उद्यान में विचरण करते हुए देखकर वायुदेव उनसे अपनी पत्नियाँ बन जाने का प्रस्ताव रखते हैं और बदले में उन्हें दीर्घायु प्रदान करने का वचन देते हैं (प्राणों के स्वामी होने के कारण) —

ताः सर्वगुणसंपन्ना रूपयौवनसंयुताः।
दृष्ट्वा सर्वात्मको वायुरिदं वचनमब्रवीत्॥
अहं वः कामये सर्वा भार्या मम भविष्यथ।
मानुषस्त्यज्यतां भावो दीर्घमायुरवाप्स्यथ॥ — बाल० ३२।१५, १६

किन्तु कन्याएँ ऐसी स्वेच्छाचारिता पसन्द नहीं करतीं। वे कहती हैं—'यस्य नो दास्यति पिता स नो भर्ता भविष्यति' (२२)। इस पर वायुदेव क्रुद्ध हो जाते हैं और उनके शरीर में प्रविष्ट होकर, सब अंगों को लुंज-पुंज करके, उन्हें कुबड़ी बना देते हैं —

तासां तद्वचनं श्रुत्वा वायुः परमकोपनः।
प्रविश्य सर्वगात्राणि बभंज भगवान् प्रभुः॥ — बाल० ३२।२३

किन्तु **महाभारत** में उन्हें अत्यन्त विद्वान्, धार्मिक तथा जिज्ञासु देवता के रूप मे चित्रित किया गया है। वे **सुपर्ण** ऋषि से सात्त्वत धर्म की शिक्षा प्राप्त करते हैं और स्वयं विघसाशी ऋषियों को उसका उपदेश देते हैं (शान्ति, ३४८।२२-२४)। कार्तवीर्य अर्जुन से वे ब्राह्मणों की महत्ता का प्रतिपादन करते हैं (अनु० १५२-१५७ अ०)। इसी प्रकार अनु० १२८वें अध्याय में भी उन्हें धर्माधर्म के रहस्य की व्याख्या करते हुए वर्णित किया गया है। शिव की महत्ता का प्रतिपादन करने वाले प्रसिद्ध **'वायु-पुराण'** के भी वे ही वक्ता हैं जिसको उन्होंने नैमिषारण्य में यज्ञ करने वाले ऋषियों को उपदिष्ट किया है (वायु० २-३७, ४५)।

वायु पुराण २।३८-४५ में वायु के स्वरूप का वर्णन करते हुए कहा गया है कि 'वे साक्षात् स्वयंभू-ब्रह्मा के शिष्य, संयमी, विद्वान् एवं प्रत्यक्ष द्रष्टा हैं। अणिमा आदि अष्ट सिद्धियों से युक्त होकर वे पञ्चप्राणों के रूप में धर्मतः प्राणियों का पालन करते हैं। वे सातों स्कन्धों में एक-एक योजन तक प्रवाहित होते रहते हैं और उनके राज्य में मरुतों के सातों गण अपने-अपने स्थान पर नियत हैं। वे आकाश से उत्पन्न हुए हैं, शब्द एवं स्पर्श इन दो गुणों युक्त हैं तथा तैजस प्रकृति वाले हैं। वे अत्यधिक क्रियाशील तथा शब्द-शास्त्र विशारद हैं।'

मत्स्य पुराण के १७३वें अ० में वर्णित तारकामय देवासुर संग्राम में देवों की ओर से युद्ध करते हुए वायुदेव का मत्स्य-पुराणकार ने जो वर्णन किया है, उसमें उनकी शारीरिक विशेषताओं का ही अधिक उल्लेख हुआ है। वे अग्नि के जनक हैं[१], सबके स्वामी हैं। वाद्ययन्त्रों से सप्त स्वरों में उन्हीं का प्राकट्य होता है। वे आकाशचारी, तीव्रगामी तथा वाणी के अधिष्ठाता हैं, आदि —

यमाहुरग्निकर्तारं सर्वप्रभवमीश्वरम्।
सप्तस्वरगतो यश्च नित्यं गीर्भिरुदीर्यते॥
यमाहुराकाशगमं शीघ्रगं शब्दयोगिनम्॥
स वायुः सर्वभूतायुः उद्भूतः स्वेन तेजसा।

— मत्स्य० १७३।२९-३१

भौतिक एवं दैविक रूपों का यह विचित्र सम्मिश्रण ही वायु के पौराणिक स्वरूप की सर्वप्रमुख विशेषता है और इनके स्वरूप में यह अग्नि से भी अधिक अधिक स्पष्ट तथा प्रत्यक्ष है।

❖ ❖ ❖

---

१. तु० की०, **तस्माद् वा एतस्मादात्मन आकाशः संभूतः आकाशाद्वायुः, वायोरग्निः** ......।
तैत्तिरीय उप० २।१।१

सप्तम अध्याय

अन्तरिक्षस्थानीय देवता (२)

रुद्र (शिव), दुर्गा, गणेश तथा स्कन्द

भारत के धार्मिक इतिहास में भगवान् शिव के चरित की विविध विशेषताओं के उद्गम की समस्या सर्वाधिक जटिल है। उनका व्यक्तित्व इतना अधिक वैविध्यपूर्ण तथा विचित्र है कि वह किसी एक देवता से सम्बन्धित विचारों का क्रमबद्ध विकसित रूप नहीं जान पड़ता। एक ओर तो वे भयंकर तथा विनाशक हैं, प्रलयकाल में जिनके तृतीय नेत्र से उद्भूत कालाग्नि जगत् की प्रत्येक वस्तु को भस्मसात् कर देती है और जो दिग्गजों को अपने शूल की नोक से छेदते हुए अपने प्रचण्ड ताण्डव से ब्रह्माण्ड को कँपा देते हैं और साथ ही दूसरी ओर वे कल्याणमय (शिव), मंगल प्रदान करने वाले (शंकर) तथा आशुतोष भी हैं, जो भक्तों की ज़रा सी तपस्या से तुष्ट होकर उन्हें मनचाही सिद्धि प्रदान करते हैं। एक ओर जहाँ वे श्मशान में नग्न विचरण करने वाले, भूतों तथा प्रेतों के साथी हैं तो दूसरी ओर श्वेताश्वतर-उपनिषद् आदि श्रुतियों तथा काश्मीरी शैव-सिद्धान्त में उनकी माया के अधीश्वर, जगत् के कारण स्वरूप, अव्यक्त, परम-तत्त्व के रूप में भी प्रतिष्ठा है। शिव के इन सब रूपों का सामंजस्य करना, सब में सम्बन्ध के अस्पष्ट सूत्र का अन्वेषण करना अत्यन्त दुष्कर है, सच में 'न सन्ति याथार्थ्यविदः पिनाकिनः' (कुमारसम्भव में पार्वती के मुख से कालिदास)।[१]

वैदिक संहिताओं में रुद्र का स्वरूप

ऋग्वेद में रुद्र को गौरवर्ण के तेजस्वी युवक के रूप में चित्रित किया गया है, जो अपने धनुष और बाणों को लेकर इतस्ततः विचरण करते हैं और क्रुद्ध होने पर मनुष्यों तथा पशुओं का विनाश कर डालते हैं। इनका रूप अत्यन्त तेजयुक्त है (त्वेषं रूपं तपसा निह्वामहे, ऋ० १०।११४।५) और उसी प्रकार चमकता है जैसे आभावान् सूर्य या स्वर्ण (यः शुक्र इव सूर्यो हिरण्यमिव रोचते, १।४३।५)। स्वर्ण से इनका विशेष

१. **शिवमहिम्नःस्तव** में भी शिव के विभिन्न पक्षों का स्तवन करने के पश्चात् पुष्पदन्त अन्ततः अपनी हार स्वीकार कर लेते हैं–

> **तव तत्त्वं न जानामि कीदृशोऽसि महेश्वर।**
> **यादृशोऽसि महादेव तादृशाय नमो नमः।।**

सम्बन्ध है। सोने के चमकीले आभूषणों को पहनने के कारण इनका शरीर दीप्तिमान् दिखाई पड़ता है (शुक्रेभिः पिपिशे हिरण्यैः, ऋ० २। ३३। ९)। आभूषणों में सोने का बहुरंगी हार (निष्क) इन्हें विशेष प्रिय है (अर्हन् निष्कं यजतं विश्वरूपम् ....बिभर्षि, २। ३३। १०)। इनके शरीर का वर्ण बभ्रु या भूरा माना गया है। (२। ३३। ५, ९)। इनको युवक कहा गया है (२। ३३। ११ तथा ५। ६०। ५)। इनके अंग 'स्थिर' अथवा पुष्ट और दृढ़ हैं (२। ३३। ९)। शारीरिक अंगों में इनके हाथ तथा बाहु का विशेष उल्लेख किया गया है। इनका हाथ मंगलमय (मृळयाकु) तथा शीतलता पहुँचाने वाला (जलाष) है (२। ३३। ७)।

रुद्र का वाहन है रथ, और शस्त्र हैं धनुष तथा बाण (तमु ष्टुहि यः स्विषुः सुधन्वाः....... ५। ४। ११ तथा, अहं रुद्राय धनुरातनोमि, १०। १२५। ६)। वा० सं० ३। ६१ में रुद्र के धनुष का नाम **पिनाक** बताया गया है (अवततधन्वा पिनाकावसः)। रुद्र का धनुष स्थिर है और उनके बाण तीव्र गति वाले हैं। उनके अन्य आयुध भी तीक्ष्ण हैं (७। ४६। २)। एक स्थान पर उनको हाथ में वज्र लिए भी वर्णित किया गया है (तवस्तमः तवसां वज्रबाहो, २। ३३। ३)। तडित् (विद्युत् या दिद्युत्) को उनका एक विशेष अस्त्र बताया गया है, जो रुद्र के द्वारा आकाश से फेंका जाकर पृथ्वी पर आता है। ऋ० ७। ४६। ३ में कवि इस विद्युत् से अपने और पुत्रादिकों को बचाने की रुद्र से प्रार्थना करता है (या ते दिद्युदवसृष्टा दिवस्परि क्ष्मया चरति परि सा वृणक्तु नः)।

ऋग्वेद में अन्य देवों की तुलना में रुद्र के स्वरूप की जो विशेषता उन्हें इतर देवों से पृथक् करती है, वह है, उनका भयानक, उग्र तथा मनुष्यों और पशुओं को नष्ट करने वाला भीषण रूप। उनके लिए **भीम** (भयानक), **उग्र** तथा **उपहत्नु** (घातक) विशेषण प्रयुक्त हुए हैं (स्तुहि श्रुतं गर्तसदं युवानं मृगं न भीममुपहत्नुमुग्रम् २। ३३। ११)। **अ० वे०** ११। २। ७ में उनको **अर्धक-घाती** (पौराणिक **अन्धक** राक्षस ?)कहा गया है (रुद्रेणार्धकघातिना तेन मा समरामहि)। ऋग्वेद में रुद्र के प्रति कहे गए मन्त्रों में स्तुतिकर्ता का भय स्पष्ट झलकता है। १। ११४। ७ तथा ८ में कवि रुद्र से अपने बच्चों, माता-पिता तथा अश्व, वृषभ आदि पशुओं को नष्ट न करने की प्रार्थना करता है (मा नो वधीः पितरं मोत मातरं मा नः प्रियास्तन्वो रुद्र रीरिषः, तथा मा नस्तोके तनये मा न आयौ मा नो गोषु मा नो अश्वेषु रीरिषः, आदि)। ऋ० वे० २। ३३। १४ में कवि कहता है कि रुद्र की शक्ति (या शूल) हम लोगों को छोड़ दे और उनकी विनाश करने वाली दुर्बुद्धि हमारे विषय में न उत्पन्न हो (परि णो हेती रुद्रस्य वृज्याः परि त्वेषस्य दुर्मतिः मही गात्)। स्तोता रुद्र से बराबर प्रार्थना करता है कि वे उस पर क्रुद्ध न हों (मा त्वा रुद्र चुक्रुधाम, ऋ० २। ३३। ४)। उनके लिए **नृघ्न** या 'मनुष्यों के नाशक' विशेषण भी प्रयुक्त हुआ है (ऋ० ४। ३। ६; पुरुषघ्न १। ११४। १०)।

ऋग्वेद से परवर्ती वैदिक साहित्य में भी रुद्र का भयंकर रूप पूर्णतः सुरक्षित है। **वा० सं०** ३।६१ का कवि रुद्र को उनका उपयुक्त भाग देने के उपरान्त, उनसे बिना किसी की हिंसा किए **मूजवान् पर्वत** के पार जाने की प्रार्थना करता है (अहिंसन् नः शिवः परो मूजवतः अतीहि)। **अथर्ववेद** ११।२।२२ तथा २६ में ज्वर, विष, खाँसी तथा दिव्य-अग्नि या तडित् ये चार रुद्र के प्रमुख अस्त्र बताए गए हैं। रुद्र से इन सब को अपने से दूर रखने की कथा अपने विद्युत्-रूपी वज्र को कहीं अन्यत्र गिराने की प्रार्थना की गई है (अन्यत्र विद्युतं पातयैताम्)।

किन्तु साथ ही ऋग्वेद में ही रुद्र के स्वरूप का दूसरा पक्ष भी है, जिसमें उन्हें अत्यन्त कृपालु, कल्याणमय तथा श्रेष्ठ वैद्य कहा गया है, जो अपनी विविध प्रकार की ओषधियों के द्वारा मनुष्यों के सब रोगों को दूर करते हैं। उनका हाथ **मृळयाकु** (मंगलमय) है (२।३३।७) तथा वे उदार दाता (मीढ्वान्) हैं (१।११४।३ तथा २। ३३।१४)। वा० सं० तथा अ० वे० में **मीढुष्टम** (अत्यन्त उदार) शब्द केवल रुद्र के लिए प्रयुक्त हुआ है (उदाहरणार्थ वा० सं० १६।५१)। वे अत्यन्त मंगलमय (शिव) हैं तथा स्तोता को प्रचुर धन-धान्यादि से पूर्ण कर देते हैं (१०।९२।२) रुद्र देवों के क्रोध तथा उनसे होने वाले संकटों को भी दूर करते हैं (आरे अस्मद् दैव्यं हेलो अस्यतु, ऋ० १।११४।४)। '**शम्**' (कल्याण) तथा '**मयस्**' (सुख) के वे कर्ता हैं (ऋ० १।४३। ६)। इसीलिए उनको वाजसनेयी संहिता आदि में शंकर एवं मयस्कर कहा गया है। (**नमः शंभवाय च मयोभयाय च, नमः शंकराय च मयस्कराय च, नमः शिवाय च शिवतराय च**, वा० सं० १६।४१, रुद्री ५।४१) **तै० ब्रा०** २।२।५।५ का कथन है कि जो 'शिव' है, वही 'मय' भी है (यद्वै शिवं तन्मयः)। संसार की सभी ओषधियों पर उनका अधिकार है। (यो विश्वस्य क्षयति भेषजस्य, ऋ० ५।४२।११) उनके पास सहस्रों ओषधियाँ हैं (सहस्रं ते स्वपिवात भेषजा, ७।४६।१)। अपने स्तोताओं के लिए वे इन्हें हाथ में लिए रहते हैं (१।११४।५) और इन ओषधियों का उपयोग करके मनुष्य सौ वर्षों तक जीवित रह सकता है (त्वा दत्तेभी रुद्र शंतमेभिः शतं हिमा अशीय भेषजेभिः, ऋ० २।३३।२)। यही कारण है कि रुद्र को 'सभी वैद्यों में श्रेष्ठ' की उपाधि दी गई है (भिषक्तमं त्वां भिषजां शृणोमि २।३३।४)।

रुद्र शब्द की व्युत्पत्ति

वैदिक रुद्र का आधिभौतिक स्वरूप क्या था इस विषय पर विद्वानों का ऐकमत्य नहीं है, और इसी पर निर्भर करती है रुद्र शब्द की व्युत्पति तथा अर्थ। **श० ब्रा०** ६।१।३।८ तथा ११।६।३।७ में प्रजापति के द्वारा एक कुमार की उत्पत्ति का उल्लेख है। उत्पन्न होते ही वह रोने लगा और प्रजापति से अपने नाम रखने की प्रार्थना करने लगा। तब प्रजापति ने उसके आठ नाम रखे। उत्पन्न होते ही रोने से उनका नाम **रुद्र** या 'रोने

वाला' पड़ गया (रुदिर् अश्रुविमोचने, धातुपाठ १०६७) —

......कुमारः अजायत। स अरोदीत् तस्माद् रुद्रः।

तैत्तिरीय संहिता १।५।१ में एक छोटी सी मनोरंजक कथा है। इसके अनुसार एक बार जब देवों का असुरों से युद्ध हुआ तो देवों ने अपना धन (वसु) अग्नि के पास निक्षिप्त कर दिया। अग्नि की उस धन को ले लेने की इच्छा हुई। वह धन को लेकर चला गया। संग्राम के पश्चात् देवों ने बलात् अग्नि से अपना धन लेना चाहा, जिससे वह रो पड़ा। और क्योंकि अग्नि 'रो पड़ा' इसलिए उसे ही रुद्र कहते हैं —

देवासुराः संयत्ता आसन्। ते देवा.......अग्नौ वामं वसु संन्यदधत........ तदग्निर्न्यकामयत तेनापाक्रमत् तद् देवा अवरुरुत्समाना अन्वायन्। तदस्य सहसा आदित्सन्त। सः अरोदीत् यदरोदीत् तद्रुद्रस्य रुद्रत्वम्।

एक अन्य स्थान पर **श० ब्रा०** रुद् धातु को णिजर्थक मानते हुए रुद्र का अर्थ 'रुलाने वाला' करता है। ११।६।३।७ में कहा गया है कि दश प्राण और आत्मा इनको मिलाकर रुद्र कहते हैं क्योंकि शरीर निकलते समय ये सम्बन्धियों को रुलाते हैं —

कतमे रुद्रा इति। दशेमे पुरुषे प्राणाः आत्मैकादशः। ते यदा अस्मात् मर्त्याच्छरीराद् उत्क्रामन्ति अथ रोदयन्ति। यद्रोदयन्ति तस्माद् रुद्राः[1]**।**

स्वामी दयानन्द जैसे कुछ आधुनिक विद्वान् भी रुद्र का अर्थ 'रुलाने वाला' लेने के पक्ष में हैं। उनके अनुसार पापियों और दुष्टों को रुलाने के कारण परमात्मा का ही नाम रुद्र है[2]।

श० ब्रा० में ही एक अन्य स्थान पर (९।१।१।६, ७) रुद्र तथा रुद्रों का रुद् धातु से सीधा नहीं अपितु कुछ दूर का सम्बन्ध माना गया है। एक कथा के अनुसार एक बार सृष्टि-रचना से श्रान्त प्रजापति को छोड़ कर सभी देवता चले गए। केवल **मन्यु** (क्रोध) नहीं गया। प्रजापति रो पड़े और उनके जो आँसू भूमि पर गिर पड़े उनसे रुद्रों की तथा जो मन्यु पर गिरे उससे शतमुख, सहस्राक्ष तथा शततूणीरधारी रुद्र की उत्पत्ति हुई। इनको रुद्र इसलिए कहते हैं कि ये प्रजापति के रुदन से उत्पन्न हुए —

तद् यद् रुदितात् समभवन् तस्माद्रुद्राः।

पुराणों के समय तक भी रुद्र की यही व्युत्पत्ति सामान्यतः मान्य थी। **मत्स्य पुराण** इस शब्द को दो धातुओं से सम्बन्धित करता है, रुद् तथा द्रु (दुद्रु गतौ, भागना) से।

---

१. इन **एकादश** रुद्रों अथवा रुद्रगण पर इसी खण्ड में आगे प्रकाश डाला गया है।

२. सत्यार्थप्रकाश, पृ० ५।

ब्रह्मा की कामरूपिणी पत्नी ब्रह्माणी सुरभि (गौ) का रूप धारण करके उनके पास गई। उसमें उन्होंने रुद्रों को उत्पन्न किया, जो रोते हुए और पितामह की निन्दा करते हुए इधर-उधर भागने लगे —

ते रुदन्तो द्रवन्तश्च गर्हयन्तः पितामहम्।
रोदनाद् द्रवणाच्चैव रुद्रा इति ततः स्मृताः॥ — मत्स्य० १७०।३८

वायुपुराण (९।८२) भी रुद्रों की बिल्कुल यही व्युत्पत्ति देता है।

महाभारत (शान्ति० २८४) में दक्ष शिव की स्तुति करते हुए कहता है कि 'रु' संकट को कहते हैं और उसको 'दूर करने' (द्रावण=भगाना) के कारण आपका नाम रुद्र है। इसी प्रकार ऋ० वे० १।११४।१ तथा २।१।६ की व्याख्या में सायण ने भी रुद् का अर्थ 'कष्ट', 'दुःख' लेकर रुद्र का अर्थ 'कष्ट का अपनोदन करने वाला' लिया है। लगभग ५वीं शती ई० पू० में रचित **अथर्वशिरस् उपनिषद्** में रुद्र शब्द की यह रोचक व्युत्पत्ति दी हुई है (रु=रूप, द्र=द्रुत) —

.........अथ कस्मादुच्यते रुद्रः यस्माद् ऋषिभिः मान्यैर्भक्तैः द्रुतमस्य रूपमुपलभ्यते।

पर वस्तुतः ऐसी व्युत्पत्तियाँ रुद्रोपासकों की अपने इष्टदेव के प्रति श्रद्धा की भले ही परिचायक हों, इनसे रुद्र के मूल एवं वास्तविक स्वरूप पर तनिक भी प्रकाश नहीं पड़ता।

रुद्र की व्युत्पत्ति के विषय में भारतीय परम्परा से हटकर पूर्णतः भिन्न दृष्टि से सोचने वालों में जर्मन विद्वान् **ग्रासमान्** तथा **पिशेल** उल्लेखनीय हैं। प्रथम विद्वान् के अनुसार रुद् धातु का प्रारम्भिक अर्थ 'चमकना' या 'प्रकाशित होना' है; अतः रुद्र का अर्थ है, प्रकाशमान् या तेजस्वी। पिशेल के अनुसार इस धातु का अर्थ है 'भूरे वर्ण का होना'; अतः इसका अर्थ 'भूरा या रक्त वर्ण का' होना चाहिए[१]। ऋग्वेद में रुद्र के लिए बहुशः प्रयुक्त **बभ्रु** शब्द से इसकी पुष्टि होती है। **बार्थ** ने भी अंग्रेज़ी ruddy शब्द से जोड़ते हुए इस व्युत्पत्ति की पुष्टि की है[२]। कहना न होगा कि रुद् धातु के यह दोनों ही अर्थ काल्पनिक हैं और वैदिक अथवा लौकिक संस्कृत में रुद् धातु का यह भाव कहीं प्राप्त नहीं होता।

रुद्र का भौतिक आधार : अग्नि

अब प्रश्न यह है कि रुद्र देवता का मूल भौतिक स्वरूप क्या है? सौभाग्य से इस सम्बन्ध में ब्राह्मण ग्रन्थों तथा पूर्ववर्ती संहिताओं में भी अत्यन्त स्पष्ट उल्लेख प्राप्त होते

---

१. **वेदिशे श्टूडियन्,** प्रथम भाग, पृ० ५७।
२. **दि रिलीजन्स ऑफ् इंडिया**, पृ० १४।

हैं। ऊपर रुद्र की व्युत्पत्ति के सम्बन्ध में तैत्तिरीय संहिता का जो उद्धरण दिया गया है, उसमें अग्नि को रुद्र बताया गया है। देवताओं के द्वारा धन छीने जाने पर रोने के कारण अग्नि का नाम रुद्र पड़ा। इसी संहिता में एक अन्य स्थान पर पुनः अग्नि को रुद्र कहा गया है (रुद्रो वा एष यदग्निः, ५।४।३)। **श० ब्रा०** में भी अनेक स्थानों पर स्पष्ट शब्दों में अग्नि को ही रुद्र कहा गया है— **यो वै रुद्रः सो अग्निः** (५।२।४।१३), **अग्निर्वै रुद्रः** (५।३।१।१०)। इसी ब्राह्मण में एक अन्य स्थान पर (१।७।३।८) अग्नि के विषय में जो शब्द कहे गए हैं, उनसे रुद्र का स्वरूप स्पष्ट रूप से भासित हो जाता है। इसके अनुसार ''अग्नि के ही **शर्व** तथा **भव** ये दो नामान्तर है। अग्नि को '**शर्व**' पूरब के लोग कहते हैं और '**भव**' पश्चिम के। किन्तु ये अग्नि के भयंकर रूप के वाची हैं। उसके सबसे शान्त रूप को अग्नि कहा जाता है जो '**स्विष्टकृत्**' (मंगलमय, अभीष्ट पूर्ण करने वाला)है।

अग्निर्वै स देवः। तस्यैतानि नामानि शर्व इति यथा प्राच्या आचक्षते। भव इति यथा बाहीकाः। पशूनां पती रुद्रः अग्निरिति। तानि अशान्तानि एव इतराणि नामानि। अग्निरित्येव शान्ततमम्। तस्माद् अग्नय इति क्रियते स्विष्टकृत् इति।

— श० ब्रा० १।७।३।८

'शर्व' तथा 'भव' शब्दों को श० ब्रा० अग्नि के 'अशान्त' नाम बताता है। वे इसी ब्राह्मण में अन्यत्र (६।१।३।८-१८) रुद्र के आठ प्रमुख नामों में परिगणित हुए हैं। इस प्रसंग से स्पष्ट है कि रुद्र अग्नि के भयंकर, प्रचण्ड तथा विनाशकारी स्वरूप का द्योतक है। एक ओर तो अग्नि यज्ञ-पुरोहित है, और वह यज्ञ को देवताओं तक वहन करता है और यज्ञ की समस्त क्रियाओं का आधार बन कर यजमान को प्रत्येक कामना को प्राप्त कराता है; इसीलिए 'स्विष्टकृत्' कहलाता है। साथ ही 'वैश्वानर' के रूप में प्राणियों के अन्दर प्रविष्ट होकर अन्न-रसादि के सम्यक् परिपाक द्वारा जीवन को भी धारण करता है। किन्तु दूसरी ओर उसका सर्वभक्षी तथा विनाशक रूप भी है। कुपित होने पर यही अग्नि बड़े-बड़े प्रासादों को भस्मसात् कर देता है, विशाल वन भी बातों ही बातों में राख बन जाते हैं और कई बार तो मनुष्य तथा पशु आदि भी इसके उग्र रूप की चपेट में आ जाते हैं। रुद्र की धारणा के पीछे अग्नि का यही जनविनाशक रौद्र-रूप ऋग्वेद के कवियों की दृष्टि में था।

श० ब्रा० ९।१।१।१, २ में शतरुद्रिय के मन्त्रों की व्याख्या करता हुआ ऋषि कहता है कि अग्नि का दाहकता-शक्ति से पूर्ण, अमर रूप ही रुद्र है। अपने इस अविनाशी रूप में अग्नि सर्वभक्षी और सर्वविनाशक है। अतः उसे रुद्र कहते हैं। देवताओं ने उससे डर कर उसे शान्त करने के लिए इन मन्त्रों का पाठ किया —

अथातः शतरुद्रियं जुहोति। अत्रैष सर्वोऽग्निः संस्कृतः। स एषो अत्र रुद्रो देवता। तस्मिन् देवा एतद् अमृतं रूपम् उत्तमम् अदधुः। स एषो अत्र दीप्यमानो अतिष्ठद् अन्नमिच्छमानः। तस्माद् देवा अबिभ्युः यद्वै नो अयं हिंस्याद् इति।

— श० ब्रा० ९।१।१।१

अग्नि को रुद्र मानने की धारणा ब्राह्मणों में स्वतन्त्र रूप से उद्भूत नहीं हुई। इसके बीज प्राचीनतर वैदिक संहिताओं में ही प्राप्त होते हैं। ऋग्वेद में ऐसे मन्त्र हैं, जिनमें अग्नि और रुद्र का तादात्म्य किया गया है अथवा जिनमें रुद्र शब्द अग्नि के विशेषण के रूप में प्रयुक्त हुआ है। इस सम्बन्ध में ऋग्वेद के द्वितीय मण्डल की निम्न ऋचा विशेष महत्त्वपूर्ण है —

त्वमग्ने रुद्रो असुरो महो दिवस्त्वं शर्धो मारुतं पृक्ष ईशिषे।

— ऋ० २।१।६

इस ऋचा में अग्नि को रुद्र के अतिरिक्त 'असुर', 'मरुतों का गण' तथा 'पुष्टिकारक' कहा गया है, जो क्रमशः रुद्र के 'ईशान' 'मरुत्पिता' आदि विशेषणों तथा जल एवं ओषधियों से उनके सम्बन्ध का परिचायक हैं। इसकी व्याख्या में सायणाचार्य लिखते हैं कि रुद् (दुःख या पाप) को दूर करने (द्रावण) के कारण ही अग्नि को रुद्र कहते हैं।

'रुद् दुःखं दुःखहेतुर्वा पापादिः। तस्य द्रावयिता एतन्नामको देवो असि, रुद्रो वै एष यदग्निः इत्यादिषु (तै० सं० ५।४।३) अग्नेः रुद्रशब्देन व्यवहारात्'।

आगे सायण ने रुद्र शब्द की दूसरी मनोरंजक व्युत्पत्ति दी है। रुद्र **रौति** (अन्तर्भावितण्यर्थ-रावयति) से बना है। उसका पूजन न करके मनुष्य दुःख में पड़कर रोते हैं —

'यद्वा त्वं रुद्रः। रौति। माम् अनिष्ट्वा नराः दुःखे पतिष्यन्ति। रुद्रस्तादृशो असि'।

ऋचाओं में भी रुद्र शब्द अग्नि के विशेषण के रूप में प्रयुक्त हुआ है —

अग्निं सुम्नायं दधिरे पुरोजनाः वाजश्रवसमिह वृक्तबर्हिषः।
यतस्त्रुचः सुरुचं विश्वदेव्यं रुद्रं यज्ञानां साधदिष्टिमपसाम्॥

— ऋ० ३।२।५

आ वो राजानम् अध्वरस्य रुद्रं होतारं सत्ययजं रोदस्योः।
अग्निं पुरा स्तनयित्नोः अचित्ताद् हिरण्यरूपम् अवसे कृणुध्वम्॥

— ऋ० ४।३।१

प्रस्तुत ऋचा अग्नि और रुद्र की एकात्मकता सिद्ध करने के लिए विशेष महत्त्वपूर्ण है क्योंकि इसमें रुद्र का एक प्रमुख नाम 'उग्र' अग्नि के विशेषण के रूप में प्रयुक्त हुआ है और अग्नि को 'दुर्गों का विनाशक' कहा गया है जो परवर्ती वैदिक साहित्य में रुद्र के द्वारा असुरों के **त्रिपुरविनाश** की कथा से सम्बन्धित है —

य उग्र इव शर्यहा तिग्मशृंगो न वंशगः।
अग्ने पुरो रुरोचिथ। ऋ० ६।१६।३९

सायण ने इस ऋचा की व्याख्या करते हुए लिखा है —

'रुद्रो वै एष यदग्निरिति श्रुतेः रुद्रकृतमपि त्रिपुरदहनम् अग्निकृतमेव इत्यग्निः स्तूयते।'

अथर्ववेद में भी इस सम्बन्ध में एक अत्यन्त स्पष्ट मन्त्र आता है, जिसमें कवि परम सामर्थ्यशाली अग्निरूपी रुद्र को प्रणाम करता है —

य इमा विश्वा भुवनानि चक्लृपे तस्मै रुद्राय नमो अस्तु अग्नये[१]।
— अ० वे ७।८७।१

उपर्युक्त उद्धरणों में यद्यपि अग्नि के सामान्य रूप को ही रुद्र कहा गया है किन्तु प्रतीत होता है कि रुद्र के स्वरूप के साथ अग्नि का माध्यमिक अथवा अन्तरिक्षस्थानीय रूप (विद्युत्) ही विशेष रूप से सम्बद्ध था। पार्थिव एवं आकाशीय अग्नि (सूर्य) तो अपेक्षाकृत कम हानिप्रद सिद्ध हो सकते हैं किन्तु अन्तरिक्ष से गिरने वाली तडित् प्रायः पशुओं और मनुष्यों के जीवन के लिए घातक होती है, अतः रुद्र का विशेष सम्बन्ध उसी से था। तडित् से सम्बन्धित होने पर उससे अनिवार्यतया सम्बन्धित तीक्ष्ण हिममय झंझावात, वृष्टि तथा मरुद्गण से रुद्र का सम्बन्ध होना आवश्यक ही था। पीछे कुछ ऐसे ऋग्वैदिक मन्त्रों का उल्लेख किया गया है (उदाहरणार्थ ७ ।४६।३) जिनमें रुद्र से अपनी विद्युत् रूपी **हेति** या वज्र को अन्यत्र गिराने की प्रार्थना की गई है (परि णो हेती रुद्रस्य वृज्याः)। रुद्र का अग्नि तथा विद्युत् से सम्बन्ध महाभारत एवं पुराणों के कवियों को भी विस्मृत नहीं हुआ है। अग्नि और रुद्र के तादात्म्य के अनेक संकेत ग्रन्थों मे स्थान-स्थान पर प्राप्त होते हैं, उदाहरणार्थ —

स वै रुद्रः स शिवः सोऽग्निः सर्वः स सर्वजित्।
वदन्त्यग्निं महादेवं तथा स्थाणुं महेश्वरम्। — महा० अनु० ६०।३८, ४६

निम्न श्लोक में इस देवता की रुद्र तथा शिव, ये दो घोर तथा शान्त मूर्तियाँ बताई गई हैं। इनमें से घोर मूर्ति अग्नि, विद्युत् तथा सूर्य के प्रचण्ड रूप को सूचित करती है तथा शान्त मूर्ति अग्नि-सोमात्मक है —

---

१. यह मन्त्र **अथर्वशिरस् उपनिषद्** के षष्ठ खण्ड में भी उद्धृत किया गया है।

द्वे तनू तस्य देवस्य वेदज्ञा ब्राह्मणा विदुः।
घोरामन्यां शिवामन्यां ते तनू बहुधा पुनः॥
उग्रा घोरा तनूर्या सा सोऽग्निर्विद्युत् स भास्करः।
आत्मनोऽर्धं तु तस्याग्निः सोमोऽर्धं पुनरुच्यते॥ — अनु० ६०।४७, ४८

वायु पुराण २१।७५ तथा ३१।२३ में अग्नि को **काल-रुद्र** कहा गया है। अग्नि का ही स्वरूप होने के कारण सूर्य भी काल-रुद्र है क्योंकि वह दिन-रात आदि का नियमन करके प्राणियों की आयु क्षीण करता है। **विष्णु पुराण** ६।३।२४ में प्रलयकाल में शेषनाग की फुफकारों से उत्पन्न, प्राणियों को भस्म कर देने वाली कालाग्नि के लिए 'रुद्र' की संज्ञा प्रयुक्त की गई है —

ततः कालाग्निरुद्रोऽसौ भूत्वा सर्वहरो हरिः.......।

झंझावात तथा वृष्टि से रुद्र के इसी सम्बन्ध के कारण रुद्र के शिव अथवा मंगलमय रूप की कल्पना उद्भूत हुई है। ऐसे विद्युद्गर्जन-युक्त सवृष्टिक-झंझावात से वातावरण पूर्णतया शुद्ध हो जाता है और पर्वतों तथा मैदानों पर अनेक प्रकार की लाभदायक ओषधियाँ उत्पन्न होती हैं, जिनसे मनुष्य रोगमुक्त हो सकता है। रुद्र के **भिषक्तम** होने का यही रहस्य है[१]।

रुद्र के मूल रूप को तडित् से सम्बन्धित मान लेने पर उनके नाम का अर्थ ठीक प्रकार से समझ में आ जाता है। गरजती हुई विद्युत् का 'रुद्र' (चिल्लाने या रोने वाला) नाम सर्वथा संगत है। किन्तु साथ ही यह भी सम्भव है कि यह शब्द तीव्रता से जलती हुई पार्थिव अग्नि के चटखने की ध्वनि को सूचित करता हो। भीषण रूप में दंदह्यमान अग्नि से इस प्रकार की चटचटाहट प्रायः सुनी जा सकती है[२]। यास्क ने रुद्र शब्द की व्युत्पत्ति बताते हुए सम्भवतः इधर ही संकेत किया है —

रुद्रो रौतीति सतः रोरूयमाणो द्रवतीति वा रोदयतेर्वा।

(निरुक्त १०।५)

अग्निरपि रुद्र उच्यते। (निरुक्त १०।७)

यहाँ निरुक्तकार अग्नि को रुद्र बताकर इस शब्द की तीन व्याख्याएँ सुझाते हैं। 'वह चिल्लाता है' (रु-रौति), अथवा 'शोर करते हुए इधर-उधर भागता (प्रसरित होता) है' अथवा '(विद्युत्-पात से) लोगों को रुलाता है' — इसलिए उसे रुद्र कहते हैं। स्पष्ट है कि ये तीनों ही व्याख्याएँ पार्थिव अग्नि तथा विद्युत् दोनों पर सन्तोषजनक

---

१. देखिए, डा० यदुवंशी, **शैवमत** (बिहार राष्ट्रभाषा परिषद्, १९५५), पृ० ३।

२. तु० की०, डा० फतेह सिंह, **वैदिक एटिमॉलजी**, पृ० १९१।

रूप से घट सकती हैं। पर बृहद्देवताकार को रुद्र का अन्तरिक्षस्थानीय स्वरूप अधिक अभीष्ट है। उनका मत है कि वृष्टि के समय अग्नि का विद्युत्-रूप अन्तरिक्ष में रोता (गरजता) है अतः (अन्तरिक्षस्थानीय) अग्नि को ही रुद्र कहते हैं —

अरोदीदन्तरिक्षे यद् विद्युद्वृष्टिं ददन्नृणाम्।
चतुर्भिर्ऋषिभिस्तेन रुद्र इत्यभिसंज्ञितः॥

— बृहद्देवता २। ३४

ऋ० वे० १।११४।१ की व्याख्या में सायण ने रुद्र शब्द की एक अन्य विद्वत्तापूर्ण व्युत्पत्ति सुझाई है, जिससे रुद्र का अग्नि से तादात्म्य सिद्ध किया जा सकता है — **रुणद्धि आवृणोति इति रुद् (क्विप्) अन्धकारादिः। तद् दृणाति विदारयति इति रुद्रः।** 'दृष्टि अवरोधक अन्धकार का विदारण करने के कारण रुद्र 'रुद्र' हैं।'

जर्मन विद्वान् वेबर का मत है कि रुद्र शब्द का जो चिल्लाना या शब्द करना भाव है, वह मूलतः अग्नि से नहीं अपितु झंझावात से सम्बन्धित है। काश्मीर की उपत्यकाओं में रहने वाले आर्यों के लिए उस समय झंझावात की प्रचण्डता विशेषरूप से दुःखद रही होगी। अतः उन्होंने उसके पीछे एक अनुदार तथा कठोर देवता की कल्पना की। उसके अनुसार रुद्र का बहुवचन 'रुद्राः' तथा 'मरुतः' पर्यायवाची हैं। किन्तु अग्नि तथा झंझावात में रव तथा भयंकरता दोनों का साम्य है। अतः धीरे-धीरे रुद्र के व्यक्तित्व में अग्नि के भी तत्त्वों का मिश्रण हो गया। उनके अनुसार यजुर्वेद के शतरुद्रिय स्तोत्र में रुद्र के कुछ विशेषण झंझावात को सूचित करते हैं और कुछ अग्नि को[1]।

यद्यपि वैदिक साहित्य के अगणित प्रमाणों के सामने अग्नि को छोड़ कर रुद्र का मूल सम्बन्ध झंझावात से मानने की कोई आवश्यकता प्रतीत नहीं होती किन्तु वेबर का मत फिर भी श्रयोडर अथवा ओल्डेनबर्ग की अपेक्षा अधिक तर्क-संगत है, जिनमें से प्रथम मरुतों को प्रेतात्माओं का प्रतीक तथा रुद्र को उनका आकाशचारी नेता मानते हैं[2] और द्वितीय रुद्र को पर्वतों का देवता मानने के पक्ष में है, जहाँ से रोग रूपी रुद्रबाण मनुष्यों को पीडित करते हैं[3]।

अग्नि, विद्युत् एव झंझावात से रुद्र को सम्बन्धित मान लेने पर उनके लिए वैदिक साहित्य में प्रयुक्त अधिकांश विशेषणों की सन्तोषजनक व्याख्या की जा सकती है। ऊपर रुद्र को ऋग्वेद में प्रायः **अरुष** (१।११४।५) तथा **बभ्रु** (२।३३।५, ८, १५)

---

१. वेबर, **इंदिशे श्टूडियन्,** द्वितीय भाग, पृ० २०-२१।

२. **वियेनर त्साइटश्रिफ्ट फ़्युर् डी कुन्डे डेस मॉर्गनलान्डेस,** नवम भाग, पृ० २४८।

३. ओल्डेनबर्ग, **डी रिलीगियोन डेस वेद,** पृ० २१६-२४।

कहा गया है। दोनों शब्दों का अर्थ है भूरा या ललछौंह (कुछ-कुछ लाल)। ये विशेषण सम्भवतः पार्थिव अग्नि के पीत-रक्त वर्ण को सूचित करते हैं और **कल्मलीकिन्** (तेजस्वी, देदीप्यमान, २।३३।८) तथा **श्वित्यञ्च** (श्वेत द्युतिवाले २।३३।८) आदि विशेषणों से सम्भवतः घने मेघों के अँधेरे में तीव्रता से चमक जाने वाली श्वेतवर्ण की तेजस्वी विद्युत् की ओर संकेत हैं। ऊपर कहा जा चुका है कि ऋग्वैदिक रुद्र के शारीरिक वर्णन में कवि ने हिरण्य के आभूषणों का प्रायः उल्लेख किया है। यह सारी स्वर्णराशि विद्युत् की ही परिचायक है। रुद्र की **दिवो-वराह** (आकाश का शूकर) उपाधि सम्भवतः श्वेत विद्युल्लेखा युक्त काले मेघ का प्रतीकात्मक अभिधान है। विद्युत् वराह के दाँतों की, और कृष्ण-मेघ उसके शरीर के प्रतीक हैं। अ० वे० ११।२।१८ में रुद्र के भयानक काले रथ को लाल अश्वों द्वारा खींचा जाता हुआ बताया गया है।

श्यावाश्वं कृष्णमसितं गृणन्तं भीमं रथं केशिनः पादयन्तम्।

यह रूपक भी बिल्कुल इसी प्राकृतिक दृश्य को सूचित करता है।

रुद्र की जटाएँ, उनका विषपान एवं नीलकण्ठत्व

यहाँ रुद्र के लिए जो **केशी** (बालों वाला) विशेषण प्रयुक्त हुआ है वह ऋग्वेद में रुद्र के लिए दो स्थानों (१।११४।१ तथा १०।१०२।८) पर प्रयुक्त **'कपर्दिन्'** (जटाधारी) विशेषण की याद दिलाता है। सम्भवतः यह विशेषण अग्नि के धूम से आवृत रूप को सूचित करता है। पूर्णतः प्रज्वलित होने से पहले अग्नि की ज्वालाओं के ऊपर जो धूम का आवरण रहता है उसकी उपमा एक गौरवर्ण व्यक्ति के सिर की जटाओं से बड़ी सरलतापूर्वक दी जा सकती है[१]। महाकाव्यों तथा पुराणों में कपर्दी के ही अर्थ में शिव के लिए **'धूर्जटि'** विशेषण भी प्रयुक्त हुआ है। **महा० अनु० पर्व** में (१६०।५०) शिव और अग्नि का साम्य दिखाते हुए कहा है कि धूम्रयुक्त होने के कारण ही शिवरूपी अग्नि को धूर्जटि कहा जाता है —

वदन्त्यग्निं महादेवं तथा स्थाणुं महेश्वरम्।
धूम्ररूपं च यत्तस्य धूर्जटीत्यत उच्यते॥

कुछ ऐसा ही भाव रुद्र की **नीलशिखण्डिन्** उपाधि का भी है। **अथर्ववेद** में तीन स्थानों पर (२।२७।६, ६।१३।१, ११।२।७) रुद्र के लिए यह विशेषण प्रयुक्त हुआ

---

१. रुद्र के इस विशेषण पर डा० यदुवंशी लिखते हैं — ''आकाश में उमड़ कर आई हुई मटियाले रंग की मेघमाला वास्तव में जटाओं सी लगती है और उसमें जब बिजली चमकती है तब रुद्र की यह कपर्दिन् उपाधि भी सार्थक हो जाती है'' (शैवमत, पृ० ३)। किन्तु क्षणिक विद्युत् को रुद्र का शरीर मानना अधिक संगत नहीं है। इसके अतिरिक्त जटा शरीर के ऊपर रहती है और इस दृष्टि से अग्नि और धूम वाली व्याख्या अधिक सहज है। डा० यदुवंशी के मत से नीलशिखण्डिन् का भी उपर्युक्त अर्थ है (पृ० ८)।

है। इसका अर्थ है 'नीले केशों या शिखा वाला'। यह शिखण्ड और कुछ नहीं केवल अग्नि का धूम है। श० ब्रा० २।३।२।९ से इसकी पुष्टि होती है। इसमें कहा गया है कि जब अग्नि सर्वप्रथम प्रज्वलित होता है तो धूम से पूर्ण वह अग्नि का स्वरूप है। दोनों के स्वभाव-साम्य का भी श० ब्रा० यहाँ उल्लेख करता है, जिस प्रकार रुद्र प्रजा को अचानक बलात् समाप्त कर देता है उसी प्रकार यह अग्नि भी उस समय हूयमान अन्न आदि को तत्क्षण नष्ट कर देता है —

तद्यत्रैतत् प्रथमं समिद्धो भवति धूयत इव। तर्हि हैष भवति रुद्रः। यथेमा रुद्रः प्रजा अश्रद्धयेव त्वत् निघातमिव त्वत् सचते एवमन्नमद्याम् इति।

इन वाक्यों पर सायण यह टिप्पणी करते हैं—काष्ठैः समिद्धः अग्निः यदा प्रथमं धूमायमानो भवति तस्मिन् समये एष रुद्रात्मको भवति। यथा खलु रुद्रः सर्वाः प्रजाः अप्रियेणेव एकवारं बलात्करेणेव.......प्रजानां हननमिव समवेति एवमेव.......।

शुक्लयजुर्वेद में रुद्र की यही उपाधि **असितग्रीव** (वा० सं० २३।१३) तथा **कृष्ण-यजुर्वेद** (तै० सं० १६।१।६६।८) में **नीलग्रीव** के रूप में प्राप्त होती है। शिखण्ड की नीलिमा से कवि अब ग्रीवा की नीलिमा पर आ गया है। पर विशेषण के मूल भाव में कोई परिवर्तन नहीं हुआ है क्योंकि **वा० सं०** के प्रस्तुत शब्द की व्याख्या में श० ब्रा० कहता है — **अग्निर्वा असितग्रीवः** (१३।२।७।२) सायण ने इसे और स्पष्ट किया है — **अग्निर्वै कृष्णग्रीवः धूममिश्रत्वात्।**

यही वह बीज है जिस पर पौराणिक युग में शिव के विष-पान और तदनन्तर नीलकण्ठ हो जाने की कथा आधारित है। देवताओं तथा असुरों ने मिल कर मन्दराचल को मन्थनदण्ड तथा शेषनाग को रज्जु बना कर अमृत के लिए क्षीरसागर को मथा। सागर के मथे जाने पर सर्वप्रथम उससे भयंकर नीलवर्ण का हलाहल विष निकला। उस उग्र विष के प्रभाव से जगत् के सभी प्राणी त्रस्त हो गए। तब देवतागण शिव के पास पहुँचे। जगत् की रक्षा के लिए शिव उसे हथेली पर रख कर पी गए किन्तु वह विष इतना भयंकर था कि उनका भी गला उससे नीला पड़ गया[1] —

१. यद्यपि सामान्य परम्परा यही है किन्तु **महा०** (शान्ति ३४२ ।११४) में रुद्र की शितिकण्ठता के विषय में एक विचित्र तथा मनोरंजक कारण वर्णित किया है। दक्ष-यज्ञ-विध्वंस के अवसर पर दक्ष को नष्ट करने के उपरान्त क्रोध में भरे हुए शिव ने अपना त्रिशूल बदरिकाश्रम में तपस्या करते हुए नर-नारायण की ओर भी छोड़ दिया। नारायण ने उसे हुंकार से लौटा दिया। इस पर रुद्र उनकी ओर झपटे। तब नारायण ने अपने हाथों से उनका गला पकड़ लिया, जिससे वे शितिकण्ठ हो गए। (बाद में दोनों देवों में सुलह हो गई) —

अथ रुद्र उपाधावत् तावृषी तपसान्वितौ।
तत एवं समुद्धूतं कण्ठे जग्राह पाणिना॥
नारायणः स विश्वात्मा तेनास्य शितिकण्ठता।

इस प्रसंग के पीछे किसी शिव-द्रोही विष्णु-भक्त का हाथ स्पष्ट दिख रहा है।

अनेक विचित्र कर्मों के कर्ता एवं असामान्य शक्तिसम्पन्न शिव का विषपान रूपी कर्म के लिए उपयुक्त समझा जाना स्वाभाविक ही था। **रामायण** (बाल० ४५। १८-२६), **महाभारत** (आदि० १३। २०-३०), अग्नि पु० (३। १-१०) तथा **भागवत** (८। ७। १८-४६) आदि अनेक स्थानों पर विषपान का प्रसंग वर्णित है[1]।

तच्छ्रुत्वा देवदेवेशो लोकस्यास्य हितेप्सया।
अपिबत् तद् विषं रुद्रः कालानलसमप्रभम्।
यस्मात्तु नीलता कण्ठे नीलकण्ठस्ततः स्मृतः॥

— महा० आदि० १३। २६

क्षीराब्धेर्मथ्यमानाच्च विषं हालाहलं ह्यभूत्।
हरेण धारितं कण्ठे नीलकण्ठस्ततोऽभवत्॥

— अग्नि० ३। ९

निर्मथ्यमानाद् उदधेरभूद् विषं महोल्बणं हालहलाह्वमग्रतः।
संभ्रान्तमीनोन्मकराहिकच्छपात् तिमिद्विपग्राहतिमिंगिलाकुलात्॥
तदुग्रवेगं दिशि दिश्युपर्यधो विसर्पदुत्सर्पदसह्यमप्रति।
भीताः प्रजा दुद्रुवुरंग सेश्वरा अरक्ष्यमाणाः शरणं सदाशिवम्॥
ततः करतलीकृत्य व्यापि हालाहलं विषम्।
अभक्षयन्महादेवः कृपया भूतभावनः॥
तस्यापि दर्शयामास स्ववीर्यं जलकल्मषः।
यच्चकार गले नीलं तच्च साधोर्विभूषणम्॥

— भागवत ८। ७। १८, १९, ४२, ४३

उपर्युक्त उद्धरणों में शिव के जिस विषपान रूपी विचित्र कर्म का उल्लेख है, वह पुराणकारों की कल्पना की स्वच्छन्द उड़ान से ही समुद्भूत नहीं है। **ऋग्वेद** के एक अस्पष्ट मन्त्र में ही इसके संकेत प्राप्त होते हैं। इसके उत्तरार्द्ध में कहा गया है कि **केशी** ने **रुद्र** के साथ विषपान किया —

---

१. शिव के परम भक्त **पुष्पदन्त** ने अपने शिवमहिम्नस्तोत्र में इस प्रसंग का एक सुन्दर श्लोक में वर्णन किया है —

अकाण्डब्रह्माण्डक्षयचकितदेवासुरकृपा-
विधेयस्यासीद् यस्त्रिनयन विषं संहृतवतः।
स कल्माषः कण्ठे तव न कुरुते न श्रियमहो,
विकारोऽपि श्लाध्यो भुवनभयभंगव्यसनिनः॥

— शिवमहिम्नस्तोत्र, १४।

वायुरस्मा उपामन्थत् पिनष्टि स्मा कुनन्नमा।
केशी विषस्य पात्रेण यद् रुद्रेणापिबत् सह॥
— ऋ० वे० १०।१३६।७

इस **केशी** का स्वरूप कुछ अस्पष्ट है। इस सूक्त के प्रथम मन्त्र में **केशी** को अग्नि, विष, द्यावापृथिवी तथा सम्पूर्ण विश्व को धारण करने वाला बताया गया है और उसे ज्योति से सम्बन्धित किया गया है —

केश्यग्निं केशी विषं केशी बिभर्ति रोदसी।
केशी विश्वं स्वर्दृशे केशीदं ज्योतिरुच्यते॥ — १०।१३६।१

निरुक्तकार का मत है, इस मन्त्र में केशी का अर्थ सूर्य है। 'केश' किरणों को कहते हैं उनसे युक्त होने के कारण सूर्य को केशी कहा जाता है।

केशी केशा रश्मयः तैस्तद्वान् भवति —
प्रकाशनाद् वा......केशीदं ज्योतिरुच्यते इत्यादित्यम् आह।
— निरुक्त १२।२५, २६

ऋ० वे० १।१६४।४४ में तीन केशियों (**त्रय केशिनः**) का उल्लेख है। इसके विषय में **यास्क** का कथन है कि अग्नि के तीनों ही रूप केशी कहलाते हैं (१२।२७)। **बृहद्देवताकार** का भी कथन है कि ज्वालाओं की कल्पना केश के रूप में कर के पार्थिव अग्नि को, विद्युल्लेखाओं से युक्त होने के कारण मध्यम अग्नि को, तथा किरणों के कारण सूर्य को, केशी कहते हैं। ये ही तीनों केशी इस ऋचा में वर्णित हैं —

अर्चिर्भिः केश्ययं त्वग्निर्विद्युद्भिश्चैव मध्यमः।
असौ तु रश्मिभिः केशी तेनैनानाह केशिनः॥
एतेषां तु पृथक्त्वेन त्रयाणां केशिनामिह।
संलक्ष्यन्ते प्रक्रियासु 'त्रयः केशिन' इत्यृचि॥
— बृहद्देवता १।९४, ९५

आगे शौनक कहते हैं कि रातभर दूसरे स्थान पर रहने के उपरान्त प्रातःकाल सूर्य अपनी किरणों से प्रकाश करता हुआ आकाश में जाता है। अतः उसे केशी कहते हैं —

कृत्वा सायं पृथक् याति भूतेभ्यस्तमसोऽत्यये।
प्रकाशं किरणैः कुर्वंस्तेनैनं केशिनं विदुः॥

सायण ने भी प्रस्तुत मन्त्र के भाष्य में इस प्राचीन परम्परा का समादर किया है।

एक महत्त्वपूर्ण बात यह है कि यहाँ उल्लिखित विष पुराणों के विष से भिन्न है।

विष शब्द का अर्थ यहाँ पर गरल नहीं अपितु **जल** है। लौकिक संस्कृत में भी विष शब्द का यह अर्थ सुरक्षित है। 'विष' का जल अर्थ लेने से इस मन्त्र का भाव कुछ-कुछ स्पष्ट हो जाता है। ग्रीष्म ऋतु में सूर्य का अपनी किरणों से पृथ्वी के जल का पान (शोषण-वाष्पीकरण) किया जाना ही यहाँ संकेतित है। किन्तु केशी द्वारा रुद्र के साथ विष (जल) पान करने का क्या तात्पर्य है? सम्भवतः रुद्र शब्द सूर्य की प्रचण्ड आग्नेय-शक्ति का वाची है। ग्रीष्मकालीन सूर्य की उग्र दाहकता शक्ति, जिससे जल का शोषण होता है, यहाँ रुद्र कही गई है। लौकिक संस्कृत में ग्रीष्म की प्रचण्ड धूप के लिए **रौद्र** शब्द प्रयुक्त होता है, जो निश्चित रूप से इसी ओर संकेत करता है कि सूर्य के भयंकर आग्नेय-तत्त्व का रुद्र के साथ अवश्य सम्बन्ध था। अतः इस पंक्ति का मूल भाव यही प्रतीत होता है कि सूर्य ने अपनी दाहक शक्ति से पृथ्वी के जल का शोषण किया। यह अर्थ लेने पर इस मन्त्र के पूर्वार्द्ध से भी अर्थ की संगति बैठ जाती है, जिसमें वायु द्वारा (मेघों को) आन्दोलित किए जाने तथा केशी द्वारा पृथ्वी पर झुके हुए उन मेघों को द्रवित करने (पिनष्टि) का उल्लेख है। इस प्रकार यह पूरा मन्त्र सूर्य के द्वारा जलशोषण एवं वायु अथवा झंझावात की सहायता से मेघ रूपी उस जल के उमड़ने-घुमड़ने तथा वर्षण आदि की प्राकृतिक क्रिया का परिचायक है। **ऋ० वे०** ३। ३३।६ एवं **निरुक्त** २।२६ तथा १०।३२ में सूर्यदेव **सविता** का भी वृष्टिप्रक्रिया से इसी प्रकार सम्बन्ध वर्णित है[1] और ऋ० वे० १०।९२।५ रुद्र के द्वारा जल के स्रोतों से समस्त पृथ्वी को आप्लावित कर देने का वर्णन प्राप्त होता है — **प्र रुद्रेण ययिना यन्ति सिन्धवः तिरो महीमरमतिं दधन्विरे।** वैदिक रुद्र के 'नीलशिखण्डित्व' को देखते हुए तथा उनके 'विषपान' पर विचार करते हुए पुराणों में पल्लवित शिव के विषपान की कथा को पढ़ने पर इसके लेखकों की कल्पनाशीलता एवं उद्भावन-प्रवणता पर आश्चर्य होता है।

रुद्र का मरुत्पितृत्व

ऋग्वेद में रुद्र की एक और महत्त्वपूर्ण उपाधि है **'मरुत्पिता'** (देखिए, पीछे पृ० ३८७, ३९४-५)। उनको स्थान-स्थान पर मरुतों का पिता कहा गया है (उदाहरणार्थ, **इदं पित्रे मरुतामुच्यते वचः** १।११४।६, तथा, **आ ते पितर्मरुतां सुम्नमेतु** २।३३।१)। रुद्र ने उन्हें पृश्नि के गर्भ से उत्पन्न किया। रुद्र के पुत्र होने के कारण मरुतों को प्रायः **रुद्राः** अथवा **रुद्रियाः** कहा गया है (उदाहरणार्थ **युवानो रुद्रा अजरा अभोग्घनो** १। ६४।३, दिवि रुद्रासो अधि चक्रिरे सदः १।८५।२) और पृश्नि के पुत्र होने के कारण

१. तु० की, बृहद्देवता १।६८ तथा २।६ (वायु से सम्बन्धित दिव्यअग्नि का वर्णन) —

रसान् रश्मिभिरादाय वायुनायं गतः सह।

वर्षत्येव च यल्लोके तेनेन्द्र इति स स्मृतः॥

रसादानं तु कर्मास्य.......।

पृश्निमातरः (**अधिश्रियो दधिरे पृश्निमातरः**, १।८४।२)। बृहद्देवताकार ने ५।५७ के प्रारम्भिक मन्त्रों में रुद्रगण (रुद्राः) तथा मरुद्गण (मरुतः) को एक माना है —

> **'आ रुद्रास' इति त्वस्यां (५।५७।१) रुद्राणां संस्तुतो गणः।**
> **मरुतां तु गणस्यैतत् नाम रुद्रा इति स्मृताः॥**
>
> — बृ० दे० ५।४७

मरुतों की माता **पृश्नि** का स्वरूप तथा रूप का मरुत्पितृत्व दोनों ही स्पष्ट नहीं है। डा० यदुवंशी का मत है कि 'पृश्नि पृथ्वी है और रुद्र सूर्य।' ऋग्वेद में ही अग्नि से सम्बन्धित होने के कारण रुद्र का सम्बन्ध दिव्य-अग्नि (सूर्य) से हो गया है। पृथ्वी पर सूर्य की किरणों का ताप पड़ने से ही हवाओं (मरुतों) की उत्पत्ति होती है। इसीलिए उन्हें सूर्य, रुद्र तथा पृश्नि का पुत्र कहा गया है[1], पर यह बहुत तर्क-संगत नहीं लगता क्योंकि रुद्र का सूर्य से सम्बन्ध अत्यन्त निर्बल है। दोनों का तादात्म्य कभी नहीं किया गया। यदि यही बात होती तो सूर्य, सविता, विवस्वान् आदि विशिष्ट सूर्य देवों से तो मरुतों का और भी घनिष्ठ सम्बन्ध होना चाहिए था, पर ऐसा है नहीं। इसके अतिरिक्त हवाओं की उत्पत्ति का यह वैज्ञानिक कारण वैदिक ऋषियों को ज्ञात रहा हो, इसमें सन्देह है।

मैक्डॉनल का मत है कि चितकबरे रंग के मेघ ही पृश्नि कहे गए हैं[2]। यद्यपि पृश्नि की — जिसे प्रायः गो कहा गया है — यह व्याख्या बहुत अधिक सन्तोषजनक नहीं है तो भी इतना तो लगभग निश्चित है कि रुद्र का ऋग्वेद में झंझावात से जो सम्बन्ध है उसी के कारण मरुतों को रुद्र के पुत्र बना दिया गया है[3]। परवर्ती युग में जब रुद्र का स्वरूप अनेक छोटे-मोटे लौकिक देवों से घुलमिल कर अपने मूल रूप से बहुत दूर जा पड़ा तो मरुतों को रुद्र का पुत्र मानने की धारणा पूर्णतः विलुप्त हो गई। महाभारत या पुराणों में दूर-दूर तक इसका कोई उल्लेख नहीं मिलता । यहाँ मरुतों की माता है **दिति** और पिता हैं, देवर्षि **कश्यप**। नीतिमञ्जरीकार **द्या द्विवेद** ने अपनी पुस्तक के ३१वें श्लोक में इस वैदिक धारणा की ओर संकेत करते हुए कात्यायन विरचित **सर्वानुक्रमणी** की षड्गुरुशिष्यवृत्ति से १४ श्लोक उद्धृत किए हैं। इनमें इन्द्र द्वारा ४९ भागों में खण्डित दिति के गर्भ को पार्वती की प्रेरणा से शिव द्वारा ४९ मरुतों का रूप

---

१. **शैवमत**, पृ० ६। डा० यदुवंशी ने इस सम्बन्ध में श्री जी० राव नामक एक अज्ञात लेखक के मत का उल्लेख किया है।

२. **वै० मा०**, पृ० ७८, १२५, १५०।

३. मरुतों के आध्यात्मिक स्वरूप की विशद व्याख्या के लिए देखिए, एम० पी० पण्डित कृत **अदिति एण्ड अदर डीटीज़ इन दि वेद**, पृ० ७५-१५८। रेले ने अपने **वैदिक गॉड्स एज़ दि फिगर्स ऑफ़् बायॉलजी** (पृ० ५५-५७) में इनको शरीर के स्नायु माना है।

दिया जाना वर्णित है। शिव द्वारा जीवन प्राप्त करने के कारण मरुत् उनके पुत्र कहलाए।

नीतिमञ्जरी का श्लोक निम्न है —

दृष्ट्वा परव्यथां सन्त उपकुर्वन्ति लीलया।
दितेर्गर्भव्यथां हत्वा रुद्रोऽभून्मरुतां पिता॥ ३१॥

और अन्तःकथा इस प्रकार —

यथा रुद्रो मरुतां वै पितासीत् तथेतिहासः प्रदर्श्यतेऽधुना॥ १॥

शतक्रतोरसुरारेर्वधार्थं दितिस्तु गर्भं लभते स्म भर्तुः
शुश्रूषमाणाः किल तामथेन्द्रो मायाविदामग्रणी रन्ध्रदर्शी॥२॥

प्रकीर्णकेशी च दितिं प्रसुप्तामवेक्ष्य वज्री ह्यणुमात्ररूपः।
प्रविश्य कुक्षिं प्रबिभेद गर्भं मा रोद रोदेति वदंस्तु गर्भम्॥३॥

भित्त्वा गर्भं निर्गते वै महेन्द्रे प्रबुद्धा सा रोदिति स्मार्तरूपा।
अत्रान्तरे त्वन्तरिक्षे तदासीद् जगज्जनित्री त्वखिलेशपत्नी॥४॥

गर्भस्य मातुश्च तदार्तनादं शुश्राव चाकाशगता यदृच्छया।
सुरांगनानामवलोक्य वृन्दं कृपापरा साथ हरं ययाचे॥ ७॥

एकैकमेषां लभतां शरीरं मदर्थमेतत् क्रियतां महेश।
स्युश्चैव सर्वे तरुणाः सदैव स्वलंकृतास्ते मरुतस्तवैव॥ ९॥

तथेति देवः प्रतिपन्नवाक्यो देव्या यथोक्तं प्रचकार सर्वम्।
इत्थं तु सिद्धं मरुतां पितृत्वं जगद्गुरोर्देवदेवस्य शंभोः॥ १२॥

ये श्लोक मूलतः कहाँ से लिए गए इसका मुझे अभी तक परिज्ञान नहीं हो सका है। प्राप्त पुराणों अथवा महाभारत या रामायण में ये नहीं है। बहुत सम्भव है कि स्वयं षड्गुरुशिष्य ने ही इनकी रचना की हो। किन्तु इतना तो स्पष्ट ही है कि रुद्र के मरुत्पितृत्व के सम्बन्ध में उसके सामने कोई निश्चित पारम्परिक धारणा नहीं थी। किसी कार्य के बिगड़ जाने पर विशेषतः किसी व्यक्ति के मर जाने पर, आकाश में भ्रमणार्थ जाते हुए शिव-पार्वती द्वारा काम का सँभाल दिया जाना या मृत व्यक्ति को पुनरुज्जीवित कर देना, यह प्राचीन भारतीय साहित्य का ही नहीं, आधुनिक ग्रामीण लोककथाओं का भी एक प्रिय अभिप्राय (motif) है। सुखमय अन्त की ओर प्रवृत्ति वाली, आदर्शवादी भारतीय कथाओं में चरमबिन्दु (क्लाइमैक्स) की स्थापना के लिए जब नायक की मृत्यु हो जाती है तो इसी प्रकार की परम्परागत मान्यताओं द्वारा उसे जीवित करवा कर कथा को आगे बढ़ाया जाता हैं। **रामायण** के उत्तरकाण्ड में (४। २८, २९, ३०) शिव, **विद्युत्केश** राक्षस की पत्नी **सालकटंकटा** द्वारा छोड़े हुए,

सद्योजात नामक बालक को हृष्ट-पुष्ट तथा माँ के समान अवस्था वाला कर देते हैं —

तयोत्सृष्टः स तु शिशुः शरदर्कसमद्युतिः।
निधायास्ये स्वयं मुष्टिं रुरोद शनकैस्तदा॥

ततो वृषभमास्थाय पार्वत्या सहितः शिवः॥
वायुमार्गेण गच्छन् वै शुश्राव रुदितस्वनम्।
अपश्यदुमया सार्धं रुदन्तं राक्षसात्मजम्॥

कारुण्यभावात् पार्वत्या भवस्त्रिपुरसूदनः।
तं राक्षसात्मजं चक्रे मातुरेव वयःसमम्॥

अमरं चैवं तं कृत्वा महादेवोऽक्षरोऽव्ययः॥
— रामा० उत्तर० ४।२६-२९

इसी प्रकार महा०, शान्ति १५३।११४-११५ में भी शिव शमशान ले जाए गए एक मृत ब्राह्मण बालक को जीवनदान देते हैं।

अतः यह कहा जा सकता है कि पुराणकाल तक रुद्र के मरुतों के पिता होने की धारणा सुरक्षित नहीं रह सकी थी। हाँ, इतना अवश्य है कि रामायण में रुद्र का मरुतों से थोड़ा सा सम्बन्ध अवश्य था, क्योंकि **'कृतोद्वाहं तु देवेशं गच्छन्तं समरुद्गणम्'**। (रामा० बाल० २३।१०) आदि कतिपय श्लोकों में मरुतों को शिव के परिचर रूप में चित्रित किया गया है।

षड्गुरुशिष्य ने मरुतों और रुद्र के सम्बन्ध में एक दूसरे परम्परागत इतिहास का भी उल्लेख किया है जो अन्यत्र प्राप्त नहीं होता और जिसके अनुसार एक चितकबरी, गोरूपधारिणी पृथ्वी के साथ वृषभ रूप में संयोग करके रुद्र ने मरुतों को जन्म दिया —

अथापरे वर्णयन्तीतिहासं यथा रुद्रो मरुतां वै पितासीत्।
इमां हि गोरूपधरां तु पृश्निं वृषोऽथ भूत्वा रमयन् महेशः।
अजीजनत् मरुतः पृश्निपुत्रान् रुद्रस्य पुत्रा अपि ते बभूवुः॥

ऋ० वे० २।३३।७ में रुद्र को 'वृषभ' कहा गया है (अभि नु मा वृषभ चक्षमीथाः) और अन्य कई मन्त्रों में मरुतों की माता पृश्नि को 'गो' (प्र ये मे बन्ध्वेशे गां वोचन्त सूरयः पृश्निं वोचन्त मातरम्, ५।५२।१६)। सम्भवतः इसी आधार पर प्रस्तुत रूपक बाँधते हुए दोनों का सम्बन्ध जोड़ा गया है।

महाकवि कालिदास को वैदिक साहित्य का अच्छा परिज्ञान था, यह तथ्य अनेक सन्दर्भों से प्रमाणित है। कुमारसम्भव के तृतीय सर्ग में जब शिव कामदेव को भस्म करने के लिए अपना आग्नेय तृतीय नेत्र खोलते हैं तो सबसे पहले और तुरन्त,

आकाशचारी मरुत् उनसे अपने क्रोध को शान्त करने की प्रार्थना करते हैं, किन्तु तब तक बहुत देर हो चुकी होती है —

क्रोधं प्रभो संहर संहरेति यावद् गिरः खे मरुतां चरन्ति।
तावत् स वह्निर्भवनेत्रजन्मा भस्मावशेषं मदनं चकार।।

मल्लिनाथ ने यहाँ 'मरुतां' से 'देवानां' (देवगण) अर्थ लिया है, जो हमें बहुत सटीक नहीं लगता। कालिदास सम्भवतः मरुतों को इसलिए लाए हैं कि वे रुद्र-शिव के पुत्रों के रूप में अपने पिता से शान्त हो जाने की प्रार्थना कर रहे हैं। पुत्र की प्रार्थना को स्नेही पिता सामान्यतः अस्वीकार नहीं करता। इसके अतिरिक्त देवता वहाँ इस समय उपस्थित नहीं हैं।

रुद्र के कुछ विशिष्ट अभिधान

परवर्ती साहित्य में रुद्र के लिए प्रयुक्त कुछ अन्य विशेषण भी ऋक् तथा यजुर्वेद में प्राप्त होते हैं। ऋग्वेद के विशेषणों में **उग्र** तथा **ईशान** महत्त्वपूर्ण हैं। उग्र विशेषण रुद्र के लिए तीन बार प्रयुक्त हुआ है —

मृगं न भीममुपहत्नुमुग्रम् — २।३३।११
स्थिरेभिरंगैः पुरुरूप उग्रो — ३।३३।९
उग्रं मरुद्भी रुद्रं हुवेम — १०।१२६।५

पुराणादिकों में ईशान या ईश शब्द शिव का नियमित विशेषण है[१]। इसकी परम्परा प्राचीन है और ऋ० वे० २।३३।९ में ही यह रुद्र का एक प्रमुख विशेषण बन चुका है —

ईशानदस्य भुवनस्य भूरेः न वा उ योषद् रुद्रादसुर्यम्।

रुद्र को 'अस्य भूरेः भुवनस्य ईशानः' कह कर कवि जगत् के ऊपर रुद्र की प्रभुसत्ता व्यक्त करना चाहता है। १।११४।१ तथा २ में रुद्र के लिए जो **क्षयद्वीर** विशेषण प्रयुक्त हुआ है, उसका भी सम्भवतः यही भाव है। क्षि धातु ऐश्वर्य के अर्थ में ऋ० वे० में प्रायः प्रयुक्त हुई है (उदाहरणार्थ ऋ० ५।४२।११)। अतः इस शब्द का अर्थ है 'मनुष्यों पर शासन करने वाला' (तु० की, ऋ० वे० ८।१९।१०)[२]। ऋ० वे० २।१।६ तथा ५।४२।११ में उन्हें असुर अथवा शक्तिशाली भी कहा गया है। **महादेव** शब्द भी रुद्र के उत्कर्ष का वाची है और यह उनके लिए सर्वप्रथम अथर्ववेद (९।७।

---

१. तु० की०, प्रत्यक्षाभिः प्रपन्नस्तनुभिरवतु वस्ताभिरष्टाभिः ईशः। **अभिज्ञानशाकुन्तल**, (नान्दी)।

२. इस शब्द के विस्तृत विवेचन के लिए देखिए, म्यूर, **ओ० सं० टे०**, चतुर्थ भाग, पृ० ३०१-३०२ टिप्पणी ८।

७)में प्राप्त होता है। यहाँ स्मरणीय है कि विष्णु का वैदिक संहिताओं में इतना गौरव नहीं बढ़ा है कि उन्हें महादेव की उपाधि दी जाए। उनके उत्कर्ष का आरम्भ ब्राह्मण ग्रन्थों से होता है।

अ० वे० में ही सर्वप्रथम प्राप्त होने वाला शिव का एक प्रमुख विशेषण है **पशुपति**। यह लगभग १० स्थानों पर उनके लिए स्पष्ट रूप से प्रयुक्त हुआ है—

१. य ईशे पशुपतिः पशूनां चतुष्पदामुत यो द्विपदाम्।
— अ० वे० २।३४।१

२. मरुतां पिता पशूनामधिपतिः स मामवतु।
— अ० वे० ५।२४।१२ आदि

रुद्र का पशुओं से विशेष सम्बन्ध क्यों है इसका समुचित समाधान अभी तक नहीं हो सका है। मैक्डॉनल का मत है कि अधिकतर घर के बाहर खुले गोष्ठ में रहने या खेतों में चरने के कारण पशुओं पर बिजली गिरने की अधिक सम्भावना होती है। प्रारम्भिक वैदिक संहिताओं में इसीलिए विद्युत्-रूपी रुद्र से उनकी रक्षा करने की प्रार्थना है और इस प्रकार धीरे-धीरे रुद्र की पशुओं के सामान्य रक्षक के रूप में प्रतिष्ठा हो गई है[1]।

पर यह मत सन्तोषजनक नहीं जान पड़ता क्योंकि रुद्र चार पैर वाले ही नहीं दो पैर पशुओं (मनुष्यों) के भी अधिपति कहे गए हैं, जैसा कि ऊपर उद्धृत मन्त्र (अ० वे० २।३४।९) से स्पष्ट है। अ० वे० ११।२।१ तथा अन्य स्थानों में उन्हें पशुपति के साथ-साथ भूतपति भी कहा गया है। वस्तुतः झंझावात और वृष्टि से सम्बन्ध होने के कारण रुद्र को पशुओं तथा मनुष्यों का स्वामी माना जाना स्वाभाविक है क्योंकि वृष्टि से ही पशुओं के लिए घास आदि चारा और मनुष्यों के लिए अन्न उत्पन्न होता है। पर रुद्र की यह भूतपति उपाधि आगे चल कर रुद्र को भूतों तथा प्रेतों का अधिपति बनाने में बड़ी सहायक होती है।

शुक्ल यजुर्वेद में हमें रुद्र का एक अत्यन्त महत्त्वपूर्ण विशेषण प्राप्त होता है — **त्रयम्बक**। **वा० सं०** ३।६० में वह प्रसिद्ध मन्त्र प्राप्त होता है, जिसे बाद में **महामृत्युञ्जय** मन्त्र की संज्ञा मिली। इसी में यह विशेषण आया है —

---

१. **वै० मा०**, पृ० ७५ तथा **शैवमत**, पृ० ९। परवर्ती शैवदर्शन में 'पशु' शब्द पाशयुक्त जीव का वाची है।'पशुपति' की अवधारणा पर एक गवेषणापूर्ण उत्कृष्ट शोध कार्य १९७५-७८ में डा० होफ़श्टैटर (Hofstetter) ने फ्राईबुर्ग वि० वि० (प० जर्मनी) से किया है। यह पुस्तक *Herr der Tiere* नाम से Freiburger Beiträge zur Indologie (vol. 14) नामक ग्रन्थमाला में Otto Harrassowitz द्वारा Wiesbaden से १९८० में प्रकाशित है।

त्र्यम्बकं यजामहे सुगन्धिं पुष्टिवर्धनम्।
उर्वारुकमिव बन्धनान् मृत्योर्मुक्षीय मामृतात्॥

श० ब्रा० का मत है कि रुद्र की अम्बिका नामक एक बहन है। उस स्त्री-अम्बिका से सम्बन्धित होने के कारण रुद्र को 'स्त्र्यम्बक' या त्र्यम्बक कहते हैं —

अम्बिका है वै नाम अस्य स्वसा तया अस्यैष सह भागः तद् यदस्यैष स्त्रिया सह भागः तस्मात् स्त्र्यम्बको नाम। — श० ब्रा० २।६।२।९

सायण इस पर लिखते हैं —

स्त्रीरूपी-अम्बिका सम्बन्धाद् रुद्रस्यैते पुरोडाशा आदिवर्णलोपेन त्र्यम्बका इत्याख्यायन्ते।

किन्तु वस्तुतः इस शब्द की यह व्याख्या सन्तोषजनक नहीं है। अम्बा का अर्थ है माता। अतः इस शब्द का मूल अर्थ 'तीन माताओं वाला' (तिस्रः अम्बाः यस्य) प्रतीत होता है। ऋग्वेद में पृथ्वी, अन्तरिक्ष तथा आकाश, अग्नि के ये तीन जन्मस्थान (माताएँ) माने गए हैं। अतः बहुत सम्भव है कि यह विशेषण मूलतः अग्नि को सूचित करता रहा हो और बाद में अग्नि और रुद्र के तादूप्य के कारण रुद्र से सम्बन्धित हो गया हो[१]। किन्तु **अम्बक** शब्द का एक अर्थ नेत्र भी होता है। अतः धीरे-धीरे रुद्र के इस विशेषण से उनके तीन नेत्र होने की धारणा परवर्ती काल में विकसित हो गई। परवर्ती साहित्य में शिव के ये तीन नेत्र सूर्य, चन्द्र तथा अग्निमय बताए गए हैं। बृहत्स्तोत्ररत्नाकर (निर्णयसागर, बम्बई) में संकलित 'वेदसारशिवस्तवः' में शिव को सूर्य-चन्द्र एवं अग्नि-रूपी तीन नेत्रों से युक्त बताया गया है —

विरूपाक्षमिन्द्वर्कवह्नित्रिनेत्रं, सदानन्दमीडे प्रभुम्........।

सृष्टि के विनाश से सम्बन्धित होने के कारण रुद्र के इस तृतीय वह्निमय नेत्र का कार्य प्रलयकाल में विश्व का विनाश निर्धारित कर दिया गया। सृष्टि की स्थिति में शिव ने केवल काम को ही इस नेत्र की अग्नि से भस्म किया है।

महा० अनु० १४०।२६ में एक कथा है कि एक बार पार्वती ने परिहास में पीछे से आकर शिव की दोनों आँखे बन्द कर दीं किन्तु सूर्य-चन्द्र रूप उन नेत्रों के बन्द होने से सम्पूर्ण जगत् में अँधेरा छा गया। अतः उनके मस्तक में स्वतः एक अग्निमय नेत्र प्रकट हो गया।

रुद्र के स्वरूप के विभिन्न तत्त्वों की व्याख्या एवं उनमें सामंजस्य करने की भावना ने विद्वानों को भाँति-भाँति की कल्पनाएँ और अनुमान उपन्यस्त करने के लिए प्रेरित

---

१. देखिए, ग्रासमान, **ऋग्वेद का अनुवाद**, प्रथम भाग, पृ० ५५५। मेक्डॉनल, **वै० मा०** पृ० ७४। यदुवंशी, **शैवमत** पृ० १७।

किया है। सबसे जटिल समस्या यही है कि परवर्ती साहित्य में इनके व्यक्तित्व में घोर और मांगलिक दोनों ही प्रकार के तत्त्व प्राप्त होते हैं। रुद्र (भयानक) और शिव (कल्याणकारी) ये दो शब्द ही इन विरोधी विचारधाराओं के सूचक हैं। एक ओर तो वे विश्व के संहारक हैं और प्रत्येक उत्पन्न प्राणी के विनाश तथा जगत् की सामूहिक प्रलय के उत्तरदायी हैं साथ ही दूसरी ओर वे आशुतोष भी हैं, जो जरा सी भक्ति से प्रसन्न होकर अपने भक्तों को सर्वस्व प्रदान करते हैं। अंग्रेज़ विद्वान् क्लेटन[१] का मत है कि रुद्र आर्यों के देवता हैं और शिव अनार्यों के। ऋग्वेद के समय तक आर्य अपने धार्मिक विचारों में स्वतन्त्र थे। किन्तु धीरे-धीरे अनार्यों के सम्पर्क के कारण उनके देवता आर्य-देवमण्डल में प्रविष्ट होने लगे। इस प्रक्रिया में अनार्यों के कल्याणकारी-देवता शिव एवं आर्यों के संहारक-देवता रुद्र का तादात्म्य होने लगा और शनैः शनैः इस संयुक्त देवता का महत्त्व बढ़ता गया। **वा० सं०** ३।६१। तया ३।८३ में रुद्र के साथ आया हुआ '**शिव**' विशेषण उस समय तक सम्पन्न दोनों के तादात्म्य को सूचित करता है। क्लेटन ने शिव को वैदिक भाषा का शब्द नहीं माना है। उसके अनुसार यह द्रविड़ भाषा की **से** या **सेव्** जैसी किसी धातु से बना है, जिसका अर्थ है 'लाल (या भूरा) होना' और इस प्रकार यह रुद्र के **बभ्रु** विशेषण का पर्यायवाची है[२]।

क्लेटन का मत सर्वथा भ्रान्तिपूर्ण है। जैसा कि पहले कहा जा चुका है, रुद्र के ऋग्वैदिक स्वरूप में ही भीषण तथा सौम्य दोनों ही रूपों का समावेश था। ग्रिसवोल्ड का यह विचार कि भयंकर एवं विनाशकारी रुद्र से डरकर उनकी चाटुकारी करते हुए वैदिक कवि उन्हें **मील्हुष्** (मीढ्वान्) या उदार और सौम्य आदि बताते हैं,[३] भी समीचीन नहीं है। वात्या एवं वर्षा आदि से सम्बन्धित किसी भी देवता के चरित्र में ऐसे विरोधी तत्त्वों का होना अस्वाभाविक नहीं है क्योंकि एक ओर तो जहाँ उसमें झंझावात की प्रचण्डता (विशेषतः शिशिरऋतु में) तथा तडित्पात आदि दुःखदायी तत्त्व रहते हैं वहीं ओषधियों तथा धन-धान्यादि की वृष्टि में भी वह कारण है। '**शिव**' शब्द रुद्र के लिए ऋग्वेद में ही प्राप्त होता है, इससे इस धारणा का पूर्णतः निरसन हो जाता है कि शिव शब्द द्रविड़ भाषा की **से** धातु से बाद में गढ़ा जा कर आर्य भाषा में लिया गया —

स्तोमं वो अद्य रुद्राय शिक्वसे क्षयद्वीराय नमसा विधेम ते।
येभिः शिवः स्ववाँ एवयावभिर्दिवः सिषक्ति स्वयशा निकामभिः॥

— ऋ० १०।९२।९

उपर्युक्त मन्त्र से यह सिद्ध है कि रुद्र के शिव या मंगलमय होने की धारणा प्राचीन है और किसी आर्येतर देवता के रुद्र से तादात्म्य का परिणाम नहीं है। साथ ही यह

---

१. ए० सी० क्लेटन, **ऋग्वेद एण्ड वैदिक रिलीजन** : मद्रास १९१३।

२. वही, पृ० ७६।

३. ग्रिसवोल्ड, **रिलीजन आफ् दि ऋग्वेद**, पृ० २९३।

'शिव' विशेषण रुद्र के लिए बहुशः प्रयुक्त होने पर भी अथर्ववेद तक अन्य देवों लिए भी आया है[1] जिससे स्पष्ट प्रतीत होता है कि यह वैदिक भाषा का एक प्राचीन सामान्य विशेषण है और इसका प्रयोग रुद्र के लिए ही सीमित नहीं है।

रुद्र-शिव के स्वरूप में लोक विश्वास की अभिव्यक्ति

यद्यपि रुद्र के व्यक्तित्व में आर्येतर या द्रविड़ सम्मिश्रण के कोई भी निश्चित प्रमाण नहीं मिलते फिर भी पौराणिक शिव, वैदिक रुद्र, के ही स्वाभाविक विकास नहीं हैं। उनका स्वरूप अनेक प्रकार के लोकविश्वासों एवं जन-सामान्यगत धार्मिक-परम्पराओं से परिबृंहित हुआ है।

ऋग्वेद अपने समय के धार्मिक विश्वासों का पूर्ण प्रतिनिधि नहीं है। उसकी रचना विशेष रूप से ब्राह्मण-पुरोहितों द्वारा हुई है। अतः वह एक ऐसे वर्ग-विशेष के धार्मिक विचारों का दर्पण है, जो पौरोहित्य, कर्मकाण्ड तथा विभिन्न प्रकार के उच्च-देवताओं में विश्वास रखता था। प्रत्येक युग में अभिजात तथा सामान्य वर्ग की धार्मिक विचारधारा में कुछ न कुछ अन्तर अवश्य विद्यमान रहता है। भारत में आज भी ग्रामवासी तथा वनवासी जन विष्णु या शिव की अपेक्षा प्रायः अपने स्थानीय देवी-देवताओं तथा भूत-प्रेतों में अधिक विश्वास रखते हैं। गृह्यसूत्रों से स्पष्ट है कि ऐसे विविध देवी-देवता वैदिक-काल में भी मान्य थे। गृह्यसूत्रों में जिन विनायकों का उल्लेख मिलता है वे लोकविश्वास के अभद्रदर्शन, किन्तु शक्तिशाली देवता थे, जिनका प्रमुख कार्य माङ्गलिक कार्यों में विघ्न डालना या बनते हुए कार्य को बिगाड़ना था। अतः प्रत्येक महत्त्वपूर्ण कार्य को प्रारम्भ करते समय इनका प्रसान्त्वन आवश्यक माना जाता था। लोक-विश्वास की धार्मिक प्रवृत्ति आज भी श्रद्धा की अपेक्षा भय से अधिक प्रेरित होती है। यह एक रोचक तथ्य है कि इन निम्न स्तर की लौकिक दैवी-शक्तियों में देवत्व और असुरत्व दोनों के तत्त्व मिले रहते हैं। लौकिक विश्वास इन दोनों में कभी अन्तर नहीं करता। उसके देवता शक्तिशाली तथा भयानक होते हैं। यदि उनका पूजन न किया जाए और विशेष समय तथा स्थान पर उनके लिए बलि आदि न प्रदान की जाए तो मनुष्य को अनेक कठिनाइयों एवं अमंगलों का सामना करना पड़ता है, किन्तु उनके प्रसन्न हो जाने पर उपासक के प्रत्येक अभीष्ट मनोरथ पूर्ण हो सकते हैं। आज भी लौकिक विश्वास के भूत, बरम (ब्रह्मराक्षस), जक्ख (यक्ष) एव काली-माई, नागदेवता आदि अतिमानवीय शक्तियों के स्वरूप में ऐसे ही विरोधी तत्त्वों का विचित्र समावेश प्राप्त होता है। **मानवगृह्य-सूत्र** (२।१।४) में वैदिक-काल के लौकिक विश्वास के ऐसे चार 'विनायकों' का उल्लेख प्राप्त होता है — '**शालकंटकट, कूष्माण्ड, डस्मित** तथा **देवयजन**। जिन मनुष्यों पर इनका प्रकोप है वे पागलों की तरह आचरण करते हैं।

१. देखिए, मैक्डॉनल, **वै० मा०**।

उनको दु:स्वप्न दिखाई पड़ते हैं और ऐसा लगता है मानो कोई उनका पीछा कर रहा हो। इनके कोप से ग्रस्त कन्याओं को वर प्राप्त नहीं होते, विद्यार्थियों को विद्या प्राप्त नहीं होती, विवाहिता पुत्र से वंचित रह जाती हैं और वणिकों को व्यापार में हानि होती है। जैसा कि आगे चलकर स्पष्ट होगा पौराणिक युग के विघ्नेश्वर, हस्तिमुख, शिव के पुत्र, गणेश भी इन्हीं विनायकों के विकसित एवं परिष्कृत रूप हैं।

रुद्र को छोड़ कर अन्य किसी वैदिक देवता में अमंगल करने या हानि पहुँचाने वाले तत्त्व प्राप्त नहीं होते। शेष सभी देवता प्राय: उदार तथा दयालु हैं। वैदिक ऋषि विविध प्रकार की स्तुतियों से उन्हें प्रसन्न करके अपना कार्य सिद्ध करना चाहते हैं। किन्तु अपनी स्तुति न करने वाले के प्रति न तो वे अप्रसन्न होते हैं और न ही उन्हें किसी प्रकार की हानि पहुँचाते हैं। स्तोता उनकी स्तुति अपने ही लाभ के लिए करता है। वे सब मंगलमय तथा कल्याणकारी हैं।

अपने इसी स्वरूप के कारण वैदिक देवमण्डल में रुद्र अन्य देवों से भिन्न एक विशेष व्यक्तित्व रखते थे। उनका यह व्यक्तित्व लोकविश्वास के देवताओं से अधिक मिलता था। अत: धीरे-धीरे कर्मकाण्ड के क्षेत्र से हट कर सामान्य निम्नवर्गीय लौकिक क्षेत्र में उनकी लोकप्रियता बढ़ने लगी। इसमें एक मुख्य कारण यह भी था कि आर्यों के उच्च वर्ग के द्वारा विहित वैदिक कर्मकाण्ड में रुद्र का महत्त्व नहीं के बराबर था। किसी भी प्रमुख यज्ञ में उन्हें मुख्य भाग नहीं दिया जाता था और उनके तथा अन्य देवों के बीच एक विशेष प्रकार की पार्थक्य भावना विद्यमान थी। इसका परिणाम यह हुआ कि रुद्र का स्वरूप वैदिक पुरोहितों के हाथ में जकड़ा नहीं रह सका। वह स्वतन्त्र रूप से लौकिक देवों के साथ में सम्मिश्रित होकर परिवर्तित एवं परिवर्द्धित हुआ तथा लोकविश्वासों से युक्त होकर उत्तरोत्तर विकसित होता रहा । यही कारण है कि परवर्ती वैदिक युग में कर्मकाण्ड के महत्त्व के क्षीण होने पर जहाँ इन्द्र, वरुण आदि महान् दैवी शक्तियाँ भी तिरस्कृत होकर अपना महत्त्व खो बैठीं वहीं रुद्र का महत्त्व अनुदिन बढ़ता ही रहा और महाकाव्यों तथा पुराणों के काल तक आते-आते वे जगत् की सर्वोच्च शक्ति की अभिव्यक्ति के रूप में प्रतिष्ठित हो गए।

अथर्व-एवं यजुर्वेद में रुद्र, भव तथा शर्व

लोकविश्वास के देवों तथा धार्मिक मान्यताओं से संयुक्त होकर वैदिक रुद्र के स्वरूप में एक तीव्र परिवर्तन आना स्वाभाविक था और यह परिवर्तन शुक्ल यजुर्वेद तक आते-आते बहुत स्पष्ट हो उठता है। अथर्ववेद ऋक् तथा यजु: के बीच में अवस्थित है। यह वेद आभिजात्य-वर्ग के कर्मकाण्डीय तथा निम्नवर्ग के लौकिक विश्वासों का रोचक सम्मिश्रण प्रस्तुत करता है। रुद्र के ही स्वरूप से मिलते-जुलते भव और शर्व नामक दो देवों का वर्णन इसमें प्राप्त होता है। **श० ब्रा०** का कथन है कि अग्नि के अशान्त

(घोर) रूप को ही भारत के पूर्व की ओर (बिहार आदि में) रहने वाले '**शर्व**' नाम से और पश्चिम की ओर (पंजाब तथा आगे) रहने वाले '**भव**' नाम से पूजते हैं —

अग्निर्वै स देवः तस्यैतानि नामानि शर्व इति यथा प्राच्या आचक्षते भव इति यथा बाहीका तानि अशान्ततराणि एव इतराणि नामानि। — श०ब्रा० १।७।३।१८

अथर्ववेद के एक प्रारम्भिक सूक्त (४। २८) में भव और शर्व का साथ-साथ स्तवन है। इन मन्त्रों में दोनों को सर्वश्रेष्ठ धनुर्धारी कहा गया है (**यौ विदितौ इषुभृताम् असिष्ठौ**, मन्त्र २)। पास से पास और दूर से दूर रहने वाली वस्तुएँ उनके अधिकार में है (**ययोरभ्यध्व उत यद् दूरे चित्**, वही)। विशेष रूप से वे मनुष्यों तथा पशुओं के अधिपति हैं (**यौ अस्य ईशाथे द्विपदो यौ चतुष्पदः**)। रुद्र को भी अ० वे० १।३४।१ में द्विपदों और चतुष्पदों का अधिपति कहा गया है। इसी सूक्त के तृतीय मन्त्र में भव और शर्व को 'सहस्राक्षौ' कहा गया है जो सम्भवतः इन शक्तिशाली देवों की सर्वज्ञता को सूचित करता है। अ० वे० ११।२।३, ७ में रुद्र को भी 'सहस्राक्ष' कहा गया है। भव और शर्व के रोष से कोई नहीं बच सकता, चाहे वह मनुष्य हो या देवता (**ययोर्वधात् नापपद्यते कश्चन अन्तर्देवेषु उत मानुषेषु**, मन्त्र ५)। षष्ठ तथा सप्तम मन्त्रों में उनसे आभिचारिक मन्त्रों का प्रयोग करने वाले व्यक्तियों तथा राक्षसों और पिशाचों को अपने वज्र से नष्ट करने की प्रार्थना की गई है (**यः कृत्याकृत् मूलकृद् यातुधानो नि तस्मिन् धत्तं वज्रमुग्रो, सं वज्रेण सृजतं यः किमीदी**)। चतुर्थ मन्त्र में कहा गया है कि भव और शर्व साथ-साथ ही प्रत्येक कार्य करते हैं (**यावारेभाथे बहु साकमग्रे**)।

स्पष्ट है कि **भव** और **शर्व** दोनों उपर्युक्त सूक्त में रुद्र से पृथक तथा परस्पर स्वतन्त्र दो देवताओं के रूप में वर्णित हैं[1]। किन्तु दोनों के स्वरूप में अधिकांश तत्त्व ऐसे हैं, जो रुद्र से मेल खाते हैं। और यदि हम श० ब्रा० के कथन पर विश्वास करें तो दोनों ही रुद्र की भाँति अग्नि के घोर रूप के परिचायक हैं। अतः इन दोनों का रुद्र से तादात्म्य हो जाना स्वाभाविक था। अ० वे० काण्ड १०। २ सूक्त भी इस सम्बन्ध में अत्यन्त महत्त्वपूर्ण है। इस सूक्त में भव, शर्व और रुद्र तीनों का साथ-साथ उल्लेख हुआ है और तीनों की ही एक समान विशेषताएँ वर्णित की गई हैं। भव और शर्व के लिए प्रथम मन्त्र

---

१. **अ० वे०** के प्रस्तुत (११।६।९) मन्त्र में भी पशुपति-रुद्र का भव और शर्व से पृथक् एक स्वतन्त्र देवता के रूप में उल्लेख है —

भवाशर्वाविदं ब्रूमो, रुद्रं पशुपतिश्च यः।
इषूर्या एषां संविद्म ता नः सन्तु सदा शिवाः ॥

में ही 'भूतपती' तथा 'पशुपती' विशेषण प्रयुक्त किए गए हैं। इकतीस मन्त्रों के इस सम्पूर्ण सूक्त में इन देवताओं से अपनी तथा अपने सम्बन्धियों एवं पशु आदि की रक्षा करने; खुले बालों से युक्त, चीखने वाली चुड़ैलों एवं राक्षसों को दूर करने; कल्याण करने तथा अपने बाण एवं वज्र आदि का दुष्टों पर प्रयोग करने की प्रार्थना करने की प्रार्थना की गई है। किन्तु जो विशेष बात इस सूक्त में ध्यान आकृष्ट करती है, वह है शर्व तथा रुद्र का तादात्म्य। यद्यपि कई मन्त्रों में भव और शर्व का साथ-साथ उल्लेख हुआ है (उदाहरणार्थ **भवाशर्वौ मृडतं माभि यातं भूतपती पशुपती नमो वाम्। भवाय च शर्वाय च उभाभ्यामकरं नमः**, १ तथा १६)। किन्तु निम्नलिखित कुछ मन्त्र ऐसे हैं, जिनमें भव के साथ रुद्र का उल्लेख हुआ है। ऐसे मन्त्रों में शर्व का उल्लेख बिल्कुल नहीं है —

(१) **क्रन्दाय ते प्राणाय याश्च ते भवरोपयः।**
नमस्ते रुद्र कृण्मः सहस्त्राक्षायामर्त्य॥ ३॥

(२) **भवारुद्रौ सयुजा संविदानौ उभौ उग्रौ चरतौ वीर्याय॥ १४॥**

बहुत से स्थानों में प्रथम मन्त्र भव के लिए तथा द्वितीय रुद्र के लिए कहा गया है। शर्व शब्द का **शरु** (=बाण, शल्य; तु० की, **दिवानक्तं शरुमस्मद् युयोतम्**, ऋ० ७।७१।१) शब्द से सम्बन्ध भुलाना कठिन है। इस रूप में प्रारम्भ में सम्भवतः यह रुद्र के विद्युत् रूपी बाण या वज्र का सूचक था। भव शब्द में ऐसा संहारात्मक भाव नहीं है। अतः तादात्म्य की प्रक्रिया शर्व देवता से प्रारम्भ हुई, जो इस सूक्त में प्रतिबिम्बित है[१]। यजुर्वेदीय **शतरुद्रिय** में तो भव और शर्व दोनों ही रुद्र के विशेषण बन चुके हैं। पुराणों और परवर्ती स्तोत्र-साहित्य में 'भव' शब्द का सृष्टिकर्ता अर्थ है ('त्वत्तो जगद्भवति देव भव स्मरारे......' *वेदसारशिवस्तव*) और 'शर्व' उनकी तेजस्विता या उग्रता का वाची है।

अथर्ववेद में रुद्र की सामान्यतः वे ही विशेषताएँ विकसित हुईं हैं जिनका उल्लेख ऋग्वेद में प्राप्त होता है। हाँ, रुद्र का मानवीकरण ऋग्वेद की अपेक्षा अधिक पूर्ण है। उनके मुख, आँखें, त्वचा, रूप, उदर, जिह्वा, दाँत तथा नासिका आदि का उल्लेख हुआ है (अ० वे० ११।२।५, ६)। **सहस्त्राक्ष** विशेषण उनकी वरुण की भाँति मनुष्यों के शुभाशुभ कर्मों का अवलोकन करने की क्षमता को व्यक्त करता है। रुद्र का बाण मनुष्यों के अंगों तथा हृदय में प्रविष्ट हो जाता है (अ० वे० ६।९०।१)। स्तुतिकर्ता

---

१. शर्व और रुद्र के इस सम्बन्ध को न समझते हुए डा० यदुवंशी ने लिखा है कि इस सूक्त में भव और शर्व शब्द रुद्र के विशेषण के रूप में प्रयुक्त हुए हैं (**शैवमत**, पृ० १०)। किन्तु वस्तुतः ऐसी बात नहीं है। यहाँ केवल शर्व और रुद्र का ही तादात्म्य है भव और रुद्र का नहीं । भव का स्वतन्त्र एवं स्पष्ट उल्लेख है, जब कि शर्व शब्द कभी रुद्र के साथ नहीं आया। हाँ, अ० वे० १५।५ से अवश्य प्रतीत होता है कि रुद्र के साथ भव तथा शर्व का तादात्म्य हो चुका था।

उससे सदा भयभीत रहता है। अतः वह रुद्र से प्रार्थना करता है कि वे उसके शत्रुओं, कृपणों तथा राक्षस-पिशाचादिकों का वध करें (११।२।२६)। रुद्र की ओषधियों का भी उल्लेख किया गया है और साथ ही स्वयं रुद्र का भी ज्वर तथा व्याधिनाश के लिए आह्वान किया गया है (६।२०।२, ६।५७।१, १९।१०।६)।

व्रात्य

किन्तु कुछ अंशों में **अथर्ववेद** रुद्र के विषय में महत्त्वपूर्ण संकेत देता है। इसका पञ्चदश काण्ड **व्रात्यकाण्ड** नाम से प्रसिद्ध है। **व्रात्य** नाम से अनेक आध्यात्मिक अर्थों की व्यञ्जना इस काण्ड के विविध सूक्तों में प्राप्त होती है। साथ ही अनेक सूक्तों में व्रात्य का रुद्र से घनिष्ठ सम्बन्ध वर्णित किया गया है। प्रथम सूक्त के चौथे तथा पाँचवें मन्त्रों में ही कहा गया है कि "व्रात्य बढ़ा, वह महान् हुआ और महादेव बन गया", "उसने देवों के ऊपर आधिपत्य (ईशा) स्थापित कर लिया और ईशान बन गया" —

सः अवर्धत स महानभवत् स महादेवः अभवत्।
से देवानाम् ईशां पर्यैत् स ईशानः अभवत्।

सप्तम तथा अष्टम मन्त्रों में रुद्र की भाँति व्रात्य को भी **नील-लोहित** बताया गया है[१]। इन रूपों से वह अप्रिय व्यक्तियों तथा शत्रुओं का वध करता है, ऐसा ब्रह्मवादी कहते हैं —

नीलमस्योदरं लोहितं पृष्ठम्।
नीलेनैव अप्रियं भ्रातृव्यं प्रोर्णोति, लोहितेन
द्विषन्तं विध्यतीति ब्रह्मवादिनो वदन्ति॥

पञ्चम सूक्त में रुद्र का व्रात्य से और भी घनिष्ठ सम्बन्ध है। यहाँ रुद्र के विभिन्न रूपों भव, शर्व, पशुपति, उग्र, रुद्र, महादेव तथा ईशान को व्रात्य का अनुष्ठाता बताया गया है। रुद्र के ये विविध रूप व्रात्य की सभी दिशाओं में रक्षा करते हैं।

व्रात्य शब्द के अर्थ का ठीक-ठीक निश्चय अभी तक नहीं हो सका है[२]। किन्तु ऐसा लगता है कि व्रात्य एक विशेष प्रकार का यायावर या परिव्राजक वर्ग था[३] जो

---

१. कालिदास ने भी अभिज्ञानशाकुन्तलम् के भरतवाक्य में (जो सम्भवतः उनकी अन्तिम कृति का अन्तिम वाक्य है) शिव के लिए **नीललोहित** अभिधान प्रयुक्त किया है और उनसे अपना पुनर्जन्म नष्ट करने की प्रार्थना की है —

ममापि च क्षपयतु नीललोहितः पुनर्भवं परिगतशक्तिरात्मभूः।

२. व्रात्य शब्द के आध्यात्मिक अर्थ तथा इस काण्ड के मन्त्रों की दार्शनिक व्याख्या के लिए देखिए, डा० सम्पूर्णानन्द : **व्रात्य काण्ड ऑफ़् अर्थववेद**, मद्रास।

३. मेरी दृष्टि से इन व्रात्यों को अनार्य जाति का मानने का कोई कारण नहीं है जैसा कि ए० एन० घोष (**इण्डो आर्यन लिटरेचर एण्ड कल्चरः ओरिजिन्स**), करमारकर (**रिलीजन्स ऑफ़् इंडिया**, प्रथम भाग) तथा यदुवंशी आदि ने प्रतिपादित करने की चेष्टा की है।

वैदिक कर्मकाण्ड में विश्वास नहीं करता था। उनमें सम्भवतः ब्रह्मविद्या या वे दार्शनिक सिद्धान्त प्रतिष्ठित थे, जिनका बाद में उपनिषदों में विकास हुआ। यह भी पूर्ण सम्भव है कि ये योगशास्त्र या ध्यान, समाधि आदि में निपुण रहे हों। वैदिक कर्मकाण्ड से पृथक् एवं लौकिक क्षेत्र में पूज्यमान–देव रुद्र को उन्होंने सम्भवतः अपने इष्ट–देव के रूप में स्वीकार कर लिया था। यदि ऐसा ही है तो एक ओर तो हम **श्वेताश्वतर–उपनिषद्** तथा बाद में पाशुपत–दर्शन में जगत् के आदिकारण के रूप में मान्य रुद्र के उत्कर्ष की व्याख्या कर सकते हैं और दूसरी ओर उनके 'योगीश्वरत्व' (तु०की०, योगीश्वरं शिवं वन्दे) तथा योग आदि रहस्यमय गूढ़ विद्याओं के अधिष्ठातृत्व की।

जो हो, कम से कम इतना तो निश्चित है कि अथर्ववेद के समय रुद्र की ब्राह्मणधर्म से इतर लौकिक वर्गों में लोकप्रियता धीरे–धीरे बढ़ रही थी। केवल उन्हीं के लिए प्रयुक्त 'महादेव' विशेषण (अ० वे० ९।७।७) उनकी इस महत्ता का विशेष परिचायक है।

त्र्यम्बक होम और अम्बिका

लौकिक क्षेत्र में रुद्र के इस महत्त्व के परिणाम यजुर्वेद में परिलक्षित होते हैं। त्र्यम्बक–होम कृष्ण तथा शुक्ल यजुर्वेद में राजसूय यज्ञ से सम्बन्धित कर्मकाण्ड का एक प्रमुख अंग है (तै० सं० १।८।६, कठ० सं० ९।७ कापि० सं० ८।११, मै० सं० १।१०।४ तथा वा० सं० ३।५७, ६१)। इस क्रिया में घर के सभी व्यक्तियों की रक्षा के लिए उनकी संख्या से एक अधिक (परिवार में नवागन्तुक के लिए) पुरोडाश (जौ की रोटी) रुद्र को अर्पित किए जाते हैं। इन पुराडाशों को एक डलिया में बन्द करके उत्तर दिशा की ओर जाकर किसी वृक्ष से बाँध दिया जाता है। साथ ही उत्तर–पश्चिम की ओर किसी चतुष्पथ पर जाकर दाक्षिणात्य अग्नि से प्रवर्तित अग्नि में भी रुद्र तथा अम्बिका को भाग दिया जाता है। इस अंश में निम्नलिखित वाक्य अत्यन्त महत्त्वपूर्ण हैं —

(१) **एक एव रुद्रो न द्वितीयाय तस्थ, आखुस्ते रुद्र पशुस्तं जुषस्व।**

(२) **एष ते रुद्र भागः सह स्वस्त्रा अम्बिकया तं जुषस्व, भेषजं गवे अश्वाय पुरुषाय अथो असमभ्यं भेषजं सुभेषजं यथा असति। अवं अम्ब रुद्रमदिमह्यवदेवं त्र्यम्बकम्। यथा नः श्रेयसः करद् यथा नो वस्यसः करद् यथा नः पशुमतः करद् यथा नो व्यवसायात्।**

(३) **एष ते रुद्र भागस्तं जुषस्व तेनावसेन परो मूजवतः अतीहि। अवततधन्वा पिनाकहस्तः कृत्तिवासाः॥**

(अवततधन्वा पिनाकावसः कृत्तिवासा अहिंसन् नः अतीहि। वा० सं० ३।६१ **)**
— तै० सं० १।८।६

द्वितीय उद्धरण में रुद्र को उनका भाग देने के उपरान्त उनसे पशुओं तथा मनुष्यों को अपनी ओषधियों से नीरोग करने के अतिरिक्त, कल्याण करने, धन प्रदान करने, पशुयुक्त बनाने तथा बलशाली करने की प्रार्थना की गई है। ये सब तो रुद्र की प्राचीन विशेषताएँ हैं, किन्तु उपर्युक्त उद्धरणों के पर्यालोचन से रुद्र के सम्बन्ध में चार मुख्य प्रश्न उभरते हैं। पहला तो यह कि यहाँ **मूषक** को रुद्र का पशु क्यों बताया गया है? दूसरा यह कि यह **अम्बिका** कौन है, जिसे 'रुद्र की बहन' और मनुष्यों की माता (सम्बोधनरूप 'अम्ब') बताया गया है? इसके अतिरिक्त रुद्र को **कृत्तिवासा** या खाल पहनने वाला क्यों कहा गया है और अन्ततः उनसे अपने धनुष (पिनाक) की प्रत्यञ्चा उतार कर उत्तर में **मूजवत्** पर्वत के पीछे भाग जाने की क्यों प्रार्थना की गई है?

त्र्यम्बक होम में रुद्र का जो स्वरूप है, उससे इतना निश्चित है कि यज्ञकर्त्ता को यज्ञ में रुद्र की उपस्थिति अभीष्ट नहीं थी और इसका कारण था सम्भवतः उनका उग्र तथा अनुदार स्वभाव। भयतीय होते हुए यजमान रुद्र के भाग को ले जाकर वल्मीक पर डाल देता है अथवा वृक्ष पर बाँध देता है। इसका उद्देश्य भी स्पष्टतया यही है कि रुद्र को दूर ही रखा जाए। यज्ञमण्डप अथवा आवास के निकट आकर कहीं रुद्र यज्ञ में विघ्नादि न करें अथवा परिवार में किसी को नष्ट न करें। **श० ब्रा०** २।६।२।१० का कथन है कि रुद्र के वाहन के रूप में मूषक को इसलिए निर्दिष्ट किया जाता है कि यदि किसी अन्य पशु को उनका वाहन बताया जाएगा तो वह रुद्र के सम्पर्क के कारण नष्ट हो जाएगा —

तदस्मा आखुमेव पशूनामुपदिशति। तेनो इतरान् पशून् न हिनस्ति।

(पशूनां मध्ये आखुमेव पशुत्वेन उपदिशति। तेन कारणेन इतरान् नृगवाश्वादीन् पशून् न हिनस्ति, **सायण**)

रुद्र का यह पशु परवर्ती देवशास्त्र में उनके पुत्र गणेश का वाहन बन गया है। आगे हम देखेंगे कि गणेश (विनायक) के रूप में गणेश और रुद्र प्राचीनकाल में एक ही देवता थे। बाद में गणेश का व्यक्तित्व रुद्र से स्वतन्त्र होकर विकसित होने लगा। अतः ऐसी विशेषताओं का पारस्परिक आदान-प्रदान असम्भव नहीं है। इस होम में रुद्र का भयानक रूप इतना प्रबल है कि उनके पुरोडाशों को इस भय से घृत से लिप्त नहीं किया जाता है कि उससे उस पशु की हानि होगी, जिसके दुग्ध से वह घी बना है।

अभिमानको ह रुद्रः पशूनुत्स्याद् यदञ्जयात् तस्मादनक्ता एव स्युः।
— श० ब्रा० २।६।२।६

वैदिक भारत में मूजवत् पर्वत की स्थिति उत्तर की ओर थी। यह दिशा ब्राह्मण ग्रन्थों में निरन्तर रुद्र की आवासभूमि बताई गई है (उदाहरणार्थ कौषी० ब्रा० २। २)। इसीलिए रुद्र को बलि आदि उत्तर दिशा की ही ओर दी जाती है। श० ब्रा० का कथन है कि रुद्र प्राय: मूजवत् पर्वत के उस पार ही (पर्वतों पर) विचरण करते हैं, इसीलिए उनको वहाँ लौट जाने को कहा गया है —

अत्र ह वा अस्य परो मूजवद्भ्यश्चरणम्।
तस्मादाह परोमूजवतः अतीहि॥ — श० ब्रा० २। ६। २। १७

लगता है रुद्र का विशेष आवास पर्वतों पर ही माना जाता था। यजुर्वेद की शतरुद्रिय में उनके लिए गिरिशन्त, गिरित्र, गिरिचर, गिरिश तथा गिरिशय विशेषण आते हैं। परवर्ती देवशास्त्र में भी शिव का विशेष निवास-स्थान कैलास(श) पर्वत है। भारत की उत्तरी सीमा में पर्वतों के आधिक्य के कारण रुद्र को उत्तर-दिशा (या ईशान-कोण) का विशेष अधिपति बताया गया है।

उनका **कृत्तिवासस्** विशेषण सूचित करता है कि उनका तादात्मय किरात आदि किसी वनेचर जाति के देवता से अवश्य हो चुका था, जो स्वयं भी सम्भवत: खाल के वस्त्र धारण करती थी। शिव का यह विशेषण बाद में गजासुर या **अन्धक-वध** की कथा का आधार बना है। कूर्मपुराण (पूर्वभाग, अध्याय ३२) में एक कथा आती है, जिसमें कहा गया है कि शिव ने गजासुर को मार कर उसकी खाल ओढ़ना प्रारम्भ कर दिया[१]; पुराणों में इसी कारण प्राय: शिव को गजचर्मधारी कहा गया है। इसके अतिरिक्त लिंग पुराण में उन्हें 'व्याघ्रचर्मधारी' भी कहा गया है और इस सम्बन्ध में उसमें एक कथा वर्णित है (पूर्वार्द्ध ९२। ८०)। **शिव पुराण** में शिव के द्वारा शरभावतार लेकर नृसिंह का वध करके उनकी खाल पहनने का भी उल्लेख है (उत्तर० शतरुद्रिय सं० १२। ३६)।

त्र्यम्बक होम में **अम्बिका** नामक देवी से रुद्र का सम्बन्ध यह सूचित करता है कि रुद्र का अन्य लौकिक देवी-देवताओं से भी सम्बन्ध तीव्रता से बढ़ रहा था। ये अम्बिका अवश्य ही जन-विश्वास की कोई सौभाग्यप्रदात्री देवी हैं। प्राचीनतर वैदिक संहिताओं में इनका कोई उल्लेख नहीं मिलता। श० ब्रा० इनके विषय में कहता है कि

---

१. तु० की० —

(क) **विभूषणोद्भासि पिनद्धभोगि वा गजाजिनालम्बि दुकूलधारि वा।** कुमारसम्भव ५। ७८

(ख) **नृत्तारम्भे हर पशुपतेरार्द्रनागाजिनेच्छाम्।** मेघदूत, १। ३६

(ग) **गजेन्द्रस्य कृत्तिं वसानं वरेण्यम्।** वेदसारशिवस्तव, ९

(घ) **क्षणं क्षणोत्क्षिप्तगजेन्द्रकृत्तिना स्फुटोपमं भूतिसितेन शंभुना।** माघ १। ४

त्र्यम्बक होम के समय जो अग्नि जलाई जाती है उसकों चारों ओर से कुमारियाँ घेर लेती हैं और सौभाग्य तथा पति की प्राप्ति के लिए अम्बिका से प्रार्थना करती हैं, 'क्योंकि वे सौभाग्य ('सुहाग') की अधिष्ठात्री है' —

तदुहापि कुमार्यः परीयुः। 'भगस्य भजामहै' इति। या ह वै सा रुद्रस्य स्वसा अम्बिका नाम। सा ह वै भगस्य ईष्टे। तस्मादु हापि कुमार्यः परीयुः भगस्य भजामहै इति। — श० ब्रा० २।६।२।१३

इस पर सायणाचार्य लिखते हैं —

तया कुमार्यः अपि तमग्निम् उक्तप्रकारेण परीयुः। भगस्य सौभाग्यस्य कर्मणि षष्ठी। सौभाग्यं भजामहै प्राप्नुयामहै इति। अम्बिका नाम या खलु रुद्रस्य स्वसा सा भगस्य ईष्टे-सौभाग्यस्य स्वामिनी भवति......तस्मात् अंबिकासहितस्य रुद्रस्य संबन्धिनि कर्मणि भगप्राप्तिकामाः कुमार्यः अपि परीयुः इति॥

त्र्यम्बक होम में रुद्र का जो भयंकर स्वरूप है, अम्बिका की उदारता और कल्याणकारिता उसे सन्तुलित करती है। रुद्र से सम्बन्धित अग्नि की प्रदक्षिणा करते हुए अम्बिका से पति की याचना करना शिव और अम्बिका के विशेषरूप से घनिष्ठ सम्बन्ध को सूचित करता है। यही कारण है कि ये अम्बा या अम्बिका नामक देवी परवर्ती युग में **गौरी** के रूप में शिव की पत्नी बन गई हैं और बहन के रूप में उनका सम्बन्ध रुद्र से पूर्णतः भुला दिया गया है। पुराणों में शिव 'अम्बिकाभर्ता' हैं 'अम्किाभ्राता' नहीं —

अचिन्त्यायाम्बिकाभर्त्रे सर्वदेवस्तुताय च।
अभिगम्याय कामाय सद्योजाताय वै नमः॥

— पद्म पु०, सृष्टि ३५।१४४

वा० सं० ३।६० में रुद्र के विषय में जो 'त्र्यम्बकं यजामहे' आदि (मृत्युञ्जय) मन्त्र प्राप्त होता है उसमें ही थोड़ा सा परिवर्तन करके **श० ब्रा०** में उसे कुमारियों की पति-प्राप्ति के लिए विनियुक्त और उपयुक्त कर लिया गया है —

त्र्यम्बकं यजामहे सुगन्धिं पतिवेदनम्।
उर्वारुकमिव बन्धनाद् इतो मुक्षीय मामुतः॥ — श० ब्रा० २।६।२।१४

श० ब्रा० की इन्हीं **अम्बिका** के लिए वा० सं० २३।१८ में **अम्बा** एवं **अम्बालिका** अभिधान भी प्रयुक्त हुए हैं और कोई कुमारी उपालम्भ भरे स्वर में उनसे कहती है कि अभी तक उसे (पितृगृह से) कोई ले नहीं गया जबकि अमुक अन्य सौभाग्यशाली सुन्दरी काम्पील[1] जैसी श्रेष्ठ नगरी में अपने पति के साथ रमण कर रही हैं —

---

१. दक्षिण पाञ्चाल की राजधानी जो वर्तमान कन्नौज के आस-पास थी। (काम्पीलनगरे हि सुभगाः सुरूपा विदग्धा विनीताश्च स्त्रियो भवन्ति, **उव्वट**)। आधुनिक 'कम्पिल'।

अम्बे अम्बिकेअम्बालिके न मा नयति कश्चन।
ससस्ति (v. l. रमति) अश्वकः सुभद्रिकां
भद्रां काम्पीलवासिनीम्॥

अम्बिका पुराणों में कुमारियों के लिए पति एवं सौभाग्य की प्रदात्री **कात्यायनी**-देवी के नाम से प्रसिद्ध हैं। ये तथा दुर्गा, भद्रकाली, चामुण्डा आदि सभी देवियाँ शिव-पत्नी पार्वती की ही विविध मूत्तियाँ मानी जाती हैं। श्रीमद्भागवत में गोपियों द्वारा कृष्ण को पति रूप में प्राप्त करने के लिए आग्रहायण मास में कात्यायनी की तुष्टि के हेतु व्रत करने का उल्लेख है —

हेमन्ते प्रथमे मासि नन्दव्रजकुमारिकाः।
चेरुर्हविष्यं भुञ्जानाः कात्यायन्यर्चनव्रतम्।

आप्लुत्याम्भसि कालिन्द्या जलान्ते चोदितेऽरुणे।
कृत्वा प्रतिकृतिं देवीमानर्चुर्नृप सैकतीम्।

कात्यायनि महामाये महायोगिन्यधीश्वरि।
नन्दगोपसुतं देवि पतिं मे कुरु ते नमः।
इति मंत्रं जपन्त्यस्ताः पूजां चक्रुः कुमरिकाः।

एवं मासं व्रतं चेरुः कुमार्यः कृष्णचेतसः।
भद्रकालीं समानर्चुः भूयात् नन्दसुतः पतिः॥

— भाग० १०।२२।१, २, ३, ५

आज भी हिन्दू-समाज में कन्या के विवाह-संस्कार के एक दिन पूर्व अम्बिका या मातृपूजन का विधान है और कन्या किसी समीपस्थ मन्दिर में गौरी या दुर्गा के दर्शन करके सौभाग्य हेतु उनका आशीर्वाद प्राप्त करने अवश्य जाती है। वैसे प्राचीन भारत में मूलतः आशीर्वाद दुर्गा या अम्बिका से नहीं अपितु 'इन्द्राणी' से मांगा जाता था क्योंकि इन्द्र के अमर होने के कारण वह 'अखण्डसौभाग्यवती' है (तु० की० **इन्द्राणीमासु नारिषु सुभगामहमश्रवम्। न हि अस्या अपरं चन जरसा मरते पतिः**।। ऋ० वे० १०।८६।११)

पिनाक

तैत्तिरीय संहिता के उपर्युक्त उद्धरण (१।८।६) में रुद्र के पिनाक का उल्लेख किया गया है। महाकाव्यों तथा पुराणों में यह शिव के धनुष का नाम है। **तै० सं०** में रुद्र को **अवततधन्वा** तथा **पिनाकधारी** (पिनाकहस्त) कहा गया है। **वा० सं०** में शिव से पिनाक को छिपा कर ले जाने (पिनाकावसः, अवस्=रक्षा या गोपन) की प्रार्थना की गई है। दोनों ही स्थानों में रुद्र के धनुष और पिनाक का पृथक्-पृथक् उल्लेख है। अतः

सम्भवतः पिनाक धनुष नहीं है। कीथ ने अपने तै० सं० के अनुवाद में इसका अर्थ **गदा** (अं० 'क्लब') किया है[१] **अ० वे०** १।२७।२ भी यह शब्द प्रयुक्त हुआ है (**विषूच्येतु कृन्तती पिनाकमिव बिभ्रती**)। यद्यपि यहाँ भी विद्वानों को पिनाक के धनुष होने में सन्देह है, किन्तु यदि ध्यान से देखा जाए तो पिनाक (अपि+नाक) का व्युत्पत्तिजन्य अर्थ 'झुका हुआ', अर्धचन्द्राकार 'मुड़ा हुआ' ही होना चाहिए क्योंकि यह 'नम्' (झुकना) धातु से निष्पन्न है और 'अपि' उपसर्ग के ह्रस्व अकार का लोप व्याकरणसम्मत है। इसी अर्थ में 'नाक' शब्द आकाश का वाची है। महाकाव्यों तथा पुराणों में आ कर यह शब्द शिव के धनुष की विशेष-संज्ञा बन गया है और इसी कारण उनके लिए पिनाकी, पिनाकधृक् या पिनाकपाणि जैसे विशेषण प्रयुक्त होते हैं।

शतरुद्रियम् और रुद्र

यजुर्वेद के **शतरुद्रिय** सूक्त (तै० सं० ४।५, कठ० सं० १७।११, कापि० सं० २७।१, मै० सं० २।९।१४ तथा वा० सं० १६ वाँ अ०) में हमें रुद्र के तत्कालीन व्यक्तित्व की सम्पूर्ण रूपरेखा प्राप्त होती है। महाभारत के **विष्णुसहस्त्रनाम** आदि स्तोत्रों की भाँति यहाँ भी रुद्र को सैकड़ों विशेषणों तथा उपाधियों से विभूषित किया गया है। स्थूल अथवा सूक्ष्म, भौतिक अथवा आध्यात्मिक, कोई भी क्षेत्र ऐसा नहीं है, जो रुद्र से सम्बन्धित न हो और जिस पर रुद्र का आधिपत्य न हो। यद्यपि रुद्र के लिए **शिव** विशेषण यहाँ कई बार प्राप्त होता है और उन्हें **मयोभु, शंकर** तथा **मीढुष्टम** भी कहा गया है किन्तु ऐसा प्रतीत होता है कि स्तोता रुद्र के कोप और भयानक रूप से भयतीत होकर ही उनकी इस प्रकार स्तुति कर रहा है और इसलिए बार-बार उनसे अपने कल्याणमय रूप को ही दिखाने की प्रार्थना करता है[२] —

१. **नमस्ते रुद्र मन्यवे उतो त इषवे नमः। बाहुभ्यामुत ते नमः।**

---

१. कीथ : **वेद ऑफ़् ब्लैक यजुस् स्कूल ट्रान्सलेटेड** : (हा० ओ० सी०, १८) प्रथम भाग, पृ० ११८।

२. श० ब्रा० ९।१।१।२, ६ का कथन है कि प्रजापति के अश्रुबिन्दुओं के मन्यु के ऊपर गिरने से जो शतशीर्षा रुद्र उत्पन्न हुए और अन्न की इच्छा से भयानक आकार में इधर-उधर घूमने लगे उन्हें देवों ने अन्न रूपी इस शतरुद्रिय स्तोत्र से शान्त किया। अतः इसका वास्तविक नाम शान्तदेवत्यम् है। किन्तु देवता अपनी परोक्षप्रियता के कारण शान्तरुद्रियम् को शतरुद्रियम् कहते हैं — **'ते अब्रुवन् अन्नमस्मै संभराम। तेनैनं शमयाम इति। तस्मै एतदन्नं समभरन् शान्तदेवत्यम्। तेनैनमशमयन्......शान्तदेवत्यं ह वै तत् शतरुद्रियमित्याचक्षते परोक्षम्'**। वेबर ने (**इंडिशे श्टूडियन** भाग २, पृ० २०) शतरुद्रिय का यह प्राचीन भाव स्वीकार किया है और कहा है कि जिस प्रकार गम् से 'गत' बन जाता है उसी प्रकार शम् से 'शत' भी बन सकता है।

'किन्तु यह रूप पाणिनिसम्मत नहीं है (द्रष्टव्य : **'वा दान्तशान्त०'** अष्टाध्यायी ७।२।२७)।'
(ग्रन्थकार के पिता डा० रामशरण शास्त्री की टिप्पणी)

२. **या ते रुद्र शिवा तनूः अघोरा पापकाशिनी।**
तया नस्तन्वा शन्तमया गिरिशन्ताभिचाकशीह॥[१]

— वा० सं० १६।१, २

रुद्र के बाण तथा हेति का भय स्तुतिकर्त्ता को सबसे अधिक है और वह बार-बार यही प्रार्थना करता है कि रुद्र का धनुष उनके ऊपर न तने और उनके बाण तथा हेति उसको प्राणदान दें (श्लोक ९-९६ आदि)। इस प्रसंग में रुद्र को वृक्षों का अधिपति तथा वनों और क्षेत्रों का स्वामी कहा गया है। वे वणिक् हैं, सेनापति हैं, प्राणियों के अधिपति हैं तथा यात्रियों के रक्षक हैं। यहाँ तक कि उन्हें चोरों, डाकुओं, वञ्चको तथा लुटेरों का भी स्वामी (या नायक) कहा गया है (स्तेनानां पतये, स्तायूनां पतये, तस्कराणां पतये, मुष्णतां पतये नमः। श्लोक २०, २१)। वे अरण्य में रहने वाले लोगों के तथा इतस्ततः विचरण करने वाले व्रात्यों के भी स्वामी हैं (२५)। शायद ही कोई ऐसा प्रमुख विशेषण होगा जिसको शतरुद्रिय में रुद्र से सम्बन्धित न किया गया हो। स्पष्ट है कि रुद्र का लौकिक स्वरूप यजुर्वेद के समय अत्यन्त प्रबल था और उन्हें मानव-समाज के क्या उच्च क्या निम्न, सभी प्रकार के वर्गों का स्वामी माना जाता था।

रुद्राः या रुद्र के गण

शतरुद्रिय के प्रथम ५३ मन्त्रों में रुद्र की विशेषताओं का गुणगान करने के पश्चात् आगे के १३ मन्त्रों में कवि रुद्रगण (या रुद्राः) का वर्णन करता है। ये **रुद्राः** रुद्र के आधिपत्य में रहने वाले उनके अनुचर हैं, जिनका कार्य मनुष्यों को कष्ट देना है। प्रत्येक मन्त्र के उत्तरार्द्ध में सर्वत्र विद्यमान **'तेषां सहस्त्रयोजने अव धन्वानि तन्मसि'** (उनके धनुष की प्रत्यञ्चा को उतार कर हम उन्हें एक सहस्त्र योजन दूर भगाते हैं) शब्दों से लगता है कि मन्त्र-बल से रुद्रों को भागने की अपनी सामर्थ्य पर स्तोता को पूर्ण विश्वास है। इन रुद्रों की लगभग वे ही विशेषताएँ बताई गई हैं, जो प्रायः रुद्र के लिए उल्लिखित हैं। उनकी संख्या गणनाहीन है (असंख्याता सहस्त्राणि)। वे भूमि, समुद्र, अन्तरिक्ष तथा आकाश सभी स्थानों में परिव्याप्त हैं। कुछ वृक्षों पर रहते हैं तो कुछ भूमि के अन्दर भी विचरण करते हैं। कुछ घास की भाँति भूरे हैं (शष्पिञ्जर) तो कुछ नीलग्रीव तथा विलोहित। वे जटाएँ रखते हैं (कपर्दिन्) पर उन्हें ऊपर नहीं बाँधते (विशिखासः)। नदी, तालाब आदि स्थानों में वे बर्छियाँ तथा धनुषबाण लेकर घूमते रहते हैं (ये तीर्थानि प्रचरन्ति सृकाहस्ता निषंगिणः)। आकाशचारी रुद्रों के बाण हैं वर्षा, अन्तरिक्षचारी के वायु, भूमिचारी के अन्न, जिनसे वे व्याधियाँ फैलाते हैं। स्तोता उन

---

१. 'शिव' का पर्यायवाची 'अघोर' शब्द बाद में एक विशेष प्रकार के जीवनदर्शन से सम्बद्ध हो गया है, जिसके अनुयायी वेदों में उसका अस्तित्व सिद्ध करने के लिए यही मन्त्र उद्धृत करते हैं।

सबसे अपनी रक्षा करने की प्रार्थना करता हुआ कहता है कि वे उसका भक्षण करें, जो हमसे द्वेष रखता है या जिससे हम द्वेष रखते हैं —

तेभ्यो नमो अस्तु ते नो अवन्तु ते नो मृडयन्तु।
ते यं द्विष्मो यश्च नो द्वेष्टि तमेषां जम्भे दध्मः॥ — १६। ६५, ६६

स्पष्ट है कि **रुद्राः** आजकल के लोक विश्वास के भूत, प्रेत, ब्रह्मराक्षस आदि के समान सूक्ष्म-शरीरधारी हानिकारक तत्त्व थे। जिस प्रकार आज भी पुराने सघन वृक्ष, टूटे-फूटे परित्यक्त घर, नदी, तालाब या पर्वत-गुफाएँ आदि इनके निवास-स्थान माने जाते हैं उसी प्रकार प्राचीन समय में भी सोचा जाता था। इन्द्रीं रुद्रों को **रुद्र** के **गण** कहा गया है। इन गणों (रुद्र की सेना) का प्रथम उल्लेख **अथर्ववेद** ११। २। ३१ में प्राप्त होता है, जिसमें इनको 'चिल्लाने वाले' तथा 'खुले केश रखने वाले' कहा गया है।

नमस्ते घोषणीभ्यो नमस्ते केशिनीभ्यः।
नमस्ते देवसेनाभ्यः स्वस्ति नो अभयं च नः॥

इस मन्त्र की मरुत्परक भी व्याख्या की जा सकती है, जो ऋग्वेद में रुद्र के पुत्र (तथा अनुचर) कहे गए हैं और जिनके लिए रुद्राः (रुद्रासः) विशेषण प्रयुक्त हुआ है। किन्तु यजुर्वेद के रुद्राः तो बिल्कुल पृथक् प्राणी हैं। उन सब का एक गण है और रुद्र उनके स्वामी हैं। शतरुद्रिय में ही '**नमो गणेभ्यो गणतिभ्यश्च**' (मन्त्र २५) कह कर दोनों की वन्दना की गई है। **वा० सं०** ११। १५ में यज्ञ रूपी अश्व से कहा गया है 'रुद्रस्य गाणपत्यं मयोभूरेहि'। रुद्र के गण और उनका आधिपत्य एक महत्त्वपूर्ण वस्तु है। वा० सं० २३। १९ में जो '**गणानां त्वा गणपतिं हवामहे, प्रियाणां त्वा प्रियपतिं हवामहे**' आदि प्रसिद्ध मन्त्र आता है वह भी सम्भवतः रुद्र और उनके गणों का ही बोधक है।

रुद्र के इन गणों का परवर्ती साहित्य में बड़ा विचित्र तथा मनोरंजक वर्णन है इनमें से कोई बौना है, कोई लम्बा, कोई कुबड़ा तो कोई मोटा। किसी का मुख व्याघ्र की भाँति है तो किसी का हाथी की तरह। कोई अजमुख है और कोई मेषमुख। जितने भी प्रकार के वैभिन्न्य की उनमें कल्पना की जा सकती है, वे उतने प्रकार के हैं —

यावन्तस्ते कृशा दीर्घाः स्थूला ह्रस्वा महोदयाः।
व्याघ्रेभवदना केचित् केचिन्मेषाजरूपिणः॥
अनेकप्राणिरूपाश्च ज्वालास्याः कृष्णपिंगलाः।
सोम्या भीमाः स्मितमुखाः कृष्णपिंगजटासटाः॥
नानाविहंगवदना नानाविधमृगाननाः।
कौशेयचर्मवसना नग्नाश्चान्ये विरूपिणः॥
गोकर्णा गजकर्णाश्च बहुवक्त्रेक्षणोदराः।
बहुपादा बहुभुजा दिव्यनानास्त्रपाणयः॥

अनेककुसुमापीडा नानाव्यालविभूषणाः।
विचित्रवाहनारूढा दिव्यरूपा वियच्चराः॥
वीणावाद्यरवाघुष्टा नानास्थानकवर्तकाः॥

— मत्स्य० पु० १५३।५३१-५३७

मत्स्य पु० में विवाहोपरान्त घर आई हुई पार्वती शिव के इन विचित्र गणों को देखती हैं और उत्सुकतावश शिव से पूछती हैं —

गणेशाः कति संख्याताः किंनामानः किमात्मकाः।
एकैकशो मम ब्रूह्यधिष्ठिता ये पृथक्-पृथक्॥ ५३८॥

इस पर शिव उत्तर देते हैं कि ये गण करोड़ों की संख्या में हैं, इनकी गणना भी नहीं की जा सकती। सारा संसार इनसे भरा हुआ है। तीर्थों में, सड़कों पर, जीर्ण भवनों में, प्राचीन वृक्षों पर तथा दानवों के शरीर आदि में सर्वत्र ये विद्यमान रहते हैं। इनका आहार भी अनेक प्रकार का है। कोई अग्नि पान करते हैं, कोई जल का फेन, कोई धूम, कोई मधु, कोई रक्त और कोई केवल वायु-भक्षण करके जीवित रहते हैं। ये इतने विविध कर्म और गुण वाले हैं कि उनका वर्णन नहीं किया जा सकता —

कोटिसंख्या ह्यसंख्याता नाना विख्यातपौरुषाः।
जगदापूरितं सर्वैरेभिर्भीमैर्महाबलैः॥

सिद्धक्षेत्रेषु रथ्यासु जीर्णोद्यानेषु वेश्मसु।
दानवानां शरीरेषु बालेषून्मत्तकेषु च॥
एते विशन्ति मुदिता नानाहारविहारिणः।
ऊष्मपाः फेनपाश्चैव धूमपा मधुपायिनः॥
रक्तपाः सर्वभक्षाश्च वायुपा ह्यम्बुभोजनाः।
गेयनृत्योपहाराश्च नानावाद्यरवप्रियाः॥
न ह्येषां वै अनन्तत्वाद् गुणान् वक्तुं हि शक्यते॥

— मत्स्य० १५३।५३९-४२

वायुपुराण के एक उल्लेख से यह निर्विवाद रूप से सिद्ध है कि पुराणों में वर्णित ये ही **रुद्रगण** शतरुद्रियसूक्त में **रुद्राः** नाम से विख्यात हैं। दशम अध्याय में एक कथा आती है (श्लोक ४५-६२) कि ब्रह्मा जी ने एक बार नीललोहित-महादेव से सृष्टि करने के लिए कहा। इस पर महादेव जी ने अपने समान गुण और स्वभाव वाले अमर मानसपुत्रों को उत्पन्न किया। ये सभी चर्म (ढाल) धारण किए हुए थे तथा हरितकेश, क्रूर-दृष्टि और कपालधारी थे; इनके कई हाथ, मुख तथा नेत्र थे.......आदि। इस रौद्रसृष्टि को देखकर ब्रह्माजी घबराए और उनसे सौम्य तथा मरणशील सृष्टि करने के लिए कहा। शिव ने कहा, ऐसी प्रजा उत्पन्न करना हमारे वश का नहीं है। यह काम

आप ही कीजिए। पर 'हमने जो इन नीललोहित और विरूप जीवों को उत्पन्न किया है ये महाबली देवगण भूलोक और अन्तरिक्ष में रुद्र नाम से प्रसिद्ध होकर यज्ञीय देवों के मध्य परिगणित होंगे एवं **शतरुद्र** नाम से विख्यात होकर यज्ञ-भाग का भोग करेंगे।' **महा० शान्ति** (२८४।६०-१८२) में दक्ष, शिव की स्तुति करते हुए, जीर्ण-शीर्ण घरों, पुराने-वृक्षों तथा चौराहों पर रहने और विचरण करने वाले रुद्रों को नमस्कार करता है। ये 'रुद्र' शिव के गण के अतिरिक्त और कुछ नहीं है। वायुपुराण ५४। २५-३० तथा ६९। २४०-२५६, स्कन्दपुराण, काशीखण्ड, ५३। ८-१२, वराह पुराण १०। ४४-५० आदि में भी शिव के इन गणों का विशेष वर्णन है। इनके वर्णन में कवि ने अपनी कल्पना को पूरी स्वच्छन्दता दे दी है। ब्राह्मण ग्रन्थों में रुद्र तथा रुद्राः (रुद्रगण) में भेद करते हुए कहा गया है कि रुद्र क्षत्र (राजा, अधिपति) हैं और रुद्रगण विश् या प्रजा (श० ब्रा० ९।१।१।१५)। ऊपर उल्लिखित (पृ० ४७४) श० ब्रा० ९।१।१।६, ७ की कथा के अनुसार प्रजापति के जो अश्रुबिन्दु मन्यु (क्रोध) पर गिरे उनसे रुद्र की और जो भूमि पर गिरे उनसे रुद्रगण की उत्पत्ति हुई है। रुद्र में इसीलिए उग्रता और तेज का आधिक्य है।

पशुपति

यद्यपि रुद्र को ब्राह्मण ग्रन्थों में अगणित स्थानों पर 'पशुओं का स्वामी' या पशुपति कहा गया है (उदाहरणार्थ, श० ब्रा० १।७।३।८, ३।६।२०; ५।३।३।७, ५।७।४।२०; जैमिनीय ब्रा० १।१३३ आदि) किन्तु सबके हृदय में यह भय परिव्याप्त रहता है कि कहीं वे इन पशुओं का वध न करें (ताण्ड्य ब्रा० ७।९।१६-१८)। एक स्थान पर स्तोता यह भी प्रार्थना करता है कि उसके पशु रुद्र के सम्पर्क में न आएँ (**नेद् रुद्रेण यजमानस्य पशून् प्रवृहाजनि**, कौषी० ब्रा० ३।४)। श० ब्रा० १२।७।३।२० में भी रुद्र से अपनी हेतियों (बर्छियों) को वन्य पशुओं की ओर फेंकने की प्रार्थना की गई है, ग्राम्यों की ओर नहीं। इस वाक्य में रुद्र को क्रूरदेव कहा गया है। तै० ब्रा० १।६।१० तथा ताण्ड्य ब्रा० ७।९।१६ में कहा गया है कि जब देवों ने पशुओं का परस्पर विभाजन किया तो जानबूझ कर रुद्र का भाग कल्पित नहीं किया किन्तु बाद में इस भय से कि रुद्र कहीं उनकी कोई हानि न करें, उन्होंने उनको एक **मूषक** दे दिया (देखें, पीछे पृ० ४३२-३३)।

गवेधुक होम

रुद्र का वैदिक कर्मकाण्ड से पार्थक्य तथा उनकी भीषणता ब्राह्मण ग्रन्थों में स्थान-स्थान पर उल्लिखित है। श० ब्रा० १।७।३।१ में कहा गया है कि जब देवता स्वर्ग जाने लगे तो रुद्र को पृथ्वी पर ही छोड़ गए अतः उनका नाम **वास्तव्य** पड़ा —

यज्ञेन वै देवा दिवमुपोदक्रामन्। अथ योऽयं देवः पशूनामीष्टे स इहाहीयत। तस्माद् वास्तव्य इत्याहुः। वास्तौ हि तदहीयत॥

यज्ञ से उनका कोई सम्बन्ध नहीं है; उनको कहीं भाग नहीं दिया जाता। किन्तु कहीं वे यज्ञकर्ता को कोई हानि न पहुँचाएँ इस भय से उनके लिए **गवेधुक** नाम की एक विशेष प्रकार की घास के बीजों का हवन किया जाता है (श० ब्रा० ५।३।१।१० तथा ५।३।३।७)। इस प्रसंग में कहा गया है कि 'गवेधुक यज्ञ की उच्छिष्ट सामग्री है (यज्ञ में अनुपयोगी है), रुद्र को उच्छिष्ट प्रदान किया जाता है, अतः उन्हें यही देना चाहिए' —

अथ रुद्राय पशुपतये रौद्रं गवेधुक चरुं निर्वपति। तदेनं रुद्र एव पशुपतिः। पशुपतिः पशुम्य सुवत्यथ यद् गवेधुको भवति वास्तव्यो वा एष देवो, वास्तव्या गवेधुकाः तस्माद् गावेधुको भवति॥ — श ब्रा० ५।३।३।७

श० ब्रा० ९।१।१।३ में शतरुद्रिय के मन्त्रों से रुद्र के लिए वन्यतिलों (जर्तिल) के हवन का भी विधान है। प्रसंग में एक बात बड़ी महत्त्वपूर्ण है और वह है **अर्क** (आक) के पत्ते से इन तिलों का हवन। ९।१।१।९ में कहा गया है कि अर्क की उत्पत्ति उस स्थान से हुई है, जहाँ रुद्र शयन करते हैं। अतः यह उनका ही भाग है —

अर्कपर्णेन जुहोति एतस्य वै देवस्य आशयाद् अर्कः समभवत्। स्वेनैव एतद् भागेन स्वेन रसेन प्रीणाति।

हवन के पश्चात् या अर्कपर्ण तथा अर्क की लकड़ी वेदी के पीछे बने एक गर्त (चत्वाल) के अन्दर फेंक दी जाती है क्योंकि श० ब्रा० ९।१।१।४२ का मत है कि अर्कपत्र अमंगलमय है। कोई उसे कुचल कर अमंगल का भागी न हो, अतः ये उधर फेंक दी जाती है। परवर्ती शैवधर्म में अर्क तथा बिल्वदल शिव को विशेष प्रिय माने गए हैं। शिवलिंग पर प्रायः अर्कपुष्प चढ़ाए जाते हैं।

रुद्र की अष्टमूर्तियाँ

वैदिक देवों से रुद्र के इसी पार्थक्य के कारण उनकी उत्पत्ति ब्राह्मण ग्रन्थों में अनेक प्रकार से वर्णित की गई है। प्रजापति और रुद्र को छोड़ कर अन्य कोई भी वैदिक देवता नहीं है, जिसकी उत्पत्ति के विषय में इन ग्रन्थों में कुछ भी कहा गया हो। शेष देवताओं के पूर्व-अस्तित्व के विषय में ब्राह्मणों को कोई सन्देह नहीं है। प्रजापति को हम छोड़ सकते हैं क्योंकि उनकी उत्पत्ति सदा एक हिरण्याण्ड से ही बताई गई है। रुद्र की उत्पत्ति के विषय में **श० ब्रा०** ६।१।३।८-१८ में कहा गया है कि संवत्सर रूपी प्रजापति ने अपनी पत्नी उषा में बीज निक्षिप्त किया। उससे एक कुमार का जन्म हुआ। वह उत्पन्न होते ही रोने लगा। प्रजापति से उसने कहा मेरा नाम बताइए, बिना नाम के मैं

श्रीविहीन हूँ। प्रजापति ने कहा तुम रोए हो, अतः तुम्हारा नाम रुद्र है। अग्नि रुद्र है। उसने कहा कि मैं इससे (अग्नि से) अधिक महान् (व्यापक) हूँ। कोई दूसरा नाम बताइए। तब प्रजापति ने उसके क्रमशः **शर्व** (जल), **पशुपति** (वनस्पति), **उग्र** (वायु), **अशनि** (विद्युत्), **भव** (पर्जन्य), **महादेव** (चन्द्रमा) तथा **ईशान** (सूर्य) नाम रखे। अन्तिम नाम सुनकर वह सन्तुष्ट हो गया और प्रजापति से उसने कहा — 'ठीक है, इतना ही मेरा स्वरूप है, अब और कोई नाम न दें' —

...... संवत्सर उषसि रेतः असिञ्चत्। स संवत्सरे कुमारः अजायत। सः अरोदीत्। तं प्रजापतिरब्रवीत्—कुमार किं रोदिषि? स अब्रवीत् अनपहतपाप्मा व अस्मि, अहितनामा। नाम मे धेहीति। तमब्रवीत् रुद्रः असि। तद् यदस्य नाम अकरोत् अग्निस्तद्रूपमभवत्। अग्निर्वै रुद्रः। सः अब्रवीत् ज्यायान् वा अतः अस्मि। धेहि एव मे नाम इति। तमब्रवीत् शर्वः असि। आपस्तद्रूपमभवत्...... पशुपतिरसि....... ओषधयस्तद्रूपमभवत्.......उग्रः असि......वायुस्तद्रूपमभवत्....... अशनिरसि....... विद्युद्वा अशनिः........ भवः असि .... पर्जन्यो वै भवः। महान्देवः असि......चन्द्रमास्तद्रूपमभवत्...... ईशानः असि.....आदित्यो वा ईशानः। सः अब्रवीत् एतावान् वा अस्मि। मा मा इतः परो नाम धाः। श० ब्रा० ६।१।३।८-१७

रुद्र के उपर्युक्त नामों में केवल **अशनि** ही नवीन है शेष सभी प्राचीन संहिताओं में रुद्र के विशेषण के रूप में आ चुके हैं। यह नाम उनके प्राचीन विद्युत् रूप की ओर संकेत करता है। श० ब्रा० में वर्णित यह प्रसंग लगभग इसी रूप में **कौषीतकि** ब्रा० (६।१-९) में भी प्राप्त होता है किन्तु यहाँ रुद्र की उत्पत्ति प्रजापति से नहीं अपितु अग्नि, आदित्य, वायु और चन्द्रमा इन चार ज्योतियों से बताई गई है। प्रजाकामना से तपस्या करते हुए प्रजापति के शरीर से ये ज्योतियाँ तथा उषा उत्पन्न हुई। प्रजापति ने अपने पुत्रों को तपस्या करने की आज्ञा दी किन्तु अप्सरा के रूप में आई हुई उषा को देख कर उनका बीज स्खलित हो गया। प्रजापति ने उसे एक हिरण्यमय चमस में रख दिया। उससे एक सहस्राक्ष तथा सहस्रपात् पुरुष का जन्म हुआ। उसने जाकर प्रजापति को पकड़ा और उसने अपना नाम रखने की प्रार्थना की—

प्रजापतिः प्रजाकामस्तपः अतप्यत। तस्मात् तप्तात् पञ्च अजायन्त। अग्निर्वायुरादित्यश्चन्द्रमा उषा पंचमी।..... उषा प्राजापत्याय अप्सरोरूपं कृत्वा पुरस्तात् प्रत्युदैत्। तस्याम् एषां मनः समपतत्। ते रेतः असिञ्चन्त। ते प्रजापतिं पितरं प्रेत्याब्रुवन् रेतो वै असिचामहा इदं नो मा अमुयाभूदिति। स प्रजापतिः हिरण्यमयं चमसमकरोद् इषुमात्रमूर्ध्वमेवं तिर्यञ्च। तस्मिन् रेतः समसिचत्। तत उदतिष्ठत् सहस्राक्षः सहस्रपात् सहस्रेण प्रतिहिताभिः। स प्रजापतिं पितरमभ्यायच्छत्। तमब्रवीत् कथा मामभ्यच्छसीति। नाम मे कुर्वीत इत्यब्रवीत् न वै इममविहितेन माम्ना अन्नम् अत्स्यामीति.......।

— कौषी० ब्रा० ६।१

आगे की कथा श० ब्रा० के ही अनुसार है। किन्तु यहाँ रुद्र के जिन आठ नामों का प्रकृति के विभिन्न तत्त्वों से तादात्म्य किया गया है उनका स्वरूप इस प्रकार है —

भवः आपः, शर्वो अग्निः, पशुपतिर्वायुः, उग्रो देव ओषधयः, महान् देव आदित्यः, यद्रुद्रश्चन्द्रमाः, यदीशानो अन्नम्, यदशनिरिन्द्रः।

नीचे दी हुई तुलनात्मक सूची पर दृष्टि डालने से विदित होगा कि कौषीतकि एवं शतपथ में रुद्र का जिन-जिन प्राकृतिक तत्त्वों से सम्बन्ध जोड़ा गया है, उनमें पूर्ण साम्य होते हुए भी उन तत्त्वों से सम्बद्ध रुद्र के नामों में पूर्व वैभिन्न्य है—

	कौषीतकि	**शतपथ**
१.	अग्निः (शर्व)	अग्निः (रुद्र)
२.	आपः (भव)	आपः (शर्व)
३.	ओषधयः (उग्र)	ओषधयः (पशुपति)
४.	वायुः (पशुपति)	वायुः (उग्र)
५.	अन्नम् (ईशान)	पर्जन्यः (भव)
६.	अशनिः (इन्द्र)	अशनिः (विद्युत्)
७.	चन्द्रमाः (रुद्र)	चन्द्रमाः (महान् देव)
८.	आदित्यः (महान् देव)	आदित्यः (ईशान)

यद्यपि रुद्र के इन अष्ट नामों का तत्तत् प्राकृतिक तत्त्व से सम्बन्ध पूर्णतः ऐच्छिक जान पड़ता है फिर भी श० ब्रा० इन विशेषणों के प्राकृतिक तत्त्वों से तादात्म्य के व्युत्पत्ति-सम्बन्धी तथा कर्मकाण्डीय प्रमाण देकर उसके पीछे तर्क की प्रतिष्ठा करने की चेष्टा करता है। कौषीतकि के अनुसार रुद्र के रूप होने के कारण आपः, अग्नि तथा वायु आदि सौम्य तत्त्व कभी-कभी भयंकर हो कर मनुष्यों, उनकी सन्तानों तथा पशुओं का विनाश कर सकते हैं। किन्तु प्रत्येक का एक-एक नियम है और उसका पालन करने से ये जल, अग्नि, वायु आदि कल्याणकारी हो जाते हैं, उदाहरणार्थ '**आर्द्रम् एव वासः परिदधीत**' '**सर्वमेव नाश्नीयात्**' '**ब्राह्मणम् एव न परिवदेत्**' आदि (कौषी० ब्रा० ६।१)।

भौतिक जगत् के उक्त आठ महत्त्वपूर्ण तत्त्वों से रुद्र के तादात्म्य से स्पष्ट है कि ब्राह्मणों के काल तक रुद्र का महत्त्व बहुत अधिक बढ़ गया था। प्रकृति की प्रत्येक प्रमुख वस्तु उनका ही रूप मानी जाने लगी थी और इस प्रकार उनका व्यक्तित्व महनीय तथा सर्वव्यापी हो उठा था। उनके लिए कौ० ब्रा० में प्रयुक्त 'सहस्राक्ष' तथा

'सहस्रपात्' विशेषण ऋग्वेद के पुरुष-सूक्त (१०।९०) में सृष्टि के आदिकारण, परम-पुरुष के लिए प्रयुक्त हुए हैं। रुद्र के लिए उनका प्रयोग उनके विशेष उत्कर्ष का परिचायक है। शतपथ तथा कौषीतकि दोनों की ही कथाओं से यह भी स्पष्ट है कि उस समय तक रुद्र का व्यक्तित्व हर प्रकार से ज्योति, प्रकाश, तेज या अग्नि-तत्त्व से ही सम्बन्धित था[१]।

रुद्र के इन तत्त्वों से सम्बन्ध की स्मृति पुराणों तक सुरक्षित चली आई है और लौकिक संस्कृत साहित्य में भी अनेक स्थलों पर इसके उल्लेख प्राप्त होते हैं। इस सूची में **ओषधि**, **अन्न** और **अशनि** इन तीन असंगत तत्त्वों को हटा कर परवर्ती साहित्यकारों ने आकाश, पृथ्वी तथा दीक्षित-यजमान को रुद्र की अष्टमूर्तियों में परिगणित कर लिया है। ऐसा प्रतीत होता है कि पृथ्वी 'अन्न' या 'पर्जन्य' के स्थान पर समविष्ट की गई है, **आकाश** अशनि (विद्युत्) के स्थान पर और **यजमान** ओषधियों का स्थानापन्न है। यहाँ यह ध्यातव्य है कि हिन्दू देवोपासना में अर्चक मन्त्रादि के न्यास के द्वारा अपने उपास्य देव का रूप ग्रहण कर लेता है और तब उसकी उपासना करता (शिवो भूत्वा शिवं यजेत्)। भक्त भगवान् का रूप होता है। इसीलिए यजमान या अर्चक को भी शिव की आठ मूर्तियों में सम्मिलित किया गया है।[२]

इस प्रकार परवर्ती साहित्य में शिव की आठ मूर्तियाँ निम्न हैं — (१-५) पञ्च महाभूत अर्थात् पृथ्वी, जल, अग्नि, वायु तथा आकाश, (६) सूर्य, (७) चन्द्रमा तथा (८) यजमान या जीवात्मा । कालिदास शिव की इन आठ 'मूर्तियों' को उनके अस्तित्व का प्रत्यक्ष प्रमाण मानते हैं। उनके अनुसार इन आठ तत्त्वों के द्वारा रुद्र का अव्यक्त रूप संसार में प्रत्यक्षतया अवभासित हो रहा है। अभिज्ञानशाकुन्तलम् के सर्वप्रथम, नान्दी-श्लोक में उन्होंने शिव की इसी इन्द्रिय-ग्राह्यता की ओर संकेत किया है —

या सृष्टिः स्रष्टुराद्या, वहति विधिहुतं या हविर्या च होत्री
ये द्वे कालं विधत्तः, श्रुतिविषयगुणा या स्थिता व्याप्य विश्वम्।

---

१. **शिवमहिम्न**-स्तोत्र में पुष्पदन्त ने शिव के उक्त आठों वैदिक नामों का यथावत् उल्लेख करते हुए कहा है कि इनमें से प्रत्येक का 'श्रुति' में व्याख्यान प्राप्त होता है। जिन मूर्तियों का अनादि और अपौरुषेय श्रुति गुणगाान करती है, उनकी महिमा का क्या कहना —

भवः शर्वो रुद्रः पशुपतिरथोग्रः सह महान्
तथा भीमेशानाविति यदभिधानाष्टकमिदम्।
अमुष्मिन् प्रत्येकं प्रविचरति देव श्रुतिरपि
प्रियायास्मै धाम्ने प्रविहितनमस्योऽस्मि भवते॥

२. शिव की इन वैदिक अष्टमूर्तियों के विस्तृत विवेचन के लिए द्रष्टव्य : प्रस्तुत लेखक का **कोसल** (फ़ैजाबाद) शोधपत्रिका (भाग ४, १९८२-८३, पृ ७५-८१) में प्रकाशित "**शिव की अष्टमूर्तियाँ और उनकी वैदिक पृष्ठभूमि**" संज्ञक लेख।

यामाहुः सर्वबीजप्रकृतिरिति, यया प्राणिनः प्राणवन्तः
प्रत्यक्षाभिः प्रपन्नस्तनुभिरवतु वस्ताभिरष्टाभिरीशः ॥

विष्णु पुराण (१।८।२-१२) श० ब्रा० के अष्ट-मूर्ति वाले प्रकरण को आधार बना कर ब्रह्मा (प्रजापति) द्वारा शिव के आठ नाम धरे जाने और इन नामों के विभिन्न प्राकृतिक तत्त्वों से सम्बन्ध को इन शब्दों में व्यक्त करता है —

कल्पादावात्मनस्तुल्यं सुतं प्रध्यायतस्ततः।
प्रादुरासीत् प्रभोरंके कुमारो नीललोहितः ॥
रुरोद सुस्वरं सोऽथ प्राद्रवद् द्विजसत्तम।
किं त्वं रोदिषि तं ब्रह्मा रुदन्तं प्रत्युवाच ह॥
नाम देहीति तं सोऽथ प्रत्युवाच प्रजापतिः।
रुद्रस्त्वं देव नाम्नासि मा रोदीर्धैर्यमावह॥
एवमुक्तः पुनः सोऽथ सप्तकृत्वो रुरोद वै।
ततोऽन्यानि ददौ तस्मै सप्त नामानि वै प्रभुः॥
स्थानानि चैषामष्टानां पत्नीः पुत्रांश्च स प्रभुः।
भवं शर्वमथेशानं तथा पशुपतिं द्विज॥
भीममुग्रं महादेवमुवाच स पितामहः।
चक्रे नामान्यथैतानि स्थानान्येषां चकार सः॥
सूर्यो, जलं, मही, वायुः, वह्निराकाशमेव च।
दीक्षितो ब्राह्मणः, सोम, इत्येतास्तनवः क्रमात्॥
— विष्णु पु० १।८।२-८

विष्णु पुराण के इस प्रकरण में रुद्र, भव, शर्व आदि की जो क्रमशः सूर्य, जल, पृथ्वी आदि मूर्तियाँ वर्णित की गई हैं वे ब्राह्मण ग्रन्थों के वर्णन से किञ्चिद् भिन्न हैं। शिव की इन मूर्तियों को विष्णु पुराण स्वतन्त्र देवों का स्थान देता है और इनकी पत्नियों तथा पुत्रों का उल्लेख करता है। आगे के श्लोकों में इनकी क्रमशः **उषा, विकेशी, अपरा, शिवा, स्वाहा, दिशा, दीक्षा** तथा **रोहिणी** नामक पत्नियाँ तथा **शनि, शुक्र, लोहितांग** (मंगल), **मनोजव** (हनुमान्?) **स्कन्द, सर्ग, सन्तान** तथा **बुध** नामक पुत्र बताए गए हैं। इनमें से अग्नि-स्वाहा-स्कन्द तथा चन्द्रमा-रोहिणी-बुध सम्बन्धी देवकथाएँ तो पुराणों में अन्यत्र भी प्रसिद्ध हैं किन्तु शेष पत्नियाँ और पुत्र अधिकांशतः काल्पनिक हैं।

रुद्र का यज्ञ से बहिर्भाव और दक्ष-यज्ञ-विध्वंस

अब हम ब्राह्मण ग्रन्थों में वर्णित रुद्र की उत्पत्ति विषयक वह दूसरा सूत्र पकड़ते हैं जिसमें रुद्र को अन्य देवों के साथ उत्पन्न स्वतन्त्र देवता नहीं माना गया है। उनकी

उत्पत्ति बाद में सम्पूर्ण देवों के भयंकर या घोर अंशों के मिलने से हुई। **श० ब्रा०** १। ४। १-३ तथा **ऐ० ब्रा०** ३। ३। ९ में वर्णित एक कथा के अनुसार **प्रजापति** के अपनी पुत्री उषस् के प्रति काम-भाव से आसक्त होने पर देवता अत्यन्त क्रुद्ध हुए। उन्होंने आपस में कहा कि प्रजापति एक जघन्य कृत्य करने जा रहे हैं, उन्हें दण्ड देना चाहिए। किन्तु उनमें से कोई भी ऐसा (कठोरस्वभाव) देवता नहीं था जो यह काम कर सकता। अत: उन्होंने अपने-अपने सर्वाधिक भयानक (घोरतम) अंशों को एकत्र किया। उन सबके सम्मिलन से रुद्र-की उत्पत्ति हुई —

प्रजापतिर्वै स्वां दुहितरमभ्यधावद्....तं देवा अपश्यन्। 'अकृतं वै प्रजापतिः करोति' इति तम् ऐच्छन् य एनम् आरिष्यति। एतम् अन्योन्यं न अविन्दन्। तेषां या एव घोरतमाः तन्वः आसन् एकधा समभरन्। ताः संभृता एष देवः अभवत् यस्यैतत् भूतवद् नाम..... तं देवा अब्रुवन् प्रजापतिः अकृतम् अकः विध्य एनम्.....।

ऐ० ब्रा० ३। ३। ९

ऐ० ब्रा० के इस उद्धरण से रुद्र का अन्य देवों से पार्थक्य पूर्ण स्पष्ट है। रुद्र को छोड़ कर अन्य सभी देवता उदार तथा करुणामय हैं, किन्तु रुद्र हैं 'घोरतम'। अत: वे ही प्रजापति को दण्ड देने के लिए सर्वाधिक उपयुक्त हैं। यह कथा मूलतः रुद्र की वैदिक देवमण्डल में अनुपस्थिति को भी सूचित करती है। अन्य देवों के साथ रुद्र का अस्तित्व नहीं था, उनकी उत्पत्ति बाद में देवों के घोरतम अंशों के सम्मिश्रण से हुई।

वैदिक कर्मकाण्ड से रुद्र का यह पार्थक्य, किन्तु लौकिक क्षेत्र में उनकी बढ़ती हुई महत्ता इन दोनों में परस्पर संघर्ष का होना अत्यन्त स्वाभाविक था। उच्चवर्ग के आर्यों अथवा द्विज-जातियों में जो धर्म प्रचलित था उसमें कर्मकाण्ड का ही प्रभाव था, जिसकी सर्वोच्च शक्ति यज्ञ समझी जाती थी। उनके देवमण्डल में भी इन्द्र, विष्णु तथा प्रजापति जैसे परम शक्तिशाली देवगण थे। किन्तु इधर लौकिक क्षेत्र में धीरे-धीरे दार्शनिक ज्ञान के अधिष्ठाता तथा ऐहिक सुख के प्रदाता के रूप में रुद्र भी अपने उत्कर्ष पर पहुँच रहे थे। रुद्र के विचित्र चरित के कारण उच्चवर्गीय आर्य उन्हें अपने धर्म में उचित स्थान देने के लिए प्रस्तुत न थे, किन्तु साथ ही रुद्र के महनीय व्यक्तित्व की उपेक्षा करना भी सरल न था। प्रजापति और रुद्र की इस कथा का परवर्ती विकास रुद्रोपासकों और कर्मकाण्ड के पक्षपातियों के पारस्परिक संघर्ष की कथा है, जिसमें बाद में शिव के महत्त्व के आगे कर्मकाण्डियों को झुकना पड़ा।

महाभारत तथा पुराणों में विस्तार से पाई जाने वाली दक्षयज्ञ-विध्वंस की कथा इसी तथ्य की प्राचीन स्मृति सुरक्षित रखे हुए है। **महाभारत** में यह कथा तीन स्थानों पर वर्णित है: क्रमशः सौप्तिक, शान्ति तथा अनुशासन पर्व में । **सौप्तिक पर्व** (अ० १८। १-२५) की कथा अधिक प्राचीन है। इसके अनुसार एक बार प्राचीन समय में सब

देवों ने मिल कर एक विशाल यज्ञ का आयोजन किया किन्तु रुद्र के महत्त्व को यथार्थतया न जानने के कारण उन्होंने यज्ञ में उन्हें भाग प्रदान नहीं किया। इस पर रुद्र क्रुद्ध हो उठे। उन्होंने तपः-प्रभाव से एक धनुष की सृष्टि की। धनुष उठाया और यज्ञ-भूमि में आ पहुँचे। उनके क्रोध से पृथ्वी हिलने लगी और पर्वत काँपने लगे। पवन ने चलना बन्द कर दिया, आग अपने आप बुझ गई और आकाश में तारामण्डल चक्कर खाने लगा। यज्ञ भी डर कर एक मृग का रूप धारण करके भागा, किन्तु रुद्र ने उसे अपने भयंकर बाण से विद्ध कर दिया। देवता भय से चक्कर खाकर अचेत हो गए। रुद्र ने सविता के बाहु काट डाले, भग के नेत्र फोड़ दिए और पूषा के दाँत उखाड़ लिए। तब यज्ञ के सहित सब देवता रुद्र की शरण में गए, उनकी स्तुति की और उनके लिए यज्ञ-भाग कल्पित किया; तब कहीं तपस्वी, ब्रह्मचारी रुद्र प्रसन्न हुए और देवों को अभय प्रदान किया। अत्यन्त ओजस्वी शब्दावली में वर्णित यह प्रसंग अक्षरशः उद्धरणीय एवं मूल संस्कृत में ही पठनीय है —

ततो देवयुगेऽतीते देवा वै समकल्पयन्।
यज्ञं वेदप्रमाणेन विधिवद् यष्टुमीप्सवः॥ १॥

ते वै रुद्रमजानन्तो याथातथ्येन भारत॥
नाकल्पयन्त देवस्य स्थाणोर्भागं नराधिप॥ ३॥

सोऽकल्प्यमाने भागे तु कृत्तिवासा मखेऽमरैः।
तपसा यज्ञमन्विच्छन् धनुरग्रे ससर्ज ह॥ ४॥

ततः क्रुद्धो महादेवस्तदुपादाय कार्मुकम्।
आजगामाथ तत्रैव यत्र देवा समीजिरे॥ ८॥

तमात्तकार्मुकं दृष्ट्वा ब्रह्मचारिणमव्ययम्।
विव्यथे पृथिवी देवी पर्वताश्च चकम्पिरे॥ ९॥

न ववौ पवनश्चैव नाग्निर्जज्वाल वैधितः।
व्यभ्रमच्चापि संविग्नं दिवि नक्षत्रमण्डलम्॥ १०॥

अभिभूतास्ततो देवा विषयान् न प्रजज्ञिरे।
न प्रत्यभाच्च यज्ञः स देवतास्त्रेसिरे तथा ॥ १२॥

अपक्रान्तस्ततो यज्ञो मृगो भूत्वा सपावकः।
ततः स यज्ञं विव्याध रौद्रेण हृदि पत्रिणा॥ १३॥

अपक्रान्ते ततो यज्ञे संज्ञा न प्रत्यभात् सुरान्।
नष्टसंज्ञेषु देवेषु न प्रज्ञायत कश्चन॥ १५॥

त्र्यम्बकः सवितुर्बाहू भगस्य नयने तथा।
पूष्णश्च दशनान् सर्वान् धनुष्टकोट्या व्यशातयत्॥ १६॥

प्राद्रवन्त ततो देवा यज्ञांगानि च सर्वशः।
केचित् तत्रैव घूर्णन्तो गतासव इवाभवन्॥ १७॥
ततो विधनुषं देवा देवश्रेष्ठमुपागमन्।
शरणं सह यज्ञेन प्रसादं चाकरोत् प्रभुः॥ २०॥
सर्वाणि च हवींष्यस्य देवा भागमकल्पयन्॥ २३॥

— महा० सौप्तिक० १८। १-२३

महाभारत के उपर्युक्त अंश में तथा **रामायण** में उल्लिखित[१] कथा में रुद्र का स्वयं जाकर दक्ष-यज्ञ विध्वंस करना वर्णित है। किन्तु **शान्तिपर्व** (अध्याय २८३, २८४), **श्रीमद्भागवत०** (४। २-५), **वायु०** (अध्याय ३०), **पद्म०** (अध्याय ६) एवं **कूर्म** (अध्याय १५) आदि पुराणों में शिव, पार्वती के अनुरोध पर उनका दुःख दूर करने के लिए अपने मुख या जटाओं से महापराक्रमी **वीरभद्र** नामक एक गण उत्पन्न करते हैं। पार्वती भी अपने भयंकर रूप से **भद्रकाली** को उत्पन्न करती हैं और गणेश्वर वीरभद्र शिव के अन्य गणों के साथ आकर दक्ष के यज्ञ को धूल में मिला देता है। **वायु-पुराण** में कहा गया है कि अपना यज्ञ विध्वस्त होते देख कर दक्ष-प्रजापति मृग का रूप धारण करके आकाश में भागे किन्तु वीरभद्र ने ऊपर ही आकर उनका सिर काट लिया जिससे वृद्ध प्रजापति पृथ्वी पर लोट गए।

महा० शान्ति (अ० २८३) तथा वायु (अ० ३०) में जब पार्वती दक्ष-यज्ञ में निमन्त्रित देवों को अपने-अपने विमानों पर चढ़ कर जाती हुई देखती हैं तो वे शिव से पूछती हैं कि दक्ष ने उन्हें निमन्त्रित क्यों नहीं किया। इस पर शिव स्पष्ट स्वीकार करते हैं कि प्राचीनकाल में देवों ने मिलकर यह नियम बना लिया था कि शिव को किसी भी यज्ञ में कोई भाग न दिया जाए और वही परम्परा अब भी चली आ रही है —

सुरैरेव महाभागे पूर्वमेतदनुष्ठितम्।
यज्ञेषु सर्वेषु मम न भाग उपकल्पितः॥
पूर्वोपायोपपन्नेन मार्गेण वरवर्णिनि।
न मे सुरा प्रयच्छन्ति भागं यज्ञेषु धर्मतः॥

यह जान कर पार्वती बहुत खिन्न होती हैं कि जब शिव की अपेक्षा तुच्छ देवता भी यज्ञ-भाग प्राप्त करने के अधिकारी हैं तो शिव को वह क्यों न मिले। पत्नी के खेद को दूर करने के लिए शिव दक्ष-यज्ञ-विनाश का उपक्रम करते हैं।

---

१. देखिए — बालकाण्ड ६६। ९-१०

दक्षयज्ञवधे पूर्वं धनुरायम्य वीर्यवान्।
विध्वस्य त्रिदशान् रोषात् सलीलमिदमब्रवीत्॥
यस्मात् भागार्थिनो भागं नाकल्पयत मे सुराः।
वरांगाणि महार्हाणि धनुषा शातयामि वः॥

उपर्युक्त श्लोकों से प्रकट है कि वैदिक धर्म में एक समय ऐसा भी था जब शिव को तनिक भी यज्ञ भाग नहीं प्रदान किया जाता था और यह परम्परा काफी रूढ़ हो चुकी थी। किन्तु सहसा इन रूढ़ियों के प्रति शिव (अथवा शैवों) को विद्रोह करना पड़ा और इस दक्ष-प्रजापति ने भी, जो वैदिक कर्मकाण्ड का प्रतीक है, उनकी महत्ता को माना।

ऊपर कहा जा चुका है कि इस कथा के बीज पुराणकारों को प्रजापति द्वारा अपनी पुत्री के प्रति आसक्त होने तथा रुद्र द्वारा उनको दण्ड दिए जाने की वैदिक कथा से प्राप्त हुए हैं[१]। **ऐ० ब्रा०** में कहा गया है कि जब प्रजापति के भय से उनकी पुत्री मृगी होकर आकाश में भागी तो प्रजापति ने मृग बन कर उसका अनुसरण किया। किन्तु रुद्र ने व्याध के रूप में उस मृग का पीछा किया और अपने 'रौद्र' बाण से उसे विद्ध कर दिया —

..........ताम् ऋष्यो भूत्वा रोहितं भूतामभ्यैत.......स (रुद्रः) तम् अभ्यायत्य अविध्यत् स विद्धः ऊर्ध्व ऊर्ध्व उदप्रपतत्। तम् एतं मृग इत्याचक्षते.......।

— ऐ० ब्रा० ३।३।९

वायुपुराण में भी दक्ष के मृग रूप धारण करके आकाश की ओर भागने और वीरभद्र के द्वारा आकाश में ही जाकर उसका सिर काटने का उल्लेख है। वीरभद्र शिव के ही रौद्र रूप का प्रतीक है। **भाग०** ४।५।२३ में उसके लिए 'पशुपति' विशेषण प्रयुक्त हुआ है। ऊपर सौप्तिक पर्व से जो उद्धरण दिया गया है, उसमें शिव का ही मृग-रूपी यज्ञ को विद्ध करना उल्लिखित है —

अपक्रान्तस्ततो यज्ञो मृगो भूत्वा सपावकः।
ततः स यज्ञं विव्याध रौद्रेण हृदि पत्रिणा॥

कालिदास के समय में सम्भवतः शिव का ही यह कार्य करना अधिक प्रसिद्ध था क्योंकि उन्होंने शाकुन्तल के प्रथम अंक के निम्न श्लोक में शिव को ही मृग रूपी यज्ञ का हन्ता बताया है —

कृष्णसारे ददच्चक्षुः त्वयि चाधिज्यकार्मुके।
मृगानुसारिणं साक्षात् पश्यामीव पिनाकिनम्॥

अब हमें प्रजापति-दक्ष-यज्ञ तथा मृग के तादात्म्य को देखना है। प्रजापति और दक्ष के ऐकात्म्य की थोड़ी सी चर्चा पहले की जा चुकी है। दक्ष के लिए पुराणों में सदा प्रजापति विशेषण प्रयुक्त हुआ है। (पद्म ४।३२, भाग० ४।५।१)। यही नहीं, प्रायः उसके लिए ऋग्वेद के हिरण्यगर्भसूक्त (१०।१२१) में प्रजापति-वाची 'क' संज्ञा भी

---

१. इस कथा की विशेष व्याख्या प्रजापति के प्रसंग में द्रष्टव्य है।

प्रयुक्त की गई है (श्रीमद्भागवत ४।६।३, **कस्य अध्वरं**)। कौषी० ब्रा० ५।४, तै० सं० १।७।६ तथा श० ब्रा० २।५।२।११ में 'क' शब्द को प्रजापति का नाम बताया गया है और श० ब्रा० २।४।४।२ स्पष्ट शब्दों में कहता है कि प्रजापति का ही नाम दक्ष है (**प्रजापतिः वै दक्षो नाम**)। प्रजापति से सम्बन्धित अनेक कथाएँ पुराणों में दक्ष से सम्बन्धित हैं (उदाहरणार्थ, तै० सं० २।३।५, प्रजापति द्वारा अपनी नक्षत्ररूपिणी २७ कन्याओं का सोम को दान और सोम का रोहिणी के प्रति विशेष रूप से आसक्त होना, आदि)। यज्ञ के अधिष्ठाता होने के कारण ब्राह्मण ग्रन्थों में प्रजापति का यज्ञ से तादात्म्य बहुत सामान्य सी बात है (उदाहरणार्थ, श० ब्रा० ५।१।२।११) और एक स्थान पर श० ब्रा० में यज्ञ का कृष्णमृग से तादात्म्य किया गया है —

यज्ञो हि कृष्णः (मृगः) स यः स यज्ञः तत्कृष्णाजिनम्॥

— श० ब्रा० ३।२।१।२८

इस पर भाष्य करते हुए सायणाचार्य किसी अज्ञात ब्राह्मण के उस प्रसंग का उल्लेख करते हैं जिनके अनुसार यज्ञ एक बार कृष्ण-मृग का रूप धारण करके देवों से छिप गया था — यज्ञो हि कृष्णः। हि शब्देन '**यज्ञो देवेभ्यो निलायत कृष्णो रूपं कृत्वा**' इत्यादि श्रुतिप्रसिद्धिरभिधीयते। अतः प्रसिद्धोऽस्ति यः कृष्णो मृगोऽस्ति स एव निदानेन यज्ञः।

तै० सं० २।६।८ में दक्ष-यज्ञ विध्वंस की कथा का प्राचीनतर रूप प्राप्त होता है। इसमें कहा गया है कि देवों ने एक बार रुद्र को यज्ञ से बहिष्कृत कर दिया। इस पर रुद्र ने क्रुद्ध होकर यज्ञ को बाण से विद्ध कर डाला। (तु० की, तै० सं० ३।२।४ जहाँ रुद्र को 'मखहन्' कहा गया है, (**नमो रुद्राय मखघ्ने**)। तब सब देवता रुद्र के पास पहुँचे और उनसे यज्ञ को सकुशल कर देने की प्रार्थना की —

देवा वै यज्ञाद् रुद्रमन्तरायन्। स यज्ञमविध्यत्। तं देवाः अभिसंगच्छन्त 'कल्पतां नः इद' मिति।

कथा का यह रूप ऐ० ब्रा० की कथा (द्र० पृ० ४४२) से बाद का है। यद्यपि यहाँ यज्ञ का कोई मूर्त स्वरूप वर्णित नहीं किया गया किन्तु निश्चित रूप से उसकी कल्पना पशु के रूप में ही की गई है क्योंकि आगे कहा गया है कि देवों ने उसका जौ के बराबर वह अंश काट कर निकाल दिया जो रुद्र के बाण से विद्ध था (**तस्य आविद्धं निरकृन्तन् यवेन सम्मितम्**)।

कथा का यह अंश आगे चल कर दक्ष-यज्ञ-विध्वंस की कथा के उस भाग का आधार है, जिसमें कहा गया है कि रुद्र या वीरभद्र ने पूषा के दाँत तोड़ दिए, और भग की आँखें फोड़ दीं। श० ब्रा० १।७।४।१-७ में वर्णित प्रजापति और उनकी पुत्री की यह कथा संक्षेप में इस प्रकार है —

प्रजापतिर्वै स्वां दुहितरमभिदध्यौ.......तद्वै देवानामाग आस........ते ह देवा ऊचुर्यो अयं देवः पशूनामीष्टे........विध्य इमम् इति। तं रुद्रो अभ्यायत्य विव्याध।

यदा देवानां क्रोधः अव्यैद् अथ प्रजापतिम् अभिषज्यन्। तस्य तं शल्यं निरकृन्तन्। स वै यज्ञ एव प्रजापतिः ते होचुः उपजानीत यथेदं नामुयासत्। कनीयो हाहुतेर्यथेदं स्यादिति। ते होचुः भगाय एनत् दक्षिणतः आसीनाय परिहरत। तद् भगः प्राशिष्यति। तद् भगाय...... पर्याजह्रुः। तद् भगः अवेक्षांचक्रे। तस्य अक्षिणी निर्ददाह। तस्मादाहुः अन्धो भग इति।

ते होचुः नो नु एव अत्र आशमत्। पूष्ण एनत् परिहर इति तत् पूष्णे पर्याजह्रुः। तत् पूषा प्राश। तस्य दतो निर्जघान। तस्माद् आहुः अदन्तकः पूषा इति। तस्माद् यं पूष्णो चरुं कुर्वन्ति, प्रपिष्टानाम् एव कुर्वन्ति॥

श० ब्रा० की इस कथा में कहा गया है कि जब अपनी पुत्री के पीछे सकाम भाव से दौड़ने के कारण प्रजापति को रुद्र ने विद्ध कर दिया (क्योंकि रुद्र 'पशुपति' हैं और प्रजापति पशु के रूप में यह दुष्कर्म करने जा रहे थे) तो वह क्षत होकर गिर पड़ा। जब देवों का क्रोध उतरा तो उन्होंने प्रजापति के शरीर से बाण निकाला और उनकी चिकित्सा की। किन्तु प्रजापति यज्ञ हैं। अतः उनके शरीर से निकला बाण यज्ञ-रस से विलिप्त था (देखिए, **हरिहर-स्वामी** का भाष्य)। देवों ने सोचा यज्ञ का यह रस व्यर्थ नहीं जाना चाहिए। अतः उन्होंने उसे पहले दक्षिण की ओर बैठे हुए **भग** को दिया। किन्तु रुद्र के तेज (रुद्रिय) से युक्त होने के कारण उसकी ओर देखते ही भग के नेत्र दग्ध हो गए और वे अन्धे हो गए। तब उन्होंने उसे **पूषा** को दिया। पूषा ने जब उसे खाने की चेष्टा की तो उनके दाँत टूट गए। अतः अब वे पिसा हुआ अन्न खाते हैं।

तै० सं० (२।६।८) में भी यज्ञ के शरीर का जो यवमात्र बाण-विद्ध भाग, देवता काट कर निकालते हैं, उसको खाने से पूषा और भग की उपर्युक्त दशा होती है। इस यव-मात्र मांसखण्ड को **प्राशित्र** कहा जाता है और ब्राह्मण-ग्रन्थों में प्रत्येक यज्ञ में पशु के पिछले भाग से इतना अंश निकाल देने का विधान किया गया है।

प्रजापति की कथा से सम्बन्धित इस पूर्णतः कर्मकाण्डीय अंश को दक्ष-यज्ञ-विध्वंस की कथा में पुराणकारों ने कितनी चतुराई से उपयुक्त किया है, यह देखकर विस्मय होता है! पुराणों के विवरण के अनुसार पूषा एवं भृगु शिवविरोधी थे। अतः शिव ने क्रोध में आकर यज्ञविध्वंस के अवसर पर दक्ष के साथ-साथ उन्हें भी दण्ड दिया। जब भरी सभा में दक्ष ने शिव की निन्दा की थी तो भग ने उसे आँखों से संकेत किया था और पूषा खिलखिला कर हँस पड़ा था, अतः —

भगस्य नेत्रे भगवान् पातितस्य रुषा भुवि।
उज्जहार सदःस्थोऽक्ष्णा यः शपन्तमसूसुचत्॥

पूष्णश्चापातयद् दन्तान् कालिंगस्य यथा बलः।
शप्यमाने गरिमणि योऽहसद् दर्शयन् दतः॥
— भागवत ४।५।२०, २१

पूष्णो दन्तानथोत्पाट्य वीरभद्रो न्यपातयत्।
भगस्य चक्षुषी विप्र वीरभद्रो व्यपाटयत्॥
— ब्रह्म पु० १०९।२५, २६

अन्त में जब सब देवता ब्रह्मा जी को लेकर शिव के पास पहुँचते हैं और उनकी स्तुति करके प्रत्येक यज्ञ का अवशिष्ट-भाग उनको देने की प्रतिज्ञा करते हैं तो शिव यह विधान करते हैं कि पूषा अपने यजमान के दाँतों से पिष्टान्नयुक्त यज्ञ-भाग खाएँ और भग मित्र देवता की आँखों से देखें —

पूषा तु यजमानस्य दद्‌भिर्जक्षतु पिष्टभुक्।

तथा

मित्रस्य चक्षुषेक्षेत भागं स्वं बर्हिषो भगः। — भाग० ४।७।४ तथा ३

शिव यह भी विधान करते हैं कि मेरे गणों के प्रहार से जिन ऋत्विजों के बाहु या हाथ क्षत-विक्षत हो गए हैं, वे अश्विनौ के बाहुओं तथा पूषा के हाथों से काम लें —

बाहुभ्यामश्विनोः पूष्णोर्हस्ताभ्यां कृत्तबाहवः।
भवन्त्वध्वर्यवश्चान्ये.......॥ — भाग० ४।७।५

पूषा और भग देवताओं की उपर्युक्त विशेषताओं के क्षीण बीज सम्भवतः ऋग्वेद में ही हैं। ऋ० वे० ६।५६।१ में **पूषा** का प्रिय अन्न जौ के आटे से निर्मित करम्भ (पुआ) बताया गया है। और **भग** के विषय में कहा गया है कि उसके नेत्र रश्मियों से अलंकृत हैं (ऋ० १।१३६।२)। इसी मन्त्र में 'मित्र' तथा 'वरुण' आदित्यों का भी उसके साथ उल्लेख है। मित्र का भौतिक स्वरूप सूर्य है। सूर्य सम्पूर्ण प्राणियों का नेत्र है। उसके बिना कोई कुछ नहीं देख सकता। इसीलिए यजुर्वेद में कहा गया है कि 'हम मित्र के नेत्रों से देखते हैं', 'हमें भी सब लोग मित्र के नेत्रों से देखें' —

मित्रस्याहं चक्षुषा सर्वाणि भूतानि समीक्षे।
मित्रस्य मा चक्षुषा सर्वाणि भूतानि समीक्षन्ताम्।
मित्रस्य चक्षुषा समीक्षामहे। — वा० सं० ३६।१८

भग के '**मित्रस्य चक्षुषेक्षेत**' का यही रहस्य है।

इसी प्रकार **अश्विनौ** के बाहुओं तथा **पूषा** के हस्तों की भी यजुर्वेद में बहुत चर्चा हुई है। जब भी यजमान कोई यज्ञिय सामग्री ग्रहण करता है तो सबसे पहले वह निम्न मन्त्र का उच्चारण करता है —

देवस्य त्वा सवितुः प्रसवे अश्विनोर्बाहुभ्यां
पूष्णोर्हस्ताभ्यां गृह्णामि/आददे। — वा० सं० १।१०, २१ आदि

अर्थात् 'देव सविता की प्रेरणा से मैं तुम्हें अश्विनौ की भुजाओं एवं पूषा के हाथों से पकड़ रहा हूँ'।

अश्विनौ के बाहुओं तथा पूषा के हस्तों का वैदिक क्रियाओं में जो महत्त्व है उसके परिप्रेक्ष्य में अध्वर्युओं के लिए, रुद्र-शिव द्वारा उपर्युक्त विधान किया जाना स्वाभाविक है।

दक्ष-यज्ञ-विध्वंस की इस कथा के अन्त में रुद्र के लिए देवगण जो भाग निर्धारित करते हैं वह यज्ञ करने से बची हुई उच्छिष्ट सामग्री है — **श्रीमद्भागवत** में देवता शिव से कहते हैं —

एष ते रुद्र भागोऽस्तु यदुच्छिष्टोऽध्वरस्य वै।
यज्ञस्ते रुद्र भागेन कल्पतामाद्य यज्ञहन्॥ — ४।६।५३

अर्थात् इस संघर्ष के बाद भी रुद्र मुख्य-यज्ञ में भाग पाने में असमर्थ रहते हैं। पौराणिक काल के देवमण्डल में विष्णु के समकक्ष उत्कृष्ट देवता होकर भी शिव वैदिक-देवताओं में सम्मिलित नहीं किए जा सके हैं। वैसे, देखा जाए तो पञ्चभूतात्मक एवं यजमान होने के कारण रुद्र **यज्ञकर्ता** ही हैं, **यज्ञ-भोक्ता** नहीं।

ब्राह्मणग्रन्थों के युग में भी रुद्र को **यज्ञोच्छिष्ट** ही अर्पित किया जाता था, यह ऊपर कहा जा चुका है। इस धारणा की सर्वोत्तम कथात्मक अभिव्यक्ति **ऐतरेय-ब्राह्मण** में वर्णित **नाभानेदिष्ठ** की कथा में होती है। इस कथा के अनुसार जब **मानव** (मनु-वंशीय) **नाभानेदिष्ठ** गुरुकुल में ब्रह्मचर्यपूर्वक विद्या ग्रहण कर रहा था तो उसके भाइयों ने पिता का धन आपस में बाँट लिया। जब नाभानेदिष्ठ घर पहुँचा तो उसने अपने भाग की माँग की। भाइयों ने कहा कि 'अब तो केवल पिताजी बचे हैं, उन्हीं को तुम ले लो'। वह पिता के पास पहुँचा। पिता ने कहा, 'तुम्हारे भाइयों का कथन समीचीन नहीं, पर चिन्ता मत करो। देखो, सामने ये अंगिरस मुनि स्वर्ग प्राप्ति के लिए यज्ञ कर रहे हैं। पाँच दिन का कृत्य तो वे कर लेते है पर हर बार छठे दिन के कृत्य में भ्रान्त हो जाते हैं। तुम जाकर उन्हें इसके मन्त्र बता दो। इससे जब वे स्वर्ग जाने लगेंगे तो यज्ञ-शेष सामग्री तथा एक सहस्र (मुद्राएँ) दक्षिणा तुम्हें दे जाएँगे'। नाभानेदिष्ठ ने ऐसा ही किया। किन्तु जब वह यज्ञ से अवशिष्ट सामग्री बटोर रहा था तो उत्तर दिशा से कृष्णवस्त्रधारी एक पुरुष ने आकर उससे कहा कि यह धन मेरा है, तुम इसे नहीं ले सकते। नाभानेदिष्ठ ने जब इसका प्रतिवाद किया तो उसने अपने पिता से पूछकर आने के लिए कहा। नाभानेदिष्ठ पिता के पास पहुँचा। पिता ने कहा कि वह पुरुष रुद्र है। यज्ञ के उपरान्त बचा हुआ सारा भाग उसी का होता है। नाभानेदिष्ठ ने रुद्र से जाकर कहा कि पिताजी

यह धन आपका ही बताते हैं, अतः यह आप ही ले लें। उसके इस सत्य-भाषण से प्रसन्न रुद्र वह सब धन उसी को देकर चले गए —

नाभानेदिष्ठं वै मानवं ब्रह्मचर्यं वसन्तं भ्रातरो निरभजन्। सः अब्रवीत् एत्य 'किं मह्यम् अभांक्त' इति। एतम् एव निष्ठावन् अववदितारम् इत्यब्रुवन् .... स पितरमेत्य अब्रवीत् त्वां ह वाव मह्यं तताभांक्षुरिति। तं पिता अब्रवीत् मा पुत्रक तदादृथाः। अंगिरसो व इमे स्वर्गाय लोकाय सत्रमासते। ते षष्ठं पष्ठम् एव अहर् आगत्य मुह्यन्ति। तान् एते सूक्ते षष्ठे अहनि शंसय तेषां यत्सहस्त्रं सत्रपरिवेषणं तत्ते स्वर् यन्तो दास्यन्ति इति। तथेति तान् उपैत् तान् एते सूक्ते (ऋ० १०।६१, ६२) षष्ठे अहनि अशंसत् .... तं स्वर्यन्तः अब्रुवन् एतत्ते ब्राह्मण सहस्त्रम् इति। तदेनं समाकुर्वाणं पुरुषः कृष्णशवासि उत्तरत उपोत्थाय अब्रवीत् मम वा इदं, मम वै वास्तुहम् इति। सः अब्रवीत् मह्यं तद् वै इदम् अदुः इति। तमब्रवीत् तद् वै नौ तवैव पितरि प्रश्न इति। स पितरम् ऐत्। तं पिता अब्रवीत् ...... तस्यैव पुत्रक तत्तु.....स पुनरेत्याब्रवीत् तव ह वाव किल भगव इदमिति मे पिता आह ।सः अब्रवीत् अहं तुभ्यमेव ददामि, सत्यमवादीरिति।

— ऐ० ब्रा० ५।२।९

तै० सं० ३।१।९ में भी मनु के पुत्र नाभानेदिष्ठ की यह कथा किञ्चिद् भिन्न रूप में आती है। यहाँ उत्तर दिशा से आने वाले पुरुष को पहले ही स्पष्ट शब्दों में रुद्र कहा गया है (**यज्ञवास्तौ रुद्र आगच्छत्**)। अंगिरस नाभानेदिष्ठ को पशु देकर स्वर्ग जाते हैं जिन पर आकर रुद्र अपना अधिकार जताते हैं ('पशुपति' होने के कारण)।

श्रीमद्भागवतकार ने लगभग **ऐ० ब्रा०** के ही शब्दों को लेकर और उसके कर्मकाण्डीय पक्ष को निकाल कर एक मनोरम आख्यान की रचना की है जो निम्न प्रकार है। ध्यान दीजिए, भागवतकार ने ऐतरेय-ब्राह्मण की शब्दावली को किस चतुरता से अपने काव्य में अनुस्यूत किया है —

नाभागो नभगापत्यं यं ततं भ्रातरः कविम्।
यविष्ठं व्यभजद् दायं ब्रह्मचारिणमागतम्॥

भ्रातरोऽभाङ्क्त किं मह्यं भजाम पितरं तव।
त्वा ममार्यास्तताभांक्षुः मा पुत्रक तदादृथाः॥

इमे अंगरिसः सत्रमासतेऽद्य सुमेधसः।
षष्ठं षष्ठमुपेत्याहः कवे मुह्यन्ति कर्मणि॥

तांस्त्वं शंसय सूक्ते द्वे वैश्वदेवे महात्मनः।
ते स्वर्यन्तो धनं सत्रपरिशेषितमात्मनः।
दास्यन्ति तेऽथ तान् गच्छ तथा स कृतवान् यथा।
तस्मै दत्त्वा ययुः स्वर्ग ते सत्रपरिशेषितम्॥

तं कश्चित् स्वीकरिष्यन्तं पुरुषः कृष्णदर्शनः।
उवाचोत्तरतोऽभ्येत्य ममेदं वास्तुकं वसु॥

ममेदमृषिभिर्दत्तमिति तर्हि स्म मानवः।
स्यान्नौ ते पितरि प्रश्नः पृष्टवान् पितरं तथा॥

यज्ञवास्तुगतं सर्वमुच्छिष्टमृषयः क्वचित्।
चक्रुर्विभागं रुद्राय स देवः सर्वमर्हति॥

नाभागस्तं प्रणम्याह तवेश किल वास्तुकम्।
इत्याह मे पिता ब्रह्मन् शिरसा त्वां प्रसादये॥

यत् ते पितावदद् धर्मं त्वं च सत्यं प्रभाषसे।
ददापि ते मन्त्रदृशे ज्ञानं ब्रह्म सनातनम्॥

गृहाण द्रविणं दत्तं मत्सत्रे परिशेषितम्।
इत्युक्त्वान्तर्हितो रुद्रो भगवान् सत्यवत्सलः॥ — ९।४।१-११

दार्शनिक ज्ञान के अधिष्ठाता रुद्र

उपर्युक्त उद्धरण के दशम श्लोक में रुद्र नाभाग को ब्रह्मज्ञान (दार्शनिक ज्ञान) की प्राप्ति का वर देते हैं, स्वर्गादि का नहीं। यहाँ फिर हमें रुद्र के प्राचीन स्वरूप के विषय में एक सूत्र प्राप्त होता है। **श्वेताश्वतर-उपनिषद्** पर दृष्टि डालने से स्पष्ट है कि वैदिक कर्मकाण्ड से पृथक् होने के कारण, कर्मकाण्ड से स्वतन्त्र तथा अंशतः विरोधी रूप में विकसित होने वाली दार्शनिक विचारधारा में, रुद्र को जगत् की सर्वोत्कृष्ट शक्ति के रूप में स्वीकार किया गया है। उपनिषदों की इस प्राचीन विचारधारा में सांख्य, योग तथा वेदान्त, सभी के तत्त्व घुले-मिले हैं। जगत् की कारणशक्ति के रूप में त्रिगुणमयी माया की धारणा भी उस समय उभर रही थी। अतः रुद्र को माया का अधिपति तथा संसार का सर्वतोभावेन ईश घोषित कर दिया गया।

श्वेताश्वतर० ३।२ में कहा गया है कि एकमात्र रुद्र ही इस संसार को अपनी शक्ति से संचालित करते हैं। वे संसार के प्राणियों की सृष्टि करते हैं, रक्षा करते हैं तथा अन्त में संहार भी करते हैं। वे सबके अन्दर व्याप्त हैं —

एको हि रुद्रो न द्वितीयाय तस्थुः य इमाँल्लोकानीशत ईशनीभिः।
प्रत्यङ् जनांस्तिष्ठति, संचुकोचान्तकाले,
संसृज्य विश्वा भुवनानि, गोपाः॥

यहीं नहीं, वे सम्पूर्ण देवों की भी उत्पत्ति एवं अस्तित्व के हेतु हैं। उन्होंने ही हिरण्यगर्भ रूपी प्रजापति को आदि में उत्पन्न किया था —

यो देवानां प्रभवश्चोद्भवश्च विश्वा धियो रुद्रो महर्षिः।
हिरण्यगर्भं जनयामास पूर्वं स नो बुद्ध्या शुभया संयुनक्तु॥
— श्वे० ३।४

रुद्र के प्राचीन **ईश** विशेषण ने भी उनके इस औपनिषदिक उत्कर्ष में पर्याप्त सहयोग दिया। ३।७ में कहा गया है कि ईश (रुद्र) महान् एवं उत्कृष्ट परब्रह्म हैं, उन्हें जान लेने पर मनुष्य अमर हो जाता है।

ततः परं ब्रह्मपरं बृहन्तं यथानिकायं सर्वभूतेषु गृढम्।
विश्वस्यैकं परिवेष्टितारमीशं तं ज्ञात्वा अमृता भवन्ति॥ — श्वे० ।३।७

उनके सब ओर मुख, सिर तथा ग्रीवा हैं, वे सम्पूर्ण प्राणियों की हृदय गुहा में वर्तमान हैं, वे सर्वगत तथा सर्वव्यापी हैं —

सर्वाननशिरोग्रीवः सर्वभूतगुहाशयः।
सर्वव्यापी स भगवान् तस्मात् सर्वगतः शिवः॥ — श्वे० ३।११

श्वे० ३।१४ तथा ३।१५ में ऋग्वेदीय पुरुषसूक्त (१०।९०) के दो मन्त्र (सहस्रशीर्षा०, पुरुष एवेदं०) उद्धृत करके ऋग्वेद के यज्ञ–पुरुष से शिव का तादात्म्य किया गया है। ४।१० में कहा है कि महेश्वर–रुद्र माया के अधिपति हैं **'मायां तु प्रकृतिं विद्यात् मायिनं तु महेश्वरम्'**। और आगे पुनः (४।१६) यह उपनिषद् और भी सशक्त शब्दों में कहता है कि 'सब भूतों में सूक्ष्म रूप से प्रविष्ट और संसार को परिव्याप्त कर लेने वाले शिव को जान कर मनुष्य सब बन्धनों से छूट जाता है' —

घृतात्परं मण्डमिवातिसूक्ष्मं ज्ञात्वा शिवं सर्वभूतेषु गूढम्।
विश्वस्यैकं परिवेष्टितारं ज्ञात्वा देवं मुच्यते सर्वपापैः॥ श्वे० ४।१६

श्वेताश्वतर के ये ईशान, महेश्वर–रुद्र अथवा शिव निश्चितरूप से प्राचीनतर रुद्र के ही रूप हैं। यहाँ ऐसा नहीं समझना चाहिए कि रुद्र, शिव, ईशान तथा महेश्वर आदि शब्द उपनिषदों में विकासमान नये दार्शनिक तत्त्व 'ब्रह्म' के लिए, केवल विशेषण मात्र हैं और वैदिक संहिताओं अथवा ब्राह्मणग्रन्थों में प्राप्त होने वाले रुद्र देवता तथा औपनिषदिक रुद्र में कोई साम्य नहीं है। श्वेताश्वतर में परब्रह्म के रूप में मान्य रुद्र और शतरुद्रिय में वर्णित रुद्र में साम्य की शृंखला स्पष्ट है। **शतरुद्रिय** से दो मन्त्र (वा० सं० १६।२, ३) शब्दशः **श्वेताश्वतर** ३।५ तथा ३।६ में उद्धृत किए गए हैं। इन मन्त्रों में रुद्र से अपने कल्याणकारी स्वरूप (शिवा तनूः) द्वारा मंगल करने और जगत् का विनाश न करने की प्रार्थना की गई है (या ते रुद्र शिवा तनूः, यामिषुं गिरिशन्त हस्ते...)।

स्पष्ट है कि उपनिषदों की दार्शनिक विचारधारा में विश्वास रखने वाले ब्रह्मज्ञानी जन शिव को परब्रह्म मान कर उन्हें जगत् का आदितत्त्व समझते थे। उनका विश्वास था

कि इस परमपुरुष का ज्ञान सांख्य तथा योग की प्रक्रिया से ही सम्भव है (**तत्कारणं सांख्ययोगाधिगम्यम्**, ६।१३)। उनको जान कर मनुष्य सांसारिक बन्धनों से छूट जाता है, इसलिए मोक्ष की इच्छा करने वालों को उन्हीं की शरण लेनी चाहिए (**मुमुक्षुर्ह वै शरणमहं प्रपद्ये**, ६।१८)। वेदान्त, सांख्य तथा योगादि के सिद्धान्तों के समर्थकों ने वैदिक कर्मकाण्ड की सर्वथा उपेक्षा की है। परम्परा से समर्थित तथा श्रुतियों पर आधारित होने के कारण वे उसकी भर्त्सना तो नहीं कर सके हैं किन्तु दार्शनिक ग्रन्थों में प्राय: सर्वत्र कहा गया है कि मुमुक्षु को यज्ञादि काम्य-कर्म सर्वथा छोड़ देने चाहिए क्योंकि इनसे जो पुण्य उत्पन्न होता है, उससे मनुष्य स्वर्ग जाता है और पुण्य क्षीण होने पर उसे पुनः मृत्युलोक में आना पड़ता है। इस प्रकार वह संसरण के चक्कर में फँसा रहता है। मोक्ष तब तक नहीं मिल सकता जब तक मनुष्य के पुण्य और पाप दोनों ही नष्ट न हो जाएँ और यह केवल शुद्ध ज्ञान से ही सम्भव है, कर्म से नहीं। **श्रीमद्भगद्गीता** में भगवान् वेदों की कर्मकाण्डमयी 'पुष्पिता वाक्' को 'जन्मकर्मफलप्रदा' कहते हैं। जिसके मन और कर्म उसी में रमे रहते हैं उसमें कभी परम-तत्त्व-विषयक 'व्यवसायात्मिका बुद्धि' और एकाग्रता नहीं उत्पन्न हो सकती[१]। **सांख्यकारिका** में वैदिक-कर्मकाण्ड को 'अविशुद्धिक्षयातिशय-युक्त' कहा है (कारिका २)। हिंसात्मक वैदिक-कर्मकाण्ड के विरुद्ध ज्ञानमार्गियों की यह प्रतिक्रिया स्वाभाविक ही थी।

वैदिक संहिताओं तथा ब्राह्मणों में मोक्ष की धारणा का अभाव है। ब्राह्मण कर्मकाण्ड की दृष्टि केवल ऐहिक सुखों या स्वर्ग पर है। इसके विपरीत, दार्शनिक-धारा के पक्षपाती मोक्ष या सांसारिक दु:खों से मुक्ति और आत्मा के अनन्त आनन्द में विश्वास रखते हैं। विष्णु और शिव के पक्षपातियों की पारस्परिक स्पर्द्धा और संघर्ष के मूल में विचारधाराओं का यही वैभिन्न्य है। **महाभारत** (शान्तिपर्व, अ० २८४) में जब **दक्ष** के यज्ञ में शिव का भाग न देख कर दधीचि क्रुद्ध होते हैं और इन शब्दों में दक्ष की भर्त्सना करते हैं —

नायं यज्ञो न वा धर्मो यत्र रुद्रो न इज्यते।
वधबन्धं प्रपन्ना वै, किन्नु कालस्य पर्ययः ?
किन्नु मोहान्न पश्यन्ति विनाशं पर्युपस्थितम् ?
— शान्ति० २८४।२१, २२

---

१. **यामिमां पुष्पितां वाचं प्रवदन्त्यविपश्चितः।**
वेदवादरताः पार्थ नान्यदस्तीति वादिनः॥
कामात्मानः स्वर्गपरा जन्मकर्मफलप्रदाम्।
क्रियाविशेषबहुलां भोगैश्वर्यगतिं प्रति॥
भोगैश्वर्यप्रसक्तानां तयापहृतचेतसाम्।
व्यवसायात्मिका बुद्धिः समाधौ न विधीयते॥ — गीता २।४२-४४

तो इस पर दक्ष उत्तर देते हैं कि मैं शूलधारी एवं कपर्दी ग्यारह (वैदिक) रुद्रों को छोड़ कर अन्य किसी रुद्र को नहीं जानता। यह नया रुद्र (शिव) कौन है? यज्ञ के स्वामी विष्णु हैं, उनके लिए यज्ञ किया जाता है, वे सबके स्वामी, सर्वत्र व्याप्त तथा अद्वितीय हैं। उनके लिए मैं स्वर्णपात्र में रख कर मन्त्रपूत हवि प्रदान करूँगा।

सन्ति नो बहवो रुद्राः शूलहस्ता कपर्दिनः।
एकादशस्थानगताः नाहं वेद्मि महेश्वरम्॥ २९॥

एतन् मखेशाय सुवर्णपात्रे,
हविः समस्तं विधिमन्त्रपूतम्।
विष्णोर्नयाम्यप्रतिमस्य भागं
प्रभुर्विभुश्चाहवनीय एषः॥ ३१॥

महाभारत के उपर्युक्त श्लोक बहुत थोड़े अन्तर से **वायुपुराण** के ३०वें अध्याय में भी पाए जाते हैं। इन श्लोकों में जो भाव निहित हैं उसी की प्रतिध्वनि **श्रीमद्भागवत** (४। २। २१-३५) में दक्ष प्रजापति और उसके समर्थक महर्षि **भृगु** तथा शिव के गणेश्वर **नन्दी** के परस्परिक शाप-प्रतिशाप में हुई है। किसी देव-सभा में आने पर शिव से सत्कार न पाकर दक्ष शिव को खरीखोटी सुनाते हैं और यज्ञ में भाग न पा सकने का शाप देते हैं (**सह भागं न लभतां देवैर्देवगणाधमः**, श्लोक १८)। इस पर नन्दीश्वर शाप देते हैं कि दक्ष अपने शरीर को ही सब कुछ (अन्तिम सत्य) समझ कर तत्त्वज्ञान से सदा विमुख रहेगा। यह कपटधर्ममय गृहस्थाश्रम में रहकर तुच्छ, ऐहिक, विषय-भोगों की कामना से वैदिक-कर्मकाण्ड में सदा लीन रहेगा। इसकी बुद्धि सदा अज्ञान से आवृत रहेगी और यह 'अविद्या' (कर्मकाण्डादि) को ही 'विद्या' (मोक्षप्राप्ति का उपाय) समझेगा। इसलिए यह स्वयं तथा इसके अनुयायी सदा जन्म-मरण के चक्र में फँसे रहेंगे[1]। वेदों की ऊपर से बहुत सुन्दर ('पुष्पवती') दिखने वाली वाणी (कर्मकाण्ड) में फँस कर ये अपने को भूल जाएंगे[2] और ये यज्ञ कराने वाले ब्राह्मण भी केवल पेट पालने के लिए वेदों का अध्ययन करके इधर-उधर घूम कर यज्ञ कराते हुए भक्ष्य-अभक्ष्य वस्तुएँ खायेंगे। हिन्दी के भावानुवाद में वह ओजस्विता और सशक्तता नहीं आ सकती जो संस्कृत के इन श्लोकों में है —

य एतन्मर्त्यमुद्दिश्य भगवत्यप्रतिद्रुहि।
द्रुह्यत्यज्ञः पृथग्दृष्टिः तत्त्वतो विमुखो भवेत्॥

---

१. तु० की०, **अविद्यायामन्तरे वर्तमानाः स्वयं धीराः पंडितंमन्यमानाः।**
दंद्रम्यमाणाः परियन्ति मूढा अन्धेनैव नीयमाना यथान्धाः॥ मुण्डक० १।२।८

२. **भगवद्गीता** २।४२-४४ की ओर स्पष्ट संकेत है। देखिए पिछले पृष्ठ की पादटिप्पणी।

गृहेषु कूटधर्मेषु सक्तो ग्राम्यसुखेच्छया।
कर्मतन्त्रं वितनुते वेदवादपिन्नधीः॥
विद्याबुद्धिरविद्यायां कर्ममय्यामसौ जडः।
संसरन्त्विह ये चामुमनु शर्वावमानिनम्।
गिरः श्रुतायाः पुष्पिण्या मधुगन्धेन भूरिणा।
मथ्ना चोन्मथितात्मानः सम्मुह्यन्तु हरद्विषः।
सर्वभक्षा द्विजा वृत्त्यै धृतविद्या तपोव्रताः।
वित्तदेहेन्द्रियारामा याचका विचरन्त्विह॥
— भाग० ४। २। २१-२६

कर्मकाण्ड की इस प्रकार निन्दा किए जाने पर महर्षि भृगु शिव के भक्तों को शाप देते हैं कि वे पाखण्डी हो जाएं, शरीर में भस्म, जटा तथा अस्थियाँ धारण किए रहें, अपवित्र और अशुद्ध रूप में सर्वत्र विचरण करें और मदिरा आदि का पान करें। यज्ञ और ब्राह्मण संसार का धारण करने वाले सेतु हैं। कर्मकाण्ड वह मार्ग है जिस पर हमारे सारे पूर्वज चलते आए हैं और *जिसके संस्थापक स्वतः भगवान् विष्णु हैं*। अतः उनकी निन्दा करने से तुम पाखण्डी और मार्गभ्रष्ट हो जाओ —

नष्टशौचा मूढधियो जटाभस्मास्थिधारिणः।
विशन्तु शिवदीक्षायां यत्र दैवं सुरासवम्॥
ब्रह्म च ब्राह्मणांश्चैव यद्यूयं परिनिन्दथ।
सेतुं विधारणं पुंसामतः पाषण्डमाश्रिताः॥
एष एव हि लोकानां शिवः पन्थाः सनातनः॥
यं पूर्वे चानुसंतस्थुर्यत्प्रमाणं जनार्दनः। — भाग० ४। २। ३०-३२

उपर्युक्त उद्धरणों से शिव और विष्णु के अनुयायियों का निर्भ्रान्त रूप से निवृत्ति तथा प्रवृति मार्ग से सम्बन्ध सूचित होता है। इस सम्बन्ध के अनेक स्पष्ट उल्लेख आगे भी प्राप्त होते हैं, विशेषतः पार्वती द्वारा की गई अपने पिता की भर्त्सना में। उनके द्वारा कहा गया निम्नलिखित श्लोक इस दृष्टि से विशेष महत्त्वपूर्ण है—

मा वः पदव्यः पितरस्मदास्थिता या यज्ञशालासु न धूमवर्त्मभिः।
तदन्नतृप्तैरसुभृद्भिरीडिता अव्यक्तलिंगा अवधूतसेविताः॥ ४। ४। २१

"पिताजी, हमारा ऐश्वर्य अव्यक्त है। आत्मज्ञानी महात्मा जन ही उसका सेवन कर सकते हैं। वैसा ऐश्वर्य आपके पास नहीं है। आपका वैभव यज्ञशाला तक ही सीमित है। अन्न से तृप्त होकर अपना पेट पालने वाले धूममार्गी कर्मचारी (अध्वर्यु) ही उसकी स्तुति करते हैं। वे हमारे ऐश्वर्य (ब्रह्मज्ञान) की प्रशंसा कभी नहीं कर सकते।"

भाग० ४।४।१३, १५, १९, २०; ४।६।३५, ३९, ४१ तथा ४।७।१४, २७, ३० आदि श्लोक भी इस सम्बन्ध में अवलोकनीय हैं।[1]

वायुपुराण १०।६५ में कहा गया है कि ज्ञान, वैराग्य, ऐश्वर्य, तपस्या, सत्य, क्षमा, धृति, सृष्टि-योग्यता, शासनगुण और आत्म-सम्बोध, ये दस गुण शिव में सदा वर्तमान रहते हैं। इसी अध्याय में आगे शिव को परम योगी के रूप में चित्रित किया गया है और उनके द्वारा प्रतिपादित माहेश्वर या पाशुपत योग के सिद्धान्तों का वर्णन किया गया है। पाशुपत-योग के पाँच मुख्य स्तम्भ हैं, प्राणायाम, ध्यान, प्रत्याहार, धारणा और स्मरण। आगे के दस अध्यायों में (११-२०) इन्हीं सूक्ष्म यौगिक क्रियाओं को अत्यन्त विस्तार से समझाया गया है और शिव को परम योगीश्वर से रूप में चित्रित किया गया है, जो अज और अव्यक्त हैं किन्तु त्रिगुणमयी माया से युक्त होकर जगत् की सृष्टि करते हैं। वे चिन्मय परमेश्वर हैं, प्रकृति और पुरुष का संयोग करा कर भी वे स्वतः असम्पृक्त रहते हैं, क्योंकि वे मायाधिपति हैं। वायु पुराण के इन अध्यायों से स्पष्ट अवभासित होता है कि सांख्य एवं योग के सिद्धान्त को मानने वाले योगि-वर्ग में शिव, संसार की सर्वोच्च शक्ति के रूप में मान्य थे। **ब्रह्म पुराण** में लोहितकृष्णशुक्ल रूपी रजस्तमःसत्त्व-गुणात्मक माया को शिव की शक्ति बताया है —

अजैका या समाख्याता कृष्णलोहितरूपिणी।
माहेश्वरी महामाया प्रभावेणातिदर्पिता:॥ ३४।१०

रुद्र द्वारा त्रिपुर-विनाश

इस लम्बे प्रसंग को यहीं समाप्त करके हम रुद्र से सम्बन्धित एक अन्य वैदिक कथा पर आते हैं। महाकाव्यों तथा पुराणों में रुद्र का **त्रिपुरान्तक** या **त्रिपुरारि** विशेषण अत्यन्त सामान्य है। यह विशेषण उन्हें असुरों की तीन पुरियों को नष्ट करने पर मिला है, जो क्रमशः लौह, रजत तथा स्वर्ण से निर्मित थीं। इस कथा का प्रारम्भिक रूप अनेक ब्राह्मणों तथा कृष्ण-यजुर्वैदिक संहिताओं में प्राप्त होता है, विशेषतः तै० सं० ६।२।३, मै० सं० ३।८।१, कठ० सं० २४।१०, कापि० सं० ३८।३, श० ब्रा० ३।४।४।३-

---

१. सम्भवतः शिवानुयायियों का मत था कि मनुष्य अपने कर्म से दुःख-सुख प्राप्त करता है, स्वर्ग एवं नरक आदि भी कर्म से ही प्राप्त होते हैं। अतः आचरण शुद्ध न करके कर्म-काण्ड आदि बाह्य उपायों से सुख की कामना करना व्यर्थ है। ब्रह्मपुराण के निम्न श्लोकों से इसका कुछ संकेत मिलता है—

कर्मणस्तु प्रधानत्वमुवाच त्रिपुरान्तकः।
क्रियारूपं च तज्ज्ञानं क्रिया सर्वं तदुच्यते।
तस्मात् सर्वाणि भूतानि कर्मणा सिद्धिमाप्नुयुः॥ ब्रह्म० पु० १४५।८।९

२० तथा ऐ० ब्रा० १।४।६।८ में यह कथा सोमयाग से सम्बन्धित **उपसद्** नामक कृत्य-विशेष की व्याख्या में कही गई है।[1]

ऐतरेय तथा **शतपथ** में इस कथा का प्राचीनतम रूप प्राप्त होता है। यहाँ कहा गया है कि एक बार असुरों ने पृथ्वी, अन्तरिक्ष तथा आकाश में तीन दुर्ग बनाए जो क्रमशः लोहे, चाँदी तथा सोने के थे.......देवों ने उपसदों का सहारा लिया........प्रथम उपसद् से उन्होंने उनको पृथ्वी के दुर्ग से भगा दिया, द्वितीय के द्वारा अन्तरिक्ष से और तृतीय के द्वारा आकाश से .... उपसदों ने देवों के लिए बाण का काम किया। अग्नि उस बाण की नोक थी, सोम फाल (शल्य), विष्णु शलाका एवं वरुण पत्र। घी से उन्होंने धनुष का काम लिया.........

देवासुरा वा एषु लोकेषु समयतन्त। ते वा असुरा इमान् एव लोकान् पुरो अकुर्वत यथा ओजीयांसो बलीयांस एव। एवं ते वा अयस्मयीम् एव इमाम् अकुर्वत रजतामन्तरिक्षं हरिणीं दिवं, ... ते देवा अब्रुवन् उपसद उपयामः, उपसदा वै महापुरं जयन्ति....... ते यामेव प्रथमामुपसदमुपायंस्तया एव एनान् अस्मात् लोकात् अनुदन्त, यां द्वितीयां तया अन्तरिक्षात् यां तृतीयां तया दिवः।

इषुं व एतां देवाः समस्कुर्वत यदुपसदः। तस्या अग्निरनीकमासीत् सोमः शल्यो, विष्णुस्तेजनं वरुणः पर्णानि। ताम् आज्यधन्वानो व्यसृजन्.......। ऐ० ब्रा० १।४।६।८

इस कथा की कर्मकाण्डीय व्याख्या अत्यन्त सरल है। प्राचीन वैदिक विश्वास के अनुसार असुर-गण पृथ्वी, अन्तरिक्ष एवं आकाश में रह कर यज्ञ में विघ्न उपस्थित करते हैं। उपसद् शब्द का अर्थ होता है **घेरा**। सेना के द्वारा किसी दुर्ग के चारों ओर घेरा डाल कर जिस प्रकार उसे जीता जा सकता है (उपसदा वै महापुरं जयन्ति) उसी प्रकार इन यज्ञीय उपसदों से भी देवों ने असुरों के दुर्गों को जीता। उपसद् शब्द में यहाँ श्लेष है। यज्ञीय कृत्यों की ऐसी व्याख्याएँ, ब्राह्मण ग्रन्थों में प्रचुरतया उपलब्ध होती हैं —

त एताभिः उपसद्भिः उपासीदन् (असुरनिर्गमनप्रतिबन्धात् त्रीणि पुराण्यावृत्य न्यवसन्नित्यर्थः, **सायण**) **यदुपासीदन् तस्मादुपसदो नाम। ते पुरः प्राभिन्दन् इमान् लोकान् प्राजयन्। तस्मादाहुः उपसदा पुरं जयन्तीति। यदहोपासते तेनेमां मानुषीं पुरं जयन्ति।** — श० ब्रा० ३।४।४।४

---

१. इस कथा के विशेष विवरण तथा इसकी प्रतीकात्मक व्याख्या के लिए प्रस्तुत लेखक का "**अमृतधारा**" (प्रो० आर. एन. दाण्डेकर अभिनन्दन ग्रन्थ, सं० एस्. डी. जोशी), दिल्ली १९८४, में प्रकाशित (पृ० ४४५-५५) "**दि लेजेन्ड ऑफ़ दि डिस्ट्रक्शन ऑफ़ त्रिपुर एण्ड इट्स वैदिक ओरिजिन्**" लेख द्रष्टव्य है।

उपसदों के कृत्य की प्रमुख क्रिया अग्नि, सोम तथा विष्णु के लिए घृत युक्त हवि प्रदान करना है। श० ब्रा० का मत है जो कि इन तीन देवों के लिए यज्ञ करता है,[१] वह मानों एक वज्र का निर्माण करता है। इस वज्र की नोक अग्नि होती है, शल्य सोम, तथा कुल्मल (शलाका) विष्णु। इससे वह अपने शत्रुओं को जीतता है (**यदेता देवता यजति वज्रमेवैतत् संस्करोति अग्निमनीकम्**.........३।४।४।१४)।

शुक्ल य० वे० ५।८ में अग्नि की अयस्, रजस् तथा हरि में स्थित मूर्तियों का वर्णन किया गया है—**या ते अग्ने अयःशया........ रजःशया......... हरिशया....... तनूः वर्षिष्ठा गह्वरेष्ठा उग्रं वचो अपावधीत् त्वेषं वचो अपावधीत्**। अग्नि की ये तीन मूर्तियाँ पृथ्वी, अन्तरिक्ष तथा आकाश में स्थित उसके अग्नि, विद्युत् तथा सूर्य रूप ही हैं। रजः शब्द यद्यपि यहाँ रजत का वाची है किन्तु यह शब्द ऋक् तथा यजुर्वेद में अन्तरिक्ष के लिए भी प्रयुक्त हुआ है[२]। तीव्र श्वेत प्रकाश से युक्त होने के कारण ही अग्नि की द्वितीय मूर्ति रजतमय है। सूर्य तथा सविता को ऋग्वेद में प्रायः हिरण्यवर्ण, हिरण्यबाहु तथा हिरण्यपाणि आदि कहा गया है[३]। वैदिक ऋषियों की दृष्टि में सूर्य का वर्ण स्वर्ण के समान था। अतः अग्नि की वह मूर्ति **हरिशया** है ('हरि' का मूल अर्थ पीत या हरित-वर्ण है। वर्णसाम्य से स्वर्ण भी हरि-शब्द वाच्य है)। अयस् शब्द का परवर्ती साहित्य में लौह अर्थ मिलता है किन्तु कीथ के अनुसार यह शब्द वैदिक साहित्य में कांस्य को द्योतित करता है। वा० सं० १८।१३ में लौह तथा श्याम आदि धातुओं के साथ अयस् का परिगणन दोनों की भिन्नता सूचित करता है[४]। ऋ० वे० १।८८।५ तथा १०।८७।२ में अग्नि की ज्वालाओं को दृष्टि में रख कर उसे अयोदंष्ट्र कहा गया है। अग्नि की कांस्य, रजत तथा स्वर्ण में स्थित इन्हीं मूर्तियों की धारणा ने दैत्यों के अयस्, रजत तथा स्वर्णमय दुर्गों की कल्पना को जन्म दिया है।

ऐ० ब्रा० तथा **श० ब्रा०** के उपर्युक्त उद्धरणों में रुद्र का कोई उल्लेख नहीं है। इसका कारण यह भी है कि इनमें उपसदों की केवल कर्मकाण्डीय व्याख्या दी हुई है, उसका कथात्मक रूप अभी अविकसित ही है। **तै० सं०** में यह प्रसंग एक छोटी सी कथा का रूप धारण करता है। ऐ० ब्रा० तथा श० ब्रा० का बाण एवं धनुष प्रतीकात्मक

---

१. हवि प्रदान करते समय इन देवताओं के लिए क्रमशः '**अग्निर्वृत्राणि जंघनद्**' / '**य उग्र इव शर्यहा**' (ऋ० वे० ६।१६।३४, ३९) '**त्वं सोमासि सत्पतिः**' / '**गयस्फानो अमीवहाः**' (ऋ० वे० १।९१। ५, १२) '**इदं विष्णुर्विचक्रमे**'/ '**त्रीणि पदा विचक्रमे**' (ऋ० वे० १।२२।१७, १८) आदि मन्त्रयुग्म बोले जाते हैं। देखिए ३।४।४।२ का सायणभाष्य तथा **आश्व० श्रौ० सू०** ५।८, **शां० श्रौ० सू०** ५।११ एवं **का० श्रौ० सू०** ८।३३।३४॥

२. देखिए, मैक्डॉनल तथा कीथः **वैदिक इंडेक्स**, द्वितीय भाग, पृ० १९८, (रजस्)।

३. देखिए, पीछे **पृ०** १९५, १९८।

४. **वैदिक इंडैक्स**, प्रथम भाग, पृ०, ३१ (अयस्)।

हैं। किन्तु यहाँ रुद्र असुरों के इन दुर्गों के प्रमुख नाशक के रूप में उपस्थित होते हैं। रुद्र को यह काम सौंपा जाना स्वाभाविक है क्योंकि **मैत्रा० सं०** के शब्दों में वे देवों में 'क्रूरतम' हैं (३।८।१)। देवों से 'पशुपति' होने का वर प्राप्त करके रुद्र अग्नि-विष्णुसोमात्मक उपसद्-बाण छोड़ते हैं। **तै० सं०** की कथा इस प्रकार है —

तेषामसुराणां तिस्रः पुर आसन् अयस्मय्यवमाथ रजता अथ हरिणी। ता देवा जेतुं नाशक्नुवन् ता उपसदैवाजिगीषन्.......ते इषुं समस्कुर्वत अग्निमनीकं सोमं शल्यं विष्णुं तेजनम्। ते अब्रुवन् क इमाम् असिष्यति ? रुद्र इत्यब्रुवन्। रुद्रो वै क्रूरः। सः अस्यतु इति। सः अब्रवीद् वरं वृणा........अहमेव पशूनामधिपतिः असानि......रुद्र अवासृजत् स तिस्रः पुरो भित्त्वा एभ्यो लोकेभ्यः असुरान् प्राणुदत्।

— तै० सं० ६।२।३

तै० सं० इन पुरों (त्रिलोकी) से केवल असुरों के भगा दिए जाने का उल्लेख करती है किन्तु मै० सं० का कथन है कि रुद्र के बाण से उन तीनों दुर्गों में आग लग गई और वे नष्ट हो गए —

.......तां वै रुद्रो व्यसृजत्। एष हि देवानां क्रूरतमः। तया इमाः पुरः अभिनत् अग्निना वै स तास्तेजसा अभिनत्। मै० सं० ३।८।१

महाभारत में त्रिपुरदाह की यह कथा शिव के गुणों के वर्णन में दो स्थानों पर प्राप्त होती है। **कर्ण-पर्व** के ३३वें तथा ३४वें अध्यायों में और **अनुशासनपर्व** १६०।२५-३१ में। अनु०-पर्व की कथा केवल सात श्लोकों में कही गई है और अधिकांशतः तैत्तिरीय तथा मैत्रायणी संहिताओं में प्राप्य उपर्युक्त उद्धरणों पर ही आधारित है। अन्तर इतना ही है कि यहाँ रुद्र के बाण का पुंख **यम** बनते हैं। **वेद** धनुष हैं और **गायत्री** धनुष की प्रत्यञ्चा। उनका सारथ्य ब्रह्मा जी करते हैं —

असुराणां पुराण्यासन् त्रीणि वीर्यवतां दिवि।
आयसं राजतं चैव सौवर्णमपि चापरम्॥

नाशकत् तानि मघवा भेत्तुं सर्वायुधैरपि।
अथ सर्वे महारौद्रं जग्मुः शरणमर्दिताः॥

तत ऊचुर्महात्मानो देवाः सर्वे समागताः।
रुद्र रौद्राः भविष्यन्ति पशवः सर्वकर्मसु॥

जहि दैत्यान् सह पुरैः लोकांस्त्रायस्व मानद।
स तथोक्तस्तथेत्युक्त्वा कृत्वा विष्णुं शरोत्तमम्॥

शल्यमग्निं तथा कृत्वा पुंखं वैवस्वतं यमम्।
वेदान् कृत्वा धनुः सर्वान् सावित्रीं ज्यां तथैव च॥

ब्रह्माणं सारथिं कृत्वा विनियुज्य स सर्वशः।
त्रिपर्वणा त्रिशल्येन काले तानि बिभेद सः॥
शरेणादित्यवर्णेन कालाग्निसमतेजसा।
तेऽसुराः सपुरास्तत्र दग्धुः रुद्रेण भारत॥
— महा० अनु० १६०। २५-३१

कर्ण पर्व के दो अध्यायों (३३, ३४) में प्राप्त होने वाली कथा परवर्ती ग्रन्थकारों के पल्लवन-कौशल की सुन्दर परिचायिका है। तारकासुर के ताराक्ष, कमलाक्ष और विद्युन्माली नामक पुत्र तपस्या से ब्रह्मा को सन्तुष्ट करके यह वर माँगते हैं कि हम धातुमय नगरों में रहते हुए आकाशमार्ग में सर्वदा विचरण करते रहें। एक सहस्र वर्षों में एक बार ये पुर आपस में मिलें और तब जो कोई एक बाण से ही उनका विनाश कर सके, वही हमारा नाशक हो। **मय** से उन्होंने लौह, रजत तथा स्वर्णमय तीन नगरों का निर्माण कराया और उसमें अपने अन्य दैत्य साथियों के साथ मिलकर देवों तथा ऋषियों को कष्ट देने लगे। ताराकाक्ष के पुत्र हरि ने तपस्या के द्वारा वर प्राप्त करके उन पुरों में एक ऐसे अमृतमय सरोवर का भी निर्माण किया, जिसमें डालने से मृत दैत्य भी जीवित हो उठते थे। जब इन्द्र अपनी सेना के साथ आक्रमण करके भी उन पुरों का कुछ नहीं बिगाड़ सके तो वे ब्रह्मा जी के पास गए। ब्रह्मा ने उन्हें बताया कि केवल शिव में ही उन पुरों का विनाश करने का सामर्थ्य है। शिव को इस कर्म के लिए सहमत करके देवों ने उनके लिए विचित्र युद्ध-सामग्रियाँ प्रस्तुत कीं। बड़े-बड़े नगरों और ग्रामों से युक्त, पर्वत, वन तथा द्वीपों से व्याप्त पृथ्वी ही रथ थी। उसमें इन्द्र, वरुण, यम तथा कुबेर रूपी चार लोकपाल घोड़े थे। ब्रह्मदण्ड, कालदण्ड, रुद्रदण्ड तथा ज्वर को शिव ने आयुधों के रूप में प्रयुक्त किया। छः ऋतुओं से युक्त संवत्सर धनुष बना, शिव की छाया प्रत्यञ्चा तथा विष्णु, चन्द्रमा एवं अग्नि बाण बने। जब निश्चित समय पर वे तीनों पुर एक सीध में आ गए तो शिव ने अपने बाण से उन्हें दग्ध कर दिया[१]।

किन्तु सम्पूर्ण संस्कृत साहित्य में सर्वाधिक विस्तार से यह कथा **मत्स्य-पुराण** में प्राप्त होती है। यहाँ १२८वें अध्याय से लेकर १३९ वें अध्याय तक पूरे बारह अध्यायों तथा ६२६ श्लोकों में एक खण्ड-काव्य के रूप में जो इस कथा का मनोरम तथा काव्यात्मक वर्णन किया गया है, वह सम्पूर्ण पौराणिक साहित्य में अद्वितीय है। अत्यधिक

---

१. युद्ध की इस विचित्र तैयारी और असामान्य उपकरणों के सम्बन्ध में एक शिवभक्त के निम्न उद्गार कितने सार्थक हैं—

रथः क्षोणी यन्ता शतधृतिरगेन्द्रो धनुरथो, रथांगे चन्द्राकौं रथचरणपाणिः शर इति।
दिधक्षोस्ते कोऽयं त्रिपुरतृणमाडम्बरविधिः ? विधेयैः क्रीडन्त्यो न खलु परतन्त्राः प्रभुधियः॥
—शिवमहिम्नस्तोत्र

विस्तार के कारण यहाँ वर्णित कथा का महाभारत अथवा वैदिक संहिताओं की कथा से तुलना करना सम्भव नहीं हैं। किन्तु इसके दो-तीन काव्यात्मक श्लोकों को यहाँ उद्धृत किया जाता है। १३८।२२-२४ में त्रिपुर में होने वाली विलास-केलि के प्रसंग में शृंगार रस का तथा १३९।५८-७५ में अग्नि के द्वारा जलाए जाने पर त्रिपुरसुन्दरियों के प्रलाप में करुण रस का सुन्दर परिपाक हुआ है। आग लग जाने पर त्रिपुर में बने प्रासादों के शिखर टूट-टूट कर मानो अग्नि से अपनी रक्षा करने के लिए पश्चिम समुद्र में गिर रहे थे —

दग्धानि दग्धानि गृहाणि तत्र पतन्ति रक्षार्थमिवार्णवौघे॥ — १३९।७०

घर की सम्पूर्ण वस्तुओं को भस्मसात् करती हुई अग्नि जब एक स्त्री के पास तक पहुँचती है तो वह सुन्दरी आँखों में आँसू भर कर अग्निदेव से कहती है — हे अग्निदेव! तुम तो स्वयं धर्म के साक्षी माने जाते हो, मैं किसी दूसरे की पत्नी हूँ, मेरा स्पर्श मत करो। दूसरी कहती है — मैं अभी-अभी अपने पति को सुला कर आई हूँ, केवल थोड़ी देर के लिए तुम मेरे घर को छोड़ दो; उन्हें थोड़ा सा विश्राम कर लेने दो। तीसरी अपने पुत्र को गोद में लेकर अग्नि से कहती है — मैं अपने इस प्राणप्रिय पुत्र को बड़े कष्टों से प्राप्त कर सकी हूँ। हे कार्तिकेय के वल्लभ! मेरे इस प्यारे, छोटे से बच्चे को मत जलाओ —

उवाच शतपत्राक्षी सास्त्राक्षीव कृताञ्जलिः।
हव्यवाहन, भार्याहं परस्य परतापन॥
धर्मसाक्षी त्रिलोकस्य न मां स्प्रष्टुमिहार्हसि।
शायितं च मया देव अधुनैव शिवप्रभ॥
मुहूर्तं प्रेहि मुक्त्वेदं गृहं च दयितं च मे॥
एकः पुत्रकमादाय बालकं दानवांगना।
हुताशनसमीपस्था इत्युवाच हुताशनम्॥
बालोऽयं दुःखलब्धश्च मया पावक पुत्रकम्।
नार्हस्येनमुपादातुं दयितं षण्मुखप्रिय॥ १३९।६१-६४

कष्ट चाहे मानव-स्त्रियों का हो, चाहे दानव-वधूटियों का; अपना हो या शत्रुओं का; भावनाएँ, संवेदनाएँ और अनुभूतियाँ सब की एक सी होती हैं[१]।

---

१. ध्वन्यालोक के द्वितीय उद्योत में ईर्ष्याविप्रलम्भ-जन्य रसाभास के उदाहारण के रूप में उद्धृत **अमरुकशतक** का निम्न मंगलाचरणश्लोक शिव के शर से उत्पन्न अग्नि को एक धीरललित नायक के रूप में चित्रित करता है जो मानिनी, खण्डिता नायिकाओं के समीप आते ही उनके द्वारा झिटक दिया जाता है —

श्रीमद्भागवत ७।१०।५१-७० में वर्णित त्रिपुरदाह की कथा में महाभारत की अपेक्षा कोई उल्लेखनीय अन्तर नहीं है। हाँ इतना अवश्य है कि यहाँ विष्णु भगवान् एक गौ का रूप धारण करके, ब्रह्मा जी को बछड़ा बना कर, दैत्यों को अपनी माया से विमोहित करते हुए त्रिपुर में मय दानव द्वारा निर्मित अमृतयुक्त-बावली का पान कर जाते हैं, जिससे असुर असहाय हो जाते हैं और शिव का कार्य सरल हो जाता है।

शिव का त्रिशूल

वैदिक ग्रन्थों में शिव का प्रमुख अस्त्र धनुष है, किन्तु परवर्ती साहित्य में उसका स्थान त्रिशूल ने ले लिया है। यद्यपि पिनाक और पाशुपतास्त्र की यहाँ भी चर्चा हुई है और शिव धनुर्विद्या के आचार्य भी माने गए हैं (**रामा०** बाल० ५४।१२-१८ में विश्वामित्र तथा **महा०** वन० ४०।८-२१ में अर्जुन शिव की कृपा से धनुर्वेद का ज्ञान प्राप्त करते हैं), किन्तु उनका सर्वाधिक प्रिय शस्त्र त्रिशूल ही है। ऊपर उल्लिखित महा० अनु० १६०।३० के उद्धरण में शिव के बाण को 'त्रिपर्वन्' तथा 'त्रिशल्य' कहा गया है। शिव के इस त्रिशूल के रहस्य का उद्घाटन **तै० सं०** ५।५।६ से होता है। यहाँ कहा गया है कि अग्नि ही रुद्र है। उसके तीन शूल हैं। एक वह जो ऊपर से मनुष्यों पर गिरता है (तडित्), दूसरा वह जो तिरछा आघात करता है (आकाश में पूर्व से पश्चिमगामी सूर्य) तथा तीसरा वह जो नीचे से ऊपर की ओर जाता है (ऊर्ध्वज्वलन अग्नि) —

रुद्रो वा एष यदग्निः तस्य तिस्रः शरव्याः प्रतीची, तिरश्ची, अनूची। ताभ्यो वा एष आवृश्च्यते॥

शिव सम्बन्धी अन्य कथाएँ

रुद्र के सम्बन्ध में अन्य किसी महत्त्वपूर्ण पौराणिक कथा के मूल स्रोत का सूत्र वैदिक साहित्य तक नहीं जाता। **मदन-दहन** की कथा[1] जिसमें इन्द्र, शिव को पार्वती के प्रति आसक्त कराने के लिए कामदेव को भेजते हैं और जिसे शिव अपनी तपस्या में विघ्न डालने के कारण क्रुद्ध होकर तृतीय नेत्र से भस्म कर देते हैं, सम्भवतः शिव के परमयोगित्व को व्यक्त करने तथा उनको कामादि विकारों के पूर्ण स्वामी सिद्ध करने के लिए निर्मित की गई है। पर यहाँ स्मरणीय है कि **रामायण** में मदन-दहन का जो

क्षिप्तो हस्तावलग्नः प्रसभमभिहतोऽप्याददानोंऽशुकान्तं
गृह्णन् केशेष्वपास्तश्चरणनिपतितो नेक्षितः संभ्रमेण।
आलिङ्गन्योऽवधूतस्त्रिपुरयुवतिभिः साश्रुनेत्रोत्पलाभिः
कामीवार्द्रापराधः स दहतु दुरितं शाम्भवो वः शराग्निः॥

१. **मत्स्य पु०** १५४।२४७ तथा आगे, **सौर पु०** १५३, **ब्रह्म पु०** ७१।

संक्षिप्त वृतान्त है उसमें पार्वती से शिव का सम्बन्ध या इन्द्र का आदेश आदि कुछ भी वर्णित नहीं है। विवाह के पश्चात् मरुद्गण के साथ जाते हुए शिव को दुर्बुद्धि काम, स्वेच्छा से व्याकुल करने की चेष्टा करता है और उसका उचित दण्ड भी पाता है[१]।

शिव के द्वारा **गंगा को धारण** करने की कथा हिमालय से गंगा नदी के उद्गम का ही रूपकात्मक वर्णन है। **श्रीमद्भागवत** ९।९ में इसका विस्तार से वर्णन है। ब्राह्मणग्रन्थों में रुद्र को उत्तर दिशा की ओर रहने वाला बताया गया है और शतरुद्रिय में पर्वतों पर रहने वाला। अतः पुराणों में कैलास पर्वत ही उनका विशेष निवास-स्थान है। दक्षिण से उत्तर की ओर फैली हुई दुग्धधवल आकाश-गंगा ही स्वर्ग में प्रवाहित होने वाली देवनदी गंगा है, जो विष्णु के तृतीय पदक्रम के समय ब्रह्माण्ड कटाह के फूट जाने से उत्पन्न हुई थी और जो भगीरथ की तपस्या से प्रसन्न होकर मनुष्य लोक का कल्याण करने के लिए पृथ्वी तल पर अवतीर्ण हुई (भागवत० ५।१७।१)।

मत्स्य०(१७ अ०) **वराह०** (२७ अ०) तथा **सौर०** (२९ अ०) में शिव द्वारा **अन्धकासुर** के दलन का भी वर्णन है। म्यूर का मत है कि यह अन्धक वैदिक अर्द्धक ही है। अ० वे० ११।२।७ में रुद्र को 'अर्धकघाती' कहा गया है। इसी का पौराणिक रूप अन्धक या अन्तक (कूर्म० पु० ३६ अ०) है[२]। पर अ० वे० में रुद्र की राक्षसों के हन्ता के रूप में बिल्कुल प्रसिद्धि न होने के कारण तथा इस संहिता में केवल शम्बर, नमुचि आदि कुछ प्रमुख असुरों का ही नामतः उल्लेख होने के कारण अर्धक एवं अन्धक में सम्बन्ध ढूँढ़ना उचित नहीं है। मत्स्य पु० में कहा गया है कि शिव के साथ जब अन्धक का युद्ध हुआ तो उसके शरीर से गिरने वाली रक्त की प्रत्येक बूँद एक नया राक्षस बन जाती थी अतः उसके रक्त बिन्दुओं का पान करने लिए शिव ने अनेक **मातृकाओं** (लोकविश्वास की देवियों) को उत्पन्न किया। अन्धक की यही विशेषता आगे चलकर **रक्तबीज** राक्षस की धारण के रूप में विकसित हुई है, जिसका दुर्गा ने वध किया[३]।

---

१. **कन्दर्पो मूर्तिमानासीत् काम इत्युच्यते बुधैः।**
तपस्यन्तमिह स्थाणुं नियमेन समाहितम्।
कृतोद्वाहं तु देवेशं गच्छन्तं समरुद्गणम्।
धर्षयामास दुर्मेधा, हुंकृतश्च महात्मना।
अवदग्धश्च रौद्रेण चक्षुषा रघुनन्दन॥

२. म्यूर, ओ० सं० टै०, भा० ४, पृ० ३३६ (टिप्पणी ७४) तथा पृ० ४२७ (टिप्पणी ४६)।

३. **मार्कण्डेय पुराण** (देवीमाहात्म्य), अध्याय ८८ (= दुर्गासप्तशती, अ० ८)

शिव तथा लिंगपूजा

महाभारत तथा पुराणों में शिवोपासना का सर्वप्रमुख अंग लिंगपूजा है। लिंग के मौलिक स्वरूप के विषय में विद्वानों ने बहुत कुछ लिखा है[१]। यद्यपि रुद्र के अग्नि से प्राचीन सम्बन्ध की दृष्टि से तथा कुछ विशेष माहात्म्यपूर्ण लिंगों के लिए प्रयुक्त 'ज्योतिर्लिंग' शब्द से कुछ विद्वानों का कथन है कि लिंग अग्नि-शिखाओं का प्रतीक है, तो भी महाभारत तथा पुराणों में ऐसे पर्याप्त संकेत मिलते हैं, जिनसे इसका जननेन्द्रिय से सम्बन्ध प्रतीत होता है। **महा० अनु०** २२।८५।९०, में उपमन्यु इन्द्र से शिव के उत्कर्ष का एक प्रमुख कारण यह भी बताता है कि ब्रह्मा और विष्णु भी उनके लिंग की पूजा करते हैं (तु० की० **मत्स्य** १५३।३५०, पार्वती का सप्तर्षियों से कथन)। सौर पु० अ० ६९ तथा **ब्रह्माण्ड पु०** २।२७।१०-१२६ आदि में एक कथा आती है जिसके अनुसार शिव एक बार ऊर्ध्वमेढ्र अवस्था में [देव-]दारुवन में अवस्थित ऋषियों के आश्रम में विचरण करने लगे, जिससे ऋषि पत्नियों के हृदय में विकार उत्पन्न होने लगा। ऋषिगण अत्यन्त क्षुब्ध हुए। उनके शाप से शिव के लिंग का पतन हो गया। बाद में ब्रह्मा जी के कथनानुसार ऋषियों ने शिव के लिंग की पूजा आरम्भ की।

आज से लगभग पाँच सहस्र वर्ष पूर्व भारत के पश्चिमी भूभाग से लेकर ईरान, ईराक (मेसोपोटामिया), तुर्की, सीरिया एवं मिस्र तक लगभग एक ही प्रकार की मानव-सभ्यता फैली हुई थी। विविध जातियों के देवी-देवताओं के नामों में वैभिन्न्य होते हुए भी इस सभ्यता से प्रभावित क्षेत्र की धार्मिक परम्पराओं में प्रायः समानता थी। इन्हीं बहुदेशव्यापी धार्मिक परम्पराओं में लिंग (एवं योनि-)पूजा भी एक थी।

सृष्टि का निर्माण करने वाली सर्वोच्च शक्ति या ईश्वर की पिता के रूप में परिकल्पना करके लिंग को उसके प्रतीक के रूप में पूजा जाता था। मूलतः लिंग किसी देवता-विशेष से सम्बद्ध नहीं था; वह सृष्टि-कर्ता का, विश्व के निर्माता का प्रतीक था। विश्व की विभिन्न संस्कृतियों में लिंगपूजा भिन्न-भिन्न देवों से सम्बद्ध रही है। पर वैदिक-काल में संसार का निर्माण एवं उसका नियमन करने वाली सर्वोच्च शक्ति का नाम था: ईशान, महादेव या शिव (देखिए, पीछे पृ० ४२६, ४०७ तथा आगे ४७१)। अतः हमारे यहाँ प्राचीन परम्परा से चली आ रही लिंग-पूजा इस काल में शिव से सम्बद्ध हो गई और लिंग के माध्यम से शिव पूजे जाने लगे। स्मरणीय है कि भारत के धार्मिक इतिहास में परम-तत्त्व एवं परमेश्वर के रूप में विष्णु की मान्यता शिव से परवर्ती है।

---

१. विशेषतः, सी० वी० अय्यर, **ओरिजिन एंड अर्ली हिस्ट्री आफ़ शैविज़्म इन् साउथ इण्डिया**। जार्ज स्काट : **फैलिक वर्शिप**, लंदन १९४१। करमाकर : **रिलीजन्स ऑफ़् इंडिया** : प्रथम भाग (द्रविडियन सिस्टम्स)। ओ० ए० वाल् : **सेक्स एण्ड सेक्स वर्शिप इन् दि वर्ल्ड**, पुनर्मुद्रण, दिल्ली १९७९।

लिंगपूजा को स्वीकार करने पर भी भारतीय लोक जीवन ने इसे जननेन्द्रिय की उपासना के रूप में कभी स्वीकार नहीं किया। इसका आकार भी रूढिगत हो गया और कोई भी गोल, अण्डाकार या लम्ब प्रस्तर-खण्ड लिंग के रूप में शिव का प्रतीक बन गया। अग्निलिंग, वायुलिंग, जललिंग यहाँ तक कि 'आकाशलिंग' (चिदम्बरम् के प्रसिद्ध मन्दिर का 'लिंग') की कल्पना उद्भूत हुई। **शिव पुराण** में कहा गया है कि शिव के दो प्रकार के लिंग हैं। ओंकार या प्रणव उनका सूक्ष्म-लिंग है और यह ब्रह्माण्ड स्थूल-लिंग, क्योंकि इसका बाह्य आकार लिंग के समान (अर्थात् अण्डाकार) है (तु० की० वेदसारशिवस्तव का 'त्वय्येव गच्छति लयं जगदेतदीश, लिंगात्मकं हर चराचरविश्वरूपिन्') —

तदेव लिंग प्रथमं प्रणवं सार्वकामिकम्।
सूक्ष्मप्रणवरूपं हि सूक्ष्मरूपं तु निष्कलम्॥
स्थूललिंगं हि सकलं तत्पंचाक्षरमुच्यते।
पुरुषप्रकृतिभूतानि लिंगानि सुबहूनि च[१]॥

लिंग पुराण में आकाश को शिवलिंग तथा पृथ्वी को उसकी पीठिका कहा गया है। लिंग का अर्थ केवल चिह्न या प्रतीक है। जो भी वस्तु शिव की प्रतीति कराए, वह शिवलिंग है।

वायु पुराण (५५ वाँ अध्याय) तथा **लिंग पु०** (१७ वाँ अध्याय) में एक कथा द्वारा शिवलिंग का विशेष उत्कर्ष दिखाया गया है। इसके अनुसार सृष्टि के आदि में जब ब्रह्मा और विष्णु अपने-अपने को श्रेष्ठ सिद्ध करने लगे तो उनके मध्य में एक ज्योतिर्लिंग प्रकट हुआ और यह आकाशवाणी हुई कि जो इसके अन्त का पता लगाएगा वही श्रेष्ठ माना जाएगा। ब्रह्मा हंस का रूप धारण करके ऊपर की ओर उड़े और विष्णु श्वेतवराह का रूप धारण करके नीचे गए, किन्तु दोनों ही असफल होकर लौट आए और तब दोनों ने शिव की महत्ता स्वीकार की।

म्यूर[२] तथा यदुवंशी[३] आदि कुछ विद्वानों का मत है कि ऋग्वेद के समय में भी यहाँ की अनार्य जातियाँ लिंगपूजा करती थीं। ऋग्वेद ७।२१।५ तथा १०।९९।३ में **शिश्नदेवाः** शब्द आया है, जो शिश्न या लिंग के उपासकों का वाची है। किन्तु दोनों ही स्थानों पर इनका घृणापूर्वक उल्लेख होने से प्रतीत होता है कि आर्य इसे अच्छा नहीं समझते थे एवं हेय दृष्टि से देखते थे —

---

१. देखिए, कल्याण का **शिवांक**, १९३३, पृ० २५३।

२. म्यूर : **ओ० सं० टै०**, भाग, ४, पृ० ४०७-४९०।

३. यदुवंशी : **शैवमत**, पृ० ३१-३२।

१. स शर्धद् अर्यो विषुणस्य जन्तोर्मा शिश्नदेवाः अपि गुर्ऋतं नः।

२. अनर्वा यत् शतदुरस्य वेदो घ्नन् शिश्नदेवान् अभि वर्पसा भूत्।

सायणाचार्य ने प्रथम मन्त्र की व्याख्या में 'शिश्नेन दीव्यन्ति क्रीडन्ति' इस व्युत्पत्ति के अनुसार इस शब्द का अर्थ अब्रह्मचारी लिया है। यास्क को भी यही अर्थ स्वीकार्य है। ऋ० वे० १।१०५।८ में शिश्न शब्द पशुओं की पूँछ का भी वाची है। अतः रोठ के अनुसार यह शब्द पुच्छयुक्त-दानवों को सूचित करता है। यदि वैदिक आर्यों के वर्ग में लिंगपूजा प्रचलित होती तो अवश्य ही परवर्ती वैदिक साहित्य में, कम से कम गृह्यसूत्रों में उसका उल्लेख होता। किन्तु लिंगपूजा का उल्लेख रामायण तक में नहीं है। इससे लगता है कि भारतीय आर्य-वर्ग में, अथवा समाज के उच्चतर वर्णों में, लिंगपूजा शनैः शनैः वेदोत्तरवर्ती काल में ही प्रविष्ट हुई। अवश्य ही यह प्रवेश तब हुआ होगा जब लिंगपूजा का तादात्म्य शिव-पूजा से हो गया होगा क्योंकि लिंग के परमेश्वर-शिव का प्रतीक बन जाने के बाद ही बौद्धिक उच्च वर्ग इसे ग्रहण कर सकता था, शिश्न-पूजा के रूप में नहीं।

शिव

वैदिक साहित्य में शिव विशेषण का उल्लेख होने पर भी इसका रुद्र से विशेष साहचर्य नहीं है। किन्तु रामायण तथा उससे परवर्ती लौकिक साहित्य में शिव तथा शंकर रुद्र के इतने अधिक सामान्य नाम हैं कि उन्होंने प्रयोग की दृष्टि से रुद्र को बहुत पीछे छोड़ दिया है। रुद्र शब्द का प्रयोग बहुधा गणों को द्योतित करने के लिए अथवा महाप्रलय के समय उनका क्रूर रूप व्यक्त करने के लिए ही होता है। यह परिवर्तन नामों का सामान्य परिवर्तन मात्र नहीं है। यह रुद्र-विषयक सम्पूर्ण विचारधारा का परिवर्तन है। पुराणों के शिव अत्यन्त कल्याणमय, भक्तों पर सदा कृपा करने वाले तथा दीनों पर अनुग्रह करने वाले देव हैं। वैदिक रुद्र आशुरोष हैं तो शिव आशुतोष। यह विशेषण उनकी निजी सम्पत्ति है। विष्णु आदि उदारचेता देवों के लिए भी इसका प्रयोग न होना शिव की विशेष भक्तवत्सलता को सूचित करता है। उनका शंकर नाम भी कल्याणकारिता का परिचायक है। तभी तो ब्रह्मपुराण कहता है कि शिव ही दुःखी व्यक्तियों की एक मात्र शरण हैं। वे कल्याण करने वाले हैं, करुणा के सागर हैं और सब जीवों पर दया करते हैं। यद्यपि देवों में परस्पर भेद नहीं और सब एक हैं फिर भी देवों के शिव-रूप की अर्चना करने से शीघ्र ही सभी सिद्धयाँ प्राप्त होती हैं —

शंकरः सर्वभूतात्मा करुणावरुणालयः।
सर्वेषां सर्वदार्त्तानां शिव एव परा गतिः।।
यद्यप्येषां ने भेदोऽस्ति देवानां तु परस्परम्।
तथापि सर्वसिद्धिः स्यात् शिवादेव सुखात्मनः।।

— ब्रह्म० १०९।३७, २११।७९, १३०।१७

शिव के प्राणिमात्र के प्रति करुणा एवं मैत्रीभाव का एक प्रमाण यह है कि वे महा० द्रोण० ५२।४३ में ब्रह्मा जी के पास जाकर उनसे उत्पन्न कालाग्नि से दंदह्यमान जन-समूह की रक्षा के लिए प्रार्थना करते हैं। पुराणों के युग में भक्तिवाद के प्राबल्य के कारण कोई भी भक्त अपने आराध्य देव को क्रूर तथा रौद्र कैसे बता सकता था? उनके लिए 'शिव' संज्ञा ही उपयुक्त थी।

रुद्रों का एकादशत्व

यद्यपि वैदिक साहित्य में सर्वत्र रुद्रों के एकादशत्व का उल्लेख किया गया है (उदाहरणार्थ **ऐ० ब्रा०** १।२।४) किन्तु कहीं भी उनके नामों का उल्लेख नहीं हुआ। **श० ब्रा०** ११।६।३।७ ने स्वेच्छा से दश प्राणों एवं आत्मा को एकादश रुद्र घोषित कर दिया है। क्योंकि शरीर निकलते समय ये सम्बन्धियों को रुलाते हैं (रोदयन्ति)। **वायु० पु०** के २५वें अध्याय के २१ वें श्लोक में भी प्राणों रुद्र कहा गया है। हमने ऊपर देखा कि ब्राह्मण ग्रन्थों में रुद्र एवं रुद्रगण में स्पष्ट पार्थक्य किया गया है। रुद्र क्षत्र हैं तो रुद्रगण विश्, प्रजापति के अश्रु-बिन्दुओं के मन्यु पर गिरने से रुद्र की उत्पत्ति होती है तो भूमि पर गिरने से रुद्रगण की (पृ० ४७४, **श० ब्रा०** ९।१।१।६, ७)।

पौराणिक युग में देवशास्त्र का जो विस्तृत, किन्तु क्रमबद्ध रूप था, उसको देखते हुए युग के कथाकारों ने ग्यारह रुद्रों के नामों का उल्लेख करना आवश्यक समझा और इस विषय में प्राचीन परम्परा से कोई सहायता न मिलने के कारण उनकी उद्भावना-प्रवण कल्पना को पूरी स्वतन्त्रता रही। किन्तु साथ ही प्राचीन ग्रन्थों में प्राप्त होने वाले, **रुद्र** (शिव), एकादशरुद्र तथा रुद्रगण में पारस्परिक सामंजस्य करने की भी आवश्कता उन्हें प्रतीत हुई। **गीता** १०।२३ में भगवान् कृष्ण कहते हैं कि 'मैं रुद्रों में शंकर हूँ' (रुद्राणां शंकरश्चास्मि)। इससे प्रतीत होता है कि महाभारत के समय ११ रुद्र पृथक्-पृथक् माने जाते थे और शंकर या शिव उन्हीं में से एक थे। किन्तु उनको शेष दस का नायक समझा जाता था। पुराणों में अपने चरम उत्कर्ष के कारण शिव का व्यक्तित्व पृथक्तया इतना अधिक विकसित हो चुका है कि उनको कहीं भी एकादश-रुद्रगण का एक सदस्य नहीं माना गया, अपितु ११ रुद्रों को ही उन एक शिव के विविध नाम अथवा विविध अंश बताया गया है। **श्रीमद्भागवत** ३।१२।१-२० में आई एक कथा में कहा गया है कि एक बार ब्रह्मा जी को क्रोध आया जिससे उनकी भृकुटी से एक नीललोहित कुमार का जन्म हुआ। वह रोने लगा और ब्रह्मा जी से उसने नाम रखने तथा रहने के स्थान बताने की प्रार्थना की। ब्रह्मा ने उसके मन्यु, मनु, महिनस, महान्, शिव, क्रतुध्वज, उग्ररेता, भव, काल, वामदेव तथा धृतव्रत, ये ग्यारह नाम रखे तथा क्रमशः हृदय, इन्द्रियाँ, प्राण, आकाश, वायु, अग्नि, जल, पृथ्वी, सूर्य, चन्द्र तथा तप उनके रहने के स्थान बताए। इस कथा में रुद्र की अष्टमूर्ति वाली कथा से थोड़ा सा परिवर्तन करके एकादश रुद्रों का शिव से ही तादात्म्य कर दिया गया है।

विष्णु पु० ११।७।१२-१५ से भी एकादश रुद्र एक ही शिव के विभिन्न रूप प्रतीत होते हैं। क्रोधाविष्ट ब्रह्मा के ललाट से ऐसे प्राणी का जन्म हुआ जिसका आधा शरीर पुरुष का था, आधा स्त्री का। ब्रह्मा ने उसे अपने शरीर को विभाजित करने की आज्ञा दी। तब उसने अपने पुरुष-शरीर को एकादश भागों में विभक्त किया और स्त्री-शरीर को सौम्य तथा असौम्य (क्रूर) आदि कई रूपों में —

भृकुटीकुटिलात् तस्य ललाटक्रोधदीपितात्।
समुत्पन्नस्तदा रुद्रो मध्याह्नार्कसमप्रभः॥

अर्धनारीनरवपुः प्रचण्डोऽतिशरीरवान्।
'विभजात्मान' मित्युक्त्वा तं ब्रह्मान्तर्दधे ततः॥

बिभेद पुरुषत्वं च दशधा चैकधा पुनः।
सौम्यासौम्यैस्तदाशान्ताशान्तैः स्त्रीत्वं च स प्रभुः॥

बिल्कुल यही कथा **वायु० पु०** के नवम अध्याय में भी प्राप्त होती है। परन्तु कुछ प्राचीन पुराणों में एकादश रुद्रों या रुद्रगण का शिव से कोई सम्बन्ध स्वीकार नहीं किया गया है। उनकी उत्पत्ति स्वतन्त्र रूप से मानी गई है। **मत्स्य० पु०** के अनुसार **ब्रह्मा** ने गो-रूपधारिणी अपनी कामरूपिणी पत्नी **सुरभि** से ये एकादश रुद्र उत्पन्न किए —

या रूपार्धवती पत्नी ब्रह्मणः कामरूपिणी।
सुरभिः सहिता भूत्वा ब्रह्माणं समुपस्थिता॥

जज्ञिरे स्म सुतास्तस्यां विपुला धूमसन्निभाः।
नक्तसंध्याभ्रसंकाशाः प्रदहंस्तिग्मतेजसः॥

ते रुदन्तो द्रवन्तश्च गर्हयन्तः पितामहम्।
रोदनाद् द्रवणाच्चैव रुद्रा इति ततः स्मृताः॥

— मत्स्य० १७०।३५, ३७, ३८

इस प्रसंग में ग्यारह रुद्रों के साथ शिव (शम्भु) को जोड़ कर कुल बारह रुद्र बताए गए हैं और इनके नामों का परिगणन इस प्रकार किया गया है —

निर्ऋतिश्चैव शंभुश्च तृतीयश्चापराजितः।
मृगव्याधः कपर्दी च दहनोऽथ हरश्च वै (v.l.दहनो चेश्वरो तथा)॥
अहिर्बुध्न्यश्च भगवान् कपाली चापि पिंगलः।
सेनानी च महातेजाः रुद्रास्त्वेकादश स्मृताः॥ मत्स्य० १७०।३९, ४०

जहाँ मत्स्य पु० का यह अंश केवल ११ (अथवा शम्भु सहित १२) रुद्रों का अस्तित्व स्वीकार करता है, वहीं इस पुराण में अन्यत्र (५।२९-३२) कहा गया है कि

रुद्रों की संख्या ८४ करोड़ है, जिनमें ११ रुद्र प्रधान अथवा गणेश्वर हैं। पर गणेश्वर रुद्रों के नामों में ऊपर की सूची से पर्याप्त अन्तर प्राप्त होता है —

अजैकपादहिर्बुध्न्यो विरूपाक्षोऽथ रैवतः।
हरश्च बहुरूपश्च त्र्यम्बकश्च सुरेश्वरः॥
सावित्रश्च जयन्तश्च पिनाकी चापराजितः।
एते रुद्राः समाख्याता एकादश गणेश्वराः॥
एतेषां मानसानां तु त्रिशूलवरधारिणाम्।
कोटयश्चतुरशीतिस्तत्पुत्राश्चाक्षया मताः॥
दिक्षु सर्वासु ये रक्षां प्रकुर्वन्ति गणेश्वराः। — मत्स्य० ५।२९-३२

इसमें पुनः बारह रुद्र वर्णित हैं और शिव का परिगणन 'हरः' नाम से है। भागवत ६।६।१७, १८ में भी रुद्रों की संख्या करोड़ों में मानी गई है, जिनमें ग्यारह प्रमुख हैं — रैवत, अज, भव, भीम, वाम, उग्र, वृषाकपि, अजैकपाद्, अहिर्बुध्न्य, बहुरूप तथा महान्। वायु पुराण के ६६ वें अध्याय में ये नाम अंगारक, सर्प, सदस्पति, अजैकपात्, अहिर्बुध्न्य, ऊर्ध्वकेतु, जवर, भुवन, मृत्यु, कपाल, निर्ऋति तथा ईश्वर (शिव?) हैं। पद्मपुराण ७।१४-१७ में मत्स्य पु० के ही उपर्युक्त (१७०।३९, ४०) श्लोक अविकल रूप में प्राप्त होते हैं।

एकादश रुद्रों के नामों पर दृष्टि डालने से विदित होगा कि इनमें से अधिकांश रुद्र के प्राचीन अथवा शिव के वर्तमान विशेषण है। भव, भीम, उग्र, महान् (देवः), बहुरूप (**स्थिरेभिरंगैः पुरुरूप उग्रो**, ऋ० २।३३।९), ईश्वर (या ईशान), शंभु, कपर्दी एवं त्र्यम्बक रुद्र के वैदिक विशेषण हैं और विरूपाक्ष, पिनाकी, हर तथा कपाली[१] आदि पौराणिक। अजैकपाद्, अहिर्बुध्न्य तथा वृषाकपि, ये तीन वे महत्त्वहीन

१. यह विशेषण सम्भवतः शिव के श्मशान में घूमने तथा कपाल आदि में भोजन करने की विशेषता की ओर संकेत करता है, पर मत्स्य पु० १८२।८२-८६ में इस विषय में एक कथा आती है, जिसमें कहा गया है कि शिव ने एक बार ब्रह्मा का पाँचवा सिर काट डाला। ब्रह्मा के शाप से उन्हें वह कपाल हाथ में लेकर घूमना पड़ा। इसी से वे कपाली हुए। अन्त में कपाल-मोचन-तीर्थ (वाराणसी) में वह उनके हाथ से छूटा —
आसीत् पूर्वं वरारोहे ब्रह्मणस्तु शिरो वरम्।
तदेवमब्रवीत् देवि जन्म जानामि ते ह्यहम्।
ततः क्रोधपरीतेन संरक्तनयनेन च।
वामांगुष्ठनखाग्रेण छिन्नं तस्य शिरो मया।
''यतो निरपराधस्य शिरश्छिन्नं त्वया मम
तस्मात् शापसमायुक्तः कपाली त्वं भविष्यसि''
कुछ पुराणों में यह भी कहा है कि पार्वती के मरने पर हर बार शिव उनके कपाल को पहन लेते हैं और इस प्रकार कपालों की माला धारण करने के कारण वे कपाली हैं।

वैदिक देवता हैं, जिनको रुद्र या शिव ने बाद में आत्मसात् कर लिया है। **अजैकपाद्** तथा **अहिर्बुध्न्य** दोनों अन्तरिक्षस्थानीय देवता हैं और इनका उल्लेख प्रायः साथ-साथ हुआ है।

'अज-एकपात्' का अर्थ है 'एक पैर वाला बकरा'। **'अज् गतिक्षेपणयोः'** धातु से निष्पन्न होने कारण अज शब्द का अर्थ 'तीव्र चलने वाला' भी हो सकता है। इसी व्युत्पत्ति के कारण रोठ एवं ग्रासमान् इसको झंझावात का देव समझते हैं। ब्लूमफील्ड तथा हैनरी के अनुसार यह सूर्य को सूचित करता है[१] (तु० की०, **निघंटु** ५। ६)। पर अज-एकपात् सम्भवतः अन्तरिक्ष में विद्यमान विद्युत् है। अज शब्द विद्युत् की चपलता का द्योतक है और अन्तरिक्ष से पृथ्वी पर गिरती हुई विद्युत् की पतली लेखा ही एकपाद् से संकेतित है[२]। **ताण्ड्य ब्रा०** ३। १। २। ८ (**अज एकपादुदगात् पुरस्तात्**) की व्याख्या में सायण ने भी इसे एक प्रकार की अग्नि माना है। **मत्स्य पु०** ५१। २२ में कहा गया है कि अज-एकपाद् उपासनीय अग्नि है और इसे शालामुख भी कहते हैं —

अजैकपादुपस्थेयः स वै शालामुखो मतः।

विद्युत् और अग्नि से इस तादात्म्य के कारण इस देवता का रुद्र से सम्बन्ध स्पष्ट है। परवर्ती शिल्पकला में यह एक पैर वाले **भैरव** के रूप में चित्रित है।

'अहिःबुध्न्यः' का अर्थ है 'गड्ढे या गहरे स्थान (बुध्न) में रहने वाला सर्प'। ऋग्वेद में इस देवता की स्तुति अन्तरिक्षस्थानीय देवों के साथ की गई है। ऋ० वे० ७। ३४। १६ में अन्तरिक्ष में सरिताओं के संगम या गर्त में स्थित 'अहि' का मन्त्रों से स्तवन करने का उल्लेख है (अब्जामुक्थैरहिं गृणीषे बुध्ने नदीनां रजःसु षीदन्)। यास्क ने बुध्न का अर्थ अन्तरिक्ष लिया है। ऋ० वे० १। ७९। १। में अग्नि को 'अहि' तथा ४। १। ११ 'बुध्न' में उत्पन्न कहा गया है। प्रतीत होता है कि अन्तरिक्ष के समुद्र (मेघजल) में वर्तमान यह अहि अग्नि (विद्युत्) है। ऐ० ब्रा० स्पष्टतया अग्नि और अहिर्बुध्न्य का तादात्म्य करता है — **एष ह वा अहिर्बुध्न्यो यदग्निर्गार्हपत्यः** (३। ३। १२)। मत्स्य पु० ५१। २३ में भी कहा गया है कि दक्षिण की ओर (यज्ञ-वेदी से बाहर) रहने वाली बिना नाम की (अनिर्देश्य) अग्नि अहिर्बुध्न्य संज्ञक है —

अनिर्देश्यो ह्यहिर्बुध्न्यो बहिरन्ते तु दक्षिणौ।

'वृषाकपि' विशेषण पुराणों में शिव के अतिरिक्त विष्णु, इन्द्र, सूर्य तथा अग्नि के लिए भी प्रयुक्त हुआ है। अतः प्रतीत होता है कि इस शब्द का मूल भाव बहुत पहले ही विलुप्त हो चुका था। ऋग्वेद १०। ८६ में इन्द्र और इन्द्राणी के वार्तालाप के सम्बन्ध में

---

१. मैक्डॉनल : **वै० मा०, पृ०** ७३, ७४।

२. मैक्डॉनल : **वही**।

वृषाकपि संज्ञक एक वानर का उल्लेख है। इन्द्राणी इन्द्र से शिकायत करती है कि तुम्हारे प्रिय वृषाकपि ने मेरे उद्यान को उजाड़ डाला है। सूक्त में थोड़ा 'ग्राम्यत्व' भी है। किन्तु वृषाकपि का स्वरूप अत्यन्त अस्पष्ट है। लगता है यह प्राचीनकाल में सूर्य (कपि) के उदार रूप (वृषा = कामानां वर्षयिता) को सूचित करता था।

एकादश रुद्रों में परिगणित **मृगव्याध** नाम ऐ० ब्रा० में उल्लिखित प्रजापति की अपनी पुत्री के प्रति आसक्ति और रुद्र द्वारा उनको दण्ड देने की कथा की याद दिलाता है। **मन्यु** शब्द भाग० ४।५।५ में स्वतः शिव के लिए प्रयुक्त हुआ है। मत्स्य (४७। १२८ तथा आगे) में शिव का एक उत्तम स्तोत्र है, जिसमें लगभग ३०० नामों का परिगणन किया गया है। यहाँ एक शब्द **वास्तोष्पति** भी आता है, जो अथर्ववेद तथा सूत्रग्रन्थों में वर्णित गृह (वस्तु) की रक्षा से सम्बन्धित (वास्तोः पतिः) एक देवता हैं। शिव ने ऐसे छोटे-मोटे कई प्राचीन देवों को आत्मसात् कर लिया है। **अज** शब्द परब्रह्म के वाची के रूप में श्वेताश्वतर में शिव के लिए प्रयुक्त हुआ है।

शिव के परिचर तथा अनुचर

रामा०, महा० तथा पुराणों में शिव के परिचर अथवा उनके गणों के अधिनायक का नाम **नन्दी** दिया गया है। **रामायण** (उत्तर० १६।८) में ही इसका सर्वप्रथम उल्लेख हुआ है और इसके स्वरूप का जो वर्णन यहाँ है वह शिव के गणों के सामान्य स्वरूप का प्रतिनिधि है। उसे कराल आकृति वाला, काले तथा पीले वर्ण का, वामनाकार, छोटी भुजाओं वाला, बलशाली, विकट रूप वाला तथा मुण्डित-केश कहा गया है —

इति वाक्यान्तरे तस्य करालः कृष्णपिंगलः।
वामनो विकटो मुण्डी नन्दी प्रह्वभुजो बली॥

महा० अनु० ११३।३२ में एक वृषभ को शिव का वाहन बताया गया है। पुराणों में शिव के गणेश्वर का यह नाम (नन्दी) उनके वाहन के लिए प्रयुक्त होने लगा है (भागवत० ४।४।४, वृषेन्द्रो नन्दी) और आज भी शिवमन्दिरों में शिव-लिंग के आगे जो वृषभ बनाया जाता है, उसे नन्दी या नादिया ही कहते हैं।

भागवत में कहा गया है कि पृथु के द्वारा आयोजित पृथ्वी के दोहन के समय यक्ष, राक्षसों, भूतों तथा पिशाचों ने शंकर भगवान् को बछड़ा बना कर पृथ्वी रूपी गौ से रक्त तथा मदिरा रूपी दुग्ध को दुहा —

यक्षरक्षांसि भूतानि पिशाचाः पिशिताशनाः।
भूतेशवत्सा दुदुहुः कपाले क्षतजासवम्॥ भाग० ४।१८।२१

भूत-प्रेत, राक्षस एवं पिशाचादिकों का शिव से यह सम्बन्ध फिर उनके उच्च ब्राह्मण-धर्म के प्रभाव क्षेत्र से बाहर रहने वाले, निम्नतर सामाजिक जन-वर्गों में मान्य

होने का परिचायक है। महाकाव्यों तथा पुराणों में राक्षसगण विष्णु के घोर विरोधी एवं शत्रु होने के साथ-साथ शिव के परम-उपासक चित्रित किए गए हैं। **रामायण** में **रावण** को शिव का अनन्य भक्त बताया गया है (उदाहरणार्थ उत्तर० १६। ३४ तथा आगे)। पार्वती विद्युत्केश दानव को गोद लेती हैं और शिव उसे अमर होने का वर देते हैं (उत्तर० ४।२९)। **बाणासुर** की तपस्या से प्रसन्न होकर उसे भी ये वर देते हैं और उसकी रक्षा के लिए कृष्ण तक से युद्ध करते हैं (महा० सभा० ३८वाँ अध्याय, भाग० १०। ६३)। **जरासंध** एवं **जयद्रथ** जैसे अत्याचारी राजा भी शिव की शरण में आते हैं (महा० सभा० १४। ६४, ६५ तथा वन० २७२। २८)। असुरों के गुरु **शुक्राचार्य** भी शिव की कृपा से सिद्धि प्राप्त करते हैं (मत्स्य० ४७। ७५, अप्रतीपांस्ततोमंत्रान्....... प्राप्य महेश्वरात्)।

प्रसिद्ध शिल्पी **मय दानव** भी उनका अनन्य सेवक है। भाग० १०। ७६ में जब राजा शाल्व शिव की आराधना करके उनसे सर्वत्रगामी विमान माँगता है तो वे मय दानव को ऐसा विमान बनाने का आदेश देते हैं। अपने इन दानव सेवकों पर शिव की विशेष कृपा रहती है। मत्स्य १३९। ४५-५२ में त्रिपुर का विनाश करते हुए शिव को वह सोच कर अत्यन्त दुःख होता है कि उसमें रहने वाला उनका यह भक्त नष्ट हो जाएगा। वह शीघ्रता से अपने गणेश्वर नन्दी को उसे लाने के लिए भेजते हैं और वह मय को जलते हुए नगर से सुरक्षित बाहर निकाल लाता है —

मुक्त्वा त्रिदेवतमयं त्रिपुरे त्रिदशः शरम्।
धिग् धिङ्माम् इति चक्रन्द कष्टं कष्टमिति ब्रुवन्।
उवाच नन्दिनं भक्तः स ममाद्य विनंक्ष्यति॥

— मत्स्य पु० १३९। ४७, ४९।

विष्णु को कहीं भी राक्षसों को वर देते या उनकी सहायता करते हुए वर्णित नहीं किया गया। इसका कारण सम्भवतः यह है कि प्रारम्भ से ही ब्राह्मणों के कर्मकाण्ड से घनिष्ठतया सम्बन्धित रहने तथा उच्च आर्यवर्ग में पूजे जाने के कारण विष्णु में विजातीय तत्त्वों का समावेश न हो सका। ब्राह्मण-धर्म के विकास के साथ-साथ विष्णु शनैः शनैः स्वतः आर्यों के प्रधान देवता बनते चले गए और इसी सम्बन्ध से कर्मकाण्ड आदि के विरोधी एवं ब्राह्मण धर्म के शत्रु समझे जाने वाले असुरों के संहारक भी। इसके विपरीत शिव में ब्राह्मणधर्म के तत्त्व प्रारम्भ से ही अपेक्षाकृत कम रहे। उनका सारा उत्कर्ष लौकिक-विश्वासों तथा सम्भवतः कुछ आर्येतर जातियों की धार्मिक मान्यताओं के सम्मिश्रण के कारण हुआ। आर्य-धर्म को न मानने वाले दानव इसीलिए शिव की ओर अधिक झुके रहे। महा० अनु० १४। ४ में शिव के महत्त्व का एक कारण यह भी

बताया गया है कि उन्हें ब्रह्मा से लेकर पिशाच तक पूजते हैं — **ब्रह्मादयः पिशाचान्ताः यं हि सर्व उपासते।**

यही कारण है कि शिव की आकृति, परिधान तथा चरित आदि का महाकाव्यों तथा पुराणों में एक विचित्र सा उल्लेख मिलता है। वे सर्वथा नग्न रहते हैं, अतः दिगम्बर उनकी एक प्रसिद्ध उपाधि है (मत्स्य० १५५।३३ ब्रह्माण्ड० १।२७।१० सौर० ४१। ९६)। बहुत हुआ, तो हाथी की खाल लपेट ली (महा० शान्ति० २०।१२)। वे अपने समस्त शरीर में भभूत या श्मशान की राख लपेटे रहते हैं; वायु० पु० (११२।५३) में इसीलिए उन्हें भस्मनाथ कहा गया है। उनके हाथ में कपाल से निर्मित एक कमण्डलु रहता है (महा० वन० १८८।५०, ब्रह्म० ३७।२, वायु० २४।१२९, ५४।७०, ५५।१४; मत्स्य० ४७। १३७)। श्मशान उनकी प्रिय विहारभूमि है, यहाँ वे अपने भूत, प्रेत, पिशाचादि अनुचरों के साथ रात्रि में विहार करते रहते हैं[1] (मत्स्य ० ८।५, ब्रह्म० ३८। ३७)। सिर में वे जटाएँ रखते हैं, जो श्मशान की धूलि के कारण काली पड़ गई है (श्मशानचक्रानिलधूलिधूम्रविकीर्णविद्योतजटाकलापः, भाग० ३। १४। २५)। उनके गले तथा भुजाओं आदि में आभूषण के रूप में सर्प लिपटे रहते हैं (मत्स्य० १५३। ३३४, ४४४)। वायु० २४।५६, ५७ में उन्हें महामुख, विक्षिप्त केशों से युक्त, त्रिशूलधारी, मूँज की मेखला पहनने वाले तथा त्रिनेत्र कहा गया है।

पौराणिक शिव का व्यक्तित्व इतना व्यापक तथा विस्तृत था कि उन्हें सभी प्रकार की विद्याओं तथा कलाओं का आदि-प्रवर्तक मान लिया गया। यातविक तथा ऐन्द्रजालिक कृत्यों के वे आज भी मूल आचार्य माने जाते हैं और लोक विश्वास है कि शाबरतन्त्र या सेवड़े का जादू और मन्त्र उन्हीं के बनाए हुए हैं[2]। यातविक कृत्यों से शिव का यह सम्बन्ध बहुत प्राचीन है। तै० सं०२।१।७ में कहा गया है कि अभिचारिक कृत्य करने वाले को एक रक्तवर्णा गौ से रुद्र की उपासना करनी चाहिए। मानव गृ० सू० २।५। बौधायन १।२।६, तथा आश्वलायन ४।१० में वर्णित **शूलगव** यज्ञ से भी रुद्र का इससे सम्बन्ध प्रतीत होता है। शिल्पशास्त्र, गाय तथा नृत्य आदि ललित-कलाओं के भी वे आद्य आचार्य माने गए हैं। प्रायः सभी नई कथाओं (तु० की० कथासरित्सागर का

---

१. **एतस्यां साध्वि संध्यायां भगवान् भूतभावनः।**
परीतो भूतपर्षद्भिः वृषेणाटति भूतराट्॥ भागवत, ३।१४।२४

२. गोस्वामी तुलसीदास की यह उक्ति तुलनीय है —
कलि बिलोकि जगहित हर-गिरिजा।
साबर मन्त्र जाल जिन्ह सिरजा॥
अनमिल आखर अरथ न जापू।
प्रगट प्रभाउ महेस प्रतापू॥
रामचरितमानस, बालकाण्ड, १४-१५ दोहों के मध्य

उपोद्घात) या नये विषयों का विवेचन प्रारम्भ करने की प्राचीन लेखकों की यह परम्परागत परिपाटी रही है कि वे उसे पार्वती के द्वारा शंकर से पुछवाते हैं—**कैलाशशिखरे रम्ये गौरी पृच्छति शंकरम्। गुह्याद्गुह्यतरं किंचित् कथयस्व महेश्वर**; चाहे वह सामान्य व्रत-उपवासादि का माहात्म्य हो चाहे गूढ़ दार्शनिक चर्चा। सांख्य तथा योग से शिव के प्राचीन सम्बन्ध का संकेत किया ही जा चुका है[१]। शांकर वेदान्त के अनुयायियों का विश्वास है कि भगवान् शंकर ही वैदिक मार्ग प्रतिष्ठा करने और नास्तिक बौद्धों का उन्मूलन करने के लिए शंकराचार्य के रूप में अवतीर्ण हुए थे[२]। विद्याओं के अधिष्ठाता के रूप में शंकर जी की कल्पना **दक्षिणामूर्ति** के रूप में की जाती है। पाशुपतमत तथा शैवसिद्धान्त के अनुयायियों ने शिव की जीवों (पशु) को पाश (माया) से मुक्त करने वाले परमेश्वर के रूप में उद्भावना की और इस प्रकार शिव का महत्त्व तथा पद अपने चरम उत्कर्ष पर पहुँच गया। मत्स्य० १३२। २७, १५४। २६०-७०, वायु० ५४। १००, अग्नि० ८८। ७ तथा ब्रह्म० १। ३१ में उन्हें विश्व के एकमात्र आदिकारण, जगत्स्रष्टा यथा वेदों में स्तूयमान पुरुष कहा गया है वे ही दार्शनिकों के ब्रह्म, असीम एवं शाश्वत हैं (लिंग० २। २१। ४९, गरुड० १६। ६-७)। वे सर्वज्ञ, सर्वस्थित एवं चराचर के स्वामी है तथा प्राणियों में आत्मा के रूप में व्याप्त हैं (वायु० ३०। २८३, २८४)। एक होते हुए भी वे अपने को अनेक रूपों में व्यक्त करते हैं (सौर० २। २)। मत्स्य० १५३। ३४६ में पार्वती उन्हें '**शाश्वतं जगतः प्रभुम्, अजमीशानमव्यक्तम् अमेयमहिमोदयम्**' कहती है। इसी अध्याय में नारद जी हिमालय से उनका वर्णन करते हुए कहते हैं कि वे न कभी उत्पन्न होते हैं और न कभी नष्ट होते हैं; इसी से वे स्थाणु कहलाते हैं। वे शरणदायक, शास्ता तथा परमेश्वर हैं और जन्म, मृत्यु आदि से पीडित ब्रह्मा, विष्णु, इन्द्र आदि देव उनके हाथ के खिलौने हैं —

न स जातो महादेवो भूतभव्यभवोद्भवः।
शरण्यः शाश्वतः शास्ता शंकरः परमेश्वरः॥
ब्रह्मविष्णिवन्द्रमुनयो जन्ममृत्युजरार्दिताः।
तस्यैते परमेशस्य सर्वे क्रीडनका गिरे॥ — मत्स्य १५३। ७९, ८०

---

१. सांख्य से शिव के प्राचीन सम्बन्ध के लिए महाभारत, अनु० १४। ८७ के ये श्लोक भी देखिए-
प्रकृतीनां परत्वेन पुरुषस्य च यः परः। अक्षरं परमं ब्रह्म असच्च सदसच्च यः।।
प्रकृतिं पुरुषं चैव क्षोभयित्वा स्वतेजसा। ब्रह्माणमसृजत् तस्माद् देवदेवः प्रजापतिः।।

२. द्रष्टव्य, यह साम्प्रदायिक श्लोक-
विष्णुब्रह्मेन्द्रदेवै रजतगिरितटात् प्रार्थितो योऽवतीर्य
शाक्याद्युद्दामकण्ठीरवनखरकराघात संजातमूर्च्छाम्।
छन्दोधेनुं यतीन्द्रः प्रकृतिमगमयत् पुण्यपीयूषवर्षैः
सोऽयं श्रीशंकरार्यो भवदवदहनात् पातु लोकानजस्रम्।।

रुद्र अथवा शिव के स्वरूप के उपर्युक्त पक्षों को देखने के उपरान्त उनसे घनिष्ठतया सम्बन्धित अम्बिका या पार्वती, गणेश तथा स्कन्द के स्वरूप पर भी संक्षेप में एक दृष्टि डाल लेना समुचित प्रतीत होता है क्योंकि इसके बिना शिव के स्वरूप का विवरण अपूर्ण रहेगा।

अम्बिका

यह सुविदित तथ्य है कि वैदिक आर्यों ने किसी ऐसी प्रभावशालिनी देवी की कल्पना नहीं की, जिसे वे जगत् की अधिष्ठात्री तथा सृष्टि की उत्पत्ति एवं पालन से सम्बन्धित समझते हों। **उषा** की कल्पना में लावण्य, मनोरमता तथा सौन्दर्य है, किन्तु प्रभाव नहीं। **सरस्वती** तथा उसके सूक्ष्म रूप **वाक्** में अवश्य ऐसे तत्त्व हैं। किन्तु लगता है उसकी धारणा सीमित क्षेत्र से सम्बन्धित थी और चिरस्थायी नहीं रही। ऋग्वेद में केवल एक सूक्त में (१०।१२५) उसका उल्लेख हुआ है और परवर्ती संहिताओं में उसके नाम की स्मृतिमात्र अविशिष्ट रह गई है। शाक्त-तन्त्रों तथा आगम-साहित्य में देवी की उपासना के प्रसंग में जिन वैदिक मन्त्रों को उद्धृत किया गया है, वे ऋक् तथा अथर्ववेद संहिता में संकलित **रात्रि, पृथ्वी** तथा **वाक्** आदि के सूक्तों से सम्बन्धित हैं, इससे स्पष्ट है कि देवी की स्तुति के लिए वैदिक संहिताओं में स्वतन्त्र मन्त्र नहीं थे।

जैसा कि ऊपर उल्लेख किया जा चुका है, मातृशक्ति का सर्वप्रथम **अम्बिका** नाम से उल्लेख **वा० सं०** तथा **श० ब्रा०** में प्राप्त होता है और वे लोक विश्वास की जनकल्याणकारिणी तथा कन्यायों को पति एवं सौभाग्य प्रदान करने वाली मंगलमयी देवी जान पड़ती हैं। प्रतीत होता है कि वैदिक आर्यों की कोई महत्त्वपूर्ण देवी न होने के कारण उस रिक्त स्थान को भरने के लिए लोकविश्वास की इस देवी का ब्राह्मण-धर्म में समावेश कर लिया गया। सम्भवतः इस देवी में परवर्ती महाकाली या चामुण्डा आदि देवियों की भाँति क्रूर या घोर तत्त्व नहीं थे। यह भी हो सकता है कि ब्राह्मण धर्म में आ जाने के पश्चात् इनका स्वरूप कुछ परिष्कृत होकर सौम्य हो गया हो। अन्य ब्राह्मण-ग्रन्थों में इस देवी से सम्बन्धित कोई सामग्री नहीं मिलती। **केन-उपनिषद्** (३।१२) में एक प्रसंग आता है जिसमें **उमा-हैमवती** प्रकट होकर इन्द्र, वायु तथा अग्नि को यह उपदेश देती है कि वे अपनी शक्ति से एक तिनके को भी नष्ट नहीं कर सकते; ब्रह्म की शक्ति से ही वे सब कुछ करते हैं। शंकराचार्य ने अपने भाष्य में उमा-हैमवती को विद्या अथवा प्रज्ञा का प्रतीक माना है। किन्तु सम्भवतः हैमवती शब्द का अर्थ यहाँ सुवर्णवर्णा

या सुवर्णमयी (हेमवत्-हेमवती) था। रुद्र के दार्शनिक उत्कर्ष के कारण सम्भवतः विद्या-रूपिणी उमा का सम्बन्ध रुद्र से हुआ और वे उनकी पत्नी बन गईं। रुद्र द्वारा पर्वतों में, विशेषतः उत्तर दिशा के पर्वतों में, विचरण करने के कारण 'हैमवती' विशेषण का भाव 'हिमवत्-पुत्री' बन गया और इस प्रकार रुद्र का सम्बन्ध हिमालय की पुत्री से हो गया।

मै० सं० तथा **तै० आ०** में इनके विषय में दो अन्य मन्त्र प्राप्त होते हैं किन्तु इनको आसपास के अन्य मन्त्रों सहित इस तर्क से प्रक्षिप्त माना जाता है कि इनमें गरुड, स्कन्द तथा गणेश आदि के जिन स्वरूपों (विशेषणों) का वर्णन हुआ है, उनका विकास तब तक नहीं हो सका था। ये मन्त्र इस प्रकार हैं —

१. **तद् गांगौच्याय विद्महे, गिरिसुताय धीमहि।**
तन्नो गौरी प्रचोदयात्॥ — मै० सं० २।९।१।४

२. **कात्यायनाय विद्महे, कन्याकुमारि धीमहि।**
तन्नो दुर्गिः (दुर्गा) प्रचोदयात्॥ — तै० आ० १०।१

किन्तु यदि यह प्रक्षेप है तो भी इतना निश्चित है कि यह प्रक्षेप वैदिक युग में (अर्थात् सूत्रों के निर्माण तक) ही हो चुका था। उपर्युक्त दोनों मन्त्रों में ग्रन्थ के अन्य भागों की भाँति ही स्वरांकान का होना इसका परिचायक है। इनमें देवी के जो कात्यायनी, दुर्गा, कन्याकुमारी, गिरिसुता तथा गौरी आदि विशेषण दिए गए हैं, वे सर्वतः शिव की पत्नी पार्वती के लिए प्रयुक्त होते हैं। श० ब्रा० की अम्बिका सूत्रग्रन्थों तक आते-आते शिव की पत्नी बन गई हैं। शां० श्रौ० सू० ४।२९।१ से हमें इसका ज्ञान होता है क्योंकि यहाँ इनके लिए **भवानी, शर्वाणी**, **रुद्राणी** तथा **ईशानी** आदि विशेषण प्रयुक्त किए गए हैं। बौधायन ध० सू० २।५।६ में भी इस देवी को स्पष्ट रूप से रुद्र की पत्नी कहा गया है और उनके लिए अनेक तर्पणों का विधान किया गया है।

बौधायन गृ० सू० (३।३।२-५) में इस मातृशक्ति का जो उल्लेख है, उससे प्रतीत होता है कि उस समय दुर्गा की सौम्य-उपासना का लगभग वही रूप था, जो महाभारत तथा पुराणों में प्राप्त होता है। यद्यपि यहाँ उनकी प्रतिमा का वर्णन नहीं किया गया, किन्तु उन्हें दन्तधावन, यज्ञोपवीत आदि अर्पण करने, स्नान करवाने एवं पोंछने तथा हवि अर्पित करने (अर्थात् भोग लगाने) का जो विधान किया गया है उससे इस विषय में कोई नहीं रह जाता। यहाँ उनके लिए 'महायोगिनी' तथा 'मनोगमा' आदि विशेषणों के प्रयोग से प्रतीत होता है कि इस समय उनके दार्शनिक स्वरूप का भी विकास हो रहा था। वे रुद्र की पत्नी तो कही ही गई हैं साथ ही उन्हें महावैष्णवी भी कहा गया है, जिससे पता चलता है कि वर्ग-विशेष में उन्हें विष्णु की शक्ति के रूप में भी जाना जाता था। मार्कण्डेय पुराण के देवी माहात्म्य (दुर्गासप्तशती) वाले अंश के

प्रारम्भ में देवी को महामाया तथा योगनिद्रा की संज्ञा दी गई है, जो प्रलयकाल में महाजलधि में सोते हुए विष्णु में लीन हो जाती है। मधु और कैटभ से पीडित ब्रह्मा विष्णु की इसी योगनिद्रा की स्तुति करते हैं—**तुष्टाव योगनिद्रां तामतुलां तेजसः प्रभुः।** (१।७१)। एकादश अध्याय के ८ से २३ तक के श्लोकों में देवी को 'नारायणी' शब्द से सम्बोधित करते हुए उनकी वन्दना की गई है (**नारायणि नमोऽस्तु ते**)। बौ० गृ० सूत्र में आया 'महाकाली' विशेषण उनके उस घोर तथा रौद्र रूप का परिचायक है, जिसमें वे बाद में चण्ड, मुण्ड, शुम्भ, निशुम्भ, महिषासुर, धूमकेतु, रक्तबीज आदि राक्षसों की हन्त्री के रूप में चित्रित की गई हैं। देवी की पूजा में यहाँ वैदिक मन्त्रों का ही प्रयोग किया गया है, जिनमें अधिकांश अग्नि तथा आपस् सम्बन्धी हैं —

यज्ञोपवोतं रक्तपुष्पपद्मं संभारानुपकल्प्य मासि मासि कृत्तिके पूर्वाह्णे गोमयेन चतुरस्त्रं स्थण्डिलं कृत्वा प्रोक्ष्य शौचेन सुव्रतस्तिष्ठन् भगवतीम् आह्वयेत्—ॐ आर्यां रौद्रीमाह्वयामि इति आह्वय्य........ कूर्चं दत्त्वा........ यज्ञोपवीतं दत्त्वा अथैनां स्नपयति। .... इत्येतेन अनुवाकेन मार्जयित्वा आर्यायै रौद्रायै महाकाल्यै महायोगिन्यै सुवर्णपुष्प्यै देवसंकीर्त्यै महायज्ञ्यै महावैष्णव्यै महापृथिव्यै मनोगम्यै शंखधारिण्यै नमः। .... सावित्र्यै भगवत्यै दुर्गादेव्यै हविर्निवेदयामि इति हविर्निवेद्यम्। निवेद्यशेषम् एकादशनामधेयैः हुत्वा पंचदुर्गां जपेत्......। — बौ० गृ० सू० ३।३।२-५

दुर्गा की यह उपासना-पद्धति प्रायः उनके पुराणकालीन यजन के समान है। अन्तर यही है कि सूत्रकाल में उनके लिए वैदिक मन्त्रों का प्रयोग होता था किन्तु बाद में इनका स्थान सर्वथा लौकिक स्तोत्रों तथा मन्त्रों ने ले लिया। इस प्रसंग में उनका 'भगवती' अभिधान तथा रक्तपद्मपुष्पों द्वारा उनकी अर्चना होने का तथ्य भी ध्यान देने योग्य है।

रामायण में देवकथाओं का जो क्रमबद्ध तथा विस्तृत रूप प्राप्त होता है उनमें, सूत्रग्रन्थों में उल्लिखित दुर्गा का विरल तथा क्षीण रेखाचित्र, अधिक पूर्ण तथा स्पष्ट बन कर उभरता है। उनके सम्बन्ध में जो धारणाएँ प्राप्त होती हैं, उनसे उनके व्यक्तित्व के विषय में एक निश्चित अनुमान लगाया जा सकता है। केनोपनिषद् की उमा अब निश्चित रूप से शिव की पत्नी हैं (बाल० ३५।१६-२१, ३६।१४-२९, ४३।२; उत्तर० ४। २८-३०, १३।२२, १६।३२ आदि)। उन्हें हिमालय की पुत्री माना गया है (......ददौ शैलवरः सुताम्। रुद्रायाप्रतिरूपाय उमां लोकनमस्कृताम्॥ बाल० ३५।२०)। पर्वतराज की पुत्री होने के कारण अब उनका सबसे अधिक प्रचलित नाम **पार्वती** है (उत्तर० ४। २७, आदि)। भवानी, रुद्राणी, शर्वाणी, ईशानी आदि शिव के विशेषणों से स्त्री-प्रत्ययों के द्वारा बने विशेषण अब उनके लिए बहुत कम प्रयुक्त होते हैं (इनमें भवानी अपेक्षाकृत अधिक प्रचलित है)। प्राचीनकाल में दुर्गा के मुख्यतः शिवपत्नी के रूप में

प्रतिष्ठित होने के कारण इन विशेषणों का औचित्य एवं उपयोगिता थी किन्तु अब तो स्वतः पार्वती के ही अपने कई नाम तथा विशेषण हैं। रामायण में अनेक स्थानों पर पार्वती के लिए आदर सूचक 'देवी' शब्द प्रयुक्त हुआ है (बाल० ३५। २१, ३६। ६ उत्तर० ८७। २४, २७ आदि)। उन्हें वर प्रदान करने वाली, एक सौम्य तथा दयालु देवी के रूप में चित्रित किया गया है। उत्तर० ४। २८-३१ में कहा गया है। कि **सालकंटकटा** नामक राक्षसी जब अपने पुत्र को छोड़ कर चली गई तो आकाशमार्ग में शिव के साथ विचरण करती हुई पार्वती को उस पर बड़ी दया आई। उन्होंने शंकर से कहकर उस रोते हुए बालक को युवा, हृष्ट-पुष्ट तथा अमर करवा दिया और उसे एक आकाशगामी पुर प्रदान किया —

कारुण्यभावात् पार्वत्या भवस्त्रपुरसूदनः।
तं राक्षसात्मजं चक्रे मातुरेव वयः समम्॥
पुरमाकशगं प्रादात् पार्वत्याः प्रियकाम्यया।
उमयापि वरो दत्तो राक्षसानां नृपात्मज॥ — उत्तर ४। २९, ३०, ३१

इसी प्रकार राजा **इल** के स्त्री बन जाने पर भी उसकी प्रार्थना पर वे उसे एक मास पुरुष तथा एक मास स्त्री बने रहने का वर देती हैं (उत्तर० ८७। २४-२८)। यहाँ इल उन्हें वरों की स्वामिनी, वरदा, लोकों को आह्लादित करने वाली, अमोघदर्शना तथा सौम्य कहता है —

ततः शोकेन महता शैलराजसुतां नृपः।
प्रणिपत्य ह्युमां देवीं सर्वेणैवान्तरात्मना।
ईशे वराणां वरदे लोकानामसि भामिनी।
अमोघदर्शने देवि भज सौम्येन चक्षुषा॥ — रामा० उत्तर० ८७। २२, २३

यद्यपि पार्वती का रूप यहाँ परवर्ती महाकाली की भाँति घोर तथा अशान्त नहीं है किन्तु उन्हें अत्यन्त प्रभावशाली तथा तेजस्वी चित्रित किया गया है। उत्तर० १३। २१-३१ में **कुबेर** के 'एकाक्षिपिंगल' विशेषण से सम्बन्धित एक कथा है कि एक बार कुबेर तपस्या करने के लिए हिमालय पर्वत पर गए। वहाँ सुन्दरी पार्वती शंकर के साथ विचरण कर रही थीं। कुबेर ने केवल इस जिज्ञासा से कि यह कल्याणी कौन हैं, बायाँ नेत्र खोल कर जैसे ही उनकी ओर देखा वैसे ही उनका यह नेत्र झुलस कर पीला पड़ गया —

तत्र देवो मया दृष्टः सह देव्योमया प्रभुः।
सव्यं चक्षुर्मया दैवात् तत्र देव्यां निपातितम्॥
'कान्वियं स्यादिति शुभा' न खल्वन्येन हेतुना।
रूपं ह्यनुपमं कृत्वा रुद्राणी तत्र तिष्ठति॥

देव्या दिव्यप्रभावेण दग्धं सव्यं ममेक्षणम्।
रेणुध्वस्तमिव ज्योतिः पिंगलत्वमुपागतम्॥— उत्तर० १३। २२-२५

इसी प्रकार बाल० ३६। ६-२६ में जब देवता यह इच्छा करते हैं कि शिव के पार्वती के गर्भ से कोई सन्तान न हो तो वे क्रुद्ध होकर समस्त देवों को निस्सन्तान होने का शाप दे देती हैं और देवगण इस शाप का निराकरण करने में असमर्थ रहते हैं —

इत्युक्त्वा सलिलं गृह्य पार्वती भास्करप्रभा।
समन्युरशपत् सर्वान् क्रोधसंरक्तलोचना॥
अपत्यं स्वेषु दारेषु नोत्पादयितुमर्हथ॥ — उत्तर० ३६। २२, २३।

उपर्युक्त विचरण से स्पष्ट है कि **पार्वती** की कल्पना **रामायण** में एक प्रभावशालिनी, तेजयुक्त देवी के रूप में की गई है, जो सामान्यतः दयालु, उदार तथा वरप्रदात्री हैं। **महाभारत** में आकर उनके स्वरूप का दूसरा पक्ष भी हमारे सामने आता है, जिसमें वे उग्र तथा विनाशकारिणी हैं, भले ही वे मनुष्यों या देवों को पीड़ित करने वाले दैत्यों का ही विनाश करती हों। साथ ही वे मांस तथा मदिरा की भी प्रेमी है और उनकी आकृति कराल तथा भयोत्पादक है। देवी के इस नये रूप की व्याख्या करना कठिन नहीं है। कहा जा चुका है कि देवी की उपासना ब्राह्मणधर्म में लौकिक धर्म से आई थी। ब्राह्मण धर्म में उनका रूप प्रायः सुसंस्कृत तथा सौम्य रहा किन्तु समाज के निम्न वर्गों तथा आदिवासियों में व्याप्त उनकी उपासना के प्रभाव से वह घोर रूप धारण करता गया। मातृशक्ति का अनेक नामों तथा रूपों में निम्नवर्गीय जनता में पूजन होता था और आज भी होता है। महाभारत के समय में धीरे-धीरे उच्च एवं निम्न वर्ग के धार्मिक विश्वासों के बीच की खाई पटने लगी थी। शनैः शनैः निम्नवर्ग में पूज्यमान देवी के भयंकर तथा घोर रूपों और उच्चवर्ग की अम्बिका (माता) के सौम्य तथा मृदु रूपों का सम्मिश्रण हो गया और मातृशक्ति अनेक नामों, रूपों तथा आकारों में बँट कर हिन्दू धर्म में परिव्याप्त हो गई।

महा० विराट्पर्व, षष्ठ-अध्याय में अज्ञातवास के लिए राजा विराट् के राज्य में जाते हुए युधिष्ठिर दुर्गा की जो स्तुति करते हैं, उसमें एक अत्यन्त महत्त्वपूर्ण श्लोक आता है—

विन्ध्ये चैव नगश्रेष्ठे तव स्थानं हि शाश्वतम्।
कालिकालि महाकालि सीधुमांसपशुप्रिये॥

यहाँ दुर्गा को विन्ध्याचल में सदा निवास करने वाली तथा मद्य, मांस एवं पशु से प्रसन्न होने वाली बताया गया है। स्पष्ट है कि ये विशेषताएँ रामायणकालीन उच्चवर्गीय समाज में पूजित पार्वती या उमा में नहीं थीं। इसके विपरीत आज भी विन्ध्य के वनों में रहने वाली भील आदि शबर जातियाँ इस कराल देवी की उपासना करती हैं और उसे

मद्य, मांसादि से तृप्त करती हैं। देवी के विन्ध्यवासिनी आदि नाम भी इसी ओर संकेत करते हैं।

भीष्म पर्व (२३। ४-१९) में श्रीकृष्ण के निर्देश से **अर्जुन** भी युद्ध में जय की कामना से दुर्गा के लिए स्तोत्र का पाठ करते हैं। इस स्तोत्र में दुर्गा के जो नाम आए हैं, उनसे इस विषय में कोई सन्देह नहीं रह जाता कि इस समय तक दुर्गा ने भारत की अनेक जातियों की अनेक स्वभाव वाली देवियों को आत्मसात् कर लिया था। ये विशेषण इस प्रकार हैं — काली, कपाली, कृष्णपिंगला, भद्रकाली, महाकाली, चण्डी, कात्यायनी, कराली,[१] विजया, कौशिकी, उमा, शाकम्भरी, विरूपाक्षी, धूम्राक्षी, सरस्वती, सावित्री आदि। साथ ही उन्हें मयूरपुच्छ धारण करने वाली, आभरणभूषित, शूल तथा खड्‌ग एवं खेटक आदि शस्त्र ग्रहण करने वाली तथा महिषासुर के रक्त की इच्छुक भी कहा गया है —

नमस्ते सिद्धसेनानि आर्ये मन्दरवासिनि।
कुमारि कालि कापालि कपिले कृष्णपिंगले॥

भद्रकालि नमस्तुभ्यं महाकालि नमोऽस्तु ते।
चण्डि चण्डे नमस्तुभ्यं तारिणि वरवर्णिनि॥

कात्यायनि महाभागे करालि विजये जये।
शिखिपिच्छध्वजधरे नानाभरणभूषिते॥

अट्टशूलप्रहरणे खड्‌गखेटकधारिणी।
गोपेन्द्रस्यानुजे ज्येष्ठे नन्दगोपकुलोद्भवे॥

महिषासृक्प्रिये नित्यं कौशिकि पीतवासिनि।
अट्टहासे कोकमुखे नमस्तेऽस्तु रणप्रिये॥

उमे शाकंभरि श्वेते कृष्णे कैटभनाशिनि।
हिरण्याक्षि विरूपाक्षि धूम्राक्षि च नमोऽस्तु ते।

वेदश्रुतिमहापुण्ये ब्रह्मण्ये जातवेदसि।
त्वं ब्रह्मविद्याविद्यानां महानिद्रा च देहिनाम्॥

---

१. **मुण्डक उप०** (१। २। ४) में एक श्लोक है, '**काली कराली च मनोजवा च सुलोहिता या च सुधूम्रवर्णा**। स्फुलिंगिनी विश्वरूपी च देवी लोलायमाना इति सप्तजिह्वाः'। इसमें अग्नि की सात शिखाओं या लपटों के नाम दिए हुए हैं। इनमें आए देवी के 'काली' तथा 'कराली' नामों को देख कर वेबर (**इंदिशे श्टूडियन**, १। २८६) ने अनुमान लगाया है कि दुर्गा की उपासना मूल रूप में अग्नि के भंयकर रूप से सम्बन्धित है। पर यह बड़ी दूर की कल्पना है और इसकी पुष्टि उपलब्ध प्रमाणों के आधार पर नहीं होती।

स्कन्दमातर्भगवति दुर्गे कान्तारवासिनि॥

— महा० भीष्म २३।४-११

ऊपर के उद्धरण के ७वें श्लोक में देवी को **कृष्ण** (गोपेन्द्र) **की बहन** तथा नन्दगोप के कुल में उत्पन्न कहा गया है। यह **हरिवंश पुराण** (२।२।३७ तथा आगे) और **भागवत** (१०।४।१-१३) आदि में वर्णित उस प्रसंग की ओर संकेत है जिसमें कहा गया है कि विष्णु के आदेश से योगमाया ने यशोदा के गर्भ से एक कन्या के रूप में जन्म लिया। वसुदेव जी अपने अष्टम पुत्र कृष्ण को यशोदा के पास लिटा कर उस बालिका को ले आए। कंस को जब यह पता चला तो वह भागा हुआ आया और बालिका को देवकी की गोद से छीनकर शिला पर पटक दिया। किन्तु बालिका कंस के हाथों से छूटकर आकाश में पहुँची और अष्टभुजाओं से युक्त दुर्गा का रूप धारण करके कंस को चेतावनी देकर अदृश्य हो गई। भागवत में इसके आगे का श्लोक बहुत महत्त्वपूर्ण है। इसमें कहा गया है कि इस घटना के अनन्तर वह देवी अनेक स्थानों में विभिन्न नामों से पूजी जाने लगीं —

इति प्रभाष्य तं देवी माया भगवती भुवि।
बहुनामनिकेतेषु बहुनामा बभूव हि[1] **।**

श्रीमद्भागवत में एक महत्त्वपूर्ण प्रसंग और है जिससे पता चलता है कि उस समय चोर, लुटेरे आदि शूद्र जाति के लोग सन्तान-प्राप्ति आदि कामनाओं की पूर्ति के लिए देवी के भयंकर रूप भद्रकाली की उपासना नरबलि देकर किया करते थे। **भाग०** ५।९।११-१९ में **जडभरत** (ऋषभदेव) की कथा के प्रसंग में बताया गया है कि एक बार शूद्र जाति के किसी दस्युराज ने सन्तान की प्राप्ति के लिए भद्रकाली को एक नरबलि देने का प्रबन्ध किया। किन्तु उसका **'पशु'** रात में भाग निकला। तब उसके अनुचर खेतों की रखवाली करते हुए जडभरत को ही पकड़ लाए। जब उसका वध करने के लिए दस्युराज ने कृपाण उठाई तो शूद्रों के द्वारा एक निर्दोष तपस्वी ब्राह्मण का वध होते देख कर भद्रकाली प्रतिमा को फोड़ कर प्रकट हो गई। उन्होंने झपट कर से पुरोहित के हाथ से तलवार छीन कर उन चोरों का ही सिर काट डाला और उनके उष्ण रक्त को स्वयं पिया तथा पार्षदों को पिलाया। आसवसदृश इस रक्त का प्रचुर मात्रा में पान कर लेने से वे मदविह्वल हो गईं और अपने पार्षदों समेत नरमुण्ड उछाल-उछाल कर गाने और नाचने लगीं —

(१) अथ कदाचित् कश्चिद् वृषलपतिः भद्रकाल्यै पुरुषपशुमालभत अपत्यकामः। — भाग० ५।९।१२

---

१. टीकाकार **श्रीधर** का कथन है कि वह **विन्ध्याचल** तथा **कामाख्या** प्रभृति क्षेत्रों में अनेक नामों से प्रसिद्ध हुईं। भारत के विभिन्न मन्दिरों में उपास्यमान देवी के स्थानभेद से असंख्य नाम हैं।

(२) **भृशममर्षरोषावेशरभसविलसितभृकुटिविटपकुटिलदंष्ट्रारुणेक्षणाटोपातिभयानकवदना हन्तुकामेवेदं महाट्टहासमतिसंरम्भेण विमुञ्चन्ती उत्पत्य पापीयसां दुष्टानां तेनैवासिना विवृक्णशीर्ष्णा गलात् स्रवन्तम् असृगासवमत्युष्णं सह गणेन निपीयातिपानमदविह्वलोच्चैस्तरां स्वपार्षदैः सह जगौ ननर्त च विजहार च शिरःकन्दुकलीलया।** — भाग० ५।९।१८

यहाँ जिस भद्रकाली का चित्रण है, वे उच्च-हिन्दूधर्म में फलपुष्पादि से पूज्यमान, मंगलमयी तथा सौभाग्यप्रदात्री देवी नहीं हैं अपितु बर्बर जातियों के धार्मिक विश्वासों की नरबलि एवं पशुबलि से प्रसन्न होने वाली, रक्तपायिनी, भयंकर एवं घोर देवी। इस सम्बन्ध में **हरिवंश** पुराण के वे श्लोक स्मरणीय हैं, जिनमें देवी को शबर, बर्बर तथा पुलिन्द आदि वन्य जातियों द्वारा पूजित (शबरैर्बर्बरैश्चैव पुलिन्दैश्च सुपूजिता, १।३।३६) तथा सुरा और मांस की प्रेमी (सुरामांसप्रिया, १।३।३९) कहा गया है।

प्राचीन **पुराणों** में हमें देवी के ब्राह्मण धर्म में विकसित सौम्य तथा लौकिक क्षेत्र में विकसित घोर, दोनों ही रूपों के दर्शन हो जाते हैं। **विष्णु पु०** १।७।१२-१५ को हम ऊपर उद्धृत कर चुके हैं, जिसमें कहा गया है कि शंकर ने अपने स्त्री-रूप को सौम्य तथा असौम्य कई प्रकार के रूपों में विभाजित किया (सौम्यासौम्यैस्तदा शान्ताशान्तैः स्त्रीत्वं च स प्रभुः)। **अग्नि पु०** ९६।१००-१०६ में दुर्गा की जो स्तुति प्राप्त होती है, उसमें उन्हें सौम्य तथा दयाशील रूप में ही कल्पित किया गया है। वे एक ऐसी देवी हैं, जिनका सत्कार सारा विश्व करता है और उनसे अनुग्रह की प्रार्थना करता है। **मत्स्य०** (१३।१८ तथा आगे), में उन्हें जगन्माता, सर्वशक्तियों की अधिष्ठात्री तथा कल्याणमयी कहा गया है। किन्तु इसी पुराण में अन्यत्र (१५८।११ तथा आगे) उनके उस घोर रूप का भी स्मरण किया गया, जिनमें वे दानवों का संहार करती हैं। **वायु०** ९।८२ का यह कथन कि देवी पहले आधी श्वेत तथा आधी काली थीं और बाद में उन्होंने अपने दोनों रूपों को अनेक भागों में विभक्त किया, देवी की उपासना से सम्बन्धित दो पृथक्-पृथक् धाराओं की ओर संकेत करता है।

इन दोनों धाराओं को एक में मिलाने, देवी के विभिन्न रूपों को एक ही मातृशक्ति से सम्बन्धित करने और इस शक्ति को जगत् की आदिकारणभूत महामाया या परब्रह्म की शक्ति के रूप में प्रतिष्ठित करने का श्रेय **मार्कण्डेय पुराण** में संकलित **देवी-माहात्म्य** को है। यह देवीमाहात्म्य **दुर्गासप्तशती** नाम से आज भी देवी के भक्तों का कण्ठहार बना हुआ है। मार्कण्डेय पुराण के ८१ से ९३ तक के १३ अध्याय दुर्गासप्तशती कहे जाते हैं। इसमें कहा गया है कि देवी महामाया-रूपिणी है। वह परब्रह्म की शक्ति है। बड़े-बड़े ज्ञानियों के मन को भी वह भ्रान्त कर देती है। उसी से यह चराचर जगत्

उत्पन्न होता है। वही अविद्या के रूप में संसार में बन्धन का हेतु है और वही परम-विद्या के रूप में मोक्ष की प्रदात्री भी है (८१।५५-५८)। वह नित्य है किन्तु जब वह देवों के कार्य की सिद्धि के लिए आविर्भूत होती है तो उसे उत्पन्न हुआ कहा जाता है —

नित्यैव सा जगन्मूर्तिस्तया सर्वमिदं ततम्।
देवानां कार्यसिद्ध्यर्थमाविर्भवति सा यदा।
उत्पन्नेति तदा लोके सा नित्याप्यभिधीयते॥ — ८१।६४, ६५, ६६

वही सांख्य में वर्णित आद्य-प्रकृति है तथा सत् और असत् वस्तुओं की जननी है (८१।७८, ८२)। विष्णु, शिव, इन्द्र, वरुण, आदि देवों में जो भी शक्ति तथा सामर्थ्य है, वह सब उसी का रूप है। इसीलिए ८२वें अध्याय में महिषासुर-वध के लिए प्रत्येक देवता के शरीर के निकले तेज के पुञ्जीभूत होने से उसकी उत्पत्ति बताई गई है। ८५वें अध्याय में देवी को ही चेतना, बुद्धि, निद्रा, क्षुधा, छाया, शक्ति, तृष्णा, शान्ति, लज्जा, शान्ति, श्रद्धा, कान्ति, लक्ष्मी, दया तथा स्मृति आदि बताया गया है।

सभी देवियों के एक ही मातृशक्ति पार्वती से सम्बन्धित करने का मार्कण्डेय-पुराण का प्रयास श्लाध्य है। देवों की स्तुति पर, पार्वती के शरीर से चण्ड, मुण्ड, शुम्भ, निशुम्भ तथा महिषासुर आदि राक्षसों का विनाश करने के लिए **अंबिका** का जन्म होता है (८५।८७)। अम्बिका का ही **कौशिकी** भी नाम है। शरीर से उसके निकल जाने पर पार्वती काली हो जाती हैं (८५।८८)। अम्बिका के ललाट से भद्रकाली का जन्म होता है (८७।६) चण्ड-मुण्ड का वध करने से उसका नाम **चामुण्डा** पड़ता है (८७-२७)। अम्बिका के ही शरीर से **चण्डिका** या **शिवदूती** का भी जन्म होता है (८८।२३, २८)। युद्ध में अम्बिका की सहायता करने के लिए ब्रह्मा, विष्णु, शिव, इन्द्र, कार्त्तिकेय आदि देवों की शक्तियाँ भी उनके शरीर से निकल कर आती हैं (८८।१३-२१) और जब शुम्भ देवी को ताना देता है कि वे इस प्रकार दूसरों के बल पर गर्व कर रही हैं तो वे कहती हैं कि ''मैं ही तो संसार की एकमात्र शक्ति हूँ, और दूसरा कौन है ? ये सब मेरी ही तो विभूतियाँ है'', और शुम्भ के देखते-देखते सारी शक्तियाँ अम्बिका के शरीर में लीन हो जाती हैं —

शुम्भ—**बलावलेपाद् दुष्टे त्वं मा दुर्गे गर्वमावह।**
अन्यासां बलमाश्रित्य युध्यसे यातिमानिनी॥

देव्युवाच—**एकैवाहं जगत्यत्र द्वितीया का ममापरा।**
पश्यैता दुष्ट मय्येव विशन्त्यो मद्विभूतयः॥

ततः समस्ताः ताः देव्यो ब्रह्माणीप्रमुखाः लयम्।
तस्या देव्यास्तनौ जग्मुः एकैवासीत् तदाम्बिका॥

देव्युवाच — **अहं विभूत्या बहुभिरिहरूपैर्यदास्थिता।**
तत्संहृतं मयैकैव तिष्ठाम्याजौ स्थिरो भव॥

— मार्कण्डेय पु० ९०। ३-८

९१वें अध्याय (४१- ५४) में देवी विन्ध्याचलनिवासिनी, रक्तदन्तिका, शताक्षी, शाकम्भरी, दुर्गा, भीमादेवी तथा भ्रामरी आदि देवियों को भी अपने ही विभिन्न रूप एवं विभूतियाँ घोषित करती हैं।

शक्तिपूजा का वह चरम उत्कर्ष है। पार्वती से इस परम-शक्ति का तादात्म्य होने के कारण और शिव की परब्रह्म के रूप में मान्यता होने के कारण शिव और पार्वती हिन्दू धर्म में अद्वितीय महत्त्व रखते हैं। **अर्धनारीनटेश्वर** के रूप में शिव और शक्ति की एक-दूसरे के सम्पूरक के रूप में कल्पना भी इसी से उद्भूत हुई है। महाकवि कालिदास रघुवंश के आद्यश्लोक में शिव एवं पार्वती को जगत् के पिता-माता घोषित करते हुए उन्हें परस्पर एक-दूसरे से ऐसे संसक्त बताते हैं, जैसे वाणी और उसका अर्थ — **वागर्थाविवसंपृक्तौ...जगतः पितरौ वन्दे पार्वतीपरमेश्वरौ**। वस्तुतः शिव एवं पार्वती वैवाहिक, गार्हस्थ्य प्रेम के चूडान्त निदर्शन हैं, यही कारण है कि प्रत्येक कन्या विवाह की रीति प्रारम्भ होने से पूर्व 'गौरी' से सुहाग की प्रार्थना करने जाती है।

गणेश या विनायक

गणपति शब्द का सर्वप्रथम प्रयोग **ऋ० वे०** २। २३। १ में प्राप्त होता है। यहाँ यह ब्रह्मणस्पति के विशेषण के रूप में प्रयुक्त हुआ है। **वा० सं०** २३। १९ में गणपति के सम्बन्ध में प्राप्य निम्न प्रसिद्ध मन्त्र —

गणानां त्वा गणपतिं हवामहे।
प्रियाणां त्वा प्रियपतिं हवामहे।
निधीनां त्वा निधिपतिं हवामहे॥

सम्भवतः 'गणों के अधिपति' रुद्र को सूचित करता है, क्योंकि इससे पूर्व के मन्त्रों में (२३। १८) अम्बिका का भी उल्लेख है। रुद्र के विभिन्न प्रकार के गणों का उल्लेख शतरुद्रिय में प्राप्त होता है (देखें, पृ० ४३२-४३७)।

मै० सं० २। ९। १। ६ में गणेश के विषय में निम्न गायत्री प्राप्त होती है। जिसमें उन्हें हस्तिमुख तथा दन्ती कहा गया है —

तत् कराटाय विद्महे, हस्तिमुखाय धीमहि।
तन्नो दन्ती प्रचोदयात्॥

इसी प्रकार **तै० आ०** १०।१।६ में भी गणेश को वक्रतुण्ड तथा दन्ती कहा गया है —

तत्पुरुषाय विद्महे, वक्रतुण्डाय धीमहि।
तन्नो दन्ती प्रचोदयात्॥

परन्तु जैसा कि पहले ही कहा जा चुका है, **मै० सं०** तथा **तै० आ०** के ये दोनों ही उद्धरण निश्चित रूप से प्रक्षिप्त हैं और सम्भवतः सूत्र युग से पहले के नहीं हैं। वस्तुतः गणेश का सर्वप्रथम प्रमाणिक उल्लेख **बौधायन ध० सू०** २।५।६ में प्राप्त होता है। यद्यपि यहाँ उन्हें केवल **विनायक** कहा गया है और गणेश शब्द उनके लिए प्रयुक्त नहीं हुआ किन्तु इनके **वक्रतुण्ड, एकदन्त, हस्तिमुख, लम्बोदर, स्थूल** तथा **विघ्न** आदि जो विशेषण दिए गए हैं, उनसे उनके व्यक्तित्व के विषय में कोई सन्देह नहीं रहा जाता। बौ० ध० सू० में इनके लिए अन्न–बलि आदि प्रदान करने का विधान किया गया है, साथ ही इनकी पत्नी तथा पार्षदों का भी उल्लेख हुआ है(तु० की० **शांखायन श्रौ० सू०** ४।२०।१)।

बौ० गृ० सू० (३।३।१०) में भी इस विनायक की अर्चना का विधान किया गया है। यहाँ इन्हें कार्यों में सिद्धि–विधायक, धन, ऐश्वर्य तथा पशुओं का प्रदाता कहा गया है। साथ ही उनके लिए 'विघ्न' तथा 'विघ्नेश्वर' संज्ञाएँ भी प्रयुक्त हुई हैं। स्तुति से सन्तुष्ट होकर वे विघ्नों का विनाश भी करते हैं। उनका आह्वान इस मन्त्र से किया जाता है —

विघ्न विघ्नेश्वरागच्छ विघ्नित्येव (! विघ्नघ्नेव ?) नमस्कृत।
अविघ्नाय भवान् सम्यक् सदास्माकं भव प्रभो॥

— बौ० गृ० सू० ३।३।११

इसी स्थल पर विनायक को **भुवनपतिः** तथा **भूतानां–पतिः** आदि उपाधियाँ भी दी गयी हैं और उन्हें शूर, वीर,उग्र, तथा भीम कहा गया है, 'हस्तिमुख' विशेषण भी उनके लिए प्रयुक्त हुआ है —

........विनायकाय भूपतये नमो विनायकाय स्वाहा। ...... विनायकाय भुवनपतये नमो, विनायकाय भूतानां पतये नमो....... विघ्नाय स्वाहा, वीराय स्वाहा, शूराय स्वाहा, उग्राय स्वाहा, भीमाय स्वाहा, हस्तिमुखाय स्वाहा, वरदाय स्वाहा, विघ्नपार्षदेभ्यः स्वाहा, विघ्नपार्षदीभ्यः स्वाहाः......। — बौ० गृ० सू० ३।३।११–१४

उनके पार्षदों तथा पार्षदियों के वर्णन से स्पष्ट है कि उनकी कल्पना एक विशेष प्रकार के 'गण के स्वामी' के रूप में की जाती थी। यद्यपि वे 'विघ्नेश' हैं, तथापि वरद भी हैं। उनकी 'आज्ञा' से पूजक के सभी काम सिद्ध होते हैं (**विनायक महाबाहो**

विघ्नेश भवदाज्ञया, कामा मे साधिता:, ३ । ३ । १५) । किन्तु उनकी गन्ध, पुष्प, धूप तथा दीपों से अर्चना करने के अनन्तर एवं अपूप, करम्भोदक, सत्तू एवं दुग्ध का नैवेद्य अर्पित करने के पश्चात् उनसे वहाँ से चले जाने की जो प्रार्थना की गई है, उससे प्रतीत होता है कि उनके घोर एवं विघ्नकारी स्वरूप के कारण उपासक को उनकी उपस्थिति अभीष्ट नहीं थी।

विनायकों के मूल स्वरूप के विषय में हमें **मानव गृ० सू०** २ । १४ में महत्त्वपूर्ण संकेत प्राप्त होते हैं। यहाँ एक नहीं , अपितु चार विनायकों का उल्लेख किया गया है। इनके नाम है **शालकटंकट**, **राजपुत्र-कूष्माण्ड**, **डस्मित**, तथा **देवयजन**। ये निम्नवर्गीय लौकिक-विश्वास की दुष्ट शक्तियों के प्रतीक हैं। भूत-प्रेतों की भाँति की ये भी मनुष्यों को आविष्ट कर लेते हैं। इनसे आविष्ट हुए मनुष्यों की यह पहचान होती है कि वे मिट्टी के ढेले फोड़ने लगते हैं, तिनके तोड़ते हैं, अंगों में लेख लिखते हैं, दु:स्वप्न देखते हैं। स्वप्न में उन्हें विशेषत: ऊँट, शूकर तथा गधे दिखाई पड़ते हैं। रास्ते में चलते हुए उन्हें ऐसा लगता है मानो कोई उनका पीछा कर रहा है। इनसे आविष्ट योग्य राजकुमार भी राज्य नहीं प्राप्त करते। सुन्दरी कन्याएँ भी पति-प्राप्ति से वञ्चित रह जाती हैं। निर्दोष स्त्रियाँ भी पुत्रवती नहीं होतीं। सदाचारिणी स्त्रियों के भी बालक मर जाते हैं। वेदों का विद्वान् भी आचार्य नहीं पाता। विद्यार्थियों के अध्ययन में महान् विघ्न होता है। वैश्यों का व्यापार नष्ट हो जाता है और किसानों की खेती मारी जाती है। सारांश यह है कि जितने भी प्रकार के अमंगल सम्भव हैं, वे सब होते हैं —

अथातो विनायकान् व्याख्यास्याम: । शालकटंकटश्च कूष्माण्डराज-पुत्रश्चोस्मितश्च देवयजनश्चेति । एतैधिगतानाम् इमानि रूपाणि भवन्ति । लोष्ठं मृद्नाति । तृणानि छिनत्ति । अंगेषु लेखान् लिखति अपस्वप्नं पश्यति । .... उष्ट्रान् शूकरान् गर्दभान्....... स्वप्नान् पश्यति । अध्वानं व्रजन् मन्यते पृष्ठतो मे कश्चिद् व्रजति । एतै: खलु विनायकैराविष्टा राजपुत्रा लक्षणवन्तो राज्यं न लभन्ते । कन्या: पतिकामा: लक्षणवत्यो भर्त र्नि् न लभन्ते । स्त्रिय: प्रजाकामा लक्षणवत्य: प्रजा न लभन्ते । स्त्रीणाम् आचारवतीनाम् अपत्यानि म्रियन्ते । श्रोत्रियोऽध्यापक आचार्यत्वं न प्राप्नोति अध्येत र्णीमध्ययने महाविघ्नानि भवन्ति । वणिजां वाणिज्यपथो विनश्यति कृषिकाराणां कृषिरल्पफला भवति........ । मानव गृ० सू० २ । १४ तथा आगे

बौ० गृ० सू० तक आते-आते सम्भवत: चार के स्थान पर एक प्रमुख विनायक की कल्पना रूढ़ हो गई थी। इसी को गणों या भूत, प्रमथ आदि पार्षदों का स्वामी माना जाता था। याज्ञवल्क्य-स्मृति के ११वें 'गणपति कल्प' प्रकरण में एक ऐसे ही शक्तिशाली विनायक का वर्णन है, जिसे रुद्र तथा ब्रह्मा ने 'गणों का अधिपति' बनाकर कामों में विघ्न डालने के लिए नियुक्त कर रखा है। इससे पीड़ित व्यक्तियों के जो लक्षण बताए गए हैं, वे पूर्णत: मा० गृ० सू० के वर्णन का अनुसरण करते हैं —

विनायकः कर्मविघ्नसिद्ध्यर्थः विनियोजितः।
गणानामाधिपत्ये च रुद्रेण ब्रह्मणा तथा॥

तेनोपसृष्टो यस्तस्य लक्षणानि निबोधत।
स्वप्नेऽवगाहतेऽत्यर्थं जलं मुण्डांश्च पश्यति।
अन्त्यजैर्गर्दभैरुष्ट्रैः समेकत्रावतिष्ठते।
व्रजन्नपि तथात्मानं मन्यतेऽनुगतं परैः॥

तेनोपसृष्टो लभते न राज्यं राजनन्दनः।
कुमारी न च भर्तारमपत्यं गर्भमंगना॥

— याज्ञवल्क्य स्मृति ११।२७१-२७५

२८५ वें श्लोक में इस विनायक के शालकटंकट, कूष्माण्ड तथा राजपुत्र आदि नामों से **मा० गृ० सू०** में वर्णित विनायकों से इसका सम्बन्ध स्पष्ट हो जाता है और २९० वें श्लोक में इसे अम्बिका का पुत्र बताने से (**विनायकस्य जननीम् उपतिष्ठेत् ततोऽम्बिकाम्**) इसके ही परवर्ती गणेश होने में कोई सन्देह नहीं रहा जाता।

इस प्रकार गणेश मूलतः लोकविश्वास की उन अनिष्टकारी शक्तियों के अधिपति माने जाते थे, जिनका कार्य मनुष्य को हर प्रकार से परेशान करना है और इसीलिए प्रत्येक मांगलिक कार्य के आरम्भ में या अनिष्ट दूर करने के लिए उनका पूजन आवश्यक समझा जाता था। प्रारम्भ से ही इनकी कल्पना हाथी के समान मुख वाली, एक वामन एवं स्थूलकाय मानव-आकृति के रूप में की जाती थी क्योंकि लोकविश्वास के अनुसार आज भी भूत, प्रेत, प्रमथ आदि पशुओं का सा मुख रखते हैं।

गणेश जी की आकृति, लम्बोदरत्व, एकदन्तत्व, गजवदनत्व, सूप के समान कानों का होना, ढुण्ढिराज आदि विशेषण तथा पुराणों में उनके जन्म के सम्बन्ध में अनेक प्रकार की परस्पर असम्बद्ध कथाओं का पाया जाना निश्चित रूप से उन्हें आर्य-देवमण्डल से बाहर की वस्तु सिद्ध करता है। **गणपत्युपनिषद्** में उन्हें 'व्रातपति' अर्थात् किसी अनार्य, यायावर-जाति का स्वामी तथा 'प्रमथपति' कहा गया है (खण्ड ३) और उनका शारीरिक वर्णन इस प्रकार किया गया है —

रक्तं लम्बोदरं शूर्पकर्णांकं रक्तवाससम्।
रक्तगन्धानुलिप्तांगं रक्तपुष्पैः सुपूजितम्॥ खंड २।

मनुस्मृति में भी एक स्थान पर कहा गया है कि शिव ब्राह्मणों के देवता हैं और गणेश शूद्रों के। ये सभी तथ्य उन्हें निम्नवर्गीय जातियों द्वारा आदृत, सामान्य लोक विश्वास का एक देवता सूचित करते हैं, जो बाद में अपने महत्त्व के कारण आर्य देवमण्डल में प्रविष्ट हो गए।

यहाँ यह बात स्मरणीय है कि रुद्र एवं गणेश का प्रारम्भ से ही घनिष्ठ सम्बन्ध था। वैदिक युग में रुद्र भी अपने गणों के अधिपति माने जाते थे। इन गणों का स्वरूप भी लगभग विनायकों के जैसा ही था। यही कारण है कि रुद्र के लिए वा० सं० २२। ३० तथा २३। ३० तथा २३। १९ आदि में 'गणपति' शब्द का प्रयोग हुआ है। इसके अतिरिक्त रुद्र का मूल स्वरूप भी लोकविश्वास से पुष्ट हुआ है। अतः महाभारत में आकर एक समय ऐसा भी आता है, जहाँ रुद्र एवं गणपति का व्यक्तित्व लगभग मिल जाता है[१]। यहाँ शिव को दो बार गणपति कहा गया है और उन्हें गणेश्वर की उपाधि भी दी गई है। **गणेशपूर्वतापनी-उपनिषद्** में तो अत्यन्त स्पष्ट शब्दों में गणेश का शिव से तादात्म्य किया गया है और उन्हें शिव का गजरूपधारी रूप माना गया है —

अथापश्यन् महादेवं श्रिया जुष्टं मदोत्कटम्।
लसत्कर्णं महोदेवं गजरूपधरं शिवम्॥
स संस्तुतो दैवतदेवसूनुः सुतं भृगोर्वाक्यमुवाच तुष्टः।
अवेहि मां भार्गव वक्रतुण्डमनाथनाथं त्रिगुणात्मकं शिवम्॥

— गणेश पू० ता० उप०, १। ५

वराह पु० (२३। १४) में कहा गया है कि विनायक को शिव ने उत्पन्न किया है और वे साक्षात् दूसरे रुद्र हैं (**साक्षाद् रुद्र इवापरः**)। **सौर पु०** ४३। ४८ में भी गणेश को पूर्णतः शिव ही बताया गया है। कई पुराणों में उन्हें शिव की उपाधियाँ एव विशेषण प्रदान किए गए हैं। **अग्नि पु०** ३४८। २६ तथा आगे, में उन्हें त्रिपुरान्तक कहा गया है तथा भुजाओं में सर्प लपेटे हुए और मस्तक पर चन्द्रकला धारण किए हुए वर्णित किया गया है। **ब्रह्मवैवर्त पु०** ३। १३। ४१ में उन्हें ईश कहा गया है तथा सिद्धों और योगियों का स्वामी बताया गया है। इसी प्रकार कुछ पुराणों में गणेश की उपाधियाँ शिव के लिए भी प्रयुक्त हुईं हैं। **वायु पु०** २४। १४७ तथा ३०। १८३ में शिव को गजेन्द्रकर्ण, लम्बोदर तथा दंष्ट्रिन् कहा गया है। शिव और गणेश के इसी तादात्म्य का परिणाम है कि वा० सं०, श० ब्रा०, तै० सं० तथा तै० ब्रा० में जहाँ **मूषक** को **रुद्र का पशु** बताया गया है, वहीं पुराणों में आकर वही **गणेश का वाहन** बन गया है और शिव से उसका सम्बन्ध पूर्णतः विलुप्त हो गया है (**आखुरथं तमीडे**; ब्रह्म० ११४। १५)। शिव के समान ताण्डव करती हुई गणेश की अनेक नृत्य मूर्तियाँ ('नाट-गणेश') उड़ीसा एवं दक्षिण भारत के मन्दिरों में सर्वत्र देखी जा सकती हैं।

विघ्नराज एवं शिव के गणाधिपति के रूप में स्वतन्त्र रूप से विकसित होने पर भी गणेश का शिव से पुत्र के रूप में सम्बन्ध बना रहा। पर गणेश को पार्वती तथा शिव का

---

१. एलिस गैट्टी : **गणेश**, ए मोनोग्राफ, ऑक्सफोर्ड १९३६, पृ० २।

पुत्र सिद्ध करने तथा उनके हस्ति-मुख की व्याख्या करने के लिए पुराणों में जो कथाएँ वर्णित की गई हैं उनमें प्रायः बहुत वैचित्र्य है। इससे सिद्ध होता है कि इस सम्बन्ध में कोई एक प्राचीन परम्परागत कथा प्रसिद्ध नहीं थी और सभी व्यासों ने अपनी-अपनी बुद्धि और रुचि के अनुसार इस ओर प्रयास किया। **मत्स्य पु०** १५३।५००-५०५ तथा **पद्मपुराण** ४२। २- ६ में लगभग शब्दशः एक ही प्रकार की कथा पाई जाती है। इसके अनुसार पहले पार्वती पुत्र न होने के कारण मन बहलाने के लिए कृत्रिम पुत्रकों (गुड्डे-गुड़ियों) से खेला करती थीं। एक बार उन्होंने अपने शरीर में उबटन लगाया और शरीर से झड़े हुए मैले उबटन से हाथी के मुख वाला एक पुतला बनाया। इसके बाद उन्होंने उसे गंगा में डाल दिया। गंगाजल में पड़ते ही वह पुतला बढ़ कर मानवाकृति हो गया। गंगा तथा पार्वती दोनों ने उसे अपना पुत्र माना और ब्रह्मा ने उसे विनायकों का आधिपत्य प्रदान किया —

ततो बहुतिथे काले सुतकामा गिरेः सुता।
सखीभिः सहिता क्रीडां चक्रे कृत्रिमपुत्रकैः॥

कदाचित् तैलगन्धेन गात्रमभ्यज्ज्य शैलजा।
चूर्णैरुद्वर्त्तयामास मलिनान्तरितां तनुम्॥

तदुद्वर्तनकं गृह्य नरं चक्रे गजाननम्।
पुत्रकं क्रीडती देवी तं चाक्षेपयदम्भसि॥

जाह्नव्यास्तु शिवासख्याः ततः सोऽभूद् महद्वपुः।
पुत्रेत्युवाच तं देवी पुत्रेत्यूचे च जाह्नवी॥

मेरे द्वारा बचपन में माँ से सुनी हुई बुन्देलखण्डी लोककथाओं में यह कथा इस रूप में प्राप्त होती है कि पार्वती ने उबटन से बने इस पुत्र को सजीव करके द्वार पर खड़ा कर दिया और कहा कि वह किसी को भी अन्दर न आने दें। अन्दर जाकर वे स्नान करने लगीं, इतने में शिव आए और भीतर जाने लगे। द्वाररक्षी बालक ने उन्हें भी घर के अन्दर प्रवेश करने से रोक दिया। इस पर शिव ने क्रुद्ध होकर उसका सिर काट लिया। परन्तु पार्वती के बहुत विलाप करने पर उन्होंने अपने गणों को आदेश दिया कि जाकर किसी ऐसे सद्योजात बालक का सिर काट लाओ, जिसकी माता उससे विमुख होकर लेटी हो। गणों को मनुष्यों में तो ऐसा कोई बालक नहीं मिला; हाँ एक हस्तिपुत्र अवश्य मिल गया जिसकी हस्तिनी माँ दूसरी ओर मुँह करके सो रही थी। बस, उसका सिर वे ले आए और वह गणेश के लगा दिया गया ।

वराह पु० के २३वें अध्याय में कहा गया है कि एक बार सोमनाथ के मन्दिर में पूजा करके सभी प्रकार के पापी तथा दुष्ट स्वर्ग जाने लगे और यम को कोई कार्य न रह गया। इस पर शिव ने यम की प्रार्थना पर मनुष्यों की पूजा एवं भक्ति में विघ्न डालने के

लिए अपने समान एक बालक उत्पन्न किया। किन्तु पार्वती का उस अनौरस पुत्र पर निरतिशय स्नेह देख कर उसे 'हस्तिमुख' तथा 'लम्बोदर' होने का शाप दे दिया। **ब्रह्मवैवर्तपुराण** में (भाग ३, अध्याय ७-९) पुत्र प्राप्ति के लिए अत्यन्त इच्छुक पार्वती को सन्तुष्ट करने के लिए विष्णु ही एक तेजस्वी बालक का रूप धारण करते हैं। सब देवता उसे देखने आते हैं। पर शनि की दृष्टि पड़ते ही उसका सिर कट जाता है। तब विष्णु उसके एक हाथी का सिर जोड़ देते हैं।

लिंग पु० अ० १०४-१०५ में कहा गया है कि देवों की प्रार्थना पर शिव ने ही विघ्नों के विनाश के लिए गणेश का रूप धारण किया। वस्तुतः विघ्नों का विनाश करना, किन्तु पहले स्तुत न होने पर अनेक विघ्नों को उत्पन्न करना, यही गणेश का पुराणों में मुख्य कार्य है। **ब्रह्मपुराण** के ११४वे अध्याय में आई एक कथा के अनुसार एक बार देवता एक महान् यज्ञ कर रहे थे किन्तु विघ्नों के कारण उनका पूर्ण नहीं हो पा रहा था। ब्रह्मा जी ने उन्हें बताया कि विनायक (कों) के द्वारा सम्पादित विघ्नों के कारण यह सत्र समाप्त नहीं हो रहा। तुम लोग उस 'आदिदेव' (प्रारम्भ में पूजित) विनायक की स्तुति करो —

विनायककृतैर्विघ्नैः नैतत् सत्रं समाप्यते।
तस्मात् स्तुवन्तु ते सर्वे आदिदेवं विनायकम्॥ — ब्रह्म० ११४।४

देवता गंगा में स्नान करके उनकी स्तुति करते हैं तब उनका यज्ञ निर्विघ्न समाप्त होता है —

इति स्तुतः सुरगणैर्विघ्नेशः प्राह तान् पुनः।
इतो निर्विघ्नता सत्रे मता स्यादसुरारिणा॥ — ११४।२०

हिन्दू देवमण्डल में बहुत बाद में समाविष्ट होने के कारण गणेश के सम्बन्ध में केवल एक ही महत्त्वपूर्ण कथा प्राचीन हिन्दू धार्मिक-साहित्य में प्राप्त होती है। **महा० आदि०** १।७५-७९ में कहा गया है कि व्यास जी ने विशालकाय महाभारत की रूपरेखा अपने मन में तैयार की तो उन्हें चिन्ता हुई कि इसे लिखेगा कौन ? ब्रह्मा जी की सलाह से उन्होंने गणेश जी का स्मरण किया। गणेश जी ने इस शर्त पर लिखना स्वीकार किया कि उनकी लेखनी एक क्षण के लिए भी न रुके। व्यास जी ने भी उनसे यह प्रतिज्ञा करा ली कि वे बिना अर्थ समझे कोई श्लोक नहीं लिखेंगे। लेखन कार्य प्रारम्भ हुआ। कुछ सरल श्लोकों के पश्चात् व्यास जी एक-दो कठिन श्लोक बोल देते थे और जब तक गणेश जी उनका अर्थ समझते थे तब तक वे अगले कई श्लोक सोच लेते थे।

नेपाल से प्राप्त **पिंगलामाला** नामक एक तान्त्रिक पुस्तक की १३वीं शती की हस्तलिखित प्रति में तथा राजपूत शैली के एक १७वीं शती के चित्र में गणेश जी को

महाभारत लिखते हुए चित्रित किया गया है[१]। प्रश्न यह है कि गणेश जी का विद्या से इस प्रकार सम्बन्ध क्यों हुआ?

भण्डारकर का मत है कि गणेश और विद्या का यह सम्बन्ध गणेश और **ब्रह्मणस्पति** के तादात्म्य की भ्रान्ति से हुआ है। ब्रह्मणस्पति या बृहस्पति विद्या के अधिष्ठाता हैं और जैसा कि ऊपर कहा जा चुका है (पृ० ४८४), ऋग्वेद में उन्हें **गणपति** कहा गया है। इस सम्बन्ध में यह भी महत्त्वपूर्ण है कि ऋग्वेद में ब्रह्मणस्पति का शस्त्र **स्वर्णपरशु** बताया गया है। किन्तु पुराणों में यह (परशु) गणेश का प्रिय शस्त्र है[२]। कुमारस्वामी का मत है कि गण शब्द के दो अर्थ होने से यह भ्रान्ति हुई है। यह शब्द परस्पर सम्बन्धित शब्दों की सूची का भी वाची है (जैसे पाणिनि का गणपाठ) अतः 'गणों' के अधिपति गणेश ऐसी पुस्तकों के भी स्वामी हो गए और कालान्तर में सभी पुस्तकों या विद्या के भी। एलिस गेट्टी का कहना है कि यह धारणा गणेश के **सिद्धि** शब्द से विद्यमान सम्बन्ध से निकली है। गणेश को सिद्धिदाता या 'सिद्धि का स्वामी' माना जाता था। परवर्ती धार्मिक विश्वास के अनुसार सिद्धि उनकी एक पत्नी भी है। इधर ब्राह्मी वर्णमाला को प्राचीन समय में 'सिद्धम्' कहा जाता था और उसका अध्ययन-अध्यापन सिद्धि शब्द से प्रारम्भ होता था ('ॐ नमः सिद्धम्')। अतः गणेश का प्रथमतः संस्कृत-वर्णमाला से, तथा बाद में, विद्या से सम्बन्ध हो गया[३]। जो हो, आज भी गणेश का विद्या से पर्याप्त सम्बन्ध है और प्रायः लेखक धार्मिक या साहित्यिक पुस्तकों के प्रारम्भ में सरस्वती तथा गणेश की स्तुति उपनिबद्ध करना मंगलकारी समझते हैं।

कालान्तर में गणेश की उपासना का एक स्वतन्त्र सम्प्रदाय बन गया। अपने आराध्यदेव गणेश को उसके उपासकों ने ब्रह्मा, विष्णु, शिव आदि का भी जनक, सर्वोच्च परब्रह्म स्वीकार किया। **गणेश-पूर्वतापनी, गणेश-उत्तरतापनी** तथा **गणपति-उपनिषदों** एवं **गणेशपुराण** का निमार्ण किया गया। गणपत्युपनिषद् में अत्यन्त सशक्त शब्दों में गणेश को जगत् का एकमात्र कर्ता, धर्ता तथा हर्ता, ब्रह्म, आत्मा तथा चिन्मय एवं आनन्दमय आदि कहा गया है —

नमस्ते गणपतये। त्वमेव प्रत्यक्षं तत्त्वमसि। त्वमेव केवलं कर्तासि। त्वमेव केवलं धर्तासि। त्वमेव केवलं हर्तासि। त्वमेव सर्व खल्विदं ब्रह्मासि। त्वं साक्षादात्मासि नित्यम्। त्वं वाङ्मयः, चिन्मयः त्वम् आनन्दमयः। सर्वं जगदिदं त्वत्तस्तिष्ठति। त्वयि लयमेष्यति। त्वयि प्रत्येति। त्वं शक्तित्रितयात्मकः। त्वां योगिनो ध्यायन्ति नित्यम्। त्वं ब्रह्मा त्वं विष्णुः त्वं रुद्रः भूर्भूवः स्वः ओम्॥ गणपत्युपनिषद्: प्रथम खंड।

---

१. एलिस गैट्टी : **गणेश**, पृ० ४

२. भण्डारकर : **वैष्णाविज़्म शैविज़्म एण्ड अदर माइनर रिलीजन्स ऑफ् इंडिया**, पृ० १४६।

३. एलिस गैट्टी : **गणेश**, पृ० ५।

गणेशोत्तरतरापनीयोपनिषद् में गणेश को ब्रह्मा, विष्णु एवं शिव का भी नियन्ता, पूर्ण परमेश्वर, सिद्ध करने के लिए परवर्ती साम्प्रदायिक पुराणों की भाँति आधारहीन काल्पनिक कथाओं का निर्माण किया गया है। सृष्टि से पूर्व गजानन एवं गजाकृति-गणेश ही आकाश, पृथ्वी आदि को व्याप्त करके स्थित थे। उन्होंने नाभि से ब्रह्मा की, मुख से विष्णु की तथा नेत्रों से शिव की सृष्टि की। ब्रह्मा से उन्होंने कहा, 'सृष्टि करो'। ब्रह्मा ने कहा, 'मैं नहीं जानता।' 'गणेश ने कहा मेरे अन्दर वर्तमान सम्पूर्ण ब्रह्माण्डों को देखो और उसी अनुरूप जगत् का निर्माण करो।' ब्रह्मा ने ऐसा ही किया। इसी प्रकार एक दूसरी कथा में ब्रह्मा, विष्णु, महेश अपने-अपने को सर्वश्रेष्ठ बताते हैं पर बाद में वे अपने हृदय में गणेश के दर्शन करते हैं[१]।

गणेश पुराण में भी गणपत्युपनिषद् की भाँति गणेश को विश्व की उत्पत्ति, स्थिति तथा संहार का हेतु बताया गया है (९।२०-२८)। लोक कल्याण के लिए गणेश बार-बार अवतार लेते हैं। विष्णु, शिव आदि सभी देवता गणेश से ही उत्पन्न होते हैं और अन्त में उन्हीं में विलीन हो जाते हैं (३।७)।

गणेश का यह चरम उत्कर्ष है। यद्यपि गाणपत्य-सम्प्रदाय ने उत्तर भारतीय मूर्ति-कला पर या धार्मिक क्षेत्र में कोई चिरस्थायी प्रभाव नहीं डाला किन्तु भारत से बाहर सांसारिक ऐश्वर्य के प्रदाता एवं विघ्नों के विनाशक के रूप में वे पर्याप्त लोकप्रिय हुए और उनकी उपासना गान्धार (अफ़गानिस्तान) नेपाल, चीन, चीनी-तुर्किस्तान, तिब्बत, बर्मा, स्याम (थाइलैण्ड), विएतनाम, जापान आदि देशों तथा जावा, बाली एवं बोर्नियो आदि दक्षिण-पूर्व एशिया के द्वीपों में भी प्रचलित हो गई।

स्कन्द

शिव एवं पार्वती के पुत्र के रूप में ख्यात कार्त्तिकेय या स्कन्द भी ऐसे ही देवता हैं, जिनका उद्गम ब्राह्मण धर्म से बाहर हुआ है। गणेश की भाँति वे भी लोकविश्वास के देवता थे किन्तु अपने महत्त्व के कारण हिन्दू-देवमण्डल में समाविष्ट कर लिए गए और यहाँ आने पर उन्हें लोकविश्वास से परिबृंहित, विचित्र चरित्र वाले, शिव से बढ़ कर और कौन पिता मिल सकता था?[२]

---

१. देखिए, निर्णयसागर प्रेस द्वारा प्रकाशित **ईशादिविंशोत्तरशतोपनिषदः**, पृ० ६३५-६३५।

२. कार्त्तिकेय के स्वरूप की विस्तृत व्याख्या के लिए प्रस्तुत लेखक का उ०प्र० हिन्दी संस्थान, लखनऊ से प्रकाशित **अत-एव** पत्रिका के प्रवेशाङ्क (१९८७, पृ० ६५-६७) में मुद्रित '**कार्त्तिकेय : लोक-वेद समन्वय के प्रथम देवता**' लेख द्रष्टव्य है।

वैदिक वाङ्मय में स्कन्द का सर्वप्रथम उल्लेख **मै० सं०** (२।९) तथा **तै० आ०** (१०।१) के परवर्ती भागों में पाया जाता है। **मै० सं०** में उन्हें **कुमार**, **कार्तिकेय** तथा **स्कन्द** कहा गया है और **तै० आ०** में **महासेन** तथा **षण्मुख**। दोनों गायत्रियाँ इस प्रकार है—

१. **तत् कुमाराय विद्महे कार्त्तिकेयाय धीमहि।**
तन्नः स्कन्दः प्रचोदयात्॥ मै० सं० २।९।१।५

२. **तत्पुरुषाय विद्महे महासेनाय धीमहि।**
तन्नः षण्मुखः प्रचोदयात्॥ तै० आ० १०।१।६

इन गायत्रियों की शब्दावली का सूक्ष्मेक्षण करने से प्रतीत होता है कि 'कुमार' अभिधान, साथ ही कृत्तिका का पुत्र होने, देवों के सेनापति होने तथा छः मुखों से युक्त होने आदि की धारणाएँ स्कन्द से प्रारम्भ से ही सम्बन्धित हैं। परवर्ती ग्रन्थों में कार्त्तिकेय को कृत्तिकाओं के अतिरिक्त अग्नि एवं शिव का भी पुत्र सिद्ध करने का प्रयत्न किया गया है और ऐसी भी कुछ कथाओं का निर्माण हुआ है, जिनमें उन्हें विभिन्न प्रकार की कल्पनाओं द्वारा इन सभी का सम्मिलित पुत्र बनाने की असामान्य चेष्टा की गई है।

स्कन्द का सर्वप्राचीन प्रामाणिक उल्लेख **बौधायन ध०** सू० २।५।८ में हुआ है। विनायक की भाँति इन्हें भी विविध प्रकार की बलियों से सन्तुष्ट रखने का विधान किया गया है। यहाँ इनमें पाँच नाम प्राप्त होते हैं **सुब्रह्मण्य, षण्मुख, विशाख, जयन्त,** अथा **महासेन**। इनमें से प्रथम नाम तमिळ भाषा में कार्तिकेय का सर्वप्रचलित नाम रहा है और आज भी है[1], किन्तु संस्कृत साहित्य में इनका प्रयोग नहीं के बराबर हुआ है।

स्कन्द जन्म से सम्बन्धित कथाएँ परस्पर अत्यन्त विभिन्न होते हुए भी स्थूल दृष्टि से दो वर्गों में बाँटी जा सकती हैं। प्रथम वर्ग की कथाओं में कार्तिकेय को **अग्नि** (पिता) एवं **स्वाहा** (माता) का पुत्र बताया गया है। किन्तु अग्नि एवं शिव के तादात्म्य के कारण वे शिव के भी पुत्र कहे जाते हैं। दूसरे वर्ग की कथाओं के अनुसार वे अग्नि में निक्षिप्त शिव के वीर्य से अस्वाभाविक रूप में उत्पन्न हुए है। महाभारत में दोनों प्रकार की कथाएँ आती हैं और क्रमशः वनपर्व के २२५वें तथा अनुशासन पर्व के ८६वें अध्याय में वर्णित की गई हैं।

रामायण के बालकाण्ड के ३६वें सर्ग में स्कन्द जन्म की कथा का घुलामिला रूप प्राप्त होता है। इसके अनुसार जब विवाहानन्तर शिव-पार्वती विहार कर रहे थे तो देवों के हृदय में चिन्ता उत्पन्न हुई कि यदि शिव के तेज से पार्वती में कोई पुत्र उत्पन्न हुआ तो वह असह्य तेज तथा पराक्रम से युक्त होगा और सम्पूर्ण प्राणियों को श्रीहीन करके

१. करमाकर : **रिलीजन्स ऑफ् इंडिया**, प्रथम भाग, पृ० १२८।

अभिभूत कर लेगा। वे प्रजापति के साथ शिव के पास गए और उनसे प्रार्थना की कि वे कोई पुत्र उत्पन्न न करें—

यदिहोत्पद्यते भूतं कस्तत् प्रतिसहिष्यते?
अभिगम्य सुराः सर्वे प्रणिपत्येदमब्रुवन्॥
देव देव महादेव लोकस्यास्य हिते रतः।
सुराणां प्रणिपातेन प्रसादं कर्तुमर्हसि॥
न लोका धारयिष्यन्ति तव तेजः सुरोत्तम।
त्रैलोक्यहितकामार्थं तेजस्तेजसि धारय॥ — रामा० बाल० ३६।९।१२

इस पर शिव अपने तेज को पृथ्वी पर छोड़ देते हैं। देवता अग्नि से कहते हैं कि तुम इसमें प्रविष्ट हो जाओ। अग्नि से संयुक्त होते ही वह तेज श्वेत पर्वत के समान विशाल शर-वन (सरकण्डों के जंगल) में परिवर्तित हो जाता है और बाद में उसी शर-वन से कार्तिकेय का जन्म होता है (श्लोक १६-२०)[1]। २०वें श्लोक में कार्तिकेय को 'अग्निसम्भवः' कहा गया है। बाद में पार्वती देवों को पुत्र-रहित होने का शाप देती हैं क्योंकि उन्होंने उनके कोई पुत्र नहीं उत्पन्न होने दिया (२२- २७)। पर ३७वें अध्याय में कथा का अन्त पुनः थोड़े परिवर्तित रूप में वर्णित किया गया है। जब देवों को सेनापति की आवश्यकता हुई तो वे ब्रह्मा जी के पास गए। ब्रह्मा ने अग्नि से शिव के तेज को आकाशगंगा में छोड़ने के लिए कहा। आकाशगंगा ने स्त्री का रूप धारण करके शिव के तेज को ग्रहण किया किन्तु फिर व्याकुल होकर अपने स्रोतों से उसे हिमालय-पर्वत पर सरकण्डों के एक वन में छोड़ दिया। वहाँ एक कुमार का जन्म हुआ। कृत्तिकाओं ने उसे दूध पिला कर पाला। इसलिए उसका नाम कार्त्तिकेय पड़ा (सर्ग ३७।१-३०)।

महाभारत वन० २२५-२३१ में वर्णित स्कन्द जन्म की कथा से अग्नि एवं शिव का प्राचीन तादात्म्य फिर स्पष्ट होता है। एक बार अग्नि सप्तर्षियों की पत्नियों पर मुग्ध हो गए। किन्तु उनके पास उन्हें पाने का कोई साधन नहीं था। अतः खिन्न होकर वे वन में चले गए। इधर दक्ष की पुत्री स्वाहा अग्नि पर आसक्त थी। अतः उसने अरुन्धती (वसिष्ठ-पत्नी) को छोड़ कर अन्य छः ऋषिपत्नियों का पृथक्-पृथक् रूप धारण करके अग्नि के पास जाकर उनसे सम्भोग किया और प्रत्येक बार अग्नि के वीर्य को एक गरुडी का रूप धारण करके सरकण्डों से घिरे एवं कृत्तिकाओं से रक्षित श्वेत-पर्वत पर एक काञ्चन कुण्ड में रख आई। कुछ समय पश्चात् उससे छः मुख, बारह हाथ, बारह कान और बारह आँख वाले एक कुमार का जन्म हुआ। अग्नि के 'स्कन्न'

---

१. तु० की०, **आराध्यैनं शरवणभुवं देवमुल्लंघिताध्वा**। (शरवणभू : = स्कन्द) मेघदूत, १।४५ 'शरवणन्' तमिळ में भी कार्त्तिकेय के लिए एक प्रचलित अभिधान है, इस नाम से दक्षिण भारतीय भोजनालयों की एक सुप्रसिद्ध शृंखला भी है ('सरवणा भवन')।

(स्खलित) रेतस् से उत्पन्न होने के कारण उसका नाम **स्कन्द** पड़ा। शरवण में जन्म होने से **शरवणभूः** तथा कृत्तिकाओं द्वारा पालित होने से उसे **कार्तिकेय** भी कहा गया —

स तत्र तेन मनसा बभूव क्षुभितेन्द्रियः।
पत्नीर्दृष्ट्वा द्विजेन्द्राणां वह्निः कामवशं ययौ॥

कामसन्तप्तहृदयो देहत्यागविनिश्चितः।
आलभे ब्राह्मणस्त्रीणामग्निर्वनमुपागमत्॥

स्वाहा तं दक्षदुहिता प्रथमं कामयत् तदा।
तत्त्वतः कामसंतप्तं चिन्तयामास भाविनी॥

अहं सप्तर्षिपत्नीनां कृत्वा रूपाणि पावकम्।
कामयिष्यामि कामार्ता तासां रूपेण मोहितम्॥

सा तत्र सहसा गत्वा शैलपृष्ठं सुदुर्गमम्।
प्राक्षिपत् काञ्चने कुंडे शुक्रं सा त्वरिता शुभा॥
तत् स्कन्नं तेजसा तत्र संवृतं जनयत् सुतम्
ऋषिभिः पूजितं स्कन्नमनयत् स्कन्दतां ततः॥

इसके प्रश्चात् ब्रह्मा सहित सभी देवता उस तेजस्वी बालक के दर्शन करने आते हैं। ब्रह्मा जी स्कन्द से कहते हैं कि तुम रुद्र के पुत्र हो क्योंकि अग्नि को ही रुद्र कहा जाता है। दोनों में कोई भेद नहीं है। और रुद्र तथा उमा ने ही अग्नि तथा स्वाहा में प्रविष्ट होकर तुम्हें उत्पन्न किया है —

रुद्रमग्निं द्विजाः प्राहुः रुद्रसूनुस्ततस्तु सः।
रुद्रेण शुक्रमुत्सृष्टं तत् श्वेतः पर्वततोऽभवत्॥
अनप्रविश्य रुद्रेण वह्निं जातो ह्ययं शिशुः।
रुद्रसूनं ततः प्राहुः गृहं गुणवतां वरम्॥
रुद्रेणाग्निं समाविश्य स्वाहामाविश्य चोमया।
हितार्थं सर्वलोकानां जातस्त्वमपराजितः॥

स्कन्द के विषय में ब्राह्मणों की क्या धारणा थी तथा हमारे देवमण्डल में प्रविष्ट होने के लिए स्कन्द को क्या संघर्ष करना पड़ा है इसका प्रतिबिम्ब सम्भवतः महा० वन० २२८। १-२० में वर्णित उस प्रसंग में है जिसमें यह कहा गया है कि स्कन्द के तेज से सब देवों के व्याकुल होने पर इन्द्र ने उन पर अपनी सेना सहित चढ़ाई कर दी और वज्र से उस बालक का विनाश करने के लिए उद्यत हुए। किन्तु स्कन्द ने अपने मुख से अग्नि-ज्वालाओं की सृष्टि की जिससे देवसेना जलने लगी। साथ ही उन्होंने अपने दक्षिण अंग से एक अन्य पराक्रमी बालक **विशाख** भी उत्पन्न किया। इस पर

इन्द्र ने हार मान कर स्कन्द की महत्ता स्वीकार की और उन्हें देवसेना का सेनापति बना दिया।

कार्तिकेय की पत्नी का नाम **षष्ठी** बताया गया है। ऐसा लोक विश्वास है कि यह देवी छोटे बालकों को हानि पहुँचाती है तथा उनका 'भक्षण' कर जाती है। इसलिए बालक के जन्म के छठे दिन इसकी विधिवत् पूजा होती है। **श्वेता, शकुनिका, वामनिका, संतानिका, सुप्रतिष्ठा, सुकुसुमा, समेडी, शोभना** तथा अन्यान्य विचित्र नाम वाली उनकी असंख्य परिचारिकाएँ महाभारत में वर्णित हैं (वन० २२७-२०-३०)। इनको मातृकाएँ कहा गया है और स्कन्द द्वारा इनको यह अनुमति मिली हुई है कि वे १६ वर्ष तक की अवस्था वाले बालकों को रोगादि के द्वारा पीडित करें। **सुवक्त्र, संचारक, सुचक्र, सित** तथा **सहस्त्रबाहु** आदि नाम वाले उनके गण भी हैं, जिनका स्वरूप रूद्र के प्राचीन विनाशकारी गणों से मिलता हैं। मातृकाओं तथा गणों को मिला कर **स्कन्दग्रह** कहा जाता है और विधान है कि अपनी सन्तान के आयुष्य की कामना करने वाले माता-पिताओं को इनका पूजन अवश्य करना चाहिए (२३०।४३, ४४)। उपर्युक्त कृत्तिकाओं से इनका सम्बन्ध, छः मुख तथा उत्पत्ति के सम्बन्ध में परस्पर असंगत कथाएँ आदि तथ्य इन्हें मूलतः निम्नवर्गीय लोकविश्वास का ही देवता सूचित करते हैं, जिसमें सम्भवतः कुछ अनार्य तत्त्व भी मिले हुए हैं[१]। इसकी पुष्टि संस्कृत के प्राचीन नाटक **मृच्छकटिक** के चतुर्थ अंक में प्राप्त एक प्रसंग से भी होती है, शर्विलक जब चारुदत्त के घर में सेंध लगाता है तो कार्तिकेय को प्रमाण करता है और उन्हें 'चौर्यकला का आदि-गुरु' कहकर स्मरण करता है (नमो वरदाय कुमारकार्त्तिकेयाय नमः कनकशक्तये ब्रह्मण्यदेवाय देवव्रताय...)। चोरों को वह स्कन्दपुत्र बताता है। इनके लौकिक उद्भव का इससे बढ़ कर और क्या प्रमाण हो सकता है? कार्तिकेय, सुब्रह्मण्य-स्वामी या कुमार-स्वामी की उपासना आज भी मुख्यतया तमिलनाडु और केरल के द्रविड़-क्षेत्र में ही व्यापक रूप से प्रचलित है, उत्तर में नहीं। इन दो प्रान्तों में कार्त्तिकेय का षोडशवर्षीय, तेजस्वी और मोहक कुमाररूप, 'कुमारप्पन्' या 'अय्यप्पन' नाम से बहुत लोकप्रिय और व्यापक रूप से पूजित हैं। इन्हें शिव (पिता) और मोहिनीरूप विष्णु (माता) का पुत्र माना जाता है। केरल के शबरीमलै मन्दिर में मकरसंक्रान्ति के दिन इनके भव्य दर्शन होते हैं। इनके भक्तगण चालीस दिनों तक एकाशी रहकर, ब्रह्मचर्यपूर्वक, कठोरव्रत करते हुए, काले कपड़े पहन कर उक्त मन्दिर में इनके दर्शन करने जाते हैं। इस मन्दिर में बालिकाओं और वृद्धाओं को छोड़कर स्त्रियों का प्रवेश वर्जित है क्योंकि अय्यपन् कठोर बालब्रह्मचारी हैं।

---

१. देखिए, चिन्तामणि विनायक वैद्यः **एपिक इंडिया**, अध्याय १६, 'रिलीजन'।

स्कन्द के अग्नि-पुत्रत्व के सम्बन्ध में एक हल्का सा अस्पष्ट संकेत **श० ब्रा०** ६। १।३।१८ में भी मिलता है। यहाँ भव, उग्र, शर्व, आदि रुद्र के आठ नामों का परिगणन करने के पश्चात् (पृ० ४४३) कहा गया है कि ये अग्नि के आठ रूप हैं और उसका नवम रूप 'कुमार' है —

...तान्येतानि अष्टौ अग्निरूपाणि, कुमारो नवमः॥

महाभारत, अनुशासन पर्व (अध्याय ८५, ८६) में स्कन्द जन्म की कथा का एक अपरकालीन रूप दिया गया है पर इसमें रामायण में वर्णित कथा के पर्याप्त अंश मिले हुए हैं। अग्नि ने जब शिव का तेज गंगा को दिया[1] और गंगा ने उसे शरवन में फेंक दिया तो छः कृत्तिकाओं ने उसका एक-एक अंश उठा कर अपने गर्भ में धारण कर लिया। इसके कुछ समय पश्चात् कृत्तिकाओं ने एक शिशु के विभिन्न अंगों को जन्म दिया जो उत्पन्न होते ही जुड़ गए और कार्तिकेय का जन्म हुआ।

ब्रह्मपुराण, ८२वें अध्याय में महाभारत के वन तथा अनुशासन पर्व में विद्यमान कथा के दोनों प्रकारों तथा रामायण में वर्णित प्रकार का विचित्र सम्मिश्रण प्राप्त होता है। अग्नि में सन्निहित शिव के वीर्य को देखकर ऋषिपत्नियों को उसकी स्पृहा हुई और उन्होंने उसे अग्नि से लेकर अपने में धारण कर लिया। किन्तु बाद में उनके स्नान करते समय वह फेन के रूप में निकल कर गंगा में मिल गया और वायु के द्वारा एकत्र होकर उससे षण्मुख की उत्पत्ति हुई (श्लोक २-६)।

परवर्ती पुराणों में स्कन्द से जन्म के साथ तारकासुर के वध की कथा भी अविच्छेद्य रूप से जुड़ी हुई है। स्कन्द के जन्म का कोई विशेष कारण पहली कथाओं में वर्णित न होने के कारण इस असुर-विशेष के वध को ही स्कन्द के जन्म का प्रमुख कारण बताया गया है। इन कथाओं में शिव को स्कन्द के प्रमुख जनक के रूप में चित्रित किया गया है। **मत्स्य-पुराण** में दो स्थानों पर यह कथा प्राप्त होती है, १४५।९-११ में तथा १५७ एवं १५८ अध्यायों में। प्रथम कथा अत्यन्त संक्षिप्त है। शिव अग्नि के मुख में अपने तेज का निक्षेप करते हैं[2]। उससे देवों की तृप्ति होती है। बाद में वह तेज अग्नि के उदर को फोड़ कर निकलता है और गंगा में मिल जाता है, वहाँ से शरस्तम्ब में पहुँच कर कार्तिकेय को जन्म देता है। दूसरी कथा में तारक से पीड़ित देवता शिव-पार्वती के दीर्घकालीन सहवास से उद्विग्न होकर अग्नि को उनके पास भेजते हैं। शिव कुपित होकर अग्नि को अपने आधे तेज को धारण करने का आदेश देते हैं। अग्नि उस

---

१. तु० की०, **सुरसरिदिव तेजो वह्निनिष्ठ्यूतमैशम्**, रघुवंश २।७५

२. तु० की० कालिदास की उक्ति —

रक्षाहेतोर्नवशशिभृता वासवीनां चमूनाम्

अत्यादित्यं हुतवहमुखे संभृतं तद्धि तेजः। मेघदूत १।४३

तेज को सहन न करके त्याग देते हैं। उससे एक सरोवर बन जाता है। पार्वती उसमें स्नान करने आती हैं। वहाँ वे छः कृतिकाओं को कमल-पत्र पर रजत के समान चमकते हुए जल को लिए हुए देखती हैं। पार्वती पीने के लिए उस जल को माँगती हैं। कृत्तिकाएँ इस शर्त पर जल देना स्वीकार करती हैं कि पार्वती का पुत्र उनका भी पुत्र माना जायेगा। जल पीते ही पार्वती की कुक्षि से एक बालक का जन्म होता है, जिसके मुख आदि का निर्माण कृत्तिकाएँ अपने अनुसार करती हैं।

वराह एवं **पद्म** आदि पुराणों में स्कन्द का अग्नि से सम्बन्ध बिल्कुल समाप्त कर दिया गया है। **वराह पु०** (२५।५२ आ०) में कहा गया है कि जब देवता बार-बार तारकासुर से पराजित हुए तो वे शिव की शरण में गए। शिव ने तत्काल अपनी शक्ति को संक्षुब्ध करके एक देदीप्यमान बालक को उत्पन्न किया जो अपने हाथ में शक्ति लिए हुए था। पद्म पुराण (अध्याय ३९ तथा ४२) में शिव-पार्वती एक सहस्त्र वर्षों तक विहार करते हैं। इसके पश्चात् पार्वती सखियों के साथ जल-विहार करने जाती हैं और वहाँ कृत्तिकाओं द्वारा दिए जल का पान करके कार्तिकेय को उत्पन्न करती हैं। यहाँ सरोवर अग्नि द्वारा परित्यक्त शिव-तेज से निर्मित नहीं है अतः अग्नि से सम्बन्ध बिल्कुल लुप्त हो गया है।

ब्रह्मपुराण में प्रस्तुत कथा सम्भवतः सर्वाधिक क्रमबद्ध तथा सुसंघटित रूप में प्राप्त होती है। काल की दृष्टि से यह मत्स्य, वायु आदि प्राचीन एवं पद्म, वराह आदि अर्वाचीन पुराणों के मध्य में अवस्थित है। दक्षयज्ञविध्वंस, सतीदाह, मदनदहन तथा पार्वती-परिणय आदि की कथाएँ भी इसमें अत्यन्त चतुरतापूर्वक ग्रथित हो गई हैं। दक्षयज्ञ में शिव को भाग न मिलने से कुपित सती अपने को भस्म कर देती हैं। शिव अन्यमनस्क होकर तपस्या करने चले जाते हैं। इधर तारकासुर से व्याकुल देवता ब्रह्मा जी के पास जाते हैं, जो बताते हैं कि शिव से उत्पन्न बालक ही उसका वध कर सकता है। सती उमा के रूप में हिमालय के यहाँ जन्म लेती हैं। इन्द्र काम की सहायता से शिव को पार्वती के प्रति आसक्त कराना चाहता है; पर प्रकुपित शिव उसे भस्म कर देते हैं। पार्वती तपस्या से शिव को प्राप्त करती हैं। आगे की कथा मत्स्य पु० १४५।९-११ के अनुसार चलती है। अग्नि शिव के तेज को गंगातट पर कृत्तिकाओं को देते हैं और उससे स्कन्द की उत्पत्ति होती है। कालिदास के समय में कथा का यही प्रामाणिक रूप था क्योंकि उनके 'कुमारसम्भव' का यही आधार है।

स्कन्द जन्म की इन कथाओं का क्रमिक विकास बहुत स्पष्ट है। सबसे प्राचीन कथाओं में शिव का उल्लेख ही नहीं है। स्कन्द को अग्निपुत्र बताया गया है (महा० वनपर्व)। यहाँ तक कि प्राचीन पुराणों में कार्तिकेय को अग्नि की पत्नी **कृत्तिका** से उत्पन्न कहा गया है (भागवत० ६।६।१५, तथा ६।१४।३०)। विकास की दूसरी

दशा में शिव के वीर्य को अग्नि धारण कर लेते हैं और दोनों ही स्कन्द के जनक बन जाते हैं (महा० अनु० तथा मत्स्य० आदि)। तीसरी अवस्था में उन्हें शिव, अग्नि, कृत्तिका, पार्वती तथा गंगा आदि का एक साथ पुत्र सिद्ध करने की चेष्टा की जाती है और तारक वध आदि अन्य छोटी-मोटी कथाओं को भी इस मुख्य कथा में जोड़ कर एक महाकाव्य का सा रूप दे दिया जाता है (ब्रह्म०)। सबसे अन्त में यह कथा शुद्ध एवं संक्षिप्त रूप में रह जाती है, जिसमें कार्तिकेय केवल शिव के पुत्र हैं (वराह० आदि)।

मत्स्य० १५७। ४१ में कुमार शब्द की एक विशेष व्युत्पत्ति दी गई है। **'कु'** (कुत्सित दैत्यों) को मारने के कारण उसका नाम कु-मार है—

दीप्तो मारयितुं दैत्यान् कुत्सितान् कनकच्छविः।
एतस्मात् कारणादेव कुमारश्चापि सोऽभवत्॥

ऊपर उल्लिखित महाभारत (वन-पर्व) के उद्धरण में इन्द्र के विनाश के लिए स्कन्द के दाहिने अंग से **विशाख** नामक एक प्रचण्ड गण की उत्पत्ति वर्णित की गई है। परन्तु परवर्ती पुराणों में यह शब्द स्कन्द का पर्यायवाची है। मत्स्यपुराण इस शब्द को कार्तिकेय के नामों में परिगणित करता है (स्कन्दो विशाखः षड्वक्त्रो कार्तिकेयश्च विश्रुतः, १५८। ३) और कहता है कि स्कन्द की शाखाओं (शरीर के अवयवों) के कृत्तिकाओं द्वारा जोड़े जाने के कारण उसका नाम 'विशाख' हुआ —

कृत्तिकामेलनादेव शाखाभिः सविशेषतः।
शाखाभिधा समाख्याता षड्वक्त्रेषु विस्तृता॥ — १५७। २

कुछ पुराणों में यह भी उल्लेख है कि इन्द्र ने वज्र से उसके बारह हाथों में से दस हाथ या शाखाएँ काट डालीं, जिससे वह 'वि-शाख' हो गया।

स्कन्द का शस्त्र शक्ति या बरछी है (महा० शान्ति० ३२७। ९) और उनका वाहन मयूर बताया गया है (नमो मयूरोज्ज्वलवाहनाय, मत्स्य० १५८। १६)। महाभारत में उन्हें महिषासुर का वध करते हुए भी वर्णित किया गया है (शल्य० ४६। ९०), जिसका श्रेय बाद में उनकी माता दुर्गा को दिया गया।

अन्त में चलते-चलते यह भी उल्लेख कर दिया जाए कि कार्त्तिकेय के जन्म की कथा बहुत प्रतीकात्मक है और इसमें अनेक खगोलीय एवं याज्ञिक तत्त्व मिले हुए हैं। कृत्तिका नक्षत्र में छः तारे हैं, जो दो-दो के युग्म में एक चटाई के रूप में (कृत्ति=खाल, चर्म की चटाई) नीचे की ओर फैले हुए हैं। सबसे ऊपर दाहिनी ओर एक बहुत छोटा सा सातवाँ तारा और है, जो कृत्तिकाओं का बालक 'कुमार' है। छः तारे ही छः कृत्तिका देवियाँ हैं। संख्या ६ का सम्बन्ध षष्ठी देवी से भी है, जो लौकिक हिन्दू धर्म में शिशु-

जन्म की देवी हैं। ज्योतिषशास्त्र में कृत्तिका नक्षत्र के देवता अग्नि हैं। वैदिक वर्ष का आरम्भ (२२ मार्च) जिस दिन से होता है, आज से लगभग तीन सहस्र वर्ष पूर्व तक, ब्राह्मण ग्रन्थों के रचना काल में, उस दिन सूर्य चार कृत्तिका नक्षत्र में होता था। इस दिवस पर दिन और रात्रि का मान बराबर होता है। अतः सूर्य देवता ठीक पूर्व में उदित होते हैं। ब्राह्मण ग्रन्थों में स्पष्ट निर्देश हैं कि इसी दिन, सूर्य के अग्निदेवतात्मक कृत्तिकानक्षत्र में होने के कारण, यज्ञार्थ अग्निचयन की वेदी का निर्माण प्रारम्भ किया जाता है (**कृत्तिकासु आदधीत। एता ह वै प्राच्यै दिशो न च्यवन्ते**...श०ब्रा०)। इन अग्निदैवत्य कृत्तिकाओं के पुत्र होने से कुमार-कार्त्तिकेय अग्नि के पुत्र हैं और परोक्षतः शिव के भी।

❖ ❖ ❖

अष्टम अध्याय

पृथिवी-स्थानीय देवता

अग्नि

अग्नि वैदिक युग के सर्वाधिक प्रसिद्ध देवों में से एक हैं। ऋग्वेद का लगभग पञ्चमांश उनके प्रति कहे गए सूक्तों से भरा है। कर्मकाण्डमूलक वैदिक धर्म में, जिसमें प्रतिक्षण अग्नि की आवश्यकता थी, ऐसा होना स्वाभाविक भी है। अग्नि के प्रति कहे गए सूक्तों में प्राचीन आर्यों की वह मूल धार्मिक भावना सर्वाधिक स्पष्टतया लक्षित होती है, जिसके अन्तर्गत किसी भी महत्त्वपूर्ण भौतिक तत्त्व को उसकी महत्ता एवं उत्कृष्टता के कारण दैवी भाव से युक्त मान लिया जाता है और उसके पीछे स्फुरित होने वाली दैवी चेतना धीरे-धीरे स्वतन्त्र होकर उपास्य देव का रूप धारण कर लेती है।

वैदिक ऋषियों की दृष्टि में अग्नि वस्तुतः अमर (**अमृत** तथा **अमर्त्य**) हैं (ऋ० १। ५८। १, २। १०। १, २ आदि आदि)। वे **दैव्यजन** (१। ४४। ६) हैं जो अतिथि के रूप में मर्त्य मनुष्यों के बीच रहते हैं (१। ४४। ४ आदि)। यज्ञ से घनिष्ठतया सम्बन्धित होने के कारण उनके लिए 'पुरोहित' 'ऋत्विक्', 'होता', तथा 'ब्रह्मा' आदि विशेषण प्रयुक्त किए गए हैं (१। १। १)। उनके केश पीले हैं और श्मश्रु सुनहली हैं, इसलिए उन्हें **हरिकेश** (३। २। १३) तथा **हिरण्यमश्मश्रु** (५। ७। ७) कहा गया है। घृत से उत्पन्न होने के कारण उन्हें **घृतयोनि** तथा घृतपृष्ठ भी कहा गया है (५। ४। ३)। उनके जबड़े (जम्भ) प्रतप्त तथा पैने हैं, उनसे वे सब कुछ खा जाते हैं, (१। ५८। ५)। उनके सात जिह्वाएँ हैं (ऋ० ३। ६। २, वा० सं० १७। ७९) जो अग्नि की विभिन्न ज्वालाओं की प्रतीक हैं। **मुण्डक उप०** १। २४ में अग्नि की इन सात चञ्चल जिह्वाओं के नाम क्रमशः काली, कराली, मनोजवा, सुलोहिता, सूधूम्रवर्णा, स्फुलिंगिनी तथा विश्वरुची दिए गए हैं। कभी-कभी जलते समय चटकने के कारण उनकी तुलना गरजते हुए वृषभ से की गई है (५। २। १२) और इन ज्वालाओं को इस वृषभ के सींग माना गया है (५। १। ८)।

वे ही देवों के मुख तथा जिह्वा हैं, जिसके द्वारा वे अपने यज्ञ-भाग का उपभोग करते हैं २। १। १३, १४)। अग्नि को दिन में तीन बार भोजन प्रदान किया जाता है (४। १२। १); घृत तथा समिधाएँ उनका प्रिय भोजन हैं (१। ७। २)। वैसे वे सर्वभक्षी या **विश्वाद** भी हैं और अपने तीक्ष्ण दाँतों से वन के वन चबा डालते हैं (१। १४३। ५)।

अग्नि को **भास्वर** तथा **शोचिष्केश** (चमकीली ज्वालाओं से युक्त, ७।१५।१०) भी कहते हैं। वे सूर्य की भाँति चमकते हैं (१।१४९।३) और प्रज्वलित होने पर अन्धकार का मार्ग खोल देते हैं। **धूमकेतु** विशेषण उनके लिए बार-बार प्रयुक्त हुआ है। उनका धुआँ आकाश में उठकर उसे व्याप्त कर देता है (७।१६।३)।

अग्नि का रथ भी अत्यन्त द्युतिमान् हैं। यह शुक्रवर्ण-युक्त तथा तमोविनाशक है (१।१४०।१)। अरणियों के पारस्परिक घर्षण से उत्पन्न होने के कारण अग्नि को इनका पुत्र कहा गया है। उनमें वह उसी प्रकार निहित रहता है जैसे माता में गर्भ (३।२९।२)। किन्तु इस शिशु में एक विशेष बात यह है कि उत्पन्न होते ही यह अपनी माताओं (या माता-पिता) का भक्षण कर डालता है (१०।७९।४)। ये अरणियाँ दोनों हाथों की दस उँगलियों से मथी जाती हैं। अतः १।९५।२ में कहा या है कि अग्नि को दस युवतियाँ जन्म देती हैं। मन्थन क्रिया में शक्ति (सहस्) की आवश्यकता होने के कारण अग्नि को सहसः सूनूः भी कहा गया है। काष्ठ के अन्दर रहने के कारण प्रायः उन्हें ओषधियों या वृक्षों का गर्भ भी बताया गया है (१।७०।३)।

तै० सं० ६।२।८ में कहा गया है कि एक बार अग्नि भाग कर शमी के वृक्ष में छिप गए। तब उसकी लकड़ियों (अरणियों) को मथ कर देवों ने अग्नि निकालना प्रारम्भ किया।

अग्नि यद्यपि सबसे अधिक प्राचीन या वृद्ध हैं तो भी वे नित्य एक युवक के रूप में उत्पन्न होते हैं (२।४।५)। वस्तुतः वे कभी वृद्ध होते ही नहीं (१।१२८।२) क्योंकि उनका नित्य-नूतन प्रकाश प्राचीन प्रकाश से भिन्न नहीं होता (६।१६।२१)।

प्रत्येक घर में स्थित रहने एवं सम्पूर्ण गार्हस्थिक धार्मिक कृत्यों के सम्पादक होने के कारण अग्नि को गृहपति कहा गया है (५।८।२ आदि)। वे प्रत्येक परिवार में एक मान्य अतिथि के रूप में रहते हैं और जब भी वे आते हैं तो (बाहर से लौटकर घर आए हुए) पिता की भाँति गृहवासियों को सदा अनेक प्रकार के उपहार (उपायन) लेकर आते हैं (१।१।९ आदि)। ऋग्वेद के विभिन्न मन्त्रों में उन्हें पिता, माता, भ्राता, पुत्र तथा मित्र आदि कहा गया है (१।२६।३, ८।४३।१६ आदि)।

राक्षसों अथवा यातुधानों को भगाने या नष्ट करने में भी अग्नि का बड़ा हाथ है। ऋ० १०।८७।१ में उनके लिए रक्षोहन् विशेषण प्रयुक्त हुआ है। अपने लोहे के जबड़ों से वे राक्षसों को चबा जाते हैं (१०।८७।५)।

अपने उपासकों को अग्नि अनेक विपदाओं से बचाते हैं (३।२०।४) और उसको सब प्रकार की सम्पदा प्रदान करते हैं (१।६८।१०)।

देवता के रूप में अग्नि अत्यन्त ज्ञानी हैं, वे 'जातवेदाः' हैं, संसार की प्रत्येक वस्तु को जानते हैं (१०।११।१)। उनके लिए ऋषि या दिव्य-ऋषि विशेषण प्रायः प्रयुक्त

हुआ है (३।३।४)। उनमें सभी विद्याएँ अधिष्ठित हैं (१०।२१।५)।

अग्नि के जन्म के विषय में कहा गया है कि **अथर्वा** ऋषि ने सबसे पहले उन्हें मन्थन से उत्पन्न किया (६।१६।१३)। आज भी लोग अग्नि को उसी प्रकार उत्पन्न करते हैं, जैसे अथर्वा ने उन्हें सिखाया था (ऋ० ६।१५।१७)।

ऋ० १०।४५।८ अग्नि को द्यौः या आकाश का पुत्र कहा गया है (यदेनं द्यौरजनयत् सुरेताः)। कई स्थानों पर उन्हें **दिवः शिशुः** भी कहा गया है (अरुणं न दिवः शिशुम्, ४।१५।६; दिवः शिशुं सहसः सूनुमग्निम्, ६।४९।२)। अन्तरिक्षस्थ जलों में अग्नि की उत्पत्ति के भी अनेक संकेत ऋग्वेद में मिलते हैं। १०।९१।६ में कहा गया है कि जल रूपी माताओं ने अग्नि को जन्म दिया है, (तमापो अग्निं जनयन्त मातरः)। अग्नि जलों के गर्भ हैं (३।१।१२) तथा उनकी गोद में बढ़ते हैं (१०।८।१)। अग्नि की जल में उत्पत्ति की धारणा ऋग्वेद में इतनी प्रबल है कि उनकी इस विशेषता को व्याप्त करने वाला अपां-नपात् विशेषण एक स्वतन्त्र विशेषण ही बन गया है। परवर्ती साहित्य में समुद्र के भीतर 'बडवाग्नि' होने की धारणा इसी का विकास है।

आकाश से सम्बन्ध के कारण अग्नि की कल्पना एक पक्षी के रूप में की गई है। वे आकाश में विचरण करने वाले श्येन हैं (नवं नु स्तोमम् अग्नये दिवः श्येनाय जीजनम् ७।१५।४)। वे दिव्य सुपर्ण हैं (१।१६४।५२) और अन्तरिक्ष के जल से सम्बन्ध के कारण उन्हें जल में तैरने वाला हंस कहा गया है (श्वसित्यप्सु हंसो न सीदन् १।६५।५)।

ऋग्वेद में सूर्य एवं विद्युत् को भी अग्नि के आकाश एवं अन्तरिक्षवर्ती रूप माना गया है और इस प्रकार अग्नि के तीन जन्मों का उल्लेख किया गया है —

(१) **दिवस्परि प्रथमं जज्ञे अग्निरस्मद् द्वितीयं परि जातवेदाः।**
तृतीयमप्सु नृमणा अजस्रम्......॥ ऋ० १०।४५।१

(२) **स एषां यज्ञो अभवत् तनूपस्तं द्यौर्वेद तं पृथिवी तमापः।**
— ऋ० १०।८८।८

अग्नि और सूर्य का तादात्म्य तो ऋग्वेद के कई मन्त्रों में मिलता है (उदाहरणार्थ, मूर्धा भुवो भवति नक्तमग्निः ततः सूर्यो जायते प्रातरुद्यन्।१०।८८।६)। आपस् या जल में अग्नि का निवास मेघों में अवस्थित विद्युत् को सूचित करता है। इसी त्रेधा जन्म के कारण अग्नि को **अर्कस्त्रिधातुः** (तीन प्रकार की ज्योति, ३।२६।७), 'त्रिषधस्थ' तथा 'त्रिपस्त्य' (तीन स्थानों में रहने वाले, ५।४।८ तथा ८।३९।८) कहा गया है।

अग्नि के इन्हीं तीन रूपों की ओर संकेत करते हुए सम्भवतः ऋ० १।१६४।१ में अग्नि के तीन भ्राताओं का उल्लेख किया गया है —

अस्य वामस्य पलितस्य होतुस्तस्य भ्राता मध्यमो अस्त्यशनः।
तृतीयो भ्राता घृतष्ठो अस्यात्रापश्यं विश्पतिं सप्तपुत्रम्॥

और १०।५१।६ में भी इनका उल्लेख है —

अग्नेः पूर्वे भ्रातरो अर्थमेतं रथीवाध्वानम् अन्वावरीयुः।

बृहद्देवता में अग्नि के पार्थिव, वायव्य तथा दिव्य रूपों के नामों को क्रमशः पवमान, वनस्पति तथा शुचि बताया गया है —

इहैष पवमानोऽग्निः मध्यमोऽग्निर्वनस्पतिः।
अमुष्मिन्नेव विप्रैस्तु लोकेऽग्निः शुचिरुच्यते॥ बृ० देव० १।६६

बृहद्देवताकार का यह भी कथन है कि ऋ० १।१६४।४४ में जिन तीन 'केशियों' का उल्लेख है (त्रयः केशिन ऋतुथा वि चक्षते.....) वे अग्नि के इन्हीं तीन रूपों को सूचित करते हैं, क्योंकि —

अर्चिर्भिः केश्ययं त्वग्निः विद्युद्भिश्चैव मध्यमः।
असौ तु रश्मिभिः केशी तेनैनानाह केशिनः॥ १।९४

वाजसनेयी संहिता में अग्नि के तीन रूपों को दृष्टि में रख कर ही सम्भवतः कहा गया है कि अग्नि तीन पुरियों में रहते हैं, जो क्रमशः लोहे, चाँदी तथा सोने से बनी हैं (या ते अग्ने अयःशया, रजःशया, हरिशया तनूर्वर्षिष्ठा गह्वरेष्ठा....... ४।८)। **वा० सं०** ७।२४ में उनका सूर्य से भी तादात्म्य किया गया है और उन्हें **अमृत, कवि, सम्राट्** तथा **'मनुष्यों का अतिथि'** कहा गया है —

मूर्धानं दिवो अरतिं पृथिव्या वैश्वानरममृतम् आजातमग्निम्।
कविं सम्राजमतिथिं जनानाम् आसन्ना पात्रं जनयन्त देवाः॥

वे युद्ध में मनुष्यों की रक्षा करते हैं और उन्हें उत्तम धन आदि प्रदान करते हैं —

यमग्ने पृत्सु मर्त्यमवा वाजेषु यं जुनाः।
स यन्ता शश्वतीरिषः। वा० सं० ६।२९

उनका एक रूप राक्षसघ्न (रक्षोघ्न) भी है, जिससे वे माया-शक्ति से विभिन्न रूप धारण करके इधर-उधर घूमते हुए राक्षसों को नष्ट करते हैं —

ये रूपाणि प्रतिमुंचमाना असुरा सन्तः स्वधया चरन्ति।
परापुरो निपुरो ये भरन्ति अग्निः ताँल्लोकात् प्रणुदाति अस्मात्॥
— वा० सं० २।३०

यजुर्वेद में अग्नि के आमाद तथा क्रव्याद नामक भयानक रूपों का भी उल्लेख किया गया है। आमाद तथा क्रव्याद का अर्थ है 'कच्चा मांस खाने वाला'। यह अग्नि

का सबसे अशुभ रूप है और यज्ञाग्नि से अपने इस भयंकर रूप को दूर रखने की प्रार्थना की गई है —

अप अग्ने अग्निमामादं जहि निष्क्रव्यादं सेधा देवयजं वह।
— वा० सं० १।१७

अथर्ववेद में अग्नि का लगभग ६५० बार उल्लेख हुआ है। मूलतया यहाँ उनका स्वरूप लगभग वही है, जो ऋग्वेद में। किन्तु जादू-टोने एवं यातविक कृत्यों के बाहुल्य के कारण अग्नि का राक्षसों, भूत-प्रेतों तथा यातुधानियों को दूर भगाने के लिए (१।१६।१, २) तथा शत्रुओं का दमन करने के लिए (३।१।१, २) ही विशेष रूप से आह्वान किया गया है। क्रव्याद अग्नि से आथर्वणिक ऋषि विशेष रूप से भयभीत होते हैं। इसे मन्त्रों की सहायता से घर से बाहर निकाला जाता है, अन्यथा यह परिवार पर वज्र बन कर प्रहार करती है (१२।२।३)।

अग्नि के तीनों रूपों का यहाँ भी उल्लेख हुआ है। अग्नि द्यावापृथिवी के बीच में विचरण करते हैं (१०।८।३९)। वे वैश्वानर हैं तथा मनुष्यों एवं पशुओं के शरीर में व्याप्त रहते हैं (३।२१।१, १९।३।१)। वर-वधू का परस्पर सम्मिलन कराने से वे मंगलमय भी हैं (१४ १।४८)।

शतपथ ब्राह्मण २।२।४।२ में अग्नि की व्युत्पत्ति करते हुए कहा गया है कि यह शब्द वस्तुतः **अग्रि** है। यह इसे इसलिए कहते हैं क्योंकि इसे प्रजापति ने देवों में सबसे पहले (अग्रे) उत्पन्न किया था —

यद्वा एनमेतद् अग्रे देवानाम् अजनयत। तस्माद् अग्रिः। अग्रिर्ह वै नामैतद् यदग्निरिति। स जातः पूर्वः प्रेयाय। यो वै पूर्व एति अग्र एतीति वै तमाहुः। सा उ एवास्य अग्रिता। (तु० की० **अग्निर्मुखं प्रथमो देवतानाम्**, तै० ब्रा० २।४।३।३)।

निरुक्तकार ने इस शब्द की अग्र तथा नी धातुओं से व्युत्पत्ति मानी है — **अग्रणीर्भवति। अग्रं यज्ञेषु प्रणीयते** (निरुक्त ७।१४)। अंग + नी शब्दों की ओर भी यास्क ने संकेत किया है। यह अपने अंग (शरीर) को काष्ठदाह, हविष्पाक आदि कार्यों में प्रेरित करता है — **अंगं नयति सन्नममानः** (सन्नममानः सम्यक् स्वयमेव प्रह्वीभवन्नंगं स्वकीयं शरीरं काष्ठदाहे हविष्पाके च नयति प्रेरयतीति — **सायण**, ऋ० १।१।१ का भाष्य)। **शाकपूणि** इसे एति (अयन), अंज् (अक्त) तथा नी धातु के एक-एक (अ क् नि) अक्षरों के योग से निष्पन्न मानते हैं; और **स्थौलाष्ठीति** का कथन है कि अक्नोपन (अनार्द्र) होने के कारण यह अग्नि है (निरुक्त ७।१४)। मैक्डॉनल ने इस की अज् (हाँकना, तेज़ करना, तीव्र होना) धातु से व्युत्पत्ति मानी है[१]।

---

१. **वैदिक माइथॉलजी**, पृ० ९९।

श० ब्रा० ५।२।३।६ में कहा गया है कि अग्नि सब देवों के एकत्र रूप हैं, क्योंकि अग्नि में ही सब देवों के लिए हवन किया जाता है (**अग्निर्वै सर्वा देवताः अग्नौ हि सर्वाभ्यो देवताभ्यो जुह्वति**)।६।४।४।२ में कहा गया है कि ओषधियाँ अग्नि की माताएँ हैं। उनसे वह रव करता हुआ उत्पन्न होता है। ७।१।२।४ में अग्नि को कर्मकाण्ड का अधिपति (**धर्मणस्पति**) बताया गया है। प्रजाओं की इच्छा को पूर्ण करने तथा सर्वकामधुक् यज्ञ के स्वामी होने के कारण वे प्रजापति भी हैं (श० ब्रा० ६। १।१।५)। उन्मुक्त भाव से अभीष्ट वस्तुओं का दान करने से वे दाक्षायण-हस्त कहे गए हैं (६।७।४।२)। यज्ञ से घनिष्ठतया सम्बन्धित होने के कारण उन्हें यज्ञ एवं कर्मकाण्ड के अधिष्ठाता प्रजापति का '**प्रिय-पुत्र**' भी कहा गया है (९।३।१।५०)। अग्नि ब्रह्म-तेज से युक्त हैं, इन्द्र की भाँति क्षत्र-तेज से नहीं (१०।४।१।५)। वे ब्रह्मचारियों के शिक्षक हैं (११।५।४।२)। वधू और वर को विवाह बन्धन में बाँधने के कारण ३।४।३।४ में कहा गया है — **अग्निर्वै मिथुनस्य कर्ता प्रजनयिता** (वधूवरयोः पुंस्त्रीभावस्य अग्निसव्यपेक्षत्वात् मिथनुकर्ता अग्निरुच्यते — **सायण**)। अग्नि ही आकाश में वर्तमान आदित्य (श० ब्रा० ६।४।१।८) हैं। वे द्यौः के पुत्र हैं (६।७।२।२)। प्रकाशित होते हुए वे आकाश और पृथ्वी के बीच में विचरण करते हैं (६।७।२।२)। अन्तरिक्ष में विद्युत्-रूप से जन्म लेने के कारण उन्हें पृथ्वी एवं आकाश (द्यावापृथिवी) का भी पुत्र कहा गया है (६।४।४।२)। आकाशीय जल (मेघों) से सम्बन्धित होने के कारण उन्हें जल का पुत्र (अपां गर्भः) तथा समुद्र से उत्पन्न (समुद्रिय) भी कहा गया है (६।४।४।८)। अग्नि ही पृथ्वी के सार हैं (६। ७।३।३)। श० ब्रा० ७।४।१।३४ में उन्हें राक्षसों को नष्ट करने वाली ज्योति कहा गया है और इसी प्रकार २।४।२।१५ में कहा गया है — '**अग्निर्हि रक्षसामपहन्ता**'। ६।८।१।१४ में उन्हें पूरु राक्षस को युद्ध में पराजित करते हुए वर्णित किया गया है, (तु० की०, वा० सं० १२।३४ तथा ऋ० वे० ७।८।४ **अभि यः पुरुं पृतनासु तस्थौ**)। प्राचीनकाल में देवता और असुर दोनों मर्त्य थे; उनमें केवल अग्नि ही अमर थे (**तेषूभयेषु अग्निरेवामृत आस**; २।२।२।८)। कौ० ब्रा० ५७।६ में अग्नि की कल्पना एक सुनहले पंखों वाले पक्षी के रूप में की गई है, जो यज्ञ को ऊपर देवों तक ले जाते हैं (श० ब्रा० ९।४।४।५ तथा ९।२।३।३४)।

कौ० ब्रा० २।६।६ तथा **श० ब्रा०** १०।५।१।४ में कहा गया है कि अग्नि ही मृत्यु है। रुद्र अग्नि के ही विनाशक रूप का दूसरा नाम है (६।१।३।८)। अग्नि का अमर सूक्ष्म-रूप रुद्र है (६।१।१।१)। अग्नि सर्वभक्षी है। जो कुछ उनमें पड़ता है, वह सब वे नष्ट कर डालते हैं; अतः उनका रुद्र होना स्वाभाविक है। श० ब्रा० ९।१।१।४३ तथा ९।२। ३।३२ का मत है कि यजुर्वेद के शतरुद्रिय सूक्त में गिनाए गए रुद्र केवल अग्नि के ही नामान्तर हैं। किन्तु ये सब उनके 'घोर' नाम हैं। अग्नि शब्द ही 'शान्ततम' है (१।७।३।८)।

श० ब्रा० २।२।४।१ में कहा गया है कि अग्नि की उत्पत्ति प्रजापति के मुख से हुई है। मुख से अन्न खाया जाता है, अतः अग्नि भी **अन्नाद** (अन्नभक्षी) हैं —

प्रजापतिर्ह वा इदमग्र एक एवास। .... स तपो अतप्यत सः अग्निमेव मुखाज्जनयांचक्रे। यत् तदेनं मुखाद् जनयांचक्रे तस्माद् अन्नादो अग्निः।

परवर्ती दार्शनिक विचारधारा में अग्नि को चक्षुरिन्द्रिय के विषय 'रूप' का अधिष्ठाता माना गया है। श० ब्रा० २।२।३।१ में भी अग्नि का 'रूपों' से विशेष सम्बन्ध है। देवों ने समस्त रूपों को अग्नि के पास धरोहर रख छोड़ा है —

अग्नौ ह वा देवाः सर्वाणि रूपाणि निदधिरे।

श० ब्रा० १।६।२।९, १०, ११ में अग्नि की तीन विशेषताएँ और बताई गईं हैं:

अग्निर्वै देवानाम् अद्धातमाम्।
अग्निर्वै देवानां मृदुहृदयतमः।
अग्निर्वै देवानां नेदिष्ठम्।

(अद्धातमाम् अतिशयेन प्रत्यक्षफलदं मन्येत। इतरदेवताभ्यः अग्नेरेव शीघ्रप्रसादाय मृदुहृदयत्वात्। प्रत्यक्षदेवत्वेन समीप एव सेव्यत्वाच्च। — **सायण**)

वैदिक कर्म-काण्ड में अग्नि में प्रत्येक आहुति '**स्वाहा**' बोल कर डाली जाती है। इस शब्द की विशेष व्याख्या श० ब्रा० २।२।४।६ में की गई है। प्रजापति ने मुख से अग्नि उत्पन्न की। वह तीनों लोकों को भस्म करने के लिए उद्यत हुई। उन्होंने अपनी हथेलियों को रगड़ कर घृत और जल की आहुति अग्नि में डालनी चाही। किन्तु डालते समय मन में शंका हुई कि इसे अग्नि में डालूँ या नहीं। पर उनकी महिमा (वाक्) ने उन्हें वैसा ही करने का आदेश दिया। उन्होंने 'स्वाहा' कह कर वह हवि डाली क्योंकि उनकी 'अपनी' (स्व) महिमा ने ही यह 'कहा था' (आह) —

स व्यचिकित्सत् जुहुवानी३ मा हौषा३ मिति। तं स्वो महिमा अभ्युवाद—जुहुधि इति। वाग् वा अस्य स्वो महिमा। स प्रजापतिर्विदांचकार। स्वो वै महिमा आह इति। स स्वाहेत्येव अजुहोत्।

परवर्ती देवशास्त्र में **स्वाहा** शब्द ने एक अमूर्त देवी का रूप ले लिया है। यह दक्ष की पुत्री है और अग्नि की पत्नी (भागवत० ४।१।६० तथा महा० आदि० १९८।५)। कार्त्तिकेय की उत्पत्ति में इसकी महत्त्वपूर्ण भूमिका है (पृ० ४९९)।

श० ब्रा० २।१।१।५ में कहा गया है कि सोना अग्नि का आपस् (स्त्रीलिं०) में निक्षिप्त बीज है। स्वर्ण की उत्पत्ति अग्नि से आपस् में हुई है। इसीलिए वह इतना तेजस्वी है और जल में प्राप्त होता है —

अग्निर्ह वा अपो अभिदध्यौ मिथुनी अभिस्याम् इति। ताः संबभूव। तासु रेतः प्रासिंचत्। तद् हिरण्यमभवत्। तस्मादेतत् अग्निसंकाशम्, अग्नेर्हि रेतः। तस्मादप्सु विन्दति।

स्पष्ट है कि शतपथ ब्राह्मण की रचना के समय स्वर्ण की प्राप्ति मुख्यतः नदियों की रेतों से होती थी। किन्तु परवर्ती ब्राह्मणों में अग्नि के **सुवर्ण** तथा **सुवर्णा** नामक पुत्र एवं पुत्री बताए गए हैं। उन्हें अग्नि शिव से प्राप्त तेज से अपनी पत्नी स्वाहा में उत्पन्न करते हैं —

अविशिष्टं च यत्किंचित् अग्नेर्देहे तु शांभवम्।
तदेव रेतो वह्निस्तु स्वभार्यायां द्विधाक्षिपत्॥
स्वाहायां प्रियभूतायां पुत्रार्थिन्यां विशेषतः॥
तदग्नेः रेतसस्तस्यां जज्ञे मिथुनमुत्तमम्।
सुवर्णश्च सुवर्णा च रूपेणाप्रतिमं भुवि॥ — ब्रह्म० १२८। २४-२६

ऊपर श० ब्रा० के उन स्थलों का संकेत किया जा चुका है, जिनमें अग्नि को द्यौः का पुत्र सूर्य अथवा विद्युत् बताया गया है। श० ब्रा० की निम्न कण्डिका में भी अग्नि के इन्हीं तीन रूपों का अत्यन्त स्पष्ट उल्लेख किया गया है। किन्तु इनके नाम क्रमश **पवमान**, **पावक** तथा **शुचि** हैं। पावक वायु को कहते हैं। वा० सं० ४।४ आदि में वायु के लिए पवित्र शब्द भी प्रयुक्त हुआ है (तु० की०, श० ब्रा० १।१।४।२२ अयं वै वायुः योऽयं पवते)। अन्तरिक्षस्थ अग्नि का वायु से तादात्म्य अत्यन्त स्वाभाविक तथा सरल प्रक्रिया है। बृहद्देवता में अन्तरिक्ष की अग्नि (विद्युत्) के लिए 'वनस्पति' शब्द आया है, जो इसका **वनस्** या जल से सम्बन्ध सूचित करता है, अस्तु —

स एतास्तिस्त्रः तनूरेषु लोकेषु विन्यधत्त। यदस्य पवमानं रूपमासीत् तदस्यां पृथिव्यां न्यधत्त। अथ यत् पावकम् तदन्तरिक्षे अथ यच्छुचि ३तद् दिवि।

— श० ब्रा० २।२।१।१४

पुराणों में पावक, पवमान तथा शुचि को अग्नि पुत्र बताया गया है, जो स्वाहा से उत्पन्न हुए —

स्वाहाभिमानिनश्चाग्नेः आत्मजान् त्रीन् अजीजनत्।
पावकं पवमानं च शुचिं च हुतभोजनम्॥ — भाग० ४।१।६०

मत्स्य-पुराण में भी अग्नि को ब्रह्मा का मानस-पुत्र बता कर स्वाहा से उनके इन्हीं तीन पुत्रों की उत्पत्ति का उल्लेख किया गया है —

ब्रह्मणो मानसः पुत्रः तस्मात् स्वाहा व्यजीनत्।
पावकं पवमानं च शुचिरिग्निश्च यः स्मृतः॥ — मत्स्य० ५१।२

किन्तु मत्स्यपुराणकार को इन नामों के मूल अर्थ के विषय में भ्रान्ति नहीं है। अगले ही श्लोक में उसने कहा है कि पवमान उस अग्नि को कहते हैं, जो अरणियों को मथ कर उत्पन्न की जाती है। विद्युत् ही अग्नि का पावक नामक पुत्र है और सौर अग्नि को शुचि कहते हैं —

निर्मथ्यः पवमानोऽग्निः वैद्युतः पावकात्मजः
शुचिरग्निः स्मृतः सौरः........॥

वायु पुराण के ९१ वें अध्याय में भी अग्नि के इन पुत्रों का बिल्कुल इसी रूप में वर्णन तथा अग्नि के अन्य प्रकारों (अजैकपात्[1], अहिर्बुध्न्य[1], दक्षिणाग्नि आदि) का विस्तार से वर्गीकरण एवं व्याख्यान प्राप्त होता है।

कौ० ब्रा० १।१ में अग्नि के पार्थिव-अग्नि के अतिरिक्त अन्य तीन स्वरूपों की व्याख्या करते हुए कहा गया है कि प्रारम्भ में देवता और मनुष्य इसी भूमण्डल पर रहते थे। जब देवता स्वर्ग जाने लगे तो उन्होंने अग्नि से अपनी अनुपस्थिति में मनुष्यों का कल्याण करते रहने के लिए कहा। अग्नि ने कहा कि मेरा रूप भयानक है। मनुष्य मेरे पास नहीं आते और न मेरा आदर करते हैं। तब देवों ने अग्नि के शोषक रूप को जल में, पवित्र करने वाले रूप (पावक) को वायु में तथा तेजस्वी (शुचि) रूप को सूर्य में स्थापित कर दिया। तब से अग्नि मंगलमय और कल्याणकारी होकर पृथ्वी पर विराजमान है।

अग्नि के ये तीन रूप, जो पुराणों में उनके पुत्र हैं, ब्राह्मणग्रन्थों तथा ऋग्वेद में उनके भ्रातृगण के रूप में चित्रित किए गए हैं। ऋग्वेद १०।५१ में देवों और अग्नि के बीच में होने वाला एक सुन्दर वार्तालाप प्राप्त होता है। देवता अग्नि से कहते हैं कि तुम जल और वृक्षों में जहाँ छिपे हुए हो, वहाँ से बाहर निकल आओ और हमारे हव्य वहन करो —

एहि मनुर्देवयुः यज्ञकामो अरंकृत्य तमसि क्षेषि अग्ने।
सुगन् पथः कृणुहि देवयानान् वह हव्यानि सुमनस्यमानः

— ऋ० १०।५१।५

अग्नि वरुण से कहते हैं कि मेरे तीन भाई इसी कार्य को सम्पादित करते हुए, मार्ग पर चलने वाले रथी की भाँति फिर न लौटने के लिए (मृत्यु के मुख में) चले गए, अतः मैं भी भय के कारण भाग कर यहाँ छिपा हूँ —

---

१. देखिए पीछे पृ० ४७४-७५।
ये दोनों ऋग्वेद में **विद्युत्** या मध्यम-अग्नि के अभिमानी देवता हैं। अहिर्बुध्न्य को कौषीतकिब्राह्मण १६।७ में ही अग्नि का वाची मान लिया गया है।

अग्नेः पूर्वे भ्रातरो अर्थमेतं रथीवाध्वानम् अन्वावरीयुः।
तस्माद् भिया वरुण दूरमायम् गौरो न क्षेप्नोरविजे ज्यायाः ॥६ ॥

इस पर देवता उन्हें अमर तथा अक्षय बना देने का अश्वासन देते हैं और अग्नि पुनः उनके पास लौट आते हैं —

कुर्मस्ते आयुरजरं यदग्ने तथा युक्तो जातवेदो न रिष्याः ॥ ७ ॥

ऋग्वेद के इसी संकेत आधार पर **तै० सं०** २।६।६ में एक छोटी सी कथा प्राप्त होती है। अग्नि के तीन भाई थे किन्तु वे देवों के लिए हवि वहन करते हुए थक कर मर गए। अग्नि भी इस डर से, कि कहीं मेरी भी यही दशा न हो, भागकर जल में छिप गए। देवता उन्हें ढूँढते हुए पहुँचे तो मत्स्यों ने उनका पता बता दिया। अग्नि ने मत्स्यों को मनुष्यों द्वारा मारे जाने का शाप दिया। जब देवों ने अग्नि से लौटने के लिए कहा तो उन्होंने अपने भाइयों के लिए वर माँगा कि यज्ञ-वेदी में हवन करते समय जितनी सामग्री बाहर गिर जाए वह मेरे भाइयों का भाग हो —

अग्नेस्त्रयो ज्यायांसो भ्रातर आसन्। ते देवेभ्यो हव्यं वहन्तः प्रामीयन्त। सः अग्निरबिभेत् इत्थं वाव स्य आर्तिमारिष्यति इति। स निलायत। सः अपः प्राविशत्। तं देवताः प्रैषमैच्छन् तं मत्स्यः प्राब्रवीत् तमशपद् धिया धिया त्वा वध्यासुः यो मां प्रावोचः। .... तमब्रुबन् उप न आवर्तस्व। हव्यं नो वह इति। सः अब्रवीद् वरं वृणै यदेव गृहीतस्य आहुतस्य बहिःपरिधि स्कन्दात् तन्मे भ्रातर्णां भागधेयमसत्।

— तै० सं० २।६।६

बृहद्देवता (७।६।१-७७) में यह कथा विस्तार से प्राप्त होती है। यहाँ अग्नि के वैश्वानर, गृहपति, यविष्ठ, पावक तथा सहसःसुत नामक पाँच भाई बताए गए हैं। देवों से —

आयुरस्तु च मे दीर्घं हवींषि विविधानि च।
अरिष्टिः पूर्वजानां च भ्रातर्णामध्वरेऽध्वरे ॥ — ७।७३

वरदान प्राप्त करके, वे लौट आते हैं।

श० ब्रा० ने कथा को एक नया मोड़ दिया है। ऋग्वेद में **त्रित** नामक एक शक्तिशाली देवता का वर्णन है। यह अग्नि का ही दूसरा रूप तथा उनका 'पुत्र' है। इसे 'आप्त्य' या जल में उत्पन्न कहा गया है (तु०की० पीछे पृ० ११६-१९) । श० ब्रा० में इस त्रित के **एकत** और **द्वित** नामक दो अन्य भाइयों का भी उल्लेख किया गया है, जो जल में अग्नि के निष्ठीवन से उत्पन्न हुए थे। अग्नि जब अपने पवमान आदि रूपों (भाइयों) के विनाश के कारण जल में छिप गए तो देवों ने बलात् उन्हें जल से खींच

लिया। जलों को अपनी रक्षा करने में असमर्थ पाकर अग्नि ने घृणा से उन पर थूक दिया, जिससे उनके उपर्युक्त तीन पुत्रों की उत्पत्ति हुई —

चतुर्धा विहितो ह वा अग्रे अग्निरास। स यमग्रे अग्निं होत्राय प्रावृणत स प्राधन्वत.........अथ यो अयमेतर्हि अग्निः स भीषा निलिल्ये। स अपः प्रविवेश। तं देवा अनुविद्य सहसैवाद्भ्यः आनिन्युः। स अपो अभितिष्ठेव अवष्ठ्यूताः स्थ—या अप्रपदनं स्थ.....। तत आप्त्याः संबभूवुः त्रितो, द्वितः, एकतः[1]॥

— श० ब्रा० १।२।३।१

अग्नि के पलायन का यह रहस्यमय आख्यान परवर्ती ग्रन्थों में केवल ब्रह्म पुराण (९८।१-१८) में प्राप्त होता है। यद्यपि आख्यान मुख्यतः तै० सं० पर आधारित है किन्तु यहाँ अग्नि का 'जातवेदस्' नामक एक ही भाई बताया गया है। देवों के लिए हवि वहन करते हुए, ऋषियों के सम्मुख यज्ञ में स्थित, जातवेदस् को देव-विद्वेषी **मधु** नामक दैत्य मार डालता है —

जातवेदा इति ख्यातो अग्नेर्भ्राता स हव्यवाट्।
हव्यं वहन्तं देवानां गौतम्यास्तीर एव च।

भ्रातुः प्रियं तथा दक्षं, मधुर्दितिसुतो बली।
जघान ऋषिमुख्येषु पश्यत्सु च सुरेष्वपि॥ — ब्रह्म० ९८।२।३

अपने प्रिय भ्राता के निधन पर शोकाकुल और देवों को उसकी रक्षा करने में असमर्थ देखकर अत्यन्त क्षुब्ध अग्नि गंगा के जल में प्रविष्ट हो जाते हैं। उनके न होने से देवों को यज्ञभाग नहीं मिलता और अन्न का पाक न होने से मनुष्यों के लिए भी प्राण-संकट उपस्थित हो जाता है। देवों की प्रार्थना पर और उनके द्वारा अमरत्व तथा सर्वत्र व्याप्त रहने की शक्ति प्राप्त होने पर वे लौटते हैं। तब देवगण उन्हें सर्वश्रेष्ठ देवता तथा अपना मुख स्वीकार करते हैं।

श० ब्रा० के एक अन्य अग्नि-विषयक प्रसंग को महाभारत में सुन्दर ढंग से पल्लवित किया गया है। १।६।४।१, २ में कहा गया है कि इन्द्र ने वृत्र के ऊपर वज्र-प्रहार तो कर दिया पर उन्हें उसकी मृत्यु का निश्चय नहीं हुआ। अतः अपने को निर्बल मान कर इन्द्र कहीं दूर जाकर छिप गए। तब सर्वव्यापक अग्नि ने उन्हें खोज निकाला —

---

१. **महाभारत** (शल्य० ३६ वाँ अध्याय) में **त्रित** का एक महर्षि के रूप में वर्णन है। इनके **एकत** और **द्वित** नामक दो भाई और थे। ये गौतम ऋषि के पुत्र थे। तीनों ही ब्रह्मज्ञानी तथा तपस्वी थे। किन्तु एक बार त्रित के भाइयों ने इन्हें एक कुएँ में ढकेल दिया। वहाँ भी इन्होंने उपलब्ध सामग्री से यज्ञ किया। कथा **बृहद्देवता**, ३।१३२-३७ पर आधारित है।

इन्द्रो ह यत्र वृत्राय वज्रं प्रजहार। सो अबलीयान् मन्यमानो नास्तृषीव बिभ्यत् विलयांचक्रे। स पराः परावतो जगाम.......तमन्वेष्टुं दध्रिरे—अग्निर्देवतानाम्....। तमग्निस्तु विवेद॥

महाभारत उद्योग० १३-१५ अ० में जब इन्द्र वृत्रासुर को मार कर ब्रह्महत्या के भय से भाग कर कुरुक्षेत्र के पास एक सरोवर में उगे एक कमल के दण्ड में सूक्ष्म रूप से छिप कर बैठ जाते हैं और उनके न होने से स्वर्ग में अराजकता छा जाती है तो देवगुरु बृहस्पति अग्नि को प्रज्वलित करके शास्त्रानुसार हवन करते हैं और अग्नि से इन्द्र की खोज करने के लिए कहते हैं। सर्वत्र गतिशील एवं व्याप्त अग्निदेव[१] आखिर इन्द्र का पता लगा ही लेते हैं (उद्योग० १५। २८-३४ तथा १६। १२)।

अब हम अग्नि के **पौराणिक** स्वरूप पर आते हैं। उपर्युक्त विवरण से स्पष्ट हो गया होगा कि ऋग्वेद आदि की अग्नि-विषयक धारणा मुख्यतः आधिभौतिक है। उनका मानवीकरण अत्यधिक अपूर्ण है और उनकी स्तुति मुख्यतः यज्ञ के अधिष्ठता, कामनाओं के पूरक (सर्वकामधुक् यज्ञ के संचालक होने के कारण) एवं अपनी ज्योति से दुष्ट योनि के प्राणियों का विनाश करने वाले देवता के रूप में की गई है। ब्राह्मण ग्रन्थों में भी मुख्यतः उनका वही रूप सुरक्षित है। किन्तु तै० सं० एव श० ब्रा० में आई अग्नि के पलायन की कथा से उनमें धीरे-धीरे थोड़े से मानवीय तत्त्वों का समावेश होता दिखाई देता है। अग्नि का यही अर्धमानवीकरण परवर्ती साहित्य में सर्वत्र स्पष्टः प्रतिबिम्बित है। अग्नि का रूप या तेजस्तत्त्व कथाकार के नेत्रों के सम्मुख सदा उपस्थित रहता है। वह उससे ऊपर उठ कर उनके विग्रहवान् या आधिदैविक रूप तक पहुँचता अवश्य है किन्तु लौटकर फिर वहीं आ जाता है। **महाभारत**, आदिपर्व के २२२वें अध्याय में राजा श्वेतकि के द्वादशवार्षिक यज्ञ में लगातार घृत-पान करते रहने से अग्नि को अजीर्ण हो जाता है (२२२। ६७)। वे ब्रह्मा के पास पहुँचते हैं (२२२। ६१)। ब्रह्मा उन्हें वन्य मांसभक्षण करने की सलाह देकर खाण्डववन को जलाने की अनुमति देते हैं। (२२२। ७७) वे कृष्ण और अर्जुन के पास जाकर उनसे वन को चारों ओर से घेरने की प्रार्थना करते हैं (२२३। १०)। उनके वन को घेर कर खड़े हो जाने के बाद पूरे जंगल में आग फैल जाती है और खाण्डव वन को भस्मसात् कर देती है (२२४। ३४-३७)। स्पष्ट है कि यहाँ यज्ञ में घृतपान करने वाले और खाण्डव वन को जला देने वाले भौतिक रूप एवं ब्रह्मा, कृष्ण तथा अर्जुन से वार्तालाप करने वाले मानवीकृत रूप में अग्नि के चरित के ये दोनों पक्ष पृथक् होते हुए भी एक साथ प्रस्फुटित हुए हैं।

किसी भी पुराण का अध्ययन करने पर अग्नि का यह अर्धमानवीकरण स्पष्ट हो सकता है। **मत्स्य० पु०** १८७। ५६-५७ में जब रुद्र के प्रलयंकर बाण द्वारा असुरों के

---

१. तु० की० — **अग्निर्यथैको भुवनं प्रविष्टो रूपं रूपं प्रतिरूपो बभूव**। कठ उ० २। ९

त्रिपुरा में आग लग जाती है तो वहाँ की स्त्रियाँ अग्नि की घोर भर्त्सना करती हैं। इस पर अग्निदेव दैवी रूप में प्रकट होकर अपनी सफ़ाई देते हुए कहते हैं कि मैं स्वेच्छा से नहीं, केवल शिव के आदेश से यह कर रहा हूँ —

(एवं प्रलपतां तासा वह्निर्वचनब्रवीत्।)
स्ववशे नैव युष्माकं विनाशं तु करोम्यहम्॥

अहमादेशकर्ता वै नाहं कर्तास्म्यनुग्रहम्।
रुद्रक्रोधसमाविष्टो विविशामि यथेच्छया॥

— मत्स्य० १८७।५१, ५३

पुरुष रूप में अग्नि को प्रायः अत्यन्त विलासी चित्रित किया गया है। कार्त्तिकेय के प्रसंग में अग्नि की सप्तर्षि-पत्नियों पर मुग्ध हो जाने की कथा का उल्लेख किया जा चुका है (महा० वन० २२४। ३३-३८)। महा० सभा० ३१। ३७ में ये माहिष्मती नरेश की पुत्री सुदर्शना की ओर आकृष्ट होते हुए वर्णित किए गए हैं और भाग० ४। २४। ११ में उन्हें समुद्र की कन्या शतद्रुति की कामना करते हुए वर्णित किया गया है।

इनका वेश ब्राह्मणों का जैसा है और इसी रूप में प्रायः ये मनुष्यों के सम्मुख उपस्थित होते हैं (महा० आदि० २२३। १०, सभा० ३१। ३१, महा० प्रस्थान० १। ३४ आदि)। इनके पास अस्त्र-शस्त्रों का भण्डार है। पृथु को इन्होनें **आजगव** धनुष प्रदान किया है (भाग० ४। १। १७), अर्जुन को **गाण्डीव** तथा कृष्ण को **सुदर्शन-चक्र** (आदि० २२४।४)। भाग० ६१। १५, १६ में कहा गया है कि समुद्र को पी जाने वाले अगस्त्य ऋषि अग्नि के अवतार थे।

ऋग्वेद तथा यजुर्वेद में इन्द्र एवं अग्नि की सम्मिलित रूप में कई स्तुतियाँ प्राप्त होती हैं (उदाहरणार्थ, उभा वामिन्द्राग्नी आहुवध्या उभा राधसः सह मादयध्यै, वा० सं० ३। १३)। महाभारत में भी कहीं-कहीं दोनों का यह सम्बन्ध परिलक्षित होता है; उदाहरणार्थ वन०१९७ अ० में राजा **उशीनर** (शिवि) की दानशीलता की परीक्षा के लिए अग्नि और इन्द्र मिलकर एक योजना बनाते हैं और इसके अनुसार अग्नि एक कपोत का तथा इन्द्र एक श्येन का रूप धारण करके उनके पास जाते हैं (वन० १९७। ३)। अग्नि का मानव रूप महाभारत के नल-दमयन्ती उपाख्यान में उस स्थान पर भी प्रतिभासित होता है, जहाँ वे इन्द्र एवं यम आदि देवों के साथ दमयन्ती की प्राप्ति के लिए यत्न करते हैं (वन० ५७ अ०)।

वैश्वानर रूप में सम्पूर्ण प्राणियों के अन्दर प्रविष्ट होने के कारण अग्नि को बहुधा प्राणियों के धर्म एवं अधर्म का साक्ष्य अथवा प्रमाण देते हुए भी वर्णित किया गया है।[१] ये रावण के पास रही हुई सीता की शुचिता का समर्थन करते हैं —

अब्रवीच्च तदा रामं साक्षी लोकस्य पावकः।
एष ते राम वैदेही पापमस्यां न विद्यते॥
विशुद्धभावां निष्पापां प्रतिगृह्णीष्व राघव॥

— रामायण युद्ध० १२१।५, १०

अग्नि के शुद्ध भौतिक रूप का भी प्रायः पुराणों में वर्णन प्राप्त होता है। ऋग्वेद में सर्वप्रथम अथर्वा ऋषि को मन्थन द्वारा अग्नि उत्पन्न करते हुए वर्णित किया गया है (ऋ० ६।१६।१३, त्वामग्ने पुष्कारााद् अध्यथर्वा निरमन्थत)। अवेस्ता में भी इस प्राचीन ऋषि का **अथ्रवन्** नाम से उल्लेख है और इसी से सम्बन्धित **आतर** शब्द अग्नि का वाची है। (देखिए, पीछे पृ० ९७)। **मत्स्य-पुराण** ५१। १० में लौकिक अग्नि की 'अथर्वा' संज्ञा बताई गई है क्योंकि भृगु के पुत्र अथर्वा ने इसे प्रज्वलित किया था —

भृगोः प्रजायताथर्वा ह्यंगिराथर्वणः स्मृतः।
योऽथर्वा लौकिको ह्यग्निर्दक्षिणाग्निः स उच्यते॥

ब्रह्मपुराण (१२६।४- ८) में इस भौतिक अग्नि के माहात्म्य का सुन्दर वर्णन किया गया है। इसे समस्त लोकों का धारक कहा गया है। प्राणियों के अन्दर तथा बाहर सब ओर इसकी प्रतिष्ठा है। इसके बिना किसी का जीवन सम्भव नहीं है —

अग्निना ध्रियते लोको ह्यग्निर्ज्योतिर्मयं जगत्।
अन्तर्ज्योतिः स एवोक्तः परं ज्योतिः स एव हि॥ ५॥

श० ब्रा० में उल्लेख है कि देवों ने अपने रूप अग्नि के पास रख दिए (देखें पृ० ५१२)। इसी आधार पर ब्रह्म० १२६।८ में कहा गया है कि माता के गर्भ में प्रविष्ट बीज के विभिन्न रूपों का निर्माण अग्नि के द्वारा ही सम्भव होता है —

योषित्क्षेत्रेऽर्पितं बीजं पुरुषेण यथा तथा।
तस्य देहादिका भक्तिः कृशानोरेव नान्यथा॥

भागवतकार ने यज्ञाग्नियों की संख्या ४९ मानी है। ये अग्नि एवं स्वाहा की सन्तानें है और इन्हीं का नाम लेकर आहुतियाँ प्रदान की जाती हैं —

त एवैकोनपंचाशत् साकं पितृपितामहैः।

---

१. इस प्रसंग में पञ्चतन्त्र से उद्धृत निम्न श्लोक भी तुलनीय है-

आदित्यचन्द्रावनिलोऽनलश्च द्यौर्भूमिरापो हृदयं यमश्च।
अहश्च रात्रिश्च उभे च सन्ध्ये धर्मश्च जानाति नरस्य वृत्तम्॥

वैतानिके कर्मणि यन्नामभिर्ब्रह्मवादिभिः ॥
आग्नेय्य इष्टयो यज्ञे निरूप्यन्तेऽग्नयस्तु ते ॥ भाग० ४। १। ६२

यज्ञ की अग्नि में शास्त्रानुकूल हवि प्रदान करने और उसकी सम्यक् प्रकार से उपासना करने से अग्निकुण्ड से ही अभीष्ट वस्तुओं की प्राप्ति का वर्णन प्रायः पुराणों में आता है। **भाग०** ८। १५। ६ में कहा गया है कि दैत्यों के पुरोहित, भृगुवंशी ऋषियों ने महाराज **बलि** के लिए अग्नि-कुण्ड से अलौकिक रथ, धनुष तथा तूणीर आदि युद्ध के उपकरण प्राप्त किए। **महाभारत** आदि० १६६। ३९-४४ में राजा द्रुपद के द्वारा पुत्र प्राप्ति के लिए यज्ञ कराए जाने पर यज्ञ-कुण्ड से **धृष्टद्युम्न** और **द्रौपदी** की उत्पत्ति वर्णित है। और इसी प्रकार भाग० ६। ९। १२ तथा महा० उद्योग० ९। ४८ में त्वष्टा द्वारा अभिचाराग्नि से इन्द्र का वध करने वाले भयंकर **वृत्र दानव** की उत्पत्ति का उल्लेख है[1]।

अथर्ववेद में जिस **क्रव्याद** अग्नि का उल्लेख है, उसका परवर्ती साहित्य में भी कहीं-कहीं वर्णन किया गया है। उदाहरणार्थ **भाग०** १०। ६६ में एक कथा आती है कि एक बार कृष्ण का शत्रु काशिराज पौण्ड्रक अपने को भगवान् विष्णु का 'वास्तविक' अवतार सिद्ध करने लगा। कृष्ण ने उसका वध किया तो उसके पुत्र **सुदक्षिण** ने कृष्ण के वध के लिए दक्षिणाग्नि की अभिचार-विधि से उपासना की जिससे यज्ञकुण्ड से मूर्त्त-रूप में महाभयंकर आभिचारिक अग्नि उत्पन्न हुई और भूतों से घिरी वह कृत्या रूपी अग्नि द्वारिकावासियों को भस्म करने चल दी। इसका ओजस्वी वर्णन इन शब्दों में किया गया है —

ततोऽग्निरुत्थितः कुण्डात् मूर्तिमानतिभीषणः।
तप्तताम्रशिखाश्मश्रुरंगारोद्गारिलोचनः ॥
दंष्ट्रोग्रभ्रुकुटीदण्डकठोरास्यः स्वजिह्वया।
आलिहन् सृक्किणी नग्नो विन्धुन्वन् त्रिशिखं ज्वलन्।
पद्भ्यां तालप्रमाणाभ्यां कम्पयन्न् अवनीतलम्।
सोऽभ्यधावद् वृतो भूतैर्द्वारकां प्रदहन् दिशः ॥

— भागवत० १०। ६६। ३१-३४

इस प्रकार पुराणों में अग्नि के प्रायः सौम्य एवं भीषण सभी पक्षों का उल्लेख है। साथ ही उनका आंशिक दैवीकरण भी हो गया है। किन्तु फिर भी हिन्दू देवमण्डल में उनका उतना महत्त्वपूर्ण स्थान नहीं है, जितना वैदिक देवमण्डल में, और इसका प्रमुख कारण परवर्ती युग में याज्ञिक कर्मकाण्ड की महत्ता का ह्रास है जिसमें अग्नि की विशेषरूप से मान्यता थी।

---

१. **अथान्वाहार्यपचनादुत्थितो घोरदर्शनः।**
कृतान्त इव लोकानां युगान्तसमये यथा॥ — भागवत, ६। ९। १२

यम

यद्यपि ऋग्वेद में यम का वरुण, बृहस्पति एवं अग्नि आदि देवों के साथ उल्लेख किया गया है (उदाहरणार्थ १०। १४। १७, १०। १३। ४ तथा १०। २१। ५) तथापि उनको अन्य देवों की भाँति, न तो सदा से अमर चित्रित किया गया है और न ही यज्ञ से उनका कोई विशेष सम्बन्ध है। उनकी धारणा एक मर्त्य मनुष्य के रूप में है, जो **विवस्वान्** के पुत्र हैं और पृथ्वी के सभी मनुष्यों के पूर्वज। पृथ्वी पर सबसे पहले मरने के कारण (परेयिवांसं) वे स्वर्ग अथवा पितृलोक पहुँचे और वहाँ के राजा बन बैठे (ऋ० १०। १४। १)। उल्लेखनीय है कि वैदिक संहिताओं में केवल वरुण एवं यम के लिए ही 'राजा' विशेषण प्रयुक्त होता है (**'यमं राजानं हविषा दुवस्व'**, ऋ०वे०, वहीं)।

विवस्वान् के पुत्र होने के यम के लिए **वैवस्वत** विशेषण प्रायः प्रयुक्त हुआ है (वैवस्वतं संगमनं जनानाम्, १०। १४। १)। उनकी माता का नाम **सरण्यू** है, जो एक यमज पुत्र-पुत्री उत्पन्न करने के पश्चात् चल गई थी (ऋ० १०। १७। १)। ऋ० १०। १०। २ में यम एवं उनकी बहन **यमी** को मानव जाति का आदि-युग्म कहा गया है। १०। १०। ४ में यमी अपने को एक गन्धर्व तथा अप्सरा का पुत्र भी बताती है। **अथर्ववेद** १। ८। ३, १३ में कहा गया है कि यम मनुष्यों में मरने वाले सर्वप्रथम व्यक्ति थे। उन्होंने हम लोगों के लिए परलोक की, और वहाँ पहुँचने वाले मार्ग की खोज की —

यो ममार प्रथमों मर्त्यानां यः प्रेयाय प्रथमो लोकमेतत्।
वैवस्वतं संगमनं जनानां यमं राजानं हविषा सपर्यत॥

ऋ० १०। १३५ में यम को मनुष्यों का पिता (पूर्वज) तथा विश्पति (राजा) का गया है, जो एक सुन्दर पर्णों से युक्त वृक्ष पर आसीन, देवों के साथ पान में लिप्त रहते हैं —

यस्मिन् वृक्षे सुपलाशे देवैः संपिबते यमः।
अत्रा नो विश्पतिः पिता पुराणाँ अनुवेनति॥ — ऋ० १०। १३५। १

यम का स्थान सर्वोच्च आकाश में है। वहाँ मधुमय जल के स्रोत सदा बहते रहते हैं (यत्र राजा वैवस्वतो यत्रावरोधनं दिवः। यत्र अमूः यह्वतीः आपः, **ऋ०** ९। ११३। ८)। उस स्थान में केवल वरुण और यम ये दो राजा निवास करते हैं (उभा राजाना स्वधया मदन्ता यमं पश्यासि वरुणं च देवम्, १०। १४। ७)। यम मनुष्यों के 'संगमन' हैं अर्थात् वे मनुष्यों (प्रेतात्माओं) को एक स्थान पर एकत्र करते हैं। वे प्रायः एक घने वृक्ष के नीचे बैठे रहते हैं (ऊपर उद्धृत, ऋ० १०। १३५। १)। **ऋ०** १०। १४। ९ तथा **अ० वे०** १८। २। ३७ में उन्हें मृतकों को 'अवसान' अथवा आश्रय-स्थान प्रदान करने वाला कहा गया है। **ऋ०** १०। १३५। ७ में कहा गया है कि यम का सदन सदा वंशी ('नाली') की तान से झंकृत रहता है (इदं यमस्य सादनं देवमानं यदुच्यते। इयमस्य

धम्यते नालीरयं गीर्भिः परिष्कृतः)। **ऋ०** १०। १४। १ तथा २ में कहा गया है कि परलोक को जाने वाले मार्ग की खोज सबसे पहले यम ने की (यमो नो गातुं प्रथमो विवेद)। सबसे पहले वे ऊँचे-नीचे मार्ग पर होते हुए वहाँ तक गए और बाद में उन्होंने अन्य मनुष्यों को भी वह मार्ग दिखाया (परेयिवांसं प्रवतो महीरनु बहुभ्यः पन्थामनुपस्पशानम्)।

मृतात्माओं के राजा होने से यम को 'पितरों का अधिपति' कहा गया है (यमः पितॄणामधिपतिः से मामवतु, अ० वे० ५। २५)। **अंगिरस्, नवग्वा, वैरूप, अथर्वन् तथा भृगु** गोत्रों के पितरों का यम के साथ विशेष उल्लेख किया गया है (१०। १४। ३, ४, ५)। ये पितर यम के साथ अत्यन्त प्रसन्नतापूर्वक विचरण करते हैं —

अथा पितॄन् सुविदत्राँ उपेहि यमेन ये सधमादं मदन्ति,

— १०। १४। १०।

यम की शृंखलाओं (पड्वीश=बेड़ी) का ऋग्वेद में एक स्थान पर (१०। ९७। १६) वर्णन है और वरुण के पाशों की भाँति इनसे भी छूटने की प्रार्थना की गई है (मुञ्चन्तु मा......यमस्य पड्वीशात्)। १०। १६५। ४ में यम को **मृत्यु** भी कहा गया है और उलूक तथा कपोत को यम का दूत माना गया है —

यदुलूको वदति मोघमेतद् यत्कपोतः पदमग्नौ कृणोति।
यस्य दूतः प्रहितः एष एतत् तस्मै यमाय नमो अस्तु मृत्यवे।।

ऋग्वेद के इस सूक्त में कुछ ऐसी ऋचाएँ हैं, जिनका यम के इन दूतों के घर में घुस में आने पर पाठ करने का विधान किया गया है।

पर यम के प्रमुख दूत दो कुत्ते हैं। ये देवशुनी **सरमा** के पुत्र हैं। इनकी नाक लम्बी है (उरूणसा), रंग चितकबरा (शबल) है और प्रत्येक के चार-चार नेत्र हैं (चतुरक्षौ)। ये अत्यन्त बलशाली (उदुम्बल) हैं। ये मनुष्यों के बीच में विचरण करते हैं और इनका कार्य मृतप्राय व्यक्ति को अन्य व्यक्तियों से छाँटना है —

उरूणसौ असुतृपौ उदुम्बलौ यमस्य दूतौ चरतो जनाँ अनु।
तावस्मभ्यं दृशये सूर्याय पुनर्दाता वसुमत्रेह भद्रम्। — १०। १४। १२

ये मृतक के परलोक-गमन के मार्ग पर भी बैठे रहते हैं और बुरे व्यक्तियों को यम के लोक में नहीं जाने देते। इनके लिए 'पथिरक्षी' विशेषण आया है (१०। १४। ११) और मृतक की आत्मा से इनको पार करके दूसरे अच्छे मार्ग से चले जाने को कहा गया है —

अति द्रव सारमेयौ श्वानौ चतुरक्षौ शबलौ साधुना पथा।

— ऋ० १०।१४।१०

इतना होने पर भी ऋग्वेद में यम के स्वरूप में वह भयावहता नहीं है, जो बाद में पाई जाती है। वे स्वर्गलोक (पितरों के लोक) के अधिपति हैं। वहाँ जाकर धर्मात्मा व्यक्ति शाश्वत आनन्द का उपभोग करते हैं (अथा पितॄँ सुविदत्राँ उपेहि यमेन ये सधमादं मदन्ति, १०। १४। १०)। किन्तु धीरे-धीरे यम एवं मृत्यु का तादात्म्य अधिकाधिक प्रबल होता गया है। **मै० सं०** २।५।६ कहती है — **मृत्युर्वै यमः** और **वा० सं०** में ३९।१३ में यम के लिए **अन्तक** एवं **मृत्यु** विशेषण प्रयुक्त हुए हैं —

यमाय स्वाहा, अन्तकाय स्वाहा, मृत्यवे स्वाहा।

इसी प्रकार **अ० वे०** में मृत्यु को यम का दूत कहा गया है (मृत्युर्यमस्य आसीद् दूतः प्रचेतः)। ऋग्वेद में नरक की कोई स्पष्ट अवधारणा नहीं प्राप्त होती। किन्तु पुराणादिकों में जब नरक की मान्यता पूर्णतः प्रतिष्ठित हो गई तो यम को नरक का अधिपति बना दिया गया।

पुराणों में यम की **यमुना** (नदी) नामक एक बहन भी बताई गई है। ऋग्वेद में इसका नाम **यमी** है। यम तथा उनकी बहन के विषय में ऋग्वेद के दशम मण्डल का दशम सूक्त समस्त वैदिक साहित्य में अपने ढंग का अनोखा है। इस सूक्त में मानव-जाति के सर्वप्रथम युग्म, **यम और यमी**, का संवाद है, जिसमें यमी यम को पारस्परिक सम्भोग के लिए प्रेरित करती है और यम बार-बार इस अनैतिक कार्य के लिए मना करते हैं। अवेस्ता में यम और यमी के प्रतिरूप **यिम** और **यिमेह** में (परवर्ती साहित्य में) परस्पर संयोग वर्णित किया गया है किन्तु ऋग्वेद के कवि ने ऐसा नहीं किया। यमी के इस अनुचित अनुरोध पर यम —

अन्येन मत्प्रमुदः कल्पयस्व न ते भ्राता सुभगे वष्टि एतत्। (१२)

तथा, अन्यम् ऊ षु त्वं यमि अन्य उ त्वां
परिष्वजाते लिबुजेव वृक्षम्। (१४)

'तुम दूसरों के साथ आनन्द करो, तुम्हारा भाई यह नहीं चाहता', कह कर चुप हो जाते हैं[१]।

---

१. यम-यमी के इस अनोखे सूक्त की वैदिक कर्मकाण्ड में कोई महत्त्वपूर्ण भूमिका प्रतीत होती है। आदरणीय गुरुवर प्रो० उलरिष् श्नाइडर ने **इण्डो-ईरानियन जर्नल** (हॉग, हॉलैन्ड), भाग १० (१९६७), पृ० १-३२ में प्रकाशित Yama und Yami (RV. X. 10) नामक लेख में सिद्ध किया है कि प्राचीनकाल में भिन्न-लैंगिक जुड़वाँ बच्चों की उत्पत्ति को दोषपूर्ण माना था क्योंकि भाई-बहन होते हुए भी वे माता के गर्भाशय में साथ लिपटे पड़े रहते हैं (तु० की० १०।१०।५, ७; गर्भे

ऋग्वेद में यम का जो स्वरूप है, उसका मूल आधार क्या है; यह निश्चयपूर्वक नहीं कहा जा सकता। माक्सम्युलर[1] का मत है कि यम अस्तंगत सूर्य को द्योतित करता है। सन्ध्याकाल में दिन और रात्रि के युग्म के सम्मिलित रूप को ही यम नाम दिया गया है। वैदिक कवियों के लिए पूर्व दिशा जीवन की प्रतीक थी और पश्चिम निर्ऋति या मृत्यु की। काल (समय) का नियमन करके प्राणियों की आयु क्षीण करने के कारण ८।६७।२० में विवस्वान् का मृत्यु से सम्बन्ध बताया गया है। अस्ताचलगामी सूर्य ही विश्व का सर्वप्रथम मरने वाला मर्त्य है, जो किसी अज्ञात लोक को चला जाता है। कारनॉय ने भी अवेस्ता में वर्णित यिम के स्वरूप की वैदिक यम से तुलना करते हुए माक्सम्युलर के इस मत का सशक्त समर्थन किया है[2]। उनका मत है कि सूर्य के आकाशीय मार्ग की मनुष्य के जीवन-यात्रा-पथ से घनिष्ठ भावात्मक एकता है। साथ ही सूर्य के डूबने के लिए प्रयुक्त होने वाले 'अस्तंगमन' आदि शब्द मनुष्य की मृत्यु को भी सूचित करते हैं। सूर्य को ऋग्वेद में पक्षी (सुपर्ण) के रूप में चित्रित किया गया है और यम के दूत भी दो पक्षी हैं।

ईरानी **यिम**[3] का सौर-स्वरूप और भी स्पष्ट है। उसके लिए प्रायः **ख़्शएत** (तेजस्वी) विशेषण प्रयुक्त हुआ है। यह विशेषण अवेस्ता में सूर्यदेव **ह्वर्** (स्वर्) के साथ विशेष रूप से सम्बद्ध है और उन्हें '**ह्वरे ख़्शएत**' (तेजस्वी सूर्य) कहा गया है, जो परवर्ती ईरानी भाषा में 'जमशेद' (=यिम+ख़्शएत) के रूप में और मध्यकालीन फ़ारसी में **खुरशीद** के रूप में प्राप्त होता है। यदि यिम को केवल एक मर्त्य माना जाए तो उसके इस प्राचीन विशेषण की कोई संगति नहीं लगती। इसके अतिरिक्त यिम को ह्वथ्र अथवा 'समूह से युक्त' कहा गया है। वैदिक यम भी 'जनानां संगमनः' है। सम्भवतः अस्त होते हुए सूर्य के साथ-साथ उदित होने वाले तारे तथा नक्षत्र ही मनुष्यों के प्रतीक हैं। **तै० सं०** ५।४।१ तथा **श० ब्रा०** ६।५।४।८ में तारों को 'पुण्यात्माओं का प्रकाश' (अथवा पुण्यशालियों की आत्माएँ?) बताया गया है (सुकृतां वा एतानि ज्योतींषि यन्नक्षत्राणि)। जिस प्रकार ऋग्वेद में विवस्वान् के बाणों का उल्लेख हुआ है उसी प्रकार यिम भी सुनहले बाणों (किरणों?) को धारण करते हैं।

नु नौ जनिता दम्पती कर्देवः सविता...। समाने योनौ सह शेय्याय...)। ऐसे बच्चों की उत्पत्ति पर उनकी शुद्धि के लिए विधि-विधान के साथ बालक एवं बालिका का प्रतिनिधित्व करने वाले दो पुरोहितों द्वारा प्रस्तुत सूक्त का पाठ किया जाता था। प्रो० श्राइडर का मत तर्क-प्रतिष्ठित है और इससे सूक्त के अर्थ तथा उद्देश्य पर नया प्रकाश पड़ता है।

१. **लैक्चर्स ऑन् दि साइन्स ऑफ़् रिलीजन** : (द्वितीय भाग) पृ० ५१४ त० आ०।

२. देखिए **इंडियन एण्ड ईरानियन माइथॉलजी** (द्वितीय भाग, ईरानियन), पृ० ३९३ त० आ०।

३. यिम के विस्तृत विवरण के लिए द्वितीय अध्याय (पृ० १०२-१०७) द्रष्टव्य है।

फ़िरदौसी के शाहनामा में भी **जमशेद** (यिम-ख्शएत) का जो वर्णन दिया गया है, उससे उनका सूर्य से सम्बन्ध स्पष्ट है। वह मध्य आकाश में देदीप्यमान सिंहासन पर बैठता है और तेजस्विता या **'ख्वरेनान्ह'** (ह्वरेनो) सदा उसके साथ विद्यमान रहती है। शाहनामे में जमशेद कहते हैं कि मैं आत्माओं को प्रकाश की ओर ले जाने के लिए मार्ग बनाऊँगा। यह वाक्य वेन्दिदाद २।११ से लिया गया है ऋग्वेद के **'यमो नो गातुं प्रथमो विवेद नैषा गव्यूतिरपभर्तवा उ'** (१०।१४।२) की प्रतिध्वनि है। जमशेद जैसे सामान्य नराधिप के लिए ये शब्द महत्त्वहीन है, जब तक उसका कोई अतिमानवीय रूप न माना जाए।

अवेस्ता में यिम का अन्त भी इस सम्बन्ध में महत्त्वपूर्ण है। जब **ह्वरेनो** (प्रकाश, तेजस्विता) उसे छोड़ देता है तो सारा संसार उसके लिए अन्धकारमय हो जाता है और वह राज्य-भ्रष्ट हो जाता है। दुबारा फिर वह सुदूर पूर्व में प्रकट होता है (जो सूर्य के उदय की दिशा है)। ईरानी देवशास्त्र में यिम सम्बन्धी अन्य कथाओं की व्याख्या भी यिम की सौर-प्रकृति स्वीकार कर लेने से की जा सकती है। उदाहारणार्थ वेन्दिदाद में कहा गया है कि यिम के 'वर' में एक दिन मनुष्यों के दिन के वर्ष के बराबर होता है। उसके हरे-भरे 'वर' को शिशिर तथा तुषार का राक्षस **महरकूश** नष्ट कर देता है, किन्तु कुछ समय पश्चात् वह पुनः मनुष्यों से भर जाता है[१]।

रोठ[२] का मत है कि यम देवता का अवश्य कोई ऐतिहासिक आधार है और वे प्राचीन परम्परा के अनुसार सर्वप्रथम राजा रहे होंगे। मैक्डॉनल[३] का कथन है कि वैदिक ऋषि यम को केवल प्रेतात्माओं का नेता तथा अधिपति समझते थे। हिलेब्रांड्ट[४] के अनुसार वे मूलतः चन्द्रमा से सम्बन्धित थे क्योंकि चन्द्रमा प्रतिमास क्षीण होते-होते विलुप्त हो जाता है और उसे सूर्य का पुत्र भी कहा जा सकता है। यास्क (१२।१०) ने उन्हें अग्नि का एक रूप माना है।

वैदिक एवं आवेस्तिक प्रमाणों के आधार पर यम को अस्तंगत सूर्य से सम्बन्धित करने वाला मत ही अधिक समीचीन प्रतीत होता है। यदि यम का किसी भौतिक तत्त्व से सम्बन्ध है, तो उसी से हो सकता है। परवर्ती साहित्य में भी नरकों का स्थान पृथ्वी से नीचे बताया गया है, जहाँ यम शासन करते हैं। विवस्वान् सूर्य का उदित होता हुआ रूप है और यम अस्त होता हुआ। श० ब्रा० १४।१।३।४ में यम को स्पष्ट शब्दों में सूर्य बताया गया है। प्राणियों का नियमन करने के कारण सूर्य ही यम है —

---

१. कारनाय : **ईरानियन माईथॉलजी**, पृ० ३१५।

२. **त्सा० डे० मा० गे०**, ४, पृ० ४२५ त० आ०।

३. **वै० मा०**, १७३।

४. **वेदिशे मिथोलोगी, भाग १,** पृ० ३९४।

एष वै यमः य एष तपति, एष हीदं सर्वं यमयति।

यजुस् तथा **अथर्ववेद** में यम के स्वरूप में कोई उल्लेखनीय अन्तर नहीं है। यजुर्वेद में यम को केवल पितरों का स्वामी कहा गया है। पितृगण यमलोक में रहते हैं और बुलाए जाने पर यम के साथ आकर अपना भाग ग्रहण करते हैं —

ये समानाः समनसः पितरो यमराज्ये।
तेषां लोकः स्ववा नमः॥ वा० सं० १९।४५

तेभिर्यमः संरराणो हवींषि अश्नन्नुशद्भिः प्रतिकाममत्तु।
— वा० सं० १९।५१

वा० सं० २७।९ से यम का मृत्यु से भी सम्बन्ध प्रतीत होता है क्योंकि इस मन्त्र में बृहस्पति से प्रार्थना की गई है कि वे स्तोता को यम के भय से छुड़ाएँ और अश्विनौ से मृत्यु को दूर रखने के लिए कहा गया है।

अथर्ववेद में यम का उल्लेख लगभग ११५ स्थानों पर है। विवस्वान् और सरण्यू से उनकी उत्पत्ति बताई गई है (१८।१।५३, १८।२।३३)। सर्वप्रथम मरने आदि की सभी विशेषताएँ उसी प्रकार उल्लिखित की गई हैं (६।२८।३, १८।१।४९-५०, १८।३।१३)। वे पितरों में श्रेष्ठ हैं (११।६।११) और उनके अधिपति हैं (५।२४। १४)। यम के दूत मनुष्यों को उनके लोक में ले जाते हैं (वैवस्वतेन प्रहितान् यम-दूतान् चरतो अपसेधामि सर्वान्, ८।२।११)। यम के दो दूत मृतात्मा को अपने साथ लेने के लिए आते हैं (दूतौ यमस्य मानु गा अधि जीव पुरा इहि, ५।३१।१)। अ० वे० ६।२९ में सर्वत्र यम का **निर्ऋति** (विनाश, मृत्यु) से तादात्म्य किया गया है और निर्ऋति के भी ऋग्वैदिक यम की भाँति कपोत और उलूक आदि दूत बताए गए हैं। किसी कन्या को सदा अविवाहित बनाए रखने के लिए प्रयुक्त होने वाले एक मन्त्र में (१।१४) अभिचारक यम से कहता है कि 'यह कन्या तुम्हारी वधू है, इसे ग्रहण करो। यह तुम्हारे घर की दासी बन कर रहेगी' —

एषा ते राजन् कन्या वधूर्निधूयतां यम। — अ० वे० १।१४।२
एषा तु कुलपा राजन् तामु त्वां परिदद्मसि। — अ० वे० १।१४।३

इससे उनका मृत्यु से सम्बन्ध स्पष्ट है।

अब हम ब्राह्मण ग्रन्थों पर आते हैं। श० ब्रा० १२।८।१।१९ तथा १३।४।३।६ में यम को दक्षिणदिशा में रहने वाले पितरों का अधिपति बताया गया है (यमो वैवस्वतो राजा इत्याहुः तस्य पितरो विशः)। **तै० सं०** ५।५।९ के इन शब्दों से भी यही भाव व्यक्त होता है — **पितरस्त्वा यमराजानः पितृभिः दक्षिणतः पान्तु**। इन अंगिरस् आदि पितरों के साथ आकर वे यज्ञभाग ग्रहण करते हैं (**श० ब्रा०** १४।२।२।१४)।

तै० सं० ५। २। ३ तथा **श० ब्रा०** ७। १। १। ३ में कहा गया है कि इस सम्पूर्ण पृथ्वी का स्वामी यम है। अत: यज्ञ-भूमि में रचित वेदी के लिए यम से उतनी भूमि माँगनी चाहिए —

(१) **यावती वै पृथिवी तस्यै यम आधिपत्यं परीयाय।**
यममेव देवयजनमस्यै निर्याच्य आत्मने अग्निं चिनुते। (तै० सं०)

(२) **यमो ह वा अस्यावसानस्येष्टे। स एवास्मा अस्यामवसानं ददाति।** (श० ब्रा०)

स्पष्ट है कि यह कल्पना **ऋ० वे०** १०। १४। ९ (यमो ददात्यवसानमस्मै), १०। १८। १३ तथा **अ० वे०** १८। २। ३७ (ददाम्यस्मा अवसानमेतद्) आदि मन्त्रों पर आधारित है। अवेस्ता में भी यम को पृथ्वी का राजा बताया गया है।

कहा जा चुका है कि **श० ब्रा०** १४। १। ३। ४ में यम का सूर्य से तादात्म्य किया गया है। **तै० सं०** ३। ३। ८ तथा **श० ब्रा०** ७। २ १। १० में अग्नि को यम तथा पृथ्वी को यमी बताया गया है। इन दोनों वस्तुओं से ही सब कुछ संयत रखता है (अग्निर्वै यमः इयं यमी। आभ्यां हीदं सर्वं यतम्)। **वा० सं०** १२। ६३ में आए **यमेन त्वं यम्या संविदाना उत्तमे नाके अधिरोहयैनम्** मन्त्र **श० ब्रा०** के अनुसार अग्नि एवं पृथ्वी का युग्म ही विवक्षित है। सम्भवत: इसी आधार पर यास्क ने (१०। १९) यम को अग्नि का एक स्वरूप माना है[१]।

जिस प्रकार अवेस्ता में **यिम** के दीर्घकालीन राज्य का और बाद में पदभ्रष्ट होकर भाग जाने का उल्लेख है, उसी प्रकार **तै० सं०** २। १। ४ में भी यम के सम्बन्ध में कुछ ऐसी विशेषताओं का उल्लेख मिलता है। यम एवं देवों में इस लोक के आधिपत्य के लिए स्पर्धा थी। यम ने देवों की शक्ति एवं बल को छीन लिया (अयुवत), इसी से वे 'यम' हुए। वे यहाँ के राजा बन गए। पर बाद में देवों ने प्रजापति के कहने से वरुण एवं विष्णु को प्रसन्न किया। उन्होंने यम का तेज अपहृत कर लिया और इन्द्र ने उनका राज्य लेकर उन्हें भगा दिया —

देवाश्च वै यमश्च अस्मिन् लोके अस्पर्धन्त। स यमो देवानाम् इन्द्रियं वीर्यम् अयुवत। तद् यमस्य यमत्वम्। ते देवा अमन्यनत यमो वा इदमभूत् यद्वयं स्म इति। ते प्रजापतिमुपाधावन्। स एतौ प्रजापतिरात्मन उक्षवशौ निरमिमीत। ते देवा वैष्णावरुणीं

---

१. श० ब्रा० २। ३। २। १, २ में यम को गार्हपत्य अग्नि बताया गया है, इन्द्र को आहवनीय तथा राजा नड (नल)-नैषिध को अन्वाहार्यपचन। राजा नल यम के दाहिनी ओर जाता है (**तस्माद् आहुः अहरहो वै नडो नैषिधः यमं राजानं दक्षिणतः उपनयति**)। इस वाक्य का अर्थ स्पष्ट नहीं है, पर महाभारत में जो निषधराज नल और दमयन्ती की कथा है, उसमें इन्द्र और यम, दमयन्ती की कामना करने वाले लोकपालों के रूप में महत्त्वपूर्ण स्थान रखते हैं।

वशामालभन्त ऐन्द्रम् उक्षाणम्। तं वरुणेनैव ग्राहयित्वा विष्णुना यज्ञेन प्राणुदन्त। इन्द्रेणैव अस्य इन्द्रियम् अवृञ्जत॥

गृह्यसूत्रों में यम का बहुत कम उल्लेख हुआ है। सामान्यतः मृत्यु के देवता के रूप में उनकी प्रतिष्ठा हो चुकी है और संकटों तथा मृत्यु को दूर करने के लिए ही उनकी प्रार्थना की गई है; उदाहरणार्थ **हिरण्यकेशी** गृ० सू० १।८।२८।१ में नवीन गृह में प्रवेश करते समय गृहपति यम की इन शब्दों के साथ प्रार्थना करता है 'मृत्यु इस घर से निकल जाए और यहाँ अमरता का वास हो। यम हमारी संकटों से रक्षा करें,' आदि।

रामायण एवं महाभारत में यम की प्रतिष्ठा प्राणियों को कर्मानुरूप शुभाशुभ फल प्रदान करने वाले एवं पापियों का नियमन करने वाले देवता के रूप में हो चुकी है। दुष्टों को वे अपने नरक में दण्डित करते हैं। वैदिक साहित्य में यम के इस कार्य का उल्लेख सर्वप्रथम **तै० आ०** ६।५।३ में प्राप्त होता है, जहाँ कहा गया है कि वैवस्वत यम के पास जाकर सत्यवादी और अनृतवादी अलग-अलग हो जाते हैं —

वैवस्वते विविच्यन्ते यमे राजनि ते जनाः।
ये चेह सत्येनेच्छन्ते य उ चानृतवादिनः॥

— तैत्तिरीय आरण्यक ६।५।३

पर यहाँ स्मरणीय यह है कि वैदिक साहित्य में कहीं भी यम का नरकलोक से सम्बन्ध प्राप्त नहीं होता। बल्कि **अ० वे०** १२।४।३६ में तो 'नरकलोक' को तो स्पष्ट शब्दों में यम के उस दिव्यलोक से, जहाँ मनुष्य अपनी सब कामनाएँ प्राप्त करता है, पृथक् और ठीक विपरीत बताया गया है —

सर्वकामान् यमराज्ये वशा प्र ददुषे दुहे।
अथाहुर्नारकं लोकंनिरुन्धानस्य याचिताम्॥

— अ० वे० १२।४।३६

वस्तुतः वैदिक साहित्य में स्वर्ग की धारणा तो स्पष्ट है किन्तु नरक की कल्पना अभी केवल अस्पष्ट रूपरेखाओं में ही है। इस विषय में कोई निश्चित धारणा प्राप्त नहीं होती। प्रायः उसे **अन्धःतमस्, कृष्णतमस्** या **वव्र** (गड्ढा) कहा गया है। वहाँ राक्षस तथा यातुधानियाँ आदि रहती हैं (अ० वे० २।१४।३) और वह पृथ्वी के नीचे हैं (ऋ० ७।१०४।११)।

कठ उपनिषद् में यम एक महत्त्वपूर्ण शास्त्र-प्रवक्ता के रूप में उपस्थित होते हैं। यहाँ उनका मृत्यु से पूर्ण तादात्म्य किया गया है। उद्दालक ऋषि अपने पुत्र नचिकेता के प्रश्न से (**कस्मै मां दास्यसि ?**) अप्रसन्न होकर कहते हैं **'मृत्यवे त्वा ददामीति'** (१।४)। नचिकेता सोचता है **''किं स्विद् यमस्य कर्त्तव्यं यन्ममाद्य करिष्यति ?''** १।१२

में फिर उनके लिए 'मृत्यु' सम्बोधन आया है **'त्वं च मृत्यो'**। १।७ में उनके लिए 'वैवस्वत' विशेषण प्रयुक्त हुआ है। नचिकेता यम के प्रासाद में तीन दिनों तक रहता है (**तिस्रो रात्रीर्यदवात्सीत् गृहे मे,** १।९)। किन्तु यहाँ भी कहीं नरक का उल्लेख नहीं है। लगता है, अभी यम नरकाधिपति के रूप में प्रतिष्ठित नहीं हुए थे। नचिकेता उनसे मृत्यु के अनन्तर आत्मा की स्थिति के विषय में प्रश्न करता है और वस्तुतः, **'येयं प्रेते विचिकित्सा मनुष्ये अस्तीत्येके नायमस्तीति चैके...'** की विद्या का उपदेष्टा उसे यम के अतिरिक्त और कौन मिल सकता है, जिसे रात-दिन मनुष्यों की प्रेत-आत्माओं से काम पड़ता है — **वक्ता चास्य त्वादृगन्यो न लभ्यः** (१।२२)!

यम के भयंकर रूप से सबसे पहले हम **रामायण** के उत्तरकाण्ड में परिचित होते हैं। यहाँ उन्हें कालपाशों से युक्त और अग्नि तथा वज्र के समान भयानक बताया गया है। इनके दर्शनमात्र से जीवों के प्राण निकल जाते हैं—

यस्य पार्श्वेषु निखिलाः कालपाशाः प्रतिष्ठिताः।
पावकाशनिसंकाशो मुद्गरो मूर्तिमान् स्थितः॥

दर्शनादेव यः प्राणान् प्राणिनामपकर्षति।

रामा० उत्तर० २२।३५, ३६

उत्तरकाण्ड के २०वें सर्ग में नारद जी यम के स्वरूप का चित्रण जिन शब्दों में करते हैं, उनसे यम की शक्ति का परम उत्कर्ष सूचित होता है। आयु के क्षीण होने पर इन्द्र सहित तीनों लोकों के प्राणी यम से पीड़ित होते हैं। वे मनुष्य द्वारा किए गए कर्मों के साक्षी हैं। उन्हीं से संसार के प्राणी चेतना प्राप्त करके संसार में विभिन्न चेष्टाएँ करते हैं। वे पाप-पुण्य के फल देने वाले हैं। तीनों लोक उनके वश में हैं और उनसे सदा भयभीत रहते हैं —

येन लोकास्त्रयः सेन्द्राः क्लिश्यन्ते सचराचराः।
क्षीणे चायुषि धर्मेण स कालो जेष्यते कथम्॥

स्वदत्तकृतसाक्षी यो द्वितीय इव पावकः।
लब्धसंज्ञा विचेष्टन्ते लोका यस्य महात्मनः॥

यस्य नित्यं त्रयो लोका विद्रवन्ति भयार्दिताः।
यो विधाता च धाता च सुकृतं दुष्कृतं तथा॥

— उत्तर० २०।२८-३२

रामायण का 'यम-लोक' स्वर्ग नहीं है। अब यह 'नरक' में परिवर्तित हो गया है, जहाँ सब प्राणी अपने-अपने कर्मों के अनुरूप यम के पुरुषों से विविध प्रकार की यातनाएँ एवं क्लेश प्राप्त करते हैं। यम के पुरुष अत्यन्त उग्र, तथा घोर हैं और इनका

रूप भयंकर है —

यमस्य पुरुषैरुग्रैः घोररूपैः भयानकैः।
ददर्श वध्यमानांश्च क्लिश्यमानांश्च देहिनः॥ उत्तर० २१। १२

उत्तरकाण्ड में प्राणियों की यातना का यह वर्णन निश्चित रूप से पुराणों का समकालीन है, उनसे प्राचीन नहीं । क्योंकि उत्तरकाण्ड का यह भाग रामायण में सबसे बाद में जोड़ा हुआ अंश माना जाता है। फिर भी ये श्लोक नरक में दी जाने वाली यातनाओं का, जिनका अन्य पुराणों में (विशेषतः **गरुडपुराण** के प्रेतकल्प में) विस्तार से उल्लेख किया गया है, प्रतिनिधि–वर्णन प्रस्तुत करते हैं। ''वहाँ बहुत से प्राणी कराह रहे थे और बहुत से रोते तथा चिल्लाते थे। कुछ को कुत्ते नोच रहे थे, कुछ को कीड़े काट रहे। बहुत से रुधिर से भरी वैतरणी पार कर रहे थे और कुछ बालू में भूने जा रहे थे,'' आदि —

कृमिभिर्भक्ष्यमाणांश्च सारमेयैश्च दारुणैः।
श्रोत्रायासकरा वाचो वदतश्च भयावहाः॥
सन्तार्यमाणान् वैतरणीं बहुशः शोणितोदकाम्।
बालुकासु च तप्तासु तप्यमानान् मुहुर्मुहुः॥
पानीयं याचमानांश्च तृषितान् क्षुधितानपि।
शवभूतान् कृशान् दीनान् विवर्णान् मुक्तमूर्धजान्॥
— राम० उत्तर० २१। १४, १५, १७

आगे के श्लोकों में (२१। १८–२०) पुण्यात्माओं द्वारा यमपुरी में भोगे जाते हुए सुख तथा ऐश्यर्वों का भी वर्णन है। इस प्रकार रामायण के अनुसार मनुष्य को अपने सुकृत एवं दुष्कृतों का फल यमपुरी में ही मिल जाता है। परवर्ती पुराणों (तथा० महा० स्वर्ग० १। ६–१०) में पुण्यों के भोग का स्थान केवल स्वर्ग है।

रामायण उत्तर० २२। २५ में यम और रावण के युद्ध के प्रसंग में मृत्यु का यम से स्वतन्त्र उल्लेख है और उसका यम से तादात्म्य नहीं किया गया। यह मृत्यु यम का परिचर है —

ततो मृत्युः क्रुद्धतरो वैवस्वतमभाषत।
मुञ्च मां समरे नित्यं हन्मीमं पापराक्षसम्॥

परवर्ती पुराणों में मृत्यु का सदा पृथक् व्यक्तित्व है। **भाग०** ४। ८। ४ में उसे ब्रह्मा के पुत्र **अधर्म** एवं उनकी पत्नी **मृषा** का वंशज बताया गया है। **पद्म०** ३० वें अध्याय में मृत्यु की एक **सुनीथा** नामक कन्या का भी उल्लेख है, जिससे **वेन** नामक अत्याचारी राजा उत्पन्न हुआ।

यम की उत्पत्ति के विषय में महाकाव्यों तथा पुराणों में भी वही इतिहास प्राप्त होता है। ये विवस्वान् की पत्नी **संज्ञा** से उत्पन्न हुए हैं (महा० आदि० ७४। ३०, वायु ८४। ३३, विष्णु० ३। २। ३, मत्स्य० ११। ४ आदि)। किन्तु इनकी बहन का नाम यमी नहीं अपितु **यमुना** है और उसका उत्तरी भारत में बहने वाली इसी नाम की नदी के साथ तादात्म्य किया गया है (मत्स्य० ११। ४ आदि)। अपनी सौतेली माता **सवर्णा** या **छाया** के दुर्व्यवहार से खिन्न होकर इन्होंने एक बार उसे मारने के लिए पैर उठाया। उसने इनके पैर को कुष्ठ रोग से पीडित होने का शाप दे दिया (शशाप च यमं छाया सक्षतः कृमिसंयुतः। पादोऽयमेको भविता पूयशोणितविस्रवः॥ मत्स्य पु० ११। १२; तु० की०, विष्णु० ३। २। ५)। इस पर यम खिन्न होकर गोकर्ण-तीर्थ में तपस्या करने चले गए और शिव को प्रसन्न करके उन्होंने लोकपालत्व (दक्षिण दिशा का अधिपतित्व), पितरों का आधिपत्य तथा जगत् के धर्माधर्म के परीक्षक होने का वरदान माँगा —

वव्रे स लोकपालत्वं पितृलोके नृपालनम्।
धर्माधर्मात्मकस्यापि जगतस्तु परीक्षणम्॥ — मत्स्य० ११। २०

सभी प्राणियों के कर्मों का न्याय एवं धर्मपूर्वक निर्णय करने के कारण यम के लिए प्रायः **धर्म** शब्द प्रयुक्त हुआ है। उनको स्थान-स्थान पर **धर्मराज** की आदरयुक्त उपाधि से विभूषित किया गया है। ऊपर उद्धृत **रामा० उत्तर०** २०। २८ में भी उनके लिए धर्म शब्द आया है (क्षीणे चायुषि धर्मेण)। **अजामिल** के प्राणों को लेने के लिए आए यमदूत विष्णु के पार्षदों द्वारा निषिद्ध किये जाने पर पूछते हैं —

के यूयं प्रतिषेद्धारो धर्मराजस्य शासनम्? — भाग० ६। १। ३२

किमर्थं धर्मपालस्य किंकरान्नो निषेधथ? — ६। १। ३३

तथा **प्रत्याह किं तान् प्रति धर्मराजः?** — ६। ३। १

मत्स्यपुराण अत्यन्त स्पष्ट शब्दों में यम को धर्माधर्म के विधानों के ज्ञाता, तथा धर्म-प्रवर्तक बताता है और कहता है कि धर्म से प्रजा का अनुरञ्जन करने के कारण यम का नाम धर्मराज है —

धर्माधर्मविधानज्ञ सर्वधर्मप्रवर्तक।
त्वमेव जगतो नाथ प्रजासंयमनो यमः।
धर्मेणेमाः प्रजाः सर्वाः यस्माद् रंजयसे प्रभो।
तस्मात्त्वं धर्मराजेति नाम सद्भिर्निगद्यते॥ मत्स्य० २१२। १, ३

ब्रह्मपुराण में भी निम्नलिखित तीन स्थानों पर यम के लिए धर्म या धर्मराज शब्दों का प्रयोग हुआ है —

अयं वैवस्वतो धर्मो नियन्ता सर्वदेहिनाम्।
धर्माधर्मव्यस्थायां स्थापितो लोकपालकः॥ ९४। ३२

स कदाचिद् यमगृहं द्रष्टुं मातुलमभ्यगात्।
स मातुलं तु पप्रच्छ नत्वा धर्मं सनातनम्।
एवं पृष्टो धर्मराजः सर्वं प्राह यथार्थवत्। १६५। ३१, ३२, २४

महाभारत के अनेक प्रकरणों से यम एवं धर्म की एकरूपता सूचित होती है। आदि० १०७। १४-१६ में **माण्डव्य** ऋषि यम द्वारा अपने को मृत्यु-तुल्य कष्ट दिए जाने पर उन्हें शूद्र-योनि में जन्म लेने का शाप देते हैं। वे विदुर के रूप में जन्म लेते हैं। आदि० १२२। ६-७ में युधिष्ठिर का धर्मराज के अंश से कुन्ती के गर्भ से उत्पन्न होने का वर्णन है। **आश्रम०** २६। २०-२३ में विदुर के शरीर से एक ज्योति निकल कर युधिष्ठिर में प्रविष्ट हो जाती है क्योंकि दोनों एक ही देवता के अंश थे। **स्वर्ग०** ५। २२ में पुनः कहा गया है कि विदुर ने धर्मराज के शरीर में प्रवेश किया। **आदि०** ६७। ८६ में धर्म को सूर्य का पुत्र कहा गया है। इनके भंयकर रूप के वर्णन के समय 'यम' तथा नियामकरूप के द्योतन के लिए '**धर्म**' शब्द प्रयुक्त होता है।

यम शब्द वेदों में सम्भवतः 'युग्म' का वाची है किन्तु पुराणों में इसका सम्बन्ध यम् धातु से जोड़ कर यमराज के पापियों को दण्ड देने वाले कार्य की सुन्दर एवं सन्तोषजनक व्याख्या की गई है —

कर्मणामनुरूपेण यस्माद् यमयसे प्रजाः।
तस्माद् वै प्रोच्यसे देव यम इत्येव नामतः॥

— मत्स्य० २१२। २

भाग० ६। १। ४८ में कहा गया है कि यम सभी प्राणियों के अन्तःकरण में विद्यमान रहते हैं, इससे वे उनके सम्पूर्ण कर्मों को जानते हैं —

मनसैव पुरे देवः पूर्वरूपं विपश्यति।
अनुमीमांसतेऽपूर्वं मनसा भगवानजः॥

यम का यह सूक्ष्म रूप और उनके लिए प्रयुक्त **अज** (उत्पत्तिहीन) शब्द ऋग्वैदिक यम से, जो केवल सर्वप्रथम मर्त्य हैं, कितना अन्तर रखता है।

यम के आदेशों एवं नियमों को कोई भग्न नहीं कर सकता। वे सबके लिए अपरिहार्य एवं अपरिवर्त्य हैं —

यमस्य देवस्य न दण्डभंगः कुतश्चनर्षे श्रुतपूर्वमासीत्।

— भाग० ६। १। २

तस्य ते विहतो दण्डो न लोके वर्ततेऽधुना। — वही ६।३।८

प्राणियों को दण्डस्वरूप कष्ट देने पर भी इन्हें पाप नहीं लगता (ब्रह्म० ९४।३३)।

यम ही जगत् की मर्यादा के स्थापक हैं। यदि वे न हों तो सब लोग कुत्सिताचार में प्रवृत्त हो जाएँ। उन्हीं के भय से लोग धर्म का पालन करते हैं —

त्वद्भीता अनुद्रवन्ते जनाः त्वद्भीता ब्रह्मचर्यं चरन्ति।
त्वद्भीताः साधु चरन्ति धीराः त्वद्भीताः कर्मनिष्ठा भवन्ति॥
— ब्रह्म० १२५।२३

आयु के अन्त में सभी प्राणी यम के वश में हो जाते हैं और उनके द्वारा दी गई यातनाएँ भोगते हैं (भाग० ३।७।५)। मृत्यु के पश्चात् प्राणी यम की संयमनी नामक पुरी (भाग० ६।३।३, यमं संयमनीपतिम्) में जाकर अपने पार्थिव रूप में निवास करते हैं। भाग० १०।४५।४० तथा विष्णु० ५।२९।३०-३१ में भगवान् कृष्ण संयमनी जाकर अपने गुरु सान्दीपनि के पुत्र को यम से माँग लाते हैं।

यम की कल्पना एक काले एवं भयंकर शरीर वाले पुरुष के रूप में की गई है। वे पीताम्बर तथा सोने के आभूषण धारण किए रहते हैं। उनके एक हाथ में कालपाश रहता है, जिससे वे प्राणियों के सूक्ष्म शरीर को बाँधते हैं और दूसरे हाथ में मुद्गर की आकृति का दण्ड, जो उनके राजत्व का सूचक है। उनका वाहन महिष है तथा 'काल' और 'मृत्यु' नामक उनके दो परिचर हैं —

ददर्श धर्मराजं तु स्वयं तद्देशमागतम्।
नीलोत्पलदलश्यामं पीताम्बरधरं प्रभुम्॥
विद्युल्लतानिबद्धांगं सतोयमिव तोयदम्।
किरीटेनार्कवर्णेन कुण्डलैश्च विराजितम्॥
हारमारोपितोरस्कं तथांगदविभूषितम्।
तथानुगम्यमानं च कालेन सह मृत्युना॥
— मत्स्य० २०९।५-७

प्रायः सामान्य मनुष्यों के प्राणों को लेने के लिए[१] यमराज अपने दूतों को भेजते हैं। ये दूत घोरदर्शन एवं क्रूर होते हैं इनकी आकृति अत्यन्त भयंकर होती है और पापी मनुष्य इन्हें देखते ही काँप उठते हैं। **पद्म पुराण** में यम के इन दूतों का निम्नलिखित शब्दों में वर्णन किया गया है —

---

१. पुराणों का विश्वास है कि केवल मनुष्य की प्रेतात्मा को ही कर्मों का फल भोगने के लिए स्वर्ग-नरक आदि की यात्रा करनी पड़ती है, अन्य प्राणियों को नहीं, क्योंकि केवल यही एक कर्म-योनि है। शेष भोग्य-योनियाँ हैं और मनुष्यों द्वारा किए गए कर्मों के परिणामस्वरूप प्राप्त होती हैं।

यमदूताः समायान्ति दारुणा घोरदर्शनाः।
लंबोदरा वक्रमुखाः क्रूरा पिंगलचक्षुषः॥
केचित् पिंगलसर्वांगाः कृष्णः केचित् तु बभ्रवः॥
स्विद्यन्ति पापिनो दृष्ट्वा कंपन्ते च भृशं भिया॥

— पद्म० भूमिखण्ड १३।५४, ५५

पीछे कहा जा चुका है कि ऋग्वेद में यम के दो कुत्तों का 'दूतों' के रूप में उल्लेख हुआ है (यमस्य दूतौ चरतो जनाँ अनु)। अथर्ववेद में ही सर्वप्रथम दूत शब्द बहुवचन में आया है किन्तु न तो इनका स्वरूप निश्चित है न कार्य। पुराणादिकों में ही यमदूतों की एक स्पष्ट धारणा प्राप्त होती है। अशुभदर्शन होने के कारण यमदूत पुण्यात्माओं को लेने के लिए नहीं भेजे जाते। सच्चरित्र एवं पुण्यशाली व्यक्तियों को के लिए यमराज स्वतः पधारते हैं। **महा० वन०** २९६।१५ में सत्यवान् को लेने वे स्वयं आते हैं और **मत्स्य० पु०** २१०वें अध्याय में वर्णित इस कथा में वे सावित्री से उसका कारण बताते हुए कहते हैं —

गुरुशुश्रूषणाद् भद्रे तथा सत्यवतो महत्।
पुण्यं समर्जितं येन नयाम्येनमहं स्वयम्॥ — मत्स्य० २१०।१६

ऋग्वेद में यम के जिन दो कुत्तों का वर्णन है, उनका ब्रह्मपुराण (अ० १३१) में भी उल्लेख हुआ है। यहाँ भी उन्हें सरमा के पुत्र, मनुष्यों के पीछे चलने वाले, चार आँखों वाले, पवन भक्षण करने वाले तथा यम-प्रिय कहा गया है किन्तु उनका कार्य अब केवल देवों की गायों की वन्य जीवों से रक्षा करना है। यम से उनका केवल नाम मात्र को सम्बन्ध रह गया है। (उदाहरणार्थ अपनी माता का शाप मिलने पर वे अपने स्वामी यम से उसकी निष्कृति का उपाय पूछते हैं, श्लोक ३४)।

तस्याः (सरमायाः) पुत्रौ महाश्रेष्ठौ श्वानौ नित्यं जनाननु।
गामिनौ पवनाहारौ चतुरक्षौ यमप्रियौ।
गा रक्षतः स्म देवानां यज्ञार्थं कल्पितान् पशून्॥ — ब्रह्म० १३१।३

पर ऋग्वेद में जहाँ उलूक और कपोत को यम का पक्षी बताया गया है, वहाँ रामायण में यह स्थान **काक** ने ले लिया है। काला और अशुभ होने के कारण यह यम का पक्षी होने के सर्वथा उपयुक्त भी है। रामा० उत्तर० १८।२६, २७ में यम अपने इस पक्षी को वर देते हुए कहते हैं कि जिस प्रकार मै अन्य प्राणियों को विविध रोगों से पीड़ित करता हूँ, उस प्रकार तुम्हें नहीं करूँगा। मेरे वर से तुम्हें मृत्यु का भी भय नहीं रहेगा —

यथान्यैः विविधैः रोगैः पीड्यन्ते प्राणिनो मया।
ते न ते प्रभविष्यन्ति मयि प्रीते न संशयः॥

मृत्युतस्ते भयं नास्ति वरान् मम विहंगम॥

आज भी लोकविश्वास है कि कौआ स्वयं कभी नहीं मरता। उसकी मृत्यु तभी होती है, जब कोई उसकी हत्या कर डाले। पितरों का यम से सम्बन्ध होने के कारण आज भी पितृपक्ष में यम के इस पक्षी को उड़द आदि से बने पदार्थों की बलि प्रदान की जाती है।[1]

पर यम के हाथ से पितरों का आधिपत्य अब छिन चुका है। पितरों का स्वामी अब अर्यमा को माना जाता है (तु० की० **पित/र्णाम् अर्यमा चास्मि,** भगवद्गीता १०। २९)। किन्तु इन अर्यमा का निवास-स्थान भी यम-लोक में है (भाग० ५। २६। ५)।

भागवत में यम को परम विष्णुभक्त चित्रित किया गया है। जब अजामिल के प्राण निकालने वाले दूत विष्णु पार्षदों द्वारा प्रतिषिद्ध होने पर यम के पास जाकर सारी घटना का वर्णन करते हैं तो वे परम प्रसन्न होकर उनसे विष्णु के माहात्म्य का वर्णन करते हैं (**भाग०** ६। ३। १२-३३)। भागवत धर्म के तत्त्व को जानने वाले बारह व्यक्तियों में स्वयं यम की भी गणना की गई है (वही, ६। ३। २०)।

कठ उपनिषद् में यम का दार्शनिक-ज्ञान के उपदेष्टा के रूप में जो व्यक्तित्व है, उसका प्रतिबिम्ब महाकाव्यों एवं पुराणों में भी प्राप्त होता है। **महा० शान्ति०** १२९ अ० में ये महर्षि गौतम को निःश्रेयस् का उपदेश देते हैं। **अनु०** १३०। १४-३३ में इनके द्वारा धर्म के रहस्य का वर्णन करवाया गया है। **अनु०** १७। १७८, १७९ तथा ६८। १६-२२ भी इस सम्बन्ध में महत्त्वपूर्ण हैं। **भाग०** ७। २। २५ त० आ० में यम, उशीनर देश के राजा **सुयज्ञ** के मरने पर विलाप करती हुई रानियों को सान्त्वना देने के लिए एक बालक के रूप में आते हैं और संसार के चक्र का वर्णन करते हैं। इसी प्रकार **मत्स्य०** ४९। ६८ में भी वे जनमेजय की वीरता से प्रसन्न होकर उसे मुक्ति-ज्ञान प्रदान करते हैं—

यमस्तुष्टः ततस्तस्मै मुक्तिज्ञानं ददौ परम्।

किन्तु यम का मुख्य रूप वही है, जिसे भागवतकार ने **शास्ता दण्डधरो न/र्णां शुभाशुभविवेचनः** (६। ३। ७) शब्दों से प्रकट किया है। परवर्ती पुराणों में यम के इस कार्य में **चित्रगुप्त** नामक एक सेवक को भी सहायक माना गया है। इसका कार्य अपनी बही में लोगों के शुभाशुभ कार्यों का लेखा-जोखा रखना है। **बृहन्नारदीय-पुराण** में

---

१. पितृपक्ष में कौओं की, घर के पालतू तोते की भी उपेक्षा करके, जो विशेष पूछ होती है, उसकी ओर महाकवि बिहारी ने निम्न दोहे में सुन्दर संकेत किया है (आशय है — स्वार्थ सिद्धि के लिए किसी निकृष्ट व्यक्ति को थोड़े समय तक सम्मान देना) :

मरत प्यास पिंजरा पर्‌यो सुआ समय के फेर।
आदर दै दै बोलियत वायस बलि की बेर।।

इनकी आकृति बड़ी विचित्र बताई गई है और इन्हें ३२ भुजाओं से युक्त, तीन योजन विस्तृत, दीर्घनासिका वाले, तथा बड़ी-बड़ी लाल आँखों से युक्त बताया गया है। कायस्थवंशीय चित्रगुप्त को अपना आदि-पुरुष मानते हैं और यम-द्वितीया (कार्तिक शुक्ल द्वितीया) को धूम-धाम से इनकी, एवं लेखनी, मसीपात्र आदि लेखन-सामग्री की, पूजा करते हैं। इधर इन लोगों ने अपने को 'चित्रांश' शब्द से भी अभिहित करना प्रारम्भ किया है। यम द्वितीया का दिन परवर्ती हिन्दू-धर्म में **भैया-दूज** के पुण्य पर्व के रूप में विकसित हुआ है। उस दिन भाई बहन के घर जाता है। दोनों मिल कर यमुना (सूर्यपुत्री, यमभगिनी) अथवा किसी अन्य नदी में स्नान करते हैं। बहन भाई के टीका करती है और भाई बहन को वस्त्रालंकार आदि की भेंट देता है। पुराणों का कहना है कि इस दिन बहन से टीका कराने से यम की यातनाओं से मुक्ति मिल जाती है। यम और यमी (= यमुना) अब भाई-बहन के पवित्र स्नेह के दैवी प्रतीक हैं।

सोम

सोम एक विशेष प्रकार की लता से निकाला जाने वाला[१] आनन्ददायक, स्फूर्तिप्रदायक एवं बलवर्द्धक पेय है, जिसको वैदिक आर्य दूध तथा मधु मिश्रित करके देवों को अर्पित करते थे और तदन्तर स्वतः पान करते थे। देवों को प्रदान किए जाने वाले द्रव्यों

---

१. सन् १९६८ में न्यूयार्क से **वैसन्** (R. Gordon Wasson) नामक विद्वान् की *Soma,* Divine Mushroom of Immortality नामक पुस्तक प्रकाशित हुई, जिसमें प्रतिपादित किया गया है कि सोम किसी लता का नहीं अपितु एक विशेष प्रकार के छत्रक (खुम्भी या कुकुरमुत्ता) को कूट कर और दबा कर निकाला गया रस है। सोम के इस छत्रक को अंग्रेज़ी में Flyagaric (मक्षिका-छत्रक) कहते हैं। यह साइबेरिया के मैदानों में प्रचुरता के साथ पाया जाता है, वहाँ की जन-जातियों के पुरोहित आज भी धार्मिक उत्सवों पर इसे पीकर झूमते हैं। वैसन् का मत है कि इस भूरे ('बभ्रु') रंग के छत्रक के रस को पीने के बाद जो शारीरिक और मानसिक लक्षण प्रकट होते हैं, वे ऋग्वेद में वर्णित सोम के प्रभाव से पूर्णतया मेल खाते हैं। वैसन् का मत यद्यपि सर्वमान्य नहीं है, तो भी पश्चिमी विद्वानों में आजकल उसके कई अनुयायी हैं।

हमारे एक प्रतिभाशाली शिष्य **हैरी फ़ाल्क** (Hary Falk, बर्लिन वि०वि० में प्रोफ़ेसर)ने संयुक्त भारत के पश्चिमोत्तर प्रान्त (गान्धार)-पूर्वी अफ़गानिस्तान के पर्वतीय प्रदेश में बहुतायत से पाए जाने वाले **एफ़ेद्रा** (Ephedra) नामक पादप से सोम की पहचान की है। इस पादप का रस कॉफ़ी की भाँति थकान दूर करके निद्रा को भगाता और स्फूर्ति का संचार करता है (तु.की. सोम का 'जागृविः' विशेषण)। महापण्डित राहुल सांकृत्यायन उत्तर भारत में बहुशः सेव्यमान **भाँग** को ही सोम मानते हैं। अफ़गानिस्तान में इसका नाम 'हओम' ही है। आज भी इसे वैदिक सोम की भाँति शर्करा एवं दुग्ध (या बादाम) आदि मिश्रित करके पिया जाता है। आजकल सोम के 'प्रतिनिधि' के रूप में **पूतिका** लता (पोइ) का निःस्वाद रस प्रयुक्त होता है।

में इसका सर्वोत्कृष्ट स्थान था। इसीलिए ऋ० ९।८६।१० आदि में इसे 'उत्तमं हविः' और 'यज्ञ की ज्योति' कहा गया है।

सोम-यागों का वैदिक कर्मकाण्ड में सर्वाधिक महत्त्व है। इन यागों में दिन में तीन बार अर्थात् प्रातः, मध्याह्न तथा सायं, सोम का सेवन किया जाता था और वैदिक देवमण्डल के देवों का तीन गणों में विभक्त करके प्रत्येक बार उनके एक-एक समूह को सोमपान के लिए आमन्त्रित किया जाता था। **निरुक्त** (१२। १ आदि) तथा **बृहद्देवता** (१।९८-१३१, २।७-१४) में देवों की इन तीनों सूचियों का विस्तार से वर्णन है। सोम के इसी माहात्म्य के कारण ऋग्वेद का सम्पूर्ण नवम मण्डल, जिसमें ११४ सूक्त हैं, उसी से सम्बन्धित है।

सोमलता से रस निकलने के लिए पहले उसके डण्ठलों (अंशु) को उलूखल में डालकर (ऋ० १।२८।१) लोढ़े (ग्रावन्) से कुचला जाता था (ऋ० ६।६७।१९)। सोमलता के कभी सूख जाने पर कुचलने से पूर्व उसे कुछ देर पानी में भिगो कर रखा जाता था। कुचलने या कूटने के पश्चात् दबा कर उसका रस निकाला जाता था और शुद्ध (तृणरहित, वैदिक शब्दावली में 'पूत') करने के लिए ऊन (या ऊनी कपड़े) की छन्नी (पवित्रम्) से उसे छान लिया जाता था। लगता है छनते हुए ('पवमान') सोम का दृश्य वैदिक ऋषियों को विशेष मनोहारी प्रतीत होता था क्योंकि नवम मण्डल के अधिकांश सूक्त इसी सोम पवमान के लिए कहे गए हैं। सोम का यह रस भूरा (बभ्रु) होता था। इस उन्मादक रस का प्रभाव देवों पर, मुख्यतः इन्द्र पर, विशेष संरम्भ के साथ वर्णित किया गया हैं।

देवता के रूप में सोम का मानवीकरण अत्यधिक अपूर्ण है, सम्भवतः अग्नि और वायु से भी कम। उसके केवल ऐसे ही गुणों का उल्लेख किया गया है, जो या तो सभी देवों में सामान्य हैं, या कि फिर इन्द्र आदि देवों को स्फूर्ति एवं बल प्रदान करके वृत्र-वध आदि कार्य करवाने के कारण, साहचर्य के कारण उन पर भी संक्रान्त कर दिए हैं। सोम की शक्ति से ही इन्द्र शौर्य के विविध कार्य करते हैं (ऋ० ६।१७।११, ९।४८। २ आदि) अतः परोक्षतया सोम भी 'वृत्रहन्' है। सूर्य को उदय की ओर प्रेरित करने के कारण वह 'ज्योति प्राप्त कराने वाला' भी है (ज्योतिर्विदासि नः, ऋ० ९।३५।१)। उसे दिशाओं का अधिपति तथा द्यावापृथिवी का उत्पादक भी कहा गया है (ऋ० ९। ९०।१)। वह शूरों की भाँति आयुध धारण करता है (शूरो न धत्त आयुधा, ऋ० ९। ७६।२)।

मधु से मिश्रण करके पीने के कारण सोम को प्रायः मधु या मधुरस (४।२७।५, ५।४३।४) भी कहा जाता है। पर यह शब्द आकाशीय-सोम या अमृत को ही विशेषरूप से सूचित करता है। अमृत शब्द भी सोम का पर्यायवाची है (नू चिन्नु

वायोरमृतं विदस्येत्, ६। ३७। ३; ददानो अस्मा अमृतं विपृक्वत्, ५। २। ३)। अनेक स्थानों में सोम पीकर अमर हो जाने का भी उल्लेख है (अपाम सोमम् अमृता अभूम, ८।४८।३)। उसके लिए दुग्ध को द्योतित करने वाला (परवर्ती साहित्य में अमृतवाची) 'पीयूष' शब्द भी ऋग्वेद में कुछ स्थानों पर प्रयुक्त हुआ है (पीयूषमपिबो गिरिष्ठाम्, ३। ४८। २)। 'इन्दु' शब्द भी सोम का वाची है और मैक्डॉनल के अनुसार 'दीप्तिमान् बिन्दु' का भाव रखता है[1]। पर संस्कृत व्याकरण में इसे 'उन्दी क्लेदने' धातु से सिद्ध किया गया है[2]। द्रोण (काष्ठ पात्र) में एकत्र सोम की प्रायः समुद्र से उपमा दी गई है (५।४७।३ आदि)। छन्नी से छाने जाते हुए सोम का साम्य आकाश से गिरती हुई वृष्टि से किया गया है। 'सिन्धुओं' अथवा जल स्रोतों का उन्हें प्रायः अधिपति बताया गया है (पतिः सिन्धूनां भवन् ९।१५।५ राजा सिन्धूनां, ९।८६।३३)। जल को प्रायः उसकी बहनें (स्वसार आपः ९।८२।३) अथवा पत्नियाँ (आपो देवीरमृतस्य पत्नीः, वा० सं० ६।३४) कहा गया है। श० ब्रा० ११।५।४।५ में सोम का 'अमृत' नाम 'जल' के लिए प्रयुक्त हुआ है (अमृतं वा आपः। अमृतमशानेत्येवैनम्) और लौकिक साहित्य में यह प्रायः जल का पर्यायवाची है।

यद्यपि सोम पार्थिव है और वह **मूजवत्** पर्वत पर उत्पन्न होता है (१०।३४।१) किन्तु साथ ही उसे दिव्य भी कहा गया है (१०।१६६।३)। वह आकाश का पुत्र या दिवःशिशुः है (९।३८।५)। वह आकाश का दुग्ध है (दिवः पीयूषम् उत्तमम् १।५१। २)। वहीं वह छन कर शुद्ध होता है (पवस्व सोम दिव्येषु धामसु ९।८६।२२)। इसका वास 'परम व्योम' में है (९।८६।१५), वहीं से यह पृथ्वी पर जाता है। इसको एक श्येन आकाश से पृथ्वी पर लाया है। यह श्येन तीव्रवेग से उड़ने वाला (रघु) सुन्दर पंखों से युक्त (सुपर्ण) है (रघुः श्येनः पतयदन्धो अच्छा युवा कविर्दीदयद् गोषु गच्छन्, ५।४५।९। श्येनो यदन्धो अभरत् परावतः, ९।६८।६)।

मन के समान वेगवाले **सुपर्ण श्येन** ने जाकर एक लौहमय दुर्ग को भग्न किया और वे इन्द्र के लिए सोम को पृथ्वी पर लाए—

मनोजवा अयमान आयसीमतरत्पुरम्।
दिवं सुपर्णो गत्वाय सोमं वज्रिण आभरत्॥ ऋ० ८।१००।८

एक स्थान पर कहा गया है कि सोम सौ लौह-पुरों के मध्य में सुरक्षित था किन्तु श्येन ने अपने वेग से उन सबको भग्न कर दिया—

शतं मा पुर आयसीररक्षन् अध श्येनो जवसा निरदीयम्।
ऋ० ४।२७।१

---

१. **वैदिक माइथॉलजी,** पृ० १०५।

२. उन्दिः = गीला करने वाला [द्रव-पदार्थ], वर्ण विपर्यय से उन्दिः > इन्दु : (यास्क)।

श्येन ने जाकर इन्द्र के लिए सोम के मधुमय अंशु को तोड़ लिया और उसे अपने पंजों में दबा कर पृथ्वी पर ले आए (यं ते श्येनः पदाभरत् तिरो रजांस्यस्पृतम्, ८।८।९)। ऋ० ४।२७।३, ४ में यह भी कहा गया हैं कि जब श्येन आकाश से सोम को ला रहा था तो कृशानु नामक एक धनुर्धारी ने उस पर बाण चलाया, जिससे उसका एक पंख कट गया —

(१) अव यच्छ्येनो अस्वनीयदध द्योर्वि यद् यदि वात ऊहुः पुरंधिम्।
सृजद् यदस्मा अव ह क्षिपज्ज्यां कृशानुरस्ता मनसा भुरण्यन्॥
(२) अन्तः पतत् पतत्र्यस्य पर्णम् अध यामनि प्रसितस्य तद् वेः॥

— ऋ० ४।२७।३, ४

ब्लूमफ़ील्ड के अनुसार आकाश से श्येन द्वारा सोम को पृथ्वी पर लाने की गाथा जलवृष्टि की ही रूपक है[1]। श्येन तडित् का प्रतीक है जो कृष्णमेघ रूपी लौहपुरों का विभेद करके दिव्य-सोम अथवा आकाशीय-जल को पृथ्वी पर लाता है। कृशानु द्वारा श्येन को विद्ध करने का उल्लेख किसी परवर्ती कवि की कल्पना है, जो उसने कथा को रोचक तथा नाटकीय रूप देने के लिए जोड़ दी है। ऋग्वेद के निम्नलिखित मन्त्र में मातरिश्वा द्वारा वृष्टि करने का तथा श्येन के द्वारा सोम आनयन का साथ-साथ उल्लेख हुआ है —

आन्यं दिवो मातरिश्वा जभार आ मथनादन्यं परि श्येनो अद्रेः।

— ऋ० वे० १।९३।६

गुरुवर्य प्रो० उलरिष् श्राइडर ने इस कथा की एक सर्वथा नई व्याख्या प्रस्तुत करते हुए हाल में कहा है कि ऋ० ४।२६ और ४।२७ में सोम अपहरण की यह कथा आर्यों द्वारा सोम-प्राप्ति या सोम-आनयन की वास्तविक प्रक्रिया की धार्मिक प्रयोजन हेतु की गई काव्यात्मक अतिरञ्जना है। कथोपकथन की शैली में निबद्ध इन सूक्तों की ऋचाएँ प्रारम्भिक-वैदिकयुगीन सोम-याग में इन्द्र तथा सोम आदि की भूमिका अभिनीत करने वाले पुरोहितों द्वारा बोली जाती थी और एतद्द्वारा प्रस्तुत एक कर्मकाण्डीय नाटक (Cult Drama) के माध्यम से वर्तमान सोम-आनयन एवं सोम-सवन का आदिकाल में मनु द्वारा प्रेरित सोम-अपहरण एवं सर्वप्रथम सोम-सवन से कथात्मक यातविक सम्बन्ध जोड़ा जाता था[2]।

---

१. **ब्लूमफ़ील्ड, रिलीजन ऑफ़् दि वेद,** पृ० १४६।
It is the simple phenomenon of cloud, lightning and downpour of refreshing and life-giving rain which is turned into the heavenly prototype of this delightful drink.
तथा **जर्नल ऑफ़् अमेरिकरन ओरिएंटल सोसाएटी,** भाग १६, पृ० १ त० आ०। मैक्डॉनल (**वै० मा०**, पृ० ११२) ने भी इससे सहमति व्यक्त की है।

२. द्रष्टव्य Ulrich Schneider, *Der Somaraub des Manu: Mythus und Ritual,* Wiesbaden 1971.

सोम एक श्रेष्ठ वनस्पति है (९।१२।७)। उसे ओषधियों का स्वामी तथा राजा कहा गया है (सोमं नमस्य राजानं यो जज्ञे वीरुधां पतिः ९।११४।२)। सोम राजा ने ही सम्पूर्ण ओषधियों को उत्पन्न किया (त्वमिमा ओषधीः सोम अजनयः, १।९१।२२)। **श० ब्रा०** १२।१।१।२ में कहा गया है कि सब ओषधियाँ सोम से सम्बन्धित हैं (सौम्या ओषधयः)। ओषधियों के ही नहीं अपितु ब्राह्मणों के भी वे राजा हैं (सोमो अस्माकं ब्राह्मणानां राजा, **वा० सं०** ९।४०)। '**राजा**' विशेषण उनके साथ प्रायः प्रयुक्त हुआ है और ऋ० वे० में उन्हें देव तथा मनुष्य सभी का राजा कहा है (पवित्रेभिः पवमानो नृचक्षा राजा देवानाम् उत मर्त्यानाम्, ९।२७।२४)।

अब हम सोम के सर्वाधिक जटिल पक्ष पर आते हैं, और वह है सोम का चन्द्रमा से तादात्म्य। यह सर्वविदित है कि 'सोम' तथा 'इन्दु' आदि शब्द परवर्ती संस्कृत साहित्य में चन्द्रमा के वाची हैं किन्तु इस मादक एवं आह्लादकारी यज्ञीय पेय का आकाश में विवरण करने वाले चन्द्र-मण्डल से किस प्रकार तादात्म्य हुआ, यह आज भी कल्पना का विषय बना हुआ है। मैक्डॉनल का मत है कि सोम को ऋग्वेद के कई मन्त्रों में भास्वर तथा प्रकाशमान् कहा गया है। वह 'बृहत् ज्योति' है जो अन्धकार के समूह को नष्ट कर देती है —

(१) **अवा कल्पेषु नः पुमस्तमांसि सोम योध्या।** — ऋ० ९।९।७

(२) **पवमान ऋतं बृहच्छुक्रं ज्योतिरजीजनत्।**
कृष्णा तमांसि जंघनत्॥ — ऋ० ९।६६।२४

ऋ० ९।४१।५ में कहा गया है कि सोम अपनी किरणों से उषा और सूर्य की भाँति पृथ्वी एवं आकाश को आपूरित कर देता है (आ पवस्व विचर्षण आ मही रोदसी पृण। उषा सूर्यो न रश्मिभिः)। इसके अतिरिक्त सोम को पानी में फुलाने के लिए ऋ० १।९१।१६ आदि में आ + प्या धातु प्रयुक्त हुई है, चन्द्रमा की कलाओं की वृद्धि को भी उसका 'आप्यायन' कहा जाता है। साथ ही सोम के लिए 'इन्दु' शब्द प्रयुक्त हुआ है (इन्द्रायेन्दो परि स्रव, ऋ० ९।११२।१ तथा ६।४४।२५) जो प्रकाशमान जल-बिन्दु का वाची है। जल में चन्द्रमा का प्रतिबिम्ब भास्वर जल-बिन्दु से समान प्रतीत होता है। एक ऋचा में पात्र में अवस्थित सोम की चन्द्रमा से इसी प्रकार तुलना की गई है —

यो अप्सु चन्द्रमा इव सोमश्चमूषु ददृशे। पिबेदस्य त्वमीशिषे।
— ऋ० ८।८२।८

उक्त कारणों से चन्द्रमा को 'अन्तरिक्षस्थ जलों के बीच में विचरण करने वाला तेजस्वी (जल) बिन्दु' मानकर उसका तादात्म्य सोम से कर देना स्वाभाविक है।

यह भी हो सकता है कि सोम एवं चन्द्रमा की उभयनिष्ठ विशेषता 'ओषधिपतित्व'

ने दोनों का तादात्म्य कर दिया हो। ओषधियों में श्रेष्ठ होने के कारण सोम को 'वीरुधां पतिः' तथा ओषधियों का राजा कहा गया है। साथ ही वैदिक-काल में यह भी धारणा विद्यमान थी कि सूर्य अपने प्रखर तेज से ओषधियों के रस को सुखा डालता है किन्तु चन्द्रमा अपनी शीतल एवं मधुमती किरणों के द्वारा उन्हें फिर पुष्ट करके उनमें रस-संचार करता है।

उपर्युक्त मतों में सबसे बड़ी कमी है कि इन्हीं आधारों को विपरीत दृष्टि से सोचने पर इनसे विरुद्ध निष्कर्ष निकाले जा सकते हैं। सोम एवं चन्द्रमा के तादात्म्य के संकेत ऋग्वेद में ही बहुलता से प्राप्य हैं। ऋग्वेद के दशम मण्डल का ८५वाँ सूक्त सूर्य की पुत्री **सूर्या** (उषा) के **सोम** के साथ हुए विवाह का वर्णन करता है। यह सोम निश्चित रूप से चन्द्रमा ही है, लता का रस नहीं। प्रथम मन्त्र में कहा गया है कि सोम आकाश में स्थित है (दिवि सोमो अधि श्रितः, १०।८५।१) और द्वितीय में उसे नक्षत्रों की गोद में रहने वाला कहा गया है —

अथो नक्षत्राणामेषामुपस्थे सोम आहितः।

तृतीय ऋचा में कहा गया है कि लोग ओषधि को पीस कर उसका पान करते हैं और यह समझते हैं कि हमने सोम का पान कर लिया। किन्तु जो 'वास्तविक' सोम है और जिसके रहस्य को केवल ज्ञानी ही जानते हैं उसका कोई भी पान नहीं कर सकता —

सोमं मन्येत पपिवान् यत् संपिंषन्ति ओषधिम्।
सोमं यं ब्रह्माणो विदुः न तस्याश्नाति कश्चन॥

इससे प्रतीत होता है कि यद्यपि सोम और चन्द्रमा का तादात्म्य ऋग्वेद के समय तक एक रहस्य ही था किन्तु यह निष्पन्न हो चुका था और ऐसी दशा में सोम को जो 'भास्वर' तथा 'अन्धकार का विनाशक' आदि कहा गया है, वह उचित ही है। साथ ही आप्यायन क्रिया से सोमरस का सम्बन्ध, उसकी 'इन्दु' संज्ञा तथा चन्द्रमा का 'ओषधिपतित्व' आदि सभी स्वाभाविक है। इस प्रकार यह भी एक तर्क हो सकता है कि ऋग्वेद में पहले ही से सम्पन्न चन्द्र-सोम के तादात्म्य के कारण ही चन्द्रमा की विशेषताएँ सोमरथ में संक्रान्त कर दी गई हैं और तब सोम के भास्वरत्व आदि गुणों को चन्द्रमा के साथ हुए तादात्म्य में मूल कारण मानने की आवश्यकता नहीं रह जाती।

यहाँ विल्के आदि के उन निःसार मतों का उल्लेख अनावश्यक है, जिसके अनुसार सोम और चन्द्रमा के तादात्म्य का कारण चन्द्रमा की सोम से भरे हुए चषक की भाँति आकृति है[१]।

---

१. विल्के : **डी रिलीगियोन डेऽर इण्डोगेर्मानेन्**, पृ० १५४-५५।

चन्द्रमा और सोम की परवर्ती एकरूपता तथा ऋग्वेद में दोनों के उपर्युक्त तादात्म्य पर दृष्टि रखते हुए हिलेब्रांड्ट का मत है कि ऋग्वेद में सर्वत्र सोम शब्द से चन्द्रमा ही वाच्य है। कहीं भी यह शब्द पार्थिव वनस्पति या रस को सूचित नहीं करता। सम्पूर्ण नवम मण्डल उनके अनुसार चन्द्रमा की ही स्तुति है। उनका यह भी कथन है कि वैदिक युग में चन्द्रमा को जगत् का निर्माता एवं पालक माना जाता था, अतः वह वैदिक कर्मकाण्ड का केन्द्र था। उनके अनुसार वरुण, अपां-नपात्, बृहस्पति, यम तथा सोम, ये पाँच देवता चन्द्रमा से ही सम्बन्धित हैं[१]।

हिलेब्रांड्ट का मत विद्वानों को विशेष प्रभावित नहीं कर सका[२]। क्योंकि ऋग्वेद के अगणित मन्त्रों में सोमपादप, उससे निकाले जाने वाले सोमरस एवं उसको 'ग्रहों' (पात्रों) में भरकर विविध देवों को अर्पित किए जाने का स्पष्ट और निर्भ्रान्त वर्णन है।

प्रतीत होता है कि सोम का **ऋग्वेद** में भौतिक ही नहीं, आधिवैदिक, आध्यात्मिक तथा रहस्यात्मक रूप भी है। कहीं उसे भौतिक रस के रूप में चित्रित किया गया है, कहीं अन्तरिक्ष से आने वाली वृष्टि से उसका तादात्म्य किया गया है, कहीं वह देवता के रूप में शत्रुओं से लड़ता है और कहीं एक ऋषि के रूप में ज्ञानी तथा वाचस्पति है (९।२६।४)। कहीं उसे हृदय के पाप एवं कालुष्य को दूर करते हुए वर्णित किया गया है तो कहीं उसे देवताओं द्वारा पिया जाने वाला अमृत कहा गया है और कहीं उसका चन्द्रमा से तादात्म्य किया गया है। वस्तुतः सोम का वैदिक स्वरूप इतना रहस्यमय एवं गूढ़ है कि वैदिक ऋषियों के हृदय में उसकी सही धारणा का पता लगाना अत्यन्त कठिन है।

शुक्ल यजुर्वेद एवं **अथर्ववेद** में सोम-विषयक कोई नवीन धारणा प्राप्त नहीं होती। वा० सं० २।२९ में सोम को 'पितृमत्' या पितरों से युक्त कहा गया है (सोमाय पितृमते स्वाहा)। वह पितरों का अधिपति है और उनको स्वर्ग ले जाकर देवों से मिलता है (तव प्रणीती पितरो न इन्दो देवेषु रत्नम् अभजन्त धीराः, १९।५२, त्वया हि नः पितरः सोम पूर्वे कर्माणि चक्रुः पवमान धीराः १९।५३)। ऋग्वेद की भाँति अनेक स्थानों पर यहाँ भी उसे ओषधियों का स्वामी बताया गया है (या ओषधीः सोमराज्ञीः विष्ठिता पृथिवीमनु, १२।९३; वाजस्येमं प्रसवः सुषुवे अग्रे सोमं राजानमोषधीषु, ९।२३)। कुछ स्थानों पर उसके लिए प्रयुक्त विशेषणों से उनका चन्द्रमा से भी सम्बन्ध प्रतीत होता है, उदाहरणार्थ ४।२६ में उसे '**शुक्र**', '**चन्द्र**' तथा '**अमृत**' कहा गया है।

---

१. **वेदिशे मिथोलोगी** : प्रथम भाग, पृ० २६७-४५०।

२. **मैक्डॉनल, वै० मा०** पृष्ठ ११३; हॉपकिन्स : **रिलीजन्स ऑफ़् इंडिया**, पृ० ११७; **ओल्डेनबर्गः डी रिलीगियोन डेस वेद** : ५९९-६१२; कीथ : **रिलीजन०**, प्रथम भाग, पृ० १७१।

एक स्थान पर उसकी पृथ्वी, अन्तरिक्ष एवं आकाश में स्थित तीन 'ज्योतियों' का उल्लेख किया गया है—

यत्ते सोम दिवि ज्योतिर्यत् पृथिव्या यदुरावन्तरिक्षे। ६। ३३

जो सम्भवतः उसके पार्थिव रस, अमृतमयी वृष्टि तथा चन्द्रमा से सम्बन्धित तीन रूपों का परिचायक है। **ऋग्वेद** ९। १०३। २ में भी सम्भवतः इसी आधार पर सोम को '**त्रिषधस्थ**' कहा गया है (त्री षधस्था पुनानः कृणुते हरिः)।

यद्यपि **अथर्ववेद** में एक स्थान पर अत्यन्त स्पष्ट शब्दों में सोम को चन्द्रमा बताया गया है —

सोमो मा देवो मुंचतु यमाहुश्चन्द्रमा इति। (११। ६। ७)

किन्तु सोम का यह पक्ष अ० वे० में विशेष महत्त्व नहीं रखता क्योंकि यहाँ **चन्द्र** या **चन्द्रमस्** नाम से इस देवता का पृथक् एवं स्वतन्त्र वर्णन हुआ है। इसे नक्षत्रों का अधिपति बताया गया है (चन्द्रमा नक्षत्राणामधिपतिः स मामवतु, ५। २४। १०, यानि नक्षत्राणि.......प्रकल्पयंश्चन्द्रमा यान्येति, १९।७।८)। सोम का उल्लेख अनेक आभिचारिक मन्त्रों में हुआ है और सोमलता को अनेक रोग दूर करने में समर्थ बताया गया है।

श० ब्रा० १।६।४।५ तथा २।४।२।७ में सोम का चन्द्रमा से तादात्म्य करते हुए उसे देवों का अन्न या भोजन बताया गया है —

एष वै सोमो राजा देवानामन्नं यच्चन्द्रमाः।

चन्द्रमा एवं सोम दोनों की ही देवों के अन्न के रूप में पर्याप्त संगति बैठ जाती है। ऋग्वेद के समय में ही यह विश्वास था कि चन्द्रमा देवों का भक्ष्य है और उसकी कलाओं के घटने का कारण यह है कि देवता उस (में निहित सोम-मधु या अमृत) का क्रमशः भक्षण करते रहते हैं[1]। **सूर्या-सूक्त** (१०। ८५) की निम्न ऋचाएँ इस सम्बन्ध में द्रष्टव्य हैं। पञ्चम ऋचा में सोम से कहा गया है कि 'जितना देवगण तुम्हारा पान करते हैं, तुम उतना ही बढ़ते हो' —

यत् त्वा देव प्रपिबन्ति तत आ प्यायसे पुनः।

१९वीं ऋचा में कवि कहता है कि चन्द्रमा देवों को उनका भाग (भोजन) प्रदान करता है। क्षीण हो जाने पर भी यह प्रतिदिन बढ़कर नवीन हो जाता है, यह दिन का प्रतीक है और उषा के पूर्व विचरण करता है —

नवो नवो भवति जायमानो अह्नां केतुरुषसामेत्यग्रम्।
भागं देवेभ्यो विदधाति आयन् प्र चन्द्रमास्तिरते दीर्घमायुः॥

---

१. तु० की०, **पर्यायपीतस्य सुरैर्हिमांशोः कलाक्षयः श्लाघ्यतरो हि वृद्धेः**। रघुवंश ५। १६

देवों के सोम एवं चन्द्रमा रूपी इन दो पार्थिव एवं दिव्य 'अन्नों' को दृष्टि में रखकर **श० ब्रा०** १०।११।६।३ में इन्द्र से कहा गया है कि हे इन्द्र तुम्हें 'दिव्य' एवं 'पार्थिव' दोनों प्रकार के सोम प्रसन्न करें —

ममत्तु त्वा दिव्यः सोम इन्द्र ममत्तु यः सूयते पर्थिवेषु।

कौषीतकि ब्राह्मण ७।१० में स्पष्ट शब्दों में कहा है कि 'कृष्ण पक्ष में देवगण चन्द्रमा के अमृत का पान करते हैं। चन्द्रमा ही देवों का सोम है (तु० की०, एतद् वै देवसोमं यच्चन्द्रमाः, ऐ० ब्रा० ७।२।१०)। अतः कृष्ण पक्ष की रात्रि में सोम-सवन करके यजमान देवों के साथ सोम-पान करता है।

परवर्ती साहित्य में सोम की धारणा के पूर्णतः लुप्त हो जाने के कारण दिव्य-सोम को सदा 'अमृत' नाम से अभिहित किया गया है। शुक्ल-पक्ष में सूर्य की सुषुम्ना नाम रश्मि से आपूर्यमाण चन्द्रमा के अमृत का देवगण कृष्णपक्ष में १४ दिनों तक पान करते हैं। **विष्णु-पुराण** के अनुसार चतुर्दशी के पश्चात् बची हुई दो कलाओं से पितरगण तृप्त होते हैं —

सूर्यरश्मिः सुषुम्ना यः तर्पितस्तेन चन्द्रमाः।
कृष्णपक्षेऽमरैः शश्वत् पीयते स सुधामयः॥
पीतं तं द्विकलं सोम कृष्णपक्षक्षये द्विज।
पिबन्ति पितरस्तेषां भास्करात्तर्पणम् यथा।
— विष्णु० २।११।२२-२३

संभृतं चार्धमासेन तत्सोमस्थं सुधामृतम्।
पिबन्ति देव मैत्रेय, सुधाहारा यतोऽमराः॥ — २।१२।६

श्रीमद्भागवतकार का मत है कि चन्द्रमा आपूर्यमाण कलाओं से (शुक्लपक्ष में) देवों का तृप्त करता है और क्षीयमाण कलाओं से (कृष्ण पक्ष में) पितरों को —

अथ चापूर्यमाणाभिः कलाभिः अमराणां क्षीयमाणभिः कलाभिः
पित/णींमहोरात्राणि पूर्वपक्षापरपक्षाम्यां वितन्वानः
सर्वजीवनिवहप्राणो.......। भागवत० ५।२१।९

सोम और अमृत की एकरूपता के संकेत ब्राह्मणग्रन्थों में बाहुल्य से प्राप्त हैं। **श० ब्रा०** ७।५।२।१९ में कहा गया है कि सोम अमर (अजस्र) है, उसका विनाश नहीं होता; और ९।४।४।८ में उसे स्पष्ट शब्दों में अमृत बताया गया है।

ब्राह्मणग्रन्थों में सोम और चन्द्रमा के तादात्म्य की एक अन्य प्रकार से भी व्याख्या करने की चेष्टा की गई है। सोम (चन्द्रमा) वनस्पतियों का अधिपति है। **श० ब्रा०** का कथन है कि जिस दिन चन्द्रमा पूर्व या पश्चिम की ओर नहीं दिखाई पड़ता उस दिन

पृथ्वी पर आकर जल एवं वनस्पतियों में प्रविष्ट हो जाता है। इनके साथ (अमा) वास करने से उस तिथि को 'अमावास्या' कहते हैं —

.......स यत्रैष एतां रात्रि न पुरस्तात् न पश्चात् ददृशे तदिमं लोकमागच्छति। स इहैव आपः ओषधीश्च प्रविशति। स वै देवानां वसु, अन्नं हि एषाम्......तस्मादमावास्या नाम। — श० ब्रा० १।६।४।५

कौ० ब्रा० ७। १० में भी कहा गया है कि 'आकाश' में वर्तमान चन्द्रमा ही वास्तविक सोम है। जब सोमलता का क्रय होता है तो दिव्य-सोम उसमें प्रविष्ट हो जाता है। इस प्रकार यजमान सोम के रस द्वारा चन्द्रमा में वर्तमान अमृत को ही मानों देवों को अर्पित करता है।'

विष्णु पुराण में भी अमावास्या के दिन चन्द्रमा द्वारा पहले जलाशयों में, तत्पश्चात् वनस्पतियों में प्रविष्ट होने की धारणा प्राप्त होती है। अतः इस दिन लताओं का छेदन वर्जित किया गया है[1] —

अप्सु तस्मिन् अहोरात्रे पूर्वम् विशति चन्द्रमाः।
ततो वीरुत्सु वसति प्रयात्यर्कं ततः क्रमात्॥ — २।१२।९

किन्तु, जैसा कि ब्लूमफील्ड ने कहा है, जब आकाश से श्येन द्वारा पृथ्वी पर सोम के आनयन का वर्णन किया जाता है तो इसका तात्पर्य केवल वर्षा से होता है। यही कारण है कि सोम की अनेक गाथाएँ वृत्रहनन एवं तदनन्तर होने वाली जलवृष्टि से सम्बन्धित हैं। **वृत्र** मेघों से घनिष्ठतया सम्बन्धित है। ब्राह्मणग्रन्थों में अनेक स्थानों पर कहा गया है कि वृत्र ने **अग्नि** एवं **सोम** को आत्मसात् कर लिया था। अग्नि तडित् का एवं सोम जल का प्रतीक है। दोनों का सम्मिलित रूप वृत्र है (कौ० ब्रा० ३।६ आदि)। **तै० सं०** २।४।२ तथा २।५।१२ की एक कथा के अनुसार जब इन्द्र ने बलात् त्वष्टा के सोम का पान कर लिया तो त्वष्टा ने क्रुद्ध होकर इन्द्र के पान से उच्छिष्ट सोम को अग्नि में डालकर उससे **वृत्र** नामक दैत्य उत्पन्न किया। अग्नि में पड़े सोम से उत्पन्न होने के कारण वह अग्नि और सोम दोनों से युक्त (अग्नीषोमात्मक) था —

---

१. तथापि यज्ञ एवं पूजनार्थ प्रयुक्त होने वाली कुशाओं का 'कुशोत्पाटनी अमावास्या' (भाद्रपद की अमावास्या) के दिन ही संग्रह का धर्मशास्त्रीय विधान है क्योंकि अमावास्या के दिन उनमें सोम विद्यमान रहता है। पुनश्च, क्योंकि अमावास्या के दिन अमृतमय सोम जलाशयों में प्रविष्ट रहता है, इसीलिए अमावास्या अर्ध-कुम्भ, महाकुम्भ आदि के अवसर पर स्नान का प्रमुख पर्व है। उक्त, एवं तत्सम्बद्ध अन्यान्य तत्त्वों के विस्तृत विवेचन के लिए प्रस्तुत लेखक का Pilgrimage Studies, vol. III : Sacred Places, Sacred Traditions (ed. D.P. Dubey, Allahabad 1995) में प्रकाशित *The Concept of Tīrthas in the Āgamas* शीर्षक लेख द्रष्टव्य है।

........स यज्ञवेशसं कृत्वा प्रासहा सोममपिबत् तस्य यदत्यशिष्यत तत् त्वष्टा आहवनीयमुप प्रावर्तत् 'स्वाहा इन्द्रशत्रो विवर्धस्व' इति......स संभवन् अग्नीषोमावभि समभवत्।

श० ब्रा० १।६।३।९ में भी वृत्र के विषय में कहा गया है —

स अग्निसोमावेवाभिसमा बभूव।

कौ० ब्रा० ३।६ में कहा गया है कि वृत्र ने अग्नि एवं सोम को आत्मसात् कर रखा था। उनके विनाश के भय से इन्द्र वृत्र को नहीं मारता था। उसने दोनों को याज्ञिक कृत्यों से प्रसन्न किया, जिससे वे दोनों उसके शरीर से बाहर आ गए[१]। श० ब्रा० ३।४।३।१३ में वृत्र का सोम से अत्यन्त स्पष्ट शब्दों में तादात्म्य किया गया है और शिलाओं तथा पर्वतों को उसका शरीर बताया गया है —

दिवि हि सोमः। वृत्रो वै सोम आसीत्।
तस्यैतत् शरीरं यद् गिरयः।

जैसा कि इन्द्र के प्रसंग में कहा जा चुका है, ऋग्वेद में गिरि तथा अश्मन् शब्दों का प्रयोग मेघों को द्योतित करने के लिए भी होता है। वृत्र का शरीर पर्वत (मेघ) है और उसके शरीर में विद्यमान सोम-तत्त्व जल का सूचक है। इसीलिए सम्भवतः ऋग्वेद में अनेकशः कहा गया है कि सोम पर्वत पर उत्पन्न होता है (तु० की०, **वरुणः......अदधात् सोममद्रौ,** ५।८२।२)। **श० ब्रा०** के उपर्युक्त उद्धरण की सायण ने जो व्याख्या की है उससे यह रूपक और भी स्पष्ट हो जाता है —

"त्वष्ट्रा इन्द्रघातकोत्पत्त्यर्थम् हुतस्य इन्द्रपीतसोमशेषस्य वृत्रत्वेनोपपत्तेः सोमस्य वृत्रत्वम्। इन्द्रेण हतस्य तस्य वृत्रस्य शरीरं गिरयो अश्मानश्च अभवन्। सोमाख्यं वस्तु एव सोमशरीरभूतेषु गिर्यादिषु वर्तते।"

उपर्युक्त विवरण से मध्यम-सोम का मूल रहस्य स्पष्ट हो जाता है। किन्तु ऋग्वेद में उल्लिखित **श्येन** के द्वारा आकाश से सोम को लाने की गाथा का ब्राह्मणग्रन्थों में एक अन्य स्वतन्त्र कर्मकाण्डीय विकास भी हुआ है। ऋग्वेद की कथा में श्येन का क्या

---

१. **श० ब्रा०** १।३।३।१६ के निम्न वाक्य भी इस सम्बन्ध में द्रष्टव्य हैं। इसमें कहा गया है कि वृत्र के सौम्य रूप को इन्द्र ने चन्द्रमा में स्थापित कर दिया और रौद्र रूप को प्राणियों के उदर में (जठराग्नि के रूप में)। प्राचीन वैदिक धारणा के अनुसार चन्द्रमा 'जलमय' है अतः जलरूप सोम से उसका तादात्म्य स्वाभाविक है। सब कुछ भक्षण कर लेने के कारण उदर (की अग्नि) ही वृत्र है और निरन्तर बढ़ने के कारण (वृध्। **वृत्रः वर्धतेर्वा,** निरुक्त) चन्द्रमा को भी वृत्र (वृध्र > वृत्र) कहा जाता है —

'तं द्वेधा अनु अभिनत्। तस्य यत् सौम्यं तं चन्द्रमसं चकार — अथ यदसुर्यम् तेनेमाः प्रजा उदरेण अविध्यत्॥'

अर्थ था, यह स्पष्ट नहीं है। वैदिक याज्ञिकों का विश्वास था कि वास्तविक सोम आकाश में ही है, किन्तु विशिष्ट वैदिक मन्त्रों से उसका सन्निवेश पार्थिव-सोम में भी किया जा सकता है। वैदिक मन्त्र या **छन्द** ही एक प्रकार के **पक्षी** हैं, जो आकाश से सोम को पृथ्वी पर लाते हैं। ब्राह्मण-ग्रन्थों में सर्वत्र यही अवधारणा प्राप्त होती है। **गायत्री** सर्वप्रमुख छन्द है। वही पक्षिराज श्येन है, जो अन्ततः सोम को लाने में सफल होता है। छन्दों को ब्राह्मण-ग्रन्थों में **वाक्** का पुत्र बताया गया है, जो सर्वथा उचित है। इसी वाक् का मानवीकरण **सुपर्णा** या **सुपर्णी** के रूप में किया गया है, जो इन छन्दों की माता कही गई है। सुपर्णा शब्द श्येन या गरुत्मान्-वाची **सुपर्ण** शब्द से ही स्त्रीलिंगार्थक प्रत्यय जोड़ कर सरलतापूर्वक बना लिया गया है। सोम को पृथ्वी पर लाने का एक कारण भी ब्राह्मण ग्रन्थों में कथा को पूर्ण करने के लिए कल्पित कर लिया गया है और वह है **कद्रू** तथा **सुपर्णा** का विवाद। कद्रू **पृथ्वी** की प्रतीक है। वह सुपर्णा के पुत्रों से अपने लिए आकाश से सोम मँगाती है। ऋग्वेद की गाथा के अनुसार भी सोम आकाश से श्येन द्वारा पृथ्वी पर (या पृथ्वी के लिए) लाया गया था। **तै० सं०** ६।१।६ तथा **श० ब्रा०** ३।६।२।१ में स्पष्ट शब्दों में कद्रू एवं सुपर्णा को क्रमशः पृथ्वी तथा वाक् घोषित किया गया है —

ते एते माये असृजन्त — सुपर्णीं च कद्रूं च। वागेव सुपर्णी इयं कद्रूः।

पुराणों में भी अनेक स्थानों पर कश्यप की पत्नी सुपर्णा (या विनता) से छन्दों तथा पक्षियों की साथ-साथ उत्पत्ति वर्णित की गई है (वायु० ६९।६५)।

श० ब्रा० में वर्णित कद्रू-सुपर्णा-आख्यान संक्षेप में इस प्रकार है — 'सोम आकाश में था। देवों ने सोचा कि यदि यह पृथ्वी पर आ जाए तो इससे हम यज्ञ करें। उन्होंने दो मायारूपिणी (अवास्तविक) स्त्रियों को उत्पन्न किया, जिनके नाम कद्रू एवं सुपर्णी थे और जो पृथ्वी एवं वाक् की प्रतीक थीं। एक बार दोनों में विवाद छिड़ गया कि कौन अधिक दूर तक देख सकती है। उन्होंने अपने-अपने शरीर की बाजी लगाई। सुपर्णी ने कहा कि इस दृश्यमान जल के पार एक खम्भे के पास एक श्वेत अश्व खड़ा है मैं उसे देख कर रही हूँ, क्या तुम्हें वह दिखाई पड़ रहा है? कद्रू ने कहा, मुझे उस अश्व की पूँछ भी दिखाई पड़ रही है। उसके बाल खम्भे से लगे हुए हैं और वे वायु से हिल रहे हैं। सुपर्णी ने कहा, आओ उड़ कर चलें और देखें किसकी बात कितनी सत्य है। कद्रू ने कहा तुम्हीं देखकर आओ और बताना कि कौन जीता? सुपर्णी ने जाकर देखा तो वैसा ही पाया। कद्रू जीत गई। उसने सुपर्णी से कहा कि यदि तुम देवों के लिए आकाश से सोम मँगवा दो तो मैं तुम्हें स्वतन्त्र कर दूँगी। सुपर्णी ने छन्दों को उत्पन्न किया। गायत्री सोम लेने पहुँची। सोम स्वर्ण से बने दो तीक्ष्ण आयुधों क्षुर (छुरा) और पवि (वज्र) के बीच में सुरक्षित था जो क्रमशः उसकी रक्षा करते थे। ये आयुध वस्तुतः

थे **दीक्षा** एवं **तप**। गायत्री ने उन्हें भग्न करके देवों को प्रदान कर दिया और सोम ले आई। तब सुपर्णी कद्रू के दास्य–भाव से मुक्त हो गई' —

दिवि वै सोम आसीत्। तं देवा अकामयन्त, आ नः सोमो गच्छेत्। तेनागतेन यजेमहि। ते एते माये असृजन्त सुपर्णीं च कद्रूं च। वागेव सुपर्णी इयं कद्रूः। ताभ्यां समयं चक्रुः। ते ह ऋतीयमाने ऊचतुः यतरा नो दवीयः परापश्याद् आत्मानं नौ सा जयाद्। सा ह सुपर्ण्युवाच, अस्य सलिलस्य पारे अश्वः श्वेतः स्थाणौ सेवते तमहं पश्यामीति। तमेव त्वं पश्यसीति। तं हीति। अथ ह कद्रूरुवाच, तस्य बालो न्यषंजि तममुं वातो धूनोति तमहं पश्यामीति...... सा ह सुपर्ण्युवाच एहीनं पताव वेदितुम्। सा ह कद्रूरुवाच त्वमेव पत त्वमेव वै न आख्यास्यसि यतरा नौ जयतीति। सा ह सुपर्णी पपात। तद् ह तथैव आस यथा कद्रूरुवाच। तामागतामभ्युवाद त्वमजैषी३रहा३मिति।

सा ह कद्रूरुवाच आत्मानं वै त्वाजैषम्। दिव्यसौ सोमः। तं देवेभ्यः आहर। तेनात्मानं निष्क्रीणीष्वेति। सा छन्दांसि ससृजे। सा गायत्री दिवः सोममाहरत्। हिरण्मय्योर्ह कुश्योरन्तरवहित आस। ते ह स्म क्षुरपवी निमेषं निमेषमभिसन्धत्तः। दीक्षातपसी हैव ते आसतुः। तयोरन्यरतां कुशीमाचिछेद........अथ द्वितीयां....तां देवेभ्यः प्रददौ.......तेनैतेन सुपर्णी देवेभ्य आत्मानं निरक्रीणीत। — श० ब्रा० ३।६।२।१–१५

यह '**सौपर्णीकाद्रवम्**' या '**सौपर्ण**' आख्यान **तै० सं०** ६।१।५, **मै० सं०** ३।७।३, **काठक सं०** २३।१०, ऐ० ब्रा० ३।३।१, **ताण्ड्य म० ब्रा०** ७।४।१ तथा **जैमिनीय ब्रा०** १।२८७ आदि में भी यत्किञ्चित अन्तर के साथ प्राप्त होता है किन्तु स्थानाभाव से सबका विवरण यहाँ देना सम्भव नहीं है[1]। तै० सं० में गायत्री के पक्षी के रूप में सोम के लिए उड़ने से पूर्व जगती एवं **त्रिष्टुभ्** छन्दों को भी उसके लिए प्रयत्न करते हुए वर्णित किया गया है। चतुर्दश अक्षरों वाली जगती सोम के लिए उड़ी किन्तु वह केवल पशु एवं दीक्षा को ला सकी। तथापि उसके दो अक्षर नष्ट हो गए और वह केवल १२ अक्षरों की रह गई। **त्रिष्टुभ** भी १३ अक्षरों के साथ उड़ा। पर वह भी दक्षिणा एवं तप को ही ला सका, सोम को नहीं। उसके भी दो अक्षर नष्ट हो गए। गायत्री 'अजस्र ज्योति' (अजस्रया ज्योतिषा) के साथ केवल ४ अक्षरों सहित उड़ी। वह सोम को भी ले आई और जगती आदि के शेष चार अक्षरों को भी। इस प्रकार उसमें ८ अक्षर हो गए। **ऐ० ब्रा०** में कहा गया है कि सोम की रक्षा अनेक 'सोमपालक' कर रहे थे किन्तु गायत्री ने उन सबको भयभीत करके मुख तथा चरणों में सोम को दबा लिया (**सा पतित्वा सोमपालान् भीषयित्वा पद्भ्यां च मुखेन च सोमं राजानं समगृभ्णात्**)।

---

१. इस कथा के विस्तृत विवेचन के लिए ख़ार्ल शार्पेन्टियेर कृत '**डी सुपर्णाज़ागे**' (Jarl Charpentier: *Die Suparnasage*, Uppsala 1920) शीर्षक पुस्तक द्रष्टव्य है।

श० ब्रा० की कथा में समुद्र के पार कद्रू एवं सुपर्णी द्वारा देखे जाने वाले जिस अश्व एवं यूपादि का वर्णन है, उसकी व्याख्या श० ब्रा० में ही अगले वाक्यों में कर दी गई है। यज्ञ की वेदी ही जल है क्योंकि जिस प्रकार समुद्र का जल अनुल्लंघनीय होता है उसी प्रकार वेदी भी लाँघी नहीं जाती (सलिलं सागरादिसंबद्धं यथा अनतिलंध्यं भवति एवं वेदिरपीति सलिलत्वेन निरूप्यते, **सायण**)। अग्नि ही श्वेत अश्व है। वह भास्वर होता है, अतः श्वेत है और सब कुछ भक्षण कर जाने से अश्व (अश्–भोजने) कहलाता है। यज्ञ–यूप ही स्थाणु है और उसमें बँधी रशना (रस्सी) प्रतीकात्मक रूप से पूँछ के बालों से उपमित की गई है —

वेदिर्वै सलिलम्। अग्निर्वा अश्वः श्वेतः यूपः स्थाणुः। अथ यत् कद्रू रुवाच तस्य वालो न्वषंजि.......रशना हैव सा। — श० ब्रा० ३।६।३।५

परवर्ती वैदिक साहित्य में कद्रू–सौपर्णी आख्यान को आधार बना कर मुख्यतः त्रिष्टुप्–छन्दोबद्ध १३ सूक्तों में एक मनोरम लघु–काव्य की रचना की गई है, जो **'सुपर्णाध्याय'** नाम से प्रसिद्ध है और 'एल्मार ग्रूबे' (Elmar Grube) द्वारा सम्पादित होकर १८७५ ई० में बर्लिन से प्रकाशित हुआ है। मुख्यतः इसमें गरुड के अद्वितीय पराक्रम का चित्रण है, जो इन्द्र द्वारा अनेक उपायों से अभिरक्षित अमृत लाने के लिए नागों द्वारा भेजे जाते हैं। गरुड को इसमें समस्त वैदिक छन्दों का सम्मिलित रूप बताया गया है। महाभारत में पल्लवित कद्रू–विनता उपाख्यान का मूल स्रोत यही लघुकाव्य है।[1] इसका अद्यावधि अप्रकाशित जयस्वामी के भाष्य से संवलित, सानुवाद, समीक्षात्मक संस्करण लेखक द्वारा प्रस्तावित है।

ब्राह्मणों की यह कथा **महाभारत** में इतने विस्तृत एवं चित्ताकर्षक रूप में प्राप्त होती है कि इसमें किसी भी प्रकार के कर्मकाण्डीय तत्त्व नहीं ढूँढ़े जा सकते। यह आख्यान महाभारत के सर्वाधिक रोचक आख्यानों में से एक है और **आदिपर्व** में २० से लेकर ३४ तक कुल १५ अध्यायों तथा ३३६ श्लोकों में इस कथा का वर्णन किया गया है। यह कथा महाभारत की अन्य प्रमुख कथाओं में इतनी चतुरता से गूँथ दी गई है कि उस प्रसंग से इसका पृथक्करण कठिन है। जनमेजय के नागयज्ञ में ही व्यास के शिष्य वैशम्पायन महाभारत की कथा सुनाते हैं और इस नागयज्ञ की भूमिका के रूप में यह कद्रू–सौपर्ण आख्यान प्रस्तुत किया गया है। **कश्यप** ऋषि की तेरह पत्नियों में **कद्रू**

---

१. प्रस्तुत लेखक की दृष्टि से 'सुपर्णाध्याय' जैसे दत्तक नाम से परिज्ञात यह लघुकाय रचना भारत का प्राचीनतम रूपक है और इसका मञ्चन सम्भवतः **इन्द्रोत्सव** के पर्व पर किया जाता था। देखें मेरा लेख *Suparnādhyāya : The Oldest Dramatic Work of India* (Adyar Library Bulletin; vol. 66-67) pp. 67-77.

(पृथ्वी) एवं **विनता** (आकाश) क्रमशः नागों तथा पक्षियों की माताएँ हैं। एक बार अमृत-मन्थन से निकले अश्व **उच्चैःश्रवा** को देखकर विनता कद्रू से कहती है कि इसका वर्ण सम्पूर्णतया श्वेत है। कद्रू इस बात को नहीं मानती। उसके अनुसार अश्व की पुच्छ अवश्य कृष्णवर्ण की है। दोनों आपस में एक-दूसरे की दासी बनने की शर्त लगाती हैं —

कृष्णवालमहं मन्ये हयमेनं शुचिस्मिते।
एहि सार्धं मया दीव्य दासीभावेन भामिनि॥ — आदि० २०।४

जब कद्रू को पता चलता है कि अश्व की पुच्छ भी श्वेत है तो वह हार जाने के भय से अपने एक सहस्र पुत्रों (नागों) को जाकर उच्चैःश्रवा की पूँछ पर लिपट जाने का आदेश देती है, जिससे वह काली प्रतीत हो। जो पुत्र उसकी आज्ञा नहीं मानते उन्हें वह यज्ञ में भस्म हो जाने का शाप देती है (२०।७, ८)। दूसरे दिन दोनों समुद्र लाँघकर अश्व को देखने पहुँचती हैं। कृष्णवर्णा पुच्छ देखकर विनता हार जाती है और कद्रू उसे अपनी दासी बना लेती है (२३।१-४)। इसी बीच विनता के पुत्र, महापराक्रमी एवं मन के समान वेगवान् **गरुड** का जन्म होता है। गरुड का वर्णन महाभारत में इन शब्दों में किया गया है —

महासत्त्वबलोपेतः सर्वा विद्योतयन् दिशः।
कामरूपः कामगमः कामवीर्यो विहंगमः॥

अग्निराशिरिवोद्भासन् समिद्धोऽतिभयंकरः।
विद्युद्विस्पष्टपिंगाक्षो युगान्ताग्निसमप्रभः॥ — २३।६, ७

और 'गुरुम् आदाय उड्डीनः' व्युत्पत्ति से उनके नाम की व्याख्या की गई है (३०।७)। माता को दासीभाव से मुक्त कराने के लिए सर्पों की आज्ञा से (२७।१६) वे अमृत लाने का विचार करते हैं (२८।१)। समुद्र मंथन से उद्भूत अमृत स्वर्ग में सुरक्षित था। गरुड के स्वर्ग में पहुँचने पर इन्द्र अत्यन्त व्याकुल हो जाते हैं और अनेक रक्षकों को सावधानी से उसकी रक्षा करने का आदेश देते हैं (३०।४३-५०)। महाभारत के इन सोम-रक्षकों में **त्वष्टा** (भौमन) का नाम विशेष रूप से उल्लेखनीय है। **तै० सं०** तथा **श० ब्रा०** आदि में सोमरस से उनका विशेष सम्बन्ध वर्णित किया गया है (**भौमनः सुमहावीर्यः सोमस्य परिरक्षिता, ३२।३**) गरुड एवं अमृतरक्षकों का भयंकर युद्ध होता है और उनके द्वारा आहत देवगण इधर-उधर भाग जाते हैं।

ऋग्वेद में लौहमय पुर को भग्न करके श्येन द्वारा सोमानयन का उल्लेख है और **श० ब्रा०** में सोम के चारों ओर तीक्ष्णधारों से युक्त दो आयुधों के घूमने का वर्णन है। इसी प्रकार महाभारत में भी अमृत अत्यन्त सुरक्षित है। उसकी दो विषधर सर्प सदा

रक्षा किया करते हैं। सर्पों के चारों ओर एक लौहनिर्मित, सहस्त्र अरों से युक्त, **चक्र** सदा घूमता रहता है और इस सबको फिर भयंकर अग्नि परिव्याप्त किए रहती है —

........सर्वतोऽग्निमपश्यत।
आवृण्वानं महाज्वालामर्चिर्भिः सर्वतोऽम्बरम्।
दहन्तमिव तीक्ष्णांशुं चण्डवायुसमीरितम्॥ ३२। २३

सचक्रं क्षुरपर्यन्तमपश्यदमृतान्तिके।
परिभ्रमन्तमनिशं तीक्ष्णधारमयस्मयम्॥ ३३। २

अधश्चक्रस्य चैवात्र दीप्तानलसमद्युती।
विद्युज्जिह्वौ महावीर्यौ दीप्तास्यौ दीप्तलोचनौ।
चक्षुर्विषौ महाघोरौ नित्यं क्रुद्धौ तरस्विनौ।
रक्षार्थमेवामृतस्य ददर्श भुजगोत्तमौ॥ ३३। ५, ६

गरुड इन सबको विनष्ट करके अन्ततः अमृत लाने में सफल होते हैं। (३३। १०)।

इस **अमृत** को महाभारत में अनेक स्थलों पर **सोम** की संज्ञा दी गई है, जो इस आख्यान का सम्बन्ध सीधे वैदिक साहित्य से जोड़ता है (सोमहारिणम् ३३। ३; न कार्यं यदि सोमेन मम सोमः प्रदीयताम्, ३४। ८; किंचित्कारणमुद्दिश्य सोमोऽयं नीयते मया, ३४। ९; आदि) क्योंकि लौकिक साहित्य में सामान्यतः सोम शब्द चन्द्रमा का वाची है, अमृत का नहीं।

कृष्ण-यजुर्वेद की संहिताओं एवं ब्राह्मणग्रन्थों में इस आख्यान के अन्तिम भाग में कहा गया है कि गायत्री द्वारा लाए हुए सोम को, सोम का रक्षक गन्धर्व **विश्वावसु** चुरा ले गया —

तस्या आहरन्त्यै गन्धर्वो विश्वावसुः पर्यमुष्णात्,
— श० ब्रा० ३। २। ४। २

एनमदः आह्रियमाणं सामिगन्धर्वो विश्वावसुरमुष्णात्,
— मै० सं० ३। ७। ८।

तं सोममाह्रियमाणं गन्धर्वो विश्वावसुः पर्यमुष्णात्
— तै०सं० ६। १। ६

महाभारत की कथा में **इन्द्र** ही विश्वावसु का कार्य करते हैं और नागों को अमृत-पात्र देकर जब विनता दास्य-भाव से मुक्त हो जाती है तो गरुड की सलाह से इन्द्र उस अमृत को चुरा ले जाते हैं (**शक्रोऽप्यमृतमाक्षिप्य जगाम त्रिदिवं पुनः**, ३४। २०)

क्योंकि गरुड और इन्द्र, दोनों में कोई यह नहीं चाहते कि विषधर सर्प अमृत पी कर अमर हो जाएँ।

ब्राह्मणग्रन्थों में कथा आगे बढ़ती है और देवगण 'स्त्रीकामुक' गन्धर्वों को 'वाक्' प्रदान करके उनसे सोम का विनिमय कर लेते हैं। बाद में वाक् पुनः देवताओं के पास लौट आती हैं (काठक सं० २४।१ तां० महा० ब्रा० ६।९।२२, ऐ० ब्रा० १।५।१, तथा श० ब्रा० ३।२।४।१ आदि)। पर महाभारत में इसका उल्लेख नहीं किया गया। हाँ, ब्रह्मपुराण के १०५ में अध्याय में वाक् द्वारा सोम के विनिमय की यह कथा विस्तार से वर्णित है।

ऋग्वेद में **कृशानु** नामक धनुर्धर द्वारा बाण चलाकर श्येन के एक पंख को काट डालने का जो उल्लेख है और जो **ऐ० ब्रा०** ३।३।१ (तस्या अनुविसृज्य कृशानुः सोमपालः सत्यस्य पदो नखमचिच्छिदत्), **श० ब्रा०** ३।२।४।१० तथा **तै० सं०** ३।५।७ आदि में पुनः वर्णित है। उसकी छाया महाभारत में भी है। यहाँ अमृत ले जाते हुए गरुड पर **इन्द्र** अपने **वज्र** से प्रहार करते हैं। यद्यपि महाबली गरुड को उससे कोई कष्ट नहीं फिर होता भी 'दधीचि का मान रखने के लिए' वे अपना एक छोटा सा पंख नीचे गिरा देते हैं —

ऋषेर्मानं करिष्यामि वज्रं यस्यास्थिसंभवम्।
एतत् पत्रं त्यजाम्येकं यस्यान्तं नोपलप्स्यते॥ ३३।२१

विष्णु के प्रसंग में कहा जा चुका है कि गरुड के स्वरूप के दो वैदिक आधार हैं, एक तो यज्ञीय कर्मकाण्ड में **अग्नि** की एक सुपर्ण पक्षी के रूप में अवधारणा और दूसरे **छन्दों** की पक्षी के रूप में कल्पना। इन्हीं दो धारणाओं से विकसित पौराणिक गरुड के स्वरूप के दो पक्ष हैं। एक से वे यज्ञ के प्रतीक विष्णु के वाहन (अग्नि) हैं और दूसरे से वे स्वर्ग से सोम लाते हैं (छन्द)। पुराणों में ऐसे अनेक उल्लेख हैं, जिनमें गरुड का छन्दों से घनिष्ठ सम्बन्ध वर्णित किया गया है। श्रीमद्भागवत ६।८।२९ में गरुड को स्तोत्र, स्तोम एवं छन्दों से युक्त कहा गया है —

गरुडो भगवान् स्तोत्रस्तोमच्छन्दोमयः प्रभुः।

४।७।१९ में कहा गया है कि बृहत् एवं रथन्तर साम ही गरुड के दो पंख हैं और उड़ते समय उनके पंखों से वेदमन्त्रों की ध्वनि होती है —

मुष्णंस्तेज उपानीतस्तार्क्ष्येण स्तोत्रवाजिना।

और गजेन्द्र-मोक्ष के प्रसंग में तो **'छन्दोमयेन गरुडेन समुह्यमानः'** (विष्णुः) कहकर उनके ब्राह्मणकालीन स्वरूप को और भी स्पष्ट कर दिया गया है।

यह तो हुई सोम के अमृत रूप की कथा। अब हम सोम के उस पक्ष पर आते हैं,

जिसमें उसका चन्द्रमा से तादात्म्य किया गया है। कहा जा चुका है कि **ऐ० ब्रा०** ४।२।१ में चन्द्रमा को **'सोम राजा'** बताते हुए एक युवक के रूप में उसकी कल्पना की गई है, जिसे प्रजापित (या सूर्य) ने अपनी सूर्या (या उषा) नामक कन्या प्रदान की (प्रजापतिः वै सोमाय राज्ञे दुहितरं प्रायच्छत् सूर्यां सावित्रीम्)। **तै० सं०** २।३।५, **मै० सं०** २।२।७ तथा **काठक सं०** ११।३ में सोम-विषयक एककथा में कहा गया है कि प्रजापति ने अपनी ३३ या २७ कन्याएँ सोम को दे दीं। **मै० सं०** में इन कन्याओं को **नक्षत्र** बताया गया है (प्रजापतिर्वै सोमाय राज्ञे दुहितॄरदात् नक्षत्राणि)। इन कन्याओं में सोम **रोहिणी** के पास अधिक रहते थे। अतः ईर्ष्या से अन्य कन्याएँ प्रजापति के पास चली गई। सोम उन्हें लेने पहुँचा तो प्रजापति ने सबसे समान व्यवहार करने को कहा। सोम ने उन्हें यह वचन दिया। किन्तु पुनः सोम रोहिणी पर अधिक आसक्त रहने लगा, जिससे क्रुद्ध होकर प्रजापित ने राजयक्ष्मा की सृष्टि की। वह सोम के शरीर में प्रविष्ट हो गया, जिससे सोम क्षीण होने लगे। बाद में अमावास्या के दिन आदित्य को चरु प्रदान करके उन्होंने नवजीवन प्राप्त किया —

प्रजापतेस्त्रयस्त्रिंशद् दुहितर आसन। ताः सोमाय राज्ञे अददात्। तासां रोहिणीमुपैत्। ताः ईर्ष्यन्ती पुनरगच्छन्। ता अन्वैत्। ताः अस्मै न पुनरददात्। सो अब्रवीत् ऋतम् अमीष्व यथा समावच्छ उपैष्यामि.....स ऋतमामीत् ता अस्मै पुनरददात्। तासां रोहिणीमेवोपैत। तं यक्ष्म आर्च्छत्। स एता नमस्यन् उपाधावत्। ता अब्रुवन् वरं वृणामहै समावच्छ एव न उपाय इति। तस्मा एतमादित्यं निरपपवन् तेन एव एनं पापात् स्त्रामाद् अमुञ्चन्। — तै० सं० २।३।५

यह रोचक कथा पूर्णतः ज्योतिष सम्बन्धी तथ्यों पर आधारित है। रोहिणी-शकट के पास चन्द्रमा की अधिक स्थिति तथा २७ नक्षत्रों में उसका संचरण, चन्द्रमा का क्षीण होना तथा बढ़ना आदि दृश्यों के आधार पर बनी यह कथा अन्त तक अपने मूल रूप में प्राप्त होती है। **महाभारत** में शल्य पर्व के ३५वें अध्याय में ४५ से ८६ तक के श्लोकों में यह कथा विस्तार से वर्णित की गई है। प्रजापति का स्थान **दक्ष** ने ले लिया है और अन्त का भाग युग की धार्मिक प्रवृत्ति के अनुसार थोड़ा सा परिवर्तित कर दिया गया है। यहाँ चन्द्रमा पश्चिम-समुद्र में सरस्वती-समुद्र के संगम पर अमावास्या को स्नान करके रोगमुक्त होते हैं और अपनी कान्ति पुनः प्राप्त करते हैं। **आदिपर्व** ६६।१६, १७ में भी चन्द्रमा की इन २७ पत्नियों का उल्लेख है। यहाँ भी इन पत्नियों को "लोक व्यवहार के लिए नक्षत्रवाची नामों से युक्त" बताया गया है और कहा गया है कि ये समय का नियमन करती हैं —

सप्तविंशतिः सोमस्य पत्न्यो लोकस्य विश्रुताः।
कालस्य नयने युक्ताः सोमपत्न्यः शुचिव्रताः॥

सर्वा नक्षत्रयोगिन्यो लोकयात्राविधानतः ॥

श्रीमद्भागवत ६।६।२३, २४ में भी इस कथा का संक्षिप्त सा उल्लेख है —

कृत्तिकादीनि नक्षत्राणीन्दोः पत्न्यस्तु भारत।
दक्षशापात् सोऽनपत्यस्तासु यक्ष्मग्रहार्दितः ॥

पुनः प्रसाद्य तं सोमः कलाः लेभे क्षयोदिताः।

सम्भवतः इसी कथा पर दृष्टि रखकर **शांखायन गृ० सू०** १।९।९ में सोम को 'अनेक पत्नियों से युक्त' बताया गया है और उससे पत्नी प्रदान करने की प्रार्थना की गई है। सूर्यासूक्त (ऋ० १०।८५) तथा **ऐ० ब्रा०** के सोम-सूर्या विवाह के वर्णन के आधार पर यह विश्वास था कि सर्वप्रथम सोम ने ही पत्नी प्राप्त की थी। **गोभिल गृ० सू०** २।१।२२ तथा **हिरण्यकेशी** १।६।२०।७ में विवाह के अवसर पर पत्नी के लिए पढ़े जाने वाले '**सोमो अददद् गन्धर्वाय**' (तां० म० ब्रा० १।१।७) आदि मन्त्र से भी इसकी पुष्टि होती है।

सोम से सम्बन्धित एक अन्य पातक-पूर्ण आख्यान का भी उल्लेख पुराणों में प्रायः किया गया है। **मत्स्य०** २३, **ब्रह्म०** १५२, **विष्णु०** ४।६ तथा **भागवत०** ९।१४ आदि अध्यायों में कहा गया है कि एक बार अपने ऐश्वर्य तथा राजमद से उन्मत्त होकर सोम अपने गुरु **बृहस्पति** की भार्या **तारा** का अपहरण कर ले गया और बृहस्पति के बहुत माँगने पर भी उसे नहीं लौटाया। दारापहारी तेजस्वी सोम का बृहस्पति कुछ भी अपकार नहीं कर सके क्योंकि ब्रह्मा द्वारा राजा बना दिए जाने पर उसका तेज बहुत बढ़ गया था। अन्ततः देवों के मध्य भयंकर संग्राम की भूमिका उपस्थित होने पर ब्रह्मा ने चन्द्रमा से कहकर बृहस्पति की पत्नी को वापिस दिलवाया। बृहस्पति की इसी तारा नामक पत्नी को महा० वन० २१९।१ में **चान्द्रमसी** कहा गया है और **ब्रह्मपुराण** ५२।१३ में उसका रोहिणी से तादात्म्य किया गया है —

तदा चन्द्रस्तु तां तारां नीत्वा संस्थाप्य मन्दिरे।
बुभुजे बहुवर्षाणि रोहिणीं चाकुतोभयः ॥

यद्यपि इस कथा का ब्राह्मण-ग्रथों में कोई स्पष्ट उल्लेख नहीं है किन्तु सायण ने श० ब्रा० ४।१।२।४, ५ के निम्नलिखित उद्धरण में सोम द्वारा तारा के अपहरण की इस कथा का बीज ऊहित किया है —

यत्र वै सोमः स्वं पुरोहितं बृहस्पतिं जिज्यौ तस्मै पुनर्ददौ। तेन संशशाम। तस्मिन् पुनर्ददुषि। आस एव अतिविशिष्टम् एनो यदीन्नूनं ब्रह्मज्यानाय अभिदध्यौ।

ये शब्द अत्यधिक अस्पष्ट हैं। पर सायण ने इनकी जो व्याख्या की है, उससे किसी प्रकार इन वाक्यों से कथा का भाव निकल ही आता है। ये वाक्य एक याज्ञिक व्याख्या के रूप में है। प्रश्न यह है कि सोम छाना क्यों जाता है? इसका कारण सायण के अनुसार उपर्युक्त शब्दों में वर्णित है। सोम ने गुरुपत्नीहरण रूपी जो पाप किया, उससे वह अत्यन्त कलुषित हो गया। देवों ने उसे सोमलता के रूप में परिवर्तित कर दिया और फिर छन्नी से छानकर उसे पवित्र किया (तं देवा पवित्रेणापावयन्। स मेध्यः पूतो देवानां हविरभवत्, श० ब्रा० ४।१।२।५)। सायण ने उपर्युक्त शब्दों से कथा का भाव इस प्रकार निकाला है —

"......यदा 'सोमः' चन्द्रः स्वीकीयं पुराहितं 'जिज्यौ' दारापहरणेन मानहीनमकरोत्। ज्या वायोहानौ — वयोहानिवचनोऽपि इह हानिमात्रं लक्षयति। सा तु हानिरिह मानस्य एव इति प्रकरणाद् अवगम्यते। अपहृतान् दारान् इन्द्रबृहस्पत्यादिदेवानां वचनमनादृत्य युद्धे च तान् जित्वापि तैः प्रार्थ्यमानः तान् दारान् पुनः बृहस्पतये 'ददौ'। तेन दानेन स बृहस्पतिः सम्यगेकान्तहृदयोऽभूत्। 'ब्रह्मज्यानाय' ब्राह्मणमानहानाय चिन्तितवान् (अभिदध्यौ) इति तद् एनः पापं 'अतिशिष्टम्' स्थितम् 'आस' बभूव एव। इत्थं पापिनं चन्द्रं सोमलतारसरूपं विधाय शशाम पवित्रेण अपावयन्।

श० ब्रा० के वाक्यों में केवल इन्द्र द्वारा अपने पुरोहित बृहस्पति के प्रति विहित पाप का वर्णन है। दारापहरण का उल्लेख नहीं किया गया। इसे सम्भवतः पौराणिकों ने बाद में सोम के पाप की व्याख्या करने के लिए कल्पित कर लिया। वहीं से यह सायण को प्राप्त हुआ।

'तारा' शब्द सामान्यतः नक्षत्र का वाची है[१] और ऋग्वेद में कुछ स्थानों पर प्राप्य इसके 'स्तरः-स्तारः' रूप के कारण इसे 'स्तॄ' धातु से निष्पन्न मानते हुए ('प्रकाश बिखेरने वाला 'या' बिखरा हुआ'), लैटिन 'स्तैला' (Stella) एवं अं० 'स्टार' आदि से साम्य के कारण, इसे आर्य-भारोपीय उद्‌गम का माना जाता है। किन्तु इससे बहुत मिलता शब्द सुमेर और अक्काड (प्राचीन मेसोपोटामिया) की भाषाओं में **इश्तर** और '**अस्तार्ते**' भी है जो शुक्रग्रह का वाची है, यह स्त्रीलिंग है और इसकी अधिष्ठात्री देवी प्रेम, यौन सम्बन्ध, मदिरा तथा वृष्टि से सम्बन्धित है। इसी के ग्रीक-रोमन प्रतिरूप 'अफ्रोदीते' और 'वेनुस्' (Venus) है। इन सम्बन्धों से लगता है कि (सम्भवतः सुमेरियन प्रभाव से) 'तारा' शब्द शुक्र-तारे (=ग्रह) का भाव भी रखता था और नवोदित चन्द्रलेखा के साथ प्रायः दृश्यमान शुक्र ग्रह की युति ही चन्द्रमा द्वारा 'तारा' (इश्तर/शुक्र) का अपहरण है, जिससे 'बुध' की उत्पत्ति होती है। शुक्र के बाद सबसे चमकीला ग्रह बृहस्पति ही है, जिसकी उसे (तारा/शुक्र को) पत्नी बताया गया है।

---

१. तु० की०, **अनुचरति शशांकं राहुदोषेऽपि तारा**, प्रतिमानाटकम् १।२५

सोमरस से सम्बन्ध के कारण चन्द्रमा की जलीयता की धारणा (जलात्मा/जडात्मा) पुराणों में प्रायः सुरक्षित चली आई है। **पद्म०** भूमि० १२वें तथा मत्स्य० २३वें अध्याय में चन्द्रमा को ऋषि अत्रि के नेत्र बिन्दुओं से उत्पन्न बताया गया है। तपस्या करते हुए अत्रि के नेत्रों से कुछ तेजस्वी जल बिन्दु निकले। उन्हें स्त्रीरूपिणी दिशाओं ने ग्रहण कर लिया[1] और ३०० वर्षों के पश्चात् उनके तेज से संतप्त होकर छोड़ दिया—

अधः सुस्राव नेत्राभ्यां धामतश्चाम्बुसंभवम्।
दीपयद्विश्वमखिलं ज्योत्स्नया सचराचरम्॥

तद्दिशो जगृहुर्धाम स्त्रीरूपेण सुतेच्छया।
गर्भो भूत्वोदरे तासामास्थितोऽब्दशतत्रयम्॥ — मत्स्य० २३। ६, ७

ब्रह्मा ने सब खण्डों को मिलाकर एक सुन्दर युवक की आकृति में परिणत कर दिया। ब्रह्मर्षियों ने सोम-देवता विषयक सूक्तों से उसकी स्तुति की, जिससे उसका तेज बहुत बढ़ गया (**मत्स्य०** २३। ११, १२)। ब्रह्मा जी ने उसे ओषधियों, ब्राह्मणों, पितरों , नक्षत्रों तथा यज्ञ आदि का स्वामी बना दिया—

नक्षत्रग्रहविप्राणां वीरुधां चाप्यशेषतः।
सोमं राज्येऽदधद् ब्रह्मा यज्ञानां तपसामपि॥
— विष्णु १। २२। २

ओषधियों का उन्हें विशेष रूप से स्वामी वर्णित किया गया है। उनके पास अमृत का अक्षय भण्डार है। ब्रह्म० ११०। ७८ में ओषधियाँ पैप्पलाद बालक की रक्षा के लिए अपने राजा सोम के पाम अमृत माँगने पहुँचती हैं —

एवमुक्त्वा तदौषध्यो वनस्पतिसमन्विताः।
सोमं राजानमभ्येत्य याचिरेऽमृतमुत्तमम्॥

भगवद्गीता (१५। १३) में भगवान् कहते हैं कि मैं ही 'रसात्मक' सोम होकर ओषधियों को परिपुष्ट करता हूँ (**पुष्णामि चौषधीः सर्वाः सोमो भूत्वा रसात्मकः**)। वस्तुतः ओषधियों में निहित रस ही सोम-शब्द से वाच्य है।

देवरूप में भी राजा सोम का सम्पूर्ण शरीर अमृतमय है। उनकी उँगलियाँ पीयूषवर्षिणी हैं। विष्णुपुराण की एक कथा में बालिका **मारिषा** की रक्षा करने के लिए वे अपनी तर्जनी उँगली उसके मुख में डाल देते हैं —

१.. तु० की०, **अथ नयनसमुत्थं ज्योतिरत्रेरिव द्यौः .....**
नरपतिकुलभूत्यै गर्भमाधत्त राज्ञी। रघुवंश २। ७५

क्षुत्क्षामाया मुखे राजा सोमः पीयूषवर्षिणीम्।
देशिनीं रोदमानाया निदधे स दयान्वितः॥

वस्तुतः सोम या चन्द्रमा के पौराणिक स्वरूप में वैदिक सोमरस, चन्द्रमा के भौतिक स्वरूप तथा उसकी आधिदैविक धारणा के सब तत्त्व इस प्रकार घुले-मिले हैं कि उन सब को पृथक् करना असम्भव है। जहाँ भी चन्द्रमा का वर्णन होता है, वहाँ उनके ये सभी रूप एक साथ प्रत्यक्ष हो जाते हैं। **मत्स्य पुराण** के १७३वें अध्याय में तारकामय संग्राम के अवसर पर सोम, पाश धारण करके असुरों से युद्ध करने जाते हैं। उनके रथ में तीन चक्र हैं, रथ में पूर्णतः श्वेत अश्व जुते हुए हैं और उनका आयुध **हिम** (प्रालेय, नीहार, कोहरा या पाला) है —

सोमः श्वेतहये भाति स्यन्दने शीतरश्मिवान्।
ददृशुर्दानवाः सोमं हिमवत्प्रहरणं स्थितम्॥ १७३। २४, २७

किन्तु अगले श्लोकों में कवि चन्द्रमा के भौतिक स्वरूप पर आ जाता है और उसे 'नक्षत्रों के समूह से अनुगम्यमान' 'शशक की छाया से युक्त' 'रात्रि के अन्धकार का विनाशक' तथा 'काल का नियामक' कहता है —

तमृक्षपूगानुगतं शिशिरांशुं द्विजेश्वरम्।
शशच्छायांकिततनुं नैशस्य तमसः क्षयम्॥ १७३। २७

क्षयवृद्धी तव व्यक्ते सागरस्येव मंडले।
परिवर्तयस्यहोरात्रं कालं जगति योजयन्॥ १७५। ४

साथ ही साथ वैदिक सोम पर दृष्टि रखकर कवि उसे संसार का सर्वश्रेष्ठ रस तथा सोमपान करने वाले देवों द्वारा पिया जाने वाला सोम कहता है —

त्वन्मयं सर्वलोकेषु रसं रसविदो विदुः।
त्वं कान्तिः कान्तवपुषां त्वं सोमः सोमपायिनाम्॥ १७५। ३, ७

इस प्रकार पुराणों में सोम का मानवीकरण इन्द्र आदि देवों की भाँति विशेष प्रगत नहीं कहा जा सकता। यद्यपि ब्राह्मण-ग्रन्थों की अपेक्षा इसमें वृद्धि अवश्य हुई है तथापि देवता के रूप में सोम का वर्णन करते समय उसका रसात्मक वैदिक स्वरूप तथा चन्द्र-बिम्ब रूपी आधिभौतिक पक्ष सदा पौराणिक कवियों की दृष्टि में रहा है।

❖ ❖ ❖

नवम अध्याय

अमूर्त अथवा भावात्मक देवता

सृष्टिकर्ता प्रजापति-ब्रह्मा

एवं विश्वकर्मा, त्वष्टा

वैविध्य में ऐक्य के दर्शन करना विकसित मानव-बुद्धि का स्वभाव है। ऋग्वेद में अनेक देवों के प्रति अपने हृदय के भक्ति-पूर्ण उद्गारों को व्यक्त करते हुए तथा उन सबके लिए यज्ञों का आयोजन करते हुए वैदिक ऋषियों की दृष्टि उन सबके भी मूल अथवा आदि-कर्ता की ओर जानी स्वाभाविक थी, जिसको वे संसार के अकेले जनक के रूप में स्वीकार कर सकें और इन्द्र, वरुण, सविता, आदि विविध देवों में से प्रत्येक को (देखें, पीछे पृ० १४०-१५२) पृथ्वी तथा आकाश आदि के उत्पादक मानने के असामंजस्य का परिहार हो सके। अतः ऋग्वेद के परवर्ती सूक्तों (दशम मण्डल) में ऋषियों की प्रवृत्ति ऐसे किसी एक पूर्णतः अमूर्त अथवा भावात्मक देवता की ओर जाती हुई दिखाई देती है। इस एक देवता को कभी वे 'निर्माण करने वाला' (**त्वष्टा,** त्वक्ष् धातु, देखिए निरुक्त ८। १३ त्वक्षतेर्वा स्यात् करोति-कर्मणः) कहते हैं, कभी 'संसार की रचना करने वाला'(**विश्वकर्मा**) और कभी 'प्राणियों का स्वामी' (**प्रजापति**)।

यद्यपि **विश्वकर्मा** शब्द ऋग्वेद में दो बार (८।८७।२ तथा १०।१७०।४) क्रमशः इन्द्र तथा सूर्य का जगत् की उत्पत्ति में महत्त्व घोषित करने के लिए आया है (उदाहरणार्थ, येनेमा विश्वा भुवनान्याभृता विश्वकर्मणा विश्वदेव्यावता—सूर्य) किन्तु दशम मण्डल के ८१ तथा ८२वें सूक्त में जिस विश्वकर्मा का उल्लेख हुआ है वह ऋग्वैदिक युग की सर्वोच्च दैवीशक्ति का प्रतिनिधि है। वे मनुष्यों के पिता हैं (१०।८१।१)। उनके सब ओर नेत्र हैं, सब ओर मुख तथा सब ओर भुजाएँ और चरण। उन्हीं अकेले ने पृथ्वी और आकाश का बिना किसी उपकरण के निर्माण किया है —

विश्वतश्चक्षुरुत विश्वतोमुखो विश्वतो बाहुरुत विश्वतस्पात्।
सं बाहुभ्यां धमति सं पतत्रैर्द्यावाभूमी जनयन् देव एकः॥

— ऋ० १०।८१।२

विश्वकर्मा अत्यन्त बुद्धिमान्, क्रियाशील, संसार के निर्माता (विधाता), एवं पालयिता (धाता) तथा परमज्ञानी (परमसंदृक्) हैं। वे सम्पूर्ण लोकों का ज्ञान रखते हैं और

अकेले ही सब देवों के नामों को धारण करते हैं (अर्थात् सब देवता उन्हीं के अंश हैं)। सारा संसार अन्त में उन्हीं में लीन हो जाता है —

(१) **विश्वकर्मा विमना आद्विहाया धाता विधाता परमोत संदृक्।**
— १०।८२।२

(२) **यो नः पिता जनिता यो विधाता धामानि वेद भुवनानि विश्वा।**
यो देवानां नामधा एक एव तं सम्प्रश्नं भुवना यन्त्यन्या॥
— १०।८२।३

ऋ० १०।८२।६ में इस विश्वकर्मा को जल के अन्दर सम्पूर्ण लोकों तथा देवताओं को धारण करके स्थित एक गर्भ के रूप में चित्रित किया गया है और उन्हें शाश्वत तथा अनादि तत्त्व का व्यक्त प्रतीक माना गया है —

तामिद्गर्भं प्रथमं दध्र आपो यत्र देवा समगच्छन्त विश्वे।
अजस्य नाभावध्येकमर्पितं यस्मिन् विश्वानि भुवनानि तस्थुः॥

नासदीय सूक्त में (ऋ० १०।१२९) सृष्टि के पूर्व सर्वत्र जल ही जल की कल्पना की गई है (तम असीत् तमसा गूल्हमग्रे अप्रकेतं सलिलं सर्वमा इदम्) अतः ब्रह्माण्ड के बीजतत्त्व का उसमें जन्म होना स्वाभाविक है। ऋग्वेद के दशम मण्डल के १२१वें सूक्त में इस बीज को हिरण्यवर्ण का कहा गया है। **'हिरण्यगर्भ'** उसकी सामान्य संज्ञा है और प्रजापति से इस हिरण्यगर्भ का तादात्म्य किया गया है। ऋग्वैदिक देवमण्डल के सर्वोच्च देवता की सर्वोत्कृष्ट शब्दों में स्तुति करने वाला यह हिरण्यगर्भसूक्त (१०। १२१) प्रजापति–विषयक वैदिक मन्त्रों में अद्वितीय स्थान रखता है। इस सूक्त की अन्तिम (दशम) ऋचा को छोड़ कर अन्य सभी ऋचाओं का चतुर्थ चरण है **'कस्मै देवाय हविषा विधेम'**। सायण तथा अन्य भारतीय भाष्यकारों का कथन है कि 'क' सुख को कहते हैं और सुखमय होने के कारण प्रजापति ही 'क' वर्ण से वाच्य हैं[1]। अतः कस्मै का अर्थ हैं 'प्रजापति के लिए'। 'क' को प्रजापति का एक नाम मानने की परम्परा ब्राह्मण–ग्रन्थों से लेकर परवर्ती धार्मिक साहित्य तक अविच्छिन्न रूप से पाई जाती है — **कं वै प्रजापतिः, कमेवैष प्रजाभ्यः कुरुते,** श० ब्रा० २।५।२।११ (तथा ६।२।२।५, १२; ६।४।३।४; **कौ० ब्रा०** ५।४; तै० सं० १।७।६ आदि)। श्रीमद्भागवत आदि पुराणों में 'क' शब्द नियमित रूप से प्रजापति का वाची है। बल्कि 'प्रजापति' उपाधि से युक्त होने के कारण दक्ष आदि के लिए भी यह शब्द प्रयुक्त हुआ है (नारायणश्च विश्वात्मा न कस्याध्वरमीयतुः।४।६।३, कस्य=दक्षस्य)। किन्तु सभी

---

१. **कं सुखं जलमाख्यातं कश्च देवः प्रजापतिः**। एकाक्षरकोश
'क' जल को भी कहते हैं। अतः यह भी हो सकता है कि जल से उत्पन्न होने के कारण यह वर्ण प्रजापति की संज्ञा बन गया हो।

पाश्चात्य विद्वानों का विचार है कि इस पंक्ति में ऋषि सृष्टि के आदि-कारण के विषय में विचिकित्साएँ करता हुआ पूछता है, हम किस देवता को हवि प्रदान करें ? अस्तु[1], इस सूक्त के अनुसार इस विश्व को पहले जो विशाल जल-राशि घेरे हुए थी, उसमें तेजस् तत्त्व के संयोग से एक गर्भ की उत्पत्ति हुई और उस गर्भ से देवों में श्रेष्ठ एक शक्ति (असु) उत्पन्न हुई —

आपो ह यद् बृहतीर्गर्भमायन् गर्भं दधाना जनयन्तीरग्निम्।
ततो देवानां समवर्ततासुरेकः कस्मै देवाय हविषा विधेम॥ ७॥

प्रजापति विषयक यह सारा सूक्त शुक्ल यजुर्वेद में खण्डशः यत्र-तत्र प्राप्त होता है। प्रस्तुत ऋचा भी वा० सं० के २७वें अध्याय का २५वाँ मन्त्र है। वहाँ 'गर्भं दधानाः' की व्याख्या में महीधर ने श० ब्रा० ११।१।६।१ (आपो ह वै इदमग्रे सलिलमेवास) को उद्धृत करते हुए लिखा है—

......तथा गर्भ हिरण्यगर्भलक्षणं दधानाः अत एव अग्निं जनयन्तीः अग्निरूपं हिरण्यगर्भं जनयन्त्यः उत्पादयिष्यन्त्यः......।

ऋग्वेद का प्रजापति-सूक्त भी 'हिरण्यगर्भः समर्वताग्रेः' से प्रारम्भ होता है। **अथर्ववेद** ४।२।८ में कहा गया है कि आपः (स्त्रीलिं०) ने सर्वप्रथम जिस पुत्र-रूपी गर्भ को जन्म दिया उसका ऊपरी आवरण हिरणमय था। इस मन्त्र के अन्त में ऋग्वेद के **कस्मै देवाय हविषा विधेम** शब्द जोड़ दिए गए हैं—

आपो वत्सं जनयन्तीर्गर्भमग्रे समैरयन्।
तस्योत जायमानस्य उल्ब आसीत् हिरणमयः,
कस्मै देवाय हविषा विधेम॥

ब्राह्मणग्रन्थों में प्रायः सृष्टि की प्रक्रिया का हिरण्यगर्भ से ही प्रारम्भ माना गया है। 'सृष्टि के पूर्व जल था। उसमें एक हिरण्याण्ड उत्पन्न हुआ। बहुत समय बाद वह फूटा। उससे प्रजापति निकले। अण्डे का ऊपरी छिलका आकाश बन गया और नीचे का पृथ्वी' (श० ब्रा० ११।१।६।१, २)। संसार के लिए प्रयुक्त 'ब्रह्माण्ड' शब्द में भी

---

१. दोनों ही मतों में कुछ न कुछ तर्क है। पहली बात तो यह है कि यदि '**क**' शब्द नाम अथवा संज्ञा होता तो इसका चतुर्थी एकवचन का रूप सर्वनाम की भाँति '**कस्मै**' न बन कर '**काय**' बनता। किन्तु यह भी ठीक नहीं जान पड़ता कि कवि प्रजापति की सम्पूर्ण विशेषताओं, नाम, जन्म आदि का वर्णन भी करता जाए और फिर भी शंका करें कि हम किसे हवि प्रदान करें ? ऐसा नहीं लगता कि कवि को अपने आराध्य के स्वरूप के विषय में अनिश्चय है। वाक्य-विन्यास तथा अर्थौचित्य की दृष्टि से भारतीय आचार्यों का मत उपयुक्त है और इसे अत्यन्त प्राचीन परम्परा का समर्थन प्राप्त है।

यह भाव सुरक्षित है। ऐसी सृष्टिकथाओं में हिरण्यगर्भ और प्रजापति में परस्पर भेद किया गया है। हिरण्यगर्भ प्रजापति का भौतिक कारण है क्योंकि प्रजापति की उत्पत्ति हिरण्यगर्भ से होती है। पर ऋग्वेद में, जैसा कि ऊपर कहा गया है, 'हिरण्यगर्भ' और 'प्रजापति' एक ही देव-तत्त्व के वाची हैं।

ऋग्वेद के इन प्रजापति देवता का हिरण्यगर्भ-सूक्त (१०। १२१) में इन शब्दों में वर्णन है — 'सम्पूर्ण जगत् में उनका ही जन्म सर्वप्रथम हुआ है। वे संसार के स्वामी हैं तथा उन्होंने ही इस पृथ्वी और आकाश को धारण कर रखा है। उन्होंने प्राणियों में चेतना का सञ्चार किया है (आत्मदा) और उन्हें जीवन-शक्ति (बल) प्रदान की है। प्राणियों का जीवन और मरण सब उन्हीं के ऊपर आश्रित है। अपनी महिमा के कारण वे संसार के प्रत्येक प्राणी के, चाहे वह दो पैर वाला हो चाहे चार पैर वाला, स्वामी है। पर्वत, समुद्र तथा नदियाँ (या पृथ्वी, रसा) आदि सब उन्हीं के शरीर के अन्दर हैं। ये दिशाएँ उनकी भुजाएँ हैं। वे सम्पूर्ण देवों के अधिपति, प्रधान एवं श्रेष्ठ हैं। पृथ्वी, आकाश तथा जल आदि सब कुछ उन्हीं के बनाए हुए हैं। उनके अतिरिक्त इस संसार में और कुछ भी नहीं है' —

हिरण्यगर्भः समवर्तताग्रे भूतस्य जातः पतिरेक आसीत्।
स दाधार पृथिवीं द्यामुतेमां कस्मै देवाय हविषा विधेम॥ १॥

या आत्मदा बलदा यस्य विश्व उपासते प्रशिषं यस्य देवाः।
यस्यच्छायाऽमृतं यस्य मृत्युः कस्मै देवाय हविषा विधेम॥ २॥

यः प्राणतो निमिषतो महित्वा एक इद्राजा जगतो बभूव।
य ईशे अस्य द्विपश्चतुष्पदः कस्मै देवाय हविषा विधेम॥ ३॥

यस्येमे हिमवन्तो महित्वा यस्य समुद्रं रसया सहाहुः।
यस्येमे प्रदिशो यस्य बाहू कस्मै देवाय हविषा विधेम॥ ४॥

यो देवेष्वधिदेव एक आसीत् कस्मै देवाय हविषा विधेम॥ ८॥

मा नो हिंसीज्जनिता यः पृथिव्या यो वा दिवं सत्यधर्मा जजान।
यश्चापश्चन्द्रा बृहतीर्जजान कस्मै देवाय हविषा विधेम॥ ९॥

प्रजापते न त्वदेतान्यन्यो विश्वा जातानि परि ता बभूव॥ १०॥

प्रजापति और विश्वकर्मा की धारणाएँ वैदिक युग में ही एक हो चुकी थीं। शुक्ल यजुर्वेद में दो स्थानों पर प्रजापति के सन्दर्भ में उनके जगत्कर्तृत्व को व्यक्त करने के लिए 'विश्वकर्मा' विशेषण प्रयुक्त हुआ है —

प्रजापतिर्विश्वकर्मा विमुञ्चतु — १२। ६१

प्रजापतिर्विश्वकर्मा......स न इदं ब्रह्मक्षत्रं पातु — १८।४३

पर **विश्वकर्मा** के लिए यजुर्वेद में आए हुए लगभग सभी मन्त्र ऋग्वेद के १०।८१ तथा १०।८२ सूक्तों के हैं। स्वतन्त्र मन्त्रों में निम्न महत्त्वपूर्ण है, जिसमें विश्वकर्मा को भी ऋग्वैदिक प्रजापति की भाँति जल से सम्बन्धित तथा सृष्टि से आदि में वर्तमान (**समवर्तताग्रे**) कहा गया है और त्वष्टा से उसका सम्बन्ध जोड़ा गया है—

अद्भ्यः संभृतः पृथिव्यै रसाच्च विश्वकर्मणः समवर्तताग्रे
तस्य त्वष्टा विदधद्रूपमेति तन्मर्त्यस्य देवत्वमाजानमग्रे।

वा० सं० ३१।१७

प्रजापति के विषय में भी स्वतन्त्र मन्त्र शुक्ल यजुर्वेद में नहीं के बराबर है। केवल निम्नलिखित एक ही स्वतन्त्र मन्त्र उनके विषय में प्राप्त होता है, जिसमें कहा गया है कि प्रजापति प्रजा की रक्षा के लिए अपना तेज तीन ज्योतियों (सूर्य, वायु-इन्द्र- विद्युत् तथा अग्नि) में प्रविष्ट करते हैं, उनसे श्रेष्ठ और कोई नहीं है तथा वे संसार में सर्वत्र व्याप्त हैं—

यस्मान्न जातः परो अन्यो अस्ति य आ विवेश भुवनानि विश्वा।
प्रजापतिः प्रजया संरराणस्त्रीणि ज्योतींषि सचते स षोडशी॥

वा० सं० ८।३६

मन्त्र का अन्तिम चरण ज्योतिस्तत्त्व से प्रजापति के किसी न किसी रूप में सम्बन्ध को सूचित करता है और वस्तुतः 'प्रजापति' विशेषण केवल एक बार ऋग्वेद में और आया है और वह भी सूर्य के लिए—

दिवो धर्ता भुवनस्य प्रजापतिः पिशंगं द्रापि प्रतिमुञ्चते कविः।

ऋ० ४।५३।२

इसी सूक्त के ५वें मन्त्र में सूर्य (सविता) के द्वारा अपनी महिमा से पृथ्वी, अन्तरिक्ष तथा आकाश आदि तीन लोकों को प्रकाशित करने का वर्णन है—

त्रिरन्तरिक्षं सविता महित्वना त्री रजांसि परिभूस्त्रीणि रोचना।
तिस्रो दिवः पृथिवीस्तिस्र इन्वति.......।

इससे अगले (६ठे) मन्त्र में सविता को स्थावर तथा जंगम प्राणियों का अधिपति कहा गया है—

बृहत्सुम्न प्रसवीता निवेशनो जगतः स्थातुरुभयस्य यो वशी।

वा० सं० ७।४२ में भी सूर्य को स्थावर तथा जंगम प्राणियों की आत्मा कहा गया है —

सूर्य आत्मा जगतस्तस्थुषश्च।

पुनः वा० सं० १३। ३ में सूर्य को वर्तमान काल के सत्, तथा भूत और भविष्य के असत् पदार्थों का स्वामी बताया गया है—

सबुध्न्या उपमा अस्य विष्ठा सतश्च योनिमतश्च देवः।

बृहद्देवता भी सूर्य को इन्हीं शब्दों में सत् और असत् पदार्थों का उत्पादक बताता हुआ उसको 'प्रजापति' संज्ञा प्रदान करता है। उसमें तो यहाँ तक कहा गया है कि संसार में जो भी पदार्थ हैं, हुए हैं, या होंगे, उन सबकी उत्पत्ति और लय का स्थान सूर्य ही है। सूर्य से ही उनका जन्म होता है और उसी में वे लीन हो जाते हैं। वह कभी नष्ट न होने वाला, शाश्वत ब्रह्म है—

भवद्भूतस्य भव्यस्य जंगमस्थावरस्य च।
अस्यैके सूर्यमेवैकं प्रभवं प्रलयं विदुः॥

असतश्च सतश्चैव योनिरेष प्रजापतिः।
यदक्षरं च वाच्यं च यथैतद् ब्रह्म शाश्वतम्॥

बृहद्देवता १। ६१, ६२

महर्षि शौनक ने इन शब्दों में जिस दृढ़ता से सूर्य के प्रजापतित्व का प्रतिपादन किया है, उससे प्रजापति के उद्गम पर कुछ प्रकाश पड़ता है। सूर्य को ब्रह्म (शाश्वत) कहा गया है। नपुंसक ब्रह्म शब्द का पुल्लिंग 'ब्रह्मा' प्रजापति का पुराणों में सबसे अधिक सामान्य विशेषण है। ब्रह्मा जी का 'स्वयंभूः' विशेषण भी परवर्ती साहित्य में अत्यन्त प्रचलित है और वा० सं० २। २६ में सूर्य का ही स्वयंभूः (या स्वतः-उत्पन्न) कहा गया है—

स्वयंभूरसि श्रेष्ठो रश्मिर्वर्चोदा अधि वर्चो मे देहि।
सूर्यस्यावृतमन्वावर्ते॥

सम्भव है प्राचीन वैदिक-काल में सूर्य के निरतिशय महत्त्व और प्राणियों की स्थिति के लिए उसकी आवश्यकता को देखते हुए ऋषियों ने प्रजापति-देवता की कल्पना सूर्य से प्राप्त की हो[१]। 'हिरण्यगर्भ' का संकेत भी सम्भवतः इधर ही है। किन्तु यदि ऐसा है भी, तो शीघ्र ही वैदिक ऋषियों की दृष्टि भौतिकता के धरातल से उठ कर आध्यात्मिक स्तर पर पहुँच गई और प्रजापति के रूप में उसने एक उत्कृष्ट देवाधिदेव की स्थापना की।

ऋक् या यजुर्वेद में त्वष्टा का महत्त्व उत्कृष्टता की दृष्टि से विश्वकर्मा तथा प्रजापति

---

१. तु० की०, मैक्डॉनल, **वैदिक माइथॉलजी**, पृ० १३।

से कम है। उसमें उतनी आध्यात्मिकता भी नहीं है, जितनी इन दोनों में। उसके शारीरिक अवयवों के विवरण (८। २९। ३, ६। ४७। १९ तथा ६। ४९। ९) तथा पुत्री **सरण्यू** आदि के वर्णन (१०। १७। १, २) से उसमें मानवीयता की मात्रा अधिक हो गई है। वह संसार का तो नहीं, किन्तु पृथक्-पृथक् संसार की लगभग प्रत्येक महत्त्वपूर्ण वस्तु का निर्माता है। गर्भ में प्राणियों के रूपों का वह निर्माण करता है (ऋ० १०। १०। ५ तथा ३। ५५। १९ आदि)। वह एक कुशल कारीगर है तथा इन्द्र के वज्र और अन्य देवों के विविध आयुधों और रथों का भी उसने निर्माण किया है (तु० की०, ऋ० १। ८५। ९, १०। ५३। ९, ५। ३१। ४ आदि)। हाँ, **तैत्तिरीय संहिता** के निम्न मन्त्र में अवश्य त्वष्टा का 'अश्व' (अर्थात् सूर्य) होकर संसार का कर्ता बनने का महत्त्वपूर्ण उल्लेख है —

त्वष्टा वीरं देवकामं जजान त्वष्टुरर्वाजायत आशुरश्वः।
त्वष्टेदं विश्वं भुवनं जजान बहोः कर्तारमिह यक्षि होतः॥

— तै० सं० ५। १। ११

ऊपर उल्लिखित **वा० सं०** ३१। १७ (विश्वकर्मणः समवर्तताग्रे........ तस्य त्वष्टा विदधद्रूपमेति) में भी विश्वकर्मा के साहचर्य में उल्लिखित त्वष्टा को संसार की उत्पत्ति से सम्बन्धित किया गया है। पर ऐसे मन्त्र बहुत कम हैं। त्वष्टा का मुख्य कार्य प्राणियों के रूपों का निर्माण है और उसकी इस विशेषता को अधिकांश में ब्राह्मणकालीन प्रजापति ने आत्मसात् कर लिया है। इसलिए वह परवर्ती वैदिक साहित्य में एक बहुत सामान्य सा देवता रह गया है।

ब्राह्मण-ग्रन्थों में प्रजापति

अब हम ब्राह्मणकालीन प्रजापति पर आते हैं। वैदिक संहिताओं में जगत् के सर्वोत्कृष्ट तत्त्व के रूप में प्रतिष्ठित प्रजापति ब्राह्मण-ग्रन्थों के कर्मकाण्डीय कांतार में फँस कर अपने मार्ग से भटक गए हैं। कहने को वे अब भी जगत् के निर्माता एवं देवों, मनुष्यों तथा असुरों के स्रष्टा हैं पर अब उनका सारा महत्त्व यज्ञ से उनके घनिष्ठ सम्बन्ध से ही उद्भूत है। यदि संक्षेप में कहा जाए कि 'प्रजापति यज्ञ के देवता हैं' तो यह सर्वथा उचित होगा। यज्ञ संसार की सर्वोच्च शक्ति है, जो प्राणियों की उत्पत्ति तथा कल्याण से सम्बन्धित है, अतः उससे सम्बन्धित प्रजापति का भी उत्कर्ष स्वाभाविक है। पर प्रजापति भी अपनी शक्ति यज्ञ करके ही प्राप्त करते हैं। प्राणियों की सृष्टि तथा पालन के लिए वे निरन्तर तप तथा यज्ञ किया करते हैं।[१]

---

१. वैसे यज्ञ को यह महत्त्व प्रदान करने की प्रक्रिया ऋग्वेद से ही प्रारम्भ हो गई थी। इस प्रसंग में H. Aguilar की '**दि सेक्रीफाइस् इन् दि ऋग्वेद**', (दिल्ली १९७६) पुस्तक द्रष्टव्य है। Jan Gonda की *History of Indian Literature*, (vol. I, 1., Vedic Literature) भी देखें।

ब्राह्मण-ग्रन्थों में यज्ञ से सम्बन्धित प्रायः प्रत्येक महत्त्वपूर्ण वस्तु का प्रजापति से तादात्म्य कर दिया गया है। अतः प्रजापति के व्यक्तित्व में इतने वैविध्यपूर्ण तत्त्व मिल गए हैं कि उनके ब्राह्मणकालीन स्वरूप के विषय में ठीक-ठीक धारणा बनाना बहुत कठिन है। **शतपथ-ब्राह्मण** से ही इस विषय में पर्याप्त उद्धरण दिए जा सकते हैं। वाजपेय यज्ञ में सत्रह स्तोत्र होते हैं, उसमें यजमान को सत्रह दीक्षाएँ लेनी पड़ती हैं और वह सत्रह दिन चलता है। अतः श० ब्रा० ५।१।२।११, ९।२।२।६, १३।४।९।१५ में प्रजापति को 'सप्तदश' या 'सत्रह प्रकार का' कहा गया है। **कौषीतकि** ८।२ तथा १०।८ और **ऐतरेय ब्राह्मण** १।१।१ प्रजापति को इसलिए 'सप्तदशधा' कहते हैं कि एक वर्ष में १२ मास तथा ५ ऋतुएँ होती हैं और प्रजापति ही वर्ष हैं। इसी कारण दीक्षा यज्ञ में १७ ऋचाओं द्वारा अग्न्याधान किया जाता है। वाजपेय में यजमान १२ 'आप्तियाँ' प्रदान करता है क्योंकि वर्ष में १२ मास होते हैं और प्रजापति वर्ष हैं तथा यज्ञ प्रजापति है (एता द्वादशाप्तीः जुहोति, द्वादश वै मासाः संवत्सरस्य, संवत्सरः प्रजापतिः, प्रजापतिर्यज्ञः, श० ब्रा० ५।२।१।१)। प्रजापति अग्नि है (तस्मादेतं प्रजापतिं सन्तमग्निरित्याचक्षते, वही ६।१।२।१३)। प्रजापति चन्द्रमा है (असौ वै चन्द्रः प्रजापतिः, ६।२।२।१६) (६।२।२।१६) तथा प्रजापति अन्न है (अन्नं वा अयं प्रजापतिः ७।१।२।४)। ठीक इसी प्रकार सोमरस, वायु, प्रामण, सूर्य, यज्ञीय पशु तथा अन्यान्य विविध प्रकार की असंख्य वस्तुओं से प्रजापति का ब्राह्मणों में तादात्म्य प्राप्त होता है। अश्वमेध तथा अन्य बड़े-बड़े यज्ञों के लिए यज्ञवेदिका बनाने में ब्राह्मण-कर्मकाण्ड के अनुसार पूरा एक वर्ष लगता है। यह वेदी यज्ञ की प्रतीक है, और यज्ञ है साक्षात् प्रजापति। अतः प्रजापति को अनेक स्थानों में संवत्सर कहा गया है और उन्हें अनन्त काल की एक व्यक्त इकाई माना गया है (श० ब्रा० १०।३।२।१-२)। पर यज्ञ से प्रजापति की एकरूपता ब्राह्मण-ग्रन्थों के लिए सबसे अधिक सामान्य बात है; '**यज्ञो वै प्रजापतिः**' ब्राह्मणग्रन्थों में प्रायेण पाया जाने वाला वाक्य है (श० ब्रा० १।१।१।१३, ३।२।२।४, ५।१।२। १३, ११।१।१।१; ऐ० ब्रा० २।२।७ तथा मै० सं० ३।६।५ आदि)। श० ब्रा० ११। १।८।३ में कहा गया है कि प्रजापति ने यज्ञ को अपने स्वरूप के समान रचा। यज्ञ प्रजापति की प्रतिमा या प्रतिरूप है —

........अथैतमात्मनः प्रतिमामसृजत यद्यज्ञम्। तस्मादाहुः प्रजापतिर्यज्ञ इति। आत्मनो ह्येतं प्रतिमामसृजत।

यज्ञ ही प्रजापति की शक्ति है। उसी की सहायता से वे सृष्टि करते हैं। **श० ब्रा०** १२।३।४।१ में उन्हें '**पुरुष-नारायण**' की यज्ञ करने का उपदेश देते हुए वर्णित किया गया है।

प्रजापति की कुछ अन्य उल्लेखनीय विशेषताएँ ये हैं। उनका आकार पुरुष जैसा है (७।४।१।१५)। वे (यज्ञ के रूप में) मनुष्यों को वरुण-पाशों (विपत्तियों) से छुड़ाते

हैं (५। २। ४। २)। अग्नि के उत्पादक होने से प्रजापति उसके पितृस्वरूप हैं (६। १। २। २६)। प्रजापति अमर्त्य हैं और सभी देवता उनके पुत्र हैं (प्रजापतिर्वा अमृतः, तस्य विश्वेदेवाः पुत्राः ६। ३। १। १७)। अन्यत्र असुरों को भी देवों के साथ-साथ प्रजापति के पुत्र बताया गया है। **'देवाश्च असुराश्च उभे प्राजापत्याः पस्पृधिरे'**, यह वाक्य लगभग सभी ब्राह्मणों में इसी रूप में यज्ञ सम्बन्धी अनेक कथाओं के प्रारम्भ में आता है (श० ब्रा० २। १। १। ८, ५। १। १, ११। १। ६। ७; तै० सं० २। ३। ७ आदि)। आकाश प्रजापति का सिर है और सूर्य-चन्द्र आँखें—**द्यौरेवास्य शिरः सूर्याचन्द्रमसौ चक्षुषी**(७। १। २। ७)। प्रजापति ने इस पृथ्वी को उत्पन्न किया—**'प्रजापतिर्वै पृथिव्यै जनिता'** (७। ३१। २०)। काल या समय रूप होने के कारण प्रजापति पृथ्वी की प्रत्येक वस्तु के जनक हैं—**'संवत्सरः प्रजापतिः सर्वाणि भूतानि ससृजे'** (१०। ४। २। २)। प्रजापति की उत्पत्ति की कथा का सूत्र ऋग्वेद में उल्लिखित हिरण्यगर्भ से मिलाते हुए श० ब्रा० उनके जन्म के विषय में कहता है कि 'पहले सर्वत्र जल ही जल था .... तप की शक्ति से उनमें एक हिरण्य-अण्ड उत्पन्न' हुआ[१]। यह अण्ड एक वर्ष तक जल में तैरता रहा। तब उससे प्रजापति का जन्म हुआ। उन्होंने उत्पन्न होते ही 'भूः' कहा, जिससे पृथ्वी की उत्पित हुई। 'भुवः' कहने पर अन्तरिक्ष उत्पन्न हुआ और 'स्वः' कहने पर आकाश—

'आपो ह वा इदमग्रे सलिलमेवास........ तासु तपस्तप्यमानासु हिरणमयाण्डं सम्बभूव........तदिदं हिरणमयाण्डं यावत्संवत्सरस्य बेला तावत् पर्यप्लवत् ततः संवत्सरे पुरुषः समभवत् स प्रजापतिः। .... स संवत्सरे व्याजिहीर्षत्। स भूरिति व्याहरत् सेयं पृथिव्यभवत्। भुव इति। तदिदमन्तरिक्षमभवत्। द्यौरिति सा असौ द्यौरभवत्।

— श० ब्रा० ११। १। ६। १-३

वस्तुतः यज्ञ से घनिष्ठ सम्बन्ध के अतिरिक्त प्रजापति की दूसरी विशेषता सृष्टि की प्रत्येक वस्तु के उत्पादक के रूप में प्रतिष्ठा है। श० ब्रा० के **'प्रजनयिता स प्रजापतिः'** (३। ९। १। ६), **'प्रजननं प्रजापतिः'** (५। १। ३। ९) ओर **'प्रजापतिना प्रजनयित्रैताः प्रजाः प्राजनयत'** (८। ४। ३। २०) आदि वाक्य इसके परिचायक हैं। इस रूप में प्रजापति का ऋग्वैदिक विश्वकर्मा से सम्बन्ध भुलाया नहीं गया है। ८। २। १। १० में कहा गया है कि प्रजापति ही स्रष्टा होने के कारण विश्वकर्मा हैं (प्रजापतिर्वै विश्वकर्मा। प्रजापतिसृष्टासीत्येतत्)। श० ब्रा० ९। ४। १। १२ और भी स्पष्ट शब्दों में कहा है कि प्रजापति ही विश्वकर्मा हैं क्योंकि उन्होंने ही इस सम्पूर्ण जगत् का निर्माण किया है

---

१. तु० की० —

तम आसीत् तमसा गूल्हमग्रे अप्रकेतं सलिलं सर्वमा इदम्।
तुच्छ्येनाभ्वपिहितं यदासीत् तपसस्तन्महिनाऽजायतैकम्॥ ऋ० वे० १। १२९। ३

(प्रजापतिर्वै विश्वकर्मा। स हीदं सर्वमकरोत्)। संसार को बनाने, इसका नियमन करने (वि-धा) तथा यहाँ की प्रत्येक क्रिया का संचालन करने के कारण वे ही **धाता** तथा **विधाता** हैं (स दिक्षु प्रतिष्ठायेदं सर्व दधद् विदधद् अतिष्ठत्। यद् दधद् विदधद् अतिष्ठत्। तस्माद् धाता, ९।५।१।३५)। प्रजापति परमेष्ठी (सर्वश्रेष्ठ) हैं और सब प्राणियों के स्वामी हैं (८।४।३।२०)। १३।१।२।५ में कहा गया है कि प्रजापति सभी देवताओं में सर्वाधिक तेजस्वी और शक्तिशाली हैं (प्रजापतिर्वै देवानां वीर्यवत्तमः)। उनका स्वरूप स्पष्ट (निरुक्त) भी है और अस्पष्ट (अनिरुक्त) भी; ये निस्सीम भी हैं और ससीम भी (उभयं वा एतत् प्रजापतिः — निरुक्तश्च अनिरुक्तश्च, परिमितश्च अपरिमितश्च। ७। २। ४। ३०)। संसार की प्रत्येक वस्तु तथा सम्पूर्ण लोक, सब प्रजापति के ही रूप हैं — **सर्वमु ह्येवेदं प्रजापतिः, सर्वं वा इदं प्रजापतिः यदिमे लोकाः यदिदं किंच** (५।१।३।१०, ११)।

परवैदिक-काल के सर्वोच्च देवता होने के कारण प्रजापति को ब्राह्मण ग्रन्थों में पर्याप्त सम्मान प्राप्त है। उन्हें 'संसार का जनक' तथा 'सर्वोत्कृष्ट अमर-तत्त्व' कहा गया है। **ऐ० ब्रा०** ७। ४। ८ कहता है कि 'प्रजापति ही यह सम्पूर्ण जगत् हैं (प्रजापतेर्विभान्नामलोकः)। **कौषीतकि** १२। ८ प्रजापति को संसार की प्रत्येक वस्तु का जनक बताता है, इसी ब्राह्मण में अन्यत्र (९। ७) कहा गया है कि प्रजापति अपरिमेय हैं, उनकी शक्ति और स्वरूप की सीमा नहीं है। इसी प्रकार **तै० सं०** १।७। ३ भी प्रजापति को अमृध्र (अमर), अनिरूप्य तथा अपरिमित बताती है। **श० ब्रा०** ४। ५।७।२ कहता है कि 'जो कुछ संसार में है वह सब मर्त्य है। वह प्रजापति का रूप है। किन्तु प्रजापति स्वयं अमृत (अमर) हैं' —

एतद् हि अमृतम्। यद् हि अमृतं तद् हि अस्ति। स एष
प्रजापतिः एतद् उ यन्मर्त्यम्। सर्वं वै प्रजापतिः।

लोक तीन हैं किन्तु प्रजापति इन तीनों लोकों से पृथक् एक चतुर्थ-सत्ता हैं (श० ब्रा० ४।६।१।४) —

त्रयो वा इमे लोकाः। प्रजापतिः अतीमाँल्लोकाँश्चतुर्थः।

ब्रह्म, वाक् तथा ब्रह्मा

शतपथ ब्रा० में दो स्थानों पर (७।३।१।४२ तथा ८।४।१।३, ४) प्रजापति को ब्रह्म कहा गया है — **सर्वमु ब्रह्म प्रजापतिः प्राणा उ वै ब्रह्म। प्राणा उ वै प्रजापतिः। ऐ० ब्रा०** भी यज्ञ-रूपी प्रजापति को ब्रह्मा बताता है — **यज्ञ उ ह वा एष यद् बह्मा। ब्रह्मणि हि सर्वो यज्ञः पतिष्ठितः।** यद्यपि **श० ब्रा०** में ब्रह्म शब्द नपु० लिंग है और किसी देवता-विशेष का वाची न होकर जगत् की एक उत्कृष्ट, अमूर्त, परम-शक्ति को

सूचित करता है किन्तु परवर्ती साहित्य में इस शब्द का पुल्लिंग '**ब्रह्मा**' शब्द प्रजापति के पौराणिक उत्तराधिकारी का सर्वाधिक सामान्य नाम है। प्रजापति और ब्रह्म का सर्वप्राचीन स्पष्ट तादात्म्य **आश्वलायन** गृ० सू० ३। ४ में प्राप्त होता है। पौराणिक ब्रह्मा का भी मुख्य कार्य प्रजापति की भाँति केवल प्रजा की उत्पत्ति है। वस्तुतः 'ब्रह्म' शब्द का मूल अर्थ स्तोत्र या सूक्त है। ऋग्वेद में यह शब्द इस अर्थ में अनेक स्थलों पर प्रयुक्त हुआ है (उदाहरणार्थ तत् त्वा यामि ब्रह्मणा वन्दमानः, ऋ० १। २४। ११, वा० सं० १८। ४९; इमा ब्रह्म शस्यमानानि जिन्वन्त, ऋ० १०। ६६। १२; प्राची द्यावापृथिवी ब्रह्मणा कृधि स्वर्णशुक्रम्, ऋ० २। २। ७; स्वर्गिरो ब्रह्मसूक्तं-जुषेरत, १०। ६५। १४)। अग्नि को ६। १६। ३० में स्तोत्रों का रचयिता, **ब्रह्मणस्कविः**, कहा गया है। पुल्लिंग में ब्रह्मा शब्द स्तोत्र-गायक को सूचित करता है (प्र ब्रह्माणो अंगिरसो नक्षन्त, ७। ४२। १)।

ऋग्वेद में ही शब्दशक्ति, ब्रह्म या वाक् की महत्ता को विशिष्ट मान्यता मिल चुकी थी। ब्रह्म की शक्ति का पता हमें **ब्रह्मणस्पति** (अथवा बृहस्पति) देवता के स्वरूप से चलता है। यह अमूर्त देवता ब्रह्म अथवा स्तोत्रों के अधिष्ठाता देव-तत्त्व का वाची है; दूसरे शब्दों में स्तोत्र में निहित सर्वसामर्थ्यशाली शक्ति का मानवीकरण है। **वा० सं०** ९। २६ में बृहस्पति के लिए ब्रह्मा (पु०) विशेषण प्रयुक्त हुआ है, आदित्यं **विष्णुं सूर्यं ब्रह्माणं च बृहस्पतिम्। श० ब्रा०** में अनेक स्थानों पर (उदाहरणार्थ ३। ९। १। ११, ५। १। ५। ६) '**ब्रह्म वै बृहस्पतिः**' यह वाक्य प्राप्त होता है, बृहस्पति का निवास परम व्योम में है। उसकी उत्पत्ति सर्वप्रथम हुई है। वह देवों को उत्पन्न करता है, संसार की रचना करता है तथा विविध नियमों की व्यवस्था करता है—

(क) **बृहस्पतिः प्रथमं जायमानो महो ज्योतिषः परमे व्योमन्।**
— ऋ० ४। ५०। ४

(ख) **स इज्जनेन स विशा स जन्मना स पुत्रैर्वाजं भरते धना नृभिः।**
देवानां यः पितरमाविवासति श्रद्धामना हविषा ब्रह्मणस्पतिम्॥
— ऋ० २। २६। ३

(ग) **अयतन्ता चरतो अन्यदन्यदिद् या चकार वयुना ब्रह्मणस्पतिः।**
— ऋ० २। २४। ५

(घ) **ब्रह्मणस्पतिरेता सं कर्मार इवाधमत्।** — ऋ० १०। ७२। २

ब्रह्मणस्पति की भाँति ऋग्वेद में वाक् को भी अनन्त सामर्थ्यशाली कहा गया है। जब ब्रह्म (सूक्त) का इतना महत्त्व है तो ब्रह्म जिससे निर्मित होता है, ब्रह्म की कारणभूत उस वाक् का भी अतिशय महत्त्व होना स्वाभाविक है। ऋग्वेद के एक सूक्त (१०। १२५) में वाक् का एक सर्वशक्तिमती देवी के रूप में वर्णन किया गया है। 'वह

सम्पूर्ण देवों में श्रेष्ठ है और रुद्र, वसु, आदित्य तथा विश्वेदेवों के साथ विचरती है। मित्रावरुण, इन्द्राग्नी, अश्विनौ, सोम तथा त्वष्टा आदि देवों को वह धारण करती है। देवों को हवि प्रदान करने वाले तथा सोमाभिषवण करने वाले को यज्ञ का फल भी वही प्राप्त कराती है। वह सम्पूर्ण जगत् की अधीश्वरी, चिन्मयी, (ज्ञानमयी) तथा देवों में श्रेष्ठ (प्रथमा) है। जो कोई भी अन्न खाता है, सुनता है, साँस लेता है या सूँघता है, वह सब उसी की शक्ति से करता है। वह जिसको चाहती है उसको शक्तिशाली, उत्तम स्तोता, प्रातिभज्ञानसम्पन्न ऋषि तथा उत्तम मेधाशक्ति से युक्त बना देती है। ब्रह्मद्वेषी असुरों का वध करने के लिए वही रुद्र को प्रेरित करके उनका धनुष चढ़वाती है और मनुष्यों की रक्षा के लिए युद्ध करती है। संसार के पिता (ब्रह्म) को भी वही उत्पन्न करती है। उसका जन्मस्थान समुद्र के जल (आकाश?) में है। वह इस पृथ्वी और आकाश केऊपर है और अपनी महिमा से स्वर्गलोक का स्पर्श करती है' —

अहं रुद्रेभिर्वसुभिश्चरामि अहमादित्यैरुत विश्वेदेवैः ॥ १ ॥

अहं दधामि द्रविणं हविष्मते सुप्राव्ये यजमानाय सुन्वते ॥ २ ॥

अहं राष्ट्री संगमनी वसूनां चिकितुषी प्रथमा यज्ञियानाम् ॥ ३ ॥

मया सो अन्नमत्ति यो विपश्यति यः प्राणिति य ईं शृणोत्युक्तम् ॥४ ॥

यं कामये तं तमुग्रं कृणोमि तं ब्रह्माणं तमृषिं तं सुमेधाम् ॥ ५ ॥

अहं रुद्राय धनुरातनोमि ब्रह्मद्विषे शरवे हन्तवा उ।
अहं जनाय समदं कृणोमि अहं द्यावापृथिवी आविवेश ॥ ६ ॥

अहं सुवे पितरस्मस्य मूर्धन् मम योनिरप्स्वन्तः समुद्रे।
ततो वि तिष्ठे भुवनानु विश्वोतामूं द्यां वर्ष्मणोपस्पृशामि ॥ ७ ॥

उपर्युक्त विवरण से स्पष्ट है कि ऋग्वेद के परवर्ती अंश में जगत् की उत्पादिका, सर्वसामर्थ्यशालिनी शक्ति के रूप में वाक् की प्रतिष्ठा हो चुकी थी। यही कारण है कि त्वष्टा तथा विश्वकर्मा जैसे शक्तिमान् अमूर्त देवताओं को वैदिक साहित्य में '**वाचस्पति**', या जगत् की कारणभूत इस परमशक्ति के अधिष्ठाता, कहा गया है —

वाचस्पतिं विश्वकर्माणमूतये मनोजुवं वाजे अद्या हुवेम।

— वा० सं० ८। ४५

ऐतरेय ब्राह्मण (२।१।४) स्पष्ट शब्दों में कहता है कि वाक् ही त्वष्टा है। त्वष्टा की पूजा करने से यजमान वाक् की पूजा करता है। वाक् से सब कुछ उत्पन्न होता है अतः त्वष्टा को प्रजापति कहते हैं —

त्वष्टारं यजति। वाग्वै त्वष्टा। वाग्घीदं सर्वं ताष्टि इव। वाचमेव तत् प्रीणाति........।

इसी प्रकार **श० ब्रा०** में भी कई बार 'वाग्वै त्वष्टा' वाक्य प्राप्त होता है और ३।१।३।२२ में प्रजापति को **वाक्-पति** कहा गया है — **प्रजापतिर्वै वाक्पतिः।**

अथर्ववेद (९।२।५) में इस वाक् को विराज् कहा गया है। सर्वव्यापक होने से वाक् विराज् या विराट् है। इसे काम की पुत्री तथा धेनु (सर्वान् कामान् धयति। सर्वकामदुघा) भी कहा गया है —

सा ते काम दुहिता धेनुरुच्यते यामाहुर्वाचं कवयो विराजम्।

इसी संहिता में अन्यत्र (तुरीया) वाक् और ब्रह्म को सम्बन्धित किया गया है —

येषां चतुर्थं वियुनक्ति वाचम् ब्रह्मैनद् विद्यात् तपसा विपश्चित्...।

— अ० वे० ८।९।३

ब्रह्म और वाक् के इस पारस्परिक सम्बन्ध और दोनों की संसार के आदि-कारण के रूप में मान्यता के कारण **वाक्** और **ब्रह्म** दोनों को ही स्थान-स्थान पर एक दूसरे का जनक बताया गया है (उदाहरणार्थ, अथर्व० ८।१०।७, श० ब्रा० १३।२।५।३)। किन्तु सामान्यतः प्रचलित ब्राह्मणकालीन धारणाओं के अनुसार प्रजापति ब्रह्म के प्रतिनिधि हैं और वाक् है वस्तुतः उनकी पुत्री, जिसे **सरस्वती** के रूप में उनकी पत्नी भी बताया गया है।

ब्रह्म शब्द सूक्तों के अतिरिक्त **यजुस्** (यज्ञसूत्र) का तथा वेदों का भी वाची है[१]। साथ ही वह कर्मकाण्डीय ज्ञान का भी एक समूहवाचक सामान्य नाम है। प्रजापति इन सभी से किसी न किसी रूप में सम्बन्धित हैं—विशेषतः कर्मकाण्डीय ज्ञान से। ब्रह्म के प्राचीन उत्कृष्ट अर्थ से भी उनका पूर्ण सम्बन्ध है ही। ब्राह्मण-ग्रन्थों में उनका रूप अमूर्त न होकर पूर्णतः मानवीय है, अतः इस शब्द का पुल्लिगंरूप (ब्रह्मा) ब्राह्मणोत्तर-कालीन साहित्य में प्रजापति का सामान्य नाम बन गया है[२]।

---

१. तु० की०, **भागवत पुराण** ४।७।४० जहाँ ब्रह्म (वेद) को विष्णु की स्तुति करते हुए दिखाया गया है।

२. तारापद भट्टाचार्य नामक एक विद्वान् की चौखम्बा, वाराणसी से १९६९ में '**दि कल्ट ऑफ़् ब्रह्मा**' (द्वितीय संस्करण) नामक पुस्तक प्रकाशित हुई है। आपका मत है कि ब्रह्मा जी आर्यों के देवता नहीं हैं। मूलतः वे आर्यों के आगमन से पूर्व भारत में रहने वाली अनार्य जाति के सर्वप्रमुख देवता थे। मेसोपोटामिया तथा सुमेरिया आदि देशों के देवों से उनका साम्य अवभासित होता है। आर्यों के आने के बाद वैदिक देवताओं के उत्कर्ष ने ब्रह्मा के व्यक्तित्व को दबा दिया। तथापि यह शब्द एक महत्त्वसूचक विशेषण के रूप में आर्यों ने ले लिया और प्रजापति, त्वष्टा, बृहस्पति आदि देवों के साथ उनकी सर्वशक्तिमत्ता एवं सामर्थ्य को सूचित करने के लिए प्रयुक्त किया। आर्य संस्कृति के विकास के साथ-साथ ब्रह्मा का अपकर्ष होता गया और उपास्य देव के रूप में वे धीरे-धीरे भुला दिए गए। चट्टोपाध्याय जी का मत उपलब्ध वैदिक प्रमाणों के आधार पर ब्रह्मा जी की अवधारणा का विश्लेषण करने पर नितान्त निराधार एवं अमान्य ठहरता है।

पौराणिक ब्रह्मा जी के चार मुख हैं, जो निश्चित रूप से चारों वेदों के परिचायक हैं। ब्रह्म (वैदिक ज्ञान) भी चार भागों में विभक्त हैं। ब्राह्मणकाल में अथर्ववेद की महत्ता प्रतिष्ठित नहीं हो सकी थी और इसका कारण सम्भवतः उसमें निहित विषय की प्रकृति थी, जो यज्ञ एवं कर्मकाण्ड से सम्बन्धित न होकर लोकविश्वास के इन्द्रजाल, यातविक कृत्य तथा यज्ञ की उपेक्षा करने वाले दार्शनिक विषयों से सम्बन्धित है। **श० ब्रा० ११।** ५।८।१-२ में आई एक छोटी सी कथा में कहा गया है कि संसार के आदि में प्रजापति अकेले थे। उन्होंने तपस्या की, जिससे त्रिलोकी (पृथ्वी, अन्तरिक्ष तथा आकाश) का जन्म हुआ। इनसे क्रमशः तीन ज्योतियाँ अग्नि, वायु तथा सूर्य उत्पन्न हुईं और इन तीन ज्योतियों से क्रमशः ऋक्, यजुस् तथा सामवेदों की उत्पत्ति हुई[1]।

पुराणों में ब्रह्मा जी का वेदों से सम्बन्ध अत्यन्त स्पष्ट है। वेदों तथा आत्मतत्त्व की रक्षा करने के लिए उनका जन्म हुआ है (भाग० ४।७।१४)। भाग० ३।९।२४ में वे विष्णु से वरदान माँगते हैं कि उन्हें सृष्टि रचना में उलझे रहने पर भी वेदों का ज्ञान बना रहे और क्षीण न हो —

रूपं विचित्रमिदमस्य विवृण्वतो मे
मा रीरिषीष्ट निगमस्य गिरां विसर्गः।

भाग० ३।१५।४ में देवता उन्हें विज्ञानवीर्य कहते हैं। इसी अध्याय के ८वें श्लोक में कहा गया है कि कि ब्रह्मा ही की वाक्-शक्ति से सभी प्राणी उसी प्रकार बँधे हुए हैं, जैसे रस्सी से गायें बँधी रहती हैं —

यस्य वाचा प्रजाः सर्वाः गावस्तन्त्र्येव यन्त्रिताः।

भाग० ३।१५।११ में उन्हें 'शब्दगोचर', (वेदगम्य) तथा **रामायण** (उत्तर० ३६। ३) में 'वेदवित्' (तं तु वेदविदा तेन लम्बाभरणशोभिना) कहा गया है।

ब्रह्मा जी को प्रायः स्वयंभूः या आत्मभूः कहा जाता है। यह विशेषण वेद अथवा वैदिक ज्ञान के विषय में अधिक ठीक है, जो भारतीय परम्परा के अनुसार नित्य माना जाता है और जिससे बाद में ब्रह्मा जी की धारणा विकसित हुई। पुराणों में वेदों को भी अनेकत्र स्वयंभू कहा गया है —

वेदप्रणिहितो धर्मो ह्यधर्मस्तद्विपर्ययः।
वेदो नारायणः साक्षात् स्वयंभूरिति शुश्रुम॥

---

१. **प्रजापतिर्वा इदमग्र आसीद् एक एव। सः अश्राम्यत्। स तपः**
अतप्यत्। तस्मात् श्रान्तात् तेपानात् त्रयो लोका असृज्यन्त।
पृथिव्यन्तरिक्षं द्यौः। तेभ्यस्त्रीणि ज्योतींषि अजायन्त।
अग्निर्योऽयं पवते सूर्यः। तेभ्यस्तप्तेभ्यः त्रीणि ज्योतींषि
अजायन्त। अग्नेः ऋग्वेदः वायोर्यजुर्वेदः सूर्यात् सामवेदः। श० ब्रा० ११।५।८।१-३

विष्णु की नाभि से ब्रह्मा की उत्पत्ति पौराणिक औपचारिकता मात्र है। उनका कमल ज्ञान और जीवनी-शक्ति का प्रतीक है। ब्रह्मा की उत्पत्ति विषयक धारणा की दृष्टि से **रामायण** ब्राह्मण ग्रन्थों और पुराणों के बीच में अवस्थित है। उत्तरकाण्ड ४।९ में उन्हें '**सलिलसम्भवः**' कहा गया है।

प्रजापतिः पुरा सृष्ट्वा ह्यपः सलिलसम्भवः।

इसी काण्ड में आगे (उत्तर० ५६।७) में कहा गया है कि ब्रह्मा जी अण्डे ('हिरण्यगर्भ') से उत्पन्न होकर भी कमल से उत्पन्न कहे जाते हैं —

लोकनाथ महादेव अण्डजोऽपि त्वमब्जजः।

प्रजापति की अपनी पुत्री के प्रति आसक्ति

प्रजापति से केवल एक ही प्रमुख देवकथा सम्बन्धित है और वह है, उनके अपनी पुत्री से शारीरिक सम्बन्ध की। ऋग्वेद से लेकर परवर्ती पुराणों तक यह कथा लगभग प्रत्येक ग्रन्थ में कई प्रकार से वर्णित की गई है और अपने इस धर्म-विरुद्ध तथा लोक-विरुद्ध कार्य के कारण ब्रह्मा जी परवर्ती साहित्य में अत्यन्त हेय दृष्टि से देखे जाते रहे हैं। **श० ब्रा०** २।३।१।७-१० में यह कथा इस प्रकार दी हुई है —

प्रजापतिर्ह वै स्वां दुहितरम् अभिदध्यौ दिवं वा उषसं वा। मिथुनी एनया स्यामिति। तां संबभूव। तद्वै देवानामाग आस। य इत्थं स्वां दुहितरम् अस्माकं स्वसारं करोति इति। ते ह देवा ऊचुः यो अयं देवः पशूनामीष्टे अतिसन्धं व अयं चरति, य इत्थं स्वां दुहितरम् अस्माकं स्वसारं करोति। विध्य एनम्। तं रुद्रो अभ्यायत्य विव्याध। तथेन्नूनं तदास॥ — श० ब्रा० २।३।१।७-१०

'प्रजापति अपनी पुत्री के प्रति आसक्त हो गए, जिसे द्यौः या उषा कहते हैं। उन्होंने उसके साथ समागम करना चाहा। इससे देवता बड़े क्रुद्ध हुए। "ये हमारी बहन और पुत्री से ऐसा करना चाहते हैं"। उन्होंने पशुओं के स्वामी रुद्र से कहा तुम इन्हें वेध डालो। रुद्र ने झपट कर प्रजापति को (बाण से) विद्ध कर दिया।'

यह तथ्य तो निस्संदिग्ध है कि यह देवकथा किसी प्राकृतिक दृश्य का रूपकात्मक चित्रण है पर निश्चित रूप से इसके मूल रूप का पता लगाना कठिन है। श० ब्रा० ने इस ओर संकेत करते हुए कहा है कि प्रजापति की पुत्री **द्यौः** (आकाश, स्त्रीलिंग) या उषा है। जैसा कि ऊपर कहा जा चुका है, प्रजापति अपने प्राचीनतम रूप में सूर्य से भी सम्बन्धित हैं (पृ० ६५३-५४)। एक स्थान पर श० ब्रा० (२।३।१।७) कहता है कि सूर्य प्रजापति है और उसकी विविध किरणें विभिन्न देवता —

एते वै विश्वेदेवाः रश्मयः योऽथ यत्परं भाः स प्रजापतिः।

सूर्य से उत्पन्न होने के कारण उषस्, सूर्य या प्रजापति की पुत्री है। वह सूर्योदय के पूर्व प्रकट होती है, सूर्य उसके कुछ समय पश्चात्। इससे प्रतीत होता है कि सूर्य उषा का पीछा कर रहा है। दिन भर यह दौड़ चलती है। सन्ध्याकाल में सूर्य के डूबने के बाद भी सन्ध्या की लाली (सूर्य-पुत्री) अस्ताचल पर बनी रहती है, इससे लगता है कि सूर्य अब आगे हो गया, उषा उसके पीछे रह गई। रक्तिमा और सूर्य बिम्ब के पश्चिम आकाश में मिल जाने से कहा जा सकता है कि प्रजापति ने अपनी पुत्री को पकड़ लिया। श० ब्रा० ६।१।३।८ में प्रजापति को उषा का पति कहा गया है — **'स भूतानां पतिः अथ या सा उषा पत्नी सा'**। प्रजापति कथा की यही व्याख्या कुमारिलभट्ट आदि मीमांसकों को स्वीकार्य है। साथ ही स्वतः श० ब्रा० के एक अन्य उल्लेख से इसकी पुष्टि होती है। वा० सं० ३।१० में एक मन्त्र आता है — **सजूर्वेदेन सवित्रा सजूरुषसा इन्द्रवत्या जुषाणः सूर्यो वेतु। 'इन्द्रवत्या उषसा'** की व्याख्या में श० ब्रा० कहता है कि 'इन्द्र ही सविता है, वह उषस् से संगम करता है — **सवितृमत्प्रसवाय....सेन्द्रं करोति। तद् उषसा मिथुनं करोति तत् सूर्याय प्रत्यक्षं जुहोति।**

इस कथा का एक क्षीण उल्लेख ऋग्वेद के दो-तीन अस्पष्ट मन्त्रों (१०।६१।५-७) में भी प्राप्त होता है किन्तु सम्भवतः इन मन्त्रों की कन्या पृथ्वी है और प्रजापति द्यौः। पीछे द्यौः के विवरण में कहा जा चुका है कि द्यौः के द्वारा वृष्टि रूपी रेतस् से पृथ्वी रूपी स्त्री को गर्भित करने का रूपक ऋग्वेद में प्रायः उल्लिखित है। ऋग्वेद के इन मन्त्रों में इसी रूपक की छाया है —

(क) पुनस्तदा वहति यत्कनाया दुहितुः आ अनुमृतम् अनर्वा। ५।

(ख) मध्या यत्कर्त्वम् अभवद् अभीके कामं कृण्वाने पितरि युवत्याम्। ६।

(ग) पिता यत्स्वां दुहितरम् अधिष्कन् क्ष्म्या रेतः संजग्मानो न्यषिञ्चत्। ७।

ऐतरेय ब्राह्मण में यह कथा थोड़ी और क्रमबद्ध तथा विकसित है। पर यहाँ आकर कथा अपने मूल प्राकृतिक क्षेत्र से सम्बन्धित होती हुई भी ज्योतिष के क्षेत्र में विचरने लगी है। ''प्रजापति अपनी पुत्री के प्रति आसक्त हुए, जिस पुत्री को कुछ लोग द्यौः और कुछ उषा कहते हैं। वह मृगी का रूप धारण करके भागी तो प्रजापति ने मृग का रूप धारण करके उसका पीछा किया। देवों ने उसे देखा और आपस में कहा कि प्रजापति एक अकृत करने जा रहे हैं। उन्होंने उनको दण्ड देना चाहा। किन्तु उनमें से कोई भी इस योग्य नहीं था। तब उन्होंने अपने घोर और भयंकर रूपों को एकत्र किया। उन रूपों का आकार एक देवता (रुद्र) जैसा हो गया। देवों के तेज से 'उत्पन्न' होने के कारण उसे 'भूत' (=भूतपति आदि) कहते हैं। देवों ने उससे कहा, प्रजापति अकृत करने जा रहे हैं, उन्हें बाण से विद्ध करो। उसने कहा — 'बहुत अच्छा, पर पहले मुझे कोई वर दो। 'पशुओं पर तुम्हारा पूरा अधिकार रहेगा,' देवों ने उससे कहा। 'ठीक है'। तभी उसे

पशुपति कहते हैं। उसने मृगरूपी प्रजापति को बाण से विद्ध किया। विद्ध होने पर वह आकाश में चला गया। उसी को 'मृग' कहते हैं। जिसने मृग का पीछा किया वह मृग-व्याध है। हरिणी ही रोहिणी है और तीन काण्ड वाला बाण ही त्रिकाण्ड है''।

प्रजापतिर्वै स्वां दुहितरम् अभ्यध्यायद्। दिवमित्यन्ये आहुः उषसमित्यन्ये। ताम् ऋष्यो भूत्वा रोहितं भूताम् अभ्यैत्। तं देवा अपश्यन्। अकृतं वै प्रजापतिः करोतीति। ते तमैच्छन् य एनम् आरिष्यति। एतम् अन्योन्यस्मिन् नाविन्दन्। तेषां या एव घोरतमाः तन्वः आसन् ता एकधा समभरन्। ताः संभृता एष देवः अभवत् तदस्य एतद् भूतवन्नाम भवति। तं देवा अब्रुवन् अयं वै प्रजापतिः अकृतम् अकः। इमं विध्य इति। स तथेत्यब्रवीत् स वै वो वरं वृणा इति। वृणीष्वेति। स एतमेव वरम् अवृणीत पशूनाम् आधिपत्यम्। तदस्यैतत् पशुमन्नाम भवति। तम् अभ्यायत्य अविध्यत्। स विद्धः ऊर्ध्वं उदप्रपतत्। तमेतं मृग इत्याचक्षते। य उ एव मृगव्याधः स उ एव। स या रोहित् सा रोहिणी। य एव इषुः त्रिकाण्डा स एव इषुस्त्रिकाण्डा।

— ऐ० ब्रा० ३।३।९।(३।३३)

इस कथा को दो अंश है। प्रथम अंश में प्रजापति की अपनी पुत्री के प्रति आसक्ति एवं उनका दण्डित होना वर्णित है, जिसके संकेत प्राचीनतर वैदिक ग्रन्थों में भी मिलते हैं। द्वितीय अंश में प्रजापति नक्षत्र-समूह की कथात्मक व्याख्या है, जिसे ग्रीक में ओरियोन् (Orion=क्षेत्र) कहते हैं। इस नक्षत्र-मण्डल में पाँच मुख्य नक्षत्र हैं: रोहिणी, मृगशिर, आर्द्रा, पुनर्वसु तथा मृगव्याध। शिशिर ऋतु के माघ तथा पौष मासों की रात्रि के प्रथम प्रहर में सिर के लगभग ठीक ऊपर यह मनोरम नक्षत्रचक्र भली भाँति देखा जा सकता है। द्वितीय प्रहर में यह चक्र पश्चिम की ओर ढ़लने लगता है और तब बिल्कुल वही दृश्य उपस्थित हो जाता है, जो उपर्युक्त कथा में वर्णित किया गया है उस समय इन नक्षत्रों की जो स्थिति होती है, वह पृ० ५७५ पर दिए गए आलेख में अंकित है।

इस आलेख में सबसे दाहिनी ओर रोहिणी (Aldebaran) दृष्टिगोचर होती है। मध्य में उनके पीछे भागते हुए मृगरूपधारी प्रजापति (Orion) हैं और बाँई ओर इस मृग का पीछा करते हुए व्याधरूपी रुद्र (Canis Major)। रोहिणी का अर्थ है मृगी (रोहित्) और यह वृष राषि का सबसे प्रमुख और चमकीला तारा है। प्रजापति के चतुष्कोण बनाते हुए चार तारे ही मृग की चार टाँगे हैं और इस चतुष्कोण के ऊपर की ओर अवस्थित त्रिकोण बनाते हुए तीन तारे मृग का सिर (शिरस्)। यही कारण है कि इस नक्षत्र का नाम 'मृगशिरस्' है। श० ब्रा० २।१।२।८ में कहा है कि 'यह जो मृगशिरा (नक्षत्र) है, वह प्रजापति का सिर है' — **एतद् वै प्रजापतेः शिरो यन्मृगशीर्षम्।** बाँई ओर अवस्थित 'मृगव्याध' की व्याध के समान आकृति अगल-बगल के तारों को मिला कर बनती है। ऐसा लगता है मानों कोई व्यक्ति कमर में शस्त्र लटकाए, एक हाथ

में धनुष लिए प्रजापति के पीछे भाग रहा हो। अपना बाण वह छोड़ चुका है। मृग के शरीर के अन्दर एक रेखा में अवस्थित जो तीन तारे हैं, वही रुद्र का बाण हैं, जिससे प्रजापति रूपी मृग विद्ध हो गया है। इसी 'बाण' को आर्द्रा-नक्षत्र कहा गया है[1] ज्योतिष-शास्त्र में जिसके स्वामी रुद्र बताए गए हैं। रोहिणी के अधिष्ठाता प्रजापति-ब्रह्म हैं।

प्रजापति और उनकी पुत्री की कथा का खगोलीय आधार

मृग-व्याध, प्रजापति एवं रोहिणी को द्योतित करने वाले तारे

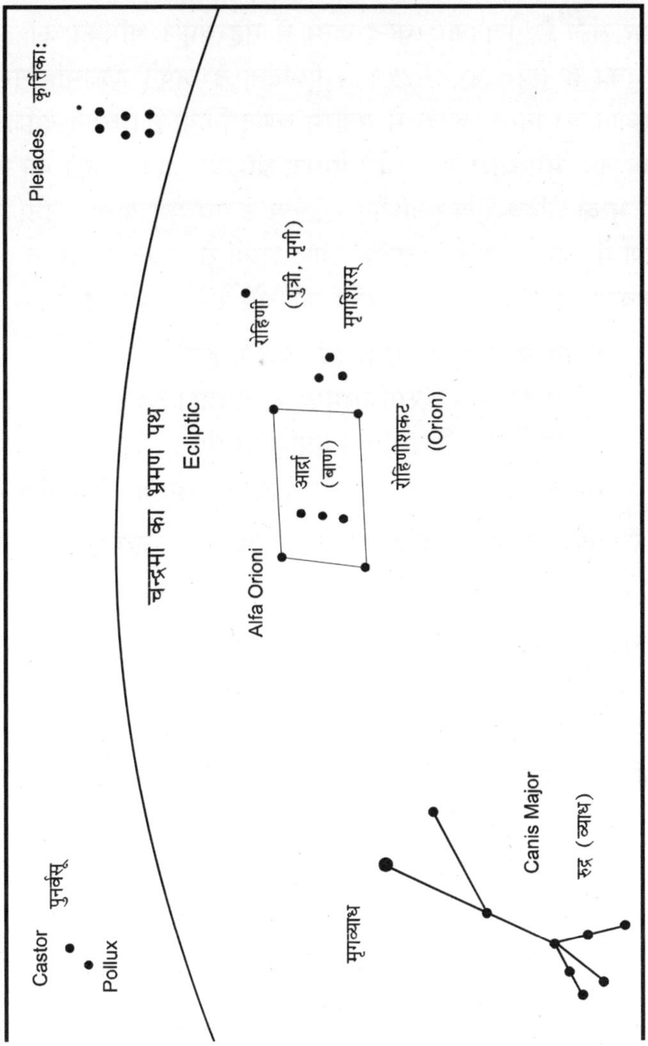

१. आधुनिक खगोल-शास्त्री प्रजापति-मृग के चार तारों में बाँई ओर ऊपर जो सबसे चमकीला तारा है, उस एक तारे (Alfa Orionis) की पहचान आर्द्रा-नक्षत्र से करते हैं। किन्तु लेखक की इससे सहमति नहीं है क्योंकि वैदिक परम्परा से इसकी पुष्टि नहीं होती।

रुद्र का यह बाण तीन नोकों वाला (त्रिशूल) है। तथापि ऐ० ब्रा० के 'इषुस्त्रिकाण्डः' शब्द से लगता है कि उक्त ग्रन्थ में तीन काण्ड (शलाका) वाला कोई एक बाण अभिप्रेत है। व्याध के रूप में रुद्र की यह अवधारणा बाद में चल कर हमें महाभारत के वन पर्व में उस स्थान पर प्राप्त होती है, जहाँ शिव अर्जुन के सम्मुख लुब्धक या किरात वेश में उपस्थित होते हैं और अर्जुन से युद्ध करते हैं। रुद्र के तारा समूह में यूनानी एक श्वान की आकृति के दर्शन करते थे, इसीलिए इसे पाश्चात्य ज्योतिर्विदों द्वारा बृहत्श्वान (Canis Major) की संज्ञा दी गई है। सबसे ऊपर दाहिनी ओर के छः तारों की **कृत्तिका** संज्ञा है, जिनकी स्कन्द जन्म में महत्त्वपूर्ण भूमिका का उल्लेख पीछे किया जा चुका है (पृ० ४९८-४९९)। पुष्पदन्त ने अपने शिवमहिम्नस्तोत्र में इस वैदिक आख्यान का निम्न श्लोक में मनोरम वर्णन किया है। ध्यान दीजिये, **अभिकं**, **रोहित्**, **ऋष्य** तथा **मृगव्याध** शब्द सीधे **ऐतरेय ब्राह्मण** (३।३।९) की शब्दावली से (तम् ऋष्यो भूत्वा रोहितं भूताम् अभ्यैत् ...... स उ एव मृगव्याधः) उठा लिए गए हैं। अन्तिम चरण में आए '**त्रसन्तं तेऽद्यापि**' आदि शब्दों से स्पष्टतया भासित हो रहा है कि पुष्पदन्त आकाश के उक्त खगोलीय दृश्य की ओर संकेत कर रहे हैं —

> **प्रजानाथं नाथ प्रसभमभिकं स्वां दुहितरं**
> **गतं रोहिद्भूतां रिरमयिषुमृष्यस्य वपुषा।**
> **धनुष्पाणेर्यातं दिवमपि सपत्राकृतममुं।**
> **त्रसन्तं तेऽद्यापि त्यजति न मृगव्याधरभसः॥** — श्लोक २२

लगता है, पुष्पदन्त को इस वैदिक कथा की आधारभूत खगोलीय नक्षत्र स्थिति का पूर्ण ज्ञान था।

इस **तारा-समूह** को आज भी लोकभाषा में लोग 'हन्नीहन्ना' कहते हैं, जो निश्चित रूप से '**हरिणी-हरिण**' का ही अपभ्रंश है। ज्योतिष के प्राचीन ग्रन्थों में इस नक्षत्रमण्डल को रोहिणीशकट कहा गया है और **बृहत्संहिता** (४७।१४) में **वराहमिहिर** का कथन है कि यदि शनि इस शकट के बीच से होकर निकल जाए तो १२ वर्षों तक पानी नहीं बरसता। तै० सं० ४।४।१० में विभिन्न नक्षत्रों और उनके अधिष्ठाता देवों के परिगणन में '**रोहिणी नक्षत्रं, प्रजापतिर्देवता**' तथा '**आर्द्रा नक्षत्रं रुद्रो देवता**' आदि जो कहा गया है, उससे इस कथा की ओर हल्का सा संकेत प्राप्त होता है।

शतपथ और ऐतरेय दोनों ही स्पष्टतः कहते हैं कि प्रजापति की पुत्री को कुछ लोग **द्यौः** मानते थे और कुछ **उषा**। पहले कहा जा चुका है कि प्राचीनतर वैदिक-काल में **सूर्य** ही प्रजापति शब्द से वाच्य था और प्रजापति को ब्राह्मण ग्रन्थों में अनेकशः पृथ्वी एवं आकाश का जनक कहा गया है। इस प्रकार आकाश या द्यौः (स्त्री) प्रजापति की

पुत्री है। प्रातःकाल दोनों (सूर्य एवं द्यौः) का संयोग होता है प्रातःकालिक रक्तिमा ही सम्भवतः सूर्य के अपनी पुत्री के प्रति जायमान 'राग' या अनुराग की प्रतीक है।

पर उषस् वाली व्याख्या ब्राह्मणों को अधिक अभीष्ट है क्योंकि **कौषीतकि ब्राह्मण** ६।१-९ में पुनः प्रजापति और उषा के संयोग से रुद्र की उत्पत्ति वर्णित है। प्रजापति ने सृष्टि की उत्पत्ति के लिए तपस्या की और तपस्या करते हुए उनके अग्नि, वायु, आदित्य तथा चन्द्रमा नामक पुत्र और उषा नामक एक कन्या हुई। प्रजापति ने पुत्रों को तप करने का आदेश दिया। तभी सुन्दरी उषा एक अप्सरा के रूप में उनके सम्मुख आई। उसे देख कर चारों का चित्त विकृत हो गया। वे प्रजापति के पास पहुँचे। प्रजापति ने उनके बीज को एक स्वर्ण-चषक में रख दिया। उससे एक पुरुष उत्पन्न हुआ, जिसके एक सहस्र नेत्र और एक सहस्र चरण थे। वे अपने हाथों में एक सहस्र बाण लिए हुए था। प्रजापति ने उसके भव, शर्व आदि आठ नाम रखे। ठीक इसी प्रकार श० ब्रा० ६।१।३।८ में प्रजापति को वर्ष का प्रतीक मान कर उनके उषा के साथ संयोग से (**संवत्सरः उषसि रेतः असिञ्चत्**) **ऋतु** रूपी भूतों की (प्राणियों?) तथा रुद्र की उत्पत्ति वर्णित की गई है —

तद् यानि तानि भूतानि ऋतवस्ते। अतः यः स भूतानां पतिः संवत्सरः सः। अथ या सोषाः पत्नी — औषसी सा। तानीमानि भूतानि च। भूतानां च पतिः संवत्सरः उषसि रेतः असिञ्चत्। स संवत्सरे कुमारः अजायत। — श० ब्रा० ६।१।३।८

उपर्युक्त विवरण से प्रतीत होगा कि प्रजापति और उनकी कन्या की ऋग्वैदिक अस्पष्ट कथा के भाव मात्र को बीज रूप में ग्रहण करके ब्राह्मणों ने अनेक प्रकार की याज्ञिक तथा अयाज्ञिक कथाओं के रूप में पल्लवित किया। स्पष्ट है कि ब्राह्मण काल ही में इस कथा के मूल प्राकृतिक दृश्य की व्यक्तिगत रुचि के अनुसार विविध प्रकार से व्याख्या की जाने लगी थी।

कर्मकाण्ड के प्रबल प्रचार और यज्ञ की बढ़ती हुई प्रतिष्ठा के कारण जगत् के आदिकारण के रूप में ब्रह्म और वाक् का कितना महत्त्व था, इस पर ऊपर प्रकाश डाला जा चुका है। ब्रह्म और वाक् दोनों अन्योन्याश्रित हैं। वे दोनों सृष्टि के आदि रूप हैं। **पञ्चविंशब्राह्मण** २०।१४।२ कहता है कि सृष्टि के प्रारम्भ में दो ही तत्त्व थे, प्रजापति और वाक् — **प्रजापतिर्वै इदम् एकः आसीत् तस्य वाक् एव स्वमासीद् वाग् द्वितीया**; और वाक् के स्त्रीलिंग होने के कारण उसकी ब्रह्म (पुं० तथा नपु० लिंग) की पत्नी के रूप में परिकल्पना अत्यधिक स्वाभाविक है। कृष्ण यजुर्वेद की **काठक संहिता** (१२।५ तथा २७।१) में वाक् को स्पष्ट शब्दों में एक साथ प्रजापति की पुत्री तथा पत्नी कहा गया है। दोनों के संयोग के सांसारिक प्राणियों की उत्पत्ति होती है और तदनन्तर प्रजापति की शक्ति वाक् उन्हीं में प्रविष्ट हो जाती है —

प्रजापतिर्वै इदमासीत्। तस्य वाक् दुहिता आसीत्। ताम् मिथुनं समभवत् सा अस्माद् अपाक्रामत्। सा इमाः प्रजाः असृजत्। सा प्रजापतिमेव पुनः प्राविशत्॥

श० ब्रा० ६। १। २। ५-९ में प्रजापति और वाक् के 'मानसिक-संयोग' द्वारा क्रमशः वसुओं, रुद्रों, आदित्यों तथा विश्वेदेवों की उत्पत्ति वर्णित है —

स (प्रजापतिः) इमाँल्लोकान्त्सृष्ट्वा अकामयत। ताः प्रजाः सृजेय या म एषु लोकेषु स्युरिति। सा मनसा वाचं मिथुनं समभवत्। सः अष्टौ द्रप्सान् गर्भ्यभवत् ते अष्टौ वसवः असृज्यन्त ....।

सम्भवतः इन्हीं संकेतों के आधार पर **बृहद्देवता** ५। ९७-१०३ में त्रिसांवत्सरिक यज्ञ करते हुए प्रजापति का शरीरिणी-वाक् को देखकर विकारग्रस्त हो जाना वर्णित है।

वाक् के इस स्वतन्त्र उल्लेख के साथ ही प्रायः ब्राह्मणों में ऋग्वेद की प्रसिद्ध देवी **सरस्वती** का भी वाक् से तादात्म्य प्राप्त होता है। '**वाक् वै सरस्वती**' यह ब्राह्मणों में सरस्वती के विषय में प्रायः आने वाला वाक्य है (श० ब्रा० ३। ९। १। ७, ५। २। २। १४, ५। ३। ५। ८; **ऐ० ब्रा०** ३। १। १०, ६। २। ३; **कौ० ब्रा०** ५। २ तथा १४। ५ आदि)। **तै० सं०** १। ८। १९ में सरस्वती को 'सत्यवाक्' कहा गया है और उससे स्तोता को मधुमती वाणी से युक्त बनाने की प्रार्थना की गई है। प्राचीन सरिता-देवी सरस्वती का वाक् से यह तादात्म्य स्वाभाविक भी है क्योंकि उसे **ऋ० वे०** में सुन्दर सूक्तों को प्रेरित करने वाली, उत्कृष्ट बुद्धि को उद्बुद्ध करने वाली, सद्विचारों को जन्म देने वाली तथा यज्ञ को धारण करने वाली कहा गया है —

चोदयित्री सूनृतानां चेतन्ती सुमतीनाम्। यज्ञं दधे सरस्वती॥

— ऋ० १। ३। ११

महो अर्णः सरस्वती प्र चेतयति केतुना। धियो विश्वा विराजति॥

— ऋ० १। ३। १२

सरस्वती साधयन्ती धियं नः......। — ऋ० २। ३। ८

इतना होने पर भी ऋग्वैदिक सरस्वती में उनका नदी का रूप ही प्रधान है[१], वाणी, सूक्त और बुद्धि से सम्बन्धित अमूर्त रूप नहीं। साथ ही उसे 'सुभगा' (मंगलमयी) तथा 'वाजिनीवती' (धन-सम्पत्ति प्रदान करने वाली) भी कहा गया है। पर ब्राह्मणों मे सरस्वती की केवल एक ही विशेषता पर बल दिया गया है, और यह कि वह '**वाक् है**'। इस पूर्ण तादात्म्य के कारण वाक् के अधीश्वर **ब्रह्म** (ब्रह्मा) या प्रजापति का **सरस्वती के पति** बन जाना स्वाभाविक था। महाकाव्यों तथा पुराणों में सर्वत्र सरस्वती

---

१. मैक्डॉनल, **वैदिक माइथॉलजी**, पृ० ८६।

ब्रह्मा जी की पत्नी और पुत्री हैं। प्रजापति और उनकी पुत्री के संयोग की ब्रह्मा और वाक् के संयोग के रूप में व्याख्या ही **श्रीमद्भागवतकार** को भी अभीष्ट है क्योंकि वे लिखते हैं —

वाचं दुहितरं तन्वीं स्वयंभूर्हरतीं मनः।
अकामां चकमे क्षत्तः सकाम इति नः श्रुतम्॥

— भाग० ३।१२।२८

ब्रह्मा जैसे जगत्-स्रष्टा देवता के विषय में ऐसी कल्पना बाद के विद्वानों को मनःपूत नहीं हुई। उन्होंने इस कथा की कई प्रकार से व्याख्या करके प्रजापति को निर्दोष सिद्ध करने की चेष्टा की है। **मत्स्य पुराण** प्रजापति के इस दुष्कृत्य की एक सुन्दर व्याख्या प्रस्तुत करता है (अध्याय ४, श्लोक १-१०)। **मनु** मत्स्य-भगवान् से इस विषय में प्रश्न करते हैं —

अहो कष्टतरं चैतद् अंगजागमनं विभो।
कथं न दोषमगमत् कर्मणानेन पद्मभूः ?

— मत्स्य ४।१

मत्स्य-भगवान् पहले तो मनु को इस प्रकार समझाते हैं कि यह सृष्टि रजोगुणयी तथा अत्यन्त रहस्यमय है। इसके सब रहस्यों को मनुष्य अपनी सीमित बुद्धि से नहीं जान सकता और विशेषतः देवताओं की बात को तो देवता ही समझ सकते हैं, मनुष्य नहीं (विदन्ति मार्गं दिव्यानां दिव्या एव न मानवाः, ४।५)। बाद में वे इस कथा की आध्यात्मिक व्याख्या प्रस्तुत करते हुए कहते हैं कि ब्रह्मा जी सभी वेदों के अधिष्ठाता हैं। वे स्वयं वेदमय हैं। वेदों का अंश होने के कारण गायत्री ब्रह्मा जी के शरीर से उत्पन्न मानी जाती है। इसी गायत्री को सावित्री, सरस्वती, ब्रह्माणी तथा भारती कहते हैं (देखिए ३।३२)। दोनों का यह मिथुन मूर्त (देव रूप में) भी है और अमूर्त (वेद, गायत्री) भी। अतः जहाँ ब्रह्मा रहते हैं, वहाँ सरस्वती भी होती है और जहाँ सरस्वती होती है, वहाँ ब्रह्मा जी रहते हैं, दोनों का कभी वियोग नहीं होता क्योंकि ब्रह्मा जी वेद (ज्ञान) की राशि हैं और सरस्वती है गायत्री। अतः दोनों के संयोग में कोई दोष नहीं है —

अन्यच्च सर्ववेदानामधिष्ठाता चतुर्मुखः।
गायत्री ब्रह्मणस्तद्वत् अंगभूता निगद्यते॥ ७॥

अमूर्तं मूर्तमद् वापि मिथुनं तत् प्रचक्षते।
विरिञ्चिर्यत्र भगवान् तत्र देवी सरस्वती।
भारती यत्र यत्रैव तत्र तत्र प्रजापतिः॥ ८॥

यथातपो न रहितश्छायया दृश्यते क्वचित्।
गायत्री ब्रह्मणः पार्श्वं तथैव न विमुञ्चति॥ ९॥

वेदराशिः स्मृतो ब्रह्मा सावित्री तदधिष्ठिता।
तस्मान्न दोषः कश्चित् स्यात् सावित्रीगमने विभो॥ १०॥

— मत्स्य ४।७-१०

इसमें सन्देह नहीं कि प्रजापति के अपनी पुत्री से समागम करने के दोष की इससे सुन्दर व्याख्या नहीं हो सकती। साथ ही यह व्याख्या मनगढ़न्त नहीं, अपितु प्रजापति के ऐतिहासिक विकास पर आधारित है और यथार्थ से अनुप्राणित है। ब्रह्मा और सरस्वती की इस एकरूपता के कारण मत्स्य-पुराण ने सरस्वती को ब्रह्मा की 'पुत्री' नहीं अपितु 'अंगभूता' बताया है। उसके अनुसार ब्रह्मा ने ही अपना आधा रूप स्त्री का और आधा पुरुष का बना लिया था —

ततः संजपतस्तस्य भित्त्वा देहमकल्मषम्।
स्त्रीरूपमर्धमकरोद् अर्धं पुरुषरूपवत्।
शतरूपा च सा ख्याता सावित्री च निगद्यते। — १।३०-३१

सामान्य बुद्धि के अनुसार सृष्टि के प्रसार के लिए आदिम युग्म का पारस्परिक संसर्ग होना आवश्यक है, भले ही वे यम-यमी की भाँति भाई-बहन हों या प्रजापति और सरस्वती की भाँति पिता-पुत्री। अतः इस सम्भावना को निर्मूल करने के लिए **मत्स्य०** तथा **मनुस्मृति** आदि परवर्ती ग्रन्थों में दोनों को परस्पर सम्बन्धित न मान कर एक ही अविभाज्य तत्त्व के दो अंश बताया गया है —

द्विधा कृत्वात्मनो देहम् अर्धेन पुरुषोऽभवत्।
अर्धेन नारी तस्यां स विराजमसृजत् प्रभुः॥

ब्रह्म-पुराण में, जिसमें पौराणिक कथाओं के अपेक्षाकृत प्राचीनतर रूप पाए जाते हैं, प्रजापति और उनकी पुत्री की यह कथा **ऐतरेय ब्राह्मण** के आधार पर दी हुई है। पर ग्रन्थकार ने चतुरतापूर्वक यहाँ प्रजापति की पुत्री को **त्वष्टा** की पुत्री **संज्ञा** (वैदिक सरण्यू) से सम्बन्धित कर दिया है। विवस्वान् तथा अश्विनौ के प्रसंग में उषा की प्रतीक इस संज्ञा का वर्णन किया गया है (देखिए पीछे पृ० २१३-२१४)। दोनों के बीच की सामान्य-शृंखला है — उषा से उनकी उत्पत्ति। ब्रह्म पु० ८६।३ त्वष्टा की पुत्री के विषय में कहता है —

कश्यपस्य सुतो ज्येष्ठ आदित्यो लोकविश्रुतः।
तस्य पत्नी उषा ख्याता त्वाष्ट्री त्रैलोक्यसुन्दरी॥

इसी प्रकार '**दुष्प्रेक्षं तं स्वकं कान्तं ध्यायन्ती निश्चला उषा**' (८९।१२) तथा

'पर्यधावद्यतो याति उषा भानुस्ततस्ततः' (८९। २८) आदि श्लोकों में भी त्वष्टा की पुत्री और विवस्वान् की पत्नी इस देवी को **उषा** बताया गया है। **श० ब्रा०** तथा **ऐ० ब्रा०** के उपर्युल्लिखित उद्धरणों में भी प्रजापति की पुत्री को 'उषा' बताया ही गया है, अतः **ब्रह्मपुराण** प्रजापति की कथा को इस प्रकार उपन्यस्त करता है —

सर्वासामुत्तमां काञ्चित् निर्ममे लोकसुन्दरीम्।
तां दृष्ट्वा विकृता बुद्धिर्ममासीत् मुनिसत्तम॥
गृह्यमाणा मया बाला सा मां दृष्ट्वा पलायिता।
मृगीभूता तु सा बाला मृगोऽहमभवं तदा॥
मृगव्याधोऽभवच्छंभुः धर्मसंरक्षणाय च।
धनुर्गृहीत्वा सशरमीशोऽपि मृगरूपिणम्।
मामुवाच वधिष्ये त्वां मृगव्याधस्तदा हरः॥
तत्कर्मणो निवृत्तोऽहं प्रादाम् कन्यां विवस्वते॥

— ब्रह्म पु० १०२। ३-७

जिस कन्या की ओर पहले प्रजापति आकृष्ट होते हैं, मृगव्याधरूपी रुद्र के हस्तक्षेप पर वही कन्या बाद में पत्नी के रूप में **विवस्वान्** को दे दी जाती है। प्रजापति की **कन्या उषा** है और विवस्वान् की **पत्नी भी उषा**। अतः इस कन्या के विवस्वान् की पत्नी बन जाने का रहस्य तुरन्त समझ में आ जाता है।

त्वष्टा और प्रजापति की पुत्रियों के तादात्म्य का एक अन्य कारण विश्वकर्मा का दोनों से सम्बन्ध भी है। विश्वकर्मा और प्रजापति की धारणाएँ ऋग्वेद तथा ब्राह्मणों में बिल्कुल एक है किन्तु पुराणों में 'विश्वकर्मा' **त्वष्टा** का ही दूसरा नाम है और दोनों एक ही देवता को सूचित करते हैं।

प्रजापति और दक्ष

पुराणों में आकर **प्रजापति** शब्द लगभग एक विशेषण बन गया है, जो मुख्यतः ब्रह्मा जी के लिए प्रयुक्त होते हुए भी प्रजा की वृद्धि में योग देने वाले कुछ मुनियों के लिए भी प्रयुक्त हुआ है। **पद्म पुराण** ४। ३२ में **भृगु, पुलह, पुलस्त्य, क्रतु, अंगिरा, मरीचि, अत्रि, वसिष्ठ** तथा **दक्ष** ये नौ प्रजापति माने गए हैं —

पुलस्त्योऽत्रिर्वसिष्ठश्च क्रतुश्च पुलहस्तथा।
भृगुर्मरीचिर्दक्षश्च अंगिरा च तपोधनः।
प्रजापतयः पुराणेष्वेते नव विनिश्चिताः।। — पद्म पु० ४। ३२

इस सूची में आए दक्ष के साथ प्रजापति विशेषण विशेष रूप से सम्बन्धित हैं। जहाँ भी पुराणों में दक्ष का उल्लेख आया है, वहाँ उन्हें **'दक्ष-प्रजापति'** कहा गया है। इसका

मूल भी काफी प्राचीन है। श० ब्रा० २।४।४।२ में कहा गया है कि 'प्रजापति को ही दक्ष कहते हैं।' 'दाक्षायण यज्ञ को सर्वप्रथम प्रजापति ने ही सम्पन्न किया था इसलिए उस यज्ञ का नाम दाक्षायण है' —

'स वै दक्षो नाम तद् यदनेन सः
अग्रे अयजत तस्माद् दाक्षायणो नाम'।

पुराणों में तो दक्ष और प्रजापति का व्यक्तित्व पृथक्-पृथक् है किन्तु ब्राह्मणों में दोनों पूर्णतः अभिन्न हैं। तै० सं० २।३।५ में कहा है कि **प्रजापति** के ३३ कन्याएँ थीं। उन्होंने वे सोम (चन्द्रमा) को दे दीं। किन्तु उनमें से वह रोहिणी के प्रति अधिक आसक्त रहने लगा। शेष स्त्रियाँ कुपित होकर प्रजापति के पास आ गईं। जब सोम उन्हें लेने गया तो प्रजापति ने कहा—'शपथ लो कि तुम सबके साथ समान व्यवहार करोगे, सबके पास जाओगे, तब मैं अपनी कन्याओं को वापिस भेजूँगा'। चन्द्रमा ने शपथ ली (ऋतम् आमीत्), दक्ष ने कन्याएँ वापिस भेज दीं। किन्तु चन्द्रमा फिर भी रोहिणी के पास रहने लगा। शपथ भंग करने के पाप के कारण चन्द्रमा यक्ष्मा से आक्रान्त हो गया। किन्तु जब सोम ने फिर भी ऐसा न किया तो प्रजापति ने उसके लिए यक्ष्मा (क्षय) की सृष्टि की। यक्ष्मा से ग्रस्त होकर सोम क्षयी हो गया —

प्रजापतेः त्रयस्त्रिंशद् दुहितर आसन्। ताः सोमाय राज्ञे अददात्। तासां रोहिणीमुपैत्। ता ईर्ष्यन्तीः पुनरगच्छन्। ताः अन्वैत। ताः पुनरयाचत। ता अस्मै न पुनरददात्। सः अब्रवीत् ऋतममीष्व यथा समावच्छ उपैष्याम्यथ ते पुनर्दास्यामि इति। स ऋतमामीत्। ता अस्मै पुनरददात्। तासां रोहिणीमेवोपैत् तं यक्ष्म आर्च्छद्। राजानं यक्ष्म आरद् इति। — तै० सं० २।३।५

महाभारत (शल्य० ३५।४५-६२) में यह कथा बिल्कुल इसी रूप में प्राप्त होती है। किन्तु प्रजापति का स्थान दक्ष ने ले लिया है और कन्याएँ ३३ न होकर २७ हैं, जिन्हें विभिन्न नक्षत्र बताया गया है। चन्द्रमा, सरस्वती और समुद्र के संगम पर (प्रभास क्षेत्र में) स्नान करके रोग से आधे मुक्त हो जाते हैं और दक्ष पन्द्रह दिन तक उनकी वृद्धि की तथा पन्द्रह दिन तक क्षय की व्यवस्था कर देते हैं। रोहिणी-शकट के पास चन्द्रमा की स्थिति, उसका नक्षत्रपतित्व, २७ नक्षत्रों की कल्पना एवं शुक्ल और कृष्ण-पक्ष में चन्द्रमा की वर्धमान और क्षीयमाण कलाओं के ज्योतिष-सम्बन्धी तथ्यों के आधार पर निर्मित इस प्राचीन देवकथा में मानव प्रकृति अधिक प्रतिबिम्बित है। **श्रीमद्भागवत** ६।६।२३-२६ तथा अन्य पुराणों में भी यह कथा लगभग इसी रूप में प्राप्त होती है।

प्रजापति और दक्ष के प्राचीन ऐकात्म्य की सिद्धि **महा० शान्ति** २०८।७ से भी होती है। इस कथा में कहा गया है कि दक्ष का नाम 'क' भी है। **श्रीमद्भागवत** ४।६।३

में भी दक्ष को 'क' कहा गया है — **न कस्याध्वरमीयतुः।** जैसा कि पहले कहा जा चुका है, यह 'क' ब्राह्मणों में प्रजापति का प्रमुख नाम है। दक्ष और प्रजापति के इसी साम्य ने, तथा प्रजापति को रुद्र द्वारा दण्ड दिए जाने की कथा ने मिलकर पुराणों में दक्षयज्ञ-विध्वंस के आख्यान को जन्म दिया है, जिसका विशेष वर्णन रुद्र के प्रसंग में किया जा चुका है।

प्रजापति के रूपान्तर

विष्णु के प्रसंग में कहा गया है कि पुराणों में वर्णित विष्णु के वराह, कूर्म तथा मत्स्य अवतार मूलतः प्रजापति के ही विविध रूप थे किन्तु बाद में उन्हें विष्णु ने आत्मसात् कर लिया (देखें, पृ० २९३-२९७, ३०८-०९, ३१३-१५)। **श० ब्रा०** (१४।१।२।११) के **'इयती वा इयमग्रे पृथ्वी आसीत् प्रादेशमात्री। ताम् एमूष इति वराह उज्जघान। स अस्याः पतिः प्रजापतिः'** तथा **तै० सं०** ७।१।५ के **'आपो वा इदमग्रे सलिलमासीत्। तस्मिन् प्रजापतिः वायुर्भूत्वा अचरत्। स इमामपश्यत्। तां वराहो भूत्वा अहरत्'** आदि वाक्यों में प्रजापति द्वारा वराहरूप धारण करके जलमग्न पृथ्वी के उद्धार करने का स्पष्ट उल्लेख है। इसी प्रकार श० ब्रा० ७।५।१।५ के इन वाक्यों में प्रजापति के कूर्म-रूप का संकेत है और इसी ने विष्णु के कूर्म अवतार की पृष्ठभूमि प्रस्तुत की है — **'स यत् कूर्मो नाम। एतद्वै रूपं कृत्वा प्रजापतिः प्रजा असृजत्......यदकरोत् तस्मात् कूर्मः। कश्यपो वै कूर्मः। तस्मादाहुः सर्वाः प्रजाः काश्यप्यः'। श० ब्रा०**१।८।१।१-६ में मनु के हाथ में अचानक आ जाने वाली और फिर अत्यन्त विस्तार से बढ़ने वाली जिस मछली का उल्लेख है, उसे **महा० वन** १८७।५२ में स्पष्ट रूप से प्रजापति का रूप बताया गया है — **अहं प्रजापतिर्ब्रह्मा मत्परं नाधिगम्यते। मत्स्य पु०** में भी यह विराट् मत्स्य प्रजापति का ही एक रूप है, किन्तु परवर्ती वैष्णव-पुराणों ने उसे विष्णु के अवतार के रूप में दृढ़तया स्थापित कर दिया है।

प्रजापति जैसे अमूर्त देवों की धारणा का उद्भव विद्वानों द्वारा वैदिक देवों के विकास क्रम में सबसे परवर्ती माना जाता है। यहाँ एक रोचक तथ्य यह ध्यातव्य है कि ब्राह्मणों में भी देवों की परिगणना में प्रजापति को सबसे अन्त में रखा गया है। श० ब्रा० ५।१।२।१३ में कहा गया है कि 'देवता ३३ हैं और प्रजापति ३४वें देवता हैं' — **त्रयस्त्रिंशद् वै देवाः प्रजापतिश्चतुस्त्रिंशः।** ११।६।३।५ में प्रजापति को ३३वें देवता माना गया है। आठ **वसु**, ग्यारह **रुद्र** और बारह **आदित्यों** के बाद बत्तीसवें देवता हैं **इन्द्र**, और तैंतीसवें **प्रजापति। ऐ० ब्रा०** १।२।४ इन्द्र को आदित्यों में परिगणित करके इन ३१ वैदिक देवताओं के अतिरिक्त बत्तीसवाँ देवता प्रजापति को मानता है और तेंतीसवाँ **वषट्कार** को। इस प्रकार संहिताओं में उल्लिखित देवों की तेंतीस संख्या पूर्ण हो जाती है।

ब्रह्मा का लोक-पितामहत्त्व

सम्पूर्ण प्रजा के जनक होने के कारण प्रजापति ब्राह्मणों में देव तथा असुर दोनों के जनक कहे गए हैं। **'देवाश्च असुराश्च उभे प्राजापत्याः पस्पृधिरे'** यह ब्राह्मण-ग्रन्थों में प्रायः आने वाला वाक्य है (उदाहरणार्थ **श० ब्रा०** ५।१।१।१, **तै० सं०** २।३।७, ६।३।२ आदि। यज्ञ के किसी विशेष कृत्य के महत्त्व की व्याख्या प्रायः ब्राह्मण-ग्रन्थ इसी प्रकार करते हैं कि'देव और असुर दोनों ही प्रजापति के पुत्र थे। उनमें आपस में एक दूसरे से आगे बढ़ने की बड़ी स्पर्धा रहती थी। देवों ने अमुक यज्ञ या कोई विशेष कृत्य किया, जिससे वे बढ़ गए' (**तै० सं०** २।३।७, ६।३।२ आदि)। महाभारत, रामायण तथा पुराणों में सर्वत्र असुर ब्रह्मा जी का अत्यन्त सम्मान करते हुए एवं कामनाओं की पूर्ति के लिए तपस्या आदि से उन्हें प्रसन्न करते हुए वर्णित किए गए हैं। रामा० बाल० १८।३२ में कहा गया है कि देवता और राक्षस दोनों ही ब्रह्मा जी के पुत्र हैं किन्तु वे देवों से अधिक प्रसन्न रहते हैं — **'बभूव परमप्रीतो देवैरिव पितामहः। रामायण** के पराक्रमी किन्तु अत्याचारी राक्षस रावण को भी उन्होंने ही वर दिया था, जिससे वह दुर्जेय हो गया था —

स हि तेपे तपस्तीव्रं दीर्घकालमरिन्दम।
येन तुष्टोऽभवद् ब्रह्मा लोकभृत् लोकपूर्वजः॥
सन्तुष्टः प्रददौ तस्मै राक्षसाय वरं प्रभुः।
नानाविधेभ्यो भूतेभ्यो भयं नान्यत्र मानुषात्॥

उसके अत्याचारों से उद्विग्न होकर, देवता ब्रह्मा जी के पास जाकर कहते हैं —

भगवंस्तवप्रसादेन रावणो नाम राक्षसः।
सर्वान् नो बाधते वीर्यात् शासितुं तं न शक्नुमः॥ १५।६

इसी प्रकार वे कुम्भकर्ण तथा विभीषण को भी अभीष्ट वर प्रदान करते हैं (उत्तरकाण्ड, १० सर्ग)। **महा० वन०** २७५।१६-२५ में भी इन तीनों भाइयों की तपस्या से सन्तुष्ट होकर ब्रह्मा जी द्वारा उनको वर दिया जाना वर्णित है। **श्रीमद्भागवत** (स्कन्ध ७, अ० ३) में हिरण्यकशिपु दैत्य द्वारा ब्रह्मा को तुष्ट करने के लिए दोनों हाथ ऊपर उठा कर तथा पंजों के बल खड़े होकर तपस्या करने का वर्णन है। वह इतनी तपस्या करता है कि चींटियाँ उसके शरीर के मांस, रक्त तथा त्वचा को चाट जाती हैं और उसकी अस्थियाँ भर बची रहती हैं। अन्त में ब्रह्मा जी जाकर अपने कमण्डलु का जल छिड़क कर उसे स्वस्थ करते हैं और वर प्रदान करते हैं (श्लोक २२, २३ तथा ७।४।१-६)।

महाभारत की कुछ अन्य कथाओं में भी ब्रह्मा जी दानवों तथा असुरों के वर-प्रदाता के रूप में चित्रित किए गए हैं। आदि० २०८।१७-२५ में वे **सुन्द** एवं **उपसुन्द**

नामक दैत्य-भाइयों को वर देते हैं तथा कर्ण० ३३।६-१६ में तारकासुर के **विद्युन्माली, तारकाक्ष** और **कमलाक्ष** नामक पुत्र ब्रह्मा जी को तुष्ट करके त्रिपुर का निर्माण करते हैं और युद्ध में दुर्जेयता प्राप्त करते हैं। **पद्मपुराण** में (सृष्टि०, २५वाँ अध्याय) **वाष्कलि** नामक दैत्य ब्रह्मा जी के वरदान से अत्यन्त पराक्रमी हो जाता है।

राक्षस ब्रह्मा जी को अपना जनक मानकर सदा उनका आदर करते हुए तथा उनके आदेश का पालन करते हुए वर्णित किए गए हैं। ब्रह्मा जी भी उनके ऊपर पुत्रवत् स्नेह रखते हैं। **पद्मपुराण** (सृष्टि०, १६ वाँ अध्याय) में ब्रह्मा जी एक विशाल यज्ञ का आयोजन करते हैं और देवों तथा ऋषियों के साथ-साथ राहु, वृत्र, शम्बर, वातापि, केशी, नमुचि, बलि तथा वृषपर्वा आदि दानवों को भी सादर निमन्त्रित करते हैं। ये दानव यज्ञ में ब्रह्मा जी का अभिनन्दन करते हुए कहते हैं — "भगवन्, आपने ही हम लोगों की सृष्टि की है, हमें तीन लोकों का राज्य दिया है तथा देवों से अधिक बलवान् बनाया है। हम स्वयं ही अपने कर्त्तव्य का निर्णय करने में समर्थ हैं। अदिति के गर्भ से उत्पन्न इन बेचारे देवताओं से क्या काम सधेगा? अतः आज्ञा दीजिए, इस यज्ञ में हम आपका कौन सा अभीप्सित कार्य करें" —

त्वयैव भगवन् सृष्टा वयं सर्वे पितामह।
त्रैलोक्यराज्यं चास्मभ्यं त्वया दत्तं जगत्प्रभो॥

अभूम त्वत्प्रसादेन देवेभ्यो बलवत्तराः।
अभीप्सितं हि यज्ञेऽस्मिन् ब्रूहि किं करवाम ते?

स्वयमेव क्षमाः कर्तुं वयं कार्यविनिश्चयम्।
किं वराकैर्निकृष्टैश्च देवैरदितिगर्भजैः॥ — पद्म० १६।४१-४३

इस उद्धरण में ब्रह्मा जी का यज्ञ से प्राचीन सम्बन्ध भुलाया नहीं गया है। पर ऐसे प्रसंग महाकाव्यों तथा पुराणों में बहुत कम हैं। कारण यह है कि पौराणिक युग में आकर यज्ञ और कर्मकाण्ड का महत्त्व ब्राह्मणकाल की तुलना में बहुत घट गया था। इसके स्थान पर एक नई आध्यात्मिक शक्ति ने जन्म ले लिया था और वह थी **तप**। वैसे तो ब्राह्मणों में ही प्रजापति सृष्टि उत्पादन के हेतु शक्ति संचय करने के लिए तप करते हुए वर्णित किए गए हैं (श० ब्रा० ११।४।३।१, तु० की० ११।१।६।१) पर इसका महत्त्व यज्ञ के आगे पूर्णतया गौण है। महाकाव्यों और पुराणों के काल में तप का महत्त्व बढ़ने पर प्रजापति का सम्बन्ध इस परम सामर्थ्यशालिनी शक्ति से हो गया, जैसा कि उपर्युल्लिखित राक्षसों को तप का फल प्रदान करने से स्पष्ट है। विष्णु और शिव की तप के फलप्रदायक देवता के रूप में प्रतिष्ठा बहुत बाद में जा कर होती है, उस समय जब इन देवों का साम्प्रदायिक महत्त्व बढ़ने लगता है। **महाभारत** (भीष्म० २७।१०, ११ = गीता ३।१०, ११) के ये दो श्लोक भी उन दुर्लभ प्रसंगों में से हैं, जिनमें ब्रह्मा

जी का ब्राह्मणकालीन यज्ञ से सम्बन्धित प्रजापति-रूप सुरक्षित है —

सहयज्ञाः प्रजाः सृष्ट्वा पुरोवाच प्रजापतिः।
अनेन प्रसविष्यध्वम् एष वोऽस्त्विष्टकामधुक्॥
देवान् भावयतानेन ते देवा भावयन्तु वः।
परस्परं भावयन्तः श्रेयः परमवाप्स्यथ॥

ब्राह्मणों में प्रजापति दो व्यक्तियों के किसी विवाद में निर्णय देने के लिए अन्तिम प्रमाण माने गए हैं। **श० ब्रा०** १।४।५।८-११ **मन** और **वाक्** के एक रोचक झगड़े का वर्णन करता है। दोनों में विवाद हुआ कि श्रेष्ठ कौन है? मन अपने को श्रेष्ठ बताता था और वाक् अपने को। दोनों प्रजापति के पास पहुँचे। प्रजापति ने कहा कि मन श्रेष्ठ है, क्योंकि वाक् वही कहती है, जो मन में सोचा जाता है। अतः वह मन के ऊपर आश्रित है —

स प्रजापतिर्मनस एवानु उवाच। मन एव त्वच्छ्रेयः।
मनसो वै त्वं कृतानुकरानुवर्त्मासि।

देवों तथा असुरों के पितामह, पूजनीय तथा वृद्ध होने के कारण पुराणों में प्रायः देवता, असुर तथा मनुष्य आदि सभी योनियों के प्राणी उनका आदर करते हुए तथा उनकी बात मानते हुए वर्णित किए गए हैं। वे भी सृष्टि में शान्ति स्थापित करने के लिए सदा उद्यत रहते हैं और जब-जब कोई कार्य बिगड़ जाता है या युद्ध छिड़ जाता है तो वे यथासम्भव लोक कल्याण के लिए वहाँ पहुँच जाते हैं। दक्षयज्ञ-विध्वंस होने पर और शिव के अत्यन्त क्रुद्ध होने पर वे देवों के साथ शिव को मनाने जाते हैं (**भाग०**४।६।८)। जब चन्द्रमा बृहस्पति की पत्नी तारा का हरण कर ले जाता है और चन्द्र तथा बृहस्पति के विरोध के कारण घोर-संग्राम छिड़ जाने की आशंका होती है तो ब्रह्मा जी ही दोनों पक्षों में सुलह करवाते हैं (**मत्स्य०** २३वाँ अ०, **ब्रह्म०** १५२वाँ अ०, **पद्म** १२वाँ अ०, **विष्णु** ४।६ तथा **भागवत०** ९।१४)।

दो पक्षों में सन्धि करवाने या जन-विनाश के लिए उद्यत किसी क्रुद्ध व्यक्ति को शान्त करने के लिए ब्रह्मा जी का चातुर्य प्रायः वर्णित किया गया है। **श्रीमद्भागवत** ४।१९ में जब पृथु के १०० वें अश्वमेध का घोड़ा इन्द्र चुरा ले जाता है और पृथु तथा अन्य ऋषिगण उसका विनाश करने के लिए उद्यत होते हैं तो वे तत्काल आकर पृथु को समझाते हैं कि 'तुम भी विष्णु भगवान् के अंश हो और इन्द्र आदि देवता भी; भला कोई अपने पर ही कभी क्रुद्ध होता है'! आदि। जब कभी मनुष्यों या देवों पर कोई संकट पड़ता है तो वे पहले ब्रह्मा जी के पास जाते हैं। **पद्मपुराण** के १९वें तथा २५वें अध्याय में क्रमशः **वृत्र** तथा **वाष्कलि** दैत्यों से त्रस्त देवता ब्रह्मा जी के पास जाते हैं और त्राण का उपाय पूछते हैं। **रामायण** (बाल० १५वाँ अ०) में देवगण **रावण** के

अत्याचारों को दूर करने के लिए ब्रह्मा जी से उपाय पूछते हैं तो **महाभारत** (आदि०, २१० वाँ अ०) में **सुन्द** और **उपसुन्द** से परेशान **ऋषिगण** उनकी शरण लेते हैं।

इनको अपने पिता की भाँति हितचिन्तक समझ कर लोग अपनी व्यक्तिगत समस्याएँ लेकर भी इनके पास पहुँच जाते हैं। **महा० आदि०** २२२ अ० में बहुत दिनों तक निरन्तर घृतपान करने के कारण जब अग्निदेव को अजीर्ण हो जाता है तो वे रोगमुक्ति की सलाह लेने के लिए ब्रह्मा जी के पास पहुँचते हैं और **भागवत** में भी जब राजा **रैवत** (ककुद्मी) को अपनी पुत्री **रेवती** के योग्य कोई उपयुक्त वर नहीं दिखाई पड़ता तो वे उसे लेकर वर पूछने के लिए ब्रह्मा जी की सभा में पहुँच जाते हैं (यह बात अलग है कि ब्रह्मा के समय का मान मानव-समय-मान से बहुत अधिक होने के कारण इस बीच पृथ्वी पर अनेक चतुर्युगियाँ बीत जाती हैं और रैवत के पृथ्वी पर लौटने से पूर्व ही उसके द्वारा सोचे गए सभी वरों के वंशज भी काल-कवलित हो चुके होते हैं।)। इसी प्रकार रामायण में वाल्मीकि के मुख से स्वतः श्लोक निःसृत होने पर ब्रह्मा जी प्रकट होकर ऋषि से रामायण की रचना करने का आग्रह करते हैं (बाल० २। २३, ३१, ३२)। ब्रह्मा जी लोक-पालक हैं। पृथ्वी की प्रत्येक महत्त्वपूर्ण घटना पर उनकी दृष्टि रहती है और भूमण्डल पर प्रजापति का आना सामान्य सी बात है।

जैसा कि पहले कहा जा चुका है, ब्रह्मा जी की कल्पना एक वृद्ध पुरुष के रूप में की गई है, जिनके चार मुख है। उनका जन्म भगवान् विष्णु की नाभि से जायमान तथा विश्व के प्रकाश-तत्त्वमय सूक्ष्म-उपादानों से घटित एक विशाल पद्म से हुआ है (भाग० २। ९ तथा ३। ८)। उनका शरीर मूँगे के समान लाल है (पद्म० २९। १०) क्योंकि वे रजोगुण से युक्त हैं और इस गुण का वर्ण सांख्य के अनुसार लाल माना गया है। महाभारत एवं पुराणों पर भारत के प्राचीनतम दर्शन सांख्य का अत्यधिक प्रभाव है और इस दर्शन के अनुसार रजोगुण ही अव्यक्त प्रकृति में क्षोभ उत्पन्न करके सृष्टि की उत्पत्ति करता है। इसी कारण **मार्कण्डेय पुराण** का कथन है कि वह परम-पुरुष परमेश्वर निर्गुण होते हुए भी रजोगुण का आश्रय लेकर और ब्रह्मा का रूप धारण करके सृष्टि करता है —

उत्पन्नः स जगद्योनिरगुणोऽपि रजोगुणम्।
भुञ्जन् प्रवर्तते सर्गे ब्रह्मत्वं समुपाश्रितः॥ मार्कण्डेय० ४६। १३

मत्स्य पुराण १६९। १० तथा **वायु पुराण** २४। १६ में ब्रह्मा जी श्वेत रंग की पगड़ी धारण करने वाले तथा चतुर्भुज कहे गए हैं —

कस्तवं पुष्करमध्यस्थः सितोष्णीषश्चतुर्भुजः ?

मत्स्य० १७७। २६ उन्हें 'धर्म की मर्यादा का स्थापक' भी कहता है। विष्णु **कालनेमि** दैत्य से कहते हैं —

प्रजापतिकृतं सेतुं भित्त्वा कः स्वस्तिमान् भवेत् ?

महाकाव्यों तथा पुराणों में शिव तथा विष्णु के अपेक्षाकृत अधिक उत्कर्ष के कारण प्रजापति पृष्ठभूमि में आ गए हैं। विष्णु तथा शिव के साथ नई-नई कथाएँ जोड़ी गईं, उनके व्यक्तित्व का क्रमशः विकास हुआ और दोनों से सम्बन्धित दो श्रेष्ठ और महत्त्वपूर्ण उपासना-सम्प्रदायों का जन्म हुआ। किन्तु ब्रह्मा जी अपनी सारी महत्ता वेदान्त के 'ब्रह्म' को दे बैठे। पूजा की दृष्टि से उनका महत्त्व सदा नगण्य रहा। **पद्म-पुराण** से प्रतीत होता है कि प्राचीनकाल में पुष्कर-क्षेत्र (अजमेर, राजस्थान) ही ब्रह्मा जी की पूजा से विशेष सम्बन्धित था और यह स्थिति आंशिक रूप में आज भी है। राजस्थान के ही कुछ अन्य स्थानों एवं वेदपाठशालाओं छुट-पुट रूप से उनके दो-तीन मन्दिर और हैं, जो विशेषतः ऐसे स्थानों पर हैं जहाँ वैदिक पण्डितों पर का प्राचुर्य है क्योंकि वे वेदविद्या के अधिष्ठाता हैं। अन्य स्थानों पर ब्रह्मा जी का कोई उल्लेखनीय मन्दिर प्राप्त नहीं होता। तथापि हमने देखा है कि थाईलैण्ड में ब्रह्माजी का बहुत सम्मान है। सृष्टि के उत्पादक तथा पालक रूप में उनके कई मन्दिर हैं और अनेक घरों के बाह्य परिसर में उनके लिए एक छोटा सा मन्दिर बनवाया जाता है, जिसमें उनकी एक स्वर्णावृत धातुमयी लघीयसी प्रतिमा प्रतिष्ठापित रहती है।

ब्रह्मा जी के इस अपेक्षाकृत अपकर्ष के कारण मुख्यतः उन्हीं से सम्बन्धित पद्म-पुराण भी अधिक उत्कृष्ट शब्दों में उनका वर्णन नहीं करता। केवल एक स्थान पर ही विष्णु के द्वारा की गई ब्रह्मा जी की स्तुति में उनके परम-पुरुष होने का उल्लेख प्राप्त होता है। **पद्म पु०**, सृष्टि खण्ड के २९वें अध्याय में विष्णु उनको 'अमृतस्वरूप' और 'अविनाशी' कहते हैं। वे 'शुद्ध अन्तःकरण वाले पुरुषों की परमगति' और 'पुराण-पुरुष' हैं। जो उनको प्रकृति से परे, अद्वितीय, ब्रह्म-स्वरूप समझता है, वही श्रेष्ठ है। अन्तःकरण में सूक्ष्म रूप से उनका बोध होता है। वे इन्द्रियों से रहित तथा कर्म और गति से हीन हैं।' 'विशुद्धात्मा याज्ञिक संसार-बन्धन का उच्छेद करने वाले यज्ञों द्वारा उनका यजन करते हैं; परन्तु उन याज्ञिकों को स्थूल-साधनों से उनके सूक्ष्म परात्पर-स्वरूप का ज्ञान नहीं होता। अतः उनकी दृष्टि में उनका चतुर्मुख स्वरूप ही रह जाता है। वे तपस्या से विशुद्ध, आदि-पुरुष हैं और इसे न जान पाने के कारण देवता उनके कमल पर आसीन प्रत्यक्ष रूप की ही उपासना करते हैं।'

इस उद्धरण में उपनिषदों की विचारधारा का प्रभाव स्पष्ट झलक रहा है। पर ब्रह्मा जी के सम्बन्ध में ऐसे प्रसंग बहुत कम हैं, और जो हैं भी, वे सामान्य वर्णन के रूप में न होकर बहुधा स्तुति के रूप में निबद्ध किए गए हैं। ऐसे दुर्लभ उद्धरणों में **श्रीमद्भागवत** के निम्नलिखित श्लोक भी अन्यतम हैं, जिनमें **हिरण्यकशिपु** उनकी स्तुति करता हुआ उन्हें "कल्प के आदि में अन्धकार से आवृत जगत् को अपने तेज से प्रकाशित

करने वाले, स्वयं प्रकाशमान तत्त्व, आद्यबीज, ज्ञानविज्ञानमूर्ति, अव्यक्त, किन्तु प्राण-मन-बुद्धि आदि विकारों से व्यक्त होने वाले, स्थावर-जंगम के अधिपति, कूटस्थ आत्मा, परमेष्ठी, काल तथा परात्पर-पुरुष'' कहता है —

कल्पान्ते कालसृष्टेन योऽन्धेन तमसावृतम्।
अभिव्यनग् जगदिदं स्वयं ज्योतिः स्वरोचिषा॥

नम आद्याय बीजाय ज्ञानविज्ञानमूर्तये।
प्राणेन्द्रियमनोबुद्धिविकारैर्व्यक्तिमीयुषे॥

त्वमीशिषे जगतस्तथुषश्च प्राणेन मुख्येन पतिः प्रजानाम्।
चित्तस्य चित्तेर्मन इन्द्रियाणां पतिर्महान् भूतगुणाशयेशः॥

त्वमेव कालोऽनिमिषो जनानामायुर्लवाद्यावयवैः क्षिणोषि।

कूटस्थ आत्मा परमेष्ठ्यजो महान् त्वं जीवलोकस्य च जीव-आत्मा॥

त्वत्तः परं नापरमप्यनेजद् एजच्च किंचिद् व्यतिरिक्तमस्ति।
विद्याः कलास्ते तनवश्च सर्वा हिरण्यगर्भोऽसि बृहत् त्रिपृष्ठः॥

— भागवत ७।३।२६, २८, २९, ३१ तथा ३२

बृहस्पति

प्रकृति के प्रत्येक क्षेत्र में परिव्याप्त दिव्य चेतनशक्ति के दर्शन करने वाले और उसे देवता के रूप में महत्ता प्रदान करने वाले आर्यों का ध्यान किसी ऐसे एक देवता की धारणा की ओर जाना स्वाभाविक था, जिसे वे प्रतिदिन विभिन्न देवों की स्तुति में बनाए जाते हुए सूक्तों एवं वाणी के अन्य व्यापारों का अधिपति मान सकें। यज्ञ का उन दिनों मानव जीवन में सर्वाधिक प्रमुख स्थान था और यज्ञ का सम्पूर्ण संचालन वाक् या वाणी के द्वारा ही होता है। जगत् की सर्वोत्कृष्ट-शक्ति यज्ञ की आधारभूमि के रूप में **वाक्** की सर्वातिशायिनी महत्ता ऋग्वेद के एक सूक्त में (१०।१२५) अत्यन्त प्रभावशाली ढंग से व्यक्त हुई है। **बृहस्पति** इसी वाक् के, अथवा वाक् के स्तोत्र, सूक्त आदि के रूप में हुए विभिन्न परिणामों के अधिष्ठाता हैं, वे ही मस्तिष्क के सर्वोच्च भाग में अवस्थित वाक् के सूक्ष्मतम रूप को प्रेरित करके उसे ध्वनि के रूप में मूर्तरूप प्रदान करते हैं जिससे विभिन्न शब्द प्रकट होते हैं और ऋषियों के प्रातिभ ज्ञान का सर्वश्रेष्ठ सारतत्त्व उनकी हृदय-गुहा से निकल कर बाहर आता है —

बृहस्पते प्रथमं वाचो अग्रं यत् प्रैरत नामधेयं दधानाः।
यदेषां श्रेष्ठं यदरिप्रमासीत् प्रेणा तदेषां निहितं गुहाविः।।
— ऋ० १०।७१।१

ऋग्वेद में उनकी एक प्रमुख संज्ञा **ब्रह्मणस्पति** भी है। ब्रह्म का अर्थ है सूक्त अथवा स्तोत्र। यह शब्द **बृंह्** धातु से बना है। जिस तत्त्व से देवों का बृंहण, अथवा बलवर्धन किया जाए वह ब्रह्म है। ऋग्वेद के अनेक मन्त्रों में कहा गया है कि अपनी प्रशंसा (स्तोत्र) सुनते ही इन्द्र का बल बढ़ने लगता है और फिर वे असुरों से युद्ध करने के लिए और अधिक सामर्थ्यशाली हो जाते हैं[1] —

ब्रह्माणि इन्द्र तव यानि वर्धना, १।५२।७
अवाभिनद् उक्थैः वावृधानः, २।११।२
यस्य ब्रह्म वर्धनम्, २।१२।१४
यः स्तोमेभिः ववृधे पूर्व्येभिः २।३२।१२
इन्द्र ब्रह्माणि तविषीम् अवर्धन्, ५।३१।१०

ब्राह्मण ग्रन्थों में भी स्तुति या प्रशंसा करने के लिए 'महयन्' या 'वर्धयन्' शब्द आया है (उदाहरणार्थ श० ब्रा० २।५।३।२०, मरुतो ह वै वृत्रं हनिष्यन्तम् इन्द्रम् अभितः परिचिक्रीडुः **महयन्तः**)

ब्रह्म की भाँति **बृह्** शब्द भी सम्भवतः इसी अर्थ की संज्ञा है[2]। **ब्रह्मणस्पति** तथा **बृहस्पति** दोनों ही षष्ठ्यन्त शब्द हैं और दोनों का एक ही अर्थ है। इस प्रकार स्पष्ट है कि बृहस्पति सूक्तों की रचनात्मक शक्ति के प्रतीक के रूप में ब्रह्म या स्तोत्रों के अधिपति हैं और इनके स्वरूप का विकास एक पूर्णतः अर्मूत एवं याज्ञिक धारणा से हुआ है[3]।

निघण्टु में बृहस्पति की पृथ्वी-स्थानीय देवों में गणना है और वस्तुतः बृहस्पति के स्वरूप में अग्नि-सम्बन्धी अनेक विशेषताएँ प्राप्त होती है। अग्नि की भाँति वे भी 'बल के पुत्र' या '**सहसः पुत्रः**' है (१०।४।२)। अग्नि की भाँति उनके भी तीन

---

१. तु० की०, **महाभारत**, उद्योग १६।१४-१८ से। यहाँ **विश्वरूप** एवं **वृत्र** के वध से तब इन्द्र तेजहीन होकर राज्यभ्रष्ट हो जाते हैं और जाकर एक कमलतन्तु में छिपे रहते हैं तो **बृहस्पति** जाकर इन्द्र के प्राचीन वीर कर्मों का उल्लेख करते हुए उनकी स्तुति करते हैं, जिससे उनका बल सहसा बढ़ जाता है—**एवं संस्तूयमानश्च सोऽवर्धत शनैः शनैः। स्वं चैव वपुरास्थाय बभूव स बलान्वितः॥** १६।१८, १९। हिन्दी का 'बधाई' शब्द भी अपनी मूल अवधारणा और व्युत्पत्ति की दृष्टि से 'वृध्' धातु से ही सम्बद्ध है (वर्धापनम्=आत्मविश्वास बढ़ाना)।

२. देखिए, मैकडॉनल : **वै० मा०**, पृ० १०३।

३. रोठ, **त्सा० डेऽर मा० गे०**, भाग १, पृ० ७३।

निवास-स्थान है (**बृहस्पतिस्त्रिषधस्थः**)। विश्वरूप बृहस्पति स्वर्ग की ओर अग्रसर होते हैं (**द्यामरुक्षद् उत्तराणि सद्म**। १०।६७।१०) और अग्नि की भाँति वे राक्षसों को जला डालते हैं (**तेजिष्ठया तपनी रक्षसस्तप** २। २३। १४)। उनके लिए अग्नि का प्रमुख विशेषण 'सदस्पति' भी प्रत्युक्त हुआ है (१। २१। १५)। वे अग्नि की भाँति गृह में पूज्य हैं (**यजतं पस्त्यानाम्**।९।९७।५)।

ऐसे ही अन्य उल्लेखों के आधार पर माक्सम्युलर[1] तथा विल्सन[2] आदि विद्वानों का मत है कि बृहस्पति अग्नि के ही कोई रूप हैं। मैक्डॉनल का भी मत है कि अग्नि की 'दिव्य-पुरोहित' के रूप में (१।१।१, **अग्निमीले पुरोहितम्**) स्तोत्रों के अधिष्ठाता मानने की धारणा ही स्वतन्त्र रूप से विकसित होकर बृहस्पति बन गई है।[3] किन्तु वस्तुतः अग्नि और बृहस्पति के सम्बन्ध की प्रक्रिया इससे पूर्णतः भिन्न है। अग्नि का यज्ञ में सर्वतोभावेन अत्यधिक महत्त्व होने के कारण उनका तादात्म्य यज्ञ के विभिन्न पुरोहितों से किया गया है। ऋग्वेद के सर्वप्रथम मन्त्र में ही उन्हें यज्ञ का 'पुरोहित', 'ऋत्विज्' तथा 'होता' कहा गया है। द्वितीय मन्त्र में वे 'कवि' कहे गए हैं। **ऋ०** ६। १४। २ आदि अनेक स्थानों में उन्हें 'ऋषि' कहा गया है। इसी प्रकार ऋ० ६। १६। ३ में उन्हें स्तोत्रों का निर्माता या 'ब्रह्मणस्कविः' भी कहा गया है। देवों के लिए सम्बन्धित स्तोत्रों का उच्चारण कर अग्नि में ही आहुति दी जाती है। सभी मन्त्रों से अग्निदेव का किसी न किसी प्रकार से सम्बन्ध है ही। अतः यज्ञ के अन्य पुरोहितों की भाँति उन्हें 'ब्रह्मा' (स्तोत्र-गायक) अथवा 'ब्रह्म का स्वामी' (ब्रह्मणस्पति) भी कहा गया है। ऋग्वेद में अनेक स्थलों पर अग्नि के लिए 'ब्रह्मणस्पति' शब्द विशेषण के रूप में प्रयुक्त हुआ है —

(१) **अच्छा वद तना गिरा जरायै ब्रह्मणस्पतिम्।**
अग्निं मित्रं न दर्शतम्॥ ऋ० १। ३८। १३

(२) **त्वं ब्रह्मा रयिविद् ब्रह्मणस्पते.......** । २। १। ३

ऋ० ३। २६। २। में अग्नि के लिए 'बृहस्पति' विशेषण प्रयुक्त हुआ है —

त्वं शुभ्रमग्निमवसे हवामहे......बृहस्पतिं मनुषो देवतातये।

ब्रह्मणस्पति और अग्नि का तादूप्य यज्ञ से दोनों के समान सम्बन्ध पर आधारित है। धीरे-धीरे दोनों देवों की विशेषताओं का पारस्परिक आदान-प्रदान हुआ है। किन्तु बृहस्पति ने अग्नि की अधिक विशेषताएँ आत्मसात् की हैं क्योंकि वे मूल रूप में एक पूर्णतः अमूर्त देवता थे और उनकी अपनी वैयक्तिक विशेषताएँ अत्यन्त क्षीण थीं।

---

१. **वैदिक हिम्स**, (से० बु० ई० ३२), पृ० ९४।
२. ऋग्वेद का अनुवाद, प्रथम भाग, भूमिका ९४।
३. **वैदिक माइथॉलजी**, पृ० १०३।

इसके विपरीत अग्नि के मुख्यत: भौतिक तथा स्थूल होने के कारण उनमें ऐसी विशेषताओं का स्वभावत: प्राधान्य था। विशेषताओं के इसी आदान-प्रदान के कारण अग्नि को **आंगिरस** या अंगिरावंशी कहा गया है (**त्वमग्ने प्रथमो अंगिरा ऋषिः**, १। ३१। १) जो बृहस्पति की अपनी एक विशेष उपाधि है। दूसरी ओर बृहस्पति का लगभग सम्पूर्ण शारीरिक वर्णन अग्नि के आधार पर हुआ है। उनका वर्ण हिरण्य के समान है, वे अरुण या भूरे हैं। वे अत्यन्त तेजस्वी तथा भास्वर हैं (**बृहस्पतिं सदने सादयध्वम्...... दीदिवांस हिरण्यवर्णमरुषं सपेम**, ५।४३।१२)। वे अत्यन्त पवित्र (शुचि) है और उनकी वाणी स्पष्ट है (**शुचिक्रन्द** ७।९७।५)। उन्हें अग्नि की भाँति 'नीलपृष्ठ' तथा 'शतपत्र' (ऊपर उड़ने के लिए सौ पंखों से युक्त, ७।९७।७) भी कहा गया है। उनकी जिह्वाएँ सुन्दर हैं (**मन्द्रजिह्व**, १। १९०। १)। वे एक ऐसे वृषभ हैं, जिसके शृंग तीक्ष्ण हैं (अराय्यं ब्रह्मणस्पते तीक्ष्णशृंगो दृषन् इहि, १०। १५५। २)। **ऋग्वेद** ४।५०।४ में उन्हें '**सप्तमुख**' तथा '**सप्तरश्मि**' कहा गया है। इन रश्मियों से वे अन्धकार दूर करते हैं —

सप्तास्यस्तुविजातो रवेण वि सप्तरश्मिरधमत्तमांसि।

यह अग्नि की सप्त जिह्वाओं की ओर संकेत जान पड़ता है। किन्तु यह भी हो सकता है कि इसका संकेत सप्त वैदिक-छन्दों की ओर हो (इन छन्दों को वैदिक साहित्य में प्राय: अश्व आदि के प्रतीकों द्वारा व्यक्त किया गया है)। ब्रह्म या स्तोत्रों के स्वामी होने के कारण इनके 'सप्तमुख' विशेषण की इसी प्रकार व्याख्या करना सम्भवत: अधिक संगत है। बृहस्पति के परशु (१०।५३।९) तथा धनुष-बाण आदि शस्त्रों (२।२४।८) का भी ऋ० वे० में प्राय: उल्लेख किया गया है।

बृहस्पति पुरोहित हैं (२। २४। ९)। वे प्राचीन ऋषियों के नेता हैं (तं प्रत्नास ऋषयो दीध्याना पुरो विप्रा दधिरे, ४।५०।१)। बृहस्पति के बिना यज्ञ सफल नहीं हो सकता (**यस्माद् ऋते न सिध्यति यज्ञो**, १। १८। ७)। उन्हीं से देवता अपना भाग प्राप्त करते हैं (२। २३। २) वे ब्रह्मा अथवा स्तुति गायक हैं (**त्वं ब्रह्मा रयिवत् ब्रह्मणस्पते**, २।१।३; **ब्रह्माणं च बृहस्पतिम्**, १०।१४१।३)। उनको कवियों में श्रेष्ठ कहा गया है (**कविं कवीनामुपश्रवस्तमम्** २। २३। १)। वे स्तोताओं को वाणी (स्तोत्र) प्रदान करते हैं (**बृहस्पतिः वाचमस्मा अयच्छत्**, १०।९८।७)।

इन्द्र के बलवर्धन के लिए ब्रह्म या स्तुतियों का जो महत्त्व है, उस पर ध्यान रखते हुए यह अत्यन्त स्वाभाविक था कि स्तोत्रों के अधिष्ठाता बृहस्पति को इन्द्र का सहायक मान लिया जाता, और ऋग्वेद के अनेक मन्त्रों में ऐसा हुआ भी है। बृहस्पति वृत्र का वध करते हैं असुरों के पुरों को नष्ट करते हैं (**घ्नन् वृत्राणि पुरो दर्दुरीति**, ६।७३।२)। शम्बर को भी वे मारते हैं (२।२४।२)। वे बल को मार कर उसके द्वारा बद्ध गायों को

बाहर निकालते हैं (........ **बलं रुरोज फलिगं रवेण। बृहस्पतिः उस्त्रिया हव्यसूदः कनिक्रदद् वावशतीरुदाजत्**। ४।५०।५)। एक स्थान पर यह भी कहा गया है कि बृहस्पति ने सूर्य, उषा तथा गायों (किरणों) को प्राप्त किया (**बृहस्पतिरुषसं सूर्यं गामर्कं विवेद**। १०।६७।५)। ऋग्वेद के सुप्रसिद्ध **सरमा-पणि संवादसूक्त** (१०। १०८) में पणियों द्वारा निरुद्ध देवों की धेनुओं को इन्द्र द्वारा प्रेषित देवशुनी सरमा बृहस्पति की सहायता से ही (**'बृहस्पतिर्व उभया न मृळात्'**, मन्त्र ६) मुक्त कराने में सफल होती हैं ('बृहस्पतिर्या अविन्दत् निगूळहा', मन्त्र ११)। सरमा के अन्तिम वाक्य **'उद् गावो यन्तु मिनतीः ऋतेन'** (मन्त्र ११) से विद्वद्वृन्द प्रायः यही अर्थ लेते हैं कि बृहस्पति कवि के अवचेतन मन या हृदय-गुहा में सुषुप्त (निरुद्ध) वाणी/वाक् (गौः, इस शब्द का अर्थ वाणी भी है) को प्रस्फुटित करते हैं (तु० की० १०।७१।१ **बृहस्पते प्रथमं वाचो अग्रं यत् प्रैरत.....**)। कुछ मन्त्रों में (उदाहरणार्थ ४।४९) इन्द्र और बृहस्पति का साथ-साथ आह्वान भी किया गया है[१]।

अथर्ववेद में बृहस्पति के स्वरूप में कोई उल्लेखनीय विशेषता नहीं है। उन्हें 'दिव्य-कवि' कहा गया है (अ० वे० ४।१।५)। सप्त ऋषियों में उनकी गणना है। विराज् रूपी **गौ** से **सोम** को वत्स बना कर बृहस्पति ने **ब्रह्म** एवं **तपस्** का दोहन किया (तस्याः सोमो राजा वत्स आसीत् छन्दः पात्रम् तां बृहस्पतिरांगिरसो अधोक् तां ब्रह्म तपश्चाधोक् ८।१०४-१५)। वे ऊर्ध्व दिशा के स्वामी हैं(**ऊर्ध्वा दिक् बृहस्पतिरधिपतिः** ३।२७।६)। स्तोता को वे प्रेरणा प्रदान करते हैं (१९।४।३)। अनेक आभिचारिक मन्त्रों में बृहस्पति से युद्ध में विजय की कामना की गई है। वे अपने जाल से शत्रुओं को बाँध लेते हैं (६।१०३।१)। वैवाहिक कृत्यों में भी उनका महत्त्वपूर्ण स्थान है (१४। १ तथा १४।२)। अंगिरस्वंशीय ऋषियों का आथर्वणिक मन्त्रों की रचना में महत्त्वपूर्ण योगदान माना जाता है। अपने 'आंगिरस' विशेषण के कारण बृहस्पति इन ऋषियों के विशेष उपास्य प्रतीत होते हैं।

यजुर्वेद में ब्रह्मणस्पति के स्वरूप के विषय में एक निर्भ्रान्त उल्लेख मिलता है, जिसमें कहा गया है कि वे सूक्तों के नियामक हैं —

ब्रह्मणस्पते त्वमस्य यन्ता सूक्तस्य बोधि तनयं च जिन्वि।

— वा० सं० ३४।५८

वा० सं० १०।१० के अनुसार भी बृहस्पति ब्रह्म के अधिष्ठाता हैं। २।१२ में

१. इन्द्र और बृहस्पति के पारस्परिक सम्बन्ध और इन्द्र के वीर-कर्मों में बृहस्पति (यज्ञ-शक्ति) की महत्त्वपूर्ण भूमिका की विस्तृत विवेचना जर्मन विद्वान् हन्स पेटर श्मिट् (Hans Peter Schmidt) ने *Bṛhaspati und Indra* नामक ग्रन्थ में की है जो Wiesbaden (प० जर्मनी) से १९६८ में प्रकाशित हुआ है। लेखक के अनुसार प्राचीनतर वैदिक युग में राजा (इन्द्र) ही पुरोहित (बृहस्पति) की भूमिका का भी निर्वहण करता था, बाद में वे पृथक् हुए।

'बृहस्पतये ब्रह्मणे' शब्दों से दोनों का पुनः तादात्म्य किया गया है। वे महान् ज्ञानी तथा मेधावी हैं (स प्रथमो बृहस्पतिश्चिकित्वान् ७।१५) तथा पशु एवं धनादि के दाता हैं। वे प्रबल प्रेरणाप्रदायक हैं (**सत्यसवसः**)। अथर्ववेद में जैसे बृहस्पति को ऊर्ध्व दिशा का स्वामी कहा गया है उसी प्रकार शुक्ल य० वे० में भी उनका स्वर्ग या 'उत्तम-नाक' (उच्चतम आकाश) से विशेष सम्बन्ध है। यजमान वहाँ जाने की कामना करता है (**सत्यसवसो बृहस्पेरुत्तमं नाकं रुहेयम्**।८।१०)। वा० सं० के नवम अध्याय में जो वाजपेय यज्ञ से सम्बन्धित मन्त्र हैं, उनमें बृहस्पति का प्रमुख स्थान है और उन्हें **'वाज'** (अन्न या बल) का दाता या अधिष्ठाता माना गया है। यद्यपि ऋग्वेद में भी एक स्थान पर बृहस्पति को 'पुरोहित' कहा गया था (२।२४।९) किन्तु यह विशेषण केवल उनके अग्नि तथा स्तोत्रों से सम्बन्ध के कारण प्रयुक्त हुआ है। ऋग्वैदिक-काल में नियमित पौरोहित्य के अभाव के कारण अग्नि के लिए प्रयुक्त होने वाले 'पुरोहित' विशेषण (ऋ० १।१।१) की भाँति इसका विशेष महत्त्व नहीं है। उनको निश्चित रूप से देवों का पुरोहित **शुक्ल यजुर्वेद** में ही घोषित किया गया है —

बृहस्पतिपुरोहिता देवस्य सवितुः सवे।
देवा देवैरवन्तु माम्॥ वा० सं २०।११

ब्राह्मण ग्रन्थों में बृहस्पति की अधिक विशेषताओं का उल्लेख नहीं है। अगणित स्थानों में उन्हें ब्रह्म बताया गया है (**ब्रह्म वै बृहस्पतिः**, श० ब्रा० ३।१।४।१५, ऐ० ब्रा० १।४।२, कौ० ब्रा० १५।२ तथा तै० सं० १।५।४ और २।२।९ आदि)। 'ब्रह्म' शब्द का यहाँ अर्थ धार्मिक अथवा आध्यात्मिक शक्ति है। **ऐ० ब्रा०** १।३।२ में कहा गया है कि बृहस्पति किसी की हानि नहीं करते क्योंकि वे 'ब्रह्म' हैं। ब्रह्म शब्द का पुल्लिंग ब्रह्मा शब्द भी बृहस्पति के लिए प्रायः प्रयुक्त हुआ है और उन्हें देवों का 'ब्रह्मा' (पुरोहित-विशेष) भी बताया गया है (तै० सं० २।६ तथा श० ब्रा० १।७।४।२१, **बृहस्पतिर्वै देवानां ब्रह्मा**)।

तै० सं० ७।४।१ में कहा गया है कि बृहस्पति देवों के पुरोहित हैं और देवों की उनमें अत्यन्त श्रद्धा है—**बृहस्पतिरकामयत श्रन्मे देवा दधीरन् गच्छेयं पुरोधामिति...... ततो वै तस्मै श्रद्देवा अदधत अगच्छत् पुरोधाम्। ऐ० ब्रा०**३।२।६ में कहा गया है कि जब देवों ने बृहस्पति को अपना पुरोहित बना कर यज्ञ किया तो उन्हें इस लोक में भी (असुरों पर) विजय मिली और बाद में उन्होंने स्वर्ग-लोक प्राप्त किया —

बृहस्पतिपुरोहिता वै देवा अजयन् स्वर्गलोकं व्यस्मिंल्लोके अजयन्त।

श० ब्रा० ५।३।१।२ में भी वे देवों के पुरोहित वर्णित किए गए हैं। बृहस्पति के लिए वाचस्पति या 'वाणी का अधिष्ठाता' शब्द सर्वप्रथम **वा० सं०** १०।१ में प्रयुक्त हुआ है (**वाचस्पतिर्वाचं नः स्वदतु**)। श० ब्रा० ५।३।३।५ तथा तै० सं० में भी उन्हें

वाक् का स्वामी माना गया है। ब्रह्मणस्पति शब्द तो प्राय: उनके विशेषण के रूप में आया है (श० ब्रा० १४।१।२।५, ऐ० ब्रा० ३।२।६ आदि)। यहाँ उनका 'आंगिरस' गोत्रनाम भी प्राप्त होता है (श० ब्रा० १।२।५।२५, कौ० ब्रा० ३०।६) जो सम्भवत: अग्नि से उनके प्राचीन सम्बन्ध को सूचित करता है। अंगिरावंशियों का यज्ञ सम्पादक, प्राचीनतम अग्नि-पुरोहितों के रूप में वैदिक साहित्य में अनेकश: उल्लेख है, (तु० की०, अंगिरसो न: पितरो नवग्वा अथर्वाण:...... ऋ० १०।१४।६)।

बृहस्पति से सम्बन्धित एक-दो कर्मकाण्डीय कथाएँ भी ब्राह्मणों में प्राप्त होती हैं। उदाहरणार्थ **श० ब्रा०** ९।३।२।३ में कहा गया है कि 'एक बार सभी देवता यज्ञ के लिए एकत्र हुए। पर दक्षिण की ओर से राक्षसों ने आकर विघ्न डालना प्रारम्भ कर दिया। देवों ने इन्द्र से कहा कि तुम देवों में सर्वाधिक शक्तिशाली हो, अत: इन्हें भगाओ। इन्द्र ने कहा कि बृहस्पति यदि मुझे सहयोग दें तो ऐसा हो सकता है। मैं **क्षत्र** (बल, पराक्रम, ओज) हूँ और बृहस्पति **ब्रह्म** (यज्ञीय-शक्ति)। दोनों के संयोग से ही राक्षस नष्ट हो सकते हैं —[१]

ते देवा इन्द्रमब्रुवन्। त्वं वै न: श्रेष्ठो बलिष्ठो वीर्यवत्तमो असि त्वमिमानि रक्षांसि प्रतियतस्व। तस्य वै मे ब्रह्म द्वितीयमस्तु। तस्मै बृहस्पतिं द्वितीयमकुर्वन्। ब्रह्म वै बृहस्पति:। ते इन्द्रेण चैव बृहस्पतिना च दक्षिणतो असुरान् रक्षांसि नाष्ट्रा अपहत्य अभये अनाष्ट्रे यज्ञमतन्वत। श० ब्रा० ९।२।३।३

प्रजापति का बाणविद्ध प्राशित्र भाग खाने से भग, पूषा आदि देवों को हानि उठानी पड़ी किन्तु बृहस्पति को कुछ नहीं हुआ, क्योंकि उन्होंने चतुरतापूर्वक पहले ही सविता से अनुमति प्राप्त कर ली थी (श० ब्रा० १।७।४।८)। इसके अतिरिक्त वे ब्राह्मण हैं और 'ब्राह्मण के उदर को कोई वस्तु हानि नहीं पहुँचाती' (तै० सं० २।६।९, **न हि ब्राह्मणस्योदरं किंचन हिनस्ति**)। अपनी औदरिकता के लिए ब्राह्मण शायद प्राचीन समय से ही प्रसिद्ध हैं।

ब्राह्मण-ग्रन्थों में बृहस्पति का आकाशीय ज्योति से भी यत्र-तत्र सम्बन्ध वर्णित किया गया है। जिस प्रकार वा० सं० में उन्हें ऊर्ध्व दिशा का स्वामी बताया गया है उसी प्रकार **श० ब्रा०** ५।३।१।२, १२ में भी (एषा वा ऊर्ध्वा बृहस्पतेर्दिक्)। **श० ब्रा०** ५।१।१।४ में एक छोटी सी कथा आती है, जिसमें कहा गया है कि बृहस्पति ने एक दौड़

१. **ब्रह्म** (विद्या, बुद्धि, धर्म) और **क्षत्र** (बल, शक्ति, पराक्रम, वीरता) इन दोनों का परस्पर सहयोग मानव समाज की सुख-शान्ति हेतु, और किसी भी राज्य की स्थिरता के लिए अनिवार्य है, यह विचार महाभारत एवं स्मृतियों में पौन:पुन्येन रेखाङ्कित किया गया है। कथाओं के माध्यम से भी इसकी पुष्टि की गई है। विश्वामित्र को निर्विघ्न यज्ञ करने के लिए जहाँ राम-लक्ष्मण की आवश्यकता पड़ती है वहीं रघुवंशी अपनी समस्याओं के समाधान के लिए गुरु वसिष्ठ के पास जाते हुए वर्णित किए गए हैं।

में जीतकर वाजपेय यज्ञ का आधिपत्य प्राप्त किया और उस यज्ञ को करके वे ऊपर (स्वर्ग ?) गए एवं ऊर्ध्व दिशा का स्वामित्व प्राप्त किया — **तेन इष्ट्वा ऊर्ध्वा दिशमुदक्रामत् तस्माद् यश्च वेद यश्च न एषा ऊर्ध्वा बृहस्पतेर्दिक् इत्याहुः**। यहाँ उल्लेखनीय है कि हमारे परवर्ती आगमों में सर्वत्र ऊर्ध्व दिशा का स्वामी ब्रह्मा (प्रजापति) को माना गया है, बृहस्पति को नहीं; क्योंकि बृहस्पति और ब्रह्म एक हैं।

श० ब्रा०, ३।१।४।१९ में बृहस्पति को प्रकाश का रूप बताया गया है (द्युम्नं हि बृहस्पतिः)। इसका मूल सम्भवतः **वा० सं०** २६।३ में है जहाँ बृहस्पति के लिए कहा गया है कि वे प्रकाशित होते हुए सुशोभित होते हैं —

बृहस्पते अति यदर्यो अर्हाद् द्युमद् विभाति क्रतुमत् जनेषु।

पर यह प्रकाश सम्भवतः क्रतु-सम्बन्धी है और उनके अग्नि से सम्बन्ध के कारण उल्लिखित हुआ है। **तै० सं०** २।१।२ में आई एक छोटी सी कथा से भी बृहस्पति का प्रकाश से विशेष सम्बन्ध प्रतीत होता है। **स्वर्भानु** (राहु) ने एक बार सूर्य के ऊपर आक्रमण किया, जिससे वे निस्तेज हो गए। तब देवों ने अग्नि, इन्द्र एवं बृहस्पति को हवि प्रदान करके सूर्य को पुष्ट किया क्योंकि ये तीनों सूर्य के ही अंश हैं — **ताभिरेवास्मिन् रुचमदधुः त्रीणि वा आदित्यस्य तेजांसि। ऐ० ब्रा०** ३।३।१० में वर्णित प्रजापति-रुद्र कथा में बृहस्पति की उत्पत्ति बुझ कर जले हुए कोयलों से बताई गई है, जो पुनः उनका तेज से सम्बन्ध सूचित करती है। उनके पिता **अंगिरा** अंगारों से उत्पन्न हुए हैं (वहीं)।

तेज से बृहस्पति के इसी प्राचीन सम्बन्ध के कारण भारत में ज्योतिष सम्बन्धी धारणाओं के विकसित होने पर सूर्य की परिक्रमा करने वाले तेजस्वी पञ्चम ग्रह का नाम बृहस्पति रख दिया गया। सम्भवतः इस तादात्म्य में गुरु (= भारी) शब्द का भी कुछ हाथ है। भारी एवं विशाल होने के कारण इस ग्रह का नाम सम्भवतः मूलतः गुरु था।[१] बाद में देवगुरु बृहस्पति का नाम उसके लिए प्रयुक्त किया जाने लगा[२]। **तै० सं०** ४।४।९ में उन्हें **तिष्य** (पुष्य) नक्षत्र का स्वामी भी बताया गया है।

---

१. हमारे सौरमण्डल के नौ ग्रहों में गुरु का भार अन्य आठ ग्रहों के सम्मिलित भार से दुगना है। पृथ्वी से यह ३१८ गुना भारी है। १, ४३, ००० कि० मी० व्यास वाले इस ग्रह के विस्तार में १३०० पृथ्वियाँ समा सकती हैं।

२. बिल्हण ने अपने विक्रमांकदेवचरित (१।७) में बृहस्पति ग्रह को वाचस्पति (विद्याओं का स्वामी) मान कर एक मनोरम उत्प्रेक्षा की है। सरस्वती के हाथ में स्थित स्फटिक-माला की मणियाँ मानों आकाश के ग्रह हैं जो बृहस्पति के तेज से ईर्ष्या करते हुए सरस्वती से पास वाक् का सार ग्रहण करने के लिए आए हैं—

वचांसि वाचस्पतिमत्सरेण साराणि लब्धुं ग्रहमण्डलीव।
मुक्ताक्षसूत्रत्वमुपैति यस्याः सा सप्रसादास्तु सरस्वती वः॥

गृह्यसूत्रों में बृहस्पति का केवल विद्या एवं बुद्धि से ही सम्बन्ध सुरक्षित रह गया है। ब्रह्मचारी में वे नैतिक तथा बौद्धिक गुणों का समावेश करते हैं। उपनयन संस्कार के अवसर पर कई बार उनका आह्वान एवं समभ्यर्चन किया जाता है (उदाहरणार्थ वटु को नया वस्त्र पहनाते समय, **पारस्कर गृ० सू०** १।४।१३)। जब गुरु बालक को अपने शिष्य के रूप में स्वीकार करता है तो वह बृहस्पति से उसे अपने अधिकार में लेने की प्रार्थना करता है जिससे वह जीवन में सत्पथ पर चल सके (**शांखायन गृ० सू०** २।३।१)। **काठक** गृ० सू० ४।१।९ तथा **शांखायन** २।४।१ में गुरु इस अवसर पर शिष्य के हृदय पर हाथ रख कर निम्न मन्त्र का पाठ करता है जिसका अर्थ है—'बृहस्पति तुमको मेरे अन्दर स्थापित करें, (अर्थात् मुझसे संयुक्त करें), तुम्हारा हृदय मेरी भावनाओं के अनुसार हो, तुम्हारा चित्त मेरे चित्त के अनुसार हो और आचरण मेरे वचनों के अनुसार हो' —

मम व्रते हृदयं ते दधामि मम चित्तमनु चित्तं ते अस्तु।
मम वाचमेकव्रतो जुषस्व बृहस्पतिस्त्वा नियुनक्तु मह्यम्॥

ऊपर कहा जा चुका है कि ऋग्वेद में बृहस्पति को इन्द्र से सम्बन्ध के कारण अपने ब्रह्म-तेज से बल की गायों को निर्मुक्त करते हुए वर्णित किया गया है (२।२४।३, उद् गा आजद् अभिनद् ब्रह्मणा बलम्)। इसी आधार पर गृह्यसूत्रों में बृहस्पति गायों के रक्षक हैं। **हिरण्यकेशी गृ० सू०** १।५।१८।१ में जब गायें चरने के लिए बाहर जाती हैं तो बृहस्पति को उनके पालक के रूप में स्मरण किया गया है। **शांखायन** १।११।५ में विवाह के अवसर पर भी रक्षा के लिए उनका स्तवन है।

पुराणों में बृहस्पति पूर्णतः एक ब्राह्मण पुरोहित के रूप में प्रतिष्ठित हो चुके हैं। इस काल में वैदिक देवता एक सुसंयत तथा क्रमबद्ध देवमण्डल के रूप में सामने आते हैं। उनके राजा इन्द्र हैं और जिस प्रकार प्राचीन भारत में प्रत्येक राजा एक वृद्ध एवं विद्वान् ब्राह्मण को अपना पुरोहित बना कर रखता था और उससे राज्य के विभिन्न कार्यों के लिए सलाह लेता था उसी प्रकार बृहस्पति की भी देवों के गुरु, पुरोहित तथा इन्द्र के मन्त्री के रूप में कल्पना की गई है (महा० आदि० ७६।६)। वे **अंगिरा** ऋषि के पुत्र हैं, उनकी माता का नाम **श्रद्धा** है और बड़े भाई का नाम **उतथ्य** (या उशिज) —

तत्पुत्रावपरावास्तां ख्यातौ स्वारोचिषेऽन्तरे।
उतथ्यो भगवान् साक्षाद् ब्रह्मिष्ठश्च बृहस्पतिः॥ भाग० ४।१।३५

रामायण (अयो० १।१७) में उन्हें वाद-विवाद में कुशल तथा उत्तम वक्ता कहा गया है —

उत्तरोत्तरयुक्तीनां वक्ता वाचस्पतिर्यथा।

वे परम बुद्धिमान्, शास्त्रों के ज्ञाता तथा धार्मिक हैं। शरशय्या पर पड़े हुए भीष्म को देखने के लिए आकर वे युधिष्ठिर को शास्त्र के अनुकूल धर्म एवं अधर्म का स्वरूप समझाते हैं और विभिन्न दुष्कर्मों से होने वाली अधोगति का भी वर्णन करते हैं (महा०, अनु० १११वाँ अ०)। **महाभारत** में अन्य अनेक स्थानों पर भी उन्हें व्यक्तियों को विविध उपदेश देते हुए वर्णित किया गया है। उनका सबसे अधिक महनीय एवं उच्च चरित्र महाभारत के उद्योग पर्व में (११ से १३ अध्याय तक) प्राप्त होता है। एक बार इन्द्र के राज्यभ्रष्ट हो जाने पर **नहुष** राजा बनता है। वह इन्द्राणी से अपनी पत्नी बनने के लिए कहता है। **शची** भयभीत होकर अपने गुरु बृहस्पति की शरण में जाती है (उद्योग० ११। २०–२३)। बृहस्पति उसकी पूरी रक्षा करने का आश्वासन देते हैं और उसको नहुष से कुछ अवधि माँगने की सलाह देते हैं (११। २३–२५)। जब नहुष बृहस्पति के पास जाने के कारण शची पर क्रुद्ध होता है और देवता बृहस्पति के पास उसे माँगने के लिए जाते हैं तो वे देवों से अपनी शरणागता को उन्हें सौप देने के लिए स्पष्ट मना कर देते हैं (११–५०–५५)। वे अग्नि की उपासना करके उससे इन्द्र का पता लगवाते हैं और स्तोत्रों से इन्द्र का बलवर्धन करते हुए पुनः उसे देवों के राजपद पर आसीन करवाते हैं (१६। ३० आदि)। इस सम्पूर्ण कथा के वे प्रमुख नायक हैं और यहाँ उन्हें अत्यन्त सच्चरित्र, नैतिक गुणसम्पन्न, धर्मशास्त्रज्ञ, सत्य-वक्ता, अमित तेजस्वी तथा धर्म-परायण चित्रित किया गया है।

पुराणों में एक मन्त्री के रूप में वे इन्द्र को सदा उचित एवं उपयुक्त सलाह देते देते हुए वर्णित किए गए हैं। **भागवत** (८। १५) में जब बलि ब्रह्मतेज से दीप्त होकर इन्द्र से युद्ध करने आता है तो वे इन्द्र तथा देवों को स्वर्ग का राज्य छोड़ कर अज्ञातवास करने की सलाह देते हैं —

भवद्विधो भवान् वापि वर्जयित्वेश्वरं हरिम्।
नास्य शक्तः पुरः स्थातुं कृतान्तस्य यथा जनाः॥

तस्मान्निलयमुत्सृज्य यूयं सर्वे त्रिविष्टपम्।
यात कालं प्रतीक्षन्तो यतः शत्रोर्विपर्ययः॥ — भाग० ८। १५। २९, ३०

इन्द्र एवं देवों के कल्याण में वे सर्वदा तत्पर रहते हैं और उनके लिए तुच्छ कार्य करने में भी नहीं हिचकते। **भाग०** ९। १७। १३–१८ तथा **विष्णु०** ४। ९। १७। २० में वर्णित कथा के अनुसार जब राजा **रजि** के पुत्र इन्द्र से उनका राज्य छीन लेते हैं और इन्द्र 'बदरीफल के परिमाण के बराबर पुरोडाश' के लिए भी तरसते हैं तो वे आभिचारिक विधि से अग्नि में हवन करते हैं, जिससे रजि-पुत्रों की बुद्धि भ्रष्ट हो जाती है और इन्द्र को राज्य पुनः प्राप्त हो जाता है —

बृहस्पतिः अल्पैरेवाहोभिस्त्वां निजं पदं प्रापयिष्यामि इत्यमिधाय तेषामनुदिनम् आभिचारिकं बुद्धिमोहाय शक्रस्य तेजोऽभिवृद्धये जुहाव।

— विष्णु० ४।९।१९

कहीं-कहीं देवों का उपकार करने के लिए उनकी आतुरता तथा चातुर्य छल में भी परिणत हो जाता है। उदाहरणार्थ **मत्स्य**० (४७।११८ त० आ०) में वे शक्तिशाली दैत्यों के पराभव के लिए उनके गुरु शुक्राचार्य का रूप धारण करके उनके पास जाते हैं और उन्हें व्यामोहित तथा भ्रान्त कर देते हैं।

शुक्राचार्य से उनकी प्रतिस्पर्धा प्रायः वर्णित की गई है। उनसे 'संजीवनी-विद्या' सीखने के लिए वे अपने पुत्र **कच** को उनके पास शिष्य रूप में भेजते हैं (मत्स्य २५। १५, १६, महा० आदि० ७६। १२-१८)। उधर शुक्राचार्य की पुत्री देवयानी कच पर अनुरक्त हो जाती है और उसके कारण ही कई बार मृत कच को जीवन-दान मिलता है किन्तु देवयानी का प्यार ठुकराने के कारण उसके शाप से कच की विद्या निष्फल रह जाती है। कच-देवयानी की यह प्रेमकथा बहुत मनोरम है।

ब्रह्मपुराण में उन्हें और भी अधिक कूटनीतिज्ञ चित्रित किया गया है। उनके विचार से जिस-किसी प्रकार से अपने शत्रु का पराभव करना चाहिए। वे देवों को असुरों के साथ मिल कर अमृत-मन्थन करने की सलाह देते हैं और साथ ही उन्हें यह भी समझा देते हैं कि अमृत निकलने पर तुम लोग उसे स्वतः पी लेना, असुरों के हाथों में उसे मत जाने देना —

बृहस्पतिस्तथेत्याह पुनराह सुरानिदम्।
न जानन्ति यथा पापाः पिबध्वं च तथामृतम्॥
अयमेवोचितो मन्त्रो यच्छत्रूणां पराभवः
द्वेष्याः सर्वात्मना द्वेष्या इति नीतिविदो विदुः। ब्रह्म० १०६।१६, १७

महाकवि भास अपने **प्रतिमा नाटक** ५।९ में बृहस्पति द्वारा रचित किसी अर्थशास्त्र का (बार्हस्पत्यम् अर्थशास्त्रम्) उल्लेख करते हैं, जिसका रावण ने अध्ययन किया था। महाभारत में बृहस्पति के नीति-सम्बन्धी मतों को प्रायः उद्धृत किया गया है। उनके नाम से एक स्मृति भी प्राप्त होती है।

ब्रह्म० ७१।२८ में उन्हें महान् बुद्धिमान् तथा धीशाली बताया गया है —

'ततः प्राह महाबुद्धिः बृहस्पतिरुदारधीः।'

और इसी पुराण में अन्यत्र (१३१।९) वर्णित एक कथा से इसकी पुष्टि भी होती है। **सरमा** और **पणियों** की प्राचीन वैदिक कथा (ऋ० १०।१०८) यहाँ वर्णित है, किन्तु बिल्कुल परिवर्तित रूप में। यहाँ देवशुनी सरमा को पणि दूध पिला कर अपनी

ओर कर लेते हैं और गायें चुरा कर ले जाते हैं। सरमा देवों से आकर कहती हैं कि पणि लोग मेरे देखते-देखते गायें ले गए। पर चतुर एवं बुद्धिमान् बृहस्पति को धोखा देना कठिन है। वे तत्काल भाँप जाते हैं और देवों से कहते हैं —

इयं विकृतिरूपास्ते अस्याः पापं च लक्षये।
अस्या मतेन ता गावो नीता नान्येन हेतुना॥
पापेयं सुकृती वेति लक्ष्यते देहचेष्टितैः। — ब्रह्म० १३१।९

इन्द्र उस पर चरण से प्रहार करते हैं और उसका दूध मुख से बाहर निकल पड़ता है (१३१।१०)।

ऋग्वेद में एक स्थान पर बृहस्पति का **त्रित** के साथ भी उल्लेख हुआ है। **ऋ०** १। १०५।१७ में कहा गया है कि एक बार जब त्रित अन्धकूप में गिर पड़ा तो उसने अपनी सहायता के लिए देवों का आह्वान किया। बृहस्पति ने उसे सुना और वे उसकी सहायता के लिए आए —

त्रितः कूपे अवहितो देवान् हवत ऊतये।
तच्छुश्राव बृहस्पतिः कृण्वन्नंहूरणादुरु॥

इस कथा का सुन्दर विकास **महा०,** शल्यपर्व के ३६ वें अध्याय में देखने को मिलता है। त्रित व्याघ्र के गर्जन से डर कर एक सूखे कुएँ में गिर पड़ते हैं और निकलने में असमर्थ होकर वहीं पर उपलभ्य वस्तुओं से मानसिक-यज्ञ करते हुए बृहस्पति आदि देवों को बुलाते हैं।

बृहस्पति के लिए 'वागीश' तथा वाचस्पति' विशेषण भी पुराणों में प्रायः प्रयुक्त हुए हैं (ब्रह्म० १२२।५१)। **श्रीमद्भागवत** २।३।२ में कहा गया है कि ब्रह्मवर्चस् की प्राप्ति के लिए मनुष्य को ब्रह्मणस्पति या बृहस्पति की उपासना करनी चाहिए — **ब्रह्मवर्चसकामस्तु यजेत ब्रह्मणस्पतिम्**। इसका आधार तै० सं० का निम्न उद्धरण है, जिसमें बृहस्पति का ब्रह्मतेज से विशेष सम्बन्ध बताया गया है —

बार्हस्पत्यम्......... एता एव देवता स्वेन भागधेयेन उपधावति। ता एवास्मिन् ब्रह्मवर्चसं दधाति। ब्रह्मवर्चस्येव भवति। — तै० सं० २।१।२

धार्मिक उत्कर्ष एवं तेज की प्राप्ति के लिए बृहस्पति की उपासना उचित ही है। **अ० वे०** ८।१०।१५ में बृहस्पति द्वारा सोम को वत्स बना कर विराज् रूपी गौ से वैदिक ज्ञान दुहने का उल्लेख है। पुराणों में आकर बृहस्पति दोग्धा नहीं अपितु वत्स बताए गए हैं। ऋषियों ने अपने में श्रेष्ठ जान कर बृहस्पति को वत्स बनाया और पृथ्वी से वेद (छन्दस्) रूपी दुग्ध दुह लिया —

ऋषयो दुदुहुर्देवीमिन्द्रियेष्वथ सत्तम।
वत्सं बृहस्पतिं कृत्वा पयः छन्दोमयं शुचिम्॥ — भाग० ४।१८।१४

विभिन्न स्थानों में बृहस्पति के **शंयु, कच** तथा **कुशध्वज** नामक पुत्रों का उल्लेख मिलता है। **शंयु** का उल्लेख **तै० सं०** २।६।१० तथा **श० ब्रा०** १।९।१।२४ में प्राप्त होता है। यहाँ इन्हें यज्ञीय क्रियाओं का परिपूर्ण ज्ञाता बताया गया है। इन्होंने अपने कर्मकाण्डीय ज्ञान से स्वर्ग प्राप्त किया। **महाभारत** वन० २१९।२-४ में शंयु का जो विवरण प्राप्त होता है, उसके अनुसार ये बृहस्पति के प्रथम पुत्र हैं। ये अग्निस्वरूप हैं और विविध वर्ण की ज्वालाओं से सुशोभित होते हैं। चातुर्मास्य एवं अश्वमेध यज्ञों में इनका पूजन होता है और इन्हें घृत की प्रथम आहुति प्रदान की जाती है। **कच** का उल्लेख **महा० आदि०** ७६-७८ अध्यायों में तथा अनेक पुराणों (मत्स्य० २५ वाँ अ० आदि) में है। इन्होंने शुक्राचार्य के शिष्य बन कर उनसे मृत व्यक्तियों को जिलाने वाली संजीवनी-विद्या पढ़ी थी। पुत्री देवयानी के प्रीतिभाजन होने के कारण दैत्यों द्वारा तीन बार वध किए जाने पर भी शुक्र को इन्हें पुनः जीवित करना पड़ा। **कुशध्वज** का उल्लेख केवल **रामायण** उत्तर० १७।८-१० में हुआ है इनकी एक कन्या का नाम **वेदवती** था। वह रावण से अपना परिचय देती हुई कहती है —

कुशध्वजो मम पिता ब्रह्मर्षिरमितप्रभः।
बृहस्पतिसुतः श्रीमान् बुद्ध्या तुल्यो बृहस्पतेः॥
— रामा० उत्तर० १७।८

रामायण के परवर्ती अंश एवं कुछ पुराणों के अनुसार इसी वेदवती ने रावण-कृत धर्षण का बदला लेने के लिए अगले जन्म में सीता का रूप धारण किया।

ब्रह्म० १५२वें अ०, **मत्स्य०** २३वें अ०, तथा **विष्णु०** के चतुर्थ अंश के ६ठे अध्यायों में **चन्द्रमा** और बृहस्पति की पत्नी **तारा** से सम्बन्धित एक कथा प्राप्त होती है। इसके अनुसार एक बार नक्षत्रों एवं ओषधियों का स्वामी बनाए जाने पर चन्द्रमा राज्यैश्वर्य से उन्मत्त होकर बृहस्पति की पत्नी तारा का अपहरण कर ले गया और ब्रह्मा जी के हस्तक्षेप करने के बाद बहुत कहने पर उसे लौटाया। चन्द्रमा के संयोग से तारा के **बुध** नामक पुत्र उत्पन्न हुआ। यह कथा सोम और उसकी नक्षत्र-पत्नियों की कथा की भाँति पूर्णतः ज्योतिष-सम्बन्धी सूत्रों पर आधारित है। **महा०** उद्योग० ११७।१३ तथा वन० २१९।३ में बृहस्पति की पत्नी का नाम तारा नहीं अपितु चान्द्रमसी है[१]। भास ने **प्रतिमा नाटक** (१।२५) में तारा को चन्द्रमा का सदा अनुवर्तन करने वाली उसकी धर्मपत्नी बताया है, जो राहुग्रस्त चन्द्रमा को भी नहीं छोड़ती (अनुचरति शशांकं

१. यह विवरण हिलेब्रांड्ट (**वेदिशे मिथोलोगी**, प्रथम भाग, पृ० १६०-१७३) के उस मत से तुलना करने योग्य है जिसमें उसने बृहस्पति को मूलतः चन्द्रमा से सम्बन्धित देवता माना है।

राहुदोषेऽपि तारा)। इस कथा का कुछ विवेचन पीछे सोम के प्रसङ्ग में किया जा चुका है (पृ० ५५४)। सोम द्वारा अपने पुरोहित बृहस्पति के प्रति किए गए किसी अनुचित कर्म का संकेत **श० ब्रा०** ४। १। २। ४ के इन शब्दों में भी प्राप्त होता है —

यत्र वै सोमः स्वं पुरोहितं जिज्यौ। तस्मै पुनर्ददौ। तेन संशशाम। आस एव अति विशिष्टमेनस्।

सायण ने इन वाक्यों में वर्णित सोम के पाप (एनस्) को तारापहरण- विषयक माना है। किन्तु मूल ग्रन्थ में इसे स्पष्ट नहीं किया गया। सम्भवतः इसकी कल्पना परवर्ती है।

महाभारत आश्व० ५-९ अध्यायों में इनकी अपने छोटे भाई से कड़ी प्रतिस्पर्धा वर्णित की गई है और इन्हें अत्यन्त स्वार्थी, लोभी तथा ईर्ष्यालु चित्रित किया गया है। छोटे भाई **संवर्त** को वे बार-बार सताते हैं, जिससे तंग आकर एक दिन वे सब कुछ त्याग कर दिगम्बर देह से घर से निकल पड़ते हैं —

तावतिस्पर्धिनौ राजन् पृथगास्तां परस्परम्।
बृहस्पतिः स संवर्तं बाधते स्म पुनः पुनः॥

स बाध्यमानः सततं भ्रात्रा ज्येष्ठेन भारत।
अर्थानुत्सृज्य दिग्वासा वनवासमरोचयत्॥ — महा० आश्व० ५। ५, ६

जब राजा **मरुत्त** बृहस्पति से तिरस्कृत होकर उनके छोटे भाई संवर्त को अश्वमेध यज्ञार्थ पुरोहित बनाने के लिए पहुँचते हैं तो ज्ञानी एवं त्यागी संवर्त उनसे कहते हैं कि यद्यपि मेरे बड़े भाई ने मेरा घर-गृहस्थी का सामान, तथा पौरोहित्य आदि सब छीन लिया है और केवल यह शरीर ही मेरे पास छोड़ा है—

गार्हस्थ्यं चैव याज्याश्च सर्वा गृह्याश्च देवताः।
पूर्वजेन ममाक्षिप्तं शरीरं वर्जितं त्विदम्॥ — ७। १०

किन्तु फिर भी वे मेरे लिए अत्यन्त पूजनीय हैं। अतः मैं उनकी आज्ञा के बिना तुम्हारा यज्ञ नहीं करवा सकता (आश्व० १०। ११)।

इतने पर भी बृहस्पति जब संवर्त को **मरुत्त** का यज्ञ कराते देखते हैं तो ईर्ष्या के कारण अत्यन्त शोकाकुल हो जाते हैं और दिन-रात यही सोचते हैं कि मेरा शत्रु मुझसे अधिक धनी हो जाएगा —

स तप्यमानो वैवर्ण्यं कृशत्वं चागमत् परम्।
भविष्यति हि मे शत्रुः संवर्तो वसुमानिति॥ — ८। ३७

शत्रु की समृद्धि की कल्पना उन्हें दुःखी बना देती है (दुःखं सपत्नेषु समृद्धिभावः, ९। ६) और वे इतने अधीर हो जाते हैं कि इन्द्र से मरुत्त अथवा संवर्त को बन्धन में

डाल देने की प्रार्थना करते हैं (सर्वोपायैः मघवन् संनियच्छ, संवर्तं वा पार्थिवं वा मरुत्तम्, ९।७)। आज भी दृष्टिगत होने वाली, पुरोहितों की पारस्परिक प्रतिस्पर्धा का यह कथा एक सुन्दर निदर्शन है।

ऋग्वेद के उत्कृष्ट एवं पवित्र देवता बृहस्पति का यह पतन शोचनीय है। **मत्स्य०** ४८।३२-४१ तथा **विष्णु०** ४।१९।१६-१८ में तो उनका चरित्र और भी अधिक गिर गया है। यहाँ वे अपने बड़े भाई उशिज (या उतथ्य) की पत्नी **ममता** से **भरद्वाज** नामक पुत्र उत्पन्न करते हैं। यह कथा पर्याप्त प्राचीन प्रतीत होती है। क्योंकि बृहद्देवताकार ने इसे ऋग्वेद के **दीर्घतमा** नामक ऋषि के जन्म का विवरण देते हुए उद्धृत किया है (बृहद्देवता ४।११-१५)।

इस प्रकार ऋग्वेद के ये अमूर्त देवता बृहस्पति, जो वैदिक साहित्य में धार्मिक स्तोत्रों के अधिष्ठाता एवं आध्यात्मिक-शक्ति-सम्पन्न देवता के रूप में उपस्थित होते हैं, महाभारत एवं पुराणों में आकर एक सामान्य ब्राह्मण-पुरोहित का रूप धारण कर लेते हैं। अन्तर केवल इतना ही है कि वे देवराज इन्द्र के पुरोहित हैं; अन्यथा उनमें प्रायः वे ही दुर्बलताएँ हैं जो एक साधारण मानव में पाई जाती हैं।

अदिति

वेदों के सर्वोत्कृष्ट देवों के समूह आदित्यगण की माता के रूप में **अदिति** का ऋग्वेद में पर्याप्त महत्त्वपूर्ण स्थान है। वह आठ आदित्यों की माता है (अष्टौ पुत्रासो अदितेः, ऋ० १०।७२।८। अष्ट योनिरदितिरष्टपुत्रा, **अ० वे०** ८।९।२१)। उसके पुत्र राजा हैं[1]। वे श्रेष्ठ, शक्तिशाली तथा वीर हैं। इसीलिए उसे क्रमशः राजपुत्रा (ऋ० २।२७।७), सुपुत्रा (ऋ० ३।४।११), उग्रपुत्रा (ऋ० ८।६७।११) तथा शूरपुत्रा (ऋ० वे० ३।८।२ तथा ११।१।११) कहा गया है। अदिति के इन पुत्रों में मित्र, वरुण तथा अर्यमा का विशेष उल्लेख किया गया है (मात्रा मित्रस्य रेवतो अर्यम्णो वरुणस्य च अनेहसः। ऋ० ४।५५।९)। एक स्थान पर उसे गृहिणी (पस्त्या) भी कहा गया है (ऋ० ४।५५।३, प्रपस्त्यामदितिं सिन्धुमर्कैः), जो उसके मातृत्व को और भी स्पष्ट कर देता है।

---

१. तु० की० ऋग्वेद २।२७।१ जहाँ आदित्यों को राजा (=देदीप्यमान) कहा गया है—**इमा गिर आदित्येभ्यो घृतस्नूः सनाद् राजभ्यो जुह्वा जुहोमि**। वैसे अधिपति के अर्थ में यह विशेषण मुख्यतः वरुण तथा यम के लिए ही प्रयुक्त हुआ है, या कि फिर सोम के लिए ('ओषधीनां राजा')।

ऋत के संस्थापक एवं व्रतों (नैतिक नियम) के अधिपति वरुण की माता होने के कारण **वा० सं०** २१।५ (तथा अ० वे० ७।६।२) में अदिति को श्रेष्ठ व्रतों की महिमाशालिनी माता, ऋत की पत्नी, शक्तिशालिनी, जरारहित, अत्यन्त विस्तृत तथा कल्याणमयी कहा गया है —

महीम् उ षु मातरं सुव्रतानाम् ऋतस्य पत्नीमवसे हुवेम।
तविक्षत्राम् अजरन्तीम् उरूचीं सुशर्माणमदितिं सुप्रणीतिम्॥

अदिति के स्वरूप की दूसरी प्रमुख विशेषता उसका कष्टों, पापों तथा दु:खों से त्राण करना है; '**अनागस्त्वं नो अदितिः कृणोतु**' (ऋ० १।१६२।२२) '**विश्वस्मान्नो अदितिः पात्वंहसः**' (ऋ० १०।३६।३)। ऋ० १०।१३२।६ में स्तोता अदिति से अपने को पवित्र करने की प्रार्थना करता है (**युवोर्हि मातादितिः विचेतसा द्यौर्न भूमिः पयसा पुपूतनि**)। **ऋ०** ७।८७।७ में कहा गया है कि अदिति के व्रतों पर चलने से वरुण के प्रति किए गए पापों से छूटा जा सकता है (**वयं स्याम वरुणे अनागाः अनु व्रतानि अदिते ऋधन्तः**)।

ऋग्वेद में प्रायः अन्य आदित्यों के साथ भी अदिति की पापप्रणाशन के लिए स्तुति की गई है, उदाहरणार्थ ऋ० ७।९३।७ का कवि अर्यमा और अदिति से अपने सम्पूर्ण पापों को विनष्ट करने की अभ्यर्थना करता है — **यत् सीमागश्चक्रिमा तत् सुमृळ, तदर्यमादितिः शिश्रथन्तु।** ठीक इसी प्रकार १।१२।८ में भी मित्र सविता तथा अदिति से वरुण-विषयक पापों को दूर करने की प्रार्थना की गई है।

अदिति की एक अन्य विशेषता धन-सम्पत्ति का दान करना और पशु आदि की रक्षा करना भी है (**पीपाय धेनुरदितिर्ऋताय**, ऋ० १।१५३।३; **यस्मै त्वं सुद्रविणो ददाशोऽनागास्त्वमदिते सर्वताता**', ऋ० १।९४।१५ तथा ८।१८।६)। उसका दिया धन कभी नष्ट नहीं होता (**अनेहो दात्रमदितेरनर्वम्**, १।१८५।३)। यह सौभाग्य एवं ऐश्वर्य की प्रदात्री है। **अथर्व०** १९।१०।९ में हर प्रकार की रक्षा, मंगल तथा सुख की प्राप्ति हेतु और पापों का नाश करने के लिए उसकी स्तुति की गई है। ऋ० ८।४७।९ में प्रार्थना है कि अदिति हमारी उन्नति करे, सुख प्रदान करे। (**अदितिर्न उरुष्व अदितिः शर्म यच्छतु**)।

देवी अदिति की शारीरिक विशेषताएँ ऋग्वेद में बहुत क्षीण हैं। केवल चार-पाँच विशेषण ही इस सम्बन्ध में महत्त्वपूर्ण हैं। उसे 'विनाशरहित' (सुहवा देव्यदितिः **अनर्वा**, ऋ० २।४०।१), 'अत्यधिक विस्तीर्ण' (**उरुव्यचा** अदितिः श्रोतु मे हवम्, ऋ० ५।४६।६), 'विस्तृत गोचर क्षेत्र की स्वामिनी' (**उरुव्रजा, ऋ०** ८।६७।१२), 'अत्यन्त प्रकाशमान तथा सम्पूर्ण प्राणियों को धारण करने वाली' (**ज्योतिष्मतीमदितिं धारयत्क्षितिम्**, ऋ० १।१३६।३ और 'सम्पूर्ण प्राणियों की हितैषिणी' (**विश्वजन्या**, ऋ० **७।१०।४०**) कहा गया है।

आदित्यों से घनिष्ठ सम्बन्ध के कारण अदिति का प्रकाश से भी विशेष सम्बन्ध है (**क अदित्याँ अदितिं ज्योतिरीट्टे**, ४। २५। ३)। उसके अद्वितीय प्रकाश की प्रशंसा की गई है (**अवध्रं ज्योतिरदितेः**, ७। ८२। १०) और उषा को अदिति का मुख बताया गया है (१। ११३। १९)।

अदिति के ऋग्वैदिक स्वरूप में अन्य कोई उल्लेखनीय विशेषता नहीं है। कोई भी सम्पूर्ण सूक्त अदिति की स्तुति में नहीं कहा गया। केवल कुछ प्रकीर्ण मन्त्रों में उसका उल्लेख मिलता है।

अदिति के स्वरूप के मूल आधार के विषय में निश्चित रूप से कुछ कहना कठिन है। पर लगभग सभी विद्वान् इससे सहमत हैं कि अदिति अपने मूल रूप में एक अमूर्त एवं भावात्मक देवी है तथा उसका प्रकृति के किसी भी तत्त्व से विशेष सम्बन्ध नहीं है। आधुनिक विद्वानों के अनुसार यह शब्द 'दो-अवखण्डने' धातु से बना है[1]। इसकी भाववाचक संज्ञा **दिति** का अर्थ है सीमा (इसी अर्थ में ग्रीक में 'देसिस्' शब्द प्राप्त होता है), बन्धन, या परतन्त्रता। अदिति शब्द इसका विपरीत अर्थ अर्थात् निस्सीमता, मुक्ति या स्वछन्दता सूचित करता है। शुनःशेप को उसके पिता से एक सहस्र गायों में क्रीत करके बाँधा (निदितं) गया था — **'शुनश्चिच्छेपं निदितं सहस्रात्'** (५। २। ७)। एक स्थान पर कवि कहता है 'कौन मुझे अदिति (= मुक्ति) के हाथों में सौपेगा जिससे मैं अपने माता -पिता को फिर देख सकूँ'? (**को नो मह्या अदितये पुनर्दात् पितरं च दृशेयं मातरं च,** ऋ० १। २४। १)। श्रयोडर तथा ओल्डेनबर्ग का मत है कि देवी अदिति की धारणा इसी भाववाचक संज्ञा से विकसित हुई है[2]। सम्भवतः इसीलिए बन्धनों से छुटकारा दिलाने के लिए अदिति का इतना महत्त्व है, उदाहरणार्थ ऋ० ८। ६७। १४ में अदिति से प्रार्थना की गई है कि वह अपने उपासक को उसी प्रकार बन्धनमुक्त कर दे जैसे बद्ध चोर को किया जाता है —

ते न आस्नो वृकाणामादित्यासो मुमोचत।
स्तेनं बद्धमिवादिते।

प्रकृति के किसी मौलिक तत्त्व से अदिति का सम्बन्ध मानने वालों में माक्सम्युलर का नाम उल्लेखनीय है। उसके अनुसार अदिति बन्धनहीन, निस्सीम आकाश की

---

१. पाणिनि के अनुसार **त्** आदि में आने वाले **कित्** प्रत्ययों से युक्त होने पर **दो** धातु के **ओ** का **इ** आदेश हो जाता है, 'द्यतिस्यतिमास्थामित्ति किति' ७। ४। ४० (एषामिकारोऽन्तादेशः स्यात्तादौ किति, दितः दितिः)।

२. देखिए, ओल्डेनबर्ग : **रेलीगियोन डेस वेद** पृ० २०२ तथा फॉन श्र्योडर : **डी आरिशे रेलीगियोन**, भाग २, पृ० ४००।

अनन्तता की द्योतक है[१]। प्रसिद्ध जर्मन वैदिक विद्वान् रोठ का मत है कि अदिति का अर्थ अविनश्वरता, अमरता या आनन्त्य है। माक्सम्युलर का आनन्त्य जहाँ दिक् से सम्बन्धित है, वहाँ रोठ का काल से। माता के रूप में अदिति आकाश से सम्बन्धित उस दिव्य-ज्योति की सूचक है, जो प्रतिदिन उन्मुक्त भाव से सर्वत्र प्रसृत होती है और जिसका कभी भी विनाश नहीं होता[२]। ऋग्वेद के —

.........सूर्यो रूपं कृणुते द्योरुपस्थे।
अनन्तमन्यद्रुशदस्य पाजः कृष्णमन्यद् हरितः संभरन्ति॥

— १।११५।५

मन्त्र के आधार पर हिलेब्रांड्ट का भी विचार है कि अदिति किसी न किसी रूप में प्रकाश से ही सम्बन्धित है और सम्भवतः दिवस के अविनश्वर प्रकाश को सूचित करती है[३]। लगभग इसी से मिलता-जुलता मत कॉलिने का है, जिसके अनुसार अदिति आकाशीय प्रभा की द्योतक है और द्यौः (पुल्लिंग) के स्त्रीरूप को सूचित करती है।[४]

फ्रांसीसी विद्वान् बार्गेन्ये का मत है कि स्त्रीलिंग अदिति शब्द अपने मूल रूप में स्त्रीलिंग द्यौः का आनन्त्य को सूचित करने वाला एक विशेषण-मात्र था। **'द्यौरदितिः'** या **'अदितिर्द्यौः'** शब्दों का अर्थ केवल 'अनन्त आकाश' ही है (तु० की०, मिमातु द्यौरदितिर्वीतये नः, ऋ० ५।५९।८)। आकाश से बरसने वाले जल की उपमा प्रायः दुग्ध या मधु से दी गई है। ऋग्वेद के निम्नलिखित मन्त्र में कहा गया है कि विस्तृत-आकाश-रूपिणी माता अपने पुत्रों (आदित्यों) को मधुयुक्त दुग्ध का पान कराती है —

येभ्यो माता मधुमत्पिन्वते पयः पीयूषं द्यौरदितिरद्रिबर्हाः

— ऋ० १०।६३।३

उसके अनुसार ऐसे ही मन्त्रों से आकाश (स्त्रीलिंग द्यौः) का विशेषण 'अदिति' पृथक् होकर मातृत्वयुक्त देवी बन गया है[५]।

इस मत में दो कमियाँ हैं। एक तो यह कि अदिति का यह रूप उसके बन्धन से मुक्त कराने वाले पक्ष की सन्तोषजनक व्याख्या नहीं करता[६]। दूसरे इस मन्त्र के उत्तरार्ध

१. माक्सम्युलर : **से० बु० ई०** भाग ३२ (ऋग्वेद का अनुवाद) पृ० २४१ तथा **कन्ट्रीब्यूशन्स टु दि साइन्स ऑफ़् माइथॉलजी** पृ० ५५७।

२. (क) त्साइटश्रिफ्ट डेऽर मॉर्गेनलेण्डिशेन गेज़ेलशाफ्ट (Z.D.M.G.), भाग ६, पृ० ६८ तथा आगे।

(ख) रोठ द्वारा सम्पादित एवं अनूदित निरुक्त, पृ० १५०।

३. **वेदिशे मिथोलोगी,** भाग० २, पृ० ९७ तथा आगे।

४. **नवम ओरियंटल कांग्रेस का विवरण**, प्रथम भाग, पृ० ३९६-४९०।

५. बार्गेन्ये : **ला रेलीजों वेदीक्**, ३, ८८-९८।

६. **वै० मा०** पृ० १२२।

में आदित्यों का उल्लेख है। (...ताँ आदित्याँ अनु मदा स्वस्तये) आदित्यों की धारणा का जन्म अदिति की देवी रूप में प्रतिष्ठा हो जाने के बाद ही सम्भव है। प्रस्तुत मन्त्र में आदित्यों का स्पष्ट उल्लेख तथा अदिति का उनकी माता के रूप में वर्णन यह सूचित करता है कि उस समय तक अदिति की स्वतन्त्र सत्ता पूर्णतः निर्धारित हो चुकी थी। ऐसी स्थिति में प्रस्तुत ऋचा में अदिति शब्द की द्यौः के केवल विशेषण रूप में प्रयुक्त होने की बात बहुत सन्तोषजनक नहीं लगती।

ऋषि अरविन्द की विचारधारा के अनुयायी एम० पी० पण्डित का मत है[१] कि वेदों में अदिति उस चेतन अव्यक्त-सत्ता की प्रतीक है, जो जगत् को असत् से सत् में परिवर्तित करती है। जिसे परवर्ती तान्त्रिक साहित्य में **आद्या** या **पराशक्ति** कहा गया है, वही वेदों की अदिति है। माँ और पुत्र के सम्बन्ध को सर्वाधिक घनिष्ठ, पवित्र और उत्कृष्ट जान कर वैदिक ऋषियों ने परमात्मा की सत्ता की मातृरूप में कल्पना की थी। उपनिषद् साहित्य में जिस सत्ता की ब्रह्मरूप में अभिव्यक्ति हुई वह वैदिक देवमण्डल में 'अमृत के पुत्र' (अमृतस्य पुत्राः) देवों की माता है[२]। अदिति शब्द की उत्पत्ति 'दो-अवखण्डने' धातु से नहीं अपितु 'अद्-भक्षणे' धातु से है[३]। जो तत्त्व सबका भक्षण अथवा आच्छादन कर ले और सब तत्त्व जिसके अन्दर व्याप्त हों वह अदिति है। इसीलिए अदिति को वेद में द्यौः, अन्तरिक्ष, माता, पिता, पुत्र, सम्पूर्ण देव, सम्पूर्ण प्रजा, जो कुछ हो चुका है तथा जो भविष्य में होगा, वह सब बताया गया है —

अदितिर्द्यौरदितिरन्तरिक्षमदितिर्माता स पिता स पुत्रः।
विश्वे देवाः अदितिः पंच जनाः अदितिर्जातमदितिर्जनित्वम्॥

— ऋ० १।८९।१०

तै० सं० ४।४।१२ में आए एक मन्त्र में अदिति को पृथ्वी तथा आकाश की धारक, जगत्स्वामिनी, सब प्राणियों को अपने विस्तार से आच्छादित करने वाली तथा कल्याणकारिणी कहा गया है। **कठ-उपनिषद्** में भी अदिति के इस विश्वरूपत्व का उल्लेख मिलता है।

या प्राणेन संभवत्यदितिर्देवतामयी।
गुहां प्रविश्य तिष्ठन्ती सा भूतेभिर्व्यजायत॥ कठ० उ० २।१।७

लगभग ओल्डेनबर्ग से मिलता-जुलता मैक्डॉनल का मत है[४] कि मित्र और वरुण आदि नैतिक दृष्टि से उत्कृष्ट देवता पूर्व-वैदिक-काल में 'अदितेः पुत्राः' कहे जाते थे,

---

१. देखिए, श्री एम० पी० पण्डित : **अदिति एण्ड अदर डीटीज़ इन दि वेद**, पृ० १-३७।

२. तु ० की०, मैक्डॉनल, **वै० मा०**, पृ० १२१।

३. अरविन्द : **ऑन् दि वेद**, पृ० १५१। तु० की०, **बृ० उ०** १।२।५ **सर्वं वा अत्तीति तद् अदितेरदितित्वम्।**

४. मैक्डॉनल : **वै० मा०**, पृ० १२२।

जिसका अर्थ था 'मुक्ति या बन्धनहीनता के पुत्रः' अथवा 'पाप से रहित'। किन्तु जिस प्रकार इन्द्र के लिए प्रयुक्त 'शवसः पुत्रः' (बल का पुत्र, शक्तिशाली) वाक्यांश से इन्द्र की माता का नाम परवर्ती ऋग्वेद में **शवसी** कल्पित कर लिया गया अथवा जिस प्रकार उसके 'शचीपति' (शक्ति का स्वामी) विशेषण से उसकी एक **शची** नामक पत्नी की उद्भावना कर ली गई उसी प्रकार अदिति शब्द भी अपने भाववाचक संज्ञा-रूप को छोड़ कर मित्र, वरुण आदि की माता के नाम के रूप में कल्पित होकर एक व्यक्तिवाचक संज्ञा बन गया। बाद में कुछ अन्य सौर देवता भी उसके पुत्रों में आ गए और उन्हें 'आदित्याः' नाम से अभिहित किया जाने लगा। अपने पुत्रों के सम्पर्क में आकर उनके गुणों को ग्रहण करना अदिति के लिए स्वाभाविक था। इन देवों की माता के रूप में उसका द्यौः और पृथ्वी के साथ तादात्म्य हो गया क्योंकि द्यावापृथिवी सम्पूर्ण देवों के जनक माने जाते थे। धीरे-धीरे आदित्यमाता अदिति, देवमाता पृथ्वी से एकरूप हो गईं। परवर्ती वैदिक साहित्य में तो स्थान-स्थान पर अदिति को पृथ्वी का ही एक नाम बताया गया है। मैक्डॉनल के इस मत को कीथ अदिति के स्वरूप की सर्वाधिक सन्तोषजनक व्याख्या के रूप में स्वीकार करते हैं[१]। पृथ्वी से इस घनिष्ठ सम्बन्ध के कारण पिशेल ने अदिति को मूल रूप में पृथ्वी के भौतिक स्वरूप से सम्बन्धित देवी माना है[२]। उसके अनुसार अत्यधिक विस्तीर्ण एवं अनन्त प्रतीत होने वाली पृथ्वी ही वेदों में अदिति शब्द से वाच्य है।

वस्तुतः भले ही अदिति अपने मूल रूप में कुछ भी हो पर बहुत प्राचीनकाल से ही भारतीय साहित्य में पृथ्वी से उसके सम्बन्ध की परम्परा अक्षुण्ण है। ऋग्वेद से पौराणिक काल तक अदिति का पृथिवी से तादात्म्य प्राप्त होता है। नैघण्टुक (५।५) में अदिति शब्द को पृथ्वी का पर्यायवाची बताया गया है। अदिति और पृथिवी के तादात्म्य का पोषक ऋग्वेद में निम्नलिखित मन्त्र प्राप्त होता है —

मह्ना महद्भिः पृथिवी वितस्थे माता पुत्रैरदितिर्धायसे वेः।१।७२।९

अथर्ववेद में इस सम्बन्ध में दो निर्भान्त उल्लेख प्राप्त होते हैं —

भूमिर्माता अदितिर्नो जनित्रम् — ६।१२०।२

तथा

यशाः पृथिव्या अदित्या उपस्थे — १३।१।३८

१. कीथ : **रिलीजन एण्ड फिलासफी ऑफ् दि वेद एण्ड दि उपनिषद्**, द्वितीय भाग, अध्याय १२, पृ० २१७।

२. पिशेल : **वेदिशे श्टूडियन**, द्वितीय भाग, पृ० ८६।

इनके अतिरिक्त अथर्ववेद में अदिति को 'विस्तृत' (**पप्रथाना**, यह विशेषण निश्चित रूप से पृथिवी का वाची है) 'सम्पूर्ण वस्तुओं को अपने में धारण करने वाली' (**आवपनी**) तथा 'कामदुघा' कहा गया है (१२।१।६१)। एक कवि प्रार्थना करता है कि वह अदिति की गोद में सुरक्षित रह कर १०० वर्ष तक जीवित रह सके —

यथा जीवा अदितेरुपस्थे प्राणापानाभ्यां गुपितः शतं हिमाः।

— अ० वे० २।२८।४

वा० सं० २२।२० में अदिति के लिए **मही** (बाद में पृथ्वी का वाची) तथा **बृहती** विशेषण प्रयुक्त हुए हैं। इसके अतिरिक्त २१।५ (तथा अ० वे० ७।६।२) में उनके लिए प्रयुक्त **उरूची** (विस्तृत) तथा **अजरन्ती** (कभी वृद्ध न होने वाली) विशेषण भी महत्त्वपूर्ण हैं।

ब्राह्मण साहित्य के अनुशीलन करने पर अदिति के पृथ्वी होने में सन्देह के लिए कोई स्थान नहीं रह जाता। सभी ब्राह्मण अत्यन्त स्पष्ट शब्दों में दोनों का तादात्म्य घोषित करते हैं। **'इयं वै पृथ्वी अदितिः'** यह **श० ब्रा०** में प्रायः पाया जाने वाला वाक्य है (उदाहरणार्थ १।३।१।१५, ५।१।४।४, ५।३।१।४)। पृथ्वी से ही सम्बन्ध के कारण श० ब्रा० ५।३।५।३७ में अदिति को **उरुशर्मा** (विस्तृत शरण देने वाली[1]) कहा गया है। **ऐ० ब्रा०** १।२।२ (प्रथमपञ्चिका, सप्तम खण्ड) में कहा गया है कि अदिति सम्पूर्ण प्राणियों को धारण करती है (प्रतिष्ठित्या अदितिः)। इसी ब्राह्मण में एक स्थान पर ऋग्वैदिक मन्त्र **आदितिद्यौरदितिरन्तरिक्षम्........** (१।८९।१०) की व्याख्या करते हुए कहा गया है कि पृथ्वी ही अदिति है। इसी को द्यौः और अन्तरिक्ष कहते हैं। यह पृथ्वी ही मनुष्य की माता और पिता है। इसी में सम्पूर्ण देवगण निवास करते हैं। जो कुछ उत्पन्न हुआ वह सब पृथिवी (अर्थात् पार्थिव) है और जो कुछ जनिष्यमाण है वह भी पृथ्वी ही है। इसीलिए इस ऋचा के सभी विशेषण पृथिवी को ही सूचित करते हैं —

इयं (पृथिवी)[2] **वा अदितिरियं द्यौरियमन्तरिक्षम्। इयं वै मातेयं पितेयं विश्वेदेवाः इत्यस्यां वै विश्वेदेवा अस्यां पञ्चजनाः। इयं वै जातमियं जनित्वम्।**

— ऐ० ब्रा०, तृतीय पञ्चिका , ३१वाँ खण्ड (३।३।७)

कौषी० ब्रा० ७।६ में उल्लेख है कि 'जब देवगण यज्ञ करने के फलस्वरूप स्वर्ग पहुँचे तो उन्हें दिशाओं का ज्ञान नहीं हुआ। अन्न की आहुति से प्रसन्न होकर अदिति ने

---

१. देखिए, श० ब्रा० का जूलियस एगलिंग द्वारा अनुवाद। (**से० बु० ई०**, भाग ४१, पृ० ९०)। उसने इस शब्द का अनुवाद 'of wide shelter' किया है।

२. ब्राह्मणों में सभी स्थानों पर निरपवाद रूप से 'इयं' सर्वनाम पृथिवी का वाची है (देखिए, विन्टरनित्स्, **हिस्ट्री ऑफ् इंडियन लिटरेचर**, प्रथम भाग, ब्राह्मणखण्ड) और '**असौ**' आकाश का।

उन्हें ऊर्ध्व दिशा का ज्ञान कराया। ऊपर की दिशा अदिति की है। और अदिति पृथ्वी है। इसीलिए पृथ्वी पर उगने वाले वृक्ष ऊपर जाते हैं। पृथ्वी पर स्थापित अग्नि की ज्वालाएँ ऊपर ही उठती हैं और मनुष्य, पशु आदि भी सीधे खड़े होते हैं'[१]।

इस सम्बन्ध में **तैत्तिरीय संहिता** का एक उल्लेख (७।१।५) बहुत महत्त्वपूर्ण है। इसमें पृथिवी (अदिति) को प्रजापति की पत्नी बताया गया है और कहा गया है कि प्रजापति ने पृथ्वी के संयोग से आदित्य, रुद्र तथा वसुगण की उत्पत्ति की —

आपो व इदमग्रे सलिलमासीत्। तस्मिन् प्रजापतिर्वायुर्भूत्वाऽचरत् स इमामपश्यत्......। तस्यामश्राम्यत् प्रजापतिः। स देवानसृजत वसून्रुद्रानादित्यान्।

— तै० सं० ७।१।५

ऊपर कहा जा चुका है (पृ० ५७२-७४) कि प्रजापति के स्वरूप में प्राचीन वैदिक देवता **द्यौः** की विशेषताओं का सम्मिश्रण प्राप्त होता है ('दिवमित्यन्ये आहुः') और अदिति को पृथ्वी मानने की धारणा के संकेत ऋग्वेद में ही मिलने लगते हैं। अतः प्रजापति और पृथिवी (अदिति) के संयोग से सृष्टि की उत्पत्ति का वर्णन उस प्राचीन धारणा का ही परवर्ती विकास है, जिसके अनुसार सम्पूर्ण देवता द्यावापृथिवी के पुत्र हैं।

रामायण, महाभारत एवं पुराणादिकों में अदिति को महर्षि कश्यप की पत्नी बताया गया है। विष्णु (वामन) के सहित उसके गर्भ में द्वादश आदित्यों का जन्म हुआ है[२]। कहीं-कहीं सम्पूर्ण देवों को भी उसका पुत्र बताया गया है। कश्यप १० प्रजापतियों में से एक हैं और उनकी अदिति के अतिरिक्त बारह पत्नियाँ और हैं। ये सभी दक्ष-प्रजापति की पुत्रियाँ है[३]। पुराणों में 'प्रजापति' शब्द एक विशेषण या उपाधिमात्र है और जिन-जिन व्यक्तियों ने कल्प के आदि में सृष्टि-वृद्धि में योग दिया है उन्हें 'प्रजापति' कहा जाता है। पर कश्यप और दक्ष आदि नाम ऐसे हैं, जो वैदिक साहित्य में प्रजापति के लिए प्रयुक्त विभिन्न विशेषणों से विकसित हुए हैं। **शतपथ ब्राह्मण** प्रजापति के कश्यप विशेषण के सम्बन्ध में सृष्ट्युत्पत्ति सम्बन्धी एक प्राचीन परिकल्पना का उल्लेख करता हुआ कहता है —

स यत् कूर्मो नाम। एतद्वै रूपं कृत्वा प्रजापतिः प्रजा असृजत। यदसृजत अकरोत् तत्। यदकरोत् तस्मात् कूर्मो नाम। कश्यपो वै कूर्मः। तस्मादाहुः सर्वाः प्रजाः काश्यप्यः इति।

— श० ब्रा० ७।५।१।५

---

१. देखिए, कीथ कृत **कौ० ब्रा०** का अंग्रेज़ी अनुवाद हा० ओ० सी०, (भाग २५), पृ० ३८६।

२. **श्रीमद्भागवत** ६।६।३८, ३९ **विष्णु पुराण** १।१५।१३१-१३४।

३. **मत्स्यपुराण** १७०।२९-३१, **श्रीमद्भागवत** ६।६।१-३, दक्ष के प्रजापतित्व के लिए देखिए **पद्म-पुराण** ४।३२ एवं पीछे पृ० ५७२-७३।

'यह जो कूर्म है न, इसी रूप को धारण करके प्रजापति ने सृष्टि-रचना की थी। 'करने' के कारण उन्हें **कूर्म** कहते हैं (कृ + औणादिक मक्)[१] कूर्म को ही कश्यप भी कहते हैं। अतः लोग कहते हैं कि सारी प्रजा कश्यप से उत्पन्न हुई है।' **श० ब्रा०** ने कश्यप के प्रजापतित्व की बिल्कुल ठीक व्याख्या की है। संस्कृत में कश्यप (>कच्छप) शब्द का अर्थ कछुआ भी होता है। अतः यह पूर्णतः तर्कसंगत है। वैसे **वायु** तथा **मार्कण्डेय** पुराण कहते हैं कि 'कश्य' शब्द एक प्रकार के मद्य का वाची है और उसका पान करने के कारण (कश्यं पिबति) ऋषि का नाम कश्यप पड़ा[२]। **वायु** पुराण कश्यप शब्द की एक अन्य सुन्दर व्याख्या करता है। 'कश्य' मन और वचन को कहते हैं। जो उनका सम्यक् प्रकार से रक्षण या नियन्त्रण करे वह कश्यप (कश्यं पाति) है[३]।

पुराणों के काल तक कश्यप का प्रजापति से और अदिति का पृथ्वी से सम्बन्ध भुलाया नहीं गया था। **मत्स्य पुराण** अत्यन्त स्पष्ट शब्दों में कहता है —

ब्रह्मणः कश्यपस्त्वंशः पृथिव्या अदितिस्तथा। मत्स्य० पु० ४७।९

ब्रह्म तथा अन्य पुराणों में स्थान-स्थान पर **कश्यप के लिए** 'प्रजापति' शब्द का प्रयोग हुआ है। दक्ष के अपवाद को छोड़ कर भृगु, अंगिरा, अत्रि, मरीचि, पुलह, क्रतु आदि प्रजापति-गण के अन्य ऋषियों के लिए इस विशेषण का प्रयोग प्रायः बिल्कुल नहीं मिलता —

(क) ते गर्भिण्यावुभे आह गन्तुकामः प्रजापतिः।

(ख) ततः प्रजापतिः प्रीतो भार्ये प्राप्य महामनाः।

(ग) सीमन्तोन्नयनं चक्रे ताभ्यां प्रीतः प्रजापतिः।

— ब्रह्म पु० १००।७, २५, २६

कश्यप को पुराणों में **मरीचि** का पुत्र कहा गया है और उनके लिए **मारीच** विशेषण का प्रयोग हुआ है। 'मरीचयः सन्त्यस्मिन्निति मारीचः' इस व्युत्पत्ति के अनुसार मरीचियों (किरणों) से युक्त होने के कारण सूर्य को ही मारीच कहते हैं। **बृहद्देवता** स्पष्ट शब्दों में कहता है कि भूत, भविष्य और वर्तमान की स्थावरजंगम सब वस्तुओं का जनक होने के कारण सूर्य ही प्रजापति कहा जाता है (देखिए पीछे पृ० १४९-५०, १९०)

---

१. **करोतेरौणादिके** (अष्टा० उणादि० १।१५०) **मक् प्रत्यये** स्थिते 'बहुलं छन्दसि' (अष्टा० ७।१।१०३) **इत्युत्वे कृते 'हलि च'** (अष्टा० ८।२।७७) **इत्यनेन दीर्घे जाते कूर्म इति रूपं भवति।**

२. कश्यपस्तस्यपुत्रोऽभूत् कश्यपानात् स कश्यपः।

३. वायु पु० ६५।११५

अब रही अदिति की दक्ष की पुत्री होने की बात। ऋग्वेद १०।७२।४ में कहा गया है कि 'अदिति से दक्ष उत्पन्न हुआ और दक्ष से अदिति—**अदितेर्दक्षो अजायत दक्षादु अदितिः परि**। बात कुछ विचित्र सी है यद्यपि ऋग्वेद के कवियों के लिए कोई नई नहीं (तु० की० १।९०।५ जहाँ पुरुष से विराज् और विराज् से फिर पुरुष उत्पन्न होता है 'तस्माद् विराळजायत विराजो अधि पूरुषः')। **निरुक्तकार** इस मन्त्र की व्याख्या करते हुए कहते हैं —

आदित्यो दक्ष इत्याहुरादित्यमध्ये च स्तुतः। अदितिर्दाक्षायणी 'अदितेर्दक्षो अजायत दक्षादु अदितिः परि' इति च। तत् कथमुपपद्यते? समानजन्मानौ स्यातामिति। अपि वा देवधर्मेणेतरेतरजन्मानौ स्यातामितरेतरप्रकृती। — निरुक्त ११।२३

इसमें यास्क ने अपना मत प्रकट करते हुए कहा है कि या तो अदिति और दक्ष दोनों ही (एक साथ) किसी अन्य समान तत्त्व से उत्पन्न हुए होंगे, या कि फिर (वेदों में) देवताओं की एक विशेष प्रवृत्ति यह भी है कि वे एक-दूसरे से उत्पन्न वर्णित किए जाते हैं और बहुधा एक की प्रकृति (विशेषताएँ) दूसरे में आ जाती है[1]।

रोठ का मत है कि 'दक्ष' शब्द का यहाँ अर्थ आध्यात्मिक-शक्ति है और 'अदिति' अनन्तता की द्योतक है। दक्ष सृष्टि के निर्माता के पुरुष-स्वरूप का परिचायक है और अदिति उसके स्त्रीरूप को ध्वनित करती है। दक्ष अव्यक्त परमात्मा के सामर्थ्यशाली पितृरूप के प्रतीक हैं तथा अदिति मातृरूप में कल्पित सृष्टि की सर्वोच्च शक्ति का।

यह आध्यात्मिक-शक्ति काल की सीमा से परे है। आदि और अन्त से रहित होने के कारण यह अदिति (अनन्तता, निस्सीमता) से उत्पन्न मानी जाती है; यह दक्ष का अदिति से जन्म है। किन्तु इस आध्यात्मिक शक्ति के पूर्व, उसके अतिरिक्त और कुछ न होने के कारण संसार की प्रत्येक वस्तु स्वतः इसी आध्यात्मिक शक्ति से उत्पन्न है। अतः अदिति भी एक प्रकार से दक्ष की पुत्री है[2]।

ऋग्वेद के दशम मण्डल में एक स्थान पर 'दक्ष को सृष्टि के आदि में विद्यमान परम-तत्त्व' कहा है। वह एक ऐसा तत्त्व था, जो वस्तुतः (भौतिक रूप में) न होता हुआ भी अपनी शक्तिमात्र से अदिति की गोद में अवस्थित था —

---

१. तु० की० **इतरेतरजन्मानः इतरेतरप्रकृतयश्च,** निरुक्त ७।२ एवं '**आहुस्तासां तु मन्त्रेषु कवयोऽन्योन्ययोनिताम्**', बृहद्देवता १।७१।

२. देखिए; रोठ द्वारा सम्पादित तथा अनूदित **निरुक्त,** पृष्ठ १५१ तथा म्यूर, **ओ० सं० टै०,** भाग ५, पृ० ५०, पादटिप्पणी ९५।

असच्च सच्च परमे व्योमन् दक्षस्य जन्मन्नदितेरुपस्थे।
— ऋ० १०।५।७

दक्ष के इस रूप ने आगे चलकर प्रजापति-देवता के विकास के लिए पर्याप्त सामग्री प्रदान की है। इसको दृष्टि में रख कर ही **श० ब्रा०** में दक्ष को प्रजापति कहा गया है —

प्रजापतिर्ह वा एतेनाग्रे यज्ञेनेजे प्रजाकामः। स वै दक्षो नाम। तद् यदनेन सोऽग्रे अयजत तस्माद्दाक्षायणो नाम[1]॥ श० ब्रा० २।४।४।१, २

मैक्डॉनल के अनुसार दक्ष शब्द के इस अर्थोत्कर्ष का कारण यह है कि भाववाचक संज्ञा से रूप में यह शब्द कुशलता, चातुर्य या निपुणता का भी वाचक है। जिस प्रकार देवों को बली सूचित करने के लिए '**शवसः सूनवः**' (बल के पुत्र) कहा गया है, उसी प्रकार उनकी दक्षता, नैपुण्य या बुद्धिमत्ता सूचित करने के लिए उन्हें **दक्षसूनवः** या **दक्षपितरः** (दक्षः पिता येषां, दक्ष के पुत्र) भी कहा गया है। उदाहरणार्थ —

सुज्योतिषः सूर्य दक्षपितॄन् अनागस्त्वे सुमहो वीहि देवान्।
— ऋ० ६।५०।२

ये ये देवाः मनोजाताः मनोयुजः सुदक्षाः दक्षपितरस्ते नः पान्तु॥
— तै० सं० १।२।३

तै० सं० के इस द्वितीय उदाहरण में दक्ष के पुत्र के साथ-साथ प्रयुक्त हुए 'सुदक्ष' विशेषण से इसमें सन्देह के लिए कोई स्थान नहीं रह जाता कि 'दक्ष के पुत्र' का अर्थ निपुण, कुशल या चतुर ही है। ऋग्वेद में भी मित्र और वरुण के लिए दोनों विशेषण एक साथ प्रयुक्त हुए हैं —

या धारयन्त देवाः सुदक्षा दक्षपितरा। — ऋ० ७।६६।२

और जब सब देवता 'दक्ष के पुत्र' बन गए (भले ही किसी दूसरे अर्थ में) तो दक्ष शब्द का व्यक्तिवाचक संज्ञा के रूप में देवों के पिता, प्रजापति का पद ग्रहण कर लेना स्वाभाविक था।

दक्ष की इस उत्कृष्टता का सुन्दर निदर्शन ऋग्वेद के एक अन्य मन्त्र में प्राप्त होता है। यहाँ अदिति को कल्याणकारी अमरदेवों की माता बताया गया है। किन्तु वह स्वतः दक्षप्रजापति की पुत्री है —

---

१. जिस प्रकार श० ब्रा० के उपर्युक्त उद्धरण में प्रजापति को यज्ञकर्ता बताया गया है, उसी प्रकार पुराणों के दक्ष भी अनेक यज्ञ करते हैं (**भागवत** ४।३, ४)। इसी प्रकार के एक यज्ञ में उन्हें अपने जामाता शिव का कोपभाजन बनना पड़ता है, जब वे उन्हें आमन्त्रित नहीं करते।

अदितिर्हि अजनिष्ट दक्ष या दुहिता तव।
तां देव अन्वजायन्त भद्रा अमृतबन्धवः॥ — ऋ० १०।७२।५

दशममण्डल में होने से यह मन्त्र अपेक्षाकृत अर्वाचीन है। इससे पिछले मन्त्र में यद्यपि अदिति और दक्ष की परस्पर एक-दूसरे से उत्पत्ति कही गई है किन्तु यह मन्त्र जिन सबल शब्दों में अदिति को 'दक्ष की दुहिता' तथा 'देवों की माता' घोषित करता है उससे प्रतीत होता है कि अदिति और दक्ष के पारस्परिक उत्पादक होने की दार्शनिक कल्पना की अपेक्षा दक्ष का पितृत्व ही अधिक व्यावहारिक तथा प्रचलित था।

पहले उद्धृत किए मन्त्र ऋ० १०।७२।४ (अदितेर्दक्षोअजायत...) के अतिरिक्त ऋ० वे० में कहीं भी अदिति दक्ष की माता नहीं है। ऋग्वेद के एक प्राचीन मन्त्र में (२।२७।१) केवल छः आदित्य (अदिति-पुत्र) बताए गए हैं और इनमें दक्ष का नाम भी परिगणित है (**शृणोतु मित्रो अर्यमा भगो नस्तुविजातो वरुणो दक्षो अंशः**), किन्तु धीरे-धीरे दक्ष के अदिति-पिता के रूप में प्रतिष्ठित होने पर दक्ष का नाम इस सूची से निकल गया है। **तै० ब्रा०** (१।१।९) यद्यपि आठ आदित्यों का उल्लेख करता है किन्तु दक्ष का नाम यहाँ नहीं है। मित्र, वरुण, अर्यमा, अंश, भग, धाता, इन्द्र तथा विवस्वान्, ये ही तै० ब्रा० के आठ आदित्य हैं। पुराण १२ आदित्यों का वर्णन करते हैं पर दक्ष का नाम उनमें कहीं परिगणित नहीं है[1]।

सम्भवतः इसका एक कारण और भी हो सकता है। ऋग्वेद में उत्कृष्टता की दृष्टि से अदिति का स्थान दक्ष से बड़ा नहीं, तो समान अवश्य है। किन्तु ब्राह्मण-काल तक आते-आते अदिति शब्द **पृथ्वी** का वाची होकर महत्त्वहीन हो जाता है। और दक्ष ब्राह्मणों के सर्वोच्च देवता **प्रजापति** का पद पा जाते हैं। अदिति का स्थान इस प्रकार दक्ष से पर्याप्त नीचे हो जाता है और ऐसी दशा में उसकी दक्ष की पुत्री होने की धारणा ही प्रबल हो उठती है।

द्यौः के प्रसंग में कहा गया है कि ऋग्वेद में काव्यात्मक दृष्टि से द्यौः को 'सुरेता-वृषभ' तथा पृथिवी को 'धेनु' कल्पित किया गया है (ऋ० १।१६०।३, धेनुं च पृश्निं वृषभं सुरेतसम्....) समस्त वस्तुओं को उत्पन्न करने के कारण पृथिवी सर्वकामदुघा गौ है। अदिति को पृथ्वी मानने की धारणा के उद्भव के कारण ऋग्वेद में ही कुछ स्थानों पर अदिति को **गौ** कहा गया है —

पीपाय धेनुरदितिर्ऋताय। १।१५३।३
मा गामनागामदितिं वधिष्ट। ८।१०१।१५

---

१. **भागवत** ६।६ तथा **विष्णु पु०** १।१५ में आयी सूची में विवस्वान्, अर्यमा, पूषा, त्वष्टा, सविता, भग, धाता, विधाता, वरुण, मित्र, इन्द्र तथा वामन का परिगणन है।

बाद में चलकर यजुर्वेद आदि में यह धारणा सामान्य हो गई है —

गां मा हिंसीरदितिं विराजम्। १३। ४३

घृतं दुहानामदितिं जनाय अग्ने मा हिंसीः परमे व्योमन्। — १३। ४९

ब्राह्मण-ग्रन्थों में अदिति आदि के प्रति दी जाने वाली आहुति के लिए एक गाय की दक्षिणा देने का विधान है। दोनों का तादात्म्य किया गया है और कहा गया है कि अदिति पृथ्वी है और जिस प्रकार एक गाय अपने दूध से मनुष्यों का पोषण करती है उसी प्रकार पृथिवी भी माता के समान सब का पोषण करने से गौ है—

अथ आदित्यं चरुं निर्वपति। इयं वै पृथिव्यदितिः।........तस्यै धेनुर्दक्षिणा। धेनुरिव वा इयं मनुष्येभ्यः सर्वान् कामान् दुहे। माता धेनुर्मातेव वा इयं मनुष्यान् बिभर्ति। तस्माद् धेनुर्दक्षिणा। श० ब्रा० ५। ३। १। ४

पार्थिव सोम पृथ्वी का सर्वोत्कृष्ट पेय है। अतः ऋग्वेद ९। ९६। १५ में सोम को अदिति (रूपी गौ) का दुग्ध कहा गया है —

एष स्य सोमो मतिभिः पुनानो.......पयो न दुग्धम् अदितेरिषिरम्....।

ऋ० ९। ६९। ३ में सोम से सम्बन्धित अदिति की एक पुत्री (नप्ती) का उल्लेख किया गया है (श्रथ्नीते नप्तीरदितेर्ऋतम्)। मैक्डॉनल के अनुसार सम्भवतः यह दुग्ध को सूचित करती है[१]। **वा० सं०** १३। ४३ में अदिति को **विराज्-गौः** कहा गया है। **अथर्ववेद** ८। १० में विराज् को एक कामधेनु गौ के रूप में चित्रित किया गया है। बृहद्, रथन्तर, यज्ञियायज्ञिय तथा वामदेव्य नामक साम उसके चार थन हैं (८। १०। १३)। असुरों ने प्रह्लाद के पुत्र **विरोचन** को बछड़ा, तथा **द्विमूर्धा** को दोग्धा बना कर अयस्पात्र में **माया** रूपी दुग्ध दुहा। मनुष्यों की ओर से पृथु राजा ने विवस्वान् के पुत्र मनु को बछड़ा बना कर कृषि और सस्यरूपी दुग्ध को उसी गौ से दुहा। देवों की ओर से सविता ने इन्द्र को वत्स बना कर विराज् से ऊर्ज (बल) रूपी दुग्ध दुहा, आदि।

महाभारत तथा पुराणों में आकर यह कथा अत्यन्त सुन्दर रूप से विकसित हुई है। **पृथु** के राज्य-काल में एक बार पृथ्वी ओषधियों तथा बीजों को आत्मसात् कर गई। पृथु ने उसकेऊपर कोप किया तब वह भयभीत होकर गौ का रूप धारण करके भागी। पृथु ने उसका पीछा किया और अन्त में त्रस्त पृथिवी ने देवों, असुरों, मनुष्यों, गन्धर्वों, अप्सराओं, नागों, ओषधियों, पर्वतों आदि सभी को दुग्ध के रूप में मनोवांछित वस्तु देने का आश्वासन दिया। इन सभी जातियों ने अपने-अपने एक नेता को गौ-रूपिणी

---

१. मैक्डॉनल, **वै० मा० पृ०** १२२। किन्तु बार्गेन्ये (**ला रेलीजों वेदीक्**, भाग ३, पृ० ९४) ने इसे स्वीकार नहीं किया है।

पृथिवी का वत्स बना कर उससे अभीप्सित वस्तुएँ प्राप्त कीं[1]। देवगण इन्द्र को वत्स बना कर पृथ्वी-रूपिणी गौ से सोम-रूपी दुग्ध का दोहन करते हैं तो यक्ष-राक्षस उसी पृथ्वी से प्रह्लाद को बछड़ा बना कर सुरा और आसव रूपी दुग्ध प्राप्त करते हैं। गन्धर्व और अप्सराएँ विश्वावसु के माध्यम से पृथ्वी से संगीत और सौन्दर्य प्राप्त करती हैं तो वृश्चिक,सर्प आदि उसी धेनु-रूपी पृथ्वी से विष रूपी दुग्ध प्राप्त करते हैं, आदि[2] —

कृत्वा वत्सं सुरगणा इन्द्रं सोममदूदुहन्।
हिरणमयेन पात्रेण वीर्यमोजोबलं पयः॥

दैतेया दानवा वत्सं प्रह्लादमसुरर्षभम्।
विधायादूदुहन् क्षीरमयःपात्रे सुरासवम्॥

गन्धर्वाप्सरसोऽधुक्षन् पात्रे पद्ममये पयः।
वत्सं विश्वावसुं कृत्वा गान्धर्वं मधु सौभगम्॥

तथाहयो दन्दशूकाः सर्पा नागाश्च तक्षकम्।
विधाय वत्सं दुदुहुर्बिलपात्रे विषं पयः॥ — ४।१८।१५-१७, २२

शुक्ल एवं **कृष्ण-यजुर्वेद** में आकर विष्णु के स्वरूप का उत्कर्ष होने पर और उनका यज्ञ से तादात्म्य हो जाने पर अदिति को **विष्णुपत्नी** के रूप में प्रतिष्ठित किया गया है (अदित्यै विष्णुपत्न्यै चरु, वा० सं० २९।६० तथा तै० सं० ७।१५।१४)। **तै० सं०** के चतुर्थ काण्ड में भी अदिति को विष्णु-पत्नी घोषित करने वाला एक महत्त्वपूर्ण मन्त्र आता है —

विष्टम्भो दिवो धरुणः पृथिव्या अस्येशाना जगतो विष्णुपत्नी।
विश्वव्यचा इषयन्ती सुभूतिः शिवा नो अस्तु अदितिः उपस्थे॥
— तै० सं० ४।४।१२

यहाँ अदिति को आकाश को विष्टम्भित करने (थाँभने) वाली, पृथिवी को धारण करने वाली, जगत् की स्वामिनी, विष्णु की पत्नी, सभी की आच्छादक एवं शक्तिशालिनी

---

१. **श्रीमद्भागवत,** स्कन्ध ४, अध्याय १७, १८।
पद्मपुराण, भूमिखण्ड, २७वाँ अध्याय।

२. महाकवि कालिदास ने **कुमारसम्भव** के प्रारम्भ में ही इस पौराणिक कथा का उल्लेख करते हुए कहा है 'कि हिमालय पर्वत को बछड़ा बनाकर पर्वतों ने गोरूपधारिणी पृथ्वी से चमकते हुए रत्न तथा प्रभावशाली औषधियों को दुहा' (तु० की० भागवत ४।१८।२५, **गिरयो हिमवद्वत्सा नानाधातून् स्वसानुषु**) —
यं सर्वशैलाः परिकल्प्य वत्सं मेरो स्थिते दोग्धरि दोहदक्षे।
भास्वन्ति रत्नानि महौषधीश्च पृथूपदिष्टां दुदुहुर्धरित्रीम्॥ १।२

कहा गया है तथा उससे उसकी गोद में रहने वाले प्राणियों का कल्याण करने की प्रार्थना की गई है।

वाल्मीकि रामायण में अत्यन्त स्पष्ट शब्दों में पृथ्वी को भगवान् वासुदेव की महिषी (रानी) कहा गया है —

यस्येयं वसुधा कृत्स्ना वासुदेवस्य धीमतः।
महिषी माधवस्यैषा स एष भगवान् प्रभुः॥ रामा० बाल०३४।२

पद्मपुराण में भी माधव की पत्नी होने के कारण पृथ्वी को 'माधवी' बताया गया है और **विष्णु पु०** ५।२९।२३, **भागवत** १०।५९।३० तथा **हरिवंश** पु० ५५।१२० आदि में तो वराहरूपी भगवान् विष्णु और पृथ्वी के संयोग से नरकासुर राक्षस की उत्पत्ति वर्णित की गई है (द्रष्टव्य पृ० ३०६-३०७)

उक्त स्थलों पर पृथ्वी के साथ न तो अदिति का उल्लेख है न ही तादात्म्य। **तै० सं०** के मन्त्र में तो स्पष्टतः दोनों का विभेद है। किन्तु अदिति और पृथ्वी की ब्राह्मणकालीन एकता ने पृथ्वी को विष्णुपत्नी के रूप में प्रतिष्ठित कर दिया है। उदाहरण के लिए अनेक पुराणों में प्राप्य निम्न श्लोक देखिए, जिसे बहुत से धार्मिक हिन्दू प्रातःकाल सोकर उठने के पश्चात् सबसे पहले पृथ्वी पर पैर रखते हुए कहते हैं —

समुद्रमेखले देवि पर्वतस्तनमण्डले।
विष्णुपत्नि नमस्तुभ्यं पादस्पर्शं क्षमस्व मे॥

वैदिक साहित्य में विष्णुपत्नीत्व के अतिरिक्त भी अदिति के मानवी रूप के संकेत मिलने लगते हैं। **अथर्व०** ११।१।१ कहा गया है कि अदिति ने पुत्रों की कामना से 'ब्रह्मौदन' पकाया —

अदितिर्नातिथेयं ब्रह्मौदनं पचति पुत्रकामा।

महा० (वन० १३५।३) में भी इसी उल्लेख के आधार पर कहा गया है कि अदिति ने पुत्र-प्राप्ति के निमित्त साध्यों के उद्देश्य से मैनाक पर्वत के कुक्षि-भाग में अवस्थित विनशन तीर्थ में ब्रह्मौदन तैयार किया। शान्ति २४३।५७ में वह अपने पुत्रों (देवताओं) की विजय के लिए मेरु पर्वत पर अन्न पकाती है। **भागवत** २।३।४ में कहा गया है कि अन्न प्राप्त करने के इच्छुक व्यक्ति को अदिति की उपासना करनी चाहिए — **अन्नाद्यकामस्त्वदितिं** (यजेत)। अदिति के वैदिक 'पस्त्या' (गृह-स्वामिनी) विशेषण एवं पृथ्वी से उसके तादात्म्य का यह सुन्दर परवर्ती विकास है।

महाभारत तथा पुराणों में अदिति के दिव्य-कुण्डल अत्यन्त प्रसिद्ध हैं। **विष्णु पुराण** (५।२९, ३०) तथा **महाभारत** (सभा० ३८।२९ तथा आगे, उद्योग० ४८।८०) में पृथ्वी के पुत्र **नरकासुर** द्वारा अदिति के कुण्डल ले जाने तथा श्रीकृष्ण द्वारा नरक का

वध करके अदिति को वे कुण्डल पुनः प्रदान करने की कथा आती है। ये कुण्डल अमृतवर्षी हैं। उनको धारण करने वाले व्यक्ति को जरा और मरण का भय नहीं रहता। **विष्णु०** ५।२९।११ में इन्द्र आकर कृष्ण से कहते हैं —

अमृतस्त्राविणी दिव्ये मन्मातुः कृष्ण कुण्डले।
जहार सोऽसुरोऽदित्याः.........॥

नरक और उसके साथियों के मरने के उपरान्त उसकी माता **पृथिवी** कुण्डल लेकर उपस्थित होती है। कृष्ण उसे लेकर स्वर्ग में देवों की माता अदिति के पास जाते हैं, जहाँ वह श्वेत मेघ-खण्ड के समान धवल प्रासाद में निवास करती है —

स देवैरर्चितः कृष्णो देवमातुर्निवेशनम्।
सिताभ्रशिखराकारं प्रविश्य ददृशेऽदितिम्॥ विष्णु० ५।३०।३

अदिति प्रसन्न होकर कृष्ण को सुरासुरों से अजेय होने का वरदान ('अजेयः पुरुषव्याघ्र मर्त्यलोके भविष्यति') देती है। बाद में अपनी माता से ये कुण्डल सूर्य को प्राप्त होते हैं। सूर्य उन्हें कुन्ती की इच्छा पर अपने पुत्र **कर्ण** को देते हैं (महा० वन० ३०७।१७)। इन्द्र, एक याचक ब्राह्मण के रूप में परम दानी कर्ण के पास आकर, उसे अर्जुन द्वारा वध्य बनाने के लिए, उससे ये कुण्डल माँग ले जाते हैं और बदले में एक शक्ति (बर्छी) दे जाते हैं, जो युद्ध में केवल एक बार प्रयोज्य है। (**महा० वन०** ३१०। ३८)।

सूर्य से सम्बन्धित होने के कारण विष्णु वैदिक-काल में आदित्य-गण में सम्मिलित थे किन्तु धीरे-धीरे विष्णु के स्वरूप का निरन्तर उत्कर्ष होता चला गया और पुराणों के युग (गुप्तकाल) तक आते-आते जगत् के स्त्रष्टा, नियन्ता तथा हन्ता के रूप में उनकी प्रतिष्ठा हो गई[१]। जन्म-मरण से रहित होने के कारण उनकी किसी भी माता से उत्पत्ति कल्पित करना असंगत था। अतः वे तो आद्यन्तहीन, कालातीत शक्ति के रूप में मान्य हो गए और आदित्यगण में जो एक स्थान रिक्त हुआ, उसे उनके **वामन**-अवतार से पूर्ण कर लिया गया। पुराणों का मत है कि आदित्य-गण में जिन 'विष्णु' का उल्लेख है वे शाश्वत विष्णु नहीं अपितु उनके अवतार उरुक्रम-वामन हैं। ब्राह्मणग्रन्थों में विष्णु स्वयं देवों के हित के लिए एक बौने का रूप धारण कर लेते हैं (श० ब्रा० १।२।५। १-७) पर **महाभारत** अनु० ८३।२५, २६ का कथन है कि अदिति ने एक पैर पर खड़े होकर बहुत समय तक घोर तपस्या की जिससे विष्णु ने प्रसन्न होकर उसके गर्भ से जन्म लेना स्वीकार किया। **भागवत** (८।१६) में देवासुर संग्राम में असुरों के विजयी

---

१. **सृष्टिस्थित्यन्तकरणीं ब्रह्मविष्णुशिवात्मिकाम्।**
स संज्ञां याति भगवानेक एव जनार्दनः॥ विष्णु पु० १।२।६६

होने पर दुःखी होकर अदिति महर्षि कश्यप द्वारा बताए हुए पयोव्रत का पालन करके विष्णु को तुष्ट करती है। **महा०** (वन० २७२। ६२) में कहा गया है कि अदिति ने वामन को एक सहस्र वर्षों तक गर्भ में धारण किया।

इस प्रकार वैदिककालीन अदिति, जिसका जन्म आकाश की अनन्तता से हुआ था और जो इस रूप में सूर्य तथा उससे सम्बन्धित आदित्यों की जननी थी, वैदिक युग में काल और सीमा से रहित एक अनन्त शक्ति के रूप में प्रतिष्ठित बनी रही। ऐसी स्थिति में वह 'अमृतपुत्र' देवों की जननी बनी और क्योंकि वैदिक-काल में देवताओं के माता-पिता के रूप में द्यावापृथिवी की भी प्रतिष्ठा थी। अतः धीरे-धीरे इस समान विशेषता से विकास की तीसरी अवस्था में उसका तादात्म्य पृथिवी के साथ हो गया। किन्तु उसका मातृत्व-सम्बन्धी पक्ष भुलाया नहीं गया और स्नेहमयी देवजननी के रूप में पुराणों में जो उसका मानवीय रूप है, वह पुराणकारों की मनोरम उद्भावन-प्रवणता का परिचायक तो है ही, साथ ही वैदिक युग से लेकर पुराणकाल तक अविच्छिन्न रूप से प्रवाहित होती हुई प्राचीन भारतीय धार्मिक प्रवृत्तियों का भी एक सुन्दर निदर्शन प्रस्तुत करता है।

❖ ❖ ❖

दशम अध्याय

परिशिष्ट

लोकदेवता और असत्-शक्तियाँ

यक्ष

विविध जातियों, वर्गों एवं सांस्कृतिक स्तरों वाले भारतीय समाज में विभिन्न वर्गों के धार्मिक विश्वासों में सदा पर्याप्त अन्तर रहा है। जहाँ वैदिक उच्चवर्गीय आर्य इन्द्र, वरुण बृहस्पति आदि देवों की उपासना करते थे, मन्त्रों से उनका आह्वान कर यज्ञवेदी में उनके लिए हवि प्रदान करते थे, वहीं वैदिक युग की सामान्य जनता, चाहे वह आर्य हो या आर्येतर, यक्षों की पूजा में विश्वास रखती थी। यक्षों के अस्तित्व एवं उनके प्रति प्रदर्शित आदरभाव के प्रचुर उल्लेख वैदिक साहित्य में प्राप्य हैं। **अथर्ववेद** में एक 'परम'-यक्ष की अवधारणा भी मिलती है, जो इस भौतिक जगत् की गतिविधियों पर नियन्त्रण रखता है। उसके लिए 'ब्रह्म' (बड़ा, महान्) संज्ञा प्रयुक्त हुई है। महाभारत में यक्षों के लिए किए जाने वाले एक उत्सव का नाम 'ब्रह्ममह' है। यही 'ब्रह्म' शब्द आज लोक में 'बरम' 'बरमदेव' नाम से प्रचलित है।

यक्ष लोकविश्वास के वे बलशाली किन्तु सूक्ष्म दैवी तत्त्व थे, जो विश्व में सर्वत्र विभिन्न रूपों में व्याप्त हैं। प्राचीन भारत में प्रत्येक गाँव का रक्षक (ग्राम देवता) एक-एक यक्ष था, जिसकी पूजा समस्त ग्रामवासी मिलकर या पृथक्-पृथक् किया करते थे। यक्षों की पूजा पीपल या वट आदि के वृक्षों के नीचे चौरों या चबूतरों (यक्ष-चत्वर) पर होती थी। यह चौरा या तो खाली रहता था या इस पर लगभग एक वितस्ति या कुछ अधिक लम्बी और ऊँचाई में अर्धवृत्ताकार उभरी हुई एक पिण्डी रहती थी, जो ऊपर से कुछ नुकीली रहती थी। पिण्डी के अगल-बगल में दीपक रखने के लिए एक छोटा तिकोना आला भी होता था। इसी चत्वर पर यक्ष का आह्वान करके उसकी गन्ध-पुष्प आदि से पूजा की जाती थी। ऐसे प्राचीन यक्ष-चत्वर उत्तर भारत के ग्रामों तथा नगरों में आज भी प्रचुरतया देखने को मिल जाते हैं, जहाँ वे मार्गों के बगल में या खेतों में खड़े हैं। कहीं-कहीं उन्हें 'पहलवान-बाबा' कहा जाता है।

यक्षों की प्रस्तर मूर्तियाँ भी बना कर गाँवों में या चौराहों पर खड़ी की जाती थीं। यक्षों को अत्यन्त बलिष्ठ एवं पुष्टगात्र माना जाता था। अत: इनकी मूर्तियाँ मानव-शरीर

से अधिक बड़ी एवं भारी-भरकम हैं। यक्षों की सबसे अधिक मूर्तियाँ मथुरा के आस-पास प्राप्त हुई हैं, किसी समय वह यक्ष-पूजा का बड़ा भारी केन्द्र रहा होगा। सूरदास तक ने किसी उत्सव के प्रारम्भ में जाख (जक्ख) की पूजा न करने से होने वाले अनिष्ट का उल्लेख किया है। यक्षों की इन मूर्तियों का दाहिना हाथ प्रायः अभयमुद्रा में है, जो पूजक को आश्वासन प्रदान करता है। सर्वप्रथम जब मथुरा कला में बोधिसत्त्व की मूर्तियाँ बनीं तो उसकी अवयव-घटना में प्राचीनतर यक्ष-मूर्तियों का ही अनुकरण किया गया। यक्षों की अनेक मूर्तियों पर उनके नाम उत्कीर्ण हैं, जिससे उनको पहचानने में भूल नहीं हो सकती।

बलिष्ठ होने के कारण यक्षों को 'वीर' भी कहा जाता था। एक बौद्ध ग्रन्थ में मथुरा में सौ पल भार की एक लौह गदा दाहिने हाथ में लिए हुए 'मोग्गरपानि' (मुद्गरपाणि) नामक एक यक्षमूर्ति का उल्लेख है। यहाँ उल्लेखनीय है कि प्राचीन यक्ष पूजा के बहुत से तत्त्वों को बाद में हनुमत्-उपासना ने ग्रहण कर लिया है, जिनकी 'महावीर' संज्ञा आज भी यक्षों से उनका सम्बन्ध जोड़ती है। काशी के सुप्रसिद्ध लहुरा-बीर (छोटा वीर= यक्ष) तथा बुल्ला-बीर (= विपुल या बड़ा वीर) नामक स्थान आज भी यक्ष-पूजा के प्राचीन केन्द्रों के रूप में जीवित हैं। अनेक पहलवानी अखाड़ों के पास यक्षों या वीरों के चौरे आज भी हैं, जिन पर फूल के रूप में मिट्टी चढ़ाई जाती है।

यक्ष धन-सम्पत्ति के स्वामी माने गए हैं। उनके पास अनन्त निधियाँ हैं। इसके प्रतीक-स्वरूप वे एक हाथ में मुद्राओं की थैली लिए हुए प्रायः चित्रित किए गए हैं। यक्षाधिपति कुबेर का चित्रण भी थैली के साथ किया गया है। कुबेर को इसीलिए देवताओं का कोषाध्यक्ष कहा गया है। रघु को जब वरतन्तु के शिष्य कौत्स के लिए धन की आवश्यकता होती है तो वे कुबेर से ही लाने का विचार करते हैं (द्र० रघुवंश, पञ्चम सर्ग)। यक्षों के दूसरे हाथ में प्रायः कुम्भ रहता है, जो अमृतकुम्भ का प्रतीक है और यह द्योतित करता है कि यक्ष अमर हैं। वैसे इस कुम्भ को मदिरापात्र भी माना जा सकता है क्योंकि यक्षमूर्तियों के एक हाथ में कुम्भ और दूसरे में पान-चषक भी प्रदर्शित किया गया है। मदिरोन्मत्त और स्त्रियों के साथ क्रीडासक्त रहने के कारण ही नल-कूबर यक्षों को नारद ने शाप दिया था।

यक्षों का जितना विस्तृत विवरण बौद्ध एवं जैन ग्रन्थों में मिलता है, उतना संस्कृत ग्रन्थों में नहीं। प्रायः ऐसा वर्णन है कि कोई यक्ष या यक्षी नगरवासियों या ग्रामवासियों को त्रस्त करती थी। गौतम बुद्ध या महावीर ने उसे जीता, सद्धर्म में दीक्षित किया और तब वह यक्ष या यक्षी उस नगर के रक्षक देवता या देवी बन गए। कुबेर की पत्नी **हारीति** या भद्रा के साथ भी ऐसा ही हुआ था। यह शिशुभक्षिका यक्षी महात्मा बुद्ध के प्रभाव से मातृ-स्नेह संवलित एक शिशुरक्षिका यक्षी के रूप में बदल गई। गोद में शिशु लेकर आसीन मुद्रा में इसकी अनेक मूर्तियाँ प्राप्त हुई हैं। आज भी कुछ लोगों का

विश्वास है कि 'यक्षिणियों' को मन्त्र एवं उपासना द्वारा सिद्ध किया जा सकता है और तब वे साधक का हर कार्य पूर्ण कर सकती हैं। कुछ लोग इसके लिए प्रयत्नशील भी देखे जाते हैं।

विष्णुधर्मोत्तर-पुराण में **मणिभद्र, पूर्णभद्र, दीर्घभद्र, यक्षभद्र** तथा **स्वभद्र** नामक पाँच प्रमुख यक्ष–वीरों का उल्लेख किया गया है। कुबेर के नल–कूवर नामक दो यक्ष–पुत्रों के कृष्ण द्वारा वृक्षयोनि से उद्धार का वर्णन श्रीमद्भागवत में प्राप्त होता है। यक्षपूजा के अनेक चौरे धीरे–धीरे सर्व–आत्मसात्कारी हिन्दू धर्म में शिव के चौरे बन गए और यक्षपिण्डी का स्थान शिवलिंग ने ले लिया। यक्षराज कुबेर को भारतीय परम्परा ने सहज भाव से शिव का अभिन्न मित्र घोषित कर दिया। कालिदास के अनुसार यक्षों की अलका–नगरी कैलाश के इतनी समीप है कि उसके उद्यान रात्रि में शिव की चन्द्रिका से आलोकित रहते हैं (बाह्योद्यानस्थितहरशिरश्चन्द्रिकाधौतहर्म्या)।

लोक देवताओं की सबसे बड़ी विशेषता यह है कि उनके स्वभाव में सौम्य और उग्र दोनों प्रकार के तत्त्व पाए जाते हैं। यक्ष भी इसी प्रकार के विविध शक्तिसम्पन्न लोक देवता हैं। नियमित रूप से पूजा किए जाने पर, कम से कम मांगलिक अवसरों पर स्मरण किए जाने से, वे प्रसन्न रहते हैं, उपासकों को धन–धान्यादि से समृद्ध करते हैं, उनके रोग दूर करते हैं तथा विपत्तियों से उनकी रक्षा करते हैं। क्रुद्ध एवं असन्तुष्ट होने पर वे महामारी, दुर्भिक्ष, अग्निभय एवं जलाप्लावन आदि उपस्थित कर देते हैं। तब पूजा एवं बलि आदि से उनका प्रसान्त्वन आवश्यक होता है।

वृक्षों एवं जल से यक्षों का विशेष सम्बन्ध है। भरहुत तथा साँची की कला में वृक्ष से लिपटी अथवा वृक्षों की डालों को झुका कर खड़ी यक्षियों का बड़ा रमणीक और मोहक चित्रण हुआ है। महाभारत, वनपर्व में एक बुद्धिमान् और ज्ञानी यक्ष को उस सरोवर का स्वामी बताया गया है, जिसमें से चार पाण्डव पिपासाकुल होकर यक्ष के प्रश्नों का उत्तर दिए बिना हठात् जलपान की चेष्टा करते हैं किन्तु यक्ष के प्रभाव से जल पीते ही वह मर कर गिर पड़ते हैं। उस यक्ष को अन्त में युधिष्ठिर ही अपने उत्तरों से सन्तुष्ट कर पाते हैं। जब भीम द्रौपदी के लिए अलौकिक गन्ध से पूर्ण पद्म–पुष्प लेने के लिए कुबेर की नगरी अलका पहुँचते हैं तो उन्हें उस सौगन्धिक सरोवर की रक्षा करते हुए बलिष्ठ यक्ष ही दिखाई पड़ते हैं, जिससे उनका विकट युद्ध होता है।

यक्षों को वाल्मीकि रामायण में राक्षसों का सौतेला भाई बताया गया है। दोनों **'विश्रवा'** मुनि की सन्तान हैं। रावण ने कुबेर–वैश्रवण को हरा कर उत्तर की ओर खदेड़ दिया था और उसकी नगरी लंका पर अधिकार कर लिया था। वह पुष्पक विमान भी, जिससे राम अयोध्या लौटे थे, मूलतः कुबेर का था।

यक्ष प्राचीन धार्मिक विश्वासों में अपने सौन्दर्य के लिए भी विख्यात थे। गोभिल

और द्राह्यायण-गृह्यसूत्र में गुरुगृह में आया छात्र यक्ष के समान 'नेत्रों का प्रिय' या रूपवान् होने की कामना करता है (यक्षमिव चक्षुषः प्रियो वा भूयासम्)। दीदारगंज (बिहार) से मिली मौर्यकालीन चामरधारिणी यक्षी एवं साँची-भरहुत-मथुरा आदि की यक्षियाँ अत्यन्त सुलक्षण एवं सुदर्शन हैं। उत्तरमेघ में कालिदास ने यक्ष की पत्नी का जो चित्र खींचा है, उससे यक्ष नारियाँ मनोरम होने के साथ-साथ ('युवतिविषये सृष्टिराद्येव धातुः') कलाप्रेमी, सुरुचि-सम्पन्न, परिष्कृत एवं सुकोमल मानवीय-संवेदनाओं से युक्त रमणियों के रूप में हमारे सामने उभरती हैं।

यक्षों की पूजा-पद्धति ने बाद में हिन्दू देवताओं की उपासना-पद्धति को प्रभावित किया। आज भी गंध, पुष्प, धूप, दीप, नैवेद्य आदि उपचारों से जो आगमशास्त्रीय या तान्त्रिक पूजा पद्धति प्रचलित है, वह मूलतः यक्षोपासना पद्धति में प्रयुक्त होती थी। देवों की तो मूर्तियाँ ही नहीं बनती थीं। उनके लिए अग्नि में आहुति दी जाती थी। जब देवों की मूर्तियाँ बनने लगीं और चैत्यों या मन्दिरों का निर्माण प्रारम्भ हुआ तो पुष्प, धूप, दीप आदि वाली पूजा-पद्धति उनके साथ भी जुड़ गई। देवोपासना ने यक्षोपासना को यद्यपि क्रमशः कम कर दिया किन्तु वह पूर्णतः विलुप्त नहीं हुई। भवन आदि के निर्माण के अवसर पर या मूर्तियों की प्राणप्रतिष्ठा आदि के समय ६४, ८१ या १०८ खाने (पद) वाले वास्तुमण्डल का पूजन अनिवार्य है। इस वास्तुमण्डल के विभिन्न खानों में पूजे जाने वाले 'देवता' मूलतः लौकिक-विश्वास के यक्ष प्रतीत होते हैं। वैदिक युग में ही राजराज (राजाधिराज) वैश्रवण को सन्तुष्ट रखने के लिए निम्न पद की रचना हुई थी और इस पद्य को प्रत्येक धार्मिक कृत्य के अन्त में अवश्य बोला जाता था, जिससे देवोपासना से यक्ष अपने को उपेक्षित समझ कर यजमान या उपासक से असन्तुष्ट न हो जाएँ। आज भी यह पद्य पूजा के अन्त में नीराजना (आरती) के पश्चात् प्रायः बोला जाता है। पद्य की नमः-उक्ति में कुबेर के लिए 'महाराज' संज्ञा प्रयुक्त हुई है —

राजाधिराजाय प्रसह्यसाहिने
नमो वयं वैश्रवणाय कुर्महे।
स मे कामान् कामकामाय मह्यं
कामेश्वरो वैश्रवणो ददातु॥
कुबेराय वैश्रवणाय महाराजाय वै नमः। — तै० आ० १।३१।६

भारत के प्राचीन लोकोत्सवों की सूची में बेस्समणमह (वैश्रवणमह) या कुबेरोत्सव का नाम आता है और यक्षोत्सवों की परम्परा आधुनिक काल तक चली आई है। कनिंघम ने मथुरा के परखम नामक गाँव में (जहाँ से यक्ष मणिभद्र की एक विशाल मूर्ति प्राप्त हुई है) माघ मास के प्रति रविवार को यक्षों के सम्मान में होने वाले **जखैया** नामक एक लोकोत्सव का उल्लेख किया है, जिसमें एक यक्ष-चत्वर के चारों ओर एकत्र होकर ग्रामीण स्त्री-पुरुष रात भर गाते बजाते हैं।

प्रथम शती के आस-पास यक्षोपासना बौद्धधर्म के साथ-साथ चीन भी पहुँच गई। आज "लाफिंग बुद्धा" के रूप में आधुनिक नगरवासी जिस चीनी मूर्ति को धन-समृद्धि की वृद्धि के लिए घरों में रखते हैं, वह वस्तुतः धनाधिपति यक्षराज **कुबेर की मूर्ति** है। उनके दाहिने हाथ में प्रायः मुद्राओं की थैली और बाएँ में पानपात्र (भिक्षापात्र नहीं) रहता है। उनके इसी प्रकार के खर्वाकार तुन्दिल शरीर का पुराणों में उल्लेख मिलता है।

असुर एवं राक्षस

सत् और असत्, अच्छा और बुरा, दोनों के सम्मिश्रण से यह सृष्टि बनी है। व्यक्ति को कभी अपने जीवन में सफलता मिलती है और कभी अकारण अफलता। जिस प्रकार कल्याणकारी एवं मंगलमयी दैवी शक्ति पर विश्वास करना मानव के लिए सहज है, उसी प्रकार अमंगलकारी और विनाशक शक्तियों पर भी। इस दृष्टि से देवता और राक्षस दोनों परस्पर एक-दूसरे के पूरक हैं।

वैदिक साहित्य में तीन प्रकार की अमंगलकारी शक्तियों का उल्लेख है — **असुर, दस्यु** (दास) तथा **रक्षस्** (बहु० व० **रक्षांसि**, परवर्ती **राक्षस**)।

इनमें से प्रथम **(असुर)** मुख्यतः वैदिक साहित्य में वर्णित, वे परम बलिष्ठ असत् शक्तियाँ हैं, जिनके क्रिया-कलापों का समस्त विश्व पर प्रभाव पड़ता है। वे प्रकृति के नियमों को प्रभावित कर सकते हैं, वृष्टि को रोक सकते हैं, सूर्य को आच्छादित कर सकते हैं। **वृत्रासुर** सर्प की भाँति कुण्डली मार कर आकाशीय जलों को अवरुद्ध किए रहता है। **बल** देवताओं की गायों को चुरा कर ले जाता है और उन्हें गुफा में बन्द कर देता है। **विश्वरूप** भी वैसे तो असुर ही है, जो देवों की गायें तथा अश्व चुराता है पर वह त्वष्टा का पुत्र है और देवताओं के यज्ञों में कभी-कभी पुरोहित का भी कार्य किया करता है (तै० सं०)। इन्द्र उसे मार डालते हैं तो उन्हें ब्रह्महत्या लगती है। विश्वरूप इस प्रकार देवता का पुत्र है, जाति से ब्राह्मण है और स्वभाव से असुर। देव, मानव और असुर तीनों के गुण उसमें विद्यमान हैं।

असुर और देवता दोनों ही प्रजापति से उत्पन्न हुए हैं, उनके पुत्र हैं। 'असुर' शब्द का अर्थ है प्राणवान् या शक्तिशाली। प्रायः सभी असुर इन्द्र के द्वारा मारे जाते हैं। वृत्र को वे वज्र से मारते हैं तो **नमुचि** को समुद्र के फेन से। वैसे महाभारत में ये ही असुर पुनः जीवित चित्रित किए जाते हैं और वे इन्द्र आदि से अनेक दार्शनिक विषयों पर चर्चा करते हैं। असुरों का चरित प्रायः देवों के चरित की अपेक्षा उत्कृष्ट प्रदर्शित किया गया है। ब्राह्मण ग्रन्थों में प्रायः यह भी उल्लेख प्राप्त होता है कि जैसे देवगणों का राज्य स्वर्ग में है वैसे ही पृथ्वी पर पहले असुरों का राज्य था किन्तु देवों ने किसी यज्ञीय कृत्य

विशेष से (या छल से) उन्हें पृथ्वी से भगा दिया। पुराणों के अनुसार तब उन्होंने पाताल में शरण ली।

दस्यु या दास शब्द ऋग्वेद में प्रायः निकृष्ट सामाजिक तत्त्वों को द्योतित करने के लिए प्रयुक्त हुआ है, ऐसे तत्त्व जिनके विरुद्ध वैदिक आर्य प्रायः लड़ते रहते थे। इनको काले वर्ण और चपटी नाक वाला बताया गया है। दासों के नेता **शम्बर** का ऋग्वेद में प्रायः उल्लेख है। इन्द्र चालीस वर्ष तक उससे युद्ध करके उसके नब्बे (या निन्यानवे 'नव साकं नवतीः शम्बरस्य') किलों को ध्वस्त करने में समर्थ होते हैं (ऋ० २।१२।११)। भागवत-पुराण में कृष्ण के पुत्र, कामदेव के अवतार, प्रद्युम्न को शम्बरासुर का वध करते हुए प्रदर्शित किया गया है।

आद्युदात्त **रक्षस्** शब्द का अर्थ है विघ्न या विपत्ति। अन्तोदात्त होकर यही शब्द विघ्नकारी शक्तियों का वाची हो जाता है। हमारे पृथ्वीमण्डल पर ऐसे असंख्य रक्षस् इधर-उधर विचरण करते रहते हैं। ये रोग उत्पन्न करते हैं, यज्ञ आदि शुभ कार्यों में विघ्न डालते हैं, नववधू के सौभाग्य को विनष्ट करते हैं, गर्भवती स्त्रियों के शरीर में प्रवेश करके माँ तथा शिशु को हानि पहुँचाते हैं। ये अनेक प्रकार के रूप धारण करने में समर्थ हैं और यातविक शक्तियों से युक्त हैं। इन्हीं में जो मनुष्यों एवं पशुओं के शरीर में प्रविष्ट होकर उनका रक्तपान करते हैं या उनके शरीर का मांस खा जाते हैं, उन्हें **पिशाच** या **क्रव्याद** (कच्चा मांस खाने वाला) कहा जाता है। इन्हीं रक्षस् को दूर करने के लिए यज्ञभूमि पर दक्षिण दिशा में दक्षिणाग्नि जलती रहती है। आथर्वणिक मन्त्रों से भी इन्हें वश में किया जा सकता है।

महाकाव्यों और पुराणों के काल में वैदिक असुर और रक्षस् (राक्षस) तो विकसित और पल्लवित होते हैं पर दस्यु-दास विलुप्त हो गए हैं। दस्यु शब्द शत्रु या डाकू का और दास भृत्य का वाची है। असुरों का गौरव और महत्त्व अब भी सुरक्षित है। वे देवों के प्रतिद्वन्द्वी हैं। विश्व का साम्राज्य प्राप्त करने के लिए उनमें तथा देवों में होड़ रहती है। प्रायः वे इसे प्राप्त भी कर लेते हैं, पर देवों का पक्ष लेकर विष्णु उन्हें अपदस्थ कर देते हैं। असुरों को फुसला कर देवता उनके सहयोग से क्षीरसागर का मन्थन करते हैं और अमृत निकलने पर असुरों को धोखा देकर स्वयं पी जाते हैं। असुर धार्मिक क्रियाएँ भी सम्पन्न करते हैं। शुक्राचार्य उनके गुरु हैं। पर इन क्रियाओं में आभिचारिकता की प्रधानता रहती है। अनेक वैदिक असुर पुराणों तक आते-आते अपना 'असुरत्व' खो बैठते हैं और परमज्ञानी तथा भगवद्भक्त के रूप में हमारे सामने उपस्थित होते हैं। श्रीमद्भागवत में वृत्रासुर का एक उत्कृष्ट विष्णु-भक्त के रूप में जो चरित चित्रित हुआ है, वह समस्त भारतीय वाङ्मय में अद्वितीय है।

असुरों के **दैत्य** और **दानव** नामक दो वंशों का पुराणों में और उल्लेख मिलता है।

दोनों ही कश्यप-प्रजापति के पुत्र हैं, प्रथम की माता 'दिति' है और द्वितीय की 'दानु'। 'दिति' की परिकल्पना 'अदिति' के विरोधी व्यक्तित्व के रूप में विकसित हुई है। जहाँ अदिति आदित्यों तथा अन्य देवों की जननी है, वहीं दिति दैत्यों की। ऋग्वेद में वृत्र की माता का नाम 'दानु' है। पुराणों में कश्यप की पत्नी होकर यह दानवों को उत्पन्न करती है। दैत्य-वंशीयों में **हिरण्यकशिपु** तथा **हिरण्याक्ष** विशेष प्रसिद्ध हैं, जिनका वध करने के लिए विष्णु को क्रमशः **नृसिंह** तथा **वराह** रूप में अवतार लेना पड़ता है। हिरण्यकशिपु के पुत्र **प्रह्लाद** का उदात्त चरित और उनकी विष्णुभक्ति बड़े-बड़े वैष्णवों के लिए भी ईर्ष्या की वस्तु है। प्रह्लाद का पौत्र **बलि** भी वैष्णव पुराणों में अत्यन्त विष्णुभक्त चित्रित किया गया है। यद्यपि विष्णु त्रिविक्रम-वामन रूप में छल से उससे त्रिलोकी का राज्य ले लेते हैं किन्तु बदले में उसे पाताल का आधिपत्य प्रदान करते हैं और उसकी ड्योढ़ी पर द्वारपाल के रूप में पहरा दिया करते हैं। बलि की पौत्री उषा (बाणासुर की कन्या) बाद में कृष्ण के पौत्र अनिरुद्ध की पत्नी बनती है। दानवों में **मय** का नाम उल्लेखनीय है, जो 'माया' का जनक होते हुए भी अद्वितीय शिल्पी है। खाण्डवदाह के अवसर पर अर्जुन से प्राणदान पाकर वह पाण्डवों के लिए एक अद्भुत प्रासाद का निर्माण करता है। वैदिक **शम्बर** और **बल** पुराणों में कृष्णकथा से सम्बन्धित हैं और क्रमशः प्रद्युम्न तथा कृष्ण द्वारा मारे जाते हैं।

राक्षसों के स्वरूप एवं व्यक्तित्व का विकास करने का श्रेय वाल्मीकि को है। सर्वप्रथम वाल्मीकि-रामायण में आकर ही अथर्ववेद के अमूर्त 'रक्षांसि' राक्षस नाम से एक मूर्त आकार ग्रहण करते हैं। रक्षस् (विघ्न, विनाश) से सम्बन्धित होने के कारण वे राक्षस हैं। इस नाम से वे एक वर्ग-विशेष या जाति-विशेष को अभिहित करते हैं, जो आर्य-संस्कृति से प्रभावित होते हुए भी उससे पृथक् थी। राक्षस वैदिक यज्ञों में विघ्न डालते हैं (ताड़का), आर्यों से छलपूर्वक युद्ध करते हैं, उनकी नारियों का अपहरण करके बलात् उनसे विवाह करते हैं ('राक्षस-विवाह'), अपने शवों को गाड़ते हैं और बड़े चाव से नरमांस का भक्षण करते एवं रुधिरपान करते हैं। रावण सीता को प्रातराश (नाश्ते) के लिए प्रयुक्त करने का विचार रखता है, सीता की रक्षक राक्षसियाँ भी इस विचार से प्रसन्न हैं कि उन्हें कुछ दिनों में मद्य के साथ सीता का नरमांस भी भक्षण हेतु प्राप्त होगा। कुम्भकर्ण भी अनेक ऋषि, अप्सराओं एवं मनुष्यों को आहार बना चुका है। उसके शयनगार में अनेक रुधिरपूर्ण कुम्भ भरे रखे रहते हैं, जिससे उठने पर वह उनका पान कर सके। जब राजा सुदास की रसोई में एक बार भूल से नरमांस परोस दिया जाता है तो ऋषि उसे 'राक्षस' हो जाने का शाप दे देते हैं। राक्षसों को शिव का उपासक बताया गया है। उनमें से कुछ विद्वान् तथा संस्कृतज्ञ भी चित्रित किए गए हैं। सीता से रावण संस्कृत ही बोला करता था इसीलिए हनुमान् सीता को प्रथमतः संस्कृत में सम्बोधित करने में हिचक रहे थे ('रावणं मन्यमाना मां सीता भीता भविष्यति')।

रावण को ऋग्वेद के एक भाष्य का कर्ता तथा 'शिवताण्डव स्त्रोत्र' का रचयिता माना जाता है। सुप्रसिद्ध विष्णु-भक्त विभीषण भी राक्षस वंशीय है।

वाल्मीकि ने 'राक्षस' शब्द का प्रयोग मानव-जाति-विशेष के लिए किया था और उनके वर्णन में काव्यात्मक अतिरञ्जना के अतिरिक्त इस जाति के प्रति उनकी अपनी धारणाएँ और सुनी-सुनाई बातें भी रही होंगी पर उनका यह सजीव चित्रण आगे चल कर बड़ा लोकप्रिय हुआ और उसने असत्-शक्तियों की अवधारणा के विकास में महत्त्वपूर्ण सहयोग दिया। 'राक्षस' शब्द पुराणों में प्राय: सभी प्रकार की असत्-शक्तियों का सामान्य सम्मिलित-नाम है। जहाँ उनमें विद्या, बल, पराक्रम एवं ऐश्वर्य पाया जाता है, वहीं औद्धत्य, अनुदारता, क्रूरता, अहंमन्यता एवं मोहान्धता की भी वे खान हैं। उनमें कमी यही है कि वे अपनी शक्तियों का दुर्बलों को सताने और धर्म का संहार करने में दुरुपयोग करते हैं।[१]

❖ ❖ ❖

स वै न देवासुरमर्त्यतिर्यङ् न स्त्री न षण्ढो न पुमान् न जन्तुः।
नायं गुणः कर्म न सन्नवाऽसन्निषेधशेषो जयतादशेषः।।

— श्रीमद्भागवत, गजेन्द्रमोक्ष

'वह' न तो देवता है, न असुर, न मानव, न पशु-पक्षी, न कोई अन्य जीवधारी; न स्त्री है, न पुरुष, और न ही इन दोनों से भिन्न कोई तीसरा; वह न गुण है, न क्रिया; वह सत् और असत् — अस्तित्व और अनस्तित्व — दोनों कोटियों से परे है। जब हम इन सबका अपलाप कर देते हैं, तब उसके बाद जो शेष बचता है, वही सब कुछ है।

---

१. भारतीय धार्मिक मान्यताओं में आसुरी तत्त्वों की अधिक विस्तार से विवेचना के लिए प्रस्तुत लेखक का **लुड्विग-श्टर्नबाख़ अभिनन्दन ग्रन्थ** (अखिल भारतीय संस्कृत परिषद्, लखनऊ, १९८१) में जर्मन भाषा में प्रकाशित Die Vorstellung der Dämonen im indischen Glauben (The Concept of Demons in Indian Belief) नामक लेख (पृ० ९८९-१००२) द्रष्टव्य है।

सहायक ग्रन्थ-सूची

मूल ग्रन्थ (वैदिक)

ऋग्वेद-संहिता – पदपाठ एवं सायणभाष्य सहित, ५ खण्ड, वैदिक संशोधन मण्डल, पुणे का प्रकाशन, सम्पादक काशीकर एवं सोनटक्के ।

– माक्सम्युलर द्वारा सम्पादित प्रथम आलोचनात्मक संस्करण, ६ खण्ड, लन्दन १८४९-७४ (चौखम्बा पुस्तकालय, वाराणसी द्वारा पुनर्मुद्रित)।

– श्रीपाद दामोदर सातवलेकर द्वारा स्वाध्याय मण्डल, पारडी से प्रकाशित, १९५७ (अनेकशः पुनर्मुद्रित)।

शुक्ल यजुर्वेद (माध्यन्दिन) – श्रीपाद दामोदर सातवलेकर संपादित, स्वाध्याय मण्डल, पारडी, तृतीय संस्करण, १९५७ ।

शुक्ल यजुर्वेद (काण्व) – श्रीपाद दामोदर सातवलेकर संपादित, स्वाध्याय मण्डल, पारडी, १९४०।

सायणभाष्य सहित, सं० त्र्यम्बक ना० धर्माधिकारी, वैदिक संशोधन मण्डल, पुणे।

तैत्तिरीय संहिता (कृष्ण) – संपादक ए०वाई० धूपकर, स्वाध्याय मण्डल, १९५७।

काठक संहिता (कृष्ण) – संपादक श्रीपाद दा० सातवलेकर, स्वाध्याय मण्डल, १९४३ ।

मैत्रायणी संहिता (कृष्ण) – १. लियोपोल्ड फॉन् श्र्योडर द्वारा संपादित, पुनर्मुद्रित संस्करण, वीसबाडेन (जर्मनी) १९७०-७२ ।

२. स्वाध्याय मण्डल, पारडी (औंध) द्वारा प्रकाशित मूलमात्र।

अथर्ववेद (शौनक) – श्रीपाद दा० सातवलेकर संपादित, स्वाध्याय मण्डल, तृतीय संस्करण, १९५७ ।

अथर्ववेद (पैप्पलाद) – १. प्रो० रघुवीर द्वारा काश्मीर की उस समय प्राप्त एकमात्र भोजपत्र पाण्डुलिपि से प्रकाशित, लाहौर।

२. एशियाटिक सोसाइटी, कोलकाता द्वारा अद्यावधि प्रकाशित १-१५ काण्ड (शेष ५ प्रकाशनाधीन), सं० दीपक भट्टाचार्य।

ऐतरेय ब्राह्मण – सायणभाष्य सहित, सं० वी०जी० आप्टे, आनन्दाश्रम संस्कृत ग्रन्थमाला, पुणे, २ खण्ड, १९३०-३१ ।

कौषीतकि ब्राह्मण – बी० लिन्ड्नर द्वारा सम्पादित एवं अनूदित, येना (जर्मनी), १८८७ ।

शतपथ ब्राह्मण (माध्यन्दिन) – सायणभाष्य सहित, ५ खण्डों में, श्रीवेंकटेश्वर प्रेस मुम्बई, १९४० ।

शतपथ ब्राह्मण (काण्व) – १. मूलमात्र, वेद विद्या प्रतिष्ठान, उज्जैन, २००२ ।

२. अंग्रेज़ी अनुवाद सहित, इन्दिरा गाँधी कलाकेन्द्र, दिल्ली।

तैत्तिरीय ब्राह्मण – सायणभाष्य संवलित, सं० वी०जी० आप्टे, आनन्दाश्रम ग्रन्थमाला, पुणे, १९३८ ।

तैत्तिरीय आरण्यक – सायणभाष्य संवलित, सं० वी०जी० आप्टे, आनन्दाश्रम ग्रन्थमाला, पुणे, १९२७ ।

ताण्ड्य महाब्राह्मण – सायणभाष्य सहित, सं० चिन्नस्वामी शास्त्री, २ खण्ड, काशी संस्कृत सीरीज़, चौखम्बा, वाराणसी १९३६ ।

पञ्चविंश / षड्विंश ब्राह्मण – आलोचनात्मक संस्करण, सं० वी०आर० शर्मा, केन्द्रीय संस्कृत विद्यापीठ, तिरुपति १९६७।

जैमिनीय ब्राह्मण – १. सं० प्रो० रघुवीर एवं प्रो० लोकेशचन्द्र, इन्टरनेशनल एकेडमी ऑफ् कल्चर, नागपुर १९५० (प्रो० एलर्स द्वारा बर्लिन में आलोचनात्मक संस्करण प्रस्तूयमान)।

२. प्रो० श्रीकृष्ण शर्मा द्वारा संपादित एवं डॉ० रानाडे द्वारा पुनरीक्षित सानुवाद संस्करण इन्दिरा गाँधी कलाकेन्द्र द्वारा प्रकाश्यमान।

ईशादिविंशोत्तरशतोपनिषदः – १२० उपनिषदों के मूलमात्र का संकलन, निर्णय सागर प्रेस, बम्बई, पुनर्मुद्रित दिल्ली (मोतीलाल)।

अष्यादश उपनिषदः – प्रमुख १८ उपनिषदों का आलोचनात्मक संस्करण, सं० वी०पी० लिमये एवं आर०डी० वाडेकर, भण्डारकर, पुणे, १९५८ से।

उपनिषदङ्क (कल्याण) – (सभी प्रमुख उपनिषदों का सानुवाद संकलन) कल्याण पत्रिका, गोरखपुर का विशेषांक, गोरखपुर १९४९।

आपस्तम्ब गृह्यसूत्र – काशी संस्कृत सीरीज़, वाराणसी, १९६९–७१।

आश्वलायन गृह्यसूत्र – ईस्टर्न बुक लिंकर्स, दिल्ली, १९७६; अड्यार लाइब्रेरी, १९८०।

कौषीतकि गृह्यसूत्र – सं० चिन्तामणि, मेहरचन्द लछमनदास, दिल्ली, १९८२।

गोभिल गृह्यसूत्र – सं० चिन्तामणि भट्टाचार्य, मुंशीराम मनोहरलाल, दिल्ली, १९८२।

गौतम धर्मसूत्र – सं० उमेशचन्द्र पाण्डेय, चौखम्बा, वाराणसी, १९६६।

पारस्कर गृह्यसूत्र – १. सं० हरिदत्त शास्त्री, भारतीय वि०प्र०, दिल्ली/वाराणसी, १९७०।

२. सं० एम०जी० बक्रे, मुंशीराम मनोहरलाल, दिल्ली, १९८२।

वाराह गृह्यसूत्र – सं० प्रो० रघुवीर एवं लोकेशचन्द्र, मेहरचन्द लछमनदास, दिल्ली, १९७०, १९७२।

शांखायन गृह्यसूत्र – सं० एस०आर० सहगल, मुंशीराम मनोहरलाल, दिल्ली, १९६०।

निरुक्तम् – १. श्री उदयवीर शास्त्री विरचित हिन्दी अनुवाद सहित।

२. भगवद्दत्त, *निरुक्तशास्त्रम्*, रामलाल कपूर ट्रस्ट, अमृतसर, १९६४।

सर्वानुक्रमणी (कात्यायनकृत) – १. विवेक प्रकाशन, अलीगढ़।

२. सातवलेकर के *ऋग्वेद* संस्करण में परिशिष्ट रूप में मुद्रित।

नीतिमञ्जरी – द्या-द्विवेदकृत (*ऋग्वेद* में उद्धृत कथाओं से नीतियुक्त निष्कर्षों का संकलन), सं० श्री सीताराम जयराम जोशी, वाराणसी, १९३३।

बृहद्देवता – मैक्डॉनल द्वारा संपादित, हार्वर्ड ओ० सीरीज़ में प्रकाशित, दो खण्ड।

(पर-वैदिक)

महाभारत – गीता प्रेस, गोरखपुर द्वारा प्रकाशित मूलमात्र एवं हिन्दी अनुवाद सहित (दोनों प्रकार से उपलब्ध) १९५९ के बाद अनेकशः पुनर्मुद्रित।

– आलोचनात्मक संस्करण, सं० सुखथन्कर एवं बेलवाल्कर, भण्डारकर ओरियन्टल रिसर्च इन्स्टीटयूट, पुणे, १९३३-६२; पाठान्तर विरहित मूलमात्र भी उपलब्ध।

वाल्मीकि रामायण – गीता प्रेस, गोरखपुर संस्करण; मूलमात्र एवं सानुवाद उपलब्ध, अनेकशः पुनर्मुद्रित।

– आलोचनात्मक संस्करण, ओरियन्टल इन्स्टीटयूट, बडोदरा, १९६०।

अष्टादश महापुराण – *श्रीमद्भागवत* एवं *विष्णुपुराण* के गीता प्रेस, गोरखपुर द्वारा प्रकाशित, *मत्स्य* एवं *वायु* के आनन्दाश्रम संस्कृत ग्रन्थमाला में प्रकाशित तथा अन्य सभी पुराणों के श्रीवेंकटेश्वर प्रेस मुम्बई द्वारा प्रकाशित मूल संस्करणों का उपयोग किया गया है।

देवीभागवतम् – पण्डित पुस्तकालय, वाराणसी, १९६३।

काव्य-नाटकादि – कालिदास लघुत्रयी *मेघदूत* तथा *कुमारसंभव* के साहित्य अकादमी, दिल्ली द्वारा प्रकाशित और क्रमशः सुशील कुमार डे (१९५७) एवं डॉ० सूर्यकान्त (१९६२) द्वारा संपादित संस्करणों का तथा *रघुवंश* एवं *शाकुन्तल* हेतु निर्णय सागर प्रेस, मुम्बई द्वारा प्रकाशित एवं डॉ० एम०आर० काले द्वारा सम्पादित संस्करणों का उपयोग किया गया है। *विक्रमोर्वशीयम्* हेतु डॉ० एच०डी० वेलणकर द्वारा संपादित एवं साहित्य अकादमी द्वारा १९६१ में प्रकाशित संस्करण का तथा शेष हेतु प्रायः पं० सीताराम चतुर्वेदी द्वारा सम्पादित *कालिदास ग्रन्थावली* में संग्रथित पाठों का उपयोग किया गया है। *प्रतिमानाटकम्* हेतु टी० गणपति शास्त्री के *भासनाटकचक्रम्* का तथा *शिशुपालवधम्* के लिए वल्लभदेव की टीका सहित चौखम्बा से प्रकाशित संस्करण का उपयोग है। शेष उपयुक्त ग्रन्थ भी प्रायः वाराणसी के लोकप्रिय संस्करण हैं। ऐसे ग्रन्थों में इस प्रबन्ध में उद्धृत *उत्तररामचरित, ध्वन्यालोक, भोजप्रबन्ध, अमरुकशतक, विक्रमांकदेवचरित* तथा *शिवमहिम्नःस्तवः* आदि का भी परिगणन है।

बृहत्संहिता – रा०कृ० भट्ट द्वारा संपादित एवं उत्पल की टीका तथा अंग्रेज़ी अनुवाद सहित, मोतीलील बनारसीदास, दिल्ली।

अहिर्बुध्न्य संहिता – औटो श्राडर द्वारा संपादित, अड्यार लाइब्रेरी, अड्यार, चेन्नई।

अमरकोश – १. महेश्वर भट्ट की टीका सहित, सं० चिन्तामणि थट्टे, मुम्बई, १८८२।

२. क्षीरस्वामी की टीका सहित, सं० हरिदत्तशर्मा, पुणे (ओ०बु०ए०)।

रामचरितमानस (तुलसीकृत) – गीता प्रेस, गोरखपुर संस्करण।

पाणिनीय अष्टाध्यायी – अनेक परिशिष्ट संवलित, जर्मन अनुवाद सहित, सं० औटो ब्योत्लिंक्, लाइपुत्सिष् , १८८७, पुनर्मुद्रण हिल्डेसहाइम, १९६४।

Select Bibliography (Secondary Litreature)

[**Note**: There is an enormous number of publications on Vedic Religion and Mythology and the number is still growing rapidly, especially in India. The list below comprises some of the major works without claiming to be comprehensive. For specific subject-wise information one may consult the *Vedic Bibliographies* of Renou and Dandekar.]

Agrawal, V.S., "Fire in the Ṛgveda" in *East & West*, vol. 11 (1) 28-32.

Andre, R., *Die Flutsagen*, Braunschweig, 1891.

Anirvān, *Veda Mīmāṁsa*, 3 vols. (Hindi tr. of the Bengali orig.), Nag Pub. Delhi, 2002f.

Aurobindo, *On the Vedas*, Aravinda Āśrama, Pondicherry.

Bailey, Greg, *The Mythology of Brahmā*, Oxford, Delhi, 1983.

Barth, A., *The Religions of India*, London, 1882 (Eng. tr. of the author's *Les religions de l'Inde*).

Bartholome, Ch., *Altiranisches Wörterbuch*, Berlin 1904 (reprint, 1969).

Benveniste, E., *Persian Religion* [as narrated by Greek Historians].

Bergaigne, A., *Vedic Mythologie According to the Hymns of the Ṛgveda*, Pune 1976-72 (Eng. tr. by V.G. Paranjpe of the author's *La religion Védique l'après les hymnes du Rig-veda*, Paris, 1878-83).

Bhandarkar, R.G., *Vaiṣṇavism, Śaivism and minor Religious Systems*, Strassburg, 1913.

Bhattacharya, Deepak, "Three Vedic Legends as found in later Literature", *JBRS*, vol. 51 (1965), 8-18 [Pṛthvī-dohana, Indra-viśvarūpa, Dadhyañc].

Bhattacharya, Sukumari, "Rudra from the Vedas to the Mahābhārata", ABORI, vol. 41 (1960).

Bloomfield, M., *Hymns of the Atharvaveda* (SBE XLII), Oxford, 1897 (reprint MLBD, Delhi).

———, *The Atharvaveda and the Gopatha Brāhmaṇa*, Strassburg 1899 (Indian reprints available).

Bradke, P.V., *Dyaus Asura, Ahura Mazda and die Asuras*, Halle, 1885.

Carnoy, A.J., "Ormazd" in *Encycl. of Rel. Ethics* (ed. J. Hasting).

———, *Les Indo-Europeans*, Paris.

———, and A.B. Keith, *Indian and Iranian Mythology*.

Charpentier, J., *Die Suparṇa-Sage*, Uppasala, 1920.

Clayton, A.C., *Rigvedic and Vedic Religion*, Christ. Lit. Soc., 1913 (rpt., 2010).

Coomerswamy, A.K., The Yakṣas, in 2 Parts, Washington, 1928-31.

Cumont, *Mysteries of Mithra*, Chicago, 1903.

Dandekar, R.N., *Vedic Mythological Tracts* (on Savitṛ, Varuṇa, Viṣṇu, Pūṣaṇ, Yama, Indra, Rudra, Agni, Varuṇa and Vasiṣṭha), Ajanta, Delhi, 1979.

Dange, S.A., "The Virgin and the divine Seed layer", in *Journal of Indian History*, vol. 45 (2), pp. 369-98.

———, *Legends in the Mahābhārata*, MLBD, Delhi 1969 (Garuḍa, Kaca, Amṛtamanthana).

———, *Towards Understanding Hindu Myths*, Aryan Books, Delhi, 1996.

Darmesteter, J., *Ormazd et Ahriman, leurs origines et leur histoire*, Paris, 1877.

———, *The Zend-Avesta*, tr. in 2 vols. (SBE IV, XXIII), Oxford 1880, 1883 (reprint MLBD, Delhi).

Dayananda, Swami, *Ṛgvedādi-bhāṣya-bhūmikā*, Vaidika Yantrālaya, Ajmer.

———, *Satyārtha-Prakāśa*, Ajmer (same Press, many repts.).

Deshmukh, P.S., *Origin and Development of Religion in Vedic Literature*, Oxford, 1933.

Dhal, U.N., *Goddess Lakṣmī : Origin and Development*, Delhi 1978.

Dhala, M.N., *Zoroastrian Theology*, Bombay.

Dixit, V.B., *Relation of Epics with Brāhmaṇa Literature*, Or. Bk. Agency, Pune.

Eggeling, J., *The Śatapatha Brāhmaṇa* acc. to the text of the Mādhyandina School (Eng. tr. of the text in 5 vols. SBE XII, XXVI, XLI, XLIII, XLIV) Oxford, 1882-99.

Ehric, J., *Der Vedische Mythus des Yama*, Strassburg, 1889.

Feer, L., *Vritra et Namoutchi dans le Mahābharata*, Revue de l'histoire de religions, XIV, 1886.

Flaherty, W.R., "Asceticism and Sexuality in the Mythology of Śiva" in *History of Religions*, vol. 8 (4), May 1969 and 9 (1), August 1969.

Frazer, J.G., *The Golden Bough: A Study in Magic and Religion*, 9 vols., London, 1894 (reprint, 1966).

———, *Worship of Nature*, London.

Gangoly, O.C., "Indra Cult Versus Kṛṣṇa Cult" in *J. of Ganganatha Jha Res. Instt.*, Allahabad, vol. VII (1), 1-27.

Geiger, B., *Ameša Spentas: Ihr Wesen und ihre ursprüngliche Bedeutung*, Vienna, 1916.

Geldner, K.F. and R. Pischel, *Vedische Studien*, 3 vols., Stuttgart 1889-1901.

———, "Zoroaster" in *Encyclopaedia Britannica*.

———, *Der Rigveda*, übersetzt und erläutert (German tr. of the Complete Saṁhitā, HOS).

———, *Die Religionen der Inder* (in the series of "Religionsgeschichtliches Lesebuch", vol. I), Tübingen, 1911.

Getty, Alice, *Ganesha: A Monograph*, Oxford, 1936.

Gonda, J., "The Indra-festival According to the Atharvavedins" in *JAOS*, vol. 87 (1967), 413-29.

———, *Aspects of Early Viṣṇuism*, Utrecht, 1954.

———, *Die Religionen Indiens*, vol. I, *Veda und älterer Hinduisms*, Stuttgart, 1960.

———, *History of Indian Literature*, vol. I (Veda), Otto Harrassowitz, Wiesbaden, 1975.

———, *The Vedic God Mitra*, Brill, Leiden, 1972.

Grimm, J., *Teutonic Mythology* (tr. of "Deutsche Mythologie"), Göttingen 1835, 2nd edn., 1844).

Griswold, H.D., *The Religion of the Rigveda*, Oxford, 1923.

Güntert, H., *Der arische Weltkönig und Heiland*, Halle 1924.

Hale, W.E., *Asuras in Early Vedic Religion*, Delhi: Motilal Banarsidass, 1986.

Hardy, E., *Die Vedisch-brahmānische Periode der Religion des alten Indiens*, Münster, 1893.

Hariappa, H.L., *Rigvedic Legends through the ages*, Pune 1953.

Hastings, J., ed., *Encyclopaedia of Religion and Ethics*, 12 vols., Edinburgh 1908-21.

Haug., M., *Essays on the Parsis*, 3rd edn., enlarged by E.W. West, London, 1884.

Havell, E.B., "What is Soma", *JRAS*, 1920.

Herodotus, *The History of Herodotus*, A new English version edited with copious notes and appendices, 4 vols. by George Rawlinson, London, 1858-60.

Hertel, J., *Die arische Feuerlehre*, Leipzig, 1925.

Hillebrandt, A., *Vedische Mythologie*, 2 vols., reprint, Hildesheim, 1965, Eng. tr. by S.R. Sharma in 2 vols. MLBD, Delhi.

Hofstetter, E., *"Der Herr der Tiere (Paśupati)" in Alten Indian*, Otto Harassowitz, Wiesbaden, 1980.

Holtzmann, A., "Indra nach der Vorstellungen des Mahābhārata", *ZDMG*, XXXII.

———, *Agni nach den Vorstellungen des Mahābhārata*, Strassburg, 1878.

———, *Das Mahābhārata und seine Teile*, 4 vols., Kiel, 1892-95.

Hopkins, E.W., *Epic Mythology*, Strassburg, 1915.

———, *The Religions of India*, Boston and London, 1895.

———, *The great Epic of India*, New Haven, 1920.

Jackson, A.V.M., "Avesta" in *Encyclopaedia of Religion and Ethics (ed. by Hastings)*.

Jackson, A.V.M., "Boghazköi", in the same (E.R.E.).

Jackson, A.V.M., *Die Iranische Religion* (In Grundriss der iranischer Philologic, vol. II), Strassburg 1896-1904.

Jacobi, H., *Das Ramāyaṇa*, Bonn, 1893.

Jaiswal, Suvira, *Footprint of Viṣṇu*, PIHC (26th session), 1964, 90-91.

Johansson, K.F., *Soefägeln i Indien: En religions-historisk mythologisk Studies*, Uppasala, 1910.

Jones Stuart, "Mithraism" in *Encycl. Rel. Ethics*.

Kakati, B., "The Fish and the Tortoise Deities", in *J. of the Univ. of Gauhati*, I (1), 31-40.

Keith, A.B., *Indian Mythology*, reprint, Mittal Publ., Delhi, 1990.

———, *Religion and Philosophy of the Veda and the Upanishads* (HOS, 31, 32) Cambridge-Massachusets, 1935.

Keith, A.B. and A.A. Macdonell, *Vedic Index of the Names and Subjects*, reprint, MLBD, Delhi.

Kirfel, W., *Die Kosmographie der Inder*, Bonn-Leipzig 1920.

———, *Purāṇa-pañcalakṣaṇam: Versuch einer Textgeschichte*, Bonn, 1927.

Konow, Sten, "On Medhā and Mazda" in *Ganganatha Jha Felicit Vol.*, Oriental Bk. Agency, Pune.

———, *The Aryan Gods of Mittani People*, Kristiania, 1921.

Kuhn, A., *Die Herabkunft des Feuers und des Göttertranks*, Berlin, 1859, 2nd edn., Gütersloh, reprint, Darmstadt, 1968.

———, *Mythologische Studies*, 2 vols., Gütersloh, 1886, reprint, 1912.

Kuiper, F.B.J., "The Three Strides of Viṣṇu" in *Norman Brown Festschrift*, 1962, pp. 137-151.

———, *An Austro-Asiatic Myth in Ṛgveda*, Amsterdam, 1950 (on the nature of Viṣṇu).

———, "*Varuṇa and Vidūṣaka: On the Origin of Sanskrit Drama*", Amsterdam, 1979.

Kumar, Pushpendra, "Female Deities in the Atharvaveda" (in History of Critical Studies in AV), Delhi: Nag Publisher, 1981.

Lüders, H., *Varuṇa* (in two vols. "Varuṇa und Wasser", "Varuṇa und das Ṛta"), posthumously ed. and pub. by L. Alsdorf, Göttingen, 1951-59.

Ludwig, A., *Der Rigveda oder die heiligen Hymnen der Brāhmaṇas* (German tr. of the Complete Saṁhitā), 6 vols., Leipzig, 1876-88.

———, *Über Methode bei Interpretation des Rigveda*, Prague, 1889.

Macdonell, A.A., *Vedic Mythology*, Strassburg 1897 (Hindi tr. by Prof. Suryakanta, *Vaidika Devaśāstra,* Meherchand Lachhmandas, Delhi, 1962).

Machek, V., "Origin of the Aśvins", in *Archiv Orientalni*, vol. 15 (1946), 386-419.

Maxmüller, F., *Chips from a German Workshop*, London.

———, *History of Sanskrit Literature*, London, 1859.

———, *India: What can it Teach Us*, London, 1883.

———, *Lectures on Origin and Growth of Religion*, London, 1903.

———, *Physical Religion*, London, 1891.

———, *Six Systems of Indian Philosophy*, London, 1899.

Meyer, E., *Geschichte des Altertums*, Stuttgart, 1913.

Meyer, J.J., *Trilogie der altindischen Mächte und Feste der Vegetation*, Zürich-Leipzig, 1937.

Modi, J.J., "Haoma" in *Encycl. Rel. Ethics*.

Moncreff, D.A., *Classical Myths and Legends*, London, 1913.

Monier-Williams, M., *Brahmanism and Hinduism*, or *Religious Thought and Life in India as based on the Veda*, London, 1887.

Mookerjee, R.K., *Hindu Civilization*, London, 1936.

Moulton, J.H., "Iranians", in *Encyclopaedia of Rel. and Ethics*.

———, *Early Zoroastrianism*, London, 1912 (rpt. Philo Press 1972).

Muir, J., *Original Sanskrit Texts on the Origin and History of the People of the India, their Religion and Institutions*, 5 vols., London 1868-73.

Myrhofer, M., *Die Indo-Arier im Vorderasien*, Wiesbaden, 1966.

Myriantheus, L., *Die Aśvins oder arischen Dioskuren*, München, 1876.

Oldenberg, H., *Aus Indien und Iran*, Gesammelte Aufsätze, Berlin, 1899.

———, *Die Religion des Veda*, Berlin 1894; 2nd edn., 1913, 3rd edn., 1923; (eng. tr. by Shridhar B. Shrotri, Delhi: MLBD, 1993).

Pandey, A.N., "Rôle of Vedic gods in the Gṛhyasūtras" in *J. of Ganganath Jha Res. Inst.*, Allahabad, vol. 16 (1-2), 91-133.

Pandit, M.P., *Aditi and Other Deities in the Veda*, Aurobindo Study Circle, Madras, 1958.

Pusalkar, A.D., *Studies in Epics and Purāṇas of India*, Bombay, 1963.

Raghavan, V., "Mother Worship: Vedic Concept" in *Vedanta Kesari*, vol. 39, 310-15.

Rahurkar, V.G., "Dadhyañc Ātharvaṇa in the Vedic Literature", *JGJRI*, vol. 28 (1972), 491-97.

Rele, V.G., *Vedic Gods as Figures of Biology*, Taraporwala, Bombay, 1931.

Ranade, H.G., *Illustrated Dictionary of Vedic Ritual*, Aryan Books, Delhi, 2006.

Ranade, R.D., *A Constructive Survey of Upanishadic Philosophy*, rpt. Bharatiya Vidya Bhawan, Bombay, 1968.

Renou, L., *Religions of Ancient India*, Univ. of London (Jordan Lectures), London, 1953.

Scheftelowitz, J., *De Apokryphen (khila) des Ṛgveda*, Breslau, 1906 (reprint, 1966).

Schlerath, B., *Zarathustra*, Wiss. Buchgesel. Darmstadt, 1970.

Schmidt, H.P., *Bṛhaspati und Indra*, OH, Wiesbaden, 1968.

Schneider, U., "On RV X.10" (Yama-Yamī hymn), *Indo-Iranian J.*, den Haag., vol X (1967).

———, *Der Somaraub des Manu*, OH; Wiesbaden, 1971.

Schrader, O., "Aryan Religion" in *Encycl. Rel. Ethics*.

———, *Reallexikon der indogermanischen Altertumskunde*, Strassburg, 1901.

Schroeder, L.v., *Arische Religion*, 2 vols., Leipzig, 1914-16.

———, *Mysterium und Mimus im Rigveda,* Leipzig, 1908.

Shamashastry, R., "Vedic Gods" (As Planet and Stars), in *B.C. Law Comm. Vol.*, Calcuttta, 1945.

Shende, N.J., *The Foundations of Atharvanic Religion*, Deccan College, Pune, 1949.

Sieg, E., *Die Sagenstoffe des Ṛgveda und die indische Itihāsa-Tradition*, Stuttgart, 1902.

Singh, Fateh, *Vedic Etymology*, esp. w. r. to the Brāhmaṇas, Delhi, 1956.

Singh, T.P., *Hindu dhārmika kathāon ke bhautika artha*, Varanasi.

Stall, Frits (ed.), *Agni: The Vedic Ritual of Fire*, 2 vols., Berkeley, 1983.

Sūryakānta, *Vaidika Devaśāstra* (Hindi tr. of the *Vedic Mythology* of Macdonell with some improvements).

———, *Flood Legend in Sanskrit Literature*, Delhi, 1951.

Taraporewala, I.J.S., *The Religion of Zarathustra*, rpt. Bombay, 1965.

Thieme, P., *Der Fremdling im Ṛgveda*, Leipzig, 1938.

———, *Die Wurzed "vat'* in ASIATICA (Fastschrift Prof. Weller), Leipzig, 1954.

Tilak, B.G., *The Orion*, or *Researches into the Antiquity of the Vedas*, Bombay, 1893.

Tripathi, G.C., "Śiva kī Aṣ-amūrtiyāñ aur unkī vaidika priṣ-habhūmi" in *KOSALA*, vol. IV, Faizabad, 1982-83.

———, "Das Indradhvaja-Fest in Orissa: Überreste der Indra-Verehrung in Ostindien" in *ZDMG* (Supp. III), Wiesbaden, 1977.

———, *Der Ursprung und die Entwicklung der Vāmana-Legende in der indischen Literatur*, Freiburger Beiträge zur Indologie, vol. I, OH, Wisbaden, 1968.

———, "Die Vorstellung der Dämonen im indischen Glauben" in *Ludwik Sternbach Comm. Vol.*, II, Lucknow 1979.

———, "Gokarṇa: A borrowed word from Avesta?" [In the sense of Soma] in *Kalākalpa*: inaugural issue, Indira Gandhi Centre for Arts, Delhi, 2003.

———, "Hayagrīva as Demon and God in Indian Mythology" in *ṚTAM, B.R. Saxena Festschrift*, Lucknow, 1983.

———, "The Legend of the Destruction of Tripura and its Vedic Origin" in *Amritadhārā (Dr. R.N. Dandekar Festschrift*, ed. Prof. S.D. Joshi), Delhi, 1984.

———, "Kārttikeya: Loka-Veda Samanvyaya ke prathama devatā" in *ATA-EVA* (Inaugural Issue of the Journal of Hindi Sansthan, Lucknow 1987.

———, "On Suparṇādhyāya, the oldest drama[tic work] of India" in *Brahmavidyā* (Adyar Lib. Bulletin), vol. 66 (2002).

———, "The Concept of Divinity in the Ṛgveda and the Subsequent Literature" in *Journal of GNJRI*, vol. 54-55 (1998-99).

———, "Über Hayagrīva : den pferdeköpfigen Gott in der indischen Mythologie" in *Festschrift Nespital*, Berlin-Reinbek, 2002.

———, *Amṛtāharanam* (*A Newly Discovered Sāmavedic Text on the Myth of Garuḍa and Soma*), cr. ed. with Intro., Nag Publishers, Delhi, 2005.

Tylor, E.B., *Primitive Culture*: *Researches into the Early History of Mankind and the Development of Civilization*, London, 1865, 3rd edn., 1878.

Usener, H., *Götternamen: Versuch einer Lehre von der religiösen Begriffsbrildung*, Bonn, 1896.

Vaidya, C.V., *Epic India*, Indian rpt., Delhi, 1987.

Wasson, R. Gordon, *Soma: The Divine Mushroom of Immortality*, New York, 1968.

Weber, A., *Indische Studien* (esp. vol. 5), Berlin, 1850-62

Wilke, G., *Die Religion der Indogermanen*, Leipzig, 1924.

Wilson, H.H., *Rigveda Samhita, A Collection of Ancient Hindu Hymns*, tr. in 6 vols., London, 1850-88.

Winternitz, M., *Geschichte der indischen Literatur*, vol. I (Veda-Epics), Leipzig, 1909, Eng. tr. by Mrs S. Ketkar (History of Indian Literature), first published by Calcutta University, 1927.

Yaduvaṁśī, *Śaiva-mata* (in Hindi), Bihar Rashtrabhāshā Parishad, Patna, 1955.

Zimmer, H., *Altindisches Leben: Die Cultur der Vedischen Arier nach der [Ṛk-]Saṃhitā dargestellt*, Berlin, 1879.

———, *Myths and Symbols in Indian Art and Civilization*, New York, 1946.

देवतानुक्रमणिका

(अवे०=अवेस्ता, ग्री०=ग्रीक, भारो०=भारोपीय, वै०=वैदिक)

विषयानुक्रमणिका

लेखकानुक्रमणिका

प्रस्तुत लेखक (गयाचरण त्रिपाठी) के लेखों के उद्धरण